项目支持

国家社会科学基金项目"甲骨文图文资料库"(04BZS003)
河南省教育厅"殷墟甲骨文字形整理"(2012－JD－002)
汉字文化遗产基础整理与传承创新研究(WH01)
河南省教育厅哲学社会科学研究优秀学者专项任务"殷墟甲骨文字构形研究"(2013－YXXZ－27)
"河南省高等学校哲学社会科学创新团队支持计划"(2012－CXTD－08)
汉语海外传播河南省协同创新中心

殷墟甲骨文编

韩江苏　石福金　著

中国社会科学出版社

图书在版编目(CIP)数据

殷墟甲骨文编/韩江苏，石福金著.—北京：中国社会科学出版社，2017.4
ISBN 978-7-5161-9366-2

Ⅰ.①殷… Ⅱ.①韩…②石… Ⅲ.①甲骨文—研究 Ⅳ.①K877.14

中国版本图书馆 CIP 数据核字(2016)第 280699 号

出 版 人 赵剑英
选题策划 郭沂纹
责任编辑 安 芳
责任校对 韩天炜
责任印制 李寡寡

出 版 中国社会科学出版社
社 址 北京鼓楼西大街甲 158 号
邮 编 100720
网 址 http://www.csspw.cn
发 行 部 010-84083685
门 市 部 010-84029450
经 销 新华书店及其他书店

印刷装订 北京君升印刷有限公司
版 次 2017 年 4 月第 1 版
印 次 2017 年 4 月第 1 次印刷

开 本 880×1230 1/16
印 张 89.5
字 数 2331 千字
定 价 699.00 元

序

自1899年王懿荣发现甲骨文至今，殷墟出土的甲骨大约有十五万片。自第一部甲骨著录《铁云藏龟》问世至2012年《殷墟小屯村中村南甲骨》出版，甲骨著录有二百余种。早期的甲骨文字汇编乃罗振玉的《殷虚文字待问编》（1916）、王襄的《簠室殷契类纂》（1920）和商承祚的《殷虚文字类编》（1923）。因这些著录时代早及时局动乱等因素，它们并没有在学术界产生巨大影响。《甲骨文合集》出版前，孙海波的《甲骨文编》，文字收录相对齐备，文字撰写隽永秀美，检索途径方便、快捷，特别是1965年本，对文字的考释，发挥了巨大作用，在学术界产生了重大影响。日本学者岛邦男的《殷墟卜辞综类》对殷墟甲骨文字形及词条的系统整理，为甲骨文字义考释奠定了坚实的基础，因此，在学术界也有较大的影响。当今时代，这两部著录引用的资料均为旧时出版物，因时间久远、天灾、人祸等因素，像《铁云藏龟》等早期的甲骨著录，本身已成文物，若要以其作为学者的研究资料，常人将难以企及。《甲骨文编》与《殷墟卜辞综类》所撰字形是否与原甲骨拓片上字形完全相同，学者们无法跟旧时出版的原甲骨著录校对核实。1978—1981年出版的《甲骨文合集》（以下简称《合集》），对旧时代甲骨著录进行了一次大清算，它基本涵盖了以往科学与非科学发掘的甲骨。《合集》出版后，金祥恒的《续甲骨文编》（1993），沈建华、曹锦炎的《新编甲骨文字形总表》（2001），刘钊的《新甲骨文编》（2009），陈年福的《殷墟甲骨文字词表》（2012），李宗焜的《甲骨文字编》（2012）等甲骨文字形汇编专著大量涌现。

一百多年来，既有甲骨文字形又有词条者，有姚孝遂的《殷墟甲骨刻辞类纂》（1989）。既有甲骨文字形又有文字考释者，有李孝定的《甲骨文字集释》（1965），唐兰的《殷虚文字记》（1978），于省吾的《甲骨文字释林》（1979）及《甲骨文字诂林》（1989），徐中舒的《甲骨文字典》（1989），饶宗颐的《甲骨文通检》（1989），松丸道雄等的《甲骨文字字释综览》（1993）等。经过烦琐、复杂的劳动，学者们对甲骨文字形研究及辞条的系统整理，大大促进了甲骨学、古文字学的发展。

刘钊在《新甲骨文编》后记中谓“编写一部大型的甲骨文字编，一直以来都是学术界的迫切需求。可是编写甲骨文字编是件很麻烦，且很可能是费力不讨好的事，属于‘大家不为，小家不会’的工作”。目前学术界已经有十多部甲骨文字形汇编专著，但甲骨文字形整理的研究仍得到国家的重视，如国家社科基金重大项目——“甲骨文字形整理的基础研究”（2010年立项），新闻出版总署项目——“中华字库工程——甲骨文字的收集与整理”（2011—2016年）相继投入大量人力与物力来研究，说明甲骨文字形整理与研究仍然比较薄弱。韩江苏的这部殷墟甲骨文字形整理汇编，始于2001年她从中国社会科学院历史研究所硕士毕业。2004年，由她主持申报的国家社会科学基金项目——“甲骨文图文资料库”申报成功，经过8年的日夜奋战，2012年年底，项目顺利结项。因该库涉及《合集》等十余种甲骨著录的版权，无法及时向学术界公布，字形部分先以《殷墟甲骨文编》结集出版，在这部著作出版之际，我谈一些有关甲骨文字形整理与研究的想法。

甲骨文是目前国内所能见到的最早且成熟的文字。既为文字，由形、音、义三要素组成。甲骨文虽是成熟文字，但仍有原始文字的遗迹，是“近取诸身，远取诸物”线条化、符号化的结果，因此，字形正确是字义释读的基础。殷墟甲骨文字还是商代用于记事的语言符号，是早期文字，不仅由字形、字义、字音三要素组成，而且字形本身就是语词。因此甲骨文字形的科学整理，不仅有助于文字的认读、考释，而且对书法艺术、甲骨文字单数统计及字形中蕴含的深刻社会文化研究，同样具有重要意义。一百多年来，文字字形整理或描摹、临摹，或用计算机截图工具剪裁（有的还黑白翻转）而成的一部部大型甲骨文汇编的工具书相继问世，但它们却得不到学术界的完全认同。相反，时代较早的《甲骨文编》，连续8次印刷。究其原因是：甲骨文字的点、横、竖、折笔、弯笔、圆笔的书写形式，文字字形结构等理论研究几乎空白，而《甲骨文编》的编纂者，孙海波、唐兰、商承祚、于省吾、张政烺、陈梦家等老一辈甲骨学家，虽然没有文字整理理论指导，但他们深厚的文字学功底和书法水准，推出的成果（尤其是正编部分）至今无出其右者。《甲骨文编》虽然是字形整理水平的最高代表，但远远不能反映甲骨文字研究的最新情况，表现在以下三个方面：一是，《甲骨文编》引用的著录，多为早年公布，由于著录印数少、摹拓不精、海外发行等因素，一般研究者难以此作为第一手商代文字的研究资料；二是，《甲骨文合集》出版及《英国所藏甲骨集》《甲骨文合集补编》《殷墟甲骨辑佚》等传世甲骨资料的相继刊布，科学发掘甲骨的整理文献《小屯南地甲骨》《殷墟花园庄东地甲骨》《殷墟小屯村中村南甲骨》等陆续公布，以往没有见过的新甲骨文字大量涌现；三是，随着国家经济的发展及对文化的重视，公私甲骨藏品也将相继问世，新甲骨文字也将出现。怎样整理出客观的、科学的甲骨文字，需要在总结前人整理文字的基础上，有理论方面的深入研究。

纵观殷墟甲骨文字形，可以分为笔画、部首与偏旁、完整字形三个层次：

一　笔画与书写顺序

殷墟甲骨文字，有点、横、竖等简单笔画，也有弯笔、折笔和圆笔等复合笔画；因其为手写形体，其点、横、竖笔遒劲有力，其弯笔、圆笔气势恢宏，展现了商代文字高超的艺术书写风格。清晰甲骨拓片上的字形，单笔与偏旁之间错落有致，笔画与笔画之间的叠压关系清楚，表明每个字都是一笔一画刻写而成，这说明商代文字是一笔一画的书写格式。是否遵循先横后竖、从上到下、从左到右等规则，目前尚不清楚，但具体到每一字，根据笔画叠压关系，是可以判断笔画的先后书写顺序的。因此，研究文字的笔画及书写顺序是甲骨文字形整理的前提。

二　部首与偏旁形体相对稳定

从《周易·系辞》记载看，中国文字的产生与发展，是仰观天象、俯观于地、近取诸身、远取诸物的结果，即文字来源于生活，是对社会生活的反映。文字产生的时候，许多象形文字就是对现实生活中事物的生动概括。甲骨文目前虽然是我国发现最早的、成系统的成熟文字，但仍保留有早期文字的原始遗迹，如鸟作（《合集》116 正）、（《合集》20354）等形，鸣作（《合集》5452）、（《英藏》528）等形。尽管如此，甲骨文文字符号化程度已经进入非常高的阶段，20 世纪 70 年代，岛邦男先生在编纂《殷墟卜辞综类》时，对甲骨文字符号归类、总结，创立了 164 个部首；姚孝遂的《殷墟甲骨刻辞类纂》，于省吾的《甲骨文字诂林》，合并、归类为 150 个部首。甲骨文是手写体书法，虽然这些偏旁、部首因时代、刻写人物的不同，具体形体有细微差异，但其构型相对稳定，正确掌握偏旁、部首，是区分一字的两（三）个偏旁或两（三）个独立字的基础，也是判断模糊甲骨拓片上的完整文字字形的依据。

三 完整字形及同字异形体

目前见到的殷墟甲骨文字，都是已经书写好的文字，有的文字仅出现过一次，有的出现过上万次，频率不等。手写体的甲骨文字，受时代、地区及书写习惯的影响，出现频率高的字，书写的形体多种多样，后人把这类字称为同字异形体。如涉水之涉，有（《合集》480）、（《合集》15950）、（《合集》20464）、（《合集》28338）、（《合集》32951）、（《合集》36893）等多种形体。虽然（偏旁）步、水形体有别（有繁化和简化现象），但本义乃蹚水过河的本质相同。以往理解的同字异形体，即指文字含义相同、仅书写形体有差异的字。从现有的研究成果看，甲骨文字是记录语言的符号，是有声语言的书面形式，有些同字异形体在原来意义上又添加新义，如甲骨文的车，或作（《合集》584 正甲）形，与殷墟车马坑出土的车的形体相同，甲骨文字车或作（《合集》11446）形，表示纵轴的笔画成两条，与车的纵轴断裂之形相同；或作（《合集》10405 正）、（《东京》150 反）形，表示横轴的笔画成两条，与车的横轴断裂之形相同。又如刖字，或作（《合集》1654）形，像人失掉半条腿；或作（《合集》6002）形，像用刀截掉人的半条腿；或作（《合集》581）、（《屯南》2510）形，像以锯锯掉人的半条腿；或作（《屯南》857）、（《合集》6010）形，像带锯齿的斧钺砍掉人的半条腿等，上举诸字都与除去人的半条腿的五刑之一——刖刑相关，区别在于施刑的工具分别是刀、锯及带锯齿的斧钺。还如韩江苏在《浅析甲骨文字形表义》一文中所举的射字，实际是社会生活中弓体、箭镞的差异在字形上的不同反映，这种字本身就是语词。对甲骨文这类所谓的同字异形体深入研究，将大大丰富殷商文化的内涵。

在笔画、部首与偏旁、字形认识的基础上，纵观前人误摹与失真的字形，主要在于整理者本人没有理解字形结构，照葫芦画瓢进行临摹，这样整理出来的文字，要么以讹传讹，要么成为永远无法释读的死字。《殷墟甲骨文编》的“前言”部分，根据甲骨文字是成熟的文字，一点一画有义，偏旁、部首固定的事实，总结了字形整理的规则：第一，要根据文字笔画的叠压关系，确定文字书写的顺序。第二，文字笔画与笔画之间的连笔、断笔，以偏旁、部首为据，科学、合理撰写有义的甲骨文字形。第三，有据可依地补充残字笔画。第四，根据“近取诸身，远取诸物”文字字形来源处理某些特殊笔画。第五，文字疏密程度影响甲骨文字形判断时，需从文句、偏旁及部首整体角度来准确判定。第六，商代文化的专用字不能用偏旁、部首的构字法来认识，需要与历史文献典籍结合以考察。这六条规则是他们在整理甲骨文字形的过程中总结的。

在甲骨文字形整理过程中，不可避免地要遇到模糊字，这是因为可利用的殷墟甲骨文文字载体，有摹本、照片与拓片三种形式。有的摹本在其他著录中，以拓片或照片出现，经比较发现，摹本字形有失真和误摹现象，这说明若以摹本作为甲骨文字形整理的依据，将不可避免地造成字形错误。甲骨文照片虽然清晰，但数量太少，因此，整理甲骨文字形依据的大多是甲骨文拓片。距今三千多年的甲骨片，有的字小、字口浅，外加麻点、划痕、裂纹及拓技不精、印刷不清等因素，模糊拓片及模糊字形无处不在。韩江苏总结了前人整理字形时出现误摹与失真的主、客观原因，客观原因：一是笔画交叉、重叠导致字形误摹；二是文字疏密引起歧义。主观原因：一是整理者误把甲骨拓片上的麻点、划痕、裂纹当成了文字的笔画；二是因理解有误导致残字补充错误。在整理字形的实践过程中，遇到笔画交叉、重叠现象时，根据偏旁、部首，科学决断连笔、断笔及残字补充部分。遇到麻点、划痕、裂纹与笔画相交叉时，根据《甲骨文合集来源表》，查阅原甲骨片来源，把《甲骨文合集》与原甲骨片对比，反复揣摩，准确舍弃麻点、划痕、裂纹，力争最大限度地整理出真实的甲骨文字形。

甲骨文是“殷人刀笔文字”，今人用毛笔、钢笔等书写工具临摹、描摹甲骨文字；计算机技术流行后，还有使用切割或切割加黑白图片翻转的方法整理甲骨文字形。使用切割及切割加翻转的处理方法，理论上是保持甲骨文原形字的形体，但甲骨拓片的模糊，麻点，字与字之间的疏密程度，甲骨文连笔、断笔等现象，若不经过人工有意处理，会影响到对甲骨文正确字形的准确判断；更何况，有些模糊字经过翻转后笔画丢失，有些模糊字甚至无法翻转，即使翻转成形的字，有大有小，笔画粗糙，粗细不一，关键笔画或模糊，或消失，不仅丧失其美观性而且还丧失其准确性。使用临摹、描摹辑字方法，由于是在厘清了甲骨文字笔画基础上才描摹，拓片上的麻点、划痕、裂纹被舍弃，描摹的字形虽然笔锋、笔势有些许改变，但基本接近原形字的形体。

就目前计算机处理甲骨文字的这种能力，还不到以图像变换即可整理出清晰的甲骨文字形的阶段。《殷墟甲骨文编》采用的是以计算机 photoshop 画图程序为工具对字形临摹而成，在临摹过程中，经过仔细揣摩后发现，用刀在甲骨上刻画文字时，起笔、落笔轻，起落笔之间用力均衡，故用笔来摹写刀笔文字时，笔画为粗细相同的线条，只是每一笔画的起、落笔均作“枣核”状。本书试图用笔写出具有刀意而又不失笔力的文字，描摹的甲骨文字与原形文字相比，竟有几分“神似”。

一百多年来，甲骨文单字总数的统计数出入非常大，出版较早的《甲骨文编》（1965 年版），收录甲骨文字数为 5041 个；随着甲骨材料的不断公布，尤其是《甲骨文合集》出版及《小屯南地甲骨》等科学与非科学发掘的甲骨材料的进一步公布，《殷墟甲骨刻辞类纂》《新编甲骨文字形总表》《新甲骨文编》《甲骨文字编》等收录的文字反而比《甲骨文编》少一千多字，这种现象很不正常，从“前言”部分所举例字看，《甲骨文编》等文字汇编均存在把两个字当成一个字的两个偏旁的现象，也存在麻点、裂痕等被认为是笔画部分而多出的字之情形，还存在某字因连笔或断笔而被当成另一字的情况。这些被误读的文字，本不是文字，可是单字总数统计时，往往把这些“字”当成了具有形、音、义之字，大大影响了总数的客观性。随着材料的刊布及甲骨文字形研究的发展，需要对甲骨文字数进行一次彻底的清算。甲骨文是早期文字，是商代语言的记录符号，有的字在字形上通过笔画的变化反映商代语言的丰富多样，进行甲骨文字数的统计时，也需要对这类文字详细研究，以便设定一个相对客观的标准。

从文字释读、字形整理等现状看，甲骨文字字数要进行统计，需要确定相应的统计标准，因时间仓促，本书没有总结出科学的文字统计标准，只是根据其字头，整理的单字总数为5500个左右，随着研究的深入，这5500个字头还存在分化与合并的情况。

本书第五部分介绍了检索方法。目前学术界的甲骨文字形汇编，大体上有两种检索方式，一种是按照《说文解字》部首排列法，分部别属布列文字；这种排列方式，导致大量甲骨文字无法按照部首进行归类，形成大量的附录字；附录字的归类、查询的途径不简便迅捷，给使用者带来极大不便。另一种排列方法是日本学者岛邦男先生创立的甲骨文字形自然分类法。中国早期文字，其形体都是来源于客观事物的图像，所谓“近取诸身，远取诸物”。若按照人体图像和自然图像来排列殷墟甲骨文字，除了很小一部分文字无法纳入偏旁与部首的范围之内外，大部分文字都可通过偏旁、部首来查询，《殷墟甲骨刻辞类纂》《新编甲骨文字形总表》《甲骨文字诂林》等大型工具书，均采用此种方式布列文字。这种排列方法已经被学术界所接受。本书仍采用这种排列方式，布列全部文字。具体检索方式有四种：部首表；部首检索表；拼音目录（可释读汉字）；笔画目录（可释读汉字及根据甲骨文原形字构形可隶定之字）。从不同角度为使用者提供快速、简便的手段。

甲骨文的同字异形体，这本书在五期分法的基础上，大体分为师、宾、出、何等九组字形，便于研究同一时期及不同时期同字异形的变化。

总之，在熟悉甲骨文字形的点、横、竖笔画的动感及多变，偏旁、部首、完整字形体构架的紧凑与松弛等基础上，《殷墟甲骨文编》科学决断连笔、断笔，在保持原字形的基础上，确保整理出的甲骨文字形的科学性与准确性。此书前后花费了十年多的时间，在人力、物力极其匮乏的条件下完成。整理的字形笔意流畅，妩媚生动，客观准确，数量众多，它的出版，将对甲骨文字的进一步考释、商代语言的深入研究、博大精深的殷商文化内涵探索，起到推动作用，我向大家推荐它！

2014年10月10日

王宇信于北京方庄芳古园

“入帘青小庐”

总　目　录

前　言

《殷墟甲骨文编》是在国家社会科学基金项目“甲骨文图文资料库”项目完成后，又得到河南省教育厅“殷墟甲骨文字形整理”“汉字文化遗产基础整理与传承创新研究”“殷墟甲骨文字构形研究”项目资助，对《甲骨文图文资料库》中的甲骨文字形部分重新进行校对、分类、排列、索引等做的进一步深入研究。整理的文字，源于《甲骨文合集》《甲骨文合集补编》《小屯南地甲骨》《英国所藏甲骨集》《东京大学东洋文化研究所藏甲骨文字》《怀特氏等收藏甲骨文集》《（日本）天理大学附属天理参考馆藏品·甲骨文字》《苏、德、美、日所藏甲骨》《殷墟花园庄东地甲骨》《殷墟小屯村中村南甲骨》《殷墟甲骨辑佚》十一种甲骨著录，其中，《甲骨文合集》等九种资料中的字形经过了系统整理；因时间关系，《殷墟小屯村中村南甲骨》《殷墟甲骨辑佚》两部著录，仅对新见字部分进行了整理（见附录二）。

选择《甲骨文合集》（以下简称《合集》）等十一种材料的主要原因是：《合集》问世前的八十多年间，出版了一百多种甲骨著录。早年的著录由于印数少、摹拓不精、海外发行等因素，一般研究者很难以其作为第一手商代历史的研究资料。《合集》是把甲骨文发现以来的一百多种甲骨文著录收录齐备，经过校重、缀合、辨伪及同文集中等科学整理，又墨拓收录公私藏家收藏的甲骨而成的一部大型甲骨文资料汇编，王宇信先生谓：“《合集》既不是一本有片必录的‘全集’，也不是一部只择其要者的‘选本’，它应是一部基本上能囊括十五万片甲骨中对商代历史文化有研究价值的甲骨材料总集。”[①]《合集》出版后，传世甲骨诸如《怀特氏等收藏甲骨文集》《东京大学东洋文化研究所藏甲骨文字》《英国所藏甲骨集》《（日本）天理大学附属天理参考馆藏品·甲骨文字》《苏、德、美、日所藏甲骨》《甲骨文合集补编》《殷墟甲骨辑佚》相继出版发行；科学发掘的甲骨著录《小屯南地甲骨》《殷墟花园庄东地甲骨》《殷墟小屯村中村南甲骨》陆续发表。这十一种甲骨著录基本囊括了殷墟甲骨的全部资料。系统研究、整理这些资料中所有的甲骨文字，基本能涵盖殷墟甲骨文单字，这将为以后再补充其他新字和已有字的同字异形体奠定基础；为未释读文字正确解读，提供客观的甲骨文字形；为深化已释甲骨文字形与字义、语词之间的研究，提供较全面的对比材料。

一　甲骨文字形整理的学术回顾

甲骨文字形的系统整理，有赖于甲骨著录材料的刊布，一百多年来，甲骨文字形整理中的经验，

① 王宇信：《中国甲骨学》，人民出版社 2009 年版，第 276 页。

也需要总结，论述于下：

（一）甲骨文材料刊布回顾

自1899年王懿荣鉴定并收藏甲骨至今，安阳殷墟发现的甲骨大约有15万片。据王宇信先生《中国甲骨学》[①] 总结，这些甲骨分藏于中国（包括台湾地区）、日本、英国、美国等世界各国与地区博物馆及私人手中。1903年刘鹗编纂的《铁云藏龟》，使甲骨文从收藏家的“古董”，变成了可资学者研究使用的史料。自此书墨拓、编辑出版至1978年的《甲骨文合集》出版，据宋镇豪先生的《百年甲骨学论著目》[②] 统计，非科学出土的甲骨著录有《铁云藏龟之余》《戬寿堂所藏殷虚文字》《殷虚书契》《殷虚书契菁华》《殷虚书契后编》等海内外专著共60余种。科学发掘出土的甲骨著录，有《殷虚文字甲编》《殷虚文字乙编》等专著。1978年至今，有非科学出土的甲骨著录《英国所藏甲骨集》《（日本）天理大学附属参考馆藏品·甲骨文字》《苏、德、美、日所见甲骨集》《甲骨文合集补编》《殷墟甲骨辑佚》及科学发掘的甲骨著录《小屯南地甲骨》《殷墟花园庄东地甲骨》《殷墟小屯村中村南甲骨》等20余种。殷墟甲骨刻辞系统整理，自孙诒让的《契文举例》、岛邦男的《殷墟卜辞综类》至姚孝遂主编的《殷墟甲骨刻辞摹释总集》《殷墟甲骨刻辞类纂》等。甲骨文的释读，如《甲骨文合集释文》《英国所藏甲骨集：附释文》《甲骨文合集补编：附释文》《小屯南地甲骨考释》《殷墟花园庄东地甲骨：附释文》《甲骨文校释总集》等。以上这些材料，为学术界提供了极为齐备的殷墟甲骨文材料，改变了研究资料匮乏的局面，大大促进了多种学科，特别是甲骨学、殷商史、考古学的发展。

早在20世纪80年代，李学勤先生在为《建国以来甲骨文研究》写的序中，曾提到三个课题：一是甲骨的分期，二是卜辞的排谱，三是文字的继续考释。文字考释的前提是文字字形的系统整理等基础工作。

（二）甲骨文字形整理、研究的学术回顾

从甲骨文发现至今的一百多年来，甲骨文字形的基础整理、研究取得了巨大成就，主要表现在以下三个方面：（1）甲骨文字的系统整理：有孙海波的《甲骨文编》（1934，后由中国社会科学院考古研究所整理编辑），[③] 金祥恒的《续甲骨文编》，[④] 沈建华、曹锦炎的《新编甲骨文字形总表》（以下简称《总表》），[⑤] 刘钊的《新甲骨文编》，[⑥] 李宗焜的《殷墟甲骨文字表》[⑦] 与《甲骨文字编》（2012，

---

① 王宇信：《中国甲骨学》，上海人民出版社2009年版，第229—277页。有关甲骨收藏的数字，胡厚宣先生曾有过统计：“国内大陆各机关收藏95880片，私人收藏1731片。中国台湾地区收藏30204片。中国香港地区收藏85片。国外收藏甲骨情况是：日本12443片，加拿大7802片，英国3359片，美国1882片，西德715片，苏联199片，瑞典100片，瑞士99片，法国64片，新加坡28片，比利时7片，南朝鲜6片。12国共收藏甲骨26700片。国内外总共收藏154604片。举成数而言，85年来，殷墟出土的甲骨文，总共约15万片。”见《1984年全国商史学术讨论会论文集》第105页。1985年以后，有殷墟花东甲骨689片。小屯村南除了1973年的发现外，2002年又发现600余版甲骨。

② 宋镇豪：《百年甲骨学论著目》，语文出版社1999年版，第36—43页。

③ 中国社会科学院考古研究所编：《甲骨文编》，中华书局1965年版。

④ 金祥恒：《续甲骨文编》，台湾艺文印书馆1993年版。

⑤ 沈建华等：《新编甲骨文字形总表》，香港中文大学出版社2001年版。

⑥ 刘钊：《新甲骨文编》，福建人民出版社2009年版。

⑦ 李宗焜：《殷墟甲骨文字表》，博士学位论文，北京大学，1995年。

以下简称《字编》),① 陈年福的《殷墟甲骨文字词表》(2012，以下简称《词表》)，以上这些专著、词表整理了甲骨文字头及部分甲骨文同字异形体。文字或按照《说文解字》部首顺序排列，或按照岛邦男创立的甲骨文部首顺序排列。(2) 字头与词条的系统整理：有岛邦男的《殷墟卜辞综类》②，《甲骨文合集》出版后，有姚孝遂的《殷墟甲骨刻辞类纂》(简称《类纂》)③。这两部专著系统整理了甲骨文字头及此字所在的辞条。岛邦男先生在编纂《殷墟卜辞综类》时，首创甲骨文字部首排列法。在目前甲骨文字读音、笔画书写次序研究薄弱的情况下，这种部首法尽管在检索、查阅方面还有待改进，但与《说文》部首法相比较，更符合甲骨文形体结构的实际，检索起来也比较方便。(3) 字头与文字考释方面的研究和整理有李孝定的《甲骨文字集释》④，唐兰的《殷虚文字记》⑤，于省吾的《甲骨文字释林》⑥ 和《甲骨文字诂林》⑦，徐中舒的《甲骨文字典》⑧，饶宗颐的《甲骨文通检》(1989)⑨，松丸道雄等的《甲骨文字字释综览》⑩，等等。以往的甲骨文字头、同字异形体和甲骨文词条的系统整理，为甲骨文字的归类及考释发挥过重要作用。本书在系统整理甲骨文字形的基础上，发现了以往整理甲骨文字形时的一些问题。

(三) 以往整理甲骨文字形时的问题探讨

清晰的甲骨文拓片，深厚的古文字学功底，是甲骨文正确字形整理的基础。距今三千多年的甲骨片，并非每一片甲骨上的文字都清晰可辨；再加上拓技不精，目前所见到的甲骨著录，存在大量的模糊拓片，为掌握字形的准确程度带来了极大不便。学者们在整理甲骨文字形时，在自己学术功底的基础上，往往根据自己的主观理解，描摹的文字字形，有的错误，有的文字字形失真，出现的原因为：

1. 笔画交叉、重叠导致字形误摹

甲骨文是汉字的前身，书写形体为方块字。从清晰的甲骨拓片可以看出，文字笔画的叠压关系清楚，如田字作形(《补编》2551)，日字作形(《补编》60 正甲)，亘字作形(《合集》3286 正)，母字作形(《合集》3299)，韦字作形(《补编》1112)，等等，以上列举之字笔画叠压关系明显，是刻写者用刀一笔一画刻写的结果。像这些清楚的甲骨文字，若忽视甲骨文笔画顺序这一特点，整理的字形或许会出现笔势、笔锋等个体差异，但字形的基本框架不会出现差错。目前出版的大多数甲骨著录，拓片模糊者很多，甲骨文字形整理，多靠整理者的主观认识来确定。如字，不同整理者整理的字形如下：

① 李宗焜：《甲骨文字编》，中华书局 2012 年版。
② 岛邦男：《殷墟卜辞综类》，日本东京大学大安书店 1967 年影印本。
③ 姚孝遂：《殷墟甲骨刻辞类纂》，中华书局 1988 年版。
④ 李孝定：《甲骨文字集释》，"中央研究院"历史语言研究所 1970 年版。
⑤ 唐兰：《殷虚文字记》，中华书局 1981 年版。
⑥ 于省吾：《甲骨文字释林》，中华书局 1979 年版。
⑦ 于省吾：《甲骨文字诂林》，中华书局 1996 年版。
⑧ 徐中舒：《甲骨文字典》，四川辞书出版社 1989 年版。
⑨ 饶宗颐：《甲骨文通检》，香港中文大学出版社 1989 年版。
⑩ 松丸道雄等：《甲骨文字字释综览》，东京大学出版会 1994 年版。

《合集》号码	《类纂》	《总表》	《字编》	《词表》	本书
8264	第 204 页	第 41 页	第 176 页		
6621	第 204 页		第 176 页	第 38 页	
6799			第 176 页	第 38 页	
8265			第 176 页		
20631			第 176 页		

注：《殷墟甲骨刻辞类纂》（简称《类纂》）；《新编甲骨文字形总表》（简称《总表》）；《甲骨文字编》（简称《字编》）；陈年福《殷墟甲骨文字词表》（简称《词表》）。

以上五版甲骨上之字是否为一字，不同整理者的结果各不相同。从甲骨文原拓片及摹写之字形看，整理者的结果分两种形体，一是上从口，下从跪立人形（）；二是从子（）从一指示符号。这五版甲骨上此形之字究竟为一字还是（含义不同的）两字，不能独立来判断。从五版卜辞的文句、事类及整版卜辞全部字形看，它们形体书写虽有差异，但都是同字的不同书写形体。即上从口，下从跪立人形（）。诸家整理结果，他们或照葫芦画瓢，或主观臆断，把不该断开的文字笔画断开，把不该连成一线的笔画连成了一线。出现这种现象的原因，裘锡圭先生认为甲骨文是俗体字，谓："甲骨文看作当时一种比较特殊的俗体字，而金文大体上可以看作当时的正体字，所谓正体就是在比较郑重的场合使用的正规字体，所谓俗体就是日常使用的比较简便的字体。"① 因甲骨文是俗体字，且为手写体，不同期甚至同一期的同一个甲骨文字书写的形体也不相同。由于受整理者知识结构及其他主观因素影响，同一甲骨文字的异形体被误认为是两个（或三个）不同文字。

2. 甲骨拓片模糊、麻点导致字形误摹

目前，常见的甲骨文著录载体是甲骨拓片，摹拓技术与原甲骨片质量两种因素决定拓片清晰度，而拓片的模糊与清晰，直接影响到甲骨文字形的准确性，以李宗焜的《甲骨文字编》、沈建华的《新编甲骨文字形总表》为例来说明：

《合集》编码	《乙编》	《字编》	《总表》	本书
22014	401	第 158 页	第 40 页	
22050	4678	第 258 页	第 47 页	

① 裘锡圭：《文字学概要》，商务印书馆 1988 年版，第 42 页。

续表

《合集》编码	《乙编》	《字编》	《总表》	本书
22197	8748	第 964 页	第 88 页	

注：《甲骨文合集》（简称《合集》）；《殷虚文字乙编》（简称《乙编》）；《甲骨文字编》（简称《字编》）；《新编甲骨文字形总表》（简称《总表》）。

《甲骨文合集》是目前最方便使用的甲骨著录材料，因拓片上麻点、裂纹等与甲骨文笔画存在交叉，李宗焜以《乙编》为依据，整理的字形正确。《新编甲骨文字形总表》以《合集》为据，把非字形部分当成了笔画，造成了字形的误摹。此类错误字形，《甲骨文字编》中也存在，如：

出处与图片	原出处与图片	《字编》	本书	备注
《合集》22091 乙	《乙编》7318	第 58 页		上从口，右从必。
《合集》22410	《乙编》3843	第 82 页		把“ ”“不”两字当成一字。
《合集》21385	《东京》1297	第 82 页		从大从亥上下结构，《字编》所从偏旁不明显甚至有误。
《补编》6791	《怀特》1503	第 93 页		上部刻画非字形笔画部分。
《合集》634 正	《乙编》3108	、第 93 页	、	字形为大字偏旁两侧有小点。从句法看，正反对贞，一字形体略有差异。
《合集》21973	《乙编》787	第 177 页		本版甲骨倒置，应为“乙”“巳”“匕（妣）”三字。
《合集》27739	《甲编》1875	第 94 页		少摹写两点，多摹出一竖。

续表

出处与图片	原出处与图片	《字编》	本书	备注
 《补编》6814	 《乙编》4863	 第 199 页		象征手的部分，没有斜横。
 《合集》21987	 《乙编》1519	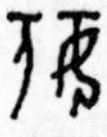 第 143 页		万偏旁笔画之折笔没有体现。
 《合集》22459	 《乙编》7718	 第 149 页		手偏旁描摹不准确。
 《合集》19801	 《乙编》162	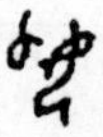 第 160 页		从卣从女。
 《合集》19941	 《乙编》405	 第 375 页		像人箕踞之形。
 《合集》18187 正	 《乙编》3028	 第 251 页		中间的口偏旁因拓本麻点致错。
 《合集》20773	 《乙编》316	 第 259 页	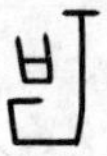	《合集》22375 有同字，斜画不是字形部分。
 《合集》18135	 《甲编》157	 第 260 页		口偏旁少一横画，折笔笔画长度不够。
 《合集》18258	 《乙编》4569	 第 269 页		把不该断开的一横画断开。
 《合集》30757	 《甲编》3915	 第 283 页	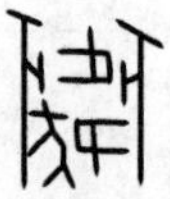	所从偏旁理解错误。

续表

出处与图片	原出处与图片	《字编》	本书	备注
《合集》18223	《乙编》4202	第 343 页		字形偏旁理解有误。
《合集》21541	《乙编》1319	第 322 页		从户从戈从手，偏旁、部首不明确。
《合集》709 正	《乙编》738	第 12 页		从手从中部分，改变了字形的偏旁。
《合集》17933	《乙编》1221	第 40 页		笔画误断与误连，导致字形偏旁错误。
《合集》1567	《甲编》1793	第 153 页		女偏旁少一短横。
《合集》18389	《乙编》5771	第 256 页		笔画短、缺，容易误解。
《合集》20732	《粹编》939	第 240 页		误把麻点当成了笔画。
《合集》27286	《合集》30354	《合集》27286 《合集》30354 第 72 页		此两版为重复片，同一字不应有两个不同形体。

续表

出处与图片	原出处与图片	《字编》	本书	备注
 《屯南》4516	 《合集》33069	 《合集》33069 《屯南》4516 第136页		此两版为重复片，同一字不应释读为两个不同的字。
 《合集》3868反	 《合集》17725	 《合集》3868反 《合集》17725 第165页		此两版为重复片，同一字不应有两个不同形体。
 《合集》14855	 《合集》948	 第469页		此两版为重复片，《合集》948版字形清楚。

以上列举之字，因整理者依据《甲骨文合集》模糊拓片，导致字形不正确，而字形的错误，会造成对其字义的严重误判。

3. 主观因素致字形的失误

若甲骨拓片模糊是导致字形误摹的客观原因，整理者对甲骨文字形的理解等主观因素有时也导致整理的甲骨文字形错误，下面以《甲骨文字编》及《甲骨文编》两部专著为例，谈一下模糊拓片及残字补充等主观因素造成的字形失误。

（1）模糊拓片导致的错误

出处与图片	《甲骨文字编》	本书	备注
 《屯南》2414	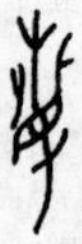 第187页		字下所从丂旁。

续表

出处与图片	《甲骨文字编》	本书	备注
 《合集》37891	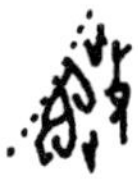 第 353 页		从两“中”而非“止”，容易与黄组卜辞之止的写法混淆，笔画表达清楚则便于释读。
 《合集》31622	 第 360 页		字上边的笔画不应连笔。
 《合集》21868	 第 360 页		本为“丁”“丑”两字，被误认为一字。
 《合集》13916	 第 372 页		笔画整理混乱，失去原字形的真实性。
 《合集》22425	 第 597 页		上从偏旁有误，下从女，仅写法有异于常见字形。

编辑较早、影响很大的《甲骨文编》同样也因主观因素，整理的甲骨文字形出现差错，举例如下：

原拓片出处	《甲骨文编》	本书	备注
 《合集》2437 反	 第 740 页		
 《合集》9366	 第 736 页		
 《合集》6649 正甲	 第 737 页		从肉从鸟，同版有字，为此字的同字异形体。

续表

原拓片出处	《甲骨文编》	本书	备注
《合集》27381	第 871 页		后面所从乃爬行之字，手部表达不清楚。
《合集》13691	第 671 页		“[illegible]”“止”为两字，非一字的两个偏旁。
《合集》4371	第 678 页		应为“[illegible]”“弗”两字，因锲刻时两字的竖画几乎相连，把两字误认为一字。
《合集》33218	第 945 页		从隹从鬲，上下结构。隹字形体误摹。
《合集》9506	第 946 页		（于）“人”“[illegible]”两字，非上下结构两部分。
《合集》6656	第 947 页		把龟甲裂纹、划痕都当成了字形的一部分，导致字形错误。
《合集》647	第 949 页		从糸从首从（侧立）人三个偏旁，此字“首”部分临摹笔画失真，容易导致对字形的误识。

从以上所举字形看，甲骨拓片上的麻点、断裂致使笔画模糊，造成了整理者对字形的错误认识，故整理出的错误字形，将严重影响到字义的准确考释。

（2）残字补充出现的字形错误

殷墟甲骨文的材质大多是龟甲和兽骨，距今有三千多年的历史，其断裂现象非常严重，在龟甲与兽骨的断裂部位，往往有甲骨文字，这些字本为一字，因甲骨断裂，成了我们现在所见到的残字。残字也是甲骨文字，究竟该怎样整理，是甲骨文字整理时必须直面的问题。回顾以往的甲骨文字整理成果，可以看出，多数学者还是尽力把残缺的甲骨文字补充完整，使其成为完整的字形，但在补充残字时，受客观、主观因素影响，有些字的补充出现了误差，举例说明如下：

出处与图片	《字编》	参照字	本书	备注
 《合集》19216	 第 160 页	 《合集》19217		参照《合集》19217、2850 等文句及字形。
 《合集》17964	 第 161 页			从残字笔势看，“壬”上乃“朿”偏旁，可补充。
 《合集》6905	 第 161 页	 《合集》13954		从女从壶，根据偏旁，可补充。
 《合集》18322	 第 203 页	 《合集》10380		麋字的上半部清晰，可补充为完整字。
 《合集》21510	 第 135 页	 《乙编》90		应为克，摹写改变了字形。
 《合集》5382	 第 219 页			字为从耳从双手偏旁。残的部分可根据字形对称而补齐。
 《合集》18360	 第 72 页			字乃上下对称形，描摹错误。
 《补编》1862 反	 第 223 页	 《合集》7215		字虽残，耳部及口部字形清晰，为“听闻”之闻。

从以往学者整理甲骨文残字及本书在整理残字时的经验看，我们认为，残字补充，一般要参照两个原则：第一，若此字或其偏旁在其他甲骨版上出现过，以残留字形体为依据，参照其他版上的完整字，进行残字补充。第二，若此字仅在此版出现一次且残缺，依据笔画走势，判断字形所从偏旁，合理补充残字。这样补充的文字，无论何人，都避免不了字形补充出现误差的结果，但字形的错误，往往会影响到对甲骨文字义的正确认识。

因甲骨拓片模糊，整理者对字形理解等主、客观因素，故目前所见甲骨文字形整理汇编都多少有错误存在，要尽量避免错误出现，需要开展甲骨文字形研究，方能在实践中科学整理甲骨文字。

二 甲骨文字形研究

甲骨文字的科学整理，包括甲骨文字形研究、文字处理方法及快速高效的检索方式等内容，科学整理甲骨文字形将对甲骨文字的考释和普及发挥重大作用。

目前我们见到的甲骨文字，是已经书写好的完整字，甲骨文字的书写顺序，连笔、断笔处理的依据，特殊笔画的判断，残字补充，文字疏密引起歧义等问题，是从事甲骨文字形整理者要随时处理的，在此谈一下整理过程中的体会。

（一）甲骨文书写笔画顺序研究

甲骨文是早期文字，是手写体字体，圆笔、弯笔现象很多，有些象形文字若不留意，还会被误认为是文字画。但甲骨文字是成熟的文字，一点一画有义，偏旁、部首固定。仔细观察甲骨拓片，文字笔画的叠压关系清楚，这种叠压关系，反映了甲骨文字笔画书写的先后顺序，比较明显的字乃是以口、田、匚、日、雨、石等为偏旁的文字。以往的甲骨文字的整理，大多依样画形，忽视了笔画叠压。举例如下：

《合集》编号	《甲骨文编》	《甲骨文字编》	《新编甲骨文字形总表》	本书
580 反	第 872 页	第 148 页	第 38 页	

从拓片看，字形右部从它（蛇）偏旁，它（蛇）分上下即首、身两部分，象征身体部分有左右斜刻笔画，稍不仔细观察，不仅笔画会少刻，而且形体也与原形差别加大。既是文字，就有笔画，按照一笔一画写法描摹，才能整理出较准确的文字。因此，厘清甲骨文笔画的整理，才是科学的整理。

（二）连笔、断笔处理的依据

《合集》32183

甲骨文字笔画存在大量的连笔、断笔现象，有的连笔是当时甲骨文字刻写时留下的，有的是甲骨文发现后墨拓时形成的，处理不当，会影响到文字的准确性。特别是以手为偏旁相关的文字，如《合集》32183 甲骨版上这一字，此字为形（如图），左右结构，左侧部分，从点从卩；右侧部分，从竖从手还是从止，因笔画相连，需要辨析。甲骨文中有（《合集》16935 正）字，从手从竖，代表以手持杖之义。由字判断，字右侧所从偏旁为从手从竖，也是以手持杖之义，、两字含义当相近。像这种引起歧义的笔画，在整理时，尽量断开连笔部分，作形时较科学。又如尹字，作（《合集》9790 正）形，手偏旁与竖笔画交叉，若把它们分开整理，字形失真程度比较严重，作成形，基本保持原形比较科学。又如：（《屯南》756），从卣从犬，偏旁清楚，但所从卣的上半部分，有断笔现象，在描摹时，需要延伸笔画，把两部分笔画接连，作形以避免歧义出现。又如：《合集》6667 版上之乘字，作形，《甲骨文字编》作字码（第 83 页）。把原甲骨图片放大后观察，上从大、下从木之间，并不存在连笔，只是在墨拓时，使得字形的上下部分好像连在了一起，其实，它是上下结构之字，上为大，下为木，其字码应为形。本书在遇到拓片上字形有连笔、断笔时，处理的依据是：尽量保持原形，若保持原形会引起歧义者，稍作连笔或断笔处理，便于识别甲骨文字的构形。因为使用甲骨文字形汇编者，并非都是甲骨文研究的专家、学者，他们中还有甲骨文字的其他使用者、普及者。

（三）残字补充要有据可依

甲骨文载体——龟甲、兽骨，距今有三千多年，不论是埋于地下还是出土后被收藏，易碎、断裂现象严重，造成甲骨文一字被折为两段者比比皆是，系统整理甲骨文字时，残字补充的问题如何处理？本书以为残字补充要做到有据可依。有些残字，根据残留痕迹，结合其他甲骨版上的同字，参照补充；有些残字仅出现一次且残缺严重，补充的部分需要合理有据，举例说明：

《合集》编号及其他	《甲骨文编》	《新编甲骨文字形总表》	《甲骨文字编》	本书	备注
28335	第 716 页	第 70 页	第 353 页		“虍”部残缺。
11354			第 334 页		倒立之“鱼”，可补充。
19941 《乙编》405			第 375 页		像人体下蹲身体呈弯曲之形。
22456 《补编》6732					《补编》6732 为《合集》22066、22456 之缀合。《字词表》描摹为形，象征脚部的笔画少摹。

甲骨文残字有时对理解卜辞的内容，具有十分重要意义，故残字尽可能补充，但补充时要尽量做到有据可依。残字能补充完整而不补充或补充有误之字，都不属于字形的科学整理。

（四）特殊笔画处理的依据

《周易·系辞下》谓："古者庖牺氏之王天下也，仰则观象于天，俯则观法于地，视鸟兽之文与地之宜，近取诸身，远取诸物；于是始作易八卦，以垂宪象。及神农氏结绳为治而统其事，庶业其繁，饰伪萌生。黄帝之史仓颉，见鸟兽蹄迒之迹，知分理之可相别异也，初造书契，百工以乂，万品以察。"从《周易》记载看，中国早期文字来源于生活，是对社会生活的反映，其形体最初来源于客观实物的图像。文字的产生和出现，是人类观察客观事物、善于把握事物根本特征的结果。作为书面交流工具使用时，其本义当具有唯一性和可辨认的特征。因此，有些文字笔画在处理时，需要跟社会生活联系在一起，方能对甲骨字形做出科学、客观的整理，举例说明：

《合集》15656 反

走（古义为"跑"）

上举此字，笔画是比较清楚的，但它若不与人的跑步动作联系起来，不仅字形难以整理客观，字义就更无法释读。其他文字如：

1. ——（《合集》22003），字形从口从卩从双手（双手符号向内伸，跟人下蹲时手臂、手指用力保持平衡有关）。

2. ——（《合集》7002），字形从横口从卩从双手（双手向上向面部伸出，其中一手与手臂成一线形）。

3. ——（《合集》8809），字形像人手持卤（颅）。

4. ——（《合集》27912），字形从斤从双手。

5. ——（《合集》22196），字形从大从小点，多数整理者把点与大字形体连在一起，失去字形本意。

从甲骨文发现至今一百多年的研究看，甲骨文字形除了有点、横、竖等笔画外，还有比较成熟的部首、偏旁；它还是早期文字，带有原始文字遗迹。整理甲骨文字形的过程中，若遇到文字笔画难以确定者，与现实生活进行比较，根据“近取诸身，远取诸物”文字字形来源，对字形笔画细微特征进行深入研究，科学描摹甲骨文字，对今后甲骨文字义的进一步考释将起到推动作用。

（五）文字疏密程度影响甲骨文字形准确

甲骨文字在龟甲、兽骨上的刻写，受龟甲、兽骨的大小及占卜事类复杂、刻写空间受限等因素影响，加上甲骨文的偏旁、部首本身就是文字的客观实际，文字在龟甲、兽骨面上的布列，有的密集，两（三）个字被当成一个字的两（三）个偏旁；有的稀疏，一个字的两（三）个偏旁被当成了两（三）个字。举例如下：

《合集》编号	《甲骨文字编》	备注
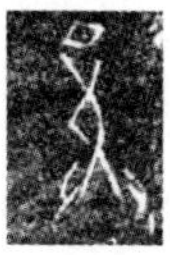 30392	 第 346 页	“（叀）日、[illegible]……”，《合集》30940、29713 等版有“叀日”连用文句；“[illegible]”在《合集》22173、26008 等版有同字异形体。
 21868	 第 360 页	为“丁”“丑”上下两字，上下结构之字。
 1077	 第 89 页	为“卜”“[illegible]”两字，非上下结构的字。
 1060	 第 128 页	为“[illegible]……”两字，下面之字非“犬”，《合集释文》释读此为“[illegible]受”。《合集》10466 有“[illegible]”字，从侧立人从口，由此判断，或是“[illegible]……”两字。
 18186	 第 136 页	为“[illegible]”“[illegible]”两字，非左右结构之字。 
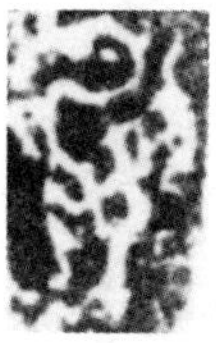 8175	 第 147 页	为“日”“[illegible]”两字，非上下结构之字。 

续表

《合集》编号	《甲骨文字编》	备注
 17510 臼	 第 148 页	为“（妇）竹”“妇女”三字。《合集》5097 臼有“妇竹”，《合集》2080 反、14025 版有“妇女”。
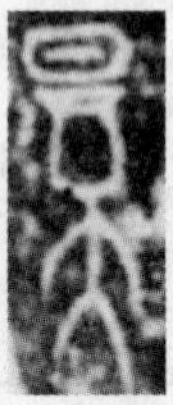 21025	 第 411 页	从同版卜辞“九日”“辛亥”“大雨”等词及日期之间的相互关系看，应为“  ”“大（雨）”。日下从酉。

《新甲骨文编》也存在这种现象：

《合集》	《新甲骨文编》	备注
 8713	 第 485 页	“单”“人”既是单字，又是部首与偏旁，此版甲骨残，两字距离又远，处理为一字的两个偏旁，不妥。
 1074 正	 第 462 页	从文句看，为“攺人于亳旦”，亳为地名，人是单字，不应作一字两个偏旁。
 32919	 第 470 页	从文句看，为“冉”“从”两字，非上下结构之字。
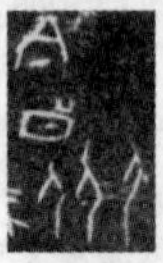 21473	 第 474 页	从文句看，应为“今日众”，是众字偏旁省略（日）或两字共用一个偏旁的典型。
 21079	 第 241 页	同版有“犬”“豖”牺牲，判定此乃“羊”“犬”两种牺牲，非一字。
 28064	 第 263 页	从耒而非从肉（月）之偏旁。

续表

《合集》	《新甲骨文编》	备注
 1090	 第 267 页	从豕从刀，为㓹字。非从屯从刀之字。误把划痕与笔画交接处混淆。
 20070	 第 285 页	为“其”“乎”两字，非上下结构之字。
 20098	 第 287 页	为“（学）戊”“乎”两字，非上下结构之字。
 6880	 第 309 页	非从皿从人之字，同文卜辞见《合集》6877 正、6878、6879，乃字。 
 1824 反	 第 402 页	图片放大后看，此为“”字，其他为衍刻或裂纹与麻点，同字异形者如（《合集》1075 反）。
 20631	 第 528 页	把此字归入“易”字的同字异形体，误。
 23707	 第 532 页	从豕从匕，应为雌性豕之义。与此相同的还有（《合集》19842）等形。
 2514	 第 711 页	从文句看，此乃“御”字的异形体，因跪立的人偏旁有省笔，而非新字——弦。

因甲骨文字在甲骨版布列得稠密或稀疏，整理者或把两个甲骨字当成了一字的两个偏旁，或把其他字的同字异形，整理成了一个新字。以往整理的这类字，不仅有误，而且还影响到甲骨文单字总数的统计。

（六）字形整理与商代历史文化的正确认识

甲骨文中有部分字，无法用偏旁、部首的构字方式进行理解，比如，商代的祖先名，王亥作（《合集》22152）、（《合集》24975）、（《合集》32088）、（《合集》34293）等形；上甲作（《补编》13）、（《补编》64）、（《补编》6960）、（《英藏》12反）等形；报乙作（《合集》22688）等形；报丙作（《合集》32384）等形；小甲作（《合集》1489）、（《合集》18407）、（《合集》32384）、（《合集》38272）等形，雍己作（《补编》6976）、（《合集》20014）、（《合集》22817）、（《合集》22816）、（《合集》27172）、（《合集》27173）、（《合集》35618）、（《合集》35623）等形；其他如大戊、祖乙、母辛等先祖、妣合文等。以上列举的这些文字，字形不能用偏旁、部首的构字法去整理，需要把甲骨文句与典籍结合起来考察其字形。如《新甲骨文编》把王亥专用字集中于干支字亥字字头下，[1] 这样处理文字归类不太妥当。

（七）甲骨文字分期与集中

殷墟发现的甲骨文是俗体字，且为手写体，每一期，甚至同一期的同一个甲骨文字书写的形体也不相同。董作宾先生的《甲骨文断代研究例》，把殷墟甲骨文分为五个不同的历史时期，陈梦家在五期分法的基础上，又把甲骨文分为师、宾、出、何等九组。本书采用陈梦家的分组分期法，把甲骨文字分为九组加以排列，便于比较研究同一历史时期同字异形现象及不同历史时期同字异形体的发展变化。

经过对甲骨文字形的深入研究后，采用哪种方式来整理甲骨文字更加合理，涉及整理甲骨文字技术处理问题。本书采用临摹方式整理全部甲骨文字形。

三　字形处理

到目前为止，处理甲骨文字形的方法，大约有四种：（一）临摹。即对照原甲骨拓片摹写甲骨文字，如《甲骨文编》《殷墟甲骨刻辞类纂》《甲骨文字诂林》等。（二）描摹。用透明的硫酸纸覆在甲骨拓片上摹写，如《殷墟花园庄东地甲骨》摹本部分。（三）切割，利用电脑上的截图工具剪切甲骨文图片直接引用到文章内，目前，大量的甲骨文、金文研究文章采用此种方法。（四）切割加翻转。用电脑上的截图工具剪裁的图片，经过黑白翻转而成的图片文字，如《新甲骨文编》。不管采用哪种处理字形的技术，最终目的是整理出准确的甲骨文字形。而准确的字形整理依赖于甲骨拓片的清晰程

① 刘钊：《新甲骨文编》，福建人民出版社2009年版，第813页。

度。同一甲骨文字，因甲骨拓片的模糊、拓片上的麻点、笔画连笔等因素，描摹整理的字形，会出现错误，仍以  、  两字为例：

《甲骨文合集》	《殷虚文字乙编》	《殷墟甲骨刻辞摹释总集》	《新编殷墟甲骨文字形总表》	《甲骨文字编》	本书
 22014	 401	 第 483 页	 第 40 页	 第 158 页	
 22050	 4678	 第 485 页	 第 47 页	 第 258 页	

从以上所举例子看，《甲骨文字编》以《殷虚文字乙编》为据，整理的字形是正确的。《殷墟甲骨刻辞摹释总集》《新编殷墟甲骨文字形总表》以《合集》为据，把非字形部分当成了笔画，造成了字形的误摹。用电脑截图工具直接切割的甲骨文字形，虽然没有人为因素影响字形的真实性，但甲骨拓片的模糊、麻点，字与字之间的疏密程度，甲骨文连笔、断笔等现象，直接影响其他非甲骨学专业读者对字形笔画的准确判断。截图切割的文字经黑白翻转而成的图片文字，除了有以上所提到的缺点外，还有模糊字形无法翻转、翻转技术造成笔画断裂或模糊一片、字形丢失笔画等结果；即使能翻转成形的字，笔画毛糙、粗细不一，也丧失其美观性。因此字形失真或不系统整理所有文字字形，依然严重影响甲骨文字义的考释。

本书以 photoshop 画图程序为工具，以《甲骨文合集》等十余种甲骨文拓片为依据，参考目前所能见到的其他较清晰的甲骨拓片，多次校对、反复揣摩，用一笔一画的书写方式，采用临摹方法，力图整理出较为客观的甲骨文字形。经过对甲骨文字形的系统整理，其单字总数有多少，是学术界一直关心的问题。本书经过系统整理甲骨文字形后，应该有一个甲骨文总字数的统计数字，但其数字统计有困难。

四　甲骨文单字总数统计的困难

殷墟甲骨文单字总数，到目前为止，没有一个准确的数字，究其原因有两个：其一，安阳殷墟发现的甲骨文，是陆续公布的，因不能一次集中收集殷墟全部的甲骨文材料，故甲骨文字数统计是有阶段性的。甲骨文字字头[①]总数的现状为：《殷墟卜辞综类》为 3324 个（单字）；《甲骨文编》为 5041 个（其中，能释读者 1723 个，附录字 2948 个，合计 4671 个；合文 371 个）；《殷墟甲骨刻辞类纂》为 3673 个（包括独字和合文）；《甲骨文字诂林》为 3691 个（包括独字和合文）；《甲骨文字字释综览》为 3395 个；《新编甲骨文字形总表》为 4026 个；《新甲骨文编》为 3613 个（包括西周甲骨文字；其

① 所谓字头，姚孝遂先生谓：“一定的文字符号，必然是表达一定的概念，是与一定的语言紧密相连的，对于每一个记录语言功能，能独立使用的文字符号形体，我们习惯地称之为‘字头’。”（姚孝遂：《〈殷墟甲骨刻辞类纂〉序》，中华书局 1989 年版，第 6 页）

中，能释读或可隶定之字为2239个，不能释读之字为1204个，合文字170个）。《甲骨文字编》为4378个（因理解不同，没有计算其328个合文与52个残字）。从以上列举的统计数字看，较早的《甲骨文编》单字数量最多，有5000余字。《甲骨文字字释综览》《新编甲骨文字形总表》《新甲骨文编》均晚出，甲骨著录材料比以往增多而甲骨文单字总数反倒减少，出现这种状况，有客观、主观两方面原因。

（一）甲骨文单字总数统计困难的客观原因

甲骨文单字总数统计困难的客观原因有甲骨文同字异形体、古今字义不同、字形上的细微差异与字义有别、甲骨文合文与合文偏旁的省略等因素，直接影响其字数的统计。

1. 同字异形体

甲骨文是俗体字，且为手写体，每一期，甚至同一期的同一个甲骨文字书写的形体也不相同。如涉水之涉，有（《合集》480）、（《合集》15950）、（《合集》20464）、（《合集》28338）、（《合集》32951）、（《合集》36893）等多种形体。干支“戌”字，有（《补编》1131）、（《补编》13108）、（《合集》20875）、（《合集》20463正）、（《合集》31040）、（《合集》31591）等多种形体，如果没有语境因素，很难把这些不同的形体“戌”字认同为一个字。字形形体的差异，导致整理者或误把同字异形者当成两个甚至三个字来处理，或误把两（三）个不同的字当成一字的不同偏旁处理，以《甲骨文字编》为例：

《合集》编号	《甲骨文字编》	本书	备注
2160	第327页		西有多种写法，如《合集》26725之西“”。
18955	第343页		本为馭的异体字，因笔画连笔，造成误解。
17925	第317页		从手从丁，从两横之端形体及（《合集》10315正）字形看，应为字形。
补编6479	第317页		本为于字，把裂纹看成笔画，导致字形误摹。
16404	第343页		此字乃残，不能把能补的残字当成一新字。

续表

《合集》编号	《甲骨文字编》	本书	备注
20285	第 1377 页	、	“辛”字残缺。“祖辛”上下两字，被当成了一个新字。
2108	第 1378 页		般字左边的偏旁——凡省略一横笔画，右边的笔画不能相连。
1204	第 1377 页		字形左侧笔画略短，麻点也被当成了笔画。

以上所举诸字，其异形体字本已存在，《甲骨文字编》却把它们整理为以往所没有见过的字，导致文字统计时出现差异。如把“丁”“丑”两字整理为形（第 360 页），把“ ”“不”两字整理为形（第 82 页）。时至今日，在学术界影响较大的《甲骨文编》，同样也存在把两个字当成一个字的两个偏旁的现象，特别是附录字，如：

《合集》编号	《甲骨文编》	本书	备注
34256	第 660 页		此乃“ ”“用”两字，被误认为一字。
27986	第 660 页		本为告字，因笔画断裂，被误判。
22099	第 664 页		本为“翌日”“（丁巳）告”的合文及语词，翌日之日与丁巳之丁合用一形“ ”。
28811	第 665 页		从句法判断，应为“亡”的模糊字。
9229	第 666 页		本为“在”字，把划痕当成了笔画。
22144	第 666 页		本为“艮”字，应笔画稍有断裂，被误判。

续表

《合集》编号	《甲骨文编》	本书	备注
 32315	 第 668 页		从文句看，本为“乍”字，把划痕等非笔画误当成笔画。
 32642	 第 672 页		本为“乃”“止”两字。
 22092	 第 672 页		为“[illegible]”字的同字异形体。误把划痕当成笔画。
 5225	 第 672 页	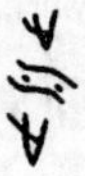	误判“涉”字。
 36511	第 673 页		曾在多版出现，为“炎”字。
 4728	 第 674 页		笔画断裂引起误判。
 24353	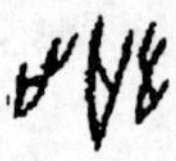 第 675 页		此字有多个偏旁，误把上下结构之字当成两个字，且描摹有误。
 17994	 第 676 页		非左右两个偏旁之字，且字形笔画有误。
 21013	 第 681 页		多加一横。
 31830	 第 682 页	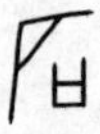	为“牛”“[illegible]”两字，非上下结构之字。
 21893	 第 685 页		把“執”字笔画少摹。

续表

《合集》编号	《甲骨文编》	本书	备注
1633	第 688 页		此乃“午”字，字形误判。
21666			本为“亡”字。误把麻点当成笔画。
、34399	、第 698 页		从句法看此为“我祭（其、弜）[illegible]”，前面之祭字省略手偏旁。
乙编 3627	第 698 页		此为巴字，字形误判。
1539	第 701 页		应为[illegible]残字。
22592	第 702 页		为“入”“又”两字。
8329	第 703 页		误把麻点当成了笔画。
21514	第 703 页		为“及”“七”两字，字形错误。
21969	第 703 页		字形误判。
27168	第 704 页		祭字笔画缺刻。

续表

《合集》编号	《甲骨文编》	本书	备注
 21111	 第705页		为“今”“方”两字。
 16008	 第705页		本为“取”字。
 38244	 第706页		偏旁误判。
 3534反	 第707页		字形误判。

注：《甲骨文编》引用的原甲骨文著录，有相当部分已经收录到《合集》中，为便于检索，均用当今的《合集》号标明其出处。

把两个字当成一个字的两个偏旁整理出的文字，是误字；麻点、划痕等非笔画部分，描摹为字形的笔画之文字，也是误字；这些字往往被当成一个客观文字存在，成为导致文字统计时出现差异的原因之一。

2. 字形上的细微差别及字义差异

甲骨文字形上的细微差别往往跟字义区别有很大关系，书写形体的差别，不能简单地把它们看作是甲骨文字的同字异形体，因为字形表达了深刻的文化内涵，以“弓”“射”为例来讨论。

（1）弓字形与字义的细微差异

甲骨文“弓”字，有以下三种形体：

一式：

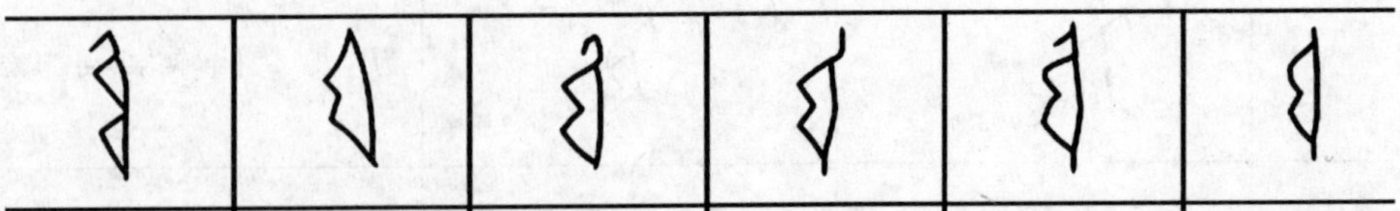

b04485	h00151正	h03046	h03369-1	h07932-1	h08867

二式：

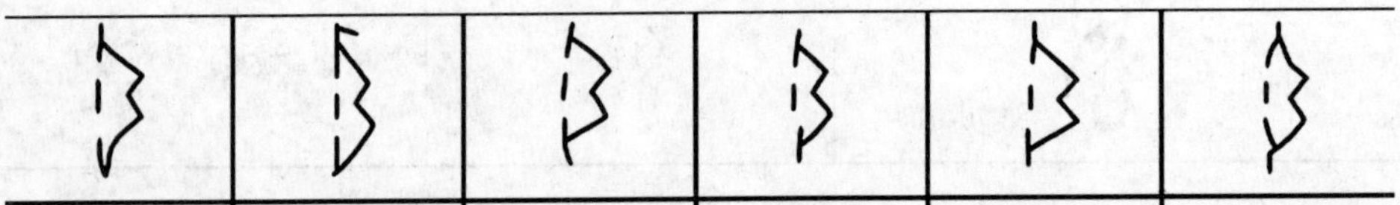

h00593	h07239正	h08442反	h17707	h19664	h19752

三式：

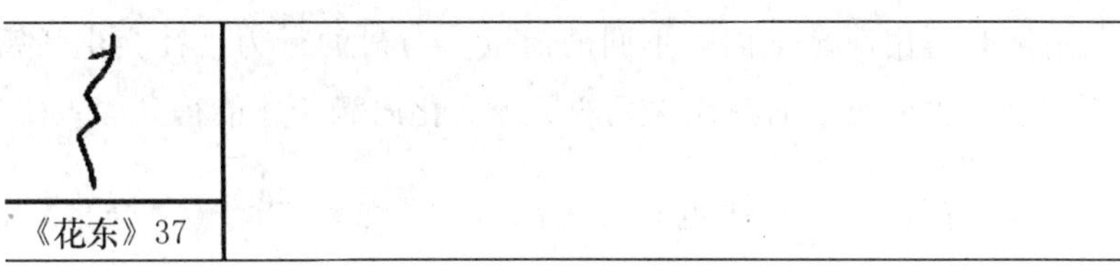
《花东》37

一式与二式、三式的主要区别在于：一式的弓字，其弦部分是实线；二式的弓字，字形中代表弦的部分是虚线，三式之弓字，代表弦的部分无线段。殷墟花东 H3 卜辞第 37 版，有迟彝弓、恒弓、疾弓三种不同弓的占卜，据研究，迟彝弓即文献所载的王弓、弧弓，郑玄注："王、弧恒服弦。"[①]迟彝弓之弓作"　"形，做服弦状。与疾弓、恒弓之弓作"　"形的不带弦状之弓有别。[②] 上引一式弓的字形，应与殷墟花东 H3 卜辞中的迟彝弓之弓为同字异形体，相当于后世文献记载的王弓、弧弓。二式弓的字形，作为弓弦部分的笔画作虚线，应与弓弦的某种状态相关。字义的不同决定了弓字形的细微差别，它是商代语言丰富多样的语词在字形上的反映。

（2）射字形与字义的细微差异[③]

甲骨文中的射，有多种形体，从箭镞的不同看，有三种形体：

A 平头箭镞，如：（《合集》24223）、（《合集》27060）、（《合集》27255）、（《合集》27970）、（《合集》28347）、（《合集》28305），等等，虽都属于平头箭镞，弓体形状及弓箭杆尾部也有差别。考古发现的箭镞见图 1。

B 直杆箭（无箭镞），如：（《补编》1721）、（《合集》5753）、（《合集》30），等等。考古发现的箭镞见图 2。

C 锋刃形箭镞及箭杆，它还有三种式样，第一式样：箭杆不超出弦者，如：（《合集》5773）、（《合集》5787）、（《合集》28363）、（《屯南》598），等等。第二式样：箭杆尾翼分叉者，如：（《合集》13）、（《补编》1717）、（《合集》28402）、（《英藏》2299），等等。第三式样：箭杆尾翼交叉分叉者，如：（《合集》5768）、（《合集》5783）、（《合集》5788）、（《合集》5791）、（《合集》5792）、（《合集》5797），等等。考古发现的箭镞见图 3。

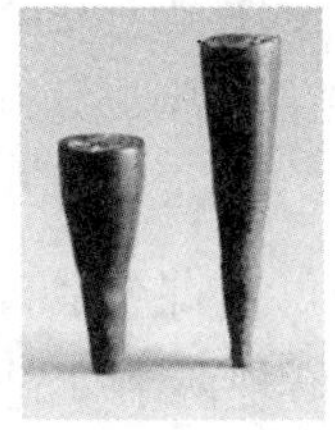
图 1

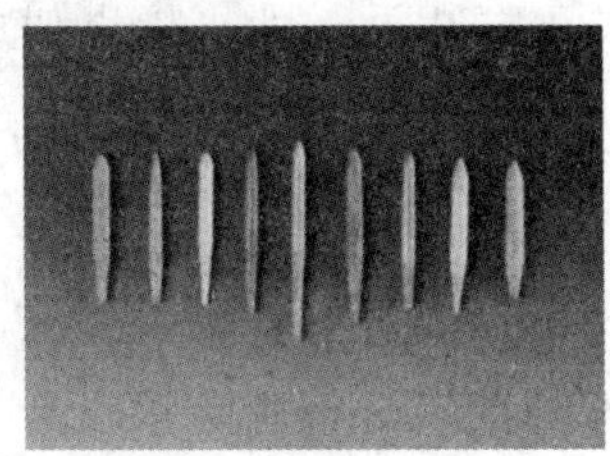
图 2

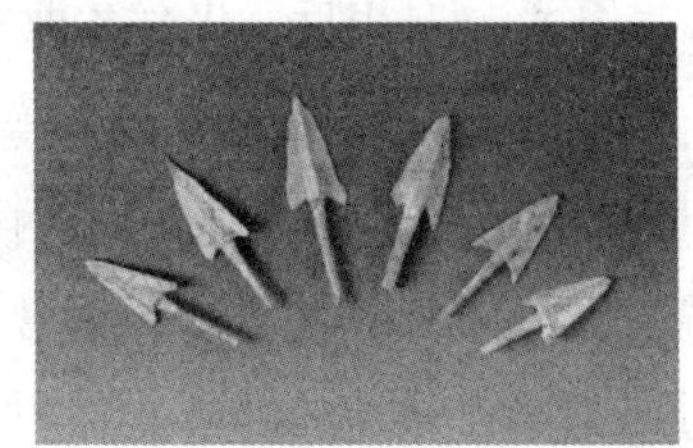
图 3

① 孙诒让：《周礼正义》，中华书局 1987 年版，第 2558 页。

② 韩江苏：《〈花东〉37 版"迟弓、恒弓、疾弓"考》，《中原文物》2011 年第 3 期。

③ 此部分详细论证见《殷墟甲骨文字形表义论》。

射字在箭镞部位有平头型、直杆箭、锋刃形箭镞的书写形式，恰与考古发现的商代箭镞形体高度吻合，不同的字形表现的是射箭时所用箭镞不同。不同的箭镞，与射的行为、社会生活密切相关。系统整理甲骨文不同字形，文字字形中所蕴含的商代深刻的历史文化内涵，才能得到深入研究。

射字形体的不同，不仅表现在箭镞上，弓体也有很大的区别，如：（《合集》10360）、（《屯南》1088）（《合集》5732）、（《合集》28346）（《补编》9245）、（《合集》27970）等。凡弓，必具往来两体，才具备弛张之功用，孙诒让注："往体，谓弓体外挠；来体，谓弓体内向。凡弓，必兼往来两体，而后有弛张之用，但以往来之多少为强弱之差。"[①] 弓体的往来两体，以决定弓的强弱度、快慢，《周礼·冬官·考工记·弓人》谓："往体多，来体寡，谓之夹臾之属，利射侯与弋。往体寡，来体多，谓之王弓之属，利射革与质。往体来体若一，谓之唐弓之属，利射深。"[②] 从文献记载弓的形体看以上的甲骨文形体，表现的字义与弓的往来形体有关。

从以上所举弓、射字形的差别看，它们所传达的意义并非时代的差异、地区的差异、书写习惯的差异，而造成文字形体的差异，它本身就包含着丰富的社会内涵，若把字形与甲骨文文句、历史文献结合起来深入研究，将大大提高甲骨文的史料价值。甲骨文中这类字大量存在，如释读为后世的黍字，有（《补编》2509）、（《合集》9540）、（《合集》30304）、（《合集》33225）四种类型（这四种类型的字还存在细微差别，哪些是同字异形，哪些字字义在相同处又有新义，系统整理后将为文字考释奠定基础），于省吾、陈梦家等，他们并不认为这些字是黍的异体字。[③] 这些字字义相同处与不同处怎样分别，需要结合文字字形、文句、中原地区农作物的种类及历史文献深入细致地研究，方可得出客观公允的结论。又如疋字，[④] 分别作（《合集》190）、（《合集》4586）、（《合集》20706）、（《合集》17146）、（《合集》21475）、（《合集》13693）、（《合集》39790）等形，足是人体的主要组成部分，甲骨文中以为偏旁者近200字。开口方向不同，形成的文字字义有巨大差别，如出字，作（《补编》530正）形，各作形（《合集》27000）；陟作（《合集》1292）、（《合集》15366）形，降作（《合集》808正）、（《合集》16479）等形。因方向相反，出、各两字含义正好相反；陟、降也如此。释读为疋的以上字形，不仅所从方位不同，而且其他指示符号差别巨大，若把形体差异很大的这些字，都归类为疋的同字异形体，将大大影响文字表达的深刻社会内涵。[⑤]

因甲骨文有同字异形体的现象，甲骨文字形细微差异与字义关系密切，以及古今字义的差异，不同的甲骨文字整理者，由于主观认识的不同，有时把一字当成两字归类，有时把两字（包括多字）归

① 孙诒让：《周礼正义》，中华书局1987年版，第3563页。

② 同上书，第3564页。

③ 于省吾：《甲骨文字释林》，中华书局1979年版，第244—246页。陈梦家：《殷虚卜辞综述》，中华书局1988年版，第529页。胡厚宣：《卜辞中所见之商代农业》，《甲骨学商史论丛》第2集，第88页。

④ 李孝定：《甲骨文字集释》，"中央研究院"历史语言研究所1970年版，第639页。

⑤ 此部分详细论证见《甲骨文"足"相关部位名称考》。

到一字头下，以上是从甲骨文形体方面对甲骨文数字统计出入较大的原因作的简要分析。

因此，字形的归类标准不统一，像弓、射、弹等形之字，本书仍把它们分别归于一字之下，黍、疋等几种异形体字，因其语言内涵差别大而分列。

3. 古今字义不同

甲骨文与汉字字义的古今变化是显而易见的，有的与后世的文字含义相同，有的存在一定的区别，如字义的合并，指一个字把全部职务交给另一个字承担的现象，[1] 甲骨文如：牢、牡、牝、陷等。(1) 后世之牢，《周礼・天官・小宰》记“牢礼之法”，郑玄注“三牲牛羊豕具为一牢”。[2] 又“牛曰太牢，羊曰少牢”。[3] 甲骨文中，有牛牲牢，作（《补编》2700）、有羊牲牢，作（《补编》126）形。(2) 牡、牝，《说文》：“牡，畜父也。牝，畜母也。”甲骨文中，牛、羊、豕、马等雄、雌皆有专字，如：（《合集》1142 反）、（《合集》6952 反）、（《合集》784）、（《合集》30743）、（《合集》15480）、（《合集》19842），（《花东》198）、（《花东》324）等字，应以牡、牝两字计算还是以多字计算，怎样规定？等等，都成为影响单字字数统计的客观原因。(3) 陷，作（《合集》22374，从跪人从坑）、（《合集》22278，从立人从坑）、（《合集》16196，从牛从坑）、（《合集》22123，从羊从坑）、（《合集》10364，从鹿从坑）、（《合集》14313 正，从豕从坑）等形，字形可分两部分，陷从臼从所陷之物，字义实际为陷人、陷牛、陷羊、陷鹿、陷豕；沉字，作（《合集》15678，从吉从水）、（《屯南》2232，从玉从水）、（《合集》780，从牛从水）、（《合集》40548，从羊从水）等形。字形分两部分，即从水从所沉之物，字义实际为沉玉、沉牛、沉吉、沉羊等。以上所举“陷”“沉”两甲骨文字形、字义与现代汉字的字形、字义非一对一的关系，而是一对两个以上的现代汉字组成的词之关系，甲骨文这类字，字义分相同部分（陷、沉）和不同部分（陷、沉所从不同的物品或物种）。又如黄河之河，做（《合集》14521）、（《合集》8324）、（《合集》26907 正）、（《合集》28263）等形，有的不仅所从偏旁有别，而且字义也不同。根据文句判断，他们或指祖先名（《合集》1186），或专指黄河（《合集》5566、8325）等。当甲骨文与后世文字字义存在区别时，文字数量该怎样确定，可谓仁者见仁。

4. 甲骨文合文与合文偏旁的省略

由于受刻写区域的限制，甲骨文存在合文及合文偏旁省略的现象，如牡牝作（《合集》19987）形、三牡作（《合集》11145）形、三牛作（《合集》1051 正）形、四千作（《合集》6175）形、五千作（《合集》7312）形，八千作（《合集》31997）形等，这些合文及合文偏旁省略之字，究竟该不该当作一字来处理，学术界目前还没有达成一致的意见。另外，文字的省略，如“有

① 裘锡圭：《文字学概要》，商务印书馆 1988 年版，第 245 页。
② 李学勤：《周礼注疏》，北京大学出版社 1999 年版，第 68 页。
③ 《大戴礼・曾天子圆》：“诸侯之祭，牲牛曰太牢；大夫之祭，牲羊曰少牢。”

佑”作 （《合集》26972）形等，是作合文处理，还是当一字，都有待于确立一定的标准。本书把牡牝、三牡、三牛等当作合文处理，四千、五千等为便于查找，以千的单字处理，布列于千字字头之下。

5. 合文与单字的不同认识

受刻写区域的限制及商人思维方式的影响，有时一个甲骨文字的两个偏旁距离相对较远，似是两个具有不同形、音、义之字；有时，两个字中间没有空隙，似是一个字的两个偏旁，后人在整理这些文字时，往往会出现理解上的不同。举例说明：

《合集》编号		《新甲骨文编》	本书	备注
1	10410 正	企束		《新甲骨文编》把这五字看成一个合文字，释文为“企束”。第 1 字，从身从止（企）从矢。第 2、3 字，从人从止（企）从个，个可看成矢的省体。第 4、5 字，从企从束。矢、束是两个完全不同的偏旁，从字义看，企在矢尖上与在刺尖上本意相同，但字形差距太大。本书暂时把它分列为三个字。从甲骨卜辞文句判断，此字非合文，而是上下结构的一个字。
2	15241	企束		
3	11446	企束		
4	15241	企束		
5	10048	第 815 页		
	31993	第 816 页		与此形相似的字非合文，可见其整理标准不同。从字形看，跟其释文“御疾”无关。
	17995	第 817 页		甲骨文有“王□”称谓，《合集》有“□子”，若□释读为多子，那么“□子”即“多子子”，从文句看，不妥。
	6766	第 818 页		从语境看，此为一字。

续表

《合集》编号	《新甲骨文编》	本书	备注
 24251	 第 821 页		此两字距离太近，以至于一小点与师字笔画相重合。“在师某”占卜有多条，不适宜把此列为合文。
 28399	 第 821 页		从犬从口两个偏旁之字有多个，有口旁在豕左侧，也有在豕下方者，从文句分析，此字非合文。
 20772	 第 815 页		从鬼从日，从文句分析，应是一字而非合文。
 21172	 第 845 页		从卜从女偏旁，从文句看，应是一字而非合文。
 《花东》35	 第 817 页		参见《花东》386 字，从文句看，应为一字而非合文。

总之，殷墟发现的商代甲骨文，是商代语言的记录符号，包含博大精深的殷商文明，科学、系统整理甲骨文字形，不仅有助于对未释读文字的理解，也有助于对已经释读的文字进行更深入、细致的研究；因甲骨文字形的多样性，甲骨文单字统计遇到了相当大的困难。我们在统计单字时，对这些内涵丰富的字形，要确定怎样的标准，是今后需要研究的课题。

（二）甲骨文单字总数统计困难的主观原因

甲骨文单字总数统计困难的主观原因是多种多样的，由以上所举的例子可以看出，主要是文字的整理者对字形的理解有偏差。因甲骨拓片模糊这一主要因素存在，这种主观因素是难免的。

因没有文字统计的标准，本书根据字头，暂时统计的文字总数为 5500 个左右。

五　甲骨文字的检索

甲骨文字汇编一类工具书，文字的检索大体上分两种，一种是按照《说文解字》部首排列法，分部别属布列文字，如《甲骨文编》《续甲骨文编》《新甲骨文编》等。一种是甲骨文字形自然分类法，20 世纪 70 年代，岛邦男先生在《殷墟卜辞综类》编纂时创立的一百六十四个部首方法，后来被《殷墟甲骨刻辞类纂》《甲骨文字诂林》编纂时采纳和吸收，姚孝遂谓：“本书（《殷墟甲骨刻辞类纂》）的部首，不采用《说文》的五百四十部，而是基本上按照岛邦男的《综类》的分布而有所调整，这种分部更符合甲骨文形体结构的实际。……在整理部首表的时候，岛邦男氏认真考虑了形体的来源问题，大体上按照人体图像和自然图像来加以排列的。任何文字符号，其形体都是来源于客观事物的图像，所谓‘近取诸身，远取诸物。’”[①] 这种部首排列法，虽然目前在检索、查阅方面还有待改进，但由于甲骨文字读音、笔画书写次序研究薄弱，岛邦男的《综类》创立的部首法比《说文》部首法更符合甲骨文形体结构的实际，检索起来也比较方便。本书采用岛邦男先生在《殷墟卜辞综类》归纳的部首法来编纂全部的甲骨文字，部首方面吸收《殷墟甲骨刻辞类纂》《甲骨文字诂林》《新编甲骨文字形总表》之长处，其具体形式为：（1）部首表;[②]（2）部首检索表；（3）拼音目录（可释读汉字）;（4）笔画目录（可释读汉字及根据甲骨文原形字构形可隶定之字）。从不同角度为利用者提供快速、简便的手段。

完成一部甲骨文字形汇编的每一位学者，付出的心血，都有5—20年，他们都想用辛勤的劳动，为使用甲骨文的研究者、宣传普及者提供最新、最科学的甲骨文字形整理成果，提供便利的检索手段。甲骨文既是成熟的文字，又带有早期文字的原始遗迹，内涵丰富，字形多变，但受各种主、客观因素的制约，每一成果均有错误及不尽人意之处。本书完成后，我们一直在进行甲骨文字校对，每次校对，都会发现错字、误字，想及早让它与读者见面，心里又总是忐忑不安。在郭沂纹、安芳老师的帮助下，《殷墟甲骨文编》于今出版，衷心希望在同人的帮助下，错误之处及时得到纠正，为互联网上甲骨文字的推广奠定基础。

---

① 姚孝遂：《〈殷墟甲骨刻辞类纂〉序》，中华书局1989年版，第5页。王宇信先生谓“编纂大型的甲骨文文字字书，首先遇到的问题是辑字的体例，近百年来，编纂甲骨文字书，多是按照《说文》体例类次甲骨文字，如《甲骨文编》即是。日本学者岛邦男摆脱《说文》体系，另立自然分类法，依类部居甲骨文字，也产生了很大影响。姚孝遂、肖丁主持的《殷墟甲骨刻辞类纂》和一九九六年于省吾主编的《甲骨文字诂林》，也是按‘自然分类法’部居甲骨文字的。……自然分类法，由于甲骨文字的原始性和多变性，分类部居甲骨文字往往见仁见智，再加上学者对自然分类法比较陌生，学者部居文字的随意性也在所难免。甲骨学者在使用《综类》等自然法部居文字的著作时，往往不得其要领，多数人主要还是借助‘索引’，查找想检索的内容。因此，自然分类法还存在进一步改进和规范化的问题。”（《中国甲骨学》，第318页）

② 部首与偏旁，姚孝遂先生讲得很明白：“文字最初只是一些最基本的符号形体。随着人类社会的不断进步与发展，为了适应日益增长的交流思想、记录语言的需要，孳乳分化成很多新的文字形体，而这些新的文字形体主要是由原有基本形体组合而成的。为了研究这些文字形体，将之综合在一起，就存在一个分类排列的问题，人们注意到有许多不同的文字形体，在分析其结构时，发现其具有某一个共同的组成部分。将这些共同组成部分标举出来，用以部勒所有的具有这个基本形体的文字，这就称之为部首。部首必须是能够独立存在的最基本的形体。偏旁是指一个复合的文字形体的各个组成部分。‘部首’可以是一个偏旁，但并不是每一个‘偏旁’都可以成为‘部首’。”（《殷墟甲骨刻辞类纂》序，第5页）

编辑凡例

本书分正文和附录两部分，正文部分包括“殷墟甲骨文编”。附录部分包括“花东甲骨文编”、《殷墟小屯村中村南甲骨》及《殷墟甲骨辑佚》部分新字、文字考释三部分。

1. 本书收字，以《甲骨文合集》等十一种甲骨著录拓片及照片上出现的字为主，所收著录的代码及简称，见简称表。

2. 所收各字，用photoshop画图程序，依照原甲骨文字形摹撰；每一甲骨文字都带其原著录代码及编号。如：h01068，是摹撰的字码，h是《合集》代码，01068是《合集》编号。

3. 凡一版而各书重复出现的，在标注文字出处时，仅录其原著录的任意一个编号。如字，所在甲骨版是《合集》27286号，此版与《合集》30354为重片，此字编号时，仅著h27286编号。

4. 甲骨文字有的可释读为现代汉字，有的可根据偏旁而隶定的字，在排列时，现代汉字、隶定字、未释读及仍有争议的原形字，列于每一原形甲骨文字前。

5. 以岛邦男创立的甲骨文自然分类法分部别居所有甲骨文字。

6. 检索有部首表、部首检索表、拼音目录、笔画目录四类，可从不同角度查阅甲骨文字。

7. 以陈梦家创立的“分组分期法”集中每一甲骨文字的同字异形体。

8. 原拓片上的甲骨文字形大小、笔画粗细、书写风格，差距较大，为美观、统一、整齐及今后印刷或引用方便，本书所摹字形大小、笔画粗细一致。

9. 部分字形有的可能有误，这种情况有两种：一种是客观的，有的甲骨文字载体只有摹本，没有拓片或照片，摹本错误，整理的字形也错。另一种是主观造成的，甲骨文字的载体虽有拓本、照片，但笔画模糊不清，容易把偏旁或字形理解错误，故整理的文字字形也有错误。

代码和简称表

H:《甲骨文合集》……………………………………………………………………《合集》

B:《甲骨文合集补编》………………………………………………………………《补编》

T:《小屯南地甲骨》…………………………………………………………………《屯南》

Y:《英国所藏甲骨集》………………………………………………………………《英藏》

D:《东京大学东洋文化研究所藏甲骨文字》………………………………………《东京》

W:《怀特氏等收藏甲骨文集》………………………………………………………《怀特》

L:《(日本)天理大学附属天理参考馆藏品·甲骨文字》…………………………《天理》

S:《苏、德、美、日所藏甲骨》……………………………………………………《苏德》

Z:《殷墟花园庄东地甲骨》…………………………………………………………《花东》

C:《殷墟小屯村中村南甲骨》……………………………………………………《村中南》

J:《殷墟甲骨辑佚》…………………………………………………………………《辑佚》

殷墟甲骨文编目录

殷墟甲骨文编正文

人								
宾组	b00036	b00113	b01276	b01703	b01775 反	b02408	b03826 反	b04087 正
	b04634	b05887	b06544	h00001	h00037	h00040	h00068	h00137 反
	h00324	h00338	h00380	h00386-1	h00496-1	h00828 正	h01021	h01028
	h01029	h01035	h01041	h01068	h01078	h03421-1	h06466	h07321
	h07348 反	h07881	h11018 正	h17055 反	h19633 反			
师组	b06648	h19982	h20069-1	h20069	h20346 正	h20502	h20503	h21172
	h21218	y01816						
子组	h21644	y01901	y01903					
午组	h21915							
丙一	h22067							
丙二	h22246	h22247	h22374	h22450	h22471	h22474	h22475	
出组	b07256	b08706	h22557	h22565	h22567	h22598	h22599	h22600

	h22602	h22603	h22606	h24551	h24615	h24878	h24892	y01925
何组	b09376	b09695	b10396	h26898	h26907 正	h26908	h26915	h26917
	h26919-1	h26923	h26924	h27016	h27017-1	h27694	h27781	h27973
	h28012	h28018	h28030					
历组	b10423	h31161	h31829	h31997	h32276-1	h32280-1	h33201	h33269
黄组	b11234	b11235	d00945	h35356	h35363	h35366	h36493	h36494
	y02524							
出组	100377							
匕								
宾组	b04153	b04216	b04432	b05880	b06362	h01248 正	h01623 正	h02359
	h02410 正	h02429 正	h02439	h02452 正	h02469	h02499	h06032 反	h11599
	h13707 正							
师组	b06763	b06824	b06896	b06919	h19867	h19885	h19886	h19887

	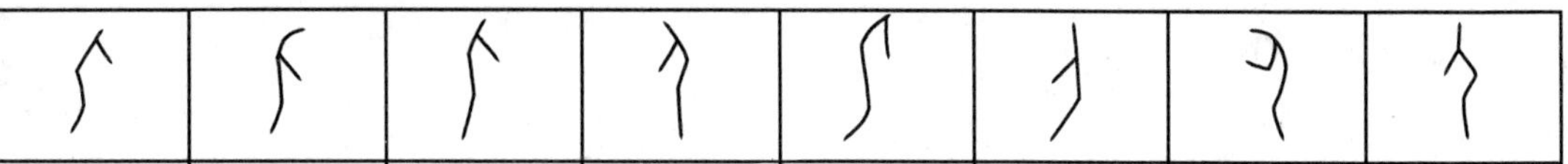 h19897	h20017	h20049	h21032	h21237	h21292	h21304	h21499
	 y01787							
子组	 h21549	h21555	h21677					
午组	 h21875							
丙一	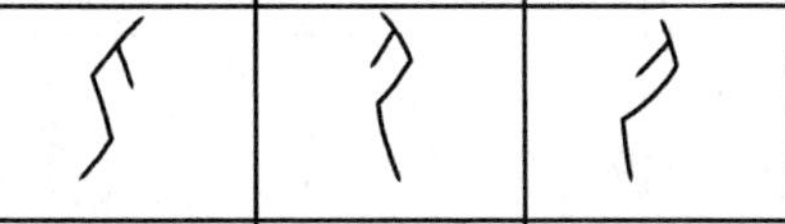 h22045	h22098	t02238					
丙二	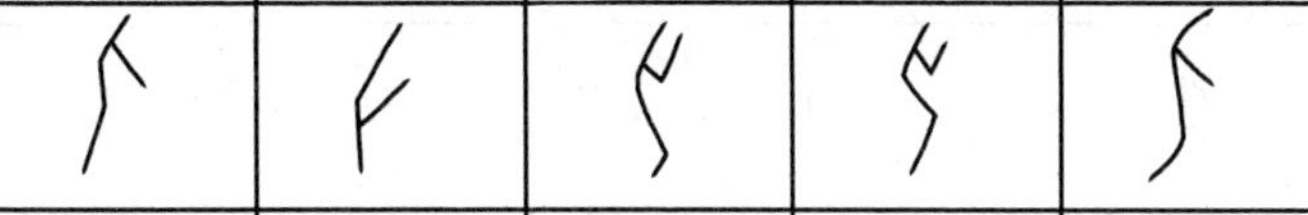 h22208	h22212	h22235	h22248	h22384			
出组	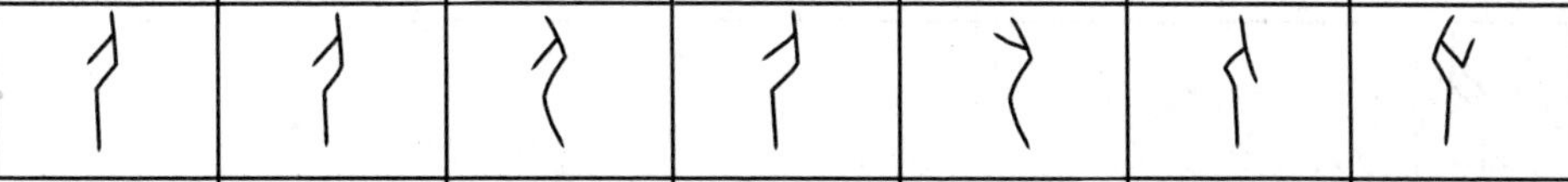 b07022	b07024	d00627	h25047	h25150	h26063	y01924	
何组	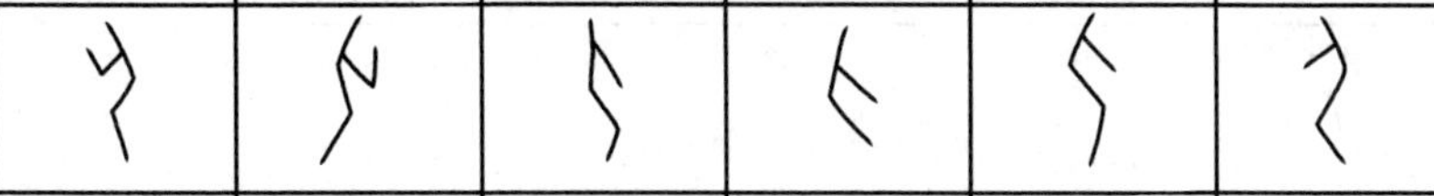 b09623	h26995 反	h26995 正	h27148	h27566	h27576		
历组	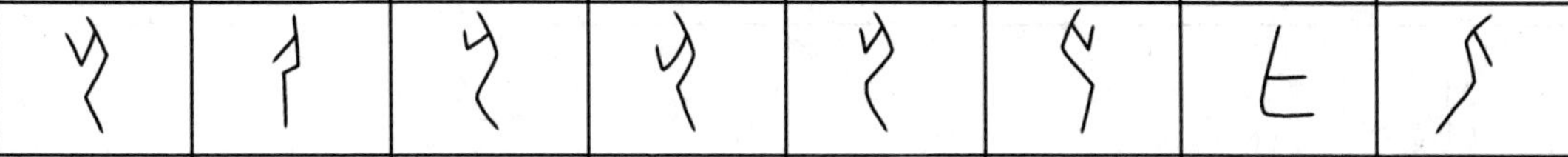 b10468	b10470	h32173	h32227	h32426	h32453	h32538	h32738
	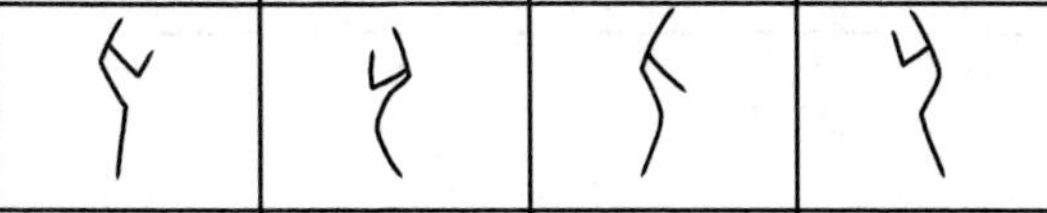 h32743	h32748 正	h32906	h34084				
何组	 100334							
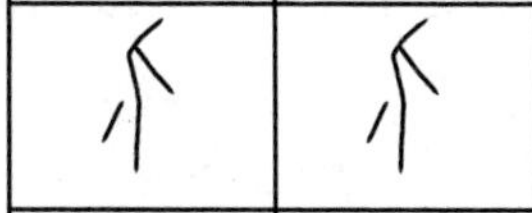 宾组	b05270 正							

出组	h22577-1							
师组	b06773							
尸								
宾组	h00025	h00833-1	h00837-1	h05473 反	h06457 正	h06464-1	h06480	h06583
	h06648 反	h07052	h08359	h14295	h15165			
师组	h19799	h20612	h20643	h40910				
历组	h33039	h33194-1	t04360-1					
何组	t00873							
壬								
宾组	y00409	y00410						
宾组	h04744							
师组	h20582 反							
子组	h21527							
宾组	h00339							

介								
宾组	b00299	b00301 反	b00303 正	b00307 正	b00340	b03972	b05281 反	h00721 正
	h00816 正	h01800	h02096	h02340	h02343	h02344	h02347	h02348-1
	h06002 正	h08784	h10613 正	h13436	h17706	h2346	y01745	
历组	s00159							
宾组	h18513							
师组	h19941							
子组	h21530							
宾组	h00137 正	h00557	h13887-1	h17446	h17959	y01128		
师组	h20086							
宾组	h16050	h17375						
师组	h20209							
出组	h23340							

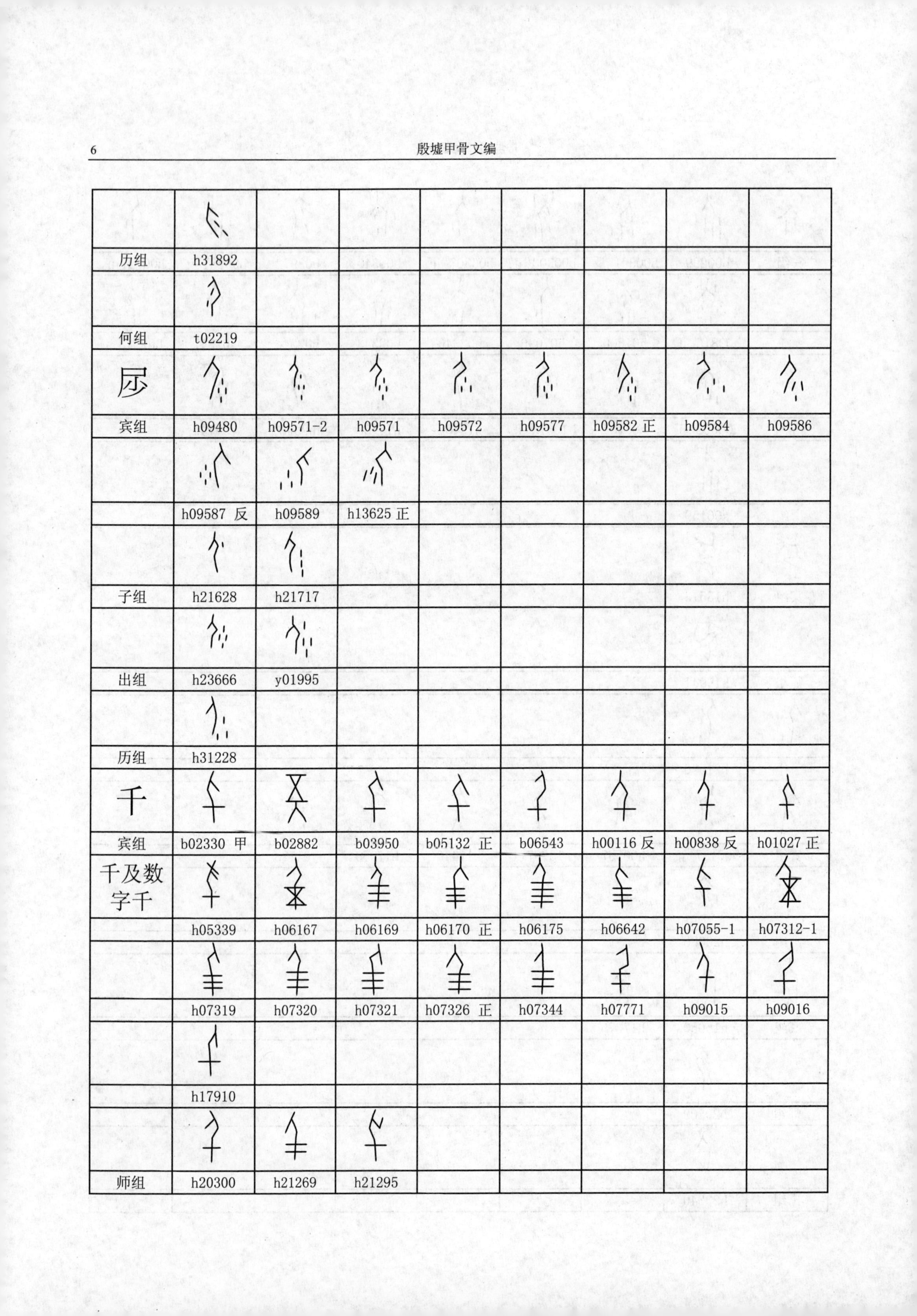

历组	h31892							
何组	t02219							
⿸尸少								
宾组	h09480	h09571-2	h09571	h09572	h09577	h09582 正	h09584	h09586
	h09587 反	h09589	h13625 正					
子组	h21628	h21717						
出组	h23666	y01995						
历组	h31228							
千								
宾组	b02330 甲	b02882	b03950	b05132 正	b06543	h00116 反	h00838 反	h01027 正
千及数字千								
	h05339	h06167	h06169	h06170 正	h06175	h06642	h07055-1	h07312-1
	h07319	h07320	h07321	h07326 正	h07344	h07771	h09015	h09016
	h17910							
师组	h20300	h21269	h21295					

午组	h21960							
丙一	h22050							
丙二	h22202	h22349	h22405	h22509				
出组	b07368							
历组	h31997	h32008-1	h32009	h32276-1	h33285	h34525		
黄组	h36481 正							
宾组	b03993							
企								
宾组	b04306 正	h09480	h10048	h11651	h18894 反	h18983	h19661	h40614-1
子组	h21871							
出组	h24960							
何组	h28072							
历组	h31760-1	t00179						

 宾组	 h18982							
旨								
宾组	b05266	h00248 正	h05478 正	h06453	h08435-1	h08440	h08442 正	h10307

	h14199 正	y00594 正						
身								
宾组	h06477 正	h13666 正	h13666 正	h13669	h13713 正	h17978	h17980	w00504
孕								
宾组	h40702							

师组	h21071							
孕								
宾组	h02680	h10136 正						
孕								
师组	h21207							

宾组	h10948 正	h13673						

何组	b10254							

宾组	b05975	h17979						

宾组	h14926							
丙二	h22259							
允								
宾组	b00024 正	b00052	b01761 正	b01804 正	b02329	b02392	b02608	b02611
	b04981 正	b05068	b06332 正	b06435	d00067 正	h00094 正	h00097 正	h00097
	h00137 反	h00137 正	h00214	h01034	h01068	h01075 正	h0107 正甲	h01248 正
	h02634	h03242	h03454	h03567 反	h05684	h06057 反	h06065	h06066 反
	h06369	h06717	h06762	h07320	h10321	h10407 正	h10634	h10750
	h11665	h12915	h12917	h12936	h12937	h12985	h12990	h13034
	h13144	h18803	h18807 正	h18910 正	w00235 正	y00129	100272 反	
师组	b06754	b06856	h19781	h19851 正	h20072	h20343	h20345	h20385 反
	h20398	h20411	h20440	h20525	h20736	h20900	h20956	h20965
	h20972	h20975	h20977	h21017	h21035			

子组	h21811							
丙二	h22184	h22186	h22468					
出组	b07381	h24671	h24684	h24771	h24892	h24924	h26765	h26773
	h26775							
何组	b08972	h27861	h27862	h27881-1	h28316	h30110	h30149	
历组	b10537	b10903	h32392	h32804	h32914	h33700	h33779-1	h33874-1
	h33874	h33914	h33966	h34040	t00109	t00254		
黄组	h36844	h38158						
火								
出组	h24466-1							
何组	h29185-1	h29246						
黄组	h37823							

兆								
出组	h24464							
何组	b08943-1	b09792	h27898	h28125	h28353	h28799-1	h29240	h29242-1
	h29243	h29244-1						
历组	h31252	h31276-1	h41563-1					
黄组	h37441-1	h37480	h37481	h37644	h37646			
何组	t02191	t04451						
以								
宾组	b00011	b00035	b00040 正	b00466	b00764	b01242	b01955 反	b02369
	b02381	b02382 反	b02384 反	b02385	b02392	b02395 正	b02403	b02411 正
	b04277	b06281	h00027	h00278	h00292	h00547	h00551	h00554 正
	h00673	h01100 正	h04751	h05384	h05452	h05856	h0896 正甲	h09078
	h14120	h14390	h14912	h18910 反	h19223	h19263	h19316	
师组	b06648	b06794	h20439	h20573	h20640	h20741	h20742	h21009

	h21010	h21020	h21284					
子组	h21562	h21832	h21833					
午组	h21988							
丙一	h22048	h22063						
丙二	h22145	h22473-1	h22520					
出组	b07019	b08598	h22537	h22542	h23057	h23705	h23708	
何组	b08953	h26900	h26953	h26983	h26992	h26993	h27310	h27364
	h27701	h27893	h28332	h28836-1	w01444			
历组	b10410	b10429 甲	b10640	b10937	h31187	h31932	h31980	h31982
	h31983	h31984	h32000	h32026	h32028	h32114	h32271	h32273
	h32274	h32275	h32314	h32430	h32509	h32543	h32623	h32832
	h32884	h32902-1	h32916	h32917	h32920	h32994-1	h32997	h33082

	h33191	h33192	h33943	h33972	h34102	h34122	h34162	h34236
	h34263	h34400	y02451					
黄组	h35344	h35356	h35965	h36416	h36475	h36524	h38702	
历组	t00029	t00672	t00824	t01099	t01126	t02618	t03748	t04108
元								
宾组	h00239	h00722	h04489	h04855-1	h04855	h05856	h07242	h08764 反
	h09801	h14354	h14822	h14824	h14825	h14828	h15219	h19031
师组	h21162							
出组	b08641	h23390						
何组	h27122							
历组	h31675	h32193						
黄组	h36773-1	y02562 正	t00130	t03100-1				

元								
宾组	h00006	h00570	h03875					

师组	y01815							

历组	s00318							
[illegible]								
宾组	h06947 正	h10976 正						

宾组	h00006-1							

午组	h21903							
凥								
宾组	h00376 正	h03183正甲	h07075 正	h09947	h13749	h13750	h17976 正	h17977

师组	h20830							
	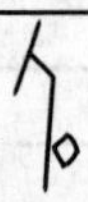	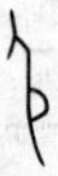						
子组	h21650-1	h21803	h21805					

出组	h24414							
项								
宾组	b01356	y00097 正						
	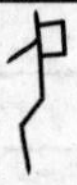							
何组	t00463							

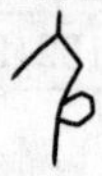

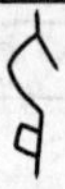

师组	h21035-1							
叺								
师组	y01799-1							
叺								
宾组	h18440-1							

何组	t02301							
叺								
宾组	h10466-1							

午组	h21936							

宾组	h06476							
襄								
宾组	h00343	h00449	h07041	h08195	h08196			

师组	h20464							

出组	h23787							

何组	h27988	h28398	h29352	h29353	y02296			
襄								
出组	h24235	h24236	h24237	h24238				

黄组	h37600	h37789						
襄								
何组	h28012	h28403						
襄								
出组	h24233							
襄								
何组	y02304							
何组	t00625							
宾组	h01115 正	h01116	h01389	h01780 正	h09087 正	y00541		
历组	h30970	h33746 正						
宾组	h17683 正							
出组	h23705	y01996						
黄组	h39437							
宾组	h02807	h07815						
⿱山儿								
宾组	b06510	h00926 正	h03286 正	h04563	h04567	h04568	h04593-1	h06365

	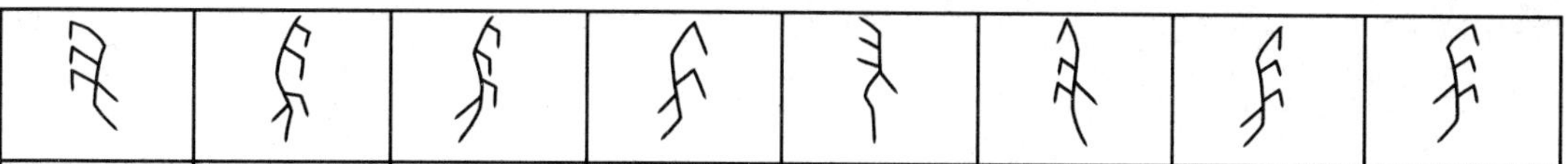							
	h06366	h07075 反	h07983 正	h09791 正	h14295	w00602	y00709-1	y00709

	y01299							
	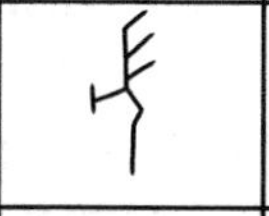							
师组	h20084							
	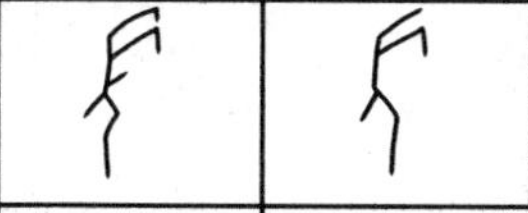							
丙二	h22246-1	h22247-1						
	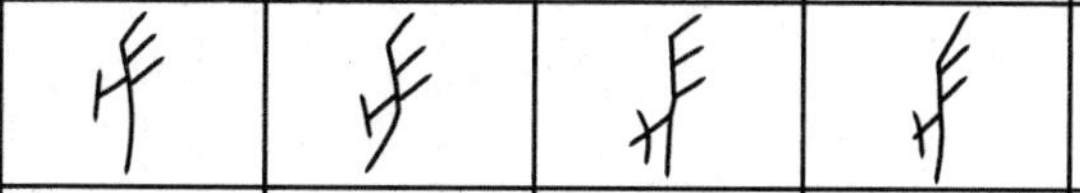							
何组	h27789	h28029	h28063	t00463-1				
	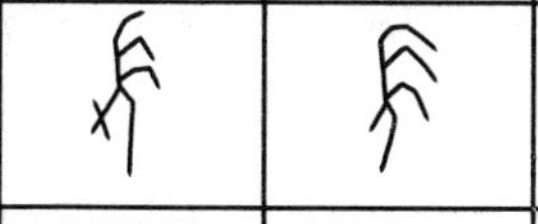							
黄组	h36346	h36778-1						
	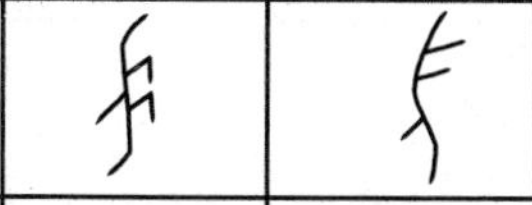							
历组	t00751	t02024-1						
𡵂	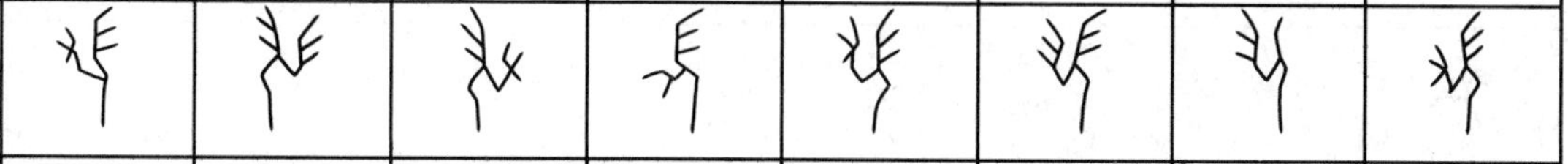							
宾组	b01836 正	h00766 正	h04557	h04558	h04559 反	h04561-1	h06987 正	h07571 正
	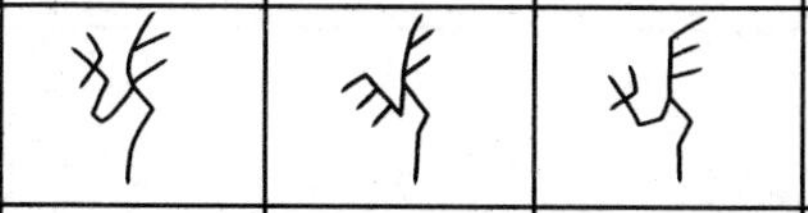							
	h14294	h17945	w00956					
𢼸	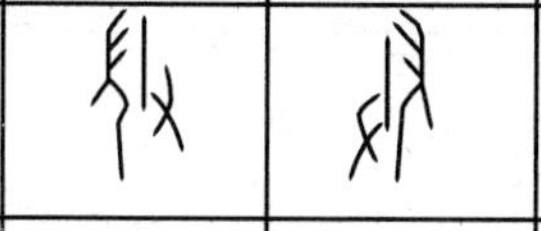							
宾组	b06003 正	h17942						

何组	h27996							

宾组	h00495	h00584正甲	h06057 正	h06063 反				

午组	h21954							
丙二	h22172							
历组	h32290							
宾组	h17930							
何组	h28195							
长								
何组	h27641							
宾组	h13545 正							
宾组	b02365	h17920	h17921					
宾组	h08292	h17055 正						
午组	h21881-1							
宾组	h00098 正							
历组	h33149-1							

麦								
宾组	h01094 正	h08243-1	h16047 正	h18684				
耊								
宾组	h17938							
出组	h24757							
黄组	h36419	h36824-1						
师组	h20072							
唣								
黄组	h36940							
老								
宾组	h13758 反	h14059	h18973-1					
师组	b06744	b06754	h20280	h20613	h21021	h21054	h21317	
丙二	h22246	h22322-1	h22323					
出组	h23708	h23715-1	h23716-1	h23717				
黄组	h36416-1							
历组	t01082-1							

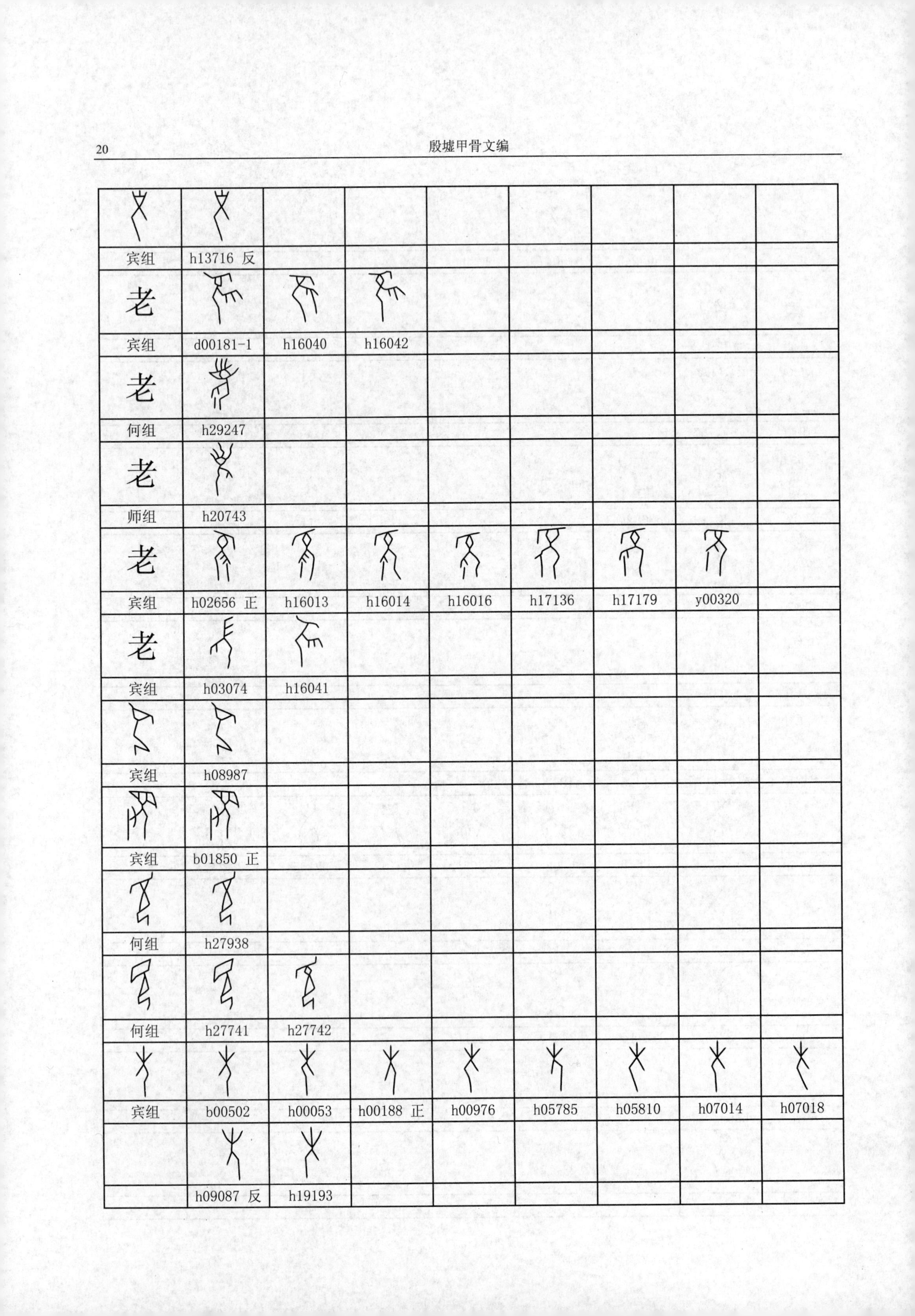

宾组	h13716 反							
老								
宾组	d00181-1	h16040	h16042					
老								
何组	h29247							
老								
师组	h20743							
老								
宾组	h02656 正	h16013	h16014	h16016	h17136	h17179	y00320	
老								
宾组	h03074	h16041						
宾组	h08987							
宾组	b01850 正							
何组	h27938							
何组	h27741	h27742						
宾组	b00502	h00053	h00188 正	h00976	h05785	h05810	h07014	h07018
	h09087 反	h19193						

师组	h19773	h19946 正	h20558					

午组	h21883							

历组	h32906	h32907	h33010-1	h33010				

宾组	h00227	h03307	h03308	h05862				

师组	h20072							

子组	h21599							

历组	h35308	h35325						

宾组	h18962							
茕								
宾组	b01986	h06542	h06548	h06549	h06552 正	h06553	h06556	h08418

	h08420 正	h08421	h08422	h09012 反				
兑								
何组	h27945	h28067	h28663	h28664	t00528	t00637		

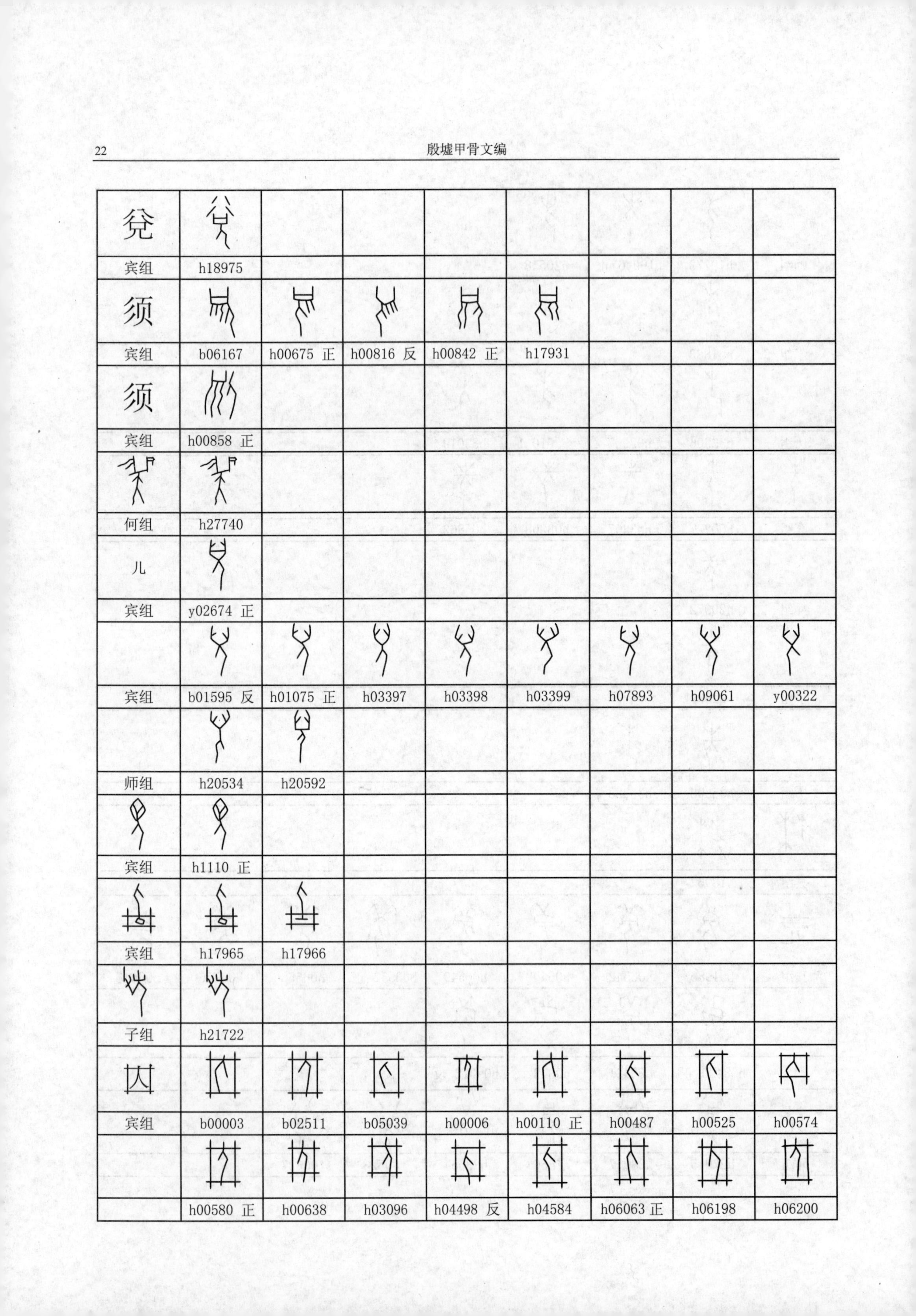

兊								
宾组	h18975							
须								
宾组	b06167	h00675 正	h00816 反	h00842 正	h17931			
须								
宾组	h00858 正							
何组	h27740							
儿								
宾组	y02674 正							
宾组	b01595 反	h01075 正	h03397	h03398	h03399	h07893	h09061	y00322
师组	h20534	h20592						
宾组	h1110 正							
宾组	h17965	h17966						
子组	h21722							
宾组	b00003	b02511	b05039	h00006	h00110 正	h00487	h00525	h00574
	h00580 正	h00638	h03096	h04498 反	h04584	h06063 正	h06198	h06200

	 h06947 反	 h07363 正	 h10405 正	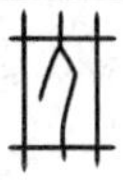 h13478	 h13724	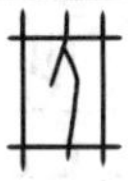 h13794	 h13795	 h17066-1
	 h17073	 h17075 正	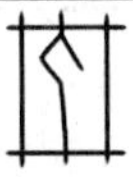 h17083 甲	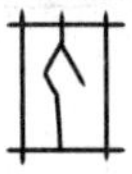 h17084	 h17085 正	 h17091	 h17095	 h17097
	 h17127	 h17145	 h17166 正	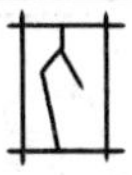 w00062 反				
师组	 y01873							
子组	 y01913							
出组	 h23691	 h23708	 h24116	 h26804				
 宾组	 h17160	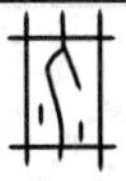 h17161	 h17162-1					
 宾组	 h17163							
师组	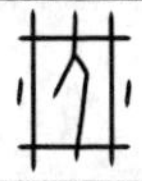 h19891	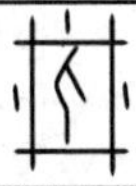 h21368						
 师组	 h21373							
 宾组	 h17165 正							
 宾组	 h17391							

宾组	h17159 反	h07372 反						
出组	y02119							
历组	t02260							
宾组	h14774							
宾组	h10874 反							
何组	d01267	h28905-1	h28907-1	h28913	h29867	t00745	t02636-1	
黄组	h36424	h37387						
历组	h32294							
师组	h20847							
何								
宾组	b00878 正	b04558	h00113正甲	h03449	h04954	h06786	h06787	h06788
	h06789	h07001	h11575 反	h12311 正	h17027 反	h17378	h17971	h19037
	w00962-1							

师组	h20239	h20577						
丙二	h22246	h22505-1						
出组	d00666							
何组	b08796	b08797	b08798	b08799	b08800	b08801	b08802	b08803
	b08804	b08805	b08806	b08807	b08908	b09012	b09079	b09092
	b09105	b09111	b09125	b09143	b09156	b09487	b09488	b09854
	b09855	b09856	b09857	b09859	b09862	b09975-1	b09975	b09976
	b09977	b09978 正	b09979	b09980	b09981	b09983	b09988	b09989
	b09994	b09996	b09997	b09998	b10249	h26975	h27042 正	h27064
	h27081-1	h27150	h27152	h27175 反	h27220	h27321	h27456 正	h27670
	h27673 正	h27677	h27744	h27746-1	h27778	h27830	h27833	h27853
	h27862	h27863	h27866	h28237	h28433	h28434	h28435	h28437

	h28441	h28442	h28443	h28445	h29724-1	h29725-1	h29727	h29819
	h29938	h29939-1	h29942	h30108	h30115			
历组	h30528-1	h30528	h30921-1	h31302-1	h31309	h31314	h31323	h31326
	h31336	h31354-1	h31354-2	h31354	h31363-1	h31530	h31533	h31544
	h31547	h34266						
何								
宾组	b01804正-1	b01804 正	h00274 正	h17933				
何组	h26879	100556						
历组	h30926-1							
咼								
宾组	h09817-1	y00824						
何组	b10383							
历组	h32184-1	h32963	h33225					

[illegible]								
宾组	h14911-1	h18971-1						
[illegible]								
宾组	h18972-1							
及								
宾组	b00508	b01932	b01989	b02194	b02200	h00183	h00256 正	h00478 正
	h00566	h00877	h04228	h06593	h06943	h06946 正	h07242	h07983 正
	h11559-1	h12160	h12508	h12530 正	h12642	h13980	h14126	h15462
	h18612	y00990						
师组	h19956	h20348	h20457	h20549-1	h21241	h21476	h21514	t03598-1
子组	y01903							
出组	b07095	h24868						
何组	b08971	h26886	h26888-1	h27987-1	h27997	h28011	h28013	h28015
	h28085	h28089 正	h28090	h28194	t04334			
历组	b10639	h31798	h32286-1	h32815	h33027	h33037		

黄组	h36425	h37520	h38167	y02593-1				
师组	h21414							
宾组	h00052	h07066	h08395	h09790 正	h18978 正	w00760 正		
出组	h24403							
宾组	h05666 正	h17178						
黄组	h37559							
臾								
宾组	h01107- 1	h01107	h17955	h19342 正				
历组	h32509							
羌								
宾组	b00003	b00004 正	b00012 正	b00014	b00016 正	b00018	b00152	b00155
	b00213	b01508 反	b01983 正	b04228	b04253	h00154	h00155	h00163
	h00175	h00188 正	h00197	h00242	h00259	h00320	h00338	h00343

	h00351	h00367 正	h00370	h00372	h00385	h00466	h00468	h00521 反
	h00523 正	h00526	h00641 正	h00869	h01783 正	h01794	h06618 正	h08984
师组	h19754	h19760	h19761	h19762	h20404	h20531	h21270	
子组	h21532	h21611						
午组	y01918							
丙一	h22044							
丙二	h22258							
出组	h22538	h22540	h22541	h22542				
何组	h26914							
历组	b10646	b10909	h32028-1	h32128	h33972			
	t00523	t00536						

羌								
宾组	h00501	h06620	h06633-1	h06634-1				
羌								
师组	h20399-1							
何组	h26950	y02289						
	t00984	t03025-1						
羌								
宾组	h40478							
羌								
宾组	h00520	h06622	h06623					
午组	h21939							
丙二	h22152							
出组	h22539	h22549	h22560	h22568	h22578	h22586	h23023	h23106
	h23378							
何组	y02351	h26894	h26895	h26896	h26907 正	h26908	h26909	h26910
	h26912	h26915	h26926	h26929	h26941	h26947	h26952	h26953

	h26960	h26965	h27257	h27456 正	h27506	h27979	100683	t02179
历组	h32120	h41457	h30678	h31762-1	h32013	h32019-1	h32156	
黄组	h36520	h36528 反	h36772	h35350	h35696	h35708		
	t02907	t00961	t01318	t00488-1		何组	t02374	
羌幺								
师组	h20403	h20406						
出组	h22572-1	h22588-1						
何组	h26917	h26939	h27972	h27975	h27982	100460	t02538-1	t03853
历组	b10455	h32016	h32039-1	h32039-2	h32052-1	h32059	h32065	h32075
	h32080	h32086	h32092	h32094	h32096	h32097	h32101-1	h32103
	h32107	h32110	h32128-1	h32135	h32142	h32155	h32501	h32589
	h34295	t03594						
	t02843	t00565	t02043	t02104	t02585	t02792		

黄组	d00946							
 ⿱⿰羌幺凵								
出组	h23721							

何组	h26954-1	h29309-1	h29310					
	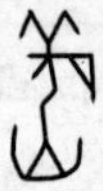							
历组	h33156	t03011						

黄组	h37408	h37409	h37742-1	h37743-1	h37744			
 ⿰羌幺								
何组	h27977-1	h27978	h27980-1	h27981	h27984			

历组	h32157							
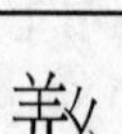 ⿰羌幺								
黄组	h37434-1							
 ⿰羌幺								
历组	h32121-1							
 ⿰羌幺								
宾组	h06626							

⿱羊从								
师组	h20769							
侁								
宾组	h08583	h09819						
⿴囗先								
宾组	y00537							
仌								
出组	h41022							
⿷匚从								
师组	b06873							
从								
宾组	b00500	b00971	b01275	b01413 正	b01419	h00006	h00939 正	h02052 正
	h03353	h04722	h04916	h10080-1	h10080	h12832		
师组	h19773	h19956	h20065	h20074	h20075	h20206	h20447	h20556
	h20649	h20975	h21473-1	h21473				
出组	h22756	h23552	h26814					
何组	b09623	b09780	h27818	h27819	h27926-1	h27996	h28193	h28308
	h28765	h28820	h28945	h29010	t02618			

历组	h31894-1	h32385	h32555-1	h32814-1	h32999	h33107-1	h33107	h33362-1

	h35244-1							

黄组	h35345	h35965	h36965					

宾组	h16936 反							
兀兀								
历组	h35288	t02667	t03103					
兀兀								
何组	h27938							
兀兀								
宾组	h01487							
兀								
宾组	h05451	h13837	h19642 正					

师组	h19790	h20333						
	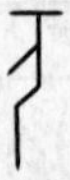							
历组	t03726							
并								
宾组	b00012 反	b02549						

午组	h21968							
历组	t03723							
并								
师组	h20575							
并								
宾组	h06055	h08137 反						
历组	h33174							
黄组	h36987	h37519						
历组	t01247							
并								
历组	h33278							
并								
历组	h32832							
师组	h21487-1							
北								
宾组	b02333 正	b03879 正	h05117	h06057 反	h06507	h06625-1	h07118	h10916 正
	h14295	h15765						

师组	b06653	h19769	h20245	h20960-2	h20960		
午组	h21923						
丙一	h22072						
何组	b10384	h27897	h28194-1				
历组	h33206-1	h33694	h34122-1	h34341-1			
黄组	h36751	h36975					
历组	t00423	t02260					
宾组	h14918 正						
何组	h28399						
历组	h34710-1						
宾组	h04299 正						

非								
宾组	b06479	h10149	h16927-1	h17962	h17963 正			

出组	h24342							

何组	h27251	h28299	h29696	t00773-1				
	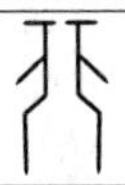							
历组	h34479	h35024						
非								
历组	h32126							
⿱非攵								
宾组	h08136	h10977-1						

子组	h21620-1							

午组	h21987							

出组	h24156 正	h26808-1	h26809-1					

何组	h26887-1	h26896-1						

历组	h32683	h32722-1	h33147-1	h34707	h34708	h34864	t00503-1	

黄组	h36768							

宾组	h17330							

历组	h32427	h34100						
化						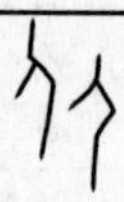	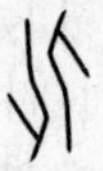	
宾组	h00137 反	h01100 正	h04174 正甲	h04180	h05725 正	h17918	w00650	

师组	h19769							

历组	h31993	h33195						
	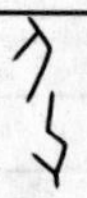							
黄组	h39432							
竞								
师组	h21305							
竟								
历组	h35224							

宾组	h18186							

宾组	h13724							

竞								
宾组	h04338							

师组	h21235							

出组	h22801							

何组	h27337							
竞								
出组	h22596							

何组	h27414	h27531						
	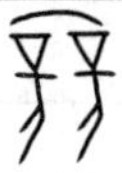							
历组	h31763	h31787	h31788	h41495				
竞								
何组	h27300							

历组	h31706							
竞								
宾组	h00106 正							
众							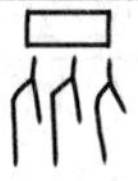	
宾组	b00033	b00034	b00035	b00036	d00124	h00001	h00014 正	h00031

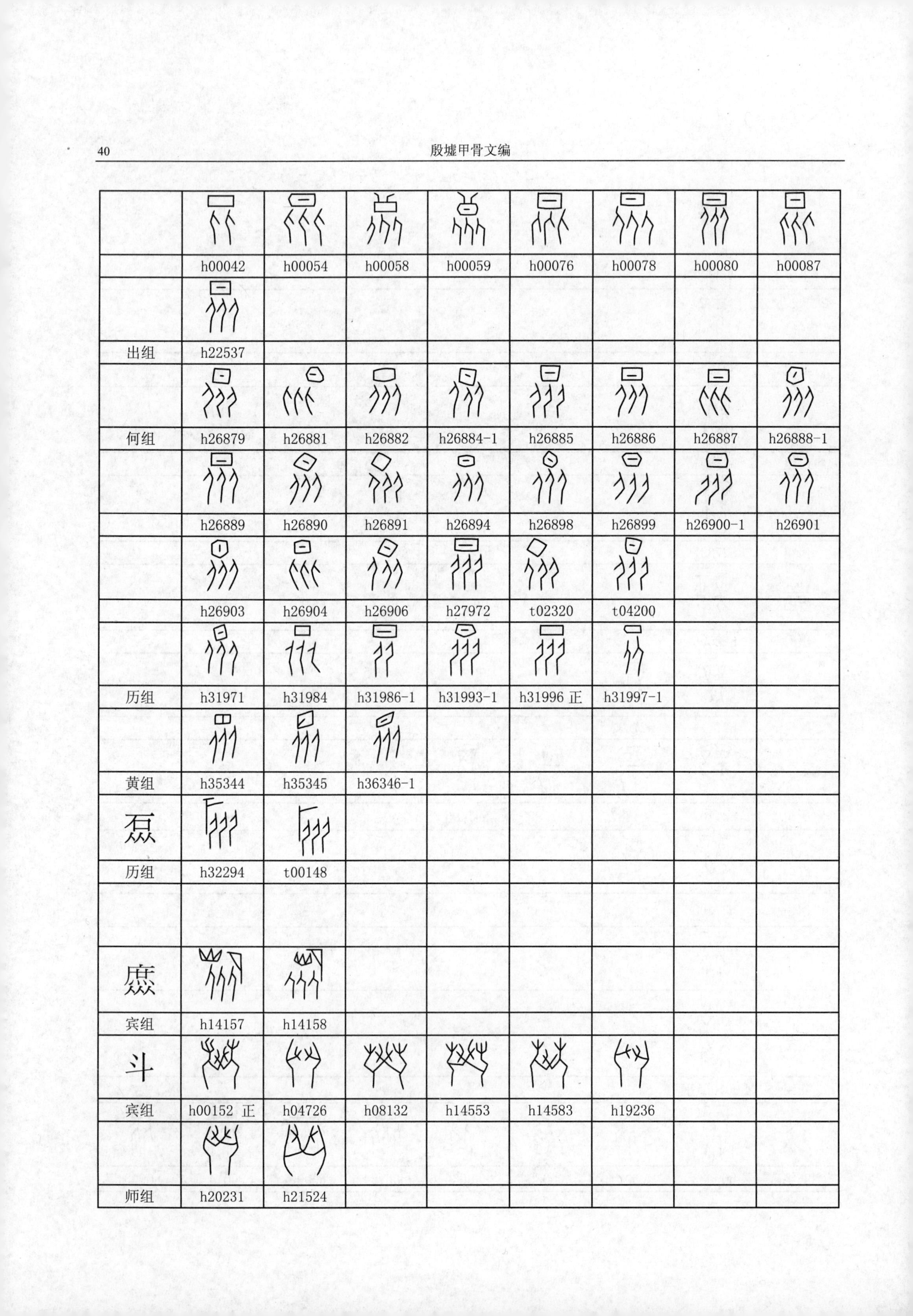

	h00042	h00054	h00058	h00059	h00076	h00078	h00080	h00087
出组	h22537							
何组	h26879	h26881	h26882	h26884-1	h26885	h26886	h26887	h26888-1
	h26889	h26890	h26891	h26894	h26898	h26899	h26900-1	h26901
	h26903	h26904	h26906	h27972	t02320	t04200		
历组	h31971	h31984	h31986-1	h31993-1	h31996 正	h31997-1		
黄组	h35344	h35345	h36346-1					
⿱石⿲人人人								
历组	h32294	t00148						
⿸广⿱廿⿲人人人								
宾组	h14157	h14158						
斗								
宾组	h00152 正	h04726	h08132	h14553	h14583	h19236		
师组	h20231	h21524						

任								
宾组	b02136 正	h03929-1	h04748-1	h05944-1	h06799	h07049-1	h07049-2	h07854 正
	h07859 正	h17920-1	h18409	h19033				
何组	h27746-1							
历组	h34409-1	t00668-1						
任								
宾组	h06963							
役								
宾组	h03909	h08138 正	h10131	h17939				
师组	h20283							
攸								
宾组	h00553	h05760 正	h09511-1	h17569 正	y00188	y00609		
师组	h19835-1							
出组	h22585	h23561	h24260-1					
历组	h32982-1	y02493						

黄组	b11309	b12877	h36484	h36492	h37518	y02562 正		
宾组	h01751							
师组	h21425							
午组	h21907-1							
佔								
宾组	h01026	h04942	h17615 臼	h17951	h19026	y00321		
出组	h26827							
历组	h35223							
休								
宾组	b01572	b063173	d00165	h08154-1	h08156	h08157	h08161	h08167
	h13022-1	y00334-1	y00353					
出组	h24397-1							
历组	h32961	w01592-1						
宾组	h00635 正							

历组	h32935							
宾组	h02674 正							
宾组	h18979							
宾组	h15733							
宾组	h00061	h01244	h05908	h17922				
丙一	h22091 乙							
次								
宾组	h03413-1	h03414	h03415	h06353	h07004	h07010	h14367	
师组	h20228-1							
羡								
宾组	h10156-1	h17934						
师组	h21181-1							
黄组	h37439							
虘								
何组	h28087							

	y02674 正	y02674 正						
何组	t00942							
历组	h32344							
欠								
宾组	h09099							
[亻欠]								
宾组	h14157							
宾组	h03284-1							
师组	h20947	h21022						
师组	h20841							
子组	h21722							
宾组	h00891 正							
子组	h21569	h21570						
丙二	h22399	h22451						

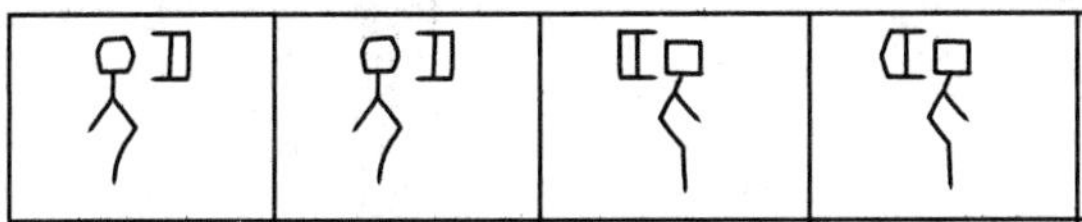								
宾组	h17927	h17928	h17929					

宾组	h05180 正							
尾	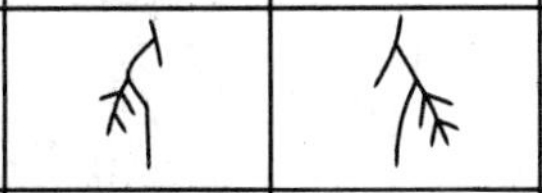							
宾组	h00136 反	h00136 正						
偪								
何组	h27991							
⿰畐卩								
历组	b10420	h32038	h32039	h32040	h34129			
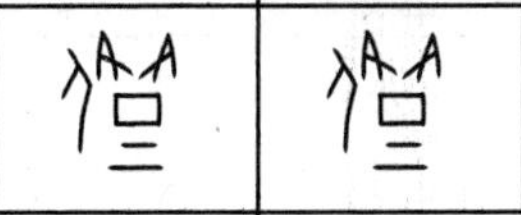								
黄组	h37434							
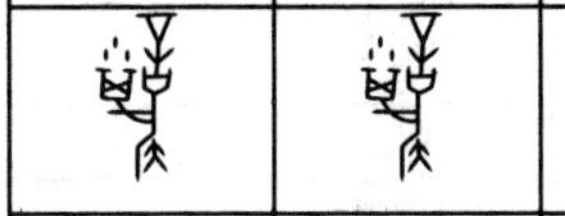								
宾组	h17961-1							
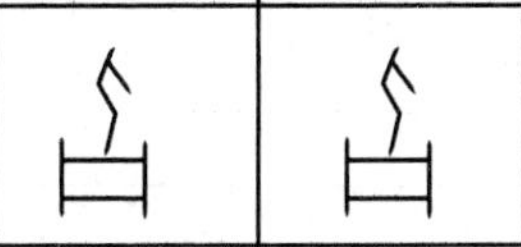								
宾组	h11006 正							
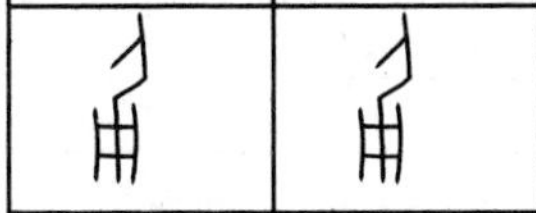								
历组	h32351							
伊								
宾组	h05792-1	h05792	h05949					
	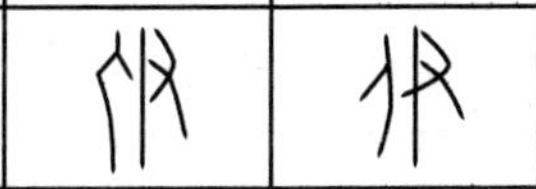							
师组	b06600	h21208						
	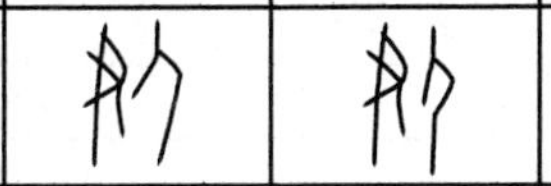							
子组	h21573-1	h21575						

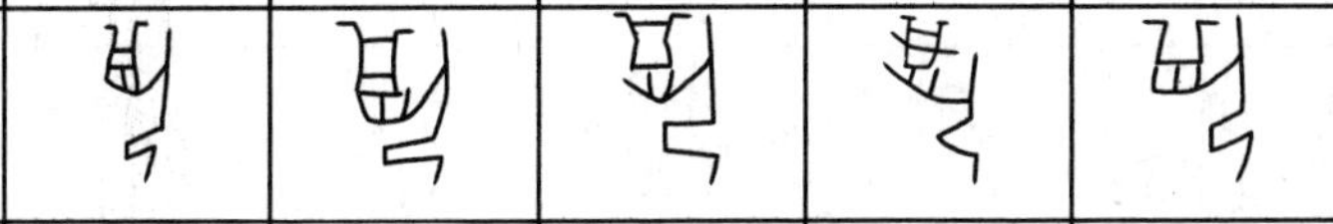

出组	h23562	h23818-1	h25210					
何组	h26914	h26955-1	h27057-1	h27134	h27288	h27653	h27656	h27659
	h27663	h27664	h27667	h27668	h30259	t01088	t00768	
历组	h31009	h32019	h32103	h32228	h32344	h32722	h32792	h32795
	h32848-1	h32982	h33318	h33329	h34349	w01573	t01122	t01337
偏								
师组	h21239							
伐								
宾组	h12412	h13389	h16202	h17947				
师组	h20397							
子组	h21586							
出组	h25026-1							
历组	t02907-1							

亟								
宾组	h10201	h13637 反						
子组	h21823							
师组	h20407							
宾组	h05644	h40363						
师组	h20946							
师组	y01782-1							
午组	h21987							
宾组	b04038							
朊								
宾组	h05444							
师组	w01538							
黄组	h36775							
历组	h31358 反	h31761-1						

宾组	h16997							
历组	h34483							
宾组	b02785-1	h17972						
午组	h21892-1							
伏								
宾组	h14294-1	h14295-1						
黄组	b11300 反							
子组	h21571							
兄								
宾组	b00446	b00447 反	b02259	b04422	b06388 反	b06473	h02537	h02875 正
	h02880	h02885	h02890	h02921	h02922	h02923	h02933-1	h02937
	h10864-1	h17926						
师组	b06565	h20010	h20015					
子组	h21586							

丙一	h22075							
丙二	h22196	h22274	h22289-1	h22312				
出组	h23488-1	h23510	h23525	h23526-1	h23527	h26022	h26630	h26680-1
	h26680-2	h26680-3	h26680	h26693	h41236	w01269-1	w01269	
何组	h27489	h27636	t00696-1					
历组	h30627-1	h32090	h32445-1	h32732	t04318			
宾组	b13155	h16160						
出组	y01976							
何组	w01345							
宾组	h17952							
宾组	h17969							

宾组	h40500							
宾组	h13670							
宾组	h07227							
倲								
黄组	h39465							
倲								
历组	h35225							
偅								
宾组	h17964							
宾组	h17982							
师组	b06735							
历组	t00771-1							
丙一	h22099							
宾组	h17981							
师组	h20595							

宾组	h18020							
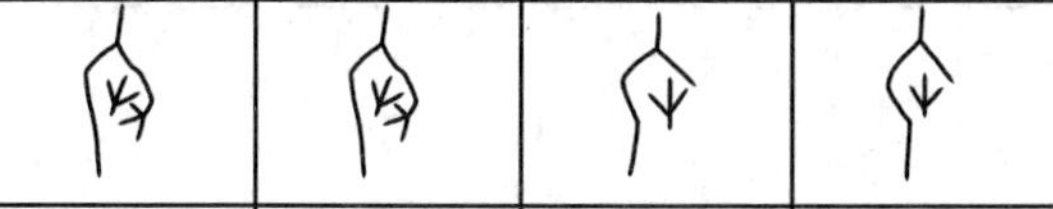								
宾组	h00709 正	h2495 正	h40721					
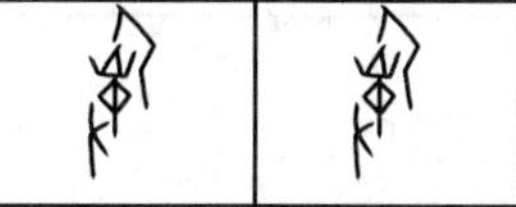								
何组	t02219-1							
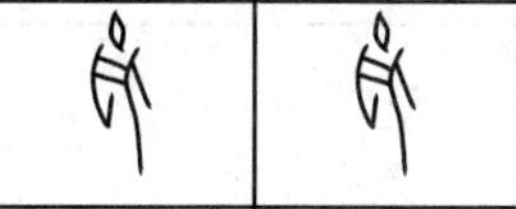								
宾组	y01149-1							
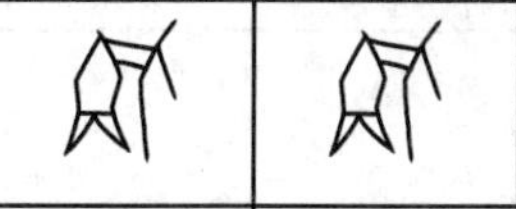								
师组	h20563-1							
僃	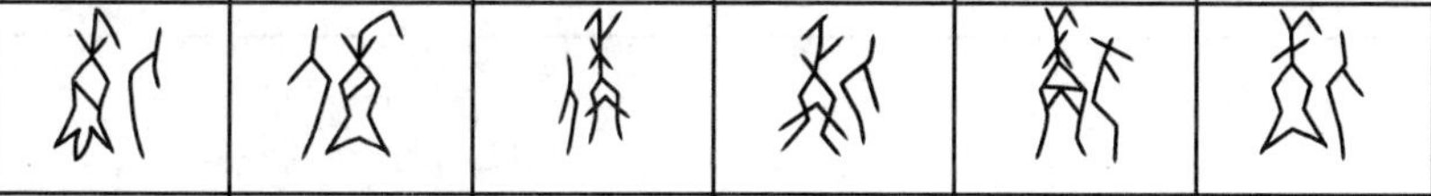							
宾组	h00419 正	h04340 正	h04358	h04359	h04360	h04361 反		

师组	h19822							
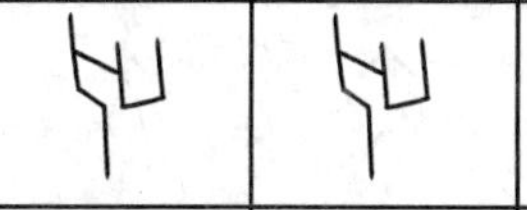								
历组	h34256							
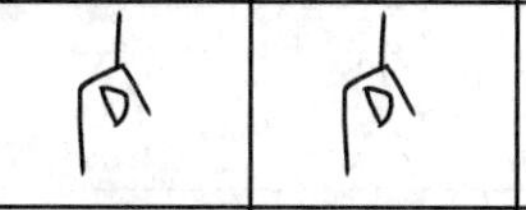								
宾组	h18783							

黄组	y02526							
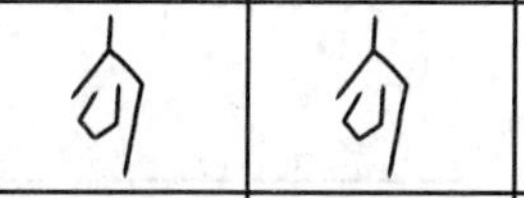								
出组	y01987							
旰								
师组	h20223-1							

盱								
宾组	b06094							
旰								
丙二	h22405							
⿱𠂉隶								
宾组	h10410 正							
⿱𠂉隶								
宾组	h11446	h11449						
⿱𠂉隶								
宾组	h10048	h15241 正						
丙一	h22092							
倪								
子组	h21774							
大								
宾组	b00096	b00105	b02201	b02602	b04731	b05322 反	b13178	d00048-1
	h01413	h01429 正	h01439	h01470	h01535	h01615	h01928	h03537 正
	h05034-1	h05639 正	h06134	h06697	h06703	h07663	h13362 正	h13404-1
	h14841	w00890	w00956					
师组	h19792	h19812 正	h19813 正	h19827	h19828	h19832	h19946 正	h20083

	h20218	h20397	h20961					
丙一	h22067							
丙二	h22162	h22165-1	h22168-1	h22271	h22381 正	h22435		
出组	b06972	b06973	b07095	b07096	b07101	b08696	h23559	h24868
何组	b09738	d01272 正	h27101	h27196	h27269	h27453	h27972	h28244-1
	h28978	h29174						
历组	h31235	h31700	h32103	h32216	h32219	h32380	h32481	h32834-1
	h32968	h34093	h34360	t00135-1	t04233-1	t02215		
黄组	b12059	h35424-1	h35527					
宾组	h01059							
天								
师组	h20975							

丙二	h22418							

历组	h32289							

黄组	h36535	Y02529-1	Y02529					
天								
丙一	h22054-1	h22077	h22093					

丙二	h22431	h22453						

历组	h32834	t00643						

午组	t02241							
天								
宾组	h17985							
吴								
宾组	h03029							

何组	t04556							

历组	h31273							

宾组	h04406	h07046	h14709					

师组	 h21110							
夫								
宾组	b05223	h01471-1	h04138	h14197 正	h18592	h19492 反	y00619	

师组	h19875	h20165						

丙二	h22530-1							

何组	h30167-1							

黄组	h36557							
夨								
宾组	h01051 正	h01306	h11016	h14708				

何组	h30222							

历组	h31241							

宾组	h16846							

宾组	h03892							

丙二	h22423							

宾组	h04415 正	h12808						

历组	h33918							

师组	m00101							

宾组	h01090	h01092	h01093					
⿸虍大								
宾组	h00066	y01284						

历组	t01100							
⿸虍舛								
宾组	h03195 乙							
夨								
出组	h22577	h24136	h26186-1	h26378-1	100389			
夨								
历组	h32908							
夨								
历组	y02417							
夨								
宾组	h13465							

央								
宾组	b13181	d00264-1	h03006	h10404-1				
何组	100442							
央								
宾组	h03019							
央								
宾组	h3010 反							
美								
宾组	h03101	h03103-1	h03105	h03107 反				
丙一	h22044							
出组	h24417-1	h26836						
何组	b10330	h27985-1	h28088	h28089 正	h28090-1	h28091		
历组	h31023-1	h33008	h34490					
黄组	b10941	h36481 正	h36816-1	h36971-1				
美								
历组	h30695	h33128						
美								
何组	h29712							

美								
黄组	h36482							
出组	h24246							
宾组	h00095-1	h00118-1	h00655 正甲	h02683	h04026	h04030	h04031	h04033
	h05463	h07246 正	h09219 反	h09638	w00365-1	w00373-1	y00394 正	y00439
历组	h32050	h32107	h32275-1	h32666	h32700	h32829	h32830	h32833
	h32834	h32836	h32837	h32838	h33060	h33237	t00204	
师组	h20164							
宾组	h12505							
宾组	h02002 反							
立								
宾组	b00024 反	b00424 正	b02162	b05922	h05505	h07692-1	h19058-1	
师组	h20196							

出组	h23668							

何组	h26895							

历组	b10697	b10914	h32226					
㕣								
宾组	b00047	b06134	h05131 正	h07473-1	h07861-1			

师组	h20464							

何组	h30177-1	h30178-1						

历组	h31079-1							

黄组	h36744	h37392-1						

师组	t04518							

宾组	h17988							
亦								
宾组	b01757	b03359	h00634 正-1	h00634 正	h02522 正	h03335	h06122	h09690 反

	h11499 正							

师组	h20153-1							
子组	h21767							
亦								
出组	h24247							
汏								
宾组	h00657-1	h01403	h03067-1	h03068-1	h03070-1	h04350-1	h05510 正	h05758-1
	h09935	y01105 正						
师组	h19866	h20028-1	h20028	h20030-1				
丙二	h22258-1							
历组	t01059-1							
宾组	h04666							
宾组	h04258	h04765						
丙二	h22196							
历组	h30390	h33201						

粦								
宾组	h00261							

历组	h33040							

历组	t02842							

宾组	h18792							
夹								
出组	h24245							
夹								
宾组	h04665	h05634	h06063 正	h06064 正	h07075 正	h17986		

师组	h20187							

黄组	h37387							

师组	h21231							

师组	h19835							
乘								
宾组	h00237	h03997	h03999	h06413	h06485 正	h06498-1	h06667	

历组	h32896	h32897-1	t00135					

因								
宾组	h14294							
因								
宾组	h12359							
出组	h26852							
历组	h33007							
师组	h19835	h21374						
子组	h21782							
历组	t01082							
筃								
何组	h29693							
历组	h32881							
茵								
历组	h33176							
奭								
出组	b07012	d00709	d00710	h23025	h23304	h23335-1		

何组	 b09568	 b09653	 h27502	 t02258-1				

历组	b10639	h34214	w01573-1					

黄组	h35361	h36183	h36189	h36190	h36200-1	h36208	h36220	h36241

	h36243-1	h36251						
奭	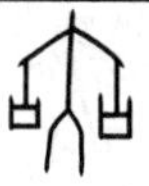							
宾组	h03506	h09774 正	h13936 正	h17991-1				

何组	h27441	h27503	h27504	h30259				

历组	h32744-2	h35226-1	y02451					
奭								
何组	h27519							
奭								
宾组	h05370							

师组	h20106-1							

子组	h21677-1							

	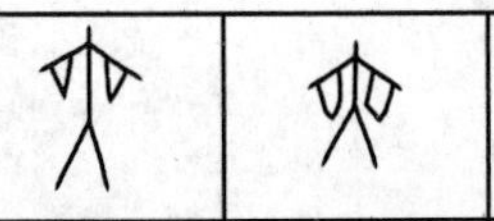							
何组	h28269	h30303						
	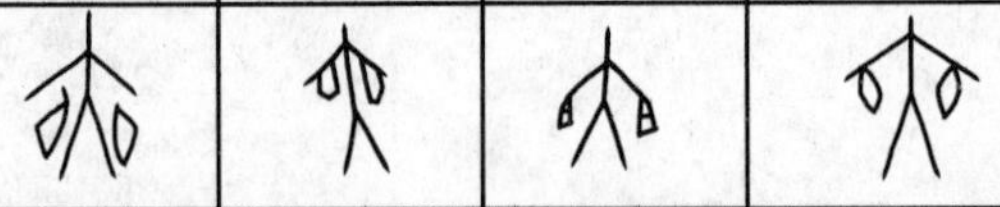							
历组	b10640	h34322-1	t00783-1	t01007				
奭								
黄组	h36237-1							
舞								
宾组	b03858 正	b03859	b03860	b03861	h00795 正	h00938 正	h01140 正	h03593
	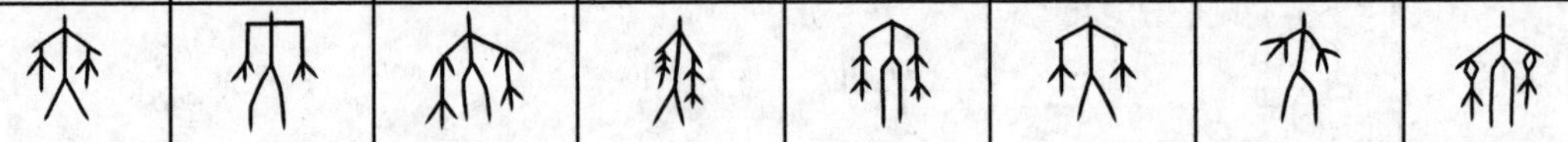							
	h12818	h12832-1	h12839-1	h15998-1	h16005-1	h16007-1	h16013-1	h19056
	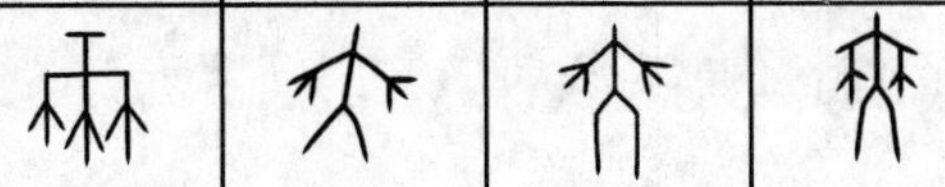							
	w00944 反	y00996-2	y00996	y01282-1				
	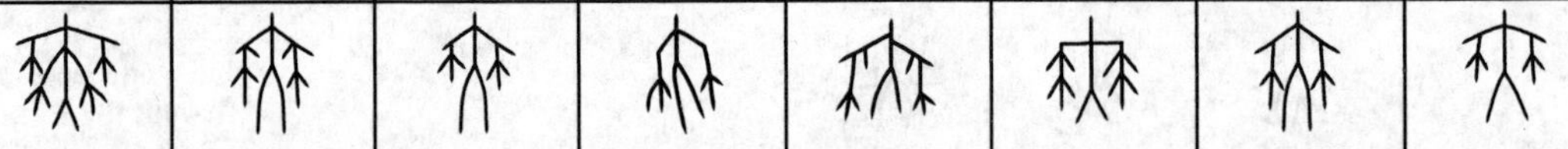							
师组	h20871	h20970	h20972	h20973-1	h20974-1	h20975	h20977	h20978

	h20979-1	h21006 正	h21473-1	h21473-3				
	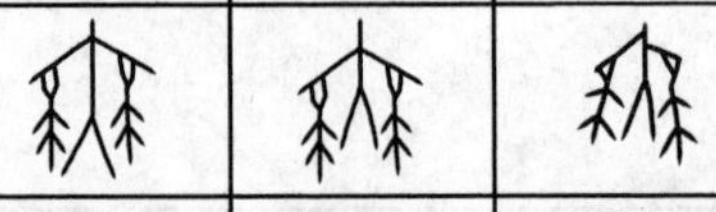							
何组	h27891	h30028	t00825-1					
	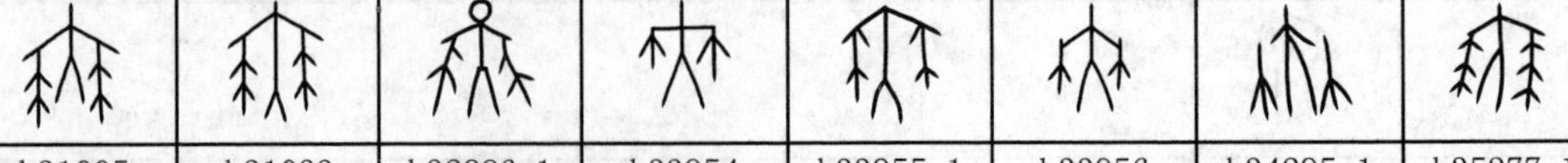							
历组	h31005	h31033	h32986-1	h33954	h33955-1	h33956	h34295-1	h35277-1

	t00197-1	t00781-1	t02237	t02239	t02906			

舞								
宾组	h00455							
舞	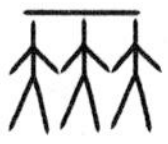							
何组	h28461							
舞								
师组	h21473-4							
 [illegible]								
何组	h28209							
 [illegible]								
何组	h27062	h28180	h29214	h30031				

历组	h31199-1							
 [illegible]								
师组	h21417							

宾组	h00776 正	h00789	h00791-1					

宾组	h00793 正	h00838 正	h01378	h08117				

丙一	h22065-1							

丙二	h22186							

何组	h28171							

历组	 t00586							
 宾组	h00709 正	h00721 正	h00769	h00771	h02682 反	h18444		
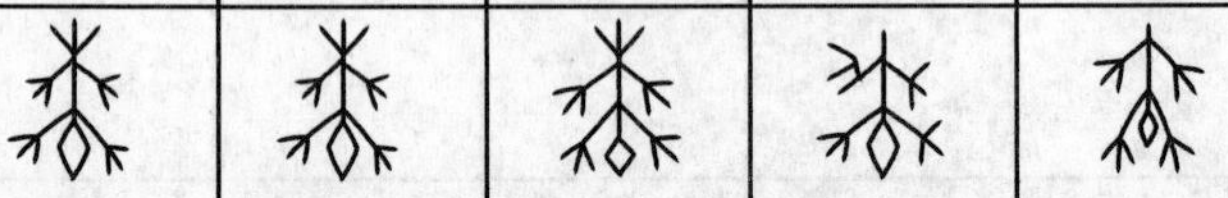 宾组	h00505 正	h00770	h00782-1	h14390				
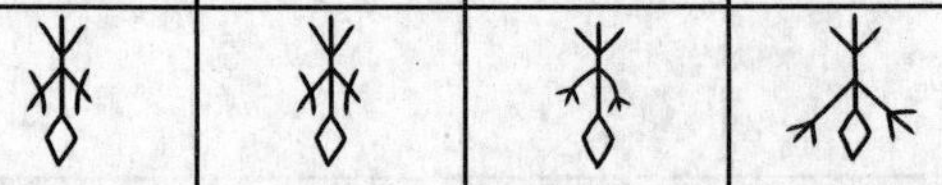 宾组	h00710	h00768 正	h00786 反					
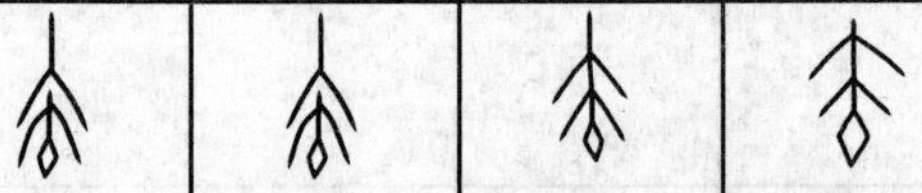 宾组	b06247	h00740	h00783-1					
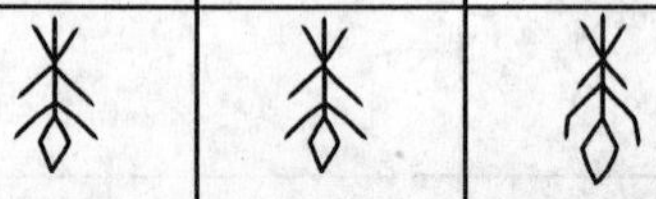 宾组	h00777 正	h09946 正甲						
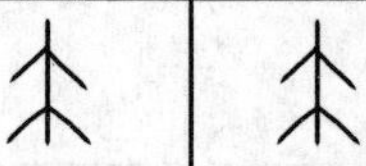 师组	h40908-1							
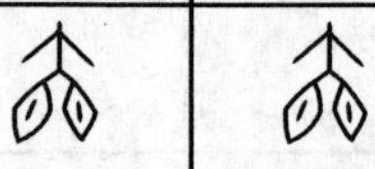 宾组	h10207 正							
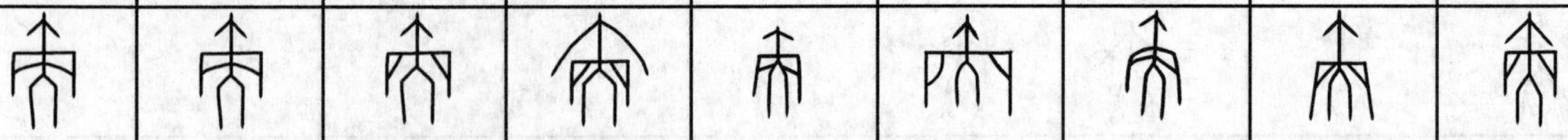 宾组	b04560	h05251	h05253	h05257-1	h05272-1	h05280-1	h06347-1	h08991 正
	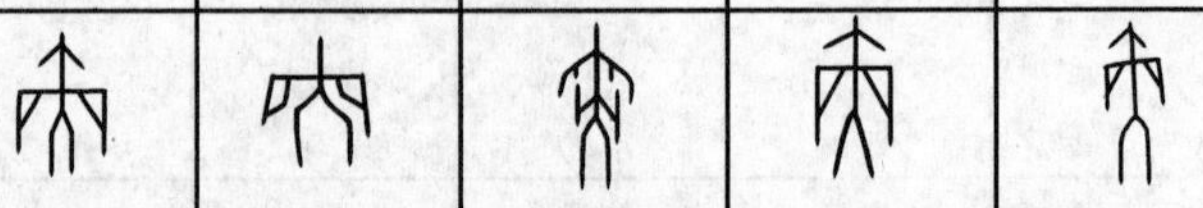 h08992	h18028-1	h18924-1	y00162 正	y00163-1			
师组	 h20290-1							
丙二	 h22130							

出组	h24638							
何组	h26907 正	h27688-1	h27833	h27837	h27842	h27847-1	h27850	h27857
宾组	h05250-1	h05252	h05258	h05261	h05268-1	h05275-1	h05294-1	h12743-1
	h12745-1	h12746-1						
出组	b07931	h22826-1	w01153					
何组	b09542	b10343	h27176	h27382	h27651-1	h27652-1	h27834	h27840-1
	h27841-1	h27843	h27853	h27863	h27866	h27870-1	w01355	t02358-1
历组	h30749-1	h32990-1						
宾组	h05297							
宾组	h12629							
异								
宾组	h04408	h04411	h04412-1	h04611 正	y00315	y00316-1		

出组	h24900-1							
何组	h27148	h27349	h27973	h28400-1	h29818	h30152		
历组	h30416-1	h30439	h31225	h31902-1	h31903	h31904	h32915-1	h35279-1
异								
宾组	h02274 正	h03193-1	h11921 正	h19065	y00314-1			
历组	h31000-1							
何组	h30347							
历组	h30502							
⿱子廾								
宾组	h04443	h04444	h04445	h04446	h04447 反	h05455	h05624	h05936
	h06342							
午组	h21978							
⿱廿東								
宾组	h10174 正	h10174 正	h10190-1					
丙一	h22091 甲							

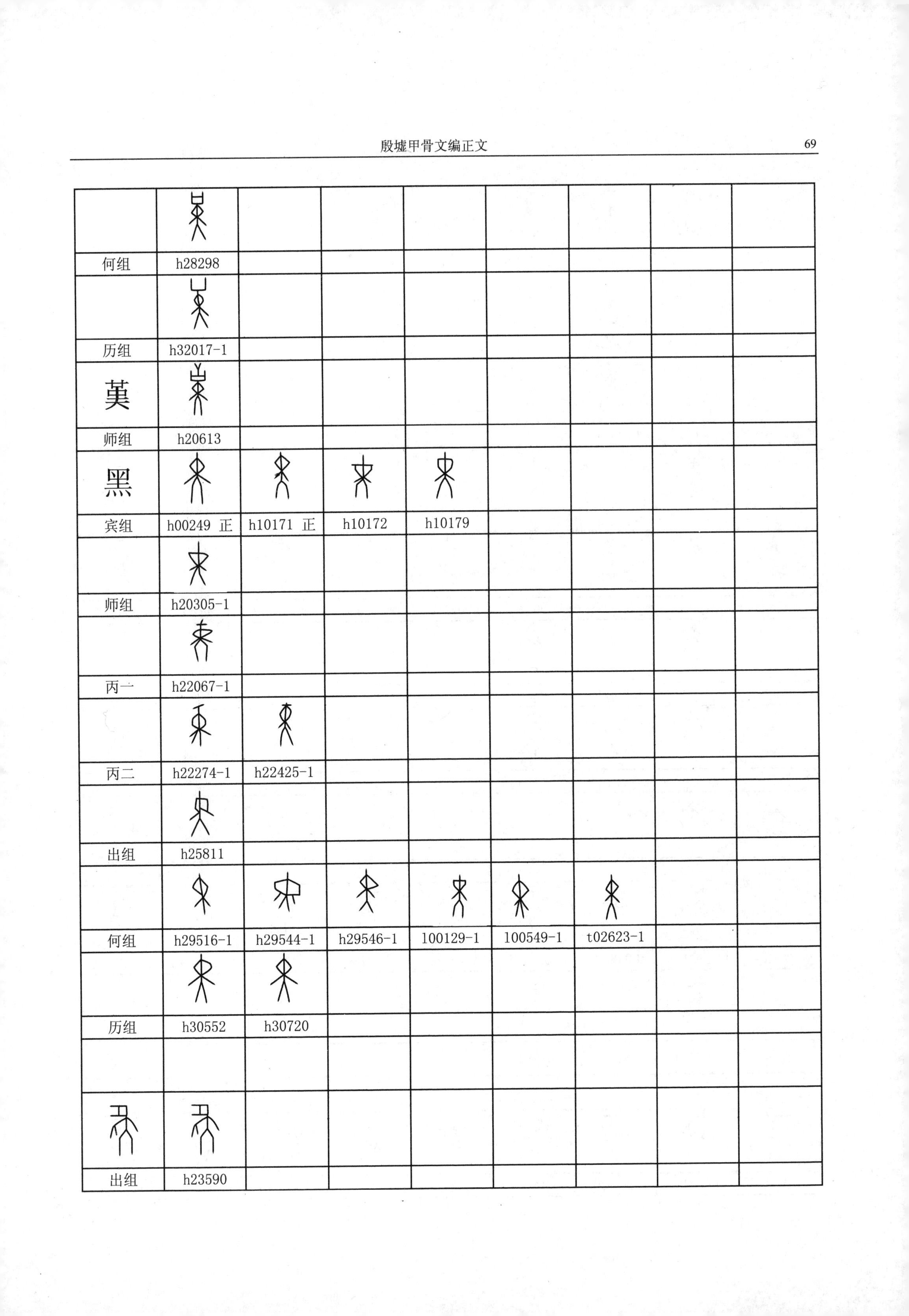

何组	h28298							
历组	h32017-1							
𦰩								
师组	h20613							
黑								
宾组	h00249 正	h10171 正	h10172	h10179				
师组	h20305-1							
丙一	h22067-1							
丙二	h22274-1	h22425-1						
出组	h25811							
何组	h29516-1	h29544-1	h29546-1	100129-1	100549-1	t02623-1		
历组	h30552	h30720						
出组	h23590							

熯								
宾组	h09815	h10186	h10195					
出组	h25370	h25971						
何组	h28011	h28297-1						
历组	h30716							
豙								
宾组	b01260-1	b06217	h00072 正	h00478 正	h00534	h04427-1	h04428-1	h04438
	h10472-1	h10764-1	h10765-1					
师组	b06799-1	h19765	h20213	h20400-1				
奓								
师组	h21385-1							
戕								
宾组	h00829 正	h00938 正	h01840	h03186	h03189	h03191	h06617 乙	h10136 正
宾组	y00141	师组	h19803	b06580				
宾组	h04419	h04420	h04421-1	h04421	h04422 正	h11009	h16212	y00735

宾组	h07770							
宾组	h07768	h07769-1						
丙二	h22508							
⿻戈文								
何组	h28009							
	y02674 正	y02674 正						
⿱戊大								
师组	h21138							
师组	h21419							
宾组	h17987							
⿴戊大								
师组	h20960							
竝								
宾组	b01238 甲	b01239 正	b01253 反	b02339	h04402 反	h04405		
师组	h21474 正	h21474 正						
历组	h32892	h33113-1	h34558					

何组	t00068-1							

何组	s00288							

宾组	b06209							
 [illegible]								
宾组	h15821							
 [illegible]								
师组	h40818							
兀								
宾组	h01654							
 [illegible]								
宾组	h00582							

历组	h33007	t00857						
 [illegible]								
宾组	b00038 反	h00580 正	h00861	h06000 反	h06001 正	h06002 正	h06003	h06004

	h06005							
 [illegible]			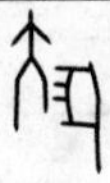					
宾组	h06007	h06008	h06010					

刑								
历组	t02510							
刑								
宾组	h00581							
[illegible]								
宾组	h07139	h11845	y00597 正					

宾组	h09498 正							

宾组	h08250 正							

宾组	h39852							
[illegible]								
师组	h21052	h21053	h21054					
[illegible]								
黄组	h36766							

宾组	y00690							
[illegible]								
宾组	b01275	h08276	h08675	h17990	h18961	h18962		

师组	b06647	h21050						

历组	h30909	h32154						

[illegible]								
出组	h24377							

师组	h21420							

宾组	h01077							

黄组	h36530							

宾组	h06063 正							
[illegible]								
丙二	h22410							
[illegible]								
何组	h27740	h27742						

宾组	h03196 正							

何组	b13378							

黄组	h36429							
骑								
丙二	h22283	h22290						
骑								
宾组	h17989							

天								
宾组	h15656 反	h17230 正	h17993					

何组	h27939							
天								
宾组	h19709							
天								
宾组	h02326							

宾组	h17994							

宾组	h00110 正							

师组	b06578	b06582	d01298-1	h19779-1	h19817	h20098	h21054	

师组	h21419							

师组	y02674 正							

师组	h20822-1	h20822						

师组	h20582							

师组	b06791							

屰								
宾组	h02233	h03521 正	h03933	h03934	h04554-1	h04568	h05511 反	h05977-1

	h10961-1	h12450-1	h12450-2	h14626-1	h15828			

师组	h20472-1	h20871-1	h21513-1					

子组	h21564	h21626-1	h21626	h21627-1	h21693	h21774	h21776	

丙二	h22349							

出组	b08298	h24400						

何组	h26879	h27075-1	t00037					

历组	b10704 甲	h33230-1	t04138-1					

黄组	h37517							
屰	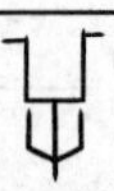							
丙二	h22511	h22246-1	h22246					
屰								
宾组	h02960 正							

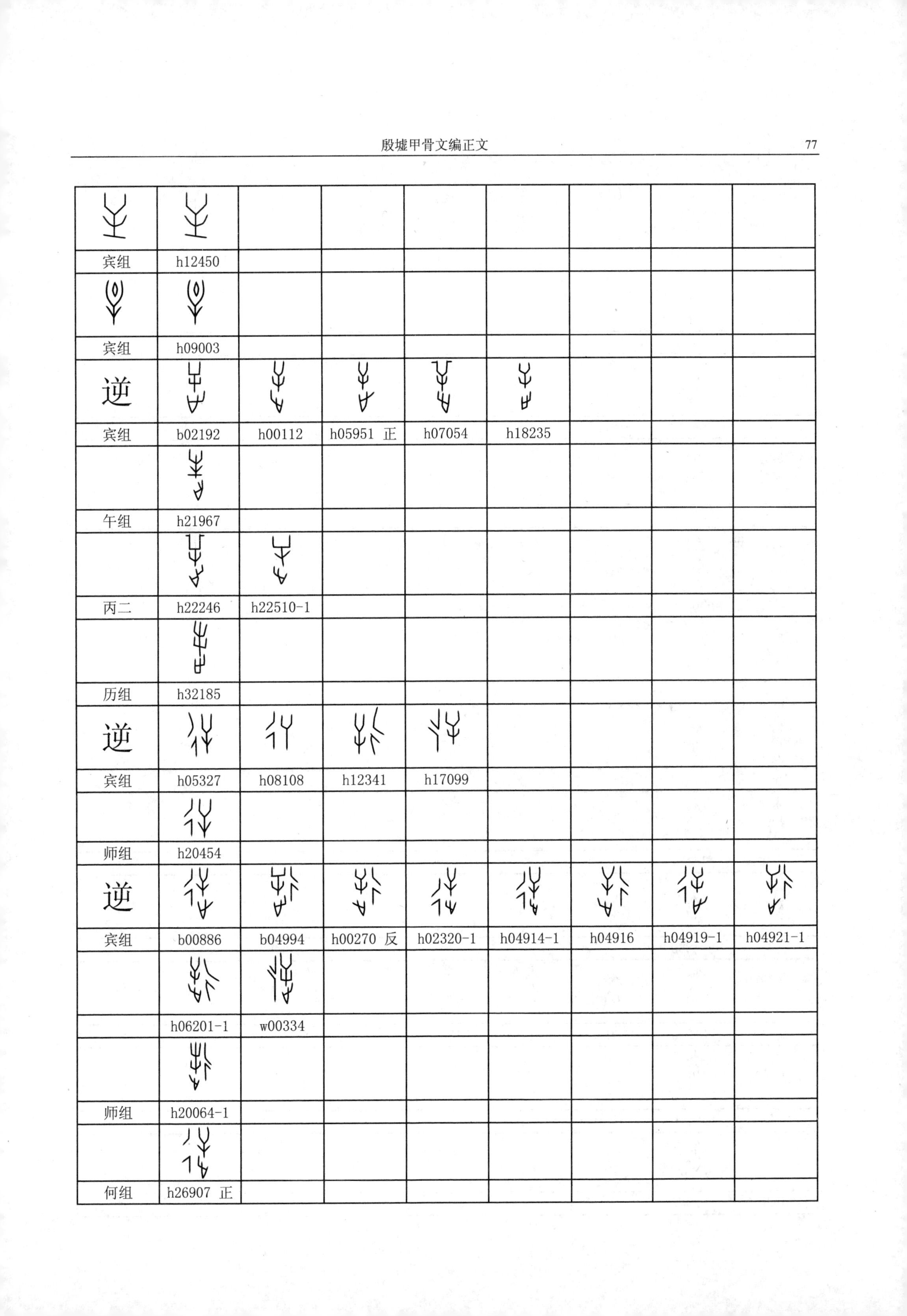

宾组	h12450							
宾组	h09003							
逆								
宾组	b02192	h00112	h05951 正	h07054	h18235			
午组	h21967							
丙二	h22246	h22510-1						
历组	h32185							
逆								
宾组	h05327	h08108	h12341	h17099				
师组	h20454							
逆								
宾组	b00886	b04994	h00270 反	h02320-1	h04914-1	h04916	h04919-1	h04921-1
	h06201-1	w00334						
师组	h20064-1							
何组	h26907 正							

历组	h31485	h31486	h31487-1	h32035	h32036-1	h32037	h32155-1	
黄组	h36475-1							
夸 宾组	h04813	h19117						
㝬 黄组	h36935							
㝬 黄组	h36875							
㝬 黄组	y02532							
午组	h21972							
宾组	h15401							
宾组	h01880							
宾组	h01029	h09165	h09332	h18443				
何组	h29716							
历组	t02907							

亢								
宾组	h020723	h04611 正	h07882					

师组	w01502							

历组	t00312							

师组	h20271							

子组	y01913							

师组	y01759-1							
 ⿰大彔								
何组	t01098							
 ⿰大單								
子组	h21743							
 ⿰大井								
宾组	h04416	h04417	h04418	h05639 正				

宾组	h04448							
卩								
宾组	b06132 正	h01821 正	h02413	h03813-1	h07767-1	h40072		

师组	h20818-1	h21312	h21422-1	h21476-1				

丙二	h22258							
何组	h27673 反							
历组	h32700-1							
黄组	d00946-1	h36420						
历组	h32278							
陷								
宾组	h00030	h01079	h04315	h18022				
师组	h20398	h20945	h21021-1					
何组	h26914							
历组	h32700	h33189	h33190-1	h34525				
陷								
宾组	h00641 正	h03389	h03390-1	h04006				
丙二	h22374							
陷								
宾组	h08391							

历组	h35278-1							
巴								
宾组	乙 3627							
宾组	b06496-1	h00032 正	h06461 正	h06467	h06468	h06475 正	h06475 正	h06476-1
	h06477 正	h06480-1	h06481-1	h08411-1	h08412-1	h08413-1	h08414-1	h08415-1
	h13490							
巴								
宾组	h151114 正	h15113-1						
巴								
宾组	h0447 正乙	h04477 正甲						
巴								
宾组	h02431 正							
邑								
宾组	b00035	b00941 反	h18948 正	h04466	h06057 反	h10085 臼	h17706	h18915
师组	h19851 正	h20294	h20495-1	h20551	h20588	h20589-1	h20590	h20591
午组	h21974							
丙二	h22381 正							

出组	h23675	h23717						
何组	h28009-1	h28098	h30174					
历组	h32176	h32344	h32891	h35290				
黄组	b11240	h36541-1						
宾组	h10161							
祝								
宾组	b00175	h01666	h02331	h03414				
师组	b06634	h19806	h19820	h19833	h19849	h19921	h20440-1	h20952
	h20966	h21522-1						
丙二	h22130	h22138						
出组	b07054	b07055	b07059	b07062	b07066	b07176	b07237 正	b07237 正
	b08710	b08745	h24960	h26600	h26647	h26648	h26679	h26689
	h26695	h26696	h26839	y02235-1	y02235-2			

何组	b09603	b09667	h27283	h27361	h27461	h27498	h27556	h27579
	h27599	h27796	t00261					
历组	h30615	h30619	h30630	h30631	h32346	h32347	h32527	h32689
	h33347	h34393	t01060					
祝								
宾组	h01076 反	h03165 正	h08093	h15279				
丙二	h22351							
出组	h22920-1	h23367-1	h25917-1	h25918-1	h25921	h25922		
何组	h27296	h27653	h41407					
历组	b10692	h30620	h30632	h30637	h30648	h30649	h30799	h30958
	h32790	t02122						

祼		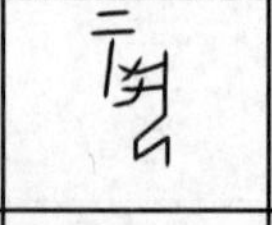	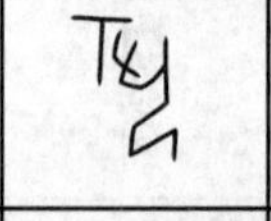	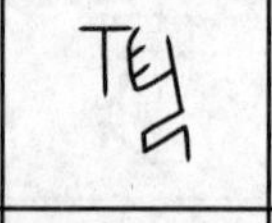	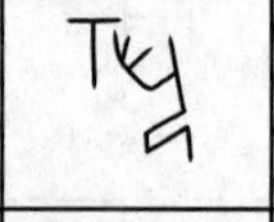	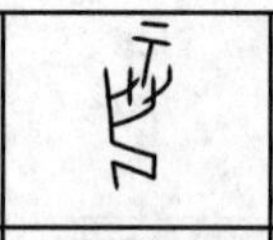		
宾组	h02650-1	h02708-1	h06482 正	h06483 正	h06485 正	h06575-1	h10206-1	h13399 正
		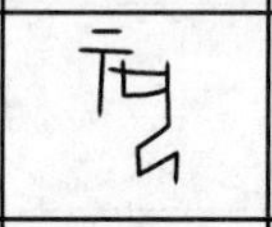						
	h15359	h15361						
			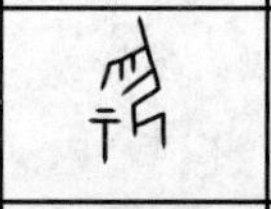					
出组	b08025	b08299-1	h23275-1	h24132-1				
禩								
宾组	h10148	h14535	h15362					
祝	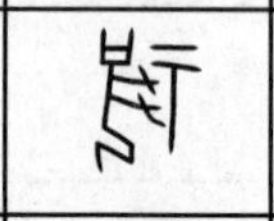							
宾组	h15280	h15398	h16165					
祝	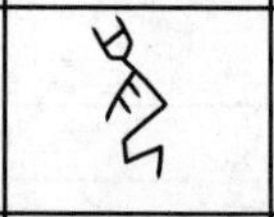	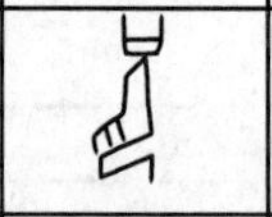						
宾组	b13157	h03905						
	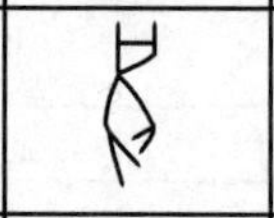	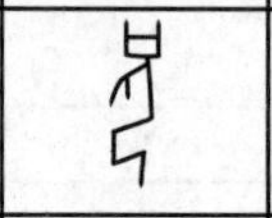						
出组	h23765	h24402						
	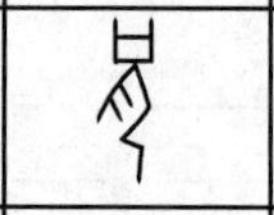	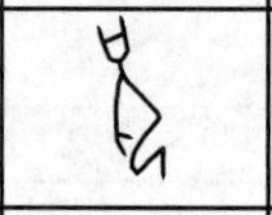	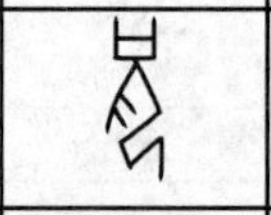					
何组	h27453	h27456 正	h28296					
	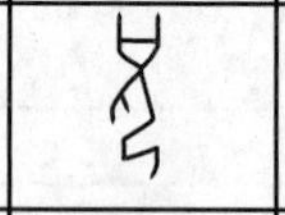	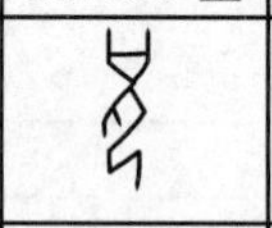	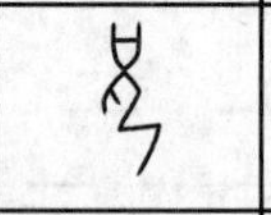					
黄组	h36518	h37386	h37442					
祇	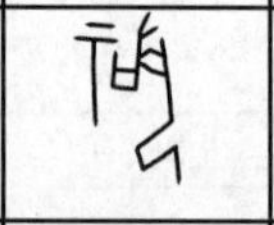	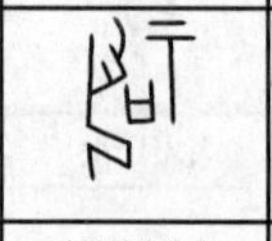						
宾组	h02570	h02804						
	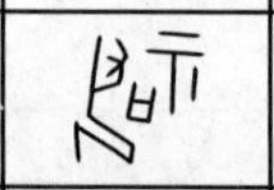							
师组	h21190							
祝	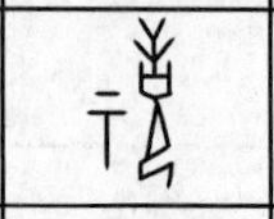							
宾组	h15028							

⿰示丮								
宾组	h15673							
历组	h41627							
⿰禾兄								
黄组	h37409							
何组	t02739							
何组	b08977	h29239 甲						
历组	h35229							
何组	h29281	t02440						
何组	h29280							
何组	h29279	h29282						
何组	t00106-1	t00660						
宾组	h10579	h18237						

宾组	h03468	y01187						
何组	h27995							
黄组	h37483	h37777	h38164					
何组	h27009							
艼								
宾组	h05590 正							
午组	h21988							
历组	h32294	h34283	h34284					
艼								
宾组	y00736							
午组	h21954	h21956						
何组	h28148							
艼								
宾组	h18018	h18019						
师组	h20390							

丙二	h22356							

何组	h27703							

丙二	h22456-1							
 [illegible]								
宾组	h03670	y00171						

师组	h21367-1							

宾组	b02286	h03430	h03431	h10864				

何组	h27903	h28146	h28147	h28303				

黄组	h39474							

宾组	h19072	y 补 44						

出组	h22959	h23597	h26472	y01982-1				

何组	h27905	h27975						

宾组	h14390-1	h18017-1						

丙二	h22281-1							
令								
宾组	b00035	b01260	b01262	b01268	h00005-1	h00044-1	h00563	h00902 正
	h02292	h02771 正	h04025	h04240	h04416	h04829	h04853	h04914-1
	h05045-1	h05760 正	h06055	h06056	h06297	h06812 正	h10567	h14146
	h18707	h19073 正	h19114	y00125	y00834	y01275 正		
师组	h19957 正	h20069	h20169	h20171	h20173	h20196-1	h20235-1	h20238-1
	h20249	h20250-1	h20313-1	h20354-1	h20370-1	h20397-1	h20461-1	h20463 反
	h20478-1	h20753-1	h21017	h21035	h21050	h21475	y01795-1	t04513
子组	h21632-1	h21637-1	h21637					
午组	h21972	h22009						
丙一	h22043-1	h22048						
丙二	h22299-1	h22315-1	h22322-1	h22326-1	h22334-1	h22349	h22430-1	

出组	b07176	b07178	b08587	h23179	h23265-1	h25020		
何组	b10366	h26993	h27736-1	h27741	h28013-1	h28054-1	h28079	
历组	b10410	b10492	h31973	h31979	h32048-1	h32049	h32774-1	h32812 甲
	h32830	h32850	h32857	h32885	h32896	h33193	h33212	h33216
	h34428	y02414-1	y02415 正					
黄组	b11277 正	h36518-1	h36530					
历组	t00740	t00918-1	t00920-1	t02273	t02907	t04054		
若								
宾组	b00462 甲	b00515	b01212	b02914	b03929	b04134 反	b04534 正	b04565
	b04567 正	b04580	b04588 反	b04590	b04591	b4578	h00044	h00151 正
	h00226 正	h00267 正	h00559 正	h00649	h00717	h01023	h02273 反	h02555
	h02869 正	h03049	h03255 正	h04859	h05096 正	h08696	h10405 正	h11478
	h13053	h13604 正	h13653	h14197 正	h15411	h15504	h16349	h16368

	h16370	h16415	h18905 正	w00909	y00671	y00725 正	y 补 32	
师组	b06925	h19838	h20057	h20068	h20344	h20534	h20611	h20676
	h20805	h21028	h21125	h21126	h21128	h21129-1	h21222	h21236
	y01777							
子组	h21582	h21698	h21793	h21826	h21828	h21829	h21833-1	
午组	h21933							
丙一	h22050	h22072	h22088	h22099	h22114	h22120		
丙二	h22294	h22411-1	h22413					
出组	b08714 甲	b08734	h22592	h22720	h23559	h23614	h23705	h24156 正
	h24431	h24980-1	h25965	h26092	h26093	h26700		
何组	b09800	b10231	h27083	h27110	h27111	h27200	h27313	h27553
	h27816	h27935	h27987	h28087	h28157	h28188	h28260	h28407

	h28858	h30173	t00295					
历组	b10475	h30388-1	h30460-1	h30623-1	h30669-1	h30733	h30892	h31081
	h31135	h31164-1	h31166	h31229	h31230	h31232	h31676	h31983
	h32035	h32156	h32571	h32701	h32722	h32725	h32767	h32880
	h32922-1	h32951	h32977	h33040	h33056 正	h33123-1	h33217	h33694-1
	h33694	h33698	h34139	h34153	h34353	h34476	h34687	h34710
	h35122	h35297						
黄组	h35913	h36909	h37860-1					
历组	t00019	t02018	t02597	t02668	t02677			
匿								
何组	t03566							
出组	h26008							
历组	h32291							

师组	h21475 反							
飤								
宾组	h18534							
出组	b06981-1	b06981	b06987	b07011	b07372	b07699	b07710	b07910
	b07980	b08035	b08626	b13298	d00649	h22610	h22640	h22857
	h22921	h22945	h23021	h23069	h23074	h23076	h23087	h23088
	h23143	h23168	h23227	h23262	h23338	h23351	h23473	h23489
	h23498	h23520	h23556	h23565	h23605	h23761	h24131	h24177
	h24190	h24392	h24403	h24780-1	h25116	h25148-1	h25160	h25164
	h25188	h25247	h25376	h25377	h25539	h25540	h25660	h25783
	h26111	h26358	h26362	h26372	y01992-1	y02205	100398-1	100398
历组	h33170 正	h34214						

即								
宾组	b04393	b06358	h00093 正	h00151 正	h01963	h04318	h04676-1	h12590
	h16047 正							
师组	b06952	h19855	h19906	h20001	h20071	h20142	h20147-1	h20155
	h20171	h20174-1	h20323	h20898-1	h21229	h21234	h21310	h21470
	h40844							
丙二	h22381 正							
出组	h23602-1	h23694	h24115	h24417-1	h25561			
何组	h27009	h27022	h27147	h27169	h27313	h27456 正	h28074	h28172-1
	h28207	h28269-1	h29703	h29704-1	h29706-1	h29707	h29708-1	h30131
	h30320-1	h30321	h30329	h30330	h30356	y02260	t00173	
历组	h30429	h32228	h32251	h32256	h32440	h32616-1	h32887-1	h32888
	h32889	h32904	h33004	h34058	h34059	h34060	h34061	h34102

	h34162	h34294						
黄组	b12226	h36844	h37542	h38232-1	h38289-1	y02518		
历组	100513	100661		t00917-1	t01116	t02322	t02487	
宾组	h16670							
[illegible]								
黄组	h36946							
[illegible]								
宾组	b04464							
[illegible]								
宾组	h14986							
[illegible]								
宾组	h18033							
[illegible]								
宾组	h17953							
饱								
宾组	h09100							
既								
宾组	h00151 反	h00338	h0643 正丙	h00795 正	h01202	h01205	h05775 正	h05843
	h05859-1	h05955	h06648 正	h06653 反	h07018	h07633-1	h07634 正	h07686

	h07713	h10662 反	h11497 正	h11498 正	h14396	h14534	h14854	h16016
	h16054	h16055	h16139	h18012	h18013	h18023	y00627-1	
师组	h19755-1	h20650	h20966	h21235	h21302			
午组	h21940	h21942						
丙二	h22264-1							
出组	h22859	h23224-1	h23588-1	h23906-1	h24451	h25892-1	h25958	h25959
	h26063-1	y01997-1	y01998					
何组	b09037	h27245	h27273	h27299-1	h27333	h27590	h28000	h29382
历组	h30693	h34225-1	h34640	y02476	t04233-1			
黄组	h36765	h38290	h39445-1					
历组	t00665	t01105	何组	t02539	t02646	t02697		
乡								
宾组	h05411							

乡	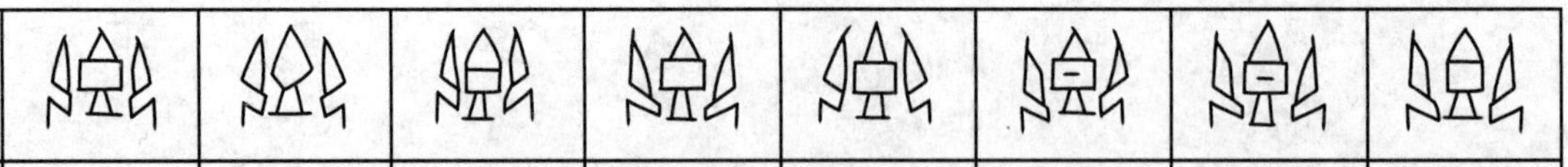							
宾组	b01850 正	h01403-1	h03280-1	h05236-1	h05240	h05243	h05244	h05245
	h05247 正	h05249	h06234 反	h12797-1	h13607	h16044	h16045-1	h16046
	h16048 反	h18024	100262 正					
师组	h19851 反	h19851 正	w01483-1					
丙二	h22331-1							
出组	h23003-1	h23543	h24117 正	h25967	h26017			
何组	h27124-1	h27125-1	h27138	h27147-1	h27147	h27221	h27644-1	h27647
	h27650	h27796	h27894-1	h28095-1	h28107-1	h28190	w01379-1	t00173
历组	b10703	h31040-1	h31042	h31043	h31045	h31046-1	h31047	h31048
	h31049-1	h31672	h32554-1	h32681-1	h33745 反	h33894	h34445	h34447-1
黄组	h37468-1							
历组	t02541	t00341-1	t00341	何组	t01009	t02470		

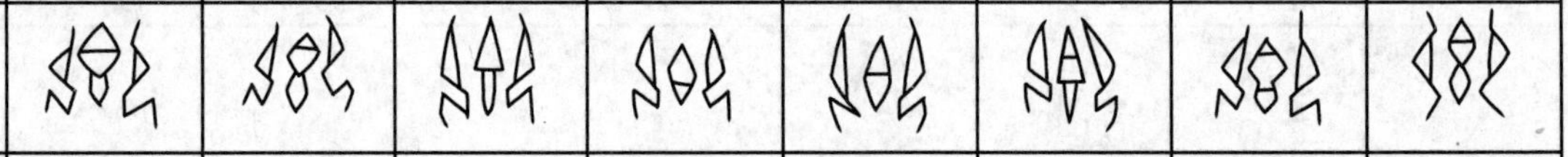

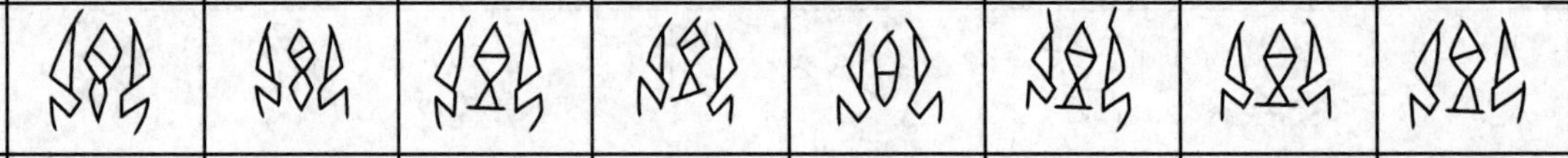

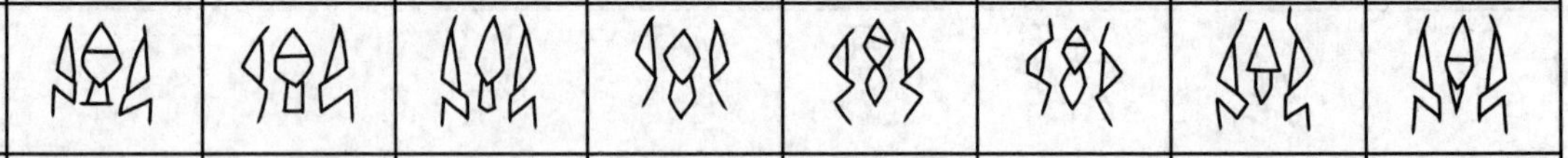

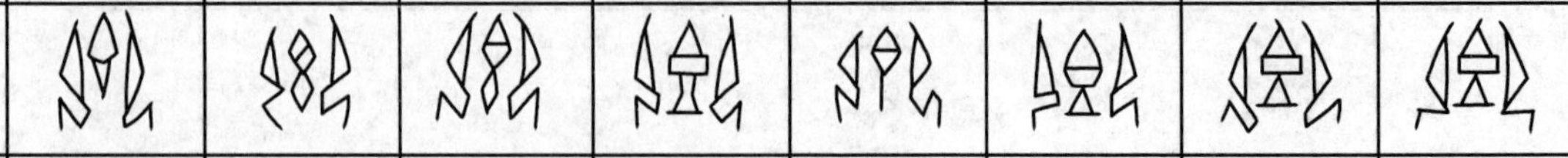

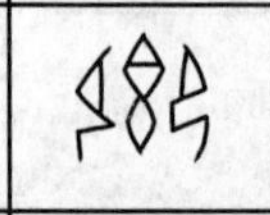

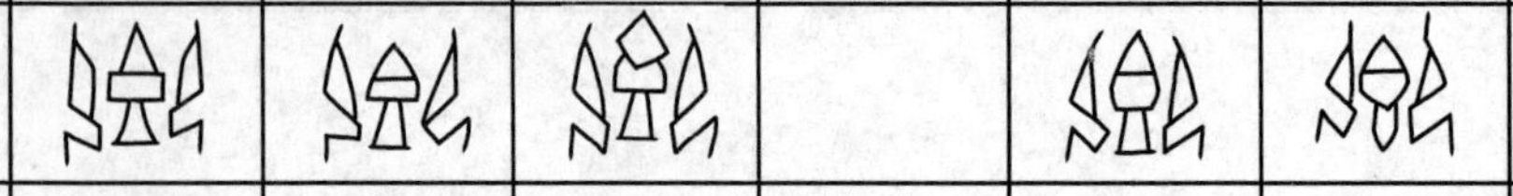

乡								
宾组	h00296	h16050	h16052					

出组	h23340							
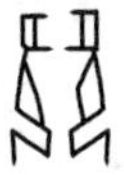								
师组	h21069-1							
⿷匚欠								
宾组	h13646 正							
旡								
宾组	h13587	h18006						

师组	h21476							
欠								
宾组	h00914 反	h07235	h18007	h18008				
次								
宾组	h05559-1	h08317						

子组	h21724-1							

何组	h27001							
羡								
宾组	h09375							

师组	h19945	h20119-1						

历组	t00751-1	t00751							

宾组	h07002	h15273	h19121						

师组	b06934	h20127							

何组	h28053								

历组	h33127								

历组	t00751								
吹									
宾组	h09362								
吹									
宾组	y02674 正	y02674 正							

宾组	h09359	h09361	h18010						
[illegible]									
宾组	h40366								
呒									
出组	h24894								

师组	h21472 反	h21472 反							

[illegible]								
宾组	h18009-1							
[illegible]								
历组	h30794							
[illegible]								
历组	h32757							
宾组	h18778 正							
[illegible]								
宾组	y02674 正	y02674 正						
宾组	b00066	b00152	b00281 正	b00338	b04308 正	b04311	b05360 反	d00413 正
	h00712	h01076正甲	h01580 乙	h01580 甲	h02353 反	h02558	h02987-1	h05908
	h06477 正	h15114	h15140	h15342	h15394	h15459	w00836	y01177 正
	y01212							
师组	b06561	b06563	b06607	b06610	b06626	b06629	b06847	b06873
	b06909	b06939	h19812 正	h19885	h19976	h19987	h19988	h20009-1
	h20091-1	h20353	h20418	h20451	h21165	h21167-1	h21173	h21285 正

子组	h21538 乙	h21555	h21805	h21847				
午组	h21875	h21877	h21885	h21906	h22008	t02248		
丙一	h22047	h22061-1	h22074-1	h22077	h22080	h22093	h22105	h22112
	h22116							
丙二	h22172	h22192	h22211	h22226	h22227	h22242	h22258	h22263
	h22407	h22424	h22425	h22426				
出组	b07764	h22545	h22615	h22620	h22758	h23178	h26002	
何组	b08888	b08972	b09631	b09632	h26907 正	h26953	h27174	h27790
	h27973	h28203	h30156	w01378	t00324			
历组	b10697	b10700	h31757	h31993	h32043-1	h32523-1	h32526	h32739
	h32969-1	h34176	h34287	h34340	h34341	h34345	t02361	

[illegible]								
何组	h27559	h30297						
丙二	h22381 正							
卩								
宾组	b03484	b05558 正	b05687	b13153 正	h00094 正	h05611 正	h05651	h15176
师组	b06747	b06771	h20327					
何组	b09063							
历组	b10551 正							
黄组	b11289	b11304	h36636	h36737-2	h37426-1	h37455	h37473-1	h37479-1
	h37485-1	h37489-1	h37646	h38159	h38195	h38221-1		
午组	h21928							
何组	h27522							
[illegible]								
宾组	h02631 正							
宾组	h00272 正	h18016						

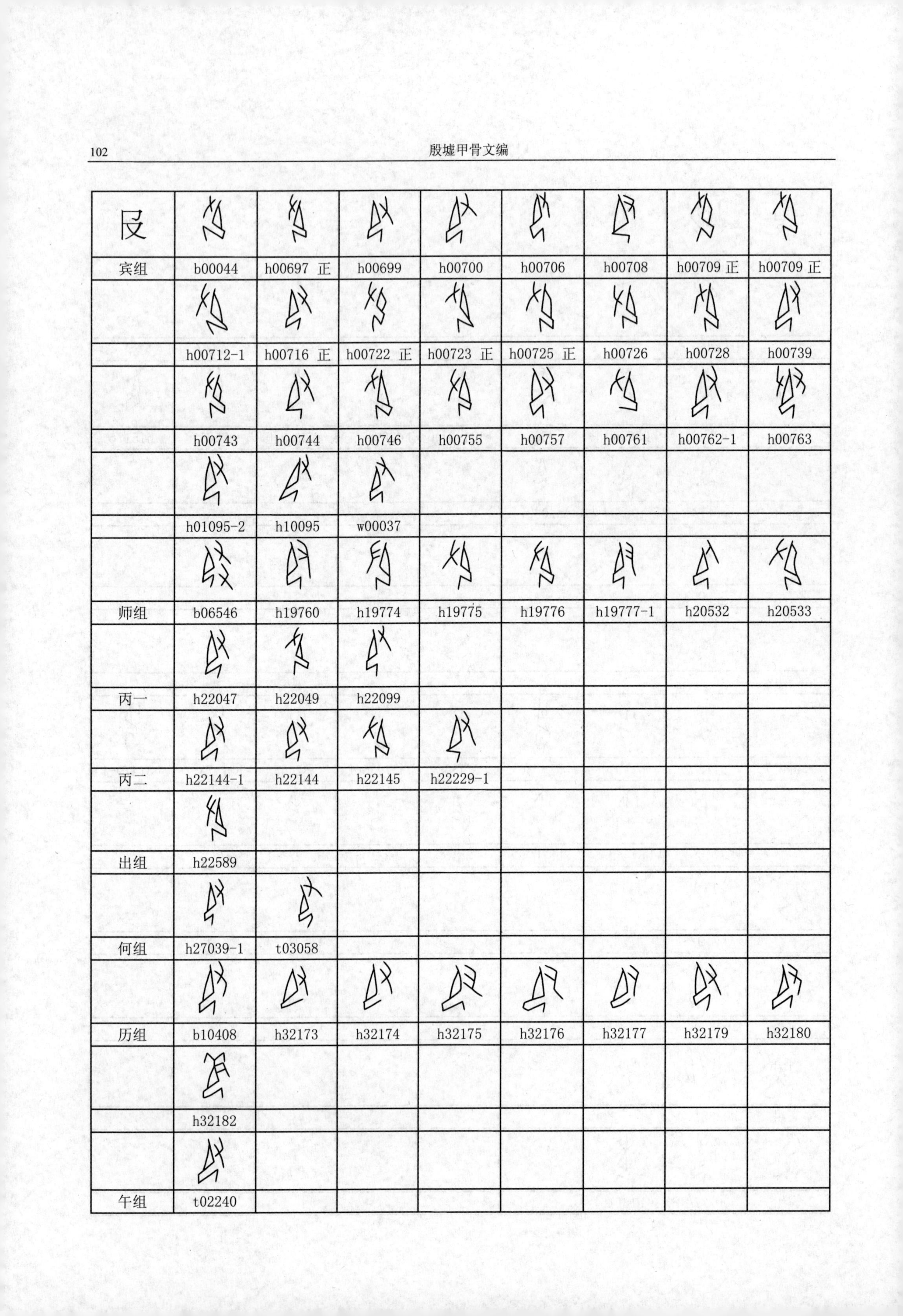

𠬝								
宾组	b00044	h00697 正	h00699	h00700	h00706	h00708	h00709 正	h00709 正
	h00712-1	h00716 正	h00722 正	h00723 正	h00725 正	h00726	h00728	h00739
	h00743	h00744	h00746	h00755	h00757	h00761	h00762-1	h00763
	h01095-2	h10095	w00037					
师组	b06546	h19760	h19774	h19775	h19776	h19777-1	h20532	h20533
丙一	h22047	h22049	h22099					
丙二	h22144-1	h22144	h22145	h22229-1				
出组	h22589							
何组	h27039-1	t03058						
历组	b10408	h32173	h32174	h32175	h32176	h32177	h32179	h32180
	h32182							
午组	t02240							

𠬝𠬝								
宾组	h00766 正	h13619						
黄组	h36924							
卪								
宾组	h00634 正	h01823 正						
宾组	h07027							
卯								
宾组	b05312 反	h00809 正						
出组	h23359 反							
何组	b08847	b08849	b08851	w01334-1				
历组	h31588							
印								
宾组	h00797	h00798	h00799	h00800	h00802	h04761	h08329	h10373
	h13404	h17096 正	h17139	h17824 反	h19071-1			
师组	b06849	h19755	h19757-1	h19779	h19783	h19784	h19785	h19788
	h19789	h19792	h20196	h20277	h20407	h20411	h20415-1	h20415

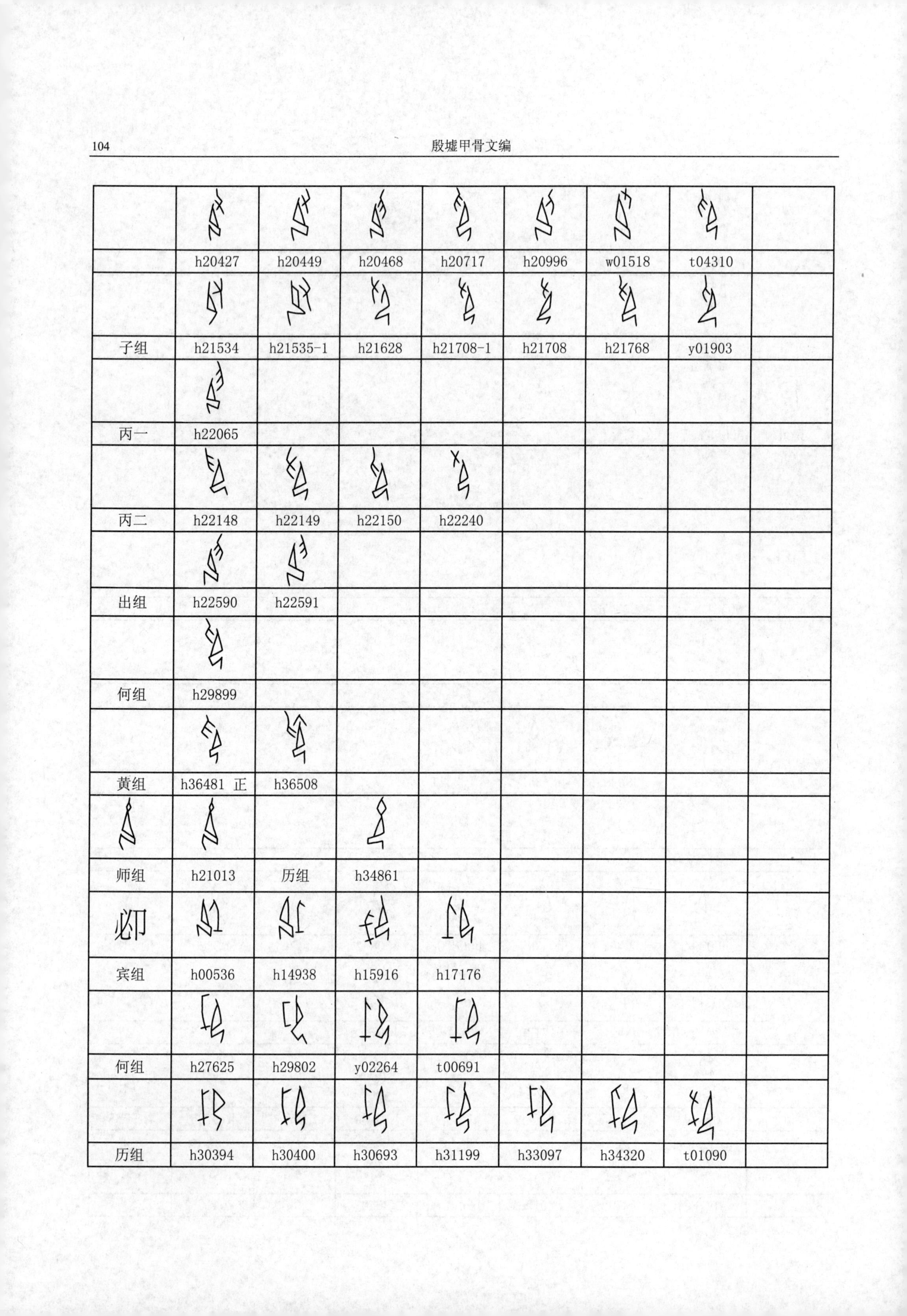

	h20427	h20449	h20468	h20717	h20996	w01518	t04310
子组	h21534	h21535-1	h21628	h21708-1	h21708	h21768	y01903
丙一	h22065						
丙二	h22148	h22149	h22150	h22240			
出组	h22590	h22591					
何组	h29899						
黄组	h36481 正	h36508					
师组	h21013	历组	h34861				
必卩							
宾组	h00536	h14938	h15916	h17176			
何组	h27625	h29802	y02264	t00691			
历组	h30394	h30400	h30693	h31199	h33097	h34320	t01090

习刻	t02733							
⿰必卩								
何组	h27415	h29926						
⿰必卩								
丙一	h22094							
宾组	b06180							
⿰阝殳								
宾组	h14294							
⿰阝攵								
宾组	h16935 正							
⿰阝殳								
宾组	h03306	y00145 反	y00187					
⿰阝殳								
宾组	h14295							
子组	h21583							
师组	h21052							
宾组	h02828							

呪								
历组	h33783	t03035						
叩								
何组	t01239							
叩								
宾组	h01060							
宾组	h08209	h18640	h18777					
黄组	h36538							
⿰日卩								
子组	h21728							
历组	h32834							
⿰亘卩								
宾组	h18434							
⿰日卩								
宾组	h05995 正							
师组	h20307	h21426						
丙二	h22527							

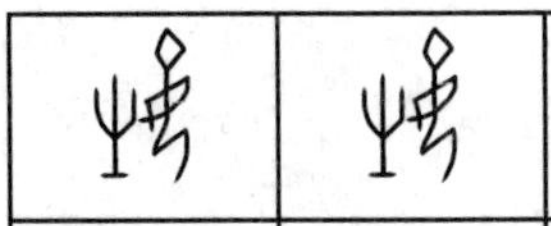								
宾组	h18003-1							
承								
宾组	h04094	h09175						
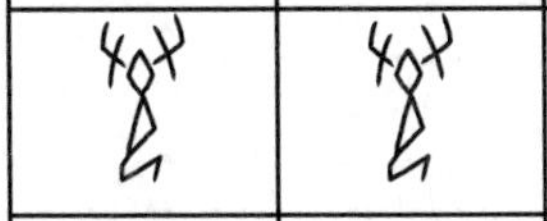								
宾组	h18004							
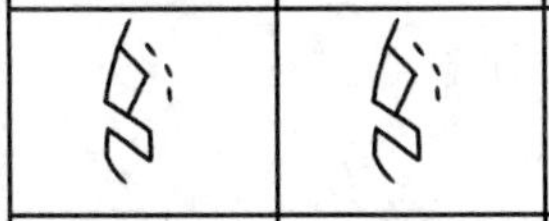								
何组	h26907 正							
粯								
黄组	h36754							
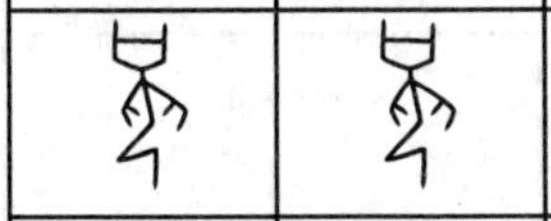								
午组	h22010							

宾组	b01847 丙	b04116	b04117	d00023	h00418 正	h01051 反	h12845	h14651
	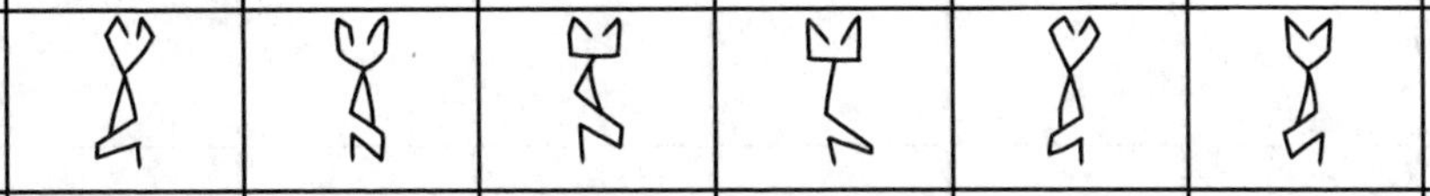							
	h14654 正	h14660	h14664	h14665 反	y00793	100456		
	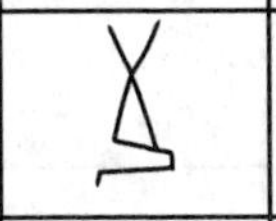							
师组	h21091							
	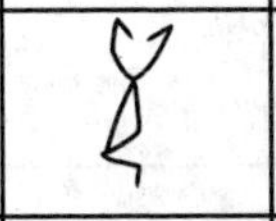							
丙二	h22419-1							
	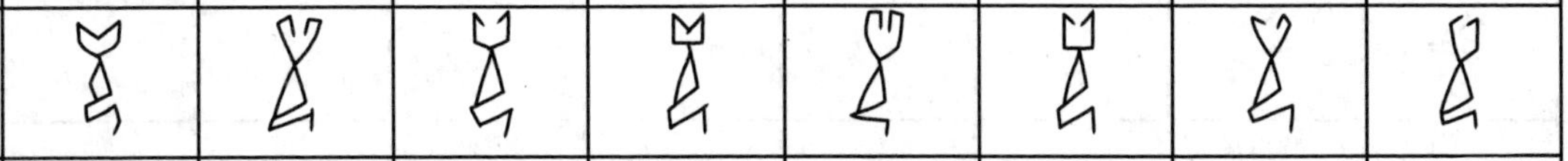							
历组	h30442	h30443	h32675	h33273-1	h33293	h33303	h34240	h34266
	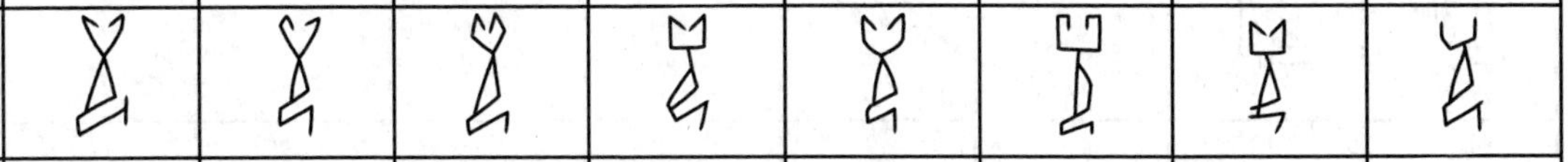							
	h34268-1	h34268-2	h34268	h34269	h34270	h34271	h34272 正	h34273-1

	h34274-1	h34276-1	h34277	h34281	h34711	y02443		
历组	t04338-1	100467	t00581	t00744	t00804-1	t00963	t01143	t01458
	t03069	t04333						
何组	h29984							
历组	h30444	h30445	h30446	h33302	h34265	t02388		
宾组	h19529 甲							
丙一	h22065							
尧								
宾组	h04479	h04480						
历组	h34337							
尧								
宾组	h09379							
师组	h20652							

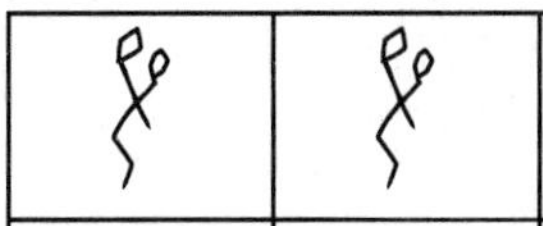								
黄组	h39445							
丮	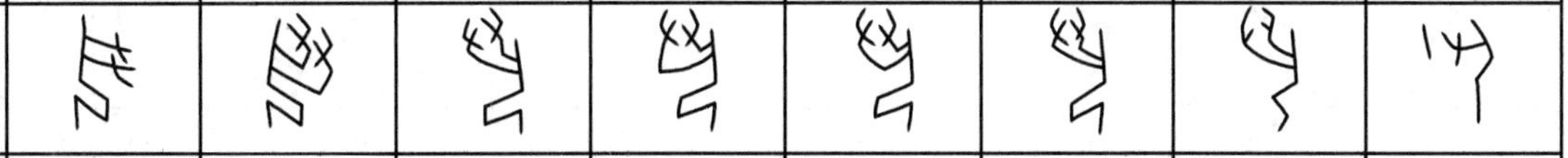							
宾组	h00734 正	h00734 正	h01824 反	h07168	h09557 反	h13924	h16415	h17937

子组	h21581							
	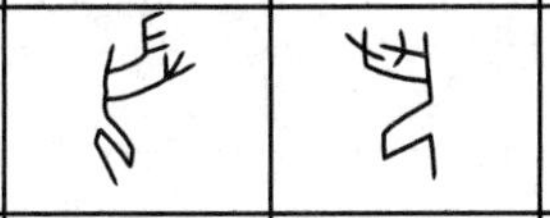							
出组	h25897-1	y02176						
	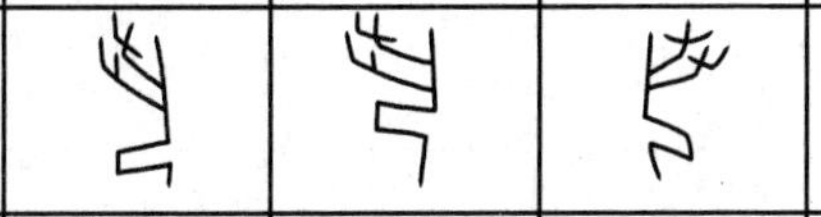							
历组	h33413	h34621	s00376					
⿰口丮								
宾组	h03426	h09803-1	h09803-2	h17108	h40728			

师组	b06798	h19790	h20036	h20960	h21190			
⿸厂丮								
宾组	h00529	h09804	h15356	h15357	h15358	h40497		

师组	h20231	h20346 反	h20462	h21189	h21386			
	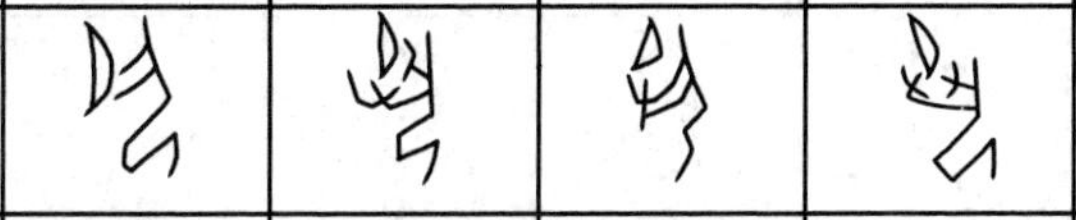							
何组	h26897	h27915	h28737					
	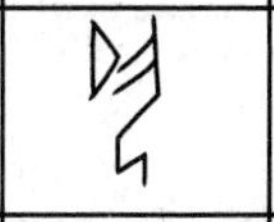							
历组	h30954							

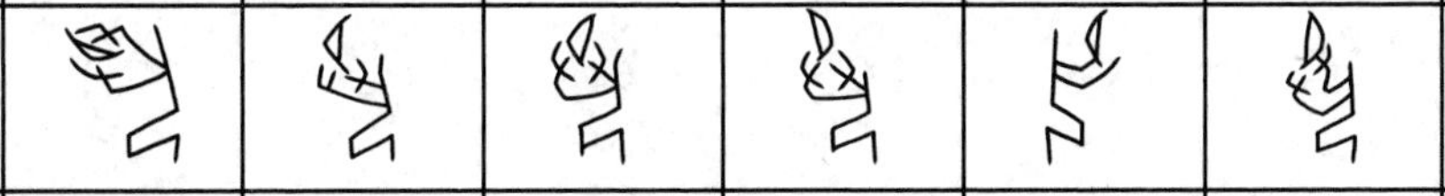

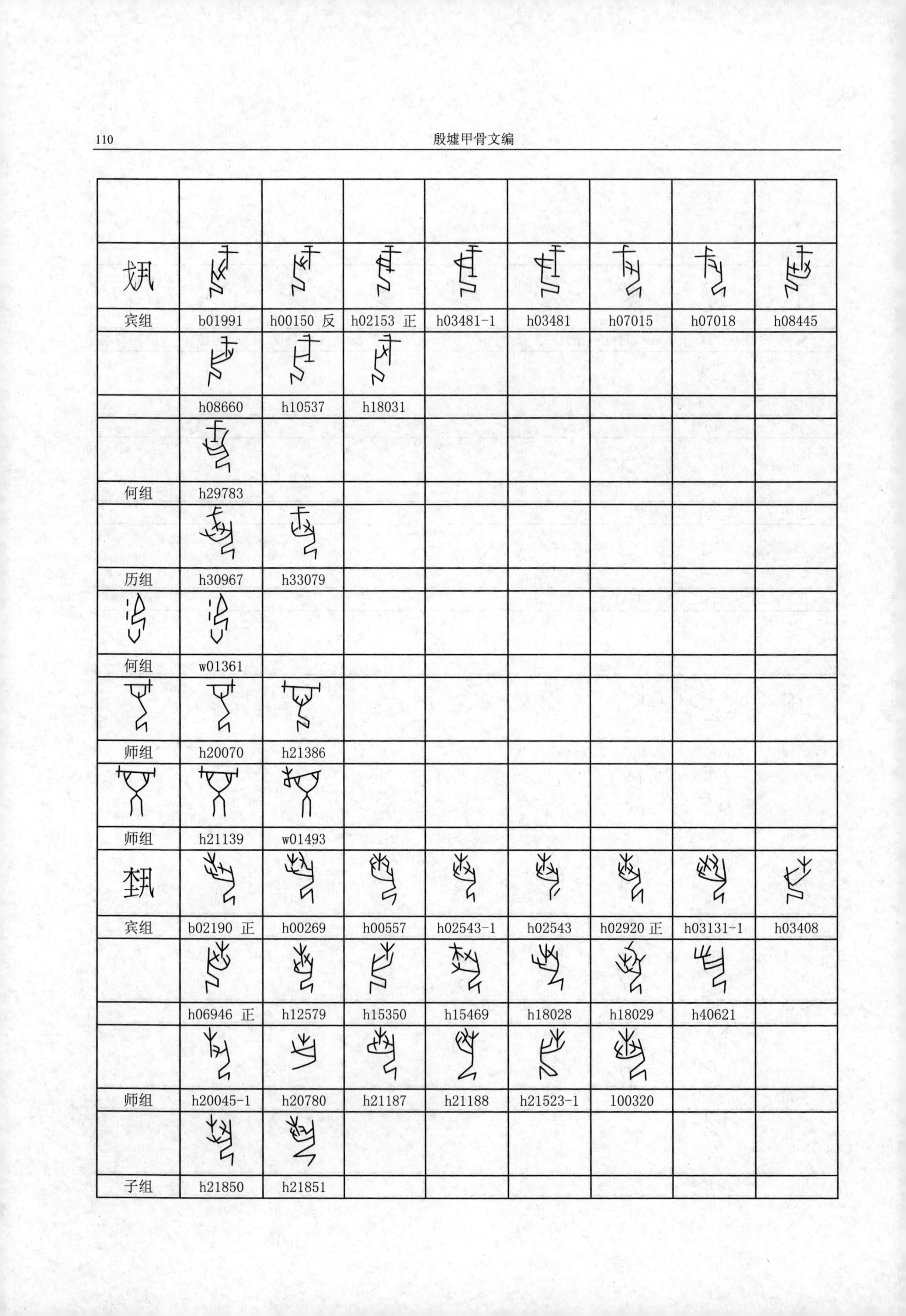

[illegible]								
宾组	b01991	h00150 反	h02153 正	h03481-1	h03481	h07015	h07018	h08445
	h08660	h10537	h18031					
何组	h29783							
历组	h30967	h33079						
何组	w01361							
师组	h20070	h21386						
师组	h21139	w01493						
[illegible]								
宾组	b02190 正	h00269	h00557	h02543-1	h02543	h02920 正	h03131-1	h03408
	h06946 正	h12579	h15350	h15469	h18028	h18029	h40621	
师组	h20045-1	h20780	h21187	h21188	h21523-1	100320		
子组	h21850	h21851						

出组	b07700	b07701	b07702	b07703	b07706	b07708	h22615	h22719
	h22721	h23002	h23674	h25376	h25377	h25386	h25398	h25407
	h25413	h25416	h25422	h25432	h25440	h25443	h25444	h25446
	h25453-1	h25460	h25464	h25488-1	h25506	h25702		
何组	b09623	h27042 反	h27051	h27436	h27771	h27914	h27951	h28565
	h28924	h30113-1						
历组	h31273	h31278	h32992 反	h34399	h35230-1	t02391	t04049-1	
埶								
何组	b08954	h27522	h28514-1	h28554	h28564	h28566	h28567	h28568
	h28570-1	h28571	h28572-1	h29373-1				
历组	h30753	h34606						
埶								
宾组	h00319	h05273-1						

出组	h22548							
何组	b09662	h27543	h27772	h27780	h28573	h28628	h28809	h29250
	h29251							
历组	h31890							
[illegible]								
出组	h24495-1							
何组	h26899	h27052	h27064-1	h27382	h27779-1	h27950	h28348	h28569
历组	h30748	h30751						
[illegible]								
历组	h30659							
[illegible]								
何组	h26899-1	h26899						
历组	h31764	h32663						
[illegible]								
宾组	h04104							
[illegible]								
宾组	h02960 反							

鄙								
历组	h41465							

宾组	h06566 反							

宾组	y00655							
乳								
丙二	h22246	h22247						
鈏								
何组	h27890							
加								
宾组	h00709 正	h15479						

师组	h21439							

午组	h22021							

丙一	h22118							

历组	h32571	h35174						

黄组	h37451							

黄组	h37492							

 师组	 b06942							
 宾组	 h00853	 h05691	 h14790					
 师组	 h21017							
历组	 t03763							
 师组	 b06950-1	 b06950-2	 b06950-3	 b06950				
 宾组	 h10812 乙	 h10812 甲						
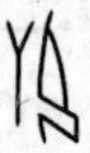 宾组	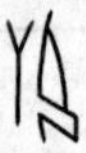 h02388正乙							
 师组	 h19997							
 黄组	 h39434							
 师组	 h21423							
 午组	 h22003-1							
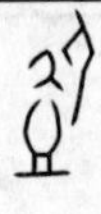 师组	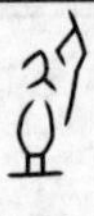 h20326							

宾组	h14238							
沫								
历组	h31951							
饮								
宾组	h03868 反							
饮								
宾组	b01234	h04284						

历组	h32183							
	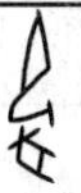							
宾组	h02413							
[illegible]								
宾组	h18015							
[illegible]								
历组	h31219-1	h31219-2						

丙二	h22461							
免								
午组	t04516-1							

女	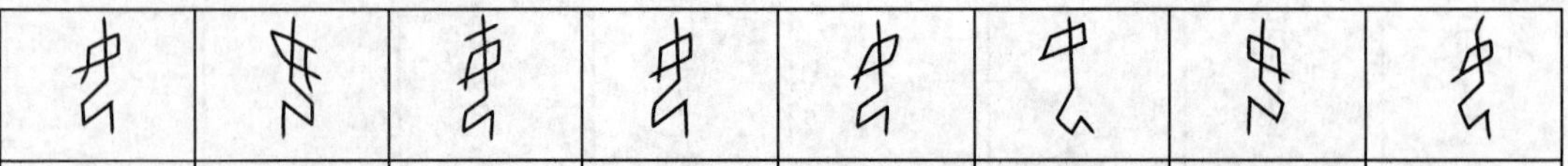							
宾组	b00056	b00342	b00794	b01803	b06395	h00668	h00672 正	h00678
	h00683	h00684	h00787	h01532 正	h02362 正	h02821	h02822 正	h0447 反甲
	h06867	h07852 正	h12290 白	h13992	h14755 正	h15147	h17105 反甲	y00646 正
	y01756	t02767						
师组	b06743	b06796	b06812	h19801	h19802	h19963	h19978	h19979
	h19981	h19982	h19984	h19985	h19997	h20742	h20801	h20853
	h21437	w01509						
子组	h21560	h21611	h21786					
午组	h22015							
丙一	h22047	h22091 甲	h22099					
丙二	h22246	h22262	h22268	h22269	h22341	h22453	h22507-1	h22507
出组	b07047	b08608	b13260					

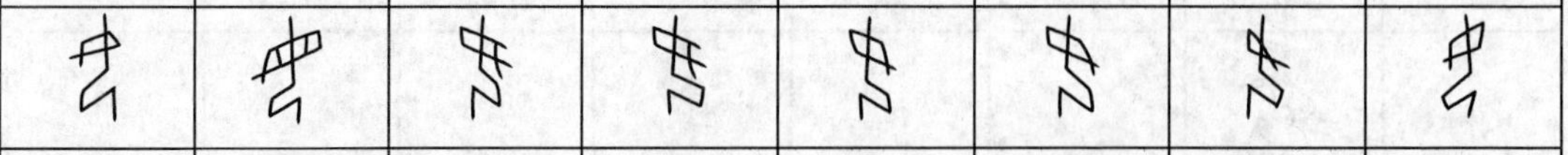

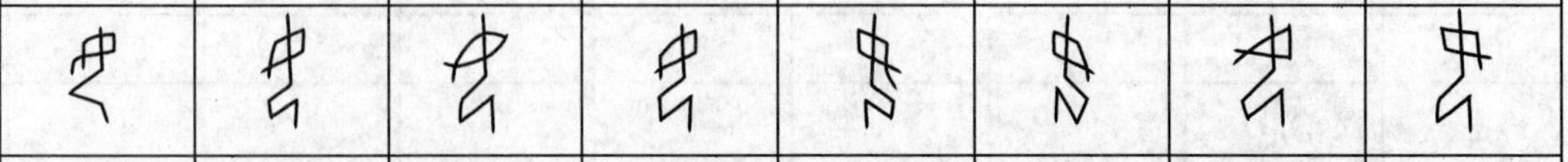

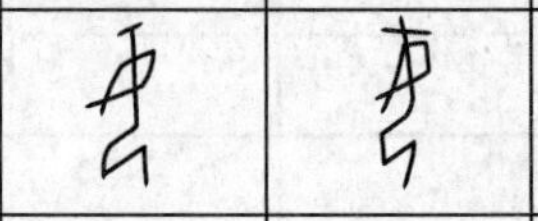

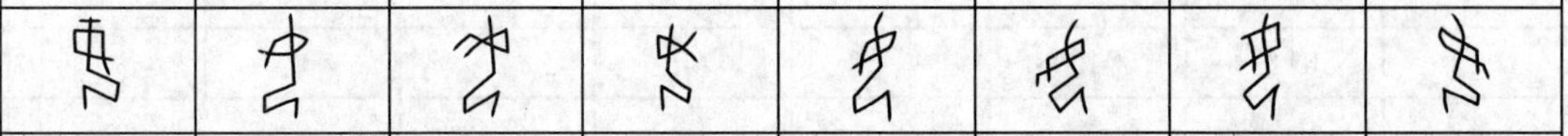

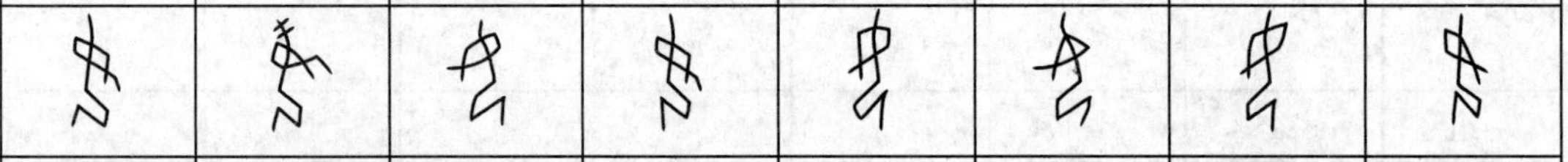

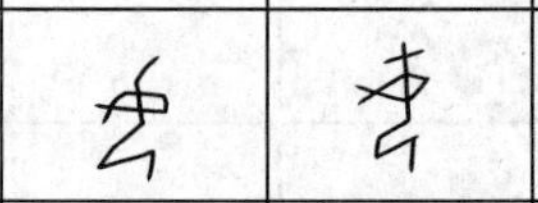

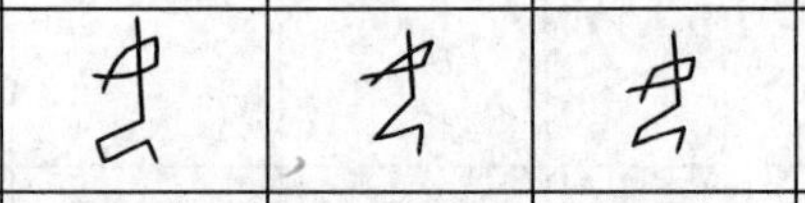

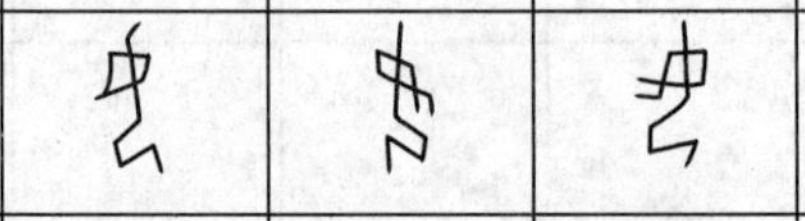

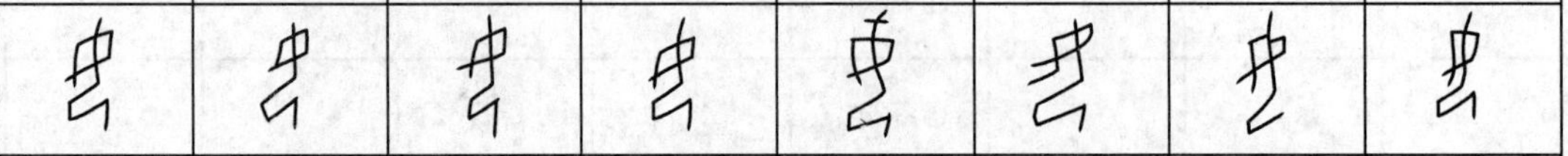

何组	h28170	h30169	h30172	t02259				
历组	h31952	h32176	h32297-1	h32297	h32298	h32301	h32758	h33149
	h34171	w01591	t03700					
黄组	h35362	h36570						
丙一	h22067							
母								
宾组	b00057	b00234	b00315	b00317 正	b00318 正	b00319	b00320	b00322 正
	b00325	b00326	b00341	b00399 正	b00404	b00637	b01850 正	b02031 正
	b02680	b02880	b03643 正	b04110	b04111	b04285	b05678	b05842
	h00365	h00439	h00440 正	h00454 正	h00588 正	h00651	h00916 正	h00924 正
	h01251	h02153 正	h02498 正	h02525 反	h02534	h02535	h02536	h02538-1
	h02538	h02539	h02543	h02544	h02549	h02550	h02563	h02565

	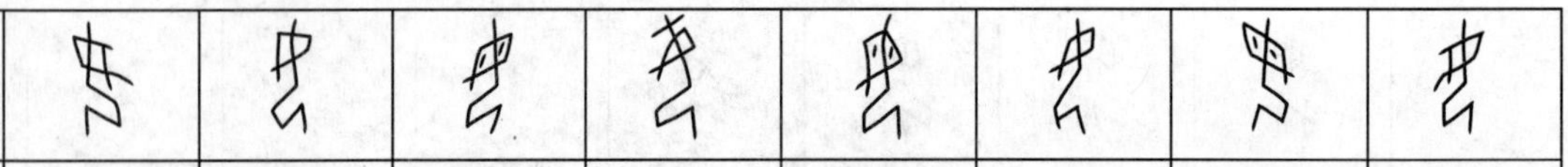 h02566	h02570	h02575	h02576	h02577	h02593	h02594	h02595
	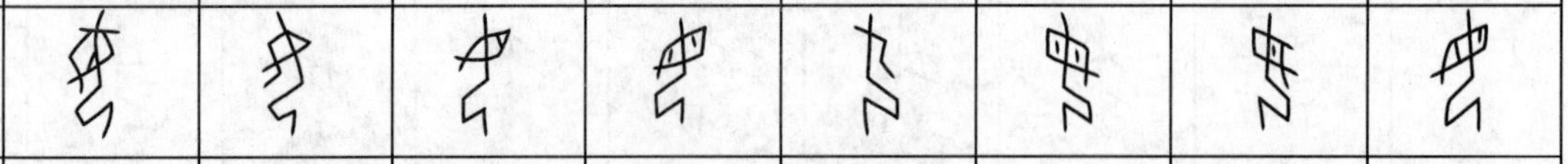 h02600	h02603	h02604-1	h02604	h02819 正	h03010 反	h03210	h03560
	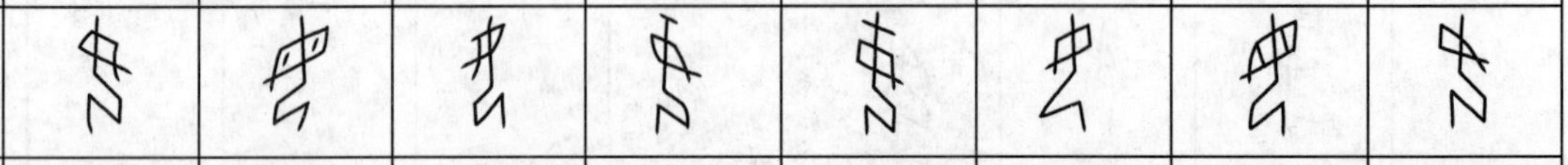 h03681	h04924	h07002	h08005 正	h10084	h10918	h13926	h14129 反
	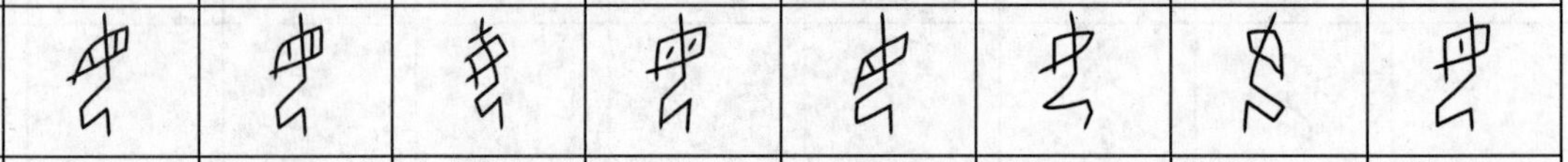 h14335	h14976 正	h15313	h16353	h18920	h18948 反	h18948 正	h19180
	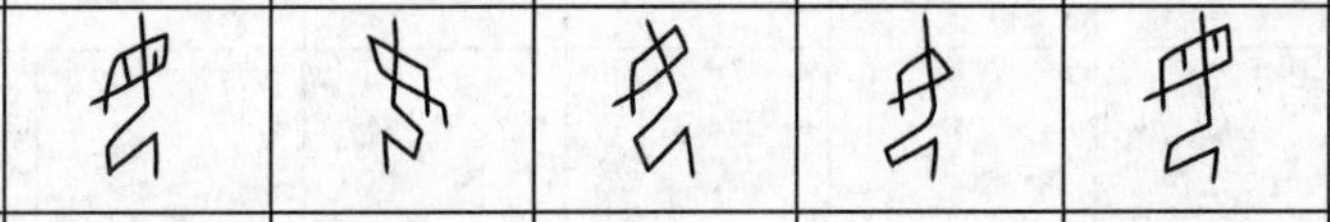 h19305	w00077	w00109	y00112 反	y00719			
师组	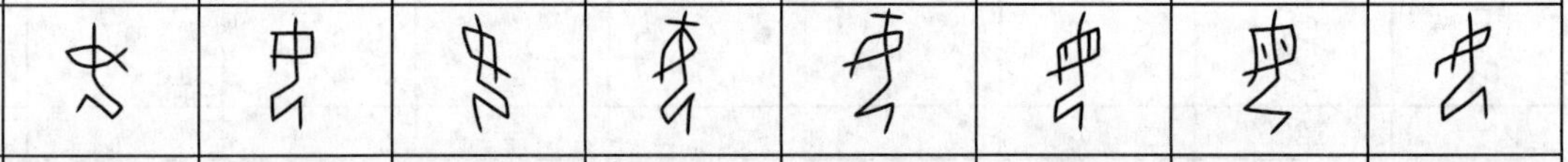 b06552	b06572	b06804	b06824	b06925	b06926	b06931 正	d01280
	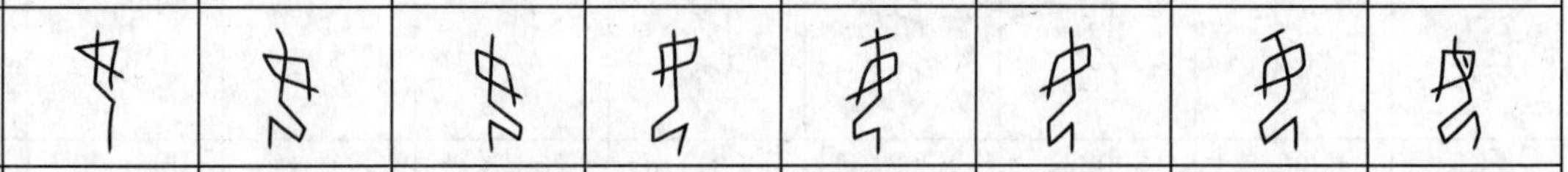 h19755	h19817	h19866	h19890	h19907-1	h19907	h19951	h19952
	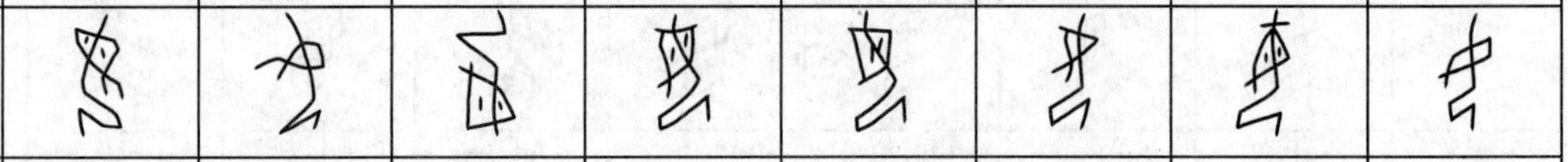 h19954	h19955	h19956	h19957 反	h19957 反	h19958	h19960	h19961
	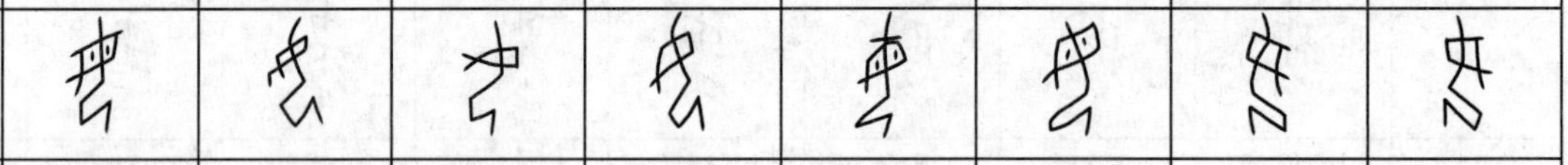 h19962	h19963	h19965	h19967	h19968	h19971	h19973	h19975
	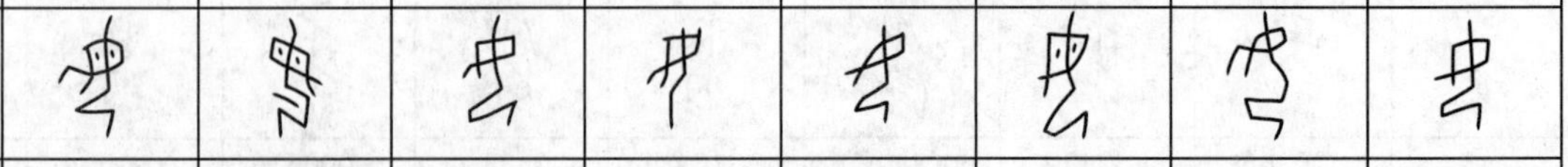 h19977	h20107	h20109	h20338	h20365	h20576 正	h20576 正-3	h20576 正
	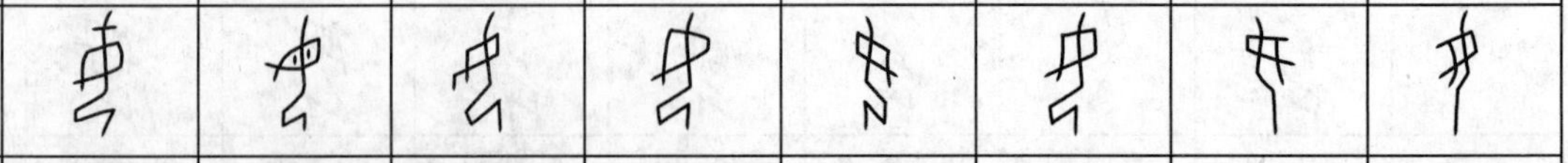 h20685	h20693	h20706 反	h20796	h20800	h20829	h21011	h21021
	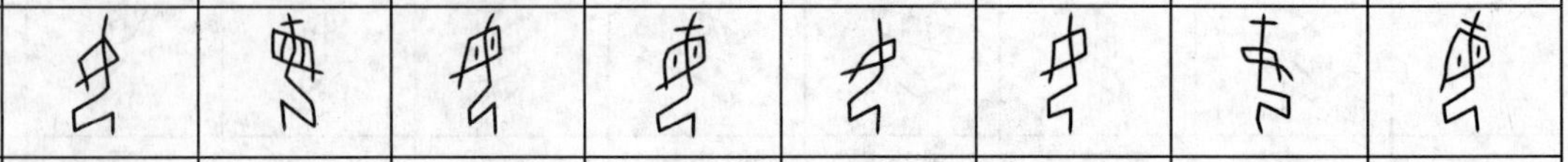 h21049	h21093	h21095	h21102	h21148	h21290	h21296	h21306 乙

	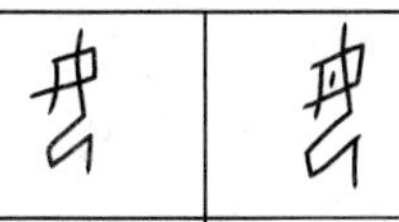 w01493	y01765						
子组	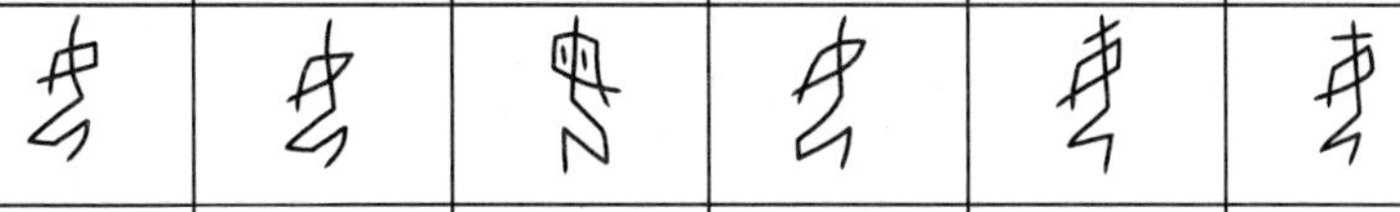 h21537	h21554	h21785	h21803	h21804	h21805		
午组	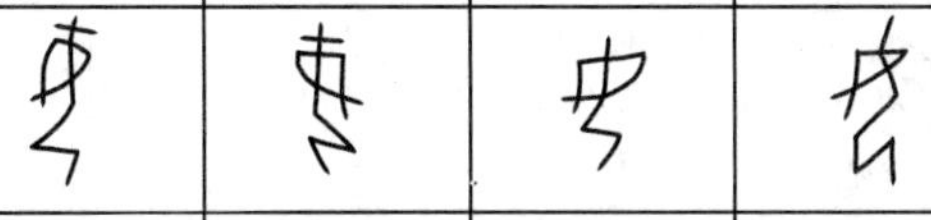 h21879	h21882	h21883	t02673-1				
丙一	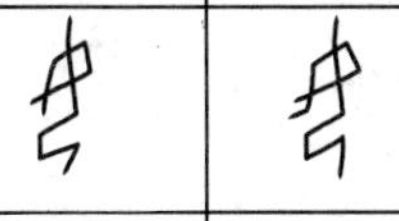 h22045	h22050						
丙二	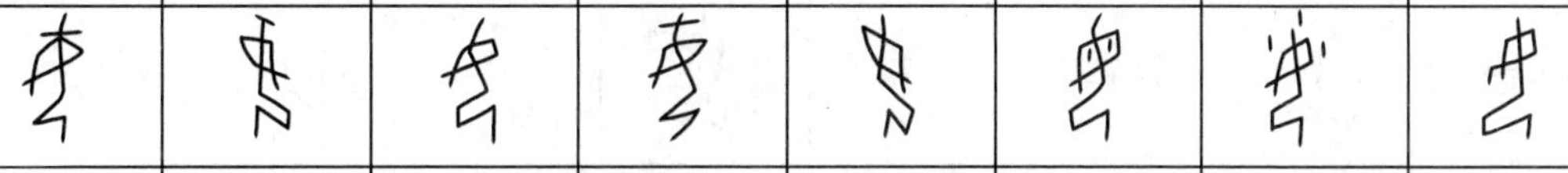 h22146	h22206 乙	h22215	h22235	h22237	h22238-1	h22238	h22240
	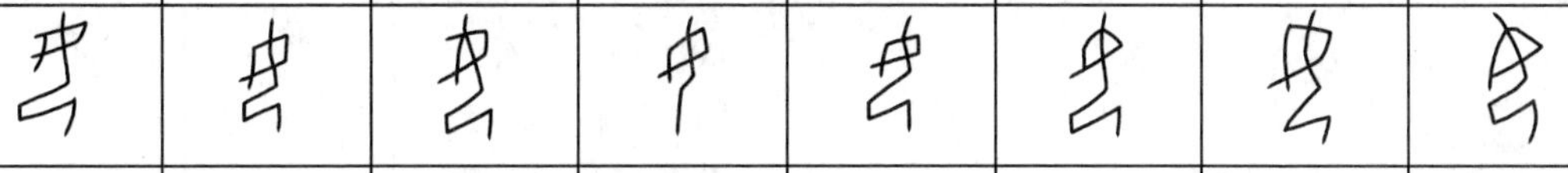 h22242	h22246	h22258	h22264	h22269-1	h22284	h22301	h22381 正
	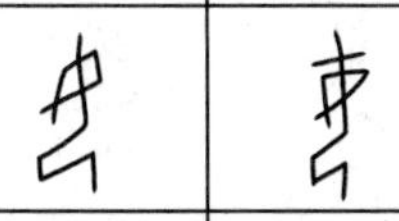 h22394	h22452						
出组	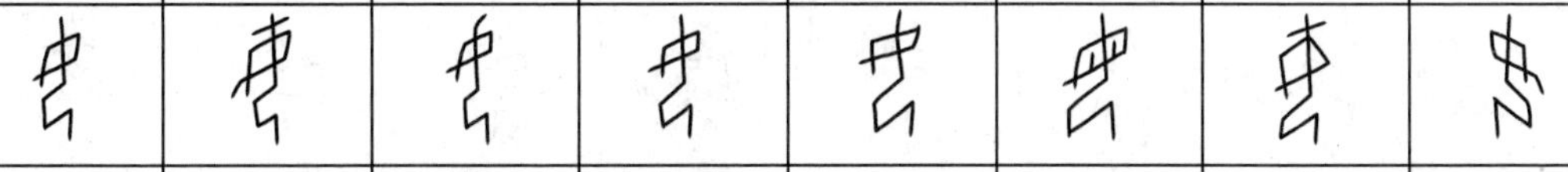 b07039	b07262	b07506	b07907	b08378	b08614	b08761	d00650
	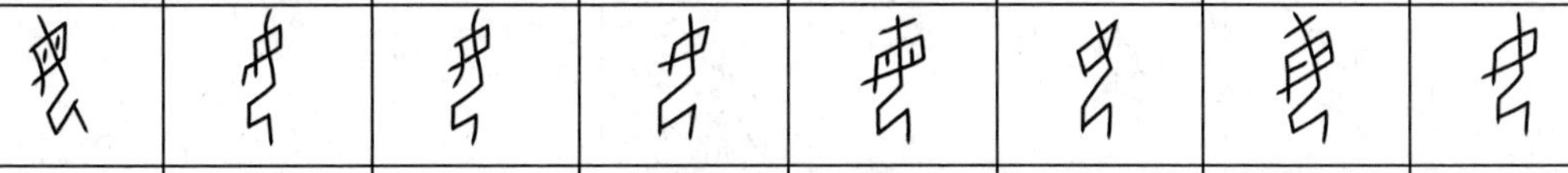 h22589	h22605-1	h22605	h22744	h22775	h22861	h22906	h22924
	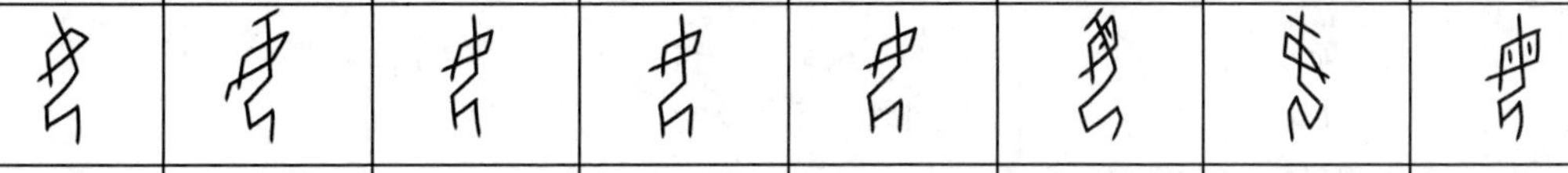 h22971-1	h23002	h23021	h23173	h23262	h23274	h23348	h23430
	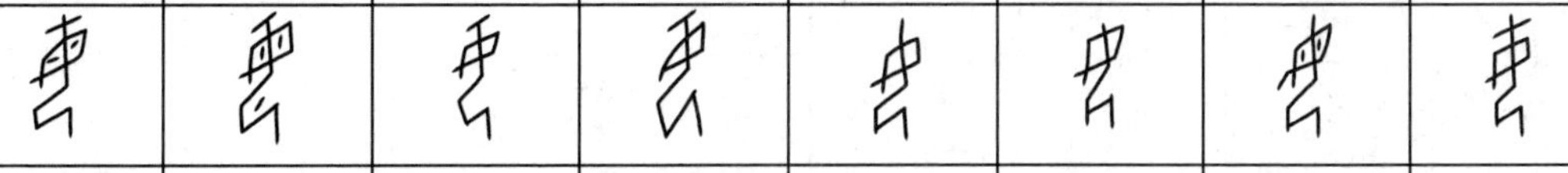 h23462	h23463	h23464	h23465	h23474	h23501	h23605	h23878
	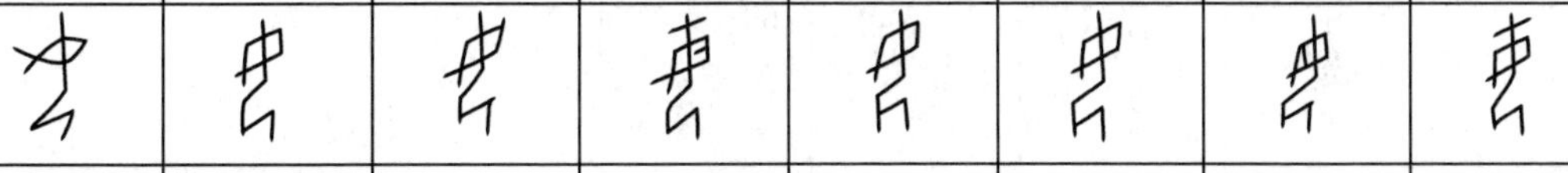 h24136	h24141	h24222	h24502	h24566	h24619	h24637	h24646

	h25065	h25068	h25932	h25999	h26001	h26137	h26837	h26861
	y01974	s00009						
何组	b09599	b13332	d00789	h26992	h26995 正	h27237	h27286	h27340
	h27489	h27554	h27559	h27583	h27584	h27586	h27587	h27588
	h27593	h27594	h27595	h27596	h27597	h27599	h27600	h27601
	h27602	h27607	h27633	h27746	h27972	h28240	h28589	h29415
	h29811	h29901	h30224	100047	t02412	t02538	t03161	
历组	b10478	h30501	h30642	h31192	h32011	h32393	h32729	h32752
	h32753	h32755	h34083	t01011				
黄组	h36420	h39433	h39445	h39473				
师组	h19983-1	h19983						
历组	h32290	t01059	t04049					

宾组	b00906 反	b02518 反	b06210 反	h00654	h00680 臼	h00681 臼	h01075 反	h01581 臼
	h02013 臼	h09948	h10228 臼	h12764 臼	h17540 臼	h17629 臼	h17630 臼	h17633 臼
	h17808 反	w00548 反	y01275 反					
妸								
宾组	h01336 臼	h06270 臼	h17360 臼					
历组	h31768							
宾组	h02819 正							
师组	h19802-1	h19802						
妾								
宾组	h00629	h0065 正甲	h00657	h00658	h00659	h00661	h00662	h00663
	h00755	h00904 正	h02386	h02863	y00125 正			
师组	h19799	h19892	h20072	h21434				
午组	h21883							
历组	h32164	h32165	y02446					

叙								
宾组	h00655 正甲							
郪								
宾组	h00664	h00665	h00666					
何组	h27040							
历组	b10424	h32161	h32162					
倭								
历组	h32166	h34095						
倭								
历组	h35321							
每								
宾组	b06336	b13161						
丙二	h22292	h22457						
出组	h23472							
何组	b09146	b09207	b09216	b09221	b09230	b09234	b10384	h27115
	h27148	h27923	h27957	h27972	h27987	h28267	h28562	h28634
	h28687	h28692	h28694	h28696	h28697	h28703	h28842	h28953

	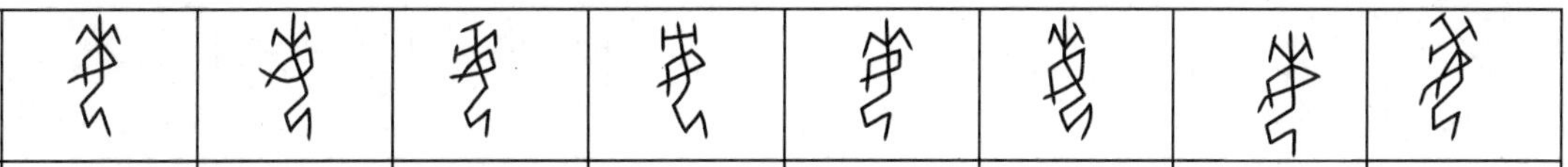 h29090	h29414	100582	t01152	t02221	t02320	t03729	t04190
历组	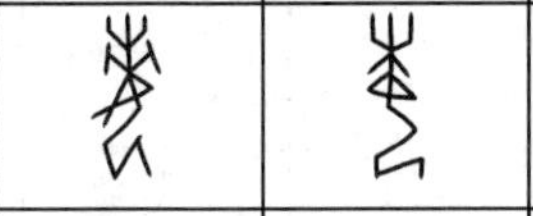 h30722	h31680	h32969					
黄组	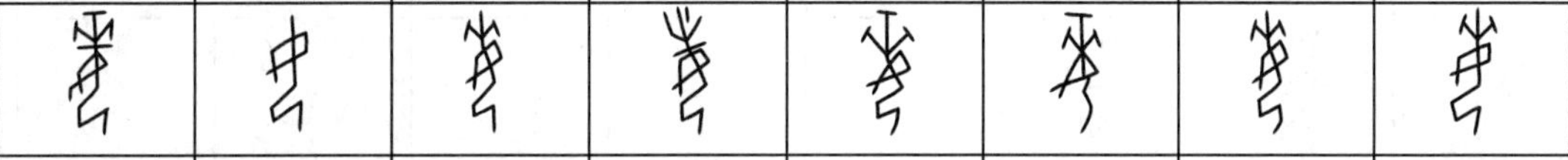 b10995	d00946	h35354	h36385	h36416	h36418	h36492	h36518
	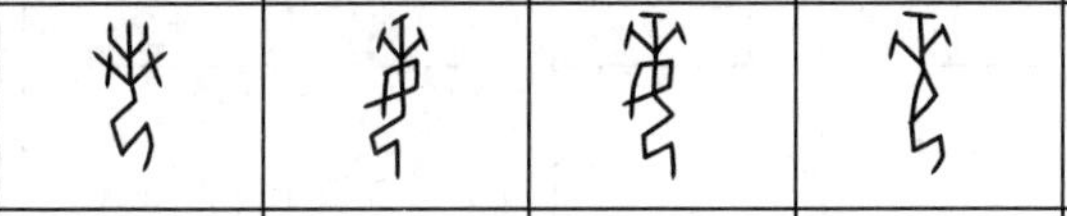 h36909	h37517	h38212	h39430	h39468			
每	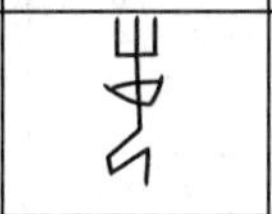							
宾组	h18427							
师组	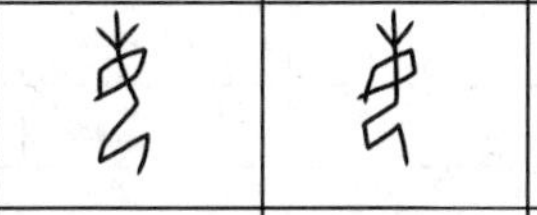 h21057	h21094						
午组	 h21988							
何组	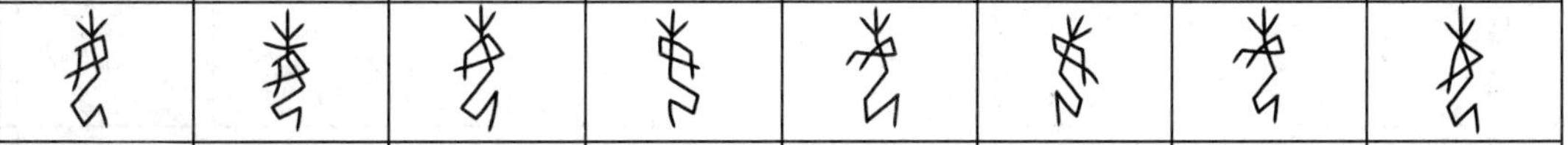 b08893	b09042	b10346	h26907 正	h27244	h27737	h27739	h27747
	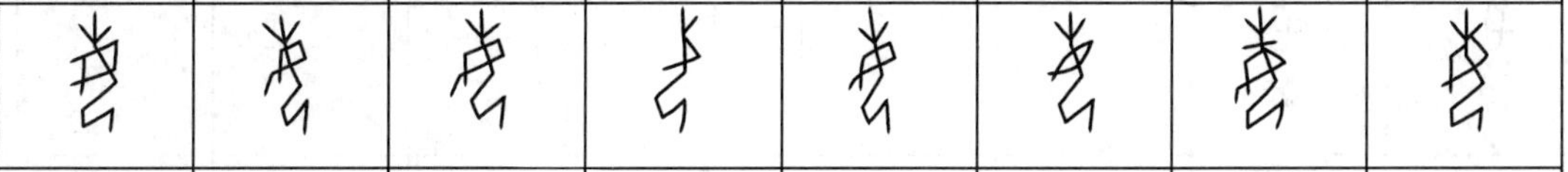 h27767	h27958	h28013	h28021	h28368	h28395	h28410	h28614
	 h28683	h28685	h28695	h28702	h29178	h29227	y02298	
历组	 h30445	h31264	h31267	h31276	h31279	h33394		

黄组	b11284							

何组	t02159	t02254	t03343	t04334				

宾组	b02746 反	h13973						

黄组	d00887							
姜								
丙一	h22099							

何组	b09265							
[illegible]								
宾组	h18058-1							

历组	h32160							

历组	h30460							
妍								
何组	h27250	h28273						

历组	h30458							

妍								
何组	h27651							
历组	h32168							
妍								
历组	h30459	h30461	h32167	h32169	h32170	h32577	h34543	
妍								
宾组	h18056							
师组	h21426							
[illegible]								
历组	h30463							
宾组	w00026							
宾组	h03273 正	h03274	h03276	h06640	h06641	h06642	h06644	h06645
宾组	h00688	h40727						
何组	b09213	b09215	b09338	h28741	h28822	h29244	h29323	
历组	h31238	h31263	h31269	h31271	h31273			

 宾组	 y00347							
 宾组	 h00689	 h00692	 h00694	 h00727 正	 h08350	 h08382	 h13641	
午组	 h21975							
丙一	 h22098							
历组	 h34085	 h34086						
 宾组	 h00686	 b00442	 h00532	 h00938 正	 h17382			
何组	 b09353 正							
黄组	 h39459							
 宾组	 b04152	 h00331	 h00667 正	 h00687 正	 h00690	 h00691 正	 h00693	 h00696
	 h06057 反	 h10145	 h39683					
丙一	 h22049-1	 h22049						
历组	 h30380							

黄组	 h39467							
敏								
黄组	h36765							

宾组	h08251正-1							

宾组	h18003							

宾组何组	b13148							

何组	b09256	h28682	t00256					

黄组	h39433							

宾组	h02644	h02645	h02668					

宾组	h01133	y00593						

宾组	h14068	h18068						

丙二	h22258							

妶								
师组	h19765							

丙二	h22215	h22256	h22258-1	h22259	h22261	h22263	h22278-1	h22394

历组	h32159	h32301						

宾组	h00808 反	h00808 正	h06177 臼	h18800				

何组	h30010							

历组	h31648							

丙二	h22248	h22250						
安								
宾组	b00401 臼	h00300	h17508 臼					

师组	h21306 乙							

丙一	h22099							

丙二	h22266							

师组	h19771							

历组	h32126							
师组	h19996							
师组	h19830							
⿰女卣								
丙二	h22174							
⿰女卣								
师组	h19801							
⿰女卣								
丙二	h22425							
⿱卣女								
历组	h33092							
妃								
宾组	b05777 反	h06199	w00882					
丙二	h22460							
妥								
宾组	h00228	h00945 正	h03181 正	h04912	h05578-1	h05658 正	h19511-1	
师组	h20578-1							
丙二	h22135-1	h22147	h22459					

何组	h27890-1							
黄组	h36181-1	h36548-1						
妥								
宾组	h00945 正	h03283	h07046-1	h40500-1				
子组	h21727-1	h21793-1	h21793-2					
午组	h21890-1							
[illegible]								
宾组	h07682 反							
宾组	h05299 臼	h05840 臼						
㚰								
宾组	b04054	b04058	h02389 正	h06905-1	h07081 反	h13999-1	h14002 正	h14018
	h14020	h14023	h14031	h14037-1	h14059	h14067-1	h14076 正	h14087-1
	h14099	h14102	h14105	h16670				
师组	b06692	h19976-1	h20057-1	h20472	h21069	h21070	h21071	h21072
丙一	h22102							

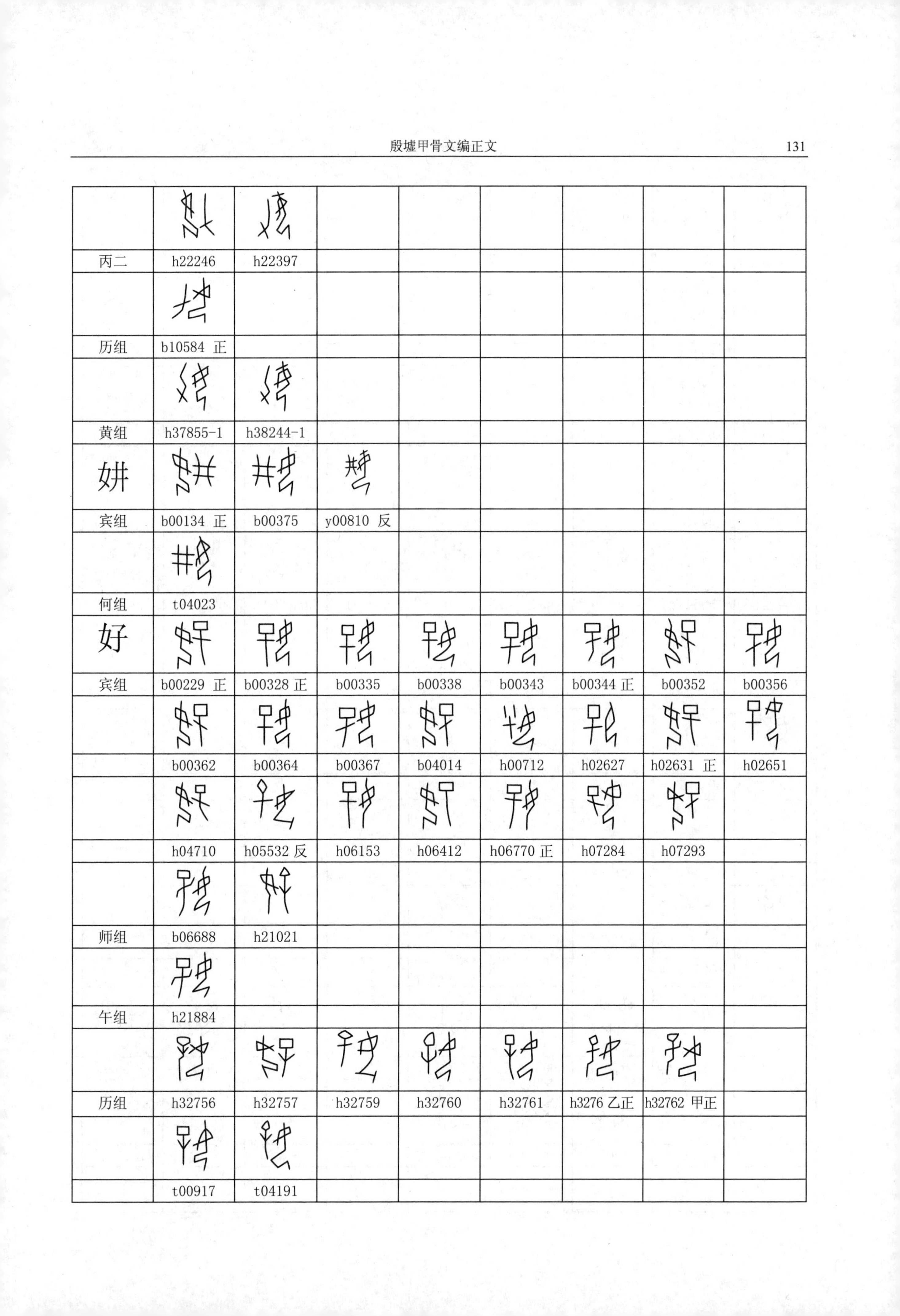

丙二	h22246	h22397						
历组	b10584 正							
黄组	h37855-1	h38244-1						
妌								
宾组	b00134 正	b00375	y00810 反					
何组	t04023							
好								
宾组	b00229 正	b00328 正	b00335	b00338	b00343	b00344 正	b00352	b00356
	b00362	b00364	b00367	b04014	h00712	h02627	h02631 正	h02651
	h04710	h05532 反	h06153	h06412	h06770 正	h07284	h07293	
师组	b06688	h21021						
午组	h21884							
历组	h32756	h32757	h32759	h32760	h32761	h3276 乙正	h32762 甲正	
	t00917	t04191						

妹								
宾组	h19139 乙							
师组	h20348	y01790						
子组	h21805							
历组	h30497							
黄组	h35982	h36909	h37840	h38192	h38194	h38202	h38203	h38206
	h38213	h38214	h38305					
妹								
宾组	b00324-1	h02605	h19137	h19138				
出组	h23673	h24118						
师组	h21055							
媒								
宾组	b00408 反	h00376 正	h00641 正	h00738 正	h02777	h02778	h13933 正	h13959
	h14128 正	h17065 反	w00100	100034 正				

婐								
出组	b08578							
婡								
宾组	h02781	h02793	h03043	h13716 正				
⿰女桑								
宾组	h2782 正							
出组	y02042							
黄组	h36830							
⿰女喪								
黄组	h36947	h36948	h36953					
⿰女桑								
黄组	h36961							
宾组	h14815							
宾组	h01088 正	h01089						
午组	h21987							
师组	h20001							
姀								
宾组	h06524 臼	h06552 臼						

[女禾]								
宾组	h12431							
[女禾]								
宾组	h07076 正	h18051						
婪								
宾组	h10298							
[婪-variant]								
宾组	h13867							
讯	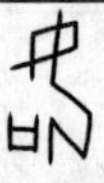							
宾组	h00659	h03716	h06746	h19126	h19127 正	h19128	h19133	
	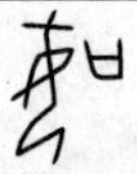							
师组	w01527							
	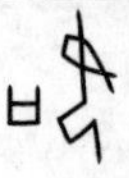							
出组	h22853							

黄组	h36389							
如								
宾组	h19136	y00301 正						

子组	h21785	h21800						

历组	h32227							

午组	t02672							

如								
宾组	h05650							
姼								
丙二	h22246-1	h22246-2	h22246	h22259	h22261			
姼								
丙二	h22246	h22322						
㚸								
宾组	h01121 正	h01125	h01130 甲					
㚸								
师组	b06855							
娠								
宾组	h14070							
婞								
宾组	h01123 正	h01124						
𡛟								
宾组	h01463 反甲	h01854	h02631 臼	h04261	h17553 臼	h18046		
㚢								
师组	h20672							
㛅								
宾组	h13758 反							
𡡼								
宾组	b06172	h05807	h14161 正	h14161 正	h18070			

师组	h20004							

⿰女黽								
丙二	h22301							
⿰女龍								
宾组	h04156	h15943	h18048	h18049				
⿰女龔								
何组	y02271							
⿰女⿸虍人								
宾组	h11405							
婋								
何组	h28264							
黄组	h36427							
出组	h26829							
⿰女弔								
丙二	h22301							
⿰女它								
宾组	h00580 反							
⿱沚女								
宾组	h08020							
师组	h20002	h21368						
妏								
宾组	h18041	h18042						

师组	h20006							
格								
宾组	h00864	h11051	h18043					
姃								
宾组	h02803							
姃								
宾组	h07145							
婬								
宾组	h01567	h18039						
嬒								
宾组	h39673-1							
妼								
宾组	h02760 臼							
妼								
宾组	h18050-1							
婝								
宾组	h02815							
丙二	h22370							
娱								
何组	y02271-1							
宾组	h07790							

𡛷								
宾组	h00418 正	h03012	h09517	h09608 正	h13505 正			
媜								
宾组	h02737 臼							
妓								
宾组	h00454 正	h06655 反	h06828 反					
㚰								
子组	h21651-1							
历组	h32171							
㑦								
宾组	h14588							
何组	h27547							
黄组	h35361-1	h35364	h36276	h38725				
姬								
宾组	h18034							
师组	h20815							
姬								
历组	h34217							
姬								
黄组	h35965-1							

⿰妾卑								
何组	h26956							
黄组	h35361							
⿰妾卑								
黄组	h35361							
⿰女缶								
宾组	h13868							
⿰女豐								
宾组	b04019 臼	h12030 反						
出组	h24610							
宾组	h02562	h14022 正						
宾组	h14021 正							
宾组	h01663	h02787	h06905	h13954	h14016	h14059		
师组	h19886							
⿰女朿								
宾组	h02812	y01119						
师组	h20228	h21037-1						

奸								
宾组	h01076 正甲							
⿰女⿱夂干								
宾组	h02802							
⿱女⿰女又								
宾组	h14024	h39831						
黄组	h36176							
⿱女⿰女又								
师组	h19891							
⿱女⿰女又								
宾组	h02582							
⿱女⿰女又								
宾组	h00585 正							
师组	b06829	h21520						
丙二	h22405							
历组	h34043							
宾组	h14294	h14295	h15924	h15925				
丙二	h22173							

出组	h23783	h26008	h26009	h26013				
何组	h28168	h30286						
历组	h30392	h31010	h32551					
黄组	h36390	h36487	h36512	h36747	h38223	h38225		
⿱⿰厶又女								
师组	h40866							
⿱⿰厶又妻								
宾组	h18208							
⿱止女								
丙二	h22340							
姓  								
宾组	h14027	h18052						
师组	h19998							
姓      								
宾组	h02861	h15220	h17066	h19141	h19142	h19143		
姓 								
何组	h26956							
⿰女杢								
黄组	h36355	h38761						

侄								
宾组	h14067							
⿰女食								
宾组	h14122							
⿰女⿳亠口厶								
宾组	h02785	h02786	h12431	h13214				
⿰女⿳亠口厶								
宾组	h04464 正	h04465	h17437 反					
汝								
宾组	h01248 正	h02791 反	h02792	h05551 臼	h14026			
⿰女川								
宾组	h15935 臼							
⿰女川								
丙二	h22258							
⿰女彡								
宾组	b04250 反	h01699 反	h02337 反	h18067				
丙一	h22098-1	h22098-2						
宾组	h10935 正							
娘								
宾组	h10137 反	h11423 反	w00966 臼					
娥								
宾组	h18065							

黄组	h38244							
⿰女戚								
历组	h32612							
⿰女戊								
宾组	d00012	h02402	h02788-1					
历组	h32753							
娍								
丙二	h22246							
⿰女戠								
师组	h20003							
丙二	h22246							
宾组	h02537-1	h02537						
⿰女皿								
丙二	h22246							
⿰女监								
宾组	y01721							
嫀								
宾组	h01086 正							
婞								
宾组	h07833	h18038						

师组	h19994							
⿰女奉								
师组	h20096							
⿰女凡								
宾组	h18066							
⿰女奠								
宾组	h13866							
囡								
宾组	h08820 反							
婍								
何组	h27605							
宾组	h15562 臼							
⿰女冬								
何组	h28235							
娅								
丙二	h22301-1	h22301						
⿰女亞								
丙二	h22247							
丙二	h22301							
媓								
丙二	h22301							

㛫								
何组	h28127	t02667						
妭								
宾组	h12500							

黄组	h36831							
[illegible]								
黄组	h36756	h36757						
姘								
宾组	h12431							
 [illegible]								
宾组	h11015							
 [illegible]								
宾组	h01117							
奴								
丙二	h22462							

出组	h23473							
𡣍								
宾组	h00137 反							
妟								
宾组	h00190 正	h05460 反						

婈								
宾组	h18047-1							
⿰女夆								
历组	h32289							
⿰女[illegible]								
丙二	h22301							
⿰女魚								
宾组	h03096							
宾组	h018053							
黄组	h36475-1	h36475						
始								
宾组	h02850	h18127	h19216					
娵								
宾组	h03297 正							
宾组	h18054 反							
妞								
黄组	h37485							
数								
宾组	h09136 正							
⿰女雝								
黄组	h38245							

[illegible]								
丙二	h22271							
婛								
丙一	h22099							
妦								
子组	h21568							

宾组	h10579							
婌								
丙二	h22246-1	h22246						
[illegible]								
宾组	h01120							
婤								
何组	t03110							

黄组	h36827							
[illegible]								
历组	t00100							
姡								
黄组	h36751							
妊								
黄组	h37369							
妊								
宾组	h02799	h02800						

	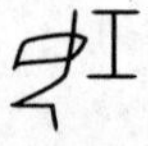							
子组	h21556	h21557	h21559					
妊								
宾组	h18045							
妊								
师组	h20706							

丙二	h22246-1	h22246						
外								
师组	h19976	h21172						
[illegible]								
宾组	b05631	h02801						

午组	h22014							
[illegible]								
宾组	h00973 正							

丙二	h22463 正							
嬙								
历组	h32299-1	h32299						

宾组	h10797 正							

宾组	h18059 反							

	t02767							
子								
宾组	y02674 正							
宾组	b00016 反	b00451	b00464	b00466	b00467 正	b00469	b00470	b01966
	b02264	b02511	b02533	b03996-1	b05813 正	b05951 反	b06006 正	b06433
	b06447-1	h00223	h00454 正	h00454 正	h02943-1	h02944-1	h02962	h05450
	h06579	h08996 正	h09217 反	h10505	h13727	h1403 正乙	h15764 正	h39695
	y00153 反	h02784						
师组	b06564	b06567	b06590	b06831	b06923 正	b06940	b06941	h19849
	h19921	h19964	h20002	h20023-1	h20024	h20027	h20031	h20054-1
	h20085	h20608	h20787	h21151	h21169	h21291	h21368-1	h21498
子组	h21567	h21587-1	h21703 正	h21734	h21838	h21843	y01891	y01900
午组	h21886	h21888	h21889-1	h21890	h21891	h21893	h21912	h21923

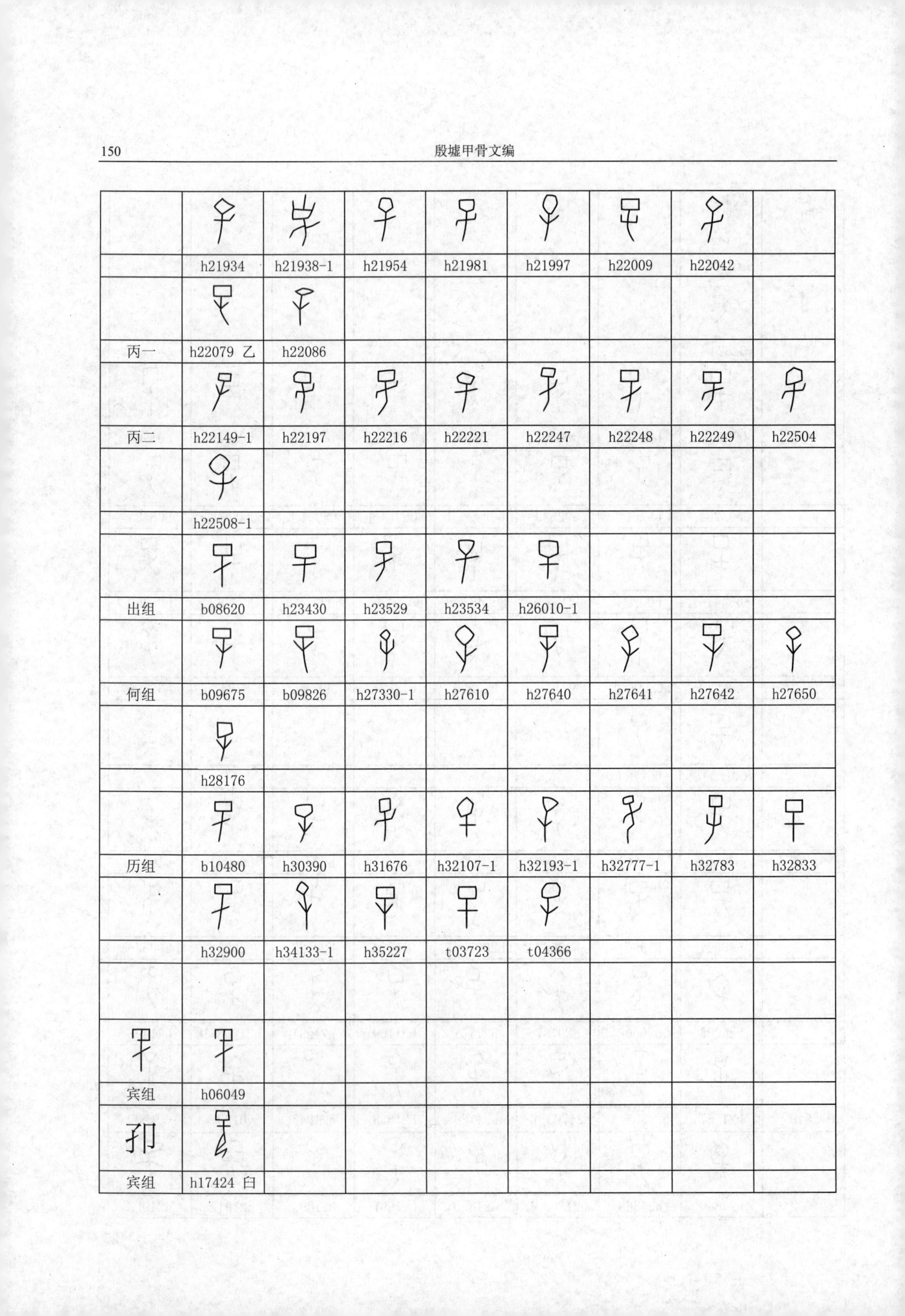

	h21934	h21938-1	h21954	h21981	h21997	h22009	h22042	
丙一	h22079 乙	h22086						
丙二	h22149-1	h22197	h22216	h22221	h22247	h22248	h22249	h22504
	h22508-1							
出组	b08620	h23430	h23529	h23534	h26010-1			
何组	b09675	b09826	h27330-1	h27610	h27640	h27641	h27642	h27650
	h28176							
历组	b10480	h30390	h31676	h32107-1	h32193-1	h32777-1	h32783	h32833
	h32900	h34133-1	h35227	t03723	t04366			
宾组	h06049							
孑卩								
宾组	h17424 臼							

[illegible]								
宾组	b00549	h00891 正	h08330	h11018 正	h14208 正	h14211 正	h14214	h14216
历组	h31767	h32563	h35273					
宾组	h05624	h13974	h17995 正	h17996	h17997 正			
师组	b06647							
黄组	h36477							
[illegible]								
师组	b06860							
子组	h21787	h21790-1						
宾组	h18605							
[illegible]								
黄组	h35362							
[illegible]								
宾组	h00903 正							
历组	t01078	t04178	t04287					
[illegible]								
宾组	h00137 反	h00764						

丙二	h22323							

历组	h33014							

宾组	h19362							
弃								
师组	h21430							

宾组	h08451							

宾组	h18492							

宾组	h09100							

何组	h28176							

宾组	b01806	h17932						

师组	h40825-1	y01813						

宾组	h09074	h18758						

宾组	h06354 正	h06355	h18849					

宾组	h06913							
宾组	h06621	h06799	h08264	h08265				
师组	h20631							
黄组	h36837							
[illegible]								
师组	h20824							
宾组	h03270							
毓								
宾组	b01587 反	b02385	b04427	h00279	h01952	h02361 正	h08251 正	h14853
	h14856	h14857-1						
丙二	h22396							
出组	b06988	b08735	b08736	h22622	h22651	h22656	h22663-1	h22666-1
	h22736-1	h23151-1	h23157-1					
何组	b09017	b09522	b09663	h27145	h27192-1	h27243	h27316	h27317-1

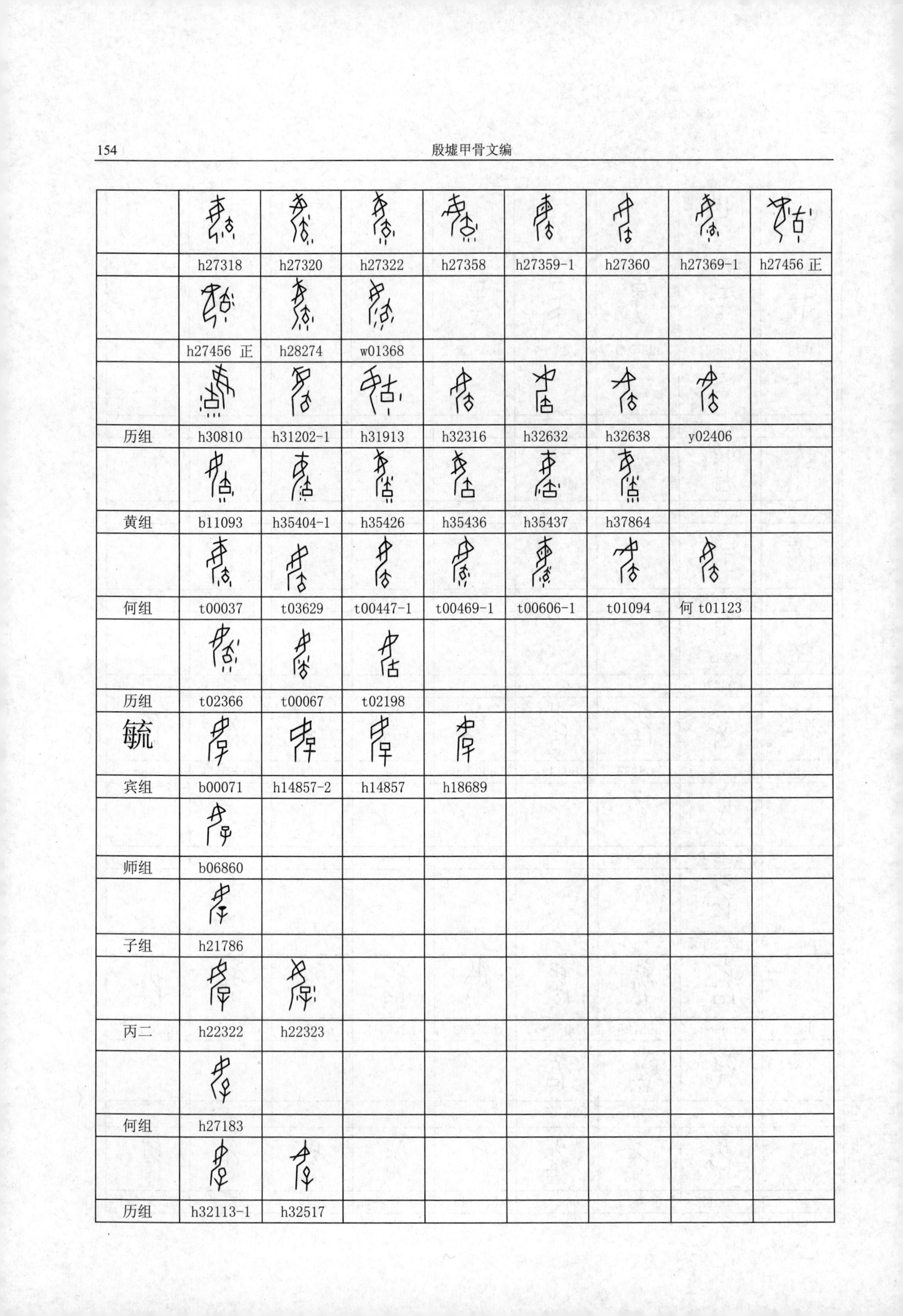

	h27318	h27320	h27322	h27358	h27359-1	h27360	h27369-1	h27456 正
	h27456 正	h28274	w01368					
历组	h30810	h31202-1	h31913	h32316	h32632	h32638	y02406	
黄组	b11093	h35404-1	h35426	h35436	h35437	h37864		
何组	t00037	t03629	t00447-1	t00469-1	t00606-1	t01094	何 t01123	
历组	t02366	t00067	t02198					
毓								
宾组	b00071	h14857-2	h14857	h18689				
师组	b06860							
子组	h21786							
丙二	h22322	h22323						
何组	h27183							
历组	h32113-1	h32517						

毓								
出组	h22654-1							
历组	h32634	h32636-1	h32763-1	h34087-1				
黄组	y02502-1							
毓								
黄组	h38243	h38244						
毓								
宾组黄组	d01118	h00517 反	h00843 反	h03201 正	h11225	h14021 正	h14124	h14125
	h14126	h14851						
出组	h24951-1							
黄组	b10944							
毓								
宾组	h14123							
㐬								
出组	h23012							
何组	h27042 反	h27643						
㐬								
何组	h27321							

保								
宾组	b04143	h00006	h00043	h01370	h01473	h03481	h04149	h05494-1
	h08311	h08630	h08692 正	h10133 反	h10133 正	h10133 正	h15409	h16409
	h16429	h18965	h18966-1	h18968-1	h18970-1	y01555		
师组	h20305-1	h21292	h21293					
出组	h23432	h24739	h24945-1	h25039	h25040			
历组	t01066	t04572						
保								
历组	t01082							
保								
宾组	h08587	h08670						
何组	h27381							
宾组	h01249	h03410-1	h14059					
历组	h31912	h32315-1	h34086	t01089				

孙	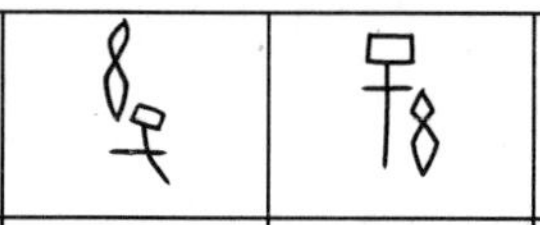							
宾组	b02240	h10554						

历组	h30527	h31217						
孖								
宾组	b06257							
目	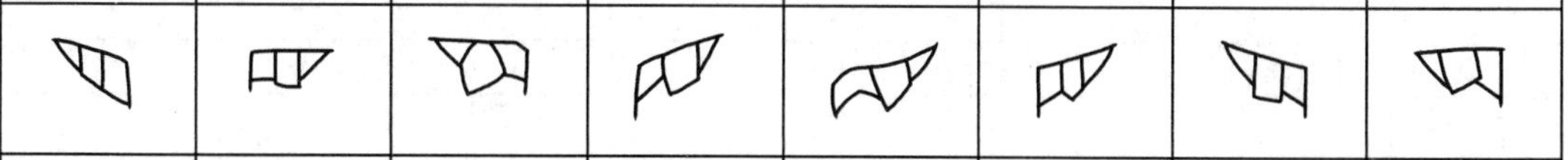							
宾组	b01652 正	b02186	h03201 正	h04090-1	h04091-1	h04611 正	h05828	h06188-1
	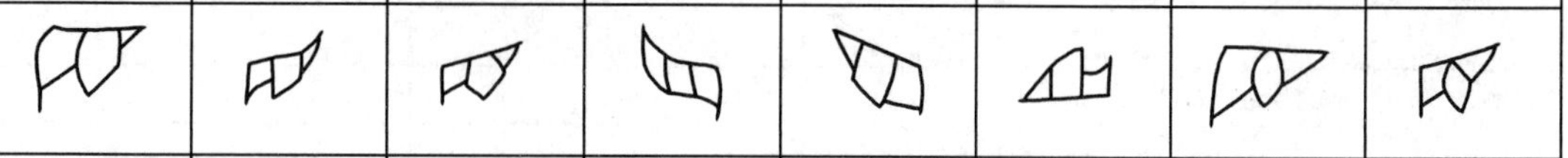							
	h06195-2	h06450	h07239 正	h08648 正	h11018 正	h11617	h11654-1	h11689
	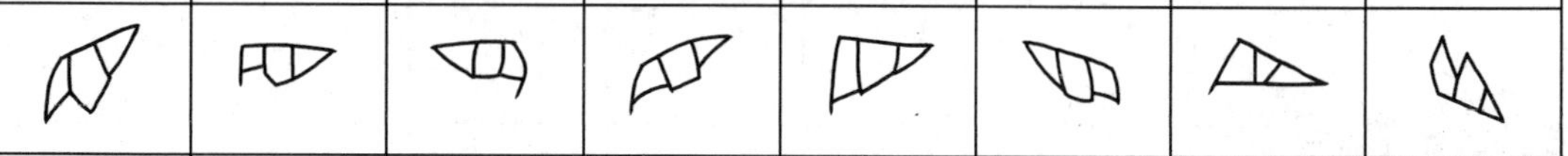							
	h13619-1	h13620 正	h13620 正	h13622-1	h13625 正	h13628-1	h14630-1	h18910 正
	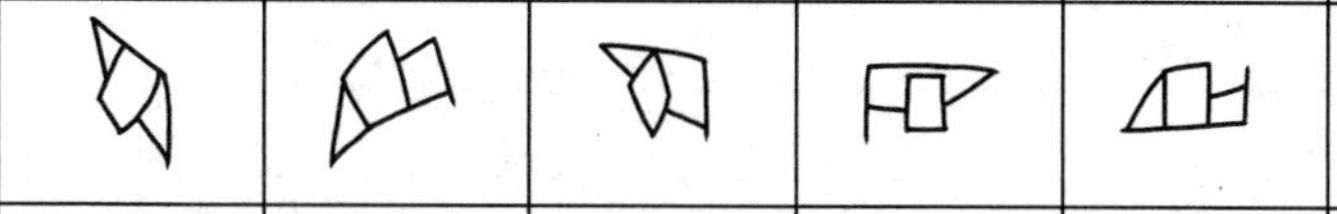							
	h19493-1	w00889-1	y00143-1	y00556-1	y00785			
	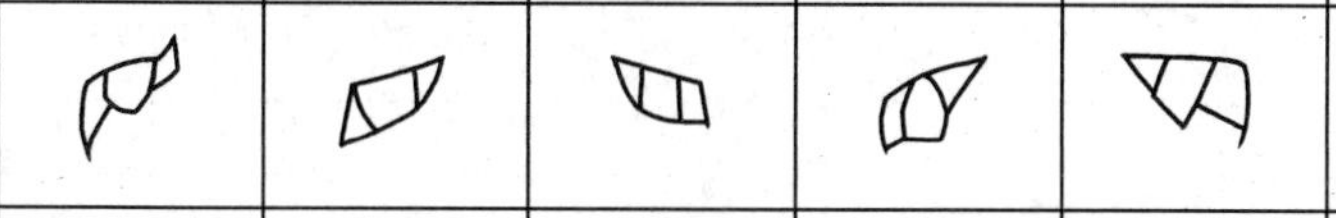							
师组	h20173-1	h20173	h21036	h21037-1	y01781-1			
	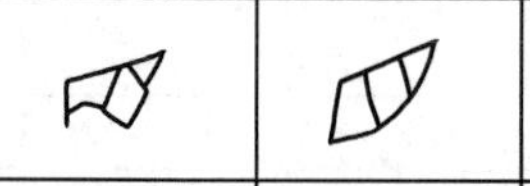							
子组	h21740	h21828						
	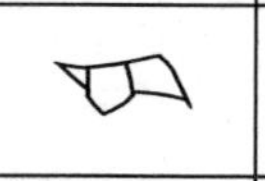							
丙二	h22391-1							
	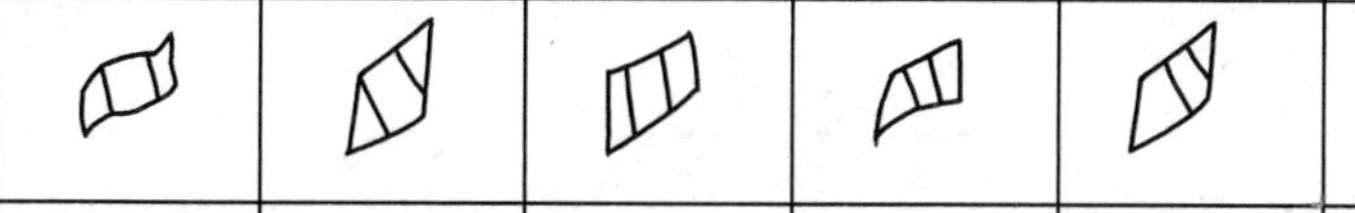							
何组	h28010	h28374	h29285-1	h29286-1	t02995			
	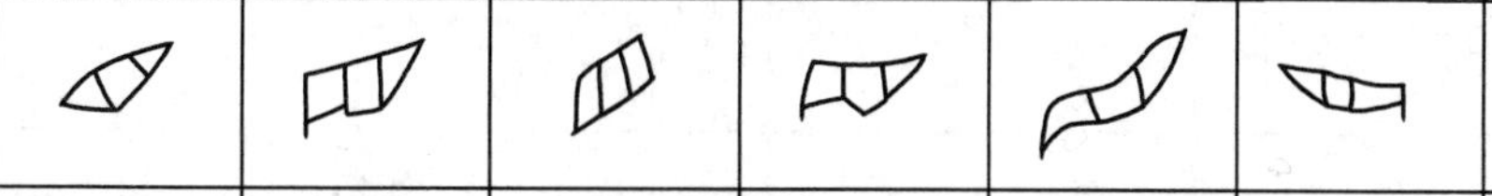							
历组	h31498-1	h32929	h33367-1	h34272 正	t02918-1	t04400-1		

	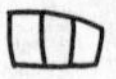							
黄组	h36625-1							
目								
宾组	h06194-1	h10982 反	y01117 反					
		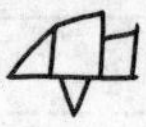						
宾组	h02167-1	h06852-1	h09372-1					
直								
子组	h21534	h21535	h21727-1					

丙一	h22050-1	h22103-2						

丙二	h22413-1							
	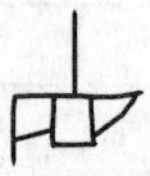							
历组	h32301-1	h32877-1	h35295-1					

午组	t02240-1							
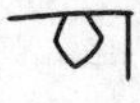	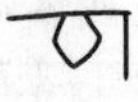							
宾组	h05177 臼	h13219-1	h13404-1	h18936-1				

丙二	h22192-1							

历组	t02414							

智								
宾组	h05319							
何组	h27121	h28087	h28233	h28803	h28804	h28872	t04490	
历组	h30379	h30381	h30677-1	h30677	h30764	t04233		
智								
何组	b10344	h27751	h28399	t00086	t02551			
智								
宾组	h00239	h00242	h01571	h05429	h10194	h14847	h14849	h16063
智								
师组	h20856							
何组	h28041							
智								
历组	h34094	h34095						
何组	w01345							
叏								
宾组	h03331	h04318	h07039	h07048	h09337	h11665	h13741	h14370 丁
	h18321							

师组	h20232	h20233	h20234	h20235	h20236			
冒								
师组	h20240-1							
罗								
宾组	h16981	y00146						
丙二	h22507							
民								
宾组	h13629	h18272						
师组	h20231							
面								
宾组	h10405 反	h10406 反						
面								
师组	h21428	t02462						
宾组	h07020							
眔								
宾组	b00387	b01327	b01353	b02289	b04348	b06041 正	b06380	h00267 正
	h00565	h01202	h01248 正	h01248 正	h03279	h03968	h04245	h04935

	h05614	h06768	h06849	h06857 正	h07001	h08987	h13143	h15392
	h18081	y00732	y 补 40					
师组	b06738 甲	b06769	b06809	h20074	h20283	h20399	h20588	
子组	h21549	h21624						
午组	h22017							
出组	b06976	b06994	b07038	b07134	b08705	b08708	b08756	h22560
	h22585	h22624	h22701	h22702	h22908	h22955	h23049	h23488
	h24144	h24417	h25196	h25949	h26765	h26818	y01978	
何组	b09664	b10332	b10344	h26898	h27105	h27142	h27147-1	h27147
	h27181	h27205	h27206	h27208	h27211	h27221	h27248	h27260
	h27433	h27439	h27441	h27493	h27501	h27510	h27519	h27539
	h27552	h27610	h27686	h27966	h28077	h28099 正	h28269	h28367

	 h28605							
历组	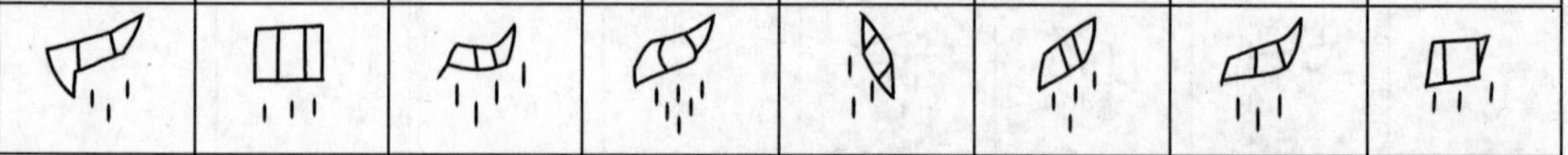 b10415	h30700	h30905	h30907	h30908	h30955	h31054	h31182
	 h31956	h32033	h32388	h32431	h32548	h32643	h32663-1	h32663
	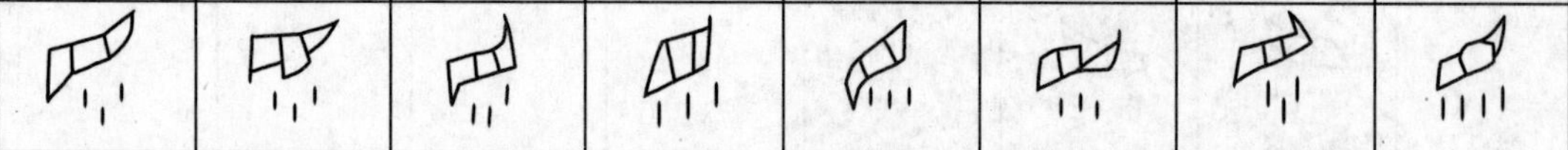 h32872	h32879	h32892	h32919	h33019	h33029	h34106	h34135
	 h34136	h34169	h34295	h34559	h35294	s00277	t00936	
黄组	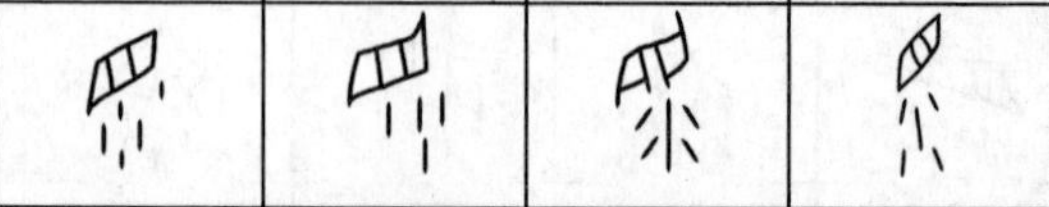 h36344	h36355	h36387	h36988				
[illegible]	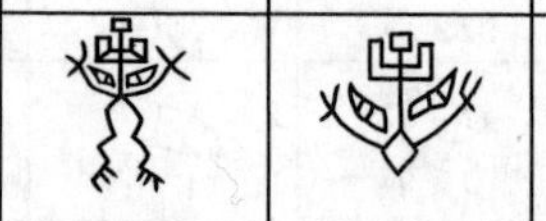							
何组	t02598-1	t02611						
罡								
宾组	h09339							
省	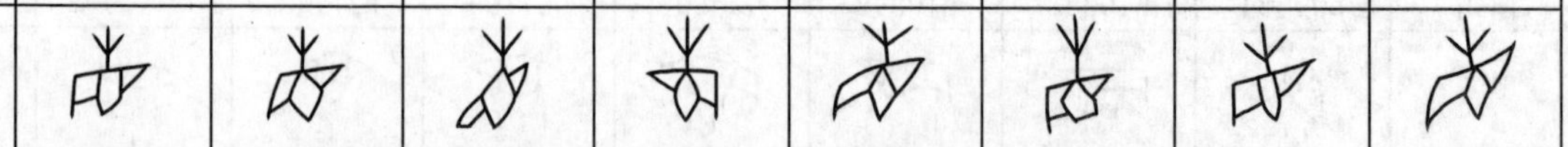							
宾组	b01542	b02299	h01434-1	h05119-1	h05120-1	h05123-1	h05708 正-1	h05708 正
	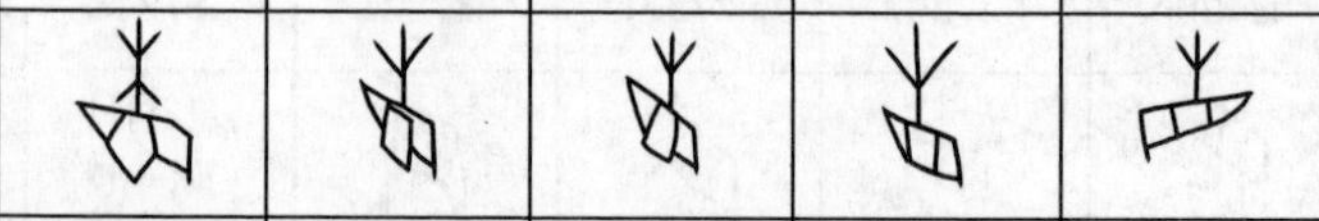 h05980	h09611-1	h10545	h11177-1	h11179			
	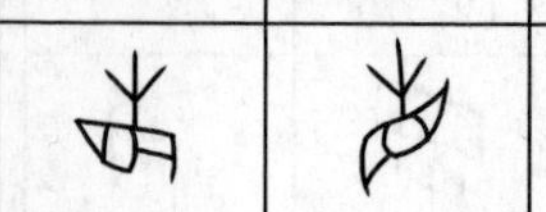							
师组	h20320-1	h21524-1						

午组	h21995-1							
何组	b08889	b08890	b08891	b08893-1	b08998	b09043	b09115	b09169
	b09188	b09190	b09236	h26903-1	h27781-1	h27785-1	h28317-1	h28520-1
	h28626-1	h28628-1	h28628-2	h28633	h28634	h28635	h28642	h28650-1
	h28652	h28661	h28662	h28981	h29002-2	h29093-1	h29093	h29107-1
	h29110	h29185	h29267	h29358-1	h29374-1	h30122		
历组	h31762	h32954	h33236-1	h33237	h33378	h33515-1	h33713	t00412
黄组	h35356	h36369	h36990-1					
何组		t00598	t02087	t04457	t04562-1	t04562		
冒								
宾组	b00038 反	b13019	h04723	h05777	h06215	h07490 反	h09159	h11176
	h19693							
师组	h19946 正	h20151	h20450	h20649				

何组	h27881	h28026						

黄组	b12860	h36553	h36932	h37856				
冒								
宾组	h19628							

师组	b06814							

宾组	h12971							
庙								
宾组	h00940 反	h01110 反	h01110 正	h01191 反	h08219 甲	h08224	h08225-1	h08226 反

	h08227-1	h08228-1	h08310 正	h09658 反	h11655-1	h13505 正	h14129 反	w00693-1

	y00066 正	y01193 反						

师组	h20605-1							

历组	h31932	h31933-1						
庙								
宾组	h08232							

⿸广吕								
宾组	h08229	h08230	h18097					
⿸广品								
历组	h32979	h33053	h33103					
⿸广⿱吕吕								
宾组	h05129	h40430						
⿸广㗊								
何组	h41351							
⿰口⿸广吕口								
师组	y01822							
⿰⿸广品攵								
何组	h41349							

历组	h35303-1							
⿰⿸广林攵								
何组	t00125-1	t01148-1	t01441-1	t02569	t03096	t04196		
⿰⿱林⿸厂亩攵						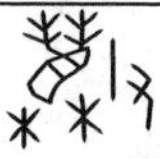		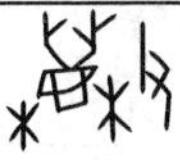
何组	h28320	h28345	h28770	h28828-1	h28828	h28904	h29098	h29407

	h29411							
⿰⿱𠂉⿸厂目攵								
午组	h21881							

宾组	h18273							

眉								
宾组	h03421							

午组	h21873							
眉								
宾组	h03198	h06568 正	h19165					

何组	h30155							

历组	h33511							
眉		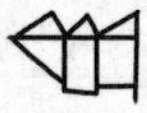			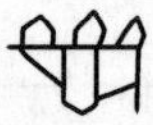			
宾组	b05947	h00673	h02516	h04503 乙	h04503 甲	h04504		

子组	h21543							

何组	h27931	h28360	h28496	h28646				

午组	t00136	t04069						
湄								
宾组	w00403							

何组	b09059	b09074	b09114	b09119	b09192	b09232	b09233	b09235

	b09247	b09248	b09250	b09332	b09451	b09777	b09831	b09840
	b10313	h27799	h27899	h28305-1	h28346	h28361-1	h28382	h28492-1
	h28496	h28508	h28517	h28528-1	h28566	h28569	h28628-1	h28643
	h28714-1	h28725-1	h28728	h28773	h28898	h29157	h29248-1	h29263
	h29344	h29371	h29901-1	h30150	h30156	t01469	t02706-1	
黄组	b11667							
湄								
何组	b09207							
黄组	h37669	h37714	h37728-1	h38135	h38161			
黄组	h37458							
历组	t04583							
丙二	h22130	h22133						

𠀀								
宾组	b02553-1	b06149 反	h00410 正	h00412 反	h0065 正甲	h03199 反	h03200	h05383
	h09929	h10100-1	h10101 正	h13507-1	y01117 正			
历组	t00063-1	t02510-1	t02510					
𦍌								
宾组	b00464	b02035 反	h00006	h00014 正	h00190 正	h00235 正	h00271 反	h00299
	h00456 正	h00550 正	h00560	h00712-1	h00728-1	h00787-1	h00808 正	h00903 正
	h00918 正	h00952 正	h01004 乙	h01248 反	h01506 正	h01580 甲	h01667-1	h01673-1
	h01773 反	h01860-1	h01868 正	h02153 反	h02384-1	h02524	h02737 正	h02934
	h02943	h03503	h04454 正	h04753-1	h04914	h04917	h04918-1	h06170 正
	h06565	h06748	h06873-1	h06943	h08401-1	h09797-1	h10171 正	h1030 正甲
	h10377	h10408 正	h10722	h10739-1	h14585 正	h14735 正	h14810	h14890
	h14951 正	h15051 正	h15422-1	h15427	h15440	h15642	h17871-1	h18278
	h18280	h18281	h18284	h18285	h18286-1	h18289-1	h18293	h18298

	h18300	h18302	h18910 正	h40495	h40786	y00658		
师组	h21400-1	h21512-1	y01863-1					
午组	h21935							
出组	h22962	h22998	h23626	h25220-1	y02183-1			
何组	h27871-1							
历组	h31928-1	h32251-1	h32382	h32927 -1	h34120-1	t00994		
[illegible]								
宾组	h18296	h18297	h18558					
师组	h19800-1	h19880	h19891	h20280-1	h20320	h21021	h21282	h21401-1
[illegible]								
宾组	h15209	h15423 反						
师组	h20397	h20870	h20957					
丙二	h22306							

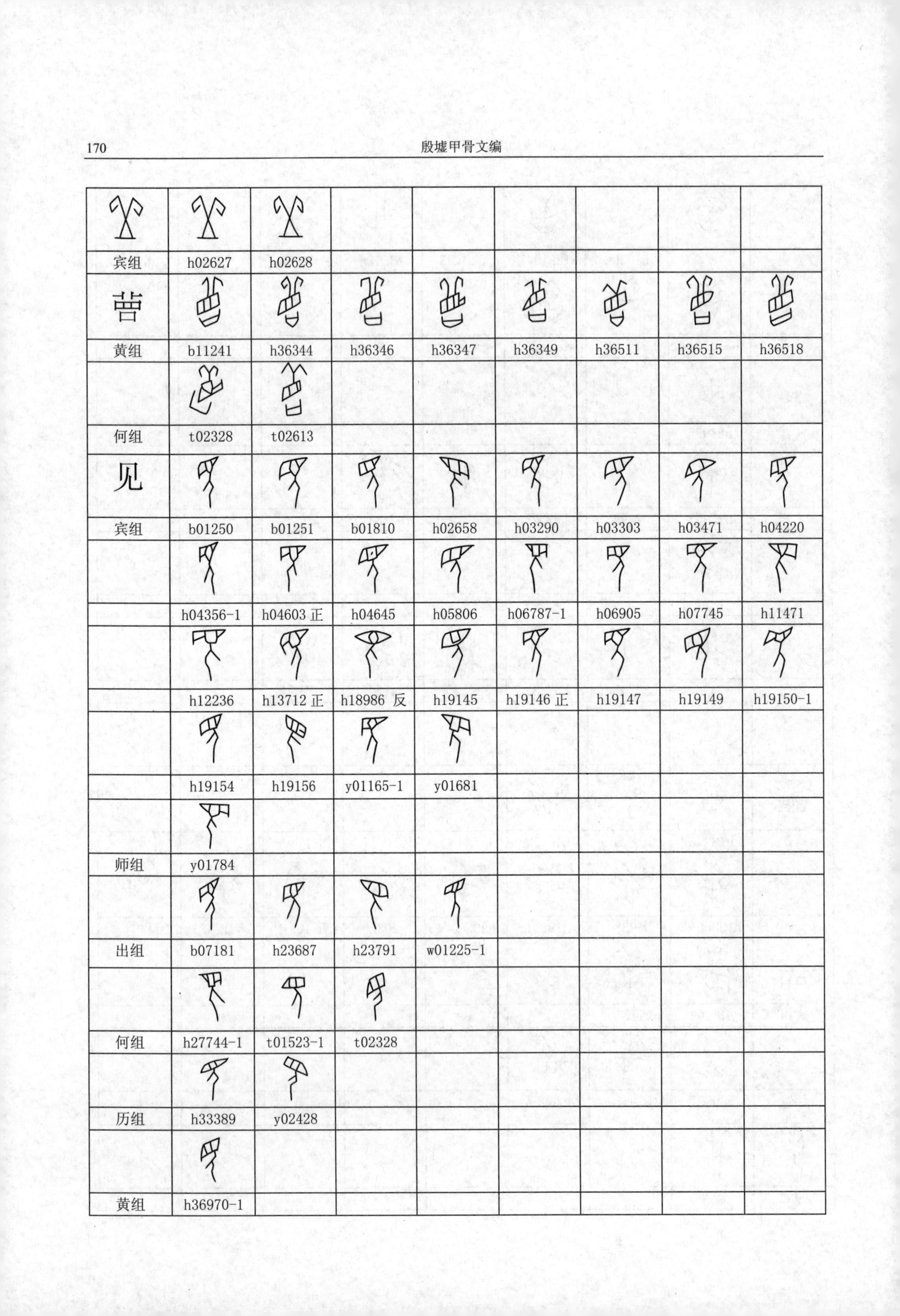

宾组	h02627	h02628						
苜								
黄组	b11241	h36344	h36346	h36347	h36349	h36511	h36515	h36518
何组	t02328	t02613						
见								
宾组	b01250	b01251	b01810	h02658	h03290	h03303	h03471	h04220
	h04356-1	h04603 正	h04645	h05806	h06787-1	h06905	h07745	h11471
	h12236	h13712 正	h18986 反	h19145	h19146 正	h19147	h19149	h19150-1
	h19154	h19156	y01165-1	y01681				
师组	y01784							
出组	b07181	h23687	h23791	w01225-1				
何组	h27744-1	t01523-1	t02328					
历组	h33389	y02428						
黄组	h36970-1							

见	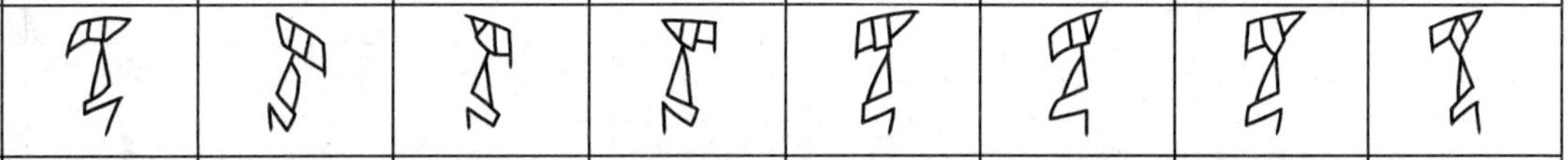							
宾组	b00073	b02478	b02479	b02480	b02481	b06378	d00581 反	h00102-1
	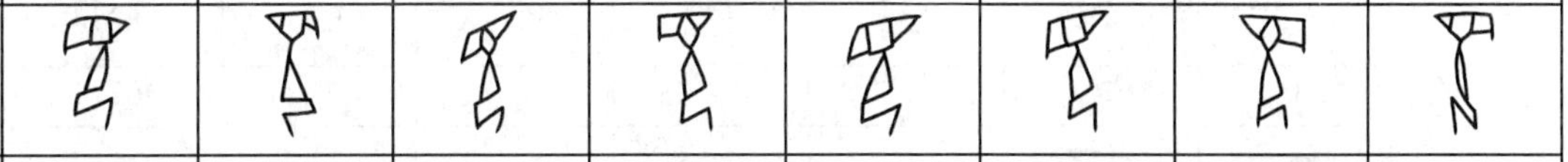							
	h00584 反甲	h00799-1	h03101	h03103	h04222	h04542	h06797	h08043
	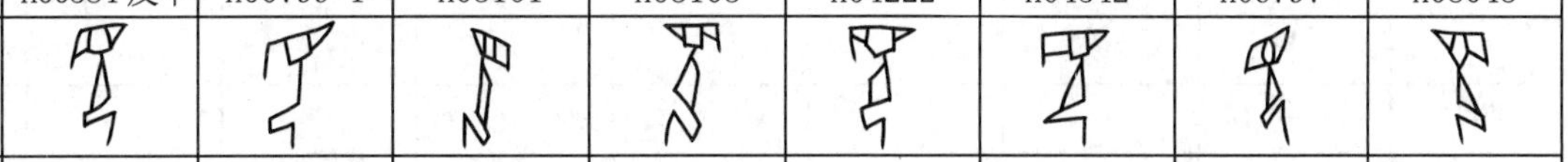							
	h09267-1	h09810 反	h12977-1	h12984-1	h16313-1	h17048 反	h17330-1	h17375-1
	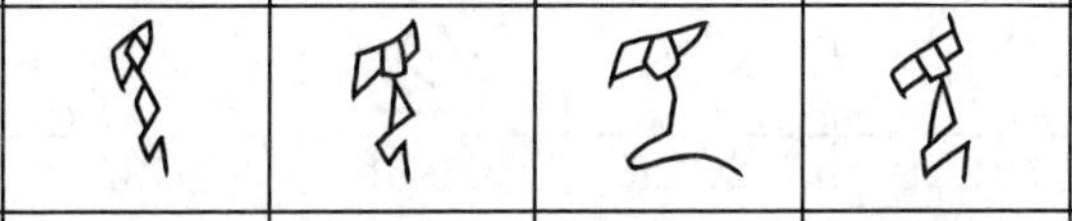							
	h17450-1	h19164-1	h39725 反	w00937 反				
	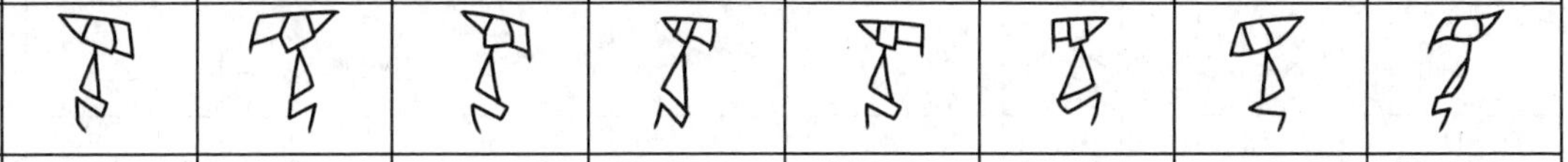							
师组	h19786	h19895	h19973	h20391-1	h20391	h21034	h21207	h21305-1
	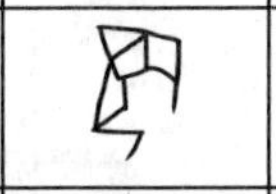							
午组	h21872 正							
	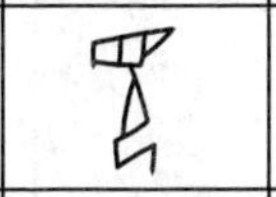							
丙一	h22065							
	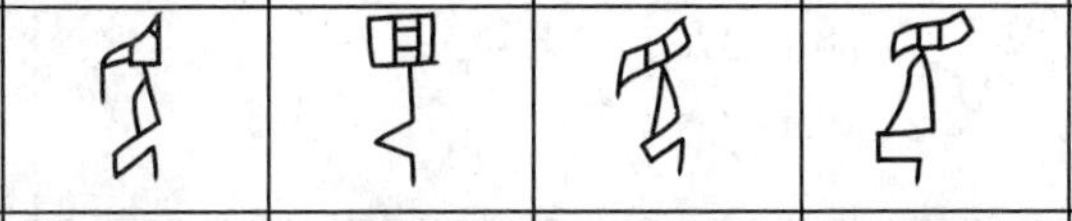							
丙二	h22184-1	h22381 正	h22436	h22448-1				
	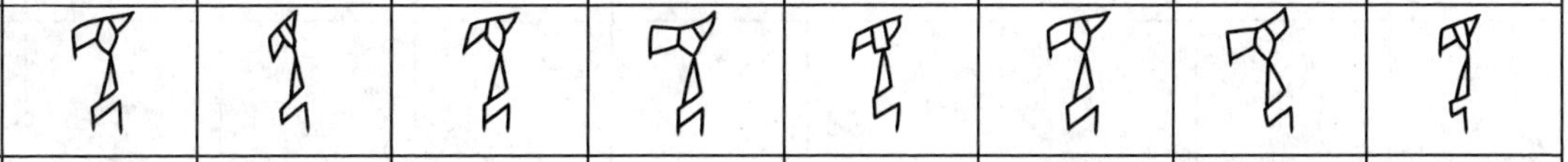							
出组	b07935	h23677-1	h23678	h23679	h23709	h24432 正	h24878	h25180-1
	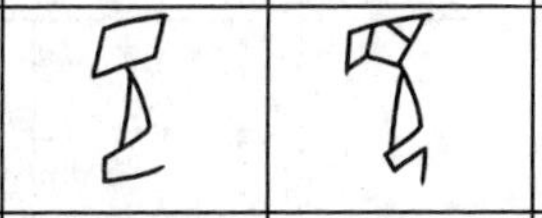							
何组	h30286	t03835						
	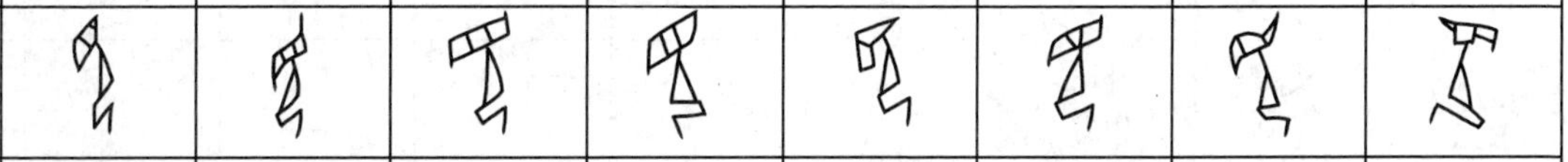							
历组	h30989-1	h33105-1	h33132	h33163	h33299	h33577	h35291-1	t00081-1

⿱罒丂								
宾组	b00323 正	b04152	b13245	h03465	h06858	h06860	h06861	h06862
	h06865	h07981	h09775 正	h14163	h18074	h18834	h40774	y00066 正
师组	h20584	h21127						
子组	h21723	h21724	h21727	h21728	h21729	h21731	h21732	
午组	h21910	h21911	h21982					
丙二	h22374							
历组	h33141	h33142						
⿱罒丂								
宾组	h05452	h05563	h06813	h14912	w00071	y00411		
⿱罒丂								
宾组	h18080							
⿱罒䖵								
宾组	h10229 反	h13728 正	h16458 甲					
⿱罒䖵								
宾组	b06218	h13753	y00358					

⿱冖司								
宾组	h09030							

师组	b06625	h20170-1	h20170	h20171-1	h20171	h20385 正	h20598	

历组	h33083	h33175						
⿱冖司								
历组	y02413	t00866						
⿱冖司								
宾组	h40775							
寛								
宾组	h07103 反	h18076						
寛								
宾组	h018075							
寛								
出组	h23670							

宾组	h06327 正							
兜								
宾组	h03197	h10144						

黄组	h36758							

婁								
宾组	h09717 正	h1403 正丙	h14035 正甲					
婁	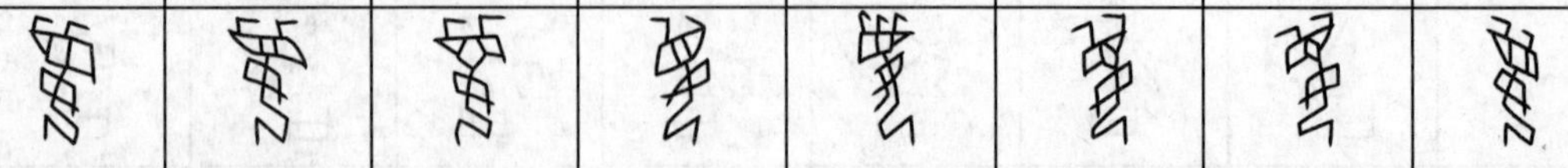							
宾组	h00655 正甲	h00811 正	h02002 反	h02535	h02897	h05592	h06592	h14792

	h14795 反	h14795 反	h14795 正	h14796	h14797	h14799	h14800	
芫								
宾组	h06062	h08236	h10568	h10775 正	h10777	h39495 正		
眉								
宾组	h18078							
苋								
宾组	b04093 反	h04491	h04492	h08235	h8234			

出组	h23681							

历组	h33091	h33147	h33148					

宾组	h06909							
要								
丙一	h22099							
[illegible]								
出组	h25942							

何组	h27987	h27988	h27989					

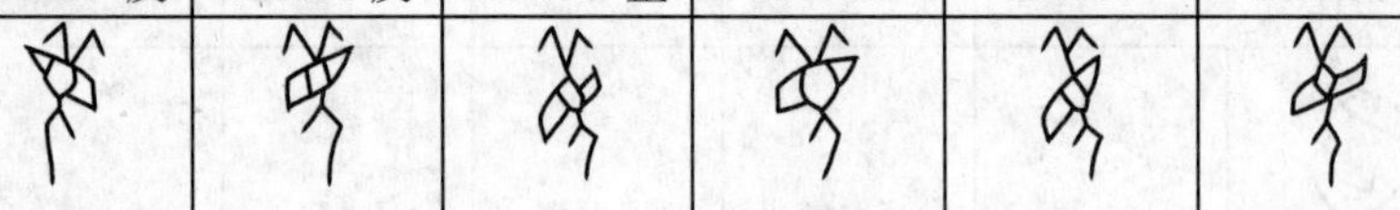

历组	h33045							
监								
何组	h27740-1	h27740-2	h27741-1	h27742-1	h28037-1	t00779-1		

历组	h30792-1							
顺								
何组	t02080							

黄组	h36418							
𦊅								
出组	h23796							
𦊅								
宾组	b02186	d00121	h03368	h03401	h03402	h06841	h39922	h39923

丙二	h22317							

出组	h24249	h24252	h24279	h26246				

何组	h28012							

历组	h33209	t00643	t02100-1	t02100				

[illegible]								
宾组	h19166							
[illegible]								
宾组	h13399 正							
[illegible]								
宾组	h01121 臼	h03524	h06063 正	h08628				
相								
宾组	b05540 反	b06175	b06460	h018412	h018413	h05545 臼	h05638 正	h08642
	h09816 反	h18410	h18793	y00631 反	100261			
黄组	h36844	h36901	h38158					
眮								
宾组	h18266							
宾组	h18094							
黄组	b11335							
宾组	h17031							

历组	t00320							
宾组	h18142	h18157						
历组	h33832							
⿱罒⿲丩東又								
师组	h20578-1	h20579-1	宾组	H187097 反				
臣								
宾组	b00058 甲	b01264 反	b01707 反	b06176 正	h00012	h00585 正	h00585 正	h00613
	h00614-1	h00617-1	h00619	h00621	h00626	h00627	h00630	h00638
	h00639	h00642 反	h0064 正丙	h0064 正丙	h00850	h00914 反	h01115 正	h01823 反
	h03201 正	h03201 正	h03314	h03972	h05444	h05571 反	h05574	h05575
	h05576 正	h05577	h05578	h05580	h05583	h05587	h05589	h05590 反
	h05595	h05596	h05602	h05603	h05604	h05856	h09566	h11506 反
	h11553	h14002 反	h14037-1	h14255	h14553	h16559 反	h19092	w00024 正
	w00063 反							

师组	b06944	h20338	h20354-1	h20355	h20356	h20544-1	h20544	h20592
	h21036	h21377-1	h21386	h21480				
子组	h21532	h21533	y01900					
午组	h21872 正	h21937	t02672					
丙一	h22107							
丙二	h22258-1	h22274	h22301-1	h22301	h22332	h22374-1	h22394	
出组	h24138	h24139	h24446	y02032 反				
何组	h27604-1	h27876-1	h27877	h27878	h27879-1	h27879	h27880	h27881
	h27883	h27884-1	h27885 正	h27886	h27887	h27888	h27889-2	h27896
	h27937-1	h28008	h28011	h29694	h30298	t02744-1	t02759	t02828-1
历组	h30391-2	h30391-3	h31061	h32663	h32978-1	h32994	h33249	h33525
			带点者是“小臣”合文					
	h34148	t00930						

黄组	h36416	h36417-1	h36419	h36420	h36481 正	h36490	y02522-1	y02522
宾组	h08682							
出组	h24649							
𠤳								
宾组	b00434 反乙	b00495 臼	b01848	b02393	h00707 反	h01167 反	h03521 反	h04495
	h09251 反	h09251 反	h09382	h09396-1	h09397-1	h09399	h09400	h09402
	h09405-1	h09406 反	h17543 臼					
丙二	h22438							
望								
宾组	b01884	b01974	b02017	b02030	b02031 正	b02033	b02189	b02193 正
	b13059	b13198	d00401 正	h00032 正	h00032 正	h00032 正	h00032 正	h00171-1
	h00171-2	h00236	h00237-1	h00548	h02985	h03709-1	h03994	h03996
	h03998	h03999	h04000	h04589 反	h05535	h05907	h06101	h06187

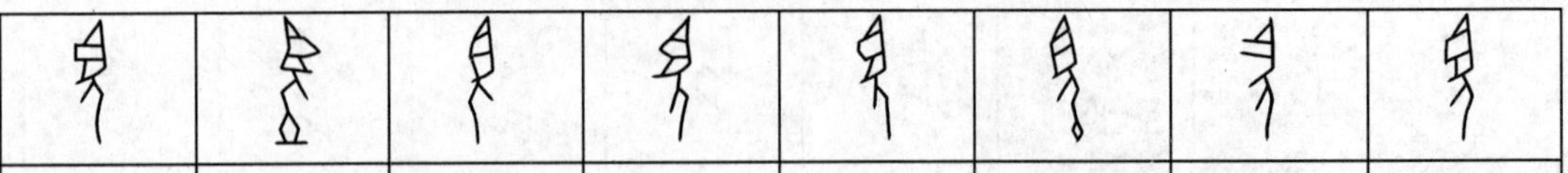

	h06189	h06192-1	h06482 正	h06485 正	h06487	h06492-1	h06496-1	h06497-1
	h06500	h06504	h06507-1	h06507	h06518-1	h06519-1	h06983	h07071
	h07218	h07486	h07487	h07529	h07532	h07540	h07543-1	h07543
	h07546	h07549	h07979	h12465 反	h13506 正	h13506 正	h17923	h18974
	y00587	y00589 正	y01555					
午组	h22042							
何组	h26993-1	h28089 正						
历组	b10485	h32021	h32896	h32968	h33312	h35231	y02414	
黄组	h35661	h36755	h36907-1					
历组	t00135-1	t00135	t00751-1	t02234-1				
出组	h24491							
宾组	h01415	h14832 正						

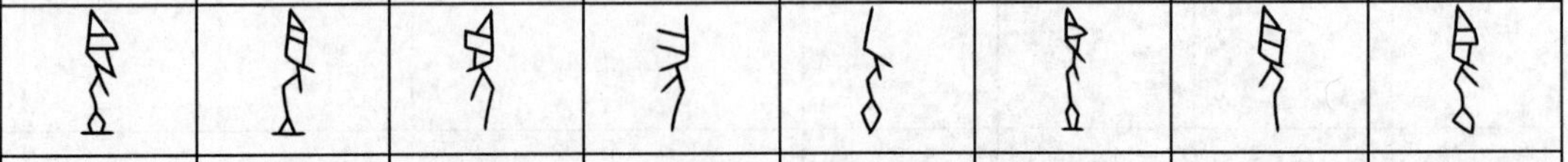

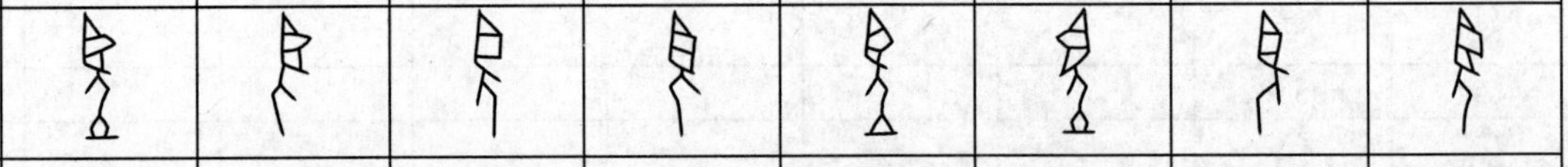

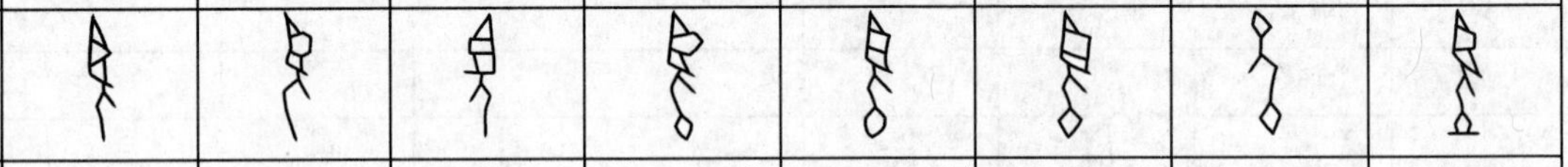

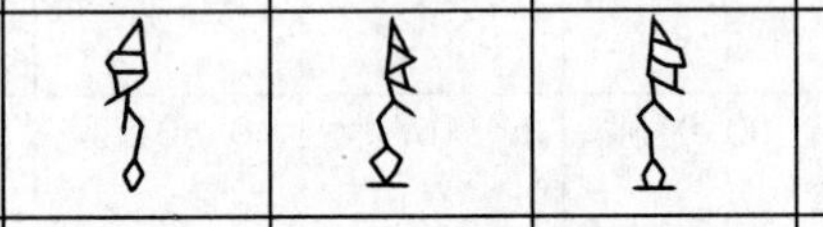

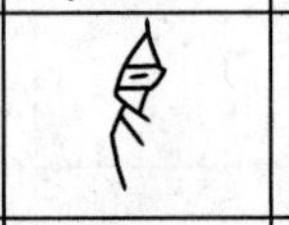

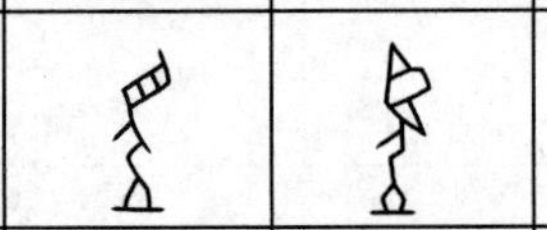

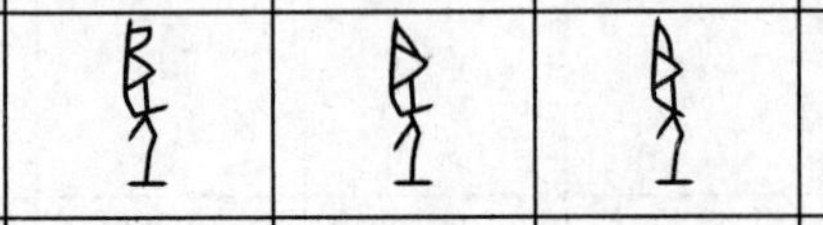

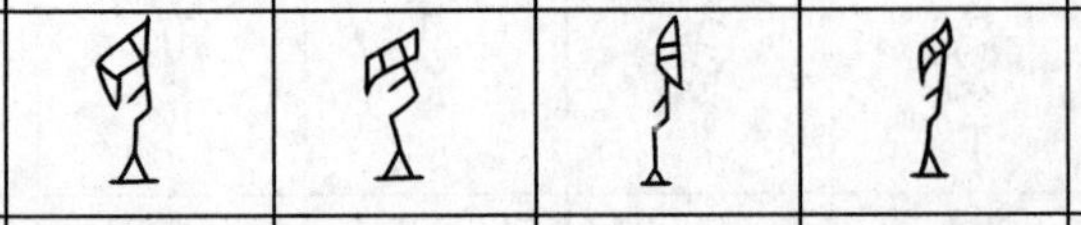

宾组	h18081							
丙二	h22441-1							
童								
何组	h30178							
何组	t00650							
[illegible]								
何组	b08808	b08809	b08810	b08815	b08816	b08817	b08818	b08820
	b08822	b08823	b08825-1	b09175	b09468	b09649	b09656	h27114
	h27336	h27446	h27607	h27716	h27930	h28001	h28195-1	h28195
	h30000	h30200	y02264	y02354				
历组	h30568	h30569						
[illegible]								
宾组	h00096							
丙二	h22134	h22135						
[illegible]								
宾组	h03297 反	h03963 反	h06404 反					

历组	h33283	h33284	h35273					
[illegible]								
宾组	h18085							
师组	h20281-1	h20281						
[illegible]								
宾组	h18084							
[illegible]								
黄组	h37383							
[illegible]								
宾组	h07629 正							
[illegible]								
宾组	h18650							
[illegible]								
宾组	h18083							
臤								
宾组	h06155 反	h08461	h18143					
[illegible]								
黄组	h39332							
宾组	h09931							
宾组	h00902 正	h03744	h05350	h05351	h05352	h07707	h07708	h11437 反

	y00359 正							
耳								
宾组	b01771 臼	b06387 反	h00967	h03941	h03942	h04059 臼	h04070 臼	h04605 反
	h08470	h09395	h13631	h13632 正	h14926	h17563 臼	h18088	h39870 臼
	w00546 反	w00708 反	y00608 臼	y00831	100123 反			
师组	h21384							
子组	h21648							
丙一	h22099							
出组	y02251							
何组	h28021							
何组	b08959							
取								
宾组	b00084	b00279	b00996	b01274	b02334	b02342	b02346	b02348
	b02349	b02351	b02352	b02354	b02359	b02360	b02362 正	b02366

	b02693	b03990	b04463	b0458 正乙	b06018 正	d00561	h00108	h00112-1
	h00113 正甲	h00114	h00117-1	h00136 正	h00170	h00296	h00760 反	h00946 正
	h01248 正	h01293	h02365	h04734	h05510 正	h05554 正	h05647 正-1	h06507
	h06510	h13194	y00378-1					
师组	b06771	b06782	b06925	h20354	h20634-1	h20942		
何组	b09013	b09606	b09669	h27961-1	b02338			
历组	h31166-1	h31776	h31996 正	h34214	h34215			
⿶凵耳								
宾组	h01191 正							
联								
历组	h32176-2	h32176						
联								
历组	h32721							
⿰耳支								
历组	t04330							
⿰耳聿								
宾组	h00006							

[illegible]								
何组	h29237							
宾组	h13027 反							
[illegible]								
宾组	b06246							
[illegible]								
宾组	h01821 正	h01821 正						
[illegible]								
宾组	h00367 正	h01166 甲	h13359	h13361	h13363	h13364	h13365	h40348
	y01097							
[illegible]								
宾组	b06276-1	h04525-1	h05306	h05634-1	h07768	h08669-1	h14291	h18090
	h18099	h19175						
师组	h20229	h20338	h20624					
[illegible]								
宾组	b01547	h00110 正	h05299 正	h05303	h05311-1	h05313	h05531 乙	h11018 正
	h11395	h13980	h19176-1					
师组	h20017	h21296						

圣								
宾组	h14295-1	h14295-2	h18094-1					
子组	h21712-1							
圣								
宾组	h10478							
聖								
宾组	h07238	h10223						
师组	h20196							
午组	y01921-1							
丙二	h22190-1							
𡈼								
宾组	h18089-1							
丙一	h22105							
闻								
宾组	h01075 正	h01137-1	h01137	h01318 反	h02422-1	h04388	h04493	h04574
	h05004	h06076	h07212	h07214-1	h07215-1	h07216 反	h07326 反-1	h11486-1
	h15656 正	h17078 正	h19174-1	y00633-1	b01862 反			

出组	y02032 反							

历组	h30715-1	h32902-1						
⿰耳卩								
宾组	h09100	h10936 正						
⿰耳⿱卩卩								
丙二	h22282	h22283	h22284					
聑								
宾组	h10995	y01594						

出组	h24651							
⿱聑壴								
宾组	h08256	h08257						
⿰耳且								
黄组	h36943							
洱								
宾组	h09774							
 ⿰戈⿱㞢耳								
宾组	h06960	h06961						
⿱耳巾								
师组	h20330							
自								
宾组	b00013-1	b00058 甲	b00065	b01487	b02333 正	b02929	b02978 正	b03134 正

	b03358	b04145	b04338	b05807 反	b06009 正	b06458	h00137 反-1	h00138
	h11501-1	h11506 正	h11506 正	y00001	100460			
师组	b06783	b06954 正	h20919-1	h20964				
子组	h21734-1							
丙二	h22159-1	h22187	h22459-1	h22507-1				
出组	b08713	b08714 甲	h22899	h24238	h24248			
何组	b08787	b09660	h27075	h27302-1	h27764-1	h29713	h30177	
历组	b10426	b10463 甲	h30970-1	h31889	h32114-1	h32114-2	h32187-1	h32341
	h32348-1	h34089						
黄组	h35405-1	h35427	h37851-1					
宾组	w00655-1							

臬								
宾组	h06333							
[氵臬]								
宾组	b01994	h07320						
历组	h33158	h33361						
黄组	h36785	h36786						
鼻								
宾组	h08189							
濞								
宾组	h08357							
[自刂]								
宾组	h05994	h06226						
臭								
宾组	h07066	h08977 正	h10093					
历组	h34353							
畠								
宾组	h13656 正							
[自凡]								
宾组	h01958							
[自冂]								
何组	h28058							

畗								
宾组	h11408							
敀								
师组	h20338							
帛								
历组	t00341-1	t00341	t02909					
帛								
宾组	h06568 正	h19639						
皃								
宾组	h03449							
皁								
宾组	h02354 臼							
泉								
师组	h20086-1							
丙二	h22300-1							
㿿								
宾组	h13633							
[illegible]								
出组	h26089							
口								
宾组	b02482	b05746						
师组	b06729							

午组	 h22004							

丙二	h22248	h22251						

何组	b08867	b08870	b09884	b09889				

历组	h31446	h31447	h31449	h31453				
	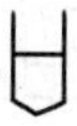							
黄组	h36856	h37862	h37870					
甘								
宾组	h01901 正	h08001 正	h08004	h13646 反				

子组	h21731							

丙二	h22427 正							

何组	h27826 正							
黄组	h36481 正							
曰								
宾组	y02674 正							
	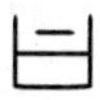		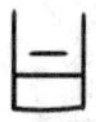					
宾组	b00001	b00091	b00298	b00834 正	b01245	b01693 反	b01803	b04273 反

	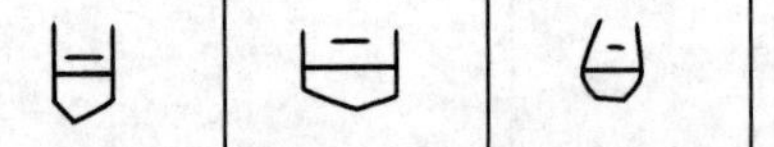 b05943	h00001	h08728					
	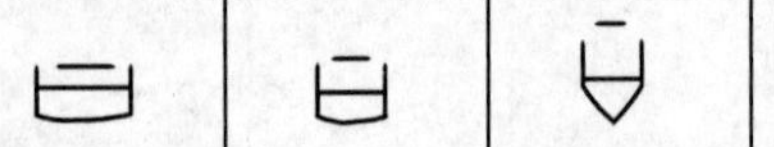							
师组	b06746	h20197	h20368					

子组	h21793							
	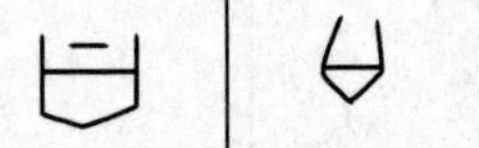							
丙二	h22424	h22498						
	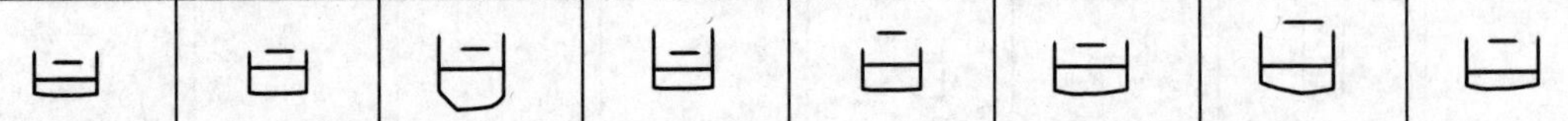							
出组	b07008	b07358	b07494	b07743	h22645	h22765	h25724	h26853

	y01924							
	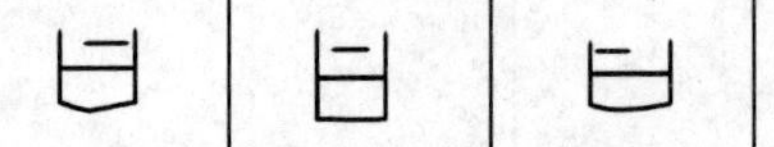							
何组	b10180 反	h26992	h27709					

历组	w01620							
	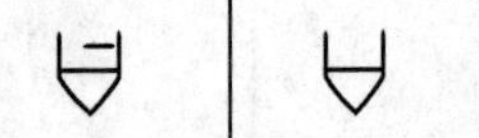							
黄组	b10942	b12338						
告	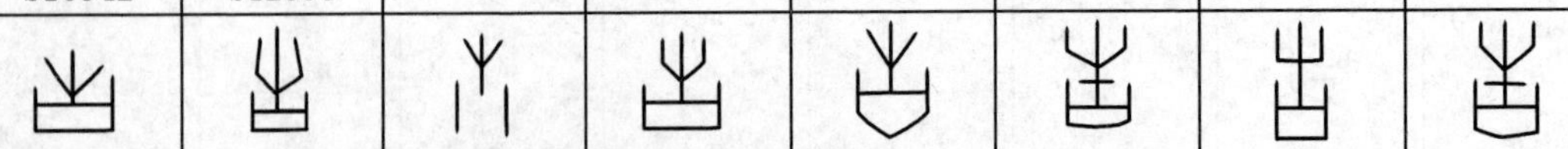							
宾组	b00004 正	b00255 正	b00532 甲	b00996	b04372-1	b06383	b06458	b06476 正
	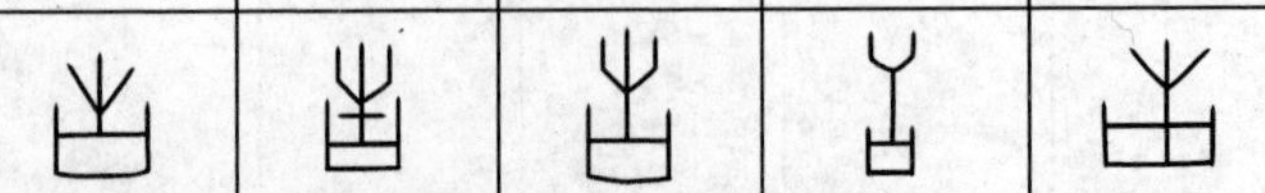							
	d01061 正	h06120 正	h08761 正	h17830-1	h19482 正			
	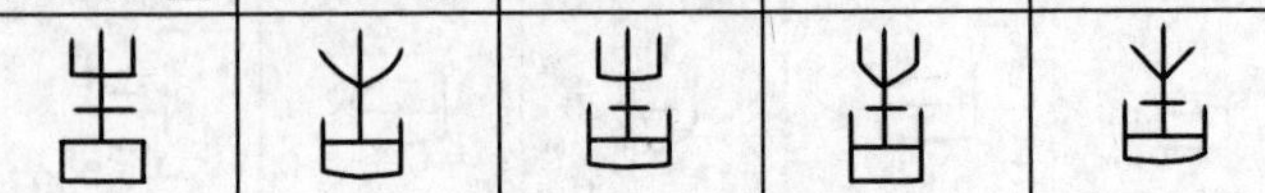							
师组	b06874	h20714-1	h21116-1	h21176	h21223-1			

午组	h21892-1							
丙一	h22067-1	h22067-2						
丙二	h22299-1							
出组	b07043	b07485	b07739 正	b07740	b08705	b08711	h22911-1	h24982-1
	h25034-1	h25459	h26686-1	y01957				
何组	b09978 正	b10334	h27317-1	h27986	h28207	h29727-1	w01350	t04544-1
历组	b10520 甲	h30810	h31316	h31792-1	h31995-1	h32812 甲	h32846-1	h33347-1
黄组	h36482-1	h36528 反						
舌								
宾组	b05799	b06004-1	b06033	h00424 正	h01730 正	h02201	h02202	h05760 正
	h09472 反	h13635-1	h14948	h15153-1	h19174	y00188		
师组	h21118	h40845						

丙二	h22405							
出组	h23527							
何组	h27923							
宾组	h14201							
师组	h20154							
言								
宾组	b03163	h00440 正	h03685-1	h17450				
子组	h21580							
午组	h21928							
出组	b07765	b08264-1	h26752					
何组	h27548							
子组	h21631							
宾组	h09068							

宾组	h06056	h18219						
[illegible]								
宾组	h06057 反							
[illegible]								
宾组	h04552							
[illegible]								
何组	h30373-1	h30373						
何组	h27639							
[illegible]								
	22202							
凵								
宾组	b00560	b04152	b06457	h00505 正	h00571 正	h03217 正	h05452	h05453
师组	h20150	h20151	h20337	h20423	h20873	h20951	h21101	h21203
	h21206							
午组	h21872 反							
出组	h23683							
历组	b10516	h35255						

黄组	 h36909							
 师组	 h20412							
 黄组	 h36512	 h36528 反						
 黄组	 h36181	 h36347	 h36348					
缶								
宾组	h00756	h03061 正	h06875					
师组	 b06625	 b06856	 h20524-1	 h20732				
子组	 h21618-1							
午组	 h21897							
出组	 b13263							
吉								
宾组	b03749	b04544 反	b04554	b04557	b04558	b04559	b05711 反	d00136
	 d00143 反	 h0064 正丙	 h05258-1	 h05275-1	 h07715 反	 h09690 反	 h11561 反-1	
出组	 b08739	 h24027-1	 h26482					

何组	b08904	b08906	b08924	b08936	b08984 甲	b09519	b09579	b09738
	h26938-1	h27245-1	h28655	h28759	h28830	h28848	h28982	h29202-1
	h30204-2	h30356-1						
历组	h30528-1	h30528-2	h30682-1	h31739-1	h31744	h31753-1		
黄组	h35534-1	h35646 正	h37586-1	h37941-1	y02505-1	y02526-1		
何组	t00528-1	t00610-1	t02346-1	t02718	t04169-1	t04301-1		
出组	y02179-1							
宾组	h19322							
由								
宾组	b00038 正	b00267 正	h0065 正甲	h06073	h06943	h08706-1	h12401-1	y01186
师组	b06738 甲	h19982-1	h20364-1	h20481	h20589	h20825		
出组	h23690	h26186						
古								
黄组	y02535-1							

出组	h25900							
唐								
宾组	h01279-1	h01292-1	h01302	h01311	h01321	h05808	h09107 正-1	h13405 正
	h14370 丁							
师组	h19822	h19823	h19824-1	h20054	h20231-1			
出组	h22544-1	h22739	h22740	h22741-1	h22752-1	h22753		
何组	h27151-1	h27151-2	h27276	h28114-1				
宾组	h09206 反							
历组	h31801							
宾组	h10405 反							
宾组	h09796							
宾组	h03120 正	h10406 反	h13362 正	h17173				
克								
宾组	h00015-1	h04528						

师组	h20572	h21510	y01818					
子组	h21526-1							
丙二	h22329	h22453	h22482					
历组	h31821							
克								
宾组	h04527 正	h15190	h19673					
师组	h19983	h20231-1	h20508	h20576 正				
何组	h26927	h27796	h27878	h27879				
历组	h31219							
黄组	h36909-1							
克								
宾组	h00114	h13709 正						
师组	h19779-2							
[illegible]								
宾组	h180002							

[illegible]								
师组	h20231							
合  								
宾组	h01076 正甲	y01256						
师组	h20860							
何组	b10258							
历组	h31888							
合 								
宾组	w00473							
午组	h21935	h21963						
何组	h27435							
历组	t00248							
合 								
宾组	h18100-1							
合 								
丙一	h22066							
合  								
历组	h30956	h31824						

合								
宾组	h18553							
合								
何组	h27435							
合								
宾组	h018128	h18187 正						
合								
丙一	h22078							

午组	h22011							
会								
宾组	h1030 正							
郃								
师组	h20301							

出组	h24366							

宾组	h00811 正							

何组	h28011							

宾组	h06615							
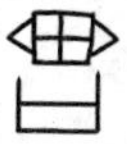	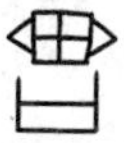							
宾组	h06614 正							

胄								
宾组	h04078							
黄组	h36492-1							
出组	h23702							
宾组	b00134 臼	b01989	b04649	h03873-1	h14136-1	h16233	h16739	h18129
	h18948 正							
宾组	h00264 反	h16850						
午组	h21892							
宾组	h16609							
宾组	h04525							
宾组	h04854							
宾组	h04853							
[illegible]								
宾组	h15884							

龠								
出组	b07754	h22730-1	h22748	h22817	h24487	h24883	h25752-1	
龠								
宾组	h18390 正							
龠								
宾组	h04720-1							
龠								
宾组	h18690-1							
龠								
宾组	b06240-1							
吅又								
宾组	h08310 反	h08310 正						
何组	h28136	h30173-1	t04529					
历组	b10491-1							
历组	h30614-1							
栗								
历组	h32885							
岩								
宾组	h05574	h09432-1	h09434	h09435				

宾组	h15515 反	h17599 反						
品								
宾组	h02811	h16234						
师组	h20276							
出组	b08761-1	h23712						
何组	h30286	t02346-1	t02515					
历组	h30497							
黄组	h38586-1	h38717-1	t03731					
品								
宾组	b04488							
何组	b10388							
历组	h34525-1	t00917-1						
黄组	h38715							

㗊								
何组	t02118							
区								
宾组	h00685 正	h18102						
历组	h32020	h34676	h34679	t00300-1	t00300			
宾组	h11396	w00698						
皆								
何组	B10334							
师组	h21054							
丙一	h22050							
师组	b06782							
丙二	h22524							
师组	h21038							

宾组	h00459 反							

历组	h31770							

子组	h21854							

历组	h31772							

子组	h21864							

师组	h20250							

师组	h19801							
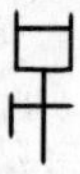								
宾组	b01296 反							

宾组	h13885 正							
	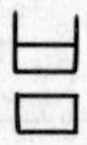							
宾组	h13544-1							

止								
宾组	b00532 乙	b02007	b02452 正	b03173	b03926	b03995	b04002 正	b04004
	h08762 反	h10779	h10936 正	h11887	h13682 正	h13684	h13686	h13691
	h19531	y01124-1						
师组	h20233	h20293	h20346 反	h20385 正	h20647	h20960	h21016-1	h21131
	h21432							
子组	h21749							
午组	h22013-1	h22038-1						
丙二	h22384-1							
何组	b08938	h27321						
历组	h30810	h33176	h33193-1					
黄组	h38563							
步								
宾组	b00032	b01439	b01464	b01466	b01754	b02207	b03925 正	h00025

	h00037	h00038 正	h00067 正	h00495	h00908	h04245	h05208	h05882
	h07443	h07935	h10963 正	h12432	h16230 正	h19249-1		
师组	b06918	h20151	h20178	h20179	h20263-1	h20263	h20264	h20375-1
	h20400	h20660-1	h20998-1	h21079	h21242-1			
出组	b07172	b07173	b07257	h23794	h23795	h23796	h23798	h24346
何组	d01268	h27797	h27800	h27998	h28245	h30214		
历组	b10494	b10495	b10500	h32486	h32670-1	h32727	h32839	h32942
	h32946	h33201	h34010	h34158	h35313	h35317	t00734	t00902
黄组	b11146	h36383	h36483-1	h36587	h36984-1			
习刻	100282		历组	t02601	t03580			
宾组	h08594 正							
丙二	h22517							

涉	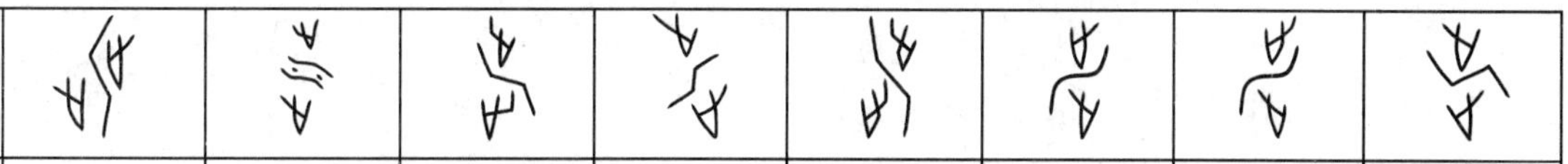							
宾组	b01571 正	h00480-1	h00536	h00641 正	h00801	h05226	h05227-2	h05228
	h05230 正	h05233	h05811	h05812	h06477 反	h08084	h08409	h09162
	h09740	h10605-1	h14022 正	h14773	h15271-1	h15950	h19279	h19280
	h19281	h19287	h19440					
师组	h19755	h19756-1	h19756	h19757-1	h20464-1	h20556	h20955-1	h21124
	h21256-1	h21314						
午组	h21891	h21893	h21942	h21988	h21997			
丙一	h22086	h22104						
出组	h22537							
何组	h27783-1	h27802	h27803	h28099 反	h28338	h28339	h28340	h28883
	h28898	s00067	t00256	t00374	t02116-1	t02116	t02539	
历组	b10412-1	h30439-1	h30439-2	h30439-3	h31983-1	h32727	h32903-1	h32951

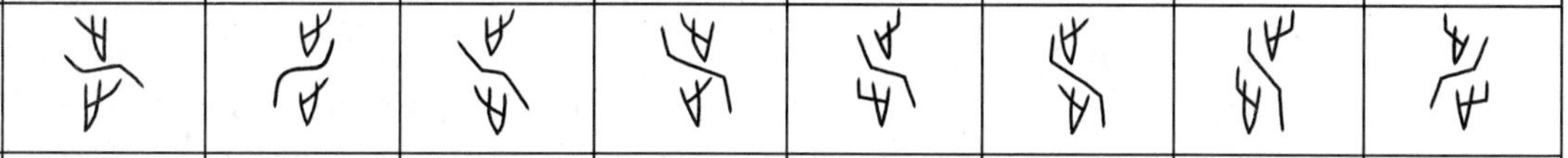

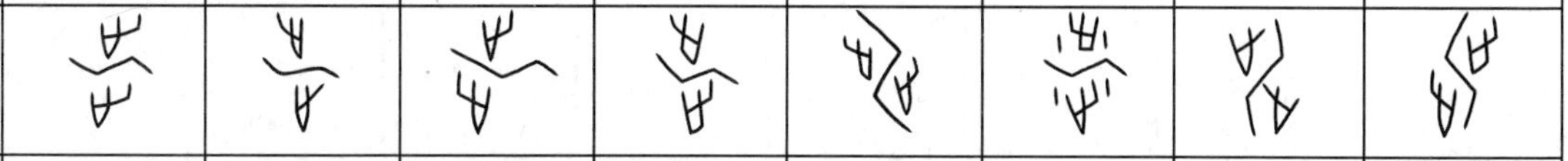

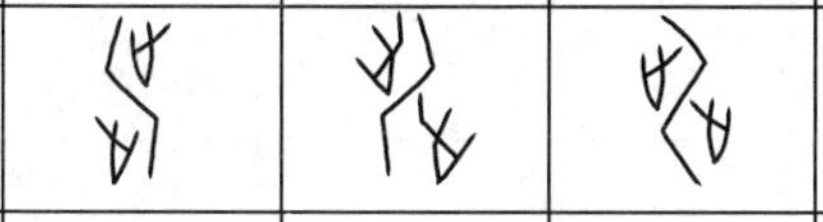

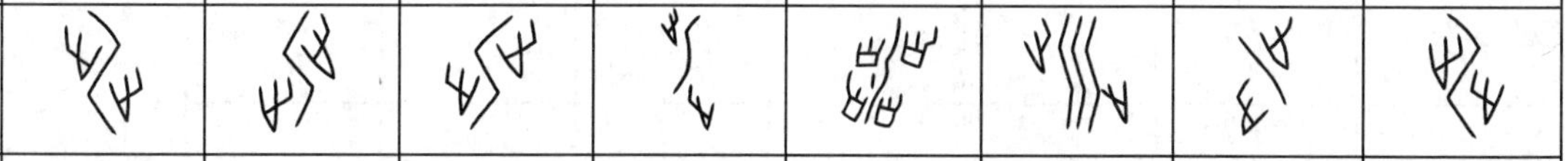

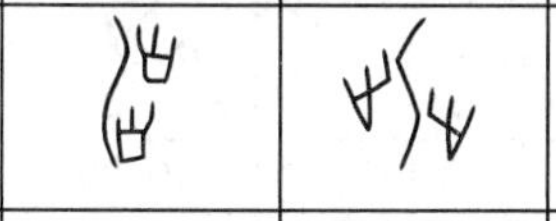

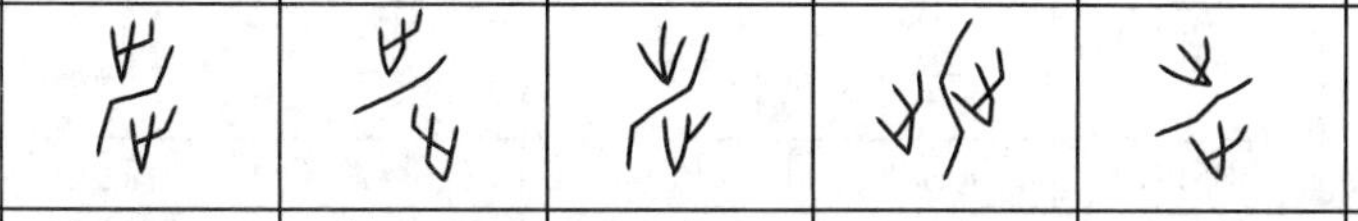

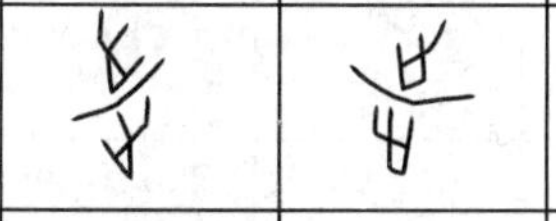

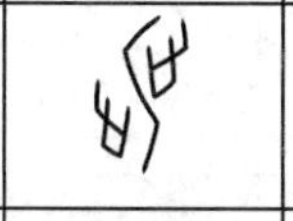

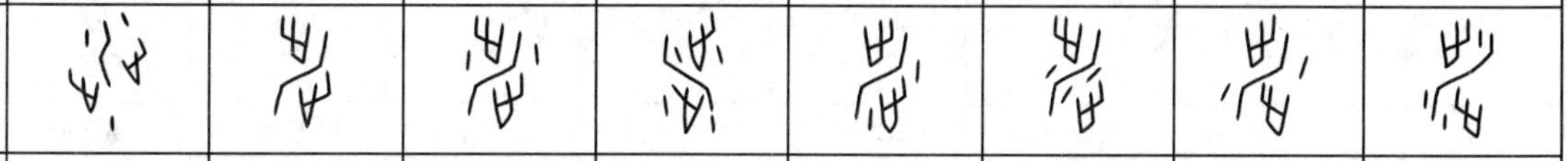

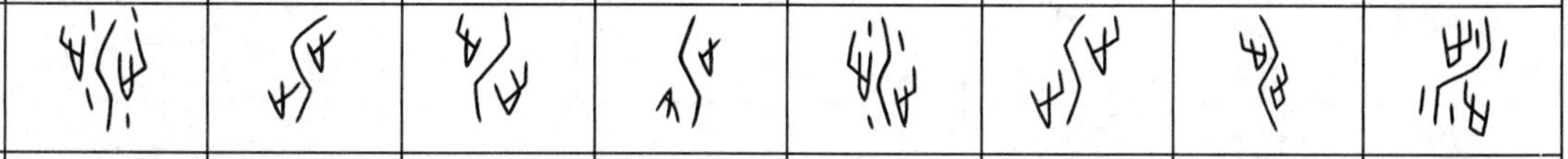

	h32952	h33203	h33391	h34870-1	h35320	y02415 正	t01009	
黄组	h36893							
涉								
宾组	h19286							
涉								
师组	h20630							
之								
宾组	b00831 反	b00943 反	b02330 甲	b02548	d01147	h00137 正	h03003	h03523-1
	h04112	h05087	h05365	h05855	h06944	h06947 反	h07242	h10198 正
	h10222	h12280	h12478	h12741	h12941 正	h13426	h14129 正	h18255
	y00526	y01184						
师组	b06718	b06829	h19812 正	h19849	h20485	h20517	h20733	h21239
	h21399	h21408	h21409	h21472 正				
子组	h21582	h21635						

午组	h21928-1	h21928						
丙一	h22099							
出组	b07047	b07381	b07765	b08025	b08296	b08299	h22771	h23408
	h23795	h24132	h24358	h24428	h24653	h24684	h24708	h24801
	h24854							
何组	b08938	b09958	b10357	h26993	h27080	h27083	h27124	h27202
	h27456 正	h27627-1	h27769	h27770	h27996	h28047	h28248	h28399
	h29364	h29387	h30113	y02365-1	t02623			
历组	b10925 正	h30574	h31066-1	h31181	h31232	h32535	h34041	h35311
沚								
宾组	b02190 正	d00397-2	h02568 正	h03945 正	h03945 正	h03962-1	h03966	h04284-2
	h06421	h06457 正	h06482 正	h06486 正	h06998	h07139	h07999	h19347

	h19348 反	y00665						
师组	h20005	h20346 正	h21035					
出组	h24349	h24351	h24358					
历组	b10487	h32048	h32764	h32882	h32997-1	h33058	h33074	h33104
	h33105	h33107-1	t01047-1	t04164-1				
黄组	h36957	y02562 正						
出								
宾组	b00123	b00225	b00886	b01435 反	b01509	b01512	b01515	b01518
	b01522	b01949	b03530 正	h00030	h00359	h00651	h01582 正	h03255 正
	h03322	h03830	h04322	h04992	h05055	h05098	h05111	h05121
	h05433	h06079	h06094 正	h06106	h06107	h06688	h06692	h06694
	h06697	h06702	h06717	h19313	h19315	h19318	h19323	h19324

	h19332							
师组	b06587	b06606	b06957	h20045	h20163	h20195	h20257	h20259-1
	h20260-1	h20260	y01874-1	100310				
子组	h21616	h21647	h21703 正					
午组	h21992							
丙二	h22195	h22322-1	h22323-1	h22324-1	h22478			
出组	b07056	b07068	b07073	b07074	b07078	b07084	b07086	b07157
	b07158	b07159	b07160	b07162	b07163	b07166	b07321	b07331
	b07351	b07352	b07381	b07490	b07619	b08037	b08055	b08235
	b08597	b08611	b08623	b08668	h23373-1	h23649-1	h23741	h23750
	h23758	h23759	h23774	h24428	h24435	h24497	h25863	h25881
	h26109	h26569-6	h26569	h26573-1	h26577-1	h26585	h26586	h26588

	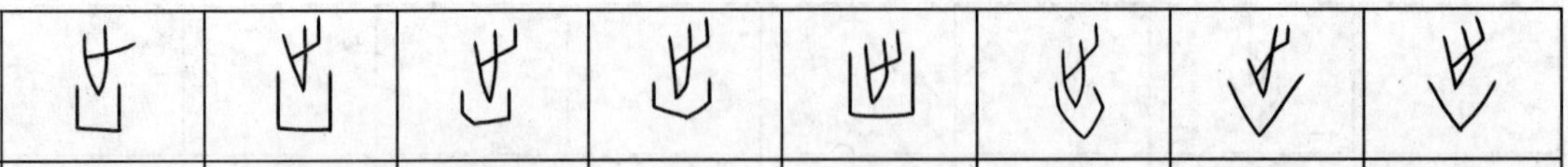 h26596	h26597	h26601-1	h26601	h26611 正	h26643-1	y02027-1	y02144
何组	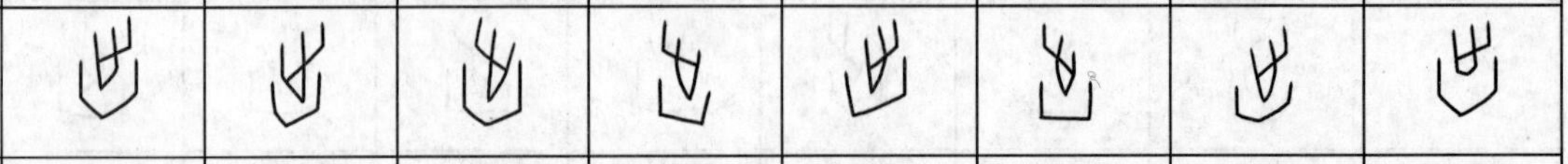 b08972	h27760	h27882	h28011	h28012	h28023	h28029	h29076
	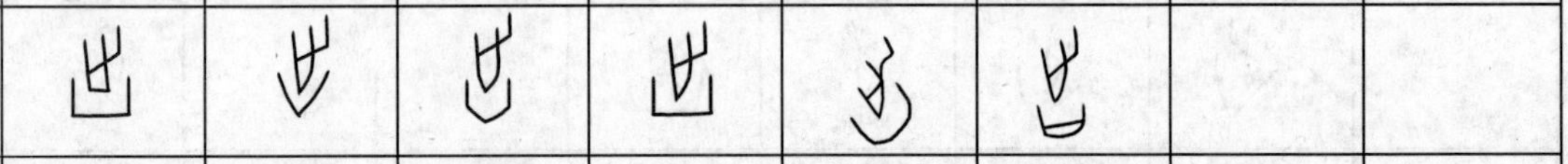 h29445	h30037	h30292	y02322	100575	t02232-1		
历组	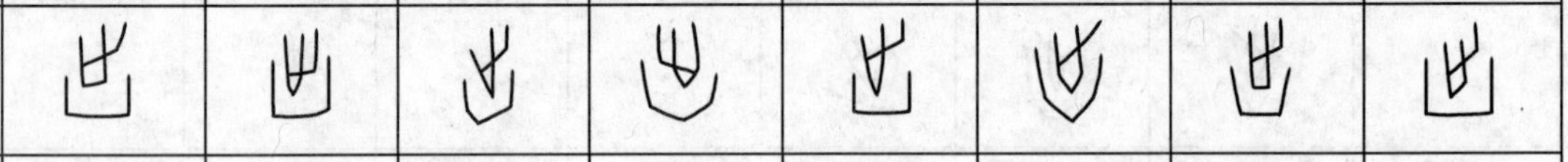 b10520 甲	b10644	h30501	h30757	h32030	h32119	h32700	h33006-1
	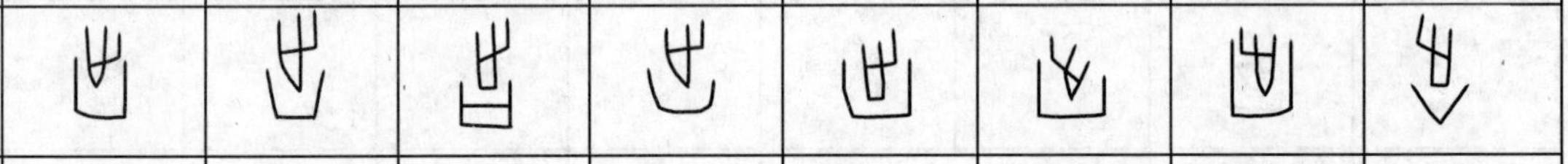 h33033	h33047	h33050	h34991	h35152	h35265	h35312	t02615
黄组	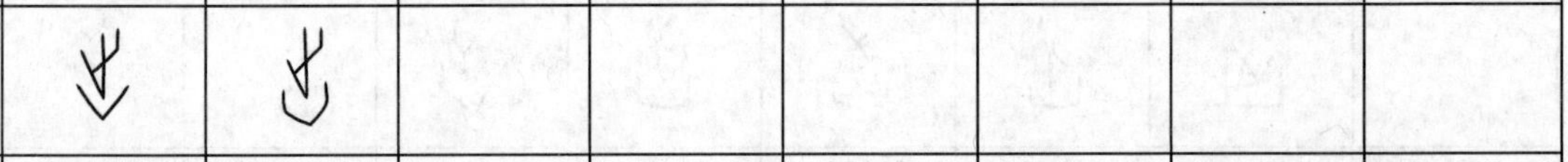 h36518	h37517-1						
习刻	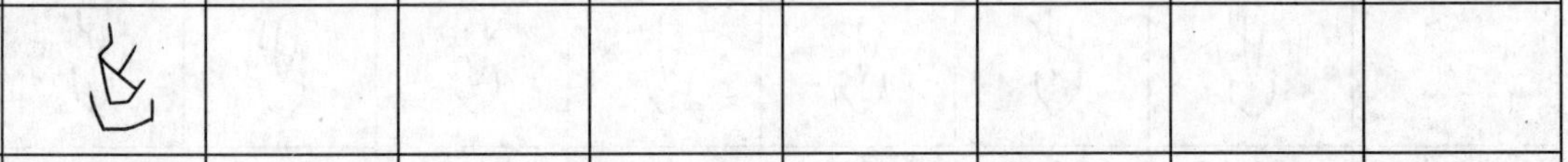 t00981-1							
出	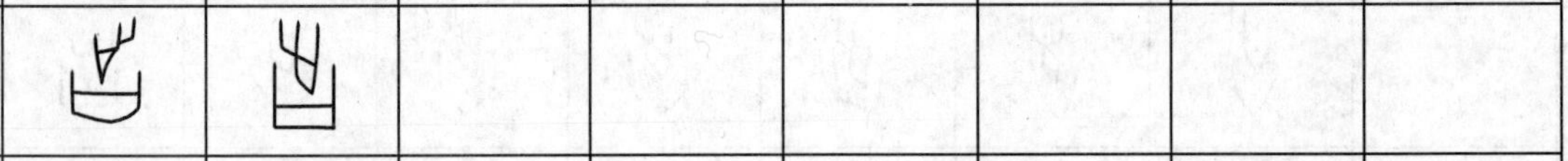							
宾组	h07308-1	h12954 正						
各	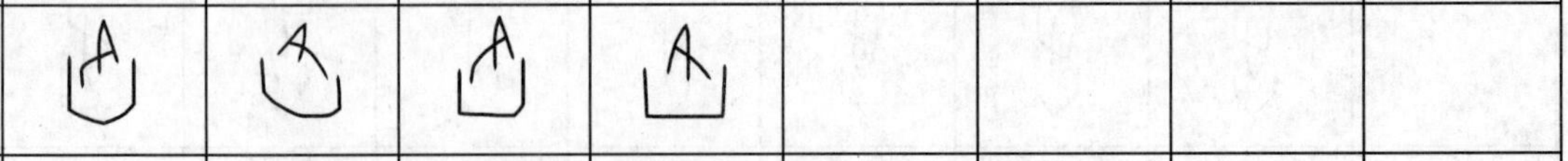							
师组	b06810	h21021-1	h21022	y01852-1				
各	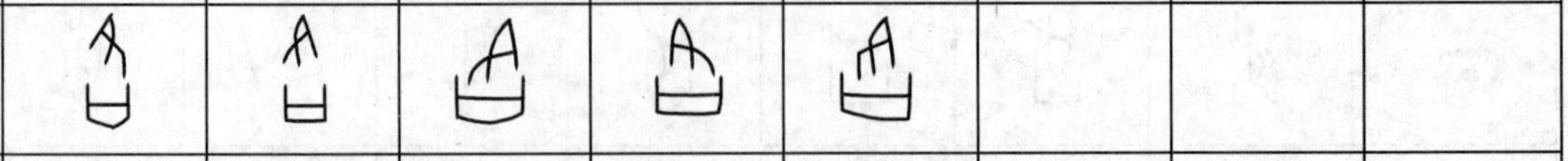							
宾组	b01394	h04799	h10406 反	h13171	h16359			
师组	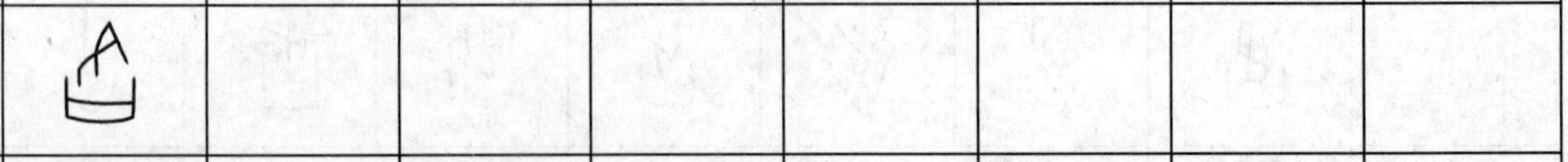 h20974							
午组	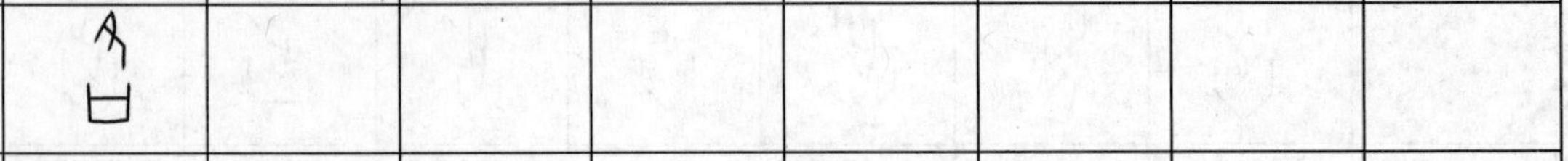 h22001-1							

何组	 h27000	 h27165-1	 h27281	 h27304-1	 h27310	 h27818	 h28183	 h29587
	 h29802	 h30032	 y02262-1	 t00948	 t02838			
历组	 h30570-1	 h31230-1	 h33348-1					
黄组	 h36177	h38727-1						
⿳止宀止								
宾组	h12830 正							
丙二	 h22249							
⿱冖止								
宾组	h00672 正	h05439 正	h05439 正	h06650 正	h18248			
子组	 h21578-1							
⿱宀止								
出组	h23652	h24617	h24756	h24757				
历组	 h30615	 h33918						
⿱宀止								
宾组	h05190-1	h16181 反						

何组	h30115							
历组	h32039	h33288	h34260	t01512				
⿱丙止								
宾组出组	h10442-1	h10917-1	h12997 反	h14103-1	h14734 正	h18249-1		
师组	h21099-1							
午组	h22042							
出组	b08667-1	h26424-1						
何组	h28013-1	h28369	100245-1					
历组	h32936	h33170 反	h33423					
⿱丙止								
宾组	h09188 反							
⿱宀⿱丙止								
宾组	h03937	h03940	h12172					

何组	h28408	h29368						
[illegible]								
历组	h35235							
[illegible]								
宾组	h04003 正	h18246						

历组	h33215							
[illegible]								
宾组	h02392	h15684 正	h18224	y01250 反				
[illegible]								
宾组	h05658 正							
[illegible]								
出组	h23603							
[illegible]								
宾组	h11032-1	h14617-1	h15682-1	h15683-1	y00365-1	y00365	y01301-1	

出组	h22543-1	h25371-1	h25901-1	h41292-1				

何组	h27589-1	h27590	t01146-1					

历组	h30693-1	h32419-1	h32419	h34478-1				

[illegible]								
宾组	h01989							
[illegible]								
宾组	h18123							
[illegible]								
师组	h19896							
出组	h22912							
[illegible]								
历组	h32014							
[illegible]								
丙一	h22043							
[illegible]								
黄组	h36850	h36918						
正								
宾组	b00099	b01804 正	b01804 正	b01805 甲	b01865	b01872	b0213 正甲	b02149
	b02151	b02152	b02155	b02156	b03868	b04333	b04351 正	b04532
	h00424 正	h00811	h02148 反	h02163	h03038	h04805 反	h06307	h06447
	h06459-1	h06993	h08852 反	h10138	h10767	w00644		
师组	b06657	b06963	h19834	h19946 正	h20274	h20398-1	h20423	h20511

子组	h21720	h21734-1	h21735-1	h21736-1				
午组	h21937	h22042						
丙一	h22086	h22124-1						
丙二	h22247							
出组	b08627	d00651-1	h22722	h23002	h23199	h23559	h24012	h24085
	h24087	h24109	h24262	h24951				
何组	b08846	b08980	b09361	b09512	b09705	b09706	b09801	b13387
	h27083-1	h27083	h27087	h27105	h27106	h27194	h27200	h27247-1
	h27333	h27605	h30269	h30288	h30293-1	y02361	s00050	s00167
历组	b10923-1	h30674-2	h30706	h30813	h30814	h30815-2	h30816	h32935
黄组	b11241	h35356	h35411	h35416	h35425	h35655	h36125-1	h36125
	h36168	h36491	h36510	h36534	h37398	w01669	y02524	y02525

何组	t02370		历组	t02438	t04103	师组	t04518	
[illegible]								
宾组	b01354	b01819 正	b01896	b02143	b02144	b02145	b02146	b02154 正
	b02274	b04923 正	d00099 正	h00137 反	h00137 反	h00187	h00191	h06072 正
	h06323	h06353	h06608	h06746	h07643	h10311	h11837-1	h13844
	h15401	h15857	h16934	h18266	h18612	h18948 反	y01283	
师组	b06626	b06783	h19957 正	h19957 正	h20093	h20297	h20393	h20394-1
	h20394-2	h20396-1	h20398-1	h20398	h20405	h20412	h20413	h20414-1
	h20414	h20416-1	h20440-1	h20441	h20449	h20503	h20506	h20507
	h20518	h20531	h20536	h20558-1	h20560	h20563	h20624	h20924
	h21034	h21085	h21099	h21482	W01510	y01808	y01809	y01827
何组	h27992	h28074	t00966	t01098-1	t02651			
历组	h30439	h33023	h33024	h33051				

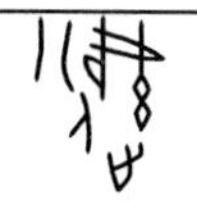	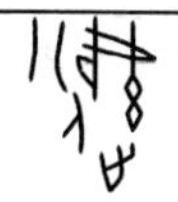							
何组	h27135							

历组	h33398-1	h33399						
 [illegible]								
宾组	h06062	h06063 反	h07102					
韦								
宾组	b01103	b01112-1	b01113 反	h00419 正	h01777-1	h02606 正	h03695 正	h03755
						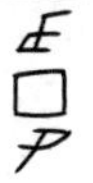		
	h03845-1	h03860	h03861-1	h04454 正-	h04537-1	h06033 正-	h09682-1	h10044
			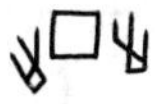					
	h11850-1	h11892 正	h11892 正	h11915 正	h12053-1	h12346-1	h12628	h14129 正

	h39965-1	y00324-1						
	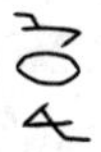							
子组	h21640-1							
	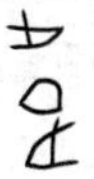							
午组	h21902-1							

何组	h28064-1							
	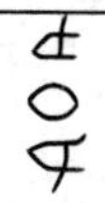							
黄组	h36909-1	h36909-2						

韦								
宾组	h09743 正	h11673						
韦								
宾组	h10026 正							
韦								
宾组	y00305							
韦								
宾组	h39750							
韦								
宾组	b02824	h08919 反						
[illegible]								
宾组	b02684							
疋								
宾组	b06166	h00190 正	h00191-1	h00191-2	h00231-1	h00576	h02431 反	h04583
	h13631	h13695 正乙	h18234-1					
疋								
宾组	h04584	h04585	h04586-1	h06974-1	h06975	h06976 乙	h06977	h06978
	h17988-1	h39790-1						
疋								
师组	h20706 正	h21396-1	y01780					
何组	h27465-1							

疋								
宾组	h13694							
疋								
宾组	h04020	h13693	h17146-1					

出组	h23623	h24983-1						

历组	h32783							
疋								
师组	h19956-2	h21475						
疋								
丙二	h22236-1							

宾组	h18258							

师组	h21019-1	h21020						
			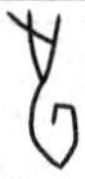					
宾组	h00249 正	h00449	h00674	h01303 反	h02362 白	h03314	h04788	h05854

	h06044	h12511 反	h15929	h17597	h18262	h18263		

历组	h32910	h32911	100045 反					

	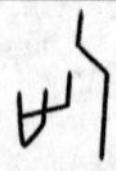							
丙二	h22330							

出组	h24942	h26068						

历组	h30695							
 [illegible]	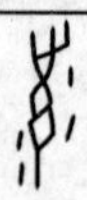							
出组	h23805							
 [illegible]								
出组	h25951							
 [illegible]	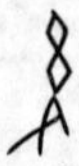							
宾组	h18595							

丙二	h22283	h22284	h22285	h22287				
	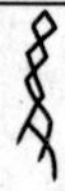							
出组	h25948	h25986						

历组	t04397							
后								
何组	t02358							

丙二	h22322	h22323						
洗								
何组	h41423							

先								
宾组	y02674 正							
先								
宾组	b00033	b00136	b00338	b00366	b00367	b01223	b01563	h00040-1
	h00177-1	h00177-2	h01162	h01276-1	h01277-1	h0135 正乙	h0135 正甲	h04066
	h04305	h06647 正	h07284	h07293	h15295 正	h15456	h17464	h18945
	h18977	h19407	h19593					
师组	h19957 正	h20017	h20072	h20213	h20700	h20778	h21099-1	
子组	h21870							
午组	h21880-1	h21880						
丙二	h22137-1	h22165	h22282	h22283				
出组	b06988	b07174	b07743	h22992	h23359 正	h23487-2	h25615	h25894
	h25937-1	y01972						
何组	b09849	b13348	h27055	h27106	h27145	h27412-1	h27413	h27945

	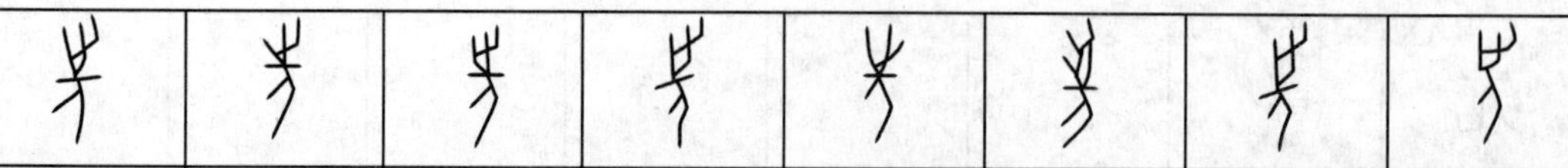							
	h27947-1	h28063	h28267	h28333	h28796	h29117	h29408-1	h30122-1
	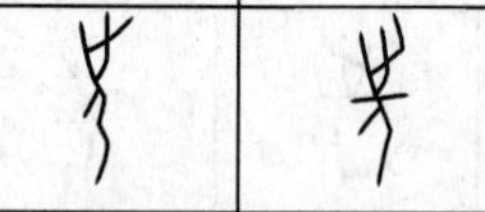							
	y02347	t01127-1						
	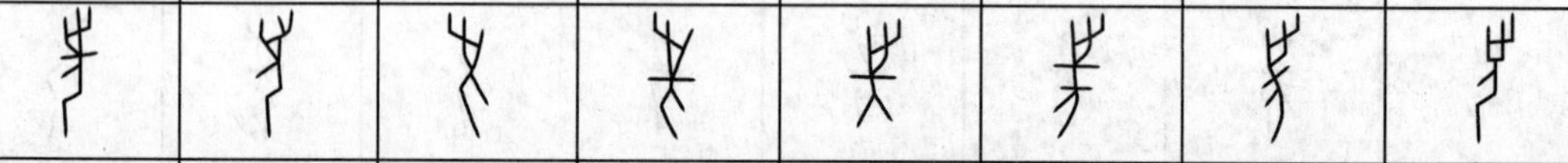							
历组	b10932	b10937	h30641	h30643	h30644	h31254	h31917	h32036-1

	h32252	h32485	h32597	h32882-1	h34415-1	h35298	h35306	
	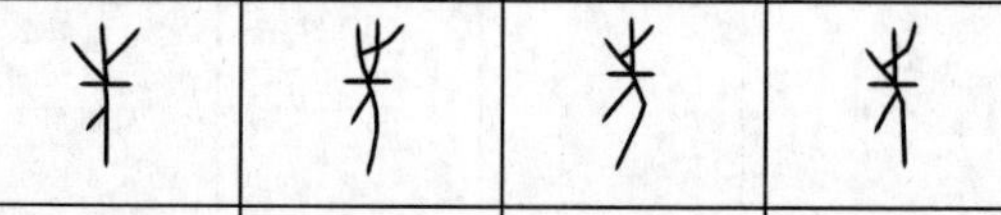							
黄组	h35346	h35430	h36418	h38731				
	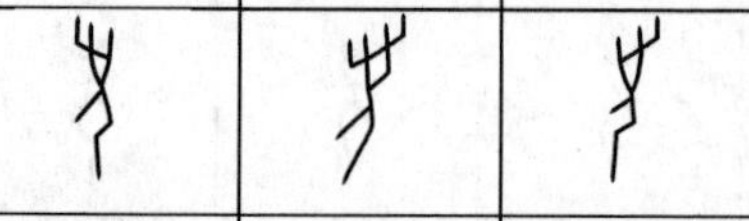							
历组	t04324	t04583-1	t04583					
⿰先又								
丙二	h22148							
往	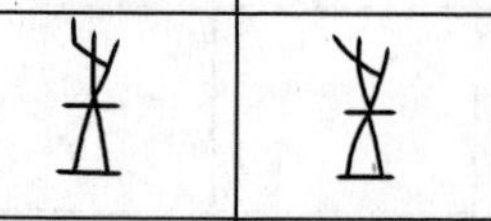							
宾组师组	h00614	h10596-1						
	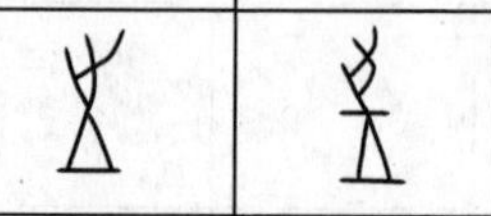							
师组	b06906	h21306 乙						
	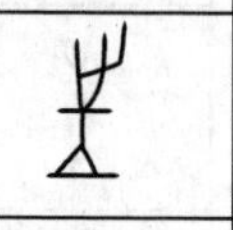							
丙一	h22080							
	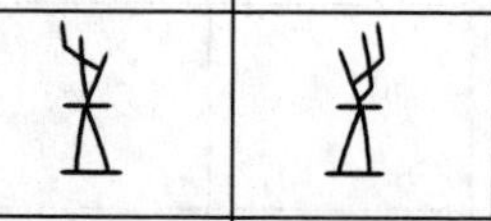							
出组	h23787-1	h24262						
	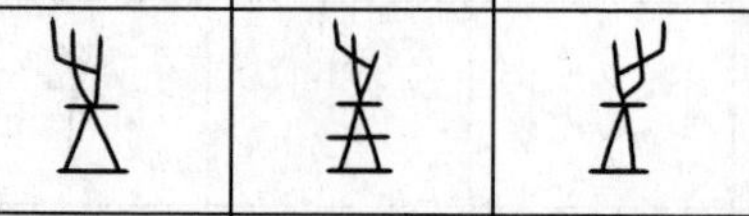							
何组	h27861	h28474-1	h30094					

历组	h32866-1							
黄组	h36426-1	h36559-1	h36559-2	h36632-1				
宾组	h00838 正	h00852 正	h00861	h00863				
宾组	b06188	h00626	h00633	h00840	h00847	h00848 乙	h00848 甲	h00853
	h00855	h00862	h00867	h18707				
宾组	h00839	h00842 正	h00845	h00857				
宾组	h00641 正	h00838 正	h00844					
走								
宾组	h03405	h03413	h03521	h06653 正	h07658-1			
址								
午组	h21921							
宾组	h11017							
咎								
丙二	h22441							
咎								
宾组	b00131	h00902 反	h02060	h02252-1	h02253	h04421	h05477 正	h06032 反

	h06095-1	h07257	h10049 正	h15518	h16385	h17943	h17944	h17968-1
师组	h19785	h19860	h19966	h20010-1	h20046	h20141	h21119-1	h21362-1
	h21364	h21365-1	h21366	w01531	y01884-1	y01884-2		
子组	h21635	h21749	h21836-1	h21837	h21838	h21839-1		
午组	h21876-1	h21876-2	h21878-1	h21878-2	h21879-1	h21879-2	h21979-1	h21981
	h21985	h21987						
丙二	h22193-1	h22264-1	h22264	h22285	h22289-1	h22290	h22394	
何组	h29833-1							
历组	h32524-1							
宾组	100169 反							
此								
宾组	b01158	h08381-1						
丙二	h22264							

何组	b09629	h27035	h27040	h27389	h27499	h27562	h28244	h28282
	h30318							
历组	h30831	h32300	h33511					
此								
历组	h31191							
此								
宾组	h18981							
宾组	h00753							
历组	h32578							
⿱夂大								
宾组	h11018							
黄组	h38179							
⿱止止卩								
宾组师组	h01899 正	h04201	h08984	h09084	h09380	h11033	h16413	
师组	b06547							
何组	h27202	h27641	h28751	h28754	h29015			

历组	h30645	h30646	h30884	h31120				

宾组	h06843-1	h06844-1	h08266-1	h08267-1				
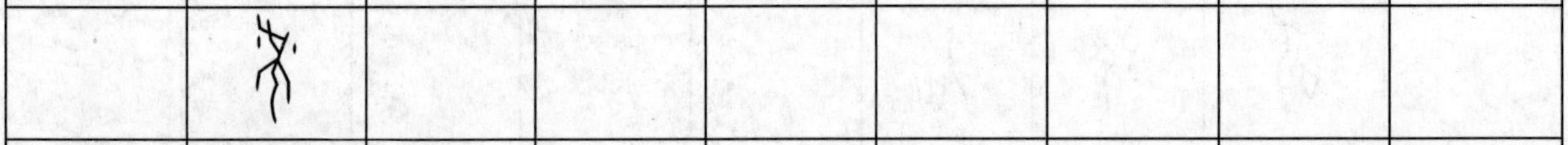								
师组	h20070-1							
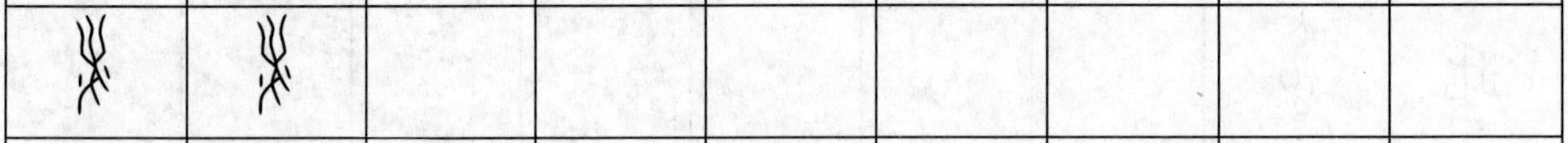								
宾组	h06842-1							
朱 								
宾组	h00006	h08934	h13390 正	h40740	s00239			
朱 								
宾组	h04580	h04581 正	h06593	h18244	h18932	100170		
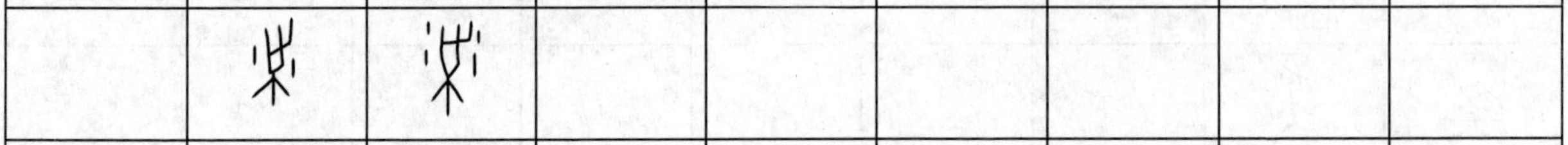								
历组	t02295	t02484						
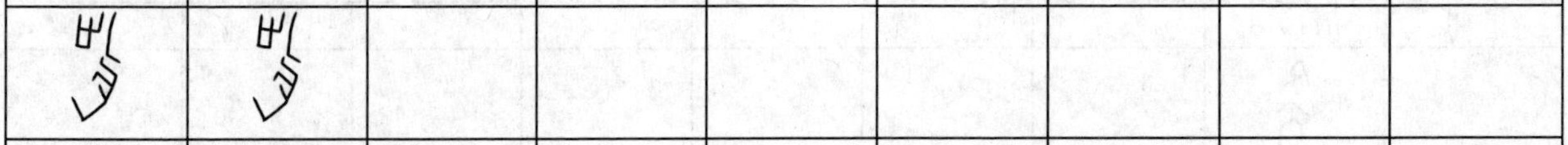								
历组	t04566							
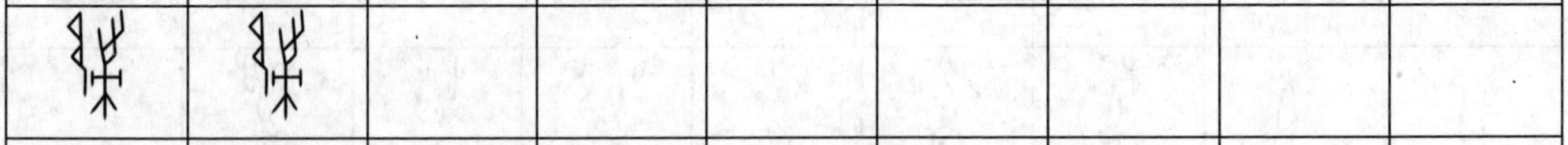								
何组	h28420							
逐 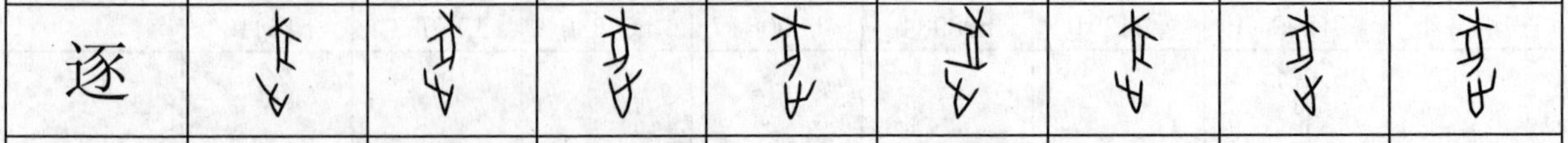								
宾组	b02606	b02639 反	b02640 正	b02641	b02642	b02647	b05066	b05441 反
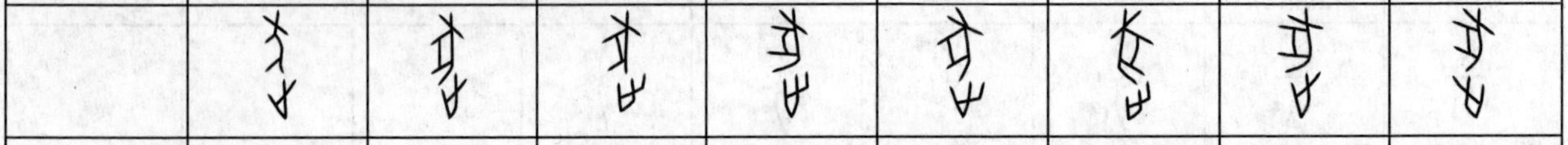								
	b13167-1	h00154-1	h00390 反	h00557	h01822 正	h03243	h05394 反	h06477 正

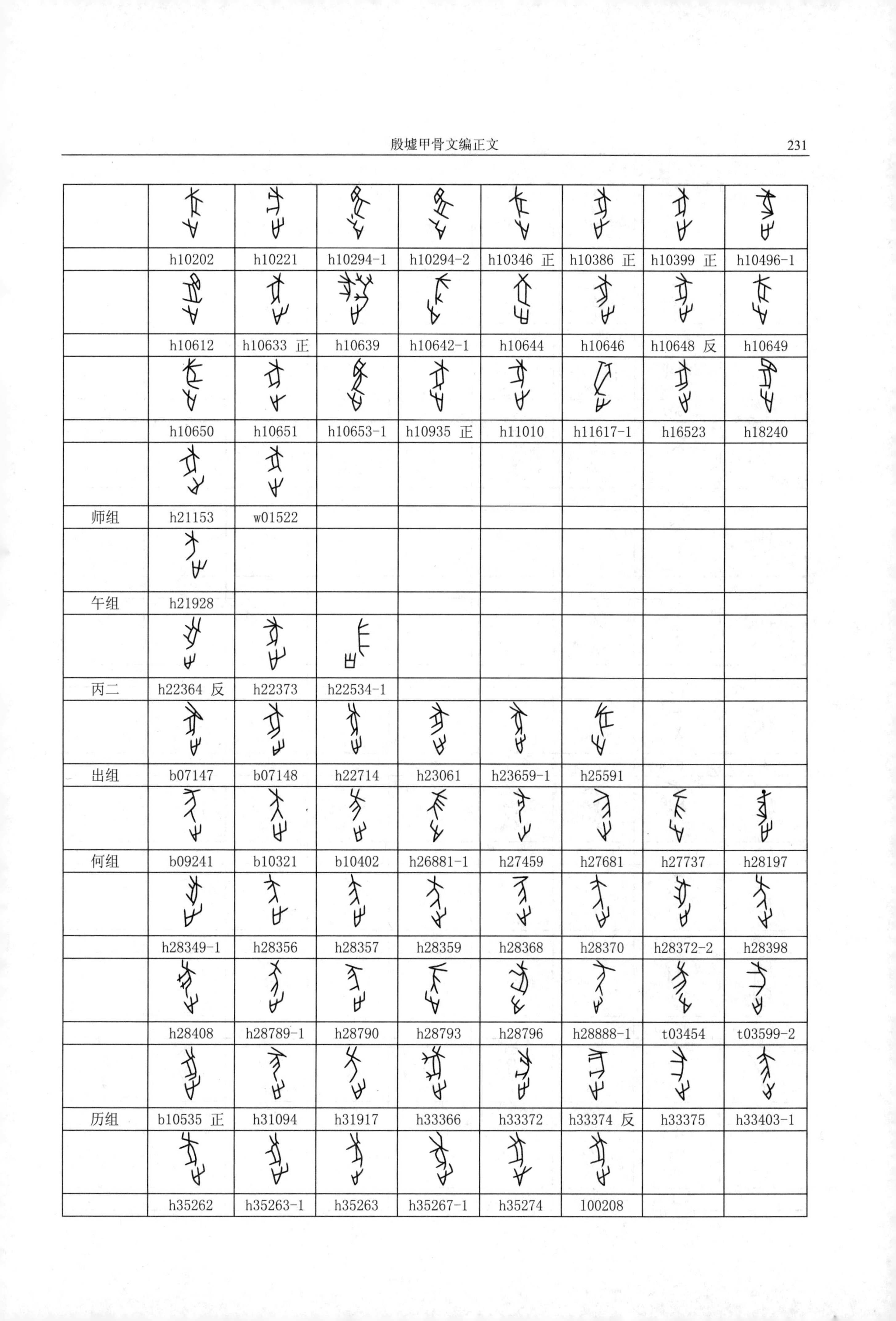

	h10202	h10221	h10294-1	h10294-2	h10346 正	h10386 正	h10399 正	h10496-1
	h10612	h10633 正	h10639	h10642-1	h10644	h10646	h10648 反	h10649
	h10650	h10651	h10653-1	h10935 正	h11010	h11617-1	h16523	h18240
师组	h21153	w01522						
午组	h21928							
丙二	h22364 反	h22373	h22534-1					
出组	b07147	b07148	h22714	h23061	h23659-1	h25591		
何组	b09241	b10321	b10402	h26881-1	h27459	h27681	h27737	h28197
	h28349-1	h28356	h28357	h28359	h28368	h28370	h28372-2	h28398
	h28408	h28789-1	h28790	h28793	h28796	h28888-1	t03454	t03599-2
历组	b10535 正	h31094	h31917	h33366	h33372	h33374 反	h33375	h33403-1
	h35262	h35263-1	h35263	h35267-1	h35274	100208		

黄组	b11208	b11298	h37468	h37539	h39422	y02566		
历组	t02971-1	t00664-1	t00997-1	t00999	t02095	t02675		
何组	t04200-1							
𠂉矢								
宾组	b03153	h10196	h18467					
𠂉矢								
宾组	h15856							
𠂉矢								
宾组	h07057	h18466						
𠂉矢								
宾组	h06656							
𠂉矢矢								
宾组	h03383	h03386	y00197					
𠂉矢矢								
宾组	h03357							
宾组	h02935							
宾组	h00775 正	h02484 正	h04984	h05477 正	h07902	h07903	h11484 正	h13515
	h14293 正	100160						

丙二	h22293							
宾组	h04194	h08791	h18006					
历组	h35239							
师组	h20772							
条								
黄组	h36587							
宾组	h16517							
丙二	h22144	h22500						
历组	h32179							
宾组	B01957	h00667 反	h05559	h07693	h08784	h09504 正		
宾组	b05353 反	h00308	h01380-1	h01716	h04300 正	h05769 正	h06569	h08620
	h08622	h08623	h18245-1					

师组	h20243							
历组	t00917-1	t00917						
宾组	b00153 正	b02284	h00123	h01115 正	h01777	h02201	h04771	h04820
	h04821	h04823 正	h04899	h05760 正	h08053	h10044	y00681	
丙二	h22507							
宾组	h04822	h08619-1						
宾组	h06566 正	h06567-1	h06567-2	h06568 正	h06568 正	h08613-1	h08613-2	h08614
	h08615	h08616	h08618-1	y00750-1				
宾组	h04819	h08617	h12386 正					
宾组	h15123	h15448						
[illegible]								
宾组	h14775							
[illegible]								
宾组	h10936 正							

⿱止可								
宾组	h14777							
宾组	h06998	h02854						
登								
宾组	h08006-1	h09085-1	h15294	h40153				
师组	h21431							
⿰彳登								
历组	h34095	h35321						
丙二	h22518							
⿱余止								
宾组	h06028	h06030	h06033 正	h06043 正	h06045	h06052	h06667-1	h06667
	h10579	h14593	y00180 正					
午组	h21891							
何组	h27237							
历组	t00134	t01066						
⿱余止								
师组	d01282							

余止								
午组	h21891-1							
余止								
师组	h20080							
余止								
宾组	h00916 正	h017055 正	h06031	h06032 正	h06034	h06035	h06038 正	h06040 正

	h06042 正	h06053	h06054	h17055 反				

师组	h20956							
余止								
出组	h25902							
	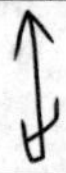	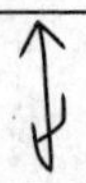						
历组	h32897	h32900						
余止	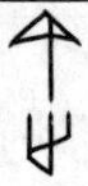							
历组	h32770	h32773	h32911					
余止								
宾组	h06977							
余止								
宾组	h00068							
余止								
历组	h31790							
叀止								
何组	h28121	h28767	h29011	h29177				

历组	h31136							
黄组	b11270	b11333	h36561	h36639	h36654-1	h36666	h36671	h36676
	h36759	h36761	h37362	h37367	h37381	h37462 正	h37472	h37474
	h37497	h37500-1	h37500	h37607-1	h37621-1	h37745	h37747	h37752
	h37754	h37756	h37757	h37758-1	h37759	h37764	h37765	h37766-1
	h37767	h37771-1	h37775	h38186-1	y02539			
疐								
何组	w01396							
疐								
黄组	h37365							
疐								
黄组	h37753							
疐								
历组	h31034							
疐								
何组	h30031							
疐								
宾组	h19085							

复								
宾组	h00043	h05408-1	h05409	h07076 正	h10679	h19355	h19358	y00189
	y00468	y00719	y00834	y00835				
师组	h19755	h20192	h20233	h20346 反	h20633	h21306 乙		
丙一	h22048							
⿱复凵								
宾组	h05639 正							
宾组	h00811 正	h03061-1						
腹								
宾组	h05373							
腹								
历组	h31759							
⿳宀日夂								
历组	h31969	h32260	h32261	h33215	h34115	h34119	h34445-1	h34445
	h34601-1	h34601	h35236					
⿳宀日夂								
宾组	h00557-1	h00557	h10930					
⿳宀日夂								
宾组	h15483 正	h15484						

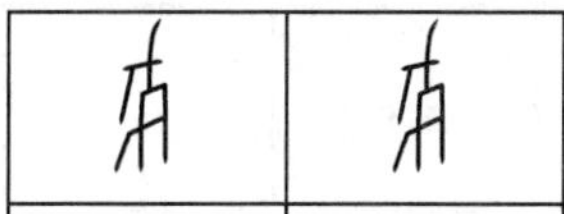 [illegible]								
丙一	h22115							
武	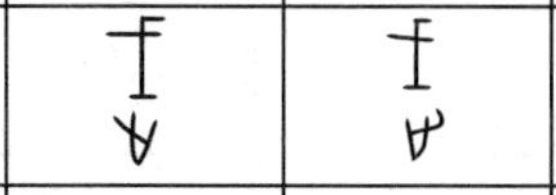							
宾组	h00456 正	h17090-1						
	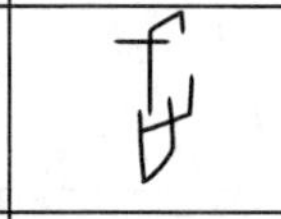							
丙一	h22075							
	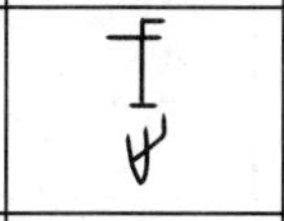							
出组	h26770-1							
	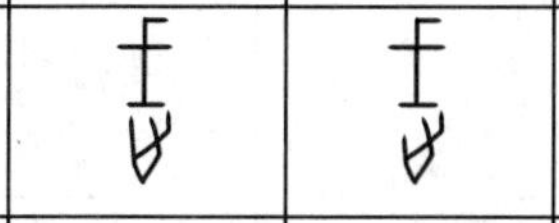							
何组	h27151	h27741						
	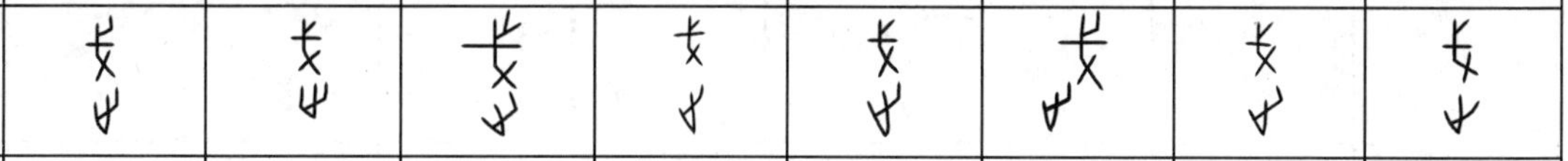							
黄组	b11018	b11047	b11074	h35372-1	h35386	h35965	h36159-1	h36166-1
	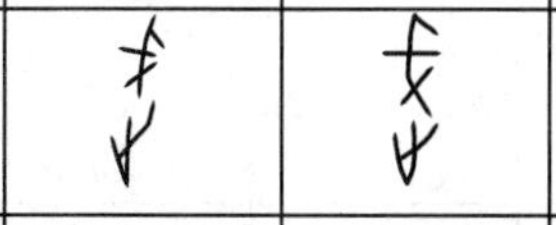							
何黄	t03564	t04343						
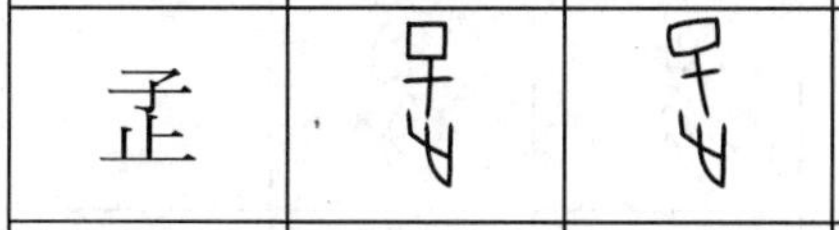 [illegible]								
宾组	h00456 正	h07244						
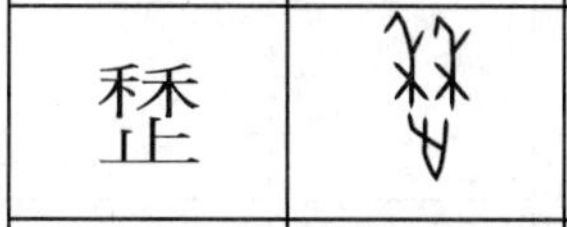 [illegible]								
宾组	h10425							
	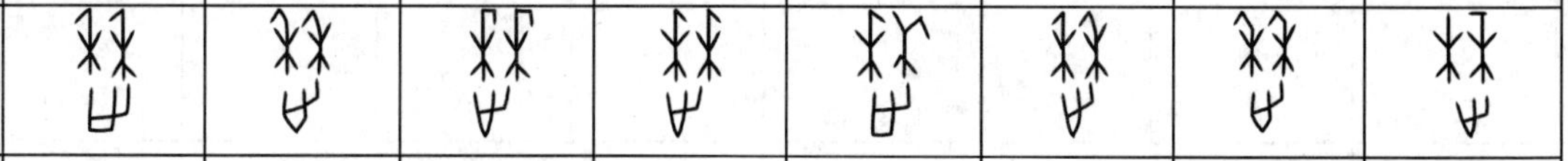							
历组	b10712	h32815	h32816 正	h32817	h32819	h32820	h32821-1	h32821
	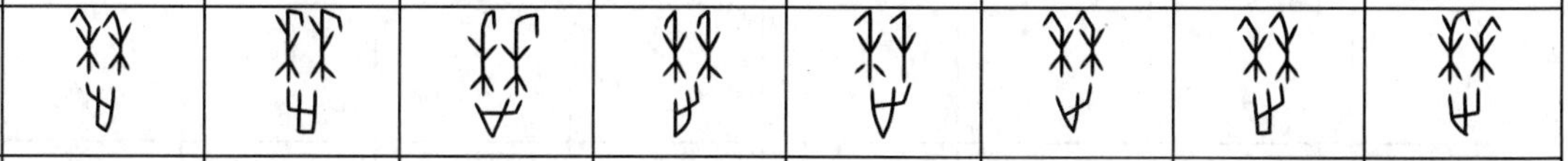							
	h32822	h32823	h32824	h32825	h32826	h32828	h34599	h41501

	y02483	t00457	t00905					

⿱禾止								
宾组	h13906							
⿱林止								
宾组	h10682							
⿱不止								
宾组何组	h05011	h18259						
师组	h20075	h20076	h20077	h21229	h40896			
何组	b10212							
夆								
宾组	h11037 正							
⿱夂豕								
宾组	B02519 正	h03298	h06128	h06129	h06946 正	h08244	y00678	
丙二	h22466							
出组	b08761-1							
黄组	h39449							
师组	h21160							

 朿止								
宾组	h15110							
 速								
历组	h32978-1							
 㗊止								
历组	h31789							
 笹								
宾组	h06046							

何组	h28398							

宾组	w00382							

子组	h21626							

宾组	h03232 反							

宾组	h09266							

出组	h25975	h26698	y02088					

出组	h26701							
 蠹								
出组	h23704-1							

黄组	h36833							
历组	h31764							
宾组	h00862							
历组	h32664							
历组	h30757							
又								
宾组	b00198	b00207	b00794	b01308 正	b01334	b01369	b01527	b01791
	b01799	b01804 正	b01805 乙	b01805 乙	b01822	b01849	b01861	b01884
	b02682	b02817	b03062	b04418 正	b04506	b05052	b05851	b06303
	b06492	d00384 反	h00899-1	h04692	h08506	h16131 正	y01211	
师组	b06551	b06625	b06637	b06678	b06696	b06710	b06816	b06829
	b06841	b06925-1	b06925	b06938	b06966	h19756	h19837	h19865
	h20790	h20807	h21358	t03604				

丙一	h22124							

丙二	h22174	h22236	h22248	h22401	h22463 正	h22508		
	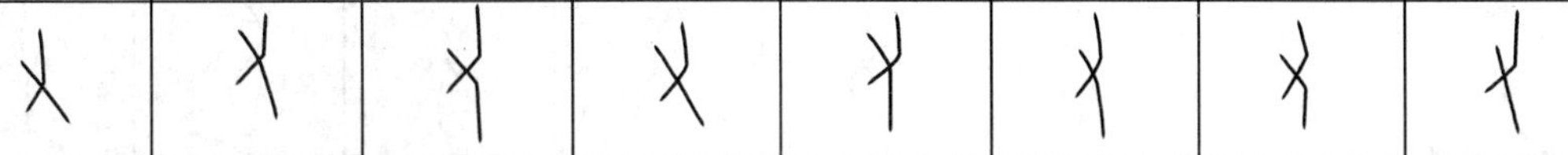							
出组	b07015	b07023	b07027	b07108	b07311	b07362	b07480	b07530
	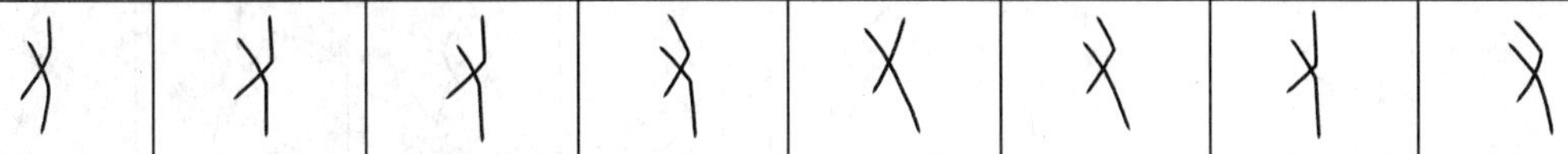							
	b07710	b07711	b07712	b07714	b07753	b07765	b07933	b08149
	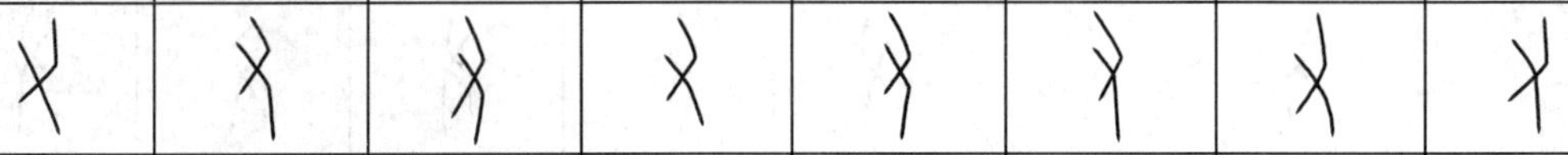							
	b08397	b08614	b08632	b08714 乙	b08721 乙	b08727	b08741	b08743
	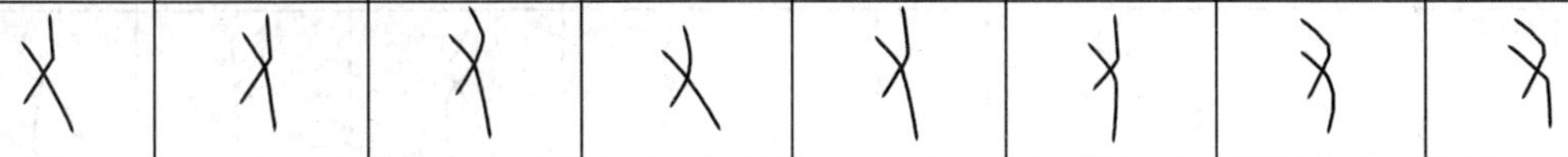							
	h22539	h22554	h22558	h22884	h22991	h25969	h26186-1	h26186
	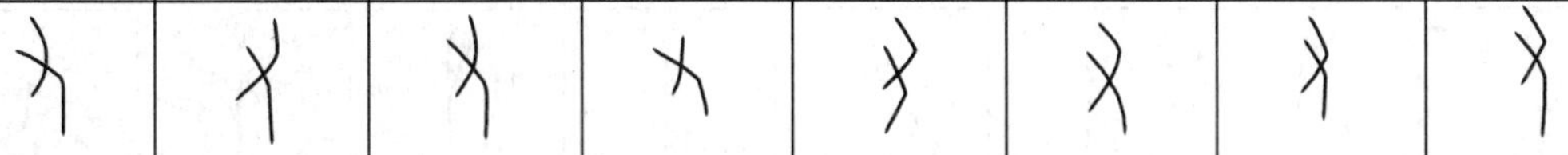							
何组	b09014	b09293	b09353 正	b09359	b09516	b09524	b09530	b09566
	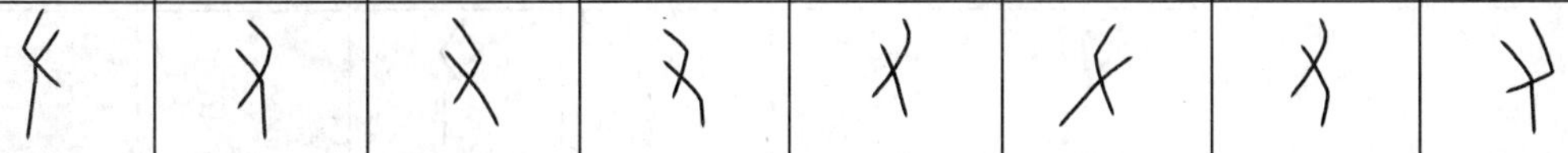							
	b09575	b09583	b09597	b09617	b09627	b09697	b09715	b09718
	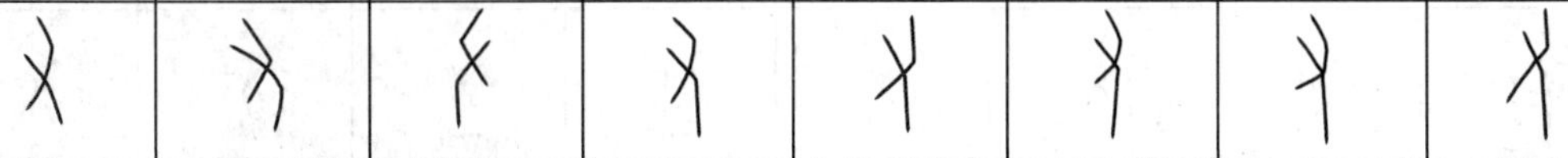							
	b09724 正	b09728	b09806	b10146	b10163	b10213	b10352	b10364
	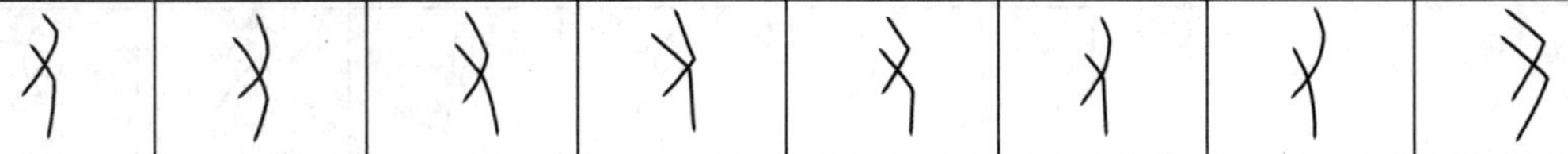							
	b10372	b10381	b10386	b10387	b10388	b10395	h26916	h26995 正
	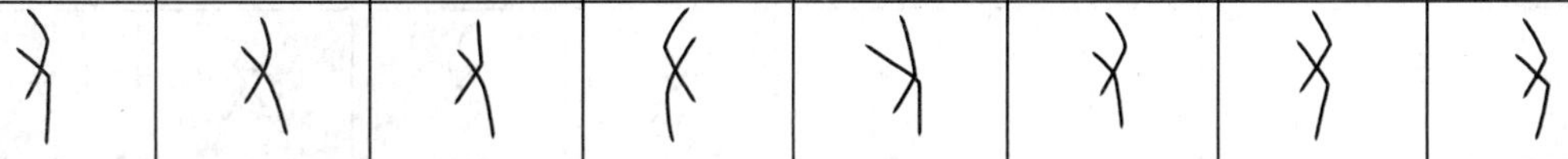							
	h27013	h27018	h27088	h27148	h27315	h27343	h27405	h27484

		h27543	h27553	h27634-1	h27634	h27721	h27999	h28266

	h29214	h29446	h29463	h29469	h29470	h29534	h29565	h29567
	h29601	h29607	h30057	h30247	h30309	y02309		
历组	b10406	b10414	b10466	b10470	b10676	b10867	h30454	h30460
	h30466	h30469	h30490	h30497	h30516	h30539	h30890	h31061
	h31167	h31873	h31973	h32096	h32105	h32124	h32143	h32164
	h32201	h32226	h32235	h32286	h32565	h32717	h32834	h32843
	h32914	h32916	h33000	h33071	h33116	h33273	h33357	h34046
	h34088	h34267	h34336	h34677	h34693			
有								
黄组	b11001	b11024	b11046	b11062	b11067	b11181	b11200	b11232
	b11240	b11242	b11293	b11392	b11401-1	b11401	b11411	b11417
	b11456	b12921	h35414	h35646 正	h35653	h35701	h35759	h36171-1
	h36173	h36174	h37028					

历组	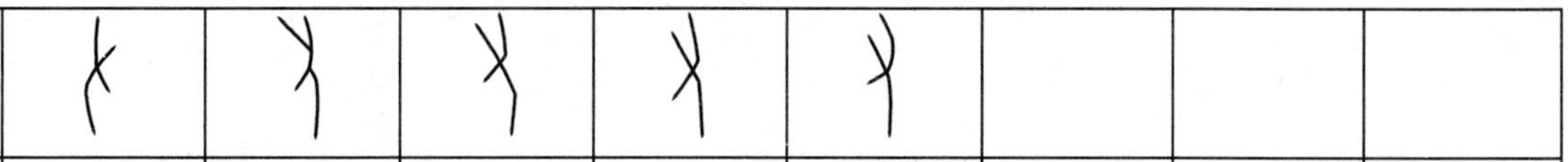 t00759	t00856	t00997	t02447	t02857			
左	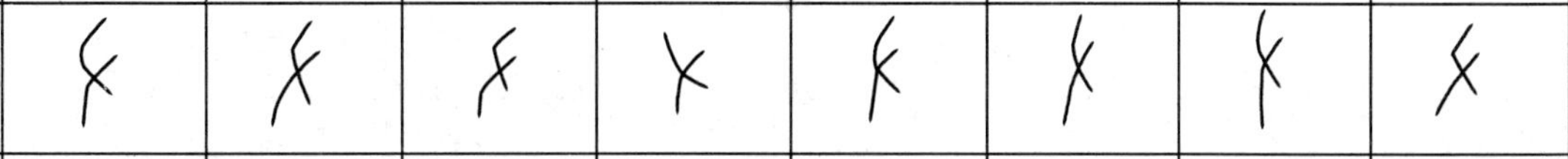							
宾组	b00014	b01827	b02451 正	b04116	b04429	b04538	b05765	b05982
	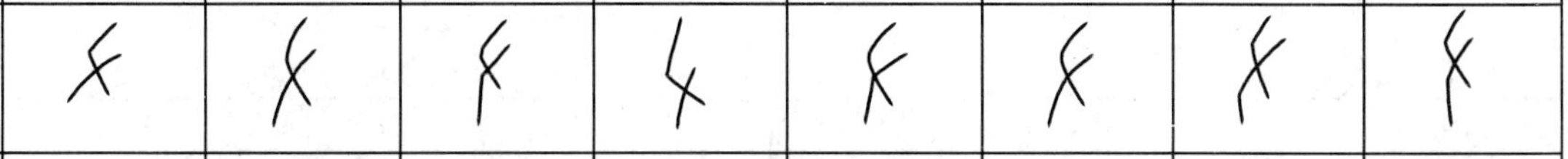 d01135 反	h00137 正	h00253	h00371 反	h00386	h00809 正	h01003	h05447 乙
	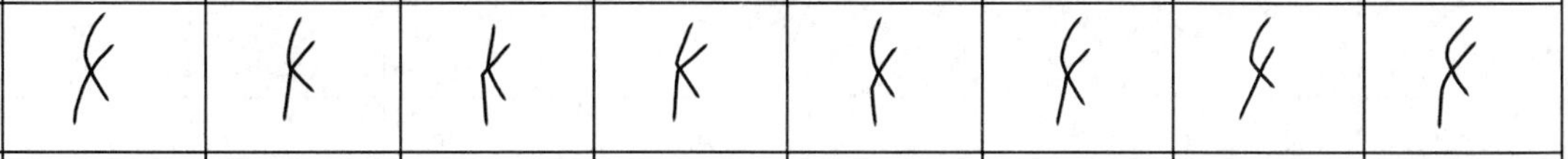 h06363 正	h06653 正	h07717	h08943	h11610 正	h14207 正	h16131 正	y01152
师组	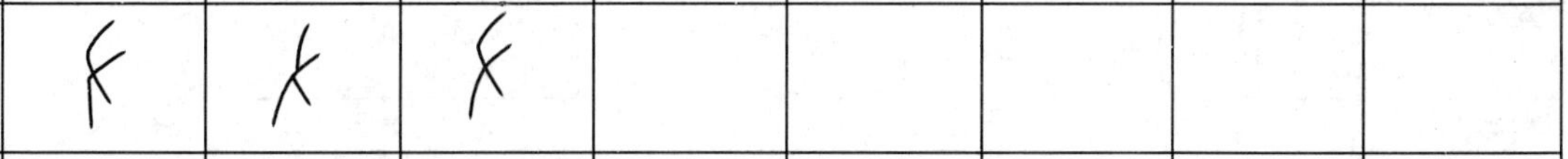 h20378	h20609	h20737					
子组	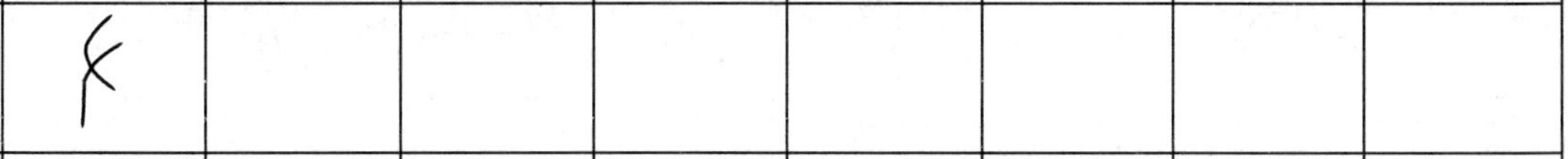 h21868							
丙一	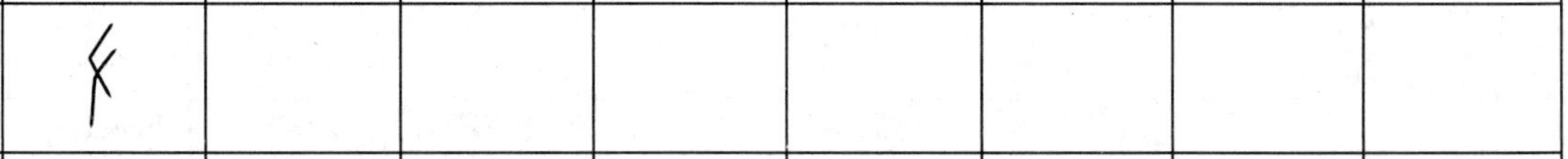 h22049							
出组	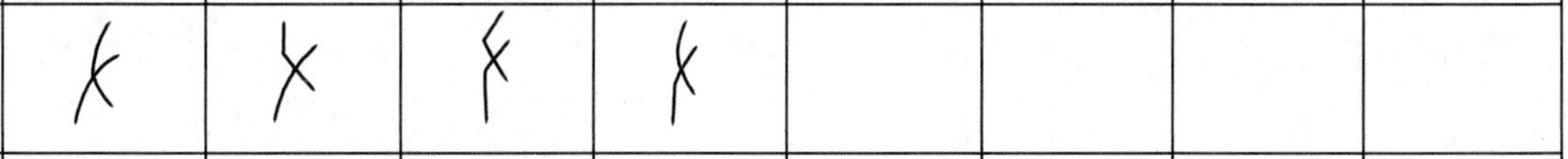 h22891	h23721	h25050	y01996				
何组	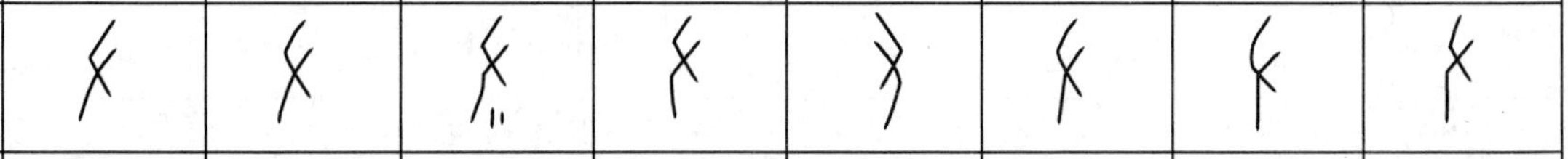 b09264	b09625	b09689	b10320	b10387	b13323	h28008	h28158
	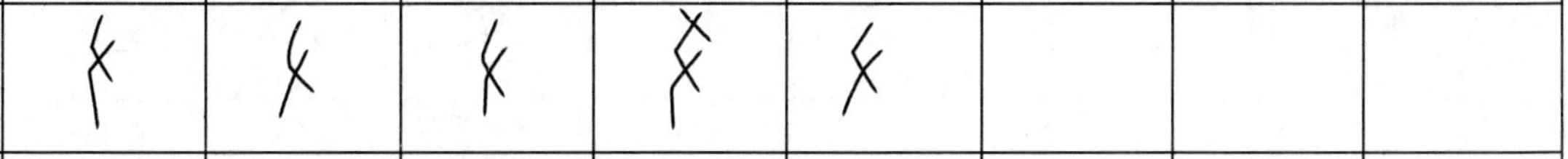 h28769	h29418	h29423	b09806	t02320			
历组	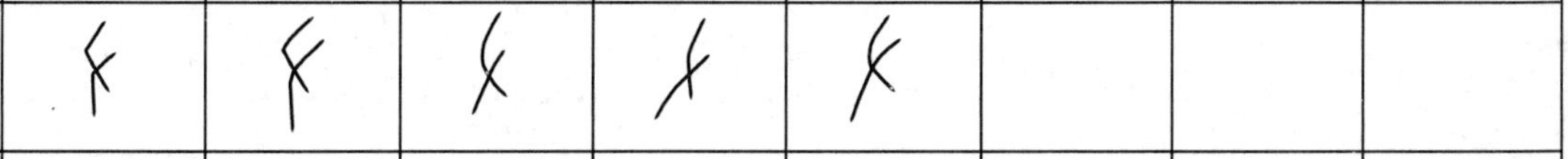 h30887	h32814	h33006	h34545	h34995			
黄组	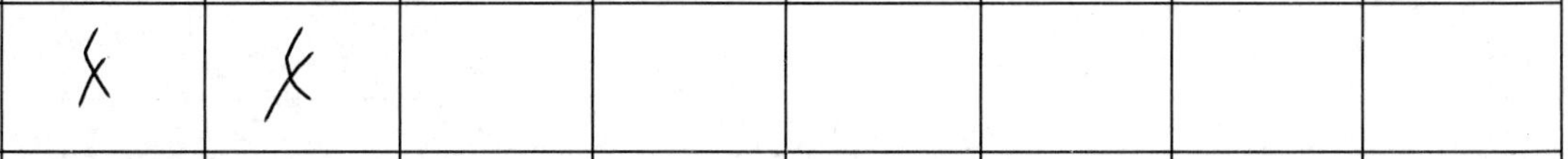 b11309	h37520						

叉								
宾组	h06450-1							
	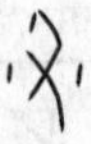							
出组	h41014							

黄组	h36901-1	y02562 正						
有佑								
宾组	b04439							
						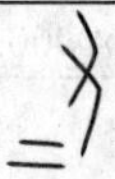		
何组	b09692	b09716	b09727	b10182	h26927	h26991	h26996	h26997

	h27025	h27079	h27104	h27136	h27270	h27287	h28226-1	h29274

	h30359	t02520						

历组	h30388	h30500	h30706	h30748	h30897			

黄组	b11897	b12986	h36125	h36126	h36169	h36171	h36350	h36358

	h37964							

历组	h34123-1							

出组	h23052-1							

宾组	h13937-1	h18346-1						

何组	h30353-1							
刍								
宾组	b00267 正	b02411 正	b02665 正	b06264 正	h00100	h00102	h00120	h00129

	h00130 正	h00137 正	h00148	h00294	h11409	h11415		

师组	h20494	h20500-1						

子组	h21526-1	h21527	h21528	h21529	h21530			

丙一	h22062 反							

历组	h32009-1	h32010-1						
刍								
宾组	b00054	h00126-1						

丙一	h22043							

祭								
宾组	h01051 正	h01652	h04064	h05684	h06653 正	h06965	h07821	h07904
	h07905	h13439	h15023	h15886	h15887			
师组	b06967	h21289 正	h21517					
丙一	h22045							
丙二	h22215-1	h22215						
出组	b07038	b07746	b07748	b08752	d00681	h22630	h22644	h22672
	h22692	h22767	h22788	h22800	h22811	h22838	h22862	h22863
	h22864	h22931	h22932	h22934	h22978	h23000	h23034	h23035
	h23076	h23128	h23129	h23229	h23256	h23755	h24280	h25644
	h25649	h25650	h25653	h25956	h26003	h26004	h26005	h26006
何组	h27081	h27128	h27129	h27168	h27223	h27226	h27227	h27316
历组	b10530	h30521	h30566	h30594	h30994	h31090	h32544	h32562

	h32625	h32677	h32834	h34613	h34614	h34631	t00174-1	t00174
黄组	b10943	b10969	b10983	b11038 正	b11678	b11679	b11682	b11683
	b11686	b11687	b11688	b11700	b11897	b11922	b12131	h35409
	h35471	h35507	h35508	h35527	h35531	h35545	h35546	h35564
	h35577	h35579	h35581 反	h35582	h35697	h35884	h35954	h36509
	h37840	y02507						
出组	100317	s00013		何组	t04544			
[illegible]								
何组	h27604							
历组	h30958-1	h31046-1						
父								
宾组	b00018	b00030	b0006 正甲	b00231	b00255 正	b00261	b0026 正甲	b00266
	b00275	b00278 正	b00280	b00281 正	b00296	b02596	b04390	b06397
	d00011	h00968	h01402 正	h02122	h02275	h02285	y00081	y01330

师组	b06548	b06555	b06764	b06934	b06938	b06950	h19760	h19764
	h19771	h19913	h19922	h19925	h19926	h19927	h19928	h19930
	h19931	h19946 正	h19980	h20080	h20576 反	h20684	h21363	h21377
	h21472 反	w01527						
子组	h21538 乙	h21538 甲						
午组	h21905							
丙二	h22184	h22193-1	h22193	h22206 甲	h22442			
出组	b07882	b08747	h23179	h24440	h24975	h25018		
何组	b09656	b09752	h26995 正	h27331 正	h27368	h27371	h27399	h27419
	h27436	h27461	h27480	h27490	h27496	h28276	h28278	h30303
	h30345	t01061	t02682	t04146				
历组	b10444	b10460	b10468	b10471	b10473	b10474	b10520 甲	h31993

	h31994	h31995	h32024	h32053	h32113	h32334	h32430	h32571
	h32578	h32663	h32665	h32691	h32705	h32710	h32721	h32737
	h32766	h32896	h34275	h35279	t03863			
师组	h20842							
尹								
宾组	b00038 反	b00038 正	b00517	b00519	b00523 正	b00524	b01709	b01934
	b04108	b04152	h00095	h00563	h00939 反	h03489	h05452	h05616
	h05620	h05840 正	h06209-1	h06209	h09790 正	h09965	h11804	h19618 正
师组	b06948	h19771	h20096	h20357	h20358	h20746	h21306 乙	
子组	h21573	h21703 正						
丙一	h22050	h22083 甲	h22084-1	h22084	h22085			
出组	b07650	b08641	h23564	h23565	h23683	h24136	h24470	h25274

	h26359							
何组	h27011	h27653	h27654	h27655	h27656	h27659	h27660	h27894
历组	b10639	h30451	h31981	h32784	h32785	h32786	h32792	h32794
	h32796	h32895	h32967	h32979	h32980	h33209	h33694	h34192
	h34240							
历组	100485	t00332	t01233	t02342	t03033	t03612		
君								
宾组	h15936-1							
出组	h24132-1	h24133-1	h24137-1					
历组	h33302-1							
宾组	h00137 反	h04547-1	h04900	h06057 反				
黄组	h36346	h37536-1						
宾组	b01843	h04307 正	h06100-1	h18167	w00668			

子组	h21864-1							
何组	h27777	h28412-1						
丙二	h22457							
宾组	h18661-1							
何组	h28605-1							
宾组	h02820 反	h03441-1	h06675	h11274 正	h19045	w00855		
师组	h19769	h20630	h21054	h21492				
午组	h21970							
丙二	h22341							
历组	h32878							
宾组	b01896-1	h06598-1	h07646-1					
师组	h20415-1							

历组	h32289							
对								
宾组	h18755							
历组	h30600-1							
黄组	h36419-1							
何组	t04529-1							
朮								
宾组	h03238 正	h16267	h18406					
宾组	h09504 正	100077						
宾组	h07064-1	h18231						
历组	h31777-1							
宾组	h09069	h09071						
宾组	h13239 正							

丙二	h22300							
宾组	h17101	h18164						
师组	h19941							
[illegible]								
历组	h31009-1	t04178-1						
黄组	h36819-1							
[illegible]								
黄组	h36537-1							
何组	h27983							
[illegible]								
丙二	h22173-1	h22293-1						
宾组	h06664 正	h06664 正						
宾组	h08956 正							
何组	h26983							

丙一	h22050							
宾组	h13845							
何组	b10320							
出组	h26810-1							
黄组	h36169							
丙一	h22092-1							
何组	h28002							
出组	d00643							
师组	y01821							
出组	h23708-1							
肘								
宾组	h11018 正							
肱								
宾组	h01772 正	h05532 正	h09333	h10419	h10420	h13676 正	h13677 正	h13678

	h13679 正	h13680	h13681					
子组	h21565							
肱								
宾组	h04899-1	w00786-1						
宾组	h00189 反	h05813-1	h06354 正	h06355	h06784-1	h06784	y00543	
爪								
丙一	h22050-1							
𠭴								
宾组	h07040 正-1							
宾组	h14390-1							
历组	h35300							
宾组	h18170-1							
师组	h20610-1							
何组	h27173-1							
酎								
师组	h20113-1							

出组	h26823							
宾组	h000042-1							
宾组	h03666-1							
师组	h19875-1							
丙二	h22369							
午组	h21969							
何组	h27472							
历组	h31181							
收								
宾组	b006509	b01721	b01996	b02425 正	b02426	b02427	b02428 反	b02430 正
	b06104 正	b06508	d00124	h00020	h00097 正	h00248 正	h00387 反	h00635 反
	h02130	h06412	h07277	h07306	h08936	h08943	h08947 正	h10538
师组	h19933	h20637						

午组	h22008							
丙二	h22214							
黄组	h36518							
历组	t00160	t02260	t02909	t04489				
宾组	y02674 正	y02674 正						
宾组	y01183-1							
何组	t04357-1							
友								
宾组	b01760 反	b01767	b04091	b06005 正	b06239	b06345	h03122	h06057 正
	h07964 反	h08240 反	h08964	y00369 正				
师组	h21050	h21361						
丙二	h22486							
出组	h23687	h26846						

何组	 h29465							
黄组	 h38762							
友								
宾组	h05622	h10960						
受								
宾组	b00878 正	b01242	b02511	d00389 反	h00234 正	h00493 正	h00583 反	h01031
	 h01309	 h01333	 h03308	 h04505	 h04506	 h04507	 h04531	 h05476
	 h05498	 h08113	 h10924	 h12859	 h14436-1	 h14436	 h15132	
师组	 b06615	 b06940						
出组	 h23685							
历组	 h32289	 h32921	 h33102	 h35309	 t02015	 t02026		
受								
宾组	h02693	h04508						
何组	 h27754	 h27755 正						

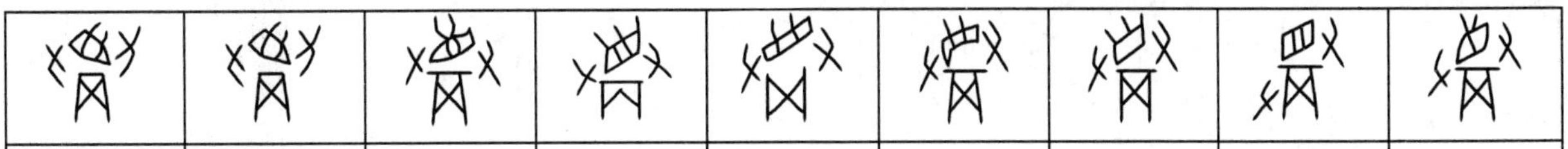

黄组	b11166	h35502	h35517	h35554	h35594	h35605	h35606	h35624
	h35665	h35689-1	h35689	h35734	h35855	h35905	h38101	h38436
	h38437	h38438	h38439	h38443	h38444	h38445	h38446	h38447
	h38448	h38449	h38450	h38451	h38452	h38453	h41718	
历组	h30949							
宾组	h07301							
宾组	h14065 正							
宾组	b01121	h13962						
出组	y01978							
宾组	h06773							
爱 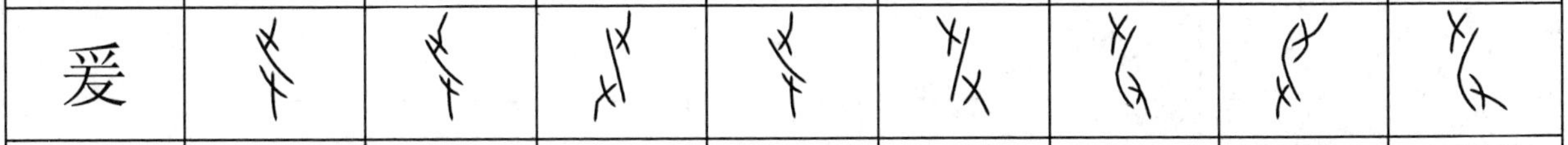								
宾组	h04414	h08930	h10075 正	h13555 正	h15573	h19238-1	h19238-2	h19238
	h19240	h19561						

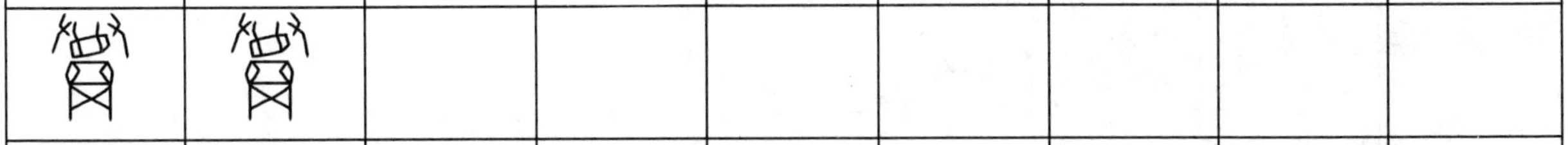

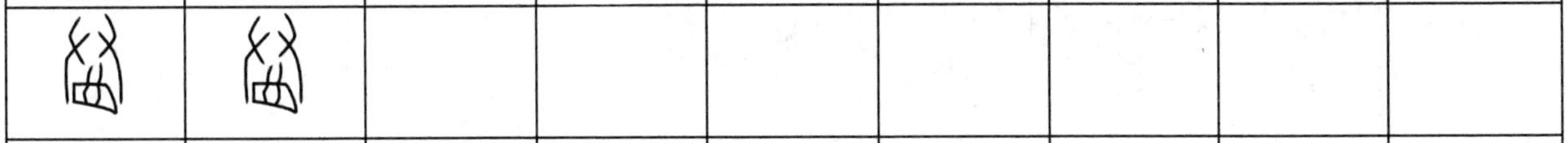

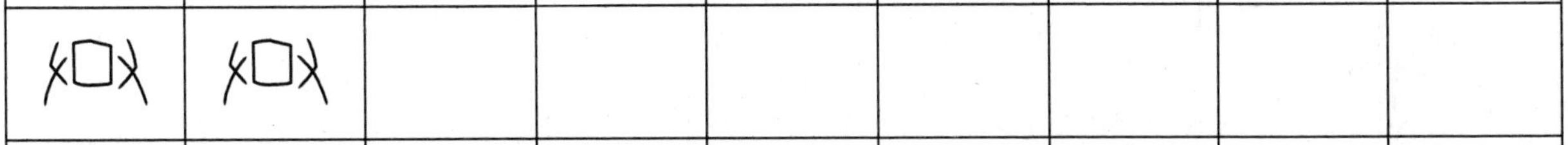

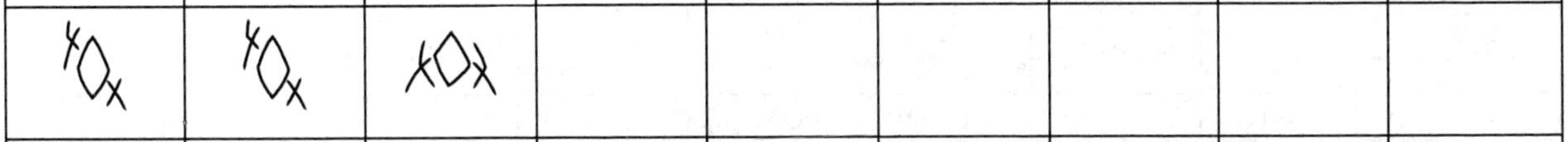

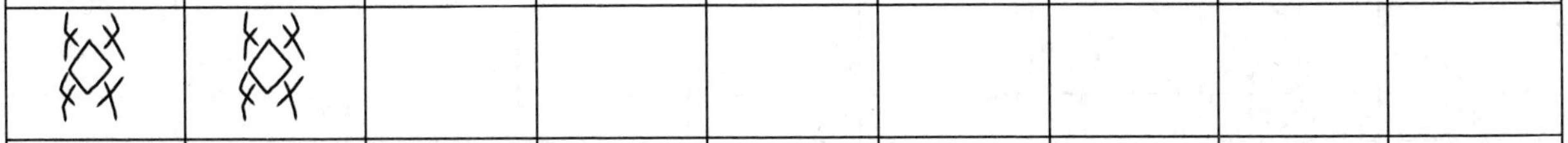

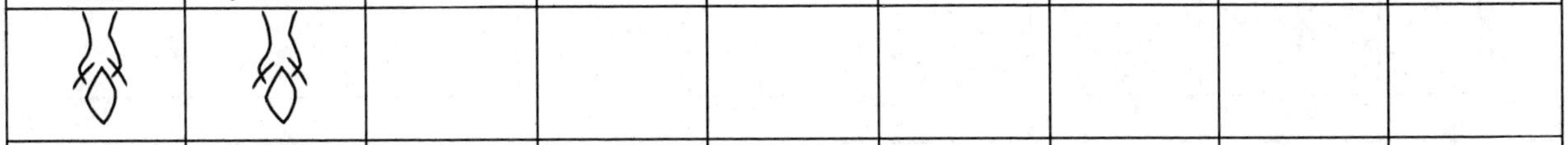

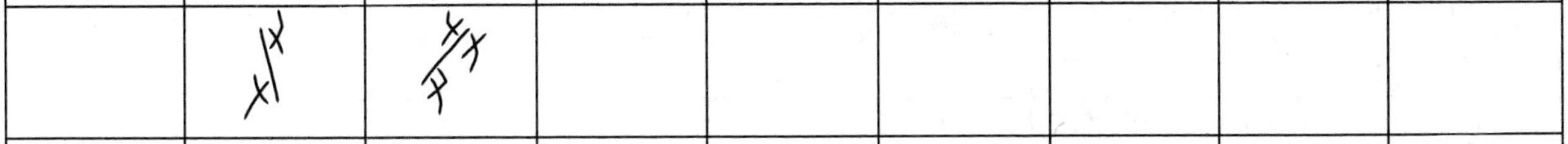

师组	h20165	h40826	y01784					
子组	h21789							
午组	h21919							
丙二	h22219	h22246	h22247	h22368				
何组	b09799	h26905	h29710	t00650				
历组	b10630	h30473	h30757	h34133				
[illegible]								
宾组	h00841	h07074	h07076 正	h08947 正				
师组	h21374							
历组	h32943							
[illegible]								
宾组	h07329 反	y00769 正						
寻								
宾组	h06718	h08174	h16079					

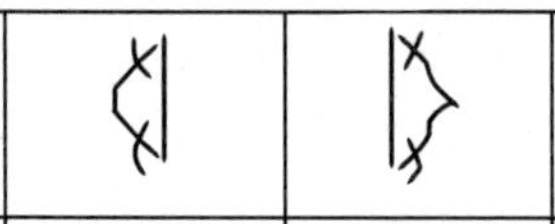								
出组	h24399	h24609						
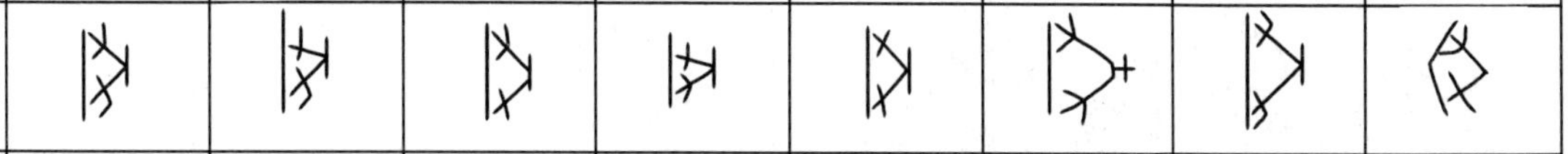								
何组	b09241	b09529	b10390	h26895	h27310	h27387 正	h28184	t03897
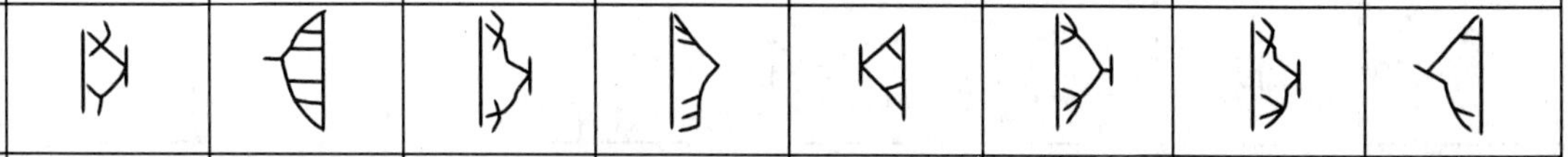								
历组	b10646	h32256	h32484	h33061	h33230	h33286	h34200	h34711
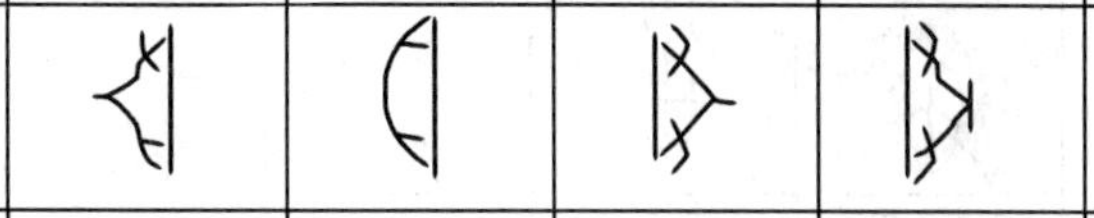								
	h35285	w01576	t03083	t03185				
寻 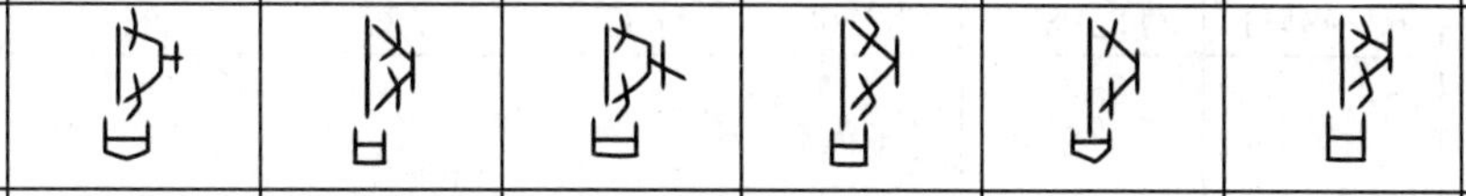								
何组	h27807	h28205	h28244	h28749	h30297	100553-1		
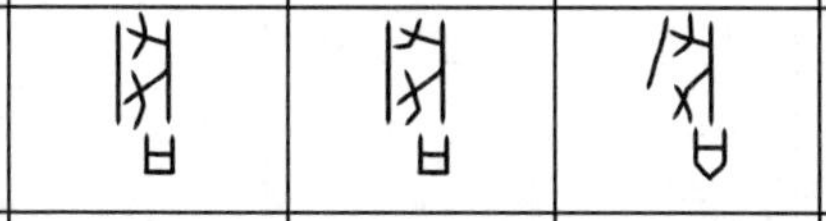								
黄组	h36904-1	h36905-1	h36914					
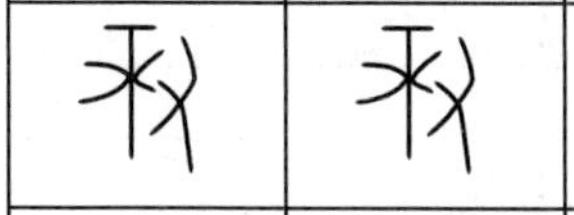								
历组	h32610							
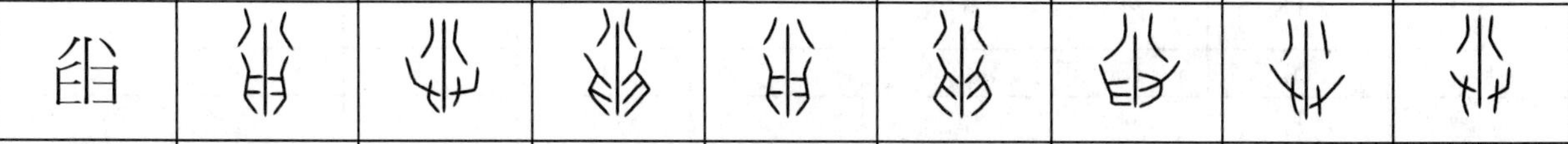								
宾组	b00040 正	b00536	b01235	b01765	b01847 甲	b03693 反	h00076	h00150 正
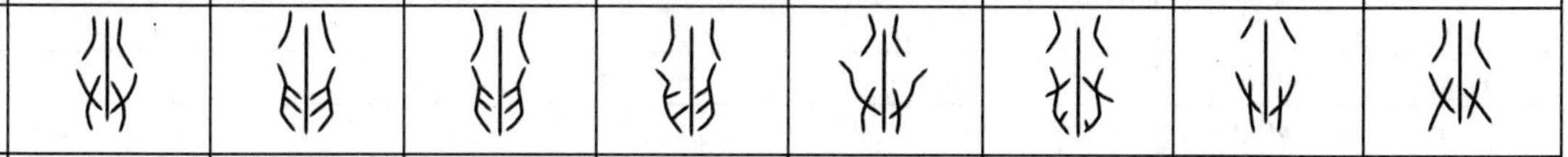								
	h00167	h00586	h01012	h04192	h04195	h04196	h06649 正	h07989
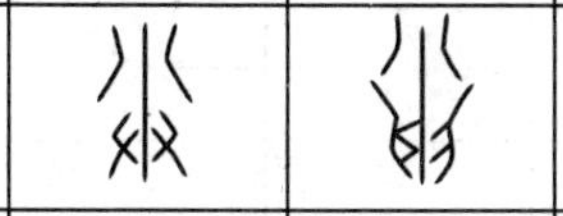								
	h08466 正	y01126						

午组	h21904							

丙二	h22246							

出组	h23686							

何组	h27908	h27909	h27960	h27977	h28039			

历组	b10410	h31981-1	h31981	h32026	h32884	h32885	h33034	h33041

	h33397							

黄组	h35344	h36844	h36968					
[illegible]								
出组	h22537							
[illegible]								
宾组	h00025	h01106 正	h06658					

师组	h20602							

午组	h22026							

出组	h23805							

历组	h35121							
宾组	h18172							
宾组	h00909	h03700	h03755-1	h03913-1	h16870-1	h16891-1	100021	
师组	h20156							
宾组	h00102-1	h00227	h01785	h03914-1	h14935			
出组	h22823-1							
师组	h20806-1							
[illegible]								
宾组	h00387 反	100258 正						
秦								
宾组	h00299-1							
何组	h27315	h30339-1	t03210					

历组	h30416-1	h32742-1	h34064-1	h41494-1				
子组	h21614							
尤								
宾组	b02838	b02994	b05110	b05113	h03252	h04992	h14295	h16932
	h16934	h19433						
师组	b06963	h20356	h20606					
出组	b07804	b07813	b07908	h22549	h22819			
何组	b09803							
黄组	b10946	b10955	b10957					
[illegible]								
宾组	h05613-1							
师组	h20105-1							
芆								
宾组	h10571-1							

丙二	h22264							
夔								
历组	h32360	h34044 正	t03723					
争								
宾组	18851							
宾组	d01068	h05695	h06446 臼	h16890 正				
师组	h20586-1	h20587-1						
何组	t02064-1	t02064	t02986					
何组	h29185							
历组	h30911-1							
宾组	h00264 正							
聂								
宾组	h17747 反	h18206-1	h18207-1					
出组	h24233-1	h25639-1						

何组	h27281-1							
历组	h30449-1	h30542-1						
黄组	h36175-1							
何组	t01421-1							
宾组	h06908-1							
何组	t02118-1							
宾组	h00655 正甲							
宾组	h04553-1							
历组	t00332							
师组	h19982							
宾组	h14795 正							
宾组	h00488 反							

丙二	h22391							
宾组	y00773							
子组	h21567	h21568	h21569	h21714	y01915 正			
丙一	h22049							
历组	h34995							
午组	h21886	h21889						
宾组	h18686-1	h18686						
宾组	h09019 反	h09284						
宾组	h05382-1							
丙一	h22072							
宾组	h08720 正							
师组	h20366	h21418						

师组	h21419							
何组	t02621-1							
宾组	h18209-1							
何组	y02274							
何组	t02232-1							
师组	h20908							
宾组	h09293 反							
宾组	h04834	h13884-1	何组	H27527				
宾组	h18184							
黄组	h39423							
宾组	h00822 正	h12445 正	y00755-1					
殳								
丙二	h22196							

[illegible]								
宾组	h11400							
设								
宾组	b02712	d01145-1	h00201 正	h00522 反	h04888	h05247 反	h06063 反	h06087 反
	h06222 反	h06354 反	h06441	h06484 反	h07558 反	h08121	h1030 正甲	h11497 反
	h11497 正	h13012	h13329	h13442 正	h13444	h13560	h14207 反	h16879 反
	h17271 正	h17271 正	h17282-1	h17283 反	h17284-1	h17397 正		
出组	h22599	h26824						
何组	b08864	t03641-1						
历组	b10477	h32737						
黄组	h39466							
[illegible]								
何组	h27498	h27905-1	h28982	h29285-1	h29293	h29294	h29295	
历组	h33537							

黄组	h36438	h36537	h37461-1	h37637	h37638-1	h37661		
攻								
宾组	h09101 反	h15571 反						
宾组	b06197 正							
般								
出组	h24264-1	h24265-1	h24266	h24779-1				
𣪠								
宾组	h18399-1							
历组	h32835-1	h33215-1						
殺								
历组	h32555-1							
攴								
丙二	h22536-1							
攴								
宾组	h18764							
殳								
黄组	h35673	h36389-1						
师组	h20472-1	h20962						

敝								
宾组	h00584 正甲	h07439	y00329					
敝								
宾组	h08250 正	h10970 正	h10970 正					
何组	h28735-1	h28869	h29386	h29403-1	h29405-1	h29406-1	t00039	
敝								
宾组	h11446							
敝								
何组	h29425							
黄组	h36936-1							
[illegible]								
何组	t02363-1							
午组	h21982-1							
敁								
历组	h34218-1							
黄组	h39435-1							
历组	h31800-1							

宾组	y01664-1							
何组	h27752-1							
宾组	h13916							
宾组	h06648 反							
⿰朿殳								
何组	h30014-1							
宾组	h15293-1							
黄组	w01886							
黄组	h36821-1							
师组	h20641 正							
⿰户攴								
子组	h21623-1							
⿰女攴								
何组	t02259-1							
⿰亥攴								
何组	t04042-1							

⿰⿱亠冋攵								
丙二	h22441-1							
⿰宁攵								
	02341							
历组	h33075-1	h33075						
丙一	h22077-1							
	h17941							
师组	h21503-1							
子组	h21622-1							
师组	h21522-1							
师组	h21047-1							
师组	h21028							
宾组	h14499-1							
首								
宾组	h00916 正	h06031	h06032 正	h06033 反	h06033 正	h06037 正	h11506 反	h13613-1

	h13615-1	h15105-1	y01123-1					
师组	h20322	h20707						
丙一	h22092-1							
出组	h24956-1	h24957-1						
何组	h29255-1	h29279-1						
黄组	y02526-1							
宾组	h00462 正							
历组	T03798							
宾组	h40741							
宾组	b06258	h08231						
晋								
师组	h20642							
宾组	h18859							

宾组	h10981							

宾组	h11971							

宾组	h13824							

宾组	h13624 正							

宾组	h17919							

宾组	h03286 正	h18918						

历组	t00857-1							

宾组	h18072	h18073						
页								
宾组	h15684 反							

丙二	h22215	h22216-1						

历组	h35270							
页								
历组	t01176							

页								
宾组	h18026	h18318	h40716-1					
猱								
宾组	h10371	h10468	h10469					
猱								
宾组	b02772	h08984-1	h08984					
䕪								
何组	t03566-1							
䕪								
何组	t01590-1							
夏								
宾组	h00063 正	h01827	h05476	h10066-1	h10067-1	h10068	h10076-1	h10085 正
	h14366-1	h14367-1	h14368	h14369-1	h14370 丁	h14371	h14372-1	h14373
	h14374-1	h14375-1	h14376-1	h14377-1	h14378-1	h14379	h15154 正	h15665-1
	h40442-1							
师组	h21101-1	h21102-1						
出组	h24960-1	h24961	h24963-1	h24964-1	h24965	h24966-1		
何组	h27933	h28207	h28240-1	h28249-1	h28251-1	h30318-1	h30319-1	

历组	b10641	b10646-1	h30398-1	h30399-1	h30400-1	h30401-1	h30402-1	h30403-1
	h30404-1	h33227	h33270	h33273	h33277	h33301-1	h33304-1	h33337-1
	h34169-1	h34170	h34171	h34172-1	h34173-1	h34174	h35269-1	h35269
	y02443	y02444	t04528-1	t04316	t04110	t02438-1		
历组	s00258	t01062-1	t00284	t02100	t02369-1			
何组	t00244-1	t03439	t04582	t00622	t00783-1	t04582-1		
⿰夏戉								
宾组	h04932-1	h06300-1	h06301-1	h06302-1	h06303-1	h06304-1	h06556	h06745
	h07350 正	h07615 反	h12847	h14382	h14383	h14385-1	h14386-1	h14387
	h14388-1	h14389-1	h14390	h14391	h16210-1	h19096 反	h40441-1	y00694 正
	y01171 正							
何组	h27962-1	h28252-1	h28253	h30298-1	h30299-1	t03141		
历组	h30405-1	h32117	h33001-1	h33228-1	h33272-1	h33274	h33275	h33276-1

	h33293-1	h34175	h34176-1	h34177-1	h34178-1	h34179	h34180-1	h34181-1
	h34182-1							
历组	t00052-1	t00346-1	t02254	t03083	t04105	t03182		
白								
宾组	b01645	b02687	h00296	h00716 正	h01506 正	h01524-1	h02051-1	h03380-1
	h03381-1	h03410	h07850	h11120	h11291	h18307	y00198	y00199 正
师组	b06607	h20076	h20079-1	h20083	h20091-1	h20689-1	h20952-1	h21418
子组	y01891-1							
丙一	h22073							
出组	y01977							
何组	h26993	h27041	h27294	h27990	h28086	h28315	h29407	h29505
历组	b10516	h30516	h30552-1	h32014	h32330-1	h32330	h33364-1	h33380
	h34082	h34601						

	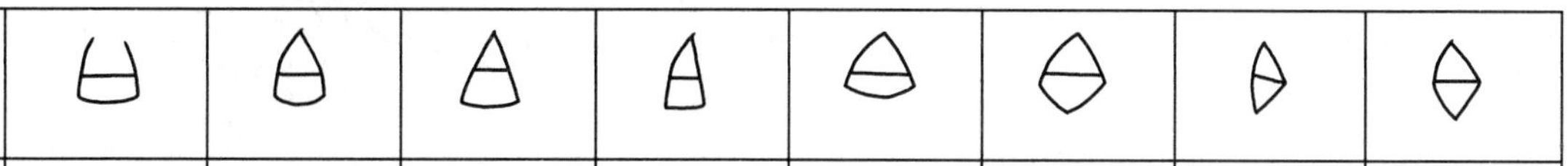							
黄组	b11099	b11301 反	b12561	b12738	h35501	h36346	h36510	h36511-1
	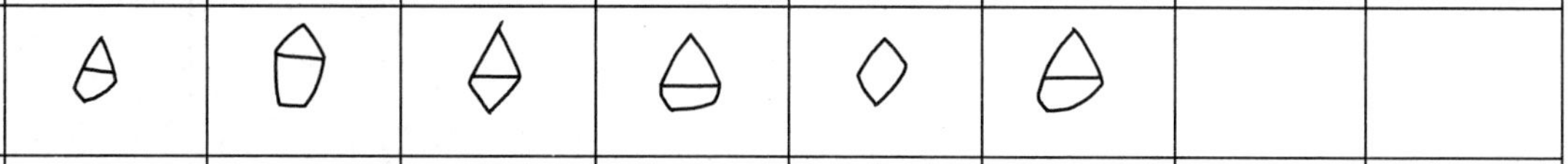							
	h36511	h36521	h36796	h37398	h37643	h38760		
	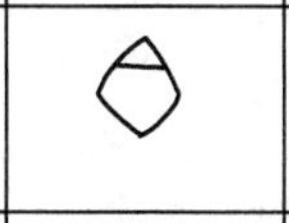							
午组	t02650							
帛								
黄组	h36842-1							
百	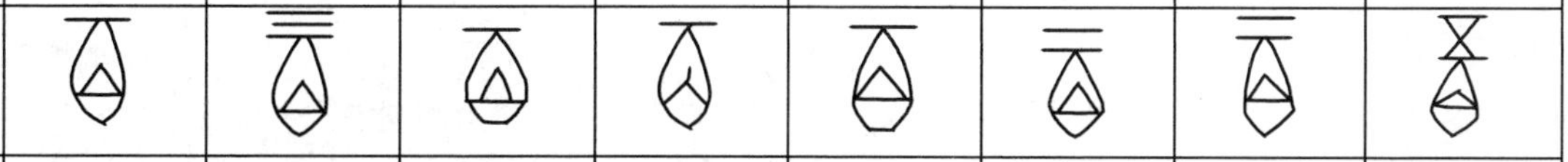							
宾组	b00012 正	b00096	b00858	b02393	b03480	b03483 反	b13215	h00093 正
	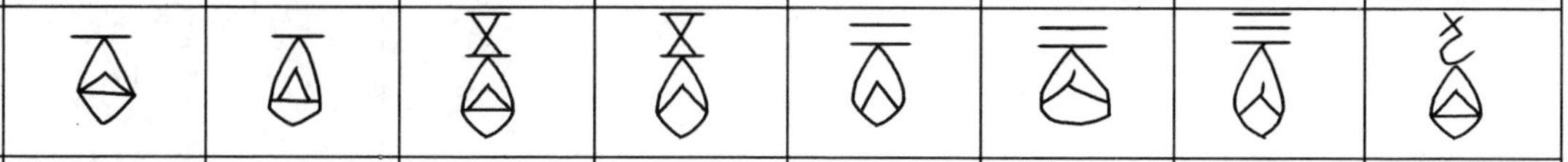							
	h00267 反	h00305	h00558	h00560	h00768 反	h00952 反	h01034	h01038 正
	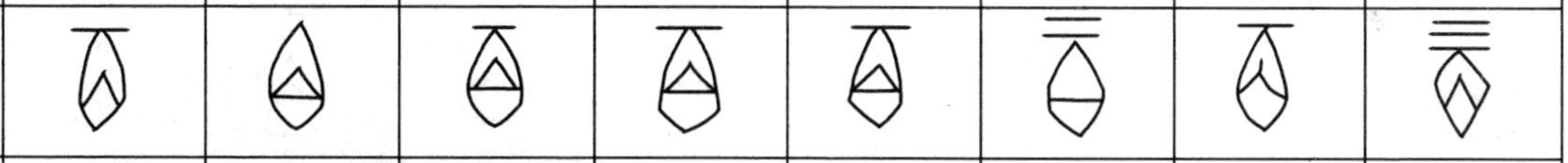							
	h01040	h01115 正	h01398	h04159	h04841 反	h05298 反	h05760 正	h05771 乙
	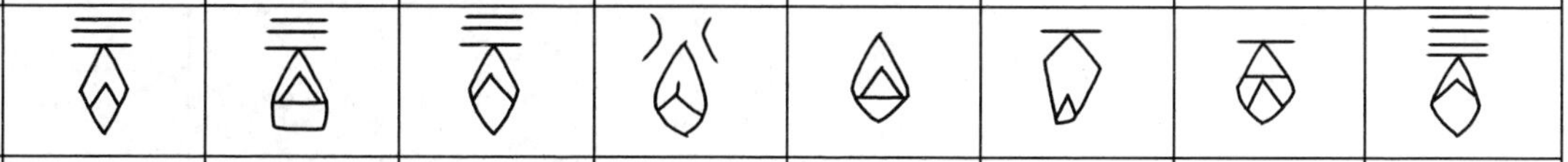							
	h05773	h05777	h05825	h06070 正	h07771	h07917 反	h08316 反	h08965
	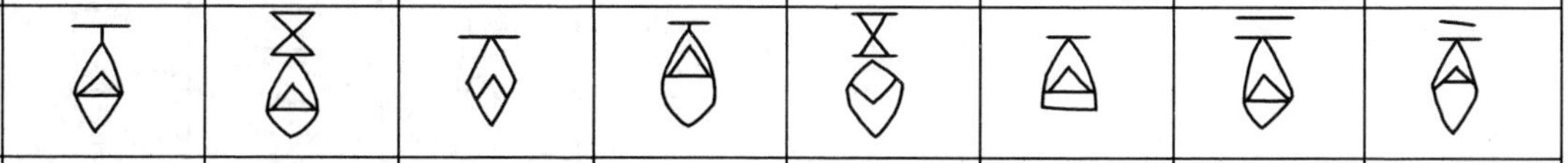							
	h08966	h08996 正	h09012 反	h09181 正	h09295	h09296 反	h10349	h10829

	h13214	h13333 反	h13563	h13675 反	h15494 反	h15777 反	h15827 正	h17900
	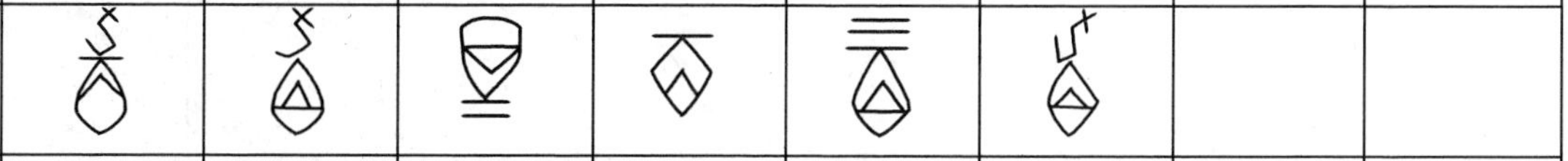							
	h17908	h17995 反	h18910 反	h18995	w00053 反	y01643		
	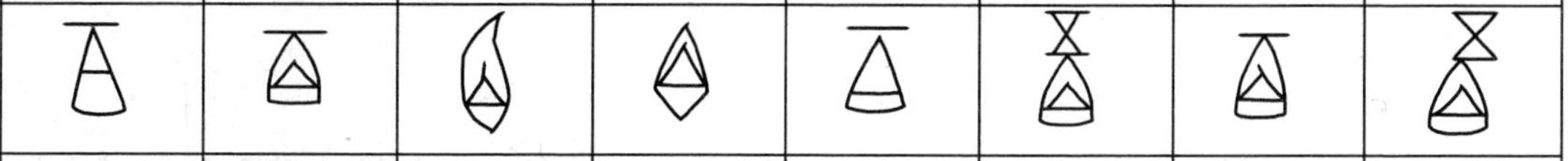							
师组	h19914	h19917	h20250	h20640	h20662	h20699	h20723	h20843

	 h21247							
丙一	 h22099							
丙二	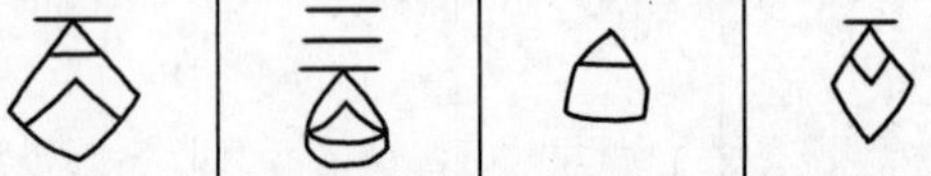 h22185	h22274	h22369	h22435				
出组	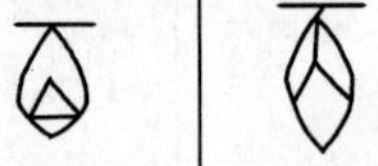 h22543	h23434						
何组	 b09576	h26906	h27012	h28838	t03922			
历组	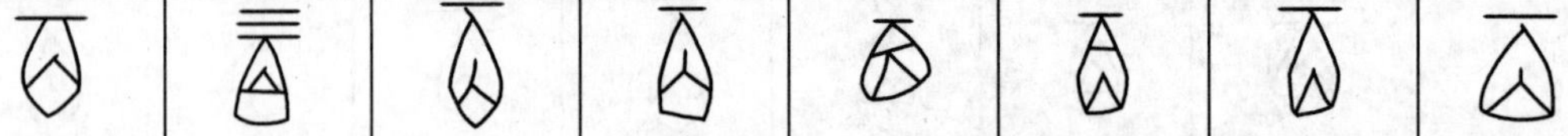 b10520 甲	b10537	h32042	h32043	h32044-1	h32044-2	h32044	h32194
	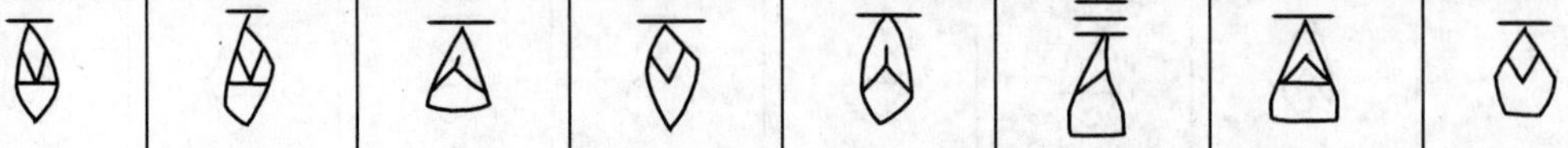 h32674-1	h32674	h32675	h32844	h33033	h33371	h33374 正	h34136
	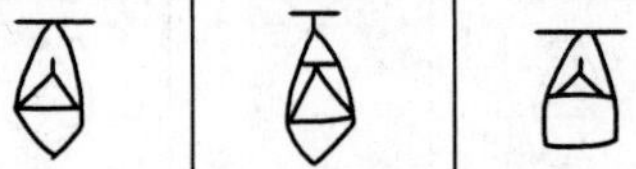 h34674	h35219	y02466					
黄组	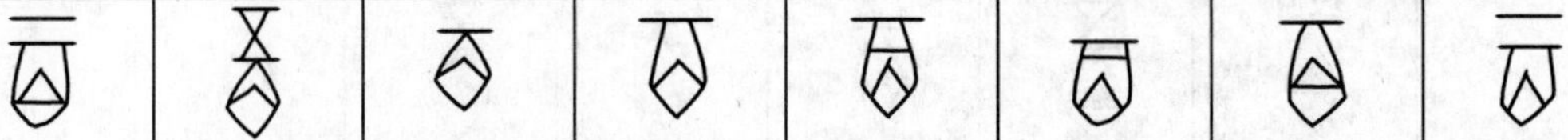 b11289	h36481 正	h36481 正	h37367	h37372	h37513	w01869	y02542
历组	 100300	t00204	t00503	t00663	t00917	t01357	t01617	t01619
	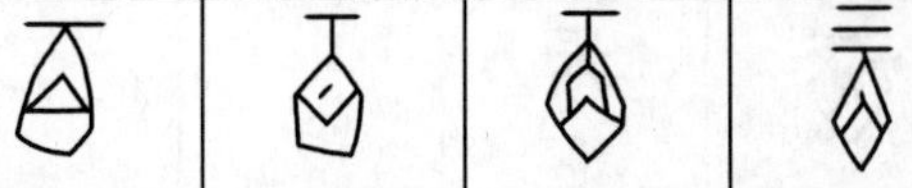				百及整百			
	t02525	t02626	t04404	t04178				
皕								
宾组	h03358-1	h18679						

西								
宾组	b02315	b02318	b02322 正	b02323	b02324 正	b02325	b02327	b02329
	b02813	d000026-1	d00124-1	d00130-1	d00255 正	h00880 正	h00880 正	h00939 正
	h00975 正	h01434	h01574 正	h01581 正	h02160-1	h02538	h04767	h05343-1
	h05343	h05636	h06062	h06063 反	h06593	h07095	h07107	h07108
	h07427 正	h07864 正	h08376	h08724	h08750	h08752	h08755 正	h08766
	h08768 反	h08772	h09472 正	h09744	h10903	h11497 反	h12873 正	h14312
	h14344	h14548	h14680	h14912	h18938	h19226	h39495 正	y00753
师组	b06690	h19769	h20652	h20964	h20965	h20966	h20994	h21021
	h21089	y01781-1	y01781					
丙一	h22043-1	h22043						
丙二	h22294-2	h22294						
出组	h24146	h24394	h25169	h25192	h26725	h26742	h26752	h26850

	w01219							
何组	h27555	h27774	h27790	h28116	h28315	h28356	h28789-1	h28789
	h28791	h28831	h28843	h29242	h29713	h29814	h30284	h30294
	h30372	t00722	t02377					
历组	b10907	h30439	h31996 正	h32161	h32895	h32906	h33093	h33094
	h33207	h33208	h33209	h33244	h33704	h34067	h34154	h34340
黄组	b11115	h36387	h36532	h36756	h39418			
历组	t04529	t01049	t01077	t01111	t01126	t03731	t04414	t04414-1
	t04489							
西								
宾组	h00734 反							
宾组	h16323							
宾组	h01027 正	h03564-1	h06829	h06830-1	h06831-1	h06832	h06834 正	h06834 正

师组	h20530							
酞								
历组	h33075	h33076-1	h33076	h33078	h33079-1	h33079	w01638-1	
酥								
历组	h33082	h33083	h33084					
甹								
宾组	h18842							

宾组	h13045-1							
酘								
师组	h21429							
由								
丙二	h22246							

何组	h28092	h28093	y02272	t02538				
甾								
师组	h19756	h19757-1	h19757					

宾组	h08809							

宾组	h18552							

⿰酉丑								
历组	h33269							

宾组	h14249							

宾组	h01441	h02753	h04340 正	h05596	h07022	h19497		

师组	h20177	h21171	h21428					

子组	h21606							

丙二	h22294							

历组	h31074	h31983	w01654					

宾组	h03750-1							

宾组	h10253							
乃								
宾组	b00881	d00600	h10132 反	h10132 反	h15807-1	h18124-1	h19668	y01300-1

师组	h20700	h20882-1	h21180					

出组	h22918	h24869	h24904	h26063-1				

乃								
宾组	h03953 正	h05181-1	h05417-1	h05775 正	h06536-1	h08232-1	h08270-1	h08271-1
	h09268 反	h09590-1	h09592-1	h09593-1	h11406	h14001 正	h14457-1	h14470 正
	h17263	h19449-1	h19498	h19667-1	h40812	y01754		
师组	h20171							
何组	b09037	b09168	b09793	h26897	h27005-1	h27094	h27106	h27164-1
	h27165	h27209	h27333	h27627	h27641	h27791	h28000	h28069
	h28406	h28608	h28609	h28611	h28612	h28614	h28617-1	h28618
	h28619	h28621	h28622	h28635	h28730	h28975	h29033	h29303
	h29788	t03608						
历组	h30787	h31035	h31062	h31266	h33159	h34565		
乃								
宾组	h01733-1	h05995 正	h06753	h06989	h08007	h11024-1	h18553	y00726 反

师组	b06950	h19835	h19890-1	h19921-1	h20995	h21079	h21189	
午组	h21885							
丙一	h22046							
丙二	h22231							
出组	h26171							
何组	b09207	b09250	b09466	b09533	h27092	h27585	h27770	h28039
	h28058	h28074	h28615	h29117	h29780	h30182	s00266	t00271
历组	h31091	h31241	h32642	h32812 乙	t03724			
黄组	h37857	h38289						
乃								
宾组	h16077	y00834						
历组	h32946							

师组	b06616							

历组	h33840							
畜								
何组	h29415							
畜								
何组	h29416							
畜								
何组	t03121							
 [illegible]								
宾组	h08714							

宾组	y00360							

宾组	h18654 正							

宾组	h15150							

丙一	h22094							

午组	h21891							
上								
宾组	b04149	h00102	h03337					

出组	h24979							
何组	b08923							
历组	b10463 甲	b10471						
黄组	b11250							
下								
宾组	b00175	b01882	h01668	h01674				
丙一	h22088							
历组	b10463 甲							
上下								
宾组	b04534 正	d00356	h08577					
历组	h34176							
黄组	b11240	h36181						
示								
宾组	b00059	b04108	b05697	d00010 反				
师组	b06880	h21155	h21503	t00643				

丙一	h22062 反	h22124						
丙二	h22274							
何组	b09522	h27083	h27658	h28002	h28250	h28268		
历组	b10420	b10432	h31884	h32392	h33309	h33609	t03601	
黄组	h36182	h36352	h36981					
	h21086							
宾组	w00153 正							
师组	h21463							
兮								
宾组	h13173							
出组	h23666	h24388						
何组	h29794	h29799						
黄组	h35343							

历组	t00100							
兮								
宾组	h11166							
	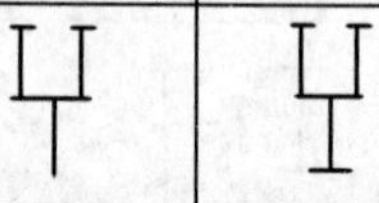							
历组	h33165	h33694						
 ⿰兮又	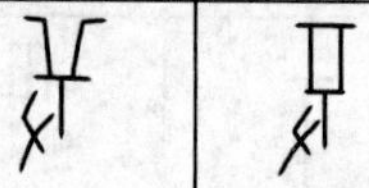							
师组	h20198	h21013						
 [illegible]								
历组	h34481							
 ⿰礻左	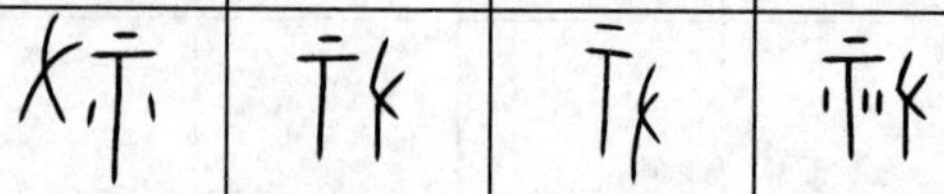							
宾组	h02087	h14120	h15401	h19699				
	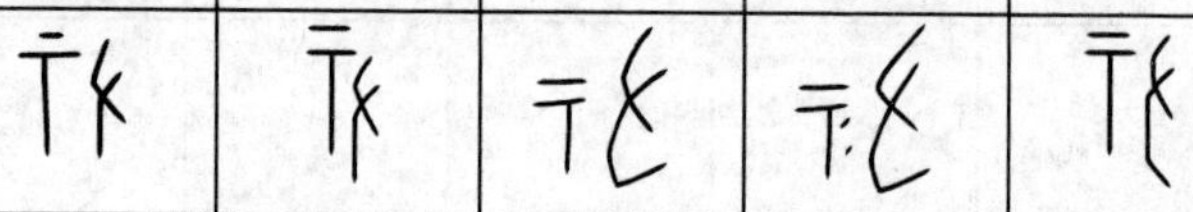							
师组	h19941	h20024	h20035-1	h20035	h21153			
	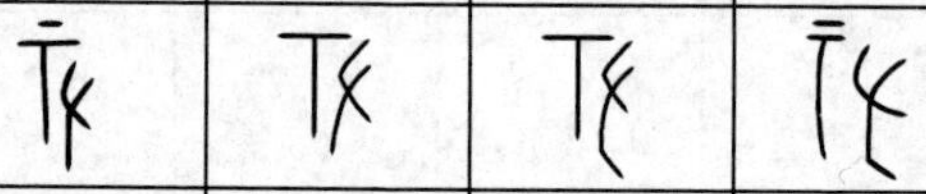							
丙二	h22259	h22284-1	h22284	h22285-1				
 [illegible]	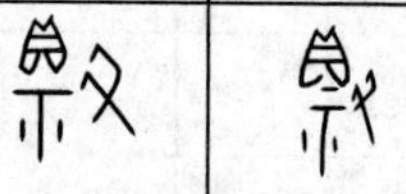							
黄组	h36482	h36747						
 [illegible]	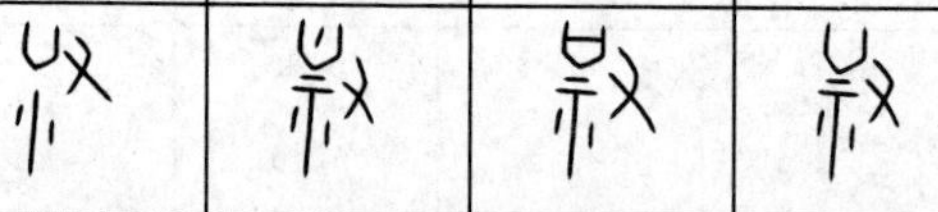							
黄组	h36507	h36511	h36514	w01871				
 [illegible]								
黄组	h36515							
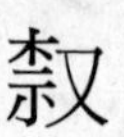 叔	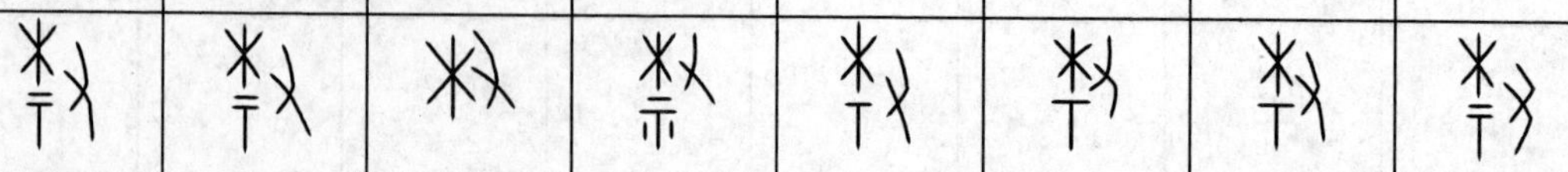							
出组	b06971	b07052	b07588	d00728	h22972	h23023	h23197	h23367

	h23753-1	h25095	h25166	h25364	w01025			
历组	h30548							
黄组	b11053	h35462	h38084-1	h38361-1				
⿰柰又								
子组	h21661	h21672-1						
何组	h27640							
历组	h30537-1							
⿰柰又								
子组	h21694	h21832						
柰								
宾组	b02709	h09815-1	h11325	h15664				
出组	b07013							
[illegible]								
丙一	h22044	h22088						
何组	h27313							
⿱宀柰								
宾组	b02707							

[illegible]								
出组	h25371-1							
[illegible]								
何组	h27635							
[illegible]								
何组	h27254	h27602	t02121					
历组	h30405-1	h30455-1	h30455	h31201				
[illegible]								
何组	h30054-1	h30329-1						
历组	h30454							
[illegible]								
宾组	h16208 反							
丙二	h22215-1	h22220-1	h22278					
黄组	h36850							
师组	h21152-1							
师组	h19849							

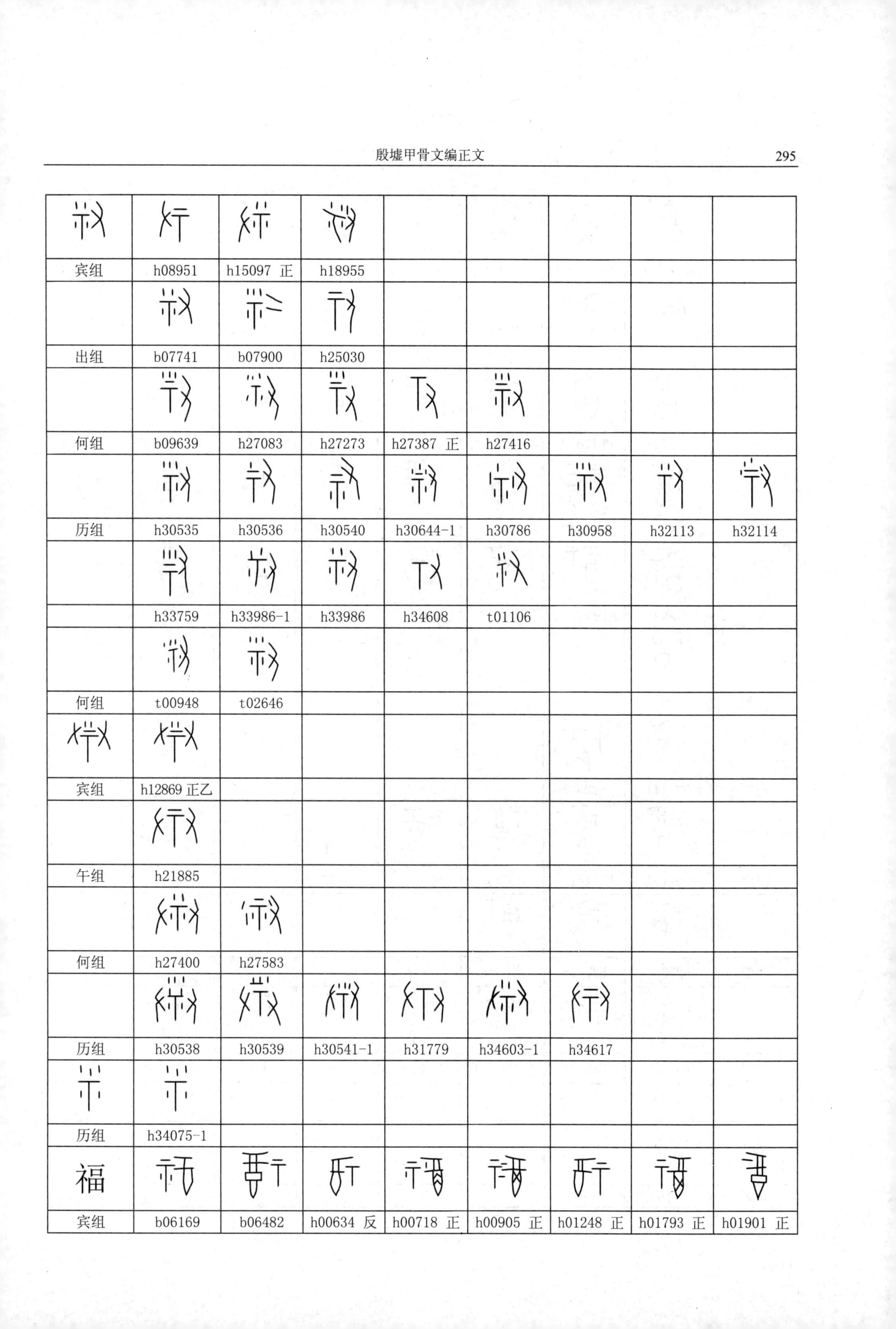

宾组	h08951	h15097 正	h18955					
出组	b07741	b07900	h25030					
何组	b09639	h27083	h27273	h27387 正	h27416			
历组	h30535	h30536	h30540	h30644-1	h30786	h30958	h32113	h32114
	h33759	h33986-1	h33986	h34608	t01106			
何组	t00948	t02646						
宾组	h12869 正乙							
午组	h21885							
何组	h27400	h27583						
历组	h30538	h30539	h30541-1	h31779	h34603-1	h34617		
历组	h34075-1							
福								
宾组	b06169	b06482	h00634 反	h00718 正	h00905 正	h01248 正	h01793 正	h01901 正

	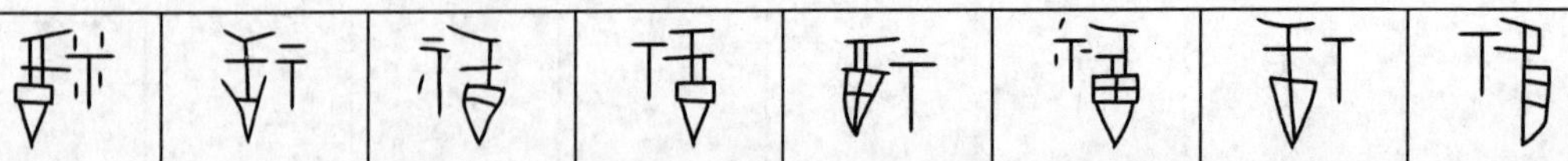 h01901 正	h02201-1	h02218 正	h02219 正	h02420	h02472-1	h02501-1	h03174-1
	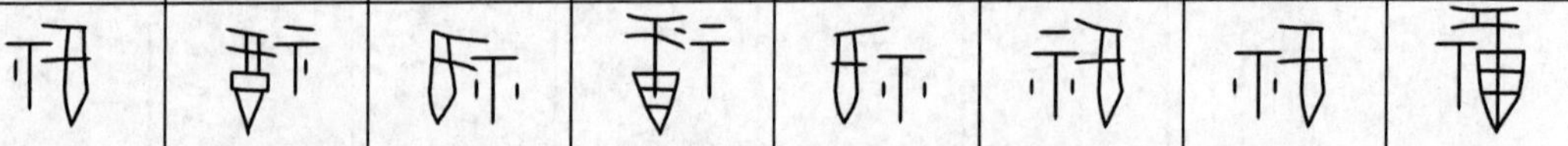 h03187-1	h03187	h05769 正	h08750	h10613 正	h10613 正	h10613 正	h11414-1
	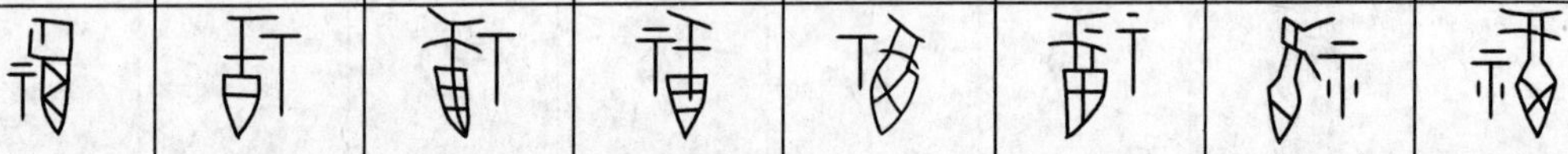 h12742	h13619	h13665 反	h13740	h13828-1	h15167	h15453-1	h15836-1
	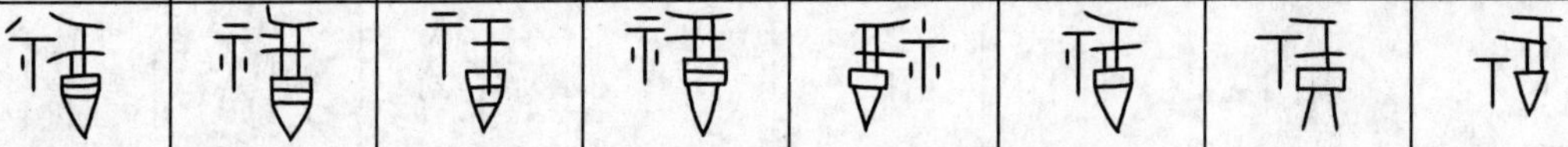 h15839	h15840	h15841	h15844	h15848	h15852	h15855	h17732
	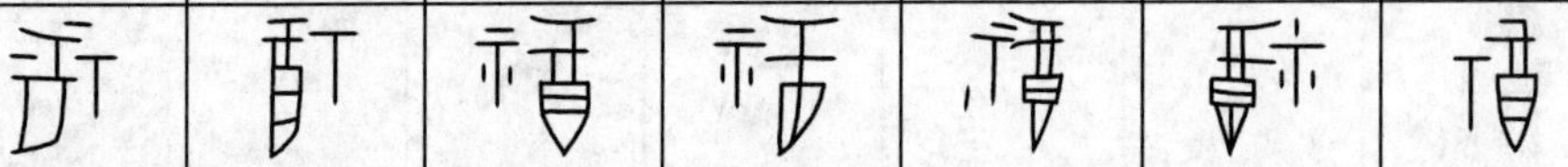 h18934	h18943 反	h19487	w00123	w00128-1	y00869	s00262	
师组	 h19891							
丙二	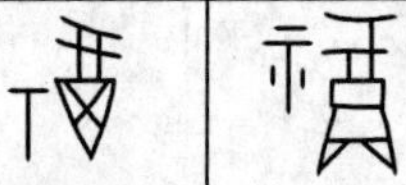 h22443	h22507						
出组	 b07194	h23481-1	h26045-1	h26204	b07602			
何组	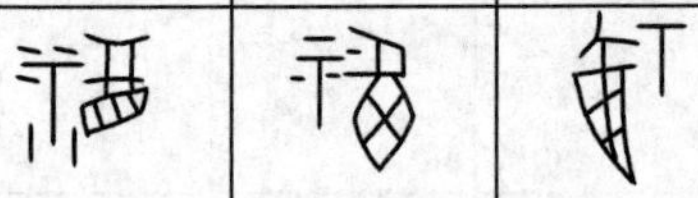 h27064	h27576	y02368					
历组	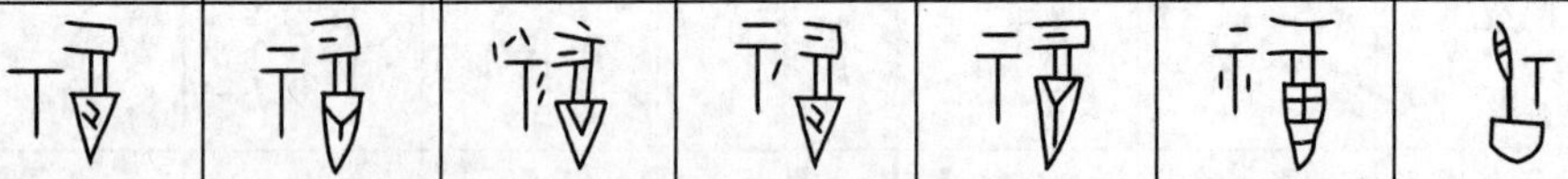 h32178	h32571	h32979-1	h34604	h34605	t02140	t04048-1	
福	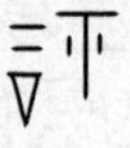							
宾组	h00418 正							

畐								
宾组	d00575 正	h03202	h03326	h08425-1	h10572	h15106-1	h15165	h15853
	h18438-1	h18556-1	h18557-1	h18558	h18586-1	h18637-1	h18839-1	h40753
	y 补 56							
师组	b06731	b06767	h20285-1	h20530-1	h20623	h20918	h21224	
丙二	h22226	h22258	h22268-1	h22417-1	h22417-2	h22421 反	h22422	h22481
	h22482-1	h22507						
出组	b07724	h22883-1	h22894	h25616	h25617-1			
何组	h26995 正	h27281	h27522-1	h27522	h30065-1	t04197		
历组	h30923	h30944-1	h30948	h30949-1	h30951	h32915-1	h32915	h33193-1
	h34496	h34607	h34641-1	h35236	t00672-1	t00867-1		
师组	h20006							

畐								
宾组	h05334	h15847-1						
历组	h31050							
何组	t00261-1	t02483						
出组	h24942							
⿱宀⿰礻复								
宾组	h00277	h02235 正乙	h0223 正甲	h0283 正甲	h08297	h15990		
出组	b07020	h23477	h25909	h26765				
⿰礻复								
宾组	b04398	b04399	b04400	b04402	h00719 正	h01958	h06046	h06672
	h14674	h15833	h15834 正	h15843	h15846	y01274	y 补 42	
丙二	h22292-1							
出组	b07596	b07600	b07601	b07603	b07604	b07605	b07613	b07618
	b07624	b07628	b07633	b07635	b07638	b07645	b07651	b07652
	b07654	b07658	b07659	b07662	b07664	b07665	b07669	b07673

	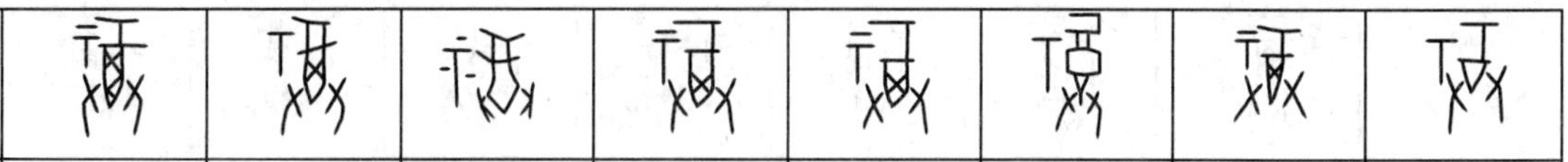 b07704	b08155	d00715-1	h22630	h22721	h22992	h23241 正	h23403
	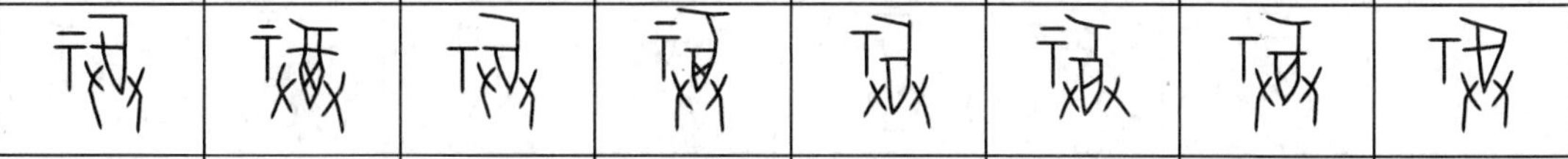 h23703 正	h23732	h24132	h24310	h24320	h24341	h24345	h25375
	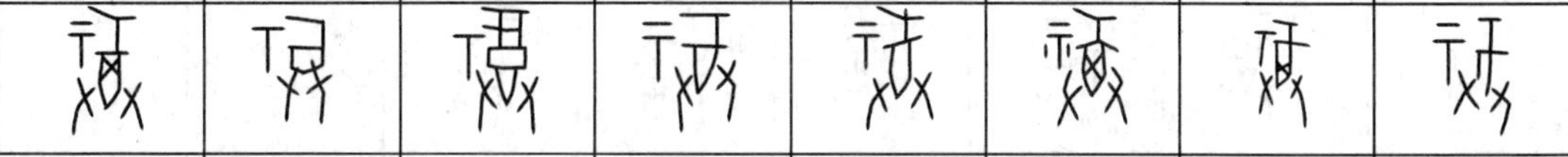 h25382	h25393	h25395	h25408	h25410	h25413	h25423-1	h25440
	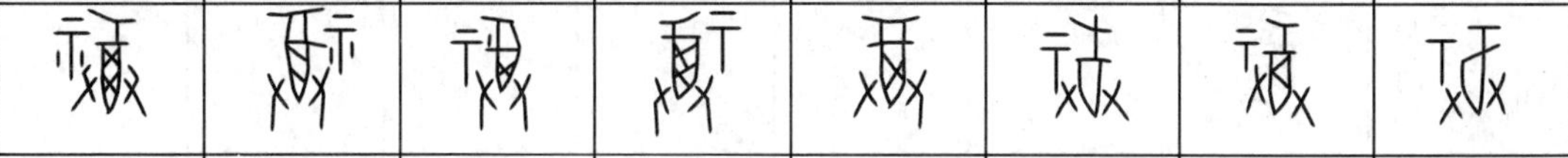 h25441	h25444	h25453	h25460-1	h25463	h25476	h25477	h25478
	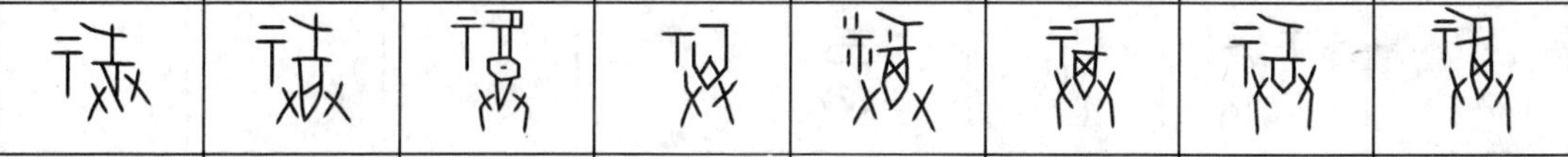 h25484	h25492-1	h25506	h25507	h25517	h25522	h25527	h25528
	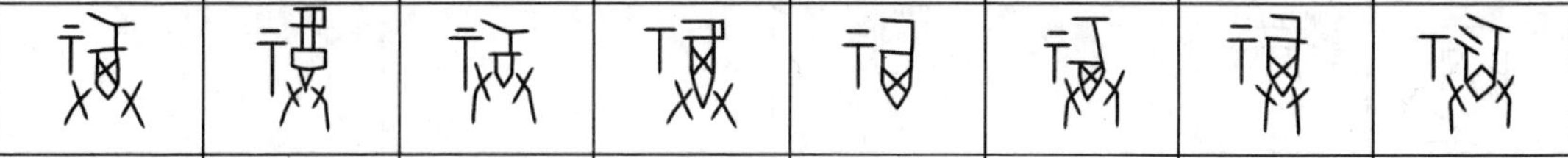 h25529	h25534	h25536	h25538	h25541	h25544	h25547	h25551
	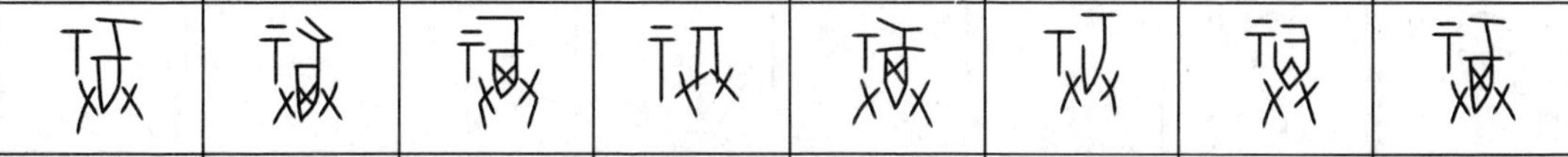 h25553	h25554	h25560	h25561	h25564	h25574	h25581	h25584
	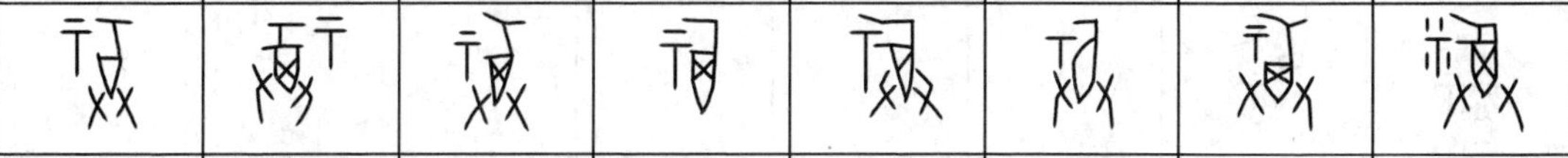 h25585	h25592	h25598	h25599	h25606	h25607	h25608	h25611
	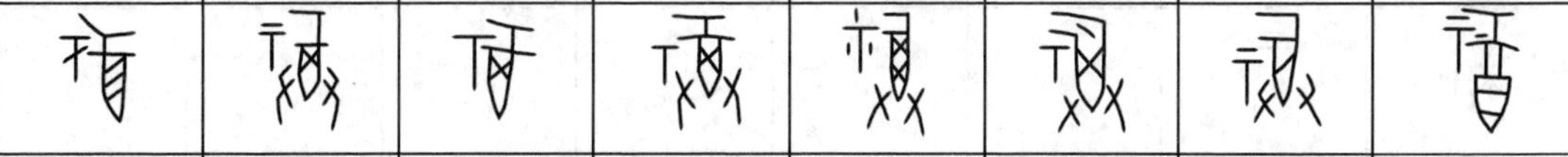 h25620	h25622	h25623	h25624	h25625	h25628	h25629	h25630
	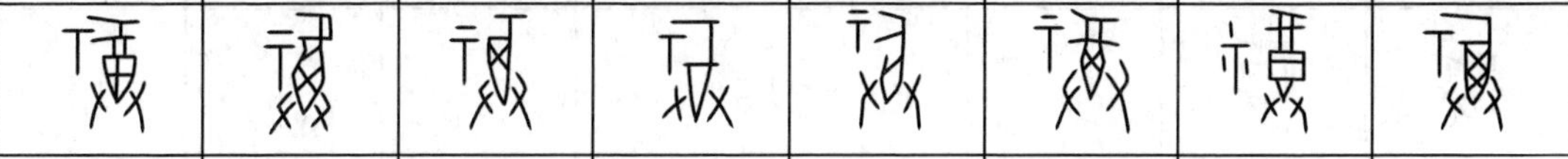 h25631	h25633-1	h25635	h25636 正	h25663	h25699	h25748	h40998-1
	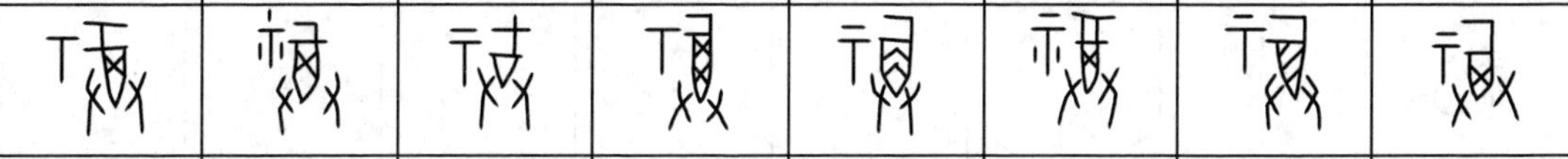 h41165	h41175	h41180	h41182	h41183	h41186	y02082	y02125
何组	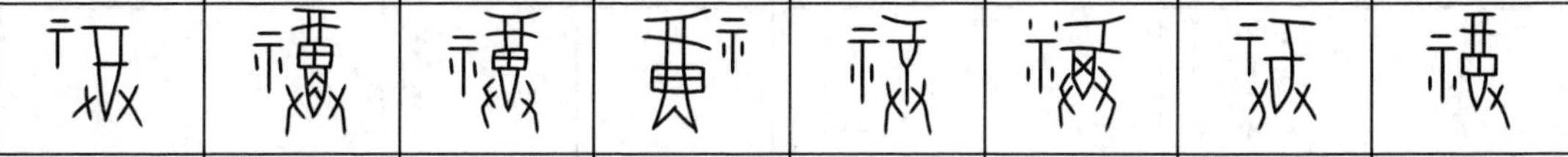 b09638	b09644	b09722	b10258	d00781	h26899	h27042 反	h27115

	h27148	h27543	h27695	h27861-1	h27865	w01307	s00310-1	
历组	h30529	h30757	h30920	h30921	h30924	h30925	h30926	h30928-1
	h30929	h30930-1	h30931-1	h30932-1	h30974-1			
黄组	h38454-1							
何组	100320	100356	t00958-1					
出组	h24345							
历组	h32578							
[illegible]								
宾组	h12968							
祉								
宾组	h05639 正							
何组	t04285							
[illegible]								
何组	h26896							
何组	t03897							

何组	h29365							
师组	h19847							
祥								
宾组	h00104							
祀								
宾组	b04467	h02231	h05949	h06037 正	h09185	h09186	h0961 正甲	h09658 正
	h09817-1	h14549 正	h14550	h14551	h14851	h15460	h15490	h15491 正
	h15493	h15494 正	h15500	h15959 正	y01243			
师组	h20020-1	h20278	h21113	h21196				
午组	h21987	h22042						
丙二	h22153							
出组	y01923							
何组	h28170	h29714-1	h29714-2					
历组	h30437	h30768-1	h30769	h32661-1	h32757-1			

黄组	b10943	b10963	h37837	h37851	h37852	h37858	h37861	h37866
	h37871	h38732	w01915	y02673				
宾组	b01267	h15502-1	h15499					
宾组	h08047 正							
历组	b10697	h32787-1	h34445-1	h34446	h34447-1	h34448	h32994	
历组	t02541	t03763-1	t03763-2	t03763-3	t04080			
宾组	b01721	h02214-1	h06498	h12898 正	h14689-1	h15694		
师组	b06818	h20810-1	h21191-1					
出组	h26815							
何组	b09177	b09666	h26898	h26899	h27370	h27553	h27558	h28412
	w01390-1	y02367	s00176					
历组	h30757-1	h30757						

		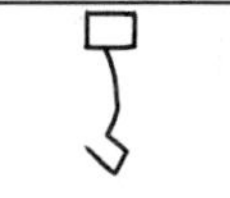						
黄组	d00889	h39470						
 祇								
宾组	h07854 反	h14478						
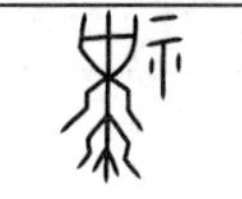	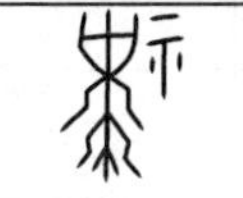							
何组	h29365							
帝								
宾组	b01146	b04070	b04078	b04351 正	b13157	h00008	h00094 正	h00475-1

	h02334-1	h08969	h14159	h14160	h14170-1	h14203	h14302-1	h14345

	h15951	h15961-1	h15963	h15971	h17718 正	w00084-1	y01224-1	

师组	h21076	h21080	h21087					

午组	h22035							

丙一	h22073	h22075						

丙二	h22246-1	h22450-1	h22495					

出组	h24900							

何组	 h27372-1	 h27439	 y02347-1					
历组	 h30590	 h32012	 h33159	 h33230	 h34145-1	 h34145-2	 h34148	 w01565-1
	 w01565-2	 w01565	 t00723	 t00930-1	 t02161			
黄组	 h36171-1	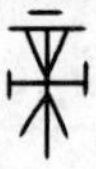 h36176						
帝	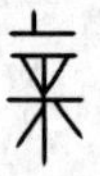							
宾组	h16703							
帝								
午组	h21990							
历组	 h34158							
慸								
历组	h34482	t00804-2						
 师组	 h21174							
 宾组	 h05430-1							

⿰矢帝								
宾组	h17309	h18476						
⿰矢帝								
宾组	h14221 正							
⿱帝夊								
历组	h30593-1	h33086						
⿰亻⿱帝夊								
丙二	h22302							
⿰魚⿱帝夊								
何组	t00579-1							
⿰盧⿱帝夊								
何组	h28111							
何组	t00218-1							
日								
宾组	b00024 正	b00050	b00117	b00499	b03040	b03059 正	b03511	b06298
	h00025-1	h00025-2	h02987	h03798 正	h05281	h11954-1	y01186	
师组	h20449-2	h21006 正						
子组	h21629							
午组	h21998							

丙二	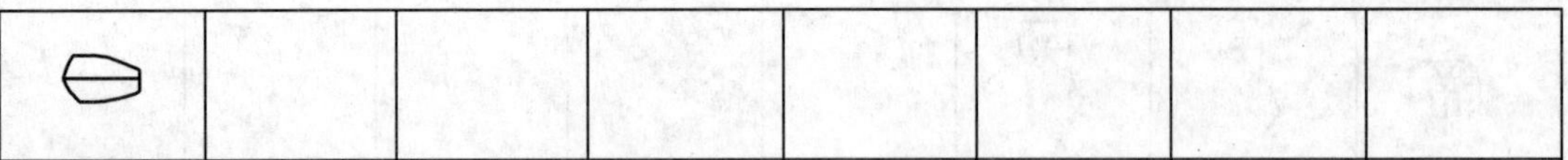 h22422-1							
出组	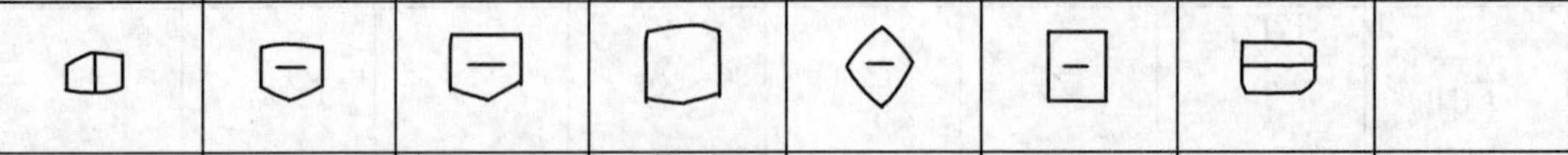 b06996	b07374	b07375	b07377	b08717	h24708-1	h24759-1	
何组	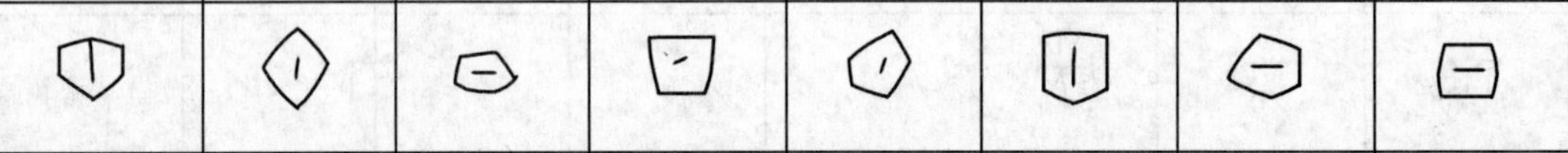 b08818	b08887	b08915	b08920	b08921	b08922	b08933	b08943
	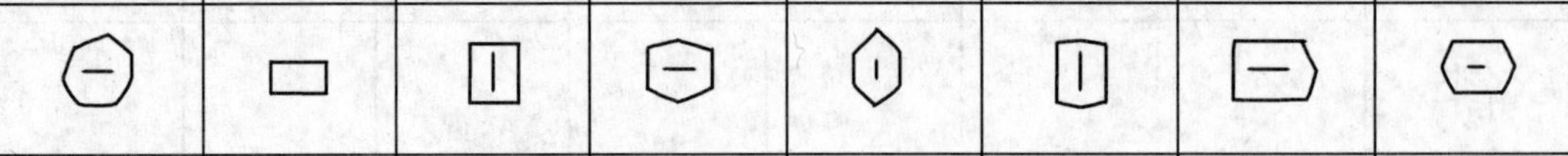 b09026	b09207	b09209	b09236	b09248	b09250	b09311	b09335
	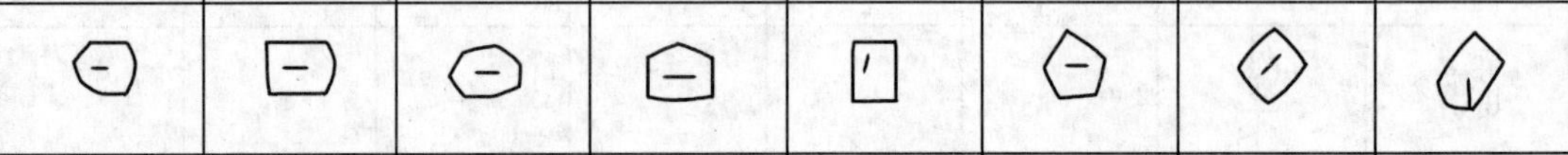 b09337	b09338	b09465	b10279	h27109	h27166	h27167	h27512
	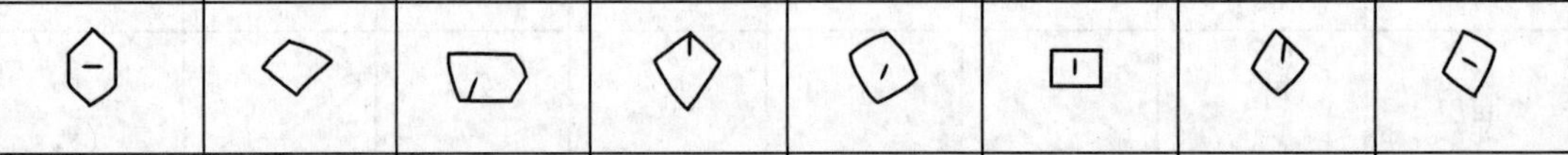 h27863	h28242	h28513-1	h28628-2	h28628	h28707	h28752	h28923
	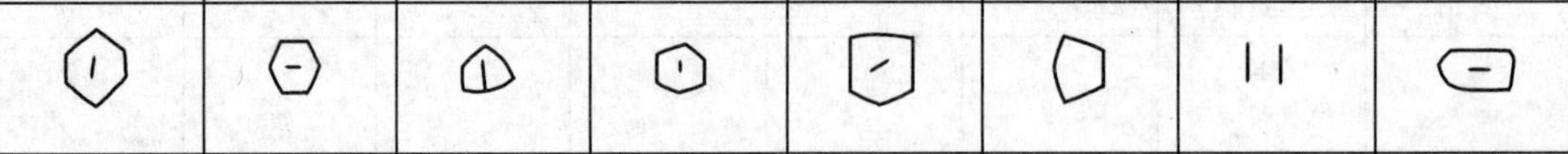 h29237	h29711	h29748	h29750	h29758	h29763	h29770	h29772-1
	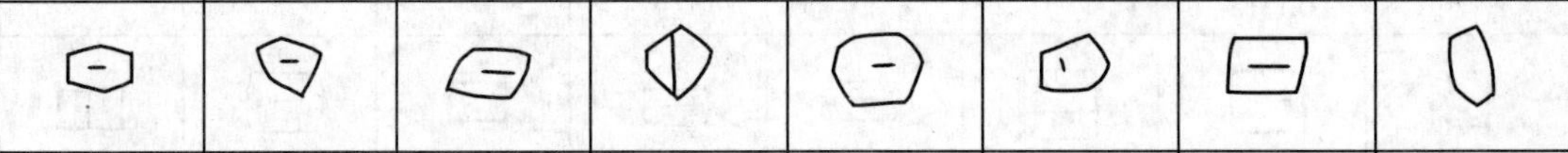 h29790	h29803	h29813 反	h29863	h29921-1	h29991	h30150	h30155-1
	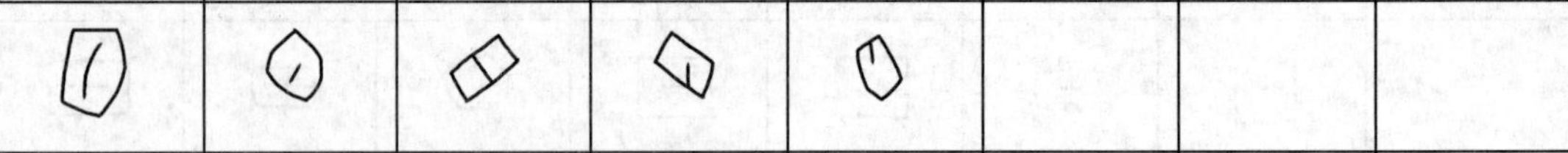 h30155	h30191	h30198	h30206	y02312			
历组	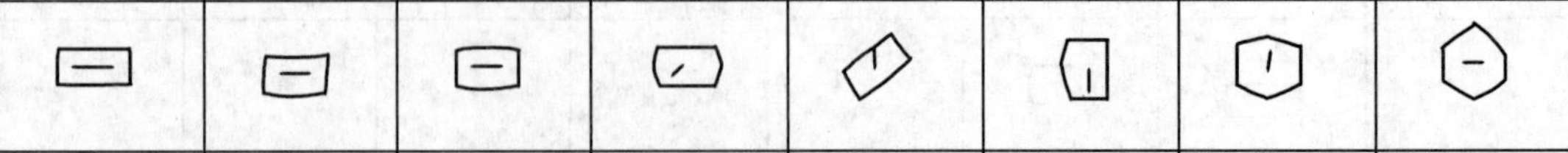 b10488	h30467	h30485	h30586	h30832	h30852	h30871	h31008
	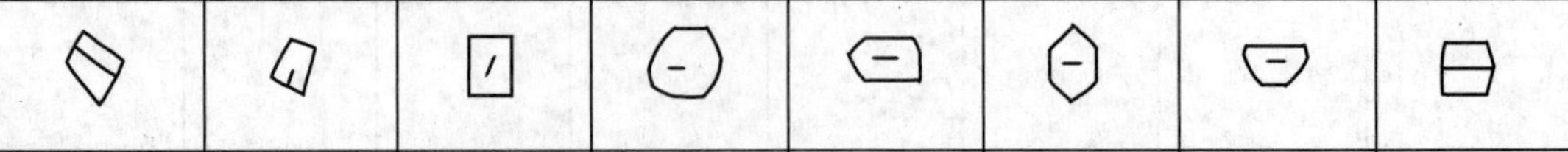 h31077	h31250	h31269	h32021	h32050	h32119	h32757	h33885
	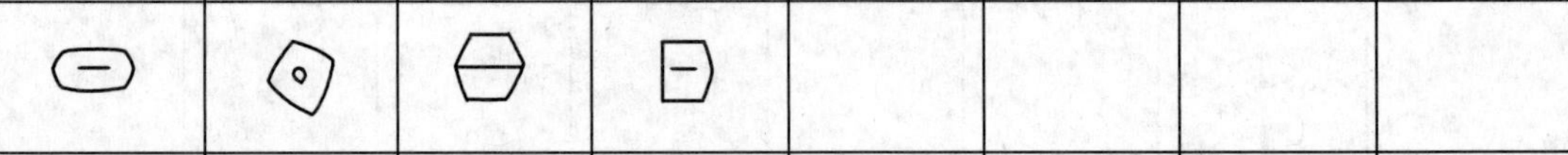 h33908	h33984	h34295	h34364				

	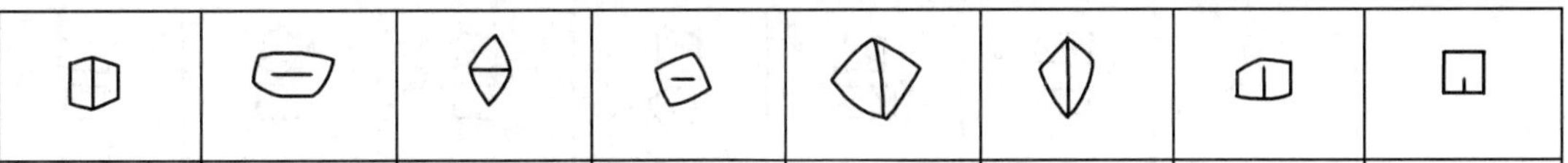							
黄组	b10979	b11299 反	b11663	b12927	h35618-1	h35618-2	h35812	h37742
	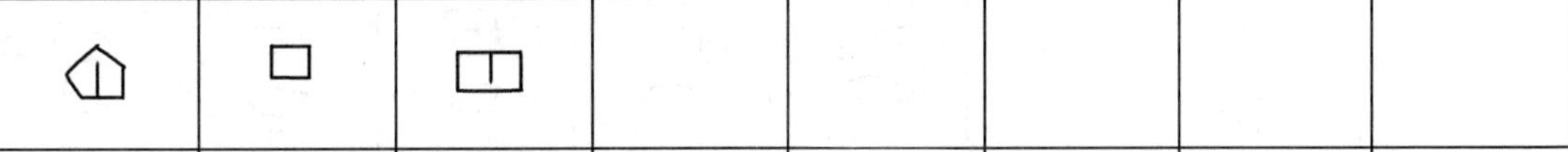							
	h38124	h38254	h38285					
	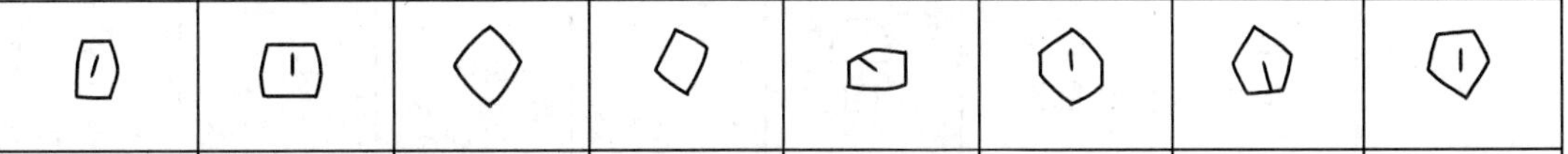							
何组	t00039	t00042	t00212	t00414	t00594	t00626	t00766	t01731
	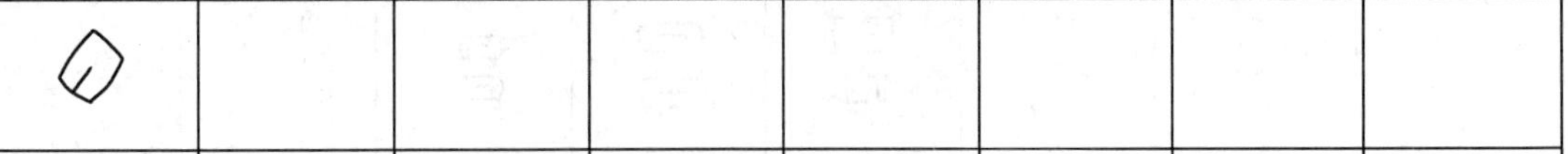							
	t04385							
晕	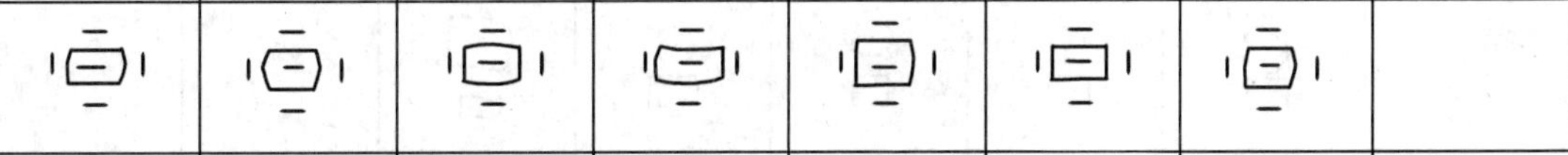							
宾组	b03973	h00974 正	h06928 正	h07923	h13047	h1415 正乙	h19004	

师组	b06856	h20984	h20985	h20986-1	h20987			
[illegible]	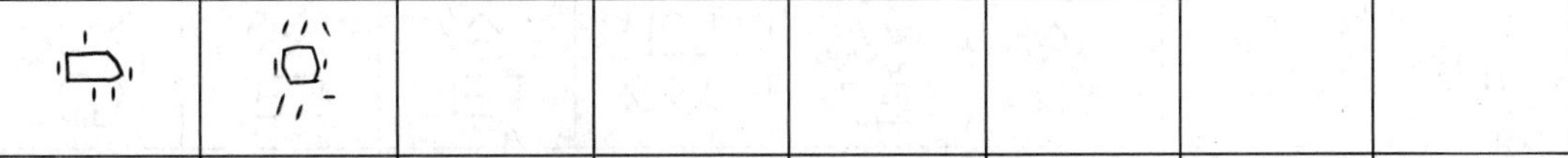							
历组	h33871-1	h33871						
昜	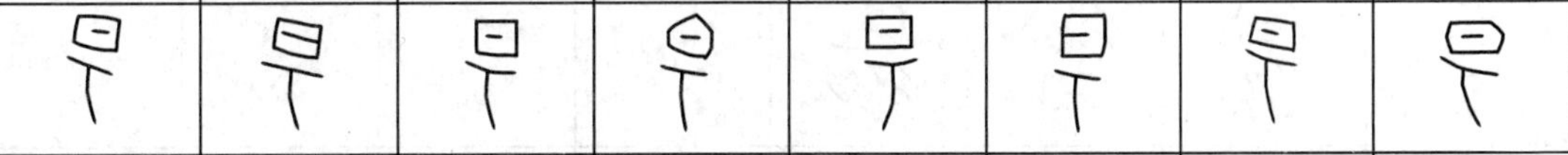							
宾组	h03342	h03380	h03381	h03392	h03393	h03394	h06460 正	h08591
	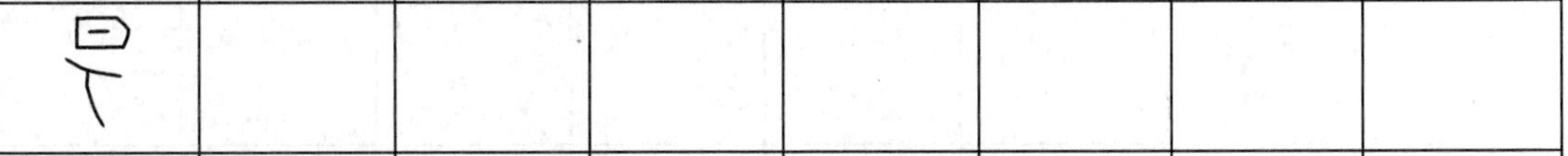							
	h08592							
阳	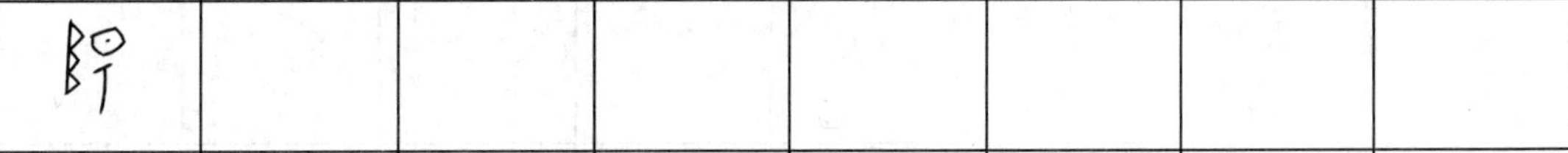							
何组	t04529							
旦								
宾组	h01074 正	y01182						
	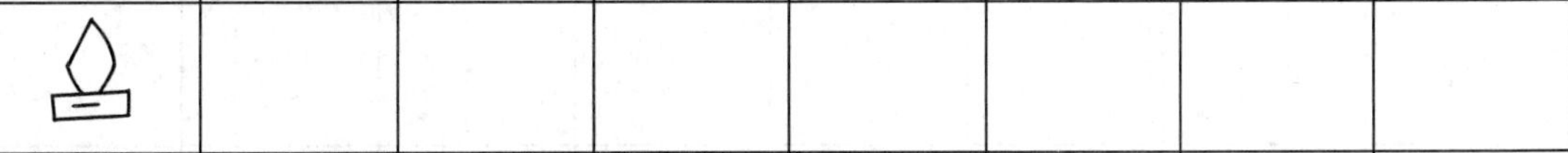							
师组	d01300-1							

何组	h26897	h27308	h27309	h27446	h27453	h28514	h28522	h28566
	h28568	h29373	h29585	h29773	h29775	h29776	h29777-1	h29778
	h29779	h29780	h30195					
历组	h31116-1	h32718-1	h34071	h34601-1	h34601			
何组	t00042	t00624	t00662	t02838	t04078-1			
日								
师组	h21403							
昔								
宾组	h00137 反	h00302-1	h00367 反	h01111 反	h01502	h07213	h08750	h14229 正
	h16930	h1772 正	y01186-1					
黄组	h36317-1							
督								
何组	b09727	h30365						
历组	h30599	h30767	h30893	h31215				
督								
历组	h30894							

昼								
出组	h22942							
何组	t02392							
昃								
宾组	h10405 反	h11728 反	h11729-1	h13312	h13442 正	h19326		
师组	h20260	h20421-1	h20470	h20957-2	h20962	h20965	h20966	h20967
	h20968	h21021-1						
何组	h29792	h29793	h29801	h29910-1	h29910	t00042		
历组	h30835-1							
昏								
何组	h29092-1	h29328	h29781	h29794	h29795	h29801	h29907	
昏								
师组	h21025-1							
[illegible]								
宾组	h04510							
[illegible]								
历组	h34445							

 师组	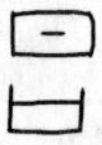 h19924							
 历组	 h31823							
 历组	 h32815							
良	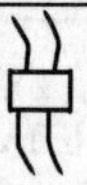							
宾组	b00042	b02467	h01121 臼	h04953-1	h06614 臼	h09810 反	h1030 正甲	h13016
	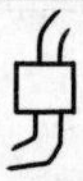 h13936 正	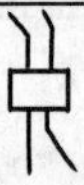 h17528 臼	 w00495-1	 w00860 反	 y00172			
师组	 h19799							
出组	 h24472							
何组	 h27527							
历组	 t04566-1							
 出组	 h24248-1							
良								
宾组	h00938 反	h04956	h09276 反	h13338 反				
丙一	 h22049-1							

良								
宾组	h01628 反	h04954	h04955 正					
郎								
宾组	h18025-1							
 何组	 y02327-1	 y02327						
 宾组	 h10964 反							
 宾组	 h13934 正							
夕					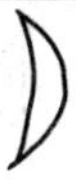			
宾组	b00030	b00192	b00451	b02295 正	b02545	b02902	b03021	b06407
	 h12227	 h12669						
师组	 h21055	 h21194						
丙二	 h22408							
出组	 b07139	 b07228	 b07399	 h24248				
何组	 b09479	 b09533	 h28089 反	 h28628				
历组	 h33042	 h34054	 h34535	 h34720				

黄组	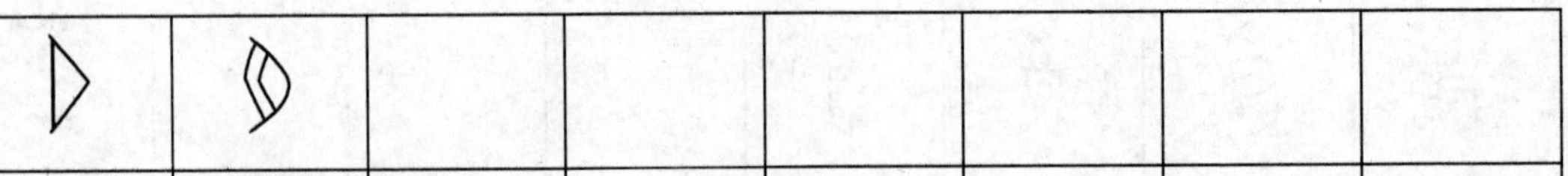 h36476	h39431						
月	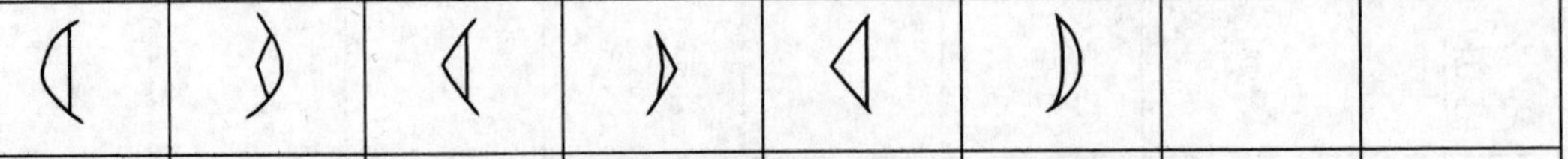							
宾组	b00220	b04915	h07118-1	h11148-1	h12544-1	h18661-1		
	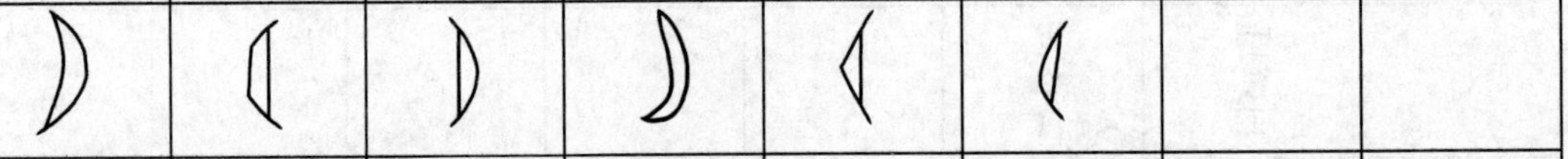							
师组	b06579	b06607	b06967	h19946 反	h20007	h20387-1		
	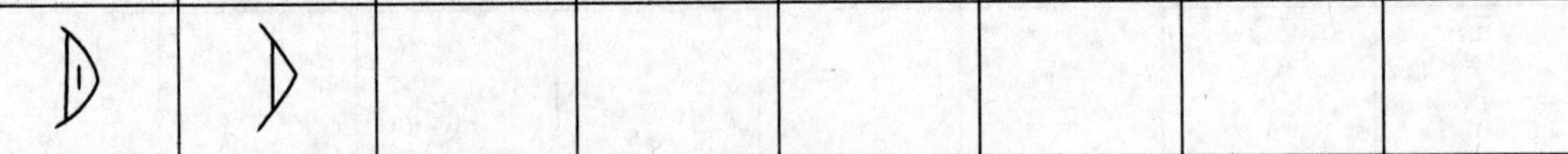							
出组	d01197-1	h22763						
	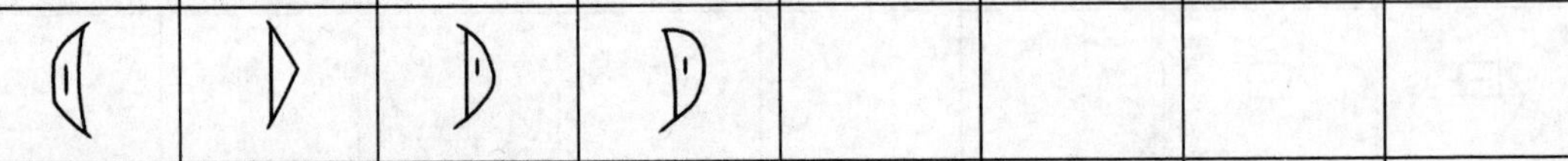							
何组	b09300	b09301	h29995-1	h29995				
	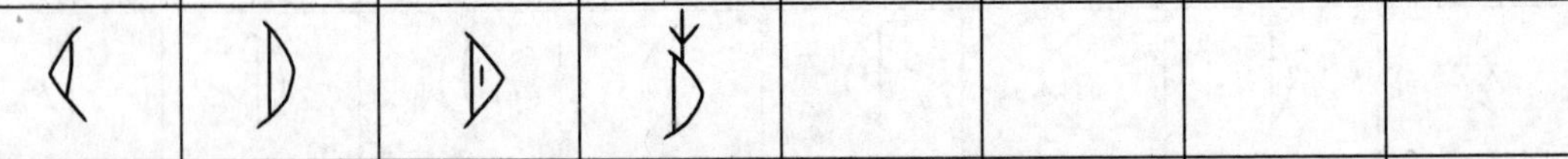							
历组	h31354	h32940	h33916-1	h34120				
	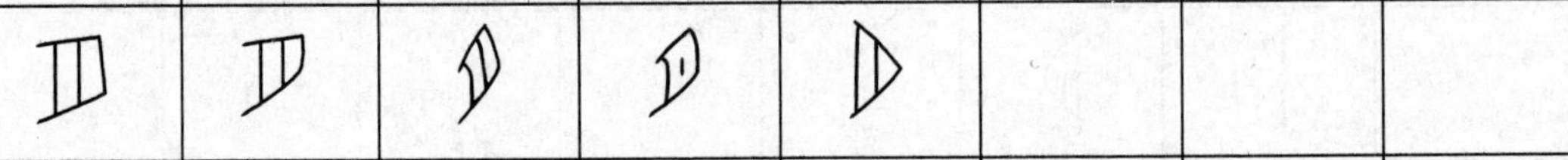							
黄组	h35424	h35527	y02504	y02513-1	y02531			
恒	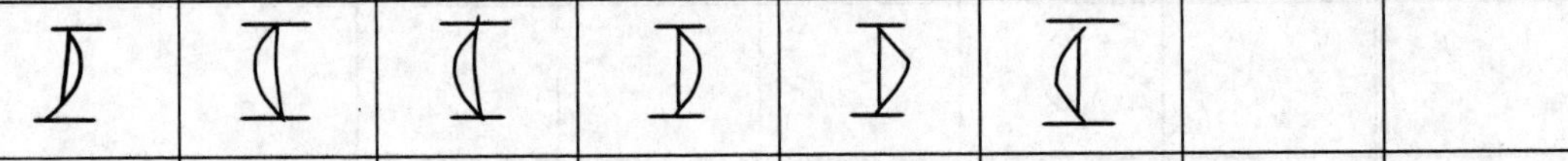							
宾组	h14749 正	h14762	h14763	h14766 反	h14767 正	h14769		
明	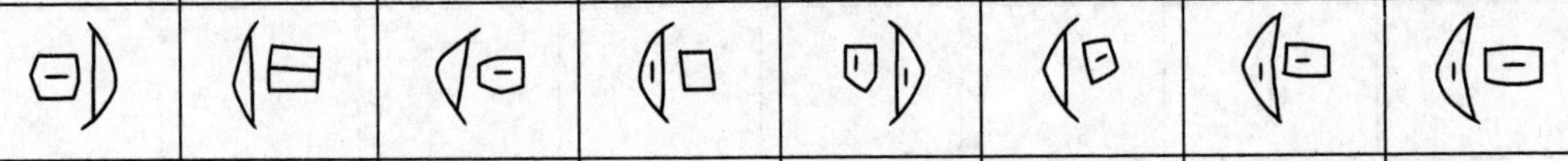							
宾组	b03139	h00014 正	h00102	h00721 正	h02223	h06037 反	h06037 反	h06037 正
	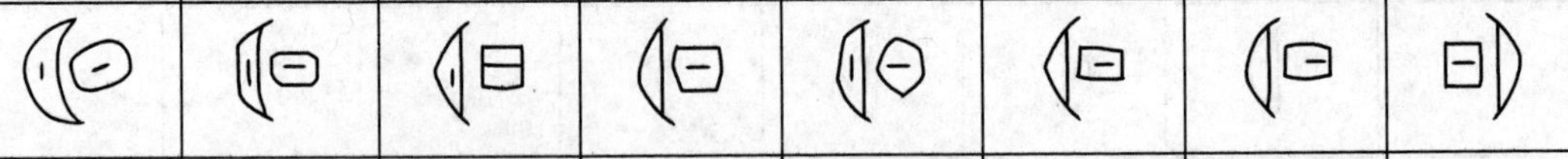							
	h11497 正	h11498 正	h11506 反	h13450	h15064 反	h15475	h19606	h19607
	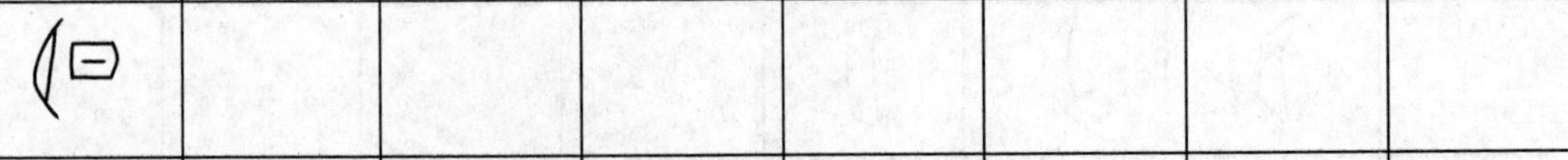							
	y01101							
	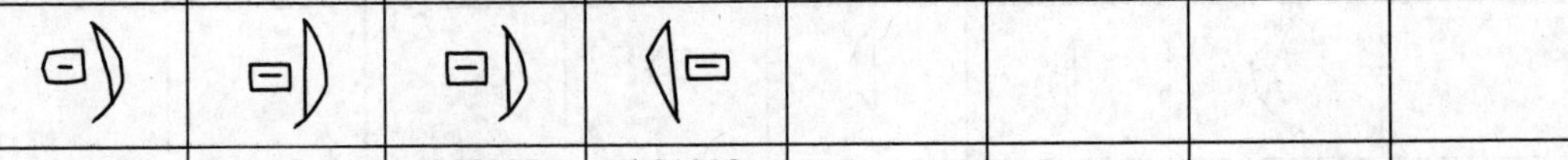							
师组	h20190	h20717	h20995	h21016				

丙一	h22056							

何组	t03259							
朙			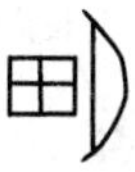					
宾组	h08104	h13442 正	h16057	h18725				
明								
宾组	h18726 正	h19411						
朙								
宾组	h11708 正							

师组	h21037-1							
囧								
宾组	h00010	h00695	h01599	h08103	h09546	h09547-1	h18716-1	

师组	h20041-1	h20215	h20603	h20798	h21374			

丙二	h22202							

历组	h32024	h32543	h33225-1	h33225	h34165-1	h34165-2	h34583	t00936

	t02858							
名								
宾组	h05118	h07075 正	h09502 甲	h09505	h19617			

历组	h32048	t00668						
何组	t02245							
名								
宾组	h02190 正							
宾组	h18133							
[illegible]								
宾组	h12025							
师组	h20733	h21386	h21389	h21390	h21391	h21395	h21397	h21400
	y01779	y01780						
丙一	h22086							
宾组	b02829 正	h02090	h02290					
师组	h21130							
[illegible]								
师组	h20957							
丙一	h22093							

何组	t00873							
历组	t00917							
丙二	h22192							
午组	h21927							
十月								
宾组	b00004 正	b00502						
师组	h20093	h20650	h21290					
十一月								
宾组	b00030	b02542	b02996	h19207				
师组	h19787	h20255						
出组	b07315	b07957						
黄组	h36427							
十二月								
宾组	b00178	b00452	b02408	b02488	h11628			
师组	h19779	h20196	h20516	h20825				

出组	h26517							
历组	h33082							
黄组	h35529							
十三月								
宾组	b00012 正	b02359	b03028					
午组	h21896							
十四月								
午组	h21897							
出组	h22847							
云								
宾组	b03971	b05644	d01020 正	h01051 正	h01051 正	h03583	h05600	h10405 反
	h11501	h12484	h12886	h13387	h13390 正	h1339 正乙	h13392	h13393
	h13394	h13396-1	h13397	h13398	h13401	h13402	h13404	h13405 正
	h13418	h13442 正	h13649-1	h14227	h40350			
师组	h19769	h19786-1	h20988	h21011-1	h21021-1	h21022-1	h21083	h21197

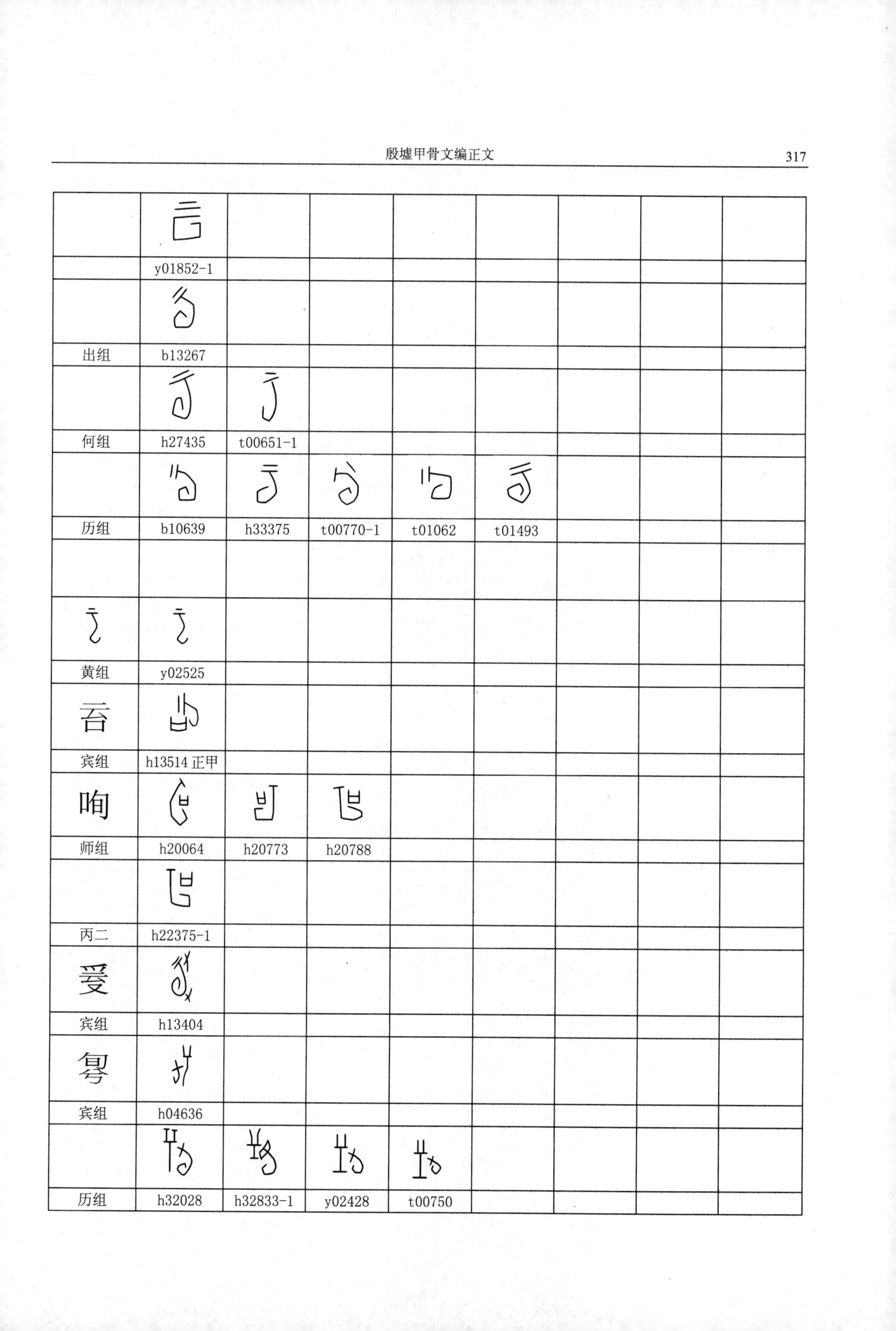

	y01852-1							
出组	b13267							
何组	h27435	t00651-1						
历组	b10639	h33375	t00770-1	t01062	t01493			
黄组	y02525							
吾								
宾组	h13514 正甲							
响								
师组	h20064	h20773	h20788					
丙二	h22375-1							
爰								
宾组	h13404							
粤								
宾组	h04636							
历组	h32028	h32833-1	y02428	t00750				

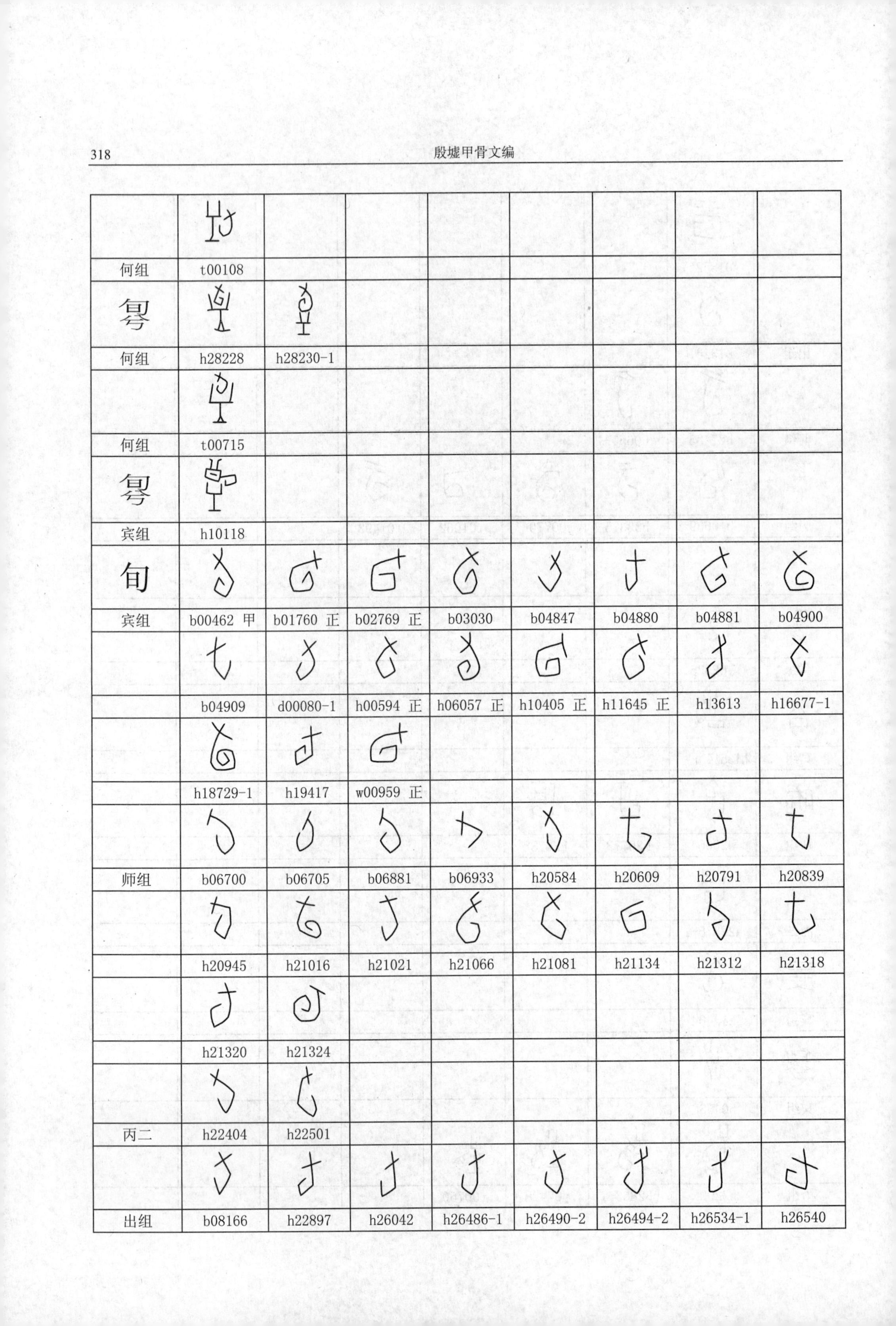

何组	t00108							
咢								
何组	h28228	h28230-1						
何组	t00715							
咢								
宾组	h10118							
旬								
宾组	b00462 甲	b01760 正	b02769 正	b03030	b04847	b04880	b04881	b04900
	b04909	d00080-1	h00594 正	h06057 正	h10405 正	h11645 正	h13613	h16677-1
	h18729-1	h19417	w00959 正					
师组	b06700	b06705	b06881	b06933	h20584	h20609	h20791	h20839
	h20945	h21016	h21021	h21066	h21081	h21134	h21312	h21318
	h21320	h21324						
丙二	h22404	h22501						
出组	b08166	h22897	h26042	h26486-1	h26490-2	h26494-2	h26534-1	h26540

	h26592-1	h26630-6	h26682-3	h26685-1	h26691	h26693-1	h41227	h41229
何组	b09989	h29717	h29720	h29733-1				
历组	b10744	b10751	h30406-1	h31230	h31381-1	h31481-1	h31503-1	h33134
	h33180	h34752-2	h34863-3	h34878-1	h34958-1	h34958-2	h34985-1	h35068-1
	h35109-1	w01617-1						
黄组	d00924-1	h35645-1	h35655-1	h37903-1	h37903-2	h38114-1	h38247-1	h39097-1
	h39097-2	y02507-1						
佝								
宾组	h17167							
师组	h20805							
宾组	h13159 反							
宾组	h18132 反							
师组	h20980 正	h20974-1	h20974-2	h20974				

历组	h33949						
师组	h20975						
雨							
宾组师组	d00048	h00063 正	h07282	h11840	h12173	h12868	
师组	b06940	h19778	h19885	h20961			
午组	h21935						
丙一	h22056						
出组	b07250	b07448	d00635	h24722	h25511		
何组	b08833	b08863	b09009	b09406	b09418	b09439	b09465	d01259
	h27007	h27019	h27021	h27254	h27656	h27799	h27804	h28085
	h28548	h29268	h29917	h30128				
历组	h30637	h31283						
黄组	b11637	d00805	d00806 正	d00890	d00891	h38116	h38121	h38123

	h38147							
雨								
师组	h19851 反							
雨								
丙二	h22487							
雨								
师组	h20500							
雨								
师组	h21252							
雹								
宾组	h07370	h11423 正	h12628					
师组	h20214							
霝								
宾组	h00592	h02684	h02865	h02866	h02869 正	w00238	y00417	
历组	h32509	h32969						
[illegible]								
师组	h20943							
[illegible]								
黄组	h39423							
[illegible]								
宾组	h00053							

⿱雨酉								
师组	h20576 正							
⿱雨奚								
宾组	b02238 正	h12668	h12669	h1267 正甲				

师组	h21036							
⿱雨翁								
宾组	h09365							

师组	h21023	h21024						
	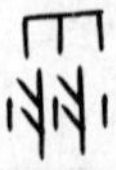							
历组	h34039	t00769						
⿱雨翁								
何组	h29214							
霋								
师组	h21010							

何组	h29967							
			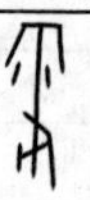				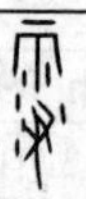	
黄组	h38192-1	h38192	h38193	h38194-1	h38194	h38195	h38196	h38198-1
				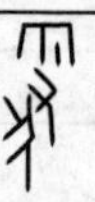				
	h38198.bmp	h38200-1	h38204	h38205	h38207	h38209	h38210	h38211

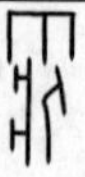

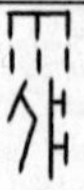

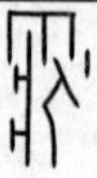

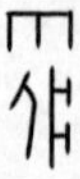

	y02591							
雩								
宾组	h00564 反	h00828 反	h05512 臼	h05717 臼	h08398 臼	h08566 反	h11423 正	h11423 正
雩								
宾组	h03318							
霾								
宾组	h08859 反	h12812	h13465	h13466	h13467	h13468	h13469	h13470
	h19738 正							
黄组	h38146							
[illegible]								
宾组	h08996 正	h09395	h13008	h16012 反	h1611 正乙	h1611 正甲	h17668	
历组	h31669	h31670						
雩								
何组	b10346	h28244	h28294	h29987	h30065	h30073	h30074	h30075
历组	h30444							
午组	h21936							
[illegible]								
出组	h24257							

霖								
宾组	h13010							
宾组	h13011							
师组	y01795							
历组	h33233 正							
宾组	h07075 正							
何组	h29838							
[illegible]								
宾组	h11500 正							
黄组	h37848 反							
师组	b06874							
历组	t01024							
宾组	h04818							
䨠								
何组	h30354							

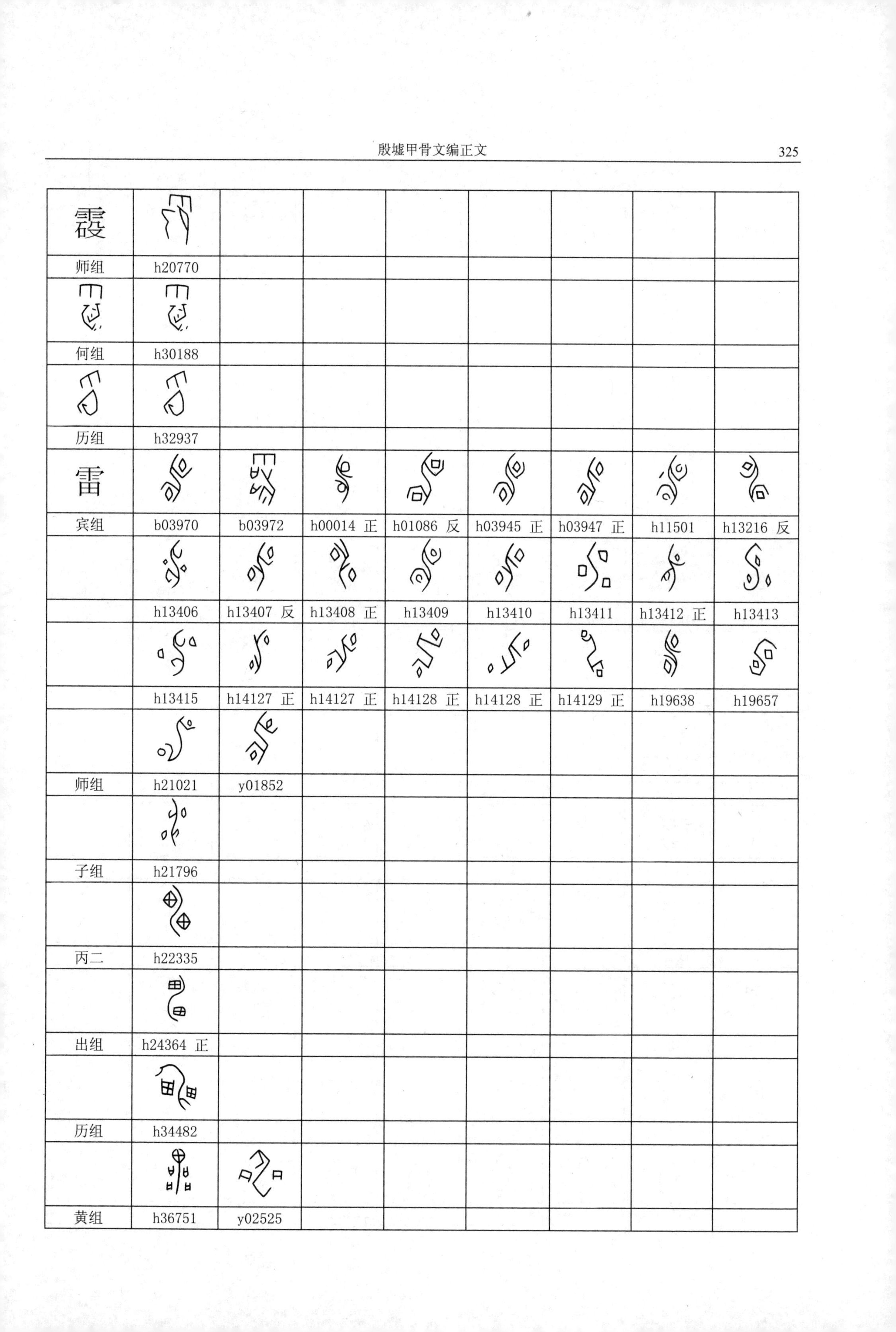

霞								
师组	h20770							
何组	h30188							
历组	h32937							
雷								
宾组	b03970	b03972	h00014 正	h01086 反	h03945 正	h03947 正	h11501	h13216 反
	h13406	h13407 反	h13408 正	h13409	h13410	h13411	h13412 正	h13413
	h13415	h14127 正	h14127 正	h14128 正	h14128 正	h14129 正	h19638	h19657
师组	h21021	y01852						
子组	h21796							
丙二	h22335							
出组	h24364 正							
历组	h34482							
黄组	h36751	y02525						

雷								
宾组	h13418	h13419						
雷								
出组	h24364 反							
雷								
丙二	h22480							
㵢								
宾组	h14357							
𢀜								
宾组	b03969 正	h01183	h01626	h01654	h09474	h09503 正	h09505	h13414
			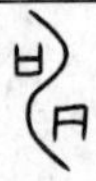			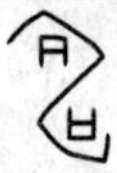		
	h13416	h13696 正	h14912	h14922	h15289	h15454	h19360	
	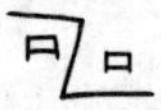							
师组	h21174-2							
	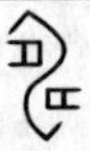	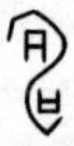						
出组	h23614	h23805						
		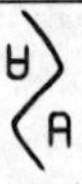						
何组	h27223	h27699	h27875					
𢀜								
宾组	h13414							
𢀜								
师组	h21181							
士								
宾组	h00559 正	h00780-1	h06057 正	h09749	h10622-1	h12849 正	h12855-1	y00834

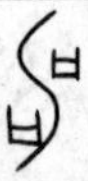

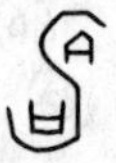

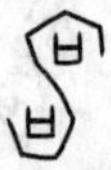

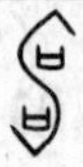

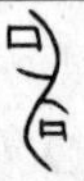

师组	b06580	h20520	h21039-1	h21091-1	h21106-1	h21441		
午组	h21885							
出组	h24429							
何组	h28110	h28195						
历组	h30406-1	h32183	h34634	t01066-1	t03664-1			
宾组	100029							
土								
宾组	h03298	h06128	h06407	h06413	h06447	h06449-1	h09738-1	h09744
	h09745-2	h09745	h10344 正	h12848	y00584			
师组	h21075							
历组	h30525							
历组	h33050							
丘								
宾组	h00112-1	h00140 正	h0065 正甲	h02078 反	h05602-1	h08119 正	h08381-1	h08382

	h08387-1	h09331-1	h13521 正	h17108-1	h18436-1	h18913	h19486	h39683
师组	h21432-1							
出组	h24367							
何组	h27796	h30272-1						
宾组	h11473-1							
经 宾组	h09473-1	h09474-1	h09475-1	h09476	h09481	h09482-1		
黄组	h37387							
经 历组	h33154	h33209	h33210	h33211-2				
何组	s00074							
经 师组	h20291							
历组	h33278	h34239-1	y02450					
经 宾组	h18730 正							

[illegible]								
宾组	h06773	h09484	h18193	h18670				
宾组	h04335	h40772						
[illegible]								
历组	h33223							
[illegible]								
历组	t02260							
出组	h23662	h23781	h24410-1	h24410-2	h24466			
历组	t02282-1							
宾组	h14535							
往								
宾组	h18691							
宾组	h18731							
山								
宾组	b02304 正	b05004	b06080	b06110	d01157	h00096	h01363-1	h05157-1
	h05431-1	h05497	h05562	h06571 正	h06571 正	h06822	h07859 正	h07859 正
	h07860-1	h07860-2	h07966 正	h08216-1	h12488 甲	h16205-1	h17066	h17809

	h19293-1	h19427 反	h19621	h19625	y00418			
师组	h20245	h20644-1	h20975-1	h20980 反	h21078-1	h21095-2	h21095	h21110
子组	h21581-1							
出组	h24378-1							
何组	d01276	h27753	h30173	h30329				
历组	h30393	h30456	h31984-1	h32903	h32967-1	h34166-1	h34167	
火 宾组	h02874	h11503 反	h18938	h19026	h19623	h19622-1	s00170	
师组	h19946 正							
何组	h27317	h28189	h30158	h30319				
历组	h30774	h33133	h34711-1	h34797-1				
师组	b06735							

𤼽								
宾组	h18176							

何组	h29977							

历组	h31429	h34272 正						
𤼽								
师组	h20112							
𤼽								
午组	h21962							
焨								
宾组	h13890							
蓺								
师组	h20709	h20766	h20767					

何组	h28803	h29242	t04490-1	t00722				
蓺								
师组	h20765							

何组	h28799-1	h28799	h28802	t00758	t00762			
蓺								
何组	h28800	h28801	t00352					

⿱埶火								
丙二	h22484							
⿱宀交								
宾组	h02670 反	h05624	h07372 反	h07968 反	h08185 反	h08862 反	h18174	
师组	h20869							
历组	t01024							
宾组	h18177 乙	h18177 甲						
焚								
宾组	h00583 反	h10198 正	h10408 正	h10677-1	h10677-2	h10678	h10681	h10682
	h10683-1	h10684	h10686-1	h10689-1	h11007 正	h11008	h19620-1	
黄组	h35887	h36492						
何组	t02232							
焚								
宾组	h10685	h10691-1	h19476					
焚								
宾组	h10688							
宾组	h06477 正	h06477 正	h06477 正	h08070-1	h08070-2			

⿱罒火								
宾组	h18736							

师组	h21098	h21100	h21198					

丙二	h22419							

历组	h30445	h34470						
⿱罒火								
历组	h30457							

何组	t02742							
⿱亏山								
宾组	h00530 正							
赤								
宾组	h03313	h10198 正	h10198 正	h11701	h15679			

何组	h27722	h28195						

历组	h33003							
⿰火去								
何组	h28189							
烄								
宾组	h01121 正	h01123 正	h01125-1	h01132	h01133	h01134	h01136-1	h01136-2

	h01138-1	h01139	h06571 正	h09177 正	h09741 正	h10402	h12842 正	h12852
	h15674-1	h15675-1	h15676	h15677	h15680	h15681-1	h19442-1	h40517-1
	w00188 正	w00189 反	y01014-1					
师组	h19801-1	h19802-1	h21473	t03586				
何组	h27306	h28235	h29990	h29993	h30167-1	h30167-2	h30168	h30169-1
	h30169-2	h30172-1	t02206-1					
历组	h30789-1	h30790-1	h30790-2	h30791-1	h30792	h30794	h30795	h30796
	h30798-1	h32288-1	h32291-1	h32292-1	h32293	h32295-1	h32296	h32297-1
	h32297-2	h32298-1	h32299-3	h34480-1	h34485	h34486-1	h34487-1	h34487-2
	h34488-1	h34489-1	h34492	h41632	t02616-1	t02616-2		
烄								
何组	h29815 反							

历组	h32217-1	h32217	h32289-1	h32290-1	h32300	h32301-1	h33317	h34479-1
	h34479	h34481	h34483-1	h34483-2	h34483-3	h34494-1	h34495-1	
	t03244	t04191						
熿								
历组	h31829							
宾组	h06822	h16408-1	h18745					
出组	h23573							
历组	h30393	h30453	h30454					
宾组	h07862							
历组	h30393-1	h30393-2	h30455					
堡								
宾组	h14300	h18734	h18735					
历组	t02382							

宾组	h06160							
⿱好火								
历组	h33205							
⿱叉凵								
宾组	h18072							
⿱罒火								
宾组	h12860							
⿱豕火								
何组	t02892							
炘								
历组	h30413							
灾								
宾组	h18741							
⿱雨火								
宾组	h40778							
⿱屮山								
历组	h34495							
⿱木山								
	t02287							
⿰火旬								
宾组	h05089	h18737	h18744					

宾组	h09561							
⿱山火								
宾组	h03755	h07996 乙	h18740					
宾组	h07699 甲							
宾组	h18132 反							
焱								
丙二	h22130-1	h22132						
黄组	h36509							
炎								
宾组	b13130							
黄组	h36511-1							
⿱斷山								
宾组	h05766							
⿱巳山								
历组	h30463							
爕								
宾组	b06455	h18178	h18793					
出组	h22850	h26631						

烒								
宾组	h01397							
炈								
宾组	h17103							
炋								
宾组	h07074	h13404	y01748					
[illegible]	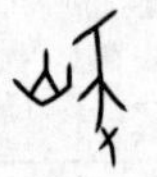							
何组	h28019							

历组	h30514-1							
岳	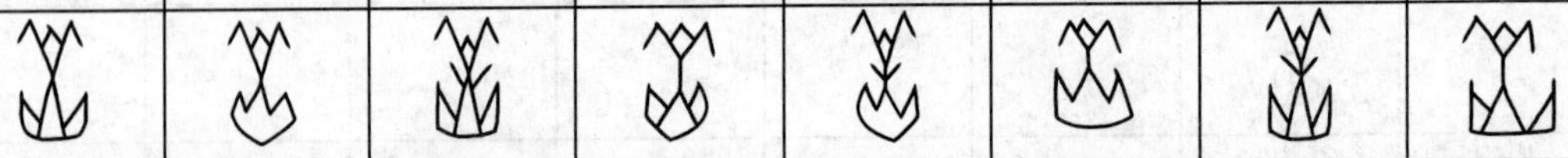							
宾组	b01070 臼	b01244 臼	b04085 反	b04098	b04101	b04102	b04103	d00549 臼
	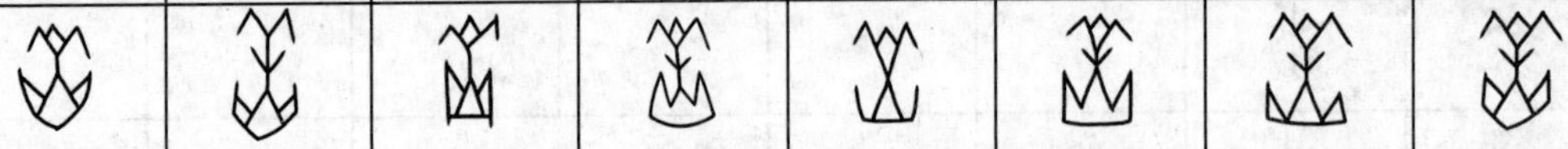							
	h00268 臼	h00377	h00385-1	h01824 正	h02325 反	h02373 正	h04906	h04965 反
	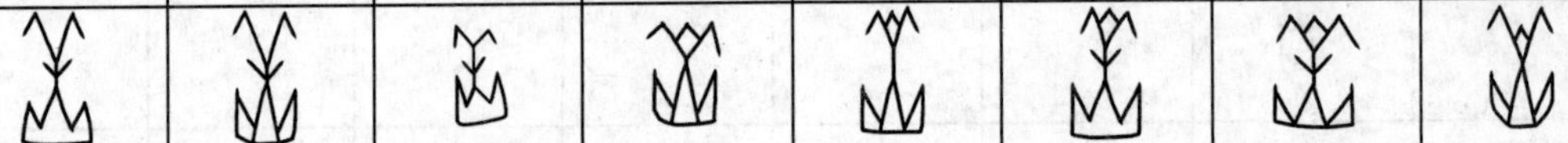							
	h05519	h05520	h05930-1	h06451 臼	h06591	h07322 臼	h07391 臼	h08330 正
	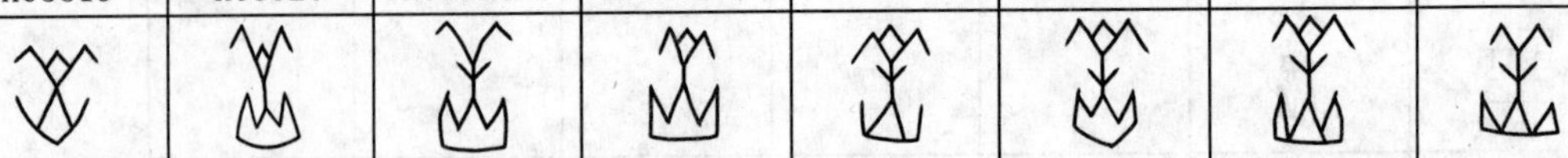							
	h08571	h08852 臼	h09298 正	h09304	h09552-1	h09560	h10075 正	h10126
	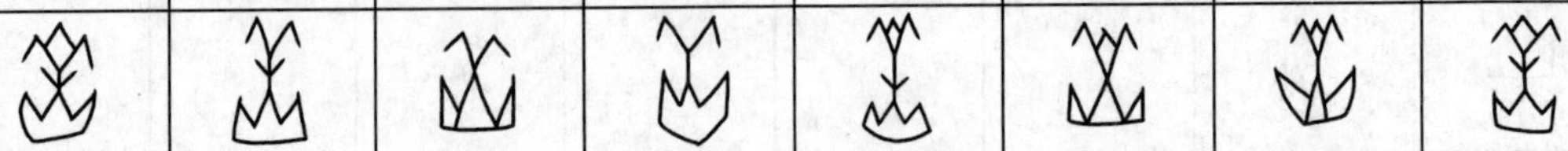							
	h10940	h12687	h12842 正	h12852	h12856	h12950	h13521 臼	h13624 正

	h14250	h14398-1	h14399 正	h14411	h14416-1	h14418-1	h14421	h14422-1
	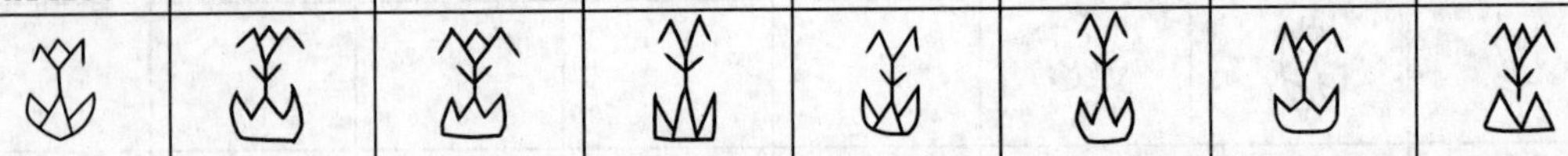							
	h14427-1	h14433 正	h14447	h14449	h14450 正	h14451	h14453-1	h14468 正

	h14469 反	h14472	h14473-1	h14474 正	h14476	h14484-1	h14492-1	h14493
	h14497	h14499	h14502	h14503	h14587 臼	h15585 臼	h17591 臼	h19500-1
	y00150 反	y01145	y01147	y01149-1	y01151-1	y01153 正	y01155	100015
师组	h21110-1	h21115	t04513-1					
丙二	h22153-1	h22419-1	h22419					
出组	b07478	y02089-1						
何组	b09579	h26949	h28255-1	h28256	h28258	h28281	h29655	h30298
历组	b10634	h30401-1	h30409-1	h30409	h30410	h30411-1	h30412	h30413
	h30414	h30416-1	h30417-1	h30420-1	h30422	h30423	h30426-1	h30427-1
	h33229-1	h33273	h33281	h33291-1	h33291-3	h33295	h33850-1	h34198-3
	h34201	h34205-1	h34211-1	h34212-1	h34215	h34218-1	h34218	h34226
	h34227-1	h34229-5	h34263-1	h34268	h34295	y02445		

	t04333	t00644-1	t02438	t02626-1		何组	t04032		
岳									
宾组	h14458								

何组	t02301								

何组	h29384								

何组	t00324								

何组	h30185-1	y02349-1							

出组	h24378-1								

宾组	h00845								

出组	h24353	h24352	h24354						

历组	h32486								

历组	h35269								
光									
宾组	h00140 正	h00182	h00184-1	h00245 正	h00583 反	h01380-1	h02811-1	h03358-1	

	h04481-1	h04483 正	h04487	h06566 正	h06568 正	h10048-1	h12022-1	h14845

	h15396 反	h18852-1						

师组	h20057	h20227-1	h21037					

丙一	h22043-1							

丙二	h22158	h22172-1	h22174-1					

何组	h28089 正							
光								
宾组	h15551							
㚣								
丙二	h22157							

历组	h31139							

宾组	h17912							

宾组	y00834							

宾组	h18856							

[illegible]								
宾组	h07978-1							
呈								
何组	h28314	h29349	h29350	t03156				
黄组	h36771	h37364	h37486	h37532	h37544	h37642	y02562 正	
[illegible]								
宾组	h06952 正							
[illegible]								
宾组	h18717							
[illegible]								
黄组	w01708							
취								
黄组	h37408	h37792						
𡳿								
何组	h27368							
[illegible]								
历组	H34224							
阜								
宾组	h07860-1	h10405 正	w00141-1					
师组	h19790	h20253-1	h20600	y01777				
午组	h22024							

丙二	h22522		丙一	h22077-1				
出组	h24356							
何组	h28086-1	h30284-1						
历组	h31831							
陟								
宾组	b00188	b04410	d01157-1	h01292-1	h01292	h01667-1	h05738	h05828-1
	h06981	h14628-1	h15364	h15366-1	h15368	h15369	h15370-1	h15373
	h15379 反	h15380-1	h18812	h19220-1	h19222	y00408-1	y01249-1	
午组	h21958							
出组	h22747-1	h22912-1	h24356-1	h26397-1	y01969			
何组	h27339-1	h27890-1	h28011	t02219-1	t02384			
历组	b10516-1	h30756-1	h32020-1	h32029-1	h32420-1	h32916	h34006-1	h34286
	h34400-1	t00142						

[illegible]								
宾组	h14792-1							
何组	h28012							
历组	b13422							
[illegible]								
黄组	h36551							
宾组	h00948							
降								
宾组	h00808 正	h00808 正	h01027 正	h0238 正甲	h06497-1	h06498-1	h06664 正	h06690
	h10168	h10171 正	h10188	h13737	h13855	h14171	h14176	h14178
	h14179	h14180-1	h16476	h16477	h16478-1	h16479	h16481	h16485
	h17297-1	h17336-1	h17710	h18812	h19626-1	h19627	h19628-1	h19629
	y01142	100071						
师组	h19829	h20440-1	h20548-1	h21191	h21300			

午组	h21960-1							

丙一	h22092							

丙二	h22384	h22487-1						

出组	h22747-1							

何组	b09671	h26989-1	t02301					

历组	h30386-1	h32112-1	h34711-2	h34712	t03594-1			

历组	t01445							
阝企								
宾组	h07153 正	h10406 正						

丙一	h22099							
坠								
宾组	h10405 正	h18752						
坠								
宾组	h06065	h17310	h18789					

出组	y01923							
阦								
宾组	h05788							
何组	t02154	t02259						
阣								
何组	h27651							
陦								
宾组	h04494-1							
何组	t01439							
黄组	h36825							
宾组	h13410							
宾组	h18743							
丙一	h22083 甲							
宾组	h03291-1	h03291	h04774	h04777	h04785	h05474	h05708 正	h06050
	h07067 正	h10613 正	h18421	y01136				

历组	h32926	t01082						

宾组	b06510	h00556 正	h01185	h04783	h04784	h17586 臼		

师组	h19799	h19891	h20049	h20407	h22043			

丙二	h22246							

宾组	h04837	h08744	h09504 正	h18853				

何组	h28128							

历组	h33149	h33150	h33151	h33152	h34168 正	t00994		

何组	h28351	h28352						

何组	h28087	h28900						

宾组	h08040							

出组	 h24457							
何组	 h28130	 h28178	 h28245	 h28247	 h28345	 h28346	 h29889	
黄组	 h37784							
何组	 t00758	 t02726						
 丙二	 h22352							
 宾组	 h18185 反							
 出组	 h24446	 h24453	 h24455					
 师组	 h19902							
 出组	 h22598							
 黄组	 h37387							
 历组	 h31274							
 宾组	 h04782							

黄组	h36481 正							
师组	h21233							
宾组	h01314							
何组	h28009							
历组	h35216							
黄组	h36937	h36938						
宾组	h18755							
水								
宾组	b04211 正	b06283	h05810	h10149	h10154	h10156	h14399 反	
师组	h20297	h20615	h20660	h20661				
丙二	h22288	h22290						
出组	h24443	h24902						
何组	h26907 正							

历组	b10908	h33348	h33349	h33350	h33351	h33352 反	h33352 反	h33353
	h33355	h33356-1	h33357-1	h33974	h34675			
黄组	y02593							
涿								
宾组	y00837							
出组	d01205	h22621-1	h22693-1	h22813-1	h22900	h23032-1	h23193-1	h23193
	h25325-1	h25325	h25326	h25418-1	h26416	h26419	y02100	
黄组	h37534-1							
沃								
历组	h31685-1							
黄组	h36753							
[illegible]								
何组	h27972-1	t02409						
历组	h31990-1	h32277-1	h32278-1	h34041-1	h34042-1			

何组	h28492							
濜								
何组	t02320							
洎								
宾组	h07047							
黄组	h41768							
渞								
黄组	h36919							
潾								
何组	h27286-1							
洱								
宾组	h14122-1							
沁								
宾组	h02815							
师组	h20738							
[illegible]								
何组	t04266							
何组	t00722							
出组	h24452							

午组	t02650							

何组	h29401							
汇								
何组	h27884							
	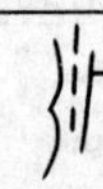							
何组	h28002-1							

历组	h31137-1							

宾组	h00974 反	h08365-1						

宾组	h18764-1							

黄组	h36758-1							
凄								
何组	h30215							
瀼								
宾组	h08360-1							
	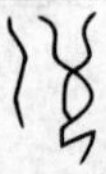							
何组	h28187-1							
瀼								
何组	t01098-1							

瀼								
何组	b08953-1	h28188-1						
⿰氵⿱丰口								
黄组	h36612-1	h36789-1	h36812-1					
洒								
宾组	h08295-1							
⿰氵橐								
宾组	h11156-1							
⿰氵荢								
子组	y01891							
⿰氵酓								
历组	h30429							
酒								
何组	h28231							
瀆								
宾组	h04164							
⿰氵口								
历组	h32103-1							
历组	t02616-1							
⿰氵凵								
宾组	h03067-1							
历组	t03957							

宾组	h08359-1							
宾组	h10485-1							
师组	h21114-1							
[illegible]								
何组	h30167-1							
宾组	h18765-1							
宾组	h00142							
宾组	h00557	h05362-1						
浥								
宾组	h10984-1							
濆								
出组	h24422	h24423-1						
[illegible]								
黄组	h36522-1							
出组	d00745							
汈								
不明	s00011-1							

何组	b10321							
黄组	h36779-1							
何组	t03637							
历组	t01102	t02054						
氾								
宾组	h08344-1							
黄组	h36946-1							
氾								
宾组	乙 00584							
历组	t00100-1	H34482						
黄组	t02263							
宾组	h19632-1							
宾组	h08358-1							

黄组	h39475-1							

黄组	h36788-1							

宾组	h08351-1							

师组	h21459							
 [illegible]								
宾组	w00705-1							

何组	h29365-1							

黄组	h36920							
濯								
何组	t02169-1							

宾组	h15244							

历组	h31966							

宾组	y00540							

历组	h33136							

宾组	h03748	h05708 正	h09083	h10161	h18985			

子组	h21657	h21734、						

丙一	h22044	h22098-1	h22098					

出组	h24441							

何组	h28180-1							

历组	h31942							

何组	t02161							

子组	h21801							

宾组	h10474							

宾组	h00659	h00850	h17577 正					

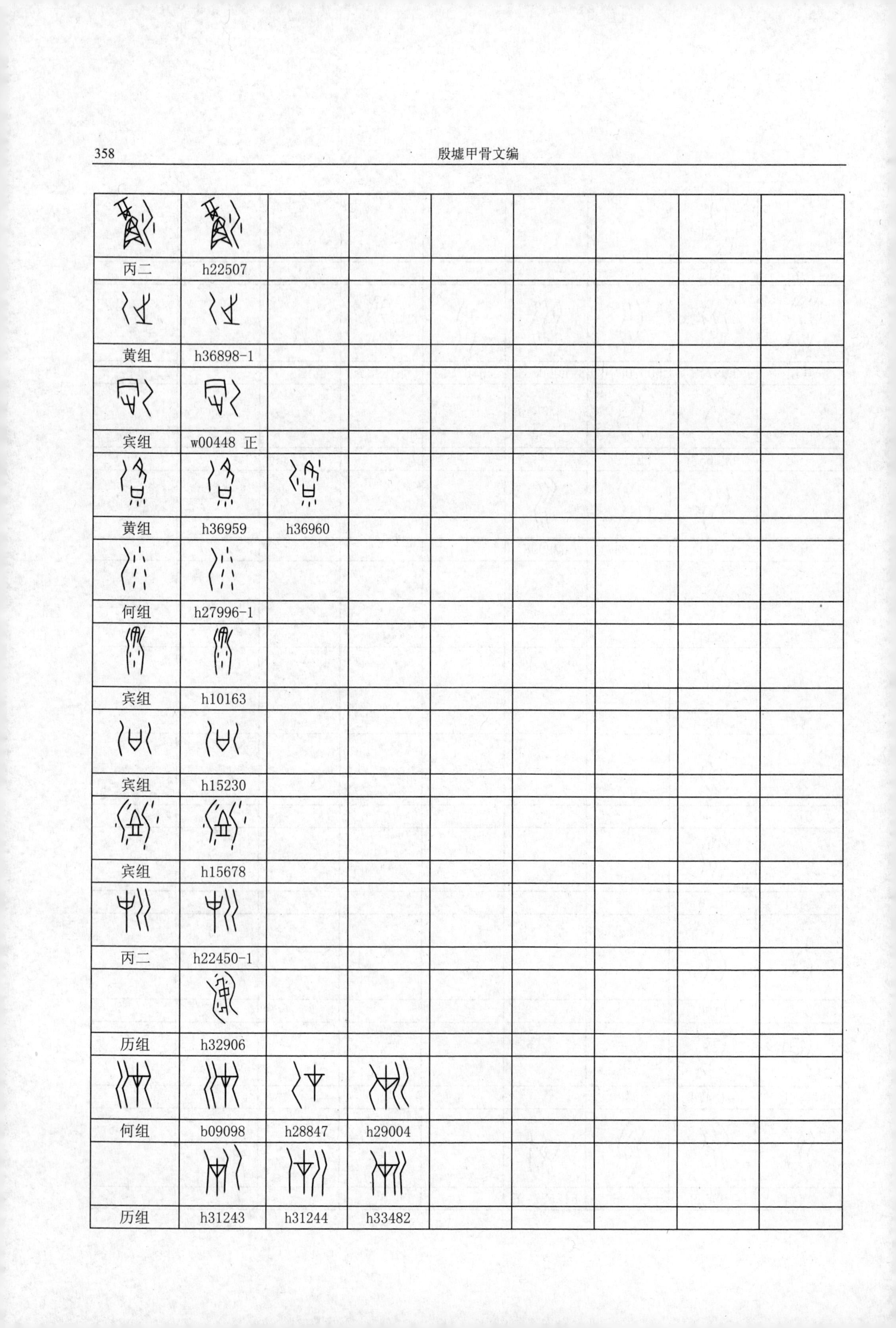

丙二	h22507							
黄组	h36898-1							
宾组	w00448 正							
黄组	h36959	h36960						
何组	h27996-1							
宾组	h10163							
宾组	h15230							
宾组	h15678							
丙二	h22450-1							
历组	h32906							
何组	b09098	h28847	h29004					
历组	h31243	h31244	h33482					

何组	 t02157							
 何组	 b08987	 h28459	 h29104	 h29269				
历组	 h33512	 h33524	 h33567					
黄组	 h37404							
历组	 t02178							
 何组	 d00781	 w01343						
黄组	 b11148	 b11316	 b11324	 h36569	 h36648			
汕								
359	h23623	h24983						
 宾组	 h09560							
汉								
宾组	h18771							
师组	 h20569							
历组	 t04566							

宾组	h08364							
宾组	h08363							
洹								
宾组	h07853	h07854 反	h07859 正	h07934	h08315-1	h08315-2	h08316 正	h08317
	h08318	h08319	h08320	h08321	h09648	h10119	h10158	h13014
	h14390	w00440						
出组	b07021 甲	h23717	h24413	h26766				
何组	h28182	h28183						
历组	h31923							
洹								
历组	h34165-2	h34165						
宾组	h00339	h00647	h01330-1	h06035	h08334-1	h08335	h08337	h08338
	h08342	h08343-1	h08345-1	h08346	h08409-1	h09509-1	h09518-1	h09519
	h10937 正	h10963 正	h14330-1	h14556	h18910 反			

师组	 h20895-1	 h21415-1						
历组	 h33178-1	 h33231	 w01648-1					
黄组	 h36758-1							
 宾组	 h00808 反	 h10675	 h13517-1	 h13830				
何组	 h30287							
历组	 h33162	 h33400	 h33401	 h34255				
黄组	 b12710							
 黄组	 h36952-1							
 宾组	 h18781 反							
 何组	 t02232							
 宾组	 b02716	 b04081						

宾组	h05505	h14207 正	h16113	h16186	h16187	h16188	h16189	h16191
b04089 正	h16194	b04383	h00779 正	h00780	h01677 正			
师组	h20627							
出组	h22594							
何组	h26907 正	h26907 正						
历组	h30436	h31006	h32028	h32161	h32308	h32915-1	h32915	h33276
	h33280	h33282	h33283	h33284	h33385	h34207	h34248	h34453
	h34663	w01636						
	s00373	t00093	t00476	t00576	t00890	t00914	t00943	t01035
	t02667	t03901						
宾组	h14372	h40548						

何组	h29074							
黄组	h36589							
历组	h31828							
何组	b09015							
黄组	h36428	h36430	h36433	h36780	h36897			
宾组	b06163							
黄组	h41779	y02563						
黄组	h36903							
黄组	h36968							
黄组	h36494							
宾组	h18767							

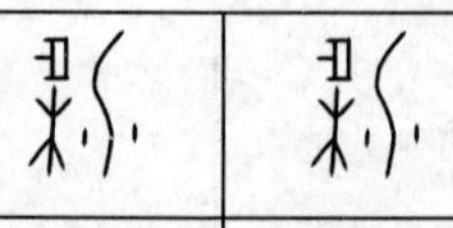								
宾组	h40536							
漅	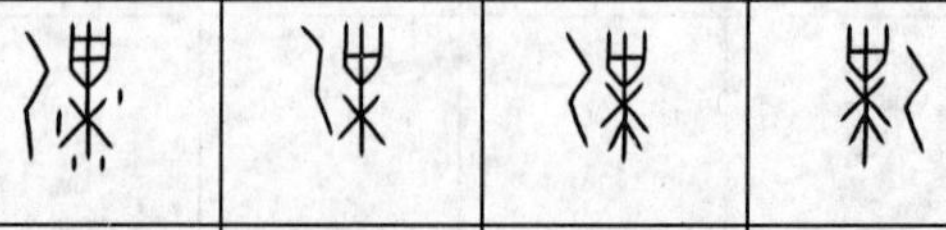							
364	h28095	h28096	h28298	h28737				
漅	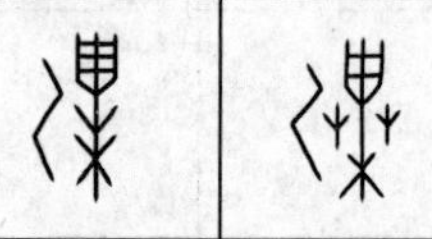							
何组	t00667	t00765						
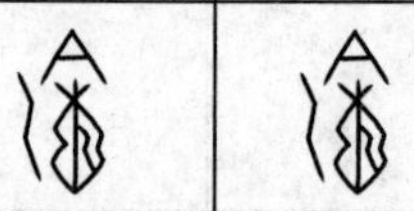								
黄组	h36956							
洸								
363	h37533							
洸								
黄组	h37637							
河	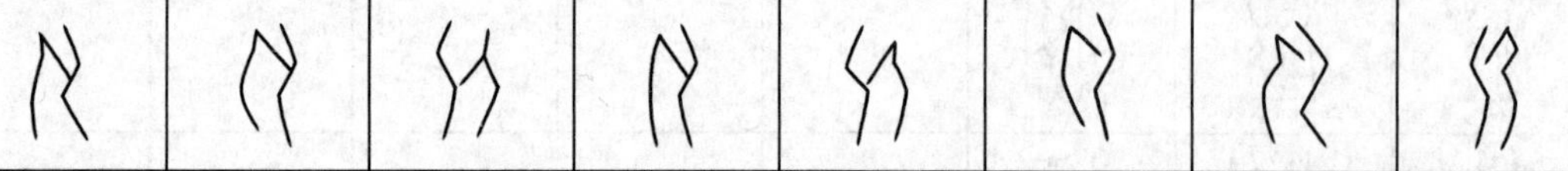							
宾组	b00939	b01234	b02525 正	b04082 正	h00672 正	h01027 正	h01506 正	h01713
	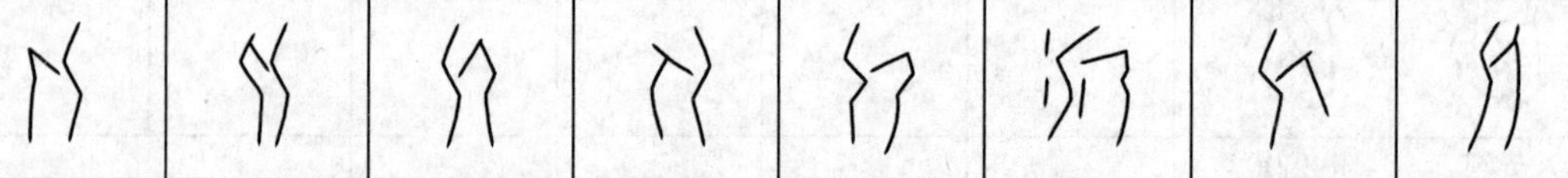 h03458 正	h05158 乙	h05522 正	h05566	h08212	h08324	h08409	h08724
	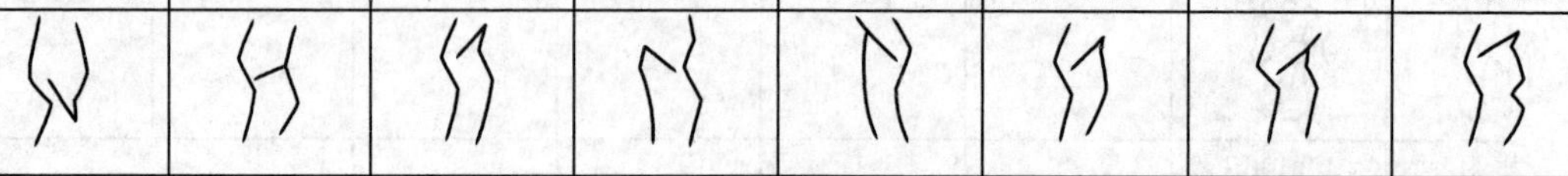 h09399	h09627	h10129	h14478	h14512	h14521	h14575	h14598 反
	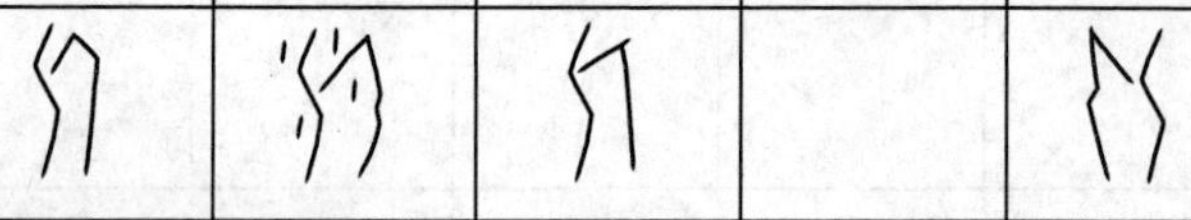 h14620	h18774	y01165		h00683			
师组	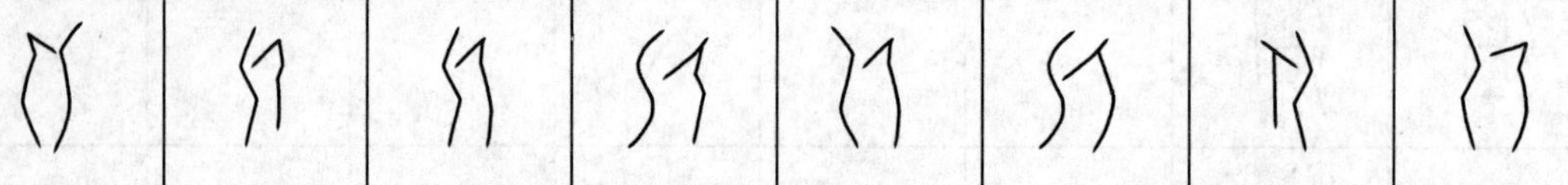 h19757	h19806	h19957 正	h20074	h20610	h21112	h21114	h21115

午组	 h21951							
丙二	 h22346	h22419						
出组	 h22594	h23675	h23786	h24609	h24968			
何组	 b09577	h28184	y02348					
历组	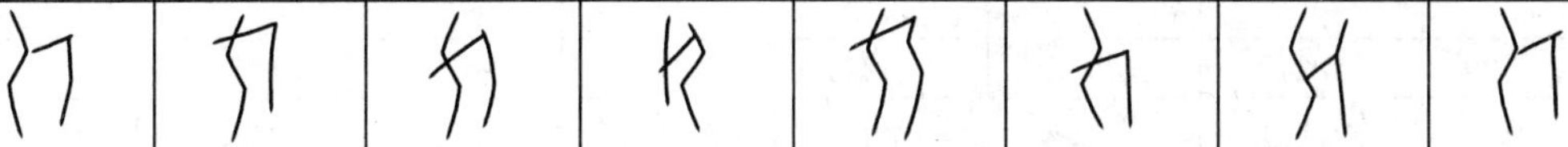 b10640	b10641	h30431	h30432	h30435	h31984	h32001 正	h32161
	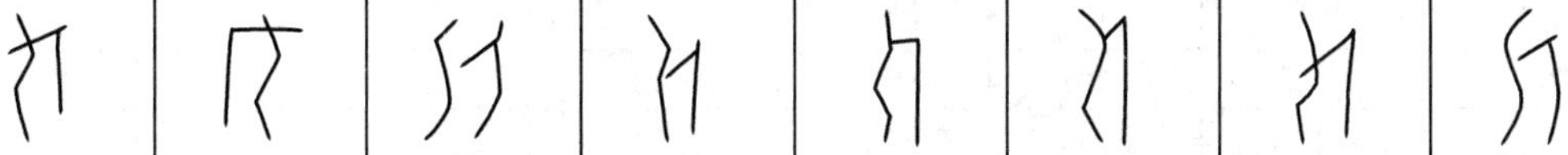 h32212	h32308	h33272	h33273	h33282	h33286	h33287	h33337
	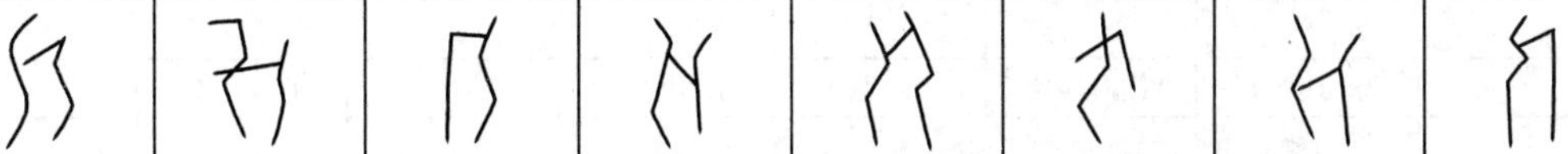 h34185	h34235	h34237	h34239	h34240	h34248	h34257	h34264
	 h34268	h34273	h34295	h35278	y02428	y02444	t01504	
黄组	 y02525							
何组	 t01119							
河								
师组	h20278							

何组	b09556	h28254	h28259					
历组	h30396	h30409	h31827					
河								
何组	h26907 正	h27203	h28244	h28258	h28260	h28261	h28262	h28263
	h28267	y02349	t00244					
历组	h30401	h30412	h30426	h30427	h30429	h30436	h30437	h30438
	h30439	h30440	h30441	h30685	h30688	h32663	t00569	
黄组	h36922							
灾								
宾组	b01411 正	b02116 正	b05061	b05062 正	b05067	h00052	h00339	h01824 正
	h03222 正	h04016	h04086	h04088	h04281	h04381	h05933	h06040 正
	h06656	h07946	h10531	h13986	h17206	h17213	w00298	

出组	h24262	h24492						

何组	b08895	b09105	h27778-1	h27778	h28880			

出组	b07035							
				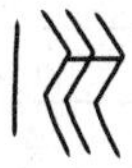				
何组	b09074	b09271	b09850	h28655				

历组	t00660							
淲								
宾组	h06131 正							

历组	h32333							
⿰氵虘								
师组	h20364							

宾组	h15869							

何组	t01008							

黄组	b11264-1	h36590	h36641	h37459	h37514			

黄组	y02564							
师组	h19869							
宾组	b02686							
师组	h20128							
	t01504							
何组	h26907 正							
	100176							
历组	h35246							
凌								
黄组	h36912	h37475						
宾组	H14380							

屮								
宾组	h08380 正	h18661-1						
午组	h22030							

何组	h27218-1	h27218						

何组	t00591							

师组	b06923 反							

何组	h29276							

师组	b06829							

历组	w01629							
生								
宾组师组	h02653	h13924-1	w00770-1					

师组	b06659	h20074	h20512-1					

子组	d00971							

午组	h21967							

出组	 h24142-1							

何组	b09672							

历组	b10559	h34120						

宾组	h18424							

出组	h24248							
封								
宾组	b01980	b05316	h18426	h19010				

子组	y01910							

何组	h27498	t02409-1						

历组	h33068	t02510						
封								
宾组	h19412							

师组	h20576 正							

黄组	b11269	b11284	b11299 反	h35501	h36528 反	h36529		

何组	t03121							
封								
宾组	b05052	h04366	h05814	h19010				

出组	h26752							

历组	h32243	h32287						
封								
出组	y01926							
⿰阝封								
何组	b10355							

出组	h26189							
 ⿰大封								
师组	w01520							
 ⿱丰子								
子组	y01915 正							
 ⿱丰孖								
宾组	h01251							
夆								
黄组	h37507							

宾组	h10425-1	h40065						
橐								
宾组	h00548-1	h04741-1	h07698-1	h14347 正	h14520 正	y00564 正		
历组	h31161							
历组	h33007							
子组	h21722							
黄组	h36939-1	h37543						
丙二	h22500							
宾组	h09506							
宾组	b00536	h00136 正	h00552	h04209	h06578	h08133	h10061	y00833
历组	h32292	h33034	h33233 正					
宾组	h18431							
黄组	h36127							

历组	t01316	t04400-1						

黄组	h37439							

宾组	h00906 正							

何组	t00765							

宾组	h06647 正							

宾组	h08015							

出组	h24469							

何组	h27791							

何组	h29371							
 [illegible]								
黄组	h37439							
 艻								
历组	h33225							

黄组	 h37517-1							
芳								
历组	h32963							
芳								
历组	t00936-1							
郁								
宾组	h08313	h08638	h08640	h11253	h11473			

师组	h20017	h20626						
郁								
师组	h20624	h20625						
郁								
历组	h33201							
郁								
出组	b07180							

何组	h28335							
莫								
何组	h26996	h27020	h27397					

历组	h30488	h30751	h31940					
莫	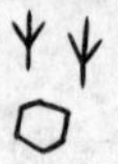							
何组	h27032-1	h27273	h27274	h27275	h27276	h27396	h27401	h27530

历组	 h30617	 h30729	 h30845					

何组	t00020-1	t01005-1	t04060-1					
莫								
宾组	h18429							
莫	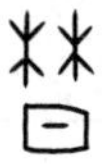							
宾组	h10227							
	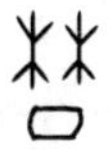							
何组	h26949-1	h27302	h29257-1	s00351				
	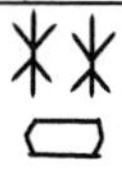							
历组	h30786	y02417-1						
莫								
何组	h27456 正							
莫								
宾组	h01867							

师组	h21361							
	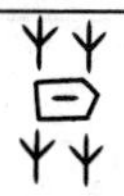					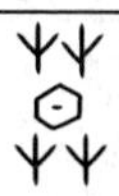		
何组	h28630	h28822	h29250	h29788	h29805	h29808-1	t03036-1	

历组	h31941	h32485						

莫								
宾组	h40140							
莫								
宾组	h08185 正							

历组	h30972	h33743	h41662					

何组	t02196							
莫								
出组	h23207	h23209	h24311	h24348	h25225	y01953		
⿱莫隹								
宾组	h10047							

出组	h24155	y01978-1	y01978					

何组	h28973	h29806	t00345	t02383				

历组	h31949	h32014	h33744	t03578				
⿱莫隹								
历组	h33545							

暮								
出组	h23148							
朝								
历组	h32727							
朝								
何组	h29092							
朝								
历组	h33130							
朝								
宾组	h18718							

宾组	h18748							
木								
宾组	b03967	h03419	h05749	h07569 正	h14826	h18421-1		

师组	h20647-1							

午组	h22028							

出组	h24271							

何组	b09929							

历组	h32216-1	h32216	h32940					

黄组	h36750							
历组	t02616							
历组	t02366							
宾组	h10997							
敊								
宾组	h03357							
师组	h20060							
者								
宾组	d00027	d00371 正	d00372 正	d01059 正	h01276-1	h01277	h01653-1	h03995
	h05058	h06412	h06428	h06470 正	h06491-1	h06492	h06504	h06542
	h07280 正	h07527	h09234 正	h09560-1	h09560-2	h10558	h11517	h11522
	h11523	h11526	y00889	100138	100158			
出组	h25371-1							
者								
宾组	h05517	h06690	h06709	h06710	h11513			

师组	 h21095-1	 h21095	 h21438					

历组	w01630							

黄组	h36127							
者								
宾组	y00784 反							

宾组	h08061							

宾组	h08063	h10950						

出组	h24458							

宾组	h18417							

何组	h28917-1	h28941	h28944	w01448				

历组	h30526							

黄组	h36747	t02640-3	t02640-4					

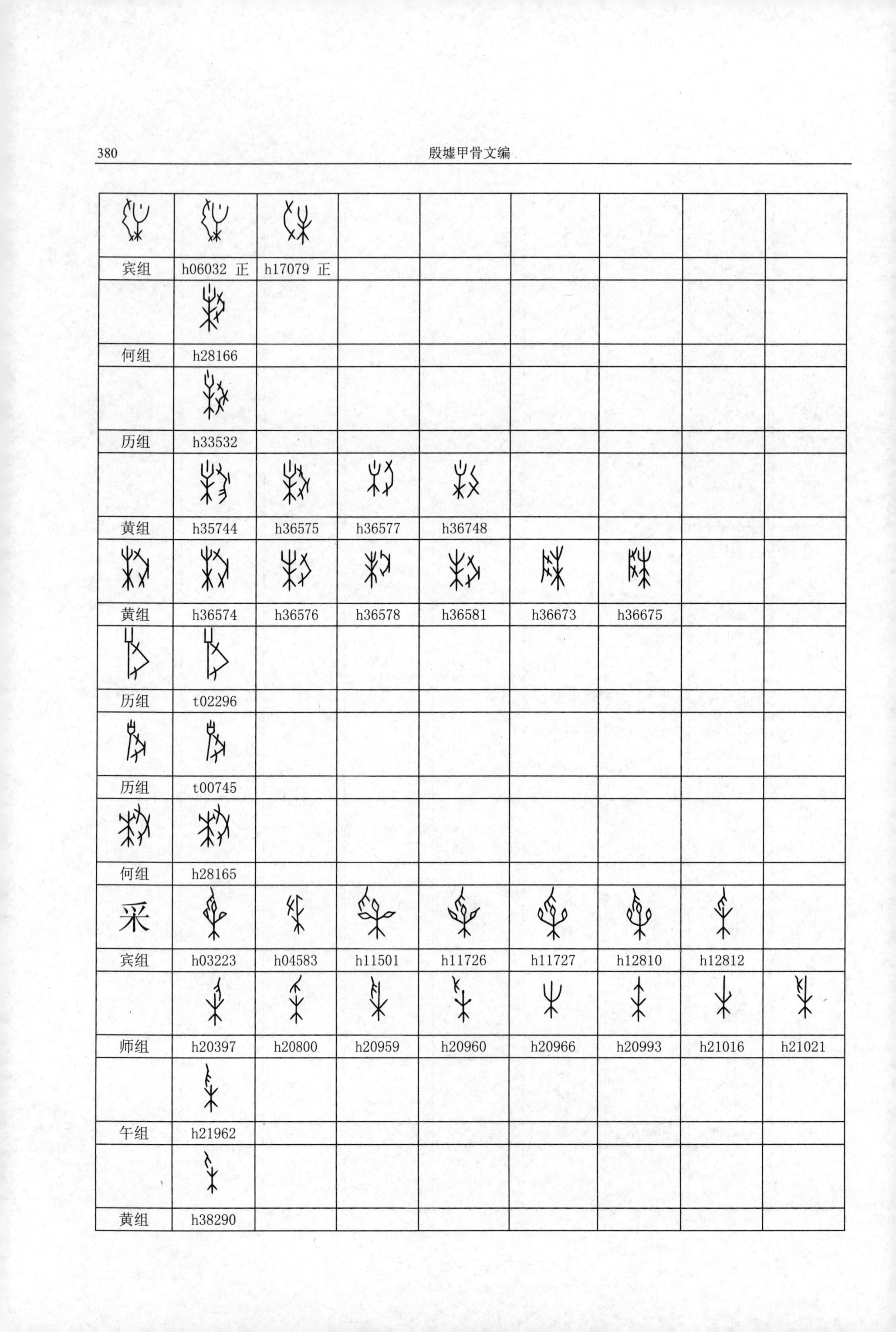

宾组	h06032 正	h17079 正						
何组	h28166							
历组	h33532							
黄组	h35744	h36575	h36577	h36748				
黄组	h36574	h36576	h36578	h36581	h36673	h36675		
历组	t02296							
历组	t00745							
何组	h28165							
采								
宾组	h03223	h04583	h11501	h11726	h11727	h12810	h12812	
师组	h20397	h20800	h20959	h20960	h20966	h20993	h21016	h21021
午组	h21962							
黄组	h38290							

午组	t02240							
何组	t04432							
权								
宾组	h00862							
何组	h27781							
枚								
宾组	h19078							
何组	h29957							
枚								
历组	b10486-1	t00220						
枚								
出组	h26852							
何组	h28094							
宾组	h14110 反							
宾组	h10529							

宾组	h03936 正							
析								
宾组	b06499 正	h00118	h04742	h08171	h14294	h14295	h15004	h18414
	h18457	h40550						
师组	h21153	h21433						
子组	h21848	h21864						
午组	h22023							
丙二	h22213							
出组	h23794	h24262	h24359-					
历组	h34474							
宾组	h12436							
枂								
宾组	b04265							
师组	h20143	h20145		历组	h33015			

困								
历组	h34235							

宾组	h40558							
杕								
历组	h32958	h32960						
杞								
宾组	h08995 臼	h13443 臼	h13890	h17525 臼				

丙二	h22214							

出组	h24473							

黄组	h36751							

宾组	h18644							
柳								
黄组	h36526	y02566						

何组	t00088							

宾组	h00585 正	h18667						

黄组	h37649							

历组	t00885							
午组	h22020							
[illegible]								
宾组	h11001	h15889						
梌								
宾组	h07936-1							
午组	h22024							
出组	b08680							
何组	h28913	h28915-1	h28917-1	h28931-1	h28935-1	h28936-1	h28938	h28940
	h29156	w01443	t02181					
历组	h33531-2	h33531						
黄组	b11289	b11342	h37364	h37631	h37635	y02542-1	y02544	
宾组	h17330							

杏								
宾组	h03914	h17524 臼	w00870					
⿱林口								
宾组	h04318							
出组	h23680 正							
历组	s00370							
⿰⿱林口攵								
何组	h28126							
⿸⿱⿸广聿木林								
黄组	h36819	h36965	h41756					
⿰⿱木土又								
宾组	h09555							
何组	t02170-1	t02170						
何组	h28376							
望								
宾组	h09554							
望								
宾组	h05908	h07928 反						
望								
何组	h27823	h28398						

何组	h29410							
何组	h30262							
楚								
宾组	h10906							
何组	h29984							
历组	h32986							
椘								
历组	h31139							
[illegible]								
历组	h34220							
[illegible]								
何组	h27781							
出组	h24358							
[illegible]								
宾组	h08183	h10910 正	w00831					
[illegible]（同上）								
何组	h29092	h29289	h29370					
历组	h31786	t00149						

出组	h26790							
⿱林夫								
宾组	h00368	h08013						
⿱林大								
宾组	h06946 正							
埜								
宾组	h17173	h18006	h18419					
午组	h22027							
何组	h30173							
⿱林隹								
宾组	h08785	h10211	h18432	h40747				
⿱林隹								
宾组	w00130							
⿱林隹								
宾组	h10999	w00313						
⿱艹巳								
何组	t00108							
⿱林巳								
宾组	h02794	h07906	h07907	h08301	h09660 臼	h10171 反	h14199 反	

⿱林乇								
宾组	h00018	h00649	h04596	h06759-1	h09518	h09660	h11530	

黄组	h36344							
⿱林乇								
宾组	h04672	h08181	h08627					
⿱林乇								
宾组	h02358 正	h06073	h18442					

黄组	h37852							
⿱林乇								
黄组	y02563							
⿰木⿱乇日								
宾组	h08582 正	h11533						
⿰木⿱乇日	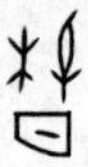							
宾组	h17314	y00718						
萅								
何组	h29715							
旽								
历组	h30851							
⿰⿱林日乇								
历组	t01087							
杲								
出组	100347							

宾组	h18209							
果								
宾组	h13625 正	h14018	h1739 反甲	y 补 55				

师组	h19956	y01777	t02691					

何组	h28128							

历组	h33149	h33151	h33152	h34136				

宾组	h04504							

宾组	h01096							

宾组	h08714							
[illegible]								
宾组	h14641	h18122						
[illegible]								
师组	h20500							
[illegible]								
历组	h31942							

⿴囗果								
师组	h20455							
黄组	h37580							
⿰果丂								
历组	h33101							
黄组	h36957							
桑								
宾组师组	h04813	h06959	y00395					
师组	b06609	b06822-1						
何组	h29363							
黄组	d00873	h35435	h35584	h37562				
桑								
宾组	h10058							
宾组	h03108							
櫅								
宾组	h06947 正							
何组	b10384							

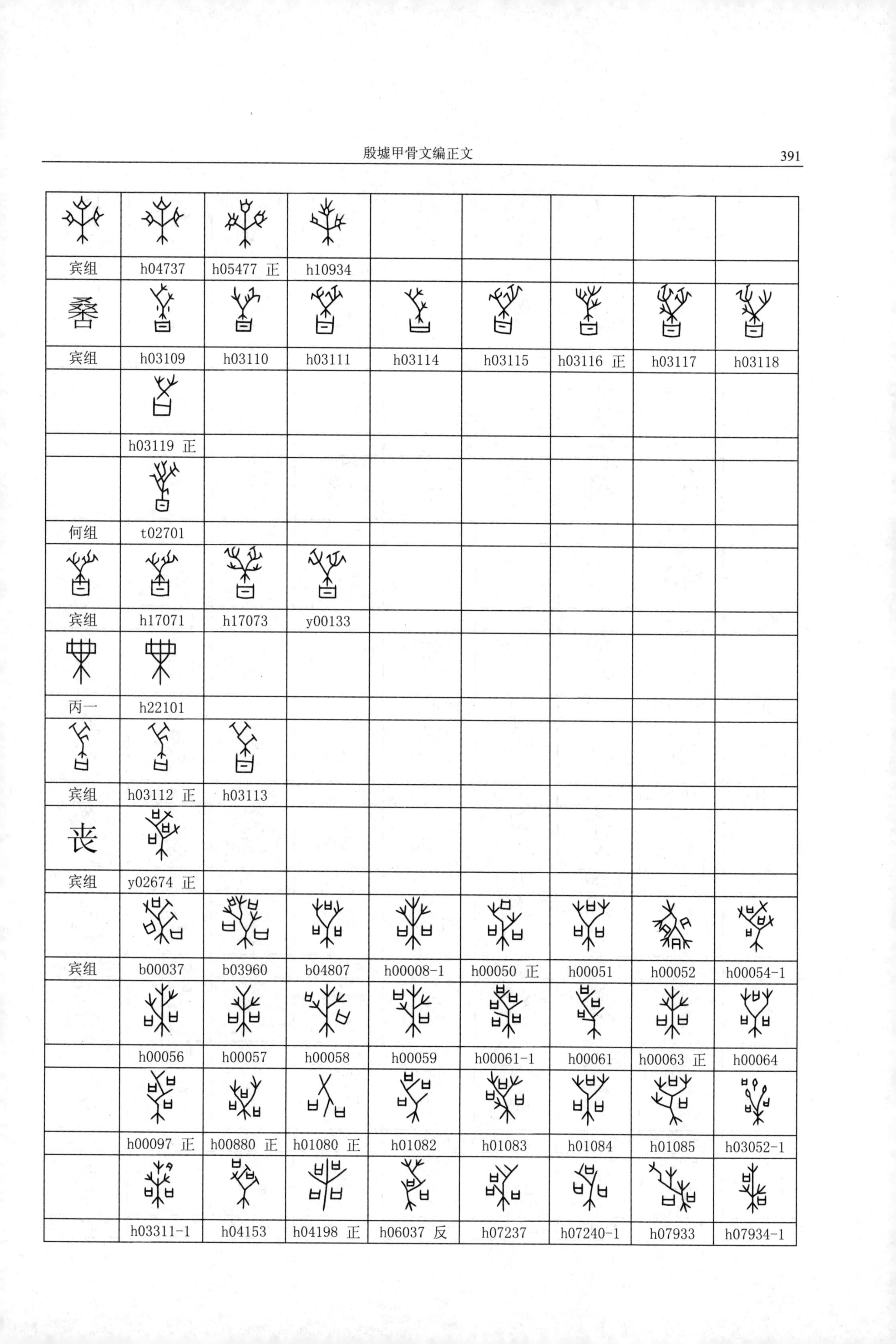

宾组	h04737	h05477 正	h10934					
[illegible]								
宾组	h03109	h03110	h03111	h03114	h03115	h03116 正	h03117	h03118
	h03119 正							
何组	t02701							
宾组	h17071	h17073	y00133					
丙一	h22101							
宾组	h03112 正	h03113						
丧								
宾组	y02674 正							
宾组	b00037	b03960	b04807	h00008-1	h00050 正	h00051	h00052	h00054-1
	h00056	h00057	h00058	h00059	h00061-1	h00061	h00063 正	h00064
	h00097 正	h00880 正	h01080 正	h01082	h01083	h01084	h01085	h03052-1
	h03311-1	h04153	h04198 正	h06037 反	h07237	h07240-1	h07933	h07934-1

	h10250-1	h10293	h10297	h10330	h10927 正	h10928	h10929	h10932-1
	h10933	h13547	h18101-1	h18978 正	h19197-1	h19198	h19199	h39481
	h40004	w00385						
师组	h20241	h20279	h20407-1	h20676-1	h21019	h21153		
午组	h22029-1							
出组	h22537	h23711-1	h24473	h26853-1				
何组	b09190	b10346	h27455	h27782	h27809	h27920	h27972	h28050
	h28250-1	h28326	h28907	h28908	h28914	h28915	h28919	h28923
	h28929-1	h28946	h28950	h28965	h28971-1	h28971	h28973	h28974 正
	h28975	h28976	h28979	h28981-1	h28983	h28985-1	h28987	h28989-1
	h28995-1	h28997	h28998	h28999	h29000-1	h29001	h29004	h29005
	h29006	h29007-1	h29008	h29010	h29013	h29014	h29015	h29017-1

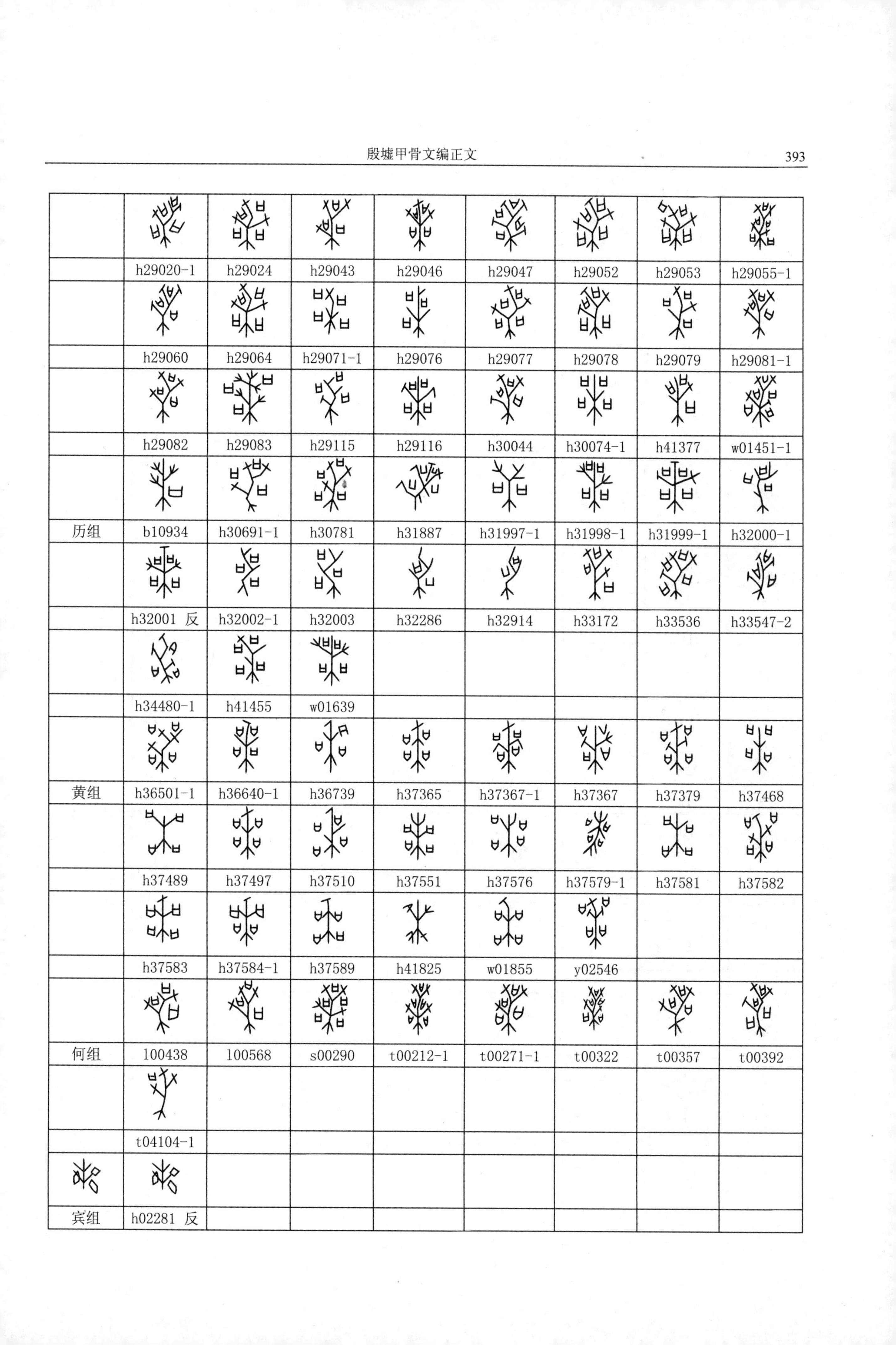

	h29020-1	h29024	h29043	h29046	h29047	h29052	h29053	h29055-1
	h29060	h29064	h29071-1	h29076	h29077	h29078	h29079	h29081-1
	h29082	h29083	h29115	h29116	h30044	h30074-1	h41377	w01451-1
历组	b10934	h30691-1	h30781	h31887	h31997-1	h31998-1	h31999-1	h32000-1
	h32001 反	h32002-1	h32003	h32286	h32914	h33172	h33536	h33547-2
	h34480-1	h41455	w01639					
黄组	h36501-1	h36640-1	h36739	h37365	h37367-1	h37367	h37379	h37468
	h37489	h37497	h37510	h37551	h37576	h37579-1	h37581	h37582
	h37583	h37584-1	h37589	h41825	w01855	y02546		
何组	100438	100568	s00290	t00212-1	t00271-1	t00322	t00357	t00392
	t04104-1							
宾组	h02281 反							

⿰月褱									
宾组	h13751 正	h13752 正	h15738-1						
宾组	h18120								
⿱𦥑日									
何组	h29395	h29396							
氵⿱𦥑日									
何组	h29207								
⿰⿱𦥑日又									
何组	h28146								
出组	h24361								
香									
何组	t04490								
香									
何组	h27911	h29367	y02295						
香									
午组	h22022								
何组	t00217								
朱									
宾组	h08155								
师组	y01866								

黄组	h37363							
朱								
黄组	h36417							
宾组	h00892 正							
师组	h40899							
亲								
师组	h20323							
何组	b09295							
机								
宾组	h10196							
何组	t02152							
黄组	h37538							
杉								
宾组	h08027-1	h08027-2	h08172					
林								
宾组	b00432	h09741 正	h11010	h18418	h19423			
历组	h31033	h33756-1	h33756	h34544	s00358			

黄组	h36547	h36968						
森								
宾组	h11323							
森								
宾组	y01288							
宾组	h08410 反	h18420						
杜								
宾组	b06244							
师组	h21458							
[木日木]								
何组	h29246	h29255	h29279					
历组	h31800-1	h33517						
历组	b10940							
椎								
宾组	h13159 反							
黄组	h36809							

[illegible]								
何组	t02722							
[illegible]								
历组	h31785							
[illegible]								
何组	t02170							
[illegible]								
何组	t02170							
 [illegible]								
宾组	h06979							
禾								
宾组	b06471	h04359	h06769 臼	h12683				

师组	b06788	b06904 正	b06914	h20575	h20656			

午组	h22025							

丙二	h22507							

出组	h23542	100466-1						

何组	h27942	h28231	h28232	h28233	h28234	h28235	h28236	h28240

	h28243	l00531						
历组	b10531	b10532	b10534	b13395	b13396	h31149	h32001 正	h32028-1
	h32028	h32298	h32778	h32781	h32938	h33209	h33240-1	h33240
	h33241	h33242	h33245	h33248	h33249-1	h33250	h33252	h33256
	h33264	h33273	h33274-3	h33303	h33351	h34177	t00033	
	t03072	t03567	t04100-1	t00423-1	t00857	t00914	t00943	t01110
	t02667	t03043						
禾								
宾组	h09464 正	h09615						
师组	h19804							
苶								
宾组	b05964 正	h03247	h09552	h11979	h12689	h17391		
何组	t02715							
秉								
宾组	h00519	h17445	h18156	h18157	h18159			

⿷匚禾								
师组	h20145	h20192	h20196	h20198	h20199	h20201	h20202	h20204
	h20205	h20208	h20211	h20413	h20632	h20777	y01793	100307
⿷匚禾								
师组	h19754	h20191						
⿱秝一								
宾组	y00771 正							
宾组	h18158							
利								
宾组黄组	h01853 臼	h02774 臼	h03651 臼	h07043	h07044	h07045	h07938	h10045 臼
	h17531 臼	h17610 臼	h17611 臼	h17613 臼	h17614 臼	h18401		
师组	h21455							
何组	h26998	h27146	h27459	h28008	h28063	h28863-1	h28863	h29687
	h29880	h30178	h41453	w01350	y02264	t02299	t02408	
历组	h31243	h31244	h31245	h31797	h33401			

黄组	b11308	h35345	h35346	h36424	h36536	h39336	y02567	
利								
宾组	h04743							

宾组	h07042							
利								
宾组	h39932							
[illegible]								
出组	h24506							
[illegible]								
何组	h27720	h27721	h28195	h29418				

历组	h31799							
龢								
宾组	h01240							

师组	h21153							

历组	h30693							
龢								
宾组	h15335							
秝								
何组	h28209	t03938						

历组	t02918							

师组	h20167							

历组	h31228							

黄组	h39443							
 余								
师组	h21507							

何组	h28203-1	h28236						

何组	h28233							

何组	b10314							

何组	s00510							

宾组	h02824							

师组	h21424							
 秉								
宾组	h19704							

子组	h21673	h21674	h21825					

午组	h21873							

何组	h28201	h29767						

历组	h30381	h31201	h31796					
柬								
宾组	h08202							

历组	h30384	h35241	t03680					
敕								
宾组	h18514 正							

何组	h27884							
敕								
宾组	h13315							
敕								
宾组	h18123							
剌								
何组	h27885 正	h27885 正						

⿰耒沙								
子组	h21780	h21781	h21782					
⿰王盉								
黄组	h37364	h37455	h37554	h37738				
⿰王⿱禾亞								
黄组	h37660							
⿰王盉								
黄组	h37411							
⿰禾几								
宾组	h13505 正							
季								
宾组	h00941	h01424	h14710	h14716	h14717	h14720	h14721 正	h14722 正
	w00134	w00756						
师组	h21117-1	h21117	h21119	h21120				
出组	h24970	h24971	100344					
黄组	b10965							
年								
宾组	b02482	b02485	b02487 正	b02492	b02499 正	b02503	b02505	b02506

	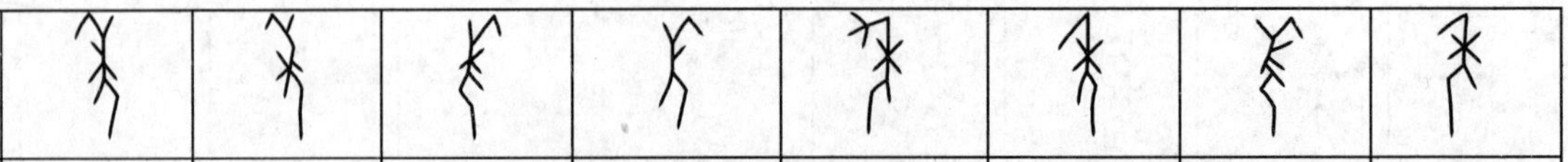 b02510 正	b02519 正	b02523 正	b02525 正	b02529	b02530	b02531 反	b02539
	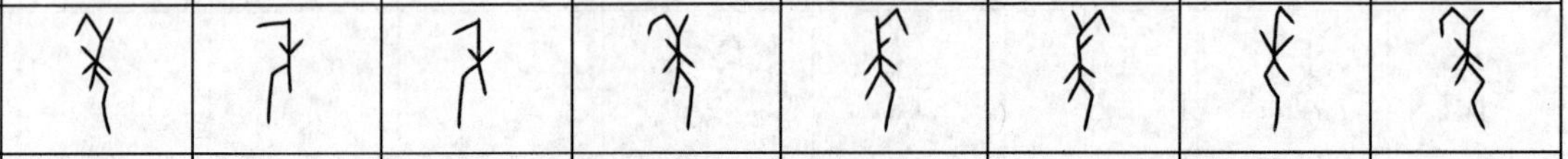 h05764	h09735-1	h09735	h09856	h10047-1	h10047	h18910 正	y00060
	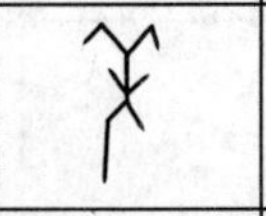 y00564 正							
出组	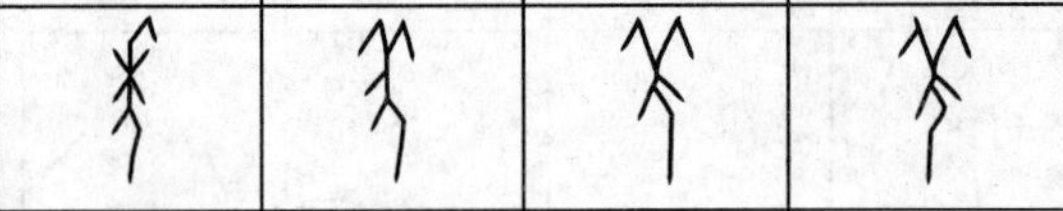 b07146	h24433	h24933	w01262				
何组	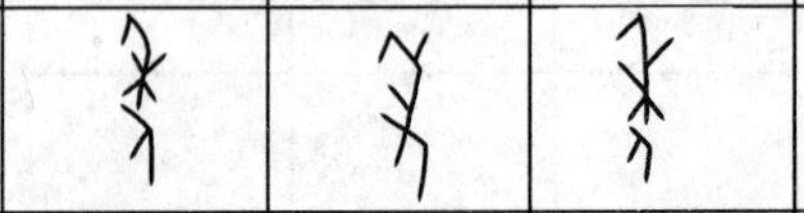 d01257	100457	s00510					
宾组	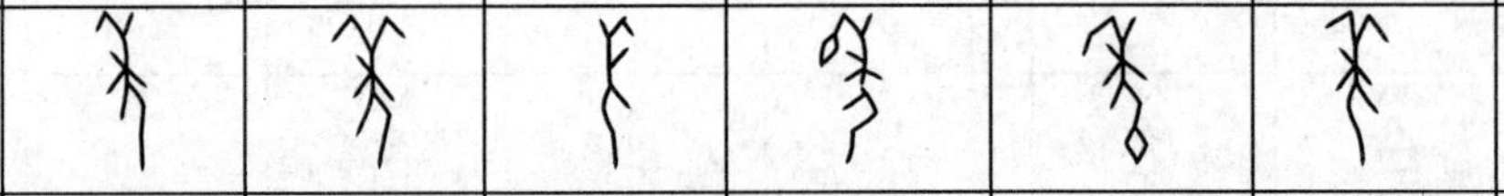 100093	100094	100095	100256	100257	100641		
年年	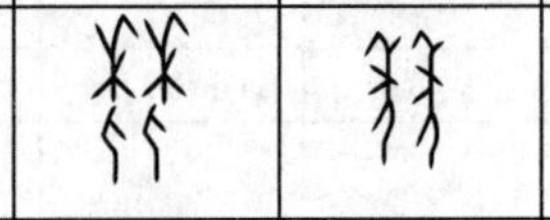							
宾组	h09364	h39785						
黍								
宾组	b02508	b02509	b02511	b02521	d01019	h00010	h00012	h00013
	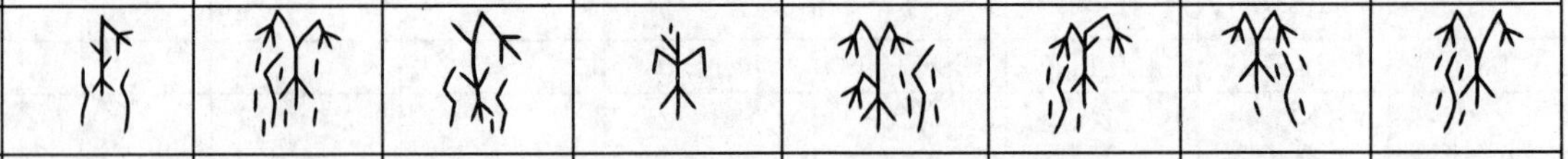 h00235 正	h00303	h00795 正	h01601	h06118	h08350	h08967	h09516
	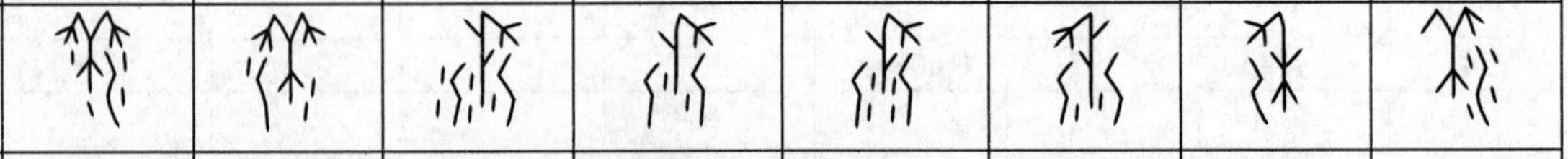 h09518	h09519	h09525 正	h09525 正	h09525 正	h09525 正	h09529	h09533
	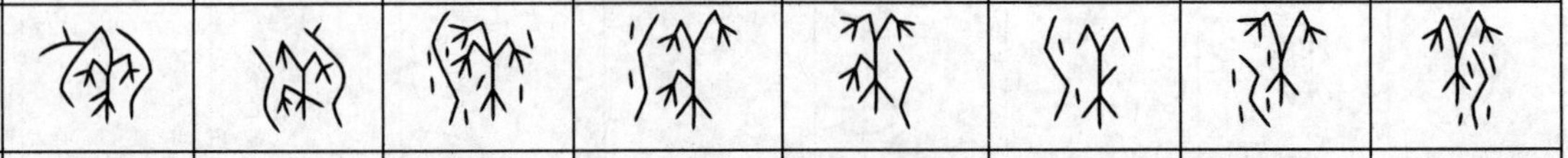 h09538-1	h09538-2	h09544 正	h09546	h09547	h09549	h09598	h09599
	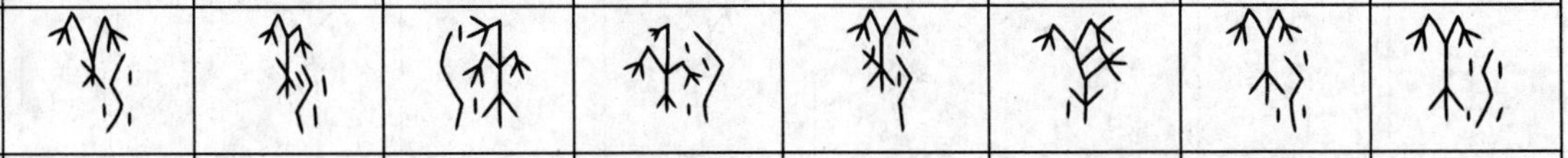 h09602 正	h09612	h0961 正乙	h0961 正甲	h09693	h09817	h09824	h09933

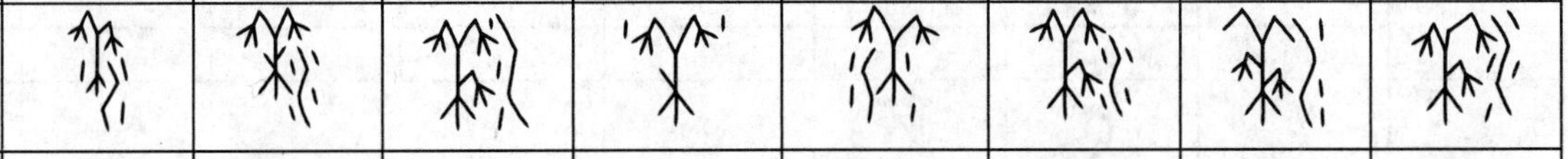

	h09934 正	h09935	h09937	h09938 正	h09940	h09942	h09943	h09944
	h09945	h0994 正乙	h09948	h09950 正	h09955	h09956	h09959	h09966
	h09967	h09968 正	h09972-1	h09972	h09973	h09975 正	h09977	h09979
	h09986	h09987	h09989	h09990	h09991 正	h09995	h09997	h10001 正
	h10003	h10013	h10015	h10021	h10043	h10143	h12677	h18910 反
	h40080	y00810 反	y00816	y00817	y00821			
出组	h24416							
历组	b10908							
黍								
宾组	b02513	b02518 正	d00308	h00811 正	h02267	h09530 正	h09539	h09540
	h09543	h09548	h09550	h09552	h09559	h09600 正	h09603	h09604
	h09646	h09947	h09949	h09951	h09954 正	h09957	h09958	h09962
	h09963	h09980	h09984 正	h09985	h09993	h10006 正	h10016	h10019

	h10020-1	h10059	h10132 正	h10133 正	h10137 正	h11484 正	h13414	
出组	h24431							
何组	100568							
黍								
何组	h27632	h30304	h30305	h30306	w01403			
历组	h32593							
黍								
宾组	h00787	h09528	h09617	h10018	h10024 正	h10028	h10034	
师组	h20649							
出组	h24432 正	s00159						
历组	b13398	h30984	h32014	h32606	h32643	h33224	h33225-1	h33334
	h34586-1	h34587-1	h34588	h34589	h34601-1	y02431	t01221	t02682
黄组	h35778	h36982						
何组	t00794	t00618						

穆								
何组	h28400	t04451						
历组	h33373							
穆								
宾组	h07563							
出组	h24440							
⿰禾开								
历组	h30462							
⿱禾止								
宾组	h18243							
来								
宾组	b00008	b06304 正	h00233	h00244	h00680 正	h02584 反	h02653	h04080
	h04305	h06507	h14469 反	h15711				
师组	b06779	b06794	b06804	b06950	h19946 正			
出组	b07379	b08293	b08689	d00673 正	h23685	h24158	h24185	h24187
何组	b09365	h26899	h26979	h27789	h28241	h29957		

历组	b10564	b10690	h32767					
黄组	b11106	b11112	b11113	b11148	b11263	t02091		
来 								
何组	h26993							
來      								
宾组	h00014 正	h10022 丙	h10037	h10039	h13728 正	y00733		
师组	h21221							
何组	h27826 反	h30345						
历组	h34107	h34584	t01723					
來 								
师组	h20323							
何组	h27219							
历组	h32572 反	h34515	t01725					

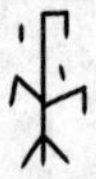

黄组	h35902	h36318						
香								
黄组	h36501-1	h36752	y02565 正					
香								
黄组	h36553							
杏								
宾组	h09552	h13906	h15930 反	h18851				

宾组	h05089							

宾组	h00837							

出组	h24611							

出组	h24762							
麦								
宾组	h06016 正	h09553 正	h09620	h09621	h09623	h09625	h10580	y00862

出组	h24228	h24440						

何组	b09155	h27459	h28138	h28139	h28140	h28311	h29369	h29386

	h29395	y02311	t00736	t00815				
黄组	b11300 反	h37448						
宾组	h00975 正	h00975 正						
何组	h30349							
⿰木又								
黄组	h36612	h36809						
⿰余麦								
黄组	h37517							
𠩺								
何组	b10276	b10283	h26975	h27325	h27610	h27678	h28363	h29590
	h29683	h30003-1	h30003	h30019	h30246-1	h30334	w01404-1	
历组	h30757	h30820	h30822	h31847-1	h31852	h31855	h31857	h31865
何组	l00547	s00341	t00748	t04395-1	t04558			
𠩺								
宾组	h08136							

何组	h27223-1	h28001	h28173					
历组	h31868	h31872						
[illegible]								
历组	h31842-1							
黄组	h37198-1							
[illegible]								
出组	h26833							
何组	b10288	b10289	b10291	b10292	b13370	h26909-1	h26931	h27123
	h27132	h27281	h27385-1	h27398	h27616	h27728	h27822	h28862-1
	h28940-1	h28949	h29578-1	h29626-1	h29855	h30001-1	h30111	h30173-1
	y02262							
历组	h30440-1	h30892	h30943	h31667	h31843	h31844-1	h31845-1	h31846-1
	h31851	h31853	h31856-1	h31858-1	h31859-1	h31860-1	h31864	h31871-1
	h31873	h32390-1	h32715					

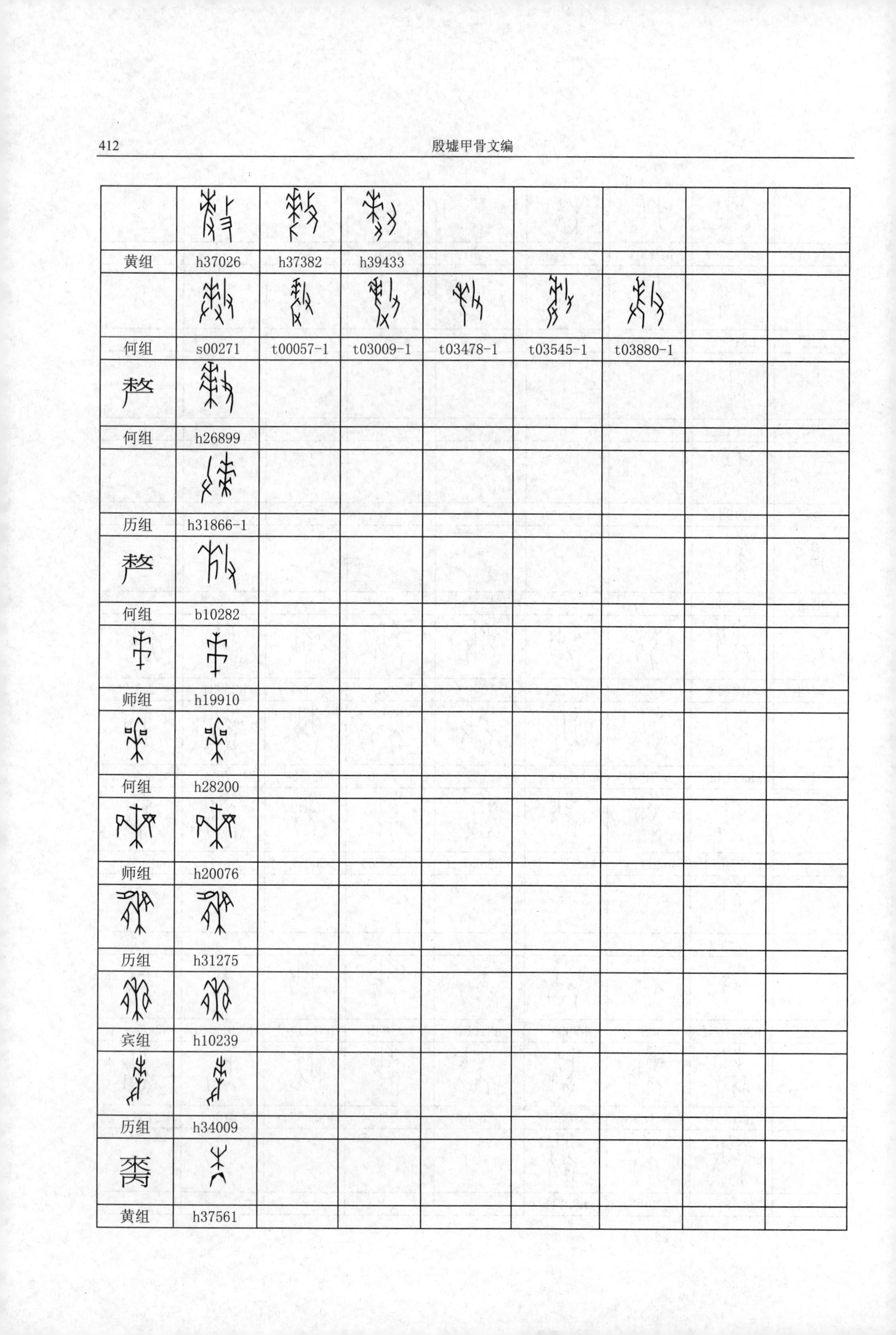

黄组	h37026	h37382	h39433					
何组	s00271	t00057-1	t03009-1	t03478-1	t03545-1	t03880-1		
[illegible]								
何组	h26899							
历组	h31866-1							
[illegible]								
何组	b10282							
师组	h19910							
何组	h28200							
师组	h20076							
历组	h31275							
宾组	h10239							
历组	h34009							
[illegible]								
黄组	h37561							

[illegible]								
宾组	b00024 正	b00725	d00240-1	d01065 正	h01527	h01601	h11256	h12853
	h15401	h15544						
师组	h20281	h20710	h21098	h21100	h21103	h21142	h21199 正	
丙一	h22048	h22050						
丙二	h22433							
何组	b09596							
历组	h34203							
[illegible]								
历组	b10431	b10618	b10642 甲	h33138	h34164-1			
[illegible]								
宾组	h01350							
师组	h19812 正							
历组	h32302-1	h32302	h32331	h33836	100588-1	t00180	t00290	t01458

尞								
宾组	h13401	h14315 正	h15553	h15643				
师组	h21099	h21110-1	h21110-2	h21110	h21198	h21203	h21260	
丙二	h22421 正							
出组	b13267							
何组	h27187-1							
历组	h32535	h32538-1	h34120-1	h34185	h34273	h34449	t04400	t04528
尞								
历组	h33273	h34274						
尞								
宾组	b06485	h14318	y01260					
师组	h20716							
出组	b08636	d01244						
何组	h27466	h30299						

历组	t01444							
⿱木贝								
子组	y01891							
⿱木贝								
师组	h20555	h21211						
历组	h30409	h32357	h32420	h32647-1	h32647	h32674	h33209	h33259
	h34242	h34267-2	h34275	h34458	h34461-1	h34464-1	h34474	h34512
	h34533	h34632	t00284-1	t01102-1				
何组	100458							
⿱木贝								
宾组	h19712							
师组	h20980 正							
出组	h41159-1	h30304						
何组	h27160	h27499	h28003	h28108	h28111	h28180	h30171-1	h41411-1
历组	h30411	h30675	h30776	h30778	h30779	h30782	h30784	h32148

	h33348-1	h33348	h34212					

黄组	h35477	h35901	h38231					

何组	100510	师组	s00305	s00304				
 [illegible]								
宾组	h02975 正							

何组	h29180							

历组	h30775							
 [illegible]								
师组	h21029							

历组	h34205							

师组	h20592							
 [illegible]								
何组	h29149							
 [illegible]								
子组	h21676							

丙一	h22044							

出组	h24951							
何组	h29700							
宾组	h04518 反							
历组	h31157							
历组	h33207							
出组	b08747							
何组	h27360	h27444	h27470	h27483	h27796	h41325	w01376	
历组	h32453	h33691						
何、历	t02682	t04576-1						
[illegible]								
黄组	h36912							
[illegible]								
黄组	h36989	h38724						
𠦪								
宾组	b03485	b04153	b04980 正	h00063 正	h00801-1	h01170-1	h03327-1	h08302

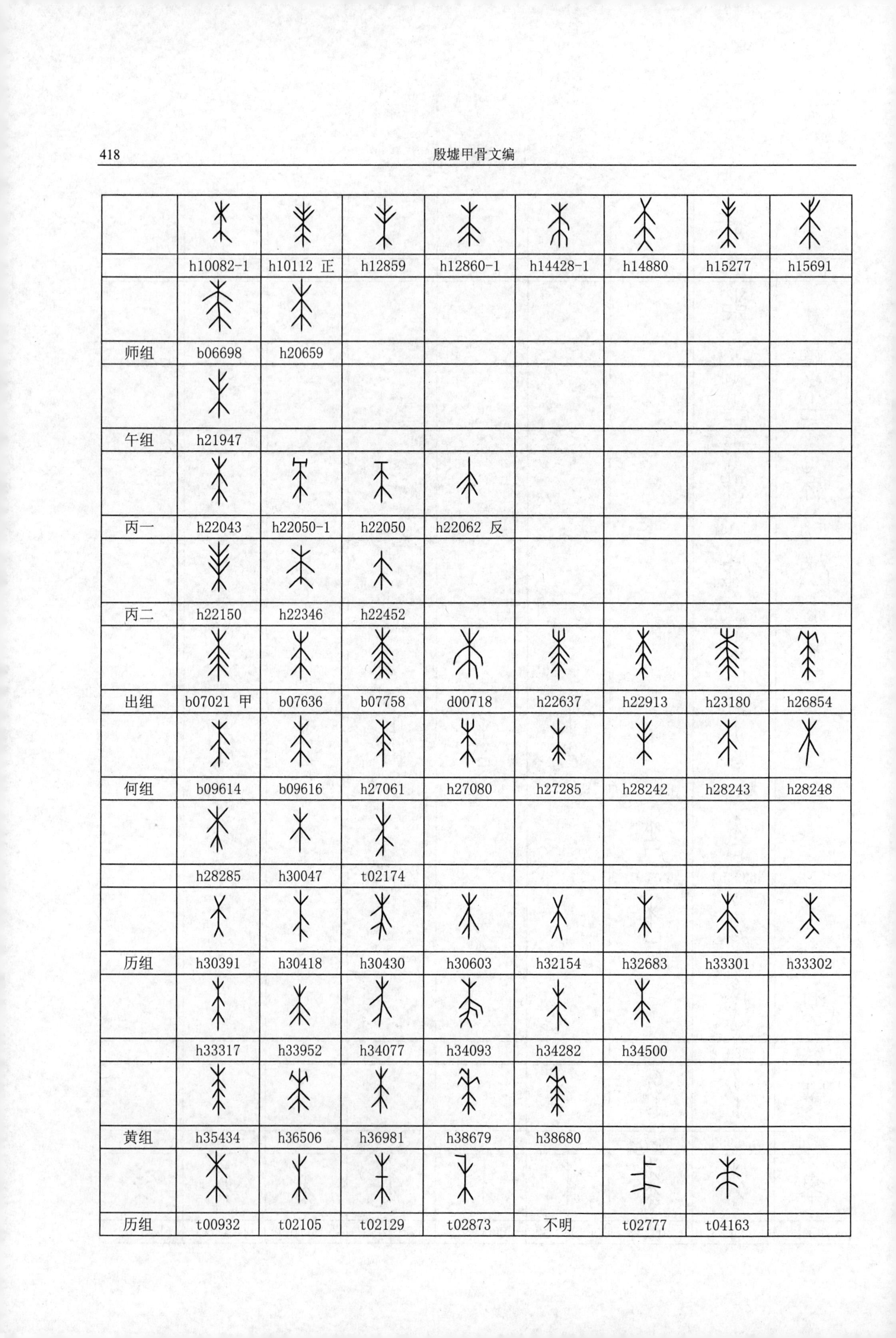

	h10082-1	h10112 正	h12859	h12860-1	h14428-1	h14880	h15277	h15691
师组	b06698	h20659						
午组	h21947							
丙一	h22043	h22050-1	h22050	h22062 反				
丙二	h22150	h22346	h22452					
出组	b07021 甲	b07636	b07758	d00718	h22637	h22913	h23180	h26854
何组	b09614	b09616	h27061	h27080	h27285	h28242	h28243	h28248
	h28285	h30047	t02174					
历组	h30391	h30418	h30430	h30603	h32154	h32683	h33301	h33302
	h33317	h33952	h34077	h34093	h34282	h34500		
黄组	h35434	h36506	h36981	h38679	h38680			
历组	t00932	t02105	t02129	t02873	不明	t02777	t04163	

𠦪								
何组	h27066-1							
𠦪								
宾组	h01190-1	h01439-1	h15272-1					
丙二	h22184							
出组	h25028	h25299						
黄组	h35607	h38091						
𠦪								
宾组	h08396-1	h14873-1	h14879-1					
奏								
宾组	b04460	h01255-1	h12819	h14311	h16025	h18822	h40422-1	y01284
师组	h20398	h21049	h21230-1					
出组	b06986	b07365	h22624	h22625	h23256	h23272	h26010	h26011
	h26016							
何组	b09661	h27299	h27310	h29865	h30032			
历组	h31024	h32164	h33128	h34125	h34565-1	t04338		

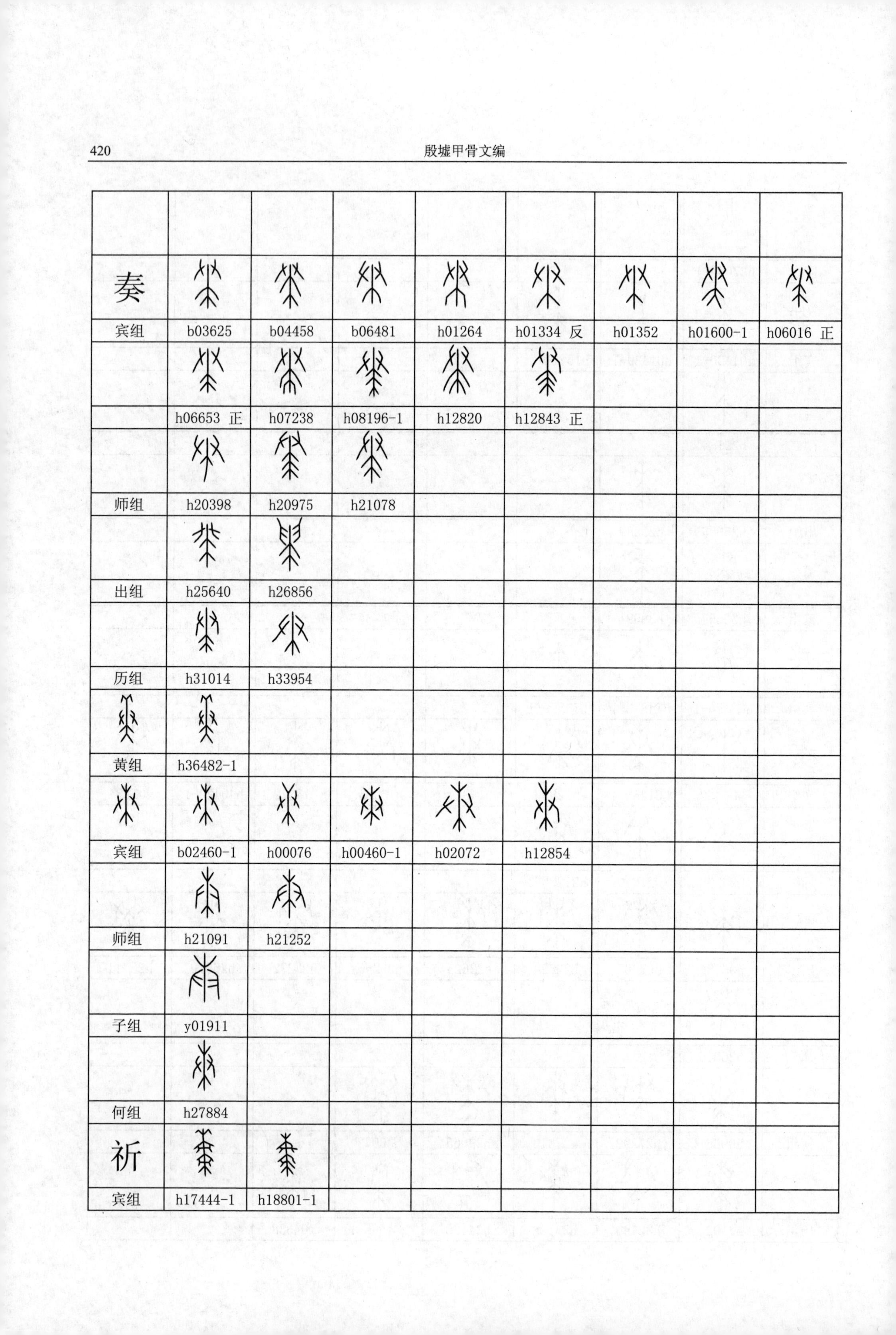

奏								
宾组	b03625	b04458	b06481	h01264	h01334 反	h01352	h01600-1	h06016 正
	h06653 正	h07238	h08196-1	h12820	h12843 正			
师组	h20398	h20975	h21078					
出组	h25640	h26856						
历组	h31014	h33954						
黄组	h36482-1							
宾组	b02460-1	h00076	h00460-1	h02072	h12854			
师组	h21091	h21252						
子组	y01911							
何组	h27884							
祈								
宾组	h17444-1	h18801-1						

出组	h26775-1	h26787-1	h26788-1	h26789-1				
历组	h33128-1							

宾组	h02599-1							
 [illegible]								
黄组	h36834-1							
 [illegible]								
宾组	b00038 反	b00038 正	b00115	b00165 正	b01238 甲	b01767	b01804 正	b01966
	b02192	b04898 反	b04923 反	b05023	b05025	b05026	b05028	b05030
	b05033	b05035	b05037 正	b05048 正	b05049	b05051	b05052	b05914
	d00389 反	h00263 反	h00367 反	h00572	h00584 正甲	h00594 反	h00594 正	h00811 正
	h00891 反	h00903 正	h00924 正	h00940 正	h00940 正	h01409	h01495	h01602
	h01603	h01735 甲	h01803	h02130-4	h02134	h02201	h02275	h02395
	h02428	h02500 反	h02523	h02795 正	h02924	h02960 正	h03032 反	h03163 正
	h03173	h03259-1	h03259	h03281	h03458 正	h03484	h03720	h04288 反

	h04307 反	h04662	h04756	h04787	h04899	h04980	h04997	h05048
	h05711	h05807	h05839 反	h06057 正	h06075 正	h06589 正	h07136 反	h07139
	h07150 正	h07190-1	h07191	h07239 正	h07565 正	h08569 反	h08641	h08893 正
	h10127-1	h10127	h10128	h10405 正	h10989 正	h11156	h11497 正	h11503 反
	h12643	h12862 正	h12868	h13220 反	h13300	h13476 反	h13613	h13843
	h14721 正	h14758 正	h16935 正	h16938 反	h16939 反	h16940-1	h16943 反	h16953
	h16954	h16955	h16959 反	h16960 反	h16963	h16964	h16972-1	h16982
	h16983 正	h16987	h16988	h17299	h17301 反	h17368	h19661	h19682
	h39493	y01557	y01559					
师组	b06714	h19881	h19907-1	h20024	h20204	h20218	h20465-1	h20553
	h21050	h21272	h21360	h21380-1	h21487-1	t00604		
子组	h21566	y01906						

午组	h21895							
丙二	h22162	h22256	h22269	h22284				
出组	b07047	b07935	h22592	h23698	h24135	h24215	h24358	h24412-1
	h25907	h26026	h26095	h26096	h26099-1	y01957		
何组	h28045	h28266-1	h28315	h30175-1	t03110			
历组	b10407	b10646	b10705	h30403	h31984	h32301	h32444-1	h32509-1
	h32914	h32970	h32996	h33026	h33362-1	h33362-2	h33378-1	h33953-1
	h34085	h34172	h34226	h34493	h34708-1	h34750-1	w01571-1	
黄组	h36765	h37509	h38222					
何组		t02446-1	t02525	t02658	t02686	t02944-1		
宾组	h14352							
宾组	h01115 正	h02954	h03259	h1351 正乙	h13514 正甲	h13628	h13826	h14022 正

	h18676	y00396						
师组	h21461							
子组	h21703 正							
丙一	h22086							
黄组	h37468	h39447						
宾组	h02856							
宾组	h18121							
何组	h27826 正							
历组	h33114							
牛								
宾组	b00013	b00019	b00051 乙	b00184 正	b01561	b01998 反	b02374	b02425 正
	b02673	b02678 正	b04110	b06127	d00278-1	h00190 正	h00238-1	h00333
	h00377	h00396	h00768 正	h00776 正	h01071 正	h01142 正	h01208	h01614

	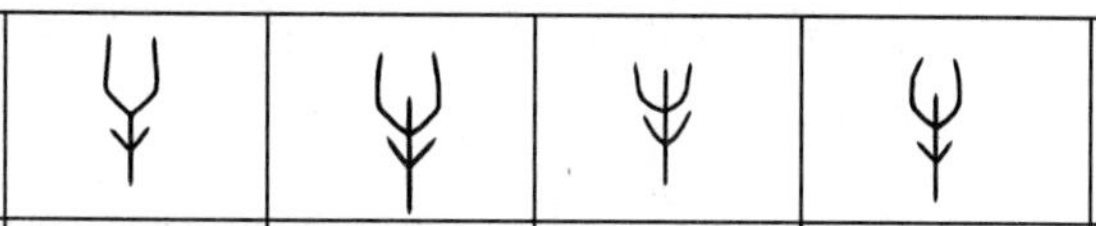							
	h02934	100008-1	100080-1	100080				
	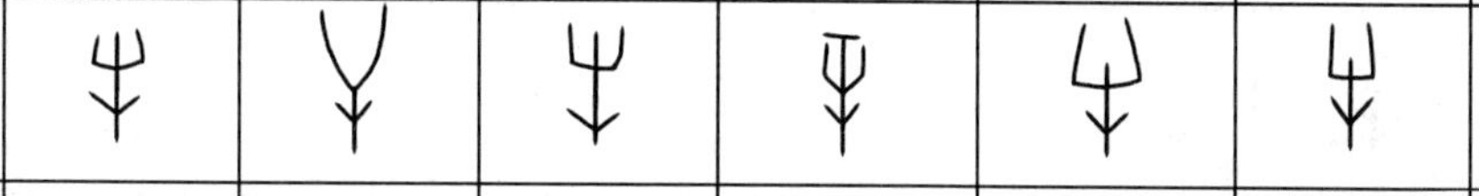							
师组	b06652	b06769	b06889	b06965	h19890	h19911		

午组	h21964							
	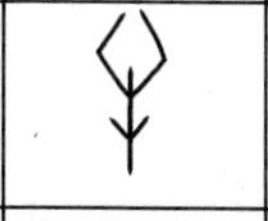							
丙一	h22055							

丙二	h22350							
	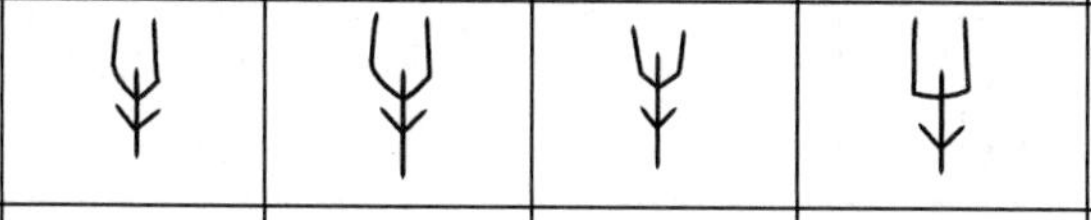							
出组	b06987	b07019	b07243	b07567				
	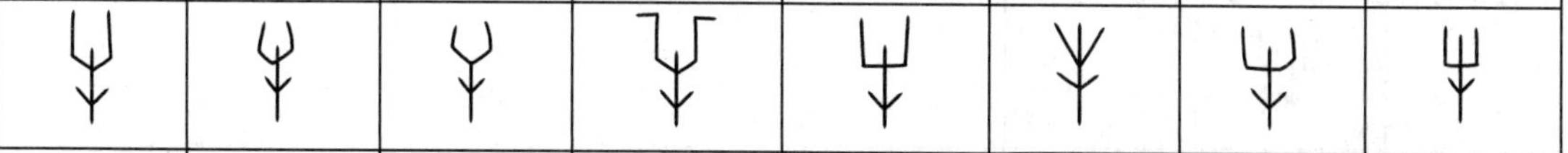							
何组	b09288	b09692-1	b09692	b09737	b10289	d00790	h29495	h29497
	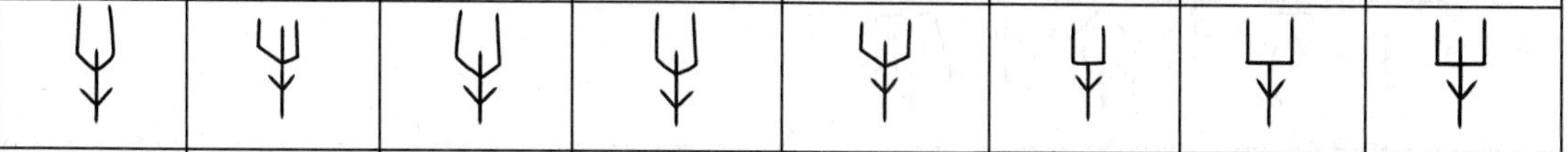							
历组	b10432-1	b10432-2	b10432	b10484	b10519 乙	b10909	h32058	w01572-1
	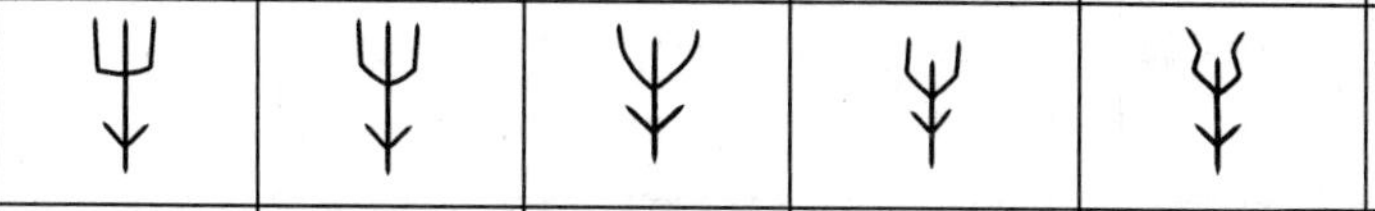							
黄组	b11381	b11387	b11398	b11403	b11406			
牛								
宾组	h14314	h14315 正	h14315 正					
⿰幽牛								
历组	h33276							

⿰幽牛								
 何组	 t04420-1							
 ⿰黄牛								
黄组	h36997	h36998						
牟								
宾组	h09004	h18274	y00528					

宾组	h05648-1							
牢								
宾组	b00111 正	b02700	h01966-1	h11284	h15432-1			

师组	b06545	h20700-1	h21040	h21099				

子组	h21590							

丙一	h22045-1	h22062 正	h22063					

丙二	h22191							
		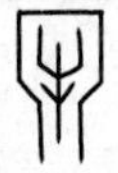						
出组	b08739	h22760	h23434					
			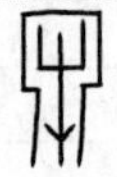					
何组	b09694	h26995 正	h27483-2	h29573-1	h29591			
		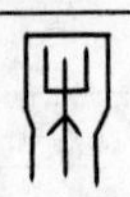						
历组	b10441	h32043	h32103	h32431	h33285	h33631	h33662-1	h33678-1

	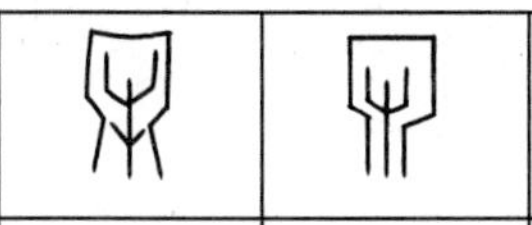 h34331-3	h34449-1						
黄组	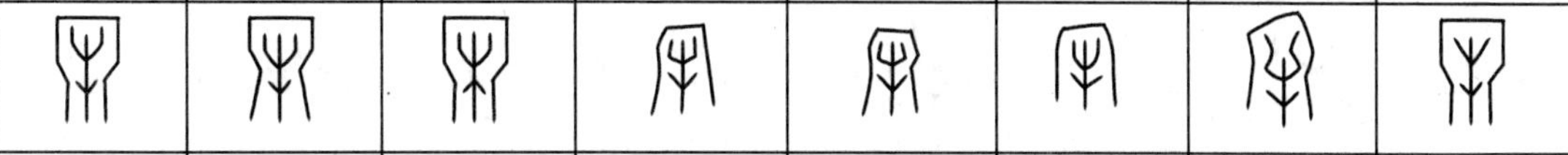 b10978	b10981	b11407	h35828-2	h35828-3	h35837-1	h35837-4	h36093
牡	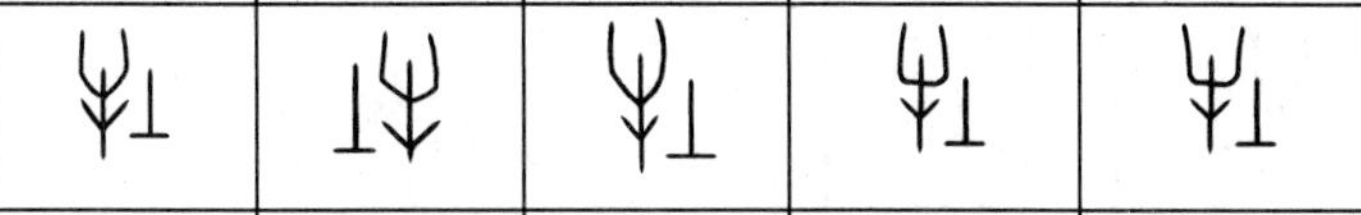							
宾组	b06401	h00938 正	h01142 反	h02565	h03157	h11149		
师组	 h20670							
出组	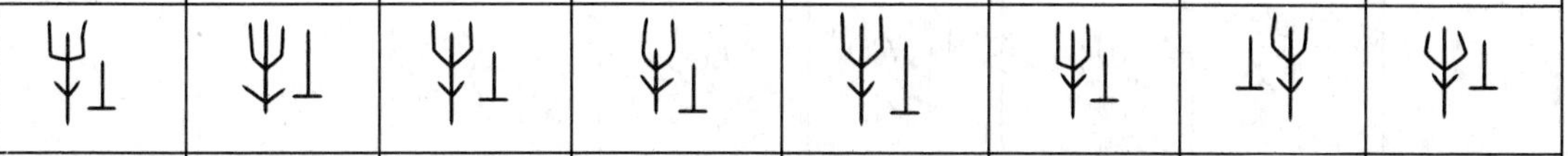 b08397	h22753	h22884	h22904	h22988	h22996	h23163	h23498
何组	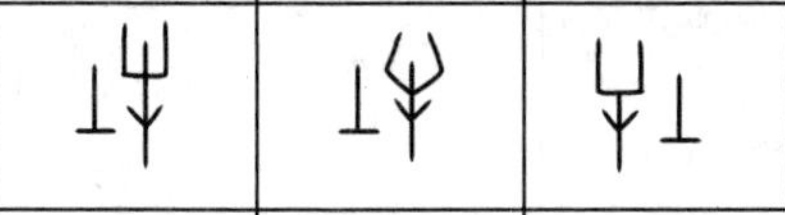 h27340	h29479	t02091					
历组	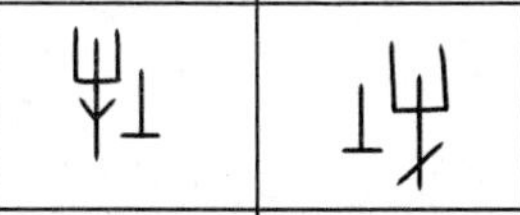 b10446 乙	t02459						
牝	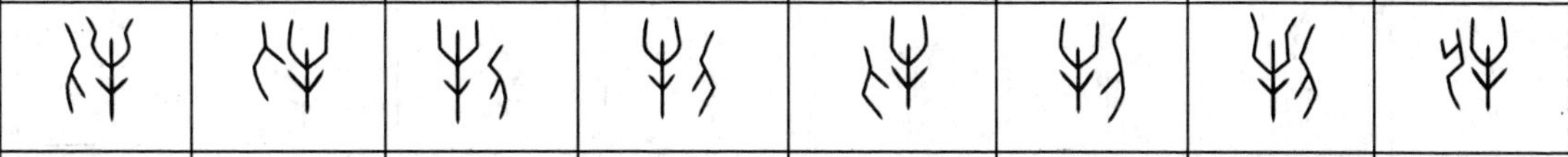							
宾组	h00721 正	h02385	h04909 正	h06653 正	h06952 反	h07399 反	h10136 正	h11018 反
	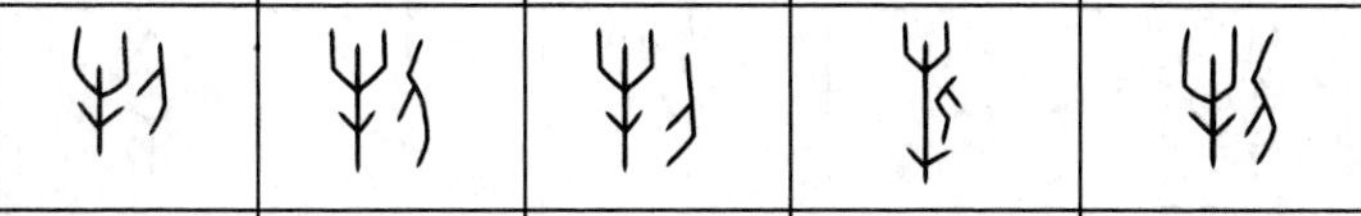 h11146 正	h11147	h11148	h14834	h15076			
师组	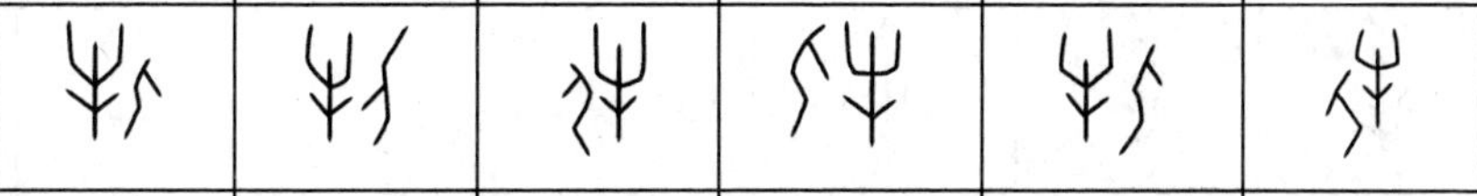 h19817	h19834	h19972	h19974	h21269	w01481		
丙一	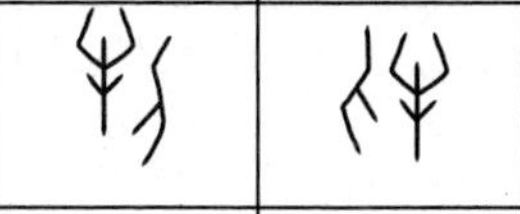 h22065-1	h22065						

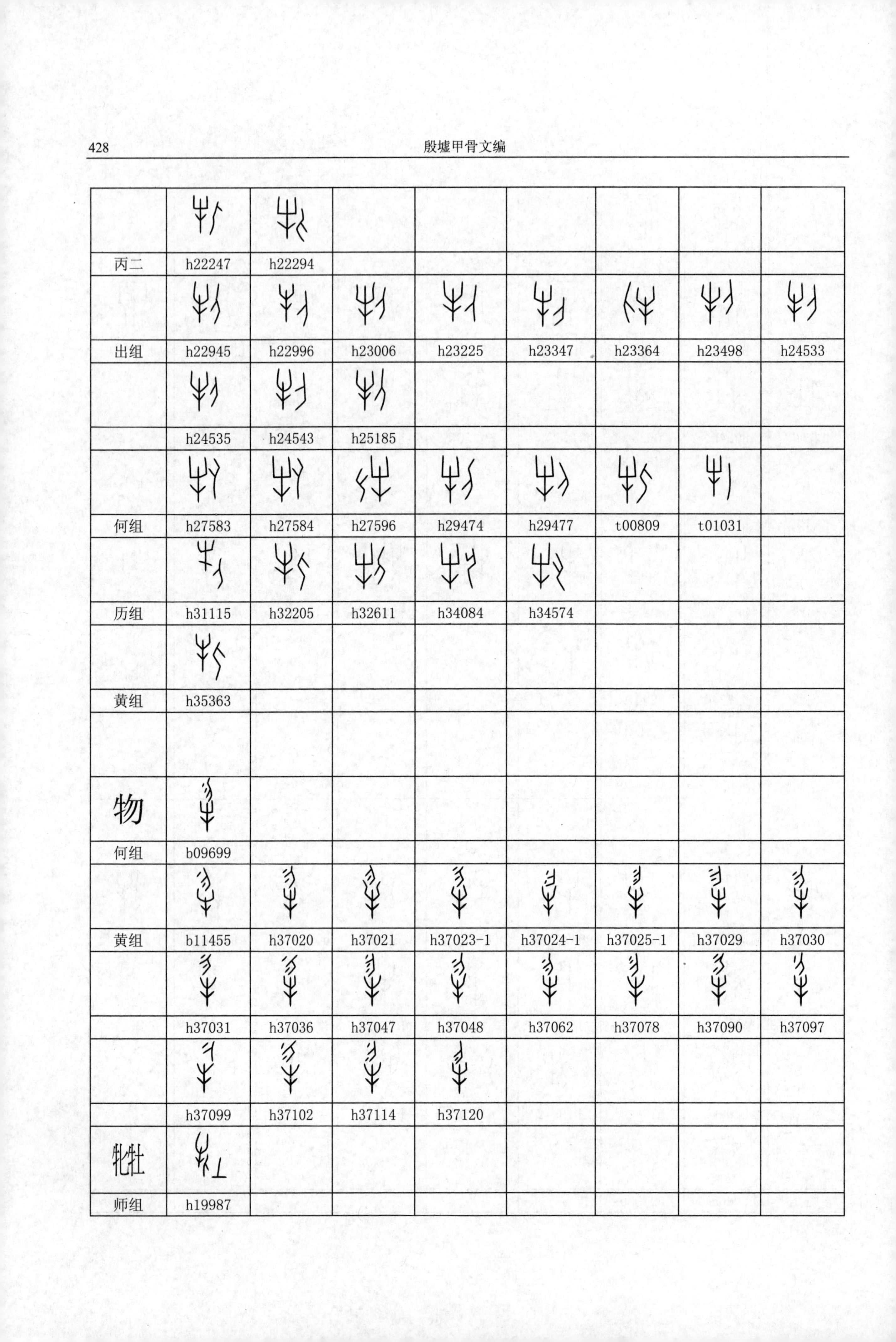

丙二	h22247	h22294						
出组	h22945	h22996	h23006	h23225	h23347	h23364	h23498	h24533
	h24535	h24543	h25185					
何组	h27583	h27584	h27596	h29474	h29477	t00809	t01031	
历组	h31115	h32205	h32611	h34084	h34574			
黄组	h35363							
物								
何组	b09699							
黄组	b11455	h37020	h37021	h37023-1	h37024-1	h37025-1	h37029	h37030
	h37031	h37036	h37047	h37048	h37062	h37078	h37090	h37097
	h37099	h37102	h37114	h37120				
牝牡								
师组	h19987							

牧								
宾组	b02655	b02659	b02660	h00148	h00281	h00409	h03588	h04849 正
	h05625	h07424	h08241 正	h11401 反	h14149 反	h18938	y00375	
历组	h31993							
黄组	h36969	w01903						
何组	t02191	t02320						
四牛								
宾组	h00683							
徵								
历组	h32014	h32085	h35240	t01132				
微								
宾组	h05597							
何组	h28351	t04033						
历组	h41561							
黄组	h35345							

街								
宾组	h07343	h11002	h11004					
		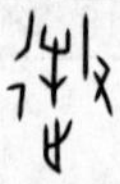						
历组	h32031	h32616	t00149					
⿰⿱罒牛攵								
历组	t02100							
⿰⿱罒牛攵								
历组	t02100							

宾组	h18155							
一牛								
宾组	h14358							
二牛								
宾组	h01051 正	100091						
二牡	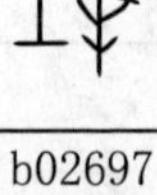	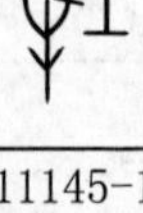						
宾组	b02697	h11145-1						
	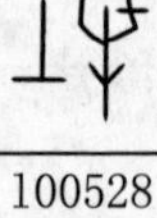							
何组	100528							

四牡								
宾组	h01078 正							
六牡								
宾组	h015067							
羊								
宾组	b0006 反甲	b00099	b00231	b00470	b00524	b01284	d00579 反	h00331
	h13402	h14838	y01256					
师组	b06634	b06829	b06889	b06891	b06934	h19883	h19943	h20008
	h20030	h20463 反	h20679	h20685	h20981	h21065	h21145-1	h21145
	h21155	h21192						
子组	h21752	h21831						
丙一	h22070 甲	h22093						
丙二	h22187	h22191	h22229					
出组	b07530	b08692	b08763	b13277	h22590	h22857	h23462	h24375
	h24561	h25058	h25232					

何组	b09675	b09756	h27040	h27254	h27487	h27499	h28275	h30020
历组	b10639	h30561	h33608	y02424				
黄组	b12881	h35436	h35935	h36090				
何组	t00095							
羊								
师组	d01300							
历组	t00994							
历组	h34272 正	t03083						
宾组	h01655 反							
善								
宾组	h18303							
出组	b08579							
宾组	y00153 正							
宾组	h16147							

宰							
宾组	b00022	b00126	b02704	b02716	d00002-1	d00008-1	d00275	h00014 正
	h00300	h00377	h01980 正	h02558	h02763			
师组	b06927	h19799	h19812 反	h19907	h21145			
丙二	h22237	h22368	h22369					
出组	b06987	b08720	h22639	h22847				
何组	b09283	b09791	d00789	h27010	h27040	h27138	h27336-1	h27391
	h28240	w01310						
历组	h34172-1	h34401	h34426-1	h41648				
黄组	h37296	h37303						
滓								
出组	h23637	h26411						
䇂								
宾组	h13506 正							
师组	h20017							

出组	h25281							
何组	h27708							
历组	h30619							
[氵羊羊]								
宾组	d00367 反	d00597	h04622	h08548	h17070	100156		
出组	h22796	h26407						
何组	h27122	t01141						
羴								
宾组	h06996							
[羊羊/羊羊]								
师组	h21434							
[羊攵]								
宾组	b04145	h00774	h01309	h05842	h08682	h10508	h10509	h11395
	h11399							
师组	h20017	h20290	h21069	t00643				

历组	h32982	t01024	t00242					
何组	100519							
⿰羴攵								
宾组	h11404							
师组	h21519							
⿰⿱羊吕攵								
师组	h21284							
⿰羴攵								
	y02674 正							
⿰羊土								
宾组	d00411 正	h00784	h01951					
师组	b06931 正	h19817						
丙二	h22214	h22248						
何组	h29482							
历组	h30743	h32318	h32385					
⿰羊匕								
宾组	h11198	h15446	h40413					

师组	h19869							
丙一	h22073							
丙二	h22130	h22214						
出组	h23464-1	h23604	h24563	h24564	h24604			
何组	h27582	h27627						
历组	h30743	h34081-1	h34082	h34665				
[illegible]								
何组	b09280	d00784	d00795	d00797	h26960	h27013	h27342	h29512
	h29514	h29516	h29522					
历组	h30436	h30662						
黄组	b10990	b10998	b11078	b11096	b11428	b11436	b11440	h35830
	h35833	h35837	h36017	h36019	h36072	h36092	h37326	h37331
	h37344	100616						

 师组	 h20922							
絴								
宾组	h00007	h01118	h01119	h08598	h08600	h13648 反		

师组	h21050							

出组	h25914							

何组	h27976	h27986	h27990					

历组	h32836	h33019	h33213					
絴								
何组	h28769							
羞								
宾组	b02656-1	b02656-2	h00111 正	h08085	h13418	h14844	h15430	h18149

出组	h26817	100423						

何组	h27998							

历组	h30768	h31926	h32768	h33986				

黄组	h35356	h36528 反	h37392					
緻								
宾组	h08596							
师组	h20373							
綃								
宾组	h05659							
美								
宾组	h03104	h06065	h18404	h18405				
恙								
宾组	h08877							
子组	h21870							
羍								
历组	h31794							
羏								
历组	t02605							
犬								
宾组	b0124 正甲	b01270 正	b01756	b01904 臼	b01920	b02637	b02742	b02743
	b03487	b04062	b04110	b04174	b05983	b06493 正	d00170 正	d00255 正

	d01131	h00240	h00371 正	h00418 正	h00492	h00565	h00794	h01045
	h01621 正	h01825	h02114	h02300	h02606 正	h03506	h03821 正	h04630
	h04633	h04639	h05664	h05666 正	h05667	h05671	h05676	h05863 反
	h05927	h06483 正	h06812 正	h06813	h08707	h08782	h09640	h10106
	h10197	h10344 正	h11205	h11207	h11362	h12484	h12855	h13598
	h14331	h14341	h14573 正	h14670 反	h15072	h15639 甲	h16157	h16223 反
	h17136	h17599 反	h17619 臼	h19063	h19636	y00023 反	y00149 反	y00835
	y01288							
师组	b06636	b06770	b06925-1	b06925-2	b06925-3	b06925	h19782	h19971
	h20033	h20105	h20255	h20367	h20368	h20369	h20370	h20450
	h20677	h20679	h20682	h20715	h21074	h21077	h21078	h21079
	h21087	h21088	h21089	h21104	h21275	h21492	y01764	y01766

午组	h21895	h21907	h21918	h21972				
丙一	h22045	h22092						
丙二	h22276	h22295	h22339	h22353	h22354	h22357	h22358	h22471
出组	d00670	d01235	h23489	h23688	h23689	h24605		
何组	b08783	b08792	b09048-1	b09048	b09220	b09223	b09293	b09684
	b09685	h26964	h27751	h27898	h27899	h27902	h27903	h27904
	h27906	h27909	h27910	h27911	h27912	h27913	h27916	h27917
	h27918	h27919 反	h27920	h27923	h27926-1	h27926	h27927	h28316
	h28323	h28679	h28740	h28899	h29207	h29247	h29318	h29388
	h29389	h29390	h29391	h29392	h29393	h29395	h29538	h29544
	w01351	y02326-1	y02326					
历组	b10486	b10919 乙	b10919 甲	h30411	h30509	h30510	h30511	h30678

	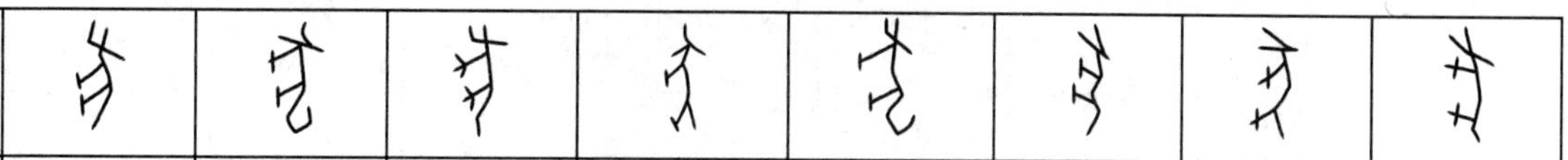 h30722	h31084	h31138	h31191	h31687	h31929	h31930	h32112
	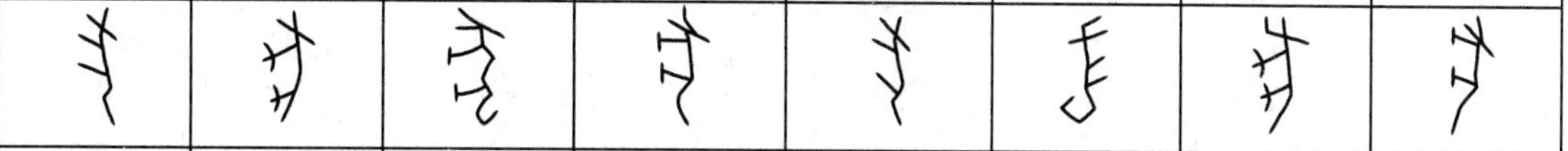 h32674	h32729	h32730	h32754	h32775	h32966	h32984	h32985
	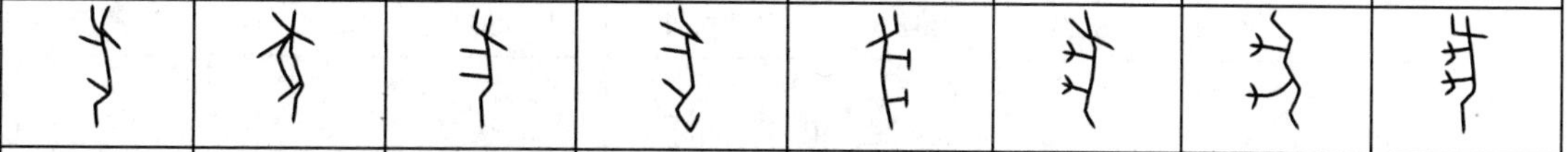 h33033	h33206	h33217	h33291	h33359	h33361	h33378	h33397
	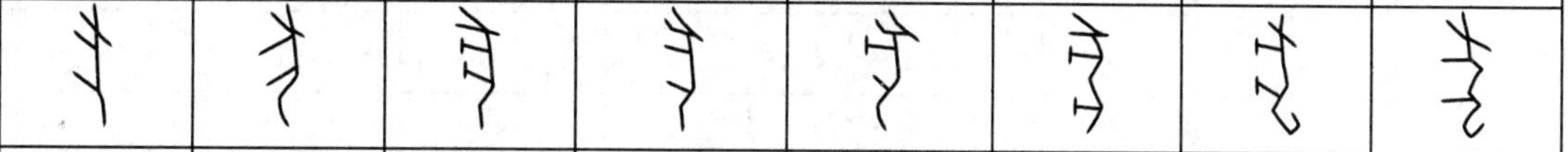 h33400	h33688	h34137	h34144	h34155	h34160	h41496	w01564
黄组	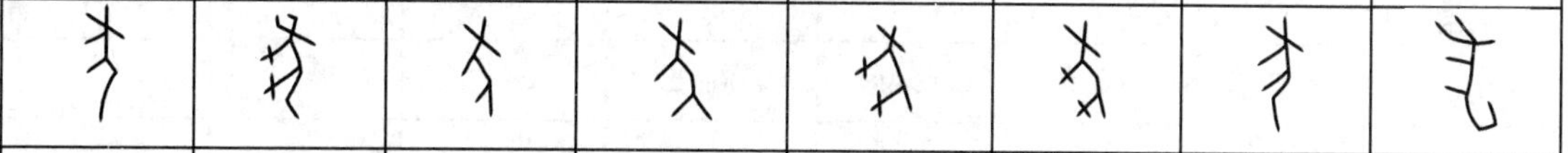 b12335	h36424	h36771	h36988	h37386	h37387	h39432	t03070
历组	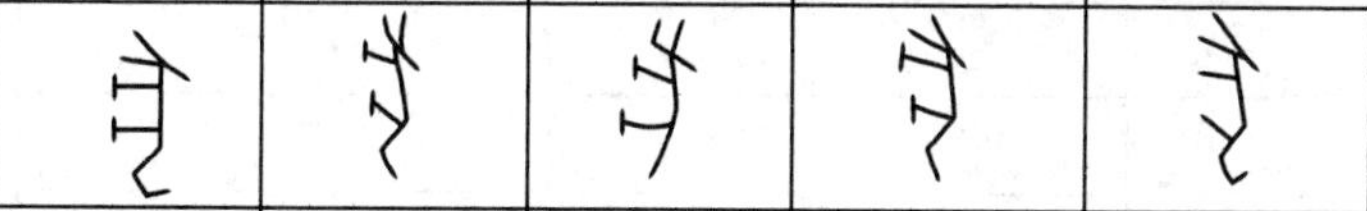 t02293	t00917	t00997	t01007	t01009			
何组	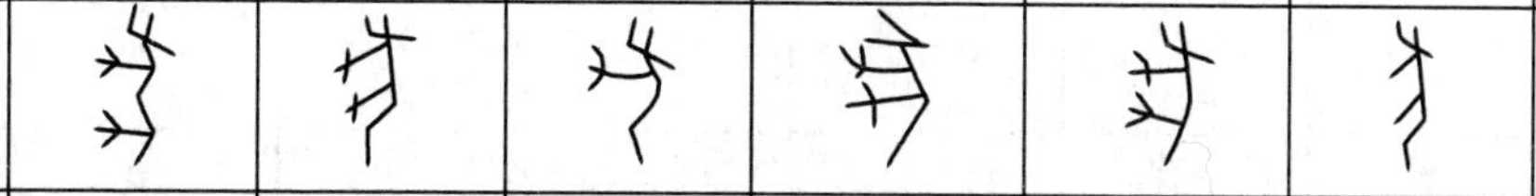 t02618	t02822	t02598	t04571	t01070	t00625		
 宾组丙一	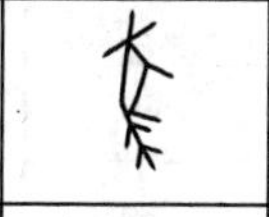 h40540							
丙一	 h22075							
 宾组	 h11250							
出组	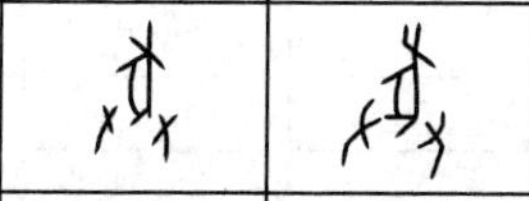 h24255-1	h24342-1						
 宾组	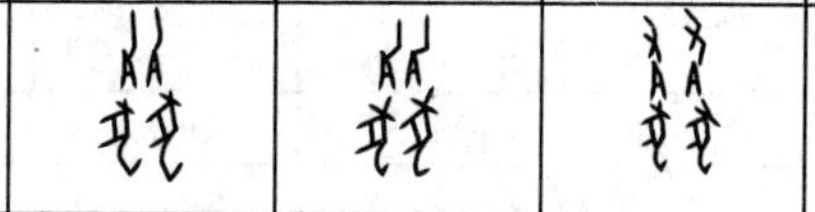 h00007	h08213	h16871					

出组	h23802	w01269						

何组	h29228	h29229	h29230	h29231	h29233	h29234	h29235	h29237

	h29238							

历组	h32077 反	h33547	h33698	s00285				

黄组	h37790							
龙								
宾组	h01051 正	h04652	h11208					
犹								
历组	t02351							

师组	h19773							
狄								
出组	b08723							

何组	b08766	b08767	b08777	b08782	b08784	b08787	b08791	b09087

	b09135	b09136	b09165	b09171	b09876	b09878	b09880	h26881
	h26907 反	h26954	h26983	h27065	h27146	h27192	h27215	h27244
	h27515	h27682	h27689	h27693	h28447	h28469	h28489	h29088
	h29968							
历组	h30491	h30762	h31554	h31555	h31558	h31592		
 [illegible]								
何组	h28577							
 [illegible]								
丙二	h22469							
何组	b10395	y02302	s00293	t03759				
历组	h33168	t00341						
 [illegible]								
何组	h29234	h29236						
历组	b10491							

[illegible]								
何组	s00288							
历组	h32959							
[illegible]								
何组	h28806	h29331	h29332	h29333	h29334	h29336	h29337	h29338
	h29341	w01307	t02702					
黄组	h39421							
[illegible]								
何组	b09034							
何组	t04571-1							
[illegible]								
宾组	h00574							
师组	h20683							
丙二	h22269							
黄组	h41862							

狈								
宾组	h18370	h18371	h18372	h18373	h18375			

何组	h29420							
獄								
黄组	h36541	h36542	y02529					

师组	h19991							
莽								
宾组	h18409							

师组	h21437							
莽								
宾组	h18430							

何组	h29264							

黄组	h37439							
[illegible]								
历组	b10628	t00742-1	t00742	t00756				
 [illegible]								
午组	h21954							

狂								
何组	t00217							
历组	h30386-1							
何组	t02975							
犾								
宾组	y00531							
何组	h28002							
何组	h29084	t02116	t03777					
历组	h33056 正	h33392-1	t01111					
豕								
宾组	b00100 正	b00181	b01268	b02728	b02729	b02743	b02744	b04280 反
	d00280	h00271 正	h00533	h00623	h00685 正	h00779 正	h01413	h01497
	h01761	h01811	h01999	h02829	h02916	h04399 反	h05032	h05470
	h06979	h08007	h10230	h10240	h10241	h11211	h12484	h12980

	h14778	h15068	h15069	h15566 反	h15641 正	h15651	h15684 反	h15863
	h16011	h18298	h18307	h19210	h19287	h19361	h19636	h40144
	h40150	h40193	h40453	y00834				
师组	b06762 正	b06869 反	b06886	b06925	b06931 正	d01285	h19812 正	h19849
	h19863	h19875	h19877	h19883	h19892	h19905	h19921	h19922
	h19938	h19954	h19956	h19957 反	h19964	h20008	h20222	h20223
	h20298	h20398	h20576 正	h20680	h20681	h20684	h20685	h20692
	h20697	h20700	h20706 反	h20736	h20782	h20832	h21027	h21049
	h21079	h21080	h21112	h21202	h21211	h21274	h21287	h21304
	h21380	h21387	h21521	w01483	100301			
子组	h21543	h21550	h21562	h21725	h21753	h21805	y01912	
午组	h21885	h21916	h21917	h21950 反	h21955	h21980	h21990	t02238

丙一	h22046	h22047	h22048	h22049	h22066	h22068	h22071	h22073
	h22077	h22080						
丙二	h22133-1	h22133	h22195	h22215-1	h22215-2	h22215	h22226-1	h22226-2
	h22226	h22288	h22312	h22356	h22358	h22359	h22365	h22437
	h22454	h22534						
出组	b07058	h23338	h23462	h23661	h24446	h25840	h26421	
何组	b09599	b10365	h27383	h27456 正	h27640	h28197	h28208	h28304
	h28305	h28306	h28307 正	h28308	h28309	h28310	h28366	h28368
	h28589	h28799	h28882	h29425	h29539	h29542	h29545	h29546
	h30294							
历组	b10918	h30448	h30513	h30643	h31097	h31191	h31682	h31917
	h32984	h33273	h33362	h33365	h33397	h33609	h33615	h34137

	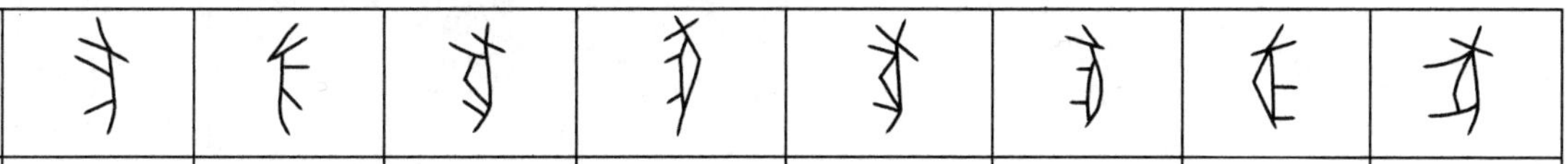							
	h34139	h34140	h34276	h34387	h34440	h34463	h35254	h35261 甲
	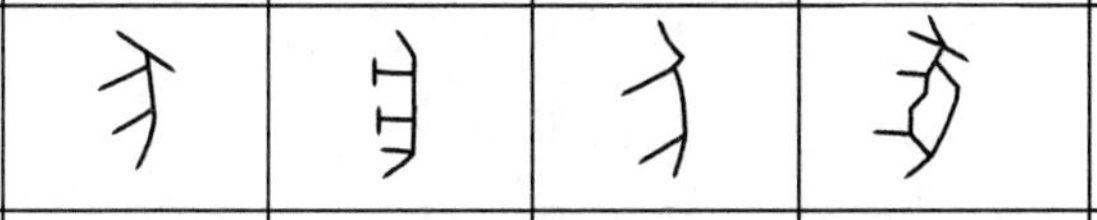							
	h35280	h35338	y02432	t02626				
	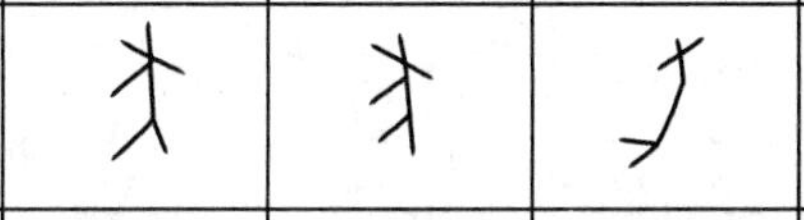							
黄组	b11294	h37468	h38080					
	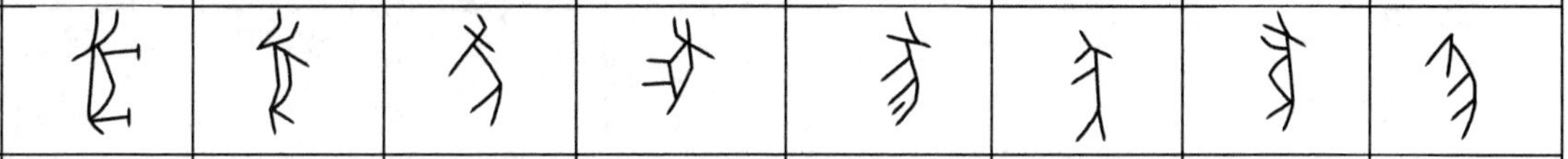							
何组	t04314	100422	t00693	t02067	t02327	t03462	t02772	t03543

午组	t02670							
豕								
宾组	h19362							
	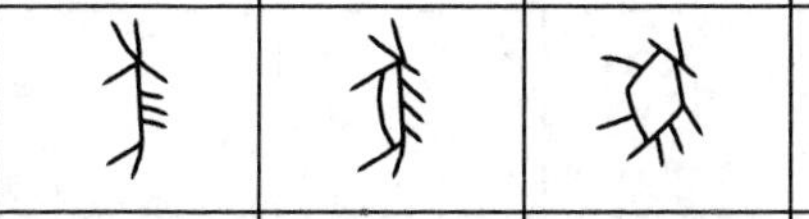							
丙二	h22211	h22347	h22354					

何组	h30248							
	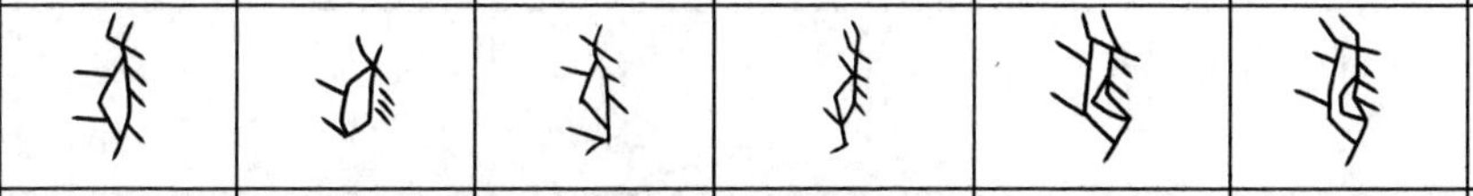							
历组	h31993	h32049-	h32050	h32393	h32512	h32513		
豕								
宾组	b00223	b00524	d00989 正	h00378 正	h01166 甲	h01173	h03477 正	h11230

	h11234	h11239 正	h14301	h15870	h15983			
	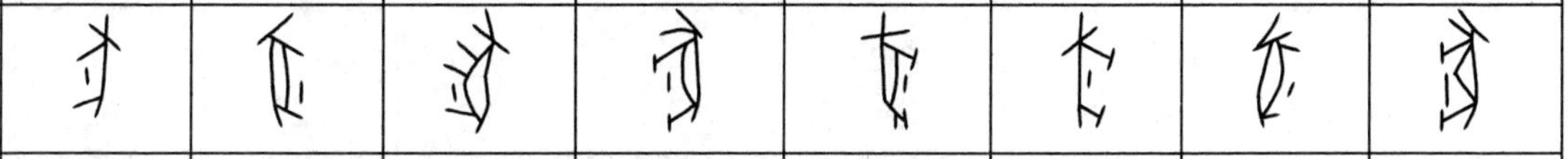							
师组	h19953	h19981	h20693	h20694	h21201	h21202-1	y01857	y01861 反

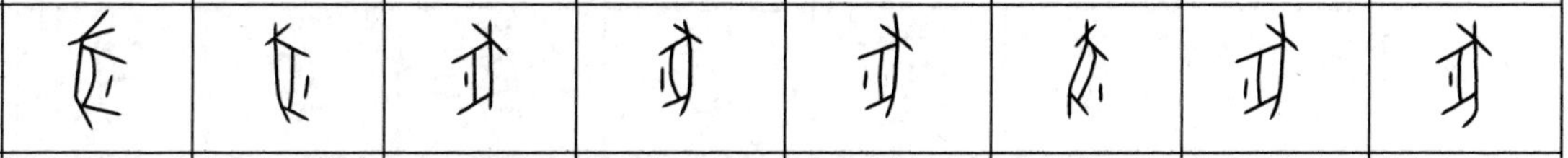

子组	h21634	h21789						
丙二	h22268-1	h22394						
出组	w01148							
历组	h34120							
师组	100301							
豕								
历组	h30546							
[illegible]								
宾组	h08814							
豭								
宾组	h00900 正	h00905 正	h01217	h01371	h02948	h06664 正	h11209	h11240 正
	h11241	h11242	h11243	h14587 正	h15346	h16144 反		
师组	h19878	h19906	h19932	h20980 正	h21202	h40860	h40878	
子组	h21543	h21548						
丙一	h22073	h22092-1	h22097					

丙二	h22130	h22141	h22201	h22294	h22301	h22369	h22438	
出组	b07160	b07674	h22775	h23075	y02100			
何组	h27294	h29543	t02291	t02686				
历组	h30514	h30723	h32330-1	h32330	h32353	h32453-1	h34081	h34082
	h34103	h41538	t02707-1	t02707				
宾组	h14925							
豚								
宾组	h09774 正	h10071	h11263	h11264	h11266	h14395 正	h14650-1	h15071
	h15639 甲	h18306	h40193	w00086	w00376	h00777 反		
师组	h19787	h21435						
丙二	h22226	h22322	h22323	h22434				
何组	h28399	h28899						

豚 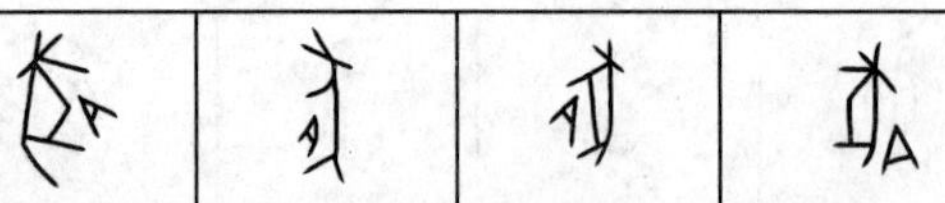							
宾组	h11207	h11266	h15521	h15857				

出组	h26848							

何组	b09294-1	b09294	h28009	h28180	h29541	h29549	h29551	h29999
	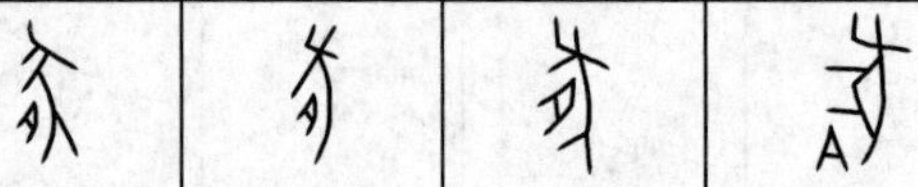							
历组	h30393	h30411	h30867	h34462				

何组	100520							
彘								
宾组师组	h00110 正	h01106 正	h01285 反	h03944 正	h09013 正	h09338	h09575	h11260
	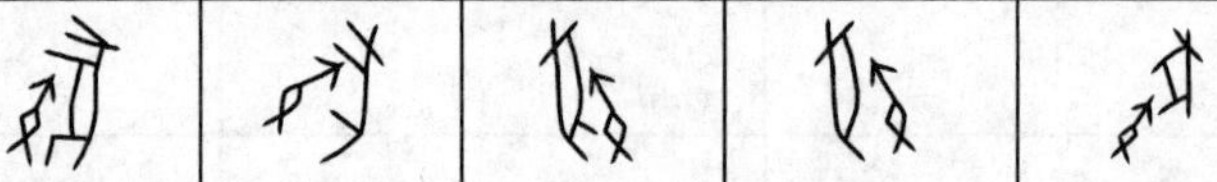							
	h11262	h14274	h14621-1	h14621	h14929 正			
	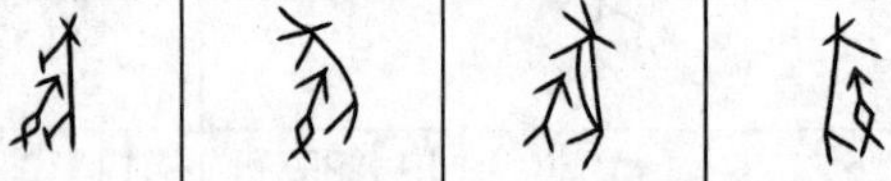							
师组	b06645	h19772	h19786	h20768				

子组	h21555-1							

何组	h27327							
彘								
宾组	h01339	h01450	h11257	h11258	h15941	h15942	h18811	w00381

师组	h19884							

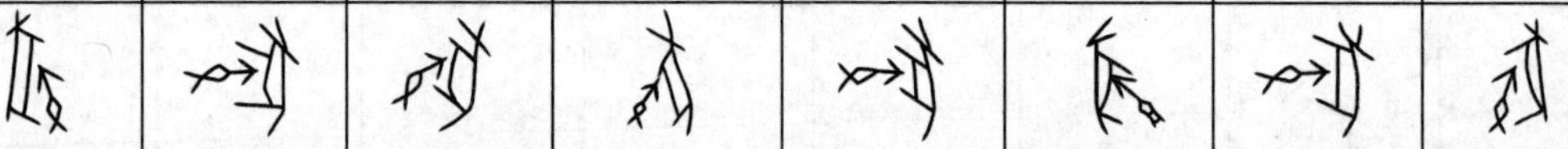

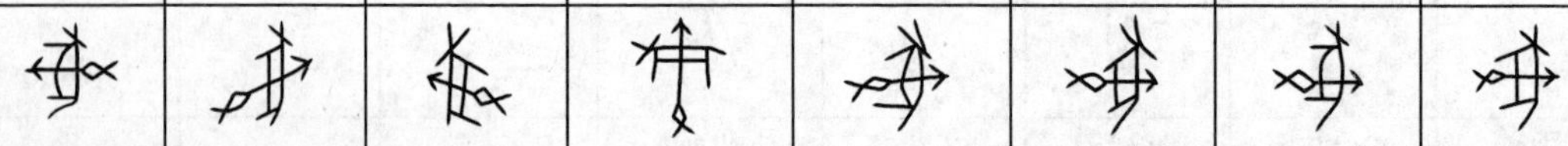

丙二	 h22362							
何组	 h27861	h27866	h29719					
历组	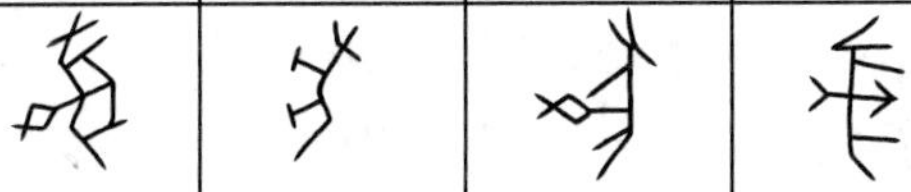 h31484	h31624	h33407	t04317				
黄组	 h41808							
㲋								
宾组	h00728	h01285 反	h02496	h09275 反	h11226	h11227	h11228	h14358
	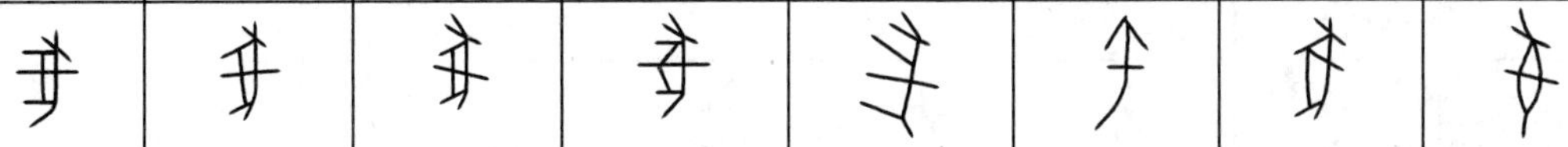 h14778-1	h14784	h15524	h15788	h19075	h39599	h40431	h40531
	 y00023 反							
师组	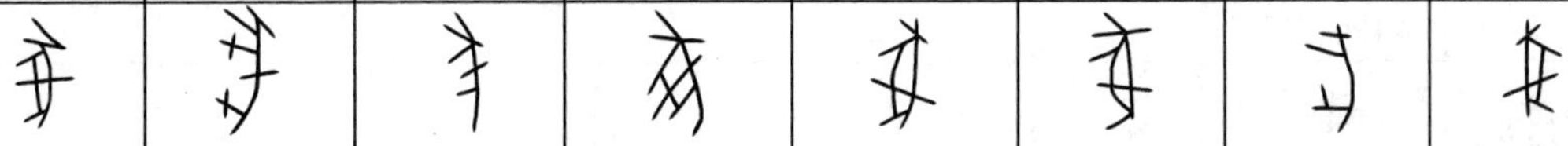 b06829	h19901	h20662	h20688	h20690	h20691	h20697	h20737
	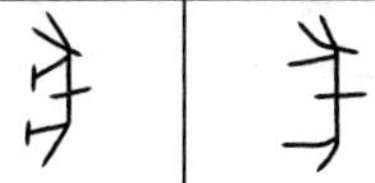 h21139	h21289 正						
子组	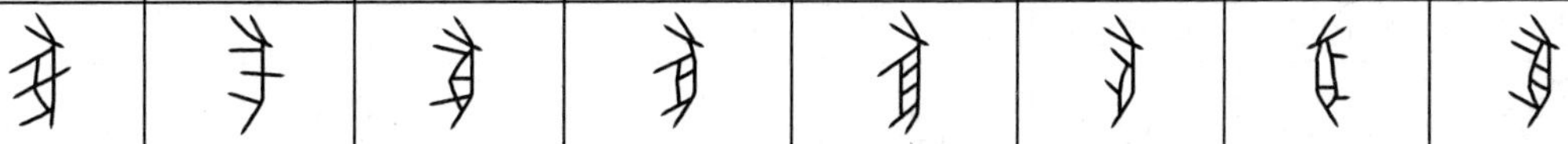 h21545	h21552	h21586	h21629-1	h21629	h21631	h21632	h21638
	 h21639							

午组	h21964							
丙一	h22065	h22066	h22072	h22076	h22077			
丙二	h22130	h22137	h22197	h22214	h22226-2	h22241	h22246	h22248
	h22249	h22296	h22322	h22358	h22360	h22435		
出组	b08626	h23413	h23424	h24604	h24606	h26057	h26821	y01968
何组	h27557	h28312	h29540					
历组	h34120	h34121	h34122	h35279				
黄组	b11301 反							
宾组	h11223 正	h11224						
子组	h21628	h21727						
子组	h21599	h21600	h21729					
[illegible]								
宾组	h02303	h11244	h15447	h15480				

师组	h20723							
子组	h21639							
午组	y01920							
丙一	h22045-1	h22055	h22067	h22068	h22073			
丙二	h22276-2	h22363						
出组	h24607							
历组	h34155							
犯								
宾组师组	h02385	h03353	h05777	h06536	h08982	h11246	w00632	
师组	d01279	h19832	h19842	h19899	h20045	h20053	h21187	
丙一	h22044	h22074						
出组	h22775	h23707						
何组	h27454	h41315	h41330	t02291				

历组	h32453	h34081						
剢								
宾组	b01959	b04437	h00117-2	h00338	h00655 正甲	h00779 正	h00780	h01090
	h02263 正	h04102	h04271	h05402	h05751	h10408 正	h13404	
师组	h20696							
丙二	h22274	h22358						
不明	t02688							
狐								
宾组	h10198 正	h10253	h10254	h10255	h10256	h10257	h10258	h11296
何组	h27901	h28315	h28319	h28321	h28322	t03074	t04561	
历组	h33364							
黄组	b11290 反	b11292	h37363	h37434	h37464			

 [illegible]								
宾组	h11265							

宾组	h11267							
 [illegible]								
宾组	h04628	w00055						
 [illegible]								
丙二	h22276							
 [illegible]								
宾组	h00524	h11274 正	h11277	h11279				

师组	h20232							
 [illegible]								
宾组	h00120	h03099						
 [illegible]								
宾组	h08211							

宾组	h40704							
 [illegible]								
宾组	h17967							
 [illegible]								
宾组	h01022 乙							

何组	h28398							

豩								
宾组	h18779							
豕卩								
宾组	h00974 正							

何组	h28175							

何组	h27816							
矢豕								
何组	h27459							

黄组	h36929							
矢豕								
师组	w01519							

丙二	h22532							

宾组	h07653	h10863 正						

师组	h19991							
豕又								
出组	y01924							
马								
宾组	b01711 正	b01731	b01983 正	b02434	b02746 正	d00586 正	h00161-1	h00500 正

	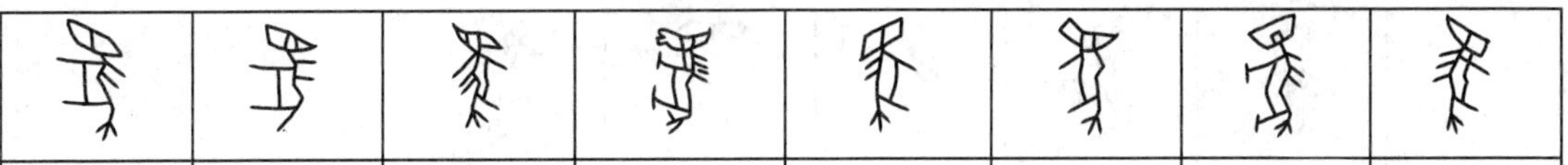 h00500 正	h00564 正	h00574-1	h0058 正甲	h00945 正	h00947 正	h01098	h04161
	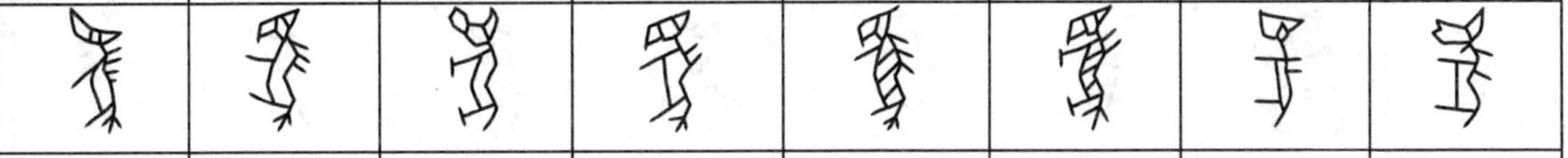 h05707	h05708 正	h05710	h05711	h05712	h05714	h05715	h05716
	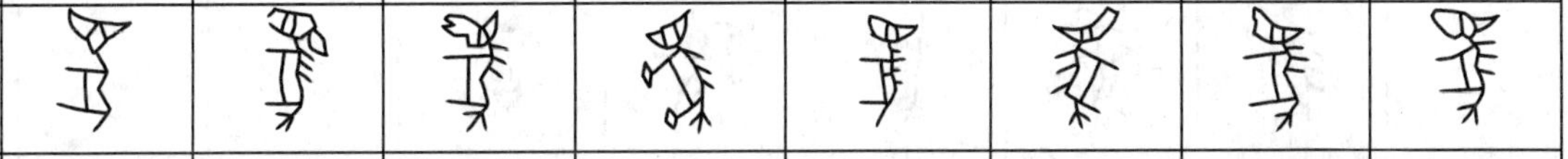 h05717 正	h05719	h05721	h05723	h05724-1	h05725 反	h05727	h05728
	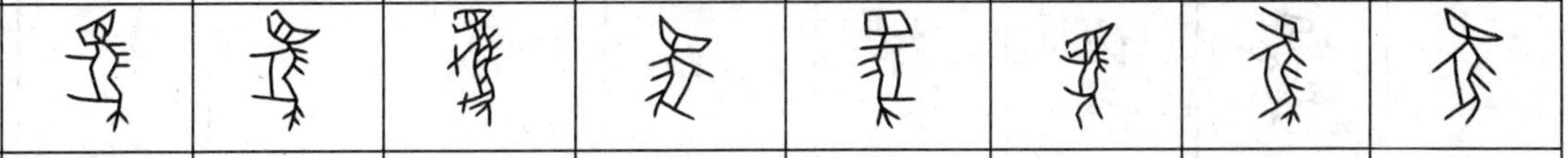 h05729	h05730	h05731-1	h05775 正	h05796 反	h05825-1	h06664 正	h06759
	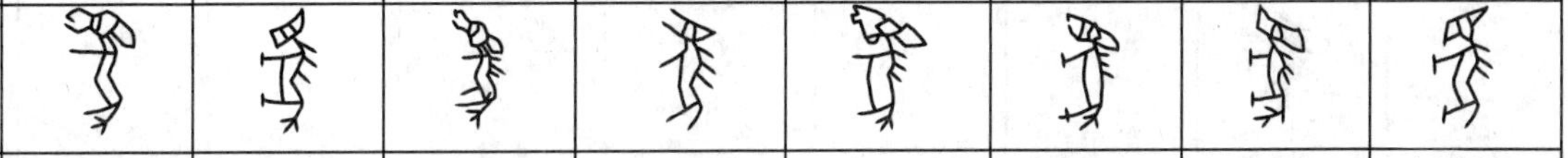 h06761	h06762	h06763-2	h06943	h07350 正	h08208-1	h08588-1	h08609
	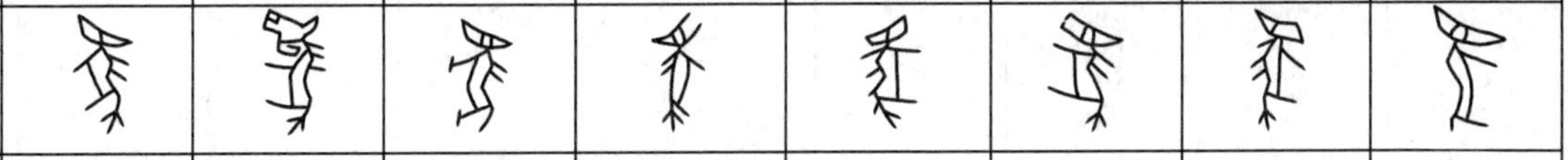 h08796 正	h08797 正	h08798	h0896 正甲	h08962	h08963 正	h08984	h09175
	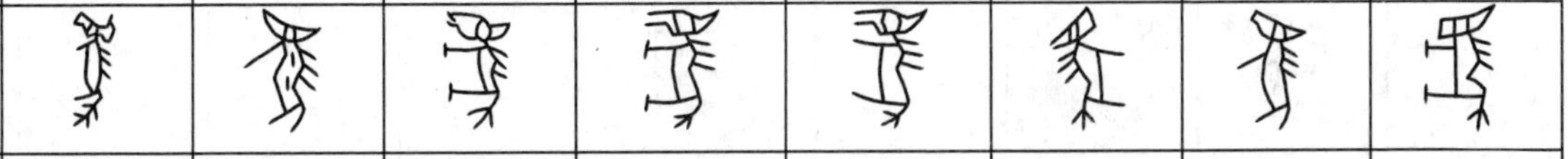 h09177 正	h09215	h10404-1	h10405 正	h10406 正	h10833	h11018 正	h11019
	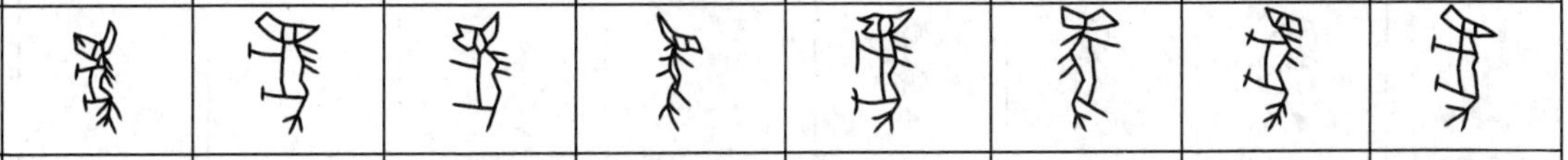 h11020-1	h11021	h11022	h11023-1	h11024-1	h11025	h11026	h11028
	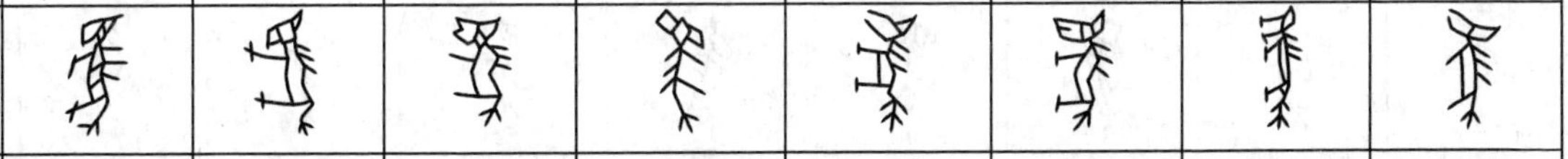 h11029-1	h11030	h11031	h11032	h11033	h11034	h11035-1	h11036
	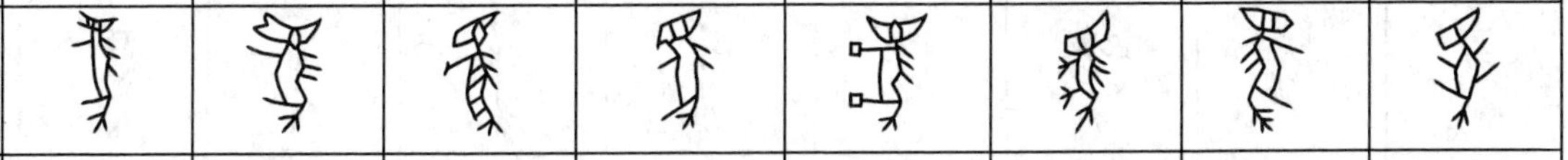 h11037 正	h11038	h11039-1	h11040 反	h11041 正	h11042-1	h11043	h11045
	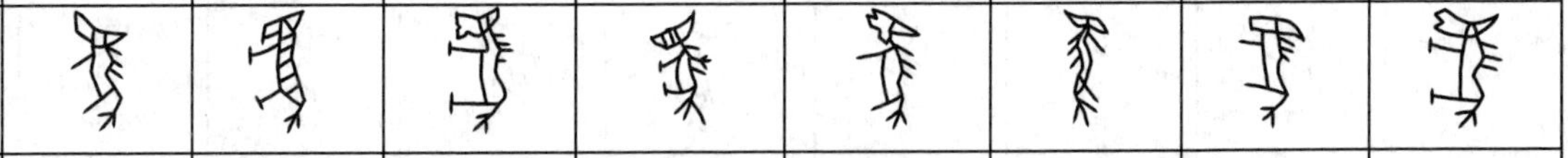 h11046	h11048	h11446-1	h11447-1	h11459	h13705-1	h14735 正	h14773
	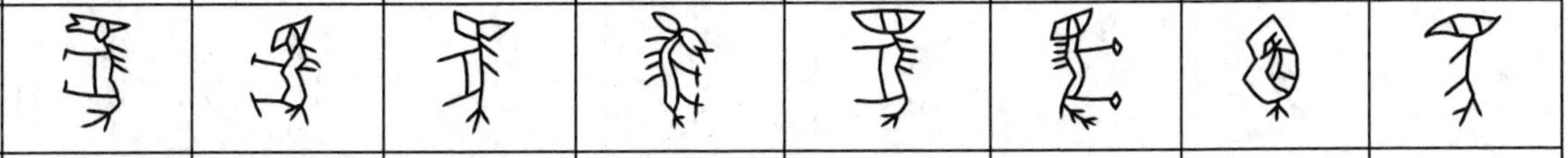 h16180 正	h17636 正	h17859	h17860-1	h17861	h17862	h18309	h19359

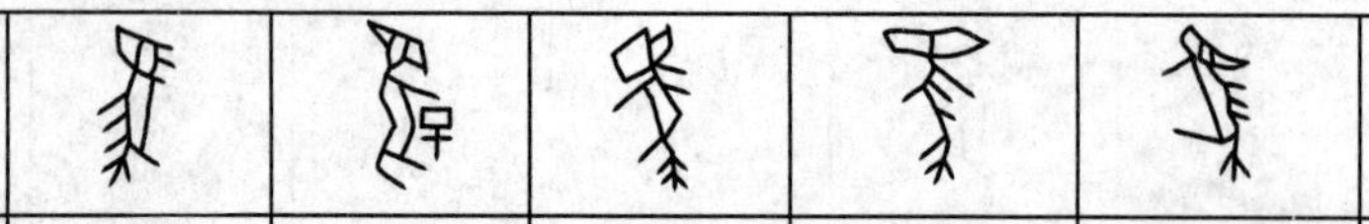

	h40178	h40180	y00865	y01003	y01611-1			
师组	h19813 正	h19847-1	h19979	h20072-1	h20085	h20407-1	h20613	h20614-1
	h20630	h20631	h20698-1	h20790	h21007 正			
子组	h21748	h21749-1	h21777-1					
午组	h21895							
丙一	h22075-1	h22119 甲						
丙二	h22247-1							
出组	h23602-1	h24506	h24507					
何组	h26899	h27631-1	h27631-3	h27881-1	h27882-1	h27889-1	h27939	h27940-1
	h27942	h27943	h27944	h27945	h27946-1	h27947	h27950-1	h27951
	h27953	h27954	h27955	h27956-1	h27958	h27959	h27960	h27961-1
	h27962-1	h27963	h27966-1	h28011	h29415-1	h29416-1	h29417	h29419-1

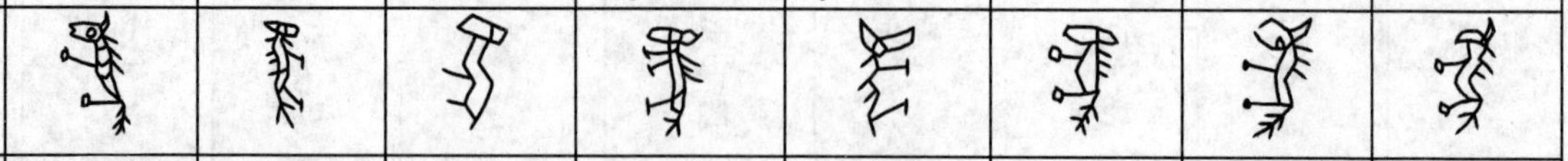

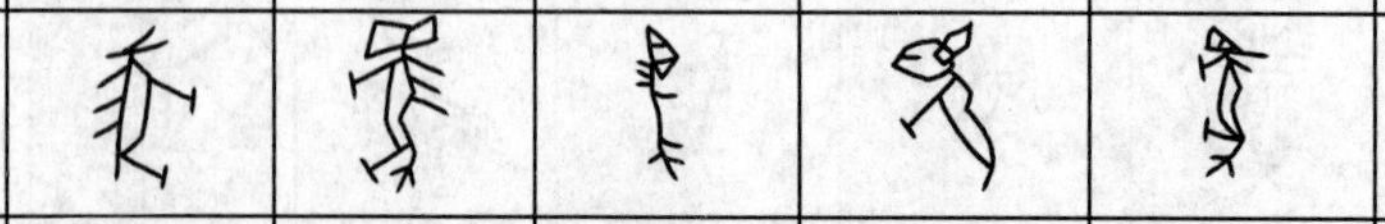

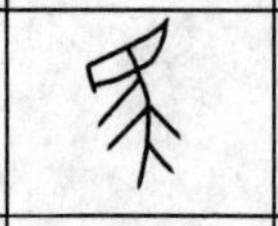

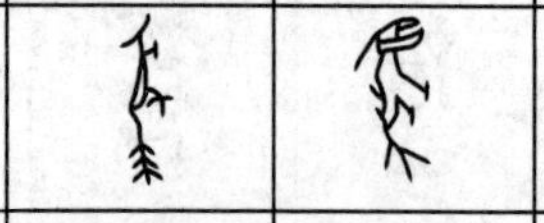

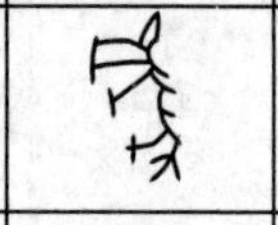

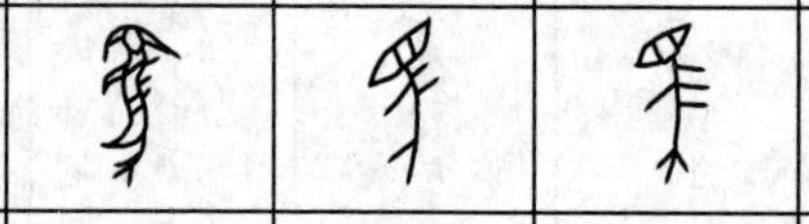

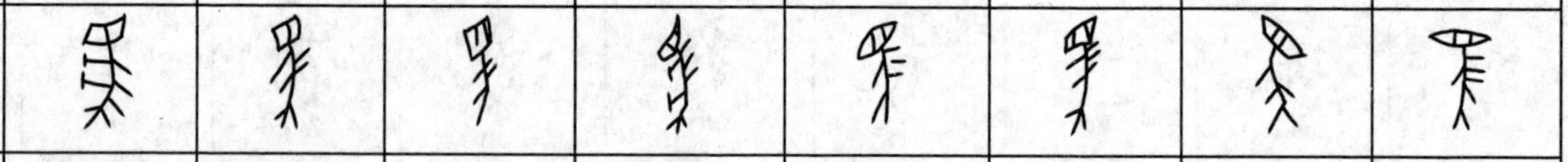

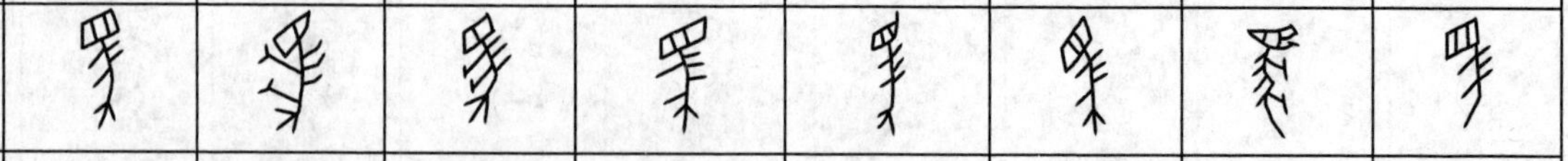

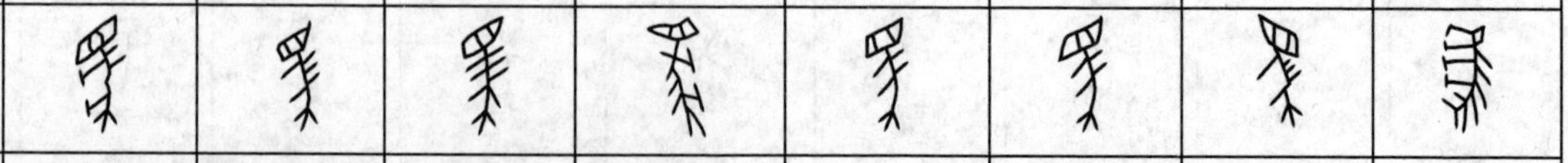

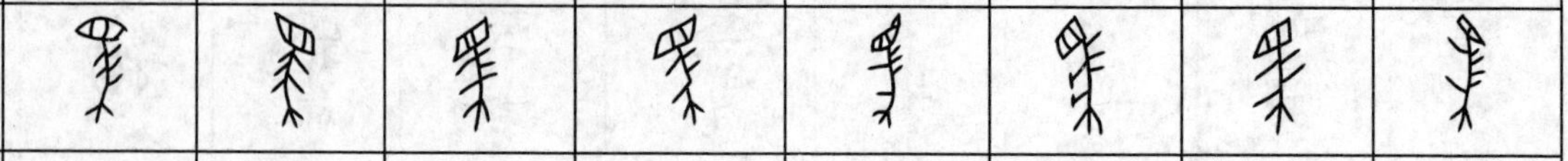

	h29421	h29422	h29423-1	h29424	h29693	h30297	y02294	t00693
历组	h30439	h32435	h32993	h32994	h32995-1	h34136-1	h34136	h41525
黄组	h36417	h36836	h36984	h36988	h36990-1	h37387	h37514	h37516
	h39460							
历组	s00333	t00007	t00243	t00539	t04029-1	宾组	t04575	
⿱宀馬								
何组	b09296	h29415	h30266					
⿰馬牢								
何组	h29420							
黄组	h36985-1	h36986	h37514-1					
⿰馬丂								
黄组	h36986-1							
瑪								
何组	h28195							
⿰馬犬								
黄组	h37514							
⿰立馬								
黄组	h36985							

黄组	h36990							
駲								
黄组	h37514	h37515						
駲								
黄组	h36985							
鎷								
黄组	h36984							
黄组	h36985							
騵								
黄组	h37514							
驳								
黄组	h36836	h36987						
駭								
黄组	h36836-1	h36836						
駈								
何组	h30297-1							
騖								
黄组	h37514							
騮								
黄组	h37514-2							
翪								
宾组	h18271							

⿰馬豕								
黄组	h37514							
⿰馬沓								
何组	h27972							
驶								
何组	h28195-1	h28195						
⿰馬匕								
宾组	h03411	h11049	h11050					
黄组	h37514							
宾组	h11051							
兕								
宾组	b02594	b02596	b02600	b02644	b02760	b02761	b02762	b02763
	b02766	b02771	b02906 正	h00190 正	h00974 正	h01054	h02851	h07076 正
	h09172 正	h10308	h10344 正	h10350	h10397	h10398	h10399 正	h10403
	h10405 正	h10407 正	h10408 正	h10409	h10410 正	h10411	h10412	h10413
	h10414	h10417	h10418	h10419	h10422	h10423	h10424 正	h10425
	h10427	h10428	h10429	h10430	h10433	h10436	h10437	h10438 正

	h10439	h10440	h10441	h10442	h10443 正	h10444	h10445	h10446
	h10448	h10449	h10451	h10453	h10454	h10470 反	h10691	h10835
	h10890	h10908	h10916 正	h10932	h10950	h10952	h10971	h10976 反
	h11009	h11010	h14109 反	h15918	h15919	h15920 正	h17850	h17851
	h17852	h17854	h18313 正	h18910 反	h18910 正	h18948 反	h40128	h40129
	h40130	w00557	w00967 反	y00862				
师组	b06642	h20254	h20725	h20726	h20727	h20728	h20729	h20731
	h20732	h20734	h20776	h21000	y01826			
午组	h21876							
丙二	h22470							
出组	h24358	h24391	h24397	h24444	h24445			
何组	b09297 甲	h27146-1	h27146-2	h27146	h28391	h28392-1	h28392	h28393

	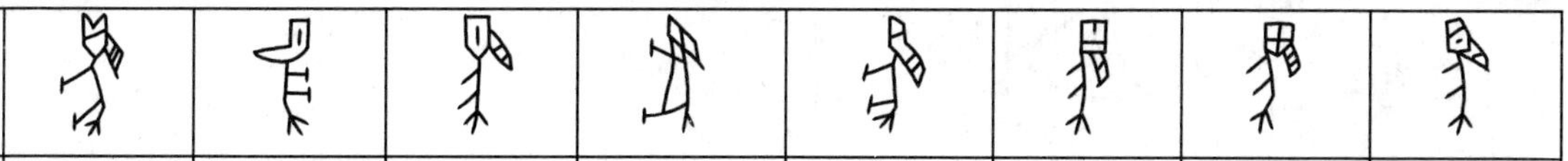 h28394	h28395	h28396	h28397	h28398	h28399-1	h28399	h28400
	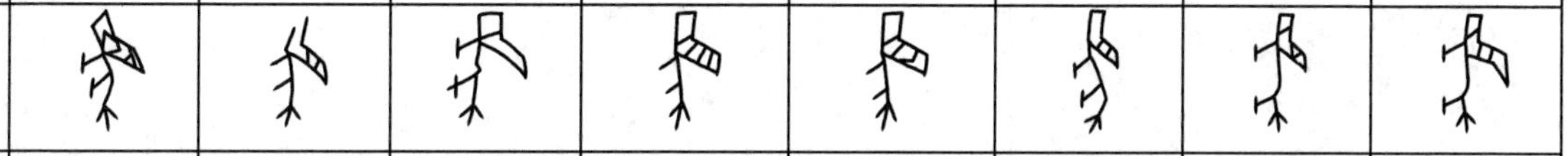 h28401	h28402-1	h28402	h28403	h28404	h28407	h28408	h28409
	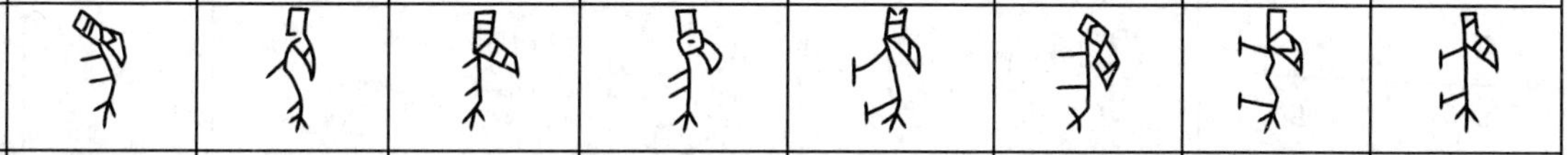 h28411	h28412	h28413	h28414	h28415	h28416	h28417	h28418
历组	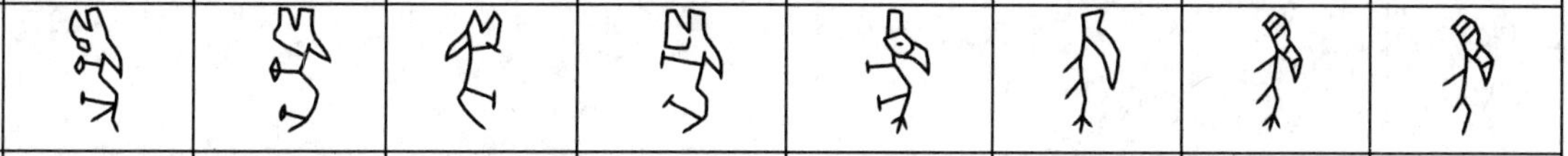 h30439-1	h30439-2	h30439-3	h30439	h30995	h31880-1	h31880-2	h31880
	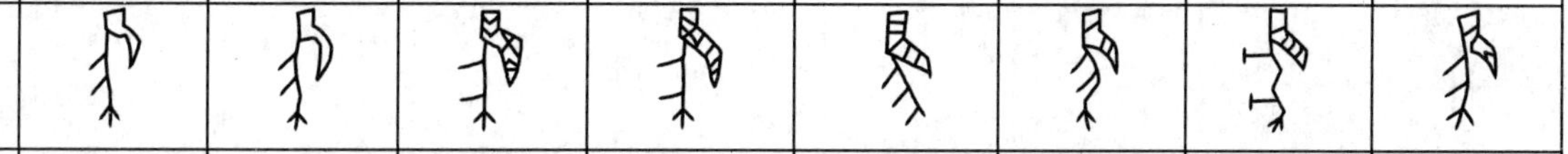 h31881-1	h31881	h31882-1	h31882-2	h31882	h32603	h32631	h32718
	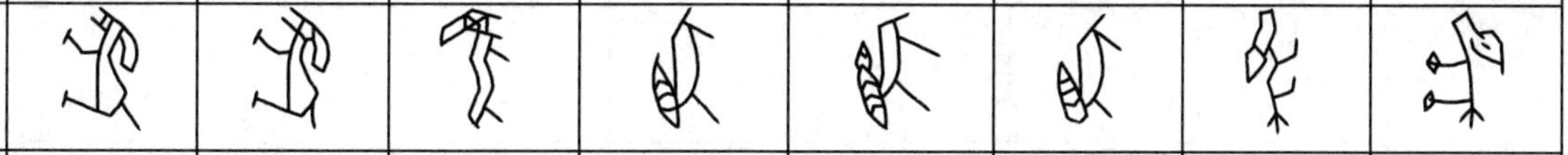 h32838	h32882	h33171	h33208-1	h33208-2	h33208	h33249	h33360
	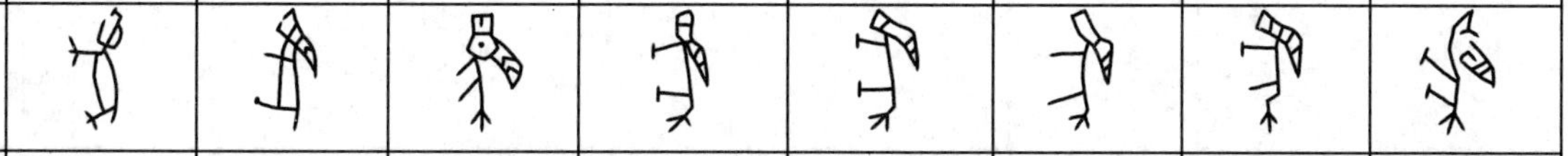 h33366	h33372	h33373	h33374 反	h33374 反	h33375-1	h33375	h33377
	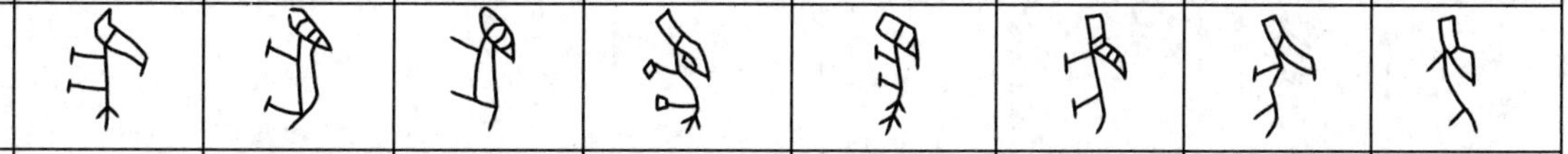 h33423	h35268-1	h35268	t01128	t02095	t00664	t02439	t02857
黄组	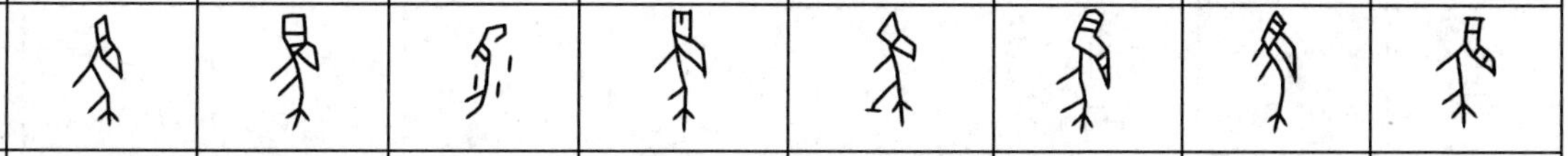 b11288	b11301 反	b11637	h36501	h37364	h37375	h37376	h37377
	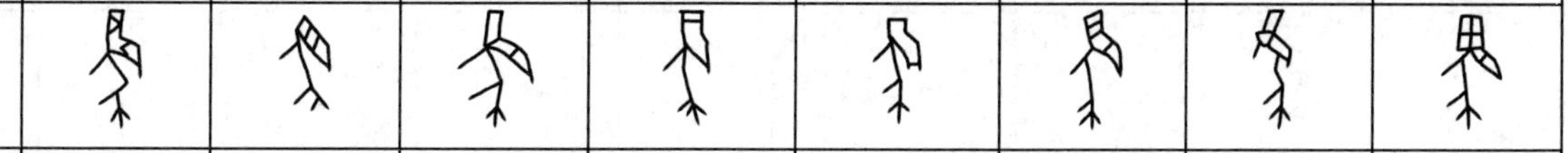 h37379	h37382	h37383	h37384	h37386	h37389	h37390	h37391
	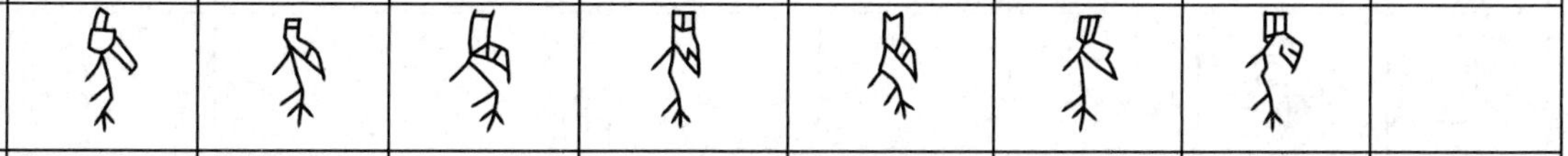 h37396	h37397	h37398	h37467	y02512 正	y02562 反	y02566	
何组	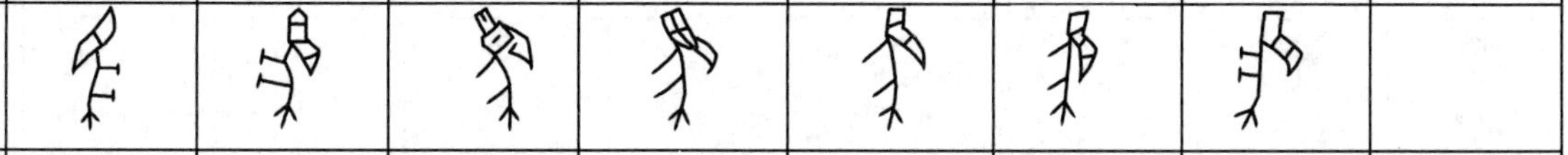 s00363	t00316	t02579	t01032	t01098	t02589	t02358	

历组	t03221	t03551						

宾组	h17863							
			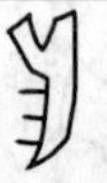	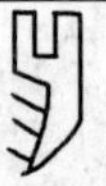				
宾组	h01285 反	h04587	h08259	h08260 反	h08261			

历组	h32934							

宾组	h17858							

历组	h32295							
[illegible]								
宾组	h15396 反							
[illegible]								
宾组	h04621							
[illegible]								
何组	h28798	h28864						

何组	t02589							
[illegible]								
历组	h32603							

历组	t00100							

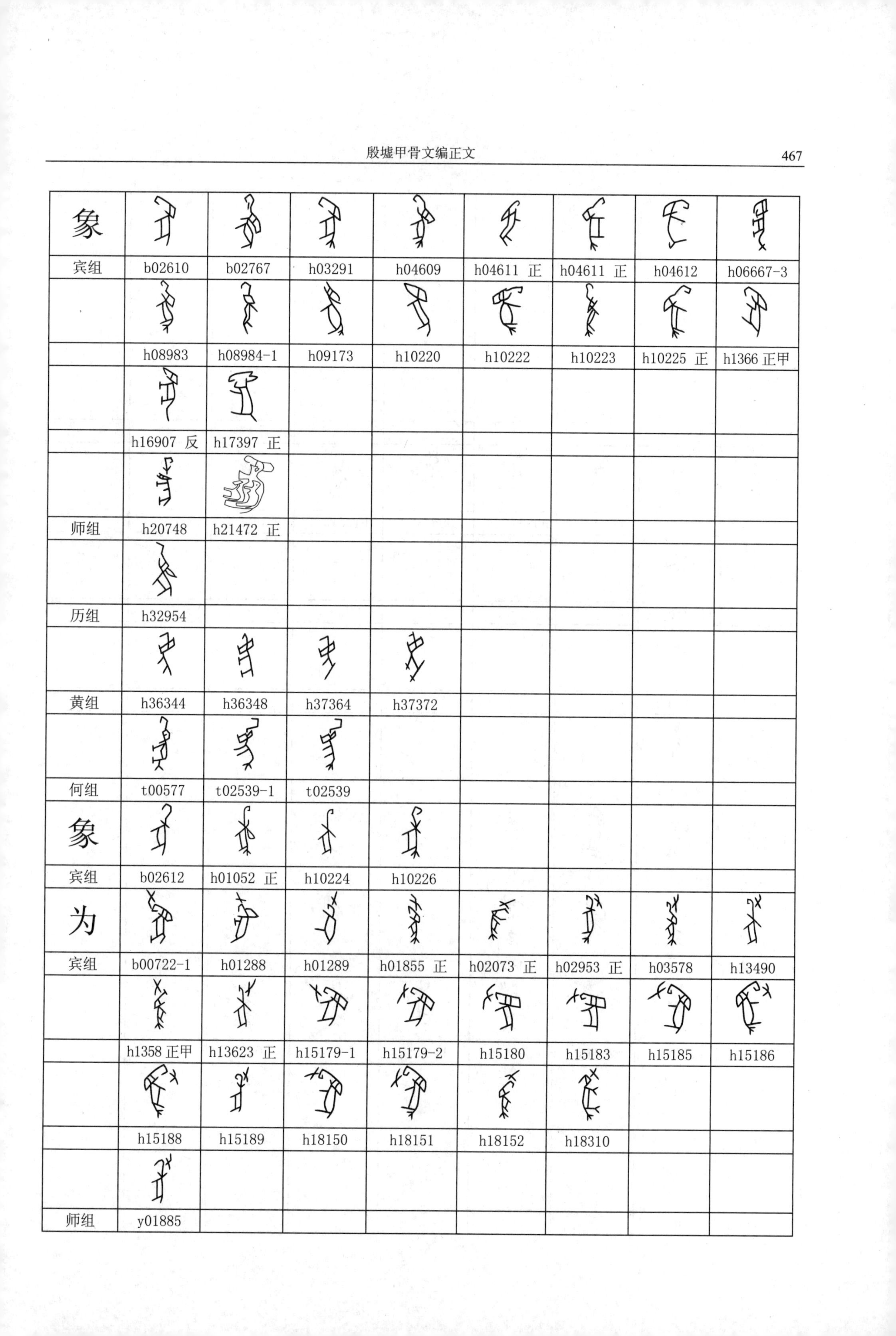

象								
宾组	b02610	b02767	h03291	h04609	h04611 正	h04611 正	h04612	h06667-3
	h08983	h08984-1	h09173	h10220	h10222	h10223	h10225 正	h1366 正甲
	h16907 反	h17397 正						
师组	h20748	h21472 正						
历组	h32954							
黄组	h36344	h36348	h37364	h37372				
何组	t00577	t02539-1	t02539					
象								
宾组	b02612	h01052 正	h10224	h10226				
为								
宾组	b00722-1	h01288	h01289	h01855 正	h02073 正	h02953 正	h03578	h13490
	h1358 正甲	h13623 正	h15179-1	h15179-2	h15180	h15183	h15185	h15186
	h15188	h15189	h18150	h18151	h18152	h18310		
师组	y01885							

何组	t00872							
为								
宾组	b01824 正							
宾组	h18311							
蒙								
宾组	h00150 正	h00903 反	h08648 正	h08648 正	h12013-1	h14801		
蒙								
宾组	h00150 正							
蒙								
历组	t03565							
蒙								
出组	b08297							
鹰								
宾组	h05658 反	h10470 反	h18459					
师组	h20730	h21149	h40856-1					
何组	h27498	h28419-1	h28420	h28421	h28422	h30282-1		
历组	b10516							
何组	100441							

黄组	h37532							
麀								
宾组	h00795 正	h00795 正						
䴠								
宾组	h05860							
慶								
黄组	h36550							
慶								
出组	h24474							
⿰耒⿸广鳥								
出组	h26847							

何组	h28700	h29360	h29361	h30154-1				

历组	h30613-1							

何组	t04045							
⿰木⿸广鳥								
黄组	h37363							
皀								
宾组	b01248 甲	b02635	b02768 正	b06348	h00137 正	h00199	h00200	h00201 正

	h00202	h00223	h00233	h00234 正	h00419 正	h00499	h00500 正	h03898 反

	h04511	h04615	h04616	h04617	h04619	h04907 反	h05081 反	h05463
	h06033 正	h06528	h07325	h07575	h07634 正	h09068	h09668 反	h10197
	h10198 正	h10385	h10408 正	h10455	h10459	h10461	h10464	h10466
	h10585	h13925 正	h14383	h17391	h17397 反	h17397 正	h17856	h18315
	h18316 正	h18317	h19363	h19364	h19728	h40143	y00400	
师组	h20715	h20923						
何组	h28323							
历组	h32912	w01632						
黄组	y02539	y02542						
臽								
宾组	h00267 反	h00903 正	h01819	h01822 正	h02072	h02098	h02099	h02101
	h02103	h06647 正	h10315 正	h10680	h10901	h10937 正	h11209	h12442
	h18110	h18112	h40526	y01706	y 补 34			

师组	b06733	h19907	h19909	h19910	h19911	h19912	y01774	
子组	h21802							
出组	b07001	d00698	d01245	h23085	h23087	h23090	h23091	h23092
	h23093	h23094	h23095	h25152	h40966	h40967	y01943	100318
何组	h27207	h29476	t00738	t02091				
历组	h32611	h32753						
黄组	b10986	b10999	b11003 甲	b11038 正	b11711	h35744	y02510	y02512 正
历组		t00035	t03109	t03776	t02471	t02908		
宾组	h14199 正							
宾组	h09507 正	h10406 正	h1358 正甲	h19122 正				
子组	h21614							
出组	h24209							

宾组	h10467							
宾组	h02804	h02807-	h02807	h04726	h13715-	h14020	h14063	h14116
	h14117	h14118	y00174 反					
师组	b06689	h19986	h19987	h19990	h19992			
历组	t03847							
宾组	b05465 正	h00522 反	h02861	h03123	h03263	h08554	h10350	h10939-1
	h10939-2	h10942	h10943	h10944	h13712 正	h17055 正	h17066	h18787
	h18789	h18791	h18792	h18793	h18794	h18795	h18796	h18797 正
	h19491	y01186						
师组	h20838	h20986						
出组	h26804	100423						

宾组	h07757 正							
虎								
宾组	b05120	h00671 正	h00671 正	h01606	h02074	h03304	h03305	h03306
	h04415 正	h04620 正	h05870	h05933	h08204	h08657	h09169	h09273 反
	h09479	h10196	h10197	h10198 正	h10199 正	h10200	h10201	h10203
	h10204	h10206	h10207 正	h10209	h10211	h10212	h10214	h10216
	h10217	h10218	h10219	h10220	h10221	h10408 正	h10917	h10977
	h11018 正	h11450	h11608	h13658 正	h13716 反	h14149 正	h14149 正	h16496
	h16523	h16524	h17392 正	h17849	h19485	h19721 反	h40741	y00864
师组	b06725	b06726	b06931 正	h20463 反	h20683	h20697	h20706 正	h20707-1
	h20707-2	h20708	h20709	h20710	h20711	h20712	h20713	h20752
	h20757	h21327	h21386	h21387-1	h21387	h21392	h21472 正	w01547
	y01779							

子组	h21769							
午组	h21932							
丙一	h22065							
丙二	h22158							
出组	h23690	h23698	h26007	h26841				
何组	h27339-1	h27339-2	h28031	h28300	h28301	h28302	h28303	h28844
	h29716	t03599	t04140					
历组	h32552	h33378-1	h33378	h33612	h34865 正	h35269	y02404	t03055
黄组	h37362-1	h37363	h37366	h37369	w01915			
宾组	h10926							
豹 宾组	b01803	h03286 正	h03287	h03295	h03297 正	h03297 正	h03298-1	h03299-1

	h03301-1	h03302	h03303	h06553	h06554	h10055	h10080	h10088
	h14363	h18314						
⿰戈虎								
宾组	h00697 正	h03332	h05516	h10206				
⿰戈虎								
何组	h27887							
⿱羊虎								
宾组	h18304							
⿱屮虎								
宾组	h08203	h11003	h18460 正					
黄组	h36969							
宾组	h04531	h18187 正						
宾组	b02537	b06505 正	b06525					
⿸虍人								
宾组	h04593	h04748	h08409					
何组	b10380							
历组	h41649	t04330						

虤								
宾组	h04485	h08205	h40018	h40019				
历组	h33130	s00008						
虤								
历组	h33131							
⿰氵虤								
师组	h20762							
何组	t02116							
虐								
宾组	h02307	h08857 正	h14315 反	h17192 正	h17193	h17224	h17946 正	h40048
⿰目虎								
何组	h27899	h28350	h29320	h29321	h29323	s00288	t03207	
历组	h31260	h33363						
⿰月虎								
黄组	h37368							

何组	h28402-1	h28402	h28403	h28404	h28405	h29266	h29356-1	h29356-2
	t01032							
淲								
黄组	h36828	h36955						
⿷匚虎								
子组	h21768-1	h21768-2						
宾组	h18035							
午组	h21914							
历组	t03726-1							
⿸虍未								
出组	h24256							
黄组	h36755	h36773	h37556					
⿸虍朿								
丙一	h22088							
⿸虍乇								
宾组	h03311	h08380 正	h10948 正	h10949	何组	t00218		

宾组	h02437 反	h09270	h09271					
历组	h33052							
⿰虎又								
何组	t03566							
⿰虎攴								
历组	h30998							
师组	h20397	h40907						
黄组	h36481 正							
宾组	h18320							
⿸虍月								
黄组	h36754	h36755						
⿰⿸虍月⿸虍月								
何组	t01021							
⿸虍⿱月口								
何组	h28096	h30044	y02366					
历组	h31184							
⿱⿰⿸虍月⿸虍月口								
出组	h25228							

何组	h27445	h27748	h27749	h28379	t01092			
历组	h31185							
虞								
何组	h28133	h29296	h29297	h29298	h29300	h29301	h29302	h29303
	h29305	h29306	h29307	h29309	h29311	h29373	h29304	
历组	h33543	h33567						
何组	t00626-1	t02741						
[illegible]								
何组	h29308-1	h29312	t00050					
历组	h33565	t00024						
黄组	h37403							
虚								
宾组	h18319							

䖒								
宾组	h07011	h07012						

丙二	h22178							

何组	h27889	h27990	h27992	h27993	h27994	h27995-1	h27995-2	h27996

黄组	h36528 反	h36530						
虘								
宾组	h07909	h07910						

师组	h21180							

何组	h27997							
蔖								
黄组	h36966	y02523						
蔖								
黄组	h36965							
兔								
宾组	b02596	b02626	h00154	h0030 正甲	h00477	h01772 正	h10197	h10457
		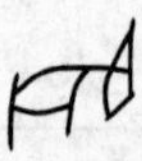						
	h10458	h13331	h14295	y00856				

师组	h20772	y01827						

何组	 h30054							
黄组	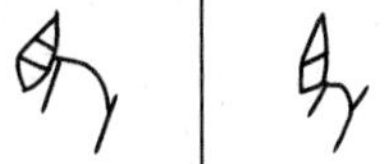 h37478-1	h37478						
历组	 t00427							
麑	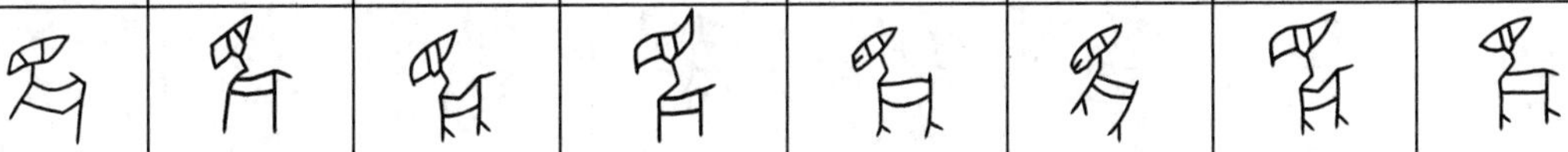							
宾组	b00073	h10260-1	h10288	h10289	h10386	h10386 正	h10387	h10388
	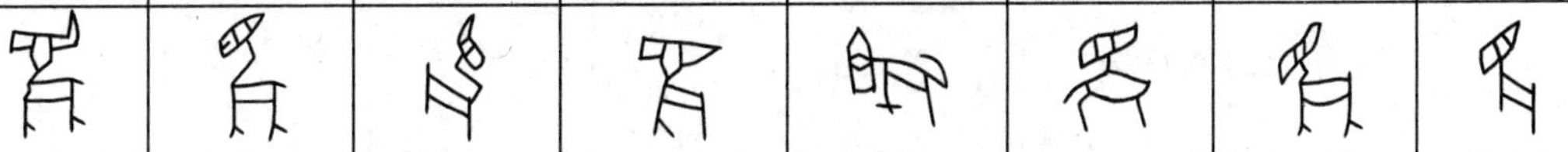 h10389	h10391	h10392	h10393	h10395	h10396	h10397	h10407 正
	 h10456-1	h10500	h10921	h13568	h40155			
师组	 h19942	h20723	h20724	h20735	h21229			
何组	 h28387							
黄组	 h37364	h37366	h37408	h37453	h37456	h37457	h37465	
历组	 t00964							
敺	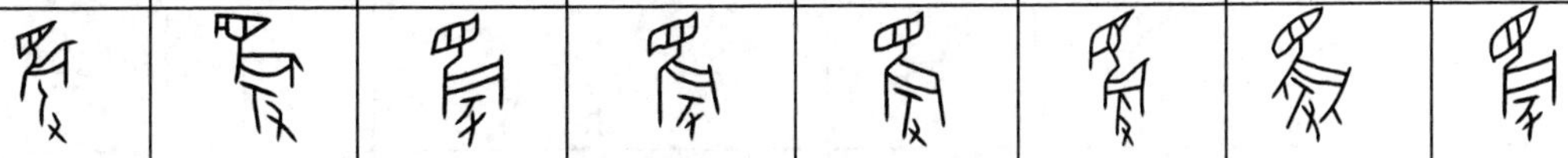							
宾组	h00006	h04449 正	h04603 正	h04604	h04605 正	h04607	h05868 正	h08047 正
	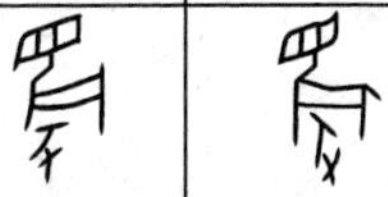 h08278	h08564						

何组	h27952							
历组	h31997							
[illegible]								
黄组	h39435							
麇								
宾组	h04596	h04598	h04599	h04600	h04601	h04602-1	h08672	
宾组	h17855	h19703 正						
麇								
宾组	b02625	b02633	b02643 正	b02752	b02754	b02757 正	b02762	b03987 乙
	h00015	h00376 正	h00376 正	h04456 正	h05579 正	h09174	h10298	h10343 正
	h10344 反	h10344 正	h10345 正	h10346 正	h10347 正	h10348	h10349	h10350
	h10356	h10358	h10360	h10361	h10362	h10363	h10365	h10366
	h10367	h10369	h10372	h10373	h10374-1	h10376	h10377	h10380
	h10381	h10382	h10383	h10426 反	h10694	h10912	h10990	h11042
	h15921	h18322	h18910 正	w00934	y00848	y00849 正		

师组	b06639	h40834-1	h40834	y01782				
丙二	h22507							
出组	h25979							
何组	b09041	b09071	b10279	h26899	h27255	h27459-2	h27902	h28356
	h28357	h28358	h28359	h28360	h28362	h28363	h28364	h28365
	h28366	h28367	h28368	h28369	h28370	h28371	h28372	h28373
	h28374	h28375	h28376	h28379	h28381	h28382	h28384	h28385
	h28386	h28388	h28789	h28790	h28797	h29341		
历组	b10535 正	h33361	h33366	h35261 甲	h35261 甲	h35261 甲	h35261 甲	h35262
	h35263-2	h35264-1	h35265	t02626				
黄组	h37391	h37423	h37439	h37459	h37460	h37462 反	h37464	h37466
何组	t00641-1	t00641	t03599	t03996	t04375			

漉								
黄组	h36835							
鹿								
宾组	h06840	h10659	h10662 正					
历组	h33348							
𠁧								
宾组	h00787	h03223	h05579 正	h05839 反	h05839 正	h06664 正	h07075 正	h07352 正
	h10349	h10361	h10362	h10363	h10364-1	h10383	h10655	h10656
	h10657	h10658	h10661	h10663	h10664	h10666	h10668	h10669
	h10671	h10673	h10674	h10911-1	h10912	h10951	h16201	y00848
	y00849 正							
历组	b10537	h33371	h33374 反	t00664-1	t00664-3			
氵𠁧								
宾组	h14755 正							
𠁧廾								
宾组	b00526 反	h03219	h03220	h07363 正	h08268	h10675	h10676	h13875

	h17074 正	h17075 正	h17076					
何组	h27883	h27964	h28375	h28794	h28797	t00815		
历组	h33167	h33404	t00923					
[illegible]								
宾组	h03222 正	h14783 正						
历组	t02626							
溝								
何组	h27964-1							
鹿								
宾组	b02758	b05482 反	h02755 反	h09361	h10198 正	h10259	h10260	h10261
	h10262	h10263	h10264 正	h10270	h10272	h10273	h10274	h10275 正
	h10276	h10277	h10278	h10280	h10283	h10284	h10285	h10286
	h10288	h10289	h10290	h10291	h10294	h10303	h10666	h10913
	h10928	h10954	h40136	w00667				

师组	h19956	h19957 反	h20338	h20714	h20715	h20716	h20719	h20720
	h20721	h20723	h20755	y01825	y01826			
子组	h21770							
午组	h21924	h21925						
丙二	h22381 正	h22404						
出组	h24444	h24446						
何组	b09096-1	b09096	h26907 正	h27921	h27968	h28324	h28325	h28326
	h28327	h28328	h28329	h28330	h28331	h28332	h28333	h28334-1
	h28334	h28336	h28337 正	h28338	h28341	h28342	h28343	h28344
	h28350	h28351	h28352	h28353	h28354	h28369	y02289	t00256
历组	h30765	h32083	h33367	h33368	h33369	h35264	h35266-1	h35266
黄组	b11291	b11302	b11337	b11907	d00833	h37370	h37400	h37401

	h37402	h37403	h37404	h37405	h37420	h37426	h37427	h37431
	h37439	h37440	h37446					
历组	t00997							
鹿								
宾组	b02613	b02756	b06147 反	h00153	h00810 正	h10213	h10295	h10308
	h10312-1	h10313	h10314	h10317	h10320 正	h10321	h10327	h10328 正
	h10329	h10332	h10333	h10337	h10341	h10342	h10344 正	h10410 正
	h10411	h10927 反	h10935 正	h10950-1	h10950-13	h10950-3	h10950	h10951-1
	h10955	h18910 反	y00855					
师组	h20722							
出组	h24447							
鹿								
宾组	b00463 正	h00267 反	h00893 正	h0107 正甲	h06827 正	h07075 反	h10299 正	h10300
	h10316	h10322	h10323-1	h10331	h10334	h10335	h10937 正	h10938 正

	h10946	h10948 正	h10966	h10976 正	h18910 反	h18910 反	y00850	y00857
师组	h20717	h20718						
尘								
宾组	h08233							
麌								
黄组	h36836							
麌								
黄组	h36481 正							
衡								
宾组	h08256							
麈								
宾组	h10654-1							
麢								
子组	h21771							
麓								
何组	h30268							
觀								
黄组	h37467	h37468	h37469	何组	t03381-1			
覩								
何组	h29425							

宾组	h14295							
宾组	h17870 反							
射鹿								
何组	t02539-1	t02539						
隹								
宾组	b00115	b00279	b00856	b01571 反	b01665	b02137	b02239 反	b02667 正
	b03270	b03864	b04270 正	b04711 反	b05127 正	b05557 反	b06115	d00043-1
	d00196	d00253-1	d01009-1	d01043	h00149	h00201 正	h00217	h00225
	h01385 正	h01950 反	h02100	h02837	h03082	h03771-1	h04290	h04394
	h05427	h06058 正	h06075 正	h06091	h06556	h06822	h07388 反	h07432-1
	h07534	h08282	h08583	h08846	h09287 正	h09988	h10512	h10756
	h10757	h10801	h11497 正	h11788	h11900	h12618	h12853	h12884
	h13161	h13415	h13691	h13845	h14154	h14159-1	h14469 反	h15422
	h16451	h18326	h18331	h18716	h18871	w00711	w00924-1	y01562

师组	b06717	b06744	b06816	b06854	h19785	h19965	h20175	h20229
	h20385 正	h20397	h20427	h20576 正	h20595	h20612	h20671	h20676
	h20812	h20912	h20961	h21013	h21021	h21119	h21297	h21298
	h21377	h21380	h21436	t04314				
子组	h21534	h21547	h21562	h21566	h21595	h21620	h21637	h21658
	h21727	h21739	h21742	h21749	h21766	h21829	h21830	h21831
午组	h21878	h21885	h21926	h21927	h21940	h21951	h21960	h21987
	h22013							
丙一	h22050	h22056	h22086-1	h22086	h22089	h22094	h22099	
丙二	h22158	h22167	h22193-1	h22193	h22196-1	h22196-2	h22196	h22204
	h22357	h22364 反	h22384	h22420-1	h22420-2	h22441	h22471	h22472
	h22507-1	h22507-2	h22507					

出组	b08593	b08745	h22884	h22954	h23439	h23452	h23579	h23708
	h23715	h24118	h24308	h24471	h24871	h24900	h24901	h24960
	h24968	h24980	h26186	h26809	y01957			
何组	b08766	b09251	b10359	b10394	h26975	h27042 反	h27133	h27146-1
	h27146-2	h27146	h27147	h27253	h27382	h27932	h28079	h28090
	h29833							
历组	b10628	b10631	b10924	b10929	h30391	h30751	h31189	h31201
	h31283	h31934	h31935	h31936	h31937	h32124	h32524	h32834
	h32881	h32906	h33059	h33123	h33256	h33273	h33337	h33378
	h33694	h33698	h33700	h33832	h34217	h34229	h34691	h35324
	y02444							
黄组	b11299 反	b11648	h35427	h35525	h35532	h35720	h36418	h36488

	h36734	h37367	h37468	h37838	h37843	h37849	h37861-1	h37864
	h38731	h38732	h38764	w01915				
何组	t00610	t02191	t02666	t01055	t01061	t03036	t03835	t02180
历组	t00742	t02369	t02918	t02677-1	t02805	t01049	t02057	t02105
雀								
出组	h24369							
鸟								
宾组	b02769 反	b06280	h00116 正	h00522 反	h03457	h04725-1	h04725-2	h05529
	h08239	h08240 反	h08241 反	h09011 正	h09467	h10512	h11497 正	h11498 正
	h14360	h17366 反	h17455	h17864	h17865	h17866 正	h18344	y01273
师组	h20354							
丙二	h22377 正	h22377 正	h22377 正	h22381 正				
出组	h23691		何组	h28424				

	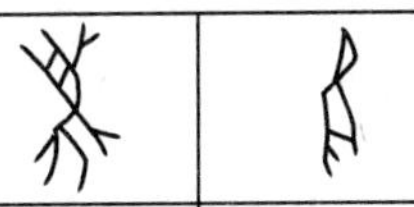							
黄组	w01790	y02542						
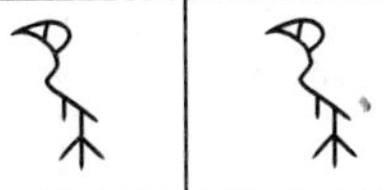								
宾组	h09438							

宾组	h00109							
舄								
何组	b10173	历组	h31001					
舊								
何组	h27939							
隻								
宾组	h11528	h13390 正						
获	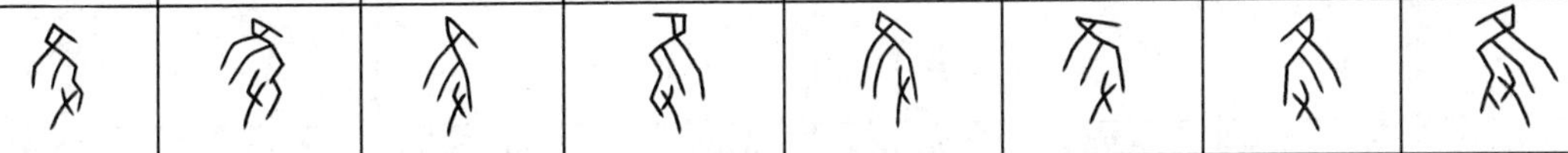							
宾组	b00001	b00006	b01965 甲	b02145	b02581 正	b02584	b02587 正	b02592
	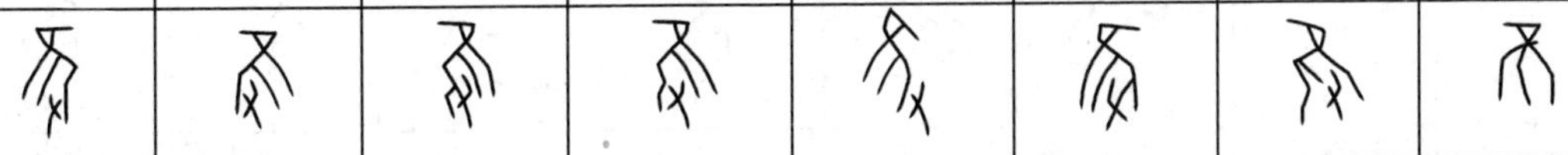							
	b02595	b02600	b02605	b02606	b02607	b02613	b02636 正	b02659
	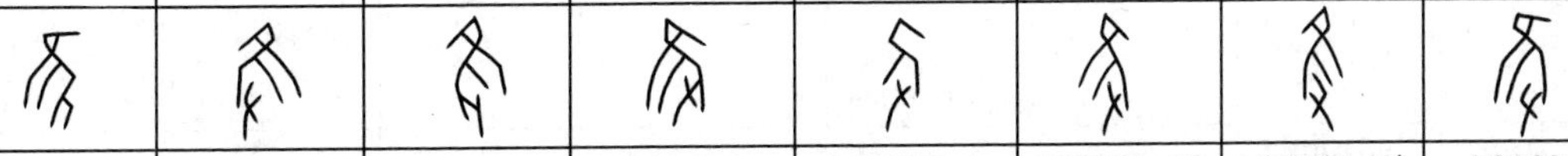							
	b06217	h00102	h00156	h00157	h00176-1	h00201 正	h00201 正	h00206
	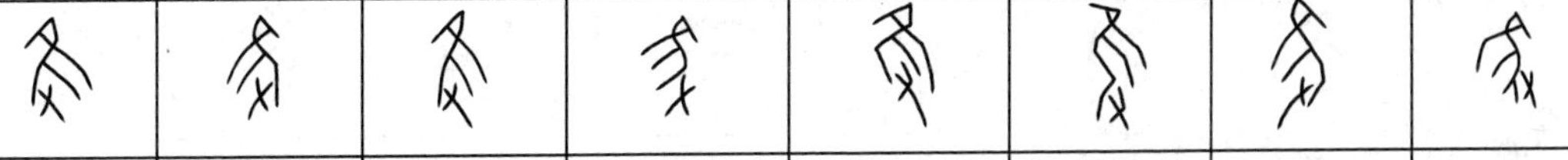							
	h00207	h00217-1	h00499	h00685 正	h00796	h01060	h0107 正甲	h04677-1
	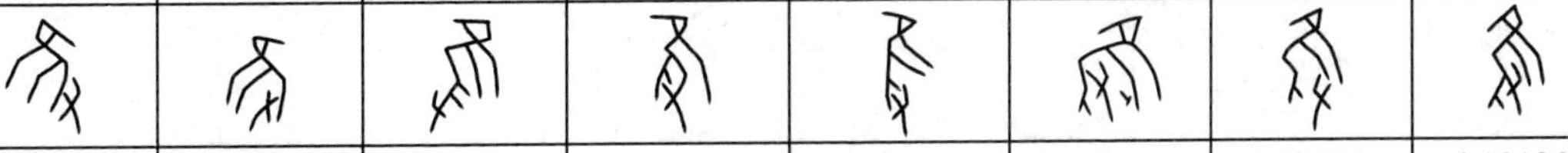							
	h05739	h06876	h06906	h06908	h09374	h09572-1	h09584	h10196
	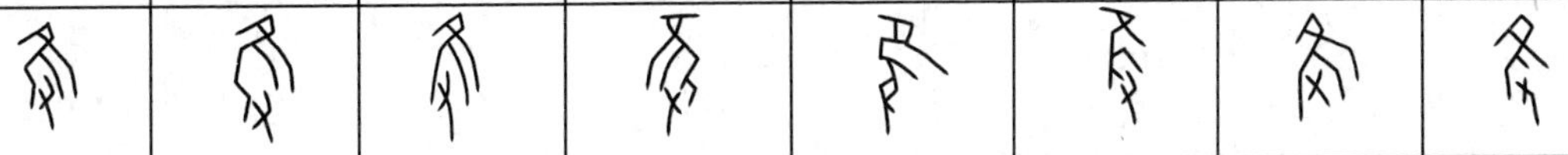							
	h10203	h10236 正	h10262-1	h10270	h10271	h10298	h10308	h10315 正

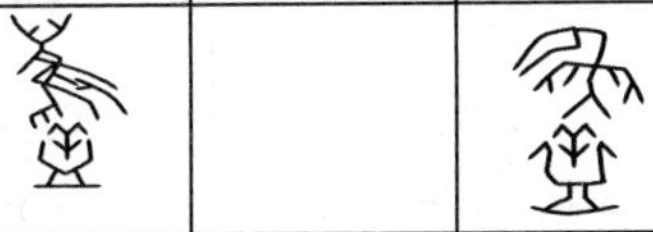

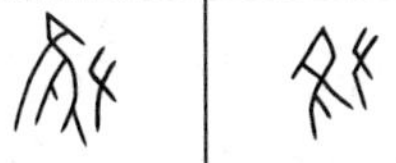

	h10350	h10385	h10397	h10410 正	h10411-1	h10411	h10429	h10467
	h10500	h10503	h10647	h10841	h10852 正	h10861	h10862	h10868
	h10871	h10877	h10888	h10890	h10891	h10898-1	h10899 反	h10899 正
	h10908	h19369	h40154	y00861-1				
师组	b06648	b06649	h19754	h19755	h20203	h20321	h20383	h20449
	h20458	h20617	h20618-1	h20706 正	h20707	h20714	h20726	h20727-1
	h20736	h20739	h20763	h20773	h20780-1	h20781-1	h20782	h20783
	h20784-1	h20784-2	h20785	h20786	h20787	h20789	h21000	h40833
	y01807							
子组	h21586-1	h21586	h21628	h21658	h21708	h21731-1	h21731	h21736
	h21759	h21764	h21765	h21768				
午组	h21923	h21924	h21929	h21931	h21940	h21948	h22039	

丙二	h22135	h22147	h22226	h22404	丙一	h22043		
出组	h24345	h24346	h24391	h24446-1	h24448	h24449-1	h24450	h24529-1
何组	b09063	b09266	b10311	h27852	h28055-1	h28089 正	h28301	h28324-1
	h28345-1	h28876	h29084-1	h29376-1				
历组	h33085	h33151	h33368	h33379-1	h34465	h35323-1	t02857	t03055
黄组	b11290 反	b11296	b11301 反	b11303	b11304	h37362	h37363	h37365
	h37373	h37375	h37377	h37378	h37381	h37383	h37390	h37391
	h37398	h37403	h37405	h37410	h37411	h37415	h37420	h37422
	h37431	h37433	h37434	h37445-1	h37447	h37452	h37464	h37465
	h37471	h37472-1	h37475	h37479	h37481	h37486	h37487	h37500-1
	h37520	h37523	h37560	h37729	h37732	w01915-1	y02540-1	y02562 反
何组	s00504	t00024	t01183	t02169-1				

获								
宾组	h18153							
[illegible]								
宾组	b02463 正	b06351-1	h00268 臼	h00656 反	h00809 反	h00838 正	h01314	h02341
	h03416 正	h04533 反	h04535 正	h04537	h04539	h05197	h07773	h07810
	h09097	h10607	h11274 正	h115153	h12896	h14172	h14174-1	h14370 丙
	h17334	h17335	h17336-1	h17336-2	h18772	y00378		
师组	h21379							
出组	h41296							
历组	h32699							
[illegible]								
宾组	y01165							
[illegible]								
宾组	h19657							
宾组	h15866							

出组	b07048	b07896	h22717	h23070				

历组	t00051							

黄组	h35499	h35500	h35516	h35581 正	h35681 -1	h37846	h38470	
 [illegible]								
丙一	h22050							

何组	b10387							

宾组	h00667 正							

宾组	h18339							
 [illegible]								
宾组	h06653 正	h10198 正						
 [illegible]								
宾组	h00119							
 [illegible]								
宾组	h19215							

宾组	h15153							

萑								
宾组	h09758 正							
萑								
何组	h28348							
萑								
宾组	h08184							
萑								
宾组	h18422							
⿰木萑								
宾组	h18416 正							
⿰萑攴								
黄组	h39457							
宾组	w00517							
⿰萑卩								
师组	h20815							
黄组	h36481 正							
⿵几⿰虫戈								
师组	b06775							
宾组	b02489	b02534 正	h05603	h08080	h09501	h09590	h09602 正	h09603
	h09608 正							

出组	w01066							

历组	h34529							
隿								
宾组	h05739							
隿								
黄组	h37437							
隿								
午组	h21983							

何组	h27088-1							
寉								
历组	h33384-1							
[illegible]								
宾组	h10425							
雁								
宾组	d00560	h01385 反	h18337	h18338				
翟								
黄组	h37439							
脽								
宾组	h06648 正	h0664 正甲	h0664 正甲					
脽								
宾组	h08818							

脽								
宾组	h06090 正	h18347						
雋								
出组	h26842							
踓								
宾组	b13048	h00119-1	h00122-1	h00122-2	h00123	h00125-1	h00150 正	h00331-1
	h00633	h03131	h06016 正	h13422	h19663-1			
出组	h22960							
踓								
宾组	h01664	h01932 反	h03122	h03123	h03124-1	h03125	h03126	h03127-1
	h03128	h03130	h06051	h09627	h10925-1	h16423	h16751	h17453
	h17588 反							
踓								
何组	h29366							
黄组	h36560-1	h36591	h36593	h36594	h36595	h36596	h36598	h36600-1
	h36601	h36602	h36603	h36643	h36644	h36989	h37406	h37620
	h37651	h37652	h37653	h37654	h37655	h37657	h41759	h41804

	y02555							
历组	y02448							
淮								
出组	h23558							
何组	b10325							
黄组	b11269	h36642	h36968	h37434				
黄组	h36765							
售								
师组	h20390	h20741						
历组	h31144							
黄组	h36442	h36486	h36606	y02564				
何组	t02064	t02350						
旧								
宾组	h03522 正	y01186						
师组	h21361							

丙一	h22099							
出组	h22884							
何组	h26994	h27128	h28195	h28236	h29004	h30328	h30358	h41311
历组	h30429	h30615	h30677	h30678	h30681	h30682	h30683	h30685
	h30686	h30688	h30693	h30694	h30724	h32235	h32536	
黄组	h36608	h37434	t04343					
旧								
出组	h26845							
舊								
何组	h29694							
雚								
出组	h24425							
何组	h26909	h26931	h27112	h27115	h27197	h27824	h27825	h28201
	h30338	t02232						

历组	h30828	h30909	h31053	h32137	h32138	h34310	h34319	h34441
黄组	b11281	h38310	h38311	h39442	s00375	t02212		
雚								
出组	h24426							
萑								
宾组	b02533	h00454 正	h03227	h05159	h09591	h09592	h09596	h09598
	h09606	h17965	h40744	y01662				
师组	h19978	h20062	y01767					
历组	b10933	h30959	h32892	h33034	h34398			
黄组	h38467							
雈								
宾组	b03217	b06214	h00190 正	h00294	h01286	h03210	h04660	h05791-1
	h07627	h11589	h14963	h17618	h19114	h19202		
师组	b06847	b06931 正	h20495					

子组	h21527-1	h21528	h21538 乙	h21840 乙	h21840 甲			
出组	h26060							
何组	h26959	h28001	h28200	t02621				
历组	b10641	h33146-1	h34172					
黄组	y02538							
亼隹								
宾组	b03968	h00456 正	h00641 反	h00685 反	h00721 正	h06037 正	h11814	h11845
	h12926	h13140	h13141	h13160	h13231	h13312	h13382	h13445
	h13448-1	h13451	h13452	h13456	h13458	h13459 反	h13460 正	h13461
	h13464	h1415 正乙	h16057	y01100	y01101			
师组	h20470	h20922	h20923	y01845-1				
子组	h21777							

师组	b06858	h19780-1	h19780	h19781-1	h19781	h20717	h20769	h20770
	h20771	h20966	h20988	h21013				
历组	t02866							
宾组	h06545-1	h10607	h13523 正	h18330				
黄组	b12654	h36490-1	y02524-1					
雈								
宾组	b01951	h03321	h03323	h04726	h04728	h04729	h04730 反	h04732
	h05730	h06839	h08720 正	h09965-1	h10983-1	h19311		
师组	h20369	h20485						
历组	h31766							
历组	h30442							
宾组	h06944	h08676						
⿱隹女								
师组	y01858							

丙二	h22152							
出组	h24975							
历组	h30447-1	h32088	h34293	h34294	h34295	t01116		
宾组	b00831 反	h12986 反	h13337-1	h16809				
师组	h20273-1							
出组	h24369							
历组	h32301-1	h34152	t01007	t01392				
风								
宾组	b02591	b03961	b03962	b03963-1	b03964	b03968	b04062	d00326-1
	d00327	h00137 正	h00367 正	h00685 反	h00775 正	h01166 甲	h01248 反	h05659
	h09244 反	h09245	h10131	h10372-1	h10514-2	h10743	h13049	h13218 反

	h13330	h13332	h13333 正	h13335-1	h13336	h13338 正	h13339-1	h13340-1
	h13340	h13342-1	h13343	h13344-1	h13345	h13346 正	h13348	h13349-1
	h13359-1	h13360	h13361	h13372-1	h13373-1	h13374	h13375 正	h13377-1
	h13379-1	h14294-2	h14295	h18343	h4151	y00039	y01096	y01098
	y01099							
师组	h19769-1	h20419	h20486	h20757	h20769	h21010-1	h21010-2	h21012
	h21013-1	h21013	h21014	h21015	h21016	h21017	h21018	h21019-1
	h21021-1	h21080-1	h21320	y01852				
子组	h21844-1							
午组	h22030							
丙二	h22442							
出组	h24934	h24935-1						

何组	h29908	h30248						
历组	b10605 乙	h33077	h33985	h34034	h34035	h34036	h34040-1	h34137-1
	h34138-1	h34139	h34140-1	h34483-1				
黄组	b11654	h36961	h37604	h38179				
历组	t00823-1	t02772	t03271	t04349				
风								
何组	b08995	b09569	b09570	b09571	h28259-1	h28555-1	h29175-1	h30256
	h30259-2	h30265-1						
风								
何组	h27459-1	h28552-1	h28552-2	h28554	h28556-1	h28557	h28560	h28972-2
	h29174	h30241	h30242-1	h30243	h30260	h30263	h30270-1	t03613-1
历组	h34033	h34037						
风								
何组	b09568	b13358	h28553-1	h28558-1	h28558-2	h28559-1	h28641	h28673-1

	h28677	h28972-1	h28997-1	h29234-1	h29236-1	h30133	h30225	h30226-1
	h30231-1	h30233-1	h30234	h30235-2	h30236	h30237	h30238-1	h30240-1
	h30244-2	h30246-1	h30247-1	h30250-1	h30251-2	h30252	h30253-2	h30254-1
	h30255-1	h30257-1	h30258-1	h30261-1	h30262-1	h30264-1	w01417-1	w01417-2
历组	b13405	h30393-1	h30807-1	t01054				
黄组	h37527-1	h38187-1	h38188-1	h38189-1	h38190			
何组	t00258-1	t00546	t00619	t04375	t02257-1	t02395-1	t02987	
风								
宾组	h07369-1	h07369-2	h07371-1	h13355-1	h13356-1	h13357-1	y00680	
⿰兄風								
何组	h27459-1	h27459						
⿰須風								
历组	h35302							
⿰須風								
宾组	h13381							
⿰須風								
师组	h20576 正							

⿱雨虽								
宾组	h12817 正	h12817 正	h13009					
⿱雨虽								
宾组	w00239							
靃								
黄组	h35699	h35705	h35887	h36779-2	h36780	h36781	h36783	h36784
靃								
黄组	h36779-1							
⿰⿱隹示又								
宾组	b00084	b00999	b02760	b04440	h00296	h00952 正	h01299-1	h01299-2
	h01590	h01591-1	h01592	h04039	h05739	h11484 正	h15914	h15918
师组	h21226							
丙二	h22161	h22190						
何组	h27237	h27339-1	h27465					
历组	b10685	h30530	h30642	h30765	h31009	h31011	h32020	h32360
	h32435	h32521	h32545	h32546	h32631-1	h34344	h34638	h34679
黄组	b11911	h35501	h35657	h35680	h35802	h35815	h35904	h38468

	h41877		历组	t03039	t04178			
何组	t00169	t00629	t02598	t02608	t03668	t03286		
[illegible]								
宾组	d00236-1	h01293	h01295	h01297	h01332	h01391 正	h01805	h01985
	h05648	h10316	h10369	h15921	h40516			
午组	h21942							
出组	h26007							
历组	h31008	h32547	h32552	h33012	h34635			
黄组	w01691							
何组	t03390							
宾组	h10514-1	h10514-3						
何组	y02327							
宾组	h01707 反	h0896 反乙	h09572-1	h10315 正	h10501 正	h10502	h10503	h10504

	w00245							
宾组	h00557	h08940	h10508	h10509				
出组	h26871							
历组	h32832							
雋								
宾组	h13404							
午组	h21926							
何组	h26888	h26992	t01008	t02185				
历组	h33232	h34148						
[illegible]								
历组	h31994	t01132	t01544					
雉								
宾组	h00063 正	h07153 正	h07352 正	h10513	h10921	h18334		

	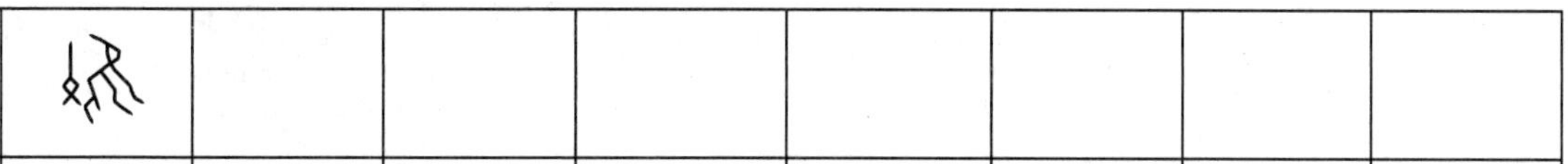							
师组	h40834							
	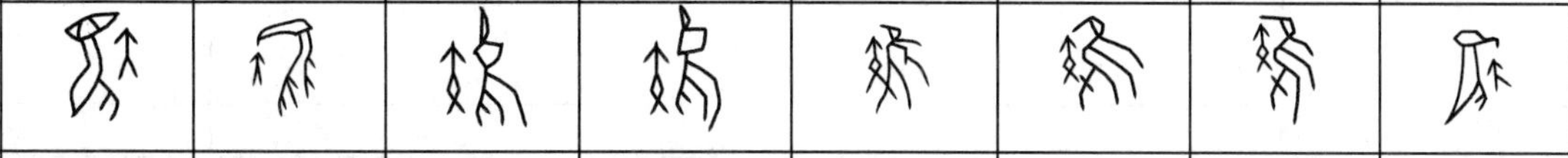							
何组	h26881	h26882-1	h26883-2	h26883	h26884-1	h26884-2	h26886	h26887
	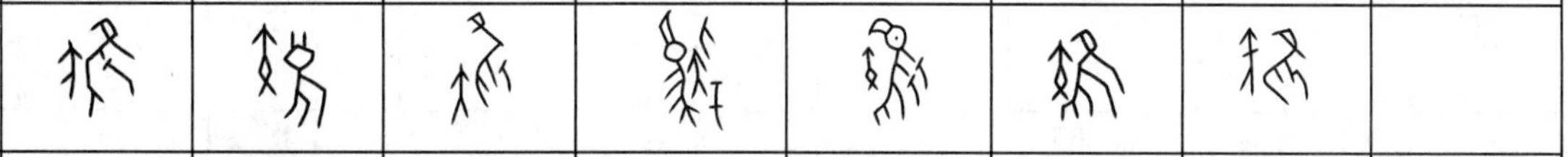							
	h26888	h26890	h26895	h26896	h26897-1	h27996	h28138	
	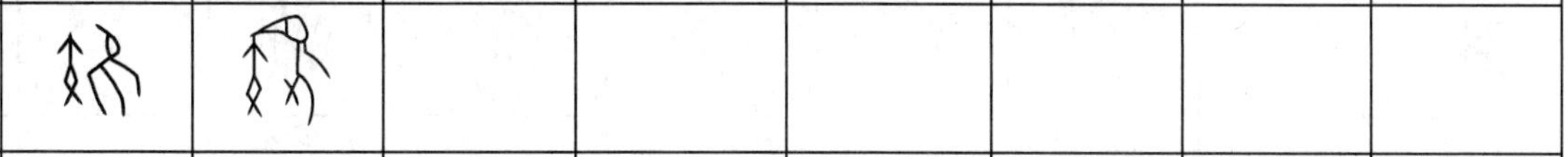							
	s00064	t02064						
雉	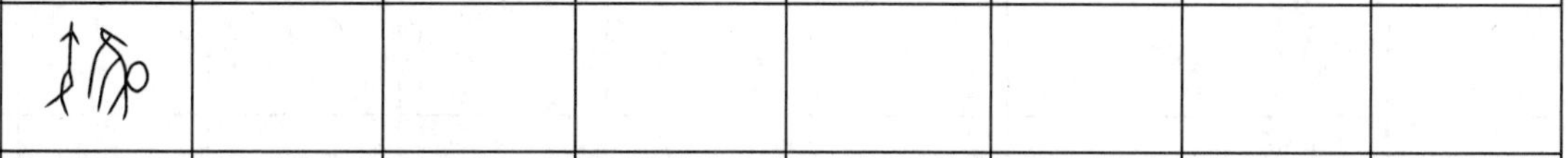							
宾组	h08874 正							
雉	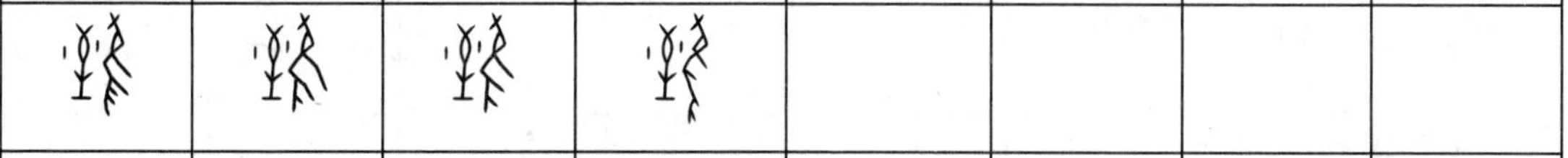							
黄组	h35345	h35346	h35347-2	h35347-3				
雉	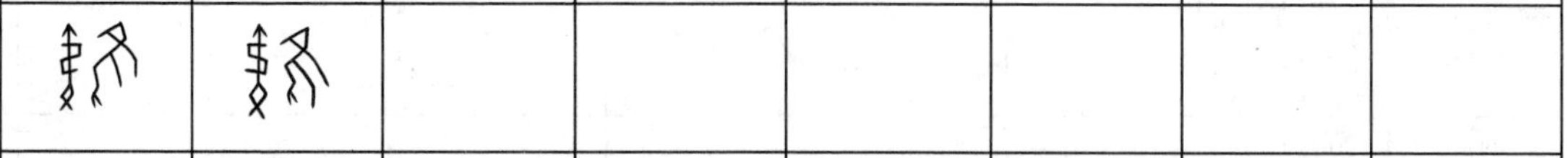							
宾组	h08659	h18335						
	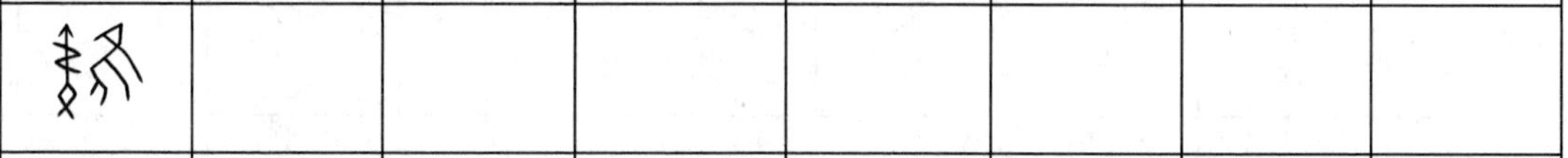							
出组	h24446							
	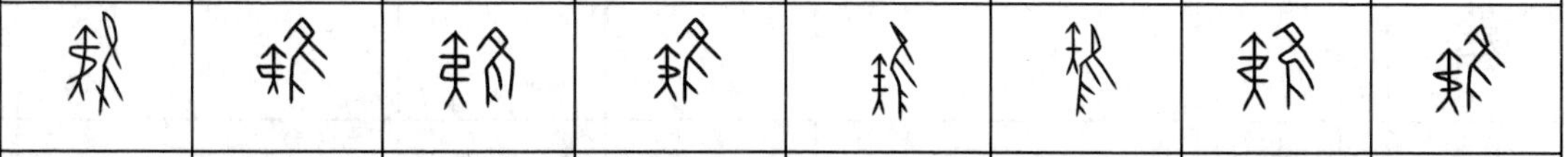							
黄组	h37412	h37364	h37365	h37368	h37378	h37437	h37455	h37478
	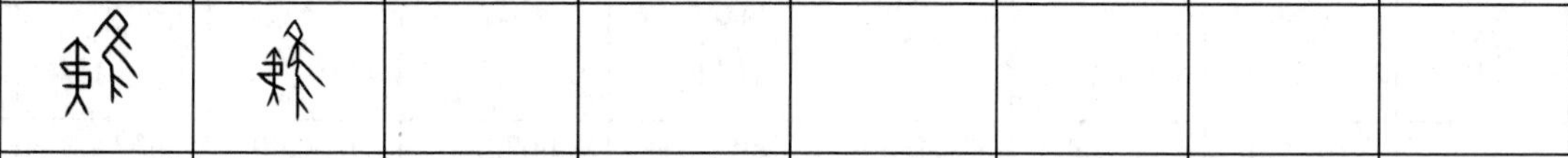							
	h37500	h37509						
	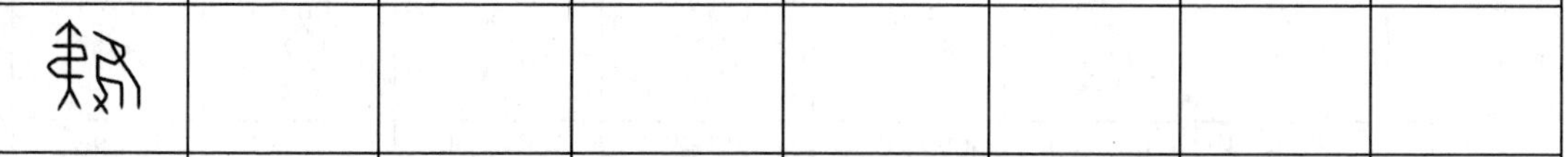							
何组	t04033							
⿱雉土	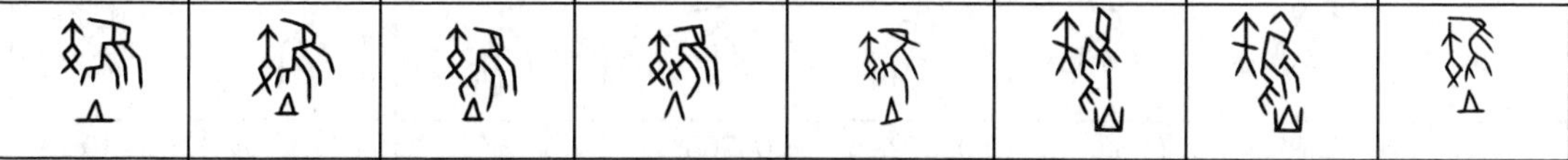							
何组	b08982-1	b08982-2	b08982-3	b08982-4	b08982-5	h26891	t02320	t04200

矨								
何组	h26893							
琟								
黄组	h36555	h36565						
䧴								
宾组	h05854	h06153	h06857 反	h07040 正	h18218	h18220		
黄组	h36956							
凫								
宾组	h14161 正	h18328						
雥								
何组	h27151							
集								
宾组	h15664	h17455	h17867 正	h18333				
隽								
宾组	h18332							
雀								
宾组	b02245	b02252	b02254 正	b02255	b02256	b02260	b02263	b02267
	b02268 正	b02270	b02271 正	b02273	b02274	b02380	b04267	h00190 反
	h00387 反	h00585 反	h00672 正	h00768 反	h00895 乙	h01100 反	h01140 正	h01531 反

	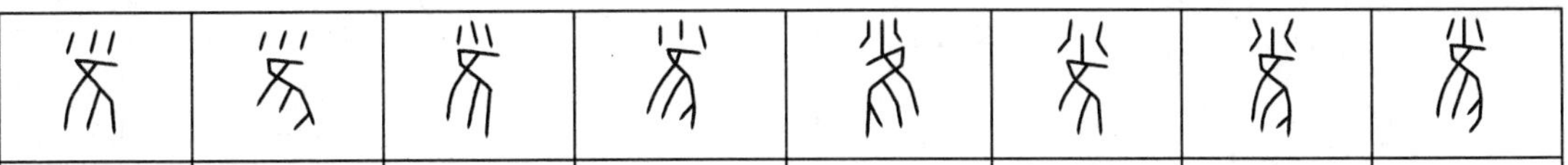 h02274 反	h02399 反	h03201 反	h04122	h04139	h04152	h04154	h04163
	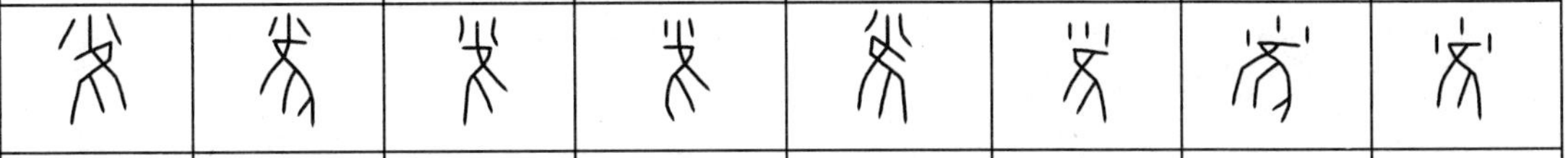 h04164	h04165	h05679	h05769 反	h05984	h05995 反	h06834 正	h06931
	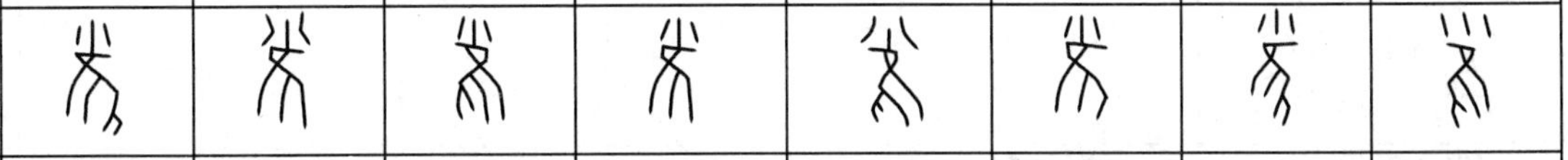 h06939	h06958	h06962	h06964	h08007	h09241	h09242 反	h09774 反
	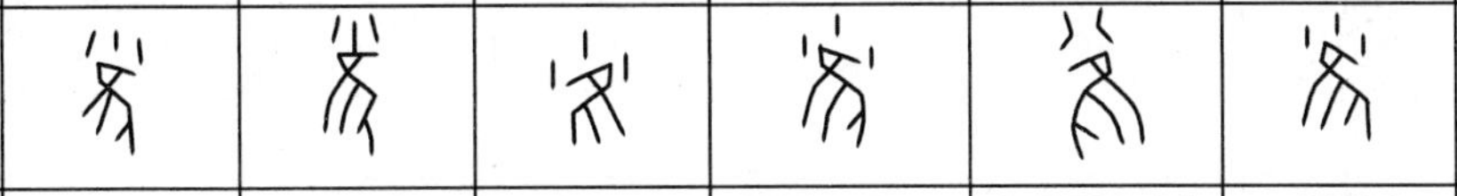 h10125	h11023	h13515	h14453	h17533 正	y00533		
师组	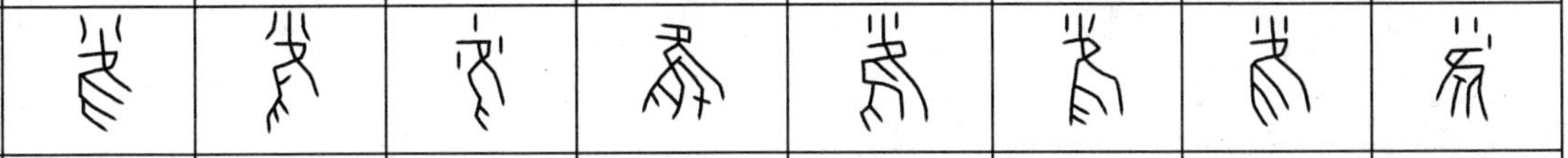 b06918	h19822	h20059	h20167	h20168	h20169	h20170	h20171-1
	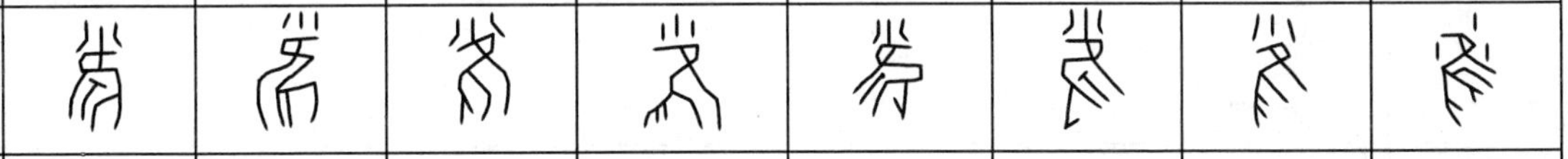 h20171	h20173	h20174	h20176	h20383	h20384	h20393	h20403
	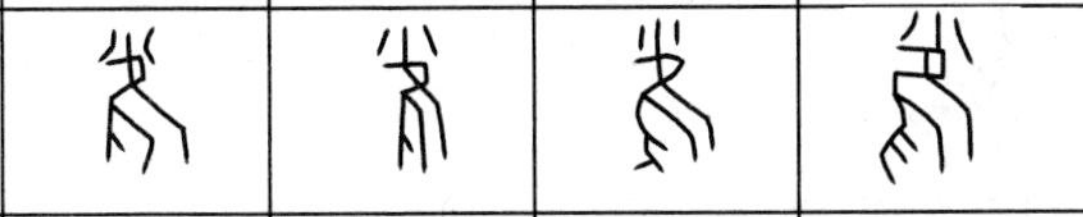 h20500	h20509	h20576 正	100308				
子组	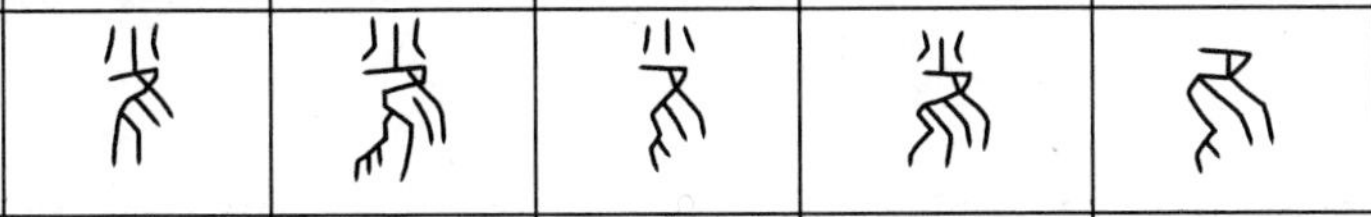 h21549	h21623	h21624	h21625	h21631			
午组	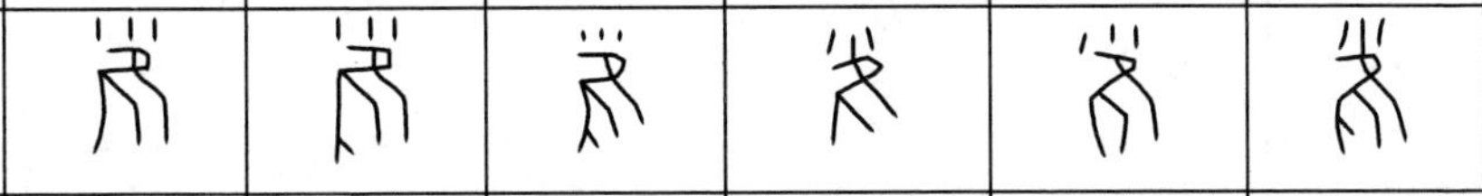 h21896-1	h21896	h21897	h21898	h21899	h21901		
丙一	 h22086	h22092-1	h22092					
丙二	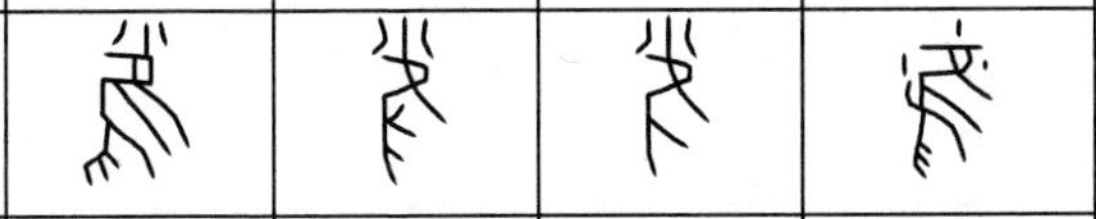 h22315	h22317	h22320	h22507				
何组	 b10379							

历组	h32839	h32840	h32841	h32842	h32843	h33071	h33072	h34011
	t00247							
雀								
宾组	h18830							
鸟								
宾组	h06528-1	h06528						
鸟								
历组	h33686							
鸟								
何组	h28425							
鸡								
宾组	h05268	h05269	h05270	h05271				
鸡								
宾组	b06249							
鷄								
何组	h28150	h29031	h29033	t04357				
历组	h32509							
黄组	h37471	h37472	h37494	w01915				
出组	H26827							

鸡								
宾组	h18342							

黄组	h37363	h37546						
[illegible]								
宾组	h18341							
鸣				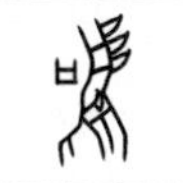				
宾组	h00522 反	h01110 正	h04155	h04721-1	h04722-1	h04722-2	h04723-1	h04723-2

	h04724	h04725	h04981	h05452	h06768	h06769 正	h08237	h08238

	h08707	h10514	h13823	h17366 反	h17367	h17368	h17370	h17371

	h40637	y00528						

师组	h20642	h21384						

午组	h21926	h22037						

丙一	h22099							

出组	h23684							
	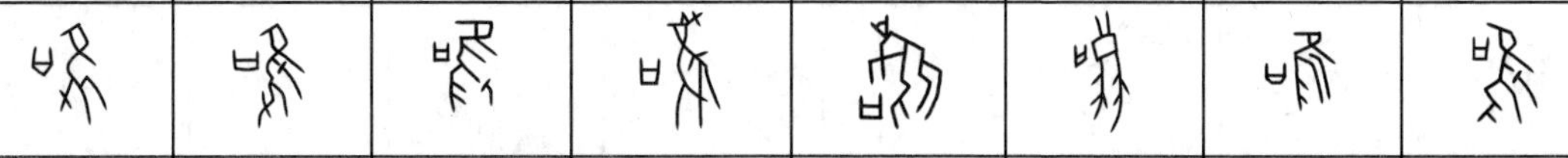							
何组	b10383	h27251	h27253-1	h27746	h27918	h28022	h29696	y02397

历组	h31265	h31287	h31288	h31677	h31731	h32839		
唯								
黄组	h37387	h38728	h38729	h39430	h39434			
宾组	h11501							
宾组	h00635 正	h16123-1	h18340					
宾组	h18348 正							
鷰								
宾组	h10510							
	y02674 正	y02674 正						
宾组	h03534 反							
历组	h31154-1	h31154						
⿰燕⿱日又								
宾组	h06702	h08675	h15221					
何组	h27990							
⿰目燕								
宾组	h01248 正	h10613 正						

⿰目燕								
宾组	h08744							
售								
何组	h29297	t02505	t02682	t04529				
雇								
出组	b07514							
⿰鳥殳								
宾组	h18346							
⿲口鳥卩								
宾组	h17369							
⿱鳥皿								
stl	t04565							
燕								
宾组	b04558	d00067-1	h05280-1	h05281-2	h05282-1	h05283	h05284-1	h05285-1
	h05288	h05290	h05295	h10495	h10496-1	h10498	h12523	h12754
何组	h27846-1	h27850						
燕								
宾组	h10500-1	h10500-2	h18345-1					
宾组	h01333	h04879	y01714					

宾组	h09947-1	h09947						
午组	h21896							
黄组	h38152							
鱼								
宾组	b02662	b02669	b04389 反	b05326 反	b06229	b13195	h00223	h01601
	h02972-1	h02972	h07894	h07896	h07897	h08715	h10472	h10473
	h10474	h10480	h10481	h10482	h10483	h10484	h10485	h10486
	h10487	h10488 正	h10489	h10490	h10491	h10492	h10493	h11354
	h12921 正	h14591	h14688	h17801 反	h18948 正	h18948 正	w00046	w00077
师组	h19759	h20638	h20738	h20739				
子组	h21533							
丙二	h22226	h22370						
出组	h24911	h26842						

何组	h27194	h27456 正	h29700					
历组	t00637	t01054	t02342					
宾组	h40710							
鲁								
宾组	h07823	h07895	h09300 正	h09768	h09979	h10132 正	h10133 正	h10134 反
	h10135	h14025	h19372	y00704 反				
丙一	h22102-2	h22102-3						
师组	h20319							
魚								
宾组	b02666 反	h00721 反	h00721 反	h03431	h04286 反	h12013	h18800-1	h18801
	h18802	h18803	h18805	h18807 正	h18809-1	h18810 正	h18811	h18812
	h18813	h18818	h18820	h18822	h18825	h18826	h18828	y00424
	y01364							
师组	h19823	h19864	y01798					

丙二	h22381 正							
出组	b07418	b08297	b08298	h23432	h23611	h24147	h24909	h26766
	h26767	h26768	h26773-3	h26774	h26777	h26778	h26779	h26782
	h26785	h26787	h26790	h26791	h26792	h26794	h26796	y02256
何组	b13322							
⿱自魚								
宾组	h01767 反	h1351 正甲	h1351 正甲	h15485	h15486	h18352	h18353-1	h18353-2
	h18354	h18355-1						
出组	h26846-1							
何组	h27890	h28237						
⿱貝魚								
宾组	h02630	h09731 正	h15487					
午组	h21882							
鲧								
宾组	h00048	h08105 正	h08106	h10993	h14149 反			

出组	h24382	h24384						
何组	h27946	h27976	h29376					
黄组	h36923-							
鲧								
历组	h33162							
鳗								
宾组	h00052	h10478	h10479	h15455				
何组	h28426	h28427	h28428	h28429	h28432	w01462-1		
	t03060-2	t03062-1						
历组	b10516							
渔								
宾组	b00454	b00455 反	b02596	b02661 正	b02663 正	b02664	b02667 正	b02668
	h00130 正	h00169	h00369	h00667 反	h00713	h00729	h00922	h02972
	h02973	h02974	h02975 正	h02976	h02977 正	h02978 正	h02979 反	h02980 正
	h02981	h02982	h02983 反	h02984	h02985	h02986	h02987	h02988

	h02989	h02990	h02991	h02992	h02993	h02994	h02995	h02996
	h02997	h02998	h03000	h03002	h03003	h03004	h03005	h05145
	h06011	h08366	h09980	h10477	h12022	h13619	h13722	h13723
	h13871	h13872	h14780	h14831	h17594	h39683	y00122	
何组	h28303							
历组	h32780	h32781	t02541					
渔								
宾组	h10475	h10476						
鮺								
宾组	h00258	h03130	h09005					
奐								
师组	h21470							
鱋								
宾组	h18356	h18357	h18358					
出组	b07238							

[illegible]								
丙二	h22405							
[illegible]								
子组	h21610	h21693						
[illegible]								
宾组	h16043-1	h18359						
[illegible]								
何组	h28011							
[illegible]								
师组	h19813							
[illegible]								
宾组	h01606							
龙								
宾组	b01551 反	b02212	h00272 反	h00371 正	h00506 正	h03122	h04035	h04653 正
	h04655	h04656	h04657	h04658	h05459	h06582	h06584	h06586
	h06587	h06588	h06591	h06592	h06594	h06634	h06638	h06664 反
	h07073 正	h07850	h07861	h08593	h08606	h09076	h09552	h10075 正
	h10558	h13002	h1351 反甲	h1415 反乙	h14775	h16940	h17544 白	h18351
	h18937	h19269 反	h19698	w00619	100153 正			

师组	b06612	d01285	h20365	h20741	h21097	h21471 正		
子组	h21804	h21805-1	h21805					
午组	h21881							
丙二	h22391	h22507-1						
出组	h24859							
何组	h27021	h28021	h28023	h29365	h29990	t00942		
历组	b10412	h31972	h33189					
龙								
宾组	h00094 正	h04654	h07862	h14167				
龙								
师组	h21099							
龍								
宾组	h15401							
龚								
宾组	h02861	h05624	h05928	h06595	h06816	h06855 臼	h07352 正	h08198

	h08199	h08200	h09770	h14815	h17069	h19675 正	y00836	
师组	h20029	y01887						
午组	h21957							
出组	b07480	h23615	h24951	h26630	y01972			
何组	h28022							
黄组	h36337	h36926						
历组	t02369							
庞								
宾组	b00407 反	h00371 正	h01035	h01899 正	h07283	h07284	h07285	h07287 正
	h07289	h07292	h07358	h07930	h09771	h14008 臼	h14129 反	h15607 反
	h17545	h19527	h39957	h40011	h40767			
师组	h20296							
历组	h33102	t02782						

不明	t02409							
⿸广龔								
宾组	h00891 正	h09538-2	h09538					
历组	y02422							
⿸广龔								
宾组	h00975 反							
⿸广⿰彳龍								
宾组	y01111							
龓								
宾组	h04929	h04930	h09772	h09773				
泷								
宾组	h00902 正							
泷								
宾组	h03755							
驡								
宾组	h06947 正							
[illegible]								
宾组	h00367 正							
咙								
宾组	b06255	h04659	y00281					
咙								
宾组	y01746							

咙								
师组	h21087-1							
咙								
宾组	h18312							

历组	t00499							
龖								
宾组	h08197							

丙一	h22075							

何组	h41309							

历组	h31084	h35255						

何组	t02733							

宾组	b00223	h03356	h04460-1	h19371	h39481			

师组	h21096	h21187						

子组	h21782-2	h21805-1						

出组	h23692-1	h23693	h23696-1	h25892-1	h26611 反	y01998		

何组	h27063							
历组	h30464	h32705	h33209	h34386				
	t01033-1	t01065	t02414	t02677	t02874	t04233-2	t04545	
历组	h33212	s00074						
宾组	b00441	b04017 正	b05108 正	h00709 反	h00810 正	h00914 正	h01285 正	h01869 反
	h03007	h03117	h0317 正甲	h03204	h03858	h04611 正	h05532 正	h05769 正
	h06482 正	h06483 正	h06484 正	h06834 正	h07537	h11502	h13673	h13677 正
	h15111 正	h15529	h15844	h16133 正	h16998 反	h17235	h17250	h17252
	h17259	h17260	h18456	h18658	h19186	h19350	y01570	
师组	h20066							
历组	h32178	h32182	h3276 乙正	h34073				

宾组	h0064 正丙	h00656 反	h00709 正	h00709 正	h00795 正	h0283 正丙	h03212	h04118
	h05470	h08682	h10125	h10136 正	h13625 正	h13707 正	h13708 正	h13862
	h13906	h17230 正	h17237	h17257 正	h17261 正			
出组	100041							
师组	h40907							
宾组	b00153 正	h02580	h10087	h14348	h14349	h14350	h14351	h14353
	h14358-2							
黄组	h37368							
午组	h22026							
它								
宾组	b04107	h04813	h10060	h10061	h10062	h10063	h10064	h10065
	h14353	h14354	h40124					
出组	h23780							

历组	h32033	h32509						
它								
丙二	h22526							
虫								
宾组	h17051							
虫								
师组	h20332							

午组	h21964-2	h21972						

丙二	h22179	h22384						

何组	h27703							

师组	t00643							

黄组	h36960							
歨								
宾组	b00227	b00229 正	b00277 正	b00449	b00922 正	b03644	b05010	b05018
								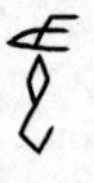
	d00142 正	h00766 正	h00766 正	h00766 正	h00775 反	h00776 正	h00903 正	h00903 正
								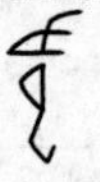
	h00916 正	h00991 正	h01231	h01306	h01737	h01772 正	h01807	h01821 反

	h01901 正	h02000	h02097	h02145 正	h02153 正	h02225 正	h02229	h02231
	h02232 正	h02243 正	h0224 正甲	h02318	h02333	h05019 反	h14620	h40538
	w00651	y01566						
师组	b06914-1	b06914						
子组	h21793	h21824						
丙二	h22246	h22417						
出组	b07246	b07478	b08146	h26185				
何组	b09643	b09808	b10232					
历组	b10444	b10460	b10618	b10637	b10638	b10709	h30450	h31912
	h32180	h32262	h32499	h32500	h32778	h32865	h32881	h33094
	h33107	h33291	h33337	h33340	h33342	h34157	h34176	h34218
	h34228	h34229	w01610	y02466-1	l00532	t00644-1	t00644	t00756

	t01143	t02524						
黄组	b11666							
𢓊								
宾组	y 补 59							
黄组	h35404	h35405	h36359	h37835	h37844			
丙二	h22197							
蚰								
宾组	h01140 正	h01140 正						
午组	h21905							
蚰								
宾组	h07009	h10951	h14697	h14699	h14705			
师组	h20970							
蚰								
宾组	h14395 正	h14702	h14703	h14704				
玘								
师组	h20278							
丙二	h22159							

[illegible]								
宾组出组	h05666 正							

出组	b08594							
[illegible]								
宾组	h09002	h18733						

师组	h21116							
	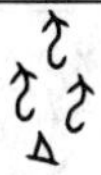							
何组	h27990							

黄组	h37386	h37387						
[illegible]								
师组	h20497							

丙二	h22507							
虹								
宾组	h10405 反	h13443 正	h13444					

师组	h21025							
[illegible]								
宾组	h10514-1	h13627						
汜								
宾组	h08367							

⿰它又								
宾组	h04890	y01704						
宾组	h01232							
⿰它殳								
宾组	h00014 正	h0011 正甲	h00303	h00306	h00438 正	h00464 正	h00466-1	h00467
	h00502	h0058 反甲	h00829 正	h00892 正	h00893 反	h01066 反	h01073	h0107 正甲
	h01077	h01111 正	h01114 正	h01314	h01323	h01976	h02084	h04261
	h05775 正	h05988	h06473 正	h08306	h08597	h08656 正	h09747	h10936 正
	h11497 正	h11498 正	h11499 正	h11980 反	h13239 正	h14299	h15742 反	h1611 正甲
	h16153	h16154	h16155	h16157	h16158	h16159 正	h16160	h16161
	h16162 正	h16164	h16169	h16170	h16176	h16179	h18154	h40435 反
	y00537	y01173 反	100076 正					
午组	h22032							
出组	h22857	h23338	h23456	h23465	h23481	h24899	h25163	h25663

	h26056	h26059	h26060	h26061	y01968	y01974		

何组	h27625							

历组	h31121	h32879	h33986	t00536				
它攵								
何组	h27332	h27333	h27412	t02710-1	t02710			

历组	h31119	h32642						

黄组	h38720							
	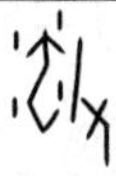	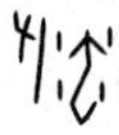						
宾组	h15887	h16167	h16168					

师组	h20854	h21238	100304					

午组	h21938	h21961	h21980	h21991				

丙二	h22157	h22183	h22276	h22288				

出组	h22603	h22992	h23220	h26057	h26058			
何组	b13374	h27164	h27328	h27329	h27393	h29713	t02623	t04078
历组	h30552	h30925	h31116	h31118	h31120	h33249	h34606	
宾组	h10405 正	h10406 正						
宾组	h01582 反							
攺								
宾组	b04235 正							
黄组	h36418	h36909	h39465	h39466	h39468	h39469	h39471	h39472
万								
宾组	d00168	h03320-1	h06477 正	h08715-1	h08715	h09812-1	h09812	h10471-1
	h10945-1	h10946	h10951-1	h13220 正	h17914-1	y00150 正		
师组	h20253-1	h20338	h21239	h21496				
子组	h21651	h21651						

宾组	h18397							
万								
宾组	h04170							
历组	h35271							
澫								
宾组	h08352 正	h08353	h10471-1	h10947	h10948 正	h11432		
师组	h20710	h20768						
何组	h29399-1	h29399						
黄组	h36931	h37536						
澫								
黄组	h37786							
蠆								
宾组	h18394	h18395						
黾								
宾组	b00079	b00085	b00681 正	b00729 正	b00801 正	b01024	b01082	b01293 正
	b01367 正	b01416 正	b01424 正	b0169 正甲	b01804 正	b02044 正	b02331	b02386
	b02638 正	b02998	b03655	b03691 正	b04998 正	b05133 正	b05138	b05140

	b05142	b05153	b05154	b05163 正	b05168	b05189 正	b05196	b06130 正
	d00148	d00149	d00284	d01014	h05337	h07363 正	h09187	h17748 正
	h17953	w00960	y00638 反	100023 正	100024	100025		
师组	h20853							
何组	b09603							
黄组	h36417							
黾								
宾组	t02659							
黾								
宾组	h00451	h00452						
何组	b09603							
⿰黾戈								
何组	w01314							
⿰⿱𠂉黾戈								
何组	h27375	h27376	h27377	h27378	h27379	h27380	h27622	w01392

历组	h30428							
鼄								
历组	h33389							

宾组	b06200							

历组	t04080							

宾组	h18756							

历组	h32787	h34343-1	h34343-2					
三黽								
历组	h33304							
鼂								
宾组	h08401							

何组	h29351							

宾组	h13751 正	h13752 正						
鼉								
宾组	h07405 反							

鼉								
黄组	h38306							

历组	h33041-1							

历组	h33042	t01536						

历组	h34410-1							
龟								
宾组	b06502	h05947	h10076	h17868	h18215	h18366	h19370	

师组	h21037							

历组	h33329	t00859	t00935					
龟								
宾组	h07859 正	h07860						
龟								
宾组	h06480-1							
龜								
宾组	h18188 反	h18214	h39965					

历组	h32033	h32086	h34127	t02567				

宾组	h18361	h18362						

丙二	h22513							

何组	h27428	h27528	h27641	h27653	h30025	t00016	t00766	t02363

历组	h30632	h30633	h30885					
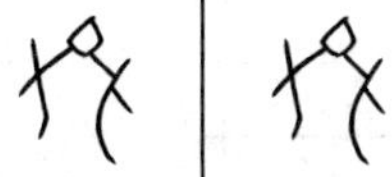								
历组	h32418							
龟								
宾组师组	d00311 正	h00926 正	h08995 正	h08998 正	h09000	h09001	h09108 正	h09176 反

	h09182 反	h09184	h09471	h09774 反	h15033 正	h15617	h15700 臼	h17591 臼

	h18363	h18364	h18369	h18552	y00759	y01402 正		

师组	b06887							

子组	h21562							

历组	h31668	h32996						
龜								
宾组	b00100 正	b00185	b02822	d00026	h00150 正	h02821	h03311	h06016 正
	h06352	h06697	h06938	h07343	h08097	h09185	h09627	h09628
	h09631	h11535	h11536	h11538 正	h11540	h11541	h11542	h11543
	h11544	h11800	h13538	h13737	h14157	h14158-1	h14382	h14496
	h14773	h18792	h19536	h19537	h40407			
师组	h20476							
子组	h21586	h21715	h21796					
丙二	h22196							
出组	h24225							
何组	h27986	h28009	h28114	h28205	h28206	h28207	h29715	h29908
历组	b10936	h30423	h32028	h32033	h32863-1	h33108	h33227	h33229

	h33230	h33232	h33233 正	h33234	h33281-1	h33281	h33351	h34148

黄组	h36522	h36927						

历组	100585	t00263	t00307	t00930-1	t01035	t02227	t01538	

何组	t01171	t02991	t01889					
龜								
何组	h30178							
龜								
历组	b10646							
秋								
宾组	h03860	h14364 正	y01160 正					

历组	h30681	h33286						
⿱龜火								
丙二	h22196-1							

何组	h27936	h28001	h29715					

历组	h32854	h32968	h33166	t00751	t01985	t04330		

龜  								
宾组	h00138	h00139 正						
龜 								
宾组	h10940							
⿰龜乚								
宾组	h08811 正	h18365	y00395					
⿰龜又 								
宾组	h08956 反							
⿰龜攵 								
宾组	h10198 正							
历组	h32997	t01047						
⿰亻龜								
宾组	h18706							
⿸匚龜								
宾组	h09188 反							
⿱⿰止止龜								
宾组	h08996 正	h08997						
⿱⿰幺幺龜								
出组	h23612							
⿰氵龜   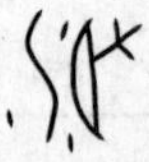  								
宾组	h00199	h14361	h14362	h14363	h15959 反			

历组	h30449	h34261	h34465	t02212				

何组	t00084	t02232						
 [illegible]								
出组	h23630							
 [illegible]								
黄组	d00879							

宾组	h09800							

丙一	h22050							

宾组	h07014	h18393						

何组	h30171							
米								
宾组	b05936	b06143	h00071	h00072 反	h04124			

历组	h32024-2	h32540	h32542	h32838	h33231	h34591		
米								
宾组师组	h00070	y00191-1						

师组	b06648-1							

釆								
师组	h20340							
宷								
宾组	h10678							
⿰米殳								
宾组	h02348	h18445						
乎								
宾组	b00027	b00033	b0006 正甲	b00380 正	b00429	b00937	b00976	
师组	h20112	h20193						
子组	h21565							
丙二	h22246	h22264	h22353					
何组	h26907 正							
历组	h32048							
师组	h20594							
历组	h33208	h34075						
历组	h33071-1	h33073						

卣								
宾组	b04277	h03583	h03927	h10317	h14128 正	h15675	h19496	

师组	h21306 甲							

历组	h33292-1	h33292						
 㿟								
宾组	h0283 正乙							

午组	h21873	h21921						

出组	h22787-1							
 𠧪								
宾组	h1366 正甲							

子组	h21703 正							
 𠧪								
丙一	h22092							
 𠧪								
师组	h20071							

宾组	h18835							

师组	h20624							

历组	h34422							
卣								
宾组	h01069	h13505 反	h15795	h16246	y01293			
出组	h23227							
何组	h27404	h29691	h30173	t00110	t00766	t02392		
历组	h30518	h30520	h30815	h30910	h30917	h30918	h30973	h30974
	h30986	h31072	h32600	t00504				
黄组	h35355	h35350	h35351	h36351	h36356			
栗								
黄组	h36745							
[illegible]								
宾组	h02437 正	h02735	h03711 正-	h09547-1	h18855			
黄组	h36982							
何组	t00345-3	t00794						

晌								
宾组	h18550							
师组	y01781							
羽								
宾组	h00409	h00553	h00698 正	h03253	h03266	h05452	h07074	h0896 正乙
	h09690 反	h09789	h10875	h13420	h13431	h13432		
出组	h23680 反							
历组	h31579	h32000	h32565	h34038	h34056			
羽								
宾组	h18349							
历组	h32484	h32916	h32917	h32920	h32967			
习								
何组	b09600	h26979						
历组	h31667	h31669	h31670	h31671	h31672-2	h31673	h31675	
黄组	h39441							
师组	h21245							

丙二	h22426							
历组	h30757							
⿱羽厶								
宾组	h03406 反							
⿱羽内								
宾组	h00353							
⿸疒羽								
宾组	h13861							
⿱羽豆								
宾组	b00008	b00032	b00060 正甲	b0006 正甲	b00100 正	b00113	b00124	b00156
	b00179	b00184 正	b00192	b00196 正	b00249 正	b00465 正	b00806	b01330
	b01683 正	b01805 乙	b02131	b02414 反	b02523 反	b02562	b02679	b02757 正
	b03155	b03160	b03164 正	b03165	b03170	b03174 正	b03213	b03217
	b03245	b03260	b03262 正	b03271	b03289	b03657	b03824	b03943
	b04352	b04478	d00030	d00116	h00063 正	h00324	h00473	h00938 正
	h00996	h01265	h01569	h01940	h01997	h03753 正	h03770	h03869 正

	h04048	h04076 正	h04183	h04315	h04825 正	h05203	h05233	h06167
	h09520	h09523	h09615	h11215	h11568	h12340	h12342	h12352
	h12353	h12356	h12361	h12362	h12367	h12404	h12458	h12462
	h12503	h12558	h12643	h12964	h12970	h13119	h13232	h15081 正
	h15707	h16032	h16378	h18803	h19190	h39507	w00803	y00175
	y01001	y01282						
师组	b06584	b06799	b06950	h19771	h20052	h20055	h20413	h20452
	h20656	h20814	h20833	h20854	h20989	h21032	h21215	h21225
	h21350	h21440						
子组	h21652	h21727	h21830					
丙一	h22043-1	h22043	h22044	h22092				
丙二	h22186	h22193	h22202	h22383-1	h22383			

出组	b06972	b07369	b08743	d00702	h22615	h22649	h22651	h22671
	h22986-1	h23105	h23155	h23342	h23501	h23616	h23799	h24311
	h24412	h24496	h24654	h24665	h24674	h24765	h25370	h25454
	h25460	h25940	h25970	h26004	h26040	h26067	h26183	w01207
	w01208	y01955						
何组	b08918	b08924	b09361	b09362	b09662	b09713	b10242	b13363
	h26935	h26952	h27050	h27053	h27066	h27088	h27092	h27116
	h27213	h27220	h27224	h27264	h27265	h27507	h27564	h28001
	h28540	h28599	h28771	h29395	h29760	h30117	h41352	y02292
历组	b10697	b10939	h30386	h30568	h30690	h30757	h30991	h31429
	h31824	h31849	h32021	h32042	h32176	h32202	h32422	h32671
	h32714	h33013	h33069	h33309	h33370	h33714	h33776	h33824

	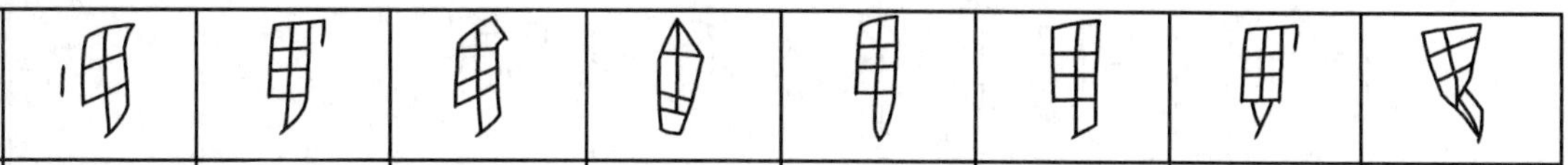 h33978	h34022	h34083	h34097	h34217	h34283	h34300	h34341
	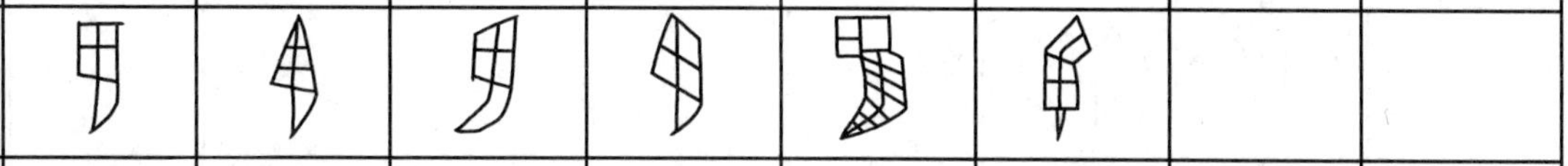 h34505	h34531 正	h34596	h34681	h35243	t04031		
黄组	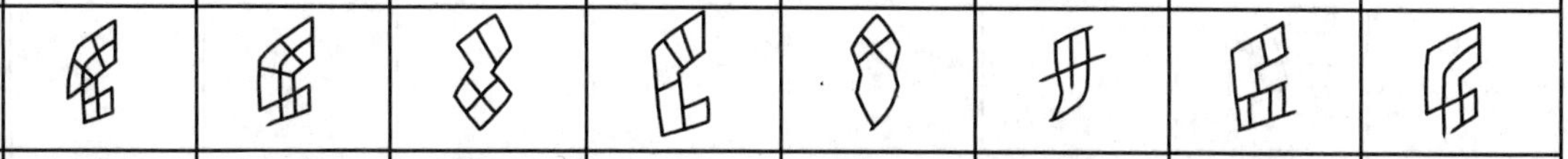 b10999	b11668	b11676	b12921	h35369	h35397	h35399	h35400
	 h35402	h35403	h35404	h35408	h35489	h35490	h35544	h35636
	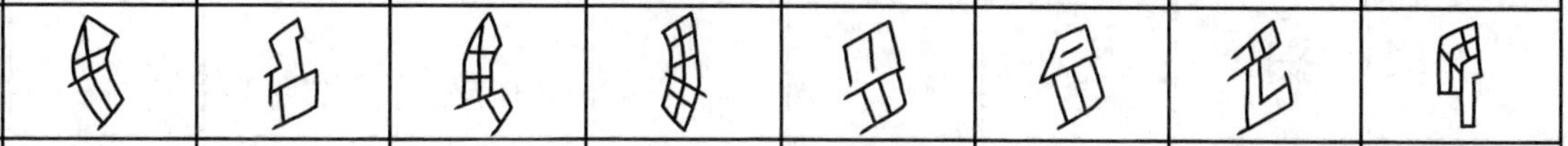 h35637	h35641-1	h35641	h35645	h35673	h35674	h35683	h35696
	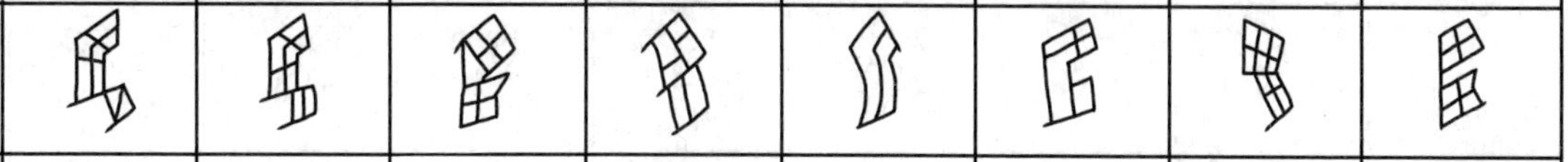 h35712	h35722	h35723	h35745-1	h35745	h35747	h35756	h35794
	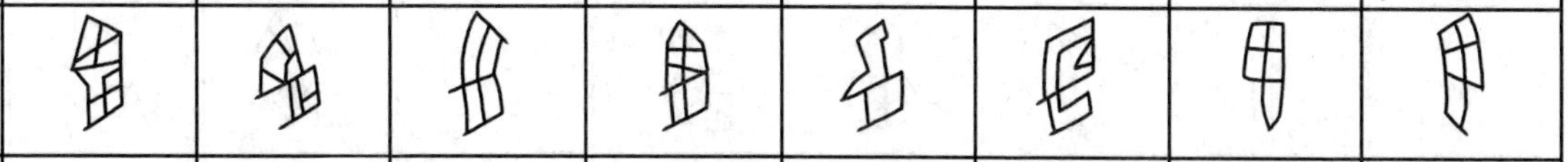 h35812	h35953	h36025	h36208	h36248	h36267	h37823	h37843
	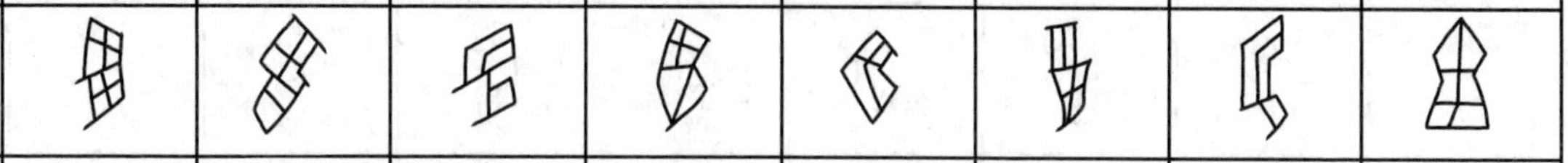 h38248	h38251	h38252	h38253	h38678	h38732	h39455	h41705
历组	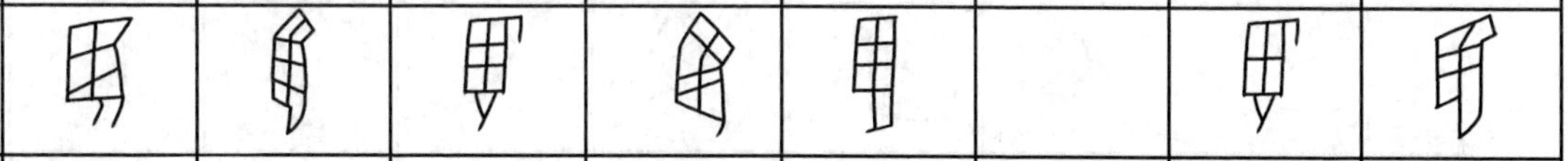 t00496	t00590	t00991	t02682	t02482	何组	t03732	t02290
翌日	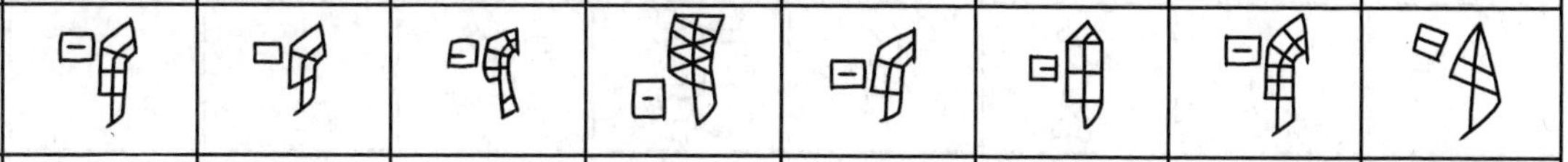							
宾组	b00193	h05083	h10076	h12937	h13878	h18851	h19370	y 补 54
师组	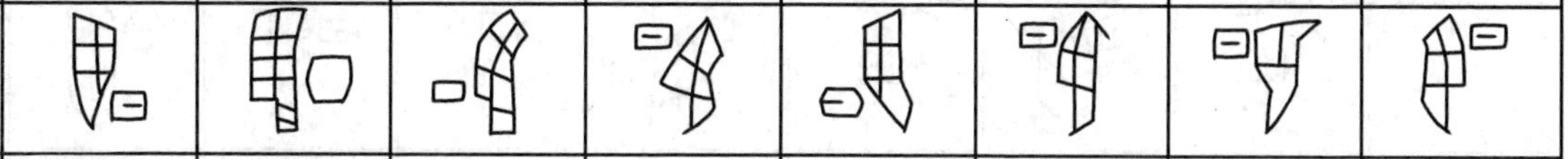 h19816	h19945	h20363	h20398	h20731	h20819	h20899	h20903
	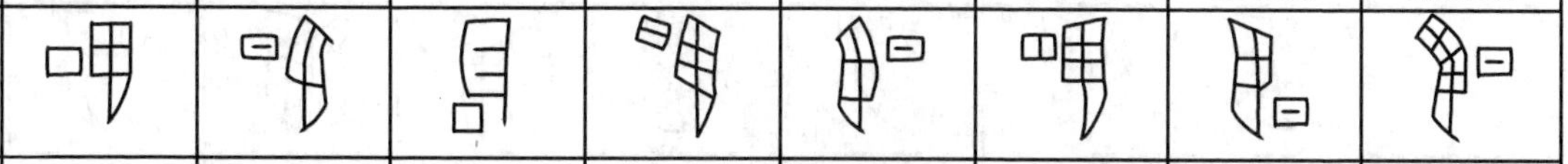 h20918	h20967	h21000	h21009	h21022	h21226	h21273	h21320

	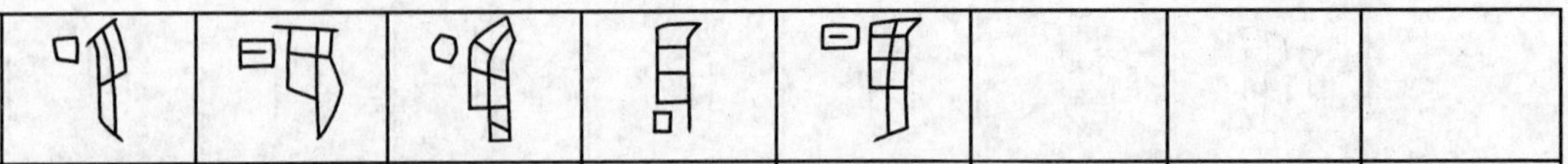 h21341	h21348	h21489	h21523	y01758			
子组	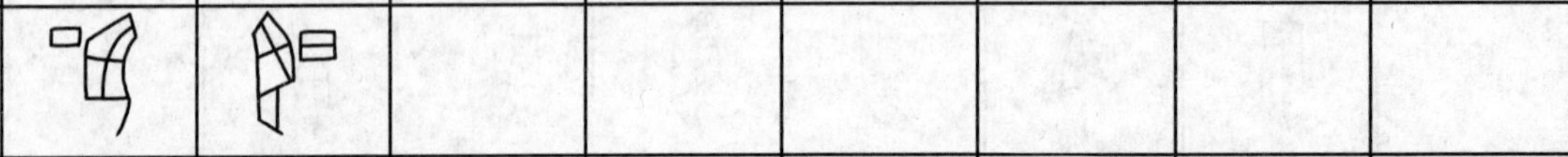 h21579	h21863						
午组	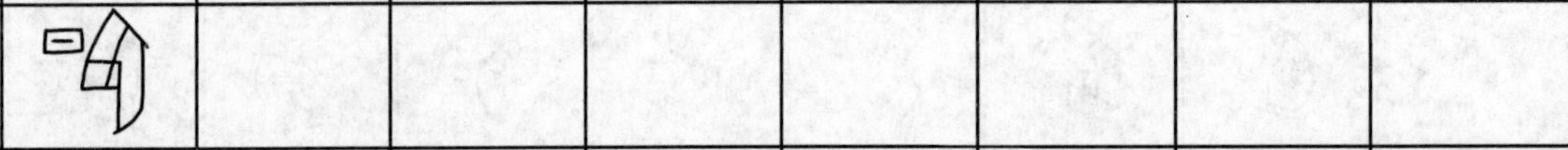 h22002							
丙一	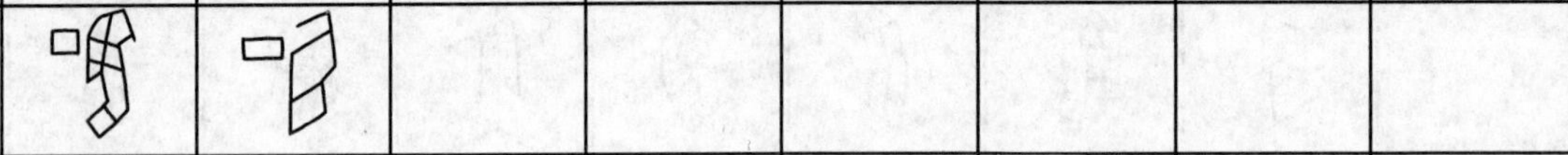 h22065	h22099						
丙二	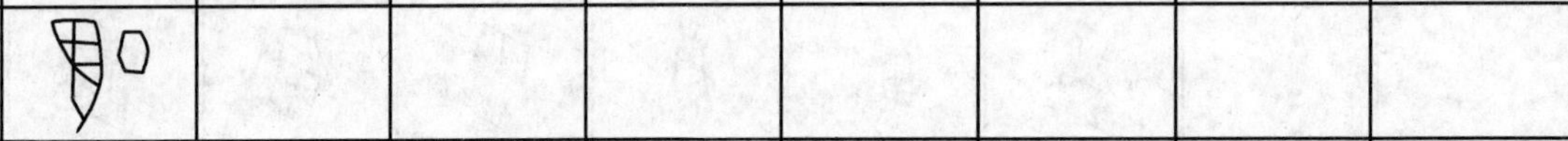 h22442							
出组	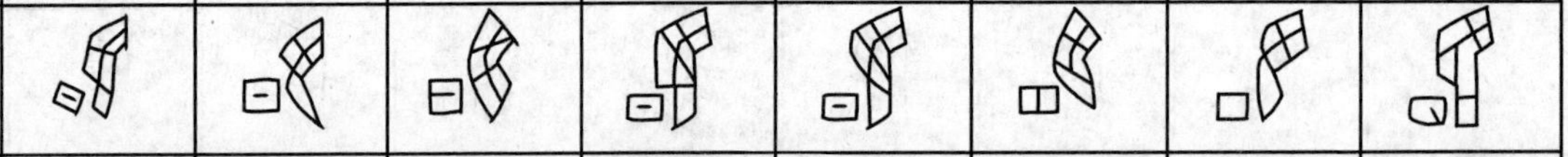 b06979	b07735	b07737	b08605	b08615	h22642	h22670	h22689
	 h22725	h22744	h22821	h22829	h22986	h23124	h23243	h23244-1
	 h23244	h23312	h23319	h23332	h25325			
何组	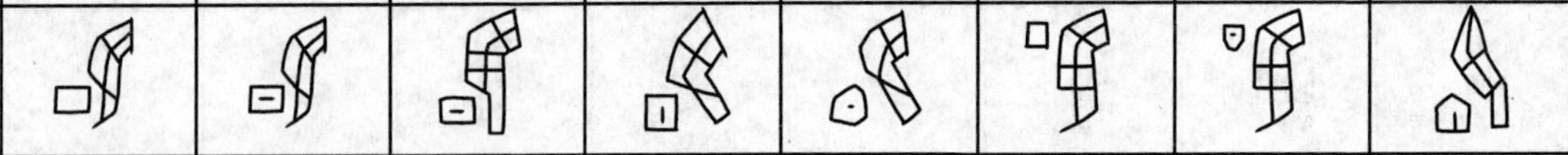 b09345	b09348	h27076	h27086	h27170	h27206	h27516	h27939
	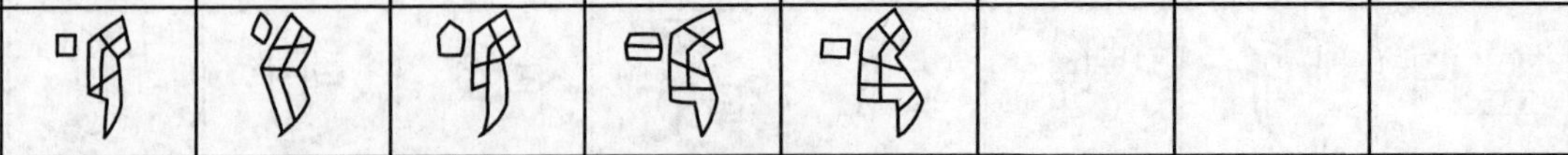 h28842	h29131	h29861	h30105	y02303			
历组	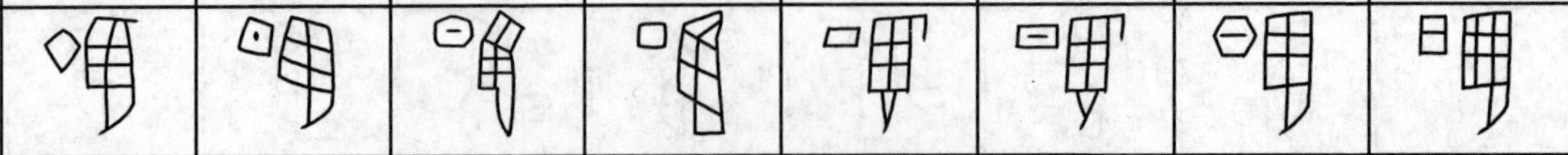 h30409	h30457	h31008	h31919	h31970	h32235	h32436	h32487
	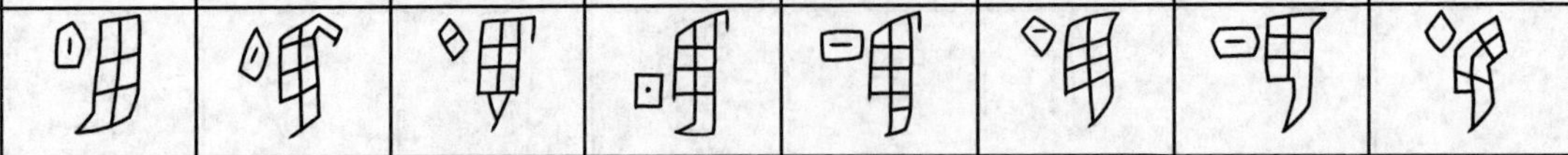 h32793	h32935	h33029	h33055	h33082	h33086	h33398	h33516

	h33706	h33712	h33981	h34479	h34506	h34512	h34541	h34547
	h41599	t00496	t00508	t00603	t00639	t02122		
何组	t00151	t00236	t00257	t02618				
历组	t02351	t02420	t04530					
翊								
何组	b08916	b08920	b08922	b08936	b09149	b09329	b09330	b09337
	b09341	b09355	b09359	b09547	h27297	h27298	h27431	h27726
	h27807	h27879	h27948	h28050	h28141	h28456	h28459	h28493
	h28503	h28504	h28513	h28548	h28611	h28628	h28644	h28759
	h28760	h28773	h28808	h28809	h28849	h28888	h28905	h28914
	h28915	h28945	h28950	h28962	h28968	h29027	h29030	h29038
	h29053	h29172	h29228	h29233	h29243	h29273	h29754	h29758
	h29759	h29763	h29765	h29767	h29770	h29913	h29963	h29964

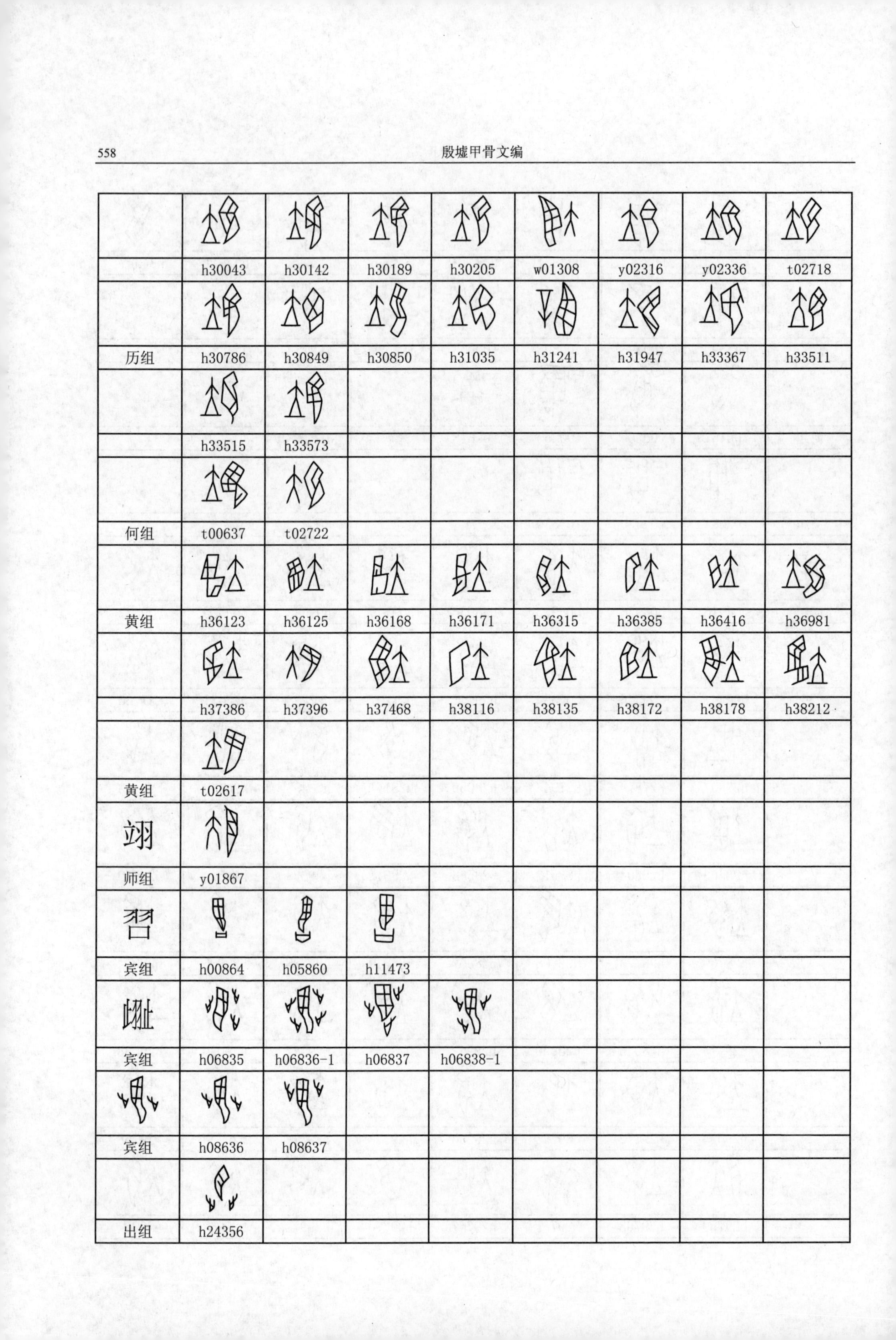

	h30043	h30142	h30189	h30205	w01308	y02316	y02336	t02718
历组	h30786	h30849	h30850	h31035	h31241	h31947	h33367	h33511
	h33515	h33573						
何组	t00637	t02722						
黄组	h36123	h36125	h36168	h36171	h36315	h36385	h36416	h36981
	h37386	h37396	h37468	h38116	h38135	h38172	h38178	h38212
黄组	t02617							
翊								
师组	y01867							
[illegible]								
宾组	h00864	h05860	h11473					
[illegible]								
宾组	h06835	h06836-1	h06837	h06838-1				
宾组	h08636	h08637						
出组	h24356							

角								
宾组	h00112	h00670	h03306	h04666	h04667	h04668	h06057 正	h10467

	h17672		宾组习刻	t02688				

师组	b06794	h20532	h20533					

出组	y2033							

历组	h34712							
般								
宾组	h04670	h04671	h08943	h08944				
⿱角殳								
宾组	h06648 正	h0664 正乙	h06653 正	h06654 正	h06654 正	h10171 正		
觓								
宾组	h1369 正乙	h1369 正甲						

丙一	h22095							
解								
宾组	h18387	h18388						
贝								
宾组	h01317 反	h05648	h08490 正	h11423 正	h11426	h11428	h11429	h11431

	h11432	h14854	h18341	h19442				
师组	h19895	h20247	h20576 正					
子组	h21622							
午组	h21969							
出组	h23466	h26844						
何组	h29694							
历组	h31939							
㝵								
宾组	b00058 甲	b01804 正	b01897	b02434	b02435	b02436	b02439 正	b02440
	b02441	b02442	b02491	h00131	h00133 正	h00504 正	h00505 正	h00517 正
	h00518	h00519	h00520	h0086 反乙	h00926 正	h02652 正	h06959	h08885 正
	h08888 正	h08894 反	h08902	h08905	h08907	h08911	h08915	h08916 正
	h08918	h08919 正	h08923	h10846	h14161 反	h17503 正	y00413	y00540

	y00708							

师组	h19756-1	h20635	h21486					

子组	h21711							

午组	h21906							

丙二	h22507							

历组	h32509-2	h32509-3						
得								
宾组	b05970 反	h04719	h08928	h09496	h12534			

子组	h21791							

出组	h24555							

何组	h28094	h30000						
㝵								
宾组	h07997	h08265						
㝵								
宾组	h07134	h08929	h08930					

师组	h19755	h20636	h40869-1	y01805				
𣪊								
宾组	h03297 正	h18190	h18192					
叟								
宾组	h03734							
硍								
宾组	h40712							
𣅀								
宾组	b02806	h01136	h01824 正	h02606 正	h03407 正	h03719	h04152	h04338
	h07009	h07667 反	h07772 正	h07772 正	h08411	h09340	h17312	h17315
师组	h21438	y01772						
䁢								
宾组	h05624							
子组	h21775							
贪								
宾组	h04270	h12670	h17468	y00732				
𠑹								
宾组	h08987							
败								
宾组	h17318							

宾组	h18179 正							
䝭								
宾组	b02372 反	b02376 正	h04061	h04090	h04677	h04678 正	h04679	h04680 反
t02663	h04681	h04682	h04683	h04684	h04685	h04686	h04688	h04689
	h05560	h08999	h09000	h09207 反	h09410 臼	h09412 臼	h09415 臼	h09416 臼
	h12343	h12643-1	h12643	h13523 臼	w00843	y00393	y00429	y00608 臼
历组	b10887	b10889	h33060	h34132	h35166	h35167	h35168	h35169
	h35170	h35171	h35172	h35173	h35174	h35175	h35177	h35178
	h35179	h41689	h41690	y02426	s00389	s00390		
	t00869	t02149	t00523	t00663	t00771	t00783		
	t02282	t02493	t04248	t02677	t03028	t03106		
贮								
宾组	b00100 正	b02802	b02803	h00371 反	h00635 反	h00777 正	h01090	h01822 反
	h04691 正	h04696	h04697	h04706	h04707	h05480	h06049	h09352

师组	h20060							
何组	h27709							
何组	h27498							
贮								
午组	h21979	h22006						
何组	h28089 正	h28195						
贮								
宾组	h18382	y00616						
贮								
宾组	h18381							
师组	h21521							
宝								
宾组	b02800 臼	h17511 臼	h17512 臼	h18623	h40683	y00430	h03467 臼	
宝								
宾组	h18624							
寊								
历组	h35249							
[illegible]								
宾组	h00226 正	h05874						

何组	h28197							
養								
宾组	h04301-1							
貽								
丙二	h22374							
买								
宾组	h10976 正	h11433	h11434	h11435 正	h11436 正	h11437 正		
子组	h21776							
何组	h29420							
买								
师组	h21185							
心								
宾组	h00012	h05297	h06928 正	h07182	h11424 正	h11427		
师组	h21419							
出组	y02033							
心								
宾组	h00905 正	h00905 正						
㣺								
宾组	h17311 正	h18117						

子组	d00960	h21661						
念								
宾组	h09471	y00392 正						

何组	b10337							
忞								
宾组	h08293	h14346	h14710					
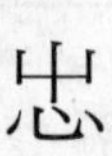								
宾组	h02970	h03190-1	h03190	h05124 反				

师组	h20737							
惄								
宾组	h18385							

宾组	h04310							
	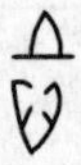							
宾组	h40479							

宾组	h19212-1							

何组	h29004							

宾组	h18380							

恖								
宾组	h05346							
	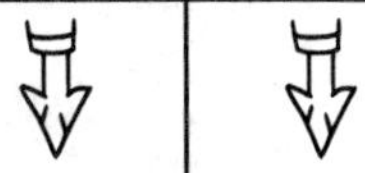							
师组	b06799							
	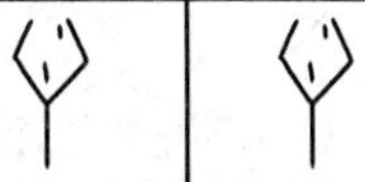							
黄组	b11276							
入								
宾组	b00165 反	b00766	b00986	b01191	b01566	b04462	h00190 反	h00376 反

师组	b06830	b06920						
	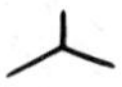							
历组	t04566-1							
衣	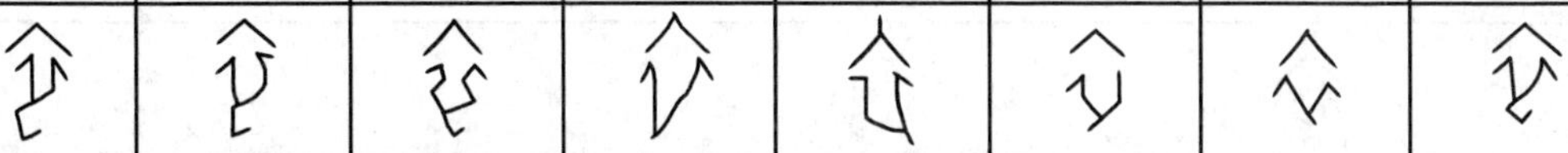							
宾组	b00069 正	b02506	b04485	h00377	h01008	h01131 反	h01191 正	h02784-1
	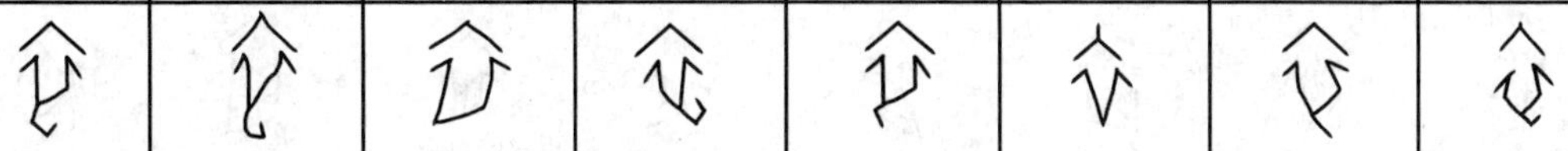							
	h04858-1	h05284	h05884 反	h06667-1	h10168	h11371	h12713	h13014

	h13016	h15511	y00094 正					

师组	h19841	h20412	h20611	h21055	h21113			
	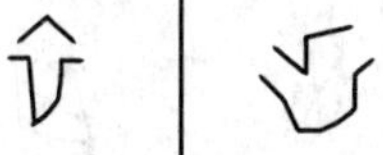							
丙二	h22397-1	h22516-1						
	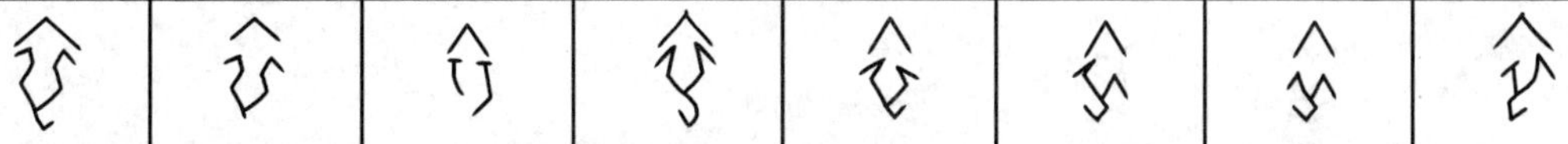							
出组	b07742	h22621	h22622	h22623	h22640	h22646	h22647	h22648

	h22652	h22658	h22685	h24886	h24895	h25089	h25454	h26053
	y02184							
何组	b09539	b09622	b09663	h27763	h28878	h28881	h30373	
历组	b10640	h31094	h31095	h31097	h31098	h31099	h31792	h31953
	h34655	h34683						
黄组	b11093	b11249	b11292	b11324	b11372	h35428	h36423	h37549
	h37552							
卒								
宾组	b06177	b06524	h00044	h00152 正	h00456 反	h00901	h00905 反	h00940 正
	h01210	h01535	h01635	h01901 正	h04357	h04957	h05181	h05185
	h05357	h05367	h07408	h07410	h07777	h07782	h09522	h10996
	h11274 正	h14019 正	h14783 正	h14955	h16097	h18685	w00961 正	
师组	h20196	h20333						

何组	b10377							
卒								
宾组	b01242	b04199	h03839 反	h04755 反	h06161	h06162	h06163 正	h06359
	h08190 正	h08563	h13958	h13959	h18687	y00406		
宾组	h17393 臼							
历组	h32486	t02564						
[illegible]								
出组	b07244	h24276	h24282	h24283	h24284	h24286	h24287	h24288
	h24294	h24295	h24298	h24299	h24303	h24306	h24312	h24313
	h24316	h24317	h24318	h24319	h24320	h24322	h24329	h24330
[illegible]								
宾组	h02853	h07921	h07922					
[illegible]								
何组	h27959							
师组	h21456							

宾组	h05651							
何组	h27939							
宾组	h09096							
袁								
何组	h27756							
袁								
宾组	h00345	h18165						
出组	w01138							
历组	h31012	h32263						
袁								
何组	h30085							
历组	h31774							
袁								
丙二	h22222							
黄组	h36769							
初								
历组	h31801							

依								
宾组	b01204	b13155	h06169	h06407	h07047			

历组	h32676	h33033	h33692	h34238	h34415	h34416	h34722	y02414

	t02234	t02366						

出组	h24247							

何组	y02336							

历组	h33370	h33986	h34572	y02410	y02466			

何组	h27094							
律								
何组	h28406							

历组	h30990	h30991	h30992	h30993	h32715			
校								
何组	h27995							

何组	h29411							
标								
何组	h29084							

何组	h29700							

宾组	h18687							

历组	t00307							

丙二	h22274							
祥								
宾组	h18763							

宾组	h14755 正							
冬								
宾组	b04446	b06283	h00916 正	h01694 反	h06057 反	h06944	h07829 反	h10395

	h11656 正	h12998 正	h12999	h13046	h13464	h14210 正	h19734	h19736

师组	b06747	h20279	h20330	h20726	h20729	h20942	y01758	y01867

午组	h21897							

何组	h30183							

黄组	h36775							

宾组	h18518							
宾组	h08251 正							
齐								
宾组	h00098 正	h03195 乙	h14356					
黄组	h36804	h36821						
宾组	h07836	h13490						
丙一	h22092	h22095						
出组	h24951							
黄组	h35416	h37902	h41709					
宾组	h01277							
今								
宾组	h00037-1	y01231-1						
何组	h27042 正	h27042 正						
师组	h19997							

出组	h22741							
师组	h20726	h20727						
宾组	h01333							
宾组	y01349							
出组	h26862							
师组	h21441							
丙一	h22065							
历组	h35273							
历组	b10937-2							
黄组	h39460							
余								
宾组	h03458 正	h03458 正						
黄组	h37634							

余	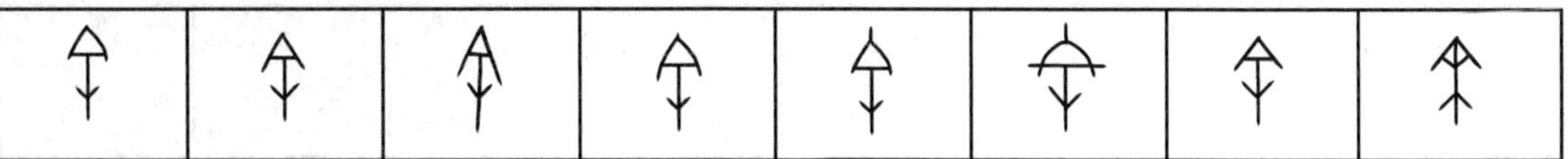							
宾组	b00066	b00421	b01187	b01285	b01614	b13170	d00178 正	h03202

	h03963 反	h06557	h14115					
	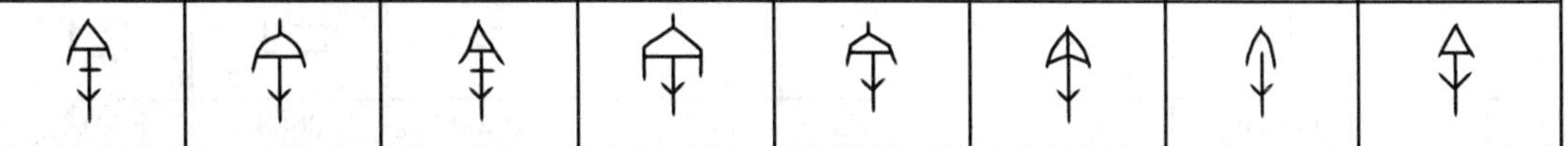							
师组	b06605	b06608	b06613	b06865	h20036	h20233	h20313	h20316
	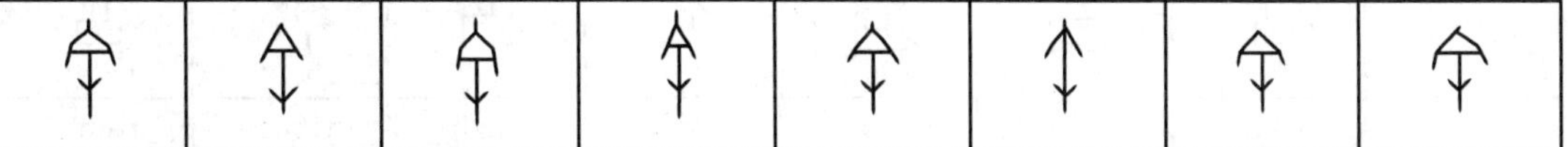							
	h20322	h20324	h20327	h20478	h20635	h21028	h21238	h21239

	h21360	h21525	h40848					
	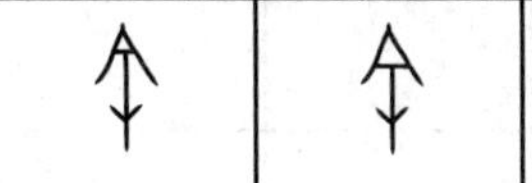							
子组	h21562	h21624						

丙二	h22328	h22329	h22424					
	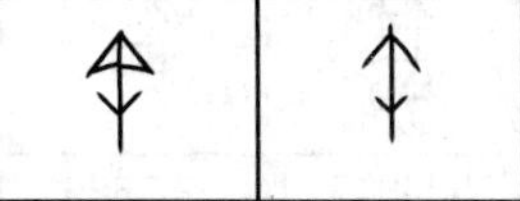							
出组	b07742	h24135						

何组	h28128							

黄组	b10978	h36508	h36528 反	h38726	h39456	w01871		
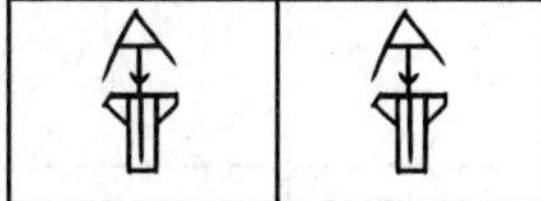								
宾组	h18689							
涂								
宾组	h08361	h15484	h17168					

何组	h28012	h28167	100554					
亯								
宾组	b02344	b02425 正	b02427	b02793	b06021	b06048	b06142	h00691 反
	h01197	h04299 反	h05640	h07357 反	h14157	h16059	h18631	h19501
	h19661							
何组	b10345	h26993						
历组	b13396	h32227	h32262	h32986	h33216	h34369		
黄组	b11285	h36559	h36560	h36646	h36647-1	h36647	h37589	
宾组	h07056-1	h07056						
亯亯								
宾组	h00340	h13911						
黄组	h37662							
何组	100490		历组	t03700				

[illegible]								
宾组	h08181	h08394	h08846	h09560	h09576	h14990		
𩫏								
宾组	d00068-1	h03138	h03142	h03149 反	h08087	h15468	h17947	
历组	h32051	h32691	h32776	h32987	h33140	t00523	t03309-1	t03309
黄组	b11340	h37474	h37591	h37592	h37594	h37636	h37660-1	h37660
	y02552							
𦎫								
宾组	b01937	b01951	b02160 正	b02161	b02165 正	b02295 反	b02790	d00068-1
	h06783	h06847	h07966 正	h09194 反	h09782			
师组	b06621	h20392	h20468	h20500	h20511	h20515	h20516	h20524
	h20525	h20526	t03568	t03604				
丙一	h22072							
出组	h23717	h24231	h24232					

何组	 h27974	 h28046	 h28123	 h28915	 h28917			
		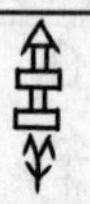						
历组	h33027	h33029	h33069	h33077	h33078	h33080	h33083	h33123

	h33136	t02305-1	t04564	t04566				

黄组	b10941	b11290 正	h36522	h36527	h36578	h37649		
亳								
宾组	h04722							

何组	h28916	h28918	t00660					

历组	h33569							

黄组	h36526	h36582	h37421	h37646	h39448	y02523		
亳								
宾组	h00339							

历组	t01581							

葦								
宾组	h00667 反							
韋								
宾组	h00006	h01395 正	h04090	h04864	h04866	h05746	h09381	h09638
	h11068	h1351 正乙	h13514 正甲	h18947	100656			
师组	h20054	h20570	h20571					
何组	b08951	b09553	d01258	h29793	h29795	h29796	h29797	h29798 正
	h29800	h29801-2	h30198	h30203	w01353	t02729		
历组	b10492	h31270	h31970	h35334				
历组	t02305							
师组	h20313							
⿰韋卑								
黄组	h36962							
⿰韋永								
宾组	w00873							

荅								
宾组	h00822 正							
⿱禾合								
宾组	h18632							
⿰合凡								
宾组	h17936							
⿰合凡								
何组	h30284	h30285						
宾组	h08056							
⿱合京								
宾组	h01134	h01135	h05820 反	h05976	何组	h30174		
⿱合隹								
宾组	h08071							
宾组	h18633							
宾组	h01074 正	h18634						
⿰彳京								
黄组	h36843							
宾组	b02790	h01097	h02690 反	h04722	h04723	h08043	h08044 正	h08047 反

	h08048	h08049	h08054	h14017 正	h16979	h16986	h40015	w00417 正
	y00722 正							
师组	h20595							
宾组	h08046							
历组	t02305							
宾组	h08059	h08060						
历组	h32291							
宾组	h08062	h08064	h08065	h08066	h08067			
黄组	h36743							
宾组	h08058							
历组	t04248							
宾组	h08041	h08042						

宾组	h04685							
历组	h33134-3							
宾组	h03218							
宗								
宾组	h08057							
宾组	100202 正							
师组	h20283							
何组	h28245							
亯								
宾组	h07927							
亯								
宾组	h10918	h15062						
何组	h28188							
黄组	h37532							
历组	t00100							

京								
宾组	b06008 反	d01122	h00006	h00317	h00526	h08040	h08073	h13023

	h40457							

师组	h20190	h20299						

子组	h21703 正							

出组	h24446	h26869						

何组	b10348	t00108						

历组	h32010	h32681	h33133	h33221	s00502	t01598	t02149	

黄组	h36481 正	h36559	h36561	h36647	h36909	h37589	h37590	y02556
京								
历组	h34412							
京								
出组	h24400							
京								
历组	h32299							

高								
宾组	h00033	h00438 反	h00438 正	h00565	h00710	h00738 正	h02358 正	h02359
	h02368	h02369	h02381	h05576 正	h19540			
师组	h21167							
子组	h21826							
丙二	h22143							
出组	h22616	h23717						
何组	h26991	h27155	h28140	h28143	h28144	t00606		
历组	b10638	h30465	h32087	h32174	h32455	h32619	h32738	h32916
	h33138	h33227	h34285	h34287	t00608	t02667	t04528	
黄组	h36518	h36573	h36754	h36755	y02555			
⿳亠口⿵冂吅								
宾组	b06219							

[illegible]								
宾组	h00526	h06477 正						
历组	b10492							
亳								
宾组	h07061 正	h07841	h18341					
师组	b06864							
丙二	h22145							
何组	h27233	h28104	h28105	h28108	h28109	h28110	h28111	h28113
历组	h32675	t00059	t00665	t01105				
黄组	h37394							
亳								
黄组	b11115	h36555-1	h36555					
丙二	h22276							
亳								
丙二	h22145							

师组	h20398	h20976						

宾组	h18643							

午组	t02698							
槁								
宾组	w00824							
蒿								
何组	h29375							
蒿								
黄组	h38152							
蒿								
黄组	h36534							
 [illegible]								
何组	h28132							

出组	h24379							
 [illegible]								
宾组	h08069	h15550 正						
 [illegible]								
历组	h33958							

宾组	b02165 正	h07032						

丙一	h22063							
历组	h32834	h32835	t00232					
宾组	h00891 反							
亭								
师组	h19995							
宾组	h01950 正	h02078 反	h13349					
历组	h34268							
何组	t00610							
黄组	h36546							
宾组	h18636							
竽								
宾组	h14617							
出组	h24216							

竽								
宾组	h14625	h16242	h16243	h18635				
出组	h22912							
亩								
宾组	b06091	h0058 反甲	h00893 正	h04366	h05708 正	h06943	h09509	h09636
	h09637	h09639	h09642	h09643	h09644	h40754		
何组	h27978	h28136	t02169					
历组	h33082							
亩								
宾组	b04152-1	b04152	b04153	h00583 反	h04877	h05451	h06813	h17590
子组	h21837							
出组	h25738							
历组	h33236	h33237-2	h33238	t00180	t00204			

㐭								
宾组	h18829							
亯	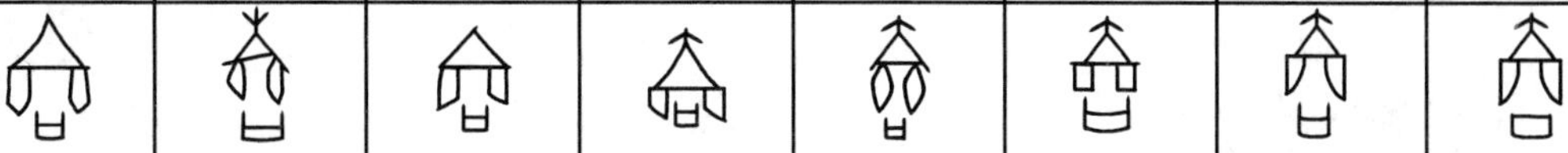							
宾组	b02299	b02511	b06183	b06186	h00858 正	h02738	h04869	h04870
	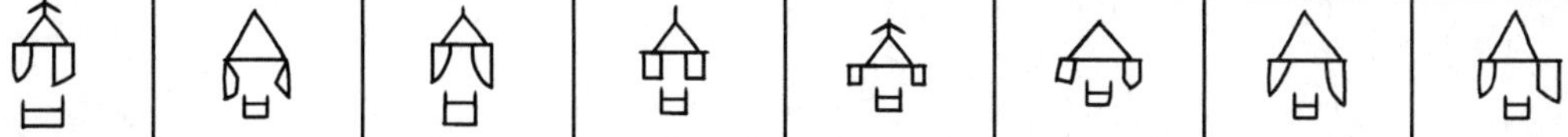							
	h04873	h05769 正	h05946	h06571 正	h06938	h07596	h09504 正	h09504 正
	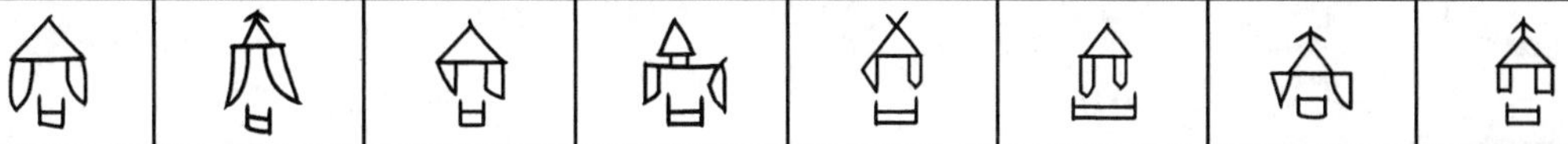							
	h09810 正	h10861	h10957	h13757-1	h18640	h18641	h18642	y00356
	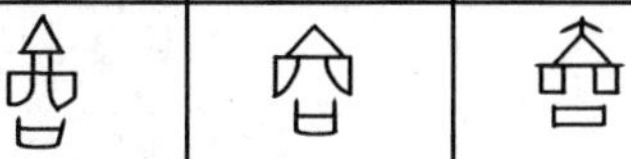							
师组	b06625-1	h20369	h20485					

子组	h21727-1							

丙二	h22260							

历组	h33074							
亯								
宾组	h00490-1							
亯	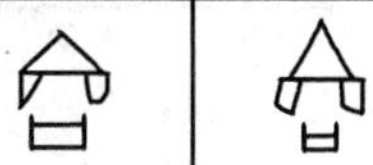							
宾组	h06798	h08384						
亯								
宾组	h18746-1							
啚	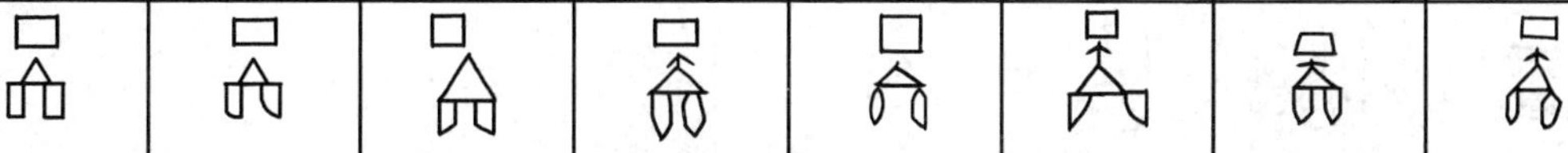							
宾组	h0030 正甲	h0030 正甲	h03908 正	h06057 反	h06058 正	h07075 正	h07873	h07875

	h15308 正							
子组	h21546							
历组	b10921	h32982	t00242					
黄组	h36484	y02525						
啚								
宾组	h07872							
㐭								
何组	h28070							
[illegible]								
黄组	h37520							
啬								
宾组	h02553	h10432	h10433	h40083	y00399			
历组	h41530							
啬								
师组	h20648	h20725	h21306 甲					
[illegible]								
师组	b06791	h20765	h20898	h20988	t00604			

⿱秝㐭								
宾组	h00893 正	h01027 正	h03521 正	h04613	h05775 正	h09633	h09634	h10937 正
	h10938 正	h13399 正	h19543					
何组	h27886	h28202						
亶								
何组	h26898	h27999						
檀								
何组	h29408							
黄组	h36747							
宾组	w00657							
宾组	h09113 正							
宾组	h05339	h12684	h15496					
师组	h20298	h20299						
宾组	h02858	h13517-1	h13517	h14431 正	h14993	h18567	y 补 55	

师组	 h20004							
丙二	 h22246	 h22247	 h22259-1	 h22259	 h22293			
历组	 h31013	 h31057	 h34399	 t00341				
向								
宾组	h12434 反	h15460						
出组	 h24263							
何组	 d01261 正	 h27799	 h27907	 h28101	 h28321	 h28943	 h28947	 h28948
	 h28949	 h28954	 h28957	 h28958	 h28960	 h28961	 h28966	 h28968-1
	 h29031	 h30122	 y02319	 t04452				
历组	 h33530	 h33534	 h33540	 h33541	 h33554			
黄组	 h36537	 h36851						

宫								
宾组	b02292 正	b02795	h04290	h07380	h10985	h10986		
师组	b06760							
出组	b07259	h24462						
何组	b08988	b08993	b08994-1	b08994	b08995	b08997	b08998	b08999
	b09008	b09190	b09197	b09200	h27768	h27930	h28757	h29159
	h29160	h29177-1	h29177	h29179	h29180	h29185	h29189	h29192
	h29193	h29197	h29214	h29417	h29854	h30375	y02313	
历组	h30450	h31132	h33161-1	h33161				
黄组	b11129	b11271	b11296	b11321	h36542-1	h36542	h36543-1	h36544
	h36545-1	h36545	h36547	h36734	h37367	h37417	h37606	h37607
何组	t00790	t02430	t02743					
师组	h20306							

宾组	h13331							
宗								
宾组	b00876	b00910	b02703 正	b02787	b02828	b04147	b04252 正	b06534
	b13139	h00020	h00031	h00320	h00333	h00334	h13536 正	h13547
师组	b06615	b06950						
丙一	h22072							
丙二	h22274							
出组	b07017	h23265	h23448	h23520	h25217			
何组	b09645	h26929	h26933	h26972	h26991	h27097	h27240	h27243
	h27247	h27248	h27249	h27250	h27305	h27315	h27884	h28275
	h30295	h30313	h30316	h30319	h30321	h30332	h30333	h30334
	h30340	t02259	t02281					
历组	b10446 乙	b10463 乙	b10478	h30376	h30377	h30415	h30819	h30981

	h32019	h32035	h32052	h32121	h32330	h32334	h32360	h32591
	h32868	h32912	h33233 正	h34045	h34056	h34059	h34139	y02470
黄组	b10977	b11019	b11021-1	b11021	b11040	b11072	b11441	b11880
	b11882	b11883	b11884	b11899	h35919	h35929	h35930	h35942
	h35945	h35949	h36041	h36045	h36076	h36078	h36081	h36082
	h36089	h36092	h36097	h36152	h36154	h36155	h38226	h38228
	h38229	h38231	h38236	w01702				
历组		t00313	t00341	t00600	t01102	t01116	t03723	
何组	t02784	t02860	t03564	100460				
𡧍								
何组	h27498							
𡨄								
宾组	h01663	h08163	h09815	h13568	h13572	h13575	h13576	h13577
师组	h20044							

出组	b07485-1	b07485	h22548	h23532	h24950			
何组	b10301							
历组	h32160	h34067	h34068	w01595	t00857	t01050-1	t01050	t02865
黄组	h35673							
宾组	h00454 反							
室								
宾组出组	h00806	h01014	h12814 反	h12815	h13556 反	h13563		
出组	b07485	h24939	h25629	h26763	y02082			
何组	b09010	h27148						
黄组	b11277 正	h35366						
何组	h27739							
师组	h21376							

宎								
何组	h27164	t01141						
历组	h30386	h31907						
黄组	h36389							
家								
宾组	b01265	b05964 正	h01174	h03096	h03323	h03522 正	h06063 反	h06065 臼
	h13579 正	h13580	h13581	h1358 正甲	h13584 正甲	h13586	h13587	h13589
	h13590	h13592	h13593	h13594 反	h18722	h40766		
师组	b06844	d01283	h19894	h21028	h21224			
子组	h21593							
丙一	h22091 甲							
出组	h23067	h23619	h26010	h26765	y02081			
何组	h28001	h29729	h30345	h30346	h30347	t02131		

历组	h33568	h34069	h34192					
午组	t02672-1							
何组	t04065							
㝥								
宾组	h09062	h09063	h09064	h09065 正	h11275	h11280		
㝥								
宾组	h00136 正							
寍								
丙一	h22050	h22103						
宊								
出组	h23432	h24894						
宑								
出组	h24229							
何组	b09096-1	b09172	h27805	h27820-1	h27820	h27910	h27916	h27920
	h27923	h28789	h29235	h29249	h29250	h29252	h29255	h29260
	h29262	h29263	h29264	h29265	h29266	h29267	h30161	t04140
历组	h31683	h33530	h33575					

黄组	b11319	h36766	h37363	h37379	h37733			
师组	d01283							
出组	y02177							
何组	h27695	h29437	h29673	h30347				
宋								
宾组	b00024 反	b01445	h03808 反	h08686	h09368	h10210		
师组	h19921	h20032	h20033	h20034	h20035	h20075	h20233	h20240
	y01777							
何组	t01098							
历组	t00857							
宁								
黄组	b12199	b12201	y02529					
寂								
宾组	h40737 反							

历组	h30386	h34676						
⿱宀⿰耳口								
宾组	h00383	h09267	h09269	h10405 正				
出组	h23296	h24402	h26830	h26837				
何组	h27387 正	h27555	h27818	h30284	h30286			
历组	h31014	h31022	h31045	h34070				
黄组	h37468							
何组	t00060	t00579	t02276	t02774				
⿱宀⿰耳吕								
宾组	h08088 反	h14588	h19525					
⿱宀耳								
宾组	b04019 臼	h00721 正	h03901 反	h07153 正	h08089	h08091 正	h11604	h11708 正
	h17514 臼	y00361 反						
师组	b06780							
何组	b09010	t02470						

历组	t00341	t00675	t00723					
宾组	b01736 正	h00138	h00537	h00539	h00540	h00541	h00544	h00546
	h00548	h00550 正	h00553	h00554 正	h00558-1	h00558	h00559 正	h00559 正
	h00563	h00564 正	h00565	h00566	h00567	h00568 正	h00569	h00571 正
	h00572	h00575-1	h00575	h00576	h00578	h00579	h00580 正	h00581
	h00582	h00583 反	h00586	h00591 正	h00593	h00594 反	h00596	h00597
	h00598	h00599	h00600	h00602	h00604	h00606 正	h00607 正	h00608 正
	h00608	h00609	h06257	h07850	h10493	h17844	y00609	y00610 正
出组	h22597							
何组	h26992							
宾组	h00574	h00577	h00585 正	h00611	h00612	h03086	100295	
宾组	h08091 正							

宾组	h00555 正	h09815	h13572					
宾组	h09809							
师组	h40847							
宾组	h04185	h06379 正	h06425	h18620	y01179 正			
历组	h32932							
宾组	h00892 正							
何组	h28129	h29300	t04000					
历组	h31817							
何组	h28982	w01447						
历组	h41543							
宾组	h16906							

丙二	 h22204							
何组	 h28873	 h29313	 h29314	 h29315	 h29316	 h29317	 h29318	
历组	 h31818	 t00964						
 何组	 h28371	 t02386						
 历组	 t01050							
宓								
宾组	h02375 正	h03740	h04885	h19117	y00406			
丙二	 h22317							
出组	 b08746							
历组	 h34428							
何组	 t00425							

宓								
宾组	h00115							
历组	h31996 正	t00307-1	t00307	t00920				
历组	h32009							
宾组	h05854	h15667						
历组	h32008							
宆								
宾组	h05560							
宅								
宾组	b06522	h00685 正	h03297 正	h05461	h06597	h08229	h08344	h08387
	h08720 正	h13517-1	h13517	h13563	h13570	h13663 正乙	h14206 正	h14249
	h18348 臼	h19529 反	h19532	h19533	h19534	y01553 反	100658	
师组	b06952	h20327	h21031	h21202				
子组	h21719							

丙二	 h22322-1	 h22322	 h22323-1	 h22323-2				
出组	 h24951							
历组	 t04400							
穴								
宾组	h00454 正	h03170	h03171 正乙	h0317 正甲	h03172	h04904 反	h09360	h15203
	 h18607	 w00346 正						
宂								
宾组	h13048	h16350						
出组	 h23651							
窌								
师组	h20641 正							
安								
宾组	h05373	h07821	h14107 反	h18062				
师组	 h21054							
丙一	 h22094							
丙二	 h22458	 h22464						

何组	h29378							
历组	h33550	h33561						
黄组	h37505	h37568						
安								
宾组	h00454 正	h00905 正	h00905 正	h00905 正	h03163 正	h03166-1	y00211 臼	
宾组	h02638							
师组	h21482							
⿱宀万								
宾组	b00025	b00124	b00139 正	b00184 正	b00371 臼	b00760 正	b00780	b00788
	b00794	b00818	b00825	b00843	b00847 臼	b01624	d00029	
⿱⿱宀万止								
宾组	h00915 正	h02203	h02831	h0530	h13327	y01152		
出组	h22556							
历组	h30384	h30467	h30528	h32799				
黄组	h35377	h38602						

[illegible]								
宾组	d01001 反	h03187	y01152					
[illegible]			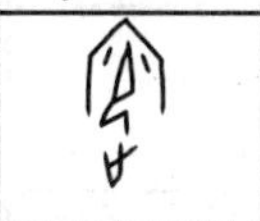					
宾组	h03169 正	h09520	h10316					
[illegible]								
宾组	h02080	h02875 反	h03168	h09521				

宾组	h16034	h16997						
[illegible]								
宾组	h01540	h02638	h02639	h02722	h10405 正	h11247	h13405 正	h15177

	h15178							

丙二	h22301							
[illegible]								
宾组	h00634 反	h03010 正	h15163	h15164	h15172	h15175 正	h17523 臼	h18062
窌								
师组	h20278							

历组	h33071							
[illegible]	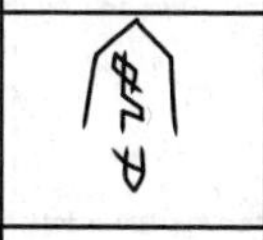							
宾组	d01000	h00924 正	h01248 正	h09524-1	h09524			
𥦚								
宾组	b01989							

[illegible]								
宾组	h03151	h03152	h03155	h05679	h13890	h17569 正	h18612	h18614
	h19558	h3154	y00593					
宾组	h03165 正	h17261 正	h18604					
[illegible]								
宾组	h03158	h03159	w00989					
[illegible]								
宾组	h00709 正	h08082						
宾组	h11018 正							
黄组	b12914							
[illegible]								
宾组	h08169	y01240						
[illegible]								
宾组	h06845	h06846	h06847					
[illegible]								
宾组	h08168							
[illegible]								
师组	h21408							
[illegible]								
宾组	h14023							

 [illegible]								
子组	h21727							
 [illegible]								
师组	h20084							
 [illegible]								
宾组	h14066							

黄组	h37563							
 [illegible]								
宾组	h13282 正							

宾组	h18630							

何组	h29359							

何组	h29358							

何组	h27905							

宾组	h18434							
宔								
午组	h21922							

宾组	h17093	h18628						

何组	h30247							
⿱宀甾								
历组	h32289							
⿱宀甾								
午组	h21966							
⿱宀夒								
宾组	y00341							
⿱宀⿰女甾								
丙二	h22465							
出组	h24421							
出组	b07047							
历组	h35290							
丙一	h22045-1							
⿱宀砓								
历组	t00126							
何组	h27807							
宪 								
宾组	h08811 正							

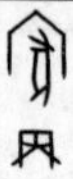

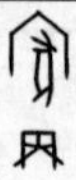

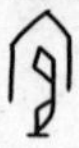

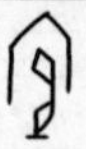

[illegible]								
黄组	h36909-1	h36909						
[illegible]								
出组	h25581							
师组	y01871							
宾组	h10063							
[illegible]								
宾组	b06250							
富								
宾组	h02190 正	h02273 正	h06043 反	h16412				
历组	h34393							
富								
出组	b07047							
宾组	h0283 正甲							
宾组	h08287							
师组	b06645							
宾组	h01046							

历组	t02785							
宾组	h14128							
[illegible]								
宾组	h13536 正							
[illegible]								
何组	h27739							
[illegible]								
宾组	h00460	h01926						
[illegible]								
宾组	h13573							
出组	h23624							
历组	t02260							
[illegible]								
何组	b10312							
宏								
宾组	h04761							
出组	w01142							
何组	t02301							

宏								
出组	h23558							
宏								
历组	h33407							
家								
宾组	h07928 反							
宋								
何组	b10337	t00662						

历组	h31013							
竅								
历组	h30456							
害								
师组	h20575							

历组	t02436							

黄组	h36422							

历组	h31819							

黄组	b12075							

[illegible]									
宾组	h07935								
宾组	h04025	h08731							
何组	h30295								
宛									
何组	h30268	t02636							
宾组	h08359								
黄组	h36417								
[illegible]									
宾组	h18627	h19089							
[illegible]									
历组	h31815								
塞									
何组	h29365								
宰									
宾组	h04907 反	h05512 正	y00777 反						
历组	h31136	h31861	h35215						

黄组	b11299 反	h35501						
何组	s00027							
黄组	h35673							
何组	h27543							
[illegible]								
宾组	h06819							
宾组	h06812 正	h06813	h06814-1	h06816-1	h06822	h06823		
宾组	h39938							
宾组	h18202							
何组	h30224							
宾组	h08710							
宾组	h18180							
宾组	h01034	h06980	h09103					

何组	h27888							
寮								
宾组	h018626							

出组	h24272-1	h24273-1	h24274-1	h24275-2	h24276	h24277	h24278-1	

黄组	h36423	h36909						
寮								
宾组	h08955							
丙								
宾组	h13155	h13543						

出组	h23715							

历组	h33075							
㐁								
宾组	h02904							
宿								
宾组	h00975 反	h01601	h01779 正	h01779 正	h03760 正	h05357	h09112 反	h17075 反
宿								
宾组	h16998 正							
宿								
宾组	h18603							

何组	h27805-2	h28133	h28188	h29351-1	h29351	h29384		
历组	h31233	h31257						
宿								
宾组	h05356	h08123	h19583	h19585	y01690			
何组	h27812	h27813	h27814					
敀								
宾组	h04773 正	h08711	h10084	h18173				
何组	h28190	t04066						
敁								
何组	b10357							
寻								
宾组	h00261	h00339	h00707 正	h00720 正	h00773 乙	h00773 甲	h00804	h02461
	h06406	h08182	h11424 反	h14474 正	h16066	h16067	h16068	h16069
	h16070	h16071	h16072	h16075	h18666			
出组	h23694	h24608						

⿰丙刂							
宾组	h13681						
⿰丙力							
宾组	h03810						
⿰丙申							
何组	t02064						
何组	100505						
内							
宾组	b00130	b01145	b01146	b01148	b01150	b01151	b01616	b05780
	h00152 正	h00822 反	h01747 正	h02292	h10976 正	h13140		
历组	h35252						
何组	h30283						
历组	h34069						
丙二	h22463 正						
宾组	b02240						
何组	h27459						

 历组	 h33067							
 宾组	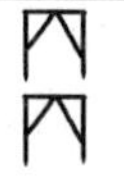 b01255 正	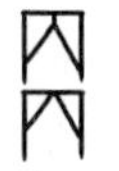 h03435						
出组	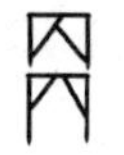 h22539							
黄组	 b11099							
 出组	 h23396	 h23717						
何组	 b09698	 h27110	 h27313	 w01399	 t00822	 t04066		
历组	 h31227	 h31769						
 出组	 h23395							
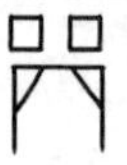 宾组	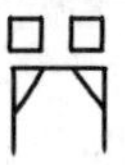 h00656 反	 h07567 正	 h09671 反	 h18911 反	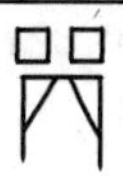 w00310 反			
师组	 h20709-1	 h20709	 h20781					
午组	 h21944							

丙二	h22189							
宾组	h07566							
宾组	h07103 反	h11987 反	h17529					
出组	h24398							
黄组	h36958							
历组	t00023							
师组	h21231							
师组	h19777							
[illegible]								
宾组	h09817	h09941	y00824					
丙一	h22091 甲							
丙一	h22088	h22090	h22091 乙	h22092				
更								
宾组	h10951	h10952	h40708					

师组	h20118	h20279	h21371					
宾组	h06571 正							
商								
宾组	b00024 正	b00034	b00060 反甲	b00377 正	b02209	b02220	b02226 正	b02229 反
	b02233	b13209	h00776 正	h07817	h07838	h07840	h08883 正	
师组	b06566	h20274	h20357	h20405	h20540	h20578	h20581	h20587
	h20609	h21145						
子组	h21626	h21717	h21718	h21722				
丙二	h22260	h22274						
出组	h24225	h24226	h24227	h24228				
何组	h27767	h28099 正	h28100					
历组	h30435	t00740						

商								
宾组	b02231	h07796-1	h14888					
师组	h20440	h20453	h20650	h20654	h21375			
子组	h21607	h21716						
午组	h21970							
历组	b10478	h32183	h33127	t00740-1	t00740-2	t01066		
黄组	b11299 反							
商								
宾组	b02227	h07813	h13024					
出组	h22771							
何组	h27673 反							
黄组	b11247	b11249-1	b11249	h36416	h36506	h36507	h36550	h36551
	h36553	h36567	h36975	h36980				

历组	t04424							
商		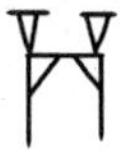						
宾组	b02234	h00520	h00636	h00639	h00969	h13721	h15110	h15124

	y00119	y00125 正	y00126					
	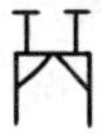							
师组	h20027							
	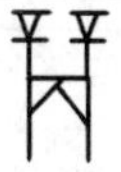							
子组	h21719							
商								
宾组	b00460 反	h18671						
	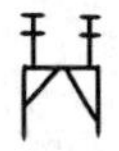							
历组	t00751							
商								
宾组	b02225							

子组	h21825							
		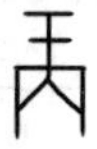						
午组	h21886	h21908						

历组	h33124							
 啻								
何组	h27974							

滴								
宾组	h08310 正	h08310 正	h08312	h08314				

出组	h24340	h24608						

何组	h27802	h28178	h28180	h28243	h28338	h28340	h28882	t00256

历组	h30877	t00930						
滴								
宾组	h01333	h08313	h15784					

何组	h27783	h28179	h28181	h28339	h28883	t00374		

历组	h32035	h33177	h33178					
滴								
宾组	h01082	h08311						
⿱啇止								
宾组	h18253							

何组	s00363							

 师组	 h19775							
 师组	 y02674 正							
师组	 h20087							
 师组	 h21031							
 丙二	 h22414							
 师组	 h21479							
 宾组	 h39688							
 宾组	 h08716							
 师组	 h21285 正							
 习刻	 t02394							
冥			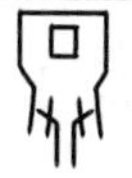					
宾组	b0006 正甲	b02136 正	b02511	b04031 反	b04034	b04036	b04038	b04046
	 b04050	 b05121 正	 h00154	 h00190 正	 h00416 反	 h00775 正	 h00991 正	 h01334 正

	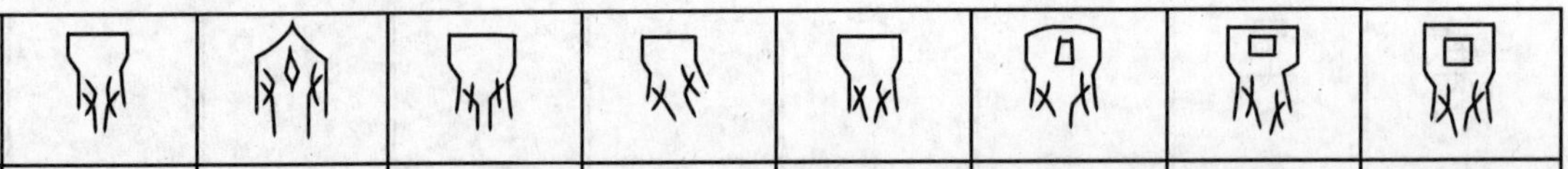							
	h03061 正	h06905	h07850	h07851 正	h07851 正	h13947 正	h13951	h13955
	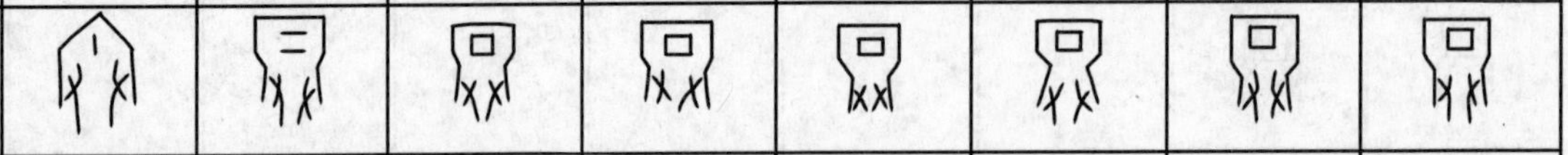							
	h13982	h13992	h13997	h14000	h14005	h14012	h14013	h14014
	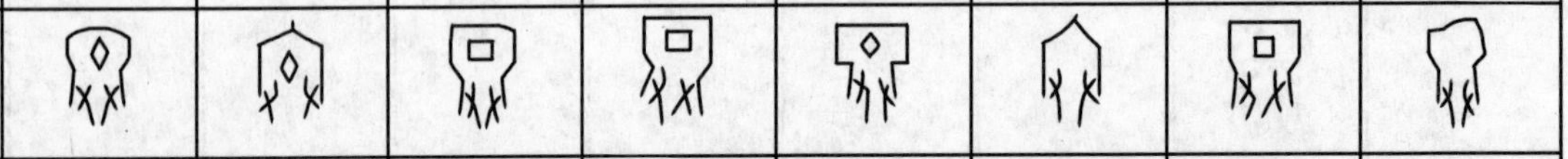							
	h14019 正	h14020	h14021 正	h14022 正	h14037	h14115	w00502	y00372
	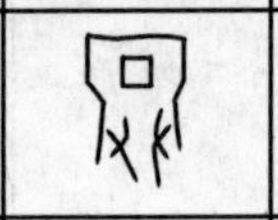							
	y01117 正							

师组	b06689	h20319	h21068					

子组	h21785							

历组	b10924							
冥								
宾组	h13458							
冥								
午组	h21887							
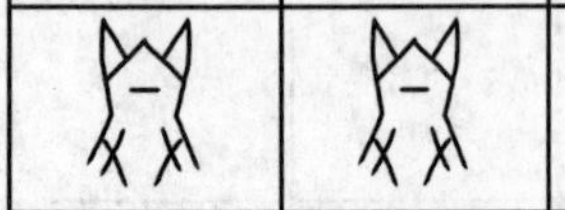								
宾组	h08710							
泉	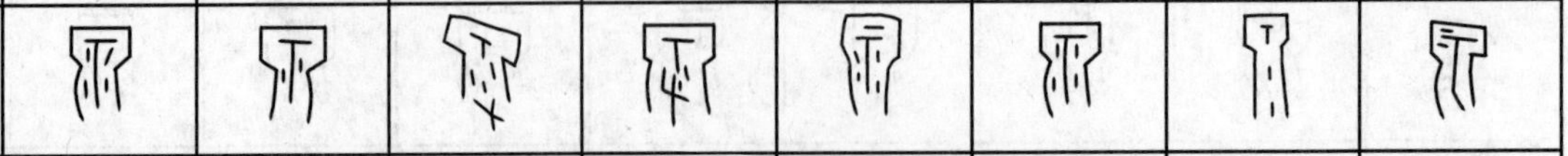							
宾组	b06427 正	h02611	h08368	h08369	h08372	h08373 正	h08375	h10156
	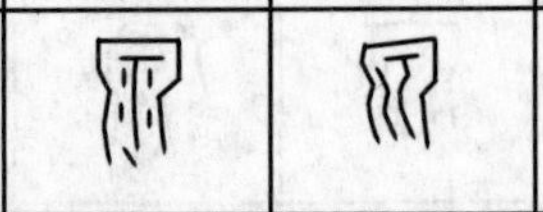							
	h10175 反	h14995						

何组	h27798							
历组	h31541 反	t01178						
黄组	w01869							
泉								
宾组	h08371	h08374 正	h08376					
师组	h21282							
泉								
出组	h24426							
历组	h34165-1							
何组	t03632							
泉								
宾组	h08370							
泉又								
宾组	h01806	h02078 反						
历组	t01111							

⿰泉又								
宾组	h04546	h17475						
⿰泉刂								
宾组	h13520							

历组	h33358							
⿰泉刂								
历组	h31199							
⿰泉刂								
何组	h28227							
⿱𡗗泉								
黄组	h36909	h36910	h36911	h36913	h41838			
⿱⺈泉								
宾组	h07239 反	h12439 反						

历组	h41495							
⿱⺈泉								
黄组	h38718							
⿱五泉								
宾组	h03076	w00864 反						
	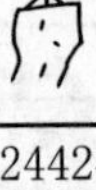	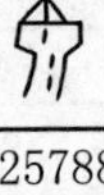						
出组	h24424	h25788						
⿱隹泉	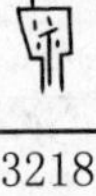							
历组	h32183							

雧								
宾组	h08377 反	h08378	h08379	h17301 反				
宾组	h07049							
户								
宾组	b02410							
师组	b06925							
何组	h27555	h30294						
历组	h31230	h32833						
宾组	h15098 正							
⿸户秝								
宾组	h03297 正	h15099						
⿸户商								
宾组	b06231	h08718	h08719	h10950	h19361			
宾组	h18663 正	y00725 正						
雇								
宾组	h13619	h13925 正						
雇								
宾组	h00150 正	h00150 正	h07901	h40743				

出组	h24347-1	h24347	h24348	h24420				
黄组	h36485	h36487	y02538					
师组	t02765							
[illegible]								
宾组	b00404	b01812 正	b02225	b03903 反	b03905	b03906	b03907	b03911
	b03913	b03916	b03918	b03921	b03984	d00069	h01000	h03418
	h04315	h04512	h04513	h05458	h05843	h07439	h09816 反	h10514
	h13035	h13055 正	h13056	h13061	h13068	h13081	h13088	h13093
	h13094	h13099	h13101	h13104	h13126	h13128	h13138	h14022 正
	w00239	100644						
师组	b06829	b06858	h20338	h20397	h20416	h20740	h20749	h20754
	h20957	h21002	h21010	h21179	y01758	t04516		
子组	h21579							

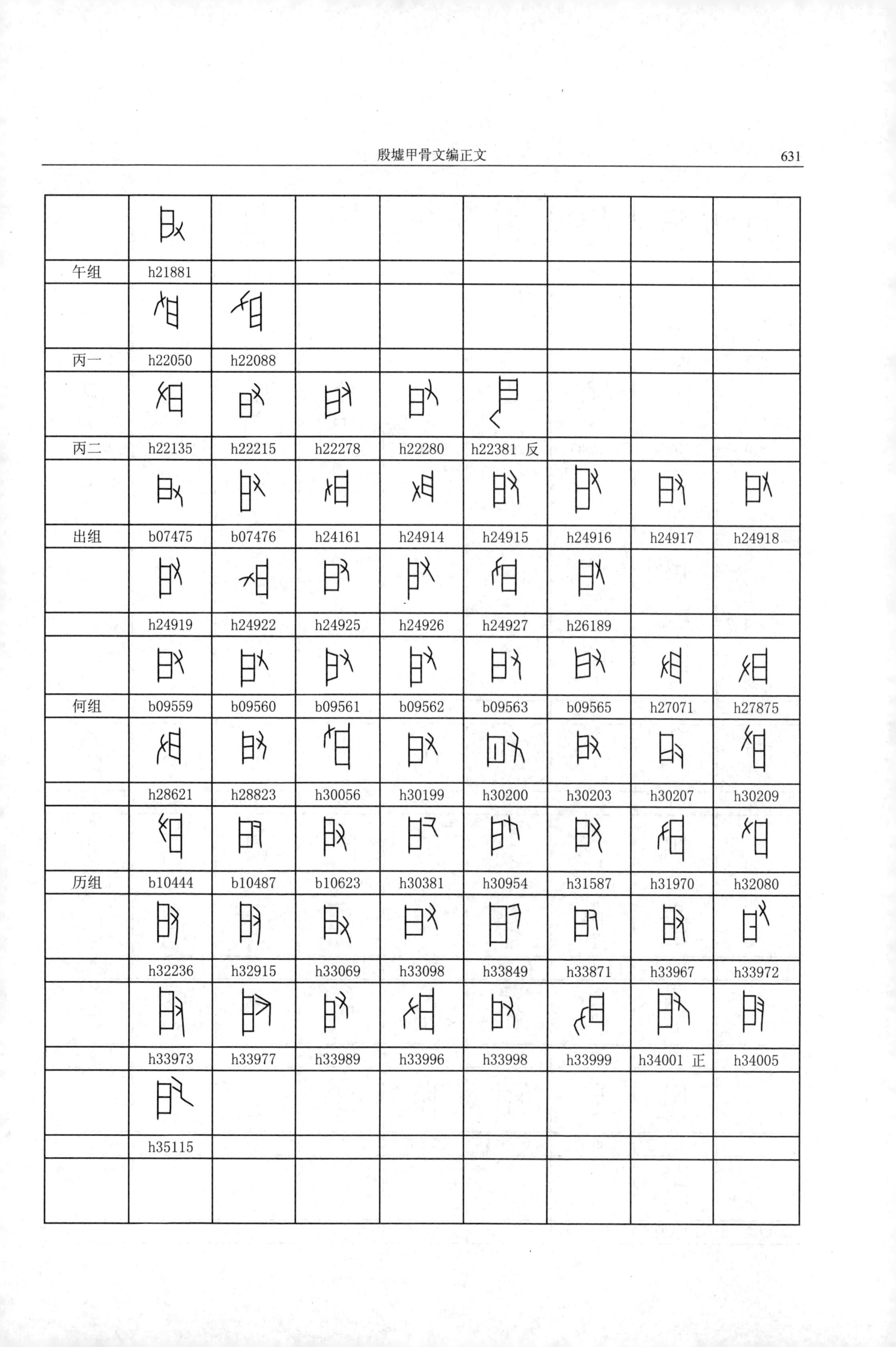

午组	h21881							
丙一	h22050	h22088						
丙二	h22135	h22215	h22278	h22280	h22381 反			
出组	b07475	b07476	h24161	h24914	h24915	h24916	h24917	h24918
	h24919	h24922	h24925	h24926	h24927	h26189		
何组	b09559	b09560	b09561	b09562	b09563	b09565	h27071	h27875
	h28621	h28823	h30056	h30199	h30200	h30203	h30207	h30209
历组	b10444	b10487	b10623	h30381	h30954	h31587	h31970	h32080
	h32236	h32915	h33069	h33098	h33849	h33871	h33967	h33972
	h33973	h33977	h33989	h33996	h33998	h33999	h34001 正	h34005
	h35115							

启								
宾组	h06332	h06461 正	h06471 正	h06472 正	h07343	h07440 正		
出组	y02034							
何组	b09564	h27555	h28021	h30194	h30195	h30196	h30211	h30215
历组	h33034							
黄组	h35345	h36518						
何组	t01127	t02533	t02838					
啓								
何组	b09340	h27226	h28494	h28561	h28618	h28620	h28663-1	h28663
	h29134	h29800	h30189	h30190-1	h30190	h30193	h30197	h30198
	h30202	h30204-1	h30204	h30205-1	h30205	h30206	h30208	h30210
	h30212	h30213 -1	h30213	h30214	h30218	h30220-1	h30221	h30222
	h30223 正	h30268	y02345	t02681	t02711			
黄组	h38221							

启								
宾组	h04113							
师组	s00500							
攸								
历组	h33069							
㗊								
何组	t02320	t02613						
门								
宾组	b06259	h00261	h01088 反	h13602	h13610	h13611		
师组	b06952	h19808	h20770	h21030	h21085			
子组	h21785							
丙二	h22239	h22246						
何组	h27137	h27387 正	h29341	h29342	h30282	h30283	h30289	
历组	b10646							
何组	t00591	t03187						

门								
宾组	h13605	h13606 反						
问								
宾组	h16419							
师组	h21490							
问								
宾组	h00754							
閊								
何组	h27160	h28318	y02366					
盍								
宾组	h04853							
⿵門女								
宾组	h18064							
出组	h26065							
丙二	h22238							
⿵門彖								
宾组	h18665							
⿵門豩								
何组	h26927-1	h26927-2						
⿵門⿱木殳								
黄组	h36773							

⿵門来								
宾组	h0896 正乙							
枢								
师组	h21455							
仓								
宾组	h03286 正	h03290	h03293	h06552 正	h06816	h06817	h07503 正	h09645
仓								
历组	t03731							
仓								
历组	t02273							
⿵門改								
何组	t03004							
⿵門改								
历组	h31023							
宾组	h12164							
扉								
宾组	h15844							
祊								
宾组	b00067 正	b00179	b00327	h12590				
黄组	b11014 正	b11016	b11071	b11388	h35915	h35925	h35928	h35965
	w01693							

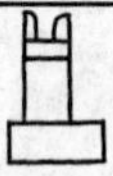 历组	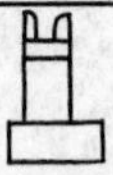 t02426							
星							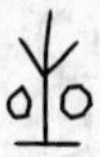	
宾组	h11488	h11489	h11490	h11491	h11494	h11497 正	h11498 正	h11500 正

	y00729 正	h11501						
星								
宾组	h11501							
晶			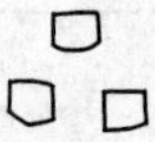				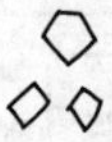	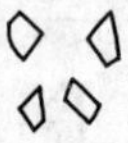
宾组	h10344 反	h10344 正	h11503 反	h11504	h11505	h11507	h18692	h18693
	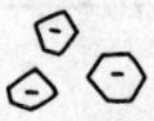							
何组	h29696							
晶		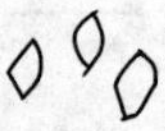						
宾组	h05444	h06063 反						
晶		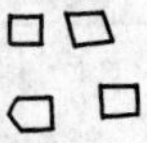	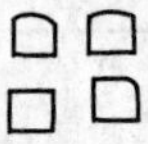	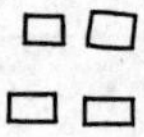	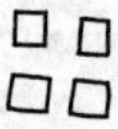			
宾组	h09615	h15959 反	h16124 反	h18648	h18649			
晶								
师组	h21419							
雍	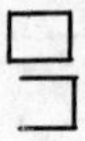							
丙二	h22209							
雍	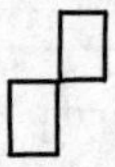		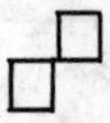	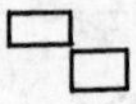				
宾组	h00721 正	h00721 正	h08988-1	h17588 反				
	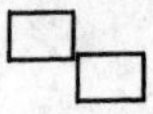							
师组	h21439							

	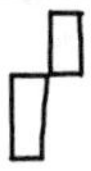	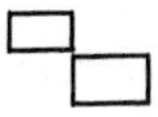						
历组	h31210	h32723-1	h32923					
雍	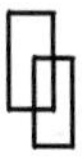	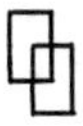		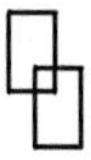				
宾组	b05704	b05704	h03910-1	h04423	h07063			

历组	h31138							
	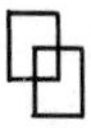							
黄组	h36424-1							
雍	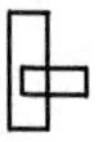	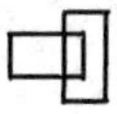						
宾组	h04318	h18945-1						

师组	h20545-1							
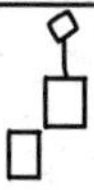	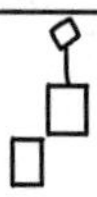							
历组	h30757							
吕	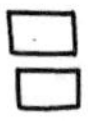	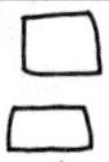	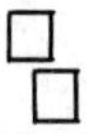					
宾组	h00811 正	h02002 反	h07939-1					
	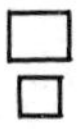							
丙二	h22265-1							
	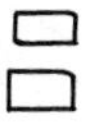	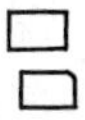						
何组	h29341-1	h30354						
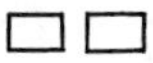	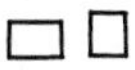							
宾组	h15351							
	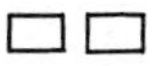							
出组	b07367 反							

历组	t01111							
雹								
子组	h21777							
宾组	h09795							
宾组	h04961							
丙一	h22045							
历组	t02584							
丙一	h22048							
丙二	h22438							
宾组	h16796							
丙一	h22119 甲							
历组	t01082							
宾组	h07049-1	h07049						

田								
宾组	b01219	b01245	b01316	b02541 乙	b02562			
师组	b06792	h20495						
午组	h21999							
何组	b08791	b08990	b08991	b08995	b09035	b09042	b09051	b09052
	b09056	b09060	b09064	b09074	b09077	b09114	b09115	b09123
	b09125	b09127	b09128	b09132	b09135	b09139	b09163	b09167
	b09169	b09172	b09173	b09175	b09183	b09188	b09248	b09275
	b09276	b09277	b09295	b09843	b10279	b10321	100443	
历组	b10541	b10542	h32700	h33210	h33212	h33214		
黄组	b11299 反							
田								
丙一	h22097							

畟								
宾组	h05760	h03982	h04170	h05663	h05711	h06855 正	h06856	h11574
	h18196							
丙二	h22334							
[illegible]								
宾组	h18105							
[illegible]								
宾组	h05455	h05456	h08180	h18621				
[illegible]								
宾组	h09616	h09617						
历组	h41543							
何组	t03124							
[illegible]								
宾组	h09619							
秱								
宾组	h10056							
宾组	h04735 正	h04735 正	h04738	h04739				
宾组	h0994 正乙	h0994 正甲						

邦								
宾组	h00595 正	h00846	h00847					
历组	h32932	h33205						
甫								
宾组	b01714	b02045	b03987 甲	h02941	h04741	h05899	h06196	h07242
	h07896	h09369	h09526 正	h09779	h10349	h13505 正	h13543	h14645
	h19429	h19430	h18786					
师组	h19799	h20002	h20042	h20117	h20142	h20217	h20218	h20220
	h20330	h20715	h20749					
何组	h28359	h30173						
黄组	h36962							
[illegible]								
宾组	h18786							
[illegible]								
宾组	h08275 正							
[illegible]								
宾组	h11340							

 宾组	 h10057							
囿								
宾组	h09489	h09491	h09552					
囿								
宾组	h09490							
	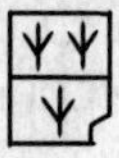							
师组	h21172							
囿								
宾组	h09488							
曾				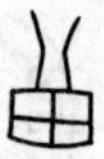				
宾组	h00487	h00489	h01012	h04064	h05504	h05512 正	h08463	h19095 正

师组	h20344							

丙二	h22294							

何组	h27885 正	h28235	t00815	t01098				

历组	h32048	h32164						
曾								
宾组	b01274							

出组	h26014							
曾								
宾组	h00281	h05671	h06536	h16060	h16062			
师组	h20270							
出组	h24958	h26015						
历组	t03957							
师组	h20710							
师组	h21022							
周								
宾组	b02237 反	b02238 反	b02242	h02816	h03240	h04882	h04883	h04884
	h04886	h04887	h05618	h05634	h06649 反甲	h06657 正	h06812 正	h06813
	h06816	h06817	h06820 正	h06823	h06824	h08115	h08454	h08455
	h08456	h08460 正	h08462	h09170	h09171 反	h39691	w00427	y00743
师组	h20074	h20508	h21271					

丙二	h22294	h22338						
出组	h23510	h23560						
历组	h30793	h32885-1	h33200					
周								
宾组	h00590 正							
午组	h21885							
丙二	h22247							
宾组	h10724							
⿰橐盧								
宾组	h08186 反							
⿰橐盧								
宾组	w00617							
⿰橐盧								
宾组	h15697 反							
⿰橐盧								
宾组	w01007							
⿱虍盧								
宾组	h05944							

卢								
宾组	h10775 反							

何组	h27041	h27880	h28095	t00667				

历组	h32350	h32969	h33185	h33186	h33187	h33188	h34680	h34681

黄组	h38763							

历组	t00496	t04027	t02482	t03328				
卢								
宾组	h01950 正	h12800	h18439	h18441				

师组	b06926	h19956	h20576 正	h20576 正	h20576 正	h21274	y01871	

子组	h21695							

午组	h21950 反							

丙一	h22049							
				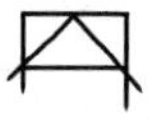				
丙二	h22209	h22210-1	h22231	h22438	h22439			

出组	h26765							

历组	h31993	t02910						
卢								
丙一	h22073							
卢								
宾组	h00259							
卢								
宾组	h00880 正							
出组	h23619							
历组	h31147	h31993						
卢								
宾组	h08471							
何组	h27889							
畂								
宾组	h05605	h05606	h05608	h05609	h05610			
男								
宾组	b02544	h03451	h03452	h03453	h03454	h03456	h03457	
师组	w01516							

午组	 h21954							

丙二	h22381 正							

何组	h27879							
畋								
师组	h20744	h20745	h20746	h21321				

子组	h21622							

丙二	h22464							
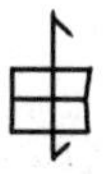	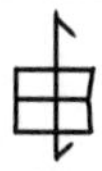							
宾组	h18851							
	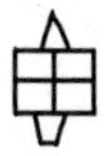							
宾组	h18435							
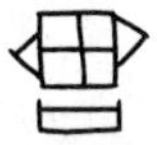	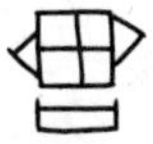							
宾组	h18134							

宾组	h03019							

师组	h21453							
畕								
宾组	h40021							

卑								
黄组	h37677							
		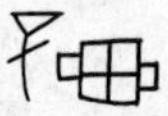						
宾组	h09544 反	h09544 正						
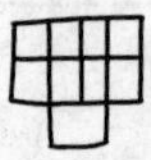	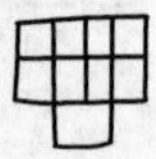							
宾组	h11452 臼							
 [illegible]								
历组	h30947							

何组	t00622							

师组	t04310-1	t04310-2						
 [illegible]								
宾组	h18433							
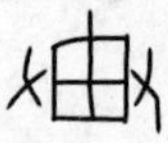	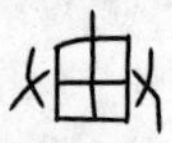							
宾组	b06260 正							

何组	t02174							

黄组	h36921							
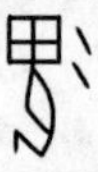	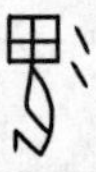							
宾组	h14287							

宾组	h14276							

字头								
宾组	h14289							
鬼								
宾组	b04351 反	h00137 正	h05577	h13751 正	h14271	h14272	h14277	h14278
	h14279	h14280	h14281	h14282	h14284	h14286	h14288	h17450
	h18604							
出组	b07937	h24984	h24985	h24986	h24988	h24989	h24992	h24996
	h24999	h25005	h25007	h25008	h25013			
历组	b10492	h34146	t04338	t04381				
鬼								
宾组	b02561	h06474	h08592					
师组	h20757	h20984						
午组	h22012							

⿱田大								
宾组	h00203 正	h00203 正	h14291	h14292				
⿱田女								
宾组	h18069							
⿱田女								
宾组	h14293 正							
师组	h21092							
⿰卒鬼								
宾组	h09508 正							
⿰礻鬼								
宾组	h03210							
⿰糹鬼								
宾组	h00586							
丑								
宾组	h12878 正							
⿰貝鬼								
何组	t02442							
⿰貝鬼								
何组	h29711	h29712						
⿰鬼日								
师组	h20772							
畏								
宾组	h14173 正	h17442	h19484					
师组	b06689							

齿								
宾组	b06268	h02546	h03523	h03524-2	h03732 正	h06482 正	h06486 正	h06486 正
	h06664 正	h08884	h13467	h13643	h13645 正	h13647 正	h13652	h13656 正
	h13656 正	h13657 正	h13659	h13665 正	h17295	h17300 正	h17307 正	h17308-3
	h17457							
齿								
宾组	h00419 正	h02193	h02873	h05658 正	h13655	h13660	h14161 正	h17301 反
	h17302	h17305 反						
齿								
宾组	h01777							
齿								
宾组	b03990							
齿								
历组	h32963							
齲								
宾组	h13662	h1366 正甲	h15128	h17386				
宾组	h00201 正	h00201 正	h00376 正	h00376 正	h00721 正	h00974 正	h01285 正	h03521 正
	h0434 正甲	h04611 正	h05775 正	h09233 正	h09275 正	h10133 正	h1267 正乙	h14313 正

	h14315 反	h15216	h17232	b04121 正	y01250 正			
宾组	h00914 正	h01580 乙	h01580 甲	h06057 反	h06088	h10299 正	h14755 正	h15112
	h16263	h16380 正	h17149 正	h17229	h17230 正	h17245	h17246	h17247
	h17248	h17249	h17391	y01204				
宾组	h07854 正	h19722	h19723	h19724 正				
宾组	h13700							
剐								
宾组	h17230 正							
⿴囗卜								
宾组	b00012 反	b00949	b01039	b01242	b02079	b02268 正	b02894	b02942
	b03028	b03444	b03795	b04600	b04607	b04608	b04609	b04610
	b04611	b04615	b04621	b04656	b04658	b04674	b04675	b04706
	b04840	b04846	b04865	b04903	b04904	b04925	b04929-1	b04952
	d00082-1	h00098 正	h00122-1	h00122-2	h00122-3	h00371 正	h00376 正	h00816 正

	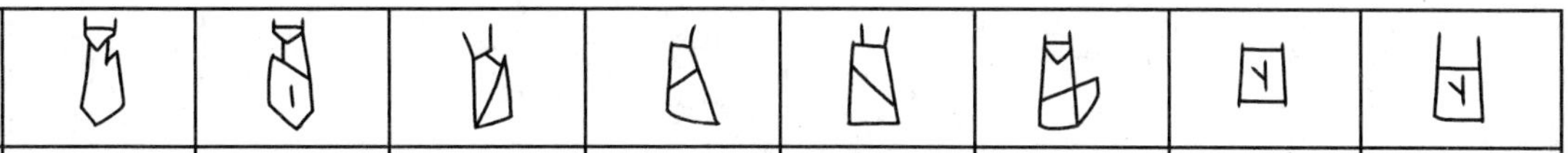 h06823	h08443-1	h08626-1	h08796 正	h08796 正	h09601	h09622	h09881
	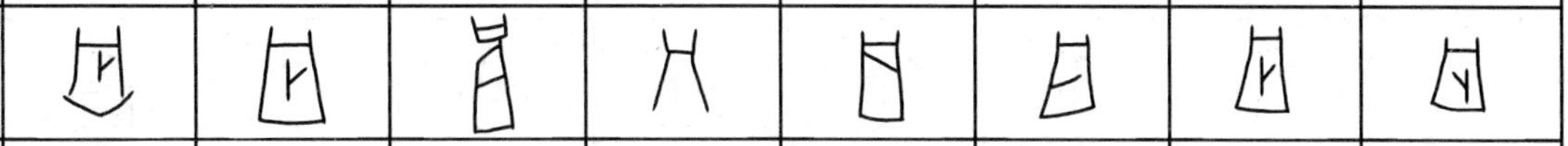 h09997	h10405 正	h10576-1	h16475-1	h16475	h16685-1	h16685-2	h16685-3
	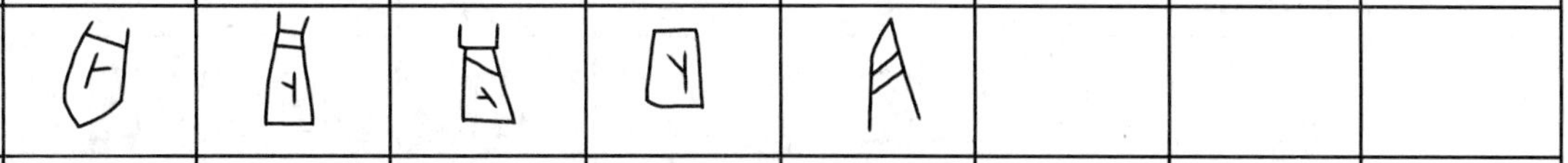 h16732-2	h16921-1	h17461-1	h17870 正	100010 正			
师组	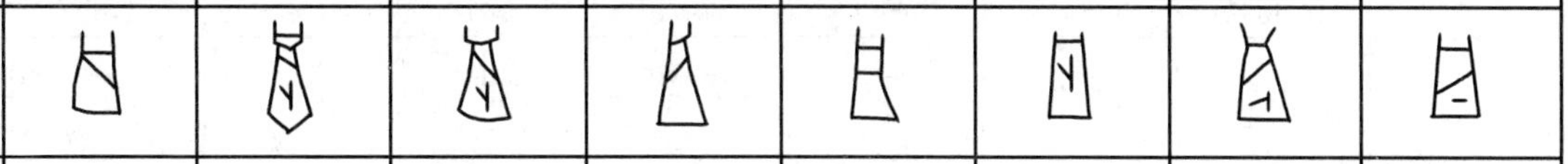 b06654	b06703	b06704	b06705	b06707	b06708	b06709	b06710-1
	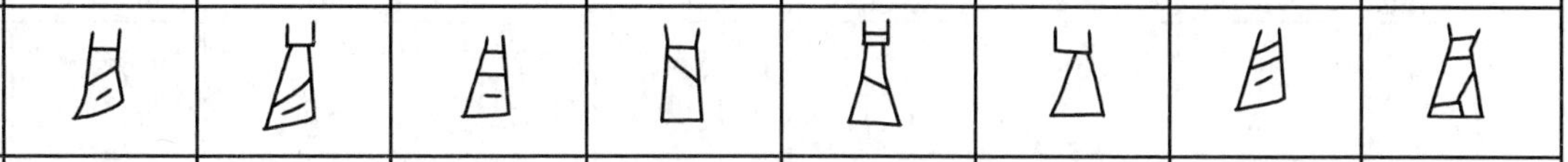 b06710	b06711	b06712	b06713	b06714	b06743	b06834	b06843-1
	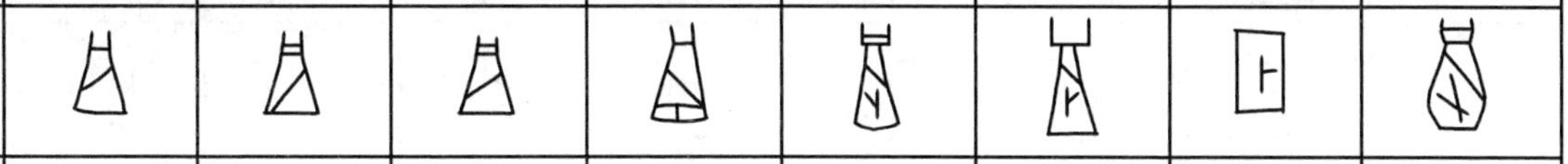 b06843-2	b06843-3	b06843-4	b06843	b06881	b06884	b06897	b06914
	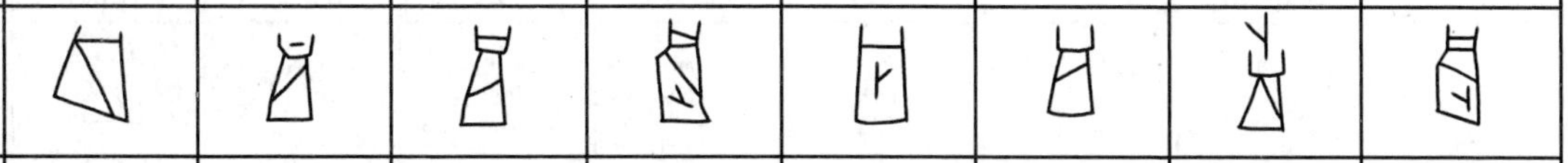 b06923 正	b06933-1	b06933	b06937	b06955	h20293	h20333	h20378-1
	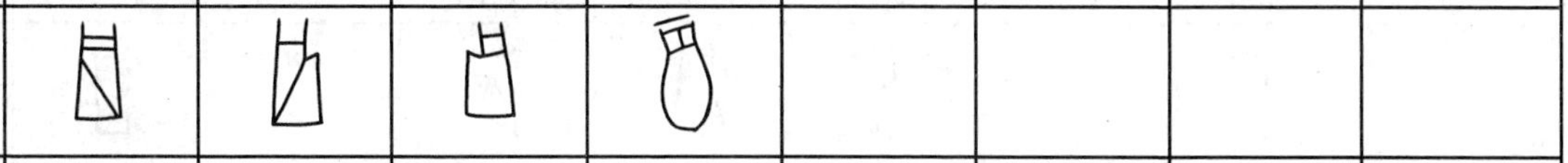 h20399	h20576 正	h21319	h21452-1				
子组	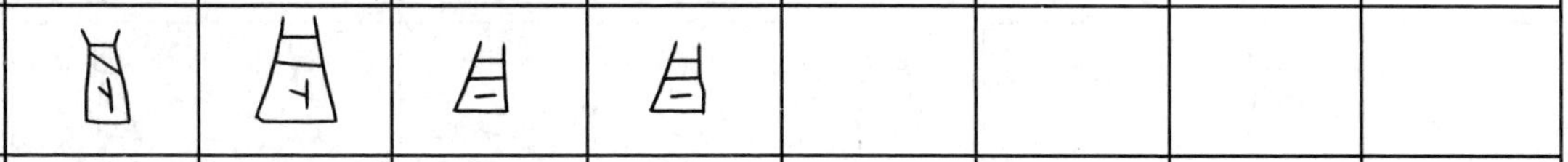 d00967-1	h21824-1	y01913-1	y01913-2				
丙一	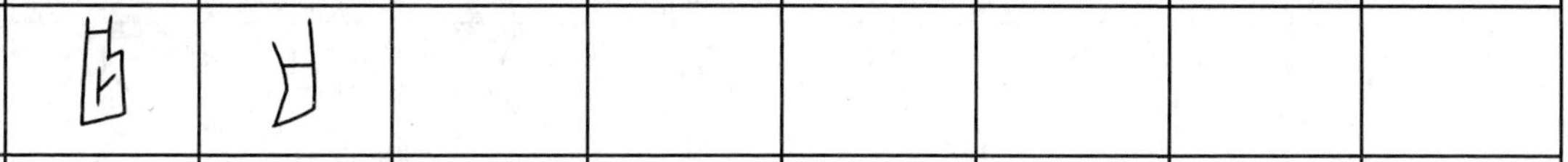 h22083 甲	h22119 乙						
丙二	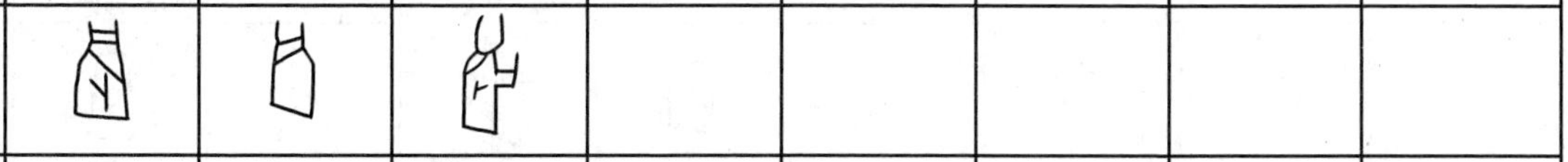 h22261	h22407-1	h22407-2					
出组	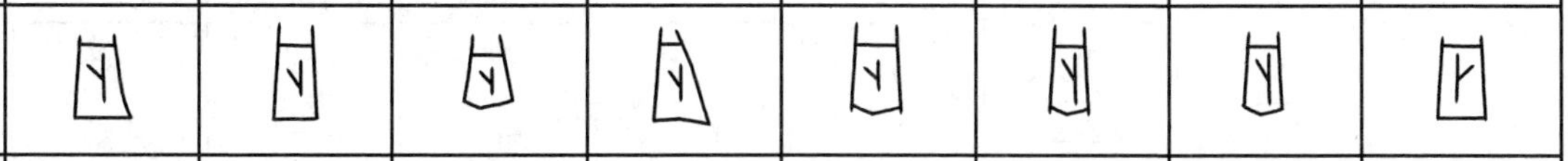 b07238	b07612	b08065	b08118	b08148	b08205	b08215	h22978

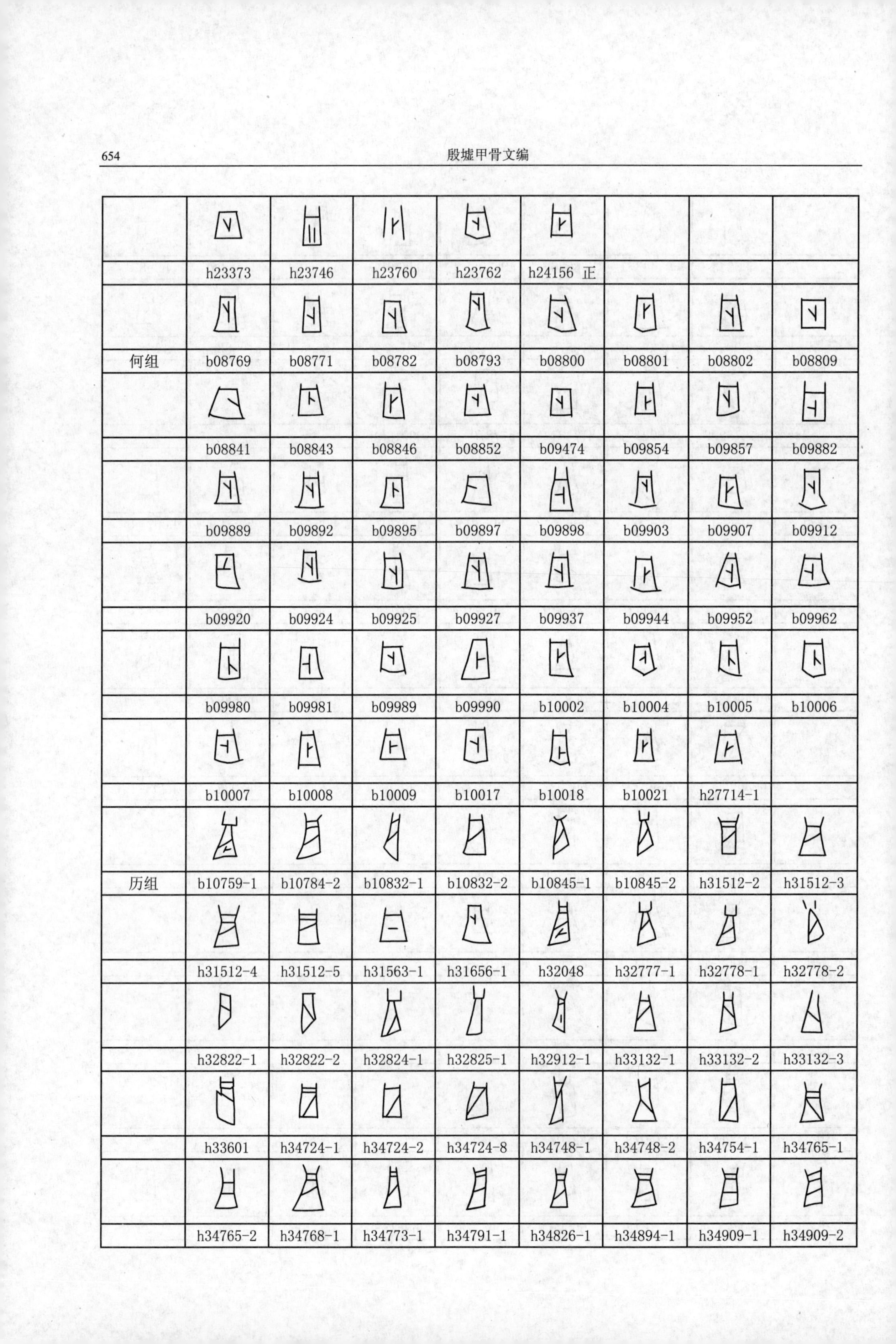

	h23373	h23746	h23760	h23762	h24156 正			
何组	b08769	b08771	b08782	b08793	b08800	b08801	b08802	b08809
	b08841	b08843	b08846	b08852	b09474	b09854	b09857	b09882
	b09889	b09892	b09895	b09897	b09898	b09903	b09907	b09912
	b09920	b09924	b09925	b09927	b09937	b09944	b09952	b09962
	b09980	b09981	b09989	b09990	b10002	b10004	b10005	b10006
	b10007	b10008	b10009	b10017	b10018	b10021	h27714-1	
历组	b10759-1	b10784-2	b10832-1	b10832-2	b10845-1	b10845-2	h31512-2	h31512-3
	h31512-4	h31512-5	h31563-1	h31656-1	h32048	h32777-1	h32778-1	h32778-2
	h32822-1	h32822-2	h32824-1	h32825-1	h32912-1	h33132-1	h33132-2	h33132-3
	h33601	h34724-1	h34724-2	h34724-8	h34748-1	h34748-2	h34754-1	h34765-1
	h34765-2	h34768-1	h34773-1	h34791-1	h34826-1	h34894-1	h34909-1	h34909-2

	h34919-1	h34922-1	h34948-2	h34948-3	h34991-08	h34991-09	h34991-10	h35052-1
	h35083-4	h35083-5	h41680	w01614-1	w01614-2	w01656	y02495-1	t04057-1
黄组	b10978	b12383	h35426	h36482	h37835	h39461-1		
历组	t02161	t03092-1	何组	t02568-1	t02599-2	t02599-3	t04063-1	t03575-1
		历组习刻	t04566-2		何组习刻	t02547		
宾组	t02688-1	t02688						
丙一	h22075							
黄组	b11274	b11347	b11349	b12195	b12597	b12831	b12917	d00869
	d00892	d00894	d00897	d00932 正	d00933	h35347-2	h35347	h35414
	h35421 正	h35426	h35527	h35529	h35534	h35576	h35582	h35585
	h35641-1	h35641	h35644-1	h35644	h35646 正	h35646 正	h35653	h35656
	h35700-1	h35700	h35741	h35756-1	h35756-2	h35756	h35888	h36203

	h36347	h36384	h36419	h36482	h36516	h36517	h36518	h36527
	h36556	h36558	h36593	h36609	h36620	h36734	h36789	h36824
	h36871-2	h36871	h36872	h36940	h36965	h36975	h36977	h37362
	h37364	h37372	h37433	h37462 正	h37462 正	h37473	h37489	h37601
	h37621	h37625	h37628	h37664	h37695	h37745	h37748	h37751
	h37756	h37758	h37765	h37767	h37809	h37828	h37846	h37852
	h37854	h37868	h37878	h37884-1	h37884	h37909	h37917-1	h37917
	h37935	h37936	h37953	h37964-1	h37964	h37973	h37975	h38289
	h38732	h39322-1	h39322	h39330	h39333	h39347	h39357	h39358
	h39360	h39363-1	h39364	h39370	h39372	h39373-2	h39380	h39385
	h39389	h39392	h39394-1	h39395	h39398	h39399	h39403	h41945
	h41955	y02633	s00394					

备								
宾组	d01066							
黄组	b11093	h36344	h36345	h36507	h36511	h36515	h36525	h36528 反
	h37835	h39461						
[illegible]								
宾组	h09389							
师组	H19875							
[illegible]								
历组	h31726							
[illegible]								
黄组	h35673							
[illegible]								
历组	h34890	h35024	t00930					
[illegible]								
宾组	b01077	b01174	b03901	b04022 正	b04023	b04633	b04638	b04712
	b05854	d00550 臼	h00097 正	h00098 正	h00099	h00223	h00595 正	h00667 反
	h00682 臼	h00709 正	h00709 正	h00709 正	h01578-2	h01677 反	h02663 正	h03175 正

	h03684	h04330-1	h04786-1	h04855-1	h04855	h05775 正	h05775 正	h08626
	h09650	h10936 正	h13696 正	h13865	h13868	h13869-2	h13870	h13871
	h13872	h13873	h13874 正乙	h1387 正甲	h13874 正甲	h13875	h13877	h13878
	h13880-1	h13880	h13883	h13884-1	h13886	h13887-1	h13888	h13890
	h13892-1	h13893	h13900 反	h13902	h13903	h13907	h13908	h13917
	h13918-1	h13920	h13921-1	h14199 正	h16494-1	h19700	w00684	y00130-1
	y00130	y00131	y01125	y01612				
师组	b06557	b06746	h21035	h21036-1	h21036	h21050	h21052	h21053
	h21055	w01520						
丙二	h22219							
出组	b06985	b07439	b07669	d00648	h22835	h22928	h23633	h24795
	h25553	h25687	h25758	h25804	h25805	h25806	h26404	h26749

何组	b09440	h26879	h26882					
历组	b10887	s00390						
呙								
宾组	h03236	h18837						
历组	h32770	t00912						
⿴囗占								
宾组	b00001	b00004 反	b01692 反	b01741 反	b02119 反	b02232 反	b02400 反	b03451 反
	b03693 反	b04031 正	b04043	b04061 正	b04887 反	b05504	b05506	b05507 反
	b05508	b05511 反	b05519 反	b05536 反	b05543	b05545	b05576	b05583 反
	b05588	h01248 正	w00053 反	100044 反				
⿴囗占								
师组	h21411							

占								
宾组	h03815							
师组	h19886	h20333	h21067	h21068	h21069			
子组	h21767							
何组	h28170	t03370	t04526					
卜								
宾组	b00001							
宾组	h18519							
宾组	h01108 反							
宾组	h07631							
宾组	h09376							
匚								
宾组	h01250							
师组	h19814							

何组	h27084							
匚								
宾组	h00150 正	h00150 正	h00418 正	h01115 正	h01286	h01432	h02061	h13557
	h14729 正	h15197	h15688					
出组	h23064	h24610	h25954					
历组	h32328	h32365	h32393	h32671	h33042	h34183	h34325	y02398
	y02423							
三报								
何组	h27083							
⿷匚示								
宾组	h01161							
⿷匚羊								
宾组	h00474	h15948	h15949	h18652	y00721			
宾组	h05712							
宾组	h13889							
宾组	h06717							

曲								
宾组	h01022 甲							
曲								
师组	h19852							
石								
宾组	h00284	h09552						
	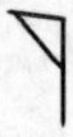							
师组	h21494							
		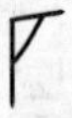						
何组	h28180	h30000						
石	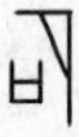	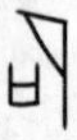						
宾组	b03029 丙	h16056 正	h06952 正					
		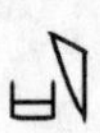		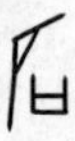	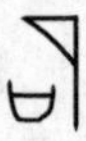	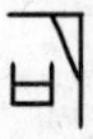		
丙一	h22048	h22050	h22069	h22092	h22093	h22094	h22105	
	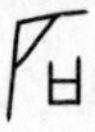							
历组	h31830							
祏	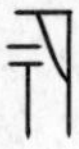	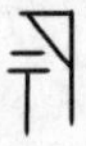	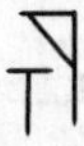		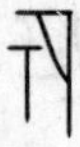			
宾组	b00016 正	h02020	h11236	h14685	h15704			

宾组	h08977 正	h18629 正						
司	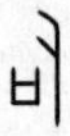		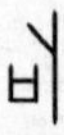		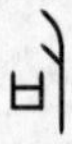	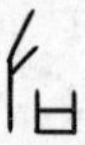		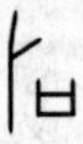
宾组	b01403	h0011 正甲	h00332	h01895	h06057 反	h09741 正	h09741 正	h10936 正
	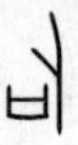	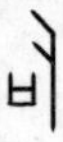						
	h15124	h19207						

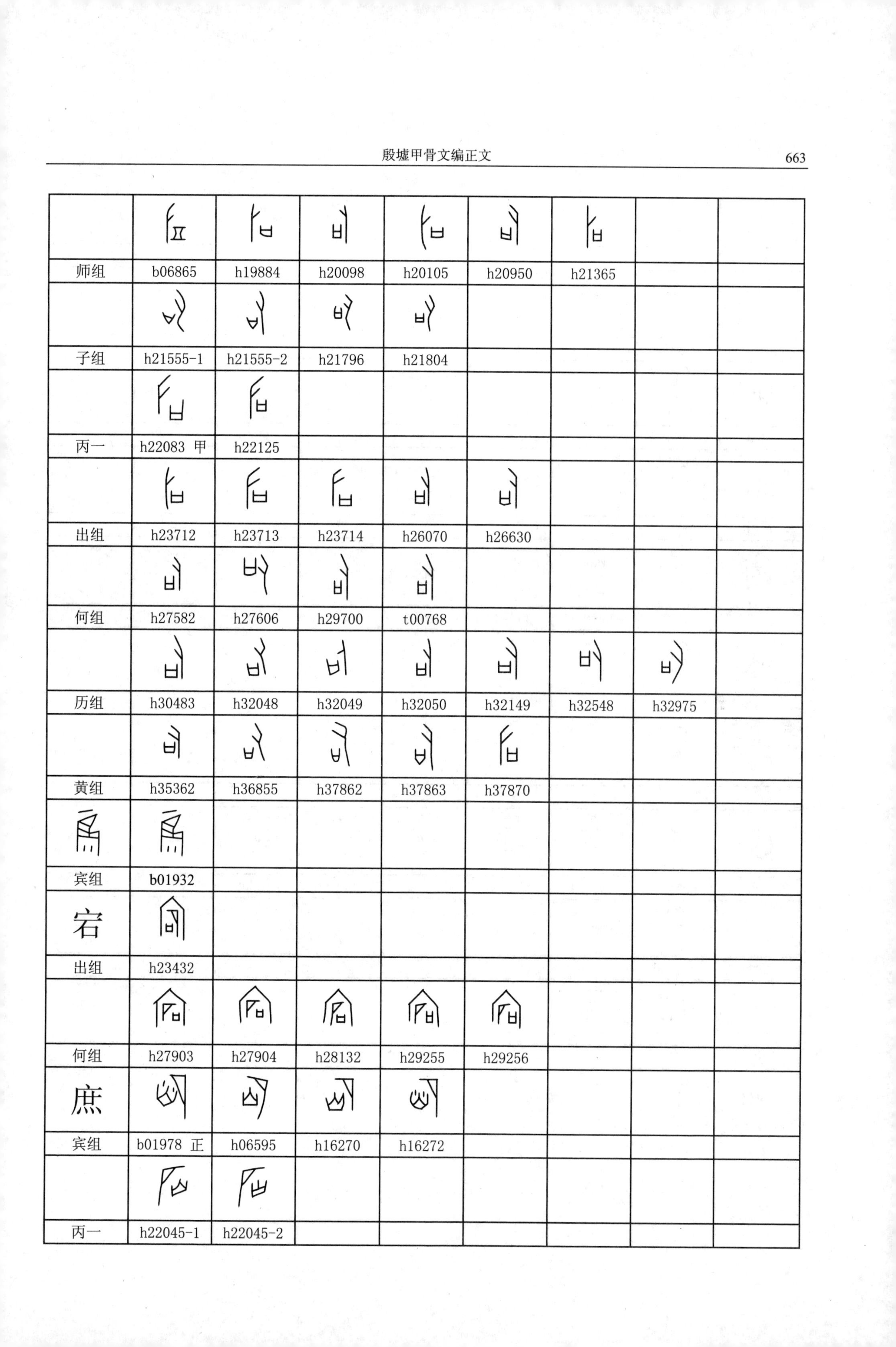

师组	b06865	h19884	h20098	h20105	h20950	h21365		
子组	h21555-1	h21555-2	h21796	h21804				
丙一	h22083 甲	h22125						
出组	h23712	h23713	h23714	h26070	h26630			
何组	h27582	h27606	h29700	t00768				
历组	h30483	h32048	h32049	h32050	h32149	h32548	h32975	
黄组	h35362	h36855	h37862	h37863	h37870			
宾组	b01932							
宕								
出组	h23432							
何组	h27903	h27904	h28132	h29255	h29256			
庶								
宾组	b01978 正	h06595	h16270	h16272				
丙一	h22045-1	h22045-2						

	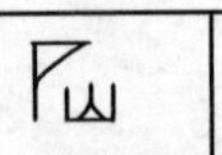							
历组	h30498							
庶	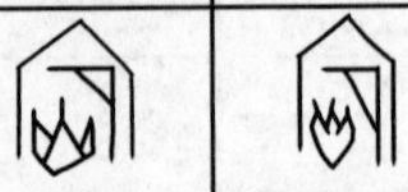							
宾组	h16271	h01515						
硪								
宾组	h10406 正							
姤								
宾组	h00282							
姛	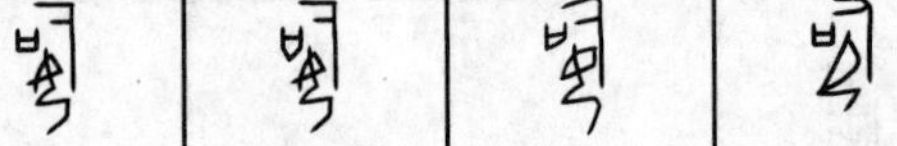							
黄组	h36175	h36176	h38729	h39454				
砅								
宾组	h39858-1							
肩								
黄组	h35501							
硊	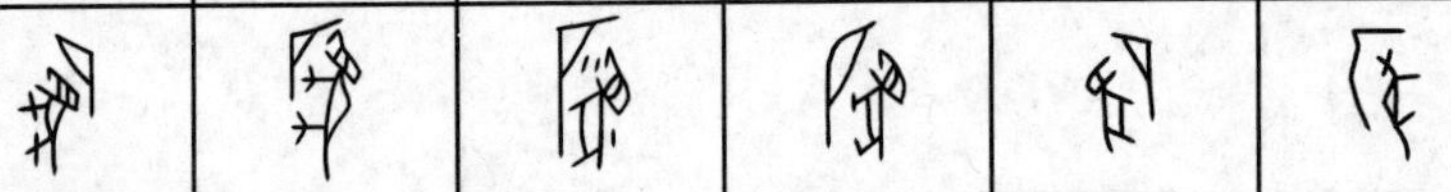							
宾组	h00420	h04594	h04595	h06662	h06663	h18308		

师组	y01846							
厚	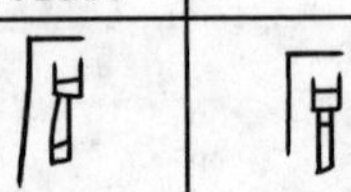							
历组	h34123	h34124						
砰	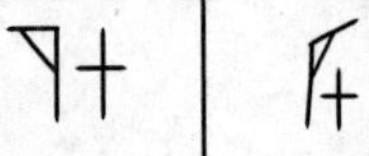							
午组	h21885	t02671						
	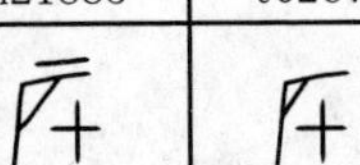							
丙一	h22044	h22116						

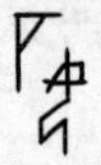

厗								
师组	h21073							
䂻								
宾组	h13641							

宾组	h18757							
謦								
历组	h33137							
謦								
历组	h33136							
謦								
师组	h20292							
砓								
出组	h25213							
䂞								
宾组	h06016 正							
䂞								
宾组	h17158	h18758	h19401					
㦸								
宾组	h19097							

何组	h27907	h28340	h28341	h28342-1	h28342	h28882	h28883	h28885

	h28886	h28888	h28889	h28890	h28891	h28892	h28893	h28895
	h28896	h28898	w01429	w01445	y02290			
历组	h33369	h33514	h33555	h33556				
黄组	h37405	h37416	h37421	h37433	h37548	h37558	h37622	h37730
	h37731	w01870	y02552					
何组	t00256	t00607	t02578	t02713	t02726-1	t02739		
䃂								
何组	h29343							
历组	h33557							
瞉								
黄组	h37729							
斯								
宾组	h18761							
何组	w01353							
斮								
宾组	h16411							

磬								
宾组	b03832	h00317	h00318	h01751	h07370	h08032	h08034	h08037
	h08038	h10500	h13405 正	h13507	h15807	h18759	h18760	
师组	h20588							
何组	y02293							
历组	h32262							
黄组	h37603	h37727	h37728					
磬								
何组	h28894							
声								
历组	h32926							
历组	t03551-1							
[illegible]								
何组	h27632							
声								
师组	h20082	h20153						
[illegible]								
何组	h28307 正							

宾组	w00851							
宾组	h09339							
何组	t02859-1							
[illegible]								
宾组	b01847 甲	b02203 正	b02207	b13135	h04210 正	h05766	h14211 反	h17361
	h17364 正	h18257						
师组	h20966	h21495						
何组	h28874	t00236-1	t00236-2					
历组	h31280	h31281	h31282	h34715-1	h34715	h34716 正	h34717-1	h34717-2
	h34718	h34719	h34720					
黄组	h36427	h36428-1	h36428-2	h36428	h36429-1	h36429	h36430-1	h36430-2
	h36430	h36431	h36432	h36433	h36434-3	h36434	h36435-1	h36435-2
	h36435	h36437-2	h36437-3	h36437	h36438	h36440	h36441	h36442

	h36443	h36445	h36446-1	h36446-2	h36447	h41749-1	h41749	h41750-1
	h41750	y02528-1	y02528					
历组	t00056-1	t00056		午组	t02672-1	t02672-2		
师组	h20966							
⿺辶屒								
黄组	h36426	h38177						
⿱林屒								
宾组	h09494	h14451		师组	h21486			
出组	h22610	h22636	h22718	h23174				
⿱艹屒								
宾组	h09492	h09493	h10474					
师组	h20624-1							
⿱林屒								
宾组	h10976 正							
⿱林屒								
宾组	h09477							

辱									
何组	t00125	t00474							
蓐									
宾组	h00583 反	h09497	h09498 反						
何组	t02061								
[illegible]									
宾组	h08612								
励									
师组	h21479								
亘									
宾组	b00267 反	b04017 臼	d00542 反	d00985	h00575	h07121 正	h07887	h08551	
	h10228 正	h14573 反	h16442	y00185 反					
丙一	h22099								
历组	h33179	h33180							
黄组	h36751								
宣									
何组	h28003	h28137	h30374						
[illegible]									
宾组	h04931	h12337		黄组	h39446				

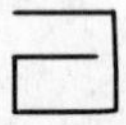

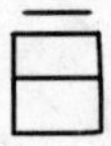

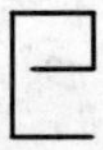

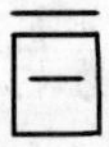

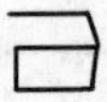

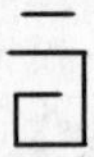

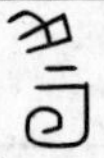

行								
宾组	b00273	b01110	b01245	b02433	b04233	h04898	h04903 反	h08985 正
	h09038							
师组	b06962 乙	h19755	h20610					
午组	h21901							
出组	b08613	h22760	h22883	h22899	h23019	h23738	h23740	h24276
	h24312	h24364 正	h25095					
何组	b10328	h26896	h27979	t02718				
历组	h33033	t00300						
徏								
黄组	H31876							
徏								
宾组	b00072	b00084	b00193	b00242	b00315	b00495 正	b01244 正甲	b01247 正
	b01597 正	b02259	b03023	b03193	b03778	b03780 正	b03782	b03785
	b03788	b03790	b03791	b03794	b03795	b03796	b04280 正	b04432

	b04435	b05696	b05897	b06525	b13145	h00006	h00190 正	h01419
	h02613	h03250	h04802	h05515	h05658 正	h07711 正	h08001 正	h09735
	h10610 正	h12576	h12758	h12762	h12763	h12769	h12770	h12774
	h12778	h12779	h12780 正	h12783	h12784	h12790	h12795	h12801 正
	h12804 反	h12947	h13132	h13737	h13868	h14692	h14838	h15046
	h15050	h15503	h15505	h15511	h16159 反	h16377	h17108	h17159 反
	h17177 正	h19220-1	h19313	h19338	h19507	h19590	h19591	w00956
师组	b06613	b06662	h19778	h19799	h19812 正	h19813 正	h19834	h20049
	h20070	h20158	h20162	h20165	h20197	h20256	h20326	h20363
	h20397	h20611	h20632	h20960	h21007 正	h21032	h21386	h21489
子组	h21759							
午组	h21911							

丙一	h22074	h22087 正	h22092					
丙二	h22246	h22264	h22274	h22280	h22322	h22387		
出组	b07005	b07249	b07467	b07468	b07480	b07535	b08652	b08759
	h22560	h22609	h22649	h22714	h22892	h22995	h22997	h22998
	h23006	h23081	h23231	h23326	h23685	h23687	h23689	h23798
	h24225	h24333	h24426	h24433	h24447	h24632	h24859	h24860
	h24861	h24863	h24880	h24925	h24957	h24980	h25930	h26285
	h41002	w01223						
何组	b09037	b09166	b09195	b09844	b13370	h27019	h27126	h27174
	h27259	h27302	h27333	h27346	h27347	h27355	h27363	h27367
	h27424	h27475	h27518	h27613	h27616	h27617	h27636	h28095
	h28233	h28246	h28330	h28342	h28575	h28602	h28611	h28786

	h28819	h29280	h30159	h30160	h30161	h30162	h30163	h30164
	h30166	h30269	h30345	h30373	t00765	t01934	t02091	
历组	b10620	h30714	h30727	h30770	h30771	h30773	h30774	h30785
	h30882	h31027	h31211	h31798	h31872	h31919	h31920	h32030
	h32107	h32113	h32114	h32138	h32258	h32259	h32316	h32454
	h32468-1	h32468	h32485	h32517	h32593	h32727	h32981-1	h32981
	h33009	h33033	h33214	h33215	h33216	h33309	h33359	h33422
	h33763	h33838	h33943-1	h33943	h34237	h34435	h34440	h34442
	h34476	h34477	h34676	h34701	h34712	h35279	h35317	
黄组	b11645	b11895	d00891	h35435	h36492	h36741	h37382	h38160
	h38177	h38179	h38181	h38182	h38184	h38185	h39433	
历组		t01116	t00451	t04031	t00784-1	t00784		

何组	t00323	t02276	t02600	t02697	t03393	t04035	100459	
後								
宾组	d00549 臼	h07383 臼	h10643 臼	h14807 臼	h17622 臼	h17623 臼		
⿰彳出								
宾组	b03928 反							
师组	h20048	h20157	h20165	h20416	h20556	h20750	h21276	h21287
	t04310							
⿰彳出								
师组	h20158	h20276						
佫								
何组	h27755 正							
历组	h31164-1	h31164-2	h31230					
黄组	h37386							
何组	s00191							
征								
历组	h31791							

㳂								
何组	h29417							
衎								
宾组	h03203	h03204	h05096 正	h07041				
师组	b06765							
丙二	h22170							
徏								
宾组	w01005							
师组	h20360							
衖								
宾组	b01474	b01475	b01476	b01477	h01202	h03202	h03490	h06893
	h06895	h06899	h19275 乙	18703	h03202-1			
衏								
宾组	h02910	h02911	h03205	h03207-1	h03208	h03209	h03210	h03212
衠								
宾组	h00013	h00555 反	h00555 正	h00555 正	h00651	h00948	h03482 正	h03482 正
	h05665	h05666 正	h05711	h05747	h06354 反	h07563	h07565 正	h07566
	h07567 正	h07569 正	h07570 反	h07571 正	h07572	h07573	h07888	h07889 正

	h09437 反	h09614	h17036 反	h18742	h39989			
师组	h21282							
出组	h40911							
何组	h27897							
历组	h30602	h32229	h32999	t02933				
徬								
宾组	b02202							
何组	h27826 正							
[illegible]								
历组	h33001							
[illegible]								
宾组	h10060							
师组	h20549							
衛								
宾组	b05588							

出组	h23676							
何组	h26888	h27941	h27991	h28009	h28012	h28057	h28059	h28060
	h28061	h28062	y02283	t00728-2	t00728	t03666		
历组	h32937	t04521						
衎								
宾组	h00556 反	h00916 反	h16825 正	h18700	y00782 反			
彷								
宾组	h04760	h08964						
何组	h27943							
历组	t00756							
迈								
历组	h33235	h34530	t00547	t00756				
衛								
师组	h20072-1	h20072-2	h20502	h20503	h20504			

衜								
宾组	h04923							

师组	h19936	h20020	h20950	h20951	h21042	h21282		

历组	h33389		何组	t01008				
衛								
师组	h19957 正	h19957 正						
衛								
师组	h19852	h19971	h20074-1	h20741				

子组	h21744							
衞								
宾组	h06344	h06345	h06346	h06347-2	h06347	h06348	h06349	h06350

	h06351	h06388	h06454	h39875				
衞								
宾组	h07210	h07211						
衛								
历组	h32616							
䘙								
何组	h28063							

⿴行兟								
宾组	h18696							
⿰彳兟								
宾组	h02942							
⿰彳先								
宾组	h00158							
⿰彳匋								
宾组	h09233 正							
⿺辶弋								
何组	b09846	h28001	h28751	h28752	h28754	h28757	h28758	h28759
	h28760	h28762	h28764	h28766	h28769	h28905	h28911	h28912
	h28915	h28917	h28921	h28924	h28940	h28943	h28947	h28950
	h28959	h28961	h28962	h29011	h29015	h29017	h29020	h29027
	h29028	h29029	h29030	h29031	h29034	h29035	h29042	h29053
	h29115	h30251	h41362	100570	t00205	t02163	t03721	
历组	h31057	h31229	h34071					

黄组	b13429	h36398	h36403	h36415				
𨑨								
黄组	d00937	h36370	h36394	h36395	h36396	h36397	h36399	h36400
	h36402-1	h36402	h36407	h36408	h36411	h36414	h36415-1	h36426
	h36549	h36557	h36559-1	h36559-2	h36566	h36568-2	h36568	h36569
	h36571	h36582	h36591	h36593	h36594	h36595	h36596	h36599
	h36603	h36604	h36631	h36639	h36644	h36645	h36646	h36650
	h36652	h36653	h36654	h36657	h36664	h36665	h36667	h36668
	h36672	h36675	h36680	h36683	h36685	h36686	h36692	h36699
	h36704	h36708	h36709	h36711	h36712	h36718	h36724	h36725
	h36728	h36733	h36734-2	h36755	h36756	h36759	h36776	h36804
	h36834	h36938	h36944	h36963	h37386	h37411	h37413 正	h37446

	h37637	h37718	h37822	h38106	h41760-1	h41760	w01858	y02556-1
	y02556-2	y02556	y02557-1	y02557	y02558			
迖 历组	t00056	t01074						
代 黄组	h36632							
代 黄组	h36619							
代 黄组	h36562							
代 何组	t00598							
何组	h26992							
历组	h31950							
宾组	h08039		出组	s00055				
逞 宾组	h00095							
何组	h27041-1	h27041	h27073	h27088	h27094	h27107	h27635	

历组	h30640	h30811						
何组	t00348	t03165						
壼								
历组	h30499							
永								
宾组	b00046	b01135	b04832	d00999	h00113 正甲	h00178	h00248 正	h00248 正
	h00390 正	h00555 正	h00623	h00656 正	h01006 正	h01076 正乙	h01076 正甲	h01611 反
	h01898 正	h0223 反甲	h02422	h03297 正	h03333	h03805 正	h03886 正	h03895 正
	h03898 正	h04849 正	h05056 臼	h05444	h05618	h06058 正	h07160 正	h08658
	h09018	h09233 正	h09645	h10845 正	h12898 正	h13262	h16360 反	h17440
	h17628 臼	h18911 反						
师组	h21381							
出组	h23439	h23671	h23782					
何组	h29361							

历组	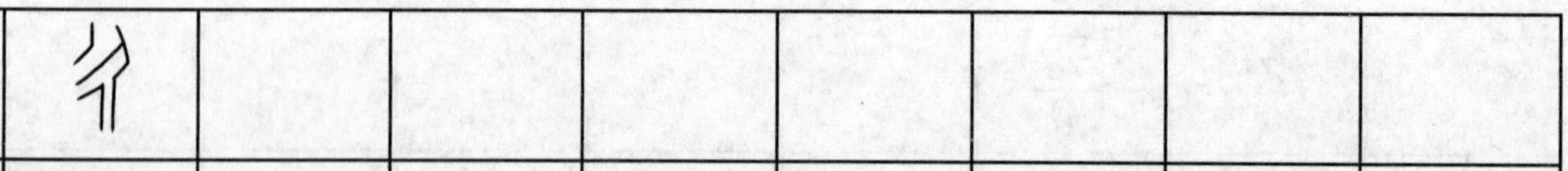 h32112							
黄组	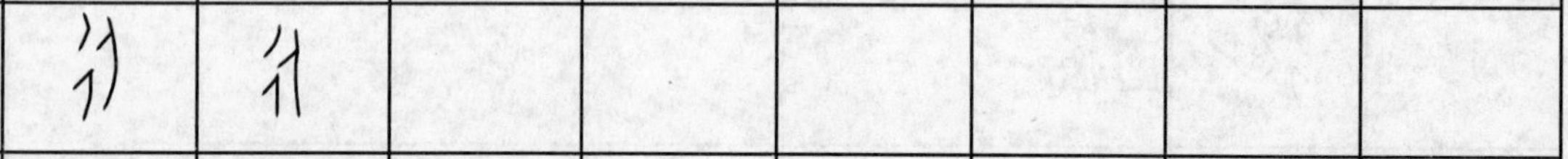 h36484	y02562 正						
何组	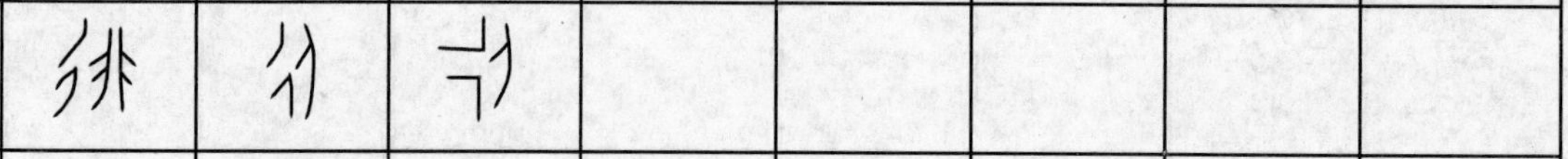 t00815	t00873	t02341					
永	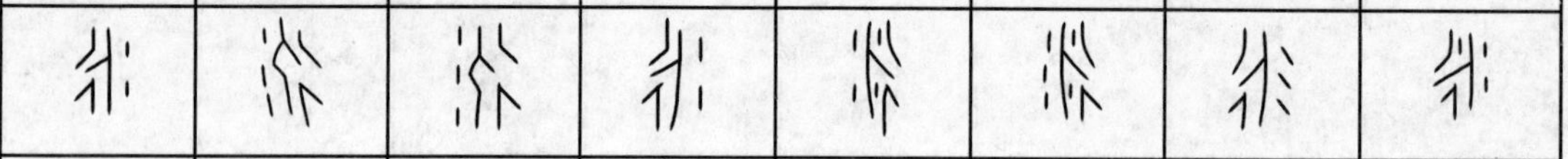							
宾组	b02790	h00563-1	h00563	h03176	h03753 反	h03753 正	h041875	h04912
	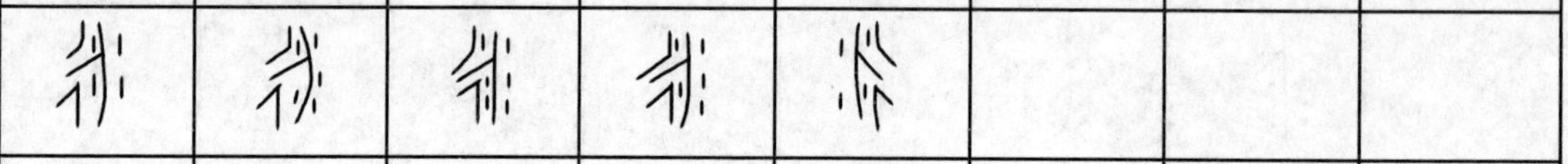 h04913	h06051	h09476	h09477	h19600			
出组	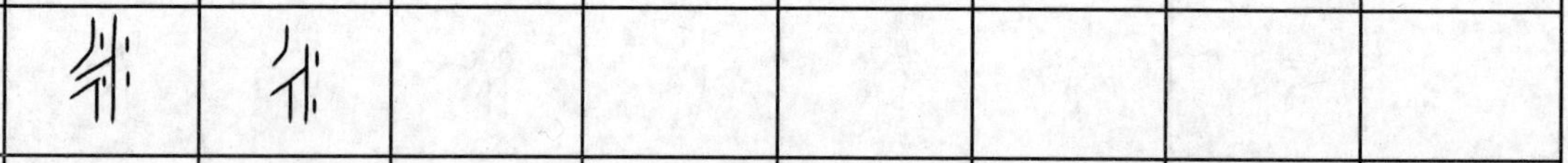 h23663	h25632						
何组	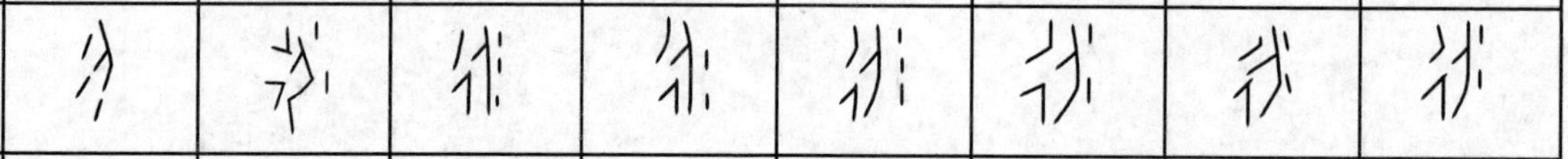 b10204	h27740	h27827	h28679	h28726	h29406	h30085	h30122
	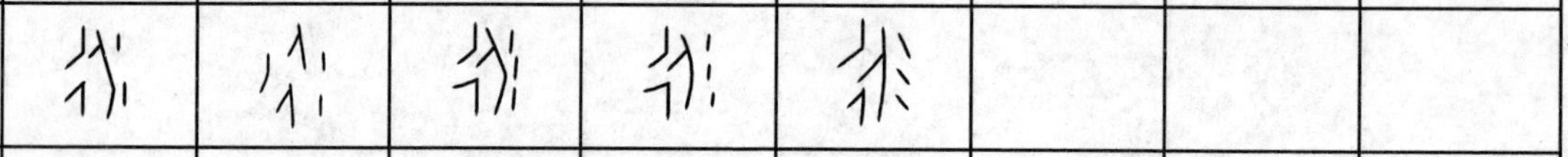 w01432	y02396	t00786	t04033	t01835			
历组	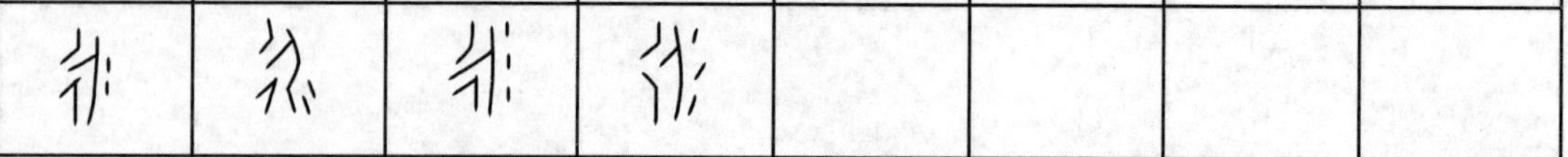 h30809	h31899	h32297	h32983				
黄组	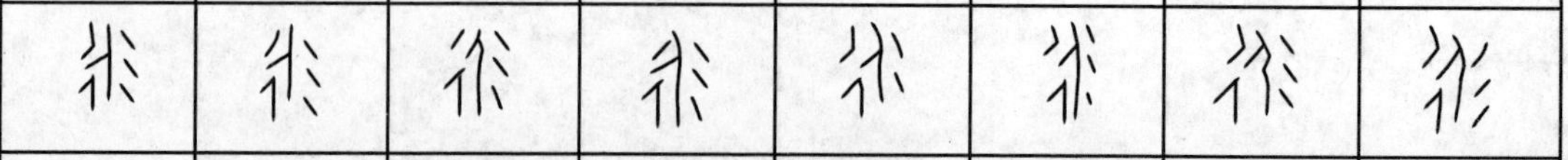 b10951	b11003 甲	d00809-1	d00809	h35362	h35658	h35751	h36180
	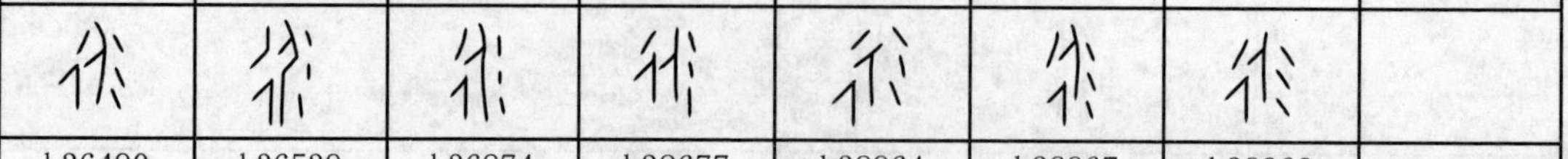 h36490	h36539	h36874	h38677	h38964	h38967	h38969	
历组	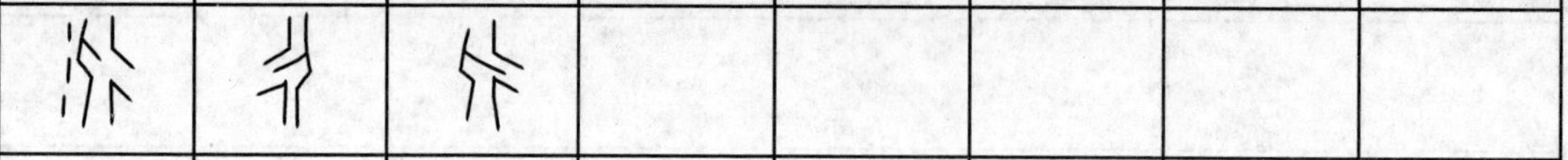 t00149	t00723	t03099					

永								
宾组	h00239							
永								
宾组	h17974							

出组	h23666							

何组	h27310	h27899	h28496	h28712	h28714	h28800	h28842	h29026

	h29155	h29239 甲	h29264	h29388	h30169			

历组	h31678 正	h31898	h33189	h33190				

何组	t00670	t02686	t02851	t04562				
永								
宾组	h03594-1	h03594	h12342-1	h12342				

何组	b10355	h26905	h27914	t01092	t04197			
⿱永止								
何组	t00667							
⿰王永								
何组	h28011	h29084						

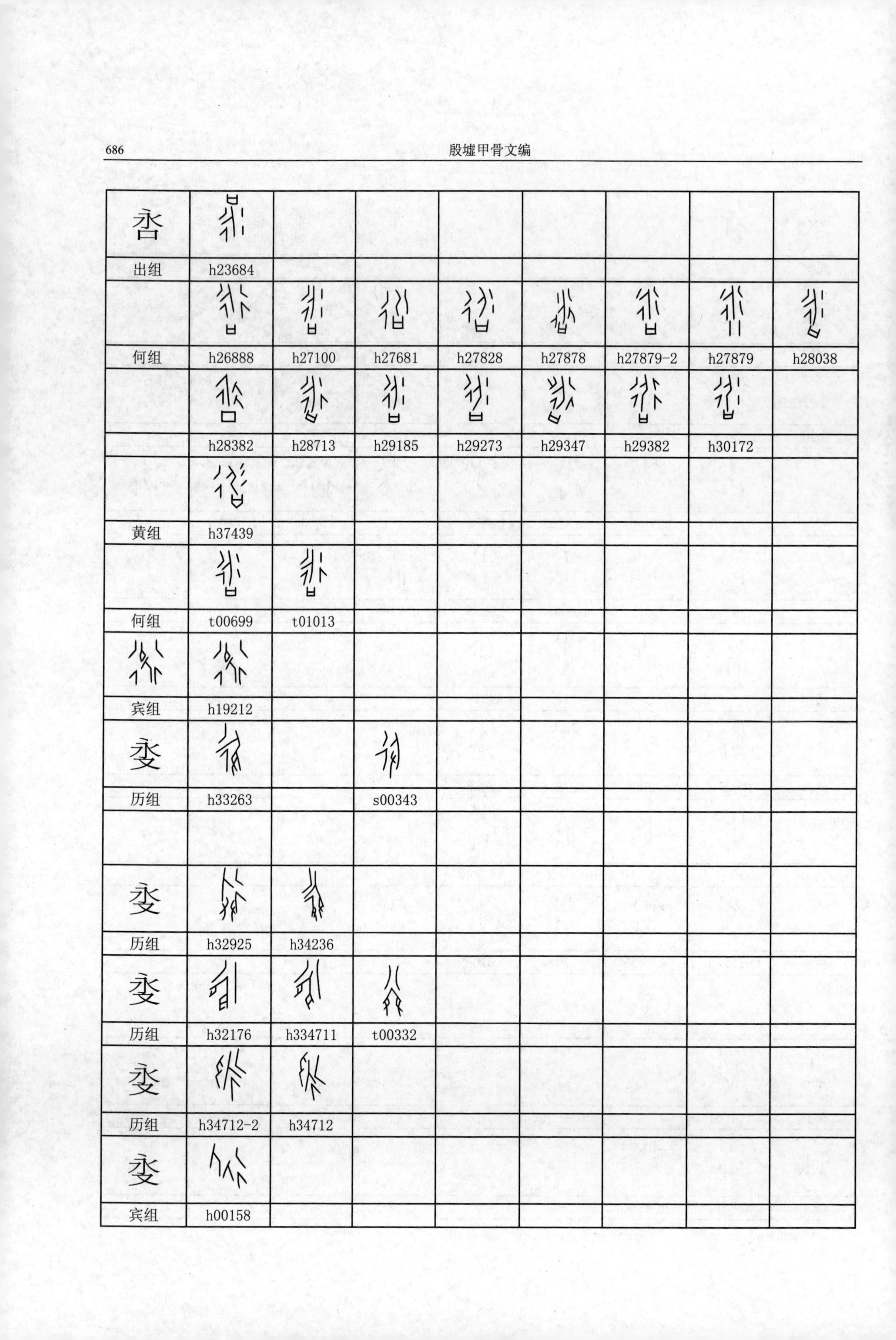

杏								
出组	h23684							
何组	h26888	h27100	h27681	h27828	h27878	h27879-2	h27879	h28038
	h28382	h28713	h29185	h29273	h29347	h29382	h30172	
黄组	h37439							
何组	t00699	t01013						
宾组	h19212							
夌								
历组	h33263		s00343					
夌								
历组	h32925	h34236						
夌								
历组	h32176	h334711	t00332					
夌								
历组	h34712-2	h34712						
夌								
宾组	h00158							

彸								
何组	h27435-1	h27435-2						
⿰彳从								
宾组	h05716							
⿰彳人								
宾组	h08940							
⿰彳企								
历组	h32256							
⿰彳亍								
宾组	h04909 正	h04910						

何组	y02262							
⿰克永								
宾组	b00523 正	d00590	h00006	h0058 正甲	h03317 反	h04587	h04590	h04591

	h04592	h05708 正	h05709 正	h08968 正	h09050 正	h09818	h11446	h11448

	w00338							

历组	t02150							

何组	h29084							
⿰彳克								
出组	b08585							

[illegible]								
宾组	h05922	h17213	h40732					
[illegible]								
历组	t01035-1							
[illegible]								
宾组	h14496							
[illegible]								
历组	t01111							
徲								
宾组	h14912	h14913						
何组	h27800	h27972	h28089 正	h28202	w01467	t02986		
历组	h30825	h31676	t03038					
黄组	h36824							
[illegible]								
师组	h21295							
彶								
子组	h21595	h21653						
[illegible]								
历组	h34219							

历组	h31030							
伏								
丙二	h22303							

师组	h21099							
达								
何组	h27745							
徯								
宾组	h04450	h04451						
[illegible]								
宾组	y00335							
[illegible]								
宾组	h12532 正							

黄组	b12720-2	b12720	b12939	h35402	h35588-2	h35588	h35657	h35749

	h35758	h35891-2	h35891	h35950	h38947	h38949	h38951	h38963

	y02643							

宾组	h09575							
[illegible]								
师组	h20207							

衎								
宾组	h18701							
何组	h30330							
历组	t00038							
䘖								
宾组	h06158	h06760	h06761	h08189	h13911			
何组	h27972							
⿱⿰彳卩土								
何组	h28013							
历组	h30525							
黄组	y02523							
⿴行丰								
宾组	h16229							
遨								
宾组	h07343							
⿰彳夅								
何组	w01341							
历组	h31487	h31488	h31612					

⿰彳夅								
何组	w01333							
宾组	h16486							
⿰彳光								
历组	h32670							
⿴行午								
师组	h20306							
徉								
历组	h33705							
⿴行羊								
宾组	h08120	h09609-1						
历组	h33173							
⿰彳羍								
宾组	h02658	h05111	h05933	h07861	h08209			
出组	h23674							
何组	h27237							
历组	h33916							
逹								
历组	y02411	t00725						

⿺辶垂								
 历组	 h31792							

黄组	h36824							

何组	t00278							
 ⿺辶垂								
宾组	h18277							
 ⿺辶垂								
何组	h29092							

历组	t01049							

宾组	h00667 正	h18276						

何组	h28034							

历组	t02845							

何组	h28011							
 ⿺辶至								
宾组	h00296							

⿺辶夭								
何组	h29715							
⿰彳关								
何组	h27944							
⿰彳用								
师组	b06664 正	h19834	h20510	h20511-1	h20511-2	h20512	h20516	h20517-1
	h20518	h20519	h20520	h20522	t02659	t03604	t04516	
丙二	h22421 反	h22422						
历组	h33199	t04566						
⿺辶用								
师组	h20521	h20523	t03568					
历组	h31793							
历组	h31072							
⿺辶合								
出组	h22606	h24267	h24269					

黄组	h35965	h36518	h36836					
[illegible]								
何组	b09071	b09231	h28789	h28790	h29233	h29283	h29284	h29285
	h29287	h29288	h41360					
历组	h33560							
何组	t00897	t02326	t02395	t02851	t03230	t04334		
沓								
何组	h28789-2	h28789	h28982	t02579				
[illegible]								
师组	b06822	b06830	h40882					
子组	d00960 正	h21526	h21567	h21580	h21607	h21617	h21618	h21621
	h21633	h21635-1	h21635-2	h21662	h21709	h21717	h21721	h21725
	h21727-2	h21727	h21734-1	h21734-2	h21735	h21744	h21795	h21840 乙
	h21840 甲	y01896	y01897					

丙二	h22430							
黄组	w01669							
⿰彳川								
师组	h19967	h20762	h21096	h21156	h21221			
邀								
宾组	h05899							
⿴行由								
历组	h33086	t01074						
⿴行由								
历组	h32883							
⿴行由								
宾组	h18697							
⿴行由								
宾组	h09653							
历组	h32873	h33149						
⿰彳亶								
宾组	h18702							
宾组	h19670							

宾组	h18742							
师组	y01841							
衎								
宾组	b05121 正	h06949 正	h18699					
宾组	h01095	h18707						
徚								
宾组	h00006							
⿰彳它								
丙二	h22258							
徦								
宾组	h10739-1	h10739-2	h17857					
子组	h21586							
⿰彳寅								
宾组	b06390	b06401	h03139	h03141	h03146	h03155		
⿰彳朱								
宾组	h18705							
宾组	h09168							
宾组	h13676 反							

律								
宾组	w00827-1	w00827-2						
何组	b09632	h28953						
建								
子组	h21667							
历组	t00119							
黄组	h39451							
⿺辶乙								
何组	h29417							
黄组	h36417							
⿰彳由								
出组	h24550							
师组	h20167	h20495	h21518					
⿰彳戠								
历组	h30721							
⿰彳衣								
宾组	h08277							
何组	b10395-1							

远								
何组	h28705	t03759						
远								
何组	t02061-1							
远								
何组	t02061-1							
宾组	h18708							
宾组	h04908							
[illegible]								
黄组	h36345-1	h36528 反						
历组	b10491							
[illegible]								
师组	h21013							
出组	h24892							
宾组	h09671 反							
黄组	h36988							

[illegible]								
黄组	h36904	h36914	h36916					
宾组	h06033 正							
徎								
宾组	h00079	h18732						
[illegible]								
宾组	b01395	d00403	h00256 正	h00627	h03795	h03904	h04367-2	h04367-3
	h04368	h04370	h04371	h04372	h04373	h04375	h04377	h05835
	h08111	h08848	h09051-1	h09052	h09054 反	h09055	h10042	h10140
	h10261	h10262	h10853	h10854	h11421 正	y00336 正	100182	
[illegible]								
宾组	h09053 正							
宾组	h18695							
[illegible]								
黄组	h37517							
[illegible]								
出组	y01995							

徃								
黄组	h35351							
⿴行冈								
宾组	h18766							
丙一	h22077							
⿰彳由								
宾组	d00371	d00372	h00032 正	h00032 正	h00559 正	h00588 反	h00659	h00710
	h00766 正	h01752	h02500 反	h04001 反	h05146	h05479	h05533	h06209
	h06280	h06389	h06394	h06395	h06398	h07226	h07229	h07231
	h07241	h07244	h07247	h07249	h07251	h07254	h07258	h07259
	h07260	h07262	h07263	h07264 正	h07265	h07266	h07267 正	h07269 正
	h07274 正	h09848	h10104	h14161 正	h18974	h19132	w00450	100265
师组	h20068	h20455	h20540	h20542	h20544	h20545	h20546	h20547
	y01777	y01867						
丙一	h22114							

出组	h24900	h25031	h26092					
何组	h28058							
⿰彳㬎								
宾组	h16120							
⿰彳單								
师组	h21457							
⿰彳單								
何组	h28145							
⿰彳丑								
历组	t03084							
⿰彳貞								
宾组	h00120							
宾组	h05657							
遠								
何组	h28190							
师组	h20607							
⿰彳爰								
宾组	h13544							

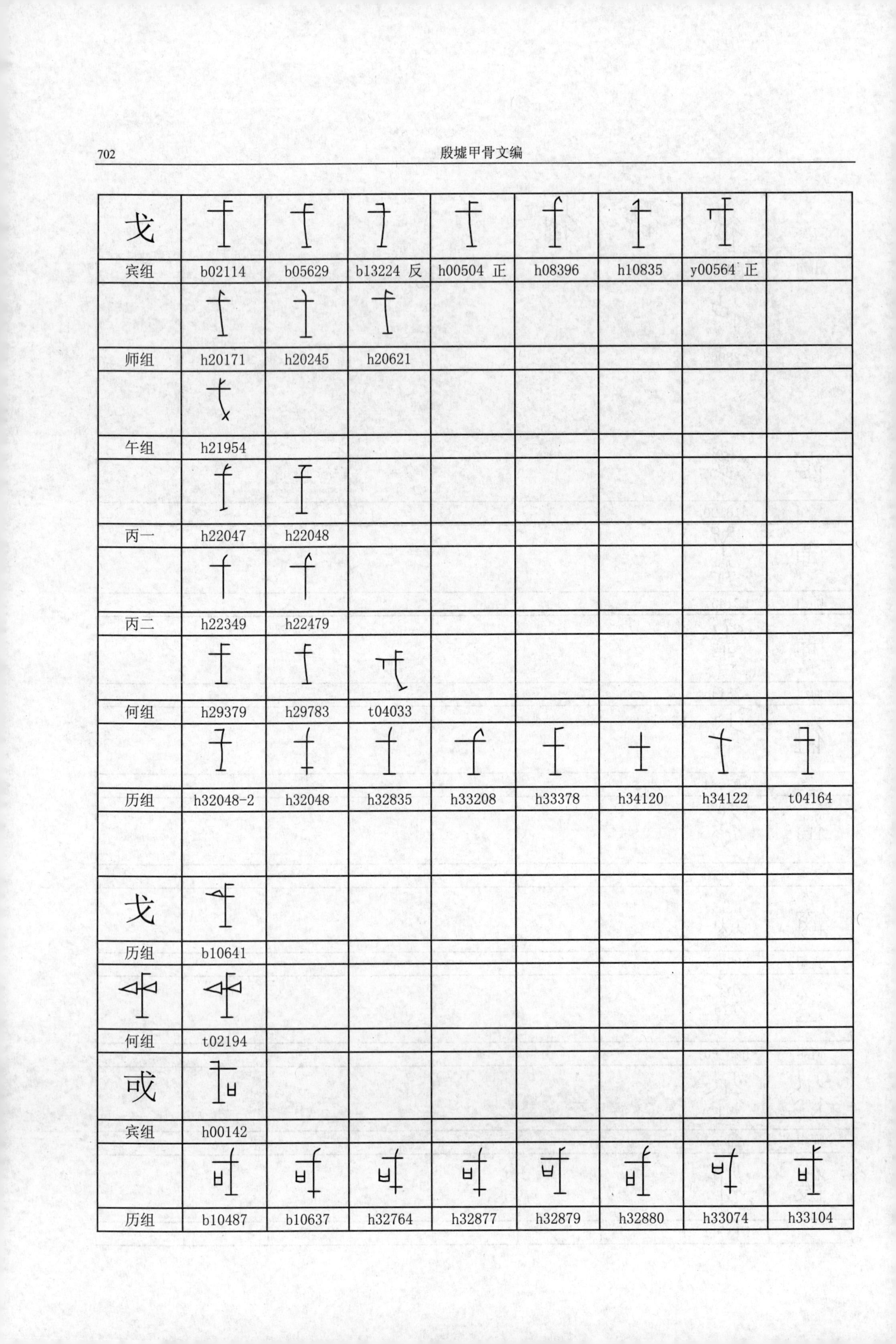

戈							
宾组	b02114	b05629	b13224 反	h00504 正	h08396	h10835	y00564 正	
师组	h20171	h20245	h20621					
午组	h21954							
丙一	h22047	h22048						
丙二	h22349	h22479						
何组	h29379	h29783	t04033					
历组	h32048-2	h32048	h32835	h33208	h33378	h34120	h34122	t04164
戈								
历组	b10641							
何组	t02194							
戓								
宾组	h00142							
历组	b10487	b10637	h32764	h32877	h32879	h32880	h33074	h33104

	h33105	h33112	w01637	t00019				
丙二	h22191							
宾组	b02152	b06046	b06421 正	h00008	h00076	h05685 反	h05825	h08916 反
	h11403	h12860	h14129 反	h19139 甲				
何组	h27370							
何组	h29693							
历组	t01049							
宾组	h03130							
子组	h21541							
宾组	h18232 反	y01401						
宾组	y00023 正							

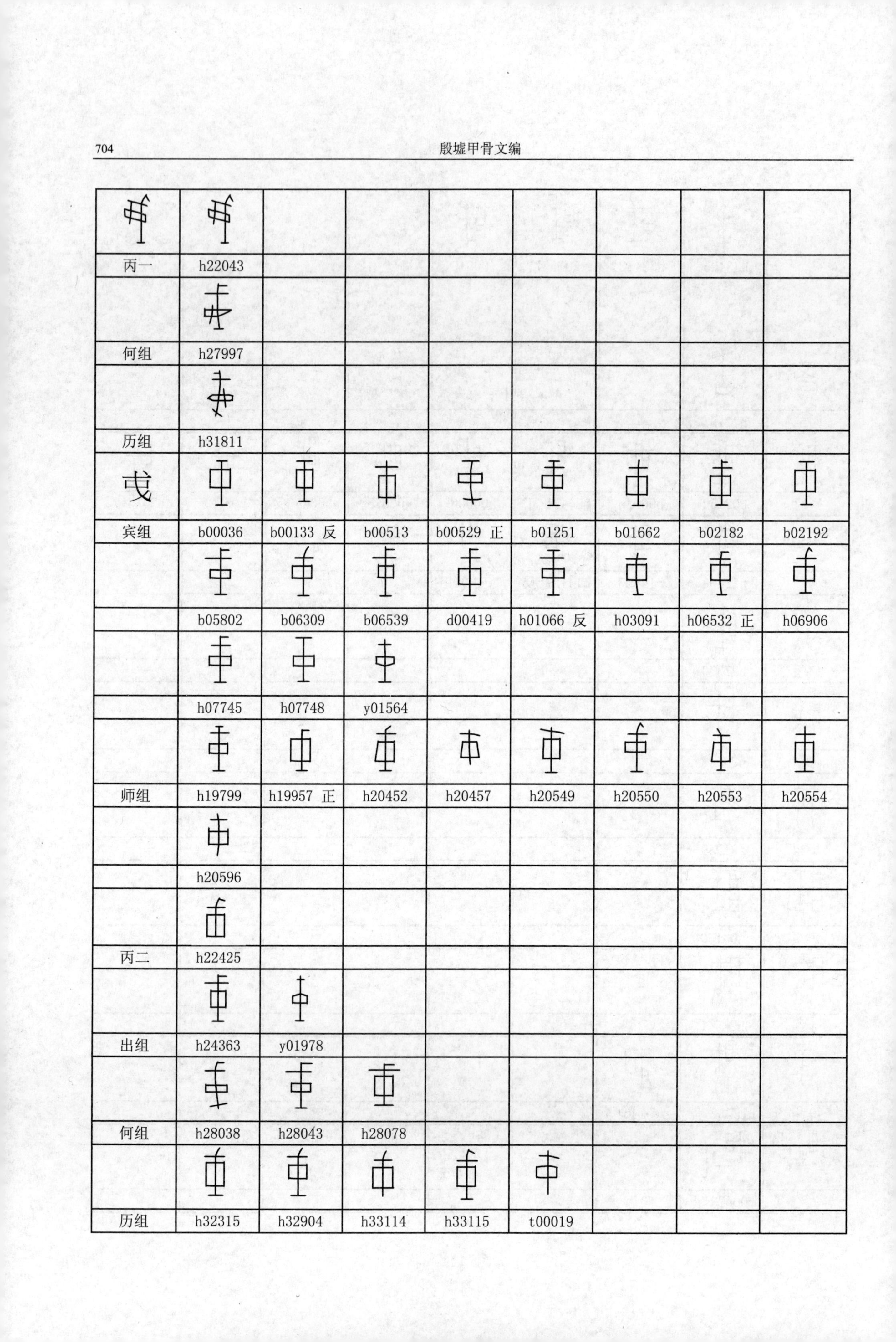

丙一	h22043							
何组	h27997							
历组	h31811							
戋								
宾组	b00036	b00133 反	b00513	b00529 正	b01251	b01662	b02182	b02192
	b05802	b06309	b06539	d00419	h01066 反	h03091	h06532 正	h06906
	h07745	h07748	y01564					
师组	h19799	h19957 正	h20452	h20457	h20549	h20550	h20553	h20554
	h20596							
丙二	h22425							
出组	h24363	y01978						
何组	h28038	h28043	h28078					
历组	h32315	h32904	h33114	h33115	t00019			

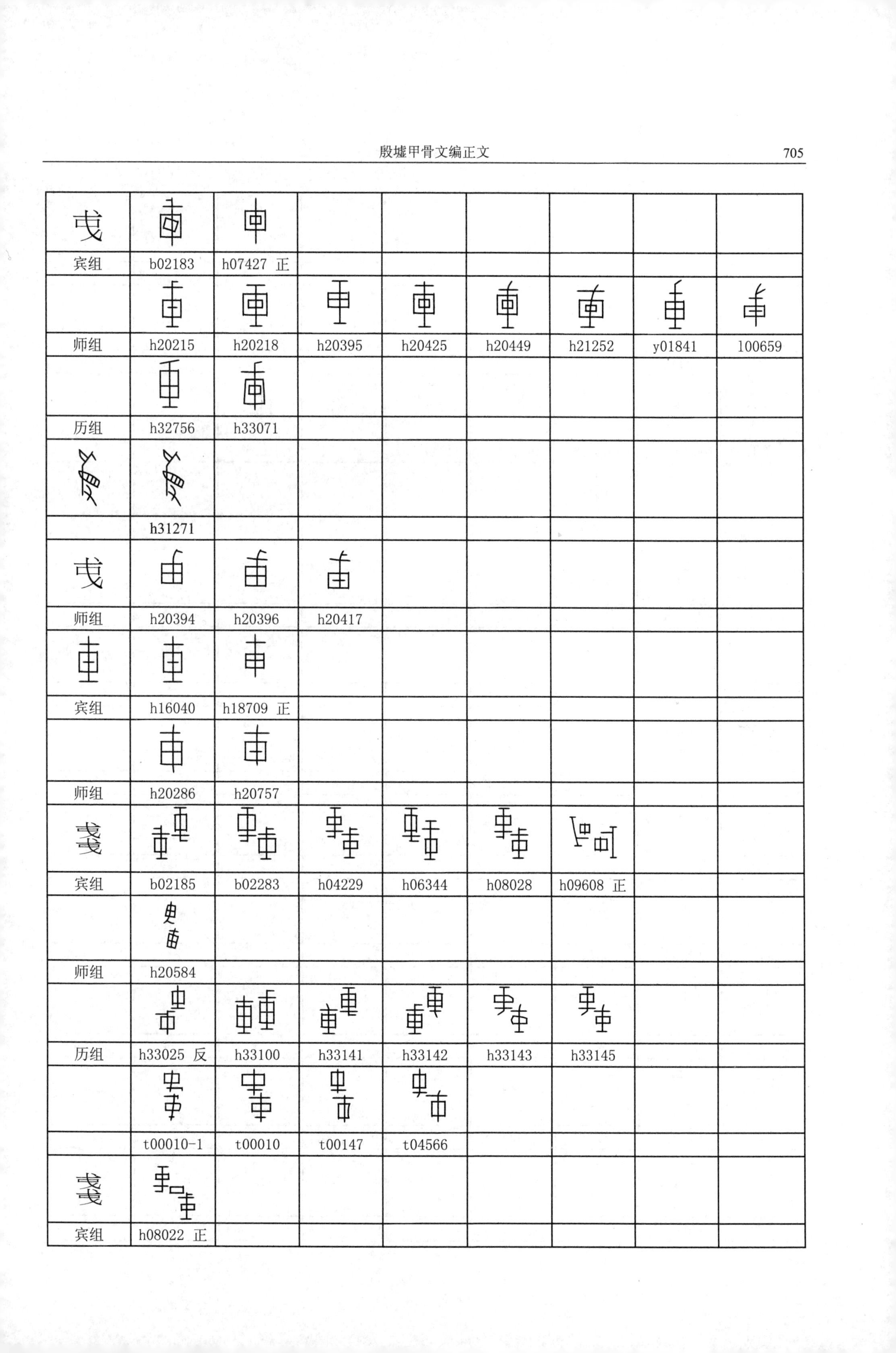

宾组	b02183	h07427 正						
师组	h20215	h20218	h20395	h20425	h20449	h21252	y01841	100659
历组	h32756	h33071						
	h31271							
师组	h20394	h20396	h20417					
宾组	h16040	h18709 正						
师组	h20286	h20757						
宾组	b02185	b02283	h04229	h06344	h08028	h09608 正		
师组	h20584							
历组	h33025 反	h33100	h33141	h33142	h33143	h33145		
	t00010-1	t00010	t00147	t04566				
宾组	h08022 正							

出组	h24425							
出组	h24426							
宾组	b05107 正	h02475	h04934	h06971	h10514	h16347		
师组	h19946 正	h20297						
子组	h21659							
历组	h33986							
宾组	h03355 正							
宾组	b02246	h06973						
宾组	h03354	h03356						
师组	h20135							
师组	b06875	h21242	t02691					
宾组	h07986 反							

历组	h33780							
宾组	d01067	h02516	h04947	h04950	h09801			
宾组	h18843							
宾组	h04938	h04940	h09081	h10718				
宾组	y01037							
丙二	h22349							
宾组	h04937	y00412						
伐								
宾组	b00183	b00390	b00675	b01178	b01768	b01838	b01884	b02133
	b04393	b05536 正	h00542	h00888	h00955	h00958	h00990	h01016
	h06209	h06274	h06498	h06499	h06543	h06559	h06564	h06618 正
	h06628	h06827 正	h07230					
师组	b06550	b06717	b06925	h19796	h19798	h19907	h19957 正	h20399

	h20400	h20505	h20565	y01868	t04242			
午组	h21914							
丙二	h22136	h22154	h22178	h22231				
出组	b07574	h22549	h22567					
何组	b08972	b09365	b10374	h26999	h27002	h27003	h27005	h27010
	h27882	h28065						
历组	b10441	b10524	b10701	h32053	h32068	h32080	h32103	h32114
	h32149	h32175	h32237	h32240	h32257	h32264	h32279	h33020
	h33069	h33085	h33692	h34050	t02200			
黄组	b11024	b11235	b11889	b11890	h36182			
伐								
宾组	b02125 正	h01040	h02653	h03852	h05501	h07608		

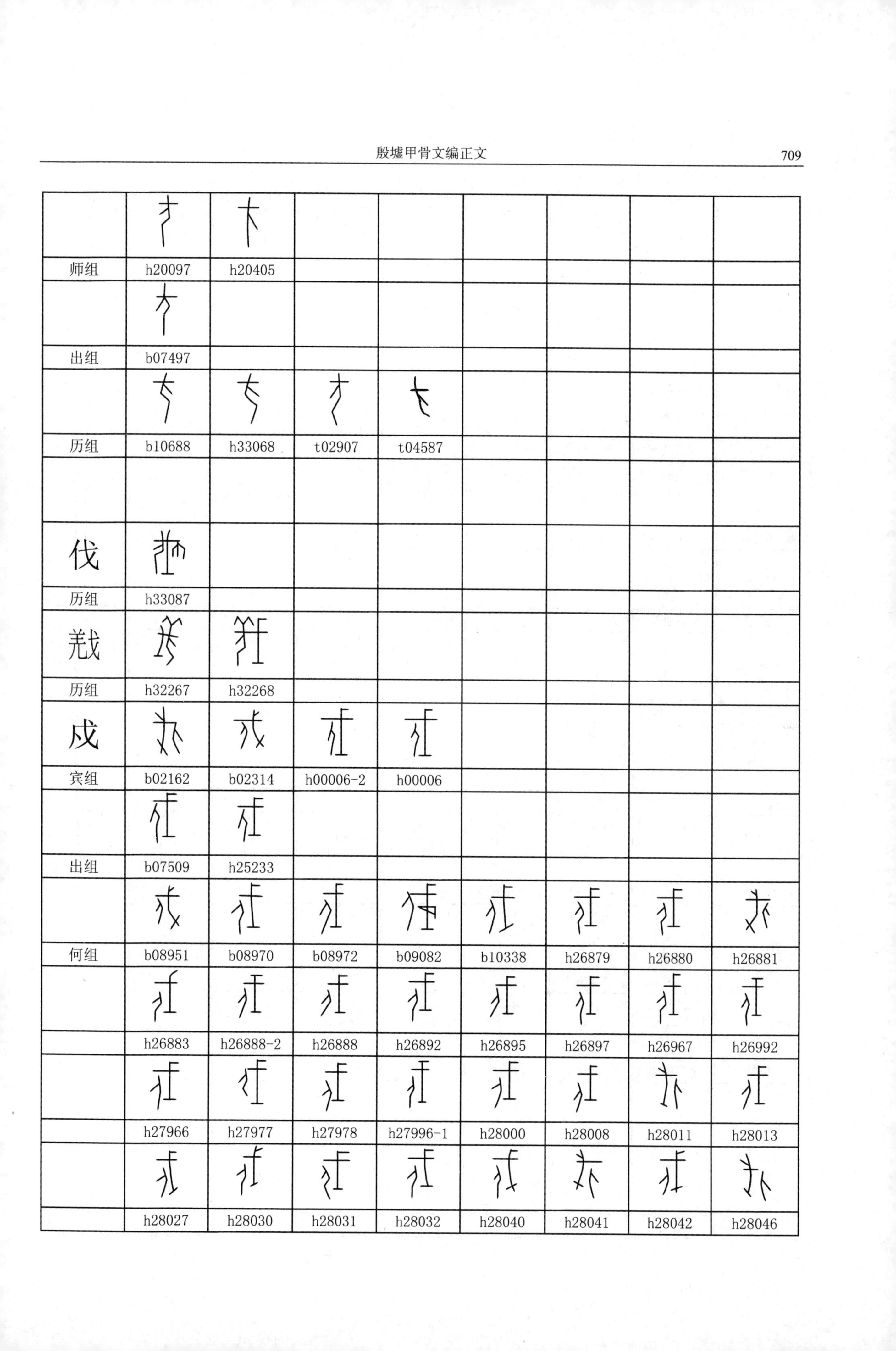

师组	h20097	h20405						
出组	b07497							
历组	b10688	h33068	t02907	t04587				
伐								
历组	h33087							
⿰羌戈								
历组	h32267	h32268						
戍								
宾组	b02162	b02314	h00006-2	h00006				
出组	b07509	h25233						
何组	b08951	b08970	b08972	b09082	b10338	h26879	h26880	h26881
	h26883	h26888-2	h26888	h26892	h26895	h26897	h26967	h26992
	h27966	h27977	h27978	h27996-1	h28000	h28008	h28011	h28013
	h28027	h28030	h28031	h28032	h28040	h28041	h28042	h28046

	h28047	h28049	h28050	h28051	h28052	h28053	h28055	h28056
	h28058	h28180	h29716	h30028	w01312			
黄组	h35395							
何组	100554	100556	t02320	t02651				
戍								
黄组	h38763							
戒								
师组	h21446							
𢦏								
师组	h20470	h20491						
㦰								
宾组	b01249	b01989	h00096-2	h00096	h01086 正	h04763	h04765	h04766
	h04767	h04768	h04770					
历组	h31984	h32033	h32886	h32920	t02332			
[illegible]								
黄组	h39426							

戠							
宾组	b00953 正	h00477	h01450	h03735 正	h04158	h04899	h05068	h05948
	h07265	h07266	h08105 正	h13079	h13516	h15401	h16098	
师组	b06791	h19771	h20036	h20178	h20235	h20307	h20346 正	h20870
	h21245							
子组	h21727							
丙二	h22475							
出组	b07432	b07662	b07685	b07694	b07695	b07759	b07861	b08747
	h22550	h22624	h22801	h22837	h22843	h25669	h25671	h25674
	h25724	h41201						
何组	b09635	h29697	h30173					
历组	b10470	b10557	b10693	h31791	h31979	h32425	h32673	h32775
	h32883	h32956	h33696	h33700	h33705	h33709	h34399	

黄组	b11044	b11299 反	b11464	h36002	h37000	h37003	h37004	
戠								
历组	h33700							
戠								
何组	h29699							
历组	h31078	h32765	h33603					
黄组	b11044-1	b11044-2						
[illegible]								
何组	b10357							
[illegible]								
出组	b07902							
𢦏								
宾组	b01952	b02631	h06648 正	h06649 正				
师组	b06653							
丙一	h22050							
何组	b08984 甲	b09085	b09277	y02316	t02761			
历组	b10542	b10708	h33408	h33410	h33412	h33413	h33415	h33416

	h33417	h33465	h33469	h33515	h33557	h33813	h33814	y02434
	t04568							
历组	t00344	t02746						
𢦏								
宾组	h40502							
师组	h21099							
何组	h27072							
𢦔								
宾组	b01188	b01758	b01801	b01995	b02177	b06194	h00191	h00410 反
	h00559 正	h01027 正	h01051 正	h03394	h06064 正	h06282	h06375	h06464
	h06466	h06567-2	h06567	h06568 正	h06570	h06571 正	h06571 正	h06572
	h06643	h06652	h06655 正	h06656	h06659	h06660	h06771 正	h06825
	h06835	h06836	h06840	h06842	h06902	h06917	h06941	h06971

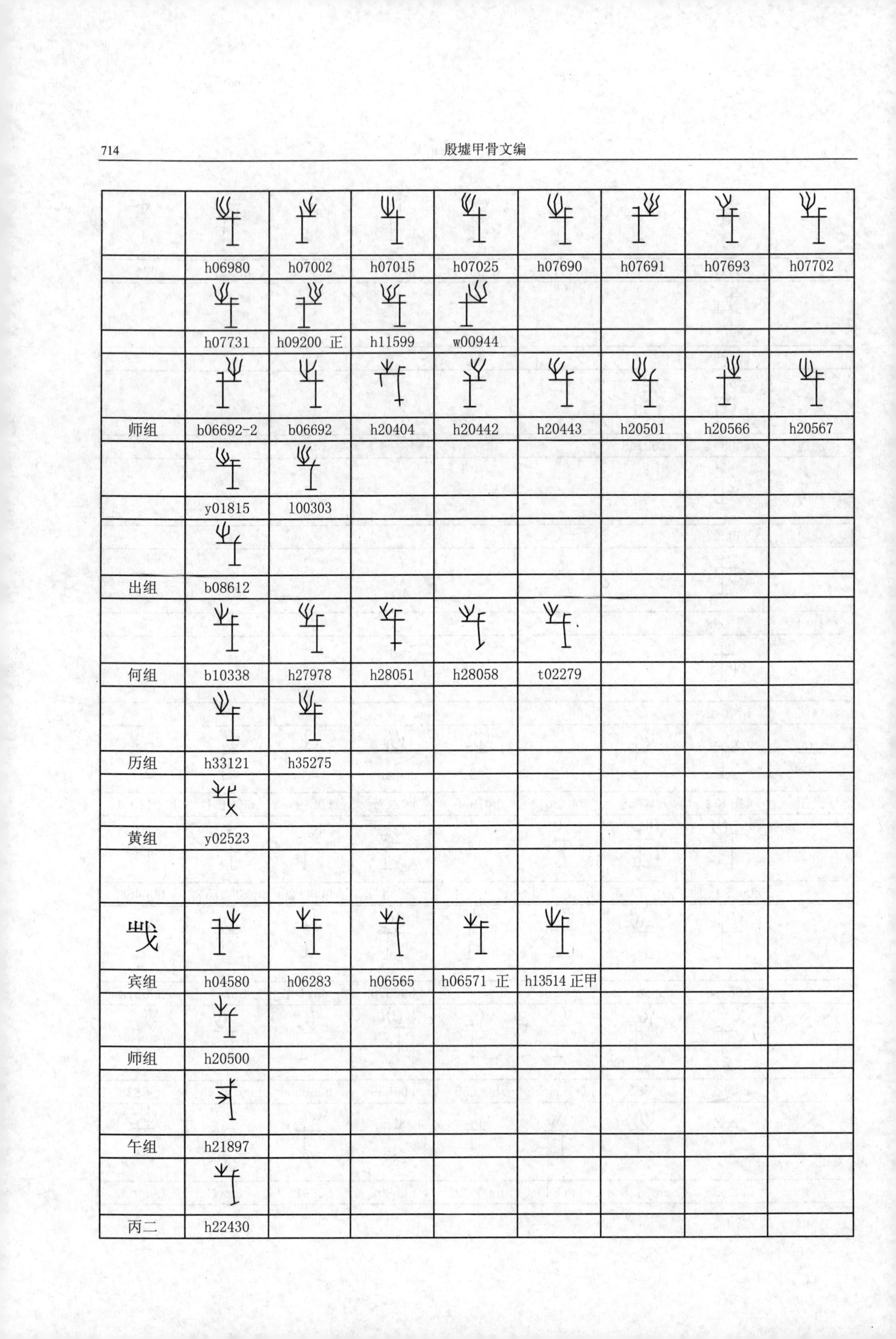

	h06980	h07002	h07015	h07025	h07690	h07691	h07693	h07702
	h07731	h09200 正	h11599	w00944				
师组	b06692-2	b06692	h20404	h20442	h20443	h20501	h20566	h20567
	y01815	100303						
出组	b08612							
何组	b10338	h27978	h28051	h28058	t02279			
历组	h33121	h35275						
黄组	y02523							
𢦒								
宾组	h04580	h06283	h06565	h06571 正	h13514 正甲			
师组	h20500							
午组	h21897							
丙二	h22430							

出组	b13262	h22591	h24156 正	h24156 正				
何组	b08969	b09841	h26887	h26888	h27268	h27434	h27777	h27962
	h27967	h27980	h27987	h28067	h28072	h28075	h29095	t03416
历组	h33418	h33491	h34120	t00298	t00503			
黄组	b11240	h36344	h36515	h36816				
[illegible]								
宾组	h14295-1	h18758						
师组	h19946 正	h20504	h20509	h20569	h21115	t04429		
丙二	h22476	h22477						
历组	h32103	h33050	h33078	h33082	w01640			
历组	t02907							
[illegible]								
宾组	h07083							

师组	h20446	h20508	h20568					
历组	h33071	h33077	h33080	h33081	h33083	h33084	h33887	
宾组	t03706							
[illegible]								
历组	h33208-1							
[illegible]								
宾组	h00199							
出组	h41299							
[illegible]								
宾组	b01192 正	b02026 反	b02035 反	b02048 正	b02100 反	h00032 正	h00032 正	h00390 正
	h00498 正	h01040	h01107	h03945 正	h03948	h03951	h03957	h03978
	h03981	h03982	h03983	h04762	h05792	h06059	h06160	h06163 正
	h06389	h06406	h06417 正	h06469 正	h06482 正	h06482 正	h06483 正	h06484 正
	h06990 正	h07398	h07406	h0740 正乙	h07407 正甲	h07446	h07486	h07503 正
	h07503 正	h07506	h07522	h08041	h09681 正	h12843 正	w00951	y00126

	y00545 正	y00665	y00666	y00667	y00669			
戋								
宾组	b06514	d00393	h00438 反	h00667 反	h04758 正	h04759	h06335	

出组	戋甲 h22882							
	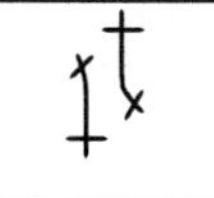			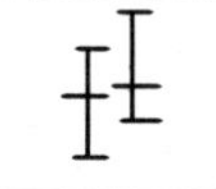		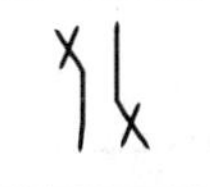		
黄组	h36344	h36347	h36348	h36349	h36507	h36528 反	h36529	h36537
丩								
丙二	h22421 反	h22422						
丩								
宾组	b06370	h06170 反	h08954 反	h14621	h17261 正	t02113		

师组	h20891							
		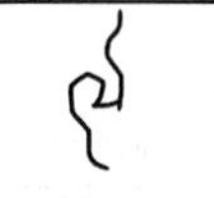						
出组	h24144	h25656						

何组	h28128							

历组	h30896	h31018						

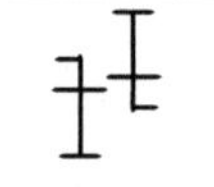

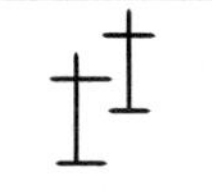

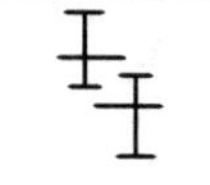

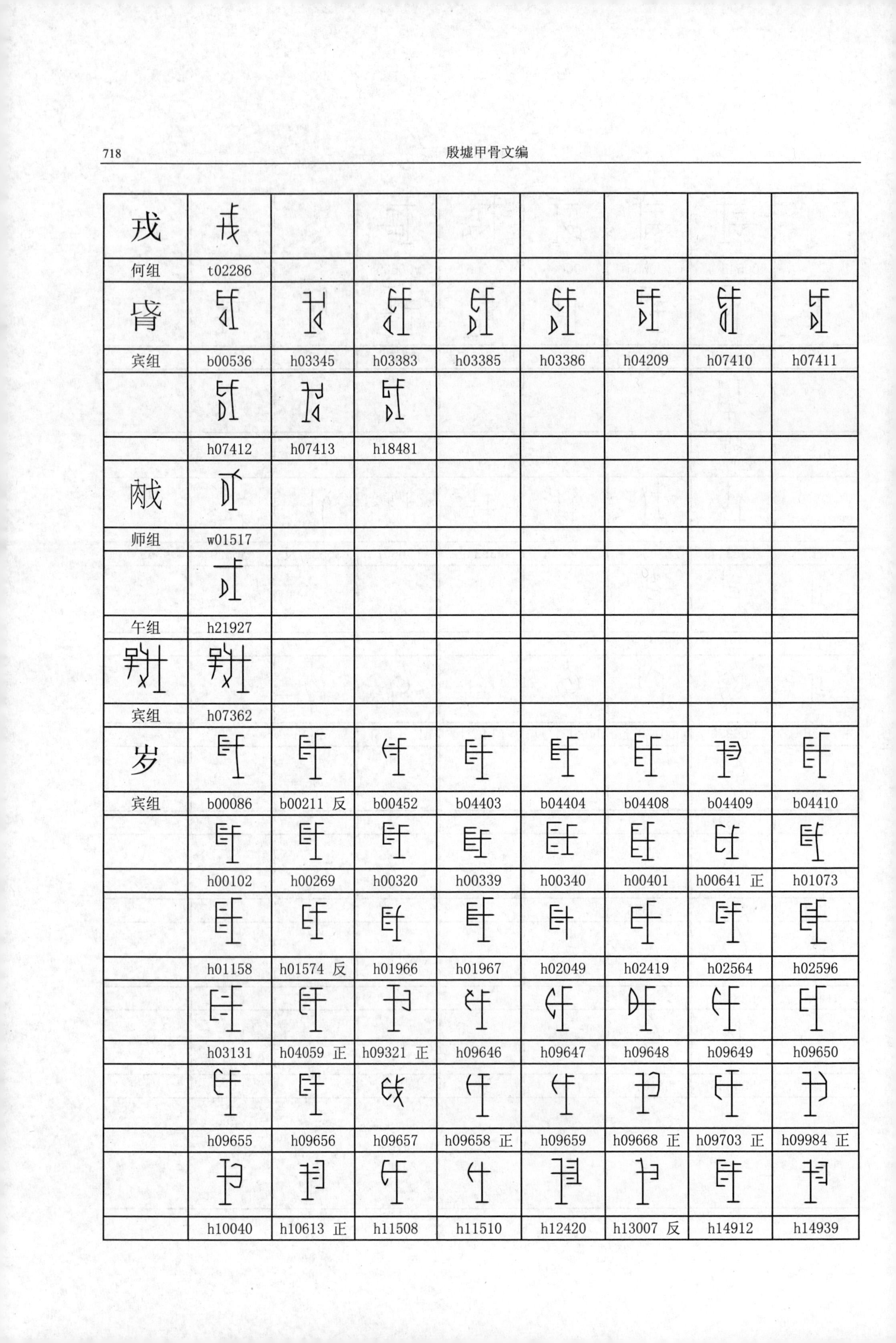

戎							
何组	t02286						
肯							
宾组	b00536	h03345	h03383	h03385	h03386	h04209	h07410	h07411
	h07412	h07413	h18481				
㦸							
师组	w01517						
午组	h21927						
[illegible]							
宾组	h07362						
岁							
宾组	b00086	b00211 反	b00452	b04403	b04404	b04408	b04409	b04410
	h00102	h00269	h00320	h00339	h00340	h00401	h00641 正	h01073
	h01158	h01574 反	h01966	h01967	h02049	h02419	h02564	h02596
	h03131	h04059 正	h09321 正	h09646	h09647	h09648	h09649	h09650
	h09655	h09656	h09657	h09658 正	h09659	h09668 正	h09703 正	h09984 正
	h10040	h10613 正	h11508	h11510	h12420	h13007 反	h14912	h14939

	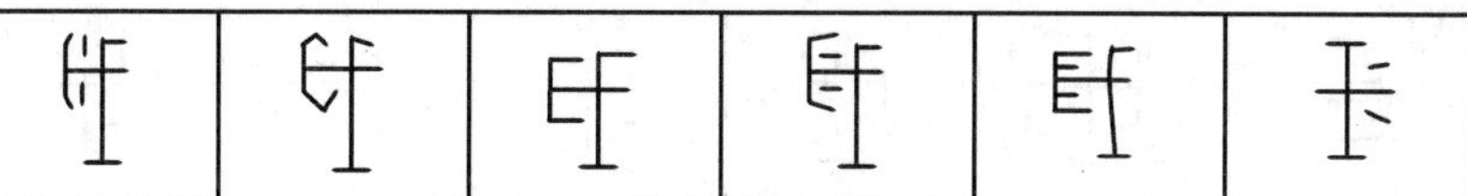 h15471	h15477	h15480	h15484	h15485	h18935		
师组	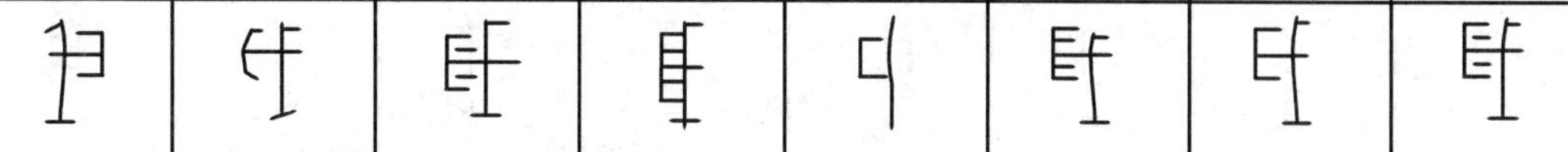 b06551	b06827	b06958	b06965	h19773	h19813 反	h19815	h19849
	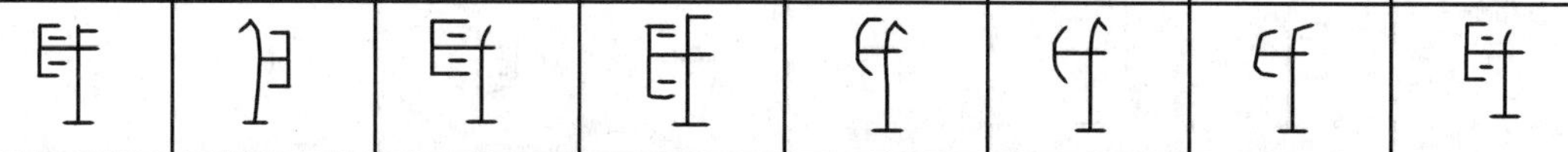 h19866	h19899	h19908	h20014	h20665	h20795	h20796	h21137
	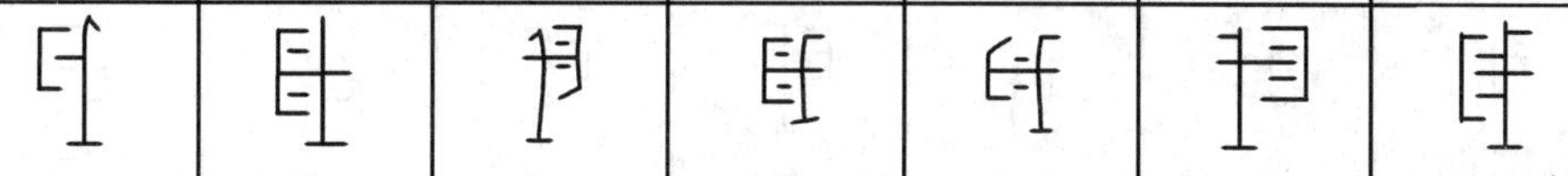 h21155	h21192	h21193	h21194	h21195	h21231	100460	
子组	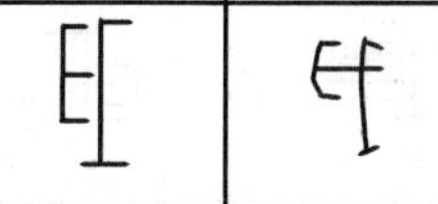 h21608	h21671						
午组	 h22013							
丙一	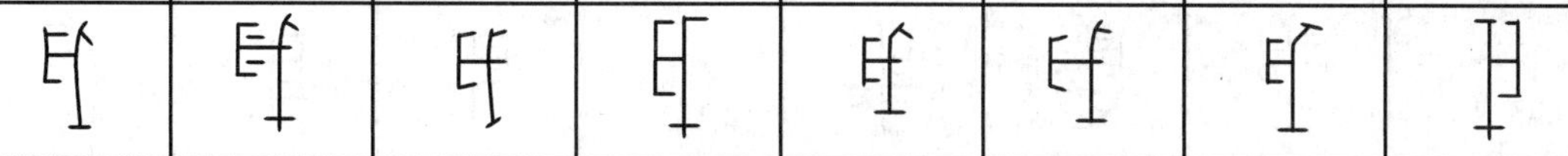 h22044	h22045	h22047	h22055	h22065-2	h22065	h22066	h22073
	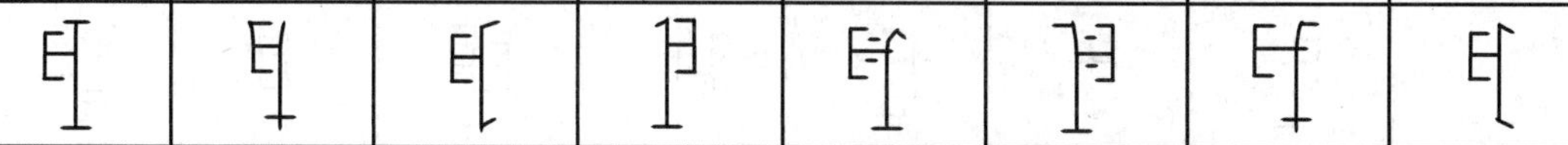 h22074-2	h22075-2	h22075	h22078	h22079 乙	h22079 甲	h22087 正	h22088
	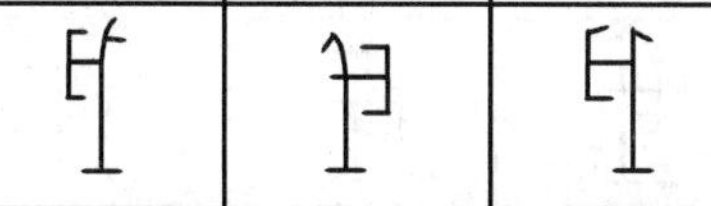 h22092-2	h22092	h22093					
丙二	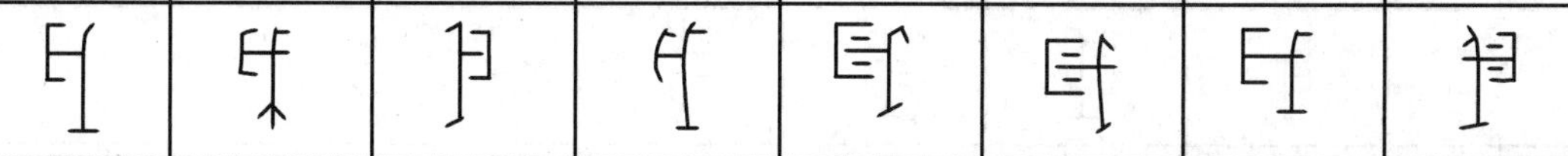 h22199	h22206 乙	h22206 甲	h22435	h22437	h22439	h22441	h22442-2
	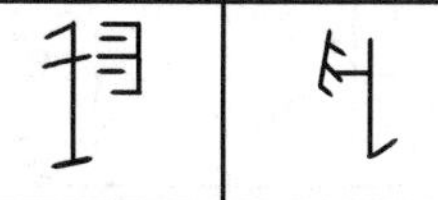 h22442	h22507						
出组	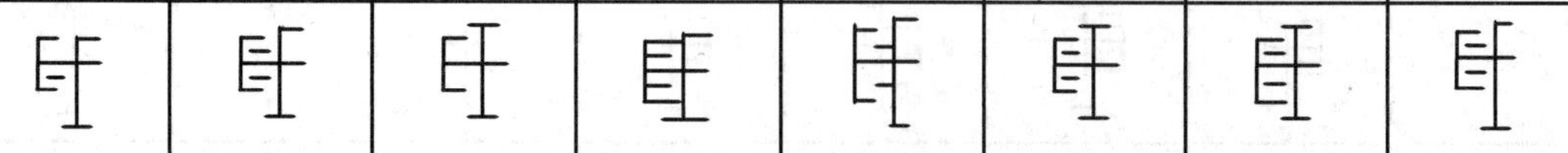 b06981	b06986	b07006	b07017	b07028	b07031	b07038	b07243

	b07265	b07487	b07489	b07495	b07496	b07499	b07506	b07508
	b07514	b07522	b07530	b07531	b07532	b07538	b07907	b08508
	b08716	b08721 乙	b08721 甲	b08763	d00626	d00743 正	d00746	d00753
	d00754	d00756	h22544	h22548	h22556	h22558	h22560	h22561
	h22572	h22625	h22676	h22690	h22702	h22709	h22774	h22810
	h22853	h22859	h22899	h22902	h22960	h22975	h22990	h22993
	h23089	h23115	h23189	h23233	h23236	h23356	h23361	h23530
	h23566	h24225	h24247-2	h24247	h24258	h24305-1	h24373	h24427
	h24431	h24433	h24611	h24612	h25101	h25112	h25169	h25177
	h25214	h25227	h25230	h41141				
何组	b09293	h27005	h27148	h28089 反	h28232	h28328	100479	100508
历组	b10441	b10461	b10468	b10663	b10664	b10666	h30958	h30959

	h32064	h32596	h32611	h33256	h33258	h34545		
黄组	b11467	b11779	b11803	b11834	b11849	b11853 正	b12091 正	100609
宾组	100041	100095						
历组	t00646	t02011	t02629	s00057	100585			
岁								
宾组	h13475							
奴								
宾组	h025030	h03814	h16486					
丙二	h22321							
历组	h33164							
戒								
宾组	b05403 反	h020253	h07060					
师组	h20558							
丙一	h22072							
戒								
历组	h35308							

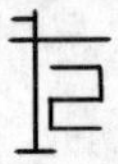

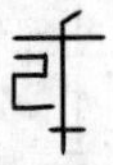

戓									
师组	h21163	h21447							
亘戈									
宾组	h00088	h09474							
𢧐									
不明	t02708								
酉戈									
宾组	h19177								
畐戈									
历组	h30945	h30946							
截									
黄组	b11141								
𢧵									
宾组	h06049								
出组	h23534								
𢧵									
宾组	h13404								
𢧵									
宾组	h03285								
戝									
宾组	h18379								
戈心									
午组	h22003								

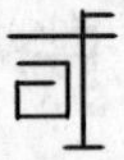

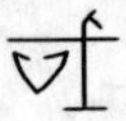

⿰耳戈								
宾组	h06619							
斧								
何组	h29783							
斧								
师组	h21073							
⿰雀戈								
何组	t02232							
蔑								
宾组	b05115 正	h01773 反	h03481	h05021	h14808	h14809 正	h14810	h14811
	h17359 正	s00521						
师组	h20449							
历组	h30451	h30452	h33960	t02361				
蔑								
宾组	b04123	h00970	h08308	h14807 正	h14812 反	h17302		
⿰兕亏								
宾组	h000116 反	h00250	h06611	h06653 正	h12895	h13038	h14659	h14802

	h14803	h14804	h14806	h18077	h18485			
出组	h24901	h25235						
⿰要亏								
宾组	h17358							
栽								
历组	t03209							
⿹𢦏朿								
何组	t01031							
师组	y01777							
何组	t02286							
丙一	h22103							
宾组	h18479							
师组	h20477							

宾组	h19619 正	y000594	y001170					
何组	b09048	b10378	h27511	h27914	h27925			
黄组	h39465							
戌								
宾组	b00060 正甲	b00089	b00091	h00231	h00248 正	h00423	h00672 正	h01242 正
	h01243	h01247	h01343	h01355	h01357	h01358	h01359	h01364 正
	h01375	h01377	h14149 正	h19447	y00018	y 补 32		
师组	b06662	d01289	h19849	h21492	h21521			
何组	h27465							
历组	h32052	h32444	h33349					
⿰皿戌								
宾组	h18803							
出组	h26764							
⿰虘戌								
历组	y02425							

咸								
宾组	b00092 正	b03907	h00007	h00248 正	h00727 正	h01382	h01386 反	h01396
	h01399-1	h07862	h39559					
师组	b06570	h19946 正	h19957 正	h20053	h20099	h21290		
丙二	h22184							
出组	b08378-1	d01172						
历组	h32164	h32443	h33256	h33440	t03898-1			
何组	t00737-1							
⿰束戈								
宾组	b05132 反	h00575	h00974 反	h01448	h01727 反	h06199	h06477 正	h07937
	h08132	h09774 正	h09776 正	h16204	h16205	h16206		
师组	h21239							
出组	h24807							
㦸								
宾组	h06572 正	h13170	h16207	h16214				

师组	h21114							
[illegible]								
	b14395							
宾组	h03158	h14755 正	h16212					
[illegible]								
宾组	h02869 正							
[illegible]								
师组	h19907							
[illegible]								
宾组	h01051 正							
戚								
出组	w01042	y02086						
历组	h31027	h31036-2	h31036	h35335				
何组	t01501	t04554						
戚								
何组	t02194	t03572						
戚								
历组	h34287	h34400	y02446	t00783				

戚								
历组	t02842							
何组	t02445							
戉								
宾组	b00001	b01957	b01958 正	b01961	b01966	b01968	b01971-2	b01971
	b01974	b02433-2	b02433	d00409	h00171	h00172	h00176-1	h00176-2
	h00177-1	h00440 正	h00446	h01083	h03753 正	h04270	h04274	h04276-1
	h04276-2	h04280-1	h04280-2	h04281	h04285	h04286 反	h04288 正	h04289
	h04290	h04291	h04293	h04295	h04452 正	h04723-2	h05455	h05618-1
	h05773	h05983	h06375	h06377	h06567-1	h07603 正	h07606	h07684
	h07685	h07689	h07690	h07691-1	h07691-2	h07691-3	h07702	h07704-2
	h08615	h08616	h09027 正	h09027 正	h09036	h09806	h09807	h14739
	h17078 正	h17399	h39488-1	h39489	y00001-1	y00353	y00594 正	
师组	h20372	h20861	t00643					

丙一	 h22043							
出组	 h41056							
何组	 h27420	 h28125	 h29648	 t01341	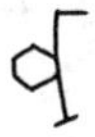 t02291	 t02445	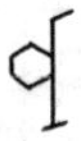 t04556	
历组	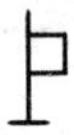 h33162							
黄组	 h35913	 h36532						
戉								
宾组	h18944 正							
我								
宾组	b00533	b01303	b01364 反	h01473	h18935			
师组	 b06872	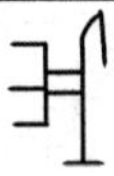 b06892	 h20466	 h21249				
子组	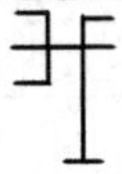 h21739							
丙一	 h22050	 h22095						
丙二	 h22173	 h22201	 h22296	 h22381 正	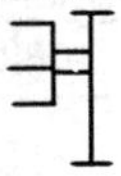 h22424			

出组	b07485							
何组	b10212	h27882	y02352					
历组	b10407	b10705	h31284	h31951	h33056 正	h34691	h35296	h35299
黄组	h35362	h35913						
我								
历组	t00228							
我								
历组	w01571							
宾组	h15716							
娥								
宾组	b04124	b04126 正	b04127	d01080	h01677 正	h01821 正	h02523	h03006
	h05447 正	h08656 正	h10128	h11075 正	h12864	h14778	h14780	h14783 正
	h14789	h14790	t02113					
师组	h19814	h21067	h21068	h21111	h21121			

娥								
宾组	h14788							
 我祭								
历组	h34399							
 我祭								
宾组	h00718 正							
 宜我								
宾组	h06057 反							

宾组	h18480							

黄组	h37504							

宾组	h18057							
	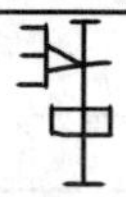							
宾组	h06764	h06765						
义								
宾组	h17620							

何组	h27292	h27979	h27980	t02179				

历组	h31051	h32982	t03040					

黄组	h38762							

𦍶								
黄组	h36522							
𧅼								
宾组	b02305	d00270	h00387 正					
刀								
师组	h20349	h21484						

子组	h21623							

午组	h21961							

丙二	h22204	h22376						

出组	h23581							

历组	h32625	h33033	h33034	h33035	h33037-1	y02437		

何组	t02341							
勿				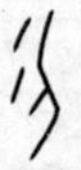	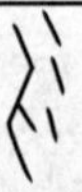	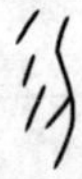		
宾组	h00016	h00039	h00836	h01826	h02052 正	h02075	h02630	h03558
			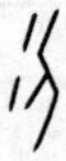		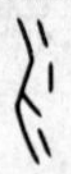			
	h03826	h06093 正	h07031	h07076 正	h08278	h08973	h09223 正	h10117

	h11148	h11155	h11158	h11160 反	h11161	h11162	h11182 正	h13514 正甲
	h15066	h15485	h15487	h15616	h15816	h17330	h18033	h19128
	h40481 正	y00774 正	y 补 61					
师组	b06774	h19849	h19911	h20673	h21222			
丙二	h22294	h22405						
出组	b08747-1	h22889	h22945	h22948	h22985	h22994	h23002	h23009
	h23151	h23163	h23189	h23201	h23215	h23217	h23218	h23219
	h23273-1	h23273-2	h23362	h23363	h23367-2	h23367	h23379	h23441
	h23732	h24097	h24329	h24529	h24530	h24531	h24532	h24533
	h24545	h24547	h24549	h24551	h24552	h24553	h24554	h24555
	h24556	h24557	h24568 正	h24575	h24579	h24580	h24603	h24974
	h25160	h25195	h25196	h25197	h25364	h25779	h25872	h25886

	h25923	h25953	h26846	h40980	y01953	s00317		
何组	b09646	d00798	d00801	d00802	d00804	h26914	h27013	h27042 正
	h27060	h27186	h27208	h27387 正	h27388	h27412	h27441	h27443
	h27444	h27466	h27470	h27532	h27591	h27631	h28591	h29484
	h29485	h29487	h29488	h29489	h29490	h29491	h29492	h29493
	h29494	h29495	h29497	h29498	h29500	h29502	h29511	h29517
	h29518	h29519	h29614-1	h29614-2	h29675	h29764	h30373	h41325
	h41421	h41424						
历组	b10461	h30727	h30775	h30810	h30910	h30935	h30937	h30989
	h31155	h31697	h31734	h32377	h33448	h33602	h33603	h33604
	h33691	h33920	h34096	h34382 反	h34407	h34504	h35137	h35244
黄组	b11445	b11449-1	b11458	b11459	h35818	h35858-1	h35972	h36354

	h38323	h38465	h38737	h41785	h41787	h41789	w01782	
何组	100342	t02315	t02644	t00260	t00490	t02710	t00820	t00909
	t01014	t02304						
历组	t04318	t03764	t02308	t01102	t00631	100515		
师组	h20743							
宾组	h05475-2	h05475						
师组	h21051	y01792						
刃								
宾组	h00117	h05837	h06659	h09154	y00321			
师组	h19956							
丙二	h22388							
分								
宾组	h11398	h15878						
㓞								
宾组	h14176							

历组	h32048							
宾组	b00452	b05099	b05100	b0510 正甲	d00368-2	d00368	h00150 反	h00272 正
	h00339	h00493 正	h00930	h01430 乙	h01587	h03042	h03425	h06152
	h06156 正	h06204 反	h06472 正	h08677	h09472 反	h12863	h12866	h12874
	h13038	h13515	h14220	h14623	h14757 正	h15466	h15753	h17330
	h17332	h17467	h18899 正	h19662	w00961 正	y00558		
师组	b06777	b06914	b06925-1	b06925-2	b06925	h19877-1	h19983	h20873-1
	h21007 正							
午组	h21876-2	h21885						
丙一	h22099							
丙二	h22174	h22206 甲	h22510					
出组	b07250	b08293	h23443	h24132	h24933	h25780	h41073	

何组	h27740	h28022	t02339						

历组	h32315	h34172							
剢									
宾组	h00525								
剢									
宾组	b01756	h05996	h05997	h05998					

宾组	h01708	h08119 反	h08119 正	h08120	h08121	h08122	h08123	h08124 反	

	h09584	h0994 正乙	h17065 反	h18451					

宾组	h06482 反	h06486 反							

出组	h24347	h24371							

宾组	h09668 正	h18450							

出组	h24372								

历组	h33176								

宾组	h14129 正							
宾组	h18367							
宾组	h03395-1							
刪								
宾组	h04814	h04815	h04816	h16545				
师组	h21011	h21021	h21094					
午组	h21998							
丙二	h22246							
历组	h32193	h34409						
[illegible]								
宾组	h00895 乙							
何组	h28531							
[illegible]								
历组	h33211							
[illegible]								
宾组	h18447							

宾组	h00676 反	h06595	h16270	h18452				
师组	h21418							
何组	h27798							
⿱刀止								
宾组	h05524							
召								
宾组	h01140 正	h08438	h08441 正	h14807 正				
师组	h20338	h21043						
历组	b10519 乙	b10519 甲	b10520 乙	b13392	h31973	h31974	h31976	h31977
	h31978	h31987	h33014	h33015	h33016	h33018	h33019	h33020-1
	h33020-2	h33021	h33022	h33023	h33025 反	h33026	h33027-1	h33028-1
	h33181	h33182	h33183	h33184	h33201-1			
	t00190-1	t00267	t01049-1	t01099	t02634			
⿱⿴臼召止								
黄组	b11116-1	b11263	b11265	b11266-1	b11268-1	b11334-1	b12992-1	d00936 正

	d00937	d00938-1	h36600	h36640-2	h36640-3	h36640-5	h36640	h36641-1
	h36642-1	h36642-2	h36643-1	h36644-1	h36645-1	h36646-2	h36647-1	h36649-1
	h36649-2	h36649-3	h36650-1	h36650-3	h36650-4	h36652-1	h36654-1	h36654-2
	h36654-3	h36655-1	h36656-1	h36656-2	h36656-3	h36657-1	h36657-2	h36659-1
	h36660-1	h36660-2	h36660-3	h36662-1	h36662-2	h36662-3	h36663-2	h36663-3
	h36664-2	h36665-1	h36665-2	h36665-3	h36666-1	h36667-1	h36667-2	h36667-3
	h36668-1	h36668-2	h36669-1	h36669-2	h36670	h36671-1	h36672-1	h36672-2
	h36673-1	h36674-1	h36675-1	h36676-1	h36678-1	h36678-2	h36680	h36681-1
	h36681-2	h36682-1	h36682-2	h36684-1	h36684-2	h36685-1	h36686-1	h36687-1
	h36688-1	h36688-2	h36689-1	h36690-1	h36691-1	h36692-1	h36693	h36694-1
	h36695-1	h36695-2	h36696-1	h36697-1	h36698-1	h36699-1	h36699	h36700-1
	h36701-1	h36701-2	h36702-1	h36703-1	h36705	h36706-1	h36707	h36708-1

	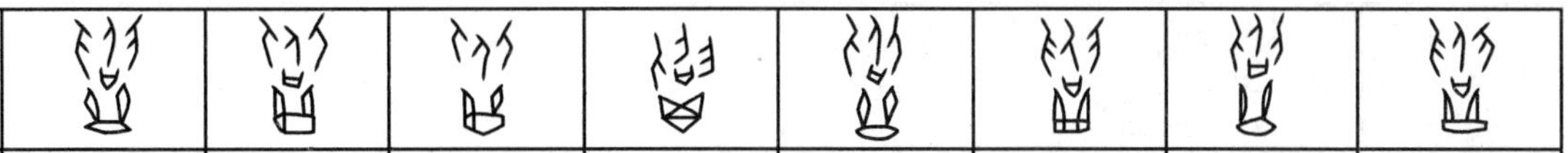 h36709-1	h36710-1	h36711-1	h36712	h36713-1	h36714-1	h36715	h36718-1
	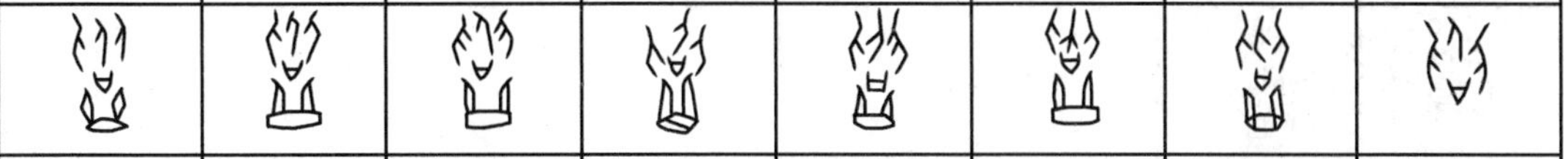 h36719-1	h36720-1	h36721-1	h36723-1	h36725	h36726-1	h36728	h36729-1
	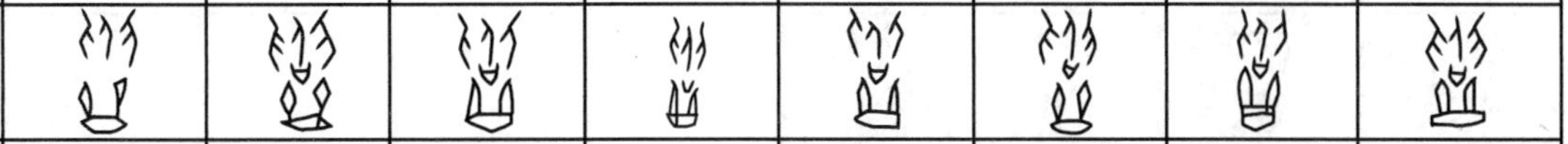 h36730-1	h37386-1	h37411-1	h37411-2	h37429-1	h37451-1	h37460-1	h37460-2
	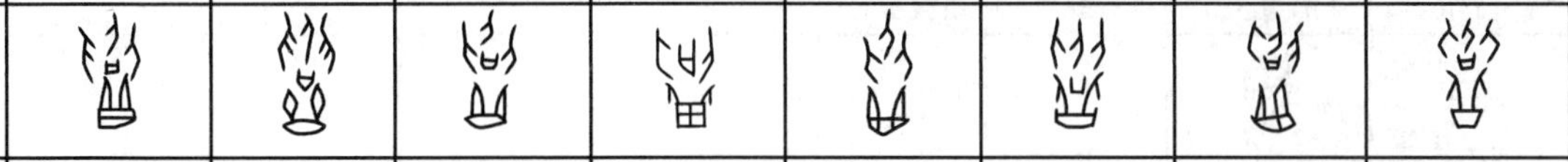 h37460-3	h37463	h37468-1	h37740	h38106	h41760	h41765-1	h41765-2
	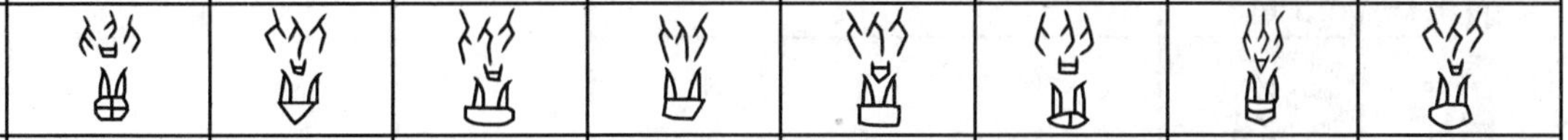 h41766-1	w01867	w01909	y02557-2	y02557-3	y02557-4	y02558-1	y02561
	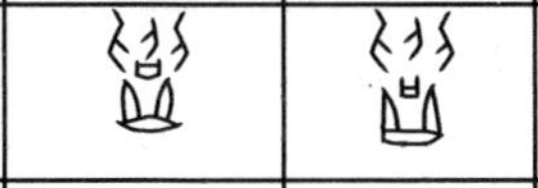 s00393-1	s00393-2						
 ⿱⿴𦥑口丘	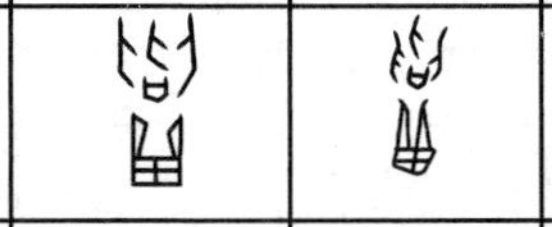							
黄组	h36664-1	h36664-2						
 ⿱⿴𦥑口丘	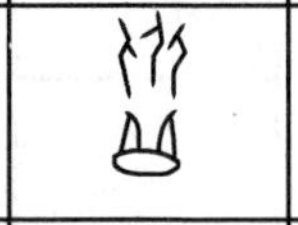							
黄组	h36591-1							
 ⿱⿴𦥑⿱口工丘								
黄组	h36734	h36736-1	h36737-1	h36737-2	y02559-1			
 ⿱⿴𦥑⿱口工丘								
黄组	h37435							
 ⿱⿴𦥑⿱口工皿	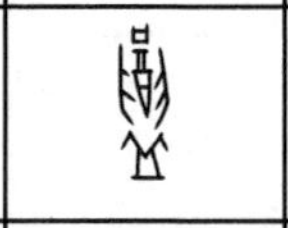							
黄组	h37440							
 ⿱⿴𦥑口酉								
何组	y02359							

历组	h31012-1							
[illegible]								
黄组	h36643							
[illegible]								
黄组	h37468-1	h37468-2	h37468-3					
[illegible]								
黄组	h36735							
[illegible]								
黄组	h36953							
[illegible]								
宾组	h08188							
宾组	h18455							
刺								
何组	t02298							
夸								
宾组	b01263	b01574 正	h00137 反	h00940 正	h04090	h06392	h06450	h10691
	h12312 正乙	h13845	h17344	h18488				
师组	h20236	h20245	h20613	h40910				
丙二	h22219	h22384						

出组	h23536	h26097						
历组	h32548	h32982	h33029	h33378	h34324	h34426		
	t00215	t00638						
宾组	h19560							
胯								
宾组	b01845	b0184 反乙	b01879-1	b03864-1	b05035	h00110 正	h00110 正	h00880 正
	h00880 正	h00930	h01655 正	h01655 正	h02500 正	h04116-1	h04209-1	h05200
	h06131 反	h06827 正	h07406-1	h0740 正乙	h07407 正甲	h07768-1	h08551-1	h08984
	h08990 正	h10109-1	h10936 正	h14184	h14211 反	h17338-1	h17341-1	h17342
	h17343	h17350	h17352	h17357	h17388	h18487	y01567	y01568
	h18487	h18336						
师组	h20875	h21401						
出组	h23627	h23709	h23710-1	h23711-1	w01204	y02170		

历组	t02273							
胯								
宾组	h00248 正	h00248 正	h17386					
黄组	h36422							
孽								
宾组子组	h00767 正	h01253 反	h01253 正	h01535	h01632 正	h02018	h05297	h08368
	h08840	h09572	h09671 正	h09671 正	h10131	h11004	h14049	h17346
	h17347	h17349	h17412 反	h17412 正				
子组	d00970	h21739	h21744-1					
出组	h22825-1							
宾组	h00947 正		何组	h28064				
宾组	h18486							
出组	h41295							
薛								
历组	h31910							

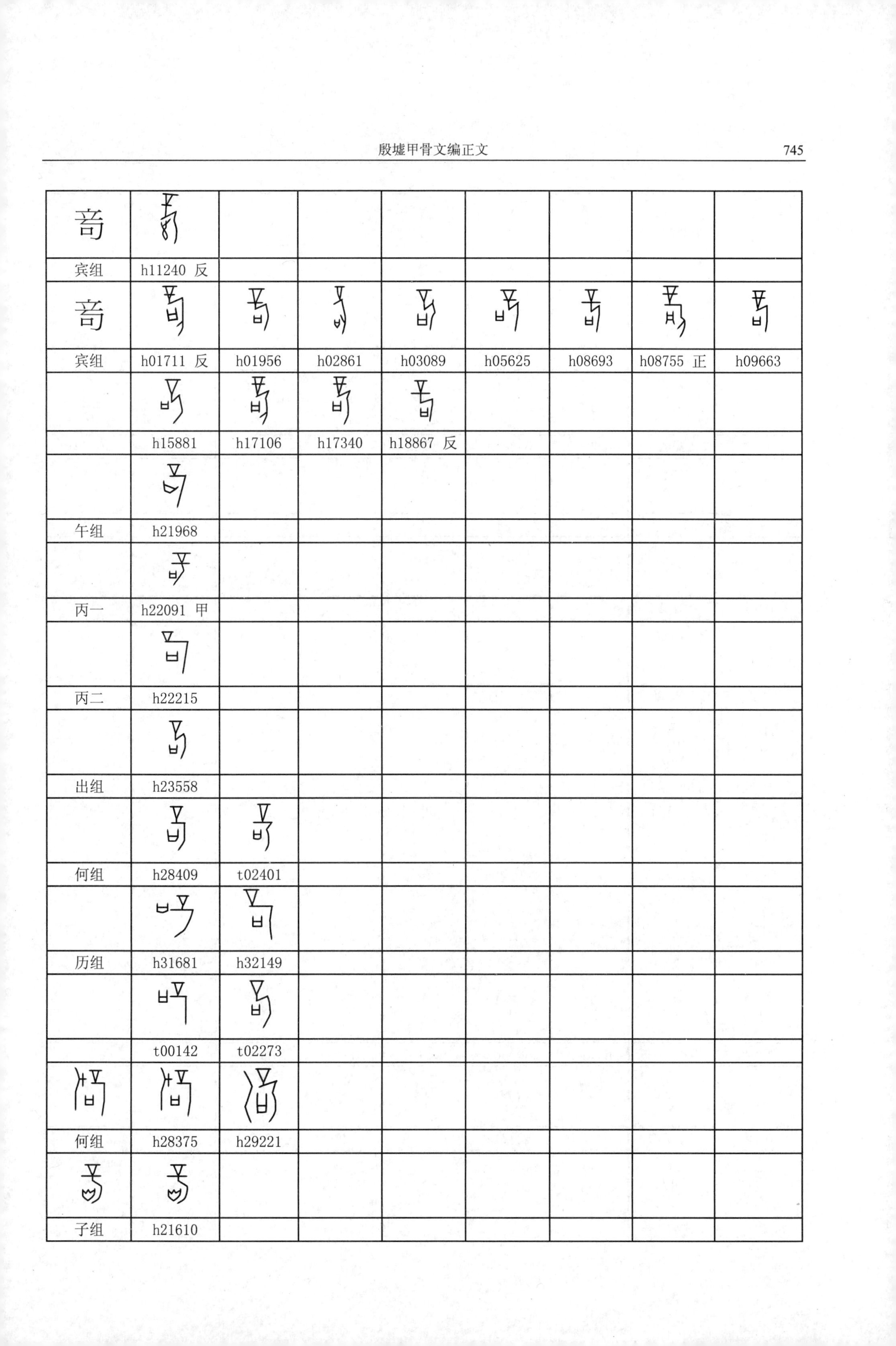

啇								
宾组	h11240 反							
啇								
宾组	h01711 反	h01956	h02861	h03089	h05625	h08693	h08755 正	h09663
	h15881	h17106	h17340	h18867 反				
午组	h21968							
丙一	h22091 甲							
丙二	h22215							
出组	h23558							
何组	h28409	t02401						
历组	h31681	h32149						
	t00142	t02273						
何组	h28375	h29221						
子组	h21610							

辟								
宾组	h00438 正	h05584	h08695	h17356				
师组	b06729	h19990	h20020	h20820	h21036	h21085		
何组	h26895	h27009	h27604	h27896	h27937	h28034	h28086	w01391
历组	h31911							
黄组	h37468							
辟								
宾组	h08108							
⿰出亏								
何组	h29398							
[illegible]								
宾组	b03463 反		历组	h31071				
[illegible]								
丙一	h22072							
[illegible]								
宾组	b02703 正	h04962	h04963	h08171	h17097	h17355		
出组	h23708	h23710	h23712	h23718	h24951	h26801		
⿰亏司								
历组	h32975							

⿰齒夸								
宾组	h18138							
⿰日夸								
宾组	h00248 正							
⿰日夸								
宾组	h03426							
师组	h21296							
⿰日夸								
宾组	h18095							
⿰日夸								
宾组	h08282							
出组	b07480							
⿰中夸								
宾组	h18428							
⿰中夸								
何组	h41356							
⿰禾夸								
宾组	h05092	h09017 正	h09520	h09522	h09523	h09557 正	h09558	h09559
	h09560	h09561	h09562 反	h09563	h09564	h09565	h09566	h09567

	h09568 正	h09569	h09810 反	h18400	h18578	h18961	y00829	
何组	h28203	h28204	t00620	t02291	t02991			
历组	h35272							
黄组	h36983							
丙二	h22243							
丙二	h22425							
历组	h35227							
历组	h31891							
師组	h21441							
午组	y01916							
何组	t00278							

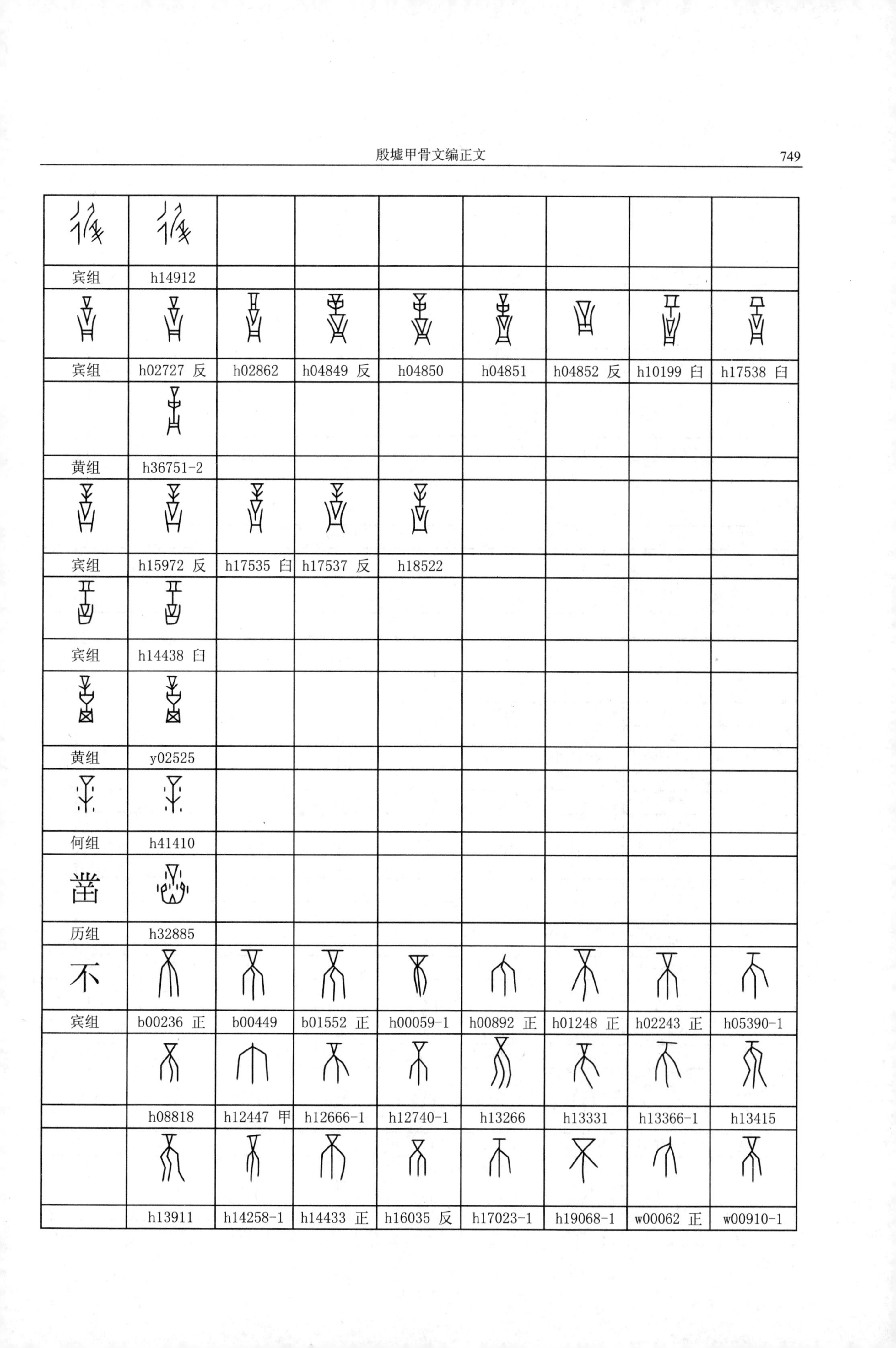

宾组	h14912							
宾组	h02727 反	h02862	h04849 反	h04850	h04851	h04852 反	h10199 臼	h17538 臼
黄组	h36751-2							
宾组	h15972 反	h17535 臼	h17537 反	h18522				
宾组	h14438 臼							
黄组	y02525							
何组	h41410							
[illegible]								
历组	h32885							
不								
宾组	b00236 正	b00449	b01552 正	h00059-1	h00892 正	h01248 正	h02243 正	h05390-1
	h08818	h12447 甲	h12666-1	h12740-1	h13266	h13331	h13366-1	h13415
	h13911	h14258-1	h14433 正	h16035 反	h17023-1	h19068-1	w00062 正	w00910-1

	y00060-1	y01198 正	t02659-1					
师组	b06563	b06713	b6940	h19785-1	h20023-1	h20374	y01850	t02628-1
子组	d00962-1	h21789-1	h21828-1					
午组	h21960-1							
丙一	h22056-1							
丙二	h22134	h22180	h22274	h22285	h22290	h22294	h22311	h22320
	h22357	h22385-1	h22386-1	h22446	h22448			
出组	b07008	b07014	b07141	d00642-1	h24667-1	h24721-1	h24901-1	h26093-1
	h26847-1							
何组	b10361	b10394	h29953	h29972	h30124-1	y02277-1	t02268-1	t03795-1
历组	b10405	b10419	b10506	b10520 甲	b10532	b10558	b10577	b10580
	b10590	b10591	b10597	b10601 反	b10618	b10621	h30529-1	h31792-1

	h32108-1	h32114	h32396	h32499	h32747	h33011	h33354	h33448
	h33695	h33807	h33813	h33821	h33837	h33841	h33852	h33854
	h33861	h33898	h34012-1	w01607-1	w01646	w01665-1	y02443	y02449
黄组	b11650	h36517						
历组	t00783-2	t00830-1						
午组	h21872 正							
秅								
宾组出组	y01755							
出组	h22621	h22622	h22646	h22647	h22670	h22964	h25091	h25816
	h25961							
何组	h26898	t00880						
黄组	h35436	h35437	y02502	h39462				

杈							
宾组	b02802	h04693	h04694	h04695	h05869	h06834 正	h18182	
师组	h20045							
宾组	h04363 正							
杯								
宾组	h18782							
朩								
师组	h21210							
利								
宾组	b03996	h03229	h04205	h06775	h08300-1	h08300-2	h13726	h14925-1
	h17670	h18449-1						
出组	h23539	h24958-1	h25945					
历组	h33526	t02907						
帀								
宾组	y00337							
宾组	h01358							

⿰正又								
何组	h29957							
历组	h30959							
⿰丕又								
丙二	h22200							
兵								
宾组	h07204	h07205	h09468	h09469	h18329			
何组	h27912	t00942						
⿰阝丂								
午组	h21939							
⿰阝兵								
宾组	h09594	h11178						
⿰犭斤								
宾组	h14396							
新								
宾组	b01348	b02506	b05944	h00360	h00724 正	h02219 正	h04788	h05528
	h05653	h05784	h05785	h05786 正	h06063 反	h08220 反	h08601	h09444
	h09445	h09446	h10862	h11488	h11503 反	h13547	h13563	h13571
	h13868	h14480	h14629	h15664	h15665	h15666	h16242	h16243

	h16942	h18597	h19443	h40579 臼	y00079	y01175	y01209	
丙一	h22124							
出组	h22924	h242912	h24433	h24950	h24951	h25371		
何组	b10384	h27216	h27218	h27684	h27727	h28001	h28022	h29153
	h29154	h29712	t00766	t01088	t03223	t01341	t03004	
历组	b10655	h30693	h30799	h30800	h30801	h30802	h30803	h30804
	h30974	h30975	h30978	h31000	h31022	h31275	h31802	h32536
	h32996	h32997	h33205	h34123	h34124	h34522	h34538	h34594
	t01090							
新								
出组	b08724							
何组	b09645	h27099	h27110	h27111	h27193	h27215	h27217	h27345
	h28261	h30323	h30324	h30325	w01391			

历组	b10439	h30805	h32564	h34312				

何组	100465	100471	100473	何 t00287	何 t00822	何 t04285	t04548	
[亲殳]								
丙一	h22073-1	h22073-2	h22073-3					
[囗斤]								
宾组	h18713	h18714	h18715	h40771				

师组	h20779							
[illegible]								
宾组	h01285 反							
折								
宾组	h07923	h07924	h18458	h18459				

师组	h19999							

何组	h27746							
折								
师组	h21002							
妡								
宾组	h03212	h05810						

宾组	h03747 正							

[illegible]	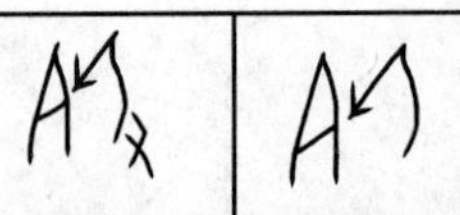							
宾组	h06045	h08833						
肵								
历组	t01051							
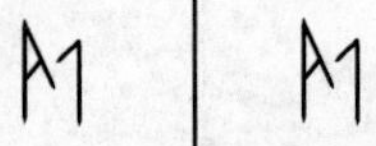								
丙二	h22438							
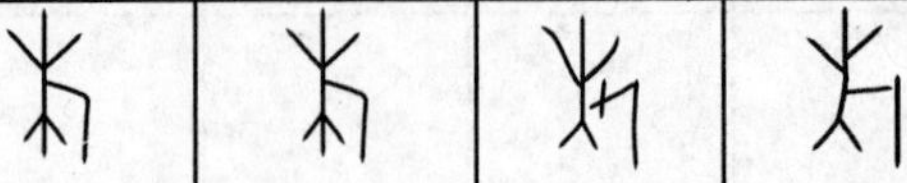								
历组	h32834-1	h32834-2	h32834					

师组	h20313							
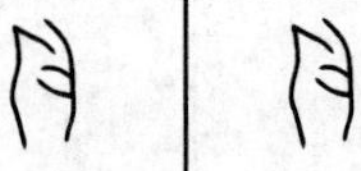								
宾组	h18775							
[illegible]								
宾组	h03357	h09002	h18598	h18599	h19519			
	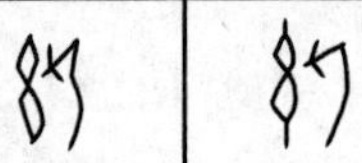							
历组	h31801	h30173						
欣	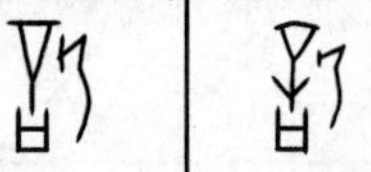							
何组	t00656	t04544						
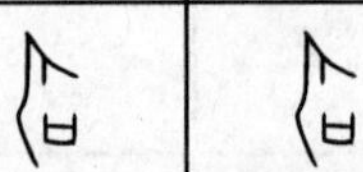								
宾组	h08279							

历组	h34430-1							
矢	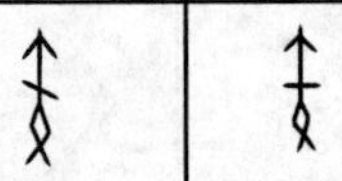							
宾组	h18472-1	h19717-1						

师组	h20546-1							

历组	h32193-1	t00313-1						
矢								
出组	h23053-1							
矢								
宾组	b01724	h00069-1						
矢								
宾组	h05699-1	h1284 反甲	h18338-1					

午组	h21972-1							

丙二	h22258-1							

黄组	h36481 正							
 [illegible]								
宾组	h13883-1							
 [illegible]								
何组	h26889-1							

宾组	h120160-1							

至								
宾组	b00067 正	b00071	b01357 正	b02299	b05547	b05892	h02920 正	
师组	h20152	h20192	h20351	h20530	h20610			
子组	h21538 乙	h21545	h21758					
何组	b09055	b09195	h27346	h29926	h30148			
历组	h30527	h30632	h30655	h31194	h33871	h33980	h34538	t01056
黄组	h35427	h37835						
宾组	h00600-1							
矢								
宾组	h00860 正甲	h08296-1	h13517-1	h18831-1				
师组	h21464-1							
历组	h33145-1	t02845-1						
宾组	h18470							

矢	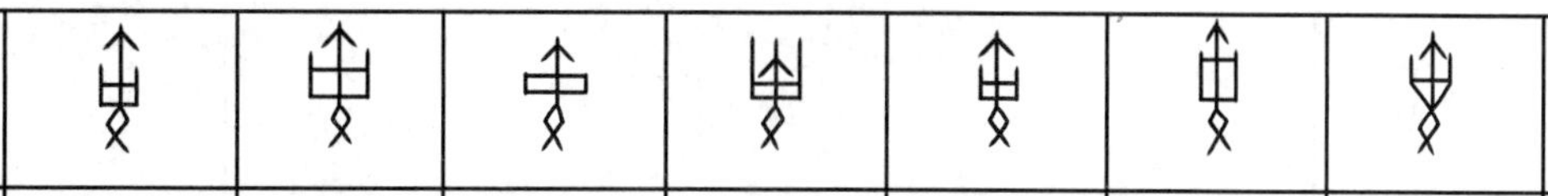							
宾组	b00184 正	h00063 正	h04795-1	h07822-1	h08393 正	h10899 反	h13737-1	
	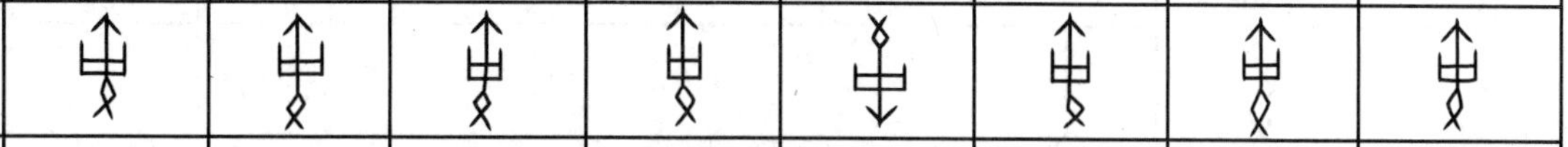							
历组	b10570-1	b10887-1	b10889-1	b13417-1	h32301-1	h32536-1	h32671-1	h32931-1
	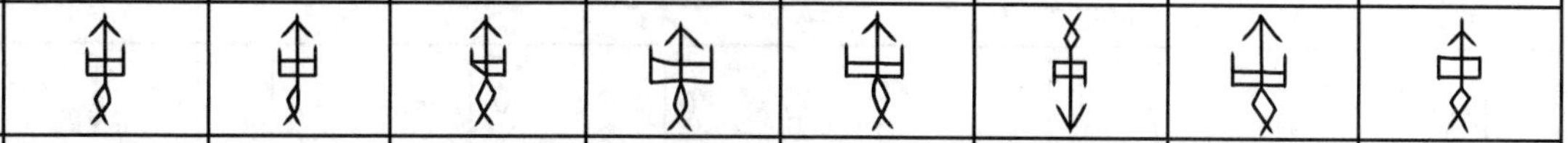							
	h34605-1	h35168-1	h35181-1	h35182-1	h35190-1	h35192-1	h35203-1	h41518-1
	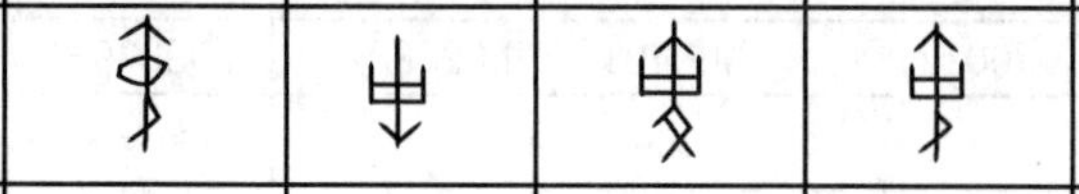							
	t00216-2	t00668-1	t02789-1	t03106-1				
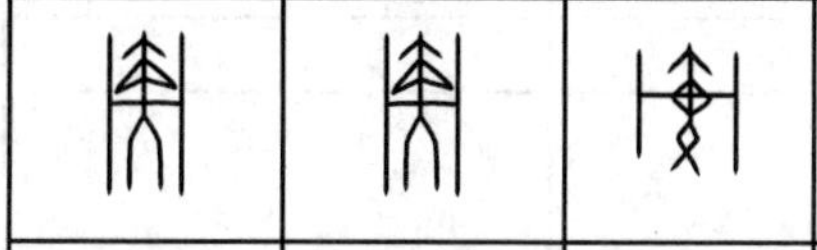								
师组	h20260	h20962-1						
矢亥	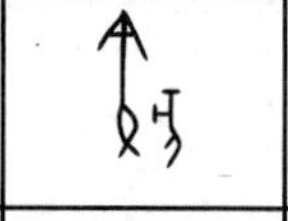							
历组	h35279-1							
夷	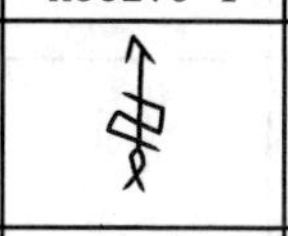							
宾组	h17027 反							
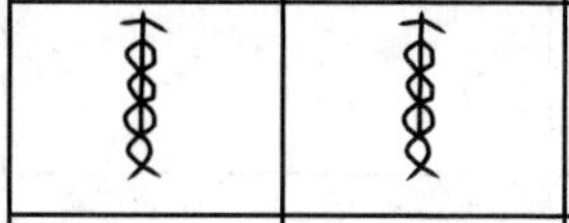								
师组	h21149-1							
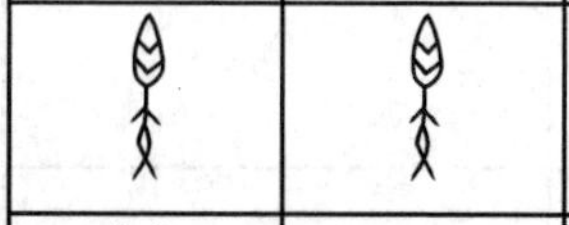								
宾组	h18473-1							
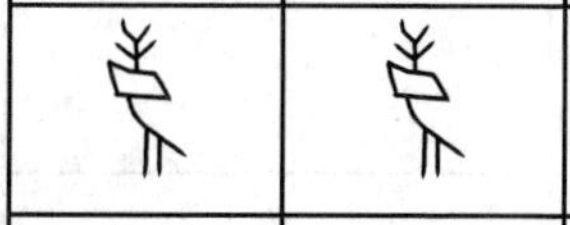								
宾组	h18847-1							
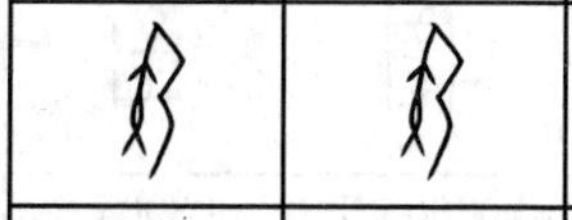								
出组	h26019							
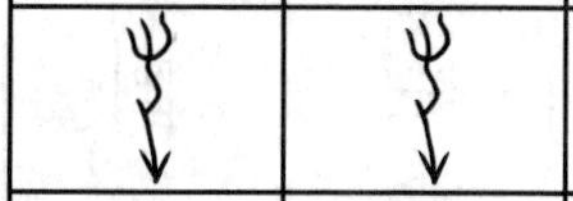								
丙二	h22335							

矢卣								
宾组	h18468-1							
矢又								
宾组	h03353-1	h05777-1						
厌								
宾组	b02232 反	b02240-1	b06370	d00121-1	h00401	h02780 反	h03379-1	h13890-1
师组	b06568-1	h19852	h20073-2					
历组	b10419-1	b10492-1	h32806-1	h33208	t03396-1			
黄组	h36348-1	h36483-1	h36528 反					
矢巳								
历组	h31804							

宾组	h16167-1							
秉秉								
历组	h35273-1							
葡								
宾组	d00002-1	d00335 正	h00268 正	h00301-1	h00302-1	h00511-1	h03609 正	h03904-1
	h03907 正	h03908 正	h03910-1	h06567-1	h08761 反	h11400-1	h15363 反	h17388-1

	h19563-1	w00294						

师组	h20149 正							

何组	h27123-1	h30373-1	t02152-1					

历组	h34076	t00917-1	t00917-2					
葡	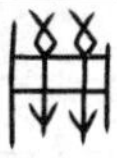		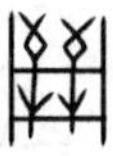					
宾组	d00275-1	h00332-1	h00473-1	h01053-1	h01072-1	h01973-1	h03755-1	h06227 臼

	h09741 正	h13884-1	h18474-1					

出组	h23719-1							
葡								
宾组	h03911-1							
備								
宾组	h00565-1							
萸								
宾组	b01844	h08529	h08935 正					
僃								
何组	h28058-1							

圅							
何组	h27930						
师组	h21191-1						
圅							
何组	h28372-1						
圅							
宾组	h10244 正	h10343 正	h18469				
师组	h20086						
何组	h28068-1	h28373-1	t02298				
黄组	h36481 正	h37545					
圅							
丙一	h22094						
涵							
何组	b09208	h29344	h29345				
涵							
历组	h31826						
忞							
师组	h21306 乙						

[illegible]								
师组	h21306 甲							
[illegible]								
宾组	h06057 正							
[illegible]								
历组	t00751-1							
晋								
宾组	h19568-1							
[illegible]								
宾组	h02783-1	h02784						

宾组	h18425							
畀								
宾组	b06179-1	h00063 正	h00651-1	h00684-1	h00795 正	h00801-1	h00916 正	h01430 乙

	h01430 甲	h02766-1	h03229-1	h03896-1	h07733 反	h08332 正	h08677-1	h10989 正

	h13200 正	h15926-1	h15927 正	h15931-1	h15937 正	w00472 反		

师组	h19983-1	h19992-1	h20020-1	h21468-1				

午组	h21988-1	h22033-1						
				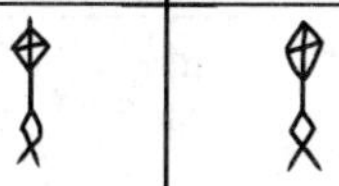				
历组	h32084-1	h32915-1	t02576-1	t02633-1	t02400-1			

何组	t02505-1	t02180	t02229-1			不明	100176-1	t04352-1
畀								
宾组	h00064-1	h03024-1	h03054 正	h06159 正	h15932-1	h15933-1	h15934-1	h15935 正
	y01278-1							
宾组	h00586-1							
眔								
宾组	h01075 反							
师组	h21007 反							
师组	h21185							
丙二	h22205-1							
师组	h19778							
师组	h21454							
宾组	h13888-1							
[illegible]								
宾组	h18465-1							

[子夭]								
历组	h32148-1							
交								
宾组	h09518-1	h09519-1	h15667-1					
师组	h20799-1							
历组	h32509-1	h32509-2	h32905-1	h35324-1				
宾组	h07075 反							
胶								
宾组	h07781-1	h07782-1	h10719-1	h13675 正				
师组	h21421-1							
胶								
宾组	y00905-1							
[匚交]								
宾组	h005375-1							
[黄尹]								
宾组	h03099							
出组	h23565	h23566-1	h23567-1	h23568-1				
[黄尹]								
出组	h23569							

效								
宾组	h03096-1	h03097-1	h03098-1					
效								
宾组	b00749-1	h00194-1	h00195 乙	h03090-1	h03091-1	h03092-1	h03094-1	h03095-1
	h06256-1	h06928 正	h10337-1	h10977-1	h14983-1			
师组	h20048-1	h20378-1						
历组	h32782-1							
子组	d00968 正							
黄								
宾组	b00038 反	b00038 正	b00521-1	b00522-1	b00522-2	b00524-1	b00525 正	b00526 正
	b00527-1	b01710-1	b02490-1	b05960 正	h00022-1	h03465-1	h14315 正	
师组	h19942-1	h20096-1	h21099-1	w01521-1				
丙一	h22088-1							
丙二	h22195-1							
出组	b08612-1	h23564-1	h23565-1	h26662-1	h26663-1			

何组	h28196-1	h28893-1	h29507-1	h29509-1	h29687-1	h41400-1	l00059-1	t02363-1
历组	h31178-1	h32783-1	h32930-1	h33167-1	y02451-1			
黄组	b11234-1	h36350-1	h36484-1	h36487-1	h36547-1	h36823-1	h36992-1	h36999-1
	y02567-1							
何组	t03684-1							
宾组	h18819-1							
何黄组	t02182-1							
宾组	h04880-1	h04881-1	h10405 正	h15100-1	h17088-1			
出组	y02251-1							
宾组	h13758 反							
宾组	h04449 正							
宾组	h05760 正							

黄组	b11299 反	y02563-1						
㚔								
宾组	b01737	b01738 反	b01741 正	b01742 正	b01743	h00043	h00136 反	h00136 正
	h00500 正	h00501	h05330	h05861 正	h05898			
师组	h20382	h20384	h20449	h20522				
子组	h21708							
午组	h21953	h22031						
何组	h26971	h28082						
历组	h31978-1	h31981	h33010	h33012	h33031	h33044	h33091	h33317
	h34440							
㚔								
宾组	b01270 正	b01739	b01740	h00127	h01248 正	h01270 正	h05832	h05833 反
	h05835	h05838	h05856	h05862 正	h05873	h13937	h15527 反	
师组	b06919	b06932 乙	h19946 正	h20378	h20381	h20398	h20506	

历组	h33201							
⿱口㚔								
宾组	h05935	h05936	h05937	h13733				

师组	h21022	100659						
⿱㚔口								
师组	h20379							

丙二	h22397							
⿱屮㚔								
宾组	h00139 正	h00503	h00505 正	h00868	h05927-1	h05928	h05933	h05934

	h13734	h17066						

丙一	h22065							
⿱屮㚔								
宾组	h00137 正	h00504 正	h00521 反	h00568 正	h00584 反甲	h00869	h05926	h05929

	h05932	h13362 正						
⿱屮㚔								
宾组	h05925							

⿲彳幸亍								
宾组	h06664 正							
圉								
宾组	b01753	h01784	h05972		历组	t03628		
圉								
宾组	h00138	h00139 正	h00522 反	h05973	h05974			
丙二	h22333							
黄组	h36419							
圉								
宾组	h05976	h06057 正						
圉								
宾组	h05975							
⿰幸攵								
宾组	h00104	h05992	h05993	h06816	h12357	h12415		
师组	h20380	y01881						
何组	h28177							
历组	h31787	h31788						

[illegible]								
宾组	h18229 正							
[illegible]								
宾组	h18228	h18230						
[illegible]								
宾组	b01750	b01752	h00406	h00817	h01022 甲	h05760 反	h05885-1	h05886
	h05891	h05895	h05908	h05916	h39512-1	h39512-2		
师组	h20372	h20373-1	h20374	h20375	h20427	h20464		
子组	h21626	h21711	h21825					
午组	h21893	h21894						
出组	h24218							
何组	h28083							
历组	h32057	h33202	t01150					
黄组	h37468							

⿰㚔攴	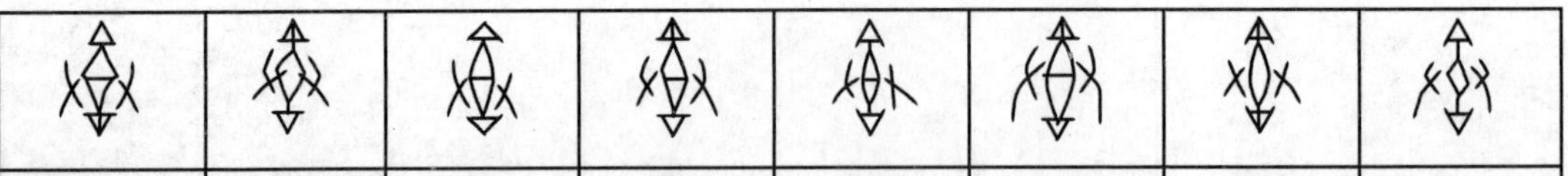							
宾组	b01751 反	h05889	h05893	h05896	h05898	h05903	h05907	h05911
	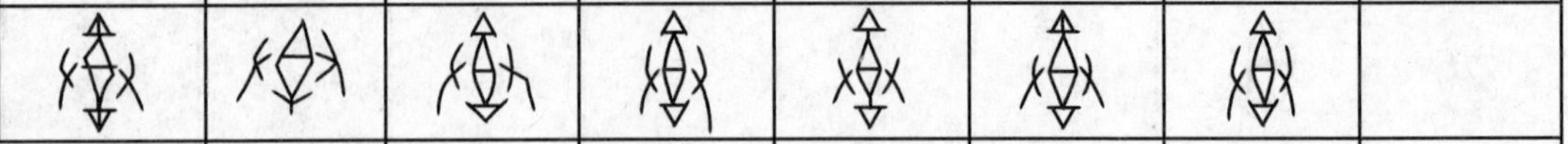							
	h05914	h05919	h06094 反	h06330 正	h06331	h06451 正	h09506	
⿰㚔攴								
宾组	h05922	h05923	h05924					
⿰㚔攴								
宾组	h09335							
⿰氵執								
黄组	h36536							
⿴囗執	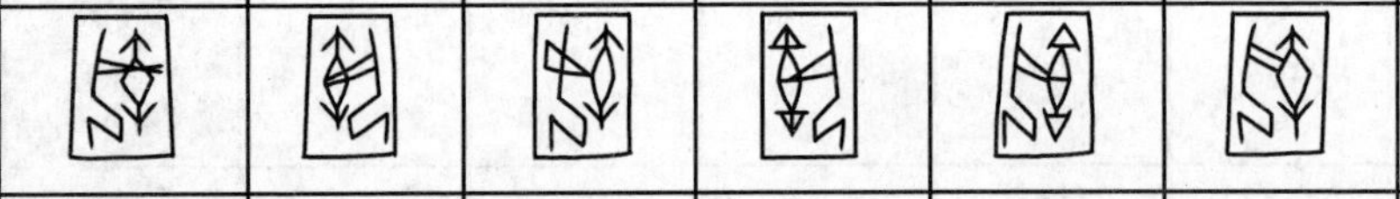							
宾组	b01754	h00139 反	h00795 正	h01066 反	h05983	h05984		
⿴囗執								
宾组	h06666							
⿱⿱宀執土								
宾组	h05990							
⿱宀執	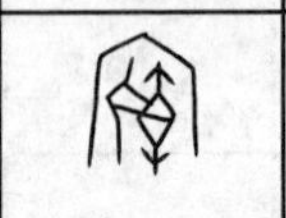							
宾组	h05991							
执	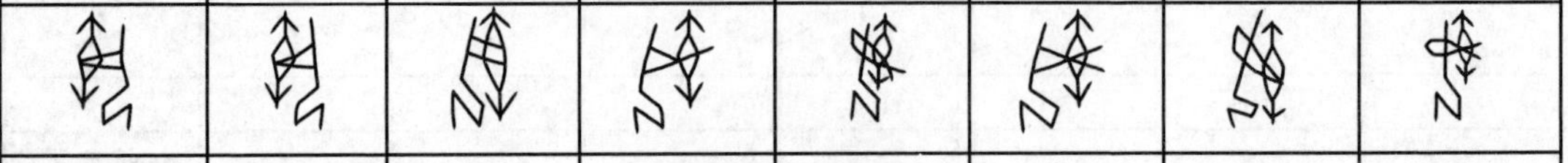							
宾组	b00051 甲	h00185	h00223	h00436	h00685 正	h00798	h00799	h00801
	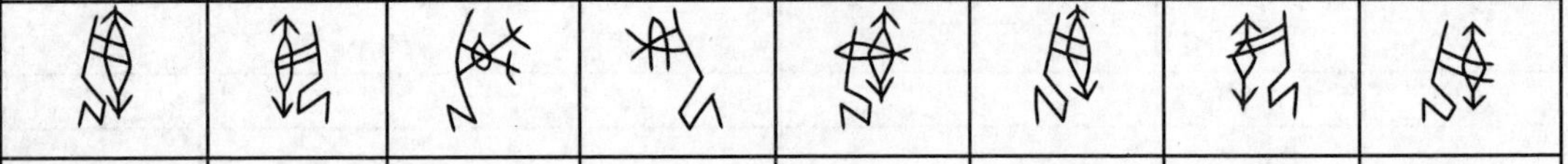							
	h05943	h05948	h05970	h05971	h06952 正	h10373	h10437	y00533-1

师组	 b06725	 d01296	 h19778	 h19779	 h19785	 h20376	 h20449	 h20468
	 h20708	 h20796	 h21047	 y01854				
子组	 h21712							
午组	 h21999							
出组	 h22592							
何组	 h26992	 h26993	 h28011-1	 h28011-2	 t02651			
历组	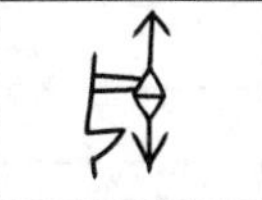 h33044	 t00502						
黄组	 b11309	 h36492	 h37518					
执								
宾组	b01270 正	h00802	h05951 正	h05952	h05955	h05973	h10436	y000534
何组	 h26950	 h26991	 h27387 正	 t02501				
历组	 h32184	 h33009						

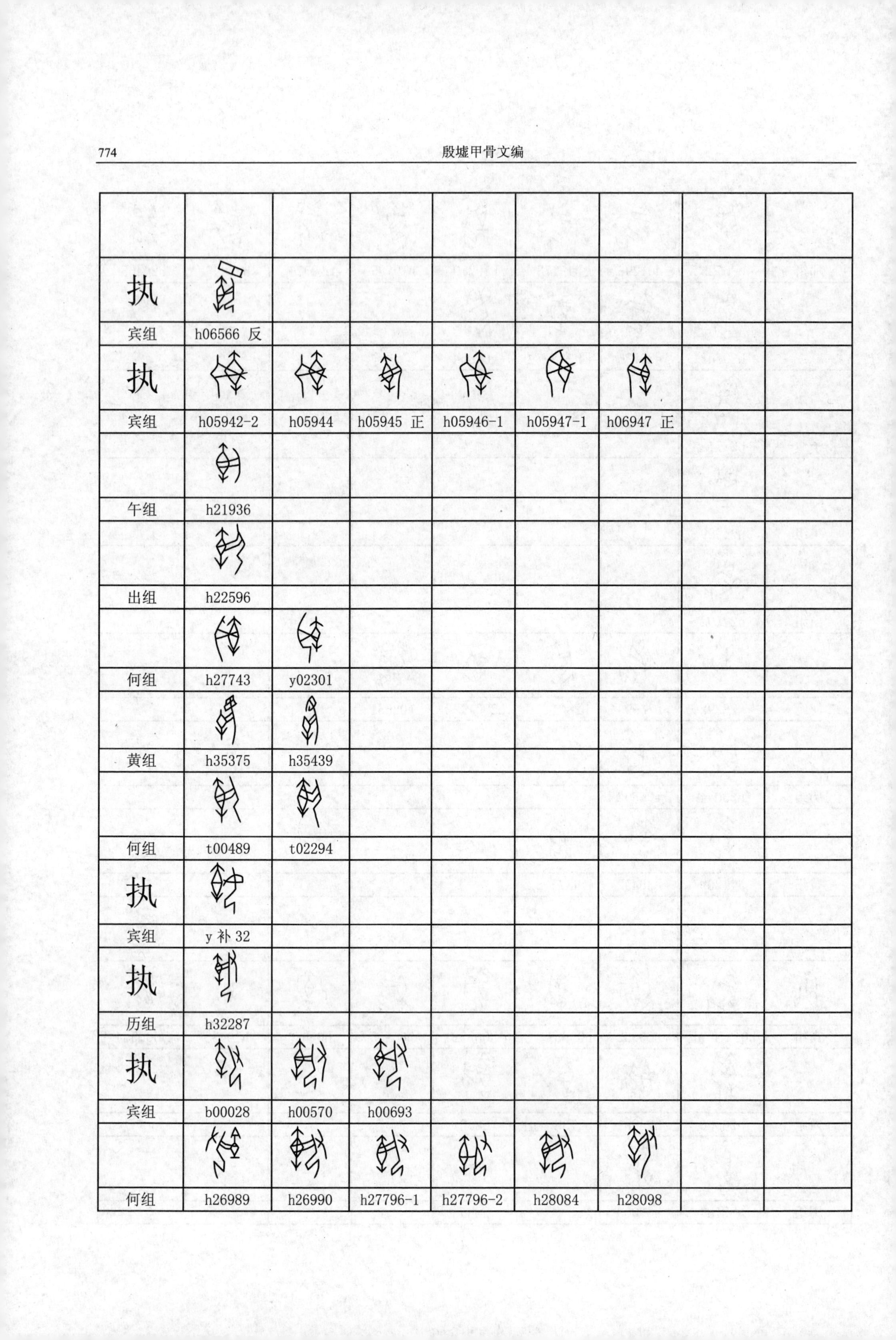

执								
宾组	h06566 反							
执								
宾组	h05942-2	h05944	h05945 正	h05946-1	h05947-1	h06947 正		
午组	h21936							
出组	h22596							
何组	h27743	y02301						
黄组	h35375	h35439						
何组	t00489	t02294						
执								
宾组	y 补 32							
执								
历组	h32287							
执								
宾组	b00028	h00570	h00693					
何组	h26989	h26990	h27796-1	h27796-2	h28084	h28098		

历组	h33008							
执								
何组	h26988 反	h26988 反						
执								
宾组	h00806	h00807						
午组	h21909							
出组	h22594	h22595						
何组	h27306-1	h27306-2	h28085-1					
历组	h32183	h32958						
⿰⿱口幸丸								
宾组	h05964							
⿰⿱口幸丸								
历组	s00502							
⿰⿱口幸丸								
宾组	h00805	h05939	h05940	h05941	y00535			
出组	h22593							
⿰幸人								
宾组	h00803	h00804	h05969					

历组	h32185	h32186						

黄组	h36475-1							

何组	t02367							
 [illegible]								
何组	h26972-1	h26972-2	h26973	h26974	h26975	h26976	h26978	h26979

	h26980	h26981	h26982	h26983	h26984	h26986	h26987	h27302

历组	h30882							

黄组	h36477							

何组	t02148	t02179	t04558					
 [illegible]								
师组	h20385 反	h20385 反	h20385 反					

历组	h33076	t02351-1	t02351-2					
 [illegible]								
历组	h33746 正							
 [illegible]								
历组	h31787							

弓							
宾组	b04485	h00151 正	h03046	h03369-1	h07932-1	h08867		
师组	h21525							
子组	h21659-1							
丙二	h22349	h22435	h22519					
何组	h26907 正							
历组	y02402							
弖								
宾组	b00489-1	b00522-1	d00370 反	d01061 反	h00269	h00381-1	h00667 正	h00667 正
	h00902 正	h03029	h03073	h03074	h03076	h03080	h03081	h03083 正
	h05628 正	h06057 正	h06192	h14125				
出组	h23438	h23531-1	h23532-1	h23533-1	h23535-1	h23717		
弖								
宾组	h004997-1	h00667 正	h00667 正-	h00891 反	h00938 反	h03842-1	h04770-1	h04771
	h04772	h10936 反	h14128 正	h14128 正	h14208-1	w00470	y00408	

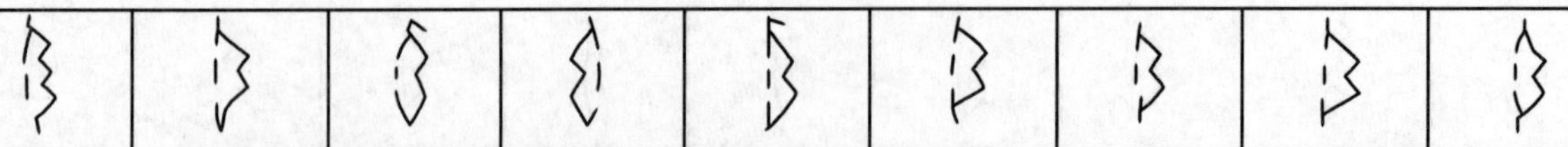

宾组	h00593	h04733	h04734	h07239 正	h08442 反	h17707	h19664	h19752
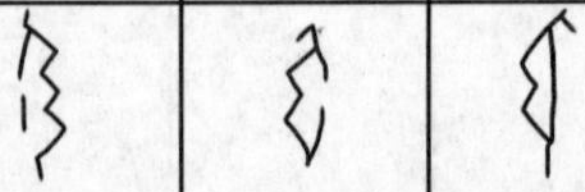								
师组	b06818	h20117-1	h20557					
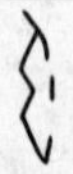								
何组	h29745							
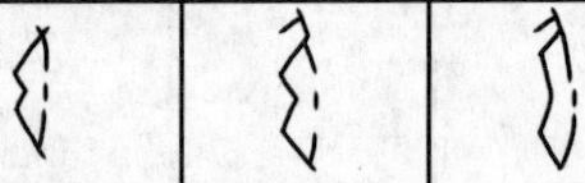								
黄组	h36344	h36347	h36348					

宾组	h00025 正	h03272	h09283 正	h09410 正	h10048-1	h10458	h12659 反	h13523 正

	h18477							

师组	h20040-1							

历组	b10657							
⿰弓又	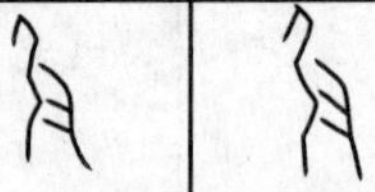							
师组	h20041	h20042						
⿰弓攵	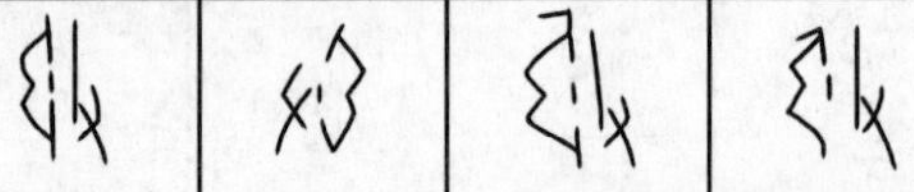							
宾组	h04468 正	h09094	h10405 正	y01215 正				
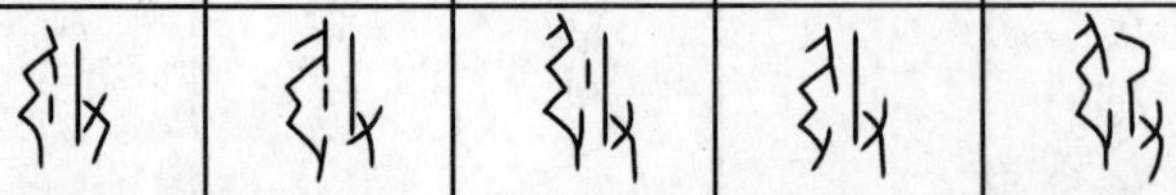								
何组	h26909-1	h27017	y02373	t00673	t02552			

历组	h31144	h31145-1	h32563					

宾组	h05779							
师组	h20647							
何组	h28328-1							
[illegible]								
出组	d01175 正							
何组	h26917-1	h27201-1						
历组	h30414-1	h30780-1						
宾组	h09093-1							
宾组	h05558							
[illegible]								
宾组	h03450-1							
何组	h28002-1	h28002						
[illegible]								
出组	h24261							

射	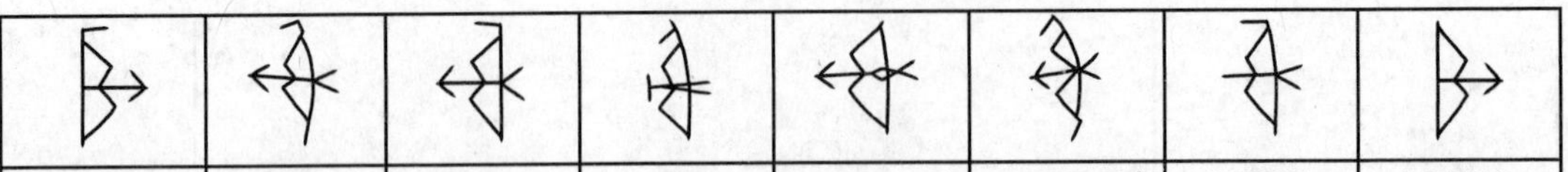							
宾组	b01242	b01716	b01717	b01718	b01719 正	b01720 反	b01721	b01722
	b01723	b04392	d00194-1	h00013	h00030	h00046 正	h00163-1	h00277
	h00974 反	h05732	h05734 正	h05739	h05742	h05748	h05749-1	h05750 正
	h05751	h05753	h05754	h05760 正	h05762-1	h05764	h05768	h05773
	h05776 正	h05776 正	h05777-1	h05778 反	h05782	h05783	h05787	h05788
	h05791	h05792	h05796 正	h05797	h06618 正	h07076 正	h09575	h10320 正
	h10360-1	h10419	h10421	h10695	h19474	h19478	w00317	y00484 反
	y00527	100079						
子组	h21586-1	h21595						
出组	b07234	b08721 乙	h22539	h23501-1	h23787	h24142	h24156 正	h24220
	h24221	h24223	h24391	w01141				
何组	b08965	b09245	b10279	b10321	h26899	h26907 正	h27060-1	h27255

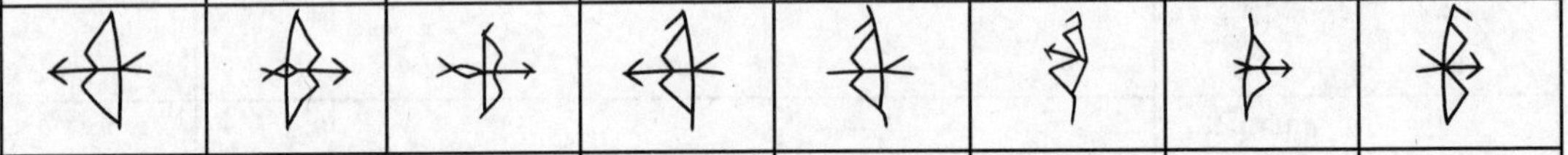

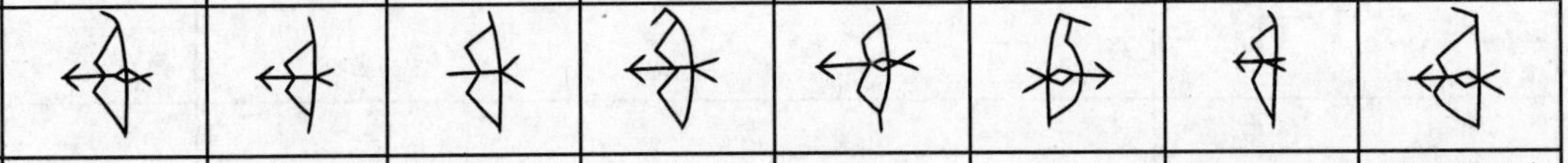

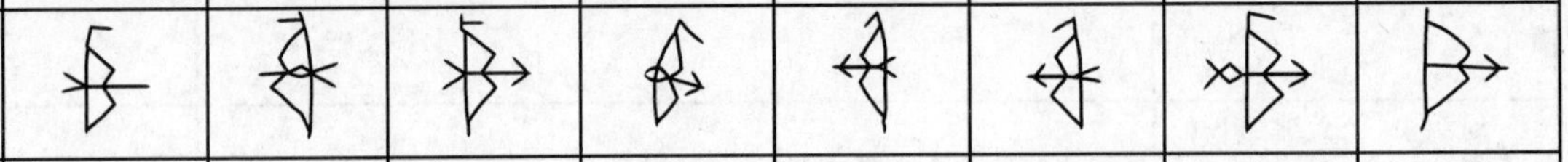

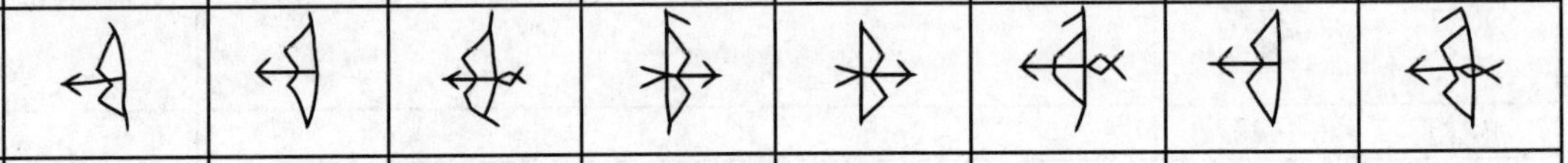

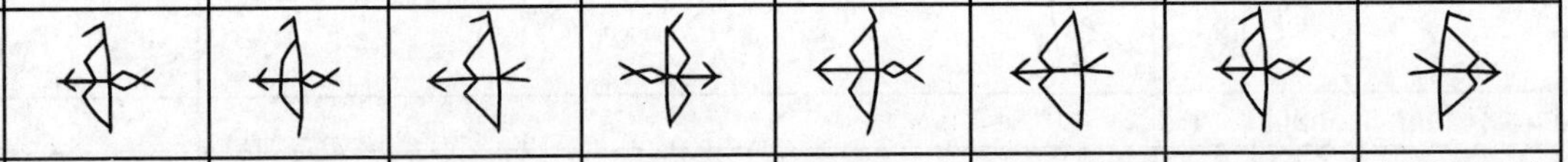

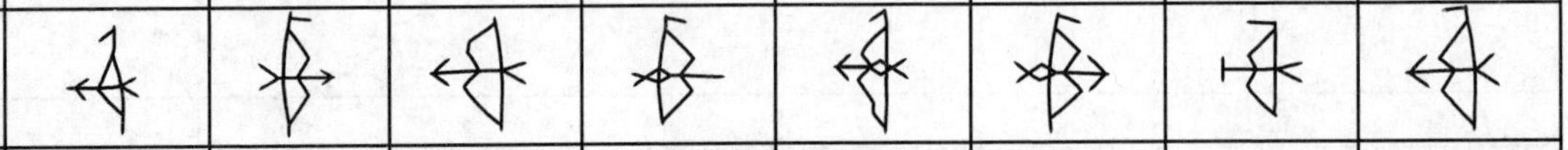

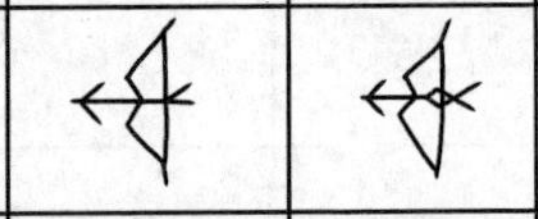

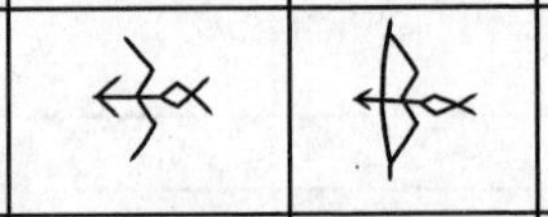

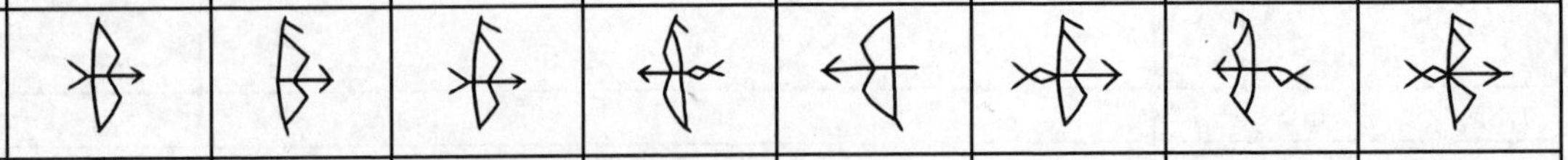

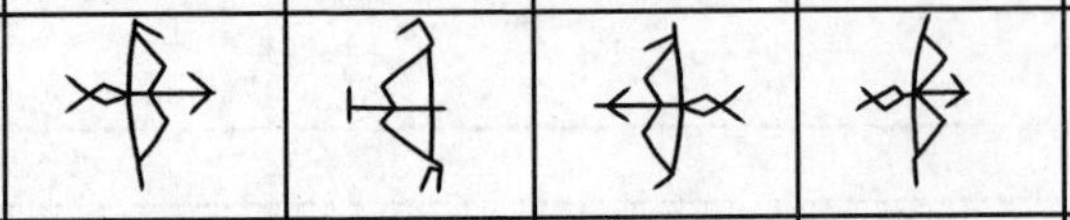

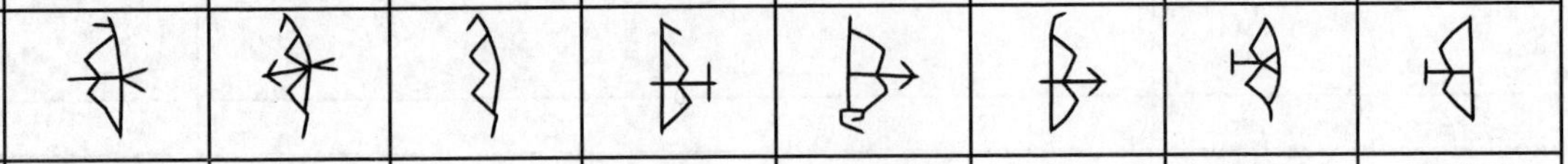

	h27348	h27394-1	h27663-1	h27941	h27970	h27971-1	h28080	h28081
	h28305-1	h28307 正	h28308	h28318-1	h28327	h28339	h28346	h28347
	h28348	h28353	h28360	h28363	h28364	h28366-1	h28371	h28377
	h28391-2	h28392	h28400	h28401	h28402	h28403	h28404	h28405
	h28406	h28407-1	h28409	h28806	h28809	h28812	h28813	h28814
	h28816	h28819	h28882-1	h29084	h29268	h29355	h29356	w01441
	y02295	y02299						
历组	b10429 甲	b10518	h30601	h30990	h31141	h31142	h31143-1	h31996 正
	h32025	h32026	h32406	h32801-1	h32886	h32969-1	h32996	h32997
	h32999	h33000	h33001-1	h33002	h33004-1	h33363	h33405-1	y02421
黄组	h36775-1	h37384-1	h37395	h37396	h37439	h39460	y02566	y02673
历组	t01090	t03221	s00375	t00007-1	t00009	t02417	t00636	t00503

	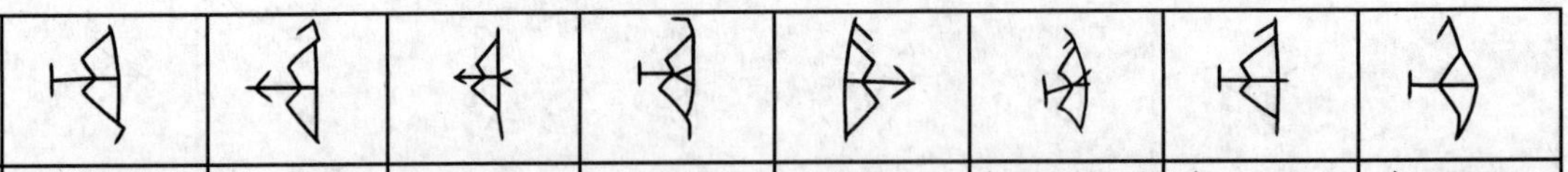							
何组	t00561	t00598	t04561-1	t00693	t04355	何 t00915-1	何 t01032	何 t01088
	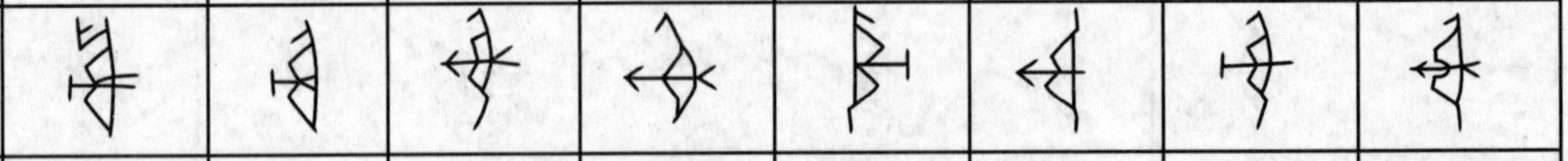							
	t00256	t00495	t02539-1	t02539	t02579	t02922	t03207	t00086-1

历组	t00771							
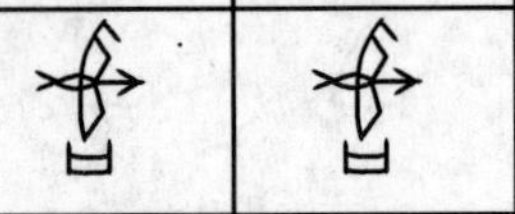								
出组	h26805							
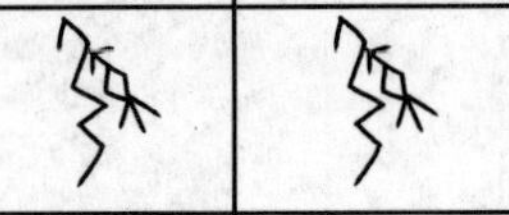								
何组	h26956							
射								
历组	h32934							
引	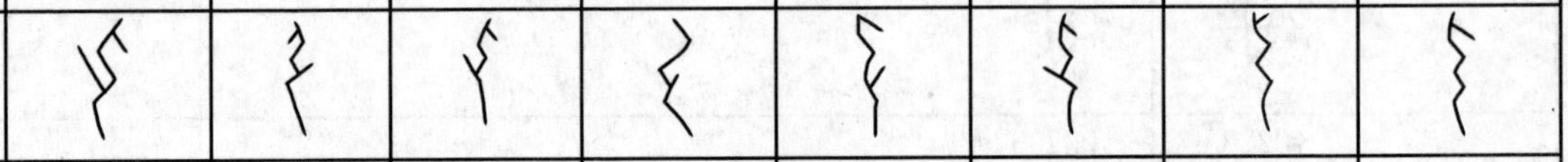							
宾组	b05353 反	b13013-1	h00641 反	h00809 反	h03099-1	h04811	h04812-1	h04813
	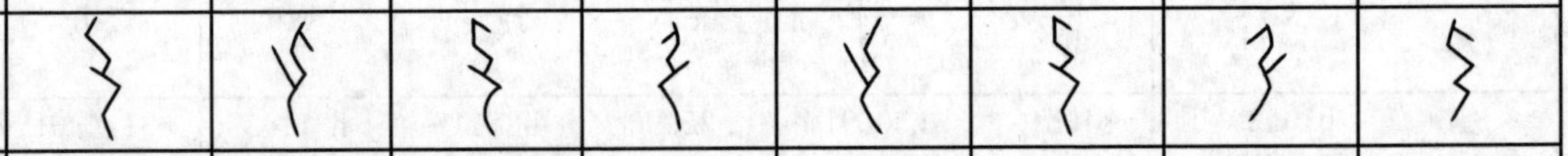							
	h05382	h06656-1	h07693	h08455	h11006 正	h16077	h16329	h19681 正
	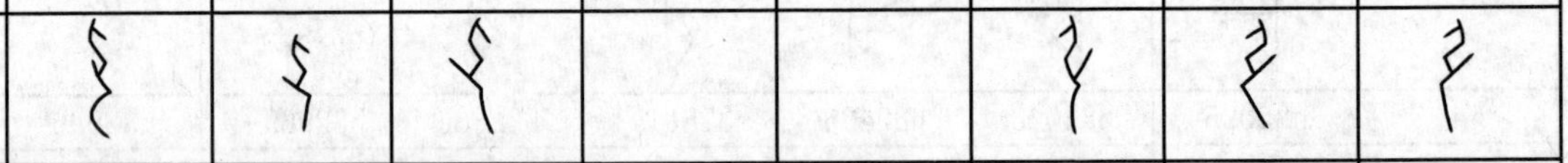							
师组	h19875	h19914	h20086-1		出组	b07035	h23368	h23717
	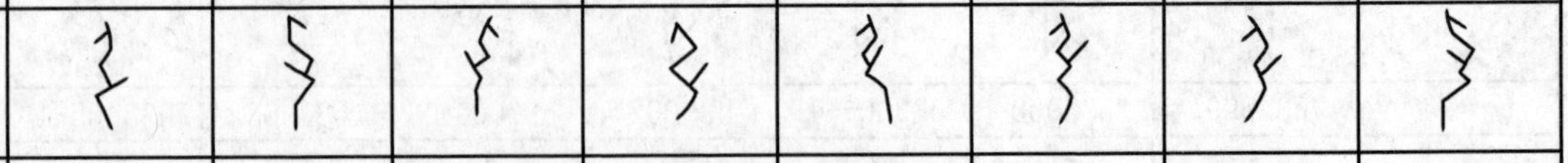							
何组	b09675	b09768	d01273-1	h27361	h27901	h27925	h28188	h28759
	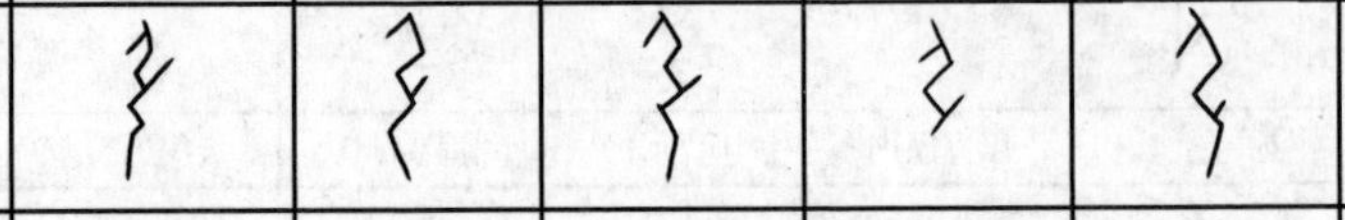							
	h28956	h29033	h29058	t02179-1	t02739			

	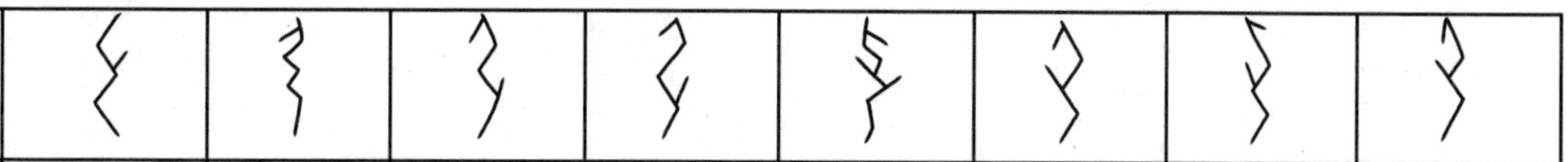							
历组	b10668-1	b13390	h30478	h30981	h31692	h32343-1	h32531	h32892
	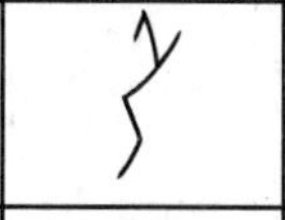							
	h34381-1							
	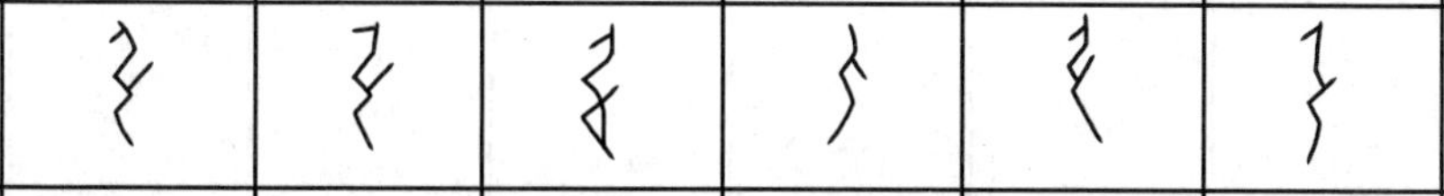							
黄组	h36482	h36509	h36593	h36734	h36985	h37849		

何黄	t02749-1							
勿	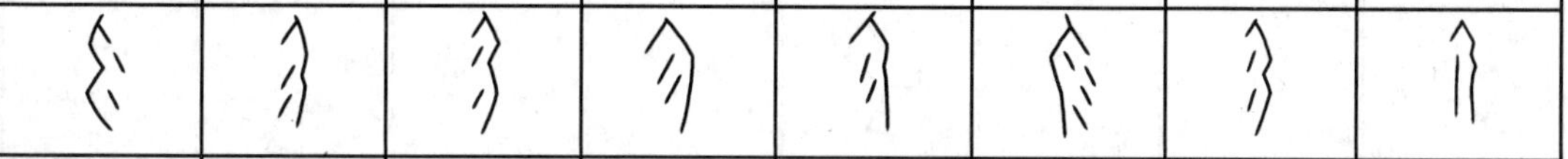							
宾组	b00012 正	b00030	b00032-1	b01317	b01574 正	b01652 正	h00739-1	h01138
	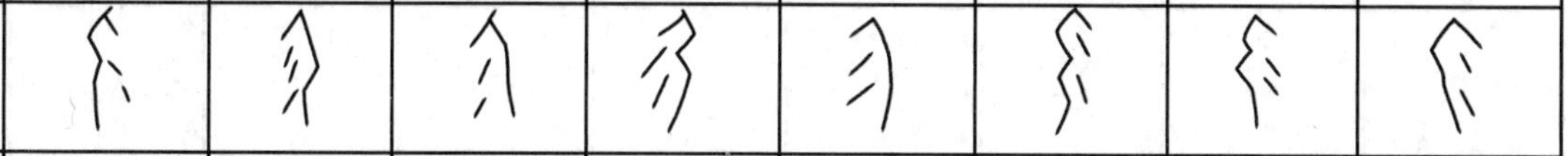							
	h04305	h04416	h05905	h05951 正	h05970	h07766	h07930	h08090

	h10106	h11484 正	h13470	h15423 反	h19120	y00331	100013-1	
	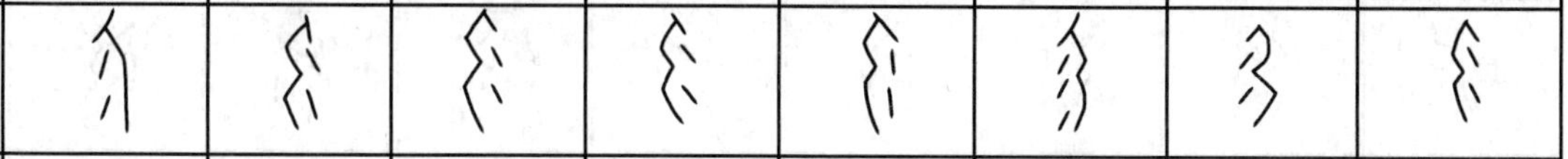							
师组	b06611	h19800-1	h19852-1	h19867	h19880-1	h19890-1	h19891	h20024-1
	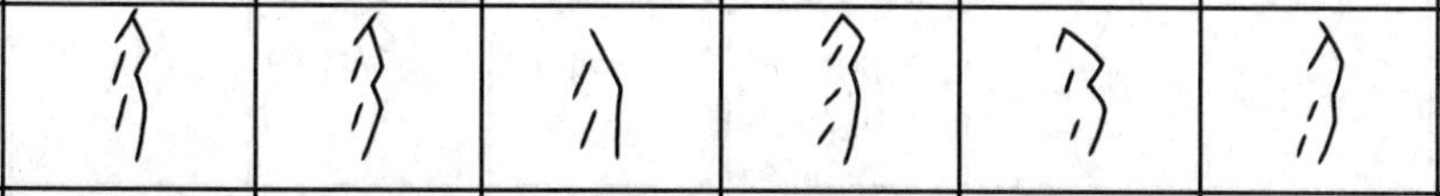							
	h20070	h20178	h21019	h21041	h21241-1	h21418		
	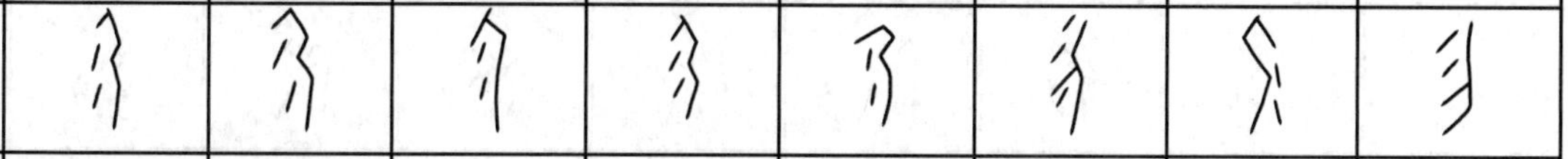							
出组	h22590	h23600-1	h23626	h23699-1	h23792-1	h24550	h24957	h24982
	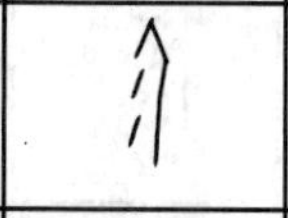							
	h26766-1							
	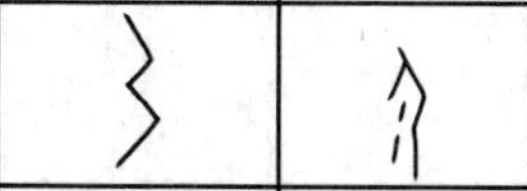							
何组	h29084	h30269-1						

历组	h30588	h30757-1	h30757	h30910	h31049			
何黄	100083							
宾组	b04927							
师组	h20238							
弓口								
宾组	h03440	h03441	h09106-1					
午组	h21895	h21914						
黄组	h35673							
弓斤								
宾组	b06089	d00236	h00044	h01182	h01403	h03438 甲	h04224 反	h04801
	h04802	h04804	h04805 反	h04806	h04807	h04809	h04810	h06947 正
	h08085	h08398	h08744	h09185	h09575	h09792	h10048	h10611
	h11237	h11458	h12141 反	h13752 正	h17176	h18830	100072	
师组	h21167							

子组	h21856							
丙一	h22048	h22069	h22106					
丙二	h22186							
出组	h23477	h23548	h25892	y01998				
何组	h29729							
历组	w01647							
午组	t02241							
[illegible]								
宾组	h05677	h15165	h15169	h18161				
弜								
宾组	b01991	b02430 正	h00117	h02671 正	h09346-1	h09351-1	y00157-1	
师组	b06654	h19929-1	h19956	h19957 正	h20051	h20053	h20159-1	h20160
	h20323-1	h20805	h21188					
丙一	h22047	h22072	h22086					

丙二	h22195							
出组	b07295	b07514	b07535	b08706	b08721 乙	b08747	d01198-1	d01236-1
	d01242 正	h22636	h23163	h24964	h25157	h25160	y02165-1	
何组	b08940	b09023	b09217	b09219	b09285	b09659	b09685	b10344
	b10350	b10370	d00791	h26920-1	h26936	h27083	h27186	h27470
	h27559	h27686-1	h27796-1	h28316	h30363	t00286	t02116-1	t03037
历组	b10420	b10447	b10461	b10463 甲	b10468	b10470	b10482	b10622
	b10697	h30756-1	h30762-1	h31046	h31180	h31187-1	h31944-1	h31966
	h31967	h31994	h32015	h32026-1	h32038	h32126-1	h32175	h32226
	h32272	h32286	h32289	h32365	h32490	h32536	h32773	h32791-1
	h32834	h32995	h33214	h33840	h33897	h33915	h33991	h34230
	h34268-1	h34338	h34477	h34484	h34497-1	h34525	h35278	

黄组	d00889	h36425-1	h39465	h39466	h39473			
					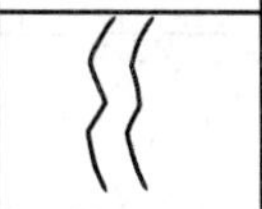			
历组	t03418	t00639	t03837	t02682	t02694			

宾组	b04712	d00559 反	h00053	h00054	h04311	h04315	h04320	h04321

	h07030	h17096 正						
					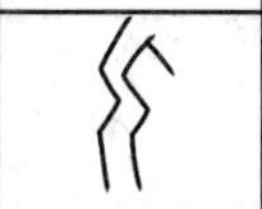			
师组	h20185	h20186-1	h20399	h20404	h20443	h20611	h20653	y01777

	y01813							
[illegible]								
子组	h21856							
[illegible]								
宾组	y00190							
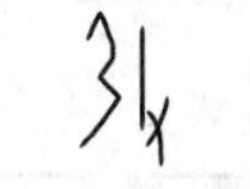	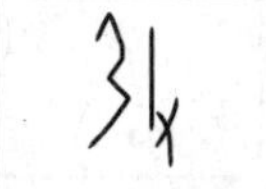							
何组	h30358							
[illegible]	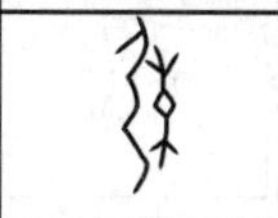							
何组	t04066							
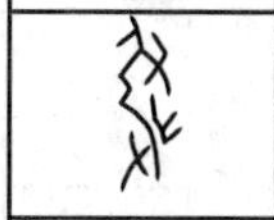	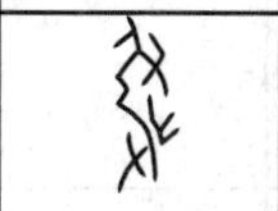	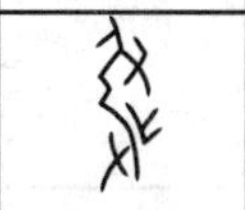						
历组	h31146-1	h31146-2						

何组	t01057							

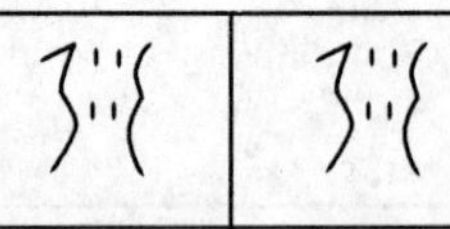								
师组	h21460							
 [illegible]								
宾组	h17970-1							
乃	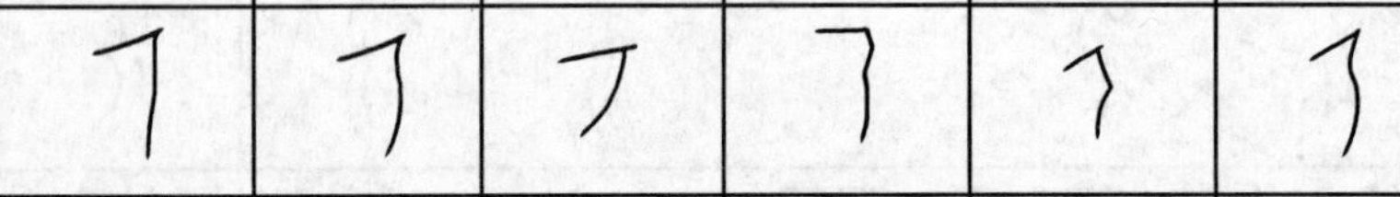							
宾组	h01075 反	h01824 反	h03297 正	h07160 反	h09499	h19608		
	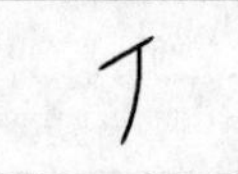							
何组	t02561							
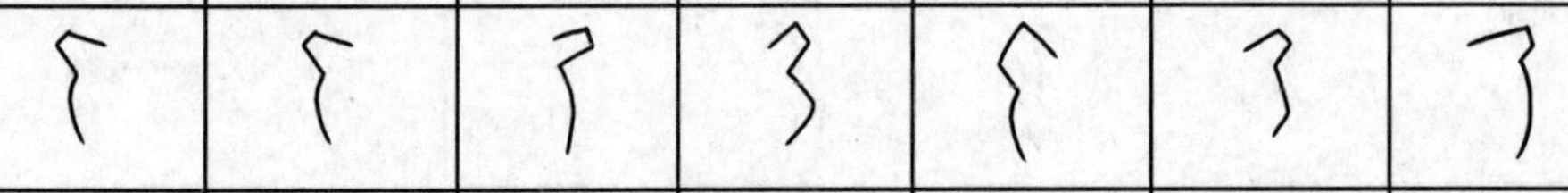								
宾组	h07150 反	h08986 反	h09560-1	h09827	h10048-1	h10405 正		
	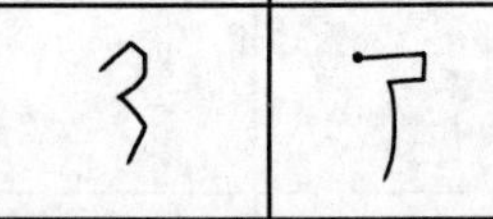							
师组	h21339-1	h21037						
	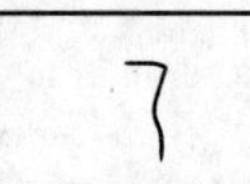							
午组	h21914							

何组	h28049							
	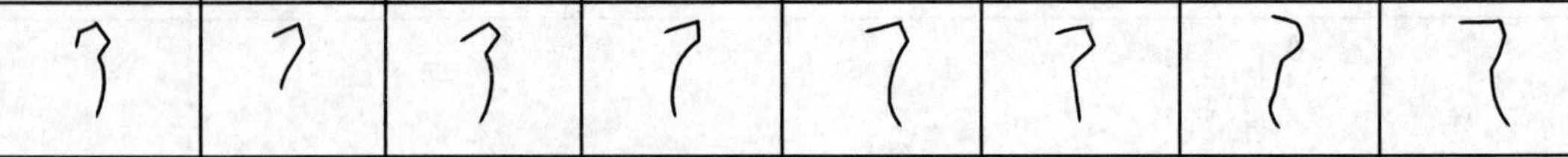							
历组	h30763-1	h31154-1	h31199-1	h32833	h32854	h32855	h34189-1	y02413
可	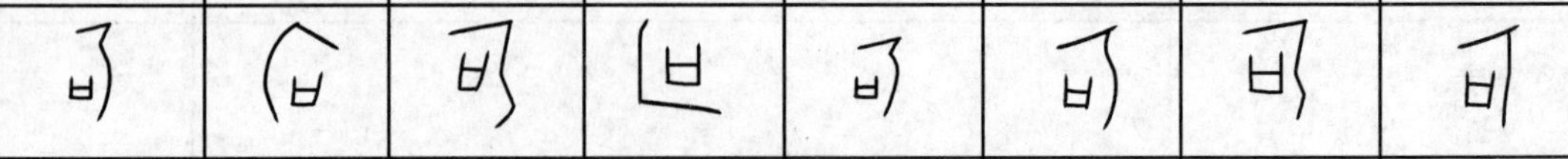							
宾组	d00014	h02218 反	h11040 反	h13688 反	h18889	h18892	h18894	h18896
	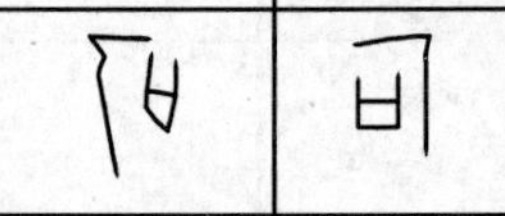							
	h19681 反	y01679 反						
	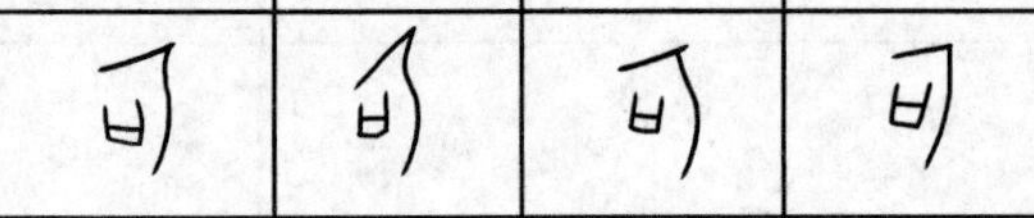							
何组	h27990	h27991	h30355	y02267				

历组	h31960							
历组	t03245							
何组	h41356-1							
扔								
师组	h21050							
宾组	h04891-1							
皿								
宾组	b02981	b04116	h02941	h05742	h10964 正	h10964 正	h15286	h18183
师组	b06780	h19970 反						
午组	h21885-1	h21885	h21917					
出组	h24625	h24892	h24894	h26743				
历组	h31154	h31887						
黄组	b11249							
血								
师组	h20386	h21246						

丙二	h22228	h22229	h22231					
出组	h23434	h25036	y01977					
何组	h28173	h28174						
历组	h31149	h31150						
血								
黄组	h36788	h36798						
血								
宾组	h07325							
历组	h34148	h34430						
何组	t02357							
盟								
历组	h32330	h32330	t02707					
盟								
宾组	h09811 正	h18547	h19495					
历组	h31148	h31153						

黄组	h36799	h36800	h38633					
盟								
出组	h22988							

黄组	h39440							

何组	t00958							
盟								
宾组	h13562	h18548	h18916	y00814				

师组	h19914							

子组	y01891-2							

出组	h23556	h24942	h24943	h24944	h25167	h25950	y02117	

何组	h27187							

历组	h31152							

黄组	h36799	h36801						
盟								
出组	h22857	h25168	y02107					

何组	y02262							
历组	h32391							
⿱囟皿								
子组	y01891							
⿱囟皿								
宾组	h15323	h15338						
师组	h19923	h21248	h21250					
历组	h34103							
何组	t04146							
黄组	h35721							
黄组	h35721-1							
⿱宀⿱囟皿								
宾组	h13696 正							
益								
宾组	b06221	h00811 正	h05393	h07695 反	h10119	h11798	h12983	h13353
	h18217	h18542-1	h18543	h18545	h18801	h18802	h18803	h18820-1

	h40800-1	y01363-1						

午组	h21916							

出组	h23717-1	h24413-1	h24413	h26764-1	h26765-1	h26769	h26771-1	h26796

历组	h31814							

出组	100347							
益								
宾组	h18541							
[illegible]								
历组	t03791							

宾组	h00137 正	h01824 正	h06653 正	h08255	h13575	h18527	h19152 正	

何组	h27801							

宾组	h17960							
[illegible]								
宾组	h00151 正	h00151 正	h00151 正					
盆								
何组	h28167							

宾组	h13216 反							
宾组	h18528-1							
出组	h23259	h23520	h25163	h26822	h26857	h26858	h26861	
宾组	b06287							
历组	h31282							
宾组	h18529-1							
黄组	h36802-1	h38703	h38704	h38706	h38707	h38709	h38711	w01725-1
蛊								
宾组	h00201 正	h00201 正	h01191 正	h02530 反	h02530 正	h13658 正	h13664	h13797
	h14277	h17183	h17186	h17191-1	h17415	y01569-1	y01569	100067
丙二	h22416							
蛊								
宾组	h05775 正	h13665 正						
丙二	h22507							

蛊	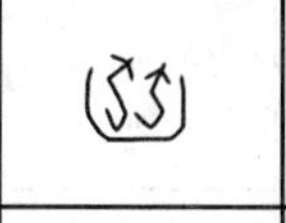							
宾组	h17190							
蛊								
宾组	h10748 乙							
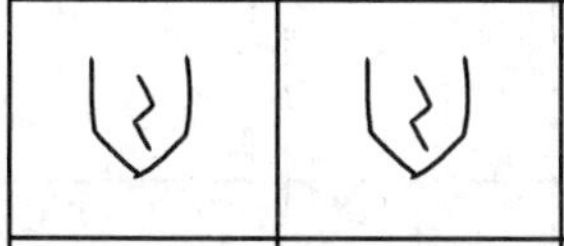								
子组	H21731							
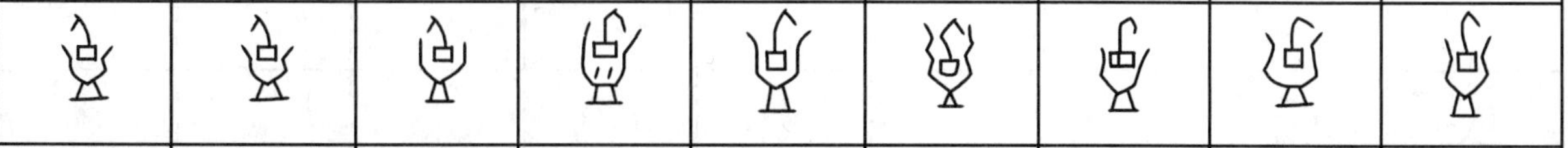								
宾组	b03806 正	b03807	h01080 反	h01330	h12564	h12657 正	h12658	h12660
	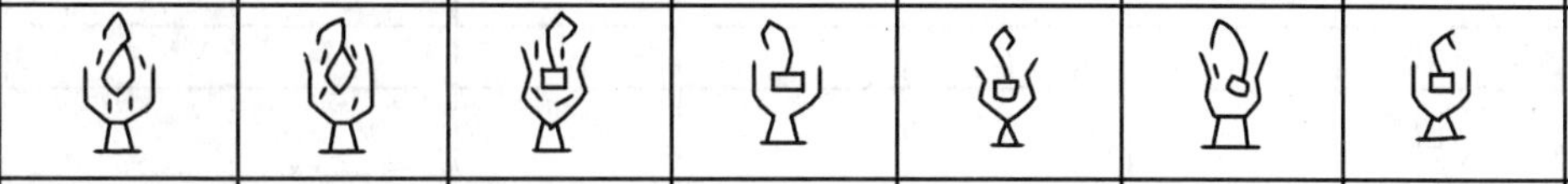							
	h12661-1	h12661-2	h12662 正	h12666	h12667	h13151 正	h15460	
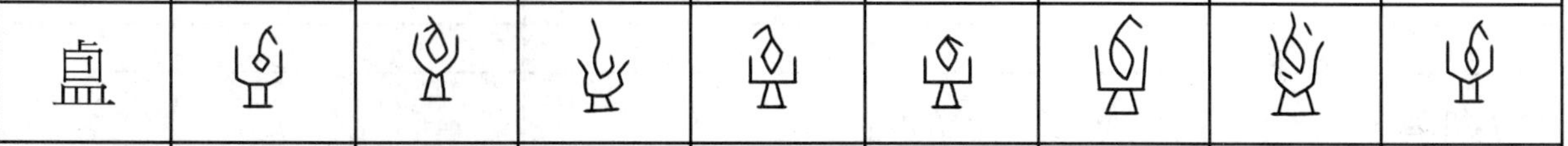 盧								
宾组	b03808 正	h07873	h12641	h12659 正	h12659 正	h14468 反	h14520 正	y00829
	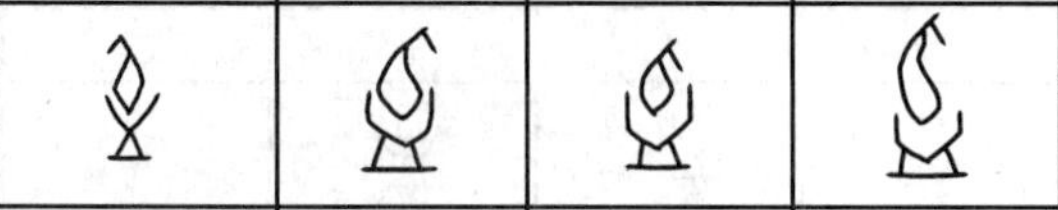							
出组	h22828	h23257	h25979	h26859				
	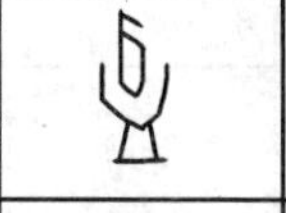							
历组	h31044							
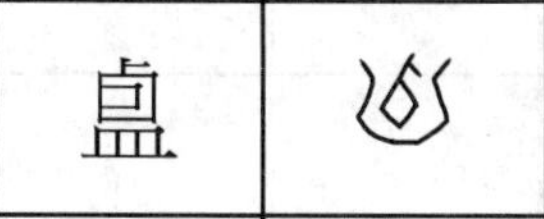 盧								
何组	h27301							
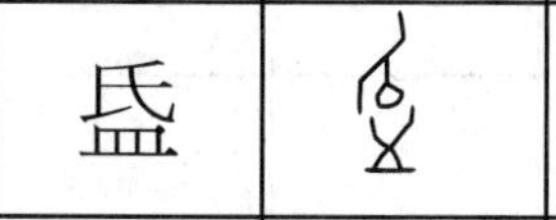 [illegible]								
出组	d00677							
	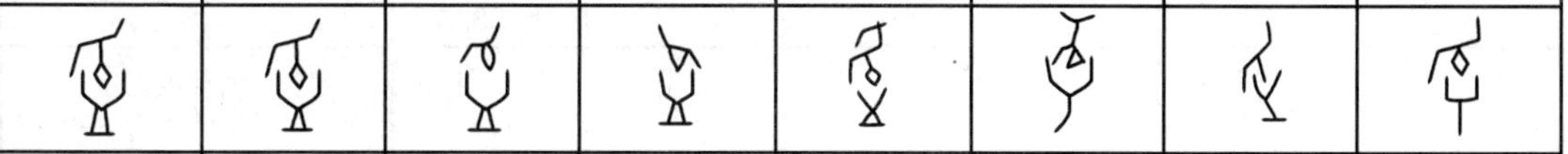							
何组	b10378	b13348	h28149	h28381	h29255	h29268	h29269	h29271

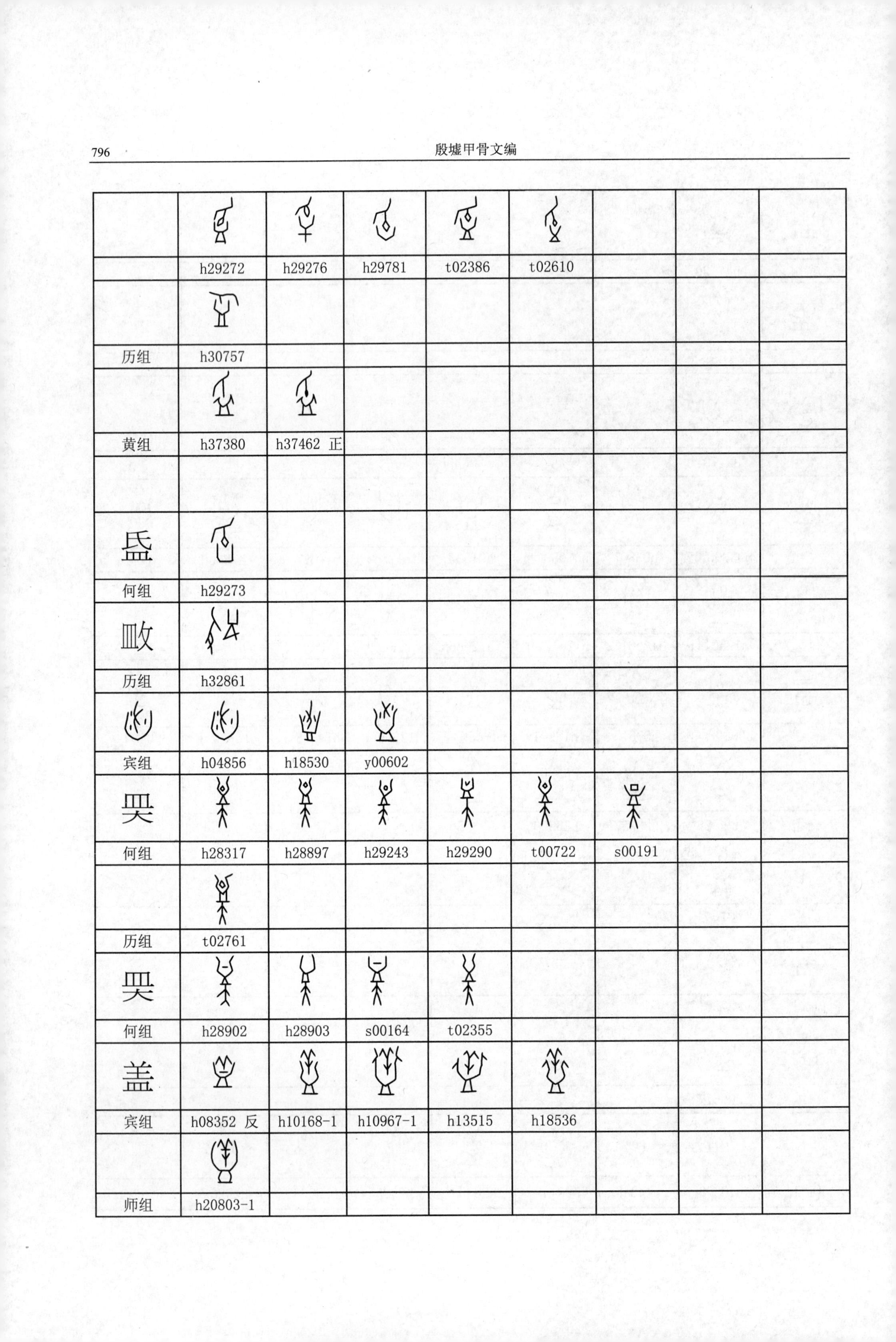

	h29272	h29276	h29781	t02386	t02610			
历组	h30757							
黄组	h37380	h37462 正						
⿱氐皿								
何组	h29273							
⿰皿攴								
历组	h32861							
宾组	h04856	h18530	y00602					
⿱罒大								
何组	h28317	h28897	h29243	h29290	t00722	s00191		
历组	t02761							
⿱罒大								
何组	h28902	h28903	s00164	t02355				
盖								
宾组	h08352 反	h10168-1	h10967-1	h13515	h18536			
师组	h20803-1							

何组	w01398-1	t02169						
历组	h31001							
盖								
宾组	h00636-1	h00638-1	h15551-1	h16200				
丙一	h22123-1							
盖								
宾组	h05711	h05726	h05770 丁	h05770 甲				
宾组	h11154							
黄组	H36631							
匜								
宾组	h08524	h11241	h15824	h18526-1	h18544	y00477		
匜								
宾组	h05458	h08253	h15826	h18525				
匜								
宾组	h15827 正							
何组	h28012							
匜								
何组	h28030							

匜 							
宾组	h08440						
匜 							
何组	t03015						
尽        							
宾组	h02050	h03515	h03516	h03517	h03518	h03520	h03521 正	h03521 正

	h04544	h04914	100059					

午组	h21960-1	h21960-2						

丙二	h22485							

历组	h32276							
尽								
宾组	h03519	h04545						

宾组	h40020							
尽								
宾组	h18538							
盂								
宾组	h16239-1							

何组	h28952-1	h29046-1	y02318-1	t00549-1				

黄组	h36512-1	h36520-1	h37573-1					
盂								
黄组	h37398							
盂								
黄组	h39476							
监							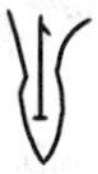	
宾组	h08229	h09100	h10308	h10965	h10966	h13972	h13973	h14074

	y00125 正							

出组	h25162	h25218						

何组	t02380							
监								
出组	h23046							
监								
宾组	h0862							

宾组	h18532							

爯								
宾组	b03961	h04464 反	h11007 正	h11008-1	h11812	h13372	h14370 丙	h14540-1
	h14675-1	h18021						
师组	h21115							
出组	h24987-1	h26157	h26158-1	h26160	h26162-1	h26164-1	h26167-1	h26172
	h26173-1	h26178-1	h26786-1	w01131				
何组	h27719-1	h27991-1	h28236-1	h30187	h30257-1	h30259-1		
历组	h30392	h30775	h33348	h34138-1	h34151-1	w01608	t00913	
黄组	h36949-1	h39467-1						
爯								
何组	h27762-1							
历组	h32006-1	h32028-1	h32552	h33137-1	h33233 正	h33234-1	h34139-1	h34139-2
	h34142-1	h34144	h34152-1	h34229-2				

	t00744-1	t00900	t00930-2	t00986	t01001-1	t01053-1	t02772	
⿱皿于								
宾组	h05884 正							
⿱皿于								
何组	h29840							
⿰氵⿱皿于								
黄组	h36452	h36454-3	h36456-2					
何组	h29273							
黄组	h36491-1							
⿰皿⿱虍大								
宾组	h06877 正	h06878	h06879	h06880				
宾组	h10982 正							
⿱火皿								
宾组	h01119							
⿰皿又								
师组	h20347							
师组	h21099							
宾组	h03823-1	h05723	h06567-1	h06779	h08610 正	h18800		

何组	h29687	h30354						
[illegible]								
宾组	h08294							
[illegible]								
宾组	h10035							
[illegible]								
历组	h33086	t00994						
不明	sm19							
丙二	h22507							
[illegible]								
丙二	h22507							
宾组	h12336 反							
[illegible]								
宾组	h18540							
出组	h26860							
宾组	h08252							

䳜								
宾组	h08252							
盥								
宾组	h11629	h18533						
师组	h20308	h40833	t04429					
何组	h29278	t00217						
盥								
宾组	h12954 反	h18524						
盥								
宾组	h08679							
宾组	h00420	h04540	h04541	h04542	h04543	h05904	h06357	h06480
	h06807	h06934	h07082	h10336	h13747	h15928		
宾组	h18531							
宾组	y00415							
宾组	h18539							

宾组	h07711 正							
宾组	h01051 正							
[illegible]								
出组	h23795	h24393						
⿱止皿								
宾组	h18534							
⿱畾皿								
历组	h31319							
⿰皿殳								
宾组	h00685 正							
铸								
何组	h29687							
铸								
黄组	y02567							
⿰大盖								
宾组	h18537							
午组	h21885							
春								
宾组	h06026	h08053	h09336-1	h17078 正		何组	h26898-1	

[illegible]								
宾组	h06025	h06027						
拯								
宾组	h02279 正							
[illegible]								
师组	h19800							
[illegible]								
宾组	h114611-1	h14362	h14613	h15601-2	h16195	h16196	h16198	h16199
师组	h21258	h21260	h21412					
[illegible]								
宾组	h14313 正	h16197						
师组	h21257							
出组	h23697							
黄组	h36908							
丙二	h22277	h22278-1	h22279-1					
丙二	h22374							
宾组	h04822							

 宾组	 b06180	 h08278						
 宾组	 h15664							
 宾组	 h10817							
 宾组	 h05782							
师组	 h20731							
 宾组	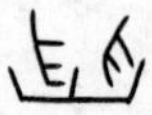 h09366							
 宾组	 h02083							
 丙二	 h22509							
 师组	 h20018							
 师组	 h20998							
 丙一	 h22128							
 宾组	 h18523							

酉								
宾组	b00049	b00129	b00372	b00513	b00532 甲	b01523	b02702	b03350 正
	b03378	b03389	b04338	b04389 正	b04476 乙	b04476 甲	b04689	b04715
	b04769	b04830	b04907	b13107	h00423	h01004 甲	h01386 反	h01387 正
	h04719	h06049	h07334	h11389 反	h12366	h12583	h15515 反	h17127
	h19563	y00609						
师组	b06587	b06673	b06680	b06702	b06736	b06757	b06758	b06776
	b06802	b06841	b06857	b06863	b06869 正	b06894	b06925	b06933
	b06949	b06956	h19862	h19879	h19975	h20088	h20220	h20278
	h20479	h20938	h21434	h21472 正	t01080			
子组	h21554	h21708	h21750	h21796	h21864			
午组	h22010	h22042						
丙二	h22205	h22206 甲	h22295	h22300	h22301	h22307	h22379	h22386

	h22508							
出组	b07043	b07117	b07130	b07150	b07151	b07184	b07188	b07240
	b07355	b07369	b07387	b07510	b07526	b07538	b07626	b07775
	b07846	b07895	b08058	b08126 甲	b08213	b08228	b08273	b08466
	h22723	h23066	h23579	h24440	h26513	h26663		
何组	b08790	b08856	b08958	b08962	b08964	b08970	b09050	b09137
	b09355	b09390	b09445	b09482	b09492	b09615	b09817	b09875
	b09920	b09925	b09927	b09948	b09949	b09980	b09986 正	b09986 正
	b10035	b10054	b10055	b10074	b10078	b10095	b10103	b10106
	b10110	b10165	b10200	b10227	b10258	b10309	b13329	b13359
	h27002	h27456 正	h27702	h28227	h28276	h28450	h29375	h29810 正
	h29811	h30143						

历组	b10425	b10429 甲	b10497	b10525	b10568	b10569	b10592	b10601 反
	b10653	b10660	b10792	b10795	b10839	b10914	h30544	h31303
	h31308	h31358 正	h31388	h31424	h31461	h31624	h31916	h32148
	h32211	h32386	h32486	h32491 正	h32891	h33078	h33334	h33828
	h34020	h34164-1	h34215	h34338	h34401	h34654	y02489	
黄组	b11009	b11038 正	b11043	b11048	b11144	b11154	b11167	b11174
	b11190	b11301 反	b11313	b11492	b11494	b11515	b11516	b11524
	b11549	b11551	b11557	b11569 正	b11579	b11595	b11596	b11610
	b11617	b11621	b11632	b11636	b11776	b11780	b11806	b11926
	b11943	b12016	b12024	b12101	b12172	b12237	b12256	b12393
	b12416	b12502	b12729	b12763	b12791	b12803	b12863	b12890
	b12905	b12921	b12928	b13423	b13434	h35416	h36340	h37432

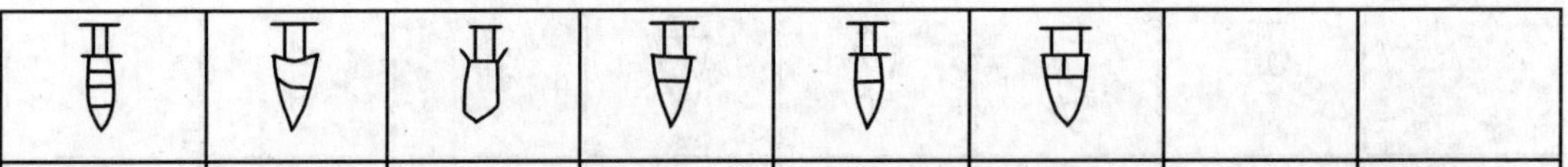

	h37840	h37987	h37994	h38002	h39164	w01915		
历组	t00121	t00445	t03981	t02043		习刻	t02695	
奠 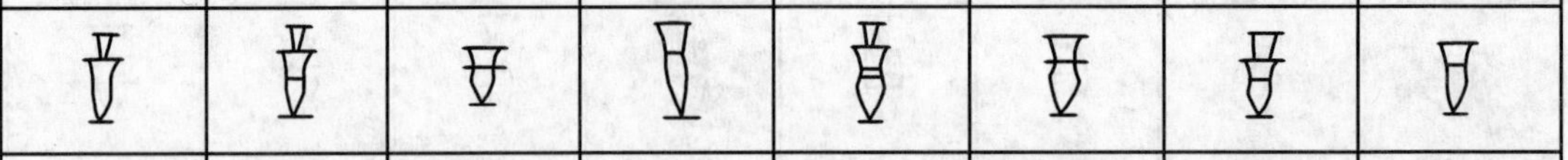								
宾组	b00016 反	b00504	b01532	b01836 正	b02468 正	b04475 正	d00124	d00552
	h00006	h00101	h00152 反	h02137	h03216 反	h04521	h04760	h04839
	h05711	h06527 臼	h07886	h08938 甲	h09499	h09768	h13881 甲	h17005 反
	h19558	h19559	h39499	b00196 反				
师组	h20036	h20231		子组	h21531	h21591		
丙二	h22273	h22507						
出组	b08583	h23534	h24258	h24259	h24409	h26008		
何组	b09681	b10355	b10368	h27999	h28011	h28132	t01092	
历组	b10491	b10493	h32010-2	h32048	h32107	h32275	h32277	h32811

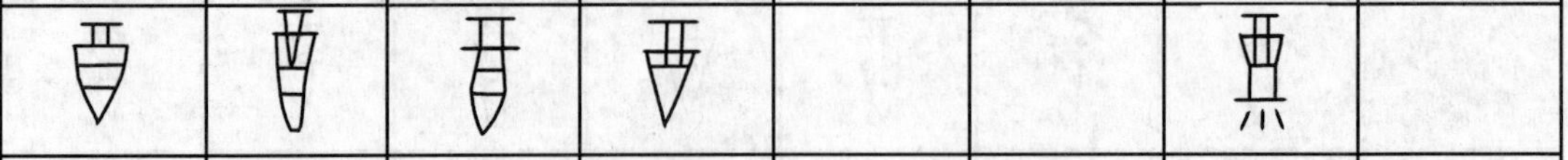

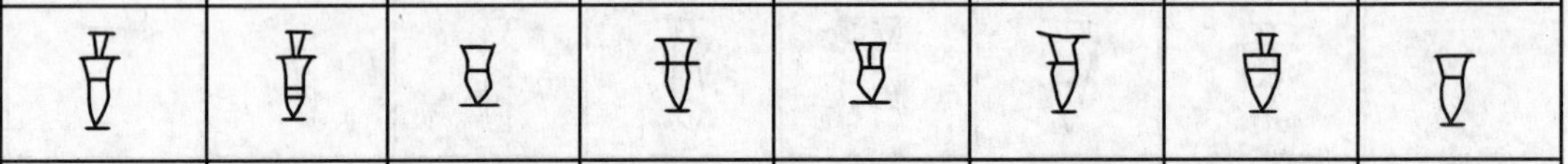

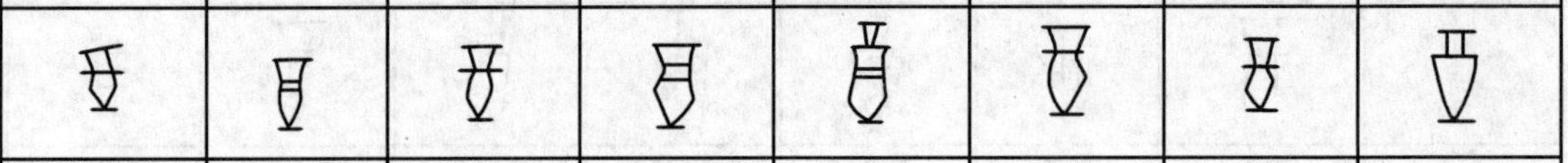

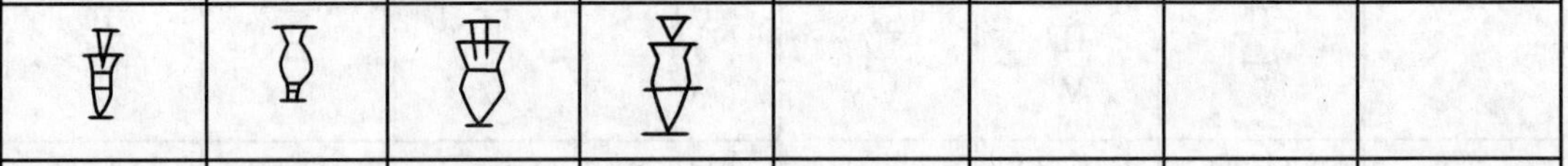

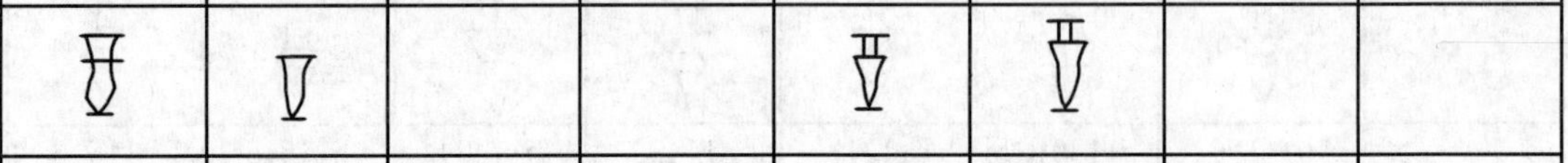

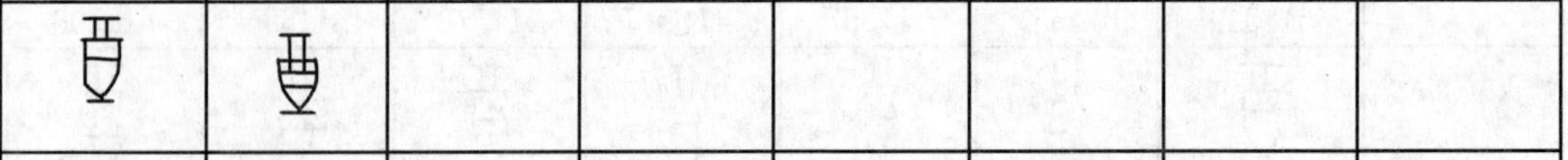

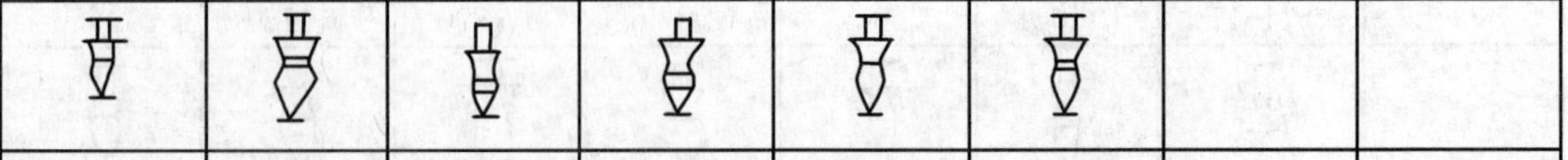

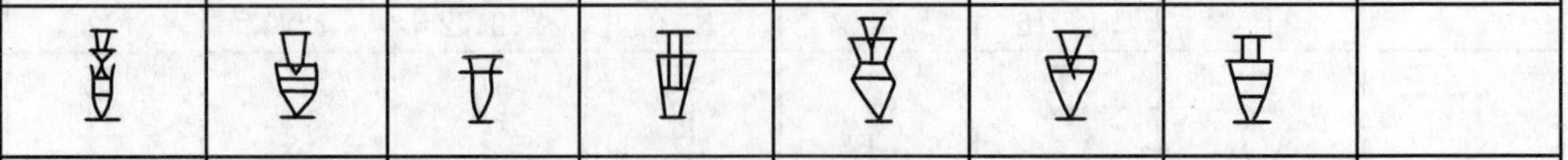

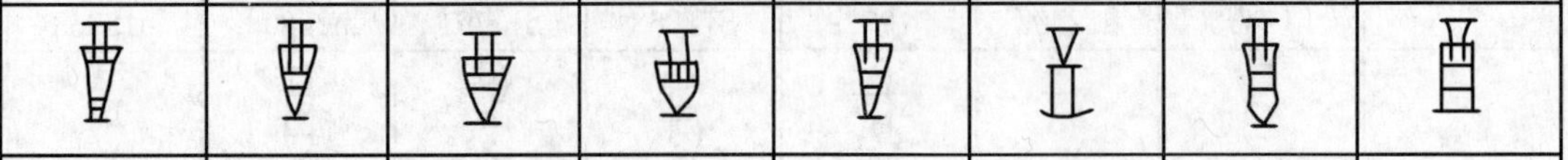

	h32854	h32855	h33090	h34255				
黄组	h36752	h36772	h37410	y02567				
时代存疑		t04343						
[illegible]								
宾组	h18554							
宾组	h00009							
尊								
宾组	b00061	b04479	b04490	b04671	d00002	h00999	h01000	h01975
	h04059 正	h06903	h09869	h14125	h15807	h15808	h15809	h15813
	h15855	h15856						
师组	b06553	h21223	h21377					
出组	h23505	h23715	h25222					
何组	b13306	t00203	t00260					
历组	h32125-1	h32235	h32374	h32536	h32651	h32694	h33140	h34056

	 h34397	 h41494	 h41639-1	 t02861				
黄组	 h38702-1							
尊								
宾组	h17948							
隮								
宾组出组	h01291	h13566	h18597	h18751				
出组	 b08749 甲	 h23228	 h23572	 h25356				
何组	 b09670	 h27931	 h30373	 t00173				
历组	 h30728	 h30919	 h31045					
黄组	 h35350	 h35366	 h36345	 h36528 反				
 宾组	 b04063	 h00893 反	 h01464	 h06734	 h09901	 h14187	 h18555	 y00504
出组	 h23617							

宾组	b05093							
宾组	h00471	h03254	h15821					
出组	h25984	y02180						
[illegible]								
历组	h30957							
[illegible]								
宾组	b06236	h05007	h14238					
师组	b06625	y01864						
历组	h31840	h31841						
[illegible]								
宾组	b06233							
[illegible]								
宾组	h13350							
宾组	h04654							
酸								
出组	h23566							
酥								
出组	h26039							

师组	b06953							
酓								
师组	h40898							
丙二	h22137	h22139						
何组	h28097	h30284	h30285					
历组	h32344	h32345-2						
[酓云]								
何组	h28537							
[酓云]								
黄组	h35346							
[酓云]								
宾组	y 补 59							
㱃								
宾组	h10405 反	h10406 反	h18014	h40722		黄组	b10941	
㱃								
宾组	h00775 正	h10137 正						
㱃								
宾组	h06057 正							

壶								
宾组	h18559	h39652 反	y00751					
壶								
宾组	h18560							
壶								
宾组	h18562							
壶								
宾组	h07382 臼							
壶								
	y02674 正							
壶								
何组	h26894							
[illegible]								
宾组	b06390							

历组	h31159							
[illegible]						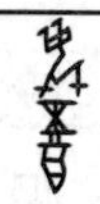		
黄组	b11250	b11256	h36522	h36537	h36680-1	h36847-1	h36847-2	h36847-3
					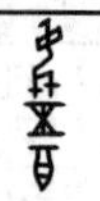			
	h36848-2	h36849-1	h36852-3	h36853-1	h36855-2	h36855-4	h36884	h36890

	h37862-1							

何组	b09278							
𨠵								
宾组	b00069 正	b00524-1	b02675	b02956	b03488	b03880	b04347-1	b04357
	b04366-1	d00004-1	h00190 反	h00264 正	h00536-1	h00702 正	h00712	h00894-1
	h00997-1	h01270	h01308	h01445	h03608-1	h05056 正	h08843	h11676
	h12020	h12681	h12937	h13557	h14345	h14469 反	h14591	h14886
	h15275	h15292 正	h15302	h15690	h15704	h15713	h15759	h15761
	h15763	h15775	w00961 正	y00588 反				
师组	b06925	h19806	h19809	h19810-1	h19834	h19838-1	h19838-2	h19838-3
	h19838-4	h19840	h19844-1	h19865	h19871	h19872	h19874	h19923
	h20097	h20530-1	h20548	h21208	h21210	h21211	h21213	h21216-1
子组	h21538 乙	h21582	h21804-2					
午组	h21956	h21957	h22002	t02671				

丙二	h22184-2	h22228	h22230	h22301-1	h22445			
出组	b07515-1	b07726	b07727	b07728	b07859	b07993	b08299-1	b08299
	h22543	h22558	h22645-1	h22673-1	h22715	h22916	h23053	h23153
	h23326	h23348	h24387	h24434	h24929	h25941	h25942	h25971
	h25972	y01950						
何组	b08976-1	b09528-1	b09528-2	b09587-1	b09588	b09589	b09590	b09593-1
	b09593-2	b09596	b09599-1	b09701-1	b10327	h26957-1	h27039	h27104
	h27107	h27108	h27136	h27168	h27204	h27209	h27219	h27222
	h27225-1	h27315	h27358	h27365	h27376	h27433	h27666-1	h28242
	h28269	h29704	h29705	h29989	h30309	h30319	h30341	t02281
历组	b10427	b10448	b10463 甲	b10617-1	b10638	b10639	b10653	b10657-1
	b10662	b10690-1	b10879	h30412-2	h30428	h30429	h30806	h30807

	h30810	h30813	h30814-1	h30830-1	h30849-1	h30850	h30864-1	h30867
	h30872	h30875	h30883	h30903-1	h31987	h32014	h32023	h32028
	h32029	h32042-1	h32051	h32080	h32151	h32198	h32203	h32211
	h32212	h32227-1	h32235	h32247	h32251	h32262	h32268	h32285
	h32305	h32319	h32329 正	h32330	h32360	h32362	h32364	h32373
	h32384	h32399	h32420	h32421	h32480-1	h32534	h32535	h32539
	h32548	h32574	h32578	h32619	h32656-1	h32714	h32812 甲	h32818
	h32819	h32820	h32891	h32923	h32935	h33013	h33062	h33233 正
	h33324	h33325	h33696	h33707	h33867	h34115	h34143	h34179
	h34237	h34283	h34502	h34503	h34506	h34508-1	h34521-1	h34524
	h34528	h34532	h34535-1	h34548	h34550	h34560	h34565	h34568-1
	h34569-1	h34596	h34681					

黄组	b10945 反	b11912	h35356	h35891	h37840	h37846	h37850	h38289
	h38677	h38732						
历组	t02625	t00011	t00418	t00496-1	t00675	t01122	t01062	
	t01773	t02215	t02603	t02605-1	t02510-1			
何组	t02652	t02483	t02953-1	t03313	t03722-2	t04081	s00281	t00971
宾组	h39933							
畗								
宾组	h10040	h10043	h10045 正	h10051	h10053	h10054	h18298-1	y00822
畗								
宾组	h01809	y00824						
畗								
宾组	h10042	h10044	h10047	h10048	h15685			
出组	h24251	h24255-1						
黄组	h36630	h41757						
⿰犭畗								
宾组	h06923	h06926	h06930	h06942	h08634	h08635		

何组	t02196							
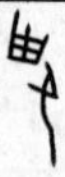								
师组	h20289							
 [illegible]								
宾组	h02100	h07897	h11978	h13353	h14125	h15801-1	h15803	h15804-1

	h15805	h18824	h40800					

师组	h20070							

出组	h22543	h23610	h26763-1	h26763	h26767	h26800	h26803	100046-1

何组	y02370							

历组	h34582							
 [illegible]								
何组	t01055							
 [illegible]								
宾组	h00656 正							
 [illegible]								
师组	h19946 正							

何组	t03589-1							
氣								
历组	h31124							

黄组	h36359							
[illegible]								
师组	h20665							
甗						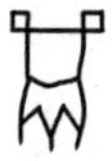	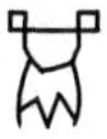	
宾组	b00073-1	h00629	h00630	h03087	h03161 反	h04829	h04830	h04832

	h06063 正	h07150 正	h14315 正	h14315 正	h18948 正			

师组	h20251	h20317						

丙二	h22342							

出组	b07083	h23536	h24358					

何组	t02679							
甗								
宾组	h03089	h04825 反	h04826	h04827	h08904	h10076	h13404	h18564

	y00137	y01612						

何组	t04357							
鼎 宾组	h00171	h00418 正	h01248 正	h02348	h02790 正	h03171 正甲	h06842 正	h10136 正
	h11350	h11499 正	h11499 正	h18563	h19500	y01136		
师组	b06730-1	h19849	h19962	h19983	h20275	h20355	h21138-1	h21154
	h21450	y01800						
子组	h21805							
丙一	h22091 甲							
丙二	h22145	h22384						
何组	h27258	h28264	h29407	h30288	y02365	t00366	t03012	
历组	h30998							
黄组	h36177							

鼎								
 何组	 h28022							

历组	h30996	h30997						
 [illegible]								
宾组	b06227							
 鼐								
宾组	h09419 正	h15881						

何组	h27226	h27523	s00309	t02345-1				

历组	h30994	h30995	h31116	h32603	h32718			
 鼐								
宾组	h18565 反							
 [illegible]								
何组	b10382							

历组	h31036							
 [illegible]								
师组	h21239-1	h21239-2						
 [illegible]								
宾组	h04760							

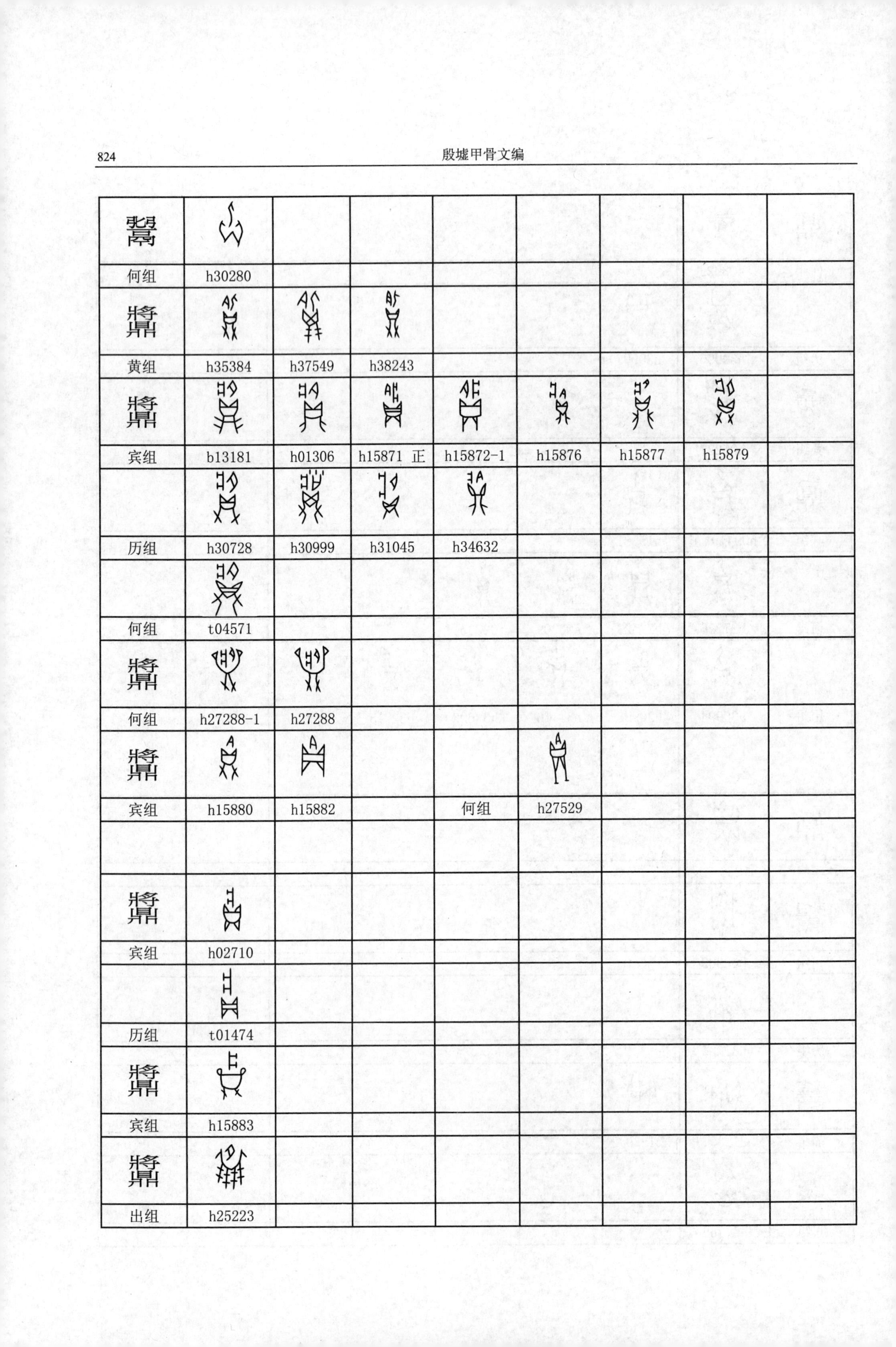

[illegible]								
何组	h30280							
[illegible]								
黄组	h35384	h37549	h38243					
[illegible]								
宾组	b13181	h01306	h15871 正	h15872-1	h15876	h15877	h15879	
历组	h30728	h30999	h31045	h34632				
何组	t04571							
[illegible]								
何组	h27288-1	h27288						
[illegible]								
宾组	h15880	h15882		何组	h27529			
[illegible]								
宾组	h02710							
历组	t01474							
[illegible]								
宾组	h15883							
[illegible]								
出组	h25223							

䵼								
出组	h23572	h25224						
历组	h31813							
[illegible]								
何组	h28124-1	h28124-2						
员								
宾组	h10978							
师组	h20072-1	h20592-1	h21451					
员								
师组	y01784							
贞								
宾组	h02400-1	h03545-1	h05251-1	h07140-1	h11876-1	h12036-3	h12221-1	h12623 乙
	h13598-5	h14591-3	h15001-1	h15655-1	h15713-1	h15888-1	h15931-1	h16439-1
	h16802-1	h16826-1	h16920-1	h17563 正	h18920-1	h18940-1	h18948 正	h39626-1
	h39964-2	b06939						
师组	h19928-1	h19946 反	h20092-1	h20111-1	h20294-1	h20378-1	h20508-1	h20562-1
	h20575-2	h20583-1	h20609-1	h20819-1	h20866-1	h20878-1	h21021-1	h21045-1

	h21284-1	h21306 乙	h21306 乙	h21324-1	h21359-1	h21507	y01835	
丙一	h22086-1	h22086-3	h22088-2					
丙二	h22260-1	h22260-2	h22261-1	h22265-3	h22288-1	h22403-1	h22405-1	h22444-1
	h22502-1	h22508-1	h22528-1	h22529-1	h22529-2	h22529-3	h22530-1	h22530-3
	h22531-1							
出组	d00673 正	d00674 正	h22553-1	h22724-1	h22745-1	h22753-1	h22824-1	h22906-2
	h22942-1	h23106-3	h23225-1	h23339-1	h23470-1	h23613-1	h24238-2	h24313-1
	h24361-2	h24361-3	h24392-1	h24399-1	h24462-1	h24598-1	h24606	h24631-1
	h24690-1	h24814-1	h24831-1	h24872-2	h25056-1	h25061-1	h25061-2	h25080-1
	h25338-1	h25383-3	h25485-2	h25561-2	h25567-1	h25568-1	h25798-2	h25812-1
	h26033-1	h26036-2	h26075-1	h26114-1	h26168-1	h26236-1	h26237-2	h26275-4
	h26490-3	h41165-3	100331-1	s00031-2	何组	t00282-2		

黄组	h35387-2	h35517-1	h35669-2	h36270-1	h36345-2	h36384-2	h36533-1	h36610-1

	h36699-1	h37366-1	h38643-1	h38979-1				

历组	t00771-1	t00776-1	t00135-2	t00243-1	00354-1	t		

午组	h21893							

历组	h32125-1	h32694						

历组	h31000							
鬳								
何组	h26954							
献								
历组	h31812							
献								
黄组	h36345							
[illegible]								
丙二	h22153							
[illegible]								
宾组	h02274 正							
鬻								
宾组	h04855-1	h04855-2	h04855-4	h40709				

师组	h20858							
 [illegible]								
宾组	h04366	h04855-3	h05708 正					
 [illegible]								
历组	h30613							
 ⿱隹鬲								
宾组	h00257	h04833	h05477 正	h11258	h15947		历组	h32922
 ⿱隹鬲								
宾组	h15944	h15946 正						
 ⿱隹鬲								
宾组	h00946 正							
 ⿱隹鬲								
历组	h33218							
 [illegible]								
历组	t00341	t02438						
 [illegible]								
历组	h32881							
 [illegible]								
丙一	h22099							
 [illegible]								
黄组	h36484							

 [illegible]								
出组	h23612							

宾组	h00914 正	h10613 正						

宾组	h13827							

宾组	h03224							

宾组	h05984							
鬲								
宾组	h00201 正-1							

何组	h30283							
鬲								
师组	t00643							
鬲								
历组	h32160	h34397						
鬲								
宾组	h01975	h15706						

历组	h30765							
鬲								
出组	h24280							

何组	b10233	h28098						
鬲								
历组	t01090							
⿰鬲丑								
何组	t03897							
⿰鬲又								
宾组	b06185	b06243	h01023	h08073	h08074	h08302	h10921	h14269
出组	h23627							
何组	h29357							
黄组	b11115	h36567						
⿱鬲夂								
宾组	h13847							
⿰鬲鬲								
宾组	h15705							
⿱艹鬲								
宾组	h13624 反							
宾组	h18569							
⿱目鬲								
宾组	h14249							

[illegible]								
宾组	h18568							
历组	h33087							
[illegible]								
师组	h21207							
爵								
宾组	h01895	h02673	h02863	h03226 正	h03409 正	h06226	h18570	h18571
	h18574	h18575	h18577	100140				
师组	h21504							
丙一	h22056	h22067						
丙二	h22184	h22365	h22441					
出组	h24506							
何组	h30173	习刻	t02233					
历组	h31021							
黄组	h36930	h37458						

爵								
宾组	d00159	h06589 正	h14768	h18573	h18578	y01649		
师组	b06886	h20371	h20842					
丙二	h22267	h22323	h22324					
午组	t02118							
午组	h21891	h21892	h21938	h22019				
宾组	h00914 反							
何组	b09603	h27206	h27313	h27339	h27349	h27442	h30306	t00968
历组	b10668	h30745	h30938	h31678 正	h33085	h34315	h34381	h34505
	h34590	h34606	h34619	h34620				
历组	t00246	t03958	t01011	t01106	t02391			
何组	t02409							

灂								
黄组	h36851							

何组	t02691							
爵								
宾组	h01138							
爵								
宾组	y00416							

宾组	h03945 正	h03945 正						

宾组	b06136							

午组	h21926							
爵								
宾组	h14948							
斝								
宾组	h18580							

师组	h19791							
斝								
宾组	h18579							

宾组	h09544 正							

宾组	h00235 正							
⿱白厶								
宾组	h01096	h03823-1	y01249					
师组	b06816							
丙二	h22173							
出组	h23431							
历组	h34388	h34602	t02626					
何组	何 t02380	t02465						
⿱白厶								
出组	b08582							
历组	h30499							
宾组	h15265							
⿱冖⿱白厶								
历组	h32703							
⿰氵⿱白厶								
出组	辑佚 515							

出组	h24368	h24369	h24426	h25585				
[illegible]								
黄组	h36845							
食								
宾组	h00914 正	h01163	h06352	h08930	h09498 反	h09560	h11480	h11481
	h11484 正	h11485	h11486	h11487	h13450	h15011	h18584	h18585
	h18634	h19503	h19504	h19505	y00923	y00924	y01554	
师组	h19891	h20134	h20791	h20956	h21021	h21073		
丙一	h22067							
丙二	h22399							
出组	h24440							
何组	h28000	h28618	h29776	h29783	h29786	t00042	t02666-1	
历组	h30989	h31990	h33145	h33694-1	h33695	t00379		

食								
宾组	b00319	h11506 反						

师组	h20961							

丙二	h22237							

宾组	h12780 反							

宾组	h15990	h15992						

出组	h22628	h22644	h22717	h22779-1	h23054	h25236	h25237-1	h25240-1

	h25825-1	h25958-1	h41160-1	100318-1				

何组	h27042 反	h27152	h41334					

历组	h30554							

黄组	h39458							
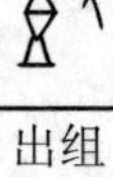			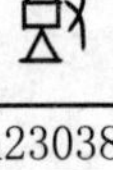					
出组	h22698	h22877	h23038					

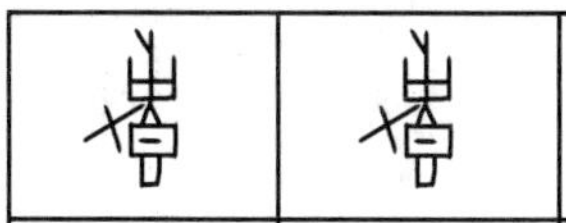 何组	h27088							
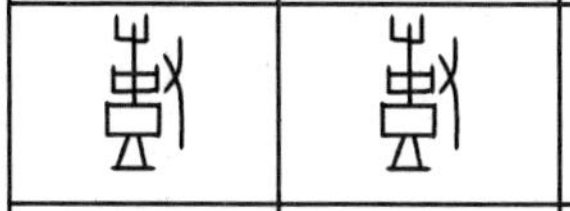 出组	h22706							
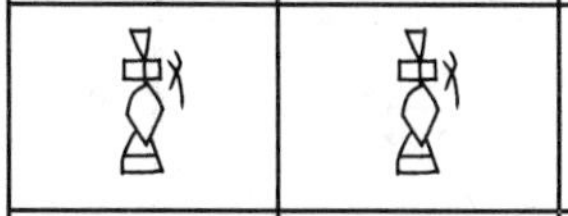 历组	h31775							
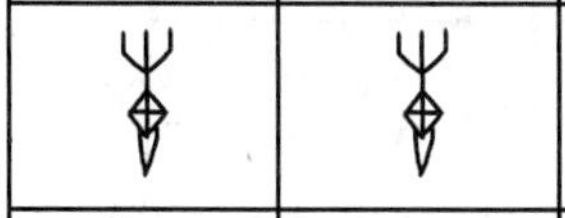 黄组	h35786							
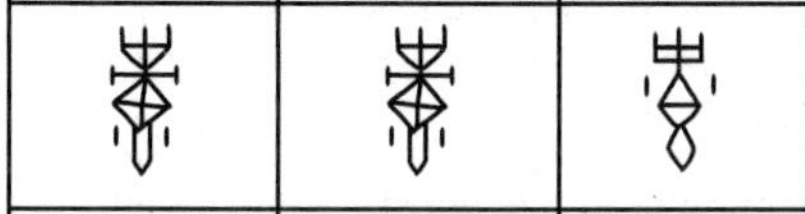 出组	d00698	y01923-1						
黄组	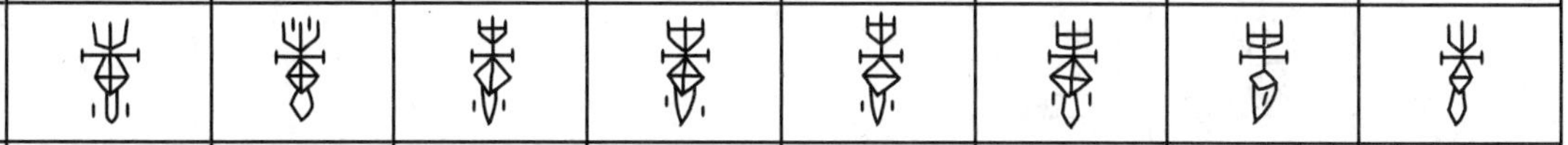 h35416	h35417	h35419	h35420	h35421 正	h35452	h35453	h35481
	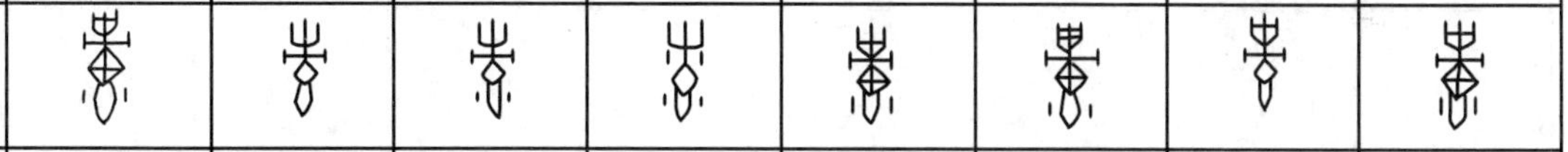 h35509	h35527	h35529	h35532	h35533	h35565	h35581 正	h35600
	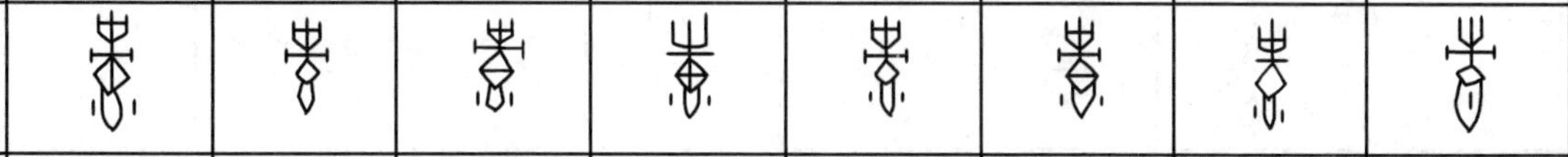 h35615	h35616	h35617	h35651	h35653	h35675	h35698	h35700
	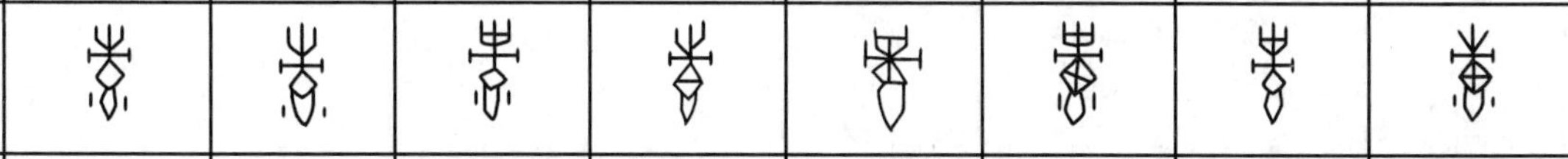 h35749	h35751	h35753	h35866-1	h36200	h36225	h36232	h36257
	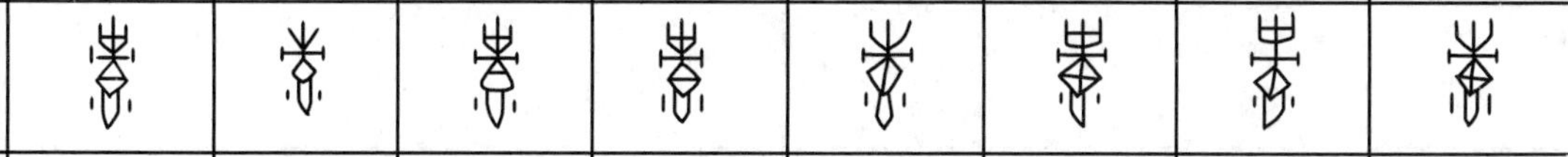 h36270	h36281	h37846	h38260	h38262	h38263	h38264	h38265
	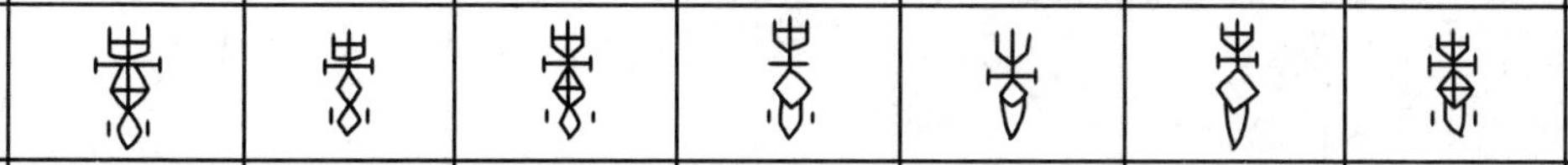 h38266	h41703	h41716	y02506	y02510-1	y02513	y02517	
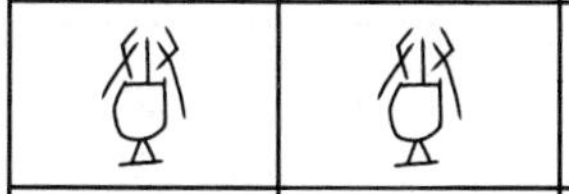 历组	t00149							

宾组	h00096-1	d00407	h00358	h00475	h00698 正	h00698 正	h00699	h01099 反
	h05760 正	h06168	h06170 正	h06172	h06177 正	h06180-1	h06183-1	h06619-1
	h06639-1	h06643-1	h06835	h07310	h07311	h07320	h07329 正	h07333 正
	h07338-1	h07342	h08959-1	h13390 正	h15861-1	h15862 正	h18223	h18582
	h40159-1	w00448 正	w00904-1	y00150 正	y00569	y00657-1	y00658	
出组	b07581	y02140						
何组	h27709							
历组	h30984	h33018						
宾组	h08712	h15859-1	h15860-1					
何组	t02345-1							
历组	t02833							
历组	h34596							

聂								
宾组	d00249	h00235 正	h01333	h01597	h01598 正	h04064	h05822	h09520
	h09524	h09905	h11484 正	h14831	h14849	h15857	h15858	
	h17505 正	h19632	h19669 正	y00150 正				
师组	h19919	h21221-1	h21225					
出组	b07753	h22820	h22906	h22925	h22926	h22927	h22928	h22930
	h22999	h23104	h23369	h23397	h23467	h23485	h23506	h25288
	h25981	y01945	100664					
何组	h27122	h27189	h27211	h27219	h27220	h27221	h27455	h27457
	h27826 反	h30304	h30306	h30345	t01088	t02360		
历组	h30751	h30977	h30980	h30981	h30985	h32014	h32024	h32534
	h32542	h32572 反	h32572 反	h32572 正	h32606	h32644	h32896	h34107
	h34515	h34525	h34547	h34584	h34586	h34587	h34588	h34589

	h34592	h34593	h34595	h34597	h34599	h34600	y02468	
黄组	d00833	h35778	h36929					
历组	s00158	s00159	t00310	t02682-1	t02682-2			
	t02715							
[illegible]								
历组	h30987	h30988						
黄组	h35902	h41719						
何组	t00618							
畟								
宾组	h02278	h18581						
禝								
何组	h26963	h27180	h27632	h27939	h30348-1	t00606	t00618-1	
历组	h30962	h30973	h30975	h30976	h30979	h30986		
稷								
黄组	h38688							

⿰禾⿱登廾								
黄组	h38692							
⿰禾⿱登廾								
黄组	h38683							
⿰禾⿱登廾								
黄组	h38695							
⿰禾⿱登廾								
黄组	h38690							
⿰禾⿱登廾								
黄组	h38686	h38689	h38691					
登								
宾组	h08564	h08672	h15867					
何组	h28180		历组	t02619				
⿱登廾								
宾组	h04641	h04642	h04648	h07384 正	h10896 正			
历组	h32814							
宾组	h18535							
历组	h33690							

宾组	h18203							
 [illegible]								
黄组	h38722-1							
 𣪘								
师组	h21281-1							

丙二	h22294-1							

出组	h23571-1	h24956-1	h25239-1					

何组	h27894-1	h27894-2						

历组	t02682-1							
 𣪘								
历组	t03724							
 [illegible]								
宾组	h40440							

何组	h26956	h29385	h30315					

黄组	h35361	h35364	h36276					
 [illegible]								
何组	t04042							

飲								
历组	h33378							
⿰皀攴								
宾组	h01733-1	h02217	h02595-1					

子组	h21612-1	h21692-1						

丙二	h22215-1	h22215-2	h22445					

历组	h32053-1	h32485-1	h32485-2	h32582-1	h32812 乙	h34564-1	h34566-1	h34566-2

	h34569	h34571	h34577-1	h34756-1	t01115	t04027		
⿰皀攴								
历组	h34565-1	h34567						
⿰皀攴								
历组	t00388-1							
𣪘								
宾组	h15769							

师组	h19939							
豆								
宾组	h01652	h18587						

历组	t00740	t02484							
豆									
何组	h29364-1								
子组	h21852								
子组	h21695								
子组	h21586								
师组	h21126								
历组	h32653	t01114	t02040						
黄组	h37398								
[illegible]									
宾组	h18210								
何组	h28011								
[illegible]									
宾组	y01554								

壴								
宾组	h00035-1	h00595 正	h00738 反	h01291	h018338-1	h018597-1	h01878 反	h019561-1
	h03295-1	h03508 反	h03816-1	h03955-1	h04715-1	h04844-1	h04845-1	h04846-1
	h04846	h04847	h05669 反	h05948	h07629 正	h08469	h09811 正	h10438 反
	h13375 正	h13943-1	h14149 反	h14207 反	h14577 反	h14732-1	h14932-1	h15456-1
	h15672-1	h15683-1	h19502-1	h19563	h19659-1	h40153-1	h09260-1	
子组	h21799	y01911-1						
出组	h22746-1	h41016-1						
何组	b08838-1	b09871-1	b09872-1	b10018-1	b10022-1	h27166-1	h27220-1	h27223-1
	h27302-1	h27382-1	h27382-2	h27542-1	h27694-1	h27696-1	h28107-1	h28742-1
历组	h30693	h30725-1	h30725	h31017	h31405-1	h31407-1	h31408-1	h31413-1
	h31414-1	h31414	h31417-1	h31418-1	h31419-1	h31420-1	h31421-1	h31422
	h31560-1	h31564-1	h32014-1	h32419	h32913-1	h32914-1	h32997-1	h33091-1

	 h33091	 h33218-1	 y02425-1	 t04587	 t02100	 t01047	 t00341	 t03762-1

何足	t00236	t04351		师组	t02485	t04518		
壴								
宾组	h00419 反	h0447 反乙	h04848-1	h04944-1	h06051	h07852 反	h40714-1	h17417 正

	h19407-1							

子组	h21787							

出组	h24713-1	y01987-1						

何组	h27699-1	h29956-1						

历组	h31369	h31409	h31411-1	h31448-1	t00539-1	t02438-1		

黄组	h36758							

午组	t02672-1							
壴								
历组	h32418	h34475-2	h34476-1	t02576				

壴								
历组	h34477-1							

宾组	h08092-1							
鼓								
宾组出组	d01067-1	h10678						

师组	h20075-1	h20076-1	h21228-1	h21229	y01866			

子组	h21787							

午组	h21881							

出组	b07739 正	h25242	h25894					

历组	h30763-1	h35333						

黄组	h36420	h36527						

何组	t00658-1	t00658-1						
 [illegible]								
历组	h30388							

鼓								
宾组	h06945	h06948 正	h08290-1	h08291-1	h15223-1	h15710	h15986 甲	h15987-1

	h15988-1							

师组	h20536							

出组	d01182 正	h22749-1	h23603-1	h25088-1	h25238			

历组	h33184							
鼓								
宾组	h08289 正							
鼓								
师组	h21227-1							
喜								
宾组	b01117-1	d00010 反	h00390 臼	h00527 臼	h02106 反	h04515-1	h04516-1	h09259

	h09976 臼	h15671	h17039 反	h17518 臼	h17519-1	h17519	h17520-1	h17521-1

师组	h21207-1	y01789						

子组	h21790							

午组	h21953							

出组	h22708-1	h22753-1	h24765	h25257-1	h25786	h26399	h26621 正	
何组	h27966							
黄组	h36482	h36483-1						
熹								
宾组	b06182-1	h15667-1	h15668	h15669 正	h15670-1	h18739		
师组	h21462							
历组	h30693-1	h31017-1	h32083	h32536-1	h34468			
彭								
宾组	b010016-1	b06394 正	h07064	h07073 正	h08283	h14775-1		
师组	h19812 正							
出组	d00668-1	h23241 反						
何组	b08826-1	b08830-1	b08831	b08832	b08835-1	b08839-1	b08840 正	b08841
	b08842-1	b08843-1	b08844	b09865	b09867	b09869-1	b09870-1	b10002
	b10003-1	b10004	b10005	b10007-1	b10010	b10012-1	b10013	b10015

	h26907 正	h27107-1	h27147	h27148-1	h27225-1	h27265	h27543-1	h27695
	h27696	h27697	h27698	h28238	h29738	h29949	h30090-1	h30345
	w01360-1							
历组	h31369	h31406	h31410-1	h31414-1	h31415	h31417-1	h31424	h31435-2
	h31435-3	h31561	h31562	h32663	t01066-1	t01082		
师组	h20506	h20507						
出组	h24335	h24336	h24337	h24338				
⿰氵壴								
出组	h24339	h24340	h24341	h24343				
⿱艹壴								
宾组	h07076 正	h18589	h18594					
⿰壴力								
黄组	h37517							
⿰壴力								
出组	h24347							

黄组	h36504	h36838	h36839	h36840	h36841	h36842	h37434	h37487
⿰壴丑								
出组	h24390							
丰								
丙二	h22288-1	h22289						

出组	h24387							
丰								
宾组	h00137 正	h02725 臼	h03774 正	h06068 正	h07151 正	h09938 臼	h15920 反	h18590 反

	h18591 正	h18592	h18708-1					
豐								
何组	b09082							
豐								
宾组	h08262 反							
豊		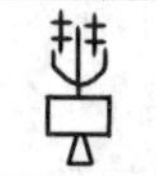						
宾组	h14625	h15818-1	h16085					
	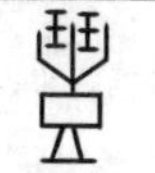							
师组	h20096-1							

出组	h25885							
				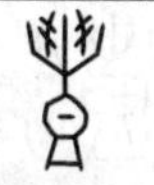		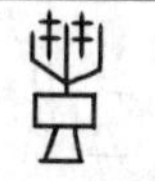		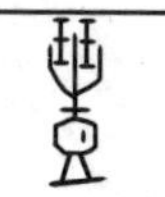
何组	h26914	h27137-1	h27459-1	h27460-1	h27931-1	h29614-1	h29692-1	t04572-1

历组	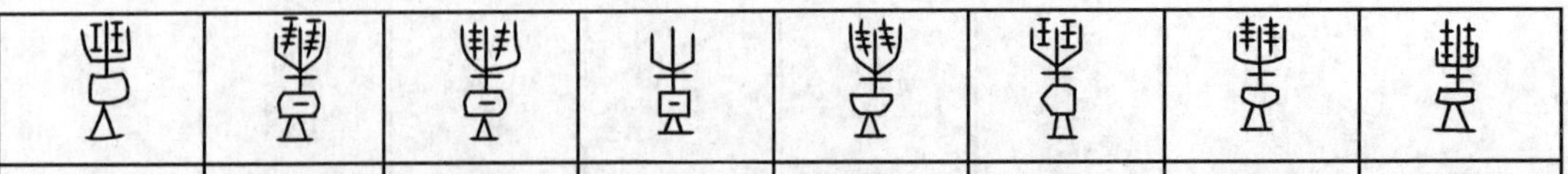 b10679-1	h30660-1	h30725-1	h30725-2	h30961-1	h31021-1	h31047-1	h31047
	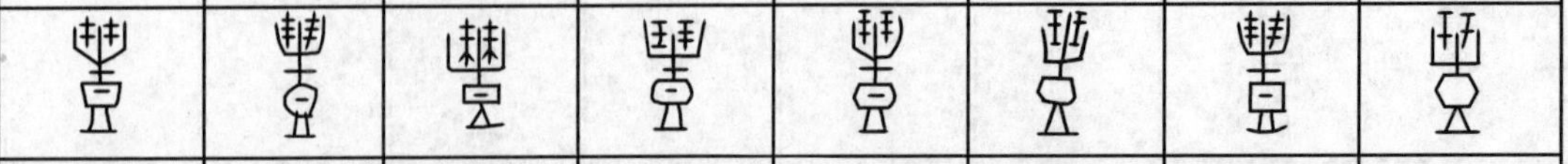							
	h31180-1	h31879-1	h32536-1	h32557-1	h34609-1	h34610	h34612-1	w01586-1
	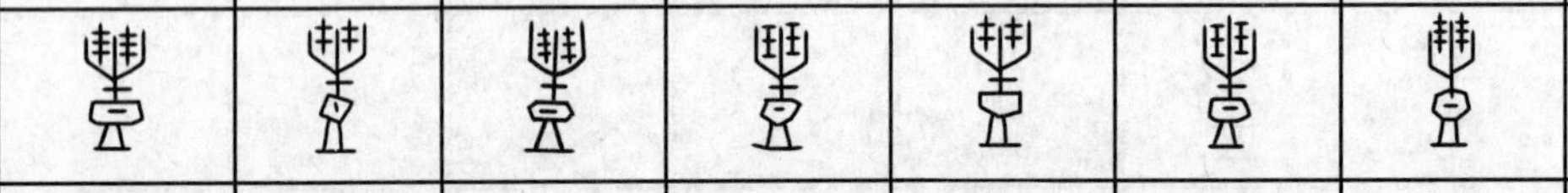							
何组	t00173-1	t00348-1	t01255	t02652-1	t02276-1	t02292-1	t02346-1	
	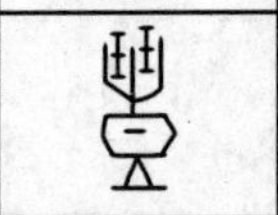							
历组	t02143-1							
嬉	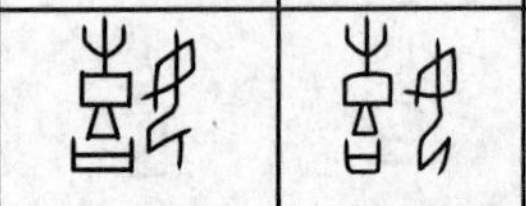							
宾组	h02726 反	h03097-1						
⿰女壴	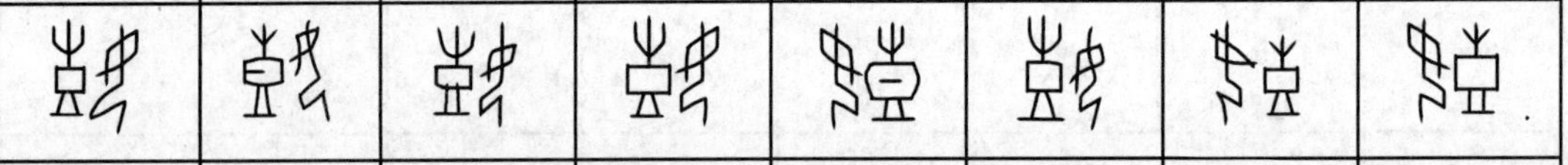							
宾组	b05078	d00129-1	d00389 反	d00391 反	h00137 反	h00137 反	h00140 正	h00199
	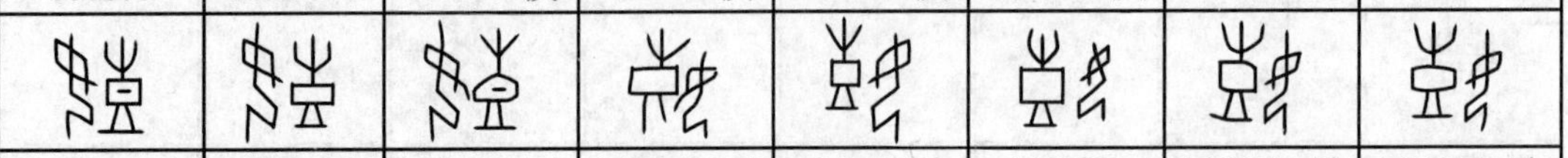							
	h00367 正	h00557	h00685 正	h00698 正	h02837	h02925	h06057 反	h06057 反
	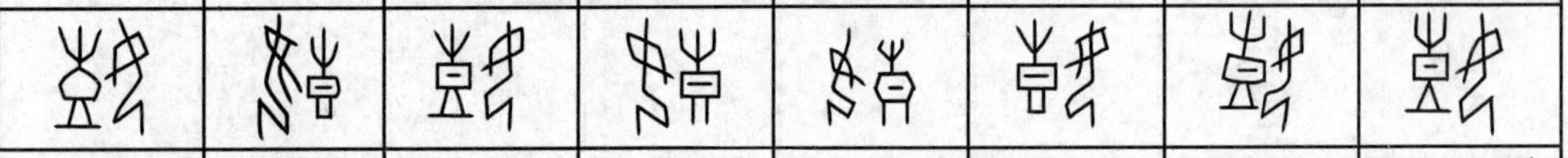							
	h06379 反	h07093	h07094	h07125	h07126	h07134	h07143 正	h07171 反
	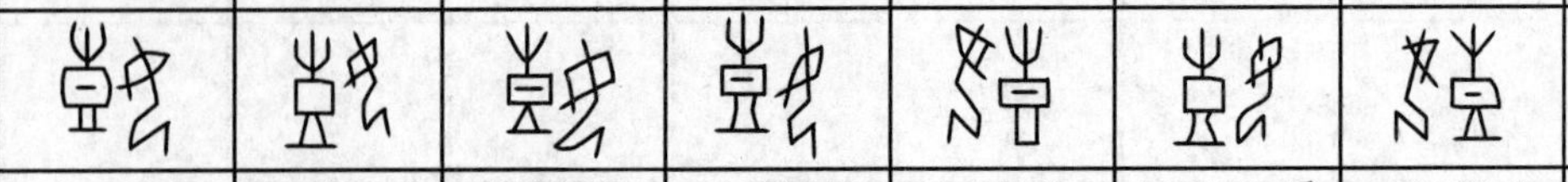							
	h07172	h07182-1	h07184	h08144	h18588	h19122 反	y00085-1	
	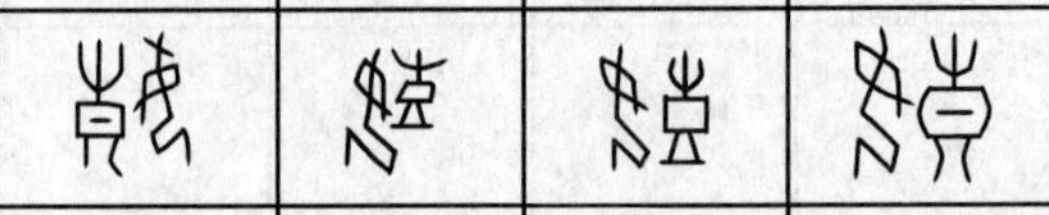							
师组	d01295	h20538	h20539	y01848				

丙一	h22091 甲							

出组	h22537	h24146	h24149	y02038	y02040			

[illegible]								
出组	h24147							
[illegible]								
宾组历组	h08553-1	h14006 正						
历组	b10935-1							
[illegible]								
出组	y02035							
出组	b07940	h22577	h24150	h24151	h24158	h24170	h24172	h24173
	h24176	h24177	h24183	h24195	h25345-1			
宾组	h18386-1							
宾组	b03447 反	d01080 正	h00137 正	h00431	h00702 正	h00713-1	h00886	h00908-1
	h00924 正	h02599-1	h03169 正	h05699-1	h08920 反	h09536-1	h11612	h12908-1
	h12915	h13472-1	h13476 正	h13486-1	h13486	h13489 正	h16158	h16222-1
	h16906-1	h16939 反	h17375	y00885 反				
师组	h19941-1							

丙一	h22092-1							
历组	h32181-1							
宾组	h00331-1	h00736	h13473	h16223 正	h19610-1			
宾组	h00271 正	h00271 正						
丙二	h22534							
宾组	d00041	h00138-1	h00366-1	h00585 正	h00728-1	h00926 正	h02318	h02474-1
	h02589	h03106-1	h03755-1	h06948 正	h11493	h19677		
其 宾组	b01968	b03045	b03657	b03659	b03665	b03750	b04337	b13140
	d00042	d00043-1	d00055-1	d00059-1	d00060-1	d00112 正	d01031 正	h00001-1
	h03418-1	h06330 反	h06923 正	h08918-1	h10308	h10411-2	h15055-1	h19658-1
	h19720-1							
师组	b06607	b06628	b06653	b06686	b06687	b06688	b06794	b06802

	b06825	b06875	b06950	b06952	d01309-1	h19888-1	h19894-1	h19965-1
	h19966-1	h20040-1	h20174-1	h20177-1	h20193-1	h20199-1	h20383-1	h20387-1
	h20392-1	h20406-1	h20408-1	h20480	h20823	h21022-1	h21032	h21035-1
	h21039-1	h21118						
子组	d00967-1	h21793						
丙一	h22094							
丙二	h22214	h22424						
出组	b07008	h22556-1	h22760	h24848-1				
历组	h30997-1	h31012-1	h31013-1	h31836	h33615-1	t02852-1		
黄组	h35824-1	h35825-1	h35828-1	h35830-1	h36416			
𠥓								
宾组	h06063 正							

匤								
宾组	h18493							
麒								
出组	h24411-1							
基								
宾组	h06570-1	h06573-1	h06870-1	h08447-1	h39899			
㠱								
宾组	h09570-1	h09571-2						
黄组	h36416-1	h36524-1	h36525-1					
箕								
宾组	h03239	y00361 正						
历组	h33374 反	h35237	w01626	t00663	t00664	t02858		
箕								
何组	h30013							
宾组	h10956							
出组	h25783							
棋								
宾组	h08189							

宾组	b01266-1	h00224	h00225	h01021	h06536	h06577	h07418	h07420
	h08218 正	h10705 正	h10707					
何组	h27914	100575						
历组	h31131	h31133	h32012	t03035				
黄组	h35343	h36752	h36830	h36950	h41754	y02565 正		
丙二	h22533							
宾组	h08214							
宾组	h06571 正	h06939	h06940	h06959	h07352 正	h08216	h10711	h10712
	h10718	h10723						
历组	t04541							
宾组	b02649	h00587 正	h05410	h06967	h10719	h10721	h10722	h10725

子组	h21586-1	h21586-2	h21679	h21759	h21763	h21786		
午组	h22026							
祺								
宾组	h18181							
何组	b10384							
宾组	b00905	b02451 反	b02558	b04085 正	b06282 正	b5166	d00100-1	d01031 正
	h00079-1	h00156-1	h00891 正	h04163	h05619	h09675-1	h10308-1	h10761
	h10825	h10827	h10995-1	h15786	t02113			
师组	h20017-1	h20737-1	h20756-1	h20757-1	h20764-1	y01787	y01824	
丙一	h22062 正							
丙二	h22274-1	h22293-1	h22322-1	h22323-1	h22324-1	h22370-1	h22391-1	h22533-1
出组	b07256	h24230-1						
何组	b08778	b08924	b08937	b09082	b09108	b09171	b09223	b09253

	b09266	b10228	b10360	b10377	h26927-1	h26993-1	h27961-1	h28351
	h28359-1	h28791	h28834-1	h29059	h29194	h29234	h29242	h29246
	h29267	h29271	h29289	h29334-3	h30344 正	t02761		
历组	b10537	h32271-1	h33363	h33375	h33385	h33404-1	h35262	h35263
	h35264							
黄组	h37373	h37386	h37395	h37445-1				
卓								
宾组	b00532 甲	b01211	b01212	b01213	b01838	d00104	d00106-1	h00028-1
	h00030-1	h00031-1	h00058	h00102	h00261-1	h00263 正	h00335-1	h00493 白
	h00584 正甲	h00739-1	h00891 正	h01041-1	h01076 正甲	h01116-1	h01520	h03389-1
	h03409 正	h04025-1	h04025	h04036-1	h04041 反	h04042	h04043-1	h04055 正
	h04063-1	h04068	h04072-1	h04080-1	h04085	h04090-1	h04091-1	h04097 正

	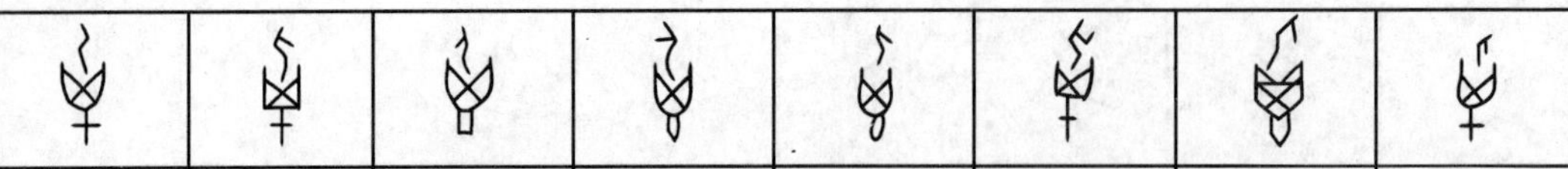 h04100	h04101-1	h04102-1	h04103-1	h04492-1	h06450	h09226 反	h09560-1
	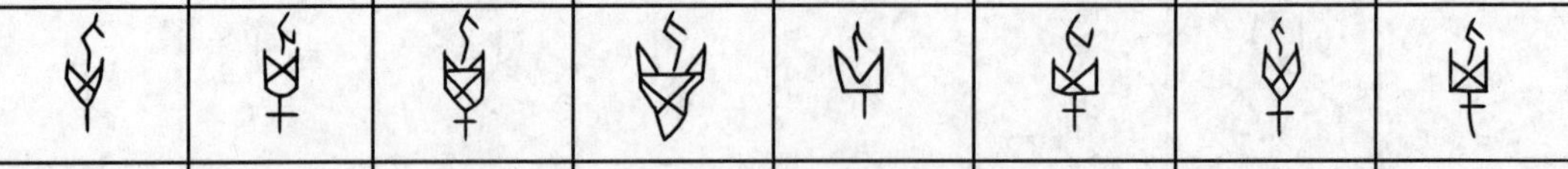 h10811-1	h10812 乙	h11018 正	h12311 正	h12439 正	h14829	h15768 正	h19563-1
	 h19743	h39713 正	y00199 正	y 补 19	s00069			
丙二	 h22450							
出组	 h23450-1	h23665	h24145-1					
何组	 h27925							
历组	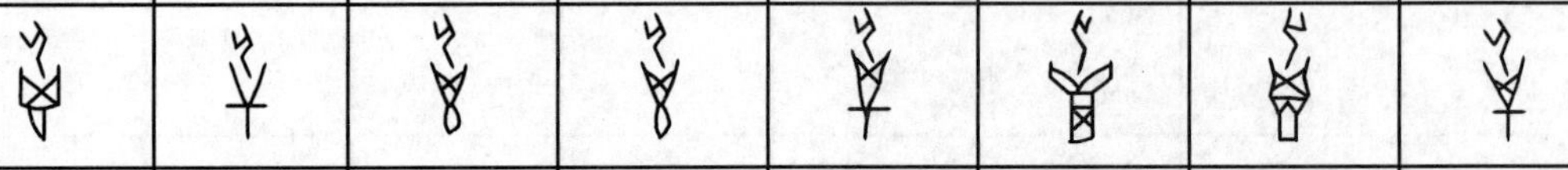 h31973-1	h31975-1	h31977-1	h31981-1	h31983-1	h32042-1	h32043-1	h32235-1
	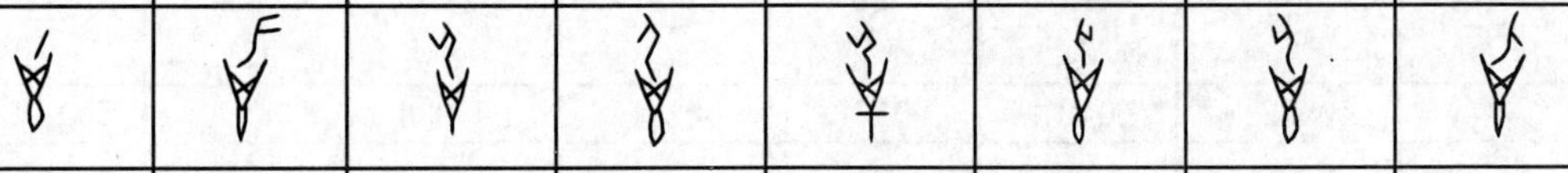 h32272-1	h32273-1	h32773-1	h32835-1	h32844-1	h32846-1	h32856-1	h32857-1
	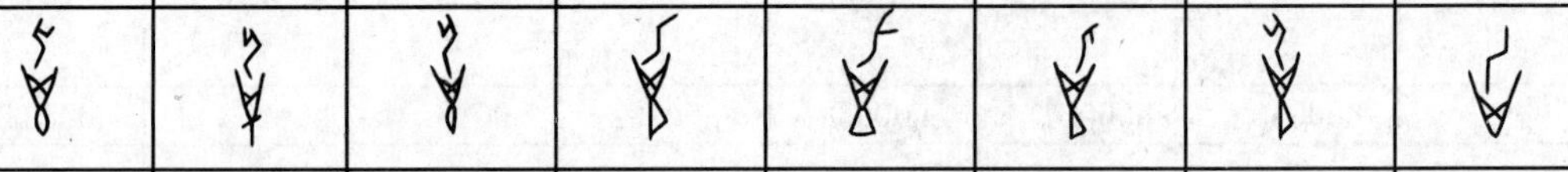 h32859-1	h32861-1	h32864-1	h32866-1	h32987-1	h32989-1	h33055-1	h33060
	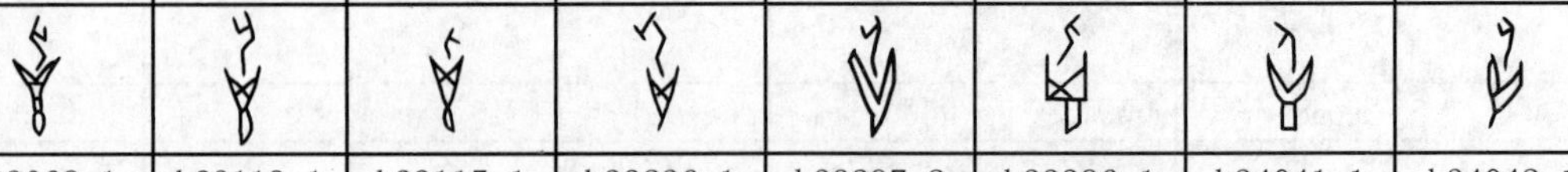 h33068-1	h33113-1	h33115-1	h33236-1	h33297-2	h33396-1	h34041-1	h34042-1
	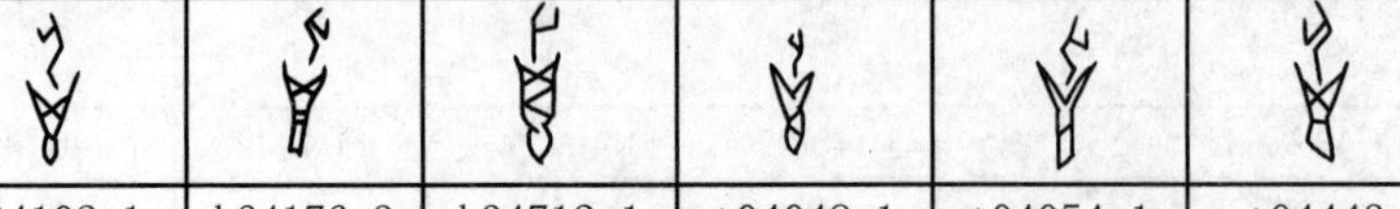 h34102-1	h34176-3	h34712-1	t04048-1	t04054-1	t04443		
黄组	 h35345							

历组	t02378-1	t00009-2	t00009-3	t00134	t00223-1	t00636	t00961-1	t02260
何组	t02320	t02329						
[illegible]								
历组	w01571							
[illegible]								
丙二	h22450							
[illegible]								
历组	h31999-1							
[illegible]								
历组	h32013							
[illegible]								
历组	h32868							
[illegible]								
宾组	b02618	h01855 反	h06450-1	h09504 正	h09788 正	h10474	h10704 正	h10811
	h10812 乙	h10812 甲	h10813	h10815	h10816 正	h10817	h10818	h10819
	h10820 正	h10821	h10822	h10828	h12347	h13281 反甲	h16131 正	
师组	h20736	h20747						

出组	h24145							

何组	t00252	s00363						

历组	h33368	h33374 反	h33377	h33396	s00275	t00664-1	t01059	
[illegible]								
宾组	h06386	h06387	h06834-1	h10814-1	h10823	何组	h28423	
[illegible]								
子组	h21793							
[illegible]								
宾组	h07038	h08336 正	h10773-1	h10826	h17387			
[illegible]								
历组	t02626							
[illegible]								
历组	h32788							
[illegible]								
何组	h30006							
[illegible]								
丙二	h22427 正							
[illegible]								
宾组	d00029-1	d00173-1	h00301-1	h00302-1	h00384-1	h00399-1	h01069-1	h01179

	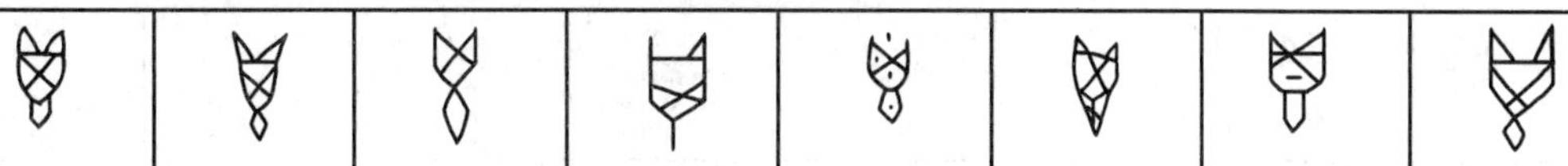 h01506 正	h01563	h02171	h02267-1	h03804-1	h04716-1	h05808-1	h08675-1
	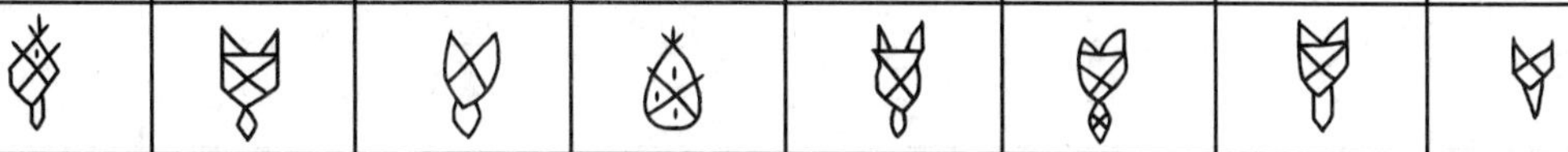 h08855-1	h10067-1	h10584-1	h11499 正	h13740-1	h13868-1	h14392-1	h14996-1
	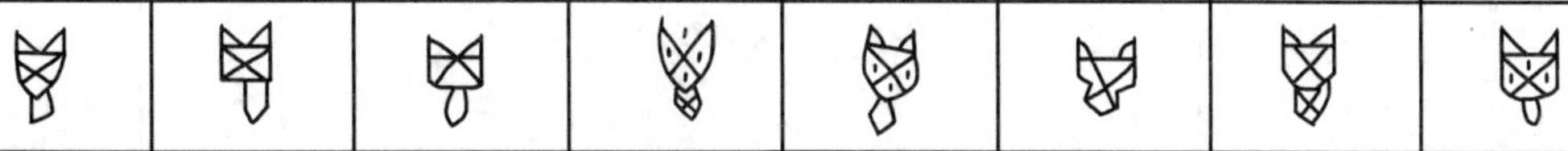 h15221-1	h15348-1	h15426-1	h15616-1	h15617-1	h15653-1	h15790-1	h15791-1
	 h15793-1	h15794-1	h15795-1	h15796-1	h15797-1	h16244 正	h18948 正	h19093-1
	 h19222-1	y01209-1	y01293-1					
师组	h19946 正	h21222-1		子组	h21848-1			
午组	 h21969-1	h22016-1	h22017-1					
丙二	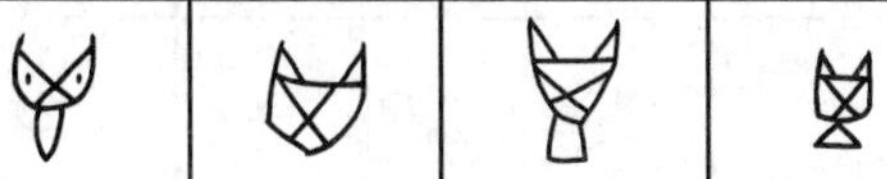 h22227-1	h22229-1	h22231	h22258-1				
出组	 h22546-1	h22547-1	h22892-1	h22924-1	h22925	h22991-1	h23127-1	h23227-1
	 h25036-1	h25976-1	h25980-1	h40954-1	w01050-1			
何组	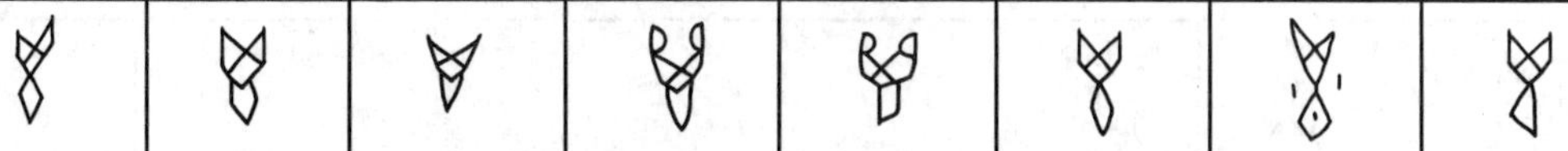 h27180-1	h27218-1	h27220-1	h27255-1	h27256-1	h27259-1	h27261-1	h27362-1

	h27364-1	h27405-1	h29465-1	h29552-1	h30158-1	h30336-1	h30336-2	w01399-1
历组	h30520-1	h30572-1	h30911-1	h30915-1	h30916-1	h30973-1	h30975-1	h30976-1
	h30978-1	h31990-1	h32057-1	h32453-1	h32686-1	h32834-1	h32834-2	h32872-1
	h32873-1	h34496	h34594-1	h34716 正	y02408-1	t01076-1		
黄组	h35350-1	h35355-1						
何组	t00050-1	t02983-1	t02392-1					
出组	h22925							
丙二	h22486-1	h22486-2						
出组	h41011							
师组	h21246							
何组	h27216							
历组	h30524	h41643						

网								
宾组	h10666	h10751	h10752	h10753	h10754	h10755 反	h10993	h40757
	y00738	h10514-1						
丙二	h22402							
何组	b13379	h28329	h28352		黄组	h36749		
网								
宾组	h10976 正	h40757						
⿱罒口								
历组	h31547-1	h31548						
⿱罒兔								
宾组	b02654	b13213	h00095	h00110 正	h00149	h010747	h01108 正	h01109 正
	h01110 正	h01112	h01248 正	h04824	h05559	h05840 正	h05844 正	h06185
	h06335	h10726	h10736	h10737	h10739	h10740	h10743	h10744
	h10745	h17857	h39799	h39800	w00991			
师组	h20708	h20710	h20725	h20729	h20773	h20774	h20775-1	h20775
丙一	h220772							

何组	t00730							
⿱罒豕								
宾组	h04761							
冢								
宾组	h07051							
⿱罒隹								
宾组	h00880 正							
⿱罒皿								
宾组	h05664	h10731	h10734	h10735	h10749	h11016		
何组	h27968-1	h28031-1	h28388	h28821	h28823	h28824	t00778-1	t00815
历组	y02461					何组	t02170	
⿱罒⿱厶凵								
宾组	h10726	h10727						
何组	h28332							
⿱罒⿱厶凵								
宾组	h10756	h10757						
⿱罒厇								
宾组	h10748 乙	h10748 甲						
⿱罒厇								
宾组	h10732							

[illegible]								
宾组	h06827 正							
[illegible]								
何组	h28821							
	t00778-1	t00778-2	t00778					
何组	100687							
[illegible]								
出组	h22947							
黄组	h35346	h36476	h36808	h36809	h36812	h36813	h36814	h36815
	h36951							
[illegible]								
何组	h27254	h29755	t00626	t02232	t04065			
历组	h30431-2	h30439	h31131	h31133	h31134	h31135	h31136-2	
黄组	d00941							
刚								
宾组	h10771	h16468	h18454	h18592				

午组	h21955							
出组	d01247		何组	h28082				
历组	b10480	h31138	h31139	h32161	h32487	h32597	h32727	h32770
	h33210	h33273	h34440	h34682	h34683	s00074		
黄组	y02536	s00406						
历组		t02869	t00565	t00912				
师组	h21028							
[illegible]								
宾组	h08203	h10510	h13675 正					
师组	h21240							
丙二	h22444							
何组	h27435							

历组	h31140	h32486						
何组	t02922							
⿰糸⿱罒殳								
丙一	h22049							
⿱罒束								
何组	t01021							
⿱罒共								
宾组	h00903 正	h06959	h18494					
历组	h33080							
⿳隹罒共								
历组	h33078	h33081						
历组	h35282							
⿱罒殳								
宾组	h10758	h10759	h10760	h10848				
⿱罒⿱冖又								
历组	t04281-1							
罗								
师组	h21386							

⿱网企								
何组	h28825							
⿱网疋								
宾组	h10207 正							
宾组	h00940 正							
子组	h21534							
凡								
宾组	b02729	d00192-1	d01058 正	d01068-1	h00914 反	h01204-1	h01204	h01394 正
	h12991-1	h13880	h13894-1	h19718 正	w00771-1	100162-1		
师组	h20575-1	h21036-1						
子组	d00972 正							
丙二	h22356-1	h22395-1	h22507-1					
出组	h23395-1	h23396-1	h24551-2	h26846-1				
何组	h27281-1	h27740-1	h28340-1	h29365-1	h29687-1	h29990-1		

历组	h30445-1	h31166-1	h31816-1					
兴								
宾组	h00270 正	h00339-1	h05645-1	h06531-1	h07198-1	h07426 正	h13754-1	h18919-1

师组	h19907-1	h20236-1	h21236-1	h21237-1	h21289 反			

丙一	h22044-2							

出组	h25180-1							

何组	b10352-1	t03752-1	t04066-1					

历组	h31066-1	h34083-1	h34428-1	h35234-1				
兴								
何组	h27365-1	h28000-1	t00218-1					

历组	h33564-1							
	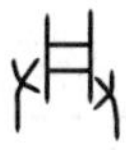							
师组	h19874	h21056						

受							
宾组	b00011	b00207	b00251	b00735	b00952	b00990	b01698	b01768
	b02282	b02483	b02502	b04501	b04508	b04510 正	b04514	b04522
	b04527	b04541 正	b06521	d00023-1	d00304	d00305 正	d00307-1	d00311 反
	h00063 正	h05242	h06169-1	h07076 正	h08616-1	h09714-1	h09775 正	h09805-1
	h09916	y00804-1	y00807					
师组	b06664 反	b06839	h19946 正	h20175	h20516	h20524	h20530	h20612
	h20613	h20649	h20650	h20651	h20652	t04516		
子组	h21658	h21841						
丙一	h22072							
丙二	h22208	h22246	h22247-1	h22247	h22505			
出组	b08710	b08711	h24427-1	h24428-1	h24433			
何组	b08774	b09015	b09019	b09280	b09704	b09717	h26884	h26955

	h27028	h27032-1	h27059-1	h27079-1	h27228-2	h27356	h27398-1	h27452-1
	h27881-1	h28237	h28238-1	h28240	h28244-1	h28249-1	h29415	h29467-1
	h29604-1	h29605	h29617-1	h30309-2	w01404			
历组	h30727	h30918	h30987	h31180	h31793	h31973	h31974	h31976
	h32176	h32609	h32717	h33071	h33116	h33242	h33245	h33258
	y02429	t02634						
黄组	h36123-1	h36125-1	h36126-1	h36356-1	h36975-3	h36977-1	h37387-1	h37858-1
何组	t00563	t00606	t04066	t03545	t02666		何黄	t02617
黄组	h37517							
历组	h30473							
同								
丙二	h22202							
出组	h24118	h26870	y01926	y02052				

何组	h28019							
宾组	h17539 臼							
宾组	h06908							
出组	h24899							
宁								
宾组	b06528-1	t04575						
师组	d01289	h19946 正	h20741	t02522				
子组	h21641	h21777	h21870-1					
午组	h21968							
何组	h27177	h27885 正						
历组	h30384	h34547						
宁								
宾组	h09650							

历组	h32107	h32114	h32517					

宾组	h00249 正	h06665 正						

历组	h32813							

宾组	h18645	w00380 正						
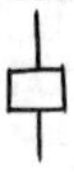	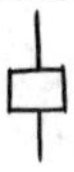	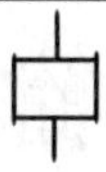						
宾组	h02386	h09745	h15804					
 [illegible]								
何组	t02796							

历组	h32277							
丹	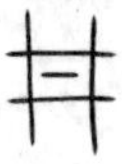	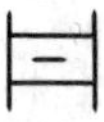						
宾组	b03430-1	h00716 正	h02510-1	h11006 正				
		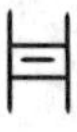						
出组	h24238-1	h24386-1						

宾组	h18923							
井			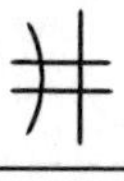			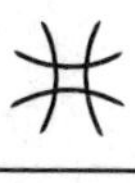		
宾组	b00386 反	d00428 臼	d01098 反	h01339-1	h02757-1	h02760 正	h1660 反-1	
	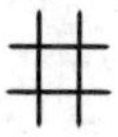							
历组	h32763-1							

洴								
宾组	h18770							
宾组	h04951	h10358						
宾组	h06649 反甲	h13044						
师组	h21446							
南								
宾组	b00168	b02331	d00311 正	d00599	d01020 正	h00350	h00378 正	h00710
	h00734 正	h00893 正	h01442	h01474	h01525	h01685	h01820	h01822 正
	h02019	h05369	h05708 正	h06690	h07092	h08739	h13648	h14294
	h14295	h15620	h15835	h39591	w00764	y00066 正	y01175	100080
师组	b06952	h19946 正	h20201	h20345	h20536	h20575	h20576 正	h20627
	h21164	y01760						
子组	h21647							
出组	b07485	h22543	h24147	h24429	h24430	h24938	h24939	h26089

	y02046							
何组	b09011	b10222 正	d01277	h27387 正	h28086	h28116	h28192	h28193
	h28351	h28399	h28595	h29084	h29413	h30173	h30175	h30287
历组	h32036	h32161	h32256	h32411	h32607	h32700	h33178	h33241
	h33242	h33246	h33694	h34074	h34139	h34165	h34220	w01571
黄组	h36470	h36975						
何组	t02377	历组	t02417					
宾组	h00449-1	h10249-1						
黄组	h35539							
宾组	h07149 反							
宾组	b06170							
历组	h31935							

宾组	h02160							

丙一	h22075							

师组	h19869							
 [illegible]								
宾组	h00005	h00154	h00274 正	h00275 正	h00303			
 [illegible]								
宾组	h13525-1							
青								
师组	h20975							

宾组	b06226							

宾组	h15526							
 卣								
宾组	h11622-1	h18805-1	w00960					

师组	h19933-1	h21242-1						

午组	h21953							

丙二	h22247-1	h22254-1	h22495-1					
出组	w01240-1							
历组	h34695-1	何组	t02219					
卣								
宾组	h06589 正	h14315 正						
黄组	h36959-1							
历组	h30504-1							
死								
师组	h19898-1	h20051-1	h21306 乙					
午组	h21890-1	h21948						
丙一	h22049-1							
死								
宾组	h17059-1	h17060-1						
宾组	h40707-1							
黄组	h37387-1							

丙一	h22077-1							
师组	h20578-1	h20578-2						
丙二	h22415-1							
何组	h27982-1							
历组	h32829-1	h32830-1	t02273-1	t02273-2				
宾组	h07076 正	h07078-1	h18268					
历组	h31182-1							
沾								
宾组	h18772-1	h18773-1						
沾								
师组	h21435-1							
何组	h27465-1							
历组	t00999-1							

[illegible]								
何组	t02408-1							
[illegible]								
宾组	100133-1							
[illegible]								
宾组	h08282-1							
[illegible]								
何组	h28151-1	h29324-1	h29325-1	h29326-1	h29327-1	h29695-1	t00053	
鼄死								
宾组	h10406 反	h17055 正	h17058 正	h17056-1				
鼄死								
宾组	h17056-1							
[illegible]								
宾组	h18267-1							
必								
宾组	b02406	h00175	h03983	h04283	w00962			
出组	h23064	h23481	h23602	h25784	h25937			
峇								
历组	h31837							
师组	t00604							

宾组	h13604 正							
历组	h41692							
何组	t00257							
宾组	h04028	h04284	h06816					
宾组	b01234	b02425 正	h04283	h04775	h05724	h05899	h11031	
师组	h20607							
宾组	h05673							
师组	h21521							
宾组	h13604 正	h40714						
宾组	h07932							
宾组	h07736 正							
宾组	h03284	h04415 正	h05746	h09019 正	h17267			

历组	h33370							
黄组	h37473							
历组	b10640							
宾组	h05639 正	h05080						
吣								
师组	b06693							
康								
黄组	h35371	h35859	h35955	h35966	h35968	h35970	h35971	h35974
	h35978	h36008	h36010	h36015	h36019	h36108	h37282	h38228
	y02514	y02517						
⿱庚大								
师组	h20577							
历组	h30693	何组	t02148					
⿱庚几								
宾组	h15665	h15994	h18802					

师组	h20592							
出组	h26040							
何组	h27137-1	h27310-1	h27352-1	h27459	h29712-1	h30270-1	y02265	
历组	h30801	h30961	h31012	h31014	h31015	h31022-1	h34612	h35248
何组	t01055-1	t01055	t04343					
庸								
宾组	h12839		历组	t01022-1	t01022			
[illegible]								
宾组	h18384							
[illegible]								
何组	h27171							
[illegible]								
宾组	h10566	w00138						
[illegible]								
历组	h32935							
亚								
宾组	b01732 正	h00043-1	h01941-1	h05690-1	h17448-1			

师组	h21474 反							
丙二	h22305-1							
何组	h27148	h27930	h27931	h27937				
宾组	h02813 反							
宾组	h00152 正	h03315	h08102					
宾组	b00500	h08092						
历组	h32805	h32807						
历组	h32981-1	h32981-2	t01263					
历组	h32804	h32806						
宾组	h18651							
丙一	h22088							

宾组	h18625								
宾组	h00667 正	h18606							
⿰氵亞									
宾组	h18768								
黄组	h36959	y02536							
⿱亞女									
师组	h20134								
历组	h34146	t03594							
宾组	h18360								
宾组	b06238								
宾组	h13522 正								
子组	h21571								
工									
宾组	h10488 反	h11484 正	h19434						

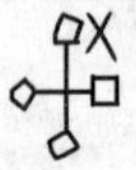

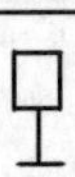

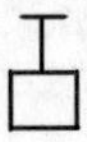

师组	h21443							
丙二	h22487							
出组	h22675	h26864						
何组	h26974	h28971	h29686	t02148				
历组	t02525							
工								
历组	h30475							
黄组	h38307							
工								
师组	h20615							
宾组	b06191 反	h14474 臼						
吉								
宾组	d00112 正	d00113	d00358	d00361	h06350			
历组	h35232							
历组	h34157							

[illegible]								
师组	h20021							
[illegible]								
宾组	b00432							
[illegible]								
历组	y02458							
[illegible]								
宾组	h14760	h18478						
巫								
宾组	h05658 正							
丙二	h22455							
历组	h34138	h34158						
黄组	h36344	h36528 反	h37835					
[illegible]								
何	t02613							
[illegible]								
宾组	h18189-1							
[illegible]								
宾组	h00961-1							
[illegible]								
宾组	h04247							

历组	h30475							
[illegible]								
宾组	h18402							
[illegible]								
宾组	h09281 反							
录								
宾组	b04249	h05976	h08394	h13375 正				
出组	h25942							
何组	b09212	h27237	h27933	h28124	h28125	h28384	h28799	h28800
历组	h33177	t00459						
黄组	h37526	h37582	h37848 反	h39427				
何组		t02116	t02326					
录								
宾组	h10970 正	h19493						
[illegible]								
黄组	h35501							
[illegible]								
何组	h29411							

菉								
何组	h28899	h29409	h29410					
 ⿱林录								
黄组	h35965	h37439	h37451	h37461				
 ⿱林录								
黄组	h37382							
 ⿰月录								
宾组	h18515	h19492 反						

师组	h20964							
 ⿰月录								
宾组	h14103	h18727						
 ⿰录龜								
宾组	h09557 反							
 ⿰录虎								
黄组	h36492							

宾组	h05531 反甲							
 ⿸丿朩								
宾组	h01385 正	h08465-1	h10974	h10975				

历组	h33374 正		黄组	h36622-1	y02545			

宾组	h04739							
中								
宾组	h01063	h03336 正						
师组	h20061	h20587	h20677					
丙二	h22197	h22394						
出组	b08760							
何组	h26960	h27390	h27392	h27394	w01302	t00957		
历组	h31429	h32499	h32500	t00856				
中								
宾组	h13357							
师组	b06944							
黄组	h35347							
中								
宾组	h04049	h04931	h05825	h07378	h14859 反	h15443 反		

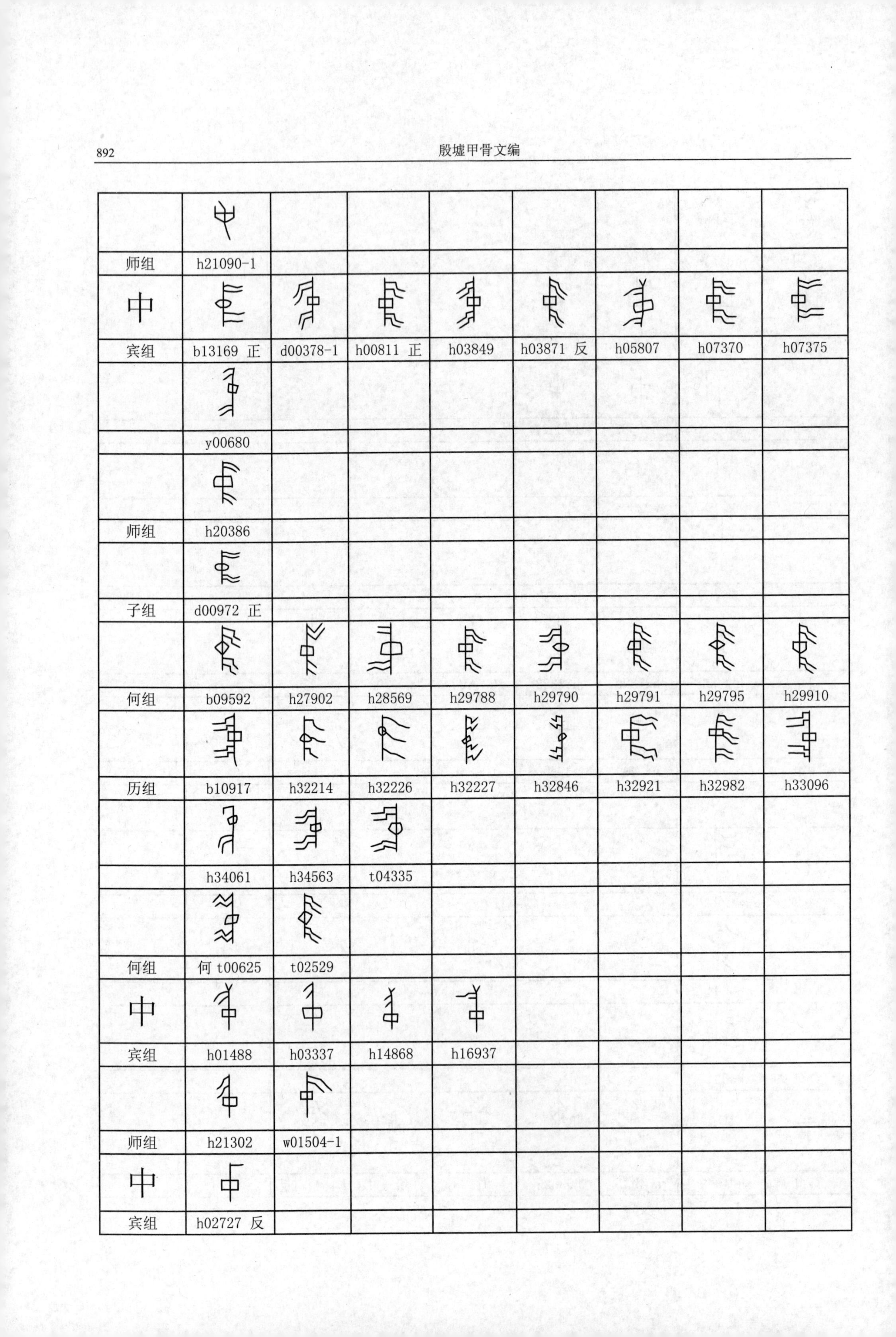

师组	h21090-1							
中								
宾组	b13169 正	d00378-1	h00811 正	h03849	h03871 反	h05807	h07370	h07375
	y00680							
师组	h20386							
子组	d00972 正							
何组	b09592	h27902	h28569	h29788	h29790	h29791	h29795	h29910
历组	b10917	h32214	h32226	h32227	h32846	h32921	h32982	h33096
	h34061	h34563	t04335					
何组	何 t00625	t02529						
中								
宾组	h01488	h03337	h14868	h16937				
师组	h21302	w01504-1						
中								
宾组	h02727 反							

师组	h20908							
历组	h32939	h35246						
宾组	h02315 反	h05622-1						
师组	h20879							
历组	h32580							
何组	h27628							
历组	h34458							
⿰中人								
历组	h32063							
⿰立中								
历组	h32591							
⿰立中								
历组	t03764							
宾组	h06813	h07528 正	h10315 正	h17925				
⿰中又								
宾组	h05861 正							

出组	h24350-1							
宾组	h00924 正	h04373						
师组	h21222-1							
出组	b08378-1	h23684-1	h24130-1	h24442-1				
师组	h21321							
何组	h28172							
宾组	h09608 正							
宾组	h19714							
午组	h21880							
宾组	h01027 正							
宾组	d00018-1	d00545-1	h01086 正	h18788-1	y00294-1			
师组	h20082-1	h20149 正						

史								
宾组	b01070 臼	b01137	b01139	b04660	b04719	b04789	b04790	b04855
	b04870	b04977	d00084-1	d00161-1	d00164 正	h00667 正	h00975 正	h05281
	h05454	h05505	h05510 正	h05513	h06814	h10248	h12372	h12623 甲
出组	h23657-1	h25934-1	h25938-1					
何组	h27070							
历组	h35273-1							
黄组	h36422-1							
史								
宾组	h00914 正	h01022 乙	h05498	h05508	h05632	h05633	h07075 正	h07660-1
	h09599	h10125	h14225-1	h15334-1	h18231	h18941 正		
师组	h20075	h20088	h20333-1	h20349	h20352-1	h20362-1	h20645	h20955
子组	h21586-1	h21623	h21634-1	h21635	h21672-1	h21674-1	h21703 正	
午组	h21912	h21975						

丙二	h22247-1	h22316						

出组	b08759	h24432 反						

何组	b10357	h27051	h27052	h27125	h27292	h27293	h27355	h27367

	h27789	h27932	y02348					

历组	b10516	b10641	h30524	h30771-1	h31791	h32642	h32835	h32969

	h33049	t00992-1	t01009					

黄组	b11067-1	b11910	h35477-1	h36423	h36970	h38242-1		
史								
丙二	h22202-1							

何组	t00650							
⿰礻史								
黄组	h38730							
⿰礻史								
黄组	h36554							

[illegible]								
黄组	y02518							
[illegible]								
何组	h27721	h28195-1						
宾组	h17185 正							
册								
宾组	b00424 反	b04447	h00438 正	h00685 正	h04003 正	h05820 反	h06087 正	h06160
	h06161	h06392	h06468-1	h06658	h07386-1	h07387-1	h07392	h07409
	h07434	h09356	h15320	h18879-1	y00198	y00380 反	t02768-1	t02768
师组	h20338-1							
丙二	h22356-1							
出组	h24133							
何组	h27287-1							
历组	h30398	h30478	h30649	h30650	h30652	h30653-1	h30654-1	h30655
	h30656-1	h30676	h30684-1	h32285	h33097-1	t01090-1	t02459-1	

	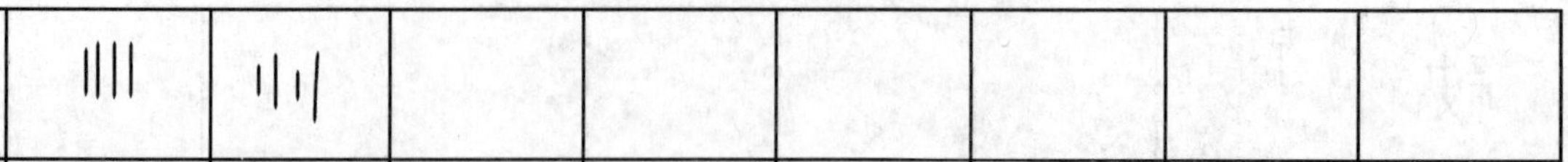							
黄组	h36345	h36528 反						
礻冊	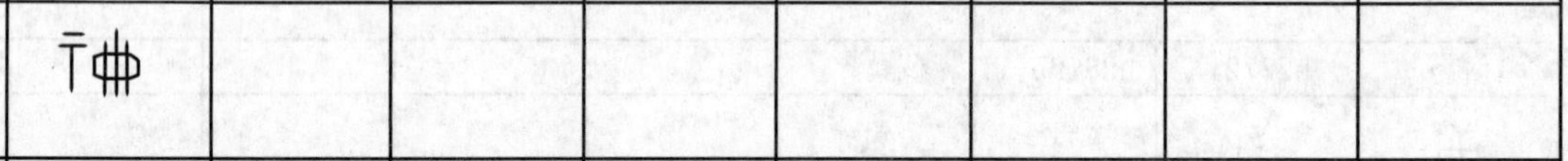							
宾组	h15324							
	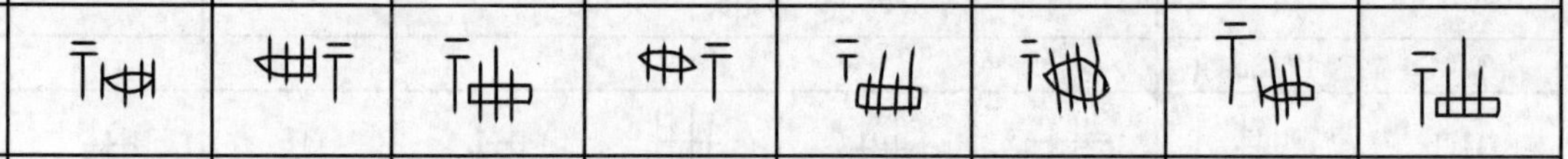							
何组	b09660	h27022	h27023	h27155	h27290	h27324	h27334	h27350
	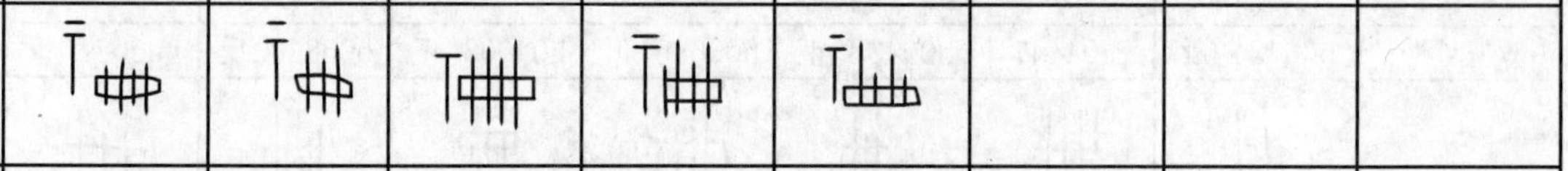							
	h27391	t00110	t00173	t00594	t02538			
	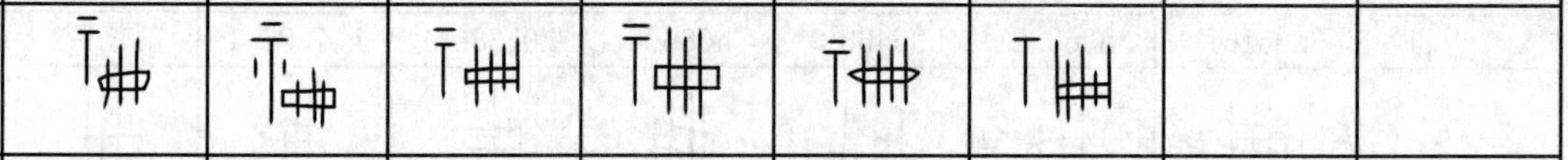							
历组	h30414	h30675	h30679	h30682	h30683	h34522		
𠕋	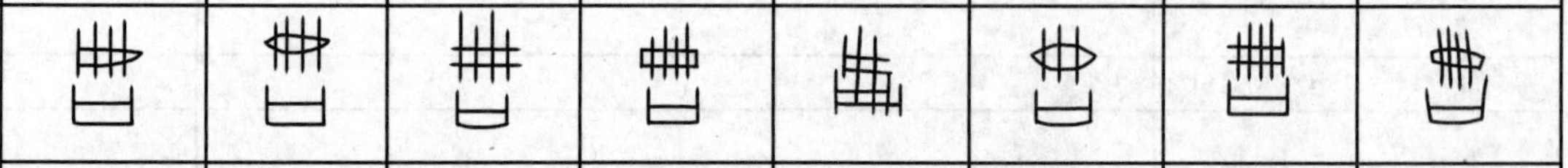							
宾组	b00153 正	b01063 正	b01917	b02745	h00274 反	h00323	h00438 正	h00438 正
	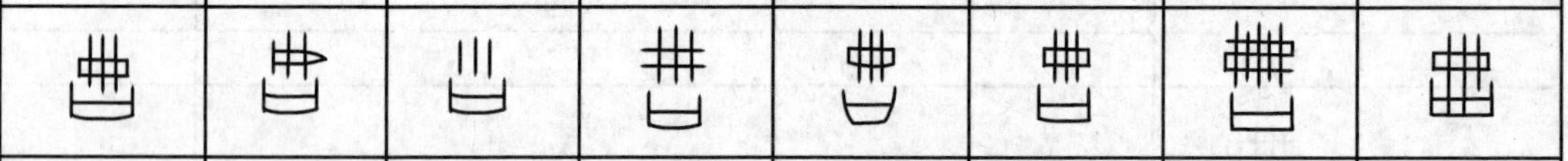							
	h00707 正	h00724 正	h00724 正	h00783	h00784	h00914 正	h01441-1	h02388 正甲
	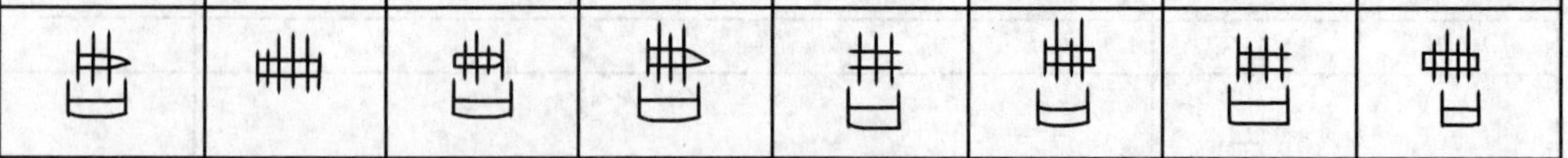							
	h02980 正	h03582	h05647 正	h06162	h07026-1	h08996 正	h14521-1	h15301-1
	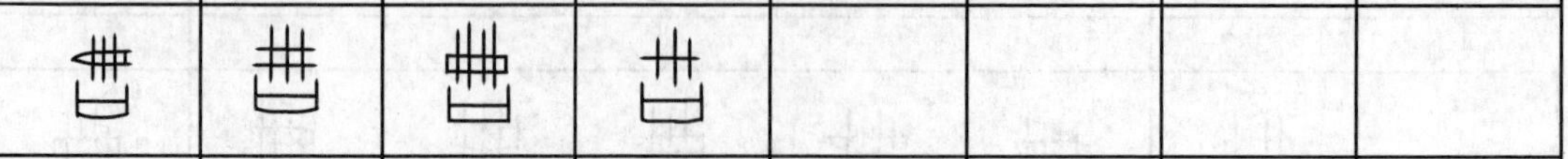							
	h15307-1	h15336	y01235-1	100041-1				
	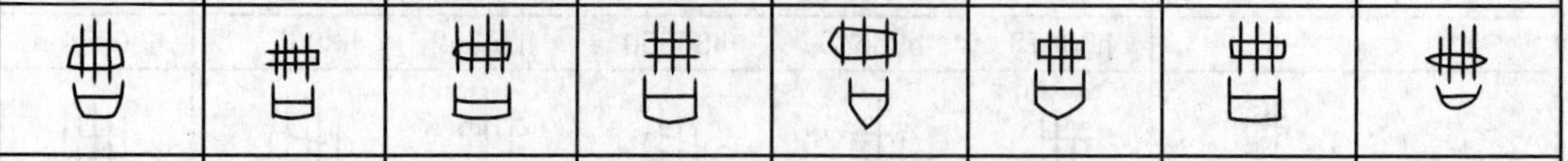							
师组	b06925	h19834-1	h19885	h20521	h21183	h21184	h21472 反	y01822-1

午组	h21905							
丙二	h22231-1							
出组	h23430-1	h24133	y01977					
何组	h26936-1	h27489	h27985-1	h28001-1	h28009	h28088-1	h30033-2	w01313-1
	w01393-1	t00324-1	t00817-2	t00817-3	t03058-1			
历组	b10424	h30411	h30479	h30647	h30661-1	h30662-1	h30663-1	h30665-1
	h30667-1	h30669-1	h30670	h30671-1	h32162-1	h32172	h34395-1	
黄组	h36498	h36523-1						
漕								
宾组	h00045	h00270 正	h00812 正	h02757	h02758	h03216 正	h08605 正	h09505
	h10539 正	h14003 正	h14536 正	h15329	h15331	h15333		
漕								
宾组	h05499	师组	h21185	h21234				

[氵冊]								
宾组	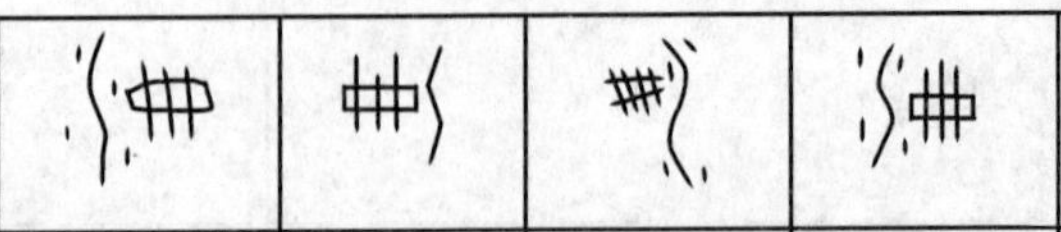 h09322 正	h17716-1	h17997 正	h19094 正				

师组	h20319							
典	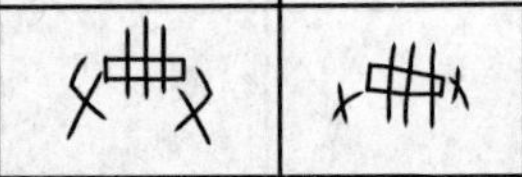							
宾组	h05945 正	h07422						

出组	h24157							
	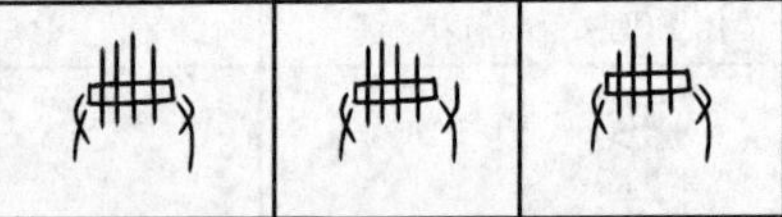							
历组	h33020-1	h33020-2	h34398-1					
	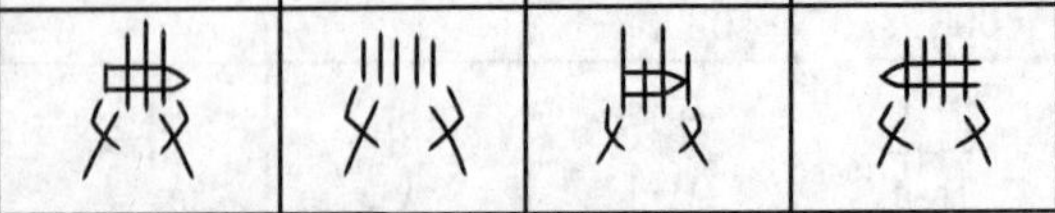							
黄组	b11235	h36519	h38307-1	h38310-1				
典	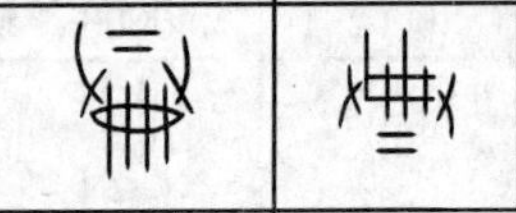							
出组	h22675-1	h24387-1						

何组	h28009-1							
	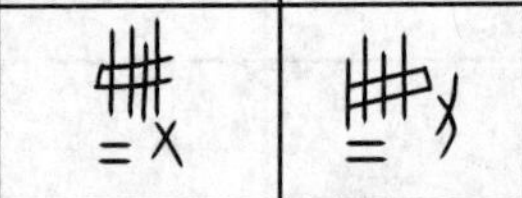							
历组	h30659-1	h30660-1						
	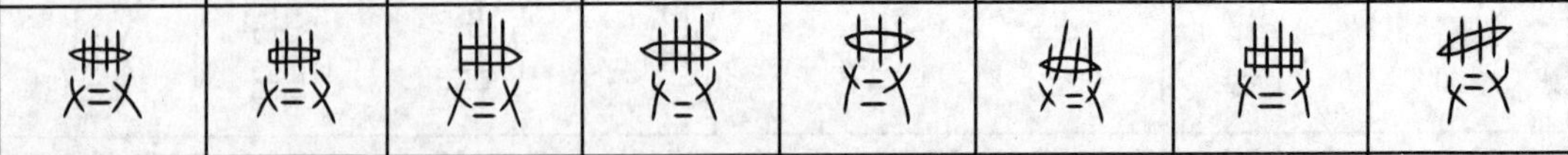							
黄组	h35398-1	h35756-1	h36181-1	h36347-1	h36489-1	h37840	w01805-1	y02605-1
典	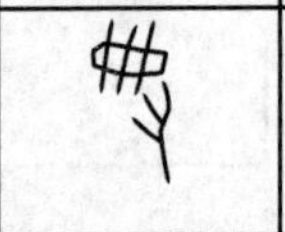							
师组	h20332-1							
	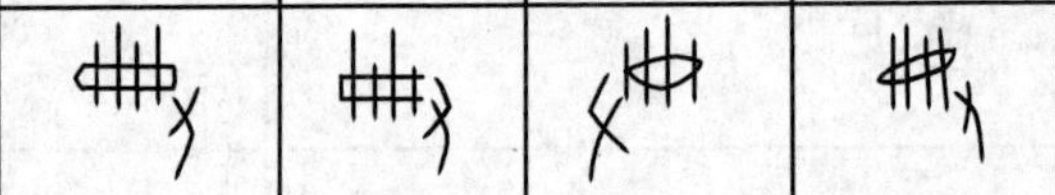							
历组	h30657	h30658-1	h30672	h30691-1				

典								
历组	h41494							
⿰礻典								
何组	h30173							
历组	t02246-1							
⿱⿰子大冊								
何组	h26994							
历组	h30687	h30688	h30689	h31833	h32390			
⿰子冊								
何组	h41311							
历组	h30685	h30686						
⿰子⿱大口								
历组	h30429							
⿰子大								
历组	h30691							
⿱⿰于大冊								
何组	t00253							
⿰⿱子止冊								
历组	h30692							

黄组	y02518							
黄组	h38289							
出组	h24910							
出组	h26801							
师组	h20074							
黄组	h38232	b13065						
师组	h20398							
宾组	h18848							
宾组	h08032							
何组	t02623							
中								
宾组	h06001 正	h06534-1	h06541-1	h06543	h08626-1			
弗								
宾组	b06231	h00590 正	h06776-1					

师组	h20383	h20393	h20946					
丙二	h22293-1	h22482-1	h22508-1					
何组	h29084							
历组	h33200							
黄组	h36346	h36530						
叀								
宾组	b01260	d00039	d00104	d00146	d00164	d00281	d00297	h00012
	h00035	h00345	h01921	h02163	h02916	h07488	h19540	
师组	b06776	b06898	h19989-1	h20003	h20019	h20088	h20098	h19812
子组	h21755							
出组	b07515	b07654	b07765	b08594	d00667-1	d00667-2		
历组	b10937	h32882						
黄组	b11242							

叀								
宾组	b13121							
师组	b06625	b06661	b06664 正	b06671				
子组	h21545							
出组	b08740							
何组	b08770	b08774	b08833	b08837	b08907	b08987	b09183	b09187
	b09306	b10177	b10378	d00784	d00787 正	d00788	h28640	h28644
	h29098	h29100						
历组	b10463 甲	b10485	b10511	b10524	b10567	b10572	b10574	b10642 甲
	b10923	h31276	h31286	h31678 正	h31697	h31708	h31726	h31786
	h31795	h32023	h32064	h32066	h32192	h32274	h32513	h32536
	h32770	h32906	h32979	h33056 正	h33273	h33611	h34088	
黄组	b10977	b11075	b11448	h37099	h37100	h37130	h37132	h37153

历组	y02415 反							
宾组	h18509							
专								
宾组	b00843	b01169	b04809	b04826	b04852-1	b04852-2	d00088	h04975
	h08597	h13713 正	h18497					
何组	h30106	y02282						
历组	h34528							
专								
宾组	h03346	h03349	h03350	h05414	h10936 正	h11274 正	h16216	h16217
	h19002	h19488						
师组	h20065	h20575						
子组	h21746							
何组	h27759							
黄组	h37622							

传								
宾组	h08383	h09100						
疐								
何组	h28919	h28920	h28921					
黄组	d00865-1	d00898	h36203	h36613-1	h36620	h36632	h37472-1	
何黄	t02136							
疐								
何组	h28923	t02718						
历组	h33373							
黄组	h36636							
何黄	t00660	t04301	t02727					
疐								
宾组	b13010							
黄组	b11275	d00871-1	d00874-1	h36576	h36610-1	h36610-2	h36621	h36631
	h36639-4	h37363	h37449	h37481	h37621			
疐								
黄组	h36633	h36639						

[illegible]								
黄组	h37475							
[illegible]								
丙二	h22441							
[illegible]								
宾组	h10613 正	h10613 正						
[illegible]								
宾组	h00233							
[illegible]								
宾组	h06352	h06637 反	h06939	h06945	h08173	h08174	h08176	h08177

	h08178	h08179	w00407 反		师组	h20602		

丙二	h22299	h22320						

何组	h27990	t02613						

历组	h32883	h33030	h33100	h33145	h33147-2	h33147	h33148	

黄组	h36528 反							

历组	t00082	t01229	t02635					

 宾组	 h11400	 h16468	 h19093					
 宾组	 h00827	 h05532 正	 h05758	 h06946 正	 h19486			
何组	 h27736-2	 h27997						
历组	 h31678							
 宾组	 h00968	 h01253 正	 w00409					
师组	 h20653	 h20655						
 宾组	 h15799							
 宾组	 h05532 正	 h07023 正	 h19007					
 黄组	 h36970							
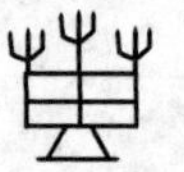 宾组	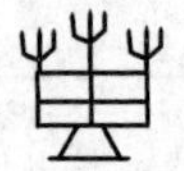 h07076 正							

东								
宾组	b13256 反	d00259	d00507 反	h00137 反	h00893 正	h05860-1	h06057 反	h08738

	h11466-1	h14316						

师组	h20074-1	h20637-1	h21021	h21085-1	h21086-1			

子组	h21526	h21620						

丙一	h22049-1							

丙二	h22344-1	h22381 反						

何组	h27199 反	h28115-1	h28190	h28191	h28399	h28843-1	h29246	h30173

	h30175	w01464-1	t01148-1					

历组	h33068	h33103	t01126-1	t04585				

黄组	h36518	h36975	y02562 正					
东								
宾组	h06906							

⿱宀東								
宾组	h10084							
⿰東東								
宾组	b02311-1	h06942						
⿱日東								
黄组	h36828							
⿰東叚								
宾组	h05504	h06667						
⿰東又								
宾组	h18160	h18212						
㯥								
宾组	h02710							
丙一	h22092-1							
㯥								
宾组	h18504	h18505						
㯥								
丙一	h22094	h22095						
㯥								
丙一	h22093-1	h22093						
㯥								
师组	h19951							

 师组	 h21449							
 宾组	 h08586							
 历组	 h34072	 h34073						
 宾组	 h18512	 y00173 正						
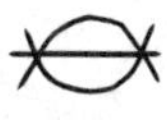 宾组	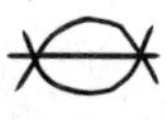 h08883 反							
 何组	 h27540							
 宾组	 h17949	 h17950						
 师组	 y01886							
 何组	 h27415							
历组	 h31667							
 历组	 h32289							
帚								
宾组	b00153 反	b00229 正	b00287 反	b00355-1	b00357-1	d0021 反-1	d00353	h00201 正

	h00709 正	h00712-1	h00795 正	h01336 臼	h02612	h02613	h02631 正	h02649 正
	h02651-1	h02654	h02658-1	h02672	h02675-1	h02696	h02811	h05532 反
	h06459	h07283-1	h07287 正	h08995 臼	h13646 正	h13713 正	h13714 正	h1403 反甲
	h19217-1							
师组	b06822	h20080						
子组	h21793	h21870						
午组	h21975							
丙二	h22226-1	h22247-1	h22258					
何组	h30322-1							
历组	h32048-1	h32757	h3276 甲正	h33964-1				
黄组	h37855-1							
帚 宾组	h13931							

何组	h28238							
帚								
历组	h32764-1							
帚								
师组	h20463 反							
帚								
宾组	h13005	h18957						
历组	h34283	t02584						
妇								
宾组	h18060							
妇								
子组	h21599							
[帚又]								
宾组	b00401 臼	b01365 反	h00493 臼	h05647 臼	h08754 臼	h09663-1	h15614 臼	
何组	y02264							
[帚又]								
宾组	h14010 正	h19506-1	h19507-1	h00583 反				
午组	h22038-1							

历组	h31013							
⿰帚又								
宾组	h04882	h39726-1	100268-1					
出组	h24976-1							
何组	h28119-1	h30322-1						
宾组	b06442 反							
⿸厂帚								
师组	h20043							
⿸厂⿰帚又								
宾组	h13727							
⿱帚叏								
宾组	h18619							
⿱⿰帚帚⿰又又								
宾组	h07056							
⿰帚帚								
历组	h33717							
⿰帚帚								
宾组	h08779	h09139-1						
子组	h21677-2	h21739-1	h21739-2	h21810				

字								
⿰帚帚								
宾组	h40675 反							
子组	h21573							
⿰口帚								
历组	h32982	h34320						
⿰日帚								
师组	h21515							
⿰牛帚								
宾组	h06057 反	h40787						
⿰牛⿱帚又								
宾组	h06057 正	h06059						
归								
宾组	b01525	b01531	b01534	b01536 正	d00348	h00272 正	h00296-1	h00722 正
	h01251-1	h01253 正	h01532 正	h01539-1	h02281 正	h03235 正	h04002	h04078-1
	h04394	h07049	h19516	w00374-1				
师组	h20504-1	h20735	y01835	t04516-2				
子组	h21640-1	h21642-1	h21643-1	h21645	h21646-1	h21655-1	h21741-1	
丙一	h22067							

丙二	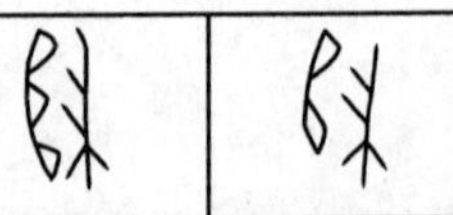 h22294-1	h22323-2						
出组	 h23705-1	h24431	y01948-1					
何组	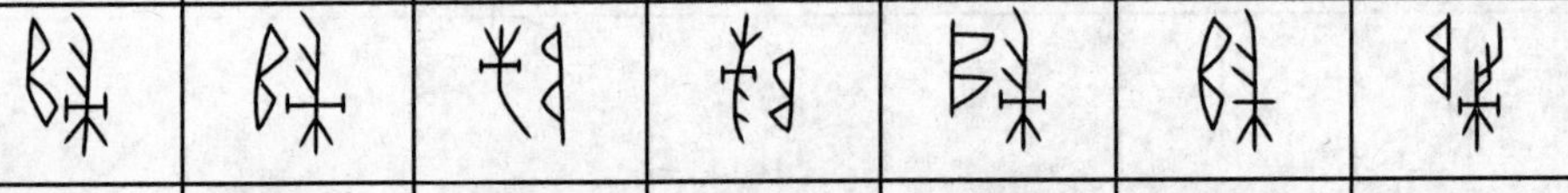 h27794	h27796-1	h27941-1	h28002-1	h28021-1	h29117-1	h30043-1	
历组	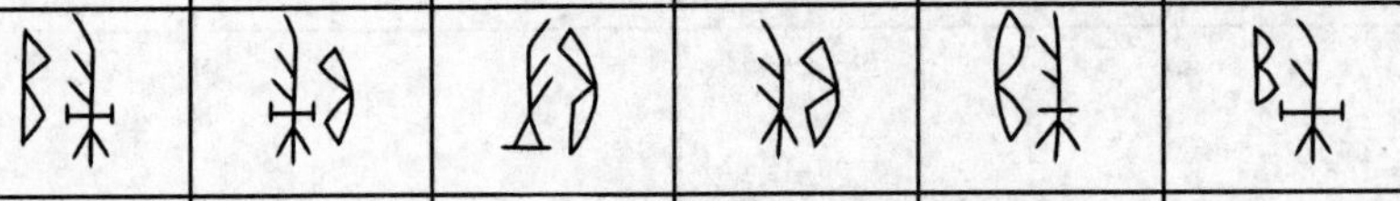 h31021-1	h31919	h32880	h32929	h33070-1	h41520-1		
黄组	 h36766-1							
历组	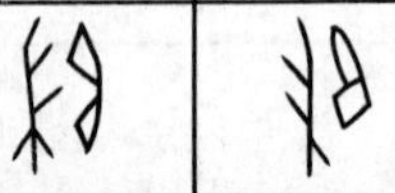 t00991-1	t03396-1						
剬								
师组	b06744							
自								
宾组	b00004 正	b02205	b02208	b06053	b13010	h0224 正乙	h03127-1	h03438 乙
	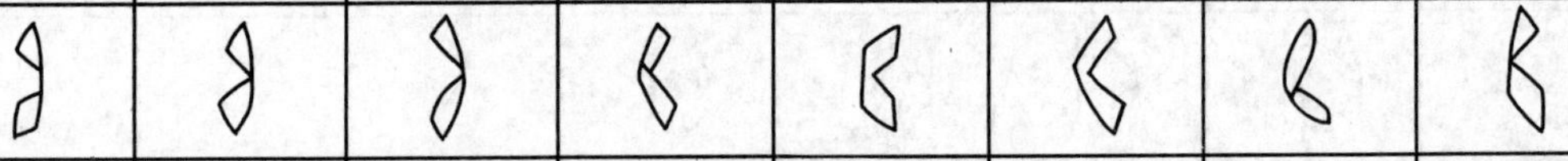 h04230	h04232	h05808	h06051	h08219 甲	h08987-1	h09463 正	h11274 正
	 h17055 正	h17180 正	h18780					
师组	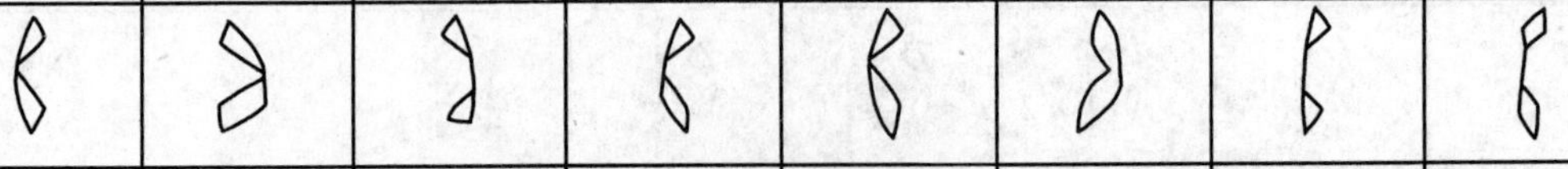 b06585	b06755	h19799	h20102	h20103	h20136	h20159	h20920
	 h21239							

出组	b07244	b08093	b08501	h23705	h24249	h24264-1	h24265-1	h24300-1
	h24302	h24311	h24335	h24342	h24344			
何组	b09632	b10390	h27882	h27915	h28195			
历组	b10488	h32273	h32979	h33006-1	h33100-1	h34720	t00340	
黄组	b11278	h36127	h36427	h36430	h36450	h36518		
自								
宾组	h00098 反	h00777 正	h00946 正	h05617	h07631	h14129 正		
历组	h32275	h32277-1	h33056 正	h33062				
𠂤								
宾组	h06228 反	h06536						
黄组	h36522							
𠂤								
师组	h19956	h20160	h20231					
追								
宾组	b02196 正	b02197	b02831	b03128 反	b06288	h00140 正	h00493 正	h00566

	 h00628 正	 h00869	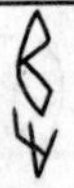 h00873	 h00875 正	 h00877	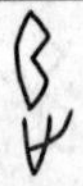 h02387 正	 h06593	 h18254
	 y00707							
师组	 h20460	 h20461	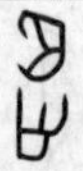 h20462	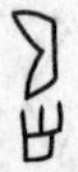 h20463 反	 h20575-2			
出组	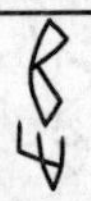 h24554							
何组	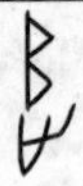 h28014							
历组	 h32815	 h33017	 t00190					
追	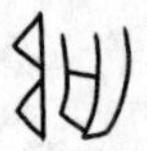							
历组	y02434							
苜								
宾组	h18256							
⿰𠂤彔								
宾组	h15788							
⿰𠂤朱								
出组	h23348-1							
何组	 h27160	 h27435	 h28064	 t00199				

历组	 h33086	 h33574	 h34233	 t00280				
黄组	 h36813							
何黄	 t02230							
師								
黄组	b11654	b12871	h35886	h35982	h36376	h36476	h36488	h36788
	 h36789	 h36804	 h36814	 h36818	 h36912			
師								
何组	b08893	h28971						
師								
出组	h23508							
历组	 h32486-2							
历组	 t00565							

黄组	h36909							
 [illegible]								
黄组	h36764							
苜								
宾组	h08969 反							

⿱臼𠂤								
宾组	h03034-1	h05317	h05318	h05447 乙	h11484 正			
师组	h21228							
午组	t02770							
⿱⿱臼𠂤一								
宾组	h04387							
出组	y01948							
⿱⿱臼𠂤口								
宾组	h04723	h19521						
历组	h31935	h31937	h35301					
⿱⿱亼𠂤口								
出组	h23560							
官								
宾组	h01916	h04576	h14228 正	h18754				
师组	h20230	h21507						
何组	h28032							
历组	h34158	y02466						

[illegible]								
宾组	h09491							
[illegible]								
宾组	h00849 正	h00855						
[illegible]								
宾组	d01129	h17537 正	h18719					

宾组	h07345							

历组	h31233-1							

宾组	h18749	h18750						
敀								
宾组	h13934 正							
柏								
出组	h24389							
泊								
师组	h21372							

历组	t00130							
[illegible]								
宾组	b06246	h00303	h04934	h05011				

师组	h20077	h21094						

午组	h21988							

丙二	h22435							

出组	h25015							

何组	h27352							

历组	h31023	h31136						

不明	t01080							

宾组何组	y00593							

师组	h20698-1							

何组	b10387							
旋								
宾组	h04385							
旋								
何组	h28011							
旋				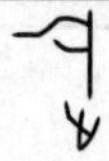	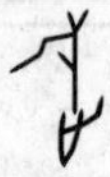		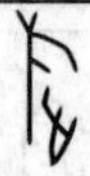	
宾组	h00301	h05230 反	h05760 正	h06465	h06544	h06855 正	h13764	

师组	h19799-1	h19875	h20190					

何组	h26993							

历组	h31003	h34076						
旋								
师组	h21482							
旃								
何组	h27747	t02311						
族								
宾组	b04151	b04152-1	h04061	h04790	h05453-1	h05617	h05622-1	h06343-1

	h06813-1	h06817	h14919	h14920				

师组	b06566	b06567	h21287	h21288	h21289 正	h21291		

出组	h25906							

历组	h31803	h32815	h34131	h34132	h34133	h34134	t00190	

黄组	b11309	h37518						

何组	t02301	t01233						
族								
宾组	h14914-1	h14922						
旓								
历组	h33017							
旃								
宾组	h00267 正	h04382	h04383 正	h04415 正	h05447 丁	h05447 甲	h09638-1	h10964 正

	h18636							
旃								
历组	h32926-1							
㫍								
历组	h32885-1							
旛								
宾组	h06049	h06050						
斿								
宾组	h00303	h05769 正	h08350	h15786				

出组	h23701-1	h24465-1						

何组	h27778	h27898	h28347	h28370	h28809	h29219	h29221	h29222

	h41358							

历组	h31946	h33399	h33400	h33540				
黄组	h37396	h37460						
何组	100561	t02299	t02531					
旅								
宾组	h01027 正	h01027 正	h04029	h05476-1	h05821-1	h05823-1	h05824-1	h08272 正
	h11077	y00150 正						
师组	b06621	h20088-1	h20505-1					
出组	b06986	b07109	b07110	b07117	b07119	b07120	b07159	b07326
	b07409	b07510	b07616	b07644	b07711	b07748	b07806	b07870
	b07877	b08138	b08695	h22730-1	h22798-1	h22837	h22941-1	h22952-1
	h22994-1	h23031-1	h23492-1	h24764-1	h25574			
何组	h28096-1	h30267-1						
历组	w01640-1							

黄组	h36426-1							
何组	t02064-1	t02350-1						
㫃㫃 								
历组	h33087							
㫍								
宾组	h08299							
𣄤								
何组	h28073							
㫃 								
何组	h27875							
宾组	h06814	h06815-1						
师组	b06953							
㫉								
宾组	h00303	h00304						
𣄜								
宾组	h18327							
历组	t02342							
𣃩								
宾组	h18520	h18521						

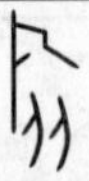

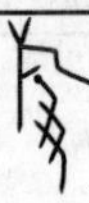

[illegible]								
宾组	b02364							

师组	d01299							

宾组	h15770							

历组	b10640							
[illegible]								
黄组	h39419							
族								
宾组	h00588 正							
[illegible]								
宾组	h13516							
[illegible]								
历组	t00776							

出组	h25628							

出组	y01969							

宾组	b00695 正	b06241	h00006	h00025	h01532-1	h01532	h03328	h03434

	h04480	h04883	h04935	h04936	h05632	h05903	h06848	h06849

	h06850	h08141 正	h08142	h08144	h08145	h08147	h08148	h08150
	h08151	h08152	h08153	h08585	h10979	h14161 正	h14161 正	y00527
	y00747	s00007						
师组	h20017	h20600	h20601					
丙二	h22364 正	h22394	h22473					
出组	h24360	h24363		何组	t02691			
历组	b10418	h33389						
	100142	t04049	t00862-1	t00920	t01059			
黄组	h36775	h37797						
宾组	h01763							
宾组	h18738							
宾组	h08149							

[illegible]								
出组	 h24361	 h24365						

宾组	h09086							
单			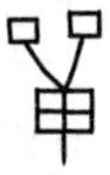					
宾组	h00137 正	h06473 正	h08713					

何组	h28115	h28116	h30276					

黄组	h36475							
单								
宾组	h11501	h18938	h09572					

历组	h34220							
单								
宾组	h00893 反	y00754						

午组	h22035							

何组	h28870							

历组	t02658							
[illegible]								
宾组	h10862							

⿸㫃單								
历组	t03925							
⿸㫃斷								
何组	h28118							
⿰單又								
历组	h31787-1							
⿰單又								
何组	h27302							
⿰單攵								
师组	h40901							
⿲彳單攵								
历组	h32193							
⿰單子								
宾组	h03271 正							
⿱艹⿰單斤								
何组	h29365							
⿰單斤								
宾组	h00816 正	h00816 正	h00946 正	h03325	h04614	h05787	h07911	h07912
	h07913	h07915	h07920	h17086	h17389	h19445		
出组	h22620							
历组	h32903	h32996						

	t00007	t01009-1	t01047					
⿰單斤								
宾组	h00030	h07914	h13536 正					
何组	h28117							
⿰單犬								
何组	b09049	b09168	b09270	b09272	b09273	b09274	b09275	b09276
	h28333	h28341	h28639-1	h28640-1	h28650	h28729	h28771	h28773-1
	h28777-1	h28780-1	h28781	h28782	h28783	h28786	h28787	h29248
	h29300							
历组	h31923	h31924	h33393	h33394	h35266-1	t03718		
黄组	h35350							
何组	t00271	t02114-1	t03054					
⿰單犬								
宾组	b02564 正	b02569	b02870 正	h00905 正	h10587-1	h10588	h10599-1	h10608 正
	h10609	h10614	h10619	h10941-2	h10947	y00842-1	y00842	

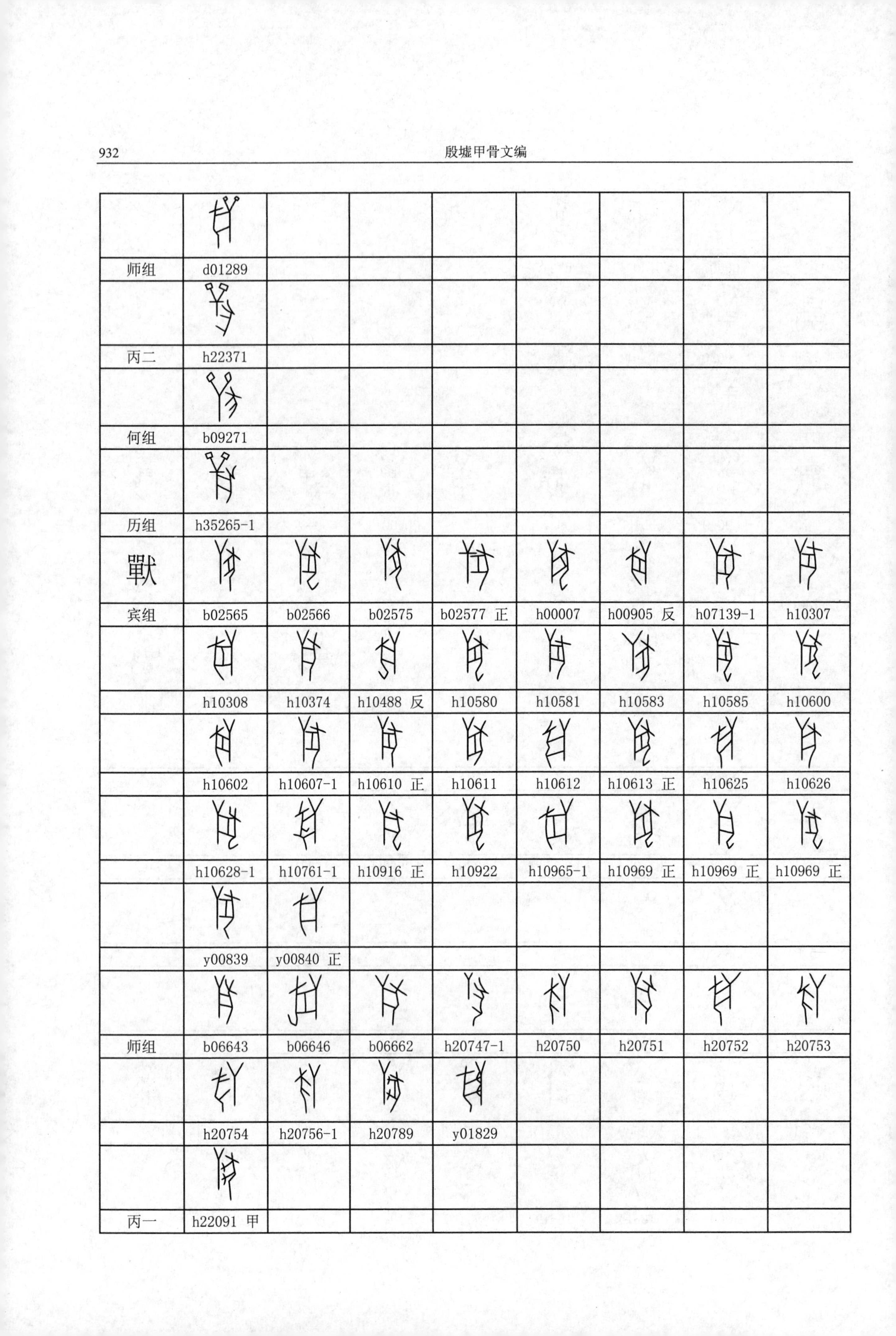

师组	d01289							
丙二	h22371							
何组	b09271							
历组	h35265-1							
獸								
宾组	b02565	b02566	b02575	b02577 正	h00007	h00905 反	h07139-1	h10307
	h10308	h10374	h10488 反	h10580	h10581	h10583	h10585	h10600
	h10602	h10607-1	h10610 正	h10611	h10612	h10613 正	h10625	h10626
	h10628-1	h10761-1	h10916 正	h10922	h10965-1	h10969 正	h10969 正	h10969 正
	y00839	y00840 正						
师组	b06643	b06646	b06662	h20747-1	h20750	h20751	h20752	h20753
	h20754	h20756-1	h20789	y01829				
丙一	h22091 甲							

丙二	 h22292							
出组	 h24444							
何组	 h28788-1	 h28788						
历组	 h32270	 h33375	 h33381	 h33386	 h33387	 h33395-1	 h34573-1	
戰								
宾组	b02576	h11015-1						
师组	 w01499-1							
丙二	 h22372							
历组	 h32903-1	 h32922	 h33382	 h33383	 h33384-2	 h33387	 h33388	 h33391
	 t01009	 t01128	 t01295					
戰								
宾组	b06399	h10597						
师组	 h20763-1							
子组	 h21729							

何组	h28774	h28995	s00282	t00226-1				
历组	h32219-1	h32555	h32680-1	h33384-1	h33385	h33390	t03014	t03786
⿰單犬								
何组	h28310							
⿰單犬								
历组	h33393							
⿰丬單								
宾组	h17917							
羃								
历组	h33041							
羃								
何组	h27435							
干								
何组	h28059							
𠂤								
宾组	h00043							
师组	h21511							
黄组	h36969							

[illegible]								
丙二	h22239-1							
[illegible]								
宾组	h07020-1	h09377						
[illegible]								
宾组	h15521							
[illegible]								
宾组	h00136 正							
[illegible]								
宾组	h0013 正甲							
戕								
历组	h35301							
[illegible]								
宾组	b05104	h03306-1	h06943-1	h06943	h17176	y00115		
疾								
宾组	b0006 正甲	b00655	b03974	b03976	b03977	b03978	b03979	b03983
	b03986	b03994	b04004	b04005	b04012	b04022 正	d00422 正	d00427-1
	d01017 正	d01068-1	d01072-1	h00137 正	h00223-1	h00440 正	h00440 正	h00456 正
	h00557	h00573 反	h00709 正	h00773 甲	h00822 正	h00869	h01720	h01793 反
	h02064	h02085	h02274 正	h02505 正	h02969	h04711	h06485 正	h06486 正

	h07537	h08445	h08626	h09560	h12670	h12704-1	h13617	h13620 正
	h13625 正	h13628	h13629	h13630-1	h13631	h13637 正	h13639	h13640
	h13642	h13647 正	h13661	h13666 正	h13670	h13672 正	h13677 正	h13685 正
	h13688 正	h1369 正乙	h13705	h13706 正	h13711	h13715	h13716 正	h13722
	h13723	h13737	h13742	h13746	h13757-1	h13761 反	h13765	h13766
	h13767	h13771 正	h13772	h13773	h13777	h13778	h13786	h13792
	h13793 正	h13799	h13804	h13806 正	h13809 正	h13810	h13817	h13818
	h13823	h13825	h13828	h13830	h13833	h13841	h13845	h13870
	h13884	h13892-1	h13919	h14022 正	h17450	h18653	h18655	h18918
	h39576	h40580	w00483	y01620				
师组	h20463 反	h20975	h21033	h21035	h21038-1	h21042	h21044	h21045
	h21046	h21047-1	h21050-1	h40857	w01514			

午组	h21945							
丙一	h22098							
丙二	h22246	h22250	h22258-2	h22258-3	h22265-1	h22267-1	h22284	h22324
	h22371	h22393	h22394	h22395				
出组	h23531	h23533	h23773 反	h24957	h24958-1			
何组	h28106-1	h30010						
历组	b10631	h31285-1	h31681-1	h33004	h33035	h33112	h34072	h34075-1
	h41614	t00239	t04048					
何组	100655-1							
疾								
历组	t00493							
疾								
何组	h28040							
宾组	h13691							

[illegible]								
宾组	h17391							
[illegible]								
宾组	h00266	h06043 反	h06043 正	h10048	h17171	w00024 正	y00366	
[illegible]								
宾组	b02240							
师组	h21375							
历组	h31993							
[illegible]								
师组	h20966							
[illegible]								
黄组	h36767							
疴								
师组	h20964							
宾组	s00311							
[illegible]								
宾组	b00532 甲	h00809 正	h02799	h05618	h08402	h12899 反	h18769	h19560
	h19571 正	w00913	y01113 正					
师组	b06907							

丙二	h22160							
何组	h27592	h27884	h27988	t02434				
历组	b10470	b10478-1	b10478	h30761	h30763	h31057	h32237	h32261
	h32731	h32766	h32767	h32768	h32775	h34130	t00505	
[illegible]								
出组	h41299							
疾								
宾组	h13671							
疾								
宾组	h03521 正							
疾								
宾组	h07568							
[illegible]								
宾组	h13674-1	h13674-2						
[illegible]								
历组	h31822							
疫								
宾组	h00275 正	h00522 反	h02664 正	h04344 反	h04345	h04353	h11006 正	y01153 正
历组	b10630	h32873	h32875	h34131	h34240	h34677		

	历 t00341	t01132	t02909					
宾组	h18659							
⿰爿見								
宾组	h17466							
梦								
宾组	b01697	b04707	b05115 正	b05116	b05117	b05118	b05119	b05125
	b05126	b05127 正	b05129	b05133 反	b05134 正	b05136 正	d00423 正	h00122
	h00776 正	h01027 正	h05598 正	h07771	h10408 正	h14199 正	h17375	h17378
	h17379	h17387	h17391	h17392 正	h17393 正	h17404	h17405 正	h17410 正
	h17411	h17413	h17417 正	h17421	h17425 正	h17426	h17427	h17439 正
	h17441	h17447	h17448	h17453	h17459	h17461	h17483	y01621
师组	b06716	h19829	h21380	h21381	h21382	h21383		
子组	h21767	h21844						
历组	h31283	h31284						

㝱								
宾组	h40537							
梦								
宾组	b00452	h17415	h17445	h17446	h17452	h17455	h17458	h17464
	h17465	h17467	h17471	h17472				
梦								
宾组	h04669	h06813	h17399	h17450	h17451			
子组	h21534	h21623	h21666					
丙二	h22145							
梦								
宾组师组	h12713	h12780 反						
师组	b06816							
丙一	h22065		丙二	h22294				
历组	h32212							
梦								
丙二	h22187							
宾组	h00808 正							

痦								
何组	h27253							
宾组	h00137 反	h00137 正	h10406 正					
小疾臣								
宾组	h05598 反	h05598 正	h05599 正	h05600	h05601 正			
⿰爿喬								
何组	h27888							
黄组	h36481 正							
宾组	h03522 正							
⿰爿敄								
宾组	h00527 正	h18657						
⿰爿子								
宾组	h03194 正							
妆								
宾组	h05652			t02767				
宾组	H19241							
⿰爿炎								
丙二	h22483							
妆								
宾组	h18063							

[illegible]								
宾组	b00493	h04366						
将								
宾组	h15885 正	h19096 反						
[illegible]								
宾组	h13431							
肥								
宾组	h03249							
[illegible]								
宾组	h06778 正	h13860						
葬								
师组	b06740							
朐								
宾组	h09378							
[illegible]								
宾组	h06032 反							
[illegible]								
历组	h31822							
竹								
宾组	h01113	h04755 正						
师组	h20230	h20333		丙一	h22067			
出组	h23805							

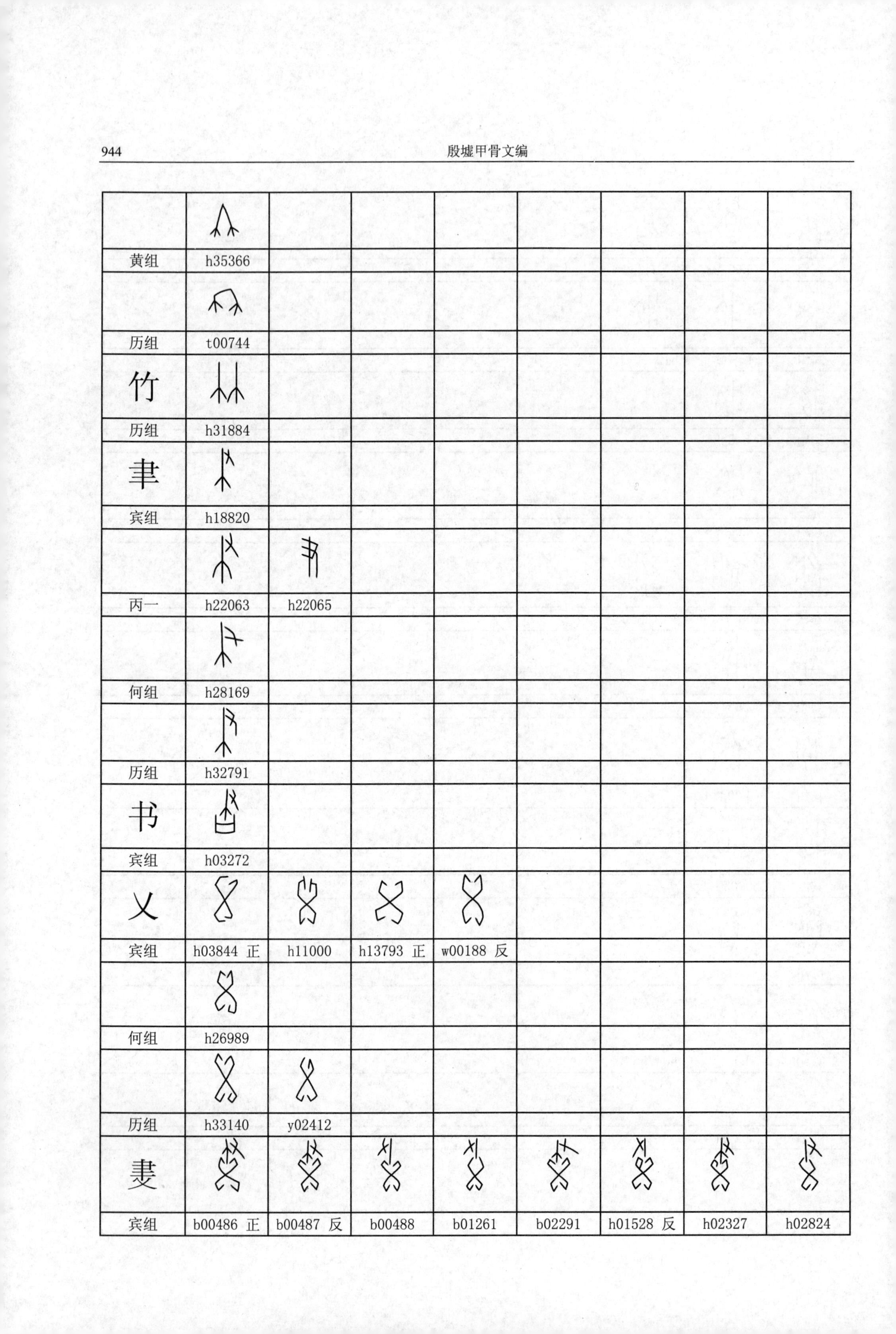

黄组	h35366							
历组	t00744							
竹								
历组	h31884							
聿								
宾组	h18820							
丙一	h22063	h22065						
何组	h28169							
历组	h32791							
书								
宾组	h03272							
乂								
宾组	h03844 正	h11000	h13793 正	w00188 反				
何组	h26989							
历组	h33140	y02412						
妻								
宾组	b00486 正	b00487 反	b00488	b01261	b02291	h01528 反	h02327	h02824

	h03049-1	h03052	h03054 正	h03057	h03060 反	h03397-1	h04190 正	h06828 正
	h09193	h09230	h17584 臼					
出组	h23529-1	h23530-1	h24467					
历组	h32772-1	h32900-1	h33059					
	t00243	t02907						
淒								
宾组	h08347	h08348	h08349	h08350-1	h10206	h10248		
何组	h27901-1	h27902	h28186	h29287-1	h29289-1	h29290	h29291-1	h29292
历组	h41514-1	t00762	t01441					
黄组	h37562	h37787						
[illegible]								
历组	h34687	h34689						
[illegible]								
历组	h34688							

[illegible]								
宾组	h14250							
宾组	h01824 正							
[illegible]								
何组	h41342							
宾组	h18441							
出组	h23614							
宾组	h15232							
历组	h34340							
师组	h20347							
冉								
宾组	b06423 反	h07660	h11288					
历组	h32919							
历组	t02260							
偁								
宾组	h00094 反	h03935	h06063 正	h07150 正	h11760	h12051 正	h13230	h15929

	 h17956							
丙二	 h22257	 h22301						
何组	 h26892	 h28042	 h28074					
历组	 h33363							
⿱⿰火偁⿰火偁								
宾组	h08675							
⿰亻⿱秝冉								
宾组	b01254	h04277	h04356	h04362	h04363 正	h04919	h09043	h09044 正
	 y00789	 y01177 正						
⿰亻⿱秝冉								
宾组	h09041 正							
⿱自冉								
师组	h20653							
⿱自冉								
师组	h21395							
⿰亻⿱自冉								
宾组	h08648 正	h13757-1	h13757	h17957				
⿰⿱自冉年								
宾组	h09730	y 补 2 正						

傋								
宾组	h07758							
[illegible]								
黄组	h36524							
偁								
宾组	h10405 正							
出组	h25020							
爯								
宾组	b0185 正甲	b02112	h02851	h03345	h06392	h06406	h06533	h07386-1
	h07422	h07423	h07426 正	h19538	y 补 55			
师组	h21073							
出组	h26631							
何组	h28043	h28044						
历组	h31996	h32535	h33097	t02593	t04465			
黄组	h36893	h38232						

爯								
历组	h31784							
⿱爯土								
宾组	h18218	h18219						
历组	b10491	h32854						
⿱冉土								
历组	h34075							
⿴囗冉								
宾组	b13155							
⿱冉匕								
宾组	h18747							
⿰亻⿱冉土								
宾组	h03227	h09049 反						
何组	b10384-1	h27310	h27796	h28231	h29388	h30266	h30269	h30271
	h30272	h30273	h30274	h30275	h30276	h30278	h30279	h30280
	h30281							
历组	h31136	h34071						
黄组	h36481							

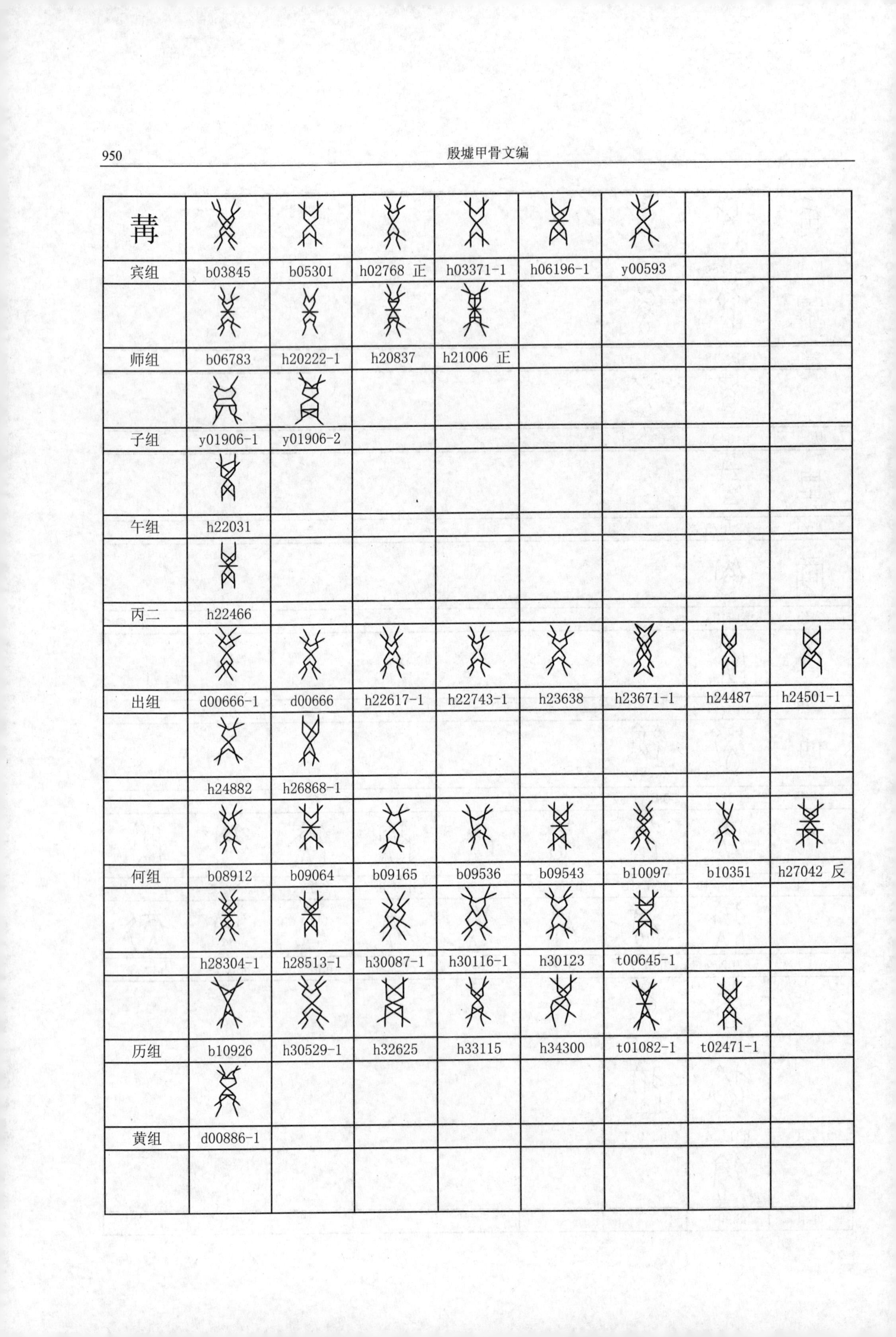

冓								
宾组	b03845	b05301	h02768 正	h03371-1	h06196-1	y00593		
师组	b06783	h20222-1	h20837	h21006 正				
子组	y01906-1	y01906-2						
午组	h22031							
丙二	h22466							
出组	d00666-1	d00666	h22617-1	h22743-1	h23638	h23671-1	h24487	h24501-1
	h24882	h26868-1						
何组	b08912	b09064	b09165	b09536	b09543	b10097	b10351	h27042 反
	h28304-1	h28513-1	h30087-1	h30116-1	h30123	t00645-1		
历组	b10926	h30529-1	h32625	h33115	h34300	t01082-1	t02471-1	
黄组	d00886-1							

遘								
何组	b08910	h27051-1	h28584	h29084	h29234			
遘								
出组	h22715-1							
何组	b08991	b09095	b09215	b09542	b09547	h28011-1	h30233	
遘								
出组	h22644-1							
何组	b08777	b09237	b09546	d00788-1	h26909-1	h27047-1	h27050-1	h27683-1
	h27840	h27875	h27949	h27950	h28038	h28134	h28335	h28516
	h28542	h28701	h28702	h29377	h29403	h30100	h30143	h30148
	h30236							
历组	h30775	h30909	h30958					
黄组	d00891-1	h35435	h35497	h36530	h38170			
万								
宾组	d00482	h05871	h16003					
师组	h19893	h21232						

出组	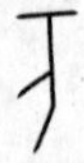 h24551							
何组	 h27310	 h27368	 h29690	 h30028				
历组	 h31022							
 师组习刻	 t04314							
 黄组	 h36754							
 宾组	 h07772 正	 h14199 反	 h14672					
出组	 h24945							
何组	 h28006							
方							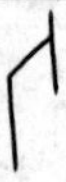	
宾组	b00389	b01757	b01897	b03487	d00113	d00114 正	h06252	h06350
	 h06691	 h10223	 h15758	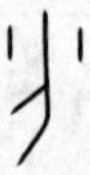 h18927 反				
师组	 b06630	 h19777	 h20156	 h20407	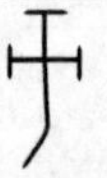 h20414	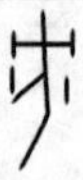 h20473	 h20493	 h20624
	 h21111	 h21513						

丙二	h22334	h22507						
出组	h24145	h24148	h24149	h24150	h26040			
何组	b08971	b09595	h26886	h26895	h26925	h27148	h28008	h30002
	h30171	h30173						
历组	b10525	h32103	h33030	h33051	h33061	h33204	h33244	h33247
黄组	b12654	h36486	h36491	h36528 反				
旁								
宾组	h05776 正	h05776 正	h06665 正	h06666	h08624	h18680	y00634	
何组	h26953							
历组	h33198	t00918						
黄组	h36945	h37791						
[illegible]								
师组	h20547							
何组	t00768							

⿱亼方								
历组	t00148							
⿱口方								
宾组	h14627							
朸								
历组	h34098-1							
舟								
宾组	b00092 反	b00303 反	b01709	b05981	h00641 正	h0065 正乙	h02653	h04925
	h04927	h04928 乙	h10989 正	h1146 正甲	h11615	h18674	y00611	
师组	h21430							
子组	h21659							
出组	h24608	h24609						
何组	b08891	h27816	y02322	t04060	t04547			
历组	h32522	h32555	h32834	h32850	h32854	h33215	h33691	h34483
	t00866	t03084						

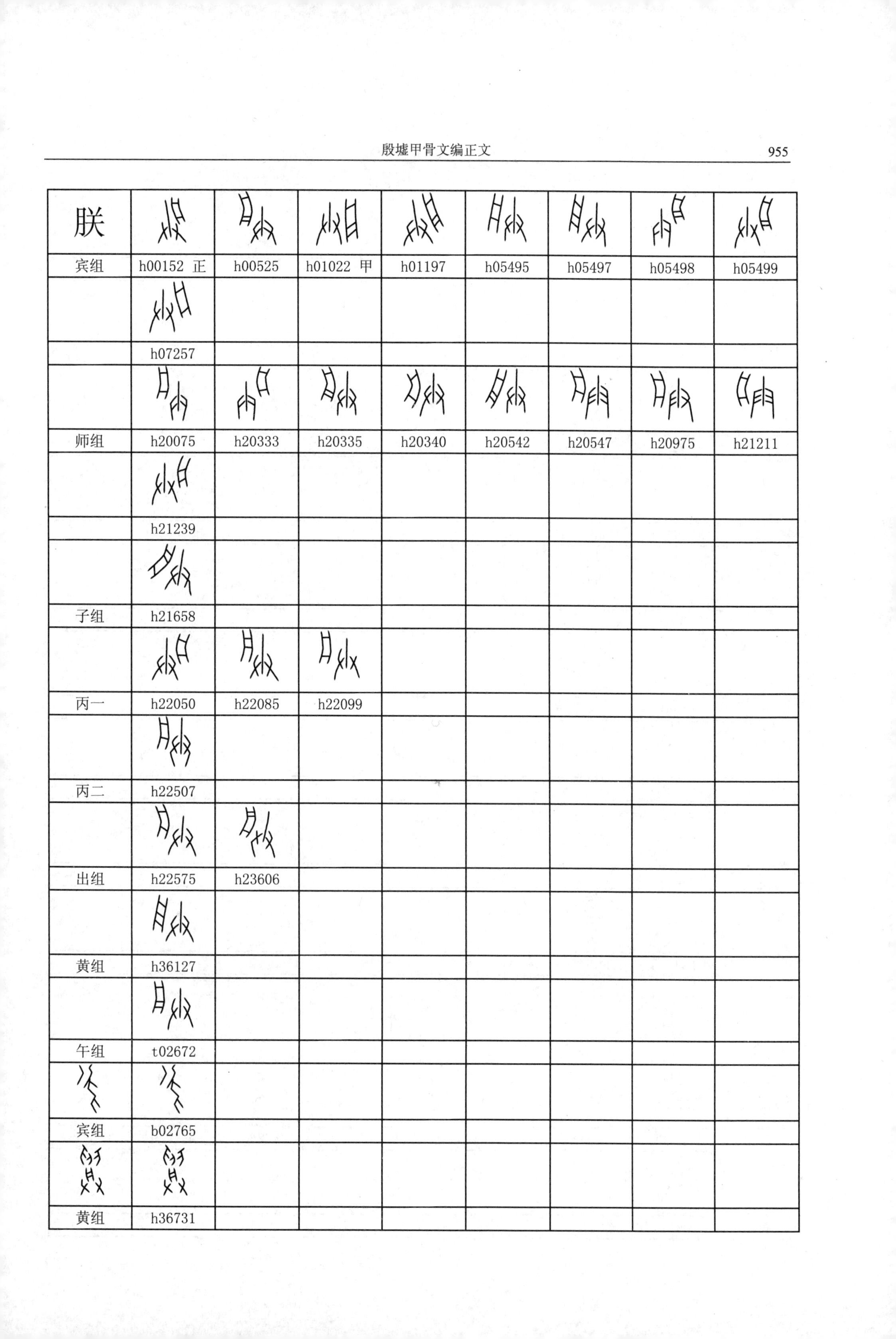

朕								
宾组	h00152 正	h00525	h01022 甲	h01197	h05495	h05497	h05498	h05499
	h07257							
师组	h20075	h20333	h20335	h20340	h20542	h20547	h20975	h21211
	h21239							
子组	h21658							
丙一	h22050	h22085	h22099					
丙二	h22507							
出组	h22575	h23606						
黄组	h36127							
午组	t02672							
宾组	b02765							
黄组	h36731							

嗖								
何组	h28052							
般								
宾组	b01207	b01836 正	b02549	b03012	h00152 正	h00622	h00839	h01400
	h02108	h0224 正甲	h04216	h04223-1	h04232	h04238-1	h04239	h04252
	h04254	h04261-1	h04267	h06079	h06209	h08838-1	h09064-1	h09471
	h09821	h14006 正	h14775					
师组	h19917	h20058	h21030-1					
子组	h21538 甲							
丙二	h22299	h22307	h22368-1					
出组	h24135	h24137	h24959					
何组	h27938	t00738	t03599					
历组	h31987	h32598	h32812 甲	h32812 甲	h32862	h32900	h32979	t00340
黄组	b11007							

历组	h32048							
⿱⿰舟乙口								
宾组	h02205							
艅								
宾组	h04883							
艅								
宾组	h10405 正	h16335 反						
舳								
出组	h26874							
宾组	h11467	h11468	h11470	h11472	h11473			
师组	h20611	h20619						
宾组	h11475							
宾组	h0065 正乙	h0065 正甲						
俯								
历组	h32778-1	h32778-2						
俯								
历组	h32777							

盗								
宾组	h08315							
[illegible]								
历组	h33691							
洀								
宾组	h11477	h11479						
洀								
宾组	h11478							
洀								
何组	y02264							
洀								
师组	h20272	h20273						

午组	h21965	h21972	h22004					

丙二	h22264							

师历	t02765							

黄组	h36925							

黄组	h36832							

出组	h26825							

[illegible]								
出组	h24421							
[illegible]								
何组	h28103							
[illegible]								
宾组	h08282							
[illegible]								
宾组	h10364	h10676						
[illegible]								
黄组	h35345							
何组	h27996							
历组	h30757	h31122						
[illegible]								
丙二	h22271	宾组	h03415	师组	h21036	h21036		
宾组	h18694							
车								
宾组	h0058 正甲	h11449	h11452 正	h11457-1				
黄组	h36481 正							
车								
宾组	d00150 反	h0058 正甲	h10405 正	h11442-1	h11446	h11448	h11453-1	h11454

车	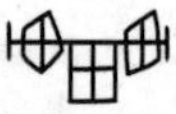	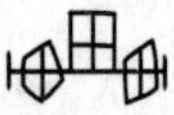	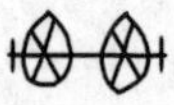			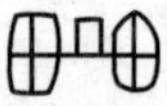			
宾组	h10405 正	h10728	h11456	h11458	h13624 正	h40146			
		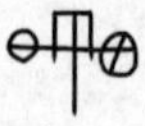							
子组	h21622	h21778							
车									
宾组	b06285-1	h06834 正	h11451-1						
车									
宾组	h11450	h11455							

何组	h27628								
辇									
何组	h29693								
軸									
宾组	h18672								
率	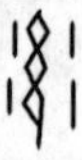				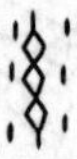				
宾组	d01046	h00095	h00097 正	h02651	h03327	h03854			

师组	h21021								

出组	h23068								

何组	h30299								
		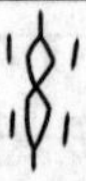							
历组	h30410	h32385	t02414						

黄组	h36523							
宾组	h01119	h09177 正	h09177 正					
师组	h19770							
⿱幺儿								
宾组	b01621	h00564 反	h00734 正	h03876	h03877 正	h06671	h09596-1	h12373-1
	h16579	h17599						
何组	h28734							
历组	h33326							
宾组	h00653							
出组	y01924							
宾组	b00050	h17924						
⿱幺大								
师组	h19773							

奚								
宾组	h00651	h00652						
历组	h34074							
宾组	h06477 正							
奚								
宾组	h00647	h00649	h00650					
奚								
何组	h28723							
历组	h32905							
⿱爫⿱幺女								
历组	h33573							
黄组	h37474							
历组	s00352							
历组	h32524							
宾组	h00811 正							
宾组	h00644							

宾组	h00646							
⿰奚戉								
宾组	b00048	b02277	d01006	h00121	h00563	h00570	h00808 正	h00809 正
	h00824	h06011	h06016 正	h06017 正	h06018	h06023	h06949 正	h13758 反
子组	h21538 乙	h21539						
历组	h32190	h32191	h32193-1	h32193				
宾组	h01118-1							
历组	h32192							
黄组	h37439							
⿰幺刂								
黄组	h36508							
⿰幺乃								
子组	h21839							
宾组	h04095							
系								
宾组	h01097	h01098	h01099 正	h01100 正	h01100 正	h01101 反	h01103	h01104

	h01106 正						
师组	w01519	y01791					
系							
宾组	h01105						
兹							
宾组	b02510 正	h00007-1	h12684-1	h12890			
出组	b08721 乙	h22893	h24156 正				
何组	b10293	d00781-1	d00787 正	h27015	h28229-1	h29416-1	t00685-1
历组	h32615-1						
黄组	h35828-1	h36646	h37188-1	w01775-1	w01789-1		
幽							
宾组	h14331	h14951 正					
何组	h29510	h29511	w01410				
历组	h33606						

何组	t00139	t00763						
[illegible]								
何组	h27978							
[illegible]								
宾组	h00371 正							
[illegible]								
师组	h40894							
乐								
宾组	h12344							
历组	h33153							
黄组	h36556	h36902	h36914	y02565 正				
𣿅								
黄组	h36553							
泺								
宾组	h05902							
栎								
黄组	h36746							
出组	h26778							
[illegible]								
出组	h24905							

[illegible]								
黄组	h36570	h38177	h39463					
[illegible]								
宾组	h00334	h16225	h39680					
[illegible]								
午组	h22035							
宾组	y00908							
[illegible]								
宾组	b04552	b06302	b06303	h00006	h01309	h04891	h05574	h05667
	h09200 正	h09958	h11006 正	h11527	h13307	h15515 正	h15968	h16931
	h18090							
出组	b08238	h22782	h24769	h24982				
历组	h31161	h31783	h32906	h32932	t03912			
[illegible]								
历组	t00029							
历组	h31782							

丙二	h22136							
 [illegible]								
子组	h21818							

出组	h26875							
 [illegible]								
宾组	h16240							

子组	h21600	h21695						

何组	h27997							
			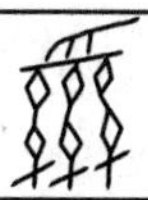					
历组	h32227	h32384	h32591	h34532	s00279			

黄组	h36964	h39425						

师组	H21427							
 [illegible]								
宾组	h08355	h08356						
	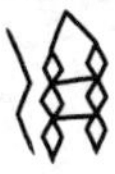							
黄组	h38179							
 [illegible]								
何组	h28228	h30180						

历组	h31160-1							
何组	t00715	t03004						
巠								
黄组	h36963							
[illegible]								
宾组	h00336	h00472	h01682	h08032	h18601			
幼								
宾组	h00052							
出组	h22736	h26485	y02185					
黄组	b12921	h35397	h35401	h35756	h39453	y02605		
何组	t02291							
出组	h25885							
宾组	y00421							
[illegible]								
宾组	h14352	h18166	y00528					
宾组	b02863	b03532	b05196	d00148	d00472	h00590 正	h39533	y01511

历组	h34158							

宾组	h18204	h18205						

师组	h20758							
	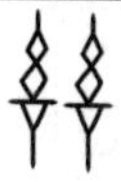							
宾组	b06172							

师组	h20228							

宾组	h04710	h09338						

师组	y01788							

丙一	h22102-1	h22102-2						

历组	h33091							

黄组	h36525							
綗		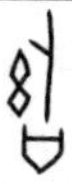						
历组	h32048	h32049	h32050					

宾组	h04532 反							

⿰酉亏							
历组	h41614						
⿱罒⿰糹焉							
宾组	h18305						
何组	 h27250	 h28152-1	 h28153	 h28155-1	 h28156-1	 h28156	 h28157	 h28160-1
	h28161-1	h28162-1	h28163-1				
⿱罒⿰糹平							
宾组	h18475	w00156-1					
历组	h34674-1						
⿰索刂 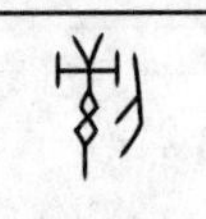 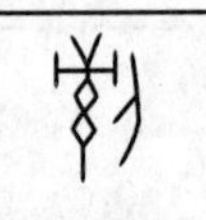 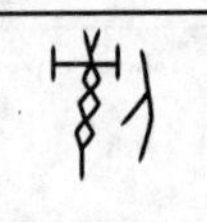							
出组	h24367	h24460	h24461				
絆 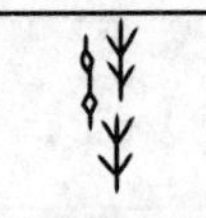 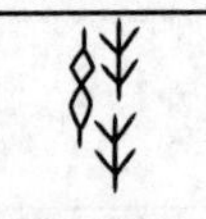							
黄组	h36938	h41750					
橐 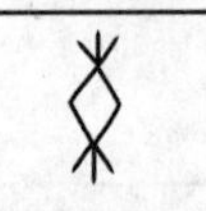 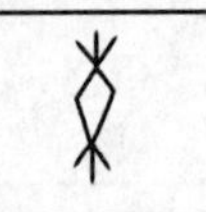 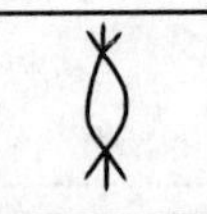 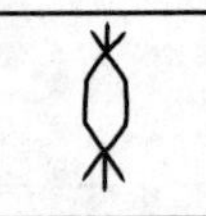  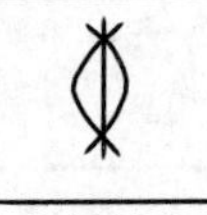							
宾组	h04909 反	h09429	h09430	h40066	h40067	h40227	
历组	h31137						
何组	t00050						
橐   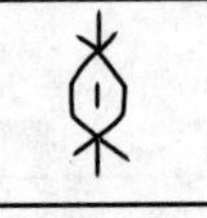							
宾组	h01639	h09423 反	h09425				

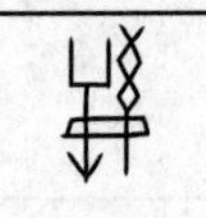

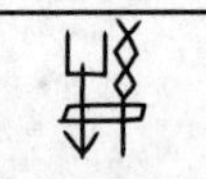

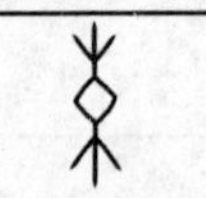

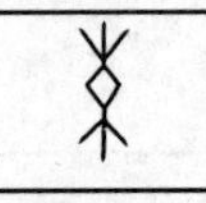

出组	 h23705	 y01996						
櫜								
宾组	h09419 反	h09420						

何组	h26907 正							

宾组	h07037							

宾组	h08187	h10775 反						

宾组	h07565 臼							
师组	h20072							

历组	t02915							
束								
宾组	h01449 正	h01866	h15365					

师组	h21416							

出组	h25949-1							

宾组	h18498							

朿								
宾组	h11091							

何组	h27590							

历组	h31812							
朿								
宾组	h18513							

宾组	h08084-1							
丝								
宾组	h03337							
	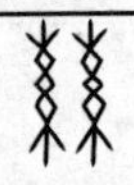							
出组	h23560							

何组	b10360-1							
[illegible]								
宾组	h18123							

师组	h20549							
乡								
师组	h21306 乙	h21306 甲						
乡								
宾组	h00335	h15121						

历组	h33241							
⿰糸尹								
宾组	h00880 正	h00880 正	h06819	h08084				
⿰糸尹								
宾组	h04551	h16026 正	y00367					
师组	h20088	h20092	h20093	h20359	h20440	h21381		
丙二	h22274							
历组	h34256							
紁								
宾组	h04548	h04549	h0455 正甲					
⿰糸殳								
宾组	h00465	h04025	h06073	h18596				
黄组	h36476	h36839						
⿰糸殳								
何组	t04584							
宾组	h16448							
宾组	h09092							

⿰糸刂								
宾组	h17467							
师组	h21477							
⿰糸刂								
宾组	h02857							
⿰糸刂								
宾组	h00780							
⿰索刂								
黄组	h36751							
⿰糸朿								
何组	h27529-1	h27529						
束								
宾组	h08404							
师组	h21073							
⿰束又								
历组	b10448	h34110	h35245	y02402				
⿱束女								
历组	h32066							
⿱束女								
历组	h32550	h34579	h34580					
⿱艹⿱束女								
历组	h32884							

[illegible]								
师组	h20646							
[illegible]								
师组	h20576 反							
[illegible]								
宾组	h06343							
[illegible]								
何组	h29284-1							
[illegible]								
丙二	h22507							
[illegible]								
师组	h19956							
丙二	h22388							
[illegible]								
师组	h21302							
紷								
宾组	h13902							
何组	h27887	h29715-1						
黄组	h36508-1							
紷								
宾组	h13751 正							

师组	h20332							

历组	h31812							
紷								
宾组	h15220							
紷								
宾组	h09381							

师组	h19878	h21234-1	h21470-1					
紷								
宾组	h04489-1	h04490						
紷								
宾组	h04488-1							

出组	h41297							

何组	h27133	h28078-1						

历组	h31836							
[illegible]								
宾组	h19141							
[illegible]								
何组	h27888							

⿰索令								
历组	h32919							
黄组	h36345							
⿰束圭								
何组	h27439							
⿰⿱酉圭⿱束攵								
黄组	h36525							
⿰酉束								
宾组	h01594							
何组	b09336							
历组	h30953							
⿰酉⿱束⿰止攵								
宾组	d00028	h00377	h05909	h15818				
⿰皀束								
宾组	h04714	h06667	h10566	h14125				
出组	h26066							
⿰皀束								
历组	t00418							
⿰皀⿱束⿰止攵								
何组	y02360							

历组	h30806-1	h30807	h30808	h30955-1	h34415			
何组	t00610	t01055-1	t01055					
⿰皀⿱柬殳								
历组	h34574	y02477	t00338					
何组	t00952							
⿰皀⿱柬殳								
历组	h34573	h34578-1	t01072					
⿰皀⿱柬殳								
历组	h30954-1	h34570	h34572	h34575				
⿰皀⿱柬殳								
宾组	h15820-1							
何组	h27137-1							
历组	h30950	h30952-1	h30957-1	h32166	h32235	h32548-1		
	t00974	t01106	t04304					
⿰食⿱柬殳								
黄组	h35982							

⿰飠⿱束殳								
出组	h24146							
何组	h27095							
历组	h30956							
何组	t02582							
⿰束夏								
宾组	h08245	h08246	h08247	h08249	y00731			
⿰束夏								
宾组	w00129							
⿰束亐								
宾组	h18483							
师组	b06794							
⿰束莫								
何组	h28171							
吊								
宾组	h04227	h04306	h06637 正	h18462				
何组	h27738							
历组	h31620	h31807	h31808					

紼								
宾组	h14384	h18463 正						
紼								
宾组	h00495	h03697 正						
弟								
师组	y02674 正							

宾组	h09817	h10294	y01284					

师组	b06829							

子组	h21722							

丙二	h22135							

何组	y02274							

历组	h31810							
弟								
宾组	h09941	h18857	y00824					

师组	h21506							

子组	y01900							

出组	h24134							
历组	h31806							
宾组	h18463 反	h19207						
师组	b06925							
丙二	h22258							
升								
宾组	h15094							
出组	h23214	h23248	h25056	h25985	h26020			
何组	d00783 正	d00784-1	d00787 正	h26962	h26976	h27005	h27335	h27562
	h27729	h30349	h30352	h30353	h30354	h30356	h30359	h30360
	h30363	h30365	h30366	h30367	h30371	h41405	t04453	
历组	h30973	h30986	h31045	h32390				
黄组	b10988	b11017	b11047	b11382	b11902	b11941	h36118	h36166

	h38736	h38737	h38739					
 [illegible]								
何组	h26954							
 [illegible]								
黄组	h36114	h38466						
 [illegible]								
历组	h30960	h30972						

黄组	h36534							

何组	t00640							
 [illegible]	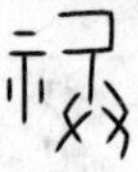							
何组	y02262							

历组	h30922	h32030						
		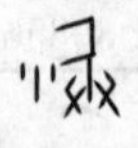						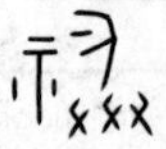
黄组	h35604	h35630	h35709	h35776	h38455	h38456	h38457	h38464
[illegible]								
师组	h19946 反							

出组	h23779							

历组	h34538							
斗								
师组	h21340	h21341	h21344	h21347	h21356-1			
历组	t02860							
师组	h19929							
何组	h29543							
于								
宾组	b00008	b00020	b00190	b13233 正				
师组	b06698	b06757	h21246					
丙二	h22248							
出组	b08628	b08726	b08752	h23527				
何组	b08884	h27564	h29118					
历组	b10461	h32022	h32103	h32114	h32850	h32916		
黄组	b11103	h36123						

于								
师组	h21113	h21216	h21285 正					
子组	h21565							
黄组	b11299 反	h38762-1						
历组	b10937							
丂								
宾组	h00101	h00228						
师组	h20860	h21500						
丙一	h22065							
历组	h32033	h32616	h35240					
黄组	h36777							
旡								
宾组	h13521 正							
旡旡								
宾组	h00704-1	h06653 正	h11016	h18323	h18325			
何组	y02262							

[兓口]								
宾组	h00583 正	h00976-1	h01899 正	h02256 反	h03271 正	h06778 正	h18116-1	
历组	h31272							
[旡又]								
师组	h20842-1							
丙二	h22297							
出组	b08726	h24120	h24403-1	h26832	y02147			
何组	b10281	b13370	h27396	h27933	h28001	h28002	h28173	h28744
	h29020-1	h29673-1						
历组	h30757	h31175-1	h31667-1	h31852	h31857	h31860	h31877-1	
[旡又]								
丙二	h22507							
出组	h22758-1	h22906-1	h23559					
何组	s00271							
[旡又]								
何组	h26899-1	h26907 正	h27148	h27223	h27415	h28363-1		

历组	h31829	h31854	h31864	h31866-1	h32191-1	h34445-1		
⿰旡又								
何组	b10275	b10279	b10280	b10283	b10288	b10289	b10291	h26908-1
	h26909	h26970	h27036	h27325	h27419	h27822	h27987	h29031
	h29504	h30028	h30246-1	h30334	w01368			
历组	h30440	h30820	h31076	h31844	h31863-1	h31871	h31874	
黄组	h35396	h36425						
何组	t00073	t03009						
⿰旡攴								
子组	h21605	h21708	h21709					
⿰旡⿰旡攴								
宾组	h18225							
乍								
宾组	b03270	d01040	h00025-1	h0008-1	h00217-1	h00277	h00377	h00738 正
	h07750	h08408	h08866	h11274 正	h11564	h13587	h14186	h14602
	h19738 正							

师组	h20193	h20275	h20546	h20986	h21027	h21039	h21299	h21525-1
子组	h21615	h21705	h21707	h21727	h21740	h21826		
丙一	h22067							
丙二	h22247							
出组	b07047	b08760	h23586-1	h24655	h25021	h25460-1		
何组	h26914	h26974	h27137-1	h27137	h27236-1	h27729	h27959	h29689
	h29990	h30073	h30074	h30142	h30295	t02962	t03289	
历组	h30961	h31067	h31286	h31908-1	h31935	h31993-1	h32557-1	h32980
	h34043	h34101	h34445					
黄组	b11240							
⿰丰乍								
宾组	h03743	h06505 正	h06506	h06570	h07378	h13491	h13492	h13494

	 h13496-1	 h13498	 h13503	 h13504 反	 h14203	 h14206 正	 w00879	 y01112-1
师组	 h21384							
出组	 h23452	 h23711-1	 h23712-1		何组	 t01347	 t04268	
历组	 h31823	 h31981	 h32877	 h32882	 h33006			
黄组	 h36345	 h36483	 h36507	 h36528 反				
历组	 t01249	 t04330	 t01463	 t02785	 t03595			
 宾组	 h18833							
何组	h28422							
散								
何组	b08983	h28122	h29690					
黄组	 h36775-1	 h37474						
攸								
何组	h30270							
历组	 h31018							

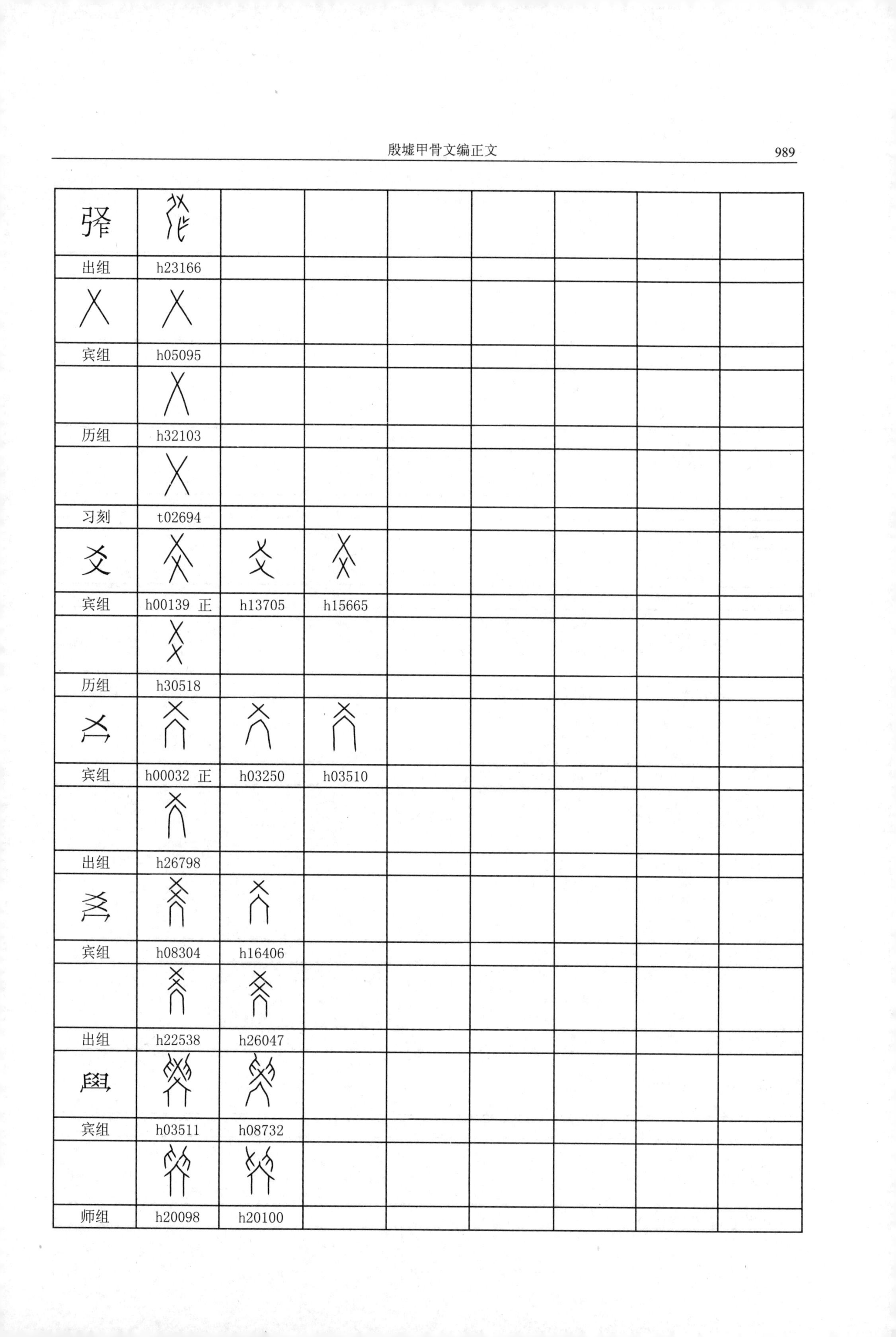

[illegible]								
出组	h23166							
㐅								
宾组	h05095							
历组	h32103							
习刻	t02694							
爻								
宾组	h00139 正	h13705	h15665					
历组	h30518							
[illegible]								
宾组	h00032 正	h03250	h03510					
出组	h26798							
[illegible]								
宾组	h08304	h16406						
出组	h22538	h26047						
[illegible]								
宾组	h03511	h08732						
师组	h20098	h20100						

何组	h27712	t00060						
历组	h30827							
𦥯								
何组	t04035							
𦥑								
宾组	h18201							
历组	h32555							
[illegible]								
黄组	h36650	h39445						
[illegible]								
黄组	h39430							
教								
宾组	h00010							
何组	h27732	h27733						
历组	h31483							
[illegible]								
宾组	h05617							

效								
师组	h20500							
何组	h28008							
[illegible]								
何组	h27010							
历组	h30479							
文								
宾组	h04834							
出组	h22591							
何组	d00783 正							
历组	h33243							
黄组	h35355	h36135	h36143	h36160	h36161	h36168	h36534	y02519
文								
宾组	h04611 反							
文								
宾组	h04889							
文								
宾组	h18682							

宾组	100240 反							

宾组	h18683							

师组	h20609							

宾组	h09089 反							
吝								
出组	h25216							

黄组	h35356							
	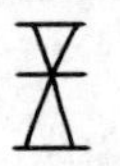							
师组	h21474 正							
	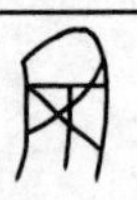							
丙二	h22535							

宾组	h13517							
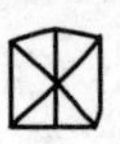	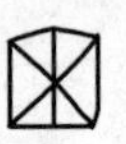							
宾组	b06424 反							

宾组	h18784							

历组	h34100							

宾组	h08788	w00141-1						
子组	h21659							
师组	h20974							
王								
宾组	b00001	b05347 反	b05710	d00024	h07567 正			
师组	b06588	h19946 反	h20270-1	h20271-1	h20272-1	h21405-1		
午组	h21905							
丙二	h22226	h22327						
王								
黄组	b13167							
出组	h22549							
黄组	b11637	h35422						
王								
出组	h41063-1							
何组	b08770	b08950	b09064	b09069	b09248	h28436-1	h28474	h28918-1

	h29293-1	h29368-1	h29809-1	h30079-1				

历组	b10517	h30509	h30531-1	h30551	h30604	h32114	h32850	h33160-1

	h33532	h34055	t02782-1					
王								
历组	h32444							
麦								
师组	h20196							
玫								
何组	h27005							
王卩								
宾组	h04222							

宾组	h04932							

宾组	h05374							
忹								
历组	h34991							
玉	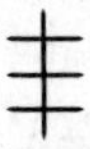							
宾组	h03990 正	h11364						

丙一	h22075							
历组	h30997							
黄组	t02346							
玉								
宾组	y01610 正	b00726	h01312	h03068	h04720	h09505	h16536	
珏								
宾组	h01052 正	h05611 反	h16088	h39525				
师组	h20316							
历组	h32486	h32487	h33201					
珏								
宾组	h11440	h14588	h16090	h16091	h16092			
朋								
宾组	h11438	h11441	h11442	h11443	h11444	h11445	h19635	h40073
师组	h20457							
子组	h21773							
何组	h29694							

琮								
宾组	d00012	h04059 正	h05598 正	h15058	y01291			
琮	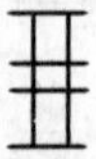							
历组	h32420	h32535	h32721	h34562	h34657	w01582		
玟								
宾组	h10577	y01610 正						

师组	h20757	h20758	h20759					
玟								
历组	h35279							
玟								
历组	h32288							
𩂣								
师组	h19946 正							
倗								
宾组	h00013	h10196	h19636	h40755				
倗								
何组	s00271							
璿								
出组	h23265							
玫								
宾组	d00124	h00143						

历组	h32389	h32850	h32851	h32852				

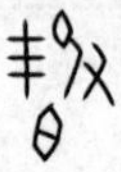

吾								
宾组	b01945							
[illegible]								
师组	h20052	y01767						

丙二	h22438							

丙二	h22405							
丰								
宾组	h03954 正	h07882	h09199 正					

师组	h20295							

宾组	h11135							

师组	h21131							
東								
宾组	h14294							
[illegible]								
宾组	b01242	h00346	h05478 正	h05479	h06856	w00961 正		

历组	h30393							
[illegible]								
历组	h30393							

⿰扌酉								
宾组	h05976	h08269 正						
⿰木⿱吉乇								
历组	h30392							
力   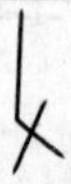  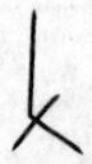								
宾组	b04087 臼	d00482 正	h03335-1	h18446	y00533			
丙一	h22099							
何组	t02268							
⿱劦口								
宾组	h05203-1	h16113-1						
出组	h22556-1	h22755-1	h22763-1	h23307				
何组	h27042 反	h27177	h30282-1					
历组	h31091-1	h31682						
黄组	h35725-1	h35726	h35892-1	h36303	h38271	h35956		
劦 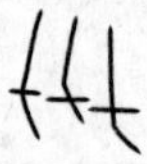 								
宾组	h14295	h15588 正						
师组	h20283-1	h21150						

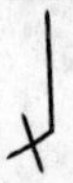

出组	h22654-1							
何组	h27044	h27277	h27641					
历组	h32226	h32714						
黄组	w01915-1							
历组	t00423							
劦								
历组	b10694-1	h32023	h32351	h34418				
师组	h20161							
[illegible]								
宾组	h13692							
舌								
宾组	b00397 正	b04427	b06336	b06447	h04526-1	h18131-1		
出组	b08724	b08728	h22939-1	h22941-1	h26023	h26031		
何组	b08929	b09630	b09639	h27077	h27110-1	h27449-1	h27525	h27578-1
	h41332	w01368	100376	t00610	t04351-1	t04572-1		

历组	b10464	b10912	h31071	h31077	h31083	h32335-1	h32441	h32619
	h34646-1	h34646-2						
黄组	b11902	b12193						
䄜								
出组	h22867							
何组	b09704	h27194	h27334	h28106				
历组	h31089							
黄组	h36357	h37387	y02519					
䄜								
黄组	h35395	h38228						
䄜								
何组	h27282							
耒耒								
宾组	h07002	h10410 反						
师组	h20439	h20630						

历组	h35145							
耒耒								
宾组	h39810							
师组	h40822							
耒耒								
何组	h28141							
耤								
宾组	b04636 正	h00008-1	h00014 正	h00900 反	h00900 正	h00900 正	h00904 正	h03415
	h05603	h05604	h09501	h09502 乙	h09502 甲	h09503 正	h09504 正	h09505
	h09506	h09507 正	h09508 正	h09510 正	h09511	h09512	h09513	h09515
	h13505 正							
师组	h21438							
何组	h28200	s00157						
耤								
宾组	h08725-1	h08725-2						

耤								
宾组	h00626							
耤								
宾组	h07854 反							

何组	h28064							
酥								
宾组	w00649							
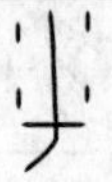								
丙一	h22048							
乇			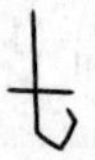		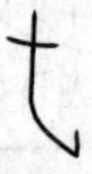			
宾组	h0107 正甲	h01639	h05884 正	h06333	h06692	h07803	h11140	h11477
		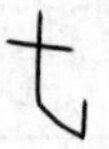	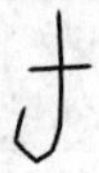					
	h15709	h16039	h16115	h19698				

师组	b06914	h19801	h19888-1					

子组	d00959							

丙二	h22324-1	h22324						
	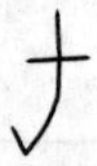							
出组	h22648	h22657						

何组	h29015							

历组	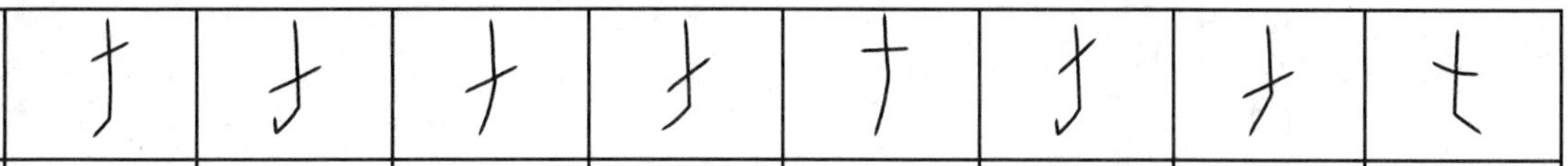 b10690	h31034	h31093	h34190	h34521	h34522	h34572	h34711
	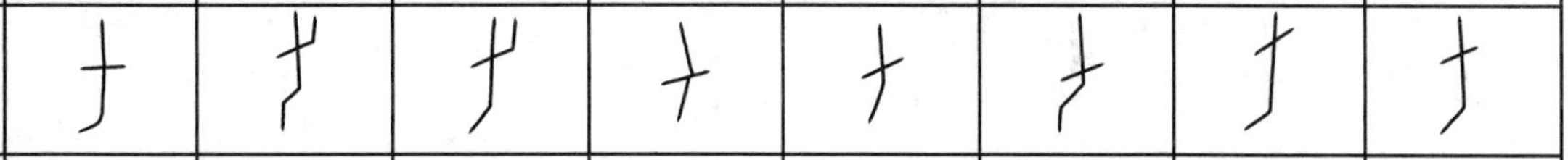 历 100486	t00503-1	t00503-2	t00900-2	t00900	t00917	t03593	t04161
危	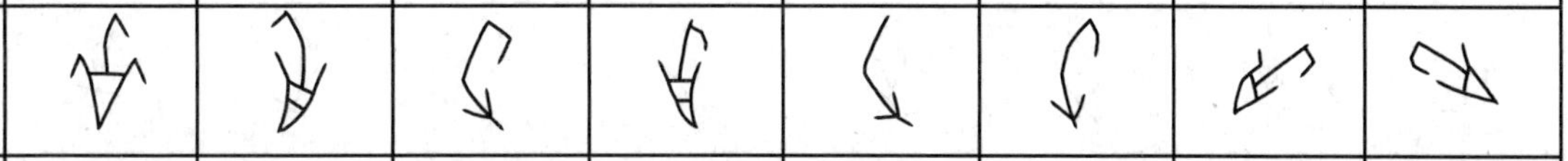							
宾组	b01887	h00032 正	h00811 正	h0419 反甲	h04958 反	h06413	h06483 正	h06483 正
	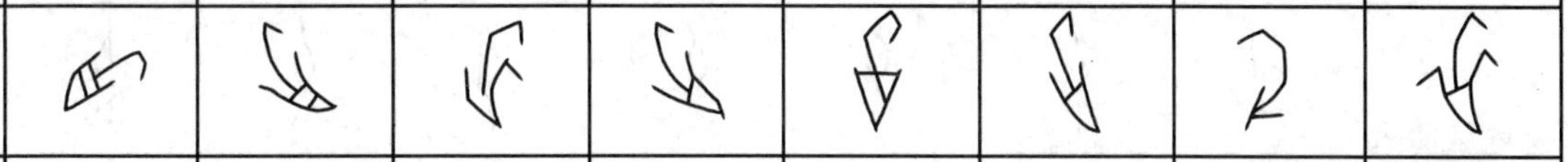 h06485 正	h06485 正	h06486 正	h06486 正	h06487	h06498-1	h06503	h06511
	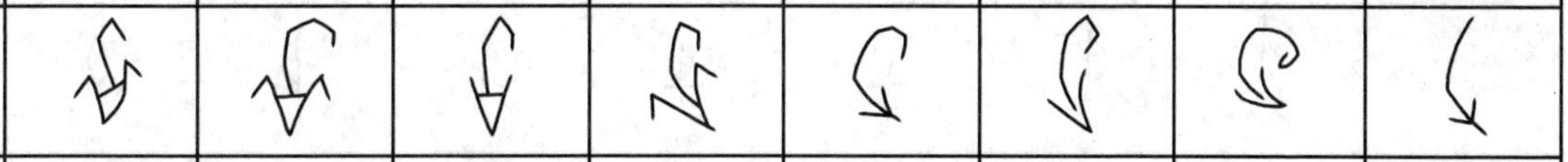 h06513	h06520 正	h06522	h06524 正	h06527 正	h06529	h06530 正	h06946 反
	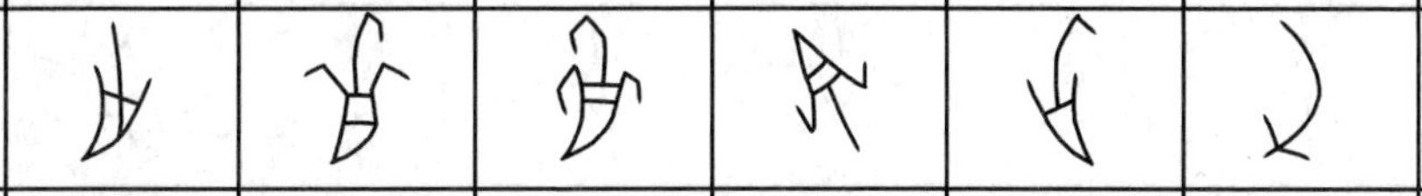 h08492	h08500	h10094 正	h14220	h15279	100200		
出组	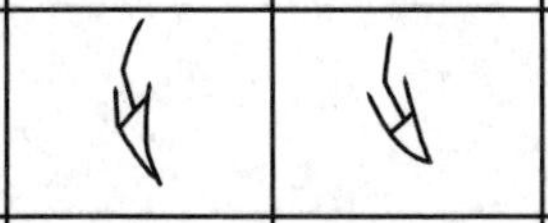 h24395	y02042						
何组	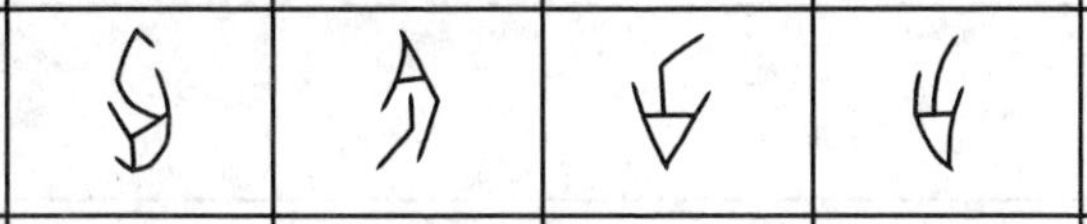 h27999	h28001	h28091	h28092				
历组	 h32026	h32896	h32897	h32899	y02414			
黄组	 d00940	h36481 正	h36825-1	h36961	y02562 正			
㕙								
宾组	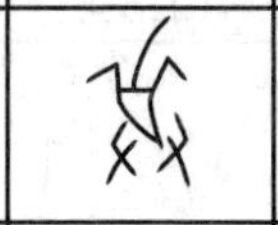 h08501 反							

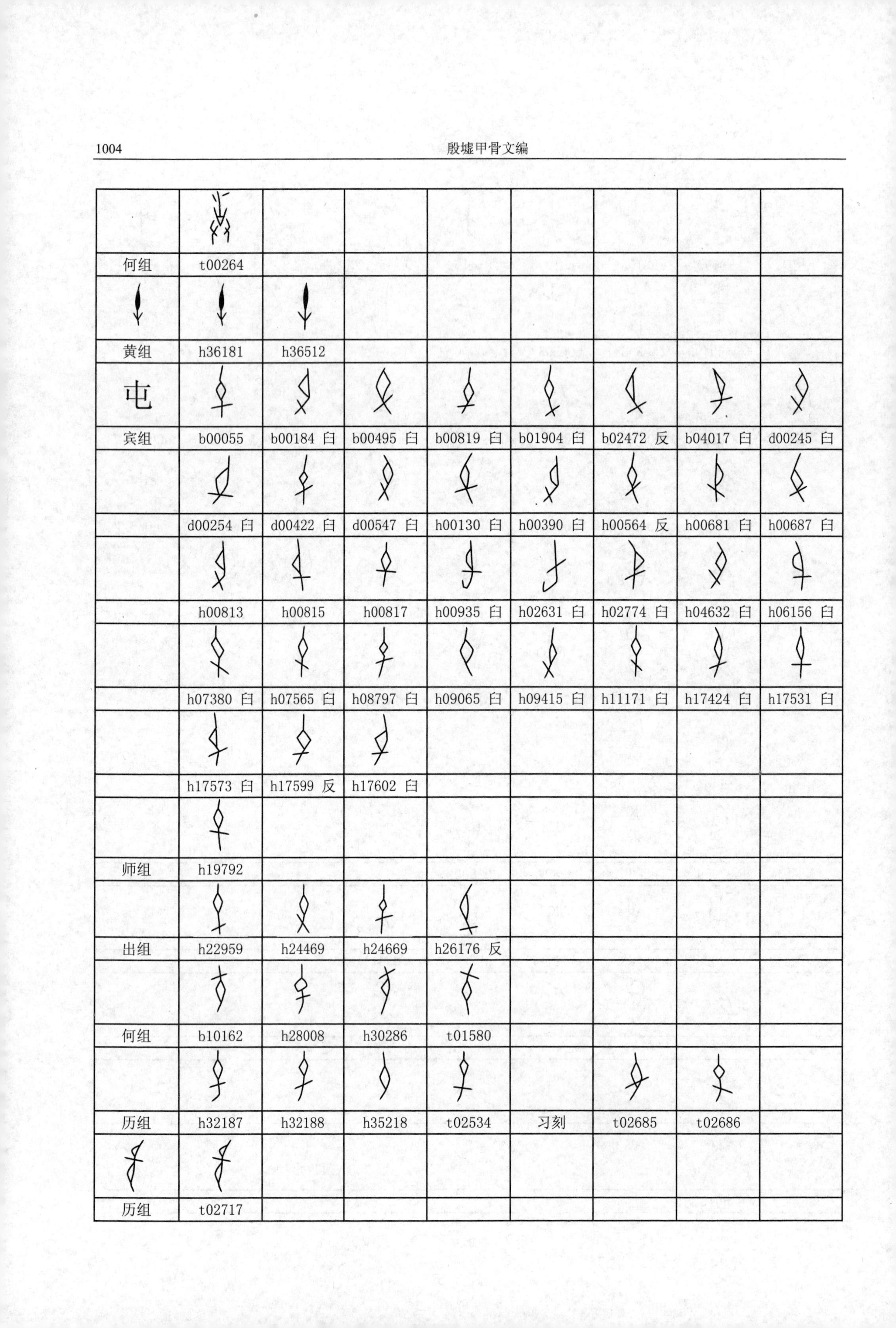

何组	t00264							
黄组	h36181	h36512						
屯								
宾组	b00055	b00184 臼	b00495 臼	b00819 臼	b01904 臼	b02472 反	b04017 臼	d00245 臼
	d00254 臼	d00422 臼	d00547 臼	h00130 臼	h00390 臼	h00564 反	h00681 臼	h00687 臼
	h00813	h00815	h00817	h00935 臼	h02631 臼	h02774 臼	h04632 臼	h06156 臼
	h07380 臼	h07565 臼	h08797 臼	h09065 臼	h09415 臼	h11171 臼	h17424 臼	h17531 臼
	h17573 臼	h17599 反	h17602 臼					
师组	h19792							
出组	h22959	h24469	h24669	h26176 反				
何组	b10162	h28008	h30286	t01580				
历组	h32187	h32188	h35218	t02534	习刻	t02685	t02686	
历组	t02717							

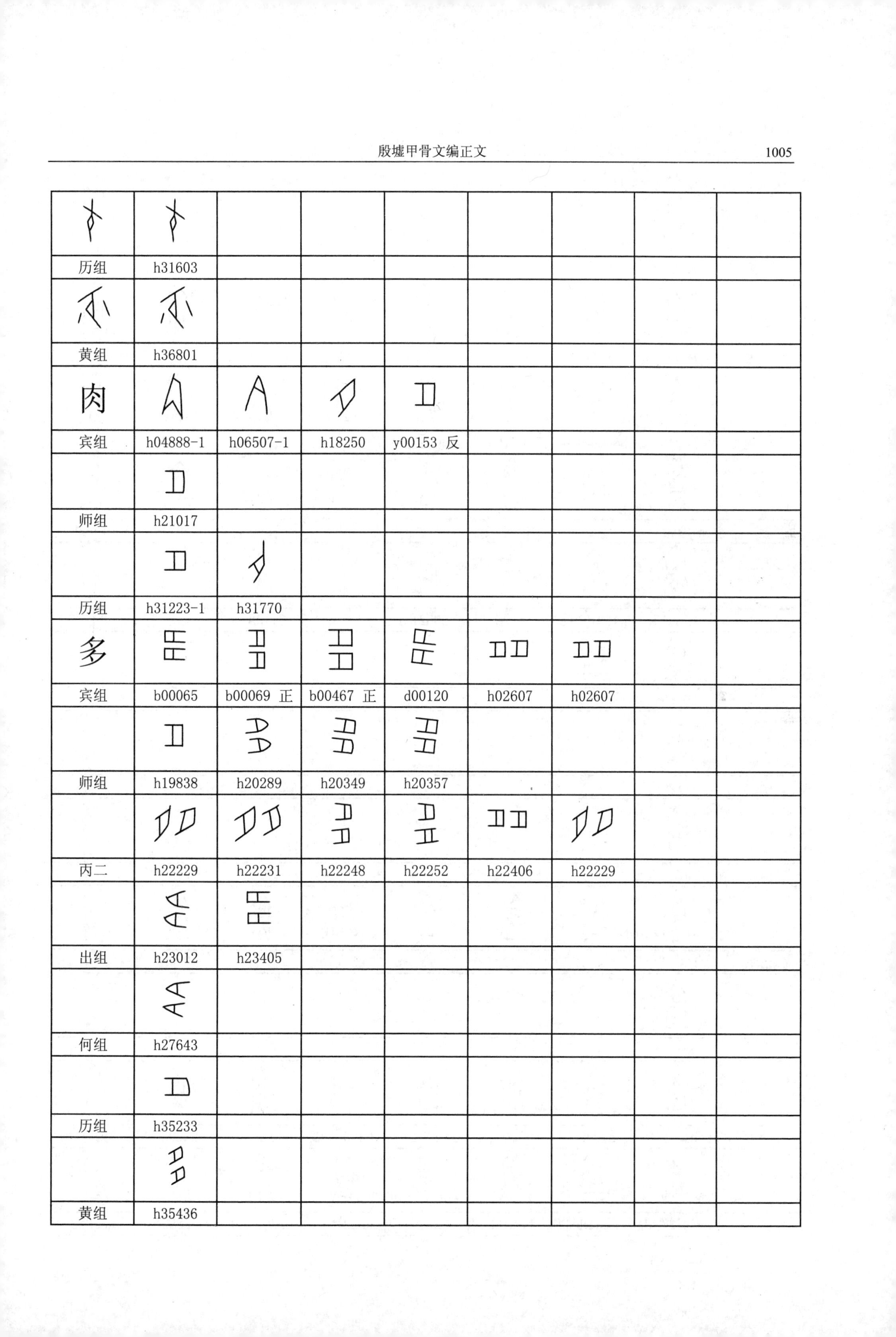

历组	h31603							
黄组	h36801							
肉								
宾组	h04888-1	h06507-1	h18250	y00153 反				
师组	h21017							
历组	h31223-1	h31770						
多								
宾组	b00065	b00069 正	b00467 正	d00120	h02607	h02607		
师组	h19838	h20289	h20349	h20357				
丙二	h22229	h22231	h22248	h22252	h22406	h22229		
出组	h23012	h23405						
何组	h27643							
历组	h35233							
黄组	h35436							

何组	h29682							
宜								
宾组	b00019	b02542	b02719	b03927	b04089 正	b04423 反	b04424 正	h00387 正
	h00483	h0065 正甲	h01199	h05132	h06157	h07320	h07370	h13165
	h13181-1	h13219	h13612 反	h14396	h14552	h14607	h14664-1	h15888
	h15910	h15913 反	h16198-1	y00021-1	y00816-1	y01133 正		
师组	b06694	h21106						
子组	h21826-1							
丙二	h22235-1							
出组	h23399	h23472	h23502	h25225-1	h26019-1	h26020-1	h26021	
何组	h27725							
历组	b10685	b10686	h31005	h31006-1	h31007-1	h32028-1	h32051	h32118-1
	h32120-1	h32124-1	h32125	h32216-1	h32216-5	h32230-1	h32259-1	h32262

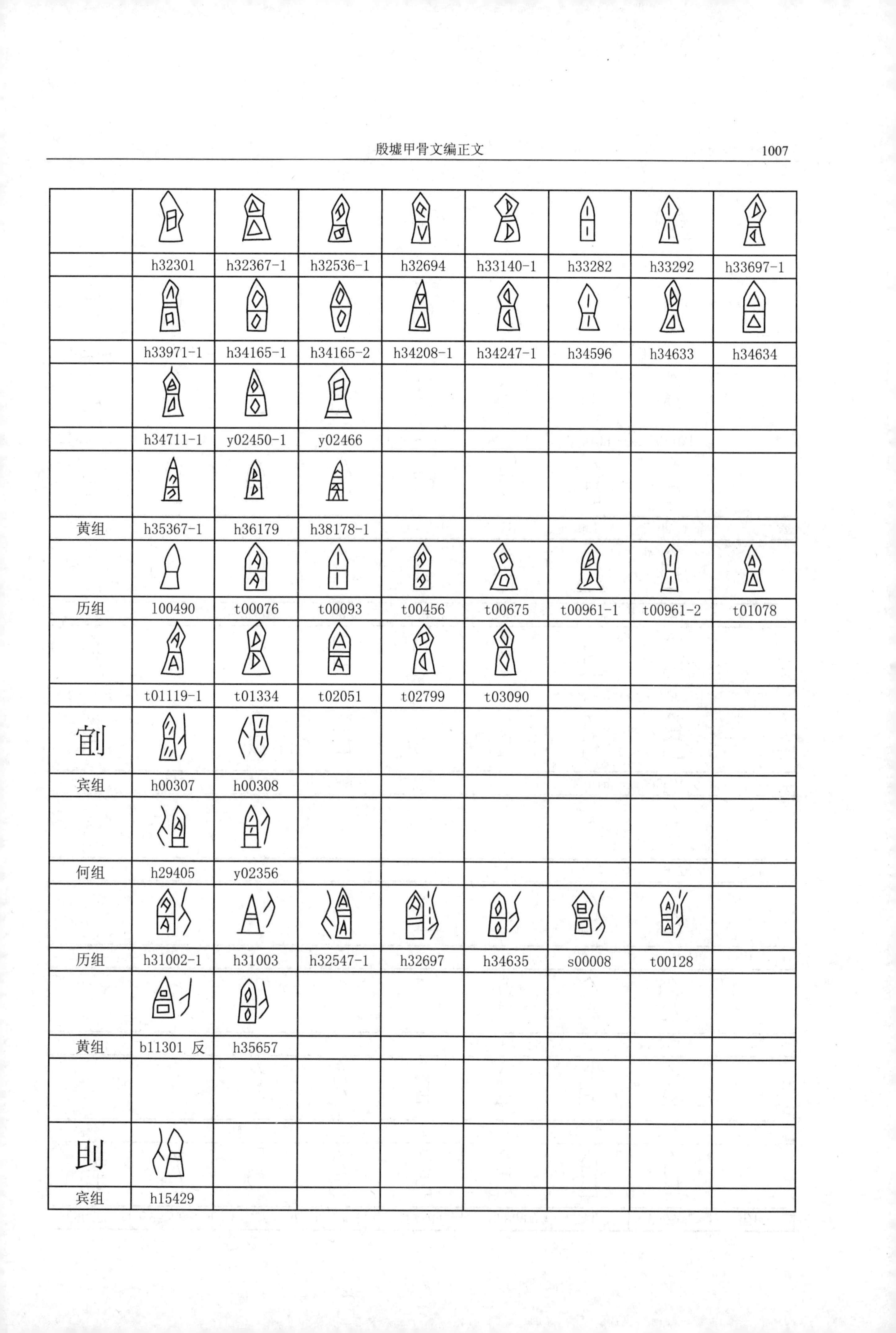

	h32301	h32367-1	h32536-1	h32694	h33140-1	h33282	h33292	h33697-1
	h33971-1	h34165-1	h34165-2	h34208-1	h34247-1	h34596	h34633	h34634
	h34711-1	y02450-1	y02466					
黄组	h35367-1	h36179	h38178-1					
历组	100490	t00076	t00093	t00456	t00675	t00961-1	t00961-2	t01078
	t01119-1	t01334	t02051	t02799	t03090			
宜刂								
宾组	h00307	h00308						
何组	h29405	y02356						
历组	h31002-1	h31003	h32547-1	h32697	h34635	s00008	t00128	
黄组	b11301 反	h35657						
刞								
宾组	h15429							

黄组	 h35501-1							
祖	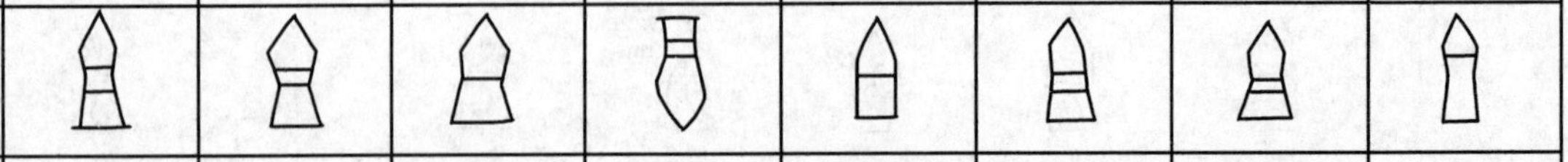							
宾组	b00051 甲	b00070	b00113	b00114	b00137 反	b00198	b00216	b02251
	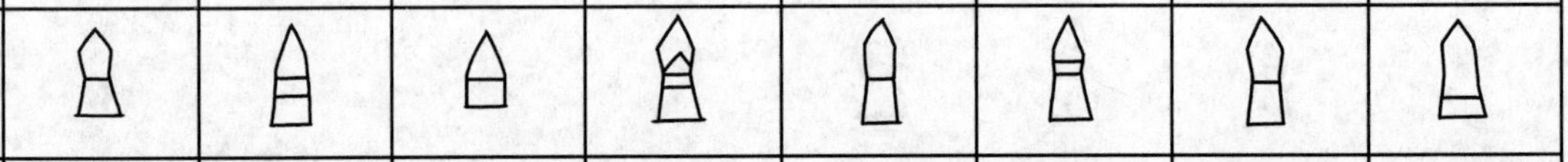							
	h01399	h01478	h01520	h01560	h01645	h01653	h01694 正	h01705
	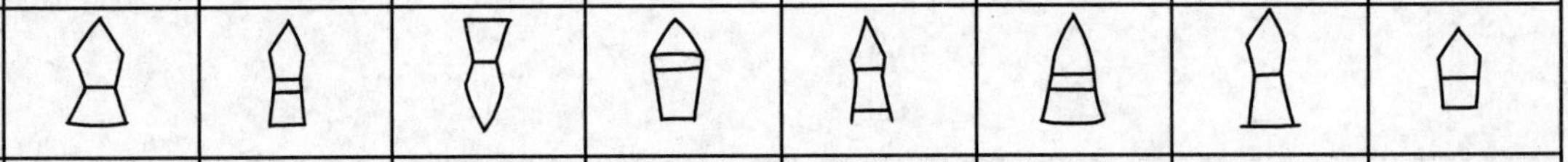							
	h01711 正	h01730 正	h01777	h02408	h10315 正	h10467	h13853-1	h15667
	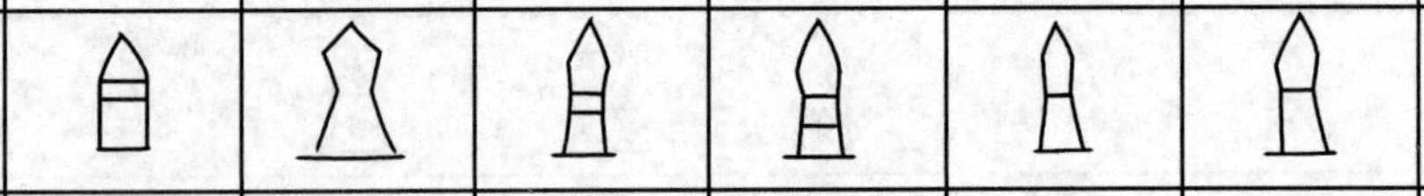							
	h16413	h2053	h39500-1	w00048	y00026	y00054		
	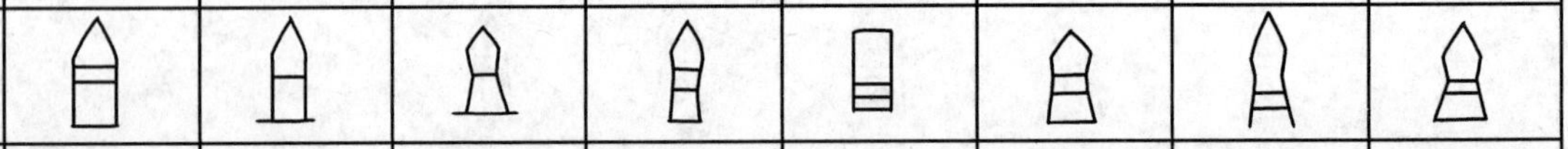							
师组	b06762 反	b06785	b06896	b06905	h19761	h19812 正	h19838	h19862
	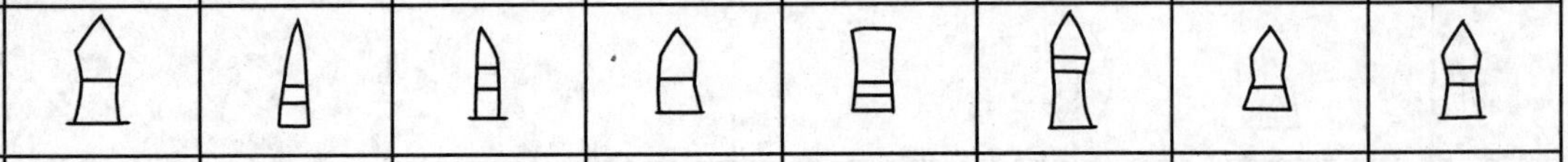							
	h19866	h19877	h19881	h20252	h20980 正	h21153	h21437	w01484
	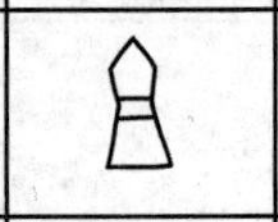							
子组	h21617							
	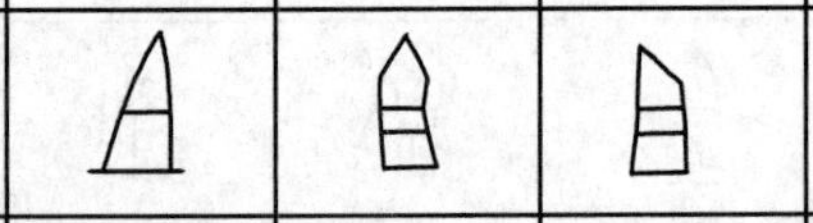							
午组	h21888	h21973	h21980	t02771				
	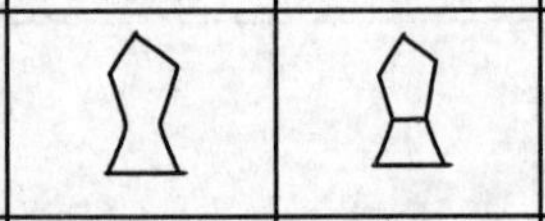							
丙一	h22056	h22059	h22087 正					
	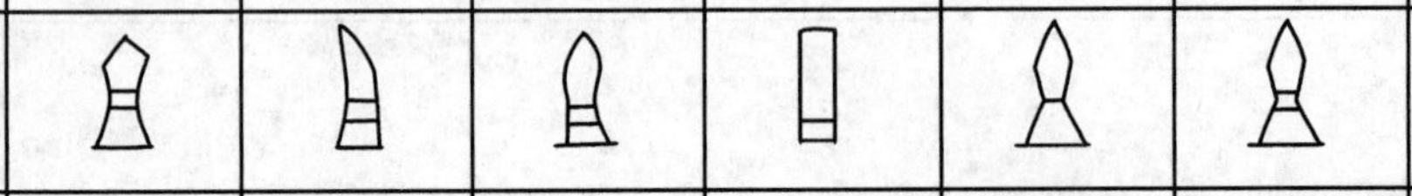							
丙二	h22173	h22175	h22179-1	h22187	h22189	h22202		
	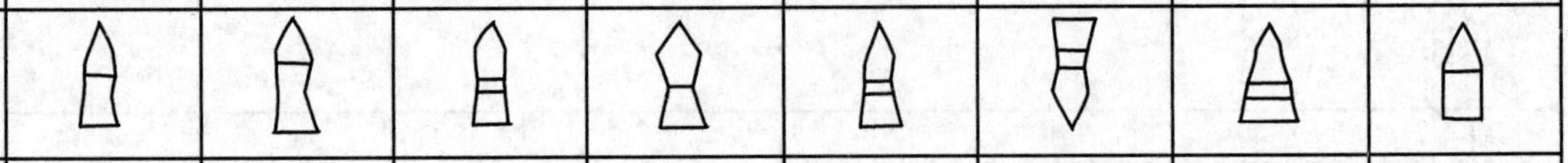							
出组	b08265	b08727	b08733	b08737	b08739	h22723	h22895	h22959

	h22960	h22962-1	h23047	h23395				
何组	h27061	h27155	h27186	h27189	h27232	h27275	h27289	h27301
	h27315	h27324	h27340	h27374	h27808	h29473	w01368	h27199 正
历组	b10459	b10465	b10516	h30447	h30810	h30959	h31248	h31912
	h32014	h32021	h32028-1	h32087	h32114	h32126	h32131	h32165
	h32171	h32301	h32304	h32306	h32311	h32314	h32349	h32453
	h32501	h32504-1	h32508	h32510-1	h32519-1	h32523	h32530	h32538
	h32539	h32544	h32545-1	h32560	h32566	h32568	h32572 正	h32582
	h32598-1	h32610	h32656	h32658	h32661	h34185		
黄组	b10998	b11030	h35882					
历组	t00068	t01131	t00174	t02384	t00751	t00830		
何组	t00173	t00175						

 宾组	 h03297 正	 y00414 正						

宾组	h01030 正	h06943	h11023					
棘								
历组	h31957							

宾组	h06528							

宾组	h05759							

宾组	h10989 正							
朿								
宾组	h05127							

历组	h32967							
朿								
宾组	h04089-1	h07473	y00030 正					
朿	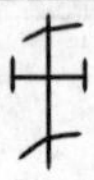							
师组	h20358							

丙二	h22135	h22137	h22282					

历组	h32962							

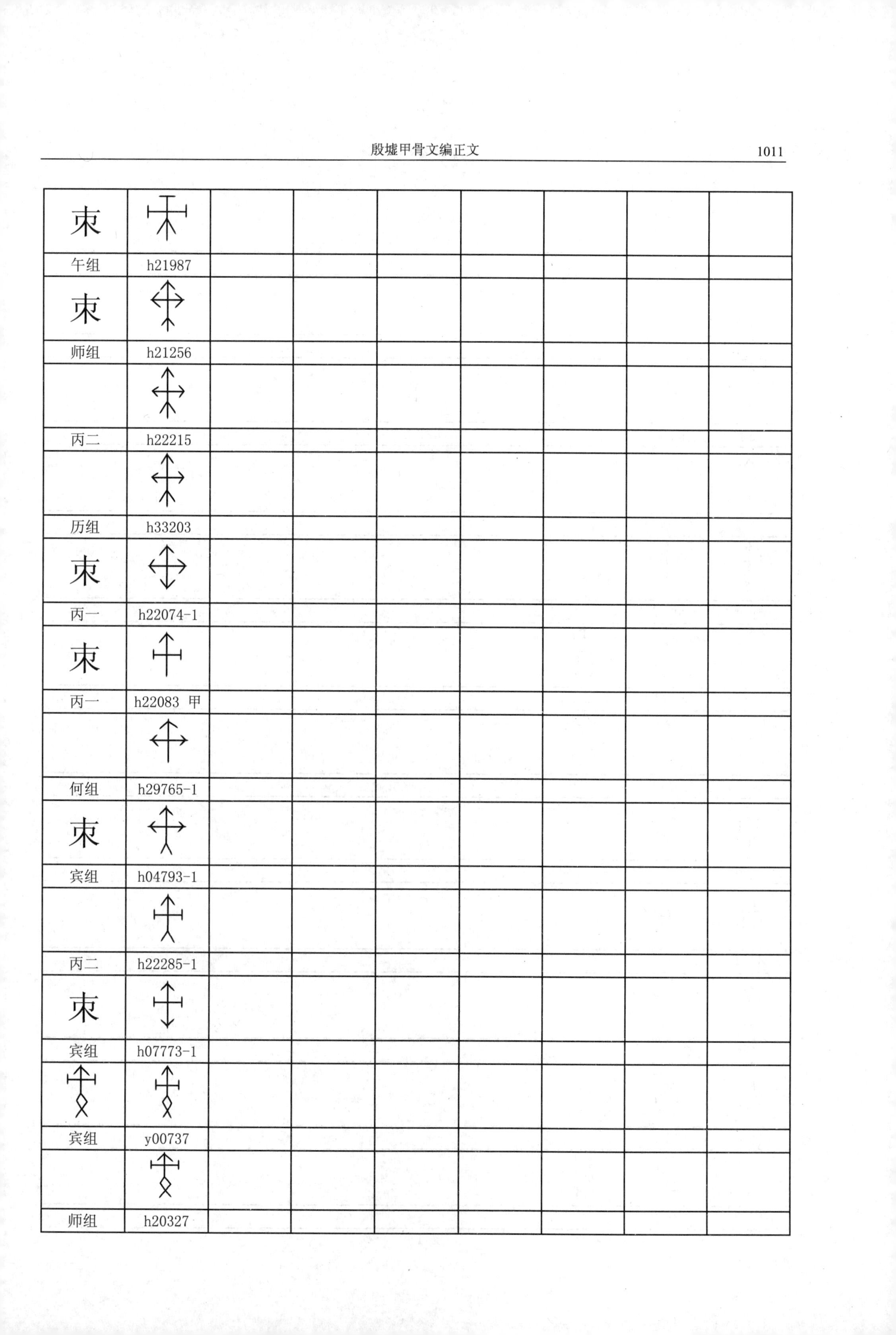

束								
午组	h21987							
束								
师组	h21256							
丙二	h22215							
历组	h33203							
束								
丙一	h22074-1							
束								
丙一	h22083 甲							
何组	h29765-1							
束								
宾组	h04793-1							
丙二	h22285-1							
束								
宾组	h07773-1							
宾组	y00737							
师组	h20327							

出组	h26858							
何组	h41450-1							
宾组	h03847		师组	h21028				
	h22206 甲							
师组	h20057-1							
责								
师组	h21254-1	h21306 乙						
丙二	h22214-1	h22226-1	h22226-2					
宾组	b13155							
脨								
午组	h21892							
宾组	h17952-1							
带								
宾组	h13935							
何组	h28035	h28036						

带								
师组	h20502							
带								
出组	h22546							
宾组	h09574							
黹								
宾组	h08285	h09741 正	h11046	h18836 反				
黹								
宾组	h05401	h08286						
何组	h28134							
黹								
何组	t02422							
黹								
师组	h21159	y01861 正						
何组	t03165							
师组	h20052							
师组	h40856							
黄组	h37537							

 师组	 h20200							

何组	h30045							
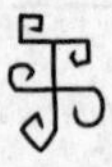	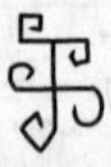							
师组	h21013							

黄组	h37891							

黄组	h37387							
丘								
宾组	h07838	h40792						
丘								
宾组	h04524	h14770-1	h14773-1					

师组	y01822							

出组	h26089							

黄组	h35410							
丘								
宾组	h14771-1	h14772-1	y01181-1					

历组	h35282							

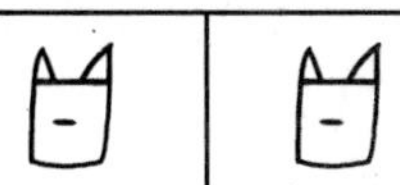								
出组	h23652							
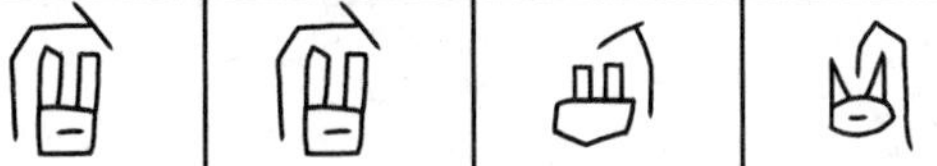								
宾组	h06453	h13133 反	h17634 臼					

何组	h28052							
[illegible]								
宾组	h06558							

师组	h20216							
[illegible]								
宾组	h06557	h06560	h08424	h08429	h08433			
	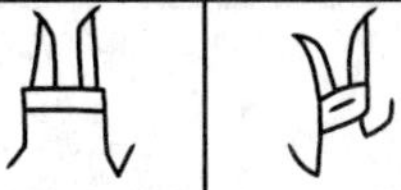							
师组	h19765	h20397						
[illegible]								
宾组	h06561	h06563-	h08425-1	h08425	h19506			
	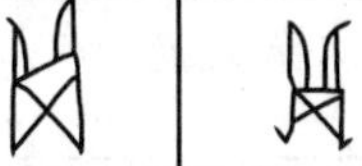							
师组	h20398	h20622						
[illegible]								
黄组	h35407	h35411	h35413	h35697	h35859			
[illegible]								
黄组	h35412	h37840						
[illegible]								
宾组	h08423							

宾组	y00759							
出组	h40928							
宾组	h00143	h04065	h09544 臼					
历组	h30524	h31012						
师组	h21466							
宾组	h00593	h10968						
何组	h29400							
黄组	h36959							
宾组	h00762	h00762						
何组	b10383	h27149	h27393	h27416	h27496	h27999		
历组	h30961	h31914	h33692					
黄组	h36543							

谷								
宾组	h08395							
历组	h30798							
宾组	h00668							
丙二	h22438							
宾组	d00548 臼	h08490 臼	h17579 臼					
师组	h21466							
何组	h27939							
宾组	h18832							
宾组	b00532 甲	h02659 反	h05618	h19563				
何组	b10295							
历组	h32917	h35212	y02426					
宾组	h18136							

 宾组	 h00583 反	 h08112	 h19648 反	 y00779 反				
 宾组	 h08242							
历组	 h35213	 t03028						
而					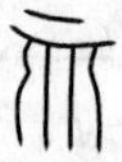			
宾组	b06233	h00286	h00412 正	h00499	h00673-1	h03405-1	h10869	h10989 正
	 h15588 正	 h16541						
师组	 h20649	 h20751	 y01783					
丙二	 h22378							
何组	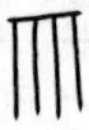 h28098							
黄组	 h36481 正							
 宾组	 h05514							
 师组	 h19799							

宾组	h14001 正							
宾组	h18549							
宾组	h09066	h18854						
宾组	h04958 正	h18135						
子组	h21619							
历组	h34537							
十								
宾组	d00104							
廿								
宾组	h00334	h05096 反	h09459 反	h11297-1	h12095 反			
师组	h20463 反	h21000	h21008 反					
丙二	h22438							
何组	b09695	h27013						
历组	h32501	h34120						

	t00051	t00751-1	t02792-1					
三十								
宾组	b00013	h0065 正甲	h00907 反	h02213 正	h06642	h11241	h17487-1	
师组	h20790-1	h21483						
丙二	h22348							
出组	b07757	h22884	h26052					
历组	b10412	h32054	h33579-1	h34097-1				
黄组	h35353							
四十								
宾组	b01343 反	b02454 反	h00438 反	h00838 反	h07643	h09440 反		
历组	h33371							
黄组	h37372	h37450	h37513					
历组	t00636	t00663						
五十								
宾组	b00038 反							

师组	h20521							

何组	h29537							

历组	h34675	h35220						

黄组	d00871							
六十								
黄组	h37437							
七十								
宾组	b02596	y00768 反						

黄组	h36481 正							
八十								
宾组	h00580 正							
九十								
宾组	h10407 正							

历组	h34674							
一								
宾组	b00004 正							
二	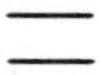							
宾组	b00142							

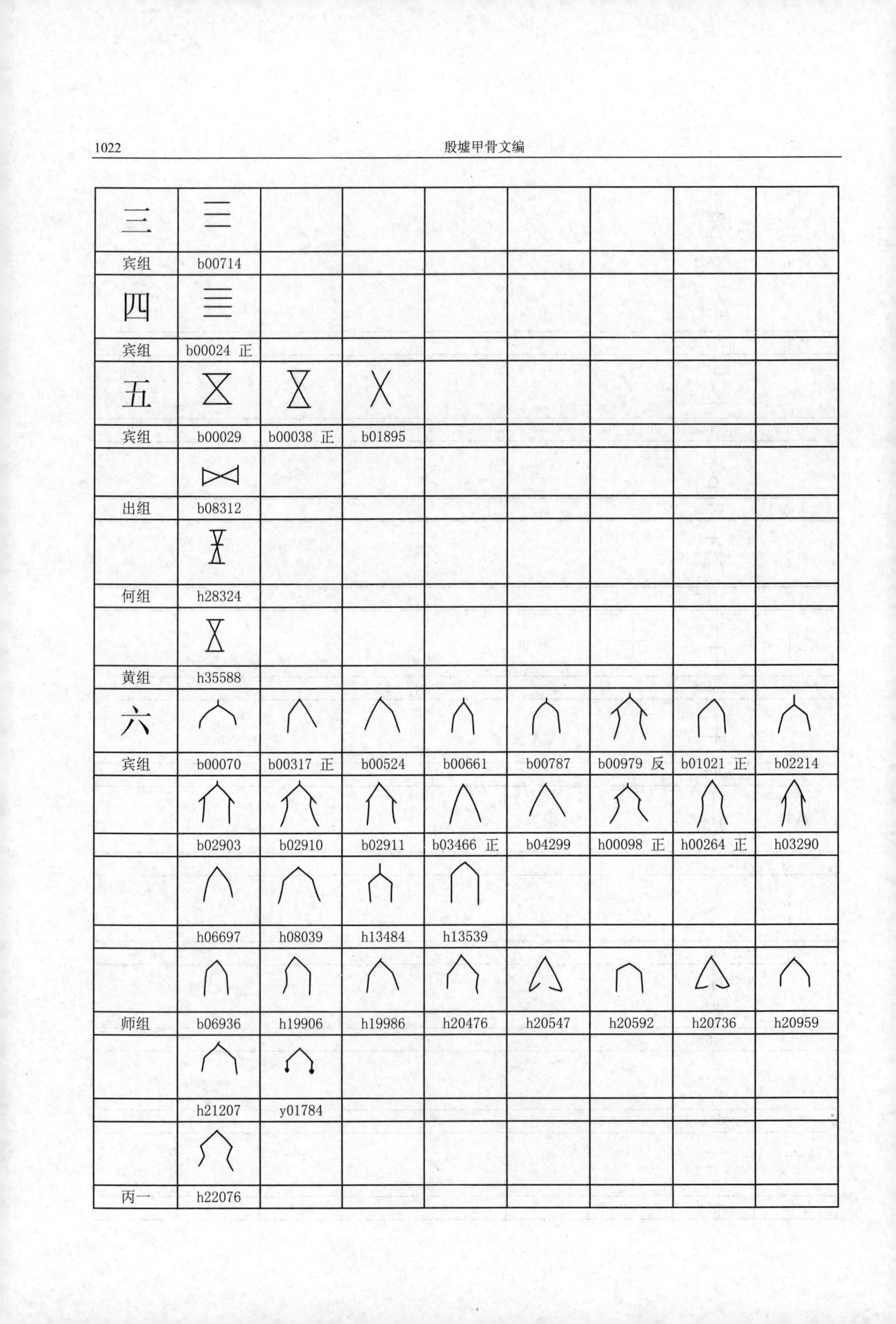

三								
宾组	b00714							
四								
宾组	b00024 正							
五								
宾组	b00029	b00038 正	b01895					
出组	b08312							
何组	h28324							
黄组	h35588							
六								
宾组	b00070	b00317 正	b00524	b00661	b00787	b00979 反	b01021 正	b02214
	b02903	b02910	b02911	b03466 正	b04299	h00098 正	h00264 正	h03290
	h06697	h08039	h13484	h13539				
师组	b06936	h19906	h19986	h20476	h20547	h20592	h20736	h20959
	h21207	y01784						
丙一	h22076							

丙二	h22174	h22184	h22247	h22333				
出组	b07226	b07284	b07285	b08345	h22630	h23047		
历组	h32917	h33273						
黄组	b11299 反	h35756						
七								
宾组	b02931							
八								
宾组	b00038 正	b00142	b00293					
出组	h22642							
黄组	h35756	h37374						
九								
宾组	b00076	b00741 正	b02745	b02951	b02957	b03253 正	h07142 反	h07143 反
	h0740 正甲	h10085 正	h11523	h13549	h13805	h14885	h15469	h15714
	h16370	h16741	h18475	w00209	w00830			
师组	b06545	b06607	b06748	h19785	h19804	h19853	h20001	h20065

	h20175	h20468	h20738	h20741	h20743	h20751	h20760	h20809
	h20810	h20813	h20814	h21025	h21032	h21112	h21139	h21323
	h21386							
午组	h21906							
丙一	h22046							
丙二	h22159	h22334						
出组	b07727	b08028	b08146	h26542	h26628			
何组	b09901	h29783						
历组	b10448	h31009	h32029	h32082	h32083	h32097	h32112	h32329 正
	h32418	h32786	h32916	h33025 反	h33314	h34103	h34138	h34675
	h34991	t02654						
黄组	b11043	b11234	b11285	b12356	b12841	h35641	h35644	h36345

	h36503	h36517	h37281	h37945	h39423	y02504		
乞								
宾组	h00029-1							
彡								
宾组	h01263-1	h01591	h03123	w00032 正				
师组	h19872							
子组	d00966 反							
出组	b07754	h22858-1	h25089-1					
何组	h27045							
历组	h31232	h32103	h32335	h32715	h34401	h34572	h35282	
黄组	b10980 正	b11299 反	b11662 正	h35422	h35497	h35762-1	h38293-1	
彡								
历组	h32419	h34360-1	h35247					
易								
宾组	b00165 反	b03951	h01304	h03924	h07299	h09464 正	h13149	h13182

	h13221	h13236	h13256 正	h13276 正				
师组	b06546	h20528	h21121					
出组	h23715	h24930	h26091					
何组	h26907 正	h27435						
历组	h32107	h32187	h32955-1	h32955	h33076			
师历	t02765							
小   								
宾组	b00283	b05458 正	h05588-1					
子组	h21803							
何组	h27356-1	h29644-1						
历组	h32675	h34104-1	h34157					
黄组	b11299 反							
在      								
宾组	b00575	h01055	h05808	h06898	h08289 正	h09229		

师组	b06738 甲	b06950	h19835	h19946 反	h19946 反	h20170		
子组	h21741	h21742	h21743					
出组	h24055							
何组	h26907 正	h26956						
历组	h30623	h32979						
黄组	h35424	h36927	h38224					
在 								
宾组	h00371 反							
宾组	b04405 正	h00313	h00377	h00380	h01046-1	h01046	h01306	h01380
	h01654	h02981	h06667	h14861-1	h15870			
师组	h19815	h19899	h21146					
子组	h21552							
丙二	h22249	h22258-1	h22432					

出组	h22549	h24369	y01967					
何组	b09484	b09594	b10371	d01259	h26908	h26914-1	h27149	h27150
	h27424	h27870	h28089 反					
历组	b10902 反	h30964	h30965	h30970	h32064	h32090	h32103	h32421
	h32834	y02411						
黄组	h35365	h35366	h35477-1	h36126				
何组	b09102	h29334	y02294					
历组	h33532							
宾组	b00013	h09367						
师组	b06617	h19778	h19884-1	h19897-1	h20210-1	h20950-1	h21221-1	
	100312							
用								
宾组	b00011	b00013	b00024 正	b00030	b0006 正甲	b00114	b00188	b00324

	b00510	b02738	b02891	b04443 反	b04443 正	b04452	b04454	b04483
	b05526	b06095 正	b13118	b13125	b13126	h00248 正	h00290	h02556 正
	h02635	h02941	h04399 反	h06567	h11364	h12684	h13250	h15303
	h15387	h15392	h15515 正	h15684 正	h15821	h18932	h19343	h19396 反
师组	b06761	b06764	b06953	h19764	h19774	h19806	h19812 正	h19817
	h19840	h19849	h19863	h19879	h19928	h19929	h19953	h19954
	h19962	h19980	h20523	h20852	h21032	h21131	h21155	h21270
	h21271	h21275	h21278	h21286	h21290	h21387	h21409	w01489
丙一	h22044	h22046	h22048	h22051	h22065	h22066	h22069	h22078
	h22092	h22116	h22123					
丙二	h22154	h22169	h22175	h22182	h22187	h22195	h22202	h22215
	h22242	h22245	h22271	h22302	h22437	h22446	h22447	h22468

出组	b07035	b08721 乙	b08727	b08747	h22604	h23148	h24946	h25904
何组	b08971	b08975	b09048	b09594	b09599	b09632	b09680	b09685
	b09686	b09701	b09768	b09783	b10156	b10257	b10261	b10294
	b10295	b10296	b10297	b10301	b10302	b10387	b10392	h26940
	h26954	h26955	h26980	h29957				
历组	b10419	b10476	b10477	b10510	b10523	b10626	b10641	b10901
	b10902 正	b10903	b10904	h30714	h33056 正	h34150	h34165	h34401
	h34522							
黄组	b10981	b11014 正	b11018	b11022	b11026	b11047	b11403	b11413
	b11416	b11448						
师组	t04513							
用								
宾组	b00470	b01306	h03256					

师组	h20676							
 [illegible]								
何组	h30269							
 [illegible]								
宾组	h03066	h03396	h17188					
 [illegible]								
宾组	h00006	h00022	h09485					

何组	h28199	h30303						

黄组	h37392	h37467	h37514					
 [illegible]								
宾组	h03307							
 [illegible]								
何组	t00650							
 [illegible]								
宾组	h08401							
 [illegible]								
宾组	h00053	h07074	h18163					

师组	y01818							

丙二	h22405	h22525						

𠕀							
宾组	h18215						
𠔼							
宾组	h07054						
宾组	h03972						
历组	h33241						
宾组	h06482 反	h06486 反					
师组	h20293						
丙一	h22129						
汎							
宾组	h00242	h00246	h00553	h01203 正	h0994 正乙	h14172	
出组	b07043	h25371	h25660	h25902	h25996	h26063	h26064	y01924
何组	h26972	h27084	t03743	t04023			
历组	b10703	h30383	h30393	h30677	h31128	h31129	h31130	h32035
	h32212	h32215	h32256	h32330	h32368	h32374	h32382	h32722

	h33313	h33314	h34103					
	t00080	t00751	t01104	t02124	t02253	t02444	t03594	t04053
子组	d00964							
宾组	b00001	b00015	b02413 乙	b03314	h00905 正	h04886-1	h14479	h18918
师组	b06693	b06717	h19812 正	h19830	h19952	h19956	h19957 反	h20080
	h21151	h21290	h40863					
丙一	h22045							
出组	b07105							
丙二	h22214							
子组	h21853							
丙二	h22204							

 历组	 h31996 正							
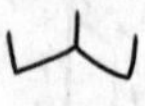 何组	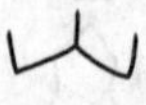 h28830							
 宾组	 b00835							
 何组	 h27885 正							
 宾组	 h08280 正							
 师组	 h20741							
 丙二	 h22154							
 出组	 h23534							
 师组	 h20639-1	 h20639						
 何组	 b10319							
 出组	 h23705	 y01996						
 宾组	 h06055	 w00551 反						

子组	h21825							
出组	h25592							
宾组	h18270		师组	y01853				
宾组	h13809 反							
午组	h21953							
午组	h22018							
宾组	h07265	h07266						
丙二	h22435							
午组	h22020							
黄组	h36416							
黄组	h36417							
宾组	h05433							

师组	b06794							
宾组	w00917 反							
宾组	h08741							
丙二	h22335-1							
宾组	h15656 正							
师组	h21431							
何组	t00173							
师组	h20139							
亡								
宾组	w00947-1							
师组	b06802		子组	h21811				
出组	h26111	h26252	h26602-2	w01259-1				
何组	h28811	h29334						

历组	 h31303	 h31478-1	 h32760-1	 h33492	 h33888-1	 h34905		
黄组	 h36852							
 宾组	 h07615 反							
 宾组	 h18491							
 午组	 h21954							
 历组	 h35251							
 丙二	 h22520							
 丙二	 h22226							
 黄组	 h35409							
 宾组	 h07872							
 历组	 h31836							
 宾组	 h13679 正							

 丙一	 h22075							
 出组	 y01994							
 历组	 t03852							
 历组	 t02510							
 丙一	 h22055							
 历组	 h31834							
 宾组	 h09283 反	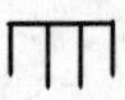 h09283 正						
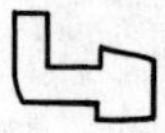 宾组	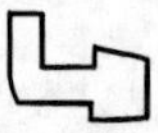 h10223							
 历组	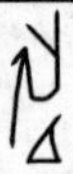 h33060							
 宾组	 b01212							
甲								
宾组	h01615			黄组	b11551	h35423		
乙								
宾组	b00051 甲							

黄组	b10979							
丙								
宾组	d00950							
宾组	b00024 正	b00280	b06304 反	b13139	h04916	h11898		
师组	b06669	b06682 反	b06895	b06954 正	h20354-1	h20417	h21211	h21325
	h21403-1							
子组	h21587							
午组	h21895	h21997						
出组	b07007	b08544	h22931					
何组	h26988 正							
历组	h32114	h32159	h32173	h32668	h33746 反	h34724-1		
黄组	b10977	b11046	b11047	b11083	b11477	b11507	b11551	b11960
	h35387	h35395	h35451	h35547	h35965	h38065-1	h38074	h38075

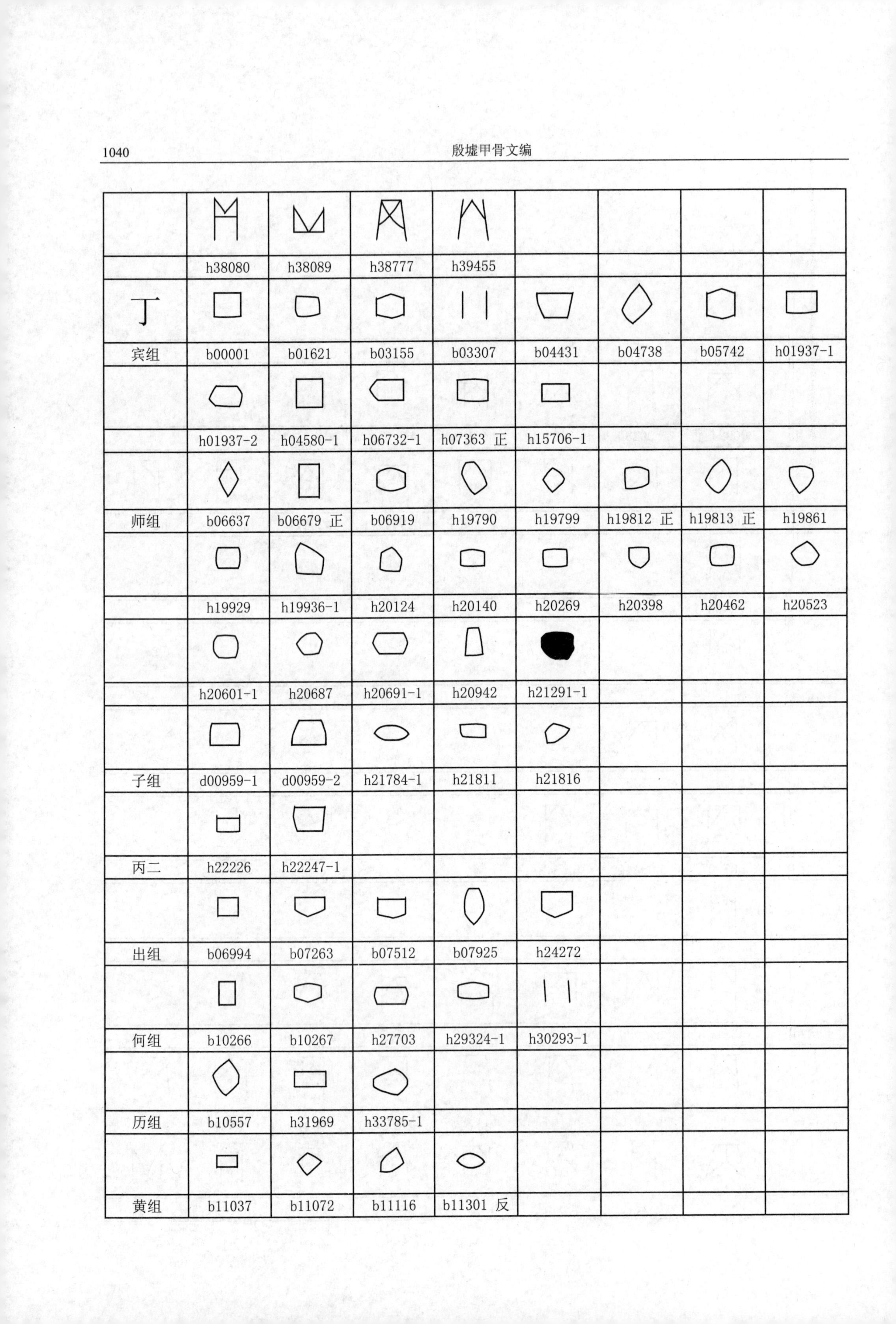

	h38080	h38089	h38777	h39455				
丁								
宾组	b00001	b01621	b03155	b03307	b04431	b04738	b05742	h01937-1
	h01937-2	h04580-1	h06732-1	h07363 正	h15706-1			
师组	b06637	b06679 正	b06919	h19790	h19799	h19812 正	h19813 正	h19861
	h19929	h19936-1	h20124	h20140	h20269	h20398	h20462	h20523
	h20601-1	h20687	h20691-1	h20942	h21291-1			
子组	d00959-1	d00959-2	h21784-1	h21811	h21816			
丙二	h22226	h22247-1						
出组	b06994	b07263	b07512	b07925	h24272			
何组	b10266	b10267	h27703	h29324-1	h30293-1			
历组	b10557	h31969	h33785-1					
黄组	b11037	b11072	b11116	b11301 反				

戊								
宾组	d00954							
宾组	b00326	b00780	b02001	b02330 乙	b03147	b03929	b06414	h00673
	h01140 正	h01495	h11473	h11892 正	h12052 正			
师组	b06563	b06681 正	b06682 反	b06721 反	b06783	b06869 反	b06871	b06931 正
	b06950	b06954 正	b06954 正	h19803	h19846	h19954	h19955	h20098
	h20131	h20389	h20436	h20462	h20582 正	h20792	h20854	h20878
	h21028	h21290	h21475	h21500	h21523			
子组	h21739							
午组	h21964							
丙一	h22051	h22052	h22054	h22078	h22094			
丙二	h22203	h22213	h22228	h22380	h22381 正	h22384	h22478	
出组	b08628	h23680 反						

何组	b08887	b08899	b08919	b09040	b09084	b09147	b09339	b09342
	b09355	b09380	b09445	b09512	b09813	b09839	b09878	b09897
	b09946	b09961	b10205	h26975	h27461	h27585	h27589	h27726
	h28207	h28452	h28905	h29361	h29740	h30207		
历组	b10642 甲	b10882	h30757	h31198	h31591	h31637	h31896	h31959
	h32059	h32077 反	h32366	h32418	h32486	h32494	h32680	h32760
	h33404	h33468	h33519	h33536	h33729	h34417	t00751	t02632
黄组	b11196	b11352	b11499	b11525 反	b11539	b11551	b11595	b12526
	b12928	h36759	h37366	h38010 正	h38012	h38072	h38079	
师组	s00500		历组	t03763				
己								
宾组	b00013							
庚								
宾组	d01315 正							

宾组	b00006	b01998 反	b03397	w00997				
师组	b06567	b06625	b06674	b06712	b06736	b06789	b06807	b06900
	b06919	h19777	h19895	h19919	h20018	h20277	h20759	h20860
	h20867	h20966	h21137	h21145	h21179	h21487		
子组	h21550	h21597	h21613	h21703 正	h21721	h21780	h21805	h21809
午组	h21878	h21882	h21885	h21917	h21956	h22002	h22042	
丙一	h22043	h22044	h22078					
丙二	h22165	h22166	h22179	h22182	h22193	h22214	h22218	h22384
	h22435	h22443						
出组	b08733	b08756	h22723					
何组	b08892	b08931	b09161	b09358	b09533	b09573	b09914	b09926
	b09962	b10145	b10265	b10274	h26995 反	h26995 正	h27417	h27440

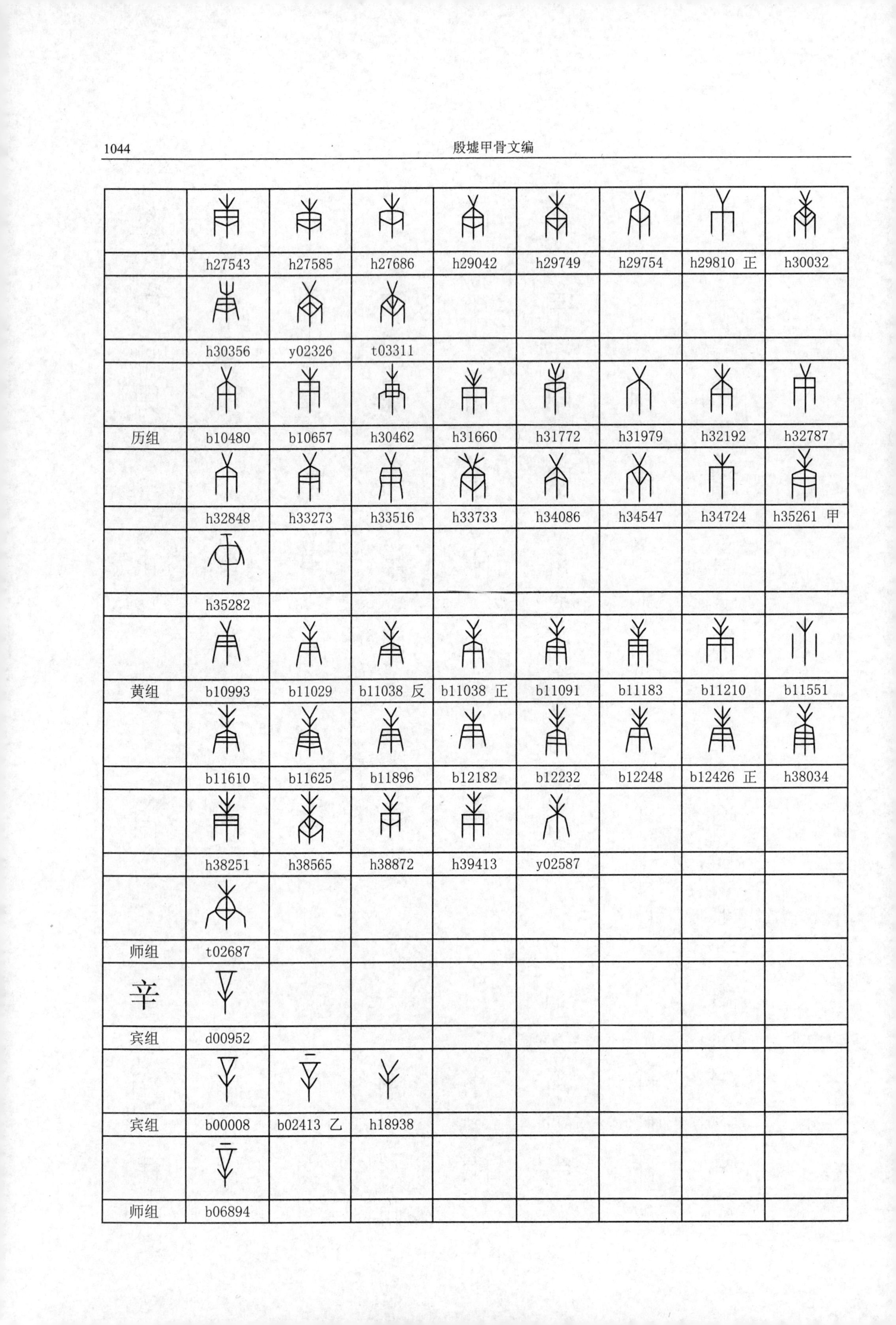

	h27543	h27585	h27686	h29042	h29749	h29754	h29810 正	h30032
	h30356	y02326	t03311					
历组	b10480	b10657	h30462	h31660	h31772	h31979	h32192	h32787
	h32848	h33273	h33516	h33733	h34086	h34547	h34724	h35261 甲
	h35282							
黄组	b10993	b11029	b11038 反	b11038 正	b11091	b11183	b11210	b11551
	b11610	b11625	b11896	b12182	b12232	b12248	b12426 正	h38034
	h38251	h38565	h38872	h39413	y02587			
师组	t02687							
辛								
宾组	d00952							
宾组	b00008	b02413 乙	h18938					
师组	b06894							

子组	h21793							

出组	b06990							

何组	b08822							

历组	h33560	h35282						

黄组	b10983	w01915						
壬								
宾组	b00506							

黄组	h36968							
癸								
宾组	b00051 甲							

师组	h20786							

黄组	h39277-1							

历组	t04407							
子					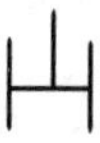			
宾组	b00081	b04813	b13099	h00423	h11462 正	h11762 正		

师组	b06569	b06604	b06666	b06674	b06680	b06690	b06712	b06794
	b06822	b06840	b06846	b06861	b06866	b06883	b06919	b06925
	b06938	b06942	b06946	b06949	b06950	h19812 正	h19820-1	h19846
	h19847	h19848	h19907	h19946 反	h19946 正	h19980	h20067-1	h20082
	h20153	h20225	h20258	h20323	h20351-1	h20354	h20381-1	h20409-1
	h20452	h20463 正	h20481	h20510	h20573-1	h20603	h20665-1	h20686
	h20703	h20728-1	h20743	h20755	h20805	h20813-1	h20830-1	h20867-1
	h20895-1	h20959-1	h21255	h21302	h21350-1	h21436-1	h21445	h21475
	h21476-1	y01789						
子组	h21526	h21540-1	h21567-1	h21739	h21781-1	h21818	y1891	
午组	h21881	h21899-1	h21900 乙	h21900 甲	h21900 甲	h21908	h21938	h21954
	h21997							

丙一	h22047	h22056						
丙二	h22196-1	h22219	h22265	h22298	h22375	h22407-1	h22443	
出组	b07573	b08397	b08727					
何组	b08900	b08917	b08924	b09158	b09359	b10219	h27226	h27376-1
	h27460	h27487	h28434	h28550	h29365	h29753	t02630	
历组	h30409	h30771-1	h31602-1	h31839-1	h31883-2	h31886-1	h31987	h32023
	h32053	h32098-1	h32261	h32329 正	h32612-1	h32621	h33208	h33333
	h33469	h33524-1	h33532	h33703	h33879-1	h34165	h34725	h35263
	h35279-1	t04509	t00149-1	t00304-1				
黄组	b11147	b11210	b11218	b11329	b11498	b11508	b11557	b11574
	b11577	b11582	b11897	b12223	b12275	b12473	b12509	d00895-1
	h35574-1	h35757-1	h35826-1	h36622-1	h36642-1	h37364	h37659	h38002-1

	h38002-2	h38017-1	h38017-2	h38017-3	h38019-1	h38019-2	h38034-1	h38035-1
	h38058-1	h38058-2	h38058-5	h38077-1	h38077-3	h38077-4	h38082-1	h38941
	y02578 正	t02230						
出组	100482		午组	t02670-1		何组	t02683-1	t04204
丑								
宾组	b00124	b0043 正甲	b00439 正	b00606	b00737	b00798	d00090 正	d01080 正
	d01156	h00367 正	h00423	h07363 正	h12637			
师组	b06581	b06588	b06648	b06669	b06700	b06949	b06954 正	h19824
	h20017	h20303	h20333	h20389	h20500	h20646	h20749	h20786
	h20845	h20854-1	h21036	h21197	h21302	h21322		
子组	h21560	h21658	h21659	h21718	h21727	h21744	h21769	
午组	h21936	h21942	h21966					

丙一	h22056							
丙二	h22227	h22266	h22267	h22277	h22385			
出组	b06986	b06991	b07003	b07144	d01221-1	h22715	h22870	h24650
	y01984							
何组	b08933	b08957	b09120	b09321	b09369	b09622	b09703	b09846
	b09918	b09946	b10001	b10003	b10005	b10025	b10070	b10080
	b10112	h26907 反	h26946	h27057	h27320	h29088	h29601	h30011
历组	b10660	b10712	b10713	b10816	b10832	b10845	h30947	h31162
	h31319	h31388	h31414	h31416	h31428	h31528	h31531	h31547
	h31795	h31973	h31995	h32217	h32810	h32849	h32892	h33133
	h33190	h33260	h33409	h33498	h33532	h33534	h33746 反	h33838
	h34489	h34570	h34708	h34724	h34801	h34826	h34871	h34877

	h34907	h34947	h34949	h34967	h34970	h34979	h35007	h35037
	h35039	h35055	h35060	h35263				
黄组	b10971	b11530	b11531	b11544	b12989	b35529	h38042	h38071
	h38074	h38084	h38762	h38802	h38927	h38956	h39119	h39199
历组	t00985-1	t01011-1	t01253	t02079-1	t04566			
寅								
宾组	b03069	h06828 正						
师组	h20510-1	h21000						
子组	h21727							
午组	h21938	h21984	h22004					
丙二	h22435							
出组	d00620-1	d00697-1						
何组	b09897	h27357-1	h29744					

历组	h30548-1	h30645-1	h30798	h32049	h33522-1	h34538	h34724-1	
黄组	b10945 正	b11364	b11515	b11520	b11524	b11533	b11539	b11551
	b11577	b11579	b11601	b11621	b11622	b11637	b12055	b12245
	b12466	b12511	b13433	b13437	h35416	h35600-1	h35631-1	h35655
	h35696-1	h35891	h35898	h35965	h35974-1	h36415	h36683-1	h36699
	h36717	h37648-1	h38017	h38057 正	h38071-1	h38076	h38077-3	h38080-1
	h38082-1	h38111	h38302-1	h38509	h38776	h38803-1	y02570	y02573-1
	y02578 反	y02578 正						
卯								
宾组	b00013	b00019	h13954-1	h14067-1				
黄组	h35529	h38118-1						
辰								
宾组	b00203	h00586	h07670	h14020-1	h14919-1	h16607-1	h18805-1	w00383-1
	w00391-1							

师组	h19802-1	h20232-1	h20587-1	h20782-1				
子组	h21671-1	h21779-1	h21783-1	h21815-1	h21864-1			
丙一	h22044-1	h22044-2	h22046-1	h22055-1	h22078-1	h22093-2	h22093-3	h22093
	h22121-1	h22124-1						
丙二	h22202	h22214-1	h22228-1	h22302-1	h22303-1	h22381 正	h22409-1	h22439-1
出组	h22600							
何组	b10031	h27042 正	h27159-1	h27616-1	h27902-1	h28148 反	h29080-1	h29740-1
	h29919-1	h30107-1	h30108-1	h30349-1	w01340-1	w01404-1	t04301-1	t00107-1
历组	h30779-1	h31068-1	h31588-1	h31719-1	h32031	h32290-1	h32454-1	h32925-1
	h33241	h33491-1	h33522-1	h33542-1	h33745 正	h34120-1	h34153-1	h34476-1
	h34476	w01640-1						
黄组	h35591-1	h35618-1	h35644-1	h36016-1	h36395-1	h36618-1	h36645-1	h36648-1

	h36751-1	h37570-1	h37734-1	h37995-1	h38015 反	h38015 反	h38017-1	h38017-2
	h38026-1	h38037-1	h38057 正	h38066-1	h38079-1	h38082-1	h38082-2	h38084-1
	h38111-3	h38111-4	h38131-1	h38295-1	h38512-1	h38609-1	h38714-1	h38838-1
	h38882-1	h39455-1	w01745-1	w01824-1	y02513-1	y02513-2	y02569	y02571 正
	y02571 正	y02578 反	y02578 反	y02585-1	t02703-1	t04474-1		
历组	t00063-1	t01074-1	t01074-2					
巳								
宾组	b00161	b00288	b00507	b00638	b01154	b02885	b03228	b03296 正
	b03299	b03337	b03347 正	b03796	b03808 正	b04314	b04740	b04849
	b04859	b05692	b05850	b06436	d00513 正	h00011	h00686	h01070
	h02705-1	h02785-1	h07715 正	h12609	h14357	h14700-1	h15365-1	w00852
师组	b06925	b06933	b06954 正	h20586-1	h20752-1	h20881-1		
子组	h21552-1	h21793						

丙二	h22449	h22516					
出组	b07007	b07367	b07718	b07746	b07821	b07880	b08191	b08238
	b08293	b08321	b08422	b08472	d00668	d00747-1	h22715	h22819
	h23245	h23717-1	h24234	h26691				
何组	b08848	b08884	b08932	b08958	b08959	b09577	b09902	b09930
	b09957	b09963	b09983	b10002	b10030	b10083	b10127	b10249
	b10273	b10388	b10399	b13380	h27564	h27712	h27863	h28060
历组	b10434	h31319	h31415	h32101-1	h34274	h34583	h34821	h34846-1
黄组	b11301 反	b11487 正	b12493	h35460	h35529	h35534	h37953	h38949
	y02582-1							
历组	t00412		何组	t01284-1				
午								
宾组	b03348	b03400	b03971	h00509 正	h12314			

师组	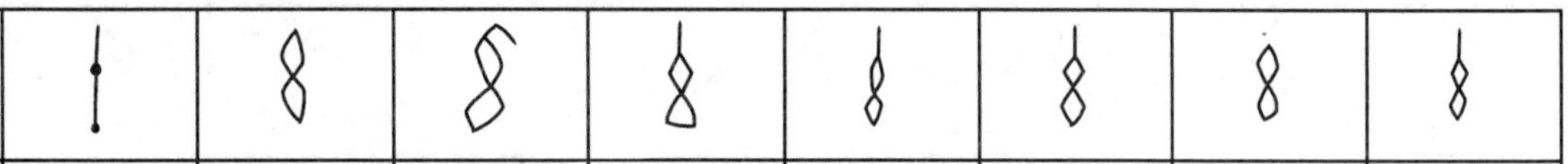 b06556	b06768	b06792	b06876	b06954 反	h19930	h20551	h20633
	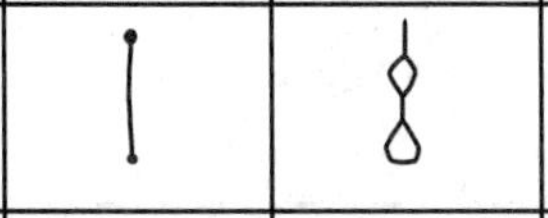 h21044-1	h21174-1	h21497					
午组	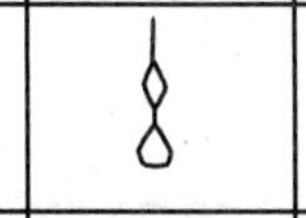 h21970							
丙二	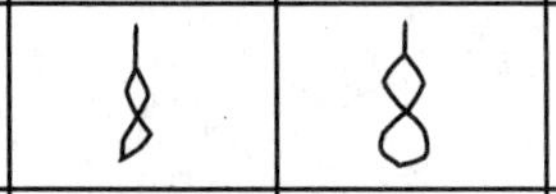 h22305	h22377 反						
出组	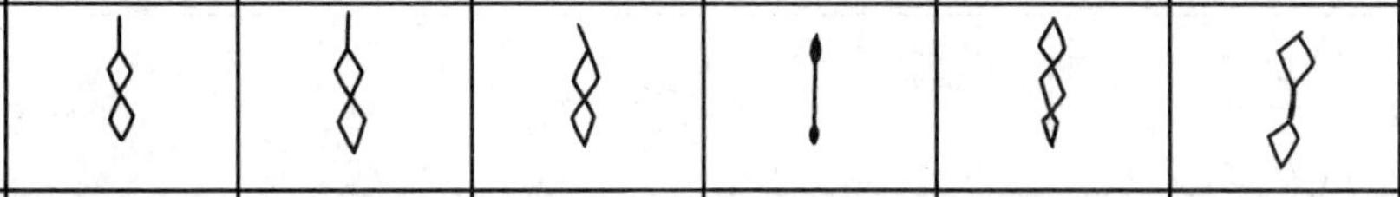 b07062	b07182	b07192	b07541	h24156 正	h24156 正		
何组	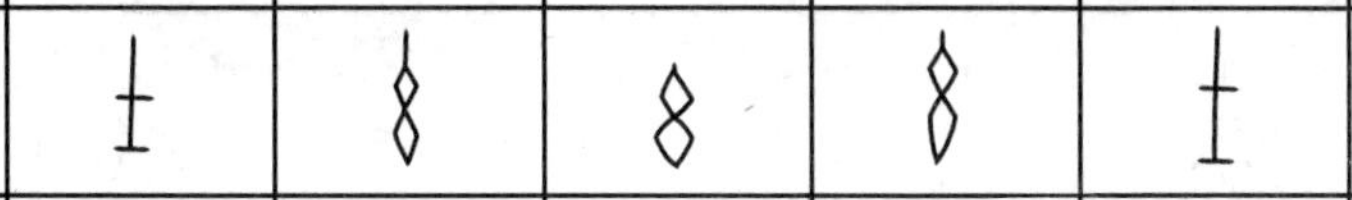 b08994	b09096	b09888	b09919	h27664-1			
历组	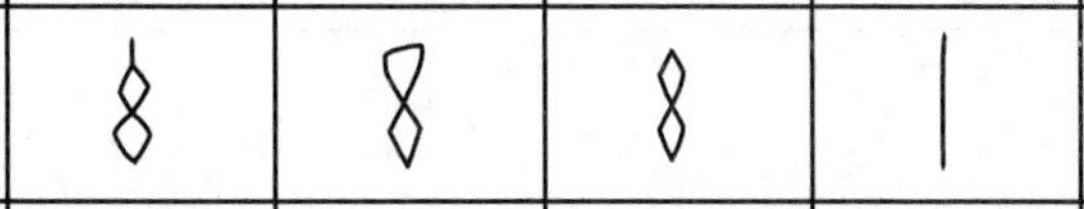 h30810	h32227	h32280	h34445-1				
黄组	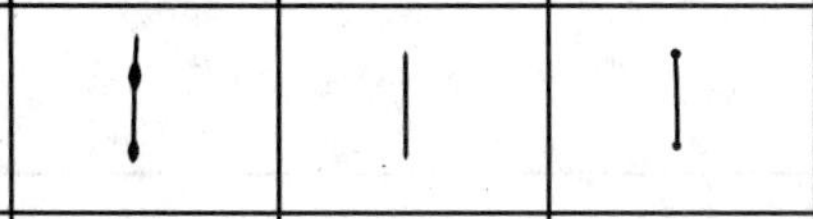 b10963	b10975	h38046-1					
未	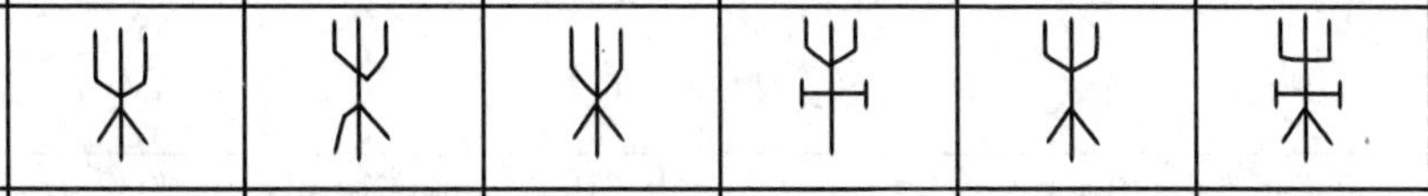							
宾组	b00581	b01071	b01311	b13079	h00007	h03944 正		
师组	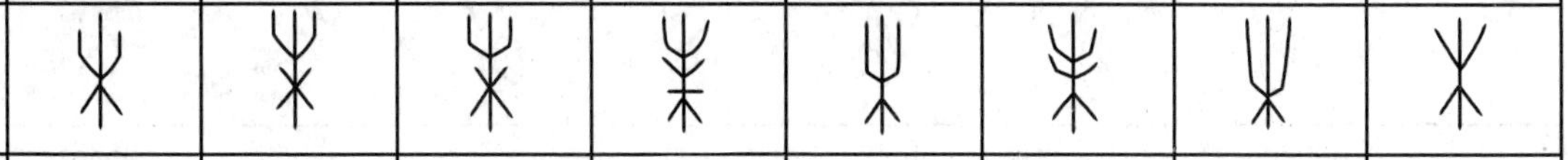 b06565	b06588	b06707	b06919	h20401	h20510	h20516	h20668
	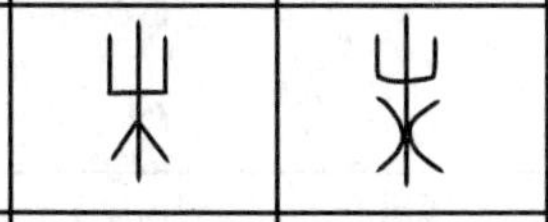 h21377	h21471 反						
子组	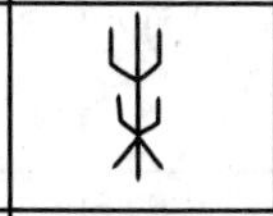 h21616							

丙一	h22043	h22093						
丙二	h22248	h22403	h22484	h22507				
出组	b08695	h22715						
何组	b09300	b09772	h28788					
历组	h31439	h32385	t00740					
黄组	h35424	h35532	h35589					
申								
宾组	d00950-1							
宾组	b00129	b05646	b13061	b13087	b13109	h00014 正	h00032 正	h00137 反
	h00268 臼	h01075 正	h02964	h03753 正	h03864-1	h04035	h06331	h08454-1
	h09585	h11423 正	h11497 正	h11820	h13250	h15809	h16573	
师组	b06892	b06952	h19764	h19803	h19813 正	h19886	h20271	h20318

	h20582 正	h20851	h20852	h20964				
子组	d00962-1	h21644-1	h21673	h21708	h21727	h21759	h21783	
午组	h21894	h21952	h21989	h21996				
丙一	h22076							
丙二	h22324	h22377 反	h22381 正	h22384				
出组	d01239 正	h22675	h23076	h26309-1				
何组	b09435	h27164-1	h27166-1	h28469	h28627-1	h29027-1	h29293	
历组	h30432	h31630-1	h32385-1	h32385-2	h32893-1	h32923-1	h33138-1	h35282
	h35290							
黄组	b11169	b11189	b11352	b11383	b11508	b11515	b11569 正	h35377-1
	h35727	h36192-1	h36615-1	h37840				
戊								
宾组	b01131							

宾组	b00051 甲	b00058 甲	b00608	b01037 反	b01131	b04150	b05084	b06304 反
	b13098	b13108	h01520-1	h01520	h05257-1	h05458-1	h07794 反	h14707-1
	w00491-1							
师组	b06678	b06680	b06794	b06879	b06954 正	b06967	h19773-1	h19783
	h19798-1	h19803	h19828	h19860	h19920	h19997	h20076	h20099
	h20238	h20367	h20370-1	h20463 正	h20500	h20764	h20765	h20794
	h20875	h20885	h20961-1	h20961	h20968-1	h20974	h20999	h21002-1
	h21013	h21107	h21108-1	h21113	h21188	h21346	h21350	h21504
子组	h21712-1							
午组	h21900 乙	h21909	h21929	h21972				
丙一	h22043	h22050	h22063					
丙二	h22145	h22177	h22200	h22276	h22367	h22377 反	h22383	h22491

出组	b07124	b08335	b08403	b08694	h23990-1	h26023-1	w01136-1	
何组	b08839	b08938	b09213	b09317	b09330	b09375	b09597	b09753
	b09805	b09924	b10181	b10396	h26907 反	h27008	h27367-1	h27382
	h27459-1	h27518	h27520	h27715-1	h27726	h27930	h27959	h28072-1
	h28467-1	h29024	h29389	h29970-1	h29974	h30063-1	h30223 反	t02758
历组	b10524	b10568	b10705	h30564	h30958-1	h31040-1	h31591-1	h31627
	h31645-1	h32035	h32233	h32301	h32535-1	h32545	h32582	h32599
	h32685-1	h33078	h33082	h33217	h33291	h33466	h33474	h33519
	h33520-1	h33522-1	h33531	h33541	h34120	h35261 甲		
黄组	b11128	b11178	b11508	b11557	b11591	b11596	b12497	b12670
	h35406-1	h35416	h35457-1	h38791-1				
历组	t02667-1	t03687-1						

亥								
宾组	b00008	b00428 正	b00597	b01260	b01302	b03137 正	b03176	b03226
	b03248	d01114-1	h00068	h00190 正	h00249 正	h00473	h00583 正	h01262-1
	h01834-1	h04692-1	h06157-1	h07537	h16787	y00506	y01585 正	
师组	b06680	b06925	h19824	h21272	h21475	y01863-1		
子组	h21793-1	h21806	h21810	h21811				
午组	h21886	h21913						
丙一	h22075							
丙二	h22184	h22443						
出组	b07051	b07115	h26685-1	h26769-1				
何组	b08905	b09325	h27846					
历组	b10463 甲	b10535 正	h32378	h33080				
黄组	b10945	d00830-1	h39267-1					

匣								
宾组	b00013	b00030	b00064	b00066	b01789	h13580	y00012 反	
师组	b06955	b06957	b06960					
丙二	h22384							
出组	b08714 甲	h22617	h22622	h22623	h22639			
历组	b10426	b10430	h32198	h32341				
黄组	h35424	h35427	h35529	h39455				
報乙								
宾组	h06131 反	h18948 反						
出组	h22688	h22692						
何组	h27081							
黄组	h35444	h39455						
報丙								
出组历组	y01928							
历组	h32384							

黄组	h35451	h35456	h39455					
[illegible]								
师组	h19811 反							
出组	h22701	h22704						
历组	h32384							
黄组	h35406	h35460	h35463	h35465				
何组	t02375							
祍								
出组	d00681	h22706	h22709					
何组	h27085	h27087	h27500					
黄组	b10955	h36184						
[illegible]								
师组	b06652							
出组	h22644	h22715						
何组	h27087							

黄组	h35406	h35481						
 ⿰大乙								
宾组	h01246	h01265	h01269	h14872	y 补 54			
师组	b06963-1	h19818	h19819	h20065	h20790	t04573		
出组	b08715	b08716	h22721	y01931				
何组	h27093	h27105	t03001					
历组	b10439	h32101	h32385	h32386	h32387	h32409	h33319	
黄组	h35497							
历组	t01116	t03049						
 ⿰大丁								
师组	b06963-1	b06964	h19825	h20623				
出组	b07038	h22772						
何组	h27126	h27137	h27156					
历组	h32385	h32387	h32438	h33986				

黄组	h35406	h35506	h35507	h35508	h35512			
历组	t00354							
大甲								
宾组	h01293	h01397						
师组	b06963	b06967						
丙二	h22163							
出组	b06975	h22785						
历组	h32385	h32471						
黄组	h35400	h35530	h35531	y02507				
卜丙								
宾组	h01419							
师组	h19817							
出组	h22775							
何组	h27164							

黄组	h35547	h35550						
历组	t04305							
⿰南壬								
出组	h24977							
⿰大庚								
师组	b06963-1							
出组	d00684	h22791	h22799	h22805	h22806	h23314	h23315	
何组	h26968	h27079	h27168					
历组	h32385							
黄组	h35406	h35558	h35564	h35566	h36222	h36223		
何组	t02375							
⿰小甲								
宾组	h01489	h18407						
出组	h22812							
何组	h27171							

历组	h32384							
黄组	h35597	h38272						
⿰大戊								
宾组	h01494							
师组	b06968							
出组	b06976	d00688	d00689	h22828	h22830	h22835	h22837	h22841
	h22846	h22849						
何组	h27168							
历组	h32024	h32385	h35277					
黄组	b10973	b10974	b10975	h35604	h36224			
⿰雍己								
师组	h20014							
出组	b06976	h22814	h22815	h22816	h22817	h22818	h22819	h22820-1
	h22821	h24392						

何组	h27172	h27173	t02148					
黄组	h35618	h35623	h35624					
何历		t02165	t03794					
中丁								
午组	h21873							
出组	h22869	h22870						
何组	h27168	h27177						
历组	h32385	h35277						
黄组	h35633	h36226 乙	h36232	h38223				
中子								
宾组	h03257	h03260						
出组	h23544							
中己								
出组	b08720							
何组	h27385	h27389	h27391					

卜壬								
出组	b06979	h22875						
黄组	b11693	h35636	h35638	h35640				
戋甲								
宾组	h05342							
出组	b06980	h22715	h22883	h22885				
历组	h32501							
黄组	h35589	h35642	h35645	h35669	h37847			
祖乙								
宾组	b00095	b00118	b00138	h01626	h01639	h01652	h01654	h01663
	h02972							
师组	b06925	h19770	h19837	h19839	h19840	h19849	h19850	h20045
	y01759							
丙二	h22172							

出组	b06981	b06987	b08722	b08723	b08735	h22551	h22708	h22779
	h22788	h22884	h22886	h22892	h22900	h22918	h22922	h22926
	h22931	h22933	h22939	h22955				
何组	b09050	h26933	h26991	h27110	h27111	h27129	h27185	h27187
	h27188	h27201	h27210	h27211	h27215	h27219	h27220	h27221
	h27223	h27224	h27225	h27226	h27228	h27229	h27235	h27242
	h27504	h27505	h27972	t00077				
历组	b10453	b10617	h32068-1	h32360	h32385	h32441	h32446	h32480
	h32507	h32516	h32517	h32518	h32520	h32521	h32526-1	h32527
	h32528-1	h32529	h32531	h32536	h32543	h32546	h32548	h32549
	h32550	h32556	h32558	h32561-1	h32563	h32564	h32569	h32570
注：h32599是小组乙合文								
	h32574	h32576	h32578	h32586 正	h32599	h32631	h32632	h32633

								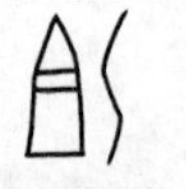
	h32636	h32637	h32896	h33430	h34132	h34165	h34395	y02404
								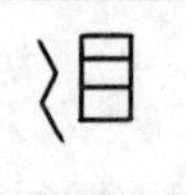
黄组	b10977	b10979	b10981	b11069	b11071	h35657	h35681	h36105
	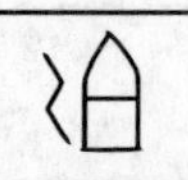							
	h36109	h36122	h36481 正	h38758				
			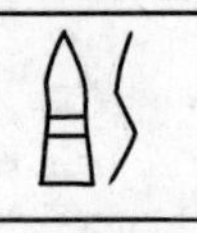		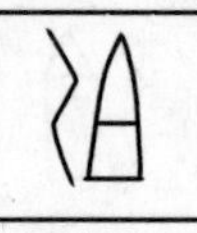			
历组	t03210	t00135	t00593	t00875	t04286			
下乙	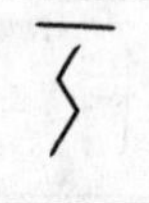							
丙一	h22078							
上乙								
丙一	h22044							
入乙								
宾组	b00542 反							

丙一	h22060							
内乙								
丙一	h22086							
示辟								
宾组	h01702	h01712 正	h01746	h01766				
	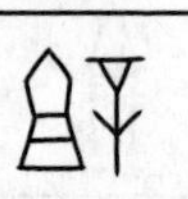		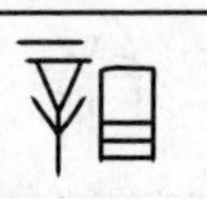					
师组	h19852	h19856	h19859					
	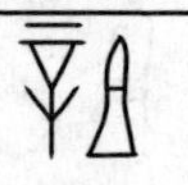							
丙二	h22183-1							

出组	 b06990	b06991	h22621	h22966	h22975	h22979	h22982	h22992
	 h22996	h23002	h23006					
何组	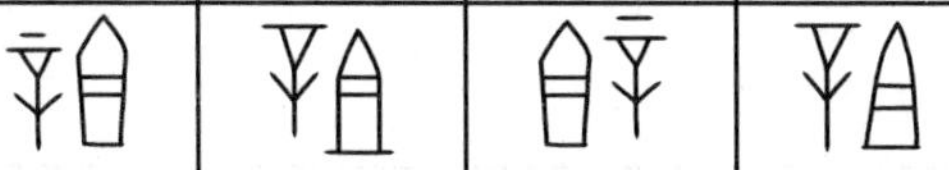 b13331	h27251	h27255	t00656				
历组	 b10454	h32385-1	h32385	h32572 反	h32577	h32579	h32584	h33431
黄组	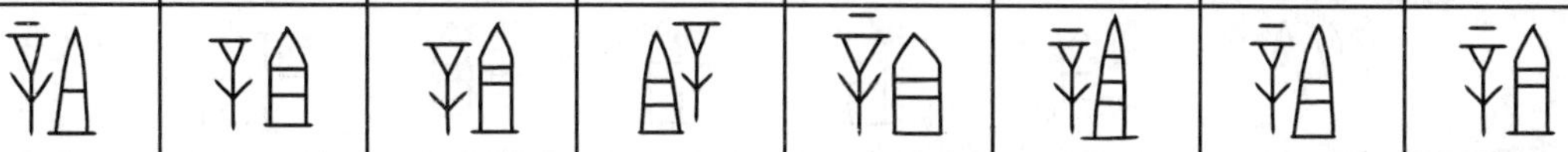 b10982	b10983	h35683	h35684	h36256	h38224	h38225	h38243
历组	 t00034							
羌甲	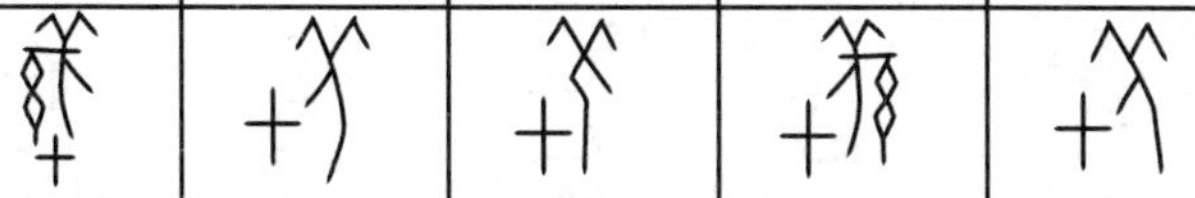							
出组	h22885	h23020	h23021	h23027	h23731			
何组	 h27256	h27262	h27507					
黄组	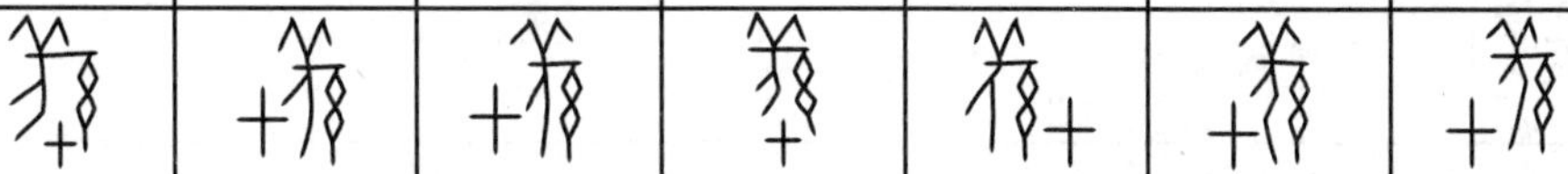 b10985	b11005	h35657	h35697	h35699	h37838	y02510	
宾组	 s00017							
 [illegible]甲								
出组	h22569							
祖丁								
宾组	h16882							

师组	b06550	b06950	h19852-1					
出组	b06994	b08728	b08730	b08731	d01242 正	h22911	h22931	h23004
	h23016	h23041						
何组	b09017	h26925	h26930	h27133	h27148	h27263	h27266	h27277
	h27285	h27290	h27294	h27296	h27361	h27367	h27369	h27371
历组	h32385-1	h32385	h32600	h32601-1	h32602			
黄组	b10988	b10990	b10991	b10996	h35720	h35859	h35988	h36009
	w01685							
何组	t02219							
⿰南庚								
出组	d00697	h23075	h23076	h23077	h23078	h23079	h23082	h23084
何组	h27207							
黄组	b10985	h35722	h35723	h35730	h35733	h35734	h35740	h35743

魻								
宾组	h02100							
出组	b07215							
黄组	h35726	h35756	h35757	h35758	h35759	h35760	h35761	h35763
	h35764	h35768	h35769	h35770	h35771			
黄组	100685							
[illegible]								
师组	h19798	h19918	h21211					
出组	h22742	h23101	h23103	h23104	h23105	h23106	w01290-1	
黄组	b11006	h35726	h35773	h35774	h35775	h35776	h35777	h35778
	h35779	h35780	h35782	h35783				
午组	t02671							
[illegible]								
出组	d00700 正	h23077	h23107	h23110	y02246			
历组	h32612							

黄组	b11764							
忆								
宾组	h00383	h01662						
出组	h22675							
何组	h27094							
历组	b10462	h31955	h32626	h34545				
黄组	b11009	h35806						
武								
宾组	b13158							
黄组	b10977-1	b10977	b11011	b11012	b11016	b11019	b11020	b11021
	b11024	b11027	b11046	b11076	b11078	b11079	b11301 反	h35437-1
	h35812	h35819	h35838-1	h35839	h35849	h35906-1	h36148	h36534
	h38487-1	h41728-1	w01698					
祀								
出组	d00704							

历组	h32657							
黄组	h35865	h35867	h35872	100687				
祖庚								
宾组	h02042	h12980						
历组	h32609							
黄组	b11048	b11049	h35878	h35881	h41736	w01731		
祖甲								
出组	b07002	b08732	h23097					
何组	h27336	h27337	h27338					
黄组	b11031	b11041	b11044	b12826	h35857	h35901	h37868-1	
康丁								
黄组	h36281	h36290						
康祖丁								
黄组	h35889	h35958	h35959	h35960	h35964			
武乙								
黄组	b10988	b11019	b11024	b11044	b11063	h35384-1	h35385-1	h35386

	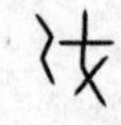							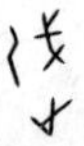
	h35390	h35436-1	h35802	h35921-1	h36054	h36084	h36127-1	h36169-1
礻丙								
宾组	h01420							
	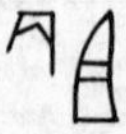							
黄组	h35370							
礻戊								
师组	h19874							

出组	h22852	h22853						
礻壬								
丙一	h22044							
禾壬								
何组	h27382							
女甲	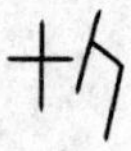							
宾组	b03437							
	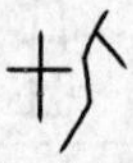							
师组	h19836							
	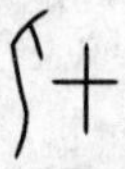	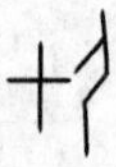	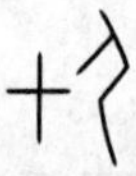	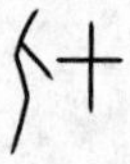				
出组	h22775	h23025	h23308	h23323				

何组	h27482							
	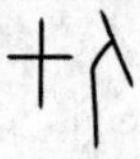	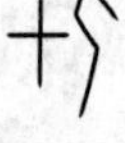						
黄组	b11090	h35361						

妣乙								
丙二	h22187							
妣丙								
师组	h19817							

出组	b07010	h23336						

何组	h27501	h27502						

黄组	h36198							

历组	t00441							
妣丁								
午组	h21879	h21965-1	h21965					
	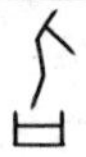							
丙二	h22226							

出组	h23338							

历组	h32745							

何组	t03110							
妣戊								
丙二	h22207							

出组	h23341	100327	100336				
何组	h27511	h27512-1	h27513	t04023			
黄组	h36199	h36204	h36294				
妣己							
宾组	h02368						
师组	h19888						
子组	h21547-1	y01915 正					
丙二	h22211-1	h22212-1					
出组	b07012	h23303	h23314-1	h23320	h23328	h23330	h23342	100328-1
何组	h27377	h27504	h27505	h27514	h27515	h27517	h27518-1	h27521
黄组	h35361							

妣庚								
师组	02489 反							
宾组	h00722 正	h02451						
师组	b06829	b06898	h19893-1					
丙二	h22247-1	h22247						
出组	b07013	b07014	b07018	b07019	b07020	b08745	b13273	d00708
	h22560	h23332	h23351	h23352	h23720			
何组	h26924	h27330	h27351	h27353	h27500	h27514-1	h27522	h27523
	h27524	h27525	h27530	h27531	h27533	h27535	h27538	h27539
	h28089 反							
历组	b10408	h35259						
黄组	b11091	h35364	h36184	h36246	w01704-1	w01706-1		
何组	t00287							

妣辛								
宾组	h02489 反	h09710	h17983					
师组	h19898	h19899						
出组	b08744	h23311	h23314	h23394	h23395	h23397		
何组	h26954	h26975	h27367	h27541	h27542	h27547	h27551	h27554
	h27556	h27557	h27562	h27563	t00323			
黄组	b10966	h35940	h36196 丙	h36303				
妣壬								
师组	b06554							
出组	h23313	h23314	h23317	h23319				
何组	b13368	h27569						
黄组	b11909	h36196 甲	h36220	h36227	h36310			
妣癸								
出组	h22871	h23401						

何组	h27570	h27571	h27573	h27574	h27575	t00323-1		
黄组	b11696	h36276-1						
[illegible]								
宾组	h02080							
师组	h19838							
子组	h21543							
出组	b08749 乙	b08750	b08751	b08752	b08754	h23248		
何组	h26925	h26976	h26995 正	h27025	h27041	h27042 正	h27361	h27369
	h27451	h27460	h27474	h27476	h27477	h27482	h30283	h30365
	t00095	t02080		历组	t02557			
[illegible]								
宾组	h15238							
丙二	h22201							

历组	h31997	h32226						
㚱								
丙一	h22098							
出组	h23297							
奵								
师组	b06955	b06963						
丙一	h22047							
丙二	h22196	h22197	h22198 反	h22199				
出组	b06986	d01243	d01244	h22583	h22860	h23172	h23173	h23175
	h23176	h23177	h23178	h23184	h23210	h23212	h23219	h23221
	h23231	h23234	h23277	h23278	h23292			
历组	h32224	h32235	h32280	h32281	h32331	h32390	h32467	h32517
	h32603	h32684	h32698	h32703	h32707	h32712	h32715	h32720
	h33526							

黄组	h36129	h36132	h37853					
历组	t00636	t00777	t02124		午组	t02670		
⿰攵戈								
丙一	h22047							
出组	h22570	h23298	h23299	h23300	h25204			
何组	t04078							
⿰攵己								
何组	h27013	h27395	h27396	h27398	h27400	h27401	h27407	h27410
	h27413	h27433	h30302					
	何 t00095	t01443	t02374					
⿰攵庚								
宾组	h39615							
何组	h27310	h27416	h27421	h27422	h27423	h27424	h27428	h27432
	h27433	w01301	w01374					
	t00210	t00957						

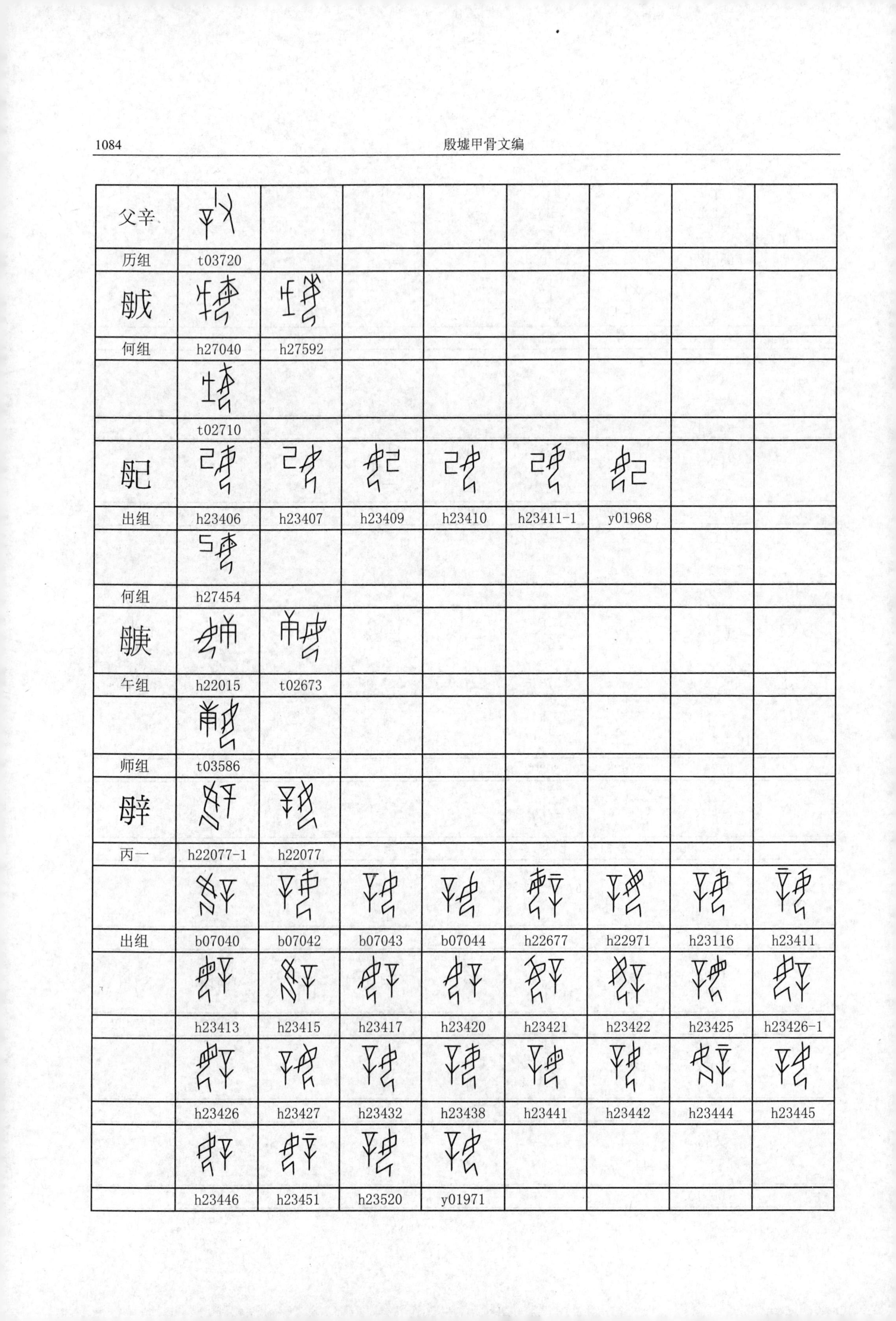

父辛								
历组	t03720							
⿰母戈								
何组	h27040	h27592						
	t02710							
⿰母巳								
出组	h23406	h23407	h23409	h23410	h23411-1	y01968		
何组	h27454							
⿰母庚								
午组	h22015	t02673						
师组	t03586							
⿰母辛								
丙一	h22077-1	h22077						
出组	b07040	b07042	b07043	b07044	h22677	h22971	h23116	h23411
	h23413	h23415	h23417	h23420	h23421	h23422	h23425	h23426-1
	h23426	h23427	h23432	h23438	h23441	h23442	h23444	h23445
	h23446	h23451	h23520	y01971				

母辛母甲								
黄组	b11094							
母壬								
出组	h23455	h23456	h23457	h23458	h23459	h23460		
何组	h27719							
母癸								
宾组	b00321							
黄组	b11096	b11097	b11098	h35436	h35914	h36090	h36323	h36325
	h36326	h36331	h36339	y02521				
兄丙								
何组	h27610							
兄丁								
师组	b06563	h19907-1	h20012	h20013	h20014			
丙二	h22272							
兄戊								
宾组	w00069							
师组	h19761	h20016	h20462					
出组	h41002							

⿰兄巳								
师组	h19776							
丙二	h22275	h22276						
出组	b07048	b07051	h23354	h23479				
⿰兄庚								
师组	h20018							
出组	b07050	h23085	h23351	h23480	h23484	h23517		
⿰兄辛								
何组	h27622	h27624	h27630	h27631	h27632	h27633		
⿰兄壬								
出组	h23520	h23523-1	h23524-1					
何组	t00095							
⿰兄癸								
何组	b10273	h27634	h27635					
历组	h41495							
⿰子丁								
师组	h20523-1							
午组	h21885-1							

丙二	h22249-1	h22316-1	h22511					
子丙								
宾组	h14220-1							
子庚								
丙一	h22046	h22080						
子癸								
出组	h23538-1							
何组	h27633							

殷墟甲骨文编部首表

（甲骨文字头下，上列是汉字或隶定字，中列是部首检索页码，下列是正文页码）

人	大	卩	女	子	目	耳	自	口	止	又
1090	1092	1094	1095	1098	1098	1099	1099	1100	1100	1102
1	52	79	116	149	157	183	187	190	207	242
殳	首	白	西	由	上	示	帝	日	夕	云
1103	1104	1104	1104	1104	1105	1105	1105	1105	1106	1106
270	275	280	283	285	289	290	303	305	311	316
雨	雷	土	山、火	阜	水	屮	木	禾	来	[illegible]
1106	1107	1107	1107	1108	1108	1109	1110	1111	1112	1112
320	325	326	329	342	349	369	377	397	407	413
𠦪	𢑚	牛	羊	犬	豕	马	兕	象	蒙	𠂤
1112	1112	1112	1113	1113	1113	1114	1114	1114	1114	1114
417	421	424	431	438	446	458	463	467	468	469
虎	兔	麋	隹	鱼	龙	它	万	黾	龟	米
1115	1115	1115	1115	1117	1117	1117	1117	1118	1118	1118
473	480	482	489	520	525	531	538	539	542	547
卣	羽	翌	角	贝	心	入	今	宀	西	
1118	1118	1118	1118	1119	1119	1119	1119	1120	1122	1122
549	551	552	559	559	565	567	573	591	616	618

	户	祊	田	齿		囚	匚	石	亘	行
1122	1123	1123	1123	1124	1124	1124	1124	1124	1125	1125
625	629	635	639	651	651	652	660	662	670	671
戈	戌	刀	夸		不	兵		交	卒	弓
1127	1128	1128	1128	1129	1129	1129	1129	1130	1130	1130
702	725	732	742	748	749	753	756	765	768	777
引	乃	皿	春	酉	甗	爵	皀	壴	其	网
1131	1131	1131	1132	1132	1133	1133	1133	1134	1134	1135
782	788	789	804	807	821	831	834	845	854	865
凡	卣	必	康	亚	工	录	中	册	叀	东
1135	1136	1136	1136	1136	1136	1137	1137	1137	1137	1138
870	878	881	883	884	886	889	891	897	903	909
帚	自	㫃	单	爿	竹	冉	万	舟	车	率
1138	1138	1139	1139	1139	1140	1140	1140	1140	1141	1141
911	916	921	929	934	943	946	951	954	959	960
橐	吊	升	于	旡	乍		王	玉	力	危
1141	1142	1142	1142	1142	1142	1143	1143	1143	1143	1143
970	979	981	983	984	986	989	993	994	998	1003
屯	肉	束	带	丘			而	十	彡	小
1144	1144	1144	1144	1144	1144	1145	1145	1145	1145	1145
1004	1005	1010	1012	1014	1016	1017	1018	1019	1025	1026
在		用		屮		甲	上甲等			
1145	1145	1145	1146	1146	1146	1146	1146			
1026	1027	1028	1032	1033	1034	1038	1061			

殷墟甲骨文编部首检索表

（每字的上一行是此字的现代汉字或隶定字；下一行是此字在正文中的页码）

人	匕			尸	壬			介		
1	2	3	4	4	4	4	4	5	5	5
		尿	千		企		旨	身	孕	孕
5	5	6	6	7	7	8	8	8	8	8
孕					允	火	光	以	元	元
8	8	8	9	9	9	10	11	11	13	14
㒰		尻	项		叺	叺	叺			襄
14	14	14	14	15	15	15	15	15	15	15
襄	襄	襄	襄						岦	岦
15	16	16	16	16	16	16	16	16	16	17
散				长						夌
17	17	18	18	18	18	18	18	18	18	19
耋				啷	老		老	老	老	老
19	19	19	19	19	19	20	20	20	20	20

老								芫	兑	[illegible]
20	20	20	20	20	20	21	21	21	21	22
须	须		儿				囚	囚	囚	囚
22	22	22	22	22	22	22	22	23	23	23
			[illegible]						何	何
23	23	24	24	24	24	24	24	24	24	26
扃	扃		及					臾	羌	羌
26	27	27	27	28	28	28	28	28	28	30
羌	羌	羌	羗	[illegible]	羗	羗	羗	羗	[illegible]	[illegible]
30	30	30	31	32	32	32	32	32	33	33
[illegible]			从		瓜	瓜	瓜	兀	并	并
33	33	33	33	34	34	34	34	34	35	35
并	并	并		北			非	非	[illegible]	
35	35	35	35	35	36	36	37	37	37	38
	化	竞	竟			竞	竞	竞	竞	众
38	38	38	38	38	38	39	39	39	39	39
[illegible]	[illegible]	斗	任	任	役	攸		偵	休	
40	40	40	41	41	41	41	42	42	42	42
						次	[illegible]		[illegible]	
43	43	43	43	43	43	43	43	43	43	44

		欠	佽							尾
44	44	44	44	44	44	44	44	45	45	45
偪	鄙					伊	偁	俄		
45	45	45	45	45	45	45	46	46	46	46
	亟							朊		
46	47	47	47	47	47	47	47	47	47	47
					伏			兄		
47	48	48	48	48	48	48	48	48	49	49
				倲	倲	偅				
49	50	50	50	50	50	50	50	50	50	50
						侮				
50	51	51	51	51	51	51	51	51	51	51
旴	旴	旴	衾	衾	衾		倪			
51	52	52	52	52	52	52	52			
大		天	天	天	吴			夫	夊	
52	53	53	54	54	54	54	54	55	55	55
					虞	[illegible]	夨	夨	夨	夨
55	55	56	56	56	56	56	56	56	56	56
央	央	央	美	美	美	美				
57	57	57	57	57	57	58	58	58	58	58

	立	夻		㚇	亦	亦	汏			粦
58	58	59	59	59	59	60	60	60	60	61
		夹	夹			乘	因	因		
61	61	61	61	61	61	61	62	62	62	62
	茵	菌	奭	奭	奭	奭	奭	舞	舞	舞
62	62	62	62	63	63	63	64	64	65	65
舞	䍙	䨌	夾							
65	65	65	65	65	65	66	66	66	66	66
						异	异		巽	
66	66	66	67	67	67	67	68	68	68	68
莫	莫	黑		熯	豙	㚢	犮			
68	69	69	69	70	70	70	70	70	71	71
	奺		奚			㹞	竝			㚘
71	71	71	71	71	71	71	71	72	72	72
㚘	兀	刖	刖	刖	刖	刖	叔			
72	72	72	72	72	73	73	73	73	73	73
𡗕	薮		犾	臭					天	𦉼
73	73	73	73	74	74	74	74	74	74	74
			骑	骑	夭	夭	夭			
74	74	74	74	74	75	75	75	75	75	75

			屰	屰	屰			逆	逆	逆
75	75	75	76	76	76	77	77	77	77	77
夸	⿰幸夫	⿰幸夫	⿰幸夫					亢		
78	78	78	78	78	78	78	78	79	79	79
	⿰大彔	⿰大單	⿰大井							
79	79	79	79	79						
卩		陷	陷	陷	巴	巴	巴	巴	邑	
79	80	80	80	80	81	81	81	81	81	82
祝	祝	⿰礻凡	⿰礻貫	祝	祝	⿰礻凡	祝	⿰礻凡		税
82	83	84	84	84	84	84	84	85	85	85
									芍	芍
85	85	85	85	85	85	85	86	86	86	86
芍				刺					令	若
86	87	87	87	87	87	87	87	87	88	89
匿				飤	即		聖	⿰皀卂	⿰皀卂	⿰皀卂
91	91	91	92	92	93	94	94	94	94	94
⿰皀卂	饱	既	乡	乡	乡		⿷匚欠	旡	欠	次
94	94	94	95	96	97	97	97	97	97	97
羡		吹	吹	⿰日旡	⿰口旡		⿰欠攵	⿰欠殳	⿰鬳欠	
97	98	98	98	98	98	98	99	99	99	99

钔	絮		卩			锹		艮	䟶	
99	101	101	101	101	101	101	101	102	103	103
卪		卯	印		邲	邲	邲		殹	攺
103	103	103	103	104	104	105	105	105	105	105
殹	殹				呪	叩	叩		即	卽
105	105	105	105	105	106	106	106	106	106	106
即			承			粯				
106	106	107	107	107	107	107	107	107	108	108
	尧	尧			丮	哄	夙	妍		
108	108	108	108	109	109	109	109	110	110	110
	埶	埶	埶	埶	蓺	蓺		酮	鄙	
110	110	111	111	112	112	112	112	112	113	113
	乳	鋧	加				凶			
113	113	113	113	113	113	114	114	114	114	114
							沬	饮	饮	
114	114	114	114	114	114	115	115	115	115	115
	欸	鄋		免						
115	115	115	115	115						
女		母			妸			妾	敹	郔
116	117	117	120	121	121	121	121	121	122	122

倭	倭	每	每		姜	㛸			姸	姸
122	122	122	123	124	124	124	124	124	124	125
姸	姸		嫍							
125	125	125	125	125	125	125	125	126	126	126
	敏								嫢	
126	127	127	127	127	127	127	127	127	128	128
		安				媎	媎	媎	嬰	妃
128	128	128	128	129	129	129	129	129	129	129
妥	妥	[illegible]		㚣	姘	好	妹	妹		婐
129	130	130	130	130	131	131	132	132	132	132
婐	娕	嬫	嬬	嬫					妹	妹
133	133	133	133	133	133	133	133	133	133	134
妹	婁	婁	讯	如	如	姼	姼	财	财	娠
134	134	134	134	134	135	135	135	135	135	135
婞	姺	姅	嫁	嫇	嫇	嬺	孆	婔	嫊	
135	135	135	135	135	136	136	136	136	136	136
	姊	妃	娄	妏	姶	娫	娫	婬	嬐	妐
136	136	136	136	136	137	137	137	137	137	137
妐	嫕	娱		娟	娘	妝	如	仳		
137	137	137	137	138	138	138	138	138	138	138

姬	姬	姬	婢	婢	姤	嬧				姝
138	138	138	139	139	139	139	139	139	139	139
	奸	娐	姦	姦	姦	姦		㚸	媻	妣
139	140	140	140	140	140	140	140	141	141	141
姓	姓	姓	娃	侄	娘	媞	婏	汝	㚯	㚯
141	141	141	141	142	142	142	142	142	142	142
㚯		娘	娥		媙	㚤	娍	孅		媼
142	142	142	142	143	143	143	143	143	143	143
㜝	嫀	婡	婞	㚳	嫨	囡	婍		妗	婭
143	143	143	144	144	144	144	144	144	144	144
媉		媓	姞	妭	㳿	娣			奴	娬
144	144	144	145	145	145	145	145	145	145	145
妟	媄	嫎	孏	婏		姶	娵		妞	
145	146	146	146	146	146	146	146	146	146	146
孋	婎	婛	妦		媰	婺	婤		娟	婚
146	147	147	147	147	147	147	147	147	147	147
妊	妊	妊	妊		外	嬈		嫠		嬙
147	147	148	148	148	148	148	148	148	148	148
148	148	149								

子		孒	孩			孙		孚	孚	俘
149	150	150	151	151	151	151	151	151	151	151
㫐	㚇		弃	弄		䶒				
152	152	152	152	152	152	152	152	152	152	152
			䦹		毓	毓	毓	毓	毓	毓
153	153	153	153	153	153	154	155	155	155	155
㐬	㐬	保	保	保			孙	孖		
155	155	156	156	156	156	156	157	157		
目	目		直				䀠	䀠	䀠	䀠
157	158	158	158	158	158	158	159	159	159	159
䀠		㝵	冒	㝵	民	面	面		罛	瞿
159	159	159	160	160	160	160	160	160	160	162
罡	省	冒	冒			庿	庿	廥	廥	廥
162	162	163	164	164	164	164	164	165	165	165
矗	嚮	歔	廞	歔	敒		眉	眉	眉	
165	165	165	165	165	165	165	166	166	166	166
湄	湄				罒	䁤	䁤	善		
166	167	167	167	167	168	168	169	169	169	170
䀎	见	见	罗	罗	罗	蜀	蜀	睘	睘	睘
170	170	171	172	172	172	172	172	173	173	173

寬	寬	寬		兜	婁	婁	芫	眉	苋	
173	173	173	173	173	174	174	174	174	174	174
要	覞		监	顺		罘	罘	罬	罬	罙
174	174	174	175	175	175	175	175	176	176	176
相	眮							瞏	臣	
176	176	176	176	176	177	177	177	177	177	179
	匽	望					童	員	臤	臤
179	179	179	180	180	181	181	181	181	181	181
	䁖	䁖	矙	亞	瞿	曩	臤	瞋		
182	182	182	182	182	182	182	182	182	182	182
耳	取	耳	联	联	聀	肆	聯		聽	聽
183	183	184	184	184	184	184	185	185	185	185
叕	耶	聑	圣	圣	聖		聖	闻	聑	聑
185	185	185	186	186	186	186	186	186	187	187
聑	聖	聑	洱		帚					
187	187	187	187	187	187	183				
自		臬	㴬	鼻	濞	剈	臭	畠	䏌	鼻
187	188	189	189	189	189	189	189	189	189	189
畠	敀	帛	帛	臭	臭	泉	臱			
190	190	190	190	190	190	190	190	190		

口	甘	曰	告	舌			言			
190	191	191	192	193	194	194	194	194	194	195
䣊	譸	訧		刮	甾				缶	吉
195	195	195	195	195	195	196	196	196	196	196
		由	古		唐					
197	197	197	197	198	198	198	198	198	198	198
克	克	克	𤧕	[illegible]	合	合	合	合	合	合
198	199	199	199	200	200	200	200	200	200	201
合	合	合		会	卲					
201	201	201	201	201	201	201	201	201	201	201
胄								各	龠	龠
202	202	202	202	202	202	202	202	202	203	203
龠	龠	龠	叒		喿	岩		品	品	㗊
203	203	203	203	203	203	203	204	204	204	205
区		皆						亘		
205	205	205	205	205	205	205	205	206	206	206
	咎									
206	206	206	206	206	206	206				
止	步			涉	涉	涉	之	沚	出	出
207	207	208	208	209	210	210	210	211	212	214

各	各	壴	疋	疋	疋	疐	疐	疐	疐	肯
214	214	215	215	215	215	216	216	216	217	217
敝	敳	昰	帬	帬	閈	帇	帠			正
217	217	217	217	218	218	218	218	218	218	218
㽙			𤴾	韦	韦	韦	韦	韦	韦	韡
220	221	221	221	221	222	222	222	222	222	222
疋	疋	疋	疋	疋	疋	疋				
222	222	222	223	223	223	223	223	223	223	224
		𡳿	㚇	夋	后		洗	先	𤜶	往
224	224	224	224	224	224	224	224	225	226	226
				赱	址		呇	呇	此	此
227	227	227	227	227	227	227	227	227	228	229
此			夆	茾				朱	朱	
229	229	229	229	229	229	230	230	230	230	230
	逐	矣	矣	矣	矣	㑒	㑒			
230	230	232	232	232	232	232	232	232	232	233
	条									
233	233	233	233	233	233	234	234	234	234	234
峕	峕	峕		登	彂		𡗜	𡗜	𡗜	𡗜
234	234	235	235	235	235	235	235	235	236	236

歪	歪	歪	歪	歪	歪	𡔷	𡔷	𡔷	𡔷	𡔷
236	236	236	236	236	236	236	237	237	237	237
𡔷	𡔷	复	𡕒		腹	腹	宴	宴	宴	
237	237	238	238	238	238	238	238	238	238	239
武	𣥂	𣦶	𣥺	𣥺	𣥀	夆	彖		𨑔	速
239	239	239	240	240	240	240	240	240	241	241
𣦻	笹						𣥊	𣥊	𧖴	
241	241	241	241	241	241	241	241	241	241	242
242	242	242	242							
又	左	叉	有佑					刍	刍	祭
242	245	246	246	247	247	247	247	247	247	248
叒	父		尹	君	𢻰					
249	249	251	251	252	252	252	252	253	253	253
			对	朮						
253	253	254	254	254	254	254	254	254	254	255
		𠬝	𠬝		図					
255	255	255	255	255	255	255	255	255	256	256
							肘	肱	肱	
256	256	256	256	256	256	256	256	256	257	257

爪	取					酎				
257	257	257	257	257	257	257	258	258	258	258
				奴			友	友	受	受
258	258	258	258	258	259	259	259	260	260	260
							爰	叚		昬
261	261	261	261	261	261	261	261	262	262	262
寻	寻		臿	臿	臿					叛
262	263	263	263	264	264	265	265	265	265	265
秦		尤	肞		芟		夔	争		
265	266	266	266	266	266	267	267	267	267	267
			夓							
267	267	267	267	268	268	268	268	268	268	268
268	269	269	269	269	269	269	269	270	270	270
270	270	270	270	270	270	270				
	殳		设	殸	投		般	殼		殺
270	271	271	271	271	272	272	272	272	272	272
攴	攴			敝	敝	敝	敝	蔽		敦
272	272	272	272	273	273	273	273	273	273	273

						毅				
273	273	274	274	274	274	274	274	274	274	274
[illegible]	[illegible]	数	[illegible]	[illegible]						
274	274	274	275	275	275	275	275	275	275	275
275	275	275								
首					晋					
275	276	276	276	276	276	276	277	277	277	277
				页	页	页	猱	猱	夔	夒
277	277	277	277	277	277	278	278	278	278	278
夏	贼									
278	279									
白	帛	百	皕							
280	281	281	282							
西					酞	酥	甹		敀	
283	284	284	284	285	285	285	285	285	285	
由	甾			酟					乃	乃
285	285	285	285	286	286	286	286	286	286	287
乃	乃			畜	畜	畜	畱			
287	288	289	289	289	289	289	289	289	289	289

289	289									
上	下	上丅								
289	290	290								
示			兮	兮	[illegible]		祐	[illegible]	[illegible]	[illegible]
290	291	291	291	292	292	292	292	292	292	292
[illegible]	[illegible]	[illegible]	柰		[illegible]	[illegible]	[illegible]	[illegible]	[illegible]	[illegible]
292	293	293	293	293	293	294	294	294	294	294
						福	福	畐		畐
294	294	294	295	295	295	295	296	297	297	298
	[illegible]	[illegible]			[illegible]	祉		祕		
298	298	298	300	300	300	300	300	300	300	301
	祥	祀				[illegible]				
301	301	301	302	302	302	303	303	291		
帝	帝	帝	[illegible]			[illegible]	[illegible]	[illegible]	[illegible]	[illegible]
303	304	304	304	304	304	305	305	305	305	305
[illegible]										
305										
日	暈	[illegible]	昜	阳	旦	旦	昔	督	督	昏
305	307	307	307	307	307	308	308	308	308	309

昃	昏	昏	鈤	汨				良		良
309	309	309	309	309	310	310	310	310	310	310
良	即									
311	311	311	311	311						
夕	月	恒	明	朙	明	朙	囧	名	名	
311	312	312	312	313	313	313	313	313	314	314
歺				夘					十月	十一月
314	314	314	314	314	315	315	315	315	315	315
十二月	十三月	十四月								
315	316	316								
云		吾	响	爰	粤	粤	粤	旬	侚	
316	317	317	317	317	317	318	318	318	319	319
319	319	319	320							
雨	雨	雨	雨	雨	雹	霝	雪			𩂜
320	321	321	321	321	321	321	321	321	321	322
霙	霧	霧	霎	雩	雩	霾	靇	零		𩃏
322	322	322	322	323	323	323	323	323	323	323
霖						霻				
324	324	324	324	324	324	324	324	324	324	324

靐	霞									
324	325	325	325							
雷	雷	雷	雷	澑	𤰔	𤰔	𤰔			
325	326	326	326	326	326	326	326			
土	土		丘		坙	坙	坙	坙	坙	
326	327	327	327	328	328	328	328	328	329	329
𨸏	𨸏				㞷					
329	329	329	329	329	329	329				
山	火		尖	尖	尖	炽	爇	爇	爇	爇
329	330	330	331	331	331	331	331	331	332	332
叜		焚	焚	焚		叒	叒		岔	赤
332	332	332	332	333	333	333	333	333	333	333
烠	烄	烄	熿						堡	
334	334	335	335	335	335	335	335	335	335	336
燹	烕	熼	焱	炘	灾	霁	岀	杏	焒	
336	336	336	336	336	336	336	336	336	336	337
炏			焱	炎	蹔	岊	燮	炦	炈	炋
337	337	337	337	337	337	337	337	338	338	338
煶		岳	岳							
338	338	338	340	340	340	340	340	340	340	340

		光		姿					灵	呈
340	340	340	341	341	341	341	341	341	342	342
		豉	敊							
342	342	342	342	342	342					
阜	陟	隥	陊		降		阱	坠	坠	陕
342	343	344	344	344	344	345	345	345	345	346
阣	陵									
346	346	346	346	346	346	346	347	347	347	347
347	348	348	348	348	348	348	348	348	349	349
349	349	349	349	349						
水	涿	泆		浮		瀘	洎		渞	潾
349	350	350	350	350	351	351	351	351	351	351
洱	沁	沄	渊		汇					
351	351	351	351	351	352	352	352	352	352	352
	凄	瀼	瀼	瀼	浩	洒	濼	洋	澮	酒
352	352	352	352	353	353	353	353	353	353	353
瀆	汩						淫			
353	353	353	353	354	354	354	354	354	354	354

滬	濆	澍		氾					氿	氿
354	354	354	354	354	355	355	355	355	355	355
							湈		濯	
355	355	355	356	356	356	356	356	356	356	356
356	357	357	357	357	357	357	358	358	358	358
					汕		汉			洹
358	358	358	358	359	359	359	359	359	359	360
洹										
360	360	361	361	361	361	361	362	362	362	362
河								澡	澡	
362	363	363	363	363	363	363	363	363	363	363
洋	洋	河	河	河	灾	灾	淲	滬		汏
363	364	364	365	365	366	366	366	366	367	367
					凌					
367	367	367	367	367	368	368				
中				生			封	封	封	封
369	369	369	369	369	370	370	370	370	371	371
坿		尌	季	弆	夆		橐			
371	371	371	371	371	371	372	372	372	372	372

372	372	372	372	372	373	373	373	373	373	373
	萻	艿	艿	艿	郁	郁	郁	郁		莫
373	373	373	374	374	374	374	374	374	374	374
莫	莫	莫	莫	莫	莫	莫	莫	暮	暮	暮
374	375	375	375	375	376	376	376	376	376	376
朝	朝	朝	朝							
377	377	377	377	377						
木				敄	者	者		者		
377	378	378	378	378	378	378	379	379	379	379
							采			杈
379	379	380	380	380	380	380	380	381	381	381
枚	枚	枚					析		相	困
381	381	381	381	381	381	382	382	382	382	383
	杕	杞		柳				櫑	梌	
383	383	383	383	383	383	384	384	384	384	384
杏	替	散	霖	杈		埜	埜	埜		
385	385	385	385	385	385	385	385	385	386	386
楚	椗	[illegible]	替		楙	楙		焚	焚	埜
386	386	386	386	386	386	386	387	387	387	387

雚	雚	雚	芑	朁	芚	芚	芚	芚	椙	椙
387	387	387	387	387	388	388	388	388	388	388
萅	吨	䣜	杲		果				晷	𩂯
388	388	388	388	389	389	389	389	389	389	389
𩂯	圂		黓		桑	桑		櫅		𣓞
389	390	390	390	390	390	390	390	390	391	391
			丧		䐙		𣌃	𣽱	叙	
391	391	391	391	393	394	394	394	394	394	394
香	香	香		朱	朱			亲		杋
394	394	394	394	394	395	395	395	395	395	395
	杉	林	森	森		杜	椕		椎	
395	395	395	396	396	396	396	396	396	396	396
𦼴	𣡕	楚	𦿆							
397	397	397	397	397						
禾	禾	苿	秉	𠥪	𠥪	𥝩		利	利	
397	398	398	398	398	399	399	399	399	400	400
利	刹	𤰞		龢	龢	秝	𥞂	𥞂	余	
400	400	400	400	400	400	400	401	401	401	401
					秉	秉	𣪠	𣪠	𣪠	剌
401	401	401	401	401	401	402	402	402	402	402

耖	瑫	璒	瑫	秜	季		年	秊	黍	黍
403	403	403	403	403	403	403	403	404	404	405
黍	黍	穆	穆		耕	黍				
406	406	407	407	407	407	407				
来	来	𥝌	𥝌	香	香	杏		黍	敉	𢽾
407	408	408	408	409	409	409	409	409	409	409
麦			叔	𦃇	𠩺	𠩺	𠩺	𠩺	𠩺	𠩺
409	410	410	410	410	410	410	411	411	412	412
						𪎒				
412	412	412	412	412	412	412				
尞	尞	尞	尞	尞	尞	尞	尞	尞	尞	尞
413	413	413	414	414	414	415	415	415	416	416
	𡼖	𤆍						爨	爨	
416	416	416	416	417	417	417	417	417	417	
桒	桒	桒	桒	奏	奏			祈		𨻶
417	419	419	419	419	420	420	420	420	421	421
希		𨹹								
421	423	423	424	424	424	424				
牛	牛	𤘘	𤘘	𤘘	牟		牢	牡	牝	物
424	425	425	426	426	426	426	426	427	427	428

牝牡	牧	四牛	徵	微	街	斁	斁		一牛	三牛
428	429	429	429	429	430	430	430	430	430	430
三牡	四牡	六牡								
430	431	431								
羊	羊			善				宰	瀁	羍
431	432	432	432	432	432	432	433	433	433	433
瀁	羴	羴羴	敉	敹	敾	敹	牡	羌	羊	
434	434	434	434	435	435	435	435	436	436	437
絴	絴	羞	緻	緋	美	恙	牲	羋		
437	437	437	438	438	438	438	438	438		
犬		猋	犨	龙	犹		犾	犾	犾	犾
438	441	441	442	442	442	442	442	443	443	443
犾		猒	猒		采		狈	獄		莽
444	444	444	444	444	444	444	445	445	445	445
莽		猶	猒	狂			犾	洑	洑	
445	445	445	445	446	446	446	446	446	446	
豕	豕	豕	豕		豭		豚	豚	彘	彘
446	449	449	450	450	450	451	451	452	452	452
彘				豣	犯	豩	狐	豚		豩
453	454	454	454	454	455	456	456	457	457	457

⿵冂豕	⿴囗彘		豖	豖		⿰豕豖	⿱豕豩	豙	豝	
457	457	457	457	457	457	457	457	458	458	458
	⿰矢豕	⿰矢豕				⿰豕又				
458	458	458	458	458	458	458				
马	⿱宀馬	騂	⿰馬丂	瑪	馱	媽		駲	駲	鎷
458	461	461	461	461	461	461	462	462	462	462
	⿰馬豪	驳	騋	⿰馬占	⿰馬兔	騽	⿱羽馬	⿰馬豕	⿰馬者	驶
462	462	462	462	462	462	462	462	463	463	463
馳										
463	463	463								
兕						⿰土兕	⿱冎匕	⿱㠯廾	⿰兆匕	
463	466	466	466	466	466	466	466	466	466	466
象	象	为	为							
467	467	467	468	468						
蒙	蒙	蒙	蒙	鷹		⿸虍匕	⿸虍矢	庆	庆	⿰米鳥
468	468	468	468	468	469	469	469	469	469	469
⿰木鷹										
469										
皀	⿱臼卫		粤							
469	470	471	471	472	472	472	473			

虎		豹	虓	虓	羗	虎			虍	虤
473	474	474	475	475	475	475	475	475	475	476
虤	灖	虐	唬	膔		澆	虒			
476	476	476	476	476	477	477	477	477	477	477
虍	虡	虍			叡	敾			虘	虤
477	477	477	478	478	478	478	478	478	478	478
虘	虤		虞	虤	虛	叡	虘	虘	虘	
478	478	479	479	479	479	480	480	480	480	
兔	麂	跋	䠀	麇						
480	481	481	482	482	482					
麇	瀍	鹿	鹿	漉	麈	鹿	灖	鹿	鹿	鹿
482	484	484	484	484	484	485	485	485	487	487
	尘	麈	麈	衛	麀	麤	麓	麂	麂	
488	488	488	488	488	488	488	488	488	488	489
	麤									
489	489									
隹	萑	鸟			鷹	舊	叡	获	获	敫
489	492	492	493	493	493	493	493	493	496	496
敫	敫		叡				囿	囿	囿	萑
496	496	496	497	497	497	497	497	497	497	498

萑	萑	萑	檴	𢿞		䳭		𩗗		雄
498	498	498	498	498	498	498	498	498	498	499
雄	雄		寉	寉	雁	翟	脽	脽	脽	雋
499	499	499	499	499	499	499	499	499	500	500
雝	雝	雝		淮		售	旧	旧	巂	藿
500	500	500	501	501	501	501	501	502	502	502
藿	雈	雈	奞			雀			隻	
503	503	503	504	505	505	505	505	505	505	506
风	风	风	风	风	颭	𤡙	𤡙	𤡙	霍	霍
506	508	508	508	509	509	509	509	509	510	510
靃	靃	𢿌	𢿌						雋	雟
510	510	510	511	511	511	511	512	512	512	512
雉	雉	雉	雉	𨿽	鴃	琟	雌	凫	雥	集
512	513	513	513	513	514	514	514	514	514	514
集	雀	雀	鸟	鸟	鸟	鸡	鸡	鷄	鸡	鸑
514	514	516	516	516	516	516	516	516	517	517
鸣	唯				鸎				鷇	䳷
517	518	518	518	518	518	518	518	518	518	518
䳷	售	雇	鷇	嘄	䳟	燕	燕			
519	519	519	519	519	519	519	519	519	520	520

520	497	516								
鱼		鲁		魚	[illegible]	[illegible]	鲧	鲧	鳗	
520	521	521	521	521	522	522	522	523	523	523
渔	渔	[illegible]	奐	[illegible]	[illegible]		[illegible]		[illegible]	
523	524	524	524	524	525	525	525	525	525	525
龙	龙	龙	[illegible]	龚	庞	龐	龐	[illegible]	[illegible]	泷
525	526	526	526	526	527	528	528	528	528	528
泷	龏	[illegible]	咙	咙	咙	咙		龖		
528	528	528	528	528	529	529	529	529	529	529
529	530	530	531	531	531	531	531			
它	它	虫	虫		[illegible]	[illegible]		蚰	蚰	蚰
531	532	532	532	532	532	534	534	534	534	534
玘	柂	[illegible]	[illegible]	[illegible]		虹	[illegible]	汜	[illegible]	
534	534	535	535	535	535	535	535	535	536	536
[illegible]	[illegible]				[illegible]					
536	537	537	538	538	538					
万		万		澫	澫	蠆				
538	539	539	539	539	539	539				

黾	黾	黾	⿰黾戈	⿹𢦏黾	⿱大黾				⿰三黾	⿱田黾
539	540	540	540	540	541	541	541	541	541	541
	⿱罒黾	⿱罒黾								
541	541	541	542	542	542					
龟	龟	龟	⿱⺕龟			龟	⿱艹龟	⿱艹龟	⿱艹龟	秋
542	542	542	542	543	543	543	544	545	545	545
⿱龟火	⿰龟龟	⿰龟龟	⿰龟止	⿰龟又	⿰龟攴	⿰亻龟	⿱畾龟	⿱龟龟	⿱龟龟	⿰氵龟
545	546	546	546	546	546	546	546	546	546	546
⿰氵龟	⿰氵龟									
547	547	547	547	547	547					
米	米	米	宷	⿰米殳	乎					
547	547	548	548	548	548	548	548			
卣	⿰卣卣	⿱卣⿰卣卣	⿱亼卣	⿱亼卣			⿱⺊卣	栗	⿰卣攴	⿰日卣
549	549	549	549	549	549	550	550	550	550	551
羽	羽	习		⿱羽王	⿱羽丙	⿸疒羽				
551	551	551	551	552	552	552				
翌	翌	翊	翊	習	⿰山羽					
552	555	557	558	558	558	558				
角	般	⿱⺈殳	⿰角又	解						
559	559	559	559	559						

贝	㝵	得	㝵	㝵	[illegible]	戛	[illegible]	[illegible]	賬	贪
559	560	561	561	561	562	562	562	562	562	562
𡨦	败		眗	贮		贮	贮	贮		宝
562	562	563	563	563	564	564	564	564	564	564
宝	寊	[illegible]		賫	[illegible]	买	买			
564	564	564	565	565	565	565	565			
心	心	[illegible]	念	态	[illegible]	惄				悉
565	565	565	566	566	566	566	566	566	566	566
憝	恖									
566	567	567	567							
入	衣	卒	卒			[illegible]	裘	衮		
567	567	568	569	569	569	569	569	569	569	570
		袁	袁	袁	袁		初	依		
570	570	570	570	570	570	570	570	571	571	571
	律	校		标					祥	
571	571	571	571	571	572	572	572	572	572	572
冬			齐							
572	573	573	573	573	573					
今	㑒									
573	573	574	574	574	574	574	574	574	574	574

	余	余		涂	亯		亯	亯	亯	𦎫
574	574	575	575	575	576	576	576	577	577	577
𦎫	𦎫	𦎫	𦎫			[illegible]	[illegible]	[illegible]	[illegible]	[illegible]
578	578	579	579	579	579	579	579	580	580	580
[illegible]		[illegible]	[illegible]			[illegible]				[illegible]
580	580	580	580	580	580	580	580	581	581	581
						[illegible]			膏	膏
581	581	581	581	582	582	582	582	582	582	582
	京	京	京	京	高	[illegible]	[illegible]	亳	亳	
582	583	583	583	583	584	584	585	585	585	585
亳				槁	蒿	蒿	蒿	[illegible]		[illegible]
585	586	586	586	586	586	586	586	586	586	586
[illegible]				亭						竽
586	586	587	587	587	587	587	587	587	587	587
竽	㐭	㐭	㐭	亶	亶	亶	[illegible]	啚	啚	[illegible]
588	588	588	589	589	589	589	589	589	590	590
[illegible]	啬	啬	[illegible]	[illegible]	[illegible]	檀				
590	590	590	590	591	591	591	591	591	591	591
宀	向	宫			宗	[illegible]	[illegible]		室	
591	592	593	593	594	594	595	595	596	596	596

	宎	家		寏	寏	寏	宎	牢		宋
596	597	597	598	598	598	598	598	598	599	599
	宁	㝡	宑	宮	宜					
599	599	599	600	600	600	601	601	602	602	602
								宓	宓	
602	602	602	602	602	602	603	603	603	604	604
	㝯	宅	帘	节	宛	安	安			守
604	604	604	605	605	605	605	606	606	606	606
定	定	定	定		定	定	定	定	定	定
606	607	607	607	607	607	607	607	607	607	608
	宛	帘			宛	寐	宛	宛	宛	宛
608	608	608	608	608	608	608	608	608	608	609
宛	宛	宛					宔			富
609	609	609	609	609	609	609	609	609	610	610
富	富	富					寝		宪	宴
610	610	610	610	610	610	610	610	610	610	611
廓			寖	富	富					
611	611	611	611	611	611	611	611	611	611	612
	埜	䢅	寇	寇		宦	宏	宏	宏	多
612	612	612	612	612	612	612	612	613	613	613

柬	⿱宀⿰丝攴	害					⿱宀⿱申𧘇			宛
613	613	613	613	613	613	613	614	614	614	614
	⿱宀我	⿱宀每	塞	宰			宾			
614	614	614	614	614	615	615	615	615	615	615
					寮	寮				
615	615	615	615	616	616	616	596	601		
丙	⿱丙日	宿	宿	宿	宿	㪅	⿰丙支	寻	⿰丙刂	⿰丙力
616	616	616	616	616	617	617	617	617	618	618
⿰丙卑										
618										
	内								⿱丙内	
618	618	618	618	618	618	618	618	619	619	619
						⿱丙又		更		商
619	619	620	620	620	620	620	620	620	621	621
商	商	商	商	商	⿱商土	滴	滴	滴	⿱商土	
622	622	623	623	623	623	624	624	624	624	625
625	625	625	625	625	625					
		冥	冥	冥		泉	泉	泉	泉	叙
625	625	625	626	626	626	626	627	627	627	627

叙	剁	剁	剁	橐	櫜	櫜	櫜	集	集	
628	628	628	628	628	628	628	628	628	629	629
户		𢨋	扃		雇	雇	𢼄	启	啓	启
629	629	629	629	629	629	629	630	632	632	633
徹	𢕔	门	门	问	问	閩	盍	閔		闔
633	633	633	634	634	634	634	634	634	634	634
闢	闕	闌	枢	仓	仓	仓	閾	閾		扉
634	634	635	635	635	635	635	635	635	635	635
祊		星	星	晶	晶	晶	晶	雍	雍	雍
635	636	636	636	636	636	636	636	636	636	637
雍		吕		雹						囧
637	637	637	637	638	638	638	638	638	638	638
638	638	638	638							
田	田	畟	𤱈	𡨧	畨	畨	稠			邦
639	639	640	640	640	640	640	640	640	640	641
甫		𤰷			囿	囿	囿	曾	曾	曾
641	641	641	641	642	642	642	642	642	642	643
		周	周		黸	黸	黸	黸	蘆	卢
643	643	643	644	644	644	644	644	644	644	645

卢	卢	卢	卢	卢		㽘	男	男	畋	
645	646	646	646	646	646	646	646	647	647	647
				畕	卑			藟		畱
647	647	647	647	647	648	648	648	648	648	648
						鬼	鬼	畁	要	要
648	648	648	648	648	649	649	649	650	650	650
魕	䰟	䰨	丑	䰩	䰩	䰡				
650	650	650	650	650	650	650	650	650		
齿	齿	齿	齿	齿	龋					
651	651	651	651	651	651					
				剐						
651	652	652	652	652						
⿴囗卜	⿴囗卜	⿴囗卜	⿴凵卜	备		佃	叺	⿱囗卜口	冎	呙
652	655	655	655	657	657	657	657	657	657	659
⿴囗占	⿴囗占	占	卜							
659	659	660	660	660	660	660	660			
匚	匚	三匚	医	匩				曲	曲	
660	661	661	661	661	661	661	661	662	662	
石	石	祏		司	宕	庶	庻	硪	妬	姛
662	662	662	662	662	663	663	664	664	664	664

砅	肩	磈	厚	砷	厗	硈		磬	磬	磬
664	664	664	664	664	665	665	665	665	665	665
砓	砠	砠	甗	破	殸	斫	斫	磬	磬	声
665	665	665	665	666	666	666	666	667	667	667
殸	声	豥				屖		遏	蓐	莀
667	667	667	668	668	668	668	669	669	669	669
蓐	蓐	辱	蓐	農	励					
669	669	670	670	670	670	663				
亘	宣	逭								
670	670	670								
行	𢓊	後	徣	徣	徭	征	逌	衏	徏	衖
671	671	675	675	675	675	675	676	676	676	676
衕	衙	徬	衜	衞	衞	衎	彷	迈	衜	衡
676	676	677	677	677	677	678	678	678	678	679
衞	衞	衙	衞	衞	衞	衠	侁	侁	衕	迖
679	679	679	679	679	679	680	680	680	680	680
迖	迖	代	代	代	代				遅	罡
681	682	682	682	682	682	682	682	682	682	683
永	永	永	永	永	坙	珎	杳		娈	娈
683	684	684	685	685	685	685	685	686	686	686

夌	夌	夌	彸	彸	彸	彸	衍	觟		徚
686	686	686	687	687	687	687	687	687	687	687
徚	篪	篪		徲	衡	彶	徦		彸	
688	688	688	688	688	688	688	688	689	689	689
达	徯	衡	徔			衟	衎	衜	徴	衕
689	689	689	689	689	689	689	690	690	690	690
遨	徸	徸		徺	衛	徉	衛	徫	達	邍
690	690	691	691	691	691	691	691	691	691	692
邍	邍				迋	迭	徢	徣	迵	
692	692	692	692	692	692	693	693	693	693	693
逌	徣	沓	㣞	㣞	邀	衙	衙	衙	衙	衜
693	694	694	694	695	695	695	695	695	695	695
			衜		徠	佗	徦		徝	徕
695	696	696	696	696	696	696	696	696	696	696
		律	建		辷	徍		徾	依	远
696	696	697	697	697	697	697	697	697	697	698
远	远			徲		衐				徸
698	698	698	698	698	698	698	698	698	698	699
	徎	衏	衏		徕	衡	往	衜		徜
699	699	699	699	699	699	699	700	700	700	700

⿰彳稟	⿰彳單	⿰彳單	⿰彳丑	⿰彳貞		遠		⿰彳爰		
701	701	701	701	701	701	701	701	701		
戈	戈		或	吝		⿹戈户				
702	702	702	702	703	703	703	703	703	703	703
		⿹戈中	⿹戈中	⿹戈中		⿹戈車	⿹戈車			毌
703	704	704	705	705	705	705	706	706	706	706
毌	毌	毌	⿰毌刂	⿱毌目						
706	706	706	706	706	707	707	707	707	707	707
伐	伐	伐	⿰羊戈	戍	戍	⿹戈丙	⿹戈人	⿹戈竹	⿹戈从	戠
707	709	709	709	709	710	710	710	710	710	711
戠	戠	⿹戈⿱丙㸚		⿹戈屮		⿹戈屮	⿹戈艸	⿹戈艸	⿹戈艸	⿹戈艸
712	712	712	712	712	713	713	713	714	715	716
⿹戈艸	⿹戈爻	⿹戈吅	⿹戈卜	丩	丩	戎	⿹戈⿱小月	⿹戈⿱冂贝		岁
716	716	716	717	717	717	718	718	718	718	718
岁	⿹戈又	戒	戒	⿹戈己	或		⿹戈酉	⿹戈畐	⿹戈⿱𡗗心	⿰卓戈
721	721	721	721	722	722	722	722	722	722	722
⿰卓戈	⿰卓戈	⿹戈亩	⿹戈凵	⿹戈刃	斧	斧	⿹戈𢆶	蔑	蔑	⿰旁丂
722	722	722	722	723	723	723	723	723	723	723
⿰旁丂	栽	⿹戈耒								
724	724	724	724	724	724	724	724	706	705	

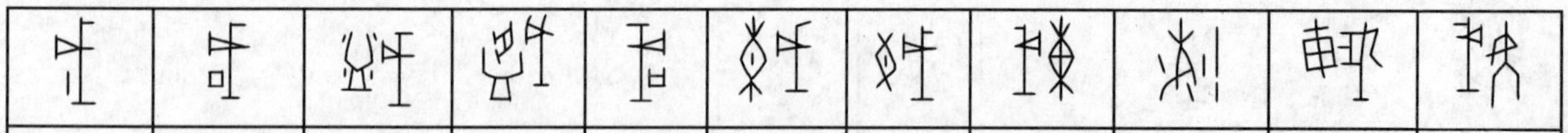

	成	戝	戱	咸	戟	戟	戟	娍	戦	娍
725	725	725	725	726	726	726	727	727	727	727
戚	戚	戚	戚		戉	戉	我	我	我	
727	727	727	728	728	728	729	729	730	730	730
娥	娥	㩼	㩼	戠					义	搴
730	731	731	731	731	731	731	731	731	731	732
藆										
732										
刀	匄			刃	分	㓞		㔾	剢	剢
732	732	735	735	735	735	735	736	736	737	737
							剬	刋		剠
737	737	737	737	738	738	738	738	738	738	738
剠		叴	召	𥁕	𥁕	𥁕	䜌	䜌	䜌	𠷎
738	739	739	739	739	741	741	741	741	741	741
䜌	㽙	䜌	剬	剢		剌				
742	742	742	742	742	742	742				
辛		胯	胯	孽			薛	啇	啇	
742	743	743	744	744	744	744	745	745	745	745
	辟	辟	㖼			刳	剞	𪗀	𠷎	𠷎
746	746	746	746	746	746	746	747	747	747	747

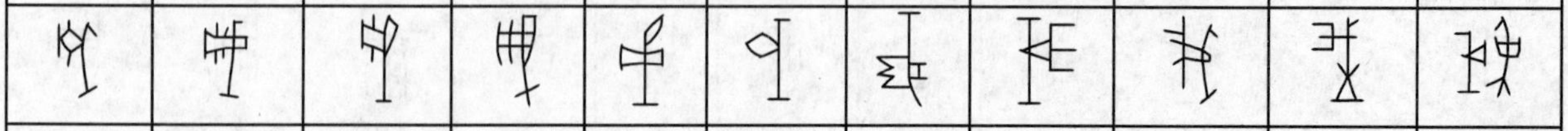

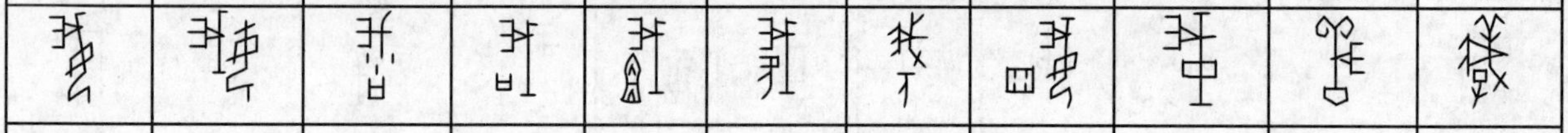

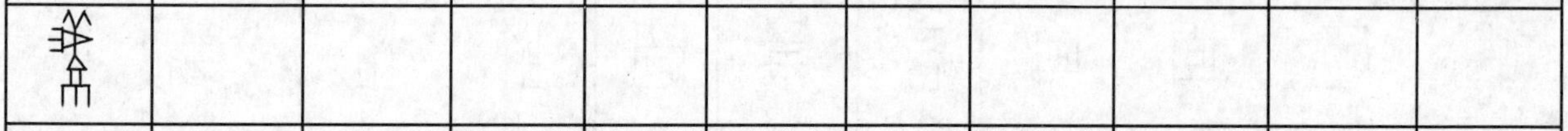

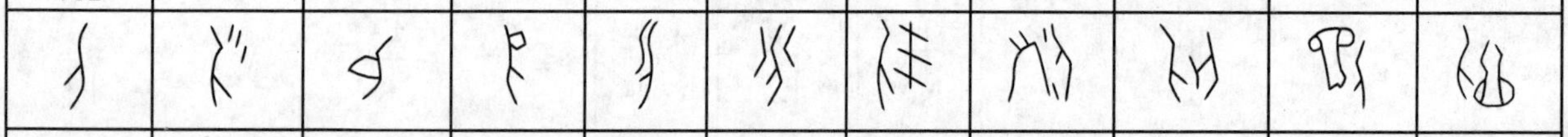

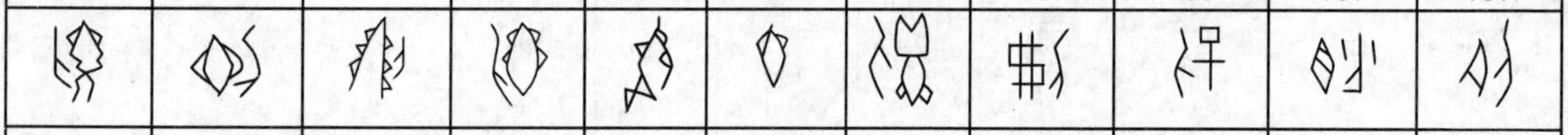

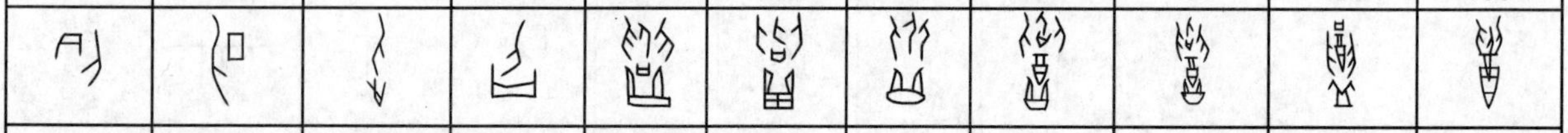

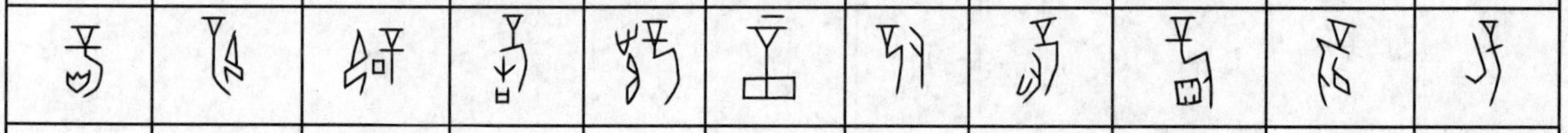

[illegible]	[illegible]	[illegible]	[illegible]	[illegible]					盱	
747	747	747	747	747	748	748	748	748	748	
								[illegible]		
748	748	749	749	749	749	749	749	749		
不		秅	杈		杯		利	帀		[illegible]
749	751	751	752	752	752	752	752	752	752	753
[illegible]										
753										
兵	[illegible]	[illegible]	新	[illegible]	[illegible]	[illegible]	[illegible]	折	折	[illegible]
753	753	753	753	754	755	755	755	755	755	755
	[illegible]	[illegible]					[illegible]	欣		
755	756	756	756	756	756	756	756	756	756	753
	矢	矢	矢	矢	[illegible]	[illegible]		至		矣
756	756	757	757	757	757	757	757	758	758	758
[illegible]		[illegible]	夷						[illegible]	[illegible]
759	759	759	759	759	759	759	759	759	760	760
医	矩		[illegible]	葡	葡	葡	備	[illegible]	[illegible]	函
760	760	760	760	760	761	761	761	761	761	762
	函	函	函	涵	涵	[illegible]	[illegible]	[illegible]	[illegible]	晋
762	762	762	762	762	762	762	763	763	763	763

亶		畀	畀		眔					
763	763	763	764	764	764	764	764	764	764	764
戣	孩									
764	765	758								
交		胶	胶	⿷匚交	⿰黄丮	⿰黄丮	效	效		黄
765	765	765	765	765	765	765	766	766	766	766
	⿱宀黄	⿱艹黄	⿰黄殳							
767	767	767	767	767	767	768				
㚔	㚔	⿱㚔日	⿱㚔口	⿱㚔廾	⿱㚔廾	⿱㚔廾	⿴行㚔	圉	⿱圉土	⿱圉土
768	768	769	769	769	769	769	770	770	770	770
⿱圉土	⿰㚔攴	⿰㚔攴	⿰㚔攴	⿱㚔爻	⿱㚔爻	⿱㚔爻	⿱㚔爻	漐	⿴囗執	⿴囗執
770	770	771	771	771	772	772	772	772	772	772
⿱執土	⿱穴執	执	执	执	执	执	执	执	执	执
772	772	772	773	774	774	774	774	774	775	775
⿰㚔丮	⿰㚔丮	⿰㚔丮	⿰㚔乚	⿰㚔戈	⿰㚔戈	⿰㚔戈	⿰㚔戈			
775	775	775	775	776	776	776	776			
弓	⿱弓口	⿱弓口			⿰弓又	⿰弓攴		⿰弓攴		
777	777	777	778	778	778	778	779	779	779	779
⿰弓攴	⿰弓攴	射			⿱射口					
779	779	780	782	782	782					

引	勿		弘	斫	斫	弜		弢	弢	
782	783	784	784	784	785	785	787	787	787	787
彊				弙						
787	787	787	788	788						
乃		可		扔						
788	788	788	789	789	789					
皿	血	血	血	盟	盟	盟	盟	盟	盟	盟
789	789	790	790	790	790	791	791	791	792	792
		窋	益	益	彝			盇	盆	
792	792	792	792	793	793	793	793	793	793	794
				蛊	蛊	蛊	蛊		盅	盅
794	794	794	794	794	794	795	795	795	795	795
岳	岳	畋		哭	哭	盖	盖	盖		匜
795	796	796	796	796	796	796	797	797	797	797
匜	匜	匜	匜	匜	尽	尽		尽	盂	盂
797	797	797	798	798	798	798	798	798	798	799
盂	盗	盗	盗		盓	盓	盓	盓	浮	
799	799	799	799	799	800	800	801	801	801	801
	唬		盀	取			鬻	盜	盧	
801	801	801	801	801	801	801	802	802	802	802

	⿱卜皿		⿱白皿			⿱隹皿	盥	盥	盥	
802	802	802	802	802	802	803	803	803	803	803
					⿱癶皿	⿱止皿	⿱畾皿	⿰皿殳	铸	铸
803	803	803	804	804	804	804	804	804	804	804
⿰大盖										
804	804	795	797							
春	⿱敄凵	拯	⿶凵朿	⿶凵屮	⿶凵大					
804	805	805	805	805	805	805	805	805	805	806
806	806	806	806	806	806	806	806	806	806	
酉	奠	⿱酉吅		尊	尊	⿰阝尊				⿴囗酋
807	810	811	811	811	812	812	812	813	813	813
酌	酌	⿰亻酉		酘	酥		⿱亼酉	⿰⿱亼酉乚	⿰⿱亼酉乚	⿰⿱亼酉乚
813	813	813	813	813	813	814	814	814	814	814
㱃	㱃	㱃	壶	壶	壶	壶	壶	壶		⿱不酉
814	814	814	815	815	815	815	815	815	815	815
⿱𡆧酉		⿰酉彡		⿱䒑酋	⿱䒑酋	⿱䒑酋	⿰犭⿱䒑酋			⿱臼酉
815	816	816	819	819	819	819	819	820	820	820
⿱艹⿱酋廾	⿱臼酉	⿰畐攴		⿸气酉	⿱幺酉					
820	820	820	821	821	821					

甗	甗	鼎	鼎	[illegible]	鼐	鼐	鬻	鬻	鬻	鬻
821	821	822	823	823	823	823	823	823	823	824
䵼	䵼	䵼	䵼	䵼	䵼	䵼	䵼	[illegible]	员	员
824	824	824	824	824	824	824	825	825	825	825
贞				鬳	献	献	[illegible]	[illegible]	鬻	鬻
825	827	827	827	827	827	827	827	827	827	828
鬻	巂	巂	巂	巂	[illegible]	[illegible]	鬻	[illegible]	[illegible]	
828	828	828	828	828	828	828	828	828	829	829
			鬲	鬲	鬲	鬲	鬲	鬲	[illegible]	[illegible]
829	829	829	829	829	829	829	829	830	830	830
[illegible]	[illegible]	[illegible]		[illegible]	鬻		[illegible]			
830	830	830	830	830	831	831	831			
爵	爵					灂		[illegible]	[illegible]	
831	832	832	832	832	832	833	833	833	833	833
	[illegible]	斝	斝							
833	833	833	833	833	834					
皀	皀		[illegible]	[illegible]	[illegible]	食	食			
834	834	834	834	834	835	835	836	836	836	836
						[illegible]	[illegible]	[illegible]		[illegible]
837	837	837	837	837	837	838	838	838	838	839

蕢	聂	禠	穫	穫	穫	穫	穫	穫	登	蕟
840	840	840	840	841	841	841	841	841	841	841
			侸	殹	殹	豉	豉	飲	毁	毁
841	841	842	842	842	842	842	842	843	843	843
毁	毁	豆	豆							䝼
843	843	843	844	844	844	844	844	844	844	844
	叀									
844	844									
壴	壴	壴	壴		鼓	隸	鼓	鼓	䵼	喜
845	846	846	847	847	847	847	848	848	848	848
熹	彭	澍	豊	尌	尌	尌	鼓	丰	丰	豐
849	849	850	850	850	850	850	851	851	851	851
豐	豊	嬉	嬉	卽	僖	艱				
851	851	852	852	853	853	853	853	853	854	854
854	854									
其	匩	匩	𩰫	基	曩	箕	箕		棋	𧉨
854	855	856	856	856	856	856	856	856	856	857
		𢍏	𢍏	諆		畢	𠦝	𠦝	㽙	㽙
857	857	857	857	858	858	858	859	861	861	861

𡇒	𡇒	隼	擊	擊	𣪠	𣪠	𣪍	𣪍	鏷	𡆥
861	861	861	862	862	862	862	862	862	862	862
𡆥	𡆥	𡆥		𡆥	𡆥					
864	864	864	864	864	864					
网	网	罟	𦊅		𦋺	冢	𦊭	罟	罟	罟
865	865	865	865	866	866	866	866	866	866	866
罨	罨	罨	罭		𦋩	𦋩		刚		罭
866	867	867	867	867	867	867	867	868	868	868
	𦋔	𦊹	罺	𪇘		𦋝	𦊙	罗	𦊿	𦋇
869	869	869	869	869	869	869	869	869	870	870
870	870									
凡	兴	兴		受			同			
870	871	871	871	872	873	873	873	874	874	874
宁	宁				𢼄		丹		井	汫
874	874	875	875	875	875	875	875	875	875	876
			南							
876	876	876	876	877	877	877	877	878	878	878
𣪊	𣪊	青								
878	878	878	878	878						

肖	肖			死	死				牊	
878	879	879	879	879	879	879	879	880	880	880
固	𠙷	𥁕	沾	沾	岾	𢍜			餐	𣩡
880	880	880	880	880	880	881	881	881	881	881
𣩡										
881	881									
必	毖									
881	881	882	882	882	882	882	882	882	882	882
				咇						
883	883	883	883	883						
	庚		𢈑	庸	康		𢊁			
883	883	883	883	884	884	884	884	884		
亚									𣲵	
884	885	885	885	885	885	885	886	886	886	886
要										
886	886	886	886	886	886					
工	工	工		𠮷				壬	弫	巫
886	887	887	887	887	887	888	888	888	888	888
玫	𢀠			𥞤	𡬠					
888	888	888	888	889	889					

录	录			菉	⿱林录	⿱林录	睩	睩	⿰录龜	⿰录虎
889	889	889	889	890	890	890	890	890	890	890
	朩									
890	890	891								
中	中	中	中	中	中				⿰中人	⿰立中
891	891	891	892	892	892	893	893	893	893	893
⿰立中		⿰中又	⿱中止							⿱中口
893	893	893	894	894	894	894	894	894	894	894
史	史	史	⿰礻史	⿰礻史	⿰礻史	⿱中史				
895	895	896	896	896	897	897	897			
册	⿰礻册	⿱册曰	⿰氵⿱册曰	⿰氵⿱册曰	⿰氵册	典	典	典	典	⿰礻典
897	898	898	899	899	900	900	900	900	901	901
⿱孜册	⿰子册	⿱孜凵	孜	⿱孜册	⿰子⿱册凵	⿱孜册	⿱孜册	⿰凵册	⿰糸册	
901	901	901	901	901	901	902	902	902	902	902
	⿱册叀		⿰册凡			弗				
902	902	902	902	902	902	902				
叀	叀			专	专	传	𩫖	𩫖	⿱叀口	𩫖
903	904	905	905	905	905	906	906	906	906	906
量	⿱叀口	⿱㗊叀	⿱叀㗊	䜌						
907	907	907	907	907	908	908	908	908	908	908

908										
东	东	東	棘	曹	[illegible]		敕	㯻	㯻	㯻
909	909	910	910	910	910		910	910	910	910
㯻	㯻									
910	910	911	911	911	911	911	911	911	911	911
911										
帚	帚	帚	帚	帚	妇	妇	[illegible]	[illegible]	[illegible]	[illegible]
911	912	913	913	913	913	913	913	913	914	914
[illegible]	寖	[illegible]	[illegible]	[illegible]	[illegible]	[illegible]	[illegible]	[illegible]	[illegible]	归
914	914	914	914	914	915	915	915	915	915	915
[illegible]										
916	914									
𠂤	㠯	㠯	㠯	追	追	[illegible]	[illegible]	[illegible]	[illegible]	[illegible]
916	917	917	917	917	918	918	918	918	919	919
[illegible]		[illegible]	[illegible]	[illegible]	[illegible]	[illegible]	[illegible]	官	[illegible]	[illegible]
919	919	919	919	920	920	920	920	920	921	921
[illegible]			[illegible]	柏	泊					
921	921	921	921	921	921	921				

㫃		旌	旌	旌	旋	𢕟	族	族	㫋	旃
921	922	922	922	922	923	923	923	924	924	924
旃	㣶	旝	斿	旅	㫐	旇	旋	旂		
924	924	924	924	925	926	926	926	926	926	926
㫉	旎		旌	旃		旟	旟	旂	旛	
926	926	926	926	927	927	927	927	927	927	927
						旐				
927	927	928	928	928	928	929	929			
单	单	单	罼	旜	旜	戰	戰	戰	徵	野
929	929	929	929	930	930	930	930	930	930	930
嘼	嘼	嘼	獸	獸	獸	獸	獸	獸	獸	獸
930	930	931	931	931	932	933	933	934	934	934
䍃	䍃	干								
934	934	934								
爿	爿	疒	疒	宂	宂	疒	囡	疾	疾	疾
934	935	935	935	935	935	935	935	935	937	937
	疸	㽿	㽿		瘠	瘠	痾		疫	疫
937	938	938	938	938	938	938	938	938	938	939
疾	疾	痳	痳	疫		癑	梦	寢	梦	梦
939	939	939	939	939	940	940	940	941	941	941

梦	梦	瘖		小疾臣	癗		疚	疞	妆	奘
941	941	942	942	942	942	942	942	942	942	942
妆	㐭	将		肥		葬	朐			
942	943	943	943	943	943	943	943	943	943	941
竹	竹	聿	书	乂	妻	淒	笁	笁	㞋	
943	944	944	944	944	944	945	945	945	946	946
氧										
946	946	946	946	946	946	942				
冉		偁	爯	僯	僯	鼻	鼻	偁	鼾	僃
946	946	946	947	947	947	947	947	947	947	948
鄅	偁	爯	爯	𤰈	𡉉	圅	𡉉	偅	冓	遘
948	948	948	949	949	949	949	949	949	950	951
遘	遘									
951	951									
万				方	旁	㫄	㫄	另	历	
951	952	952	952	952	953	953	954	954	954	
舟	朕			㖓	般		磐	艅	艅	舳
954	955	955	955	956	956	957	957	957	957	957
			俑	俑	盗	潑	洀	洀	洀	洀
957	957	957	957	957	958	958	958	958	958	958

			湝	皆	舟	舟	宿		船	
958	958	958	959	959	959	959	959	959	959	959
车	车	车	车	车	輦	輴				
959	959	960	960	960	960	960				
率		糸					奚	奚		奚
960	961	961	961	961	961	961	961	962	962	962
奚	妥					絨				紉
962	962	962	962	962	963	963	963	963	963	963
𦀚		系	系	兹	幽	𦇯	㡀	𦀚	乐	嚳
963	963	963	964	964	964	965	965	965	965	965
泺	栎		繖	瀱	𢆶	𢆶		㓜	㓜	
965	965	965	965	966	966	966	966	966	966	966
	㓜	㓜	灊	灊	巠	𤕟	幼			𢾭
967	967	967	967	967	968	968	968	968	968	968
			㕣	絧	𦃃	𦊂	𦇯	𦀗	索	緋
968	969	969	969	969	969	970	970	970	970	970
橐	橐	橐						束		束
970	970	971	971	971	971	971	971	971	971	972
束		丝		櫜	纟	纟		紖	紖	紁
972	972	972	972	972	972	972	973	973	973	973

殺	殺			紃	紃	紃	𠞊		束	
973	973	973	973	974	974	974	974	974	974	974
敕	衷	衷	蓑	秉	秉	敹	衰	衰		
974	974	974	974	975	975	975	975	975	975	975
給	給	給	給	給	給		剏	黔	黔	
975	975	976	976	976	976	976	976	976	977	977
鞋	醆	醂	醻	餗	餗	餿	餿	餿	餿	餿
977	977	977	977	977	977	977	978	978	978	978
餿	餿	轋	轋	軡		蘱				
978	979	979	979	979	979	979	967			
吊	綈	綈	弟	弟						
979	980	980	980	980	981					
升	𡦹	𡦹	祔	禨	𠦑	斗				
981	982	982	982	982	982	983	983	983		
于	于		亏							
983	984	984	984							
无	兓		朁	𣄤	𣄤	𣄤	𣄤	敄	㷞	
984	984	984	985	985	985	985	986	986	986	
乍	㸷			䙖	攸	𢏚				
986	987	988	988	988	988	989				

	爻	[illegible]	[illegible]	𦥯	𦥯	𦥑	[illegible]	[illegible]	教	敎
989	989	989	989	989	990	990	990	990	990	990
效		文	文	文	文					吝
991	991	991	991	991	991	992	992	992	992	992
992	992	992	992	992	993	993	993			
王	王	王	王	麦	玫	[illegible]			忹	
993	993	993	994	994	994	994	994	994	994	
玉	玉	珏	珏	朋	琮	琮	[illegible]	[illegible]	[illegible]	
994	995	995	995	995	996	996	996	996	996	996
倗	倗	[illegible]	[illegible]	[illegible]	[illegible]		丰		東	[illegible]
996	996	996	996	997	997	997	997	997	997	997
[illegible]	韜									
997	998	998								
力	[illegible]	劦	劦		[illegible]	舌	[illegible]	[illegible]	[illegible]	耕
998	998	998	999	999	999	999	1000	1000	1000	1000
耕	耕	耤	耤	耤	耤		酥		乇	
1001	1001	1001	1001	1002	1002	1002	1002	1002	1002	
危	[illegible]									
1003	1003									

	屯									
1004	1004	1005	1005							
肉	多		宜	⿰亩刂	⿰且刂	祖				
1005	1005	1006	1006	1007	1007	1008				
		棘				束	束	束	束	束
1010	1010	1010	1010	1010	1010	1010	1010	1010	1011	1011
束	束	束	束					责		腖
1011	1011	1011	1011	1011	1012	1012	1012	1012	1012	1012
1012	1012									
带	带	带		㒼	㒼	㒼	㒼			
1012	1013	1013	1013	1013	1013	1013	1013	1013	1013	1013
1014	1014	1014	1014	1014						
丘	丘	丘					苎	苎	苎	苎
1014	1014	1014	1014	1015	1015	1015	1015	1015	1015	1015
苎	苎									
1015	1015	1016								
		仌	㕣	谷						
1016	1016	1016	1016	1017	1017	1017	1017	1017	1017	

1017	1017	1018	1018							
而										
1018	1018	1018	1019	1019	1019	1019	1019	1019		
十	廿	卅	卌	五十	六十	七十	八十	九十	一	二
1019	1019	1020	1020	1020	1021	1021	1021	1021	1021	1021
三	四	五	六	七	八	九	乞			
1022	1022	1022	1022	1023	1023	1023	1025			
彡	彡	易								
1025	1025	1025								
小										
1026										
在	在									
1026	1027									
	笅	[illegible]								
1027	1028	1028	1028							
用	用		里	[illegible]	[illegible]	里	[illegible]	[illegible]	[illegible]	[illegible]
1028	1030	1031	1031	1031	1031	1031	1031	1031	1032	1032
1032	1032									

		汎								
1032	1032	1032	1033							
㞢	㞢									
1033	1033	1033	1033	1034	1034					
1034	1034	1034	1034	1034	1034	1034	1034	1034	1034	1035
1035	1035	1035	1035	1035	1035	1035	1035	1035	1035	1036
						亡				
1036	1036	1036	1036	1036	1036	1036	1037	1037	1037	1037
1037	1037	1037	1037	1037	1037	1038	1038	1038	1038	1038
1038	1038	1038	1038	1036	1038	1035				
甲	乙	丙	丁	戊	己	庚	辛	壬	癸	子
1038	1038	1039	1040	1041	1042	1042	1044	1045	1046	1046
丑	寅	卯	辰	巳	午	未	申	戌	亥	
1048	1050	1051	1051	1052	1054	1055	1056	1057	1060	
⿴囗甲	⿰幸乙	⿰幸丙	⿰幸丁	示壬	⿰示癸	⿰大乙	⿰大丁	⿰大甲	⿰卜丙	⿰酉壬
1061	1061	1061	1062	1062	1062	1063	1063	1064	1064	1065

大庚	小甲	大戊	雍己	中丁	中子	中己	卜壬	戔甲	祖乙	下乙
1065	1065	1066	1066	1067	1067	1067	1068	1068	1068	1070
上乙	入乙	內乙	祖辛	羌甲	象甲	祖丁	南庚	虎甲	盤庚	小辛
1070	1070	1070	1070	1071	1071	1071	1072	1073	1073	1073
小乙	武丁	祖己	祖庚	祖甲	康丁	康祖丁	武乙	祖丙	祖戊	祖壬
1074	1074	1074	1075	1075	1075	1075	1075	1076	1076	1076
辛壬	妣甲	妣乙	妣丙	妣丁	妣戊	妣己	妣庚	妣辛	妣壬	妣癸
1076	1076	1077	1077	1077	1077	1078	1079	1080	1080	1080
母甲	母乙	母丙	母丁	母戊	母己	母庚	母庚	母辛	母己	母庚
1081	1081	1082	1082	1083	1083	1083	1084	1084	1084	1084
母辛	母壬	母癸	兄丙	兄丁	兄戊	兄己	兄庚	兄辛	兄壬	兄癸
1084	1085	1085	1085	1085	1085	1086	1086	1086	1086	1086
子丁	子丙	子庚	子癸							
1086	1087	1087	1087							

殷墟甲骨文编笔画目录

（每一笔画下，上部现代汉字，下部隶定字）

	殳	兮	日	月	十月	十一月	十二月	十三月	十四月	云
	271	291	305	312	315	315	315	316	316	316
	火	水	木	牛	四牛	犬	为	风	鸟	贝
	330	349	377	424	429	438	467	506	516	559
	心	今	内	户	仓	丑	戈	毌	分	不
	565	573	618	629	635	650	702	706	735	749
	引	勿	丰	丹	中	史	专	方	车	升
	782	783	851	875	891	895	905	952	959	981
	斗	无	爻	文	王	丰	屯	廿	井	
	983	984	989	991	993	997	1004	1019	875	
	壬	仌	从	从	夨	夨	夨	𠬝	卪	卯
隶定字	4	33	33	34	55	55	55	102	103	103
	刅	攴	区	彳人	辷	匄	帀	朩	亼乂	凵力
	113	272	661	687	697	732	752	890	989	999
	仌	屮								
	1016	1033								
5	孕	孕	孕	屍	北	兄	央	立	令	印
现代汉字	8	8	8	14	35	48	57	58	88	103
	叩	母	讯	奴	目	民	圣	甘	由	古
	106	117	134	145	157	160	186	191	197	197
	亘	出	正	疋	左	刍	对	术	白	示
	206	212	218	222	245	247	254	254	280	290
	旦	丘	生	艿	禾	鸟	旧	龙	它	乎
	307	327	369	373	397	492	501	525	531	548
	冬	宁	田	邦	卢	占	石	司	永	戋
	572	599	639	641	645	660	662	662	683	717
	戊	召	矢	可	扔	皿	匜	宁	必	册
	728	739	756	788	789	789	797	874	881	897
	弗	东	归	冉	幼	丝	乍	玉	丘	用
	902	909	915	946	968	972	986	994	1014	1028

	叺	囚	吴	吴	吴	吴	刖	刖	刖	刖
隶定字	15	22	56	56	56	56	72	72	72	73
	刖	㕚	芍	芍	芍	匛	㚣	如	外	卲
	73	73	86	86	86	97	130	138	148	150
	劧	囟	艮	阝	汃	汜	汜	犯	亍	囗
	151	255	262	346	354	355	355	455	605	652
	匄	刋	匄	弢	孜	弢	卤	卣	爿	兂
	736	738	756	778	778	787	805	878	934	961
	刘	合	汎	汉						
	963	1016	1032	359						
6	企	旨	老	老	并	并	众	任	休	伊
现代汉字	7	8	19	20	35	35	39	41	42	45
	伏	伣	亦	沃	夹	因	异	夸	尧	夙
	48	52	59	60	61	62	67	78	108	109
	好	如	妏	囡	孙	臣	耳	自	舌	缶
	131	134	138	144	157	177	183	187	193	196
	吉	合	会	各	后	先	此	有佑	寻	争
	196	200	201	214	224	225	228	246	262	267
	设	页	百	西	祀	名	旬	光	汒	朱
	271	277	281	283	301	313	318	340	352	394
	年	牟	牝	羊	庆	虍	尘	凫	虫	汜
	403	426	427	431	469	477	488	514	532	535
	米	羽	买	衣	齐	向	宅	安	寻	问
	547	551	565	567	573	592	604	605	617	634
	问	問	曲	行	役	伐	戍	戎	岁	成
	634	634	662	671	688	707	709	718	718	725
	至	夷	交	执	血	尽	贞	网	刚	兴
	758	759	765	772	789	798	825	864	868	871
	同	死	亚	传	妇	妆	竹	聿	舟	乐
	873	879	884	906	913	942	943	944	954	965

	吊	劦	危	肉	多	朿	而	在		
	979	998	1003	1005	1005	1010	1018	1026		
	火	兘	岏	兀	兀	兀	伇	伙	臥	吴
隶定字	10	14	16	34	34	34	41	44	52	54
	夻	夻	犾	屰	屰	屰	钔	陂	阪	即
	59	59	73	76	76	76	99	105	105	106
	爷	妃	材	妏	姍	姼	奿	㐬	庀	正
	107	129	135	136	142	142	144	155	158	215
	妥	条	蚁	妏	由	㚢	㚢	娄	出	昌
	224	229	252	274	285	292	314	331	336	337
	沪	权	芭	巴	帍	方	宝	丙	汗	吕
	353	381	387	534	605	606	609	616	629	637
	囮	冉	亘	迖	代	从	伏	达	川	删
	655	657	670	680	682	687	689	689	694	706
	戋	奴	初	召	衩	利	利	欣	弓	𢎗
	712	721	735	739	752	752	752	756	777	779
	弘	弜	太	毕	青	舌	壬	玫	帆	帗
	784	785	805	858	878	887	888	888	893	893
	自	从	历	矣	㚣	矣	幼	㕣	卒	冦
	916	921	954	961	961	961	963	969	982	985
	冦	奚	印	舌	㞢	汕				
	985	989	994	999	1015	359				
7	身	兑	何	何	羌	羌	攸	尾	邑	即
现代汉字	8	21	24	26	28	30	41	45	81	93
	吹	饮	每	妥	妞	妦	妊	孚	弃	苋
	98	115	122	129	146	147	147	151	152	174
	告	言	克	步	沚	君	肘	祉	阳	良
	192	194	198	207	211	252	256	300	307	310
	赤	呈	坠	沁	灾	夆	困	杕	杞	杏
	333	342	345	351	366	371	383	383	383	385

	杋	杉	杜	利	来	麦	牢	牡	龙	犹
	395	395	396	399	407	409	426	427	442	442
	狈	狂	豕	驳	兕	鸡	龟	卣	角	初
	445	446	446	462	463	516	542	549	559	570
	余	宋	宏	更	启	甫	男	呙	声	彷
	575	599	612	620	632	641	646	659	667	678
	远	戒	我	制	兵	折	酉	员	豆	洴
	698	721	729	738	753	755	807	825	843	876
	巫	系	束	束	弟	吝	则	谷	芰	
	888	963	971	974	980	992	1007	1017	266	
	厃	㳄	旰	㹜	奊	姘	次	邲	吼	姘
隶定字	6	43	52	70	74	79	97	104	109	131
	妌	姊	妣	似	㚤	姦	娍	旻	妊
	135	136	137	137	138	140	140	143	145	148
	孥	叟	庙	䍐	兜	要	匠	皆	定	帝
	151	159	164	172	173	174	179	205	215	218
	帚	妛	圭	壬	足	足	砓	取	収	玫
	218	224	227	239	241	241	255	257	258	272
	甹	狙	四	吾	坙	岔	灾	杏	炭	姿
	285	309	313	317	328	333	336	336	337	341
	灵	阶	季	杳	礼	茉	医	犾	犾	叡
	342	346	371	384	390	398	398	442	446	536
	敃	杀	㕣	忠	余	高	家	牢	牢	宊
	538	548	565	566	574	585	598	598	599	604
	寇	宧	启	佃	匛	征	迈	娈	㣜	㣙
	604	611	633	657	661	671	678	686	687	701
	戓	咎	𢦏	冒	戋	戬	或	夸	秅	狾
	702	703	704	706	710	713	722	742	751	753

𡗜	𥎦	既	吪	效	殹	䏍	呪	耶	娸
72	73	98	98	99	99	103	106	106	110
娸	紀	鄭	妸	姤	妥	媼	姼	婈	娟
110	114	115	121	124	136	143	144	145	147
孩	扻	冒	罒	要	敀	聑	胥	眴	㫐
151	151	163	168	174	182	184	187	189	190
郃	哭	詔	矤	咎	咎	朱	条	歪	叒
201	203	206	226	227	227	230	233	240	249
昬	𥫗	敗	殷	酘	郎	夢	往	烘	炈
262	265	266	274	285	311	314	329	331	338
炋	豉	洖	桕	余	秉	兆	癸	杕	采
338	342	350	382	401	401	436	441	444	444
虎	态	仚	亩	窌	宧	剛	剠	敀	果
475	566	573	588	607	608	618	618	630	650
要	备	昌	固	匡	姤	娴	肩	庠	追
650	657	657	659	661	664	664	664	665	676
杏	衍	徙	迭	徂	迪	佗	彶	徐	侃
685	687	689	693	693	693	696	696	696	699
戍	戔	戚	或	剛	杯	丕	炘	矩	孩
703	710	710	722	738	752	753	755	760	765
医	幸	弦	巺	阜	邑	敦	固	沾	点
765	768	787	796	859	861	862	880	880	880
吣	虫	叏	東	皇	旂	服	服	肥	妻
883	894	897	903	917	926	938	939	943	944
圭	叙	剎	𢦏	既	敀	粤	效	敉	亘
949	973	974	982	984	986	990	991	997	1023
里	里	洖	甾						
1031	1031	367	195						

9	项	须	美	逆	祝	既	姜	妹	娅	保
现代汉字	14	22	57	77	82	94	124	132	144	156
	面	省	眉	眉	顺	相	闻	洱	胄	品
	160	162	166	174	175	176	186	187	202	204
	洗	复	爰	首	帝	昜	昼	恒	响	陟
	224	238	261	275	303	307	309	312	317	343
	洎	洱	洒	封	柳	奏	虐	虹	秋	亭
	351	351	353	370	383	419	476	535	545	587
	竽	宫	室	星	囿	畋	鬼	剐	祏	砅
	587	593	596	636	642	647	649	652	662	664
	厚	砓	宣	徉	律	咸	盆	拯	食	壴
	664	665	670	691	697	726	793	805	835	845
	南	斿	湧	奚	兹	幽	泺	祖	带	洹
	876	924	958	962	964	964	965	1008	1012	360
	𠒇	癸	偵	俫	俫	虔	爽	㚒	猒	貞
隶定字	11	22	42	50	50	56	65	70	71	74
	𥘅	𥘅	郚	欧	姸	笶	䰒	姼	姘	姳
	84	85	87	115	124	128	130	135	135	137
	娋	敀	姖	娎	娶	娍	𡝤	姶	𡜲	秴
	138	138	138	139	141	143	145	146	148	153
	舁	冒	罗	罡	罙	耵	𦣻	𦣹	𦣹	泉
	157	160	160	162	176	185	187	190	190	190
	㚔	亞	亞	𠂤	矣	㝶	歪	夆	𩰫	般
	202	216	216	217	232	234	240	240	263	272
	𢻱	麺	畐	祕	𥘅	明	𥡦	窔	罘	炷
	275	286	297	300	303	313	326	332	333	334
	𦨶	烕	𪙕	陰	涿	浡	畱	𠭯	𥧷	𡘋
	336	338	342	345	350	353	385	395	408	417

	希	善	辛	牡	犾	岆	剢	冡	豝	豥
	421	432	433	435	443	444	456	457	458	458
	皀	峊	殴	攺	龜	龜	龜	宷	侖	卣
	469	532	536	537	546	546	546	548	549	550
	翌	習	般	悉	祥	亯	宜	䆸	立	房
	552	558	559	566	572	576	600	605	607	607
	宛	宛	宪	寇	宩	束	害	百	叚	畏
	608	608	610	612	613	613	613	616	620	640
	晄	䣳	励	逗	徃	洛	侁	圶	球	徙
	646	657	670	670	675	675	680	685	685	687
	徦	逜	迨	建	徜	依	衎	征	戒	胥
	688	692	693	697	697	697	698	699	710	718
	娍	彐	兵	怒	盄	殴	盗	盄	盐	殸
	727	746	753	762	795	796	801	802	804	804
	酊	酉	亘	侸	啚	罗	牊	阜	涇	要
	813	813	834	842	865	869	880	881	886	886
	弜	录	竔	畀	淵	昝	舤	皇	莒	泪
	888	889	893	898	900	901	902	917	919	921
	旌	旃	胭	疾	朐	竺	甬	啓	舒	寿
	926	927	938	939	943	945	948	959	959	959
	齒	取	叙	祈	菲	攸	教	珏	投	啓
	965	968	974	982	987	988	990	995	996	998
	笒	畏	沘	畏						
	1028	1032	366	650						
10	竞	乘	陷	匿	粯	娠	姬	妹	娘	習
现代汉字	39	61	80	91	107	135	138	139	142	159
	臬	臭	唐	涉	酎	秦	畜	祥	晕	凄
	189	189	198	209	257	265	289	301	307	352

	莫	桑	秝	羞	恙	莽	豹	获	栗	袁
	374	390	400	437	438	445	474	493	550	570
	涂	高	亳	家	宰	冥	泉	盍	辱	栽
	575	584	585	597	614	626	626	634	670	724
	娥	剢	晋	效	射	益	壶	鬲	[illegible]	疾
	730	737	763	766	780	793	815	829	864	935
	疾	小疾臣	冓	旁	朕	般	栎	倗	酒	
	939	942	950	953	955	956	965	996	353	
	敚	羑	侁	竞	虎	奞	丞	丞	莫	
隶定字	17	33	33	38	43	59	68	68	68	
	莫	豙	竝	竝	竝	臭	秜	刺	敄	[illegible]
	69	70	71	72	72	74	85	87	101	113
	叙	郭	倿	姑	㛣	娄	娗	娘	娍	婭
	122	122	122	129	135	136	137	142	142	147
	俘	昏	罘	唐	罰	寛	罢	眮	戺	柜
	151	152	160	165	173	173	175	176	181	182
	聂	星	䀀	敀	臭	訞	㹠	岦	背	宴
	185	186	189	190	190	195	199	215	229	238
	彖	噁	硐	殺	䏰	猷	酥	畓	酟	祛
	240	241	255	272	282	285	285	285	286	292
	崇	爰	粤	烄	焒	煙	涿	浮	泷	寿
	307	317	317	334	336	338	350	350	351	371
	點	香	剩	稂	叔	敉	羊	美	孚	狌
	390	394	402	403	410	434	436	438	438	454
	豙	豙	虡	虘	敔	叚	矨	能	隹	黿
	457	457	477	478	478	493	514	514	516	544
	龜	龜	龜	龜	粉	舍	㝵	昌	寘	祘
	546	546	546	546	548	549	560	562	564	571

	妄	㝎	𡨄	婡	㝑	𧖴	卽	𣏟	𡨸	𡦼
	595	606	607	608	608	609	609	612	614	614
	㡯	𢼸	𨠾	𠕊	𠥻	𤰶	砷	𦯬	𢔌	𧗳
	615	617	617	619	638	647	664	669	675	676
	𢓜	徬	𧗽	𢓢	𢔀	衎	衎	𢓣	㣛	𧗵
	676	677	678	687	689	690	690	690	694	696
	𢓤	徃	𢓭	𢧌	䎇	𢦚	戓	𠜲	刺	𠶷
	699	700	700	716	718	722	723	742	742	745
	𢼄	㚬	𡗤	葡	𠚪	𠚪	眾	胶	𢁁	盗
	753	757	759	760	762	762	764	765	775	799
	浮	𨠋	𡡞	浪	𠫭	𠥓	𠧧	冢	𡬉	𢽂
	801	816	821	834	844	855	862	866	869	878
	𠟱	𢆶	𧙃	𧶠	𣀀	𣀍	𡰺	𨛫	𥄉	𡕌
	878	881	896	902	910	913	914	916	918	918
	䀚	𢼌	柏	旌	𣄊	旋	旇	旃	疴	将
	921	921	921	922	926	926	926	927	938	943
	氧	𡔡	𠆨	娄	𡠗	𢇍	𢆶	絆	紺	𦀚
	946	949	949	961	962	965	966	970	973	973
	𠞷	𦃃	𠃧	柬	𡱬	𠟊	𣍐	淩		
	974	980	989	997	1003	1007	1012	368		
11	竟	偪	骑	敏	媃	婪	娟	监	望	祭
现代汉字	38	45	74	127	132	134	147	175	179	248
	焚	棕	埜	豚	象	鹿	萑	淮	雀	唯
	332	384	387	451	467	485	498	501	514	518
	渔	龚	翌	翊	得	啬	宿	商	庶	戚
	523	526	555	557	561	590	616	622	663	727
	黄	圉	蛊	舂	畬	基	旋	族	梦	遘
	766	770	794	804	814	856	923	923	941	951

	舳	盗	率	教						
	957	958	960	990						
	咼	羗	羗	羗	羗	羗	园	㬎	鄙	逯
隶定字	26	31	32	32	32	32	33	40	45	79
	飤	㒻	絜	䖣	䣞	鄙	媢	婋	娱	媜
	92	94	101	110	112	113	135	136	137	138
	嫂	婞	娃	婈	潑	娱	婚	龚	善	菩
	138	140	141	144	145	145	147	152	169	170
	莌	聀	鼻	䖣	昰	㫟	歮	姦	傘	笹
	174	184	189	200	217	220	224	224	235	241
	爰	敓	敘	袁	朙	雪	雩	鼓	癸	豖
	260	273	292	294	313	321	323	329	336	336
	陵	淚	替	棿	焚	萺	晷	園	刹	杳
	346	356	385	386	387	388	389	390	400	409
	麓	隝	微	䭾	䭾	猶	臥	豩	馰	馳
	410	423	429	443	443	445	445	457	461	463
	兆	粤	虢	虎	虎	虍	虛	虘	豈	匩
	466	471	475	475	477	478	479	480	484	497
	崔	琟	袖	龔	畕	瘸	般	鳧	恩	褘
	499	514	535	545	551	552	559	559	567	571
	校	倞	禽	崇	菉	亶	亶	畐	富	帚
	571	580	581	582	586	589	589	589	590	595
	宎	寂	婝	寍	留	政	宮	寞	叔	剔
	596	599	608	608	610	612	613	615	627	628
	微	閔	惠	硈	砠	砠	破	斬	屖	逖
	633	634	641	665	665	665	666	666	668	690
	徉	徠	循	戠	戜	畋	戥	剴	膀	䠙
	691	696	696	722	722	725	727	742	743	746

	斲	厤	矨	睪	𡗜	𥁞	蛊	蛊	盖	盧
	755	757	759	769	769	793	794	795	796	802
	𥁋	䣺	𢾅	氳	煆	聂	聂	殷	敢	㔁
	802	815	820	821	838	839	840	842	842	850
	𠝽	僖	㬎	㽞	罡	奭	虎	秠	冊	書
	853	853	856	866	870	883	883	889	898	906
	量	書	東	㬥	帰	旃	㫊	𣂔	䔈	𠅅
	907	907	910	910	915	924	929	942	942	943
	淒	𦤎	㒋	䑰	絅	衷	給	晉	祮	㝅
	945	947	948	959	969	974	975	985	1000	1031
	甯	洸	渊							
	1032	363	351							
12	鲝	羡	羡	眉	童	联	聑	敝	猱	朝
现代汉字	19	43	97	166	181	184	187	273	278	377
	森	椎	黍	堯	萑	脽	雈	集	鲁	恕
	396	396	404	452	492	499	503	514	521	566
	富	雇	扉	晶	曾	硪	戠	盜	铸	奠
	611	629	635	636	642	664	711	792	804	810
	尊	鼎	登	喜	彭	棋	葬	犨	琮	蔐
	811	822	841	848	849	856	943	960	996	1013
	啷	㘣	䨽	䨽	㒣	偞	㑺	雧	雧	雧
隶定字	19	24	37	38	46	50	51	52	52	52
	粦	筃	禊	媐	姿	媨	婡	婞	媤	㛠
	61	62	84	125	128	129	133	135	137	141
	媶	媗	婘	媄	敓	婛	㛹	姦	覞	匽
	142	142	143	146	146	147	147	152	174	179
	亞	肆	㚕	䀹	聖	㒵	㗊	壺	徥	埜
	182	184	185	185	186	190	205	216	235	240

	献	蒿	鼓	豊	艅					
	827	830	847	851	957					
	聖	軥	嫈	嫈	媼	婍	嫱	廇	歆	員
隶定字	94	124	133	133	143	144	145	165	165	181
	澳	畐	酯	敭	敔	䖟	㬪	聂	殺	晋
	189	189	195	217	217	221	238	267	271	276
	竅	鉬	雲	罠	温	湝	樹	蓍	望	豊
	305	309	324	336	351	353	371	373	385	386
	替	桀	桑	楙	楚	棰	稌	柔	敕	冓
	386	387	391	396	397	399	401	409	409	412
	徹	羝	嫁	羿	唬	獻	戲	麃	彝	雇
	429	438	457	466	476	480	481	484	484	499
	雁	雋	雋	雟	集	魚	龜	夏	頍	章
	499	500	512	512	514	521	542	562	564	579
	訊	窋	窒	窒	娉	醇	橐	亶	衛	衍
	580	607	607	607	609	618	628	667	676	676
	衛	衛	徹	壷	褸	得	衛	御	銜	衛
	676	679	680	683	686	688	689	690	695	700
	循	戠	戰	栽	軾	軾	岢	蚜	夐	涵
	701	722	722	724	726	727	746	747	761	762
	鬙	射	雔	酸	醉	啚	毀	毀	鈕	牽
	763	782	803	813	813	820	843	848	851	857
	罾	罽	罶	罺	罻	曹	惠	睩	禩	珊
	864	866	866	869	869	880	884	890	901	901
	眃	旃	傭	痾	小疾臣	偁	郇	磐	潑	亂
	920	924	924	938	942	947	948	957	958	968
	戣	郏	轄	散	賢	酥	牲			
	975	976	979	988	996	1002	428			

14	舞	毓	疐	翟	膏	槁	蔑	箕	耤	端
现代汉字	64	153	237	499	582	586	723	856	1001	230
	巹	[illegible]	[illegible]	[illegible]	[illegible]	[illegible]	[illegible]	[illegible]	[illegible]	[illegible]
隶定字	32	38	56	78	78	78	112	137	143	146
	[illegible]	[illegible]	[illegible]	[illegible]	[illegible]	量	剖	[illegible]	[illegible]	[illegible]
	147	182	182	182	187	190	195	217	218	232
	[illegible]	殼	[illegible]	[illegible]	[illegible]	[illegible]	[illegible]	[illegible]	[illegible]	[illegible]
	239	272	292	294	305	322	322	323	336	344
	溢	澮	[illegible]	[illegible]	[illegible]	[illegible]	瑤	瑤	[illegible]	衙
	351	353	356	387	394	400	403	403	407	430
	[illegible]	[illegible]	[illegible]	獄	[illegible]	[illegible]	[illegible]	馰	[illegible]	蒙
	430	438	442	445	458	461	462	462	466	468
	[illegible]	[illegible]	[illegible]	[illegible]	[illegible]	[illegible]	[illegible]	售	舊	[illegible]
	475	477	478	482	497	498	501	501	502	505
	[illegible]	蔫	[illegible]	[illegible]	龕	[illegible]	[illegible]	[illegible]	[illegible]	[illegible]
	509	524	524	525	541	546	549	558	562	565
	[illegible]	[illegible]	[illegible]	[illegible]	[illegible]	[illegible]	[illegible]	[illegible]	[illegible]	滴
	569	577	590	591	609	610	611	612	623	624
	[illegible]	[illegible]	[illegible]	[illegible]	[illegible]	[illegible]	[illegible]	邀	[illegible]	[illegible]
	633	650	664	667	677	678	688	695	698	705
	截	跨	[illegible]	[illegible]	[illegible]	[illegible]	[illegible]	[illegible]	[illegible]	[illegible]
	722	748	764	770	772	772	772	775	801	804
	[illegible]	[illegible]	[illegible]	[illegible]	[illegible]	[illegible]	[illegible]	[illegible]	[illegible]	[illegible]
	813	823	828	830	830	861	864	866	867	868
	[illegible]	[illegible]	[illegible]	[illegible]	[illegible]	[illegible]	[illegible]	[illegible]	[illegible]	嗖
	881	915	919	923	924	930	938	949	949	956
	[illegible]	[illegible]	[illegible]	[illegible]	[illegible]	[illegible]	[illegible]	[illegible]	[illegible]	漅
	966	968	977	977	977	990	998	1023	1031	363

	瀘									
	366									
15	奭	嬂	熿	漭	鯀	澫	嬉			
现代汉字	62	143	335	351	522	539	852			
	𥛱	婪	嫭	嬶	媪	嫎	嬘	𦋛	䛐	胥
隶定字	84	134	136	144	144	146	148	176	181	187
	槀	舁	昷	霫	龗	瀆	敹	毰	穇	澾
	203	218	221	322	323	354	385	388	403	433
	澾	虤	澆	虞	麌	麀	鴬	颬	戳	榖
	434	469	477	479	488	488	493	498	499	510
	嚮	翯	黿	臯	雚	寨	窗	竄	廊	褭
	519	525	539	577	580	586	600	610	611	614
	賨	甗	屬	寠	翻	骴	魂	磈	殸	蒎
	616	624	629	640	640	648	650	664	666	669
	蒎	衝	德	達	遷	徹	遠	戳	留	薪
	669	680	691	691	692	697	701	723	741	755
	僊	寶	鑫	隮	酝	歆	畜	壽	發	肆
	761	767	793	812	814	814	819	830	841	847
	鼓	壹	勣	冕	聂	稱	袁	祿	賣	野
	848	850	850	865	889	902	914	918	921	930
	覞	屋	儁	羿	叟	黔				
	940	946	947	970	975	976				
16	霎	霖	橐	穆	猳	麇	燕	磬	薛	盥
现代汉字	322	324	372	407	450	482	519	667	745	803
	膚	熹	橐							
	827	849	970							
	菡	燀	嬏	媓	誧	賊	澑	陂	濅	寨
隶定字	62	79	133	144	168	279	326	344	351	385

	雚	䨬	臏	㬹	權	敹	園	騂	騋	騄
	387	389	394	394	396	409	457	461	462	463
	虩	蔵	濼	歡	雝	饗	鬷	熹	蟲	歔
	476	480	485	498	513	517	519	525	535	550
	暖	憝	高	寢	甖	羼	闌	緦	遐	衛
	562	566	584	598	610	629	635	650	669	679
	衡	徺	彝	觮	簺	壂	新	穗	黃	轂
	680	688	712	723	732	739	754	760	767	767
	疄	嘘	彝	督	爨	爨	禯	祺	髮	綴
	776	801	802	805	823	827	840	858	862	869
	賢	龜	珊	棘	歸	冒	旐	旐	旒	旇
	881	890	902	910	914	920	926	926	927	927
	旟	單	旜	戰	斲	獸	瘄	輶	鍼	艱
	927	929	930	930	930	931	942	960	963	853
17	襄	龠	需	燮	麋	雚	齲	爵		
现代汉字	15	203	321	337	482	502	651	831		
	麃	還	還	篩	嬰	辨	孄	嬉	麐	嚮
隶定字	40	74	74	129	129	139	146	148	165	165
	礨	礨	鬹	聯	齍	霞	鬹	緋	默	駭
	172	172	177	185	289	325	399	438	444	462
	騞	衞	雋	靈	靈	鳥	鷹	鳥	龜	龜
	463	488	493	510	510	522	524	525	546	546
	亶	寢	寢	寱	闔	魄	觳	衛	觑	𦈢
	577	598	598	613	635	650	665	679	725	763
	盨	蘁	黍	鬣	禁	虢	畺	畺	畾	徽
	804	840	857	867	890	890	906	906	907	930
	㦸	觲	傭	灉						
	934	947	948	967						

18	櫅	鎷	雝							
现代汉字	390	462	500							
	囊	聸	霙	爇	藿	瑿	縷	饔	羴	馱
隶定字	182	185	322	331	376	403	410	416	434	461
	麩	漊	覞	截	亯	蕈	鬷	舀	檀	橐
	469	484	488	540	576	579	579	591	591	628
	櫜	櫜	闙	磬	蓴	褱	衛	衞	復	罍
	628	628	634	665	670	679	691	699	701	742
	衛	塞	龠	獵	鬻	鬻	鼎	鼒	雋	豐
	770	772	811	819	823	824	825	827	828	851
	鐶	犅	鬷	熾	礬	爵	醮	虢		
	862	867	910	965	965	970	977	977		
19	麑	麓	孽							
现代汉字	481	488	744							
	䕸	廠	壐	譸	夔	鼴	瀑	潛	蔑	蔑
隶定字	73	165	187	195	267	300	353	394	397	397
	翼	騽	騺	瀘	權	鷄	龓	舂	齲	彊
	417	462	462	476	497	516	528	580	648	787
	躋	蕢	鬻	覶	爵	褸	數	鍒	臺	蔑
	815	819	828	831	833	864	965	969	972	974
	餿	韓								
	978	997								
20	瀼	曣	鼉	甗	灂					
现代汉字	352	518	541	821	833					
	獻	嬣	聯	巽	廠	巍	散	暫	敦	敦
隶定字	99	136	152	158	165	176	273	337	435	435
	驍	鼐	毀	闢	盧	衛	罍	靈	疊	龠
	462	522	562	634	644	695	742	763	804	815

	鬻	鬻	䰛	爵	瞰	罍	䜌	鼛	旝	斬
	827	828	830	833	867	907	907	914	924	930
	羃	瘳	頿	䜝						
	934	941	979	1028						
21	舞	嬄	孋	寢	瀆	學	𧰨	軈	孋	𤢀
隶定字	65	139	146	298	353	397	457	489	501	509
	龏	壘	畾	韓	䶂	魏	衛	囊	蠱	甗
	526	535	549	579	612	650	679	732	835	869
	爋	顭	蘸							
	966	979	979							
22	霾	龢								
现代汉字	323	400								
	囊	韄	儀	瀵	翼	麯	麢	麤	鰻	龔
隶定字	241	278	305	352	417	469	478	488	523	528
	闋	齰	甗	甗	鬻	穰	牆	爐		
	634	747	823	828	831	840	942	947		
23	霾	囂	敳	麯	黻	龏	鬻	衛	疊	麒
隶定字	65	165	435	469	518	528	670	679	741	856
	㯻	羅	䵻							
	884	970	977							
24	雥									
现代汉字	514									
	鱮	霝	欞	羴	鬻	斸				
隶定字	305	324	384	434	828	930				
25	麠	龐	鬻							
隶定字	478	528	824							
26	孃	䕻	韄	夔	龐					
隶定字	136	222	278	479	528					

28	⿰臣留									
隶定字	742									
29	⿸虍⿰帝殳									
隶定字	305									
32	⿱雨⿰畾隹	⿰麥盧								
隶定字	510	644								
34	⿱艹龖	[illegible]								
隶定字	529	829								
36	⿰臣⿱曾曾									
	182									
22	⿱𡨄鳥									
	518									
数字	十	廿	⿰三十	⿰四十	⿰五十	⿰六十	⿰七十	⿰八十	⿰九十	
	1019	1019	1020	1020	1020	1021	1021	1021	1021	
	一	二	三	四	五	六	七	八	九	
	1021	1021	1022	1022	1022	1022	1023	1023	1023	
天干	甲	乙	丙	丁	戊	己	庚	辛	壬	癸
	1038	1038	1039	1040	1041	1042	1042	1044	1045	1046
地支	子	丑	寅	卯	辰	巳	午	未	申	酉
	1046	1048	1050	1051	1051	1052	1054	1055	1056	807
	戌	亥								
	1057	1060								
祖某名	⿴囗甲	⿰報乙	⿰報丙	⿰報丁	⿰示壬	⿰示癸	⿰大乙	⿰大丁	⿰大甲	⿰卜丙
	1061	1061	1061	1062	1062	1062	1063	1063	1064	1064
	⿰南庚	⿰大庚	⿰小甲	⿰大戊	⿰雍己		⿰中丁	中己	⿰卜壬	⿰戔甲
	1065	1065	1065	1066	1066		1067	1067	1068	1068
	⿰祖乙	⿰下乙	⿰上乙	⿰入乙	⿰内乙	⿰祖辛	⿰羌甲	⿰象甲	⿰祖丁	⿰南庚
	1068	1070	1070	1070	1070	1070	1071	1071	1071	1072

	魯甲	盤庚	小辛	小乙	武丁	祖己	祖庚	祖甲	康丁	康祖丁
	1073	1073	1073	1074	1074	1074	1075	1075	1075	1075
	武乙	祖丙	祖戊	祖壬	辛壬	妣甲	妣乙	妣丙	妣丁	妣戊
	1075	1076	1076	1076	1076	1076	1077	1077	1077	1077
	妣己	妣庚	妣辛	妣壬	妣癸					
	1078	1079	1080	1080	1080					
父、母某	父甲	父乙	父丙	父丁	父戊	父己	父庚	父庚	母戊	母己
	1081	1081	1082	1082	1083	1083	1083	1084	1084	1084
	母庚	母辛	母壬	母癸						
	1084	1084	1085	1085						
兄某	兄丙	兄丁	兄戊	兄己	兄庚	兄辛	兄壬	兄癸		
	1085	1085	1085	1086	1086	1086	1086	1086		
子某	子丁	子丙	子庚	子癸	中子					
	1086	1087	1087	1087	1067					

殷墟甲骨文编拼音目录

	初	刍	豖	传	吹	此	琮			
	chu	chu	chu	chuan	chui	ci	cong			
	570	247	449	906	98	228	996			
D	大	祊	祏	带	旦	丹	单	宕	刀	盗
	da	dai	dai	dai	dan	dan	dan	dan	dao	dao
	52	635	662	1012	307	875	929	663	732	958
	得	登	帝	翟	弟	奠	典	吊	秝	耋
	de	deng	di	di	di	dian	dian	diao	die	die
	561	841	303	499	980	810	900	979	400	19
	鼎	丁	冬	东	斗	豆	督	杜	端	兑
	ding	ding	dong	dong	dou	dou	du	du	duan	dui
	822	1040	572	909	40	843	308	396	230	21
	对	多								
	dui	duo								
	254	1005								
E	娥	儿	耳	洱	而					
	e	er	er	er	er					
	730	22	183	187	1018					
F	伐	凡	方	匚	非	扉	焚	分	封	风
	fa	fan	fang	fang	fei	fei	fen	fen	feng	feng
	707	870	952	660	37	635	332	735	370	506
	丰	缶	伏	夫	服	复	腹	父	福	凫
	feng	fou	fu	fu	fu	fu	fu	fu	fu	fu
	851	196	48	55	103	238	238	249	295	514
	阜	富	甫	斧	弗	妇	帚	孚		
	fu	fu	fu	fu	fu	fu	Fu	fu		
	342	611	641	723	902	913	911	151		
G	甘	干	刚	告	膏	高	杲	槁	各	戈
	gan	gan	gang	gao	gao	gao	gao	gao	ge	ge
	191	934	868	192	582	584	388	586	214	702

	更	庚	龚	宫	弓	工	肱	遘	古	雇
	geng	geng	gong	gong	gong	gong	gong	gou	gu	gu
	620	1042	526	593	777	886	256	951	197	629
	蛊	鼓	谷	剐	官	雚	盥	光	龟	鬼
	gu	gu	gu	gua	guan	guan	guan	guang	gui	gui
	794	847	1017	652	920	502	803	340	542	649
	归	癸	果	鲧						
	gui	gui	guo	gun						
	915	1045	389	522						
H	亥	好	蒿	何	合	禾	龢	虹	宏	后
	hai	hao	hao	he	he	he	he	hong	hong	hou
	1060	131	586	24	200	397	400	535	612	224
	厚	粯	狐	虍	虎	乎	户	壶	化	淮
	hou	hu	hu	hu	hu	hu	hu	hu	hua	huai
	664	107	456	477	473	548	629	815	38	501
	萑	洹	黄	会	昏	火	获	黑		
	huan	huan	huang	hui	hun	huo	huo	hei		
	498	360	766	201	309	330	493	69		
J	及	即	既	姬	吉	祭	季	集	鸡	基
	ji	ji	ji	ji	ji	ji	ji	ji	ji	ji
	27	93	94	138	196	248	403	514	516	856
	箕	疾	棘	己	亟	洎	耤	豭	夹	家
	ji	ji	ji	ji	Ji	ji	ji	jia	jia	jia
	856	935	1010	1042	47	351	1001	450	61	597
	甲	艰	见	监	戋	姜	降	角	交	教
	jia	jian	jian	jian	jian	jiang	jiang	jiao	jiao	jiao
	1038	852	170	175	717	124	344	559	765	990
	介	解	戒	今	晋	尽	竟	竞	京	晶
	jie	jie	jie	jin	jin	jin	jing	jing	jing	jing
	5	559	721	573	763	798	38	39	583	636

	井	咎	酒	旧	爵	君	麇			
	jing	jiu	jiu	jiu	jue	jun	jun			
	875	227	353	501	831	252	482			
K	亢	尻	克	可	口	叩	夸	困		
	kang	Kao	ke	ke	kou	kou	kua	kun		
	79	14	198	788	190	106	78	383		
L	来	婪	老	牢	乐	雷	立	李	利	栗
	lai	lan	lao	lao	le	lei	li	li	li	li
	407	134	19	426	965	325	58	395	399	550
	力	鬲	豊	栎	联	良	霖	林	吝	令
	li	li	li	li	lian	liang	lin	lin	lin	ling
	998	829	851	965	184	310	324	395	992	88
	霝	柳	聑	龙	咙	泷	鹿	麓	鲁	卢
	ling	liu	long	long	long	long	lu	lu	lu	lu
	321	383	187	525	528	528	485	488	521	645
	泺	律	旅	率						
	luo	lv	lv	lv						
	965	697	925	960						
M	马	鎷	麦	买	脽	肵	莽	卯	美	每
	ma	ma	mai	mai	man	man	mang	mao	mei	mei
	458	462	409	565	499	756	445	1051	57	122
	妹	眉	枚	湄	门	梦	米	麇	宓	免
	mei	mei	mei	mei	men	meng	mi	mi	mi	mian
	132	166	381	166	633	940	547	482	603	115
	面	蔑	敏	民	皿	黾	明	名	冥	鸣
	mian	mie	min	min	min	min	ming	ming	ming	ming
	160	723	127	160	789	539	312	313	625	517
	沫	莫	牟	母	目	木	穆	牡	牧	牝
	mo	mo	mou	mu	mu	mu	mu	mu	mu	mu
	115	374	426	117	157	377	407	427	429	427

N	乃	奈	艿	男	南	囡	猱	内	逆	匿
	nai	nai	nai	nan	nan	nan	nao	nei	ni	ni
	287	293	373	646	876	144	278	618	77	91
	麑	年	念	廿	辇	娘	鸟	孽	臬	宁
	ni	nian	nian	nian	nian	niang	niao	nie	nie	ning
	481	403	566	1019	960	142	492	744	189	599
	艅	牛	妞	奴	虐	女				
	ning	niu	niu	nu	nue	nv				
	957	424	146	145	476	116				
P	庞	旁	彷	盆	彭	朋	品	叵		
	pang	pang	pang	pen	peng	peng	pin	po		
	527	953	678	793	849	995	204	206		
Q	企	骑	弃	凄	祈	齐	启	戚	其	棋
	qi	qi	qi	qi	qi	qi	qi	qi	qi	qi
	7	74	152	352	420	573	632	727	854	856
	乞	霋	杞	千	欠	羌	戕	妾	秦	沁
	qi	qi	qi	qian	qian	qiang	qiang	qie	qin	qin
	1025	322	383	6	44	28	935	121	265	351
	庆	磬	丘	秋	裘	取	区	龋	曲	犬
	qing	qing	qiu	qiu	qiu	qu	qu	qu	qu	quan
	469	667	327	545	569	183	205	651	662	438
	泉	雀								
	quan	que								
	626	514								
R	冉	人	任	妊	刃	壬	扔	日	戎	肉
	ran	ren	ren	ren	ren	ren	reng	ri	rong	rou
	946	1	41	147	735	1045	789	305	718	1005
	乳	如	汝	入	辱	朊	若			
	ru	ru	ru	ru	ru	Ruan	ruo			
	113	134	142	567	670	47	89			

S	洒	塞	蒿	桑	丧	森	山	杉	上	商
	sa	sai	san	sang	sang	sen	shan	shan	shang	shang
	353	614	830	390	391	396	329	395	289	621
	舌	涉	设	射	身	娠	申	省	圣	生
	she	she	she	she	shen	shen	shen	sheng	sheng	sheng
	193	209	271	780	8	135	1056	162	186	369
	声	升	尸	示	驶	室	石	矢	食	史
	sheng	sheng	shi	shi	shi	shi	shi	shi	shi	shi
	667	981	4	290	463	596	662	756	835	895
	十	豕	首	受	黍	庶	戍	书	束	疋
	shi	shi	shou	shou	shu	shu	shu	shu	shu	shu
	1019	446	275	872	404	663	709	944	971	222
	殳	顺	啬	巳	司	死	丝	纟	兕	祀
	shu	shun	se	si	si	si	si	si	si	si
	270	175	590	538	662	879	972	972	463	301
	汜	宋	宿	夙	岁	孙				
	si	song	su	su	sui	sun				
	535	599	616	109	718	157				
T	它	沓	贪	唐	天	田	畋	亭	童	同
	ta	ta	tan	tang	tian	tian	tian	ting	tong	tong
	531	694	562	198	53	639	647	587	181	873
	土	兔	涂	屯	豚	妥	橐	鼍	乇	
	tu	tu	tu	tun	tun	tuo	tuo	tuo	tuo	
	326	480	575	1004	451	129	372	541	1002	
W	万	宛	望	往	网	王	亡	微	尾	韦
	wan	wan	wang	wang	wang	wang	wang	wei	wei	wei
	538	614	179	226	864	993	1036	17	45	221
	为	唯	危	未	闻	问	文	我	硪	舞
	wei	wei	wei	wei	wen	wen	wen	wo	wo	wu
	467	518	1003	1055	186	634	991	729	664	64

	午	武	物	勿	巫	戊	兀			
	wu	wu	wu	wu	wu	wu	wu			
	101	239	428	783	888	1041	34			
X	洗	西	昔	夕	析	习	喜	系	兮	熹
	xi	xi	xi	xi	xi	xi	xi	xi	xi	xi
	224	283	308	311	382	551	848	963	291	849
	嬉	奚	下	羡	陷	先	咸	献	苋	襄
	xi	xi	xia	xian	xian	xian	xian	xian	xian	xiang
	852	962	290	43	80	225	726	827	174	15
	乡	相	祥	象	向	效	小	燮	心	新
	xiang	xiang	xiang	xiang	xiang	xiao	xiao	xie	xin	xin
	96	176	301	467	592	766	1026	337	565	753
	欣	辛	姓	杏	星	行	兴	兄	凶	休
	xin	xin	xing	xing	xing	xing	xing	xiong	xiong	xiu
	756	1044	141	385	636	671	871	48	114	42
	羞	须	畜	戌	宣	旋	薛	血	讯	寻
	xiu	xu	xu	xu	xuan	xuan	xue	xue	xun	xun
	437	22	289	725	670	923	745	789	134	262
	旬									
	xun									
	318									
Y	亚	娅	言	岩	炎	燕	酓	鬳	央	羊
	ya	ya	yan	yan	yan	yan	yan	yan	yang	yang
	884	144	194	203	337	519	814	827	57	169
	阳	恙	徉	尧	夭	爻	页	以	伊	亦
	yang	yang	yang	yao	yao	yao	ye	yi	yi	yi
	307	438	691	108	75	989	277	11	45	59
	异	邑	翌	衣	依	义	夷	益	宜	易
	yi	yi	yi	yi	yi	yi	yi	yi	yi	yi
	67	81	552	567	571	731	759	792	1006	1025

	乙	翊	因	印	饮	尹	引	寅	雍	永
	yi	yi	yin	yin	yin	yin	yin	yin	yong	yong
	1038	557	62	103	115	251	782	1050	636	683
	庸	用	雝	由	又	友	尤	犹	酉	幽
	yong	yong	yong	you	you	you	you	you	you	you
	884	1028	500	197	242	259	266	442	807	964
	囿	幼	攸	卣	雨	郁	鱼	渔	羽	余
	you	you	you	you	yu	yu	yu	yu	yu	yu
	642	968	41	549	320	374	520	523	551	575
	竽	盂	于	玉	臾	毓	圉	聿	元	眢
	yu	yu	yu	yu	yu	yu	yu	yu	yuan	yuan
	587	798	983	994	28	153	770	944	13	159
	袁	远	员	爰	曰	月	岳	龠	孕	允
	yuan	yuan	yuan	yuan	yue	yue	yue	yue	yun	yun
	570	698	825	261	191	312	338	203	8	9
	晕	云								
	yun	yun								
	307	316								
Z	宰	栽	在	葬	责	昃	曾	乍	宅	占
	zai	zai	zai	zang	ze	ze	zeng	zha	zhai	zhan
	614	724	1026	943	1012	309	642	986	604	660
	召	者	折	贞	朕	正	争	征	拯	旨
	zhao	zhe	zhe	zhen	zhen	zheng	zheng	zheng	zheng	zhi
	739	378	755	825	955	218	267	675	805	8
	侄	直	止	之	址	祉	至	执	陟	彘
	zhi	zhi	zhi	zhi	zhi	zhi	zhi	zhi	zhi	zhi
	142	158	207	210	227	300	758	772	343	452
	雉	黹	众	中	肘	昼	周	酎	舟	祝
	zhi	zhi	zhong	zhong	zhou	zhou	zhou	zhou	zhou	zhu
	512	1013	39	891	256	309	643	257	954	82

	逐	朱	贮	铸	竹	舳	爪	专	妆	隹
	zhu	zhu	zhu	zhu	zhu	zhu	zhua	zhuan	zhuang	Zhui
	230	394	563	804	943	957	257	905	942	489
	坠	椎	追	濯	雥	子	自	兹	宗	奏
	zhui	zhui	zhui	zhuo	za	zi	zi	zi	zong	zou
	345	396	917	356	514	149	187	964	594	419
	卒	族	祖	左	尊					
	zu	zu	zu	zuo	zun					
	568	923	1008	245	811					

附录一　花东甲骨文编

花东甲骨文编目录

花东甲骨文编正文

人	Z00014	Z00037	Z00056	Z00125	Z00183-1	Z00249	Z00252-1	Z00252
匕	Z00067	Z00081	Z00204	Z00286	Z00320			
企	Z00312							
企	Z00377							
旨	Z00088							
允	Z00059	Z00257	Z00331	Z00410				
襄	Z00195							
尻	Z00150	Z00209	Z00336	Z00380	Z00487			
𠂒	Z00208							
𠂒	Z00006	Z00267	Z00333	Z00481				
	Z00063	Z00195	Z00214	Z00220	Z00226	Z00255	Z00288	Z00290
	Z00319	Z00427						

	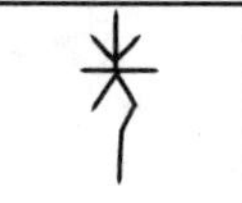							
	Z00351							
何								
	Z00320							
老								
	Z00490							
及								
	Z00043							
羌	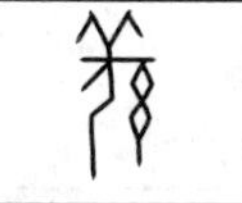		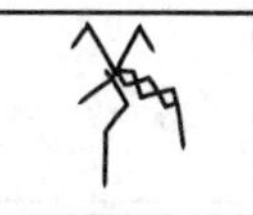	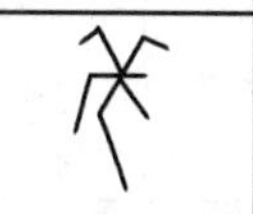	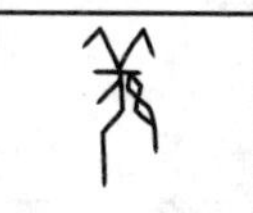		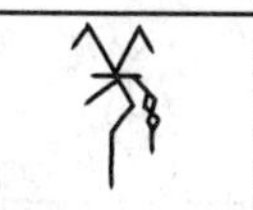	
	Z00056	Z00084	Z00137	Z00178	Z00215	Z00241	Z00473	
羌	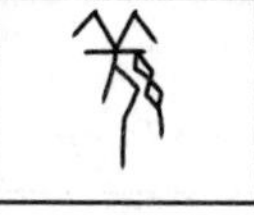	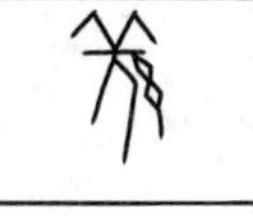	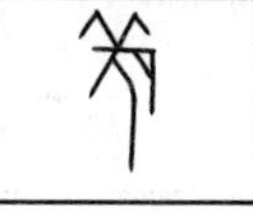					
	Z00345-1	Z00345	Z00376					
从	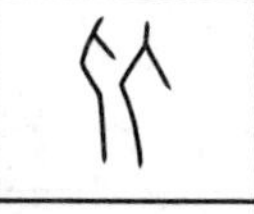	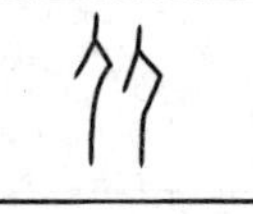	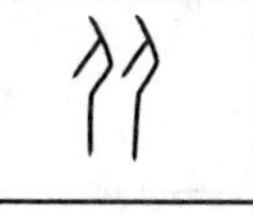	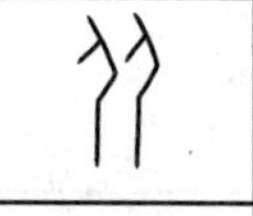	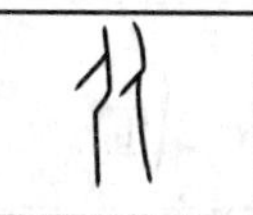	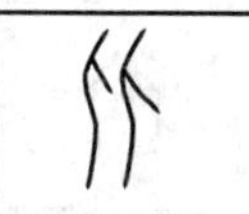	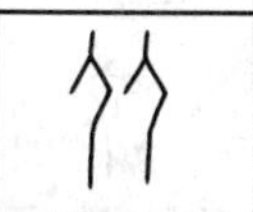	
	Z00009	Z00028	Z00035	Z00050	Z00237	Z00275	Z00295	Z00316

	Z00416							
从	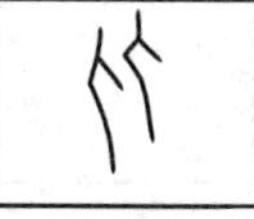	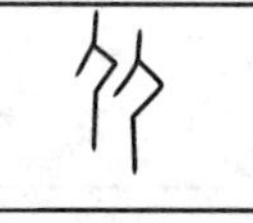						
	Z00289	Z00290						
并	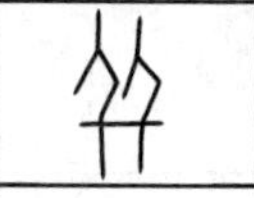							
	Z00249							
北	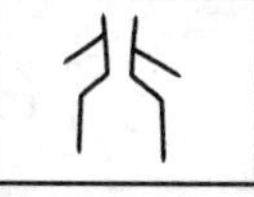		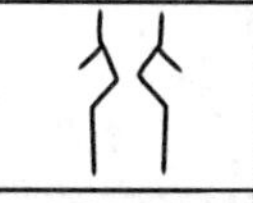					
	Z00003	Z00085	Z00502					
非								
	Z00005	Z00161	Z00241					

	Z00028							
休	Z00053	Z00075						
	Z00137							
	z00377							
传	Z00113							
叺	Z00061	Z00062						
腹	Z00187	Z00240	Z00241					
侢	Z00380	Z00490						
吊	Z00247							
	Z00341							
兄	Z00236-1	Z00236						
允	Z00078	Z00464						

大								
	Z00034	Z00292	Z00420					
仄								
	Z00034	Z00169	Z00264	Z00290	Z00420			
昃								
	Z00123-1	Z00123	Z00175	Z00226	Z00437	Z00475		
夫								
	Z00057							
立								
	Z00136							
吴								
	Z00039							
	Z00113-1	Z00113						
	Z00091	Z00399	Z00436					
屰								
	Z00020	Z00083	Z00236	Z00294	Z00320	Z00409		
黑								
	Z00006	Z00067	Z00123	Z00175	Z00239	Z00324		
	Z00179	Z00228	Z00247	Z00416	Z00449			
	Z00290							

艰	Z00003	Z00005	Z00039	Z00043	Z00124	Z00165	Z00286	Z00455
亦	Z00059	Z00122	Z00228					
舞	Z00053	Z00130	Z00181	Z00305	Z00416			
舞	Z00391							
舞	Z00206	Z00391						
燕	Z00023	Z00262						
[illegible]	Z00130							
异	Z00289							
[illegible]	Z00103	Z00195	Z00239	Z00248	Z00267	Z00294	Z00311	Z00323
	Z00416	Z00427	Z00437					
戎	Z00038							
并	Z00053							

	Z00280	Z00380						
	z00369							
卩								
	Z00236	Z00355						
	Z00285							
	Z00363							
	Z00450							
卬								
	Z00010	Z00087	Z00173	Z00252	Z00259	Z00289	Z00490	
令								
	Z00003	Z00075	Z00268	Z00416	Z00420	Z00480		
	Z00312							
𠬝								
	Z00181	Z00290	Z00441					
卯								
	Z00179	Z00247	Z00416					
印								
	Z00268							

卲	Z00275	Z00449	Z00467					
若	Z00003	Z00005	Z00006	Z00007	Z00026	Z00059	Z00084	Z00086
	Z00087	Z00113	Z00181	Z00304	Z00316	Z00409	Z00420	Z00450
⿰午卩	Z00021	Z00027	Z00053	Z00176	Z00197			
即	Z00183							
	Z00148							
	Z00210							
既	Z00003	Z00035	Z00157					
乡	Z00197							
⿰夕丮	Z00039							
艺	Z00223	Z00236						
鬼	Z00088							

⿰鬼攵								
	Z00102	Z00114						
女								
	Z00042	Z00205	Z00208	Z00273	Z00275			
女								
	Z00003	Z00262	Z00288	Z00294	Z00349	Z00475		
母								
	Z00124	Z00139						
	Z00053	Z00144						
妾								
	Z00265	Z00321	Z00409	Z00490				
⿰妾又								
	Z00346							
	Z00458							
	Z00321							
妿								
	Z00087	Z00100	Z00288					
好								
	Z00005	Z00026	Z00195	Z00220	Z00237	Z00296	Z00372	
毓								
	Z00161							

妹	Z00005							
妹	Z00044							
妹	Z00108							
	Z00293							
彝	Z00037							
	Z00321							
鬼	Z00113	Z00349	Z00352					
子	Z00002	Z00430						
子雍	Z00021	Z00237						
小子	Z00205							
孜	Z00116	Z00137	Z00377					
	Z00409							

[illegible]								
	Z00294							
目		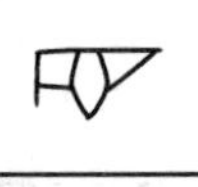						
	Z00059	Z00214						
眔								
	Z00178	Z00181	Z00264	Z00490				
见				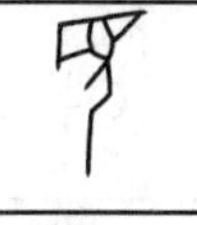				
	Z00007	Z00081	Z00168	Z00289	Z00367			
见			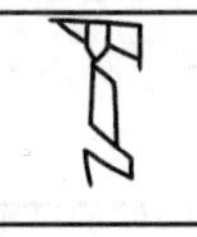					
	Z00026	Z00034	Z00149	Z00226	Z00372	Z00451	Z00502	

	Z00374							
苋								
	Z00179	Z00338						
媚								
	Z00290							
[illegible]								
	Z00290							
臣	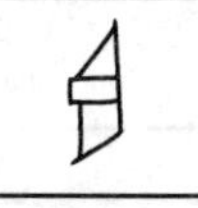	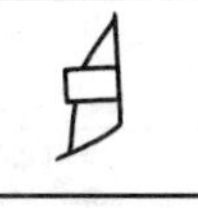	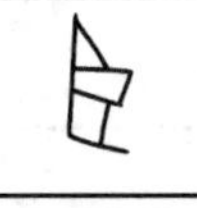		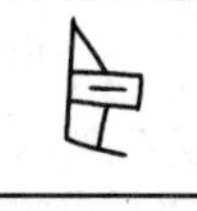			
	Z00028	Z00034	Z00053	Z00075	Z00183	Z00215	Z00290	
[illegible]	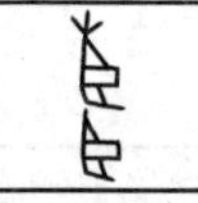	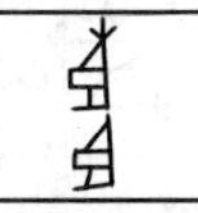						
	Z00113	Z00409						
[illegible]	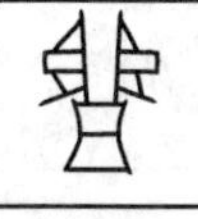	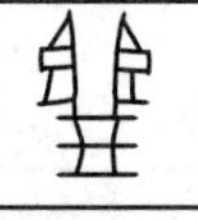						
	Z00147	Z00289						

[illegible]	Z00416						
耳	Z00039	Z00053					
耳	Z00275	Z00450	Z00501				
取	Z00039	Z00080	Z00286	Z00321			
緝	Z00203	Z00286	z00480				
	Z00475						
闻	Z00038						
自	Z00007	Z00162	Z00170	Z00294	Z00428	Z00451	Z00516
口	Z00102	Z00137	Z00149	Z00198			
甘	Z00428						
曰	Z00005	Z00014	Z00016	Z00050	Z00053	Z00181	Z00249	Z00257
	Z00295						

告								
	Z00003	Z00005	Z00026	Z00028	Z00124	Z00135	Z00249	Z00296
言								
	Z00059	Z00285	Z00490					
甾								
	Z00300	Z00375	Z00455					
甾								
	Z00171							
由								
	Z00003	Z00028	Z00286	Z00375				
由								
	Z00273							
[illegible]								
	Z00370							
舌								
	Z00221							
[illegible]								
	Z00178							
[illegible]								
	Z00439							
革								
	Z00474-1	Z00474	Z00491					
齿								
	Z00028-1	Z00028	Z00132-1	Z00163-1	Z00163	Z00284-1	Z00395	

而	Z00003	Z00181						
心	Z00088	Z00102	Z00181	Z00401	Z00409	Z00446		
止	Z00011							
步	Z00262							
涉	Z00028	Z00036						
涉	Z00429							
之	Z00002	Z00005	Z00007	Z00013	Z00475			
出	Z00026	Z00037	Z00042	Z00221	Z00267	Z00290	Z00337	Z00370
	Z00426							
各	Z00142	Z00288						
各	Z00034	Z00169	Z00180	Z00181	Z00275	Z00335	Z00420	Z00446
	Z00475							

𧾷								
	Z00060	Z00276	Z00371					
帇								
	Z00088	Z00409	Z00455					
正								
	Z00037	Z00063	Z00264					
韦								
	Z00195							
 [illegible]								
	Z00039	Z00273						
夋								
	Z00427							
先								
	Z00109	Z00252	Z00265	Z00293				
夊								
	Z00443							
疋								
	Z00329							
㞢								
	Z00009	Z00050	Z00381					
往								
	Z00007	Z00009	Z00014	Z00055	Z00063	Z00173	Z00236	Z00475
𣥂								
	Z00502							

悎								
	Z00085							
逐								
	Z00108-1	Z00108-2	z00108-3	Z00259	Z00295			
复								
	Z00021							
复								
	Z00401							
条								
	Z00286							
[illegible]								
	Z00191-1	Z00191						
[illegible]								
	Z00090	Z00113-1	Z00113	Z00248	Z00288	Z00294	Z00371	Z00420
	Z00446	Z00454	Z00475					
通								
	Z00441							
[illegible]								
	Z00088							
砋								
	Z00473							
又								
	Z00025	Z00034	Z00088	Z00106	Z00109	Z00124	Z00234	Z00475

	Z00487							
左								
	Z00050	Z00060	Z00198	Z00358				
尹								
	Z00113	Z00196						
叉								
	Z00267-1	Z00267-2	Z00267-3	Z00267				
叉								
	Z00023	Z00338						
⿰甘又								
	Z00505							
⿰王又								
	Z00037	Z00195						
祭								
	Z00004-1	Z00170	Z00214	Z00265	Z00267			

	Z00505							
皮								
	Z00149	Z00550						
友								
	Z00002	Z00021	Z00039	Z00416				
受								
	Z00249	Z00475						

[illegible]	Z00286							
爰	Z00053							
[illegible]	Z00081	Z00195	Z00304	Z00490	Z00496			
[illegible]	Z00159							
[illegible]	Z00352							
[illegible]	Z00458							
关	Z00181							
椿	Z00011							
寻	Z00053	Z00297	Z00409					
	Z00003	Z00199	Z00241	Z00247	Z00467			
	Z00044	Z00286						
	Z00480							

字头								
[illegible]								
	Z00183							
[illegible]								
	Z00037	Z00195	Z00198					
首								
	Z00304-1	Z00304	Z00446					
渞								
	Z00113	Z00195	Z00226					
湏								
	Z00053							
[illegible]								
	Z00037							
[illegible]								
	Z00203							
由								
	Z00113	Z00125	Z00401	Z00409				
卣								
	Z00202							
乃								
	Z00003	Z00016	Z00113	Z00149	z00154	Z00241	z00252-1	z00252
	Z00265	Z00286	z00288	z00290	z00363	z00458		
白								
	Z00004-1	Z00004	Z00029	Z00037-1	Z00037	Z00063	Z00149	Z00170

	Z00181							
百	Z00027	Z00032	Z00320	Z00386				
祖	Z00004	Z00007	Z00161	Z00288	Z00316			
牛	Z00113-1	Z00113	Z00128	Z00142	Z00169	Z00204	Z00276-1	Z00276-2
	Z00276-3	Z00276	Z00278	Z00286	Z00299-1	Z00299	Z00345	Z00363
	Z00474							
牢	Z00017	Z00070	Z00163	Z00484				
牡	Z00003	Z00006	Z00037	Z00039	Z00124	Z00139	Z00150	Z00181
	Z00236	Z00451						
牝	Z00003	Z00009-1	Z00009	Z00029	Z00055	Z00063	Z00067	Z00123-1
	Z00123	Z00175	Z00180	Z00181	Z00220	Z00236	Z00255	Z00275
	Z00286-1	Z00286	Z00449	Z00459	Z00493			

字								
牧								
	Z00286							
羊								
	Z00007	Z00124	Z00304	Z00409-1	Z00409			
宰								
	Z00025	Z00034	Z00070	Z00321	Z00386			
⿱宀⿰羊土								
	Z00354							
⿰羊土								
	Z00037	Z00493						
⿰羊匕								
	Z00007	Z00034	Z00037-1	Z00037	Z00039	Z00048	Z00214	Z00228-1
	Z00228	Z00241-1	Z00241	Z00252	Z00264	Z00270	Z00363	Z00421
	Z00487							
⿰羊攵								
	Z00021							
犬								
	Z00142	Z00316	Z00355	Z00451				
狼								
	Z00108-1	Z00108-2	Z00108-3					
豕								
	Z00014-1	Z00014-2	Z00014	Z00034	Z00039	Z00050	Z00183	Z00258

	Z00284							
⿰豖土	Z00039-1	Z00039	Z00049	Z00076	Z00124	Z00226	Z00237-1	Z00237-2
	Z00237-3	Z00237	Z00240-1	Z00240	Z00451	Z00459		
⿰豕土	Z00013-1	Z00013	Z00025					
⿰豕土	Z00453							
⿰豕乚	Z00004	Z00013	Z00030	Z00039-1	Z00167	Z00215	Z00241	Z00251
	Z00261	Z00309	Z00324					
⿰豖乚	Z00139	Z00162	Z00220	Z00278				
㲋	Z00039-1	Z00039	Z00053-1	Z00053	Z00067	Z00136	Z00304	Z00474
	Z00523							
⿰㲋土	Z00330							
剢	Z00228							

㓾								
	Z00060							
㓾								
	Z00358							
⿰豕戋								
	Z00113	Z00363						
⿰豕殳								
	Z00076							
⿱余豕								
	Z00139							
涿								
	Z00036							
马								
	z00007-1	z00007	z00029	Z00046	Z00060-1	Z00060-2	z00060-3	Z00060
	z00081-1	z00146-1	Z00146	z00168	z00179	z00196	z00239-1	Z00239
	z00259	Z00288	z00289-1	z00289	z00295	z00296-1	z00296	z00349-1
	z00349	z00367-1	z00367-2	z00367	z00375	z00381	z00386	z00391-1
	z00391	Z00412	z00428	z00443	z00467	Z00493	z00498	Z00522
	Z00525							

⿰彖馬								
	Z00168							
⿰馬土								
	z00198							
⿰馬匕								
	Z00126	z00431						
⿰馬匕								
	z00098	z00324	z00369					
	z00179-1	z00179	z00386					
騩								
	Z00191-1	z00191-2	z00191					
⿸广馬								
	z00034	z00038	z00132-1	z00132	z00139	z00149-1	z00237-1	z00237
	z00343	z00369	z00467					
⿰⿸广馬土								
	Z00198							
⿰⿸广馬匕								
	Z00198							
⿰⿸广豕攴								
	z00014	z00381						
⿸广⿰馬虎								
	Z00179	Z00467						

麑								
	Z00234	Z00395-1	Z00395					
鹿	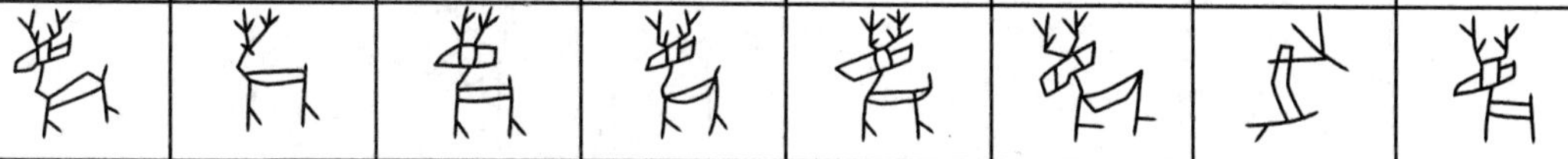							
	Z00014	Z00050	Z00170	Z00259	Z00288-1	Z00288	Z00295-1	Z00295
鹿								
	Z00035							
麗								
	Z00002-1	Z00002	Z00007-1	Z00037	Z00259-1	Z00428	Z00463-1	Z00463-2

	Z00463-3	Z00463	Z00490					
麗								
	Z00176	Z00291-1	Z00291	Z00354	Z00515			
⿱來鹿	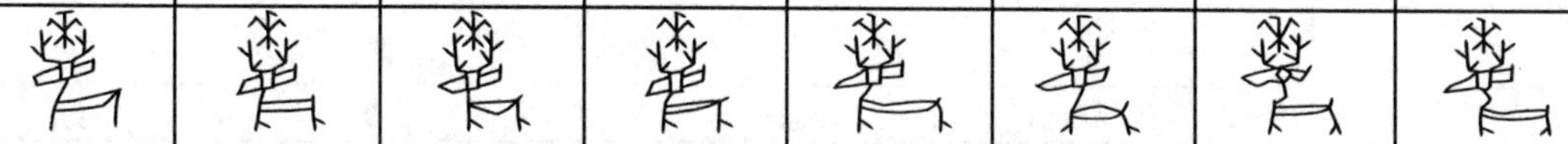							
	Z00027	Z00032-1	Z00032-2	Z00032	Z00320	Z00375	Z00410-1	Z00410

	Z00494-1	Z00494-2	Z00494					
皀								
	Z00395							
兒								
	Z00161							
毁								
	Z00226							
冦								
	Z00247	Z00449						

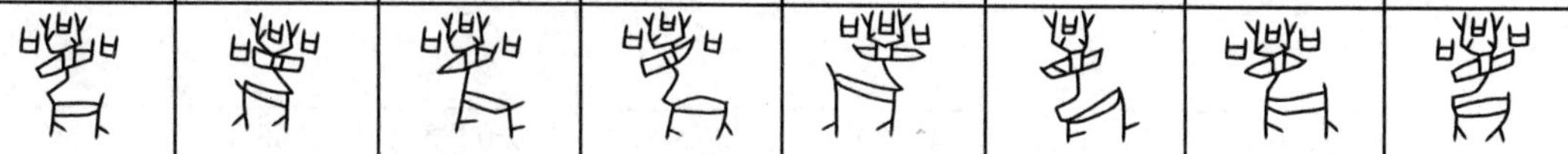

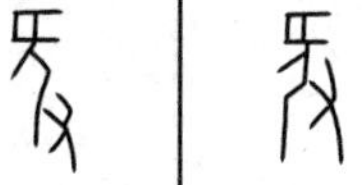

[illegible]								
	Z00255							
隹	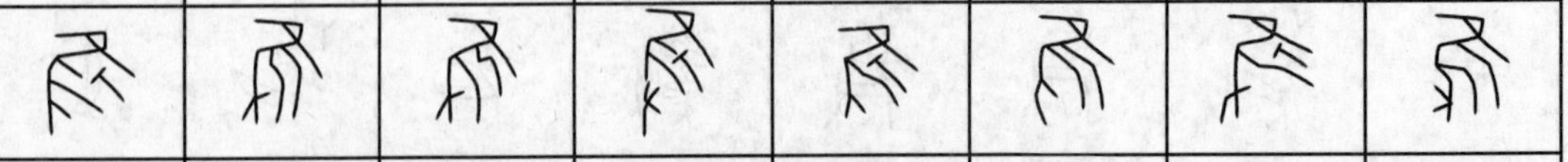							
	Z00005	Z00028-1	Z00028-2	Z00028	Z00029	Z00060	Z00102	Z00122
	Z00123	Z00161	Z00165	Z00193	Z00198	Z00234	Z00237	Z00241-1
	Z00241	Z00257	Z00264	Z00275-1	Z00275	Z00286	Z00300	Z00395
	Z00401	Z00412	Z00420	Z00449	Z00450	Z00467		
获	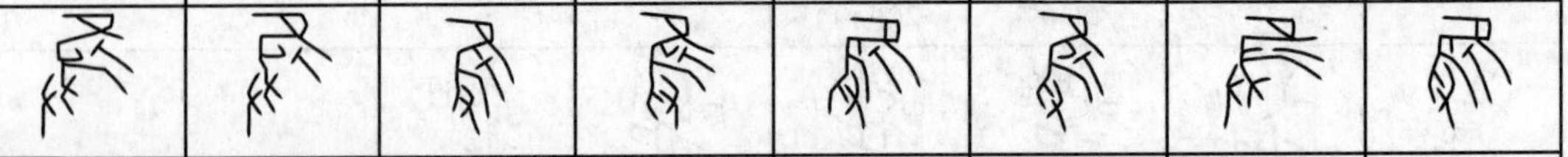							
	Z00014-1	Z00014	Z00108-1	Z00108-2	Z00108	Z00113-1	Z00259	Z00288-1
	Z00288-2	Z00288-3						
萑	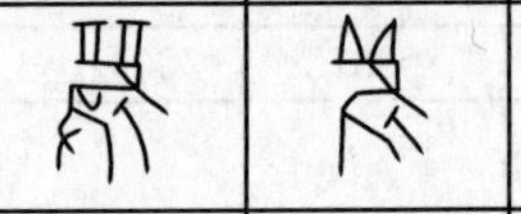							
	Z00259	Z00351						
萑								
	Z000037							
敹								
	Z00313	Z00395	Z00480					
鸣	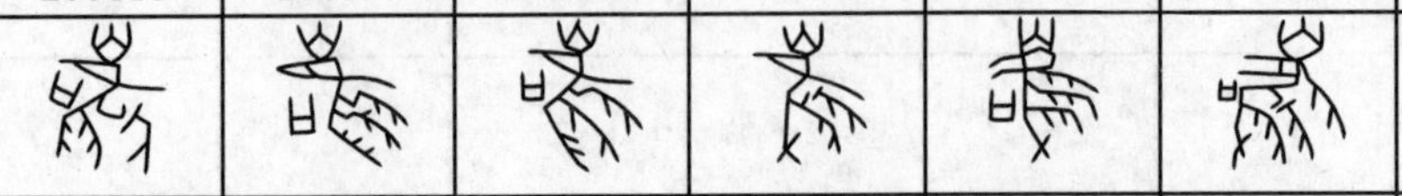							
	Z00039	Z00053-1	Z00053	Z00275	Z00450	Z00501		
[illegible]								
	Z00220-1	Z00220	Z00324	Z00338	Z00372			

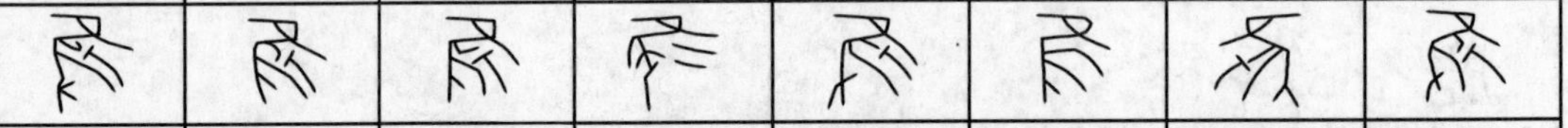

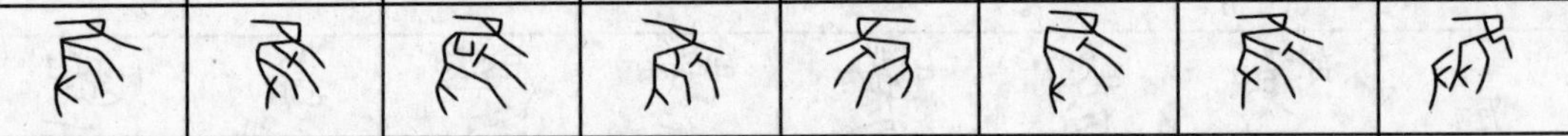

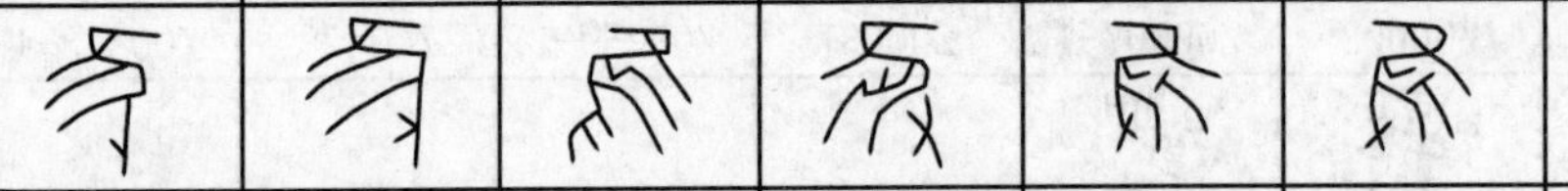

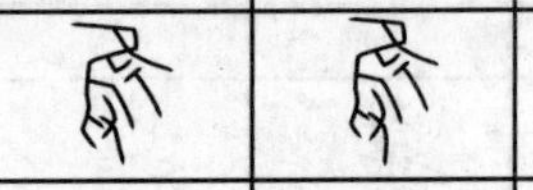

字头								
雋	Z00106							
	Z00177							
鳿	Z00296							
鱼	Z00026							
鰀	Z00113							
	Z00236							
龟	Z00449	Z00450						
	Z00017	Z00220	Z00280	Z00291	Z00323			
	Z00252	Z00450	Z00451					
龜	Z00157							
鼄	Z00288							
[illegible]	Z00053	Z00113	Z00247	Z00275	Z00501			

攺	Z00016	Z00053	Z00106	Z00113	Z00123	Z00149	Z00180	Z00223
	Z00228	Z00236	Z00241	Z00276	Z00278	Z00284	Z00286	Z00314
	Z00316	Z00322	Z00374	Z00401	Z00409	Z00427	Z00428	Z00446
	Z00451							
巳	Z00013	Z00034	Z00286	Z00324	Z00449			
它目	Z00018							
溝	Z00055	Z00255	Z00352					
翌	Z00006	Z00034	Z00108	Z00150	Z00183	Z00274	Z00316	Z00427
翌日	Z00014	Z00034	Z00039	Z00053	Z00103	Z00108-1	Z00124	Z00181
	Z00276	Z00290	Z00381	Z00395	Z00409	Z00451	Z00475	
[illegible]	Z00223							
肉	Z00441							

字								
肉	Z00113	Z00237	Z00401					
多	Z00034							
宜	Z00009	Z00026	Z00034	Z00047	Z00086	Z00394	Z00495	
生	Z00159							
封	Z000172	Z00071						
莫	Z000265							
[illegible]	Z000286							
[illegible]	Z000314	Z000340	Z000451					
屯	Z000130	Z000220						
	Z00036	Z00262						
柛	Z00053							
[illegible]	Z00235							

丧	Z00059							
	Z00011	Z00084	Z00137-1	Z00137				
榩	Z00003-1	Z00003	Z00009-1	Z00028-1	Z00028	Z00038-1	Z00181	Z00183-1
	Z00183	Z00249	Z00255-1	Z00300	Z00332			
束	Z00228	Z00474	Z00522					
	Z00206							
尞	Z00249							
尞	Z00286							
㚔	Z00187							
奏	Z00005	Z00086						
奏	Z00259	Z00510						
希	Z00014	Z00016	Z00050	Z00053	Z00102	Z00113	Z00124	Z00125

	Z00286							
⿱⺈帀								
	Z00181	Z00249						
⿱夂夫								
	Z00059							
禾								
	Z00146							
秉								
	Z00371-1	Z00371						
季								
	Z00139-1	Z00249-1	Z00249					
采								
	Z00183	Z00266-1	Z00266	Z00277-1	Z00366			
黍								
	Z00379							
来								
	Z00016	Z00034	Z00085	Z00183	Z00226	Z00480	Z00491	
麦								
	Z00149	Z00475						
⿱米豆								
	Z00039	Z00214	Z00363	Z00416				
⿰米食								
	Z00035	Z00286						

⿰米禾	Z00393							
⿰米來	Z00416							
⿰米黍	Z00048	Z00218						
⿰日占	Z00037	Z00255	Z00490-1	Z00490				
日	Z00003	Z00005	Z00006	Z00087	Z00106	Z00159	Z00191	Z00208
	Z00249	Z00256-1	Z00256					
昔	Z00035	Z00548						
夕	Z00006	Z00007	Z00009	Z00010	Z00067	Z00446		
月	Z00337							
月	Z00146	Z00159	Z00262					
云	Z00161							
旬	Z00005	Z00112	Z00183	Z00266-1	Z00266	Z00277	Z00290-1	Z00290

	Z00430	Z00474	Z00487	Z00539				
雨								
	Z00010	Z00103-1	Z00103	Z00139-1	Z00252	Z00256	Z00271-1	Z00271
	Z00301							
雨								
	Z00123							
雪								
	Z00400							
	Z00290							
[illegible]								
	Z00159							
[illegible]								
	Z00336							
土								
	Z00105							
小								
	Z00014	Z00115						
司								
	Z00103							
[illegible]								
	Z00049	Z00220						

磬	 Z00265							
[illegible]	 Z00286	 Z00466						
火	 Z00059	 Z00179						
丘	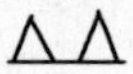 Z00014							
炅	 Z00002	 Z00055	 Z00075	 Z00122	 Z00152	 Z00183	 Z00218	 Z00384
	 Z00469	 Z00478						
 [illegible]	 Z00113							
 [illegible]	 Z00240							
陟	 Z00178							
 [illegible]	 Z00205	 Z00441						
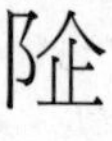 [illegible]	 Z00349							
 [illegible]	 Z00033							

字头								
阦	Z00257							
⿰阝心	Z00014-1	Z00014	Z00288-1	Z00288	Z00352			
⿰阝心	Z00289							
⿰阝尊	Z00026-1	Z00026	Z00228	Z00034				
⿰阝尊	Z00198-1							
𠂤	Z00236							
田	Z00003	Z00009						
曾	Z00294							
周	Z00102	Z00108						
	Z00228							
	Z00351							
水	Z00059							

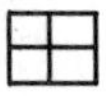

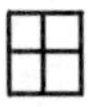

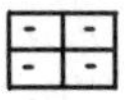

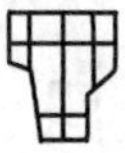

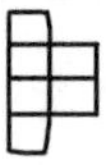

	Z00465							
河	Z00036							
昔	Z00295							
灾	Z00176							
[illegible]	Z00467							
	Z00137							
东	Z00028	Z00113	Z00195	Z00490				
西	Z00004-1	Z00004	Z00018	Z00144-1	Z00144	Z00214	Z00255	Z00289
	Z00290	Z00316	Z00332	Z00355	Z00395			
南	Z00014	Z00047	Z00144	Z00159	Z00264	Z00352	Z00455	
青	Z00038							
	Z00493							

	Z00290							
	Z00403							
中								
	Z00028	Z00102	Z00198					
史								
	Z00005	Z00114	Z00133	Z00231	Z00257	Z00395		
旋								
	Z00416							
力								
	Z00196	Z00288						
耤								
	Z00365							
乇								
	Z00161	Z00196						
舌								
	Z00006	Z00150	Z00171	Z00180	Z00183	Z00226	Z00241	Z00310
	Z00350	Z00428	Z00457	Z00490				
	Z00349-1	Z00349						
狩								
	Z00480							

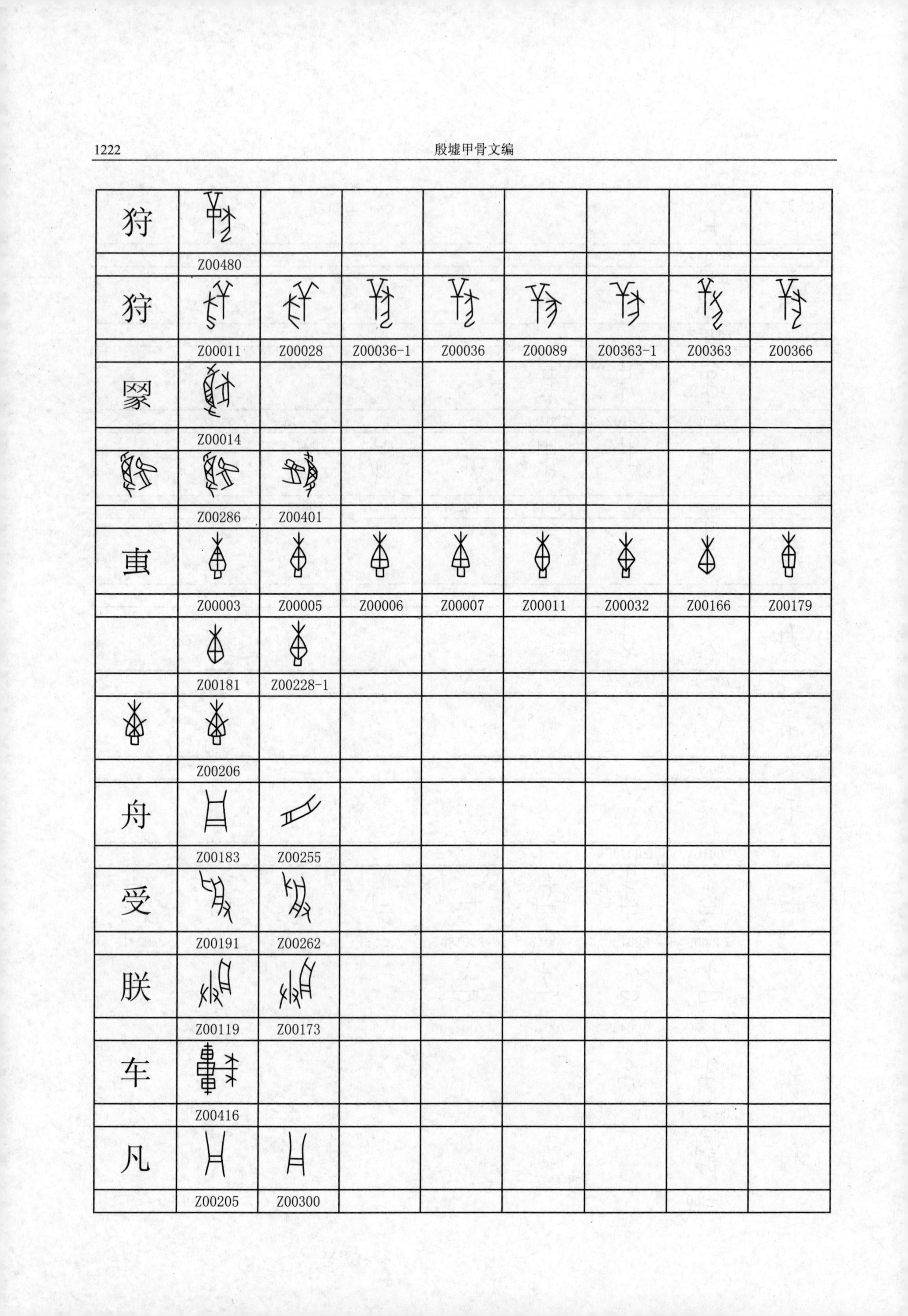

狩								
	Z00480							
狩								
	Z00011	Z00028	Z00036-1	Z00036	Z00089	Z00363-1	Z00363	Z00366
⿱网豕								
	Z00014							
	Z00286	Z00401						
叀								
	Z00003	Z00005	Z00006	Z00007	Z00011	Z00032	Z00166	Z00179
	Z00181	Z00228-1						
	Z00206							
舟								
	Z00183	Z00255						
受								
	Z00191	Z00262						
朕								
	Z00119	Z00173						
车								
	Z00416							
凡								
	Z00205	Z00300						

	Z00124							
丹								
	Z00450							
兴								
	Z00028	Z00039	Z00512					
宁								
	Z00007	Z00290						
	Z00235							
死								
	Z00003	Z00021	Z00038	Z00060	Z00078	Z00102	Z00110	Z00118
	Z00186	Z00215	Z00321	Z00431				
朁								
	Z00249							
殁								
	Z00026							
匆								
	Z00037-1	Z00037	Z00142	Z00163	Z00239	Z00241	Z00285	Z00345
分								
	Z00372							
召								
	Z00239							

句	Z00146	Z00179						
呴	Z00218	Z00379						
	Z00005	Z00013-1	Z00013	Z00146-1	Z00146	Z00163	Z00217	Z00247
	Z00297	Z00363	Z00437	Z00451	Z00480-1	Z00480		
[illegible]	Z00437							
新	Z00007	Z00009-1	Z00009	Z00011	Z00248	Z00377	Z00459	
新	Z00181							
紤	Z00037-1	Z00037	Z00063-1	Z00063	Z00292-1	Z00292	Z00437-1	Z00437
	Z00286							
乃	Z00011	Z00016	Z00377	Z00391	Z00458	Z00473		
弓	z00037-1	z00037	z00149	z00288				
弓	Z00037							

弹								
	z00063-1	z00113-1	Z00174	z00178-1	z00255	z00416-1	z00475	z00498
弹								
	z00252-1							
射								
	z00002-1	Z00005	z00037-1	z00037-2	z00037-3	z00149		
射		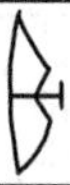						
	z00037-1	z00037-2	z00037					
射								
	Z00264							
引								
	Z00053	Z00110	Z00118	Z00206				
弜								
	Z00002	Z00003	Z00007	Z00011	Z00137	Z00260	Z00473	
至								
	Z00005	Z00208						
至								
	Z00144	Z00208						
黄								
	Z00180							
侯								
	Z00284							

	Z00446							

	Z00106							
束								
	Z00009-1	Z00009						
畀								
	Z00178	Z00410	Z00475					
畀								
	Z00075							
或								
	Z00041	Z00081						
咨								
	Z00183							
伐								
	Z00029	Z00075	Z00144	Z00149	Z00223	Z00236	Z00243	Z00275
	Z00276							
伐								
	Z00458							
戠								
	Z00005	Z00157	Z00228					
𢦏								
	Z00316							
戍								
	Z00034	Z00037						

字							
[illegible]	Z00181						
戈	Z00204						
戌	Z00088	Z00132	Z00142	Z00146	Z00157	Z00262	Z00290
咸	Z00318	Z00346-1	Z00346	Z00403	Z00437		
岁	Z00114-1	Z00114					
岁	Z00003	Z00004	Z00007				
戉	Z00206						
我	Z00034	Z00157	Z00169	Z00183	Z00264	Z00455	
柲	Z00375						
王	Z00420	Z00480	Z00517				
[illegible]	Z00262						
执	Z00294						

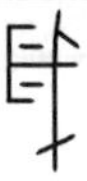

[illegible]	Z00118	Z00320						
[illegible]	Z00429							
[illegible]	Z00075							
族	Z00294	Z00178-1						
[illegible]	Z00178							
鼎	Z00149	Z00153						
贞	Z00002	Z00003						
贞	Z00446							
[illegible]	Z00236							
具	Z00006	Z00092						
爵	Z00205	Z00441	Z00449					
爵	Z00093	Z00349						

櫭								
	Z00053							
斝								
	Z00051							
斝	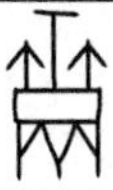							
	Z00312	Z00480						
皀								
	Z00021	Z00025	Z00359					
皀								
	Z00004	Z00149	Z00296					
食								
	Z00037							
⿱曰亏								
	Z00003	Z00014	Z00016					
皿								
	Z00087							
皿								
	Z00249							
皿								
	Z00247							
⿰氵皿								
	Z00053							
盟								
	Z00178							

盟	Z00236							
	Z00449							
	Z00294	Z00450						
⿱淮皿	Z00377							
⿰皿犬	Z00161							
监	z00092							
酒	Z00053							
奠	Z00028	Z00061	Z00387					
酓	Z00454	Z00475						
酓	Z00007	Z00016	Z00355					
⿱今⿱一酉	Z00495							
配	Z00005	Z00041	Z00441					

猷								
	z00286							

	Z001611							
[illegible]								
	Z00028	Z00039	Z00053	Z00113	Z00228	Z00236	Z00340	Z00457
覃								
	z00370							
福								
	z00226							
酉								
	z00178	z00289						
[illegible]								
	Z00149	Z00363						
壴								
	Z00064	Z00264						
壴								
	Z00102	Z00201						

	Z00011							
彭								
	Z00011							
丰								
	Z00501	Z00505						

	Z00493							
用	Z00006	Z00007	Z00010	Z00015	Z00019	Z00029	Z00032	Z00061
	Z00105	Z00113	Z00123	Z00124	Z00132	Z00180	Z00416	
其	Z00003	Z00006	Z00007	Z00010	Z00014-1	Z00014	Z00080	Z00454
[illegible]	Z00036	Z00498						
[illegible]	Z00035	Z00378						
[illegible]	Z00009	Z00010						
[illegible]	Z00004	Z00007	Z00026	Z00032	Z00034	Z00037-1	Z00037	Z00039
	Z00076	Z00095	Z00149	Z00265	Z00321	Z00392	Z00463	Z00491
[illegible]	Z00014							
爯	Z00029	Z00034	Z00149	Z00180	Z00193	Z00286		
帚	Z00005	Z00211	Z00215	Z00492				

帚								
	Z00003	Z00026	Z00037	Z00063	Z00475			
[illegible]								
	Z00391-1	Z00391						
归								
	Z00132	Z00249-1	Z00249	Z00412				
臽								
	Z00165							
幽								
	Z00181							
[illegible]								
	Z00090							
宿								
	Z00010	Z00060	Z00267	Z00451				
疾								
	Z00003	Z00037	Z00038	Z00040	Z00076	Z00113	Z00117	Z00149
	Z00181	Z00240	Z00241	Z00247	Z00264	Z00299	Z00304	Z00349
	Z00351	Z00387	Z00446					
疾								
	Z00076							
疾								
	Z00069							

字头								
疾	Z00069							
疾	Z00372							
㾡	Z00331							
葬	Z00195							
疫	Z00257							
疫	Z00181							
梦	Z00026	Z00029	Z00053	Z00113	Z00149	Z00349	Z00352	
	Z00124							
妆	Z00241							
蔣	Z00003							
录	Z00161	Z00286	Z00312					
率	Z00034	Z00454	Z00474					

字头								
[illegible]	Z00078	Z00464						
兹	Z00173	Z00269	Z00286	Z00427				
幽	Z00034	Z00149	Z00237					
喛	Z00215							
[illegible]	Z00450							
[illegible]	Z00286	Z00395	Z00480					
鳶	Z00003							
索	Z00037	Z00125	Z00178					
𡟖	Z00253	Z00280						
敕	Z00179							
[illegible]	Z00252-1	Z00252						
[illegible]	Z00174							

⿰索卩								
	Z00226-1	Z00226	Z00437	Z00480				
畐								
	Z00037							
畐								
	Z00178-1	Z00178						
㡀								
	Z00480							
㡀								
	Z00451							
⿱卜𧘇								
	Z00041							
	Z00363	Z00480						
裖								
	Z00496							
乍								
	Z00016	Z00028-1	Z00028	Z00038	Z00039	Z00075	Z00085	Z00113
	Z00236	Z00286	Z00294	Z00370	Z00391			
妻								
	Z00247	Z00288	Z00416	Z00449	Z00493	Z00505		
椙								
	Z00312							

字头								
旬	Z00114							
贮	Z00060-1	Z00060	Z00168	Z00314	Z00367			
贮	Z00007							
买	Z00098							
玉	Z00037	Z00149-1	Z00149					
玉	Z00180	Z00241	Z00391					
玉	Z00288							
	Z00193							
	Z00475							
吉	Z00053	Z00149	Z00181	Z00228	Z00299			
	Z000003							
良	Z00178							

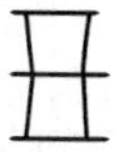

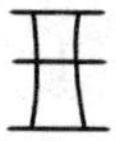

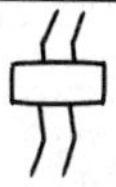

工							
	Z00324	Z00439					
亐							
	Z00006	Z00197	Z00333	Z00342			
壁							
	Z00037	Z00180-1	Z00180	Z00198-1	Z00198		
壁							
	Z00475						
壁							
	Z00196						
壁							
	Z00490						
壁							
	Z00180						
𠂤亏							
	Z00370						
	Z00157						
	Z00289						
辟							
	Z00275						
辞							
	Z00286						

	Z00493							
	Z00475							
亲	Z00028							
㮘	Z00444	Z00483						
庚	Z00113	Z00187						
𢽋	Z00403							
卯	Z00007	Z00060						
册	Z00449	Z00477						
𠷎	Z00027	Z00029	Z00053	Z00076	Z00095	Z00163	Z00550	
弗	Z00003	Z00014	Z00021	Z00038	Z00102	Z00113	Z00236	Z00290
入	Z00006							
终	Z00010	Z00061	Z00085					

今	Z00005							
余	Z00402							
亯	Z00502							
臺	Z00139	Z00249-1	Z00249					
京	Z00363							
	Z00088							
	Z00114	Z00455						
	Z00206							
⿰京丮	Z00294							
宗	Z00234	Z00292	Z00366					
⿱宀帚	Z00372							
室	Z00003	Z00236	Z00449					

家								
	Z00061							
家								
	Z00226	Z00236-1	Z00236-2	Z00236-3	Z00236	Z00490		
害								
	Z00029	Z00363						
官								
	Z00053	Z00080	Z00081	Z00113	Z00195	Z00248	Z00286	Z00416
	Z00490							
宅								
	Z00003	Z00294						
安								
	Z00369							
⿱宀丂								
	Z00236							
⿱⿱宀丂止								
	Z00173	Z00480						
	Z00294							
寮								
	Z00257							
	Z00286	Z00286-1						

	Z00416							
仆	Z00122							
	Z00113							
丙	Z00003	Z00065	Z00355	Z00475				
	Z00290							
	Z00037							
	Z00441							
商	Z00519							
商	Z00036							
商	Z00086							
商	Z00411							
丁	Z000003	Z000026	Z000258					

雍								
	z00294-1	Z00298	Z00445					
雍								
	Z00007	Z00016-1	Z00016	Z00276-1	Z00276	Z00284-1	Z00284	Z00401
	Z00409	Z00467						
宫								
	Z00081							
亚								
	Z00028	Z00149	Z00500					
	Z00416							
行								
	Z00073							
𢓊								
	Z00003-1	Z00003-2	Z00003	Z00004	Z00044	Z00086	Z00103	Z00395
	Z00416							
徝								
	Z00006	Z00123						
徜								
	Z00288							
律								
	Z00095							

徲	Z00429							
永	Z00005	Z00009						
卜	Z00003							
囗卜	Z00430	Z00519						
骨	Z00038	Z00113-1	Z00113	Z00181	Z00243	Z00279	Z00319	Z00364
	Z00518							
占	Z00010	Z00102	Z00467					
占	Z00014	Z00050	Z00173	Z00252	Z00303	Z00312	Z00498	
骨斤	Z00035	Z00295	Z00548					
亼(囗卜)	Z00272	Z00417	Z00447					
示	Z00021	Z00081						
示	Z00107							

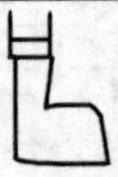

袳	Z00395							
祛	Z00409							
福	Z00376							
福	Z00181	Z00236	Z00262	Z00395				
福	Z00248-1	Z00248	Z00314	Z00318	Z00352	Z00416	Z00459-1	Z00459
	Z00474-1	Z00474	Z00490					
衩	Z00004	Z00026	Z00034-1	Z00034	Z00037	Z00063	Z00149-1	Z00149
	Z00157-1	Z00157	Z00240-1	Z00240	Z00321	Z00491		
衩	Z00142	Z00161	Z00243	Z00291	Z00392			
祝	Z00006	Z00007	Z00008	Z00286				
祝	Z00361							
[illegible]	Z00088							

率								
	Z00294-1	Z00294						
汎 								
	Z00115							
[illegible]								
	Z00142							
㞢  								
	Z00006	Z00333						
[illegible]								
	Z00115	Z00493						
彡   								
	Z00226-1	Z00226	Z00237					
学 								
	Z00473							
学 								
	Z00181							
学  								
	Z00150	Z00280						
学  								
	Z00450	Z00474						
于  								
	Z00002	Z00005						
于 								
	Z00450							

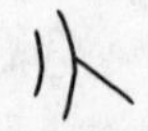

乎								
	Z00037	Z00038	Z00046	Z00085	Z00379			
在								
	Z00002							
不								
	Z00003-1	Z00003	Z00010	Z00026	Z00028	Z00059	Z00078	Z00255
	Z00275	Z00288	Z00293	Z00351	Z00378	Z00379		
杈								
	Z00053	Z00181	Z00293	Z00474				
利								
	Z00022	Z00240	Z00285-1	Z00285-2	Z00285	Z00370	Z00449	Z00450
炋								
	Z00137							
以								
	Z00006	Z00014	Z00037-1	Z00037	Z00053	Z00063	Z00090	Z00113
	Z00202	Z00211	Z00215	Z00259	Z00265-1	Z00265	Z00286	Z00498
万								
	Z00206	Z00226						
方								
	Z00088							
亡								
	Z00053	Z00087	Z00240					

甲	Z00004							
乙	Z00003							
巳	Z00093	Z00171						
丁	Z000003	Z000037						
戊	Z00039	Z00355	Z00419					
己	Z00007							
庚	Z00007	Z00019	Z00087					
辛	Z00003	Z00113	Z00370					
壬	Z00003							
癸	Z00416							
子	Z00002	Z00005	Z00007	Z00026	Z00037	Z00060	Z00088	Z00142
	Z00178	Z00180	Z00228	Z00275	Z00282	Z00305	Z00321	Z00371

	 Z00397							
丑	Z00006	Z00049	Z00060	Z00108	Z00247			
寅	Z00004	Z00149	Z00150					
卯	Z00004	Z00076						
辰	Z00006	Z00017	Z00061	Z00086	Z00226	Z00318	Z00369	Z00420
午	Z00013							
未	Z00007	Z00009	Z00010	Z00161	Z00234	Z00293-		
申	Z00026	Z00034	Z00035	Z00037	Z00059	Z00081	Z00095	Z00110
	 Z00267	Z00291	Z00354	Z00372	Z00376	Z00394	Z00467	
酉	Z00007	Z00013	Z00034	Z00037	Z00146	Z00150	Z00154	Z00175
	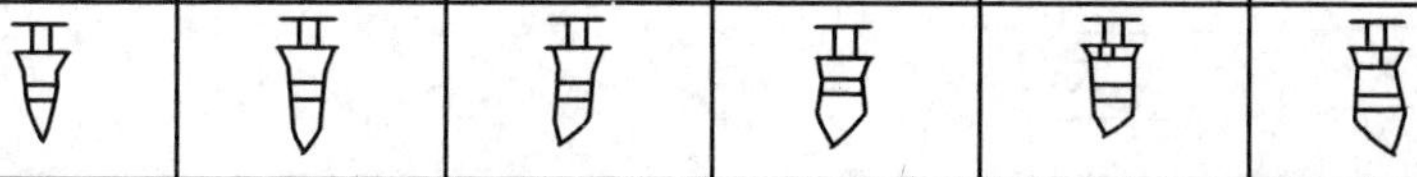 Z00220	Z00275	Z00353	Z00372	Z00457	Z00529		
戌	Z00026	Z00267	Z00310	Z00381	Z00420	Z00490		

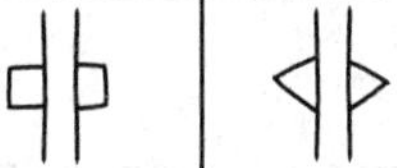

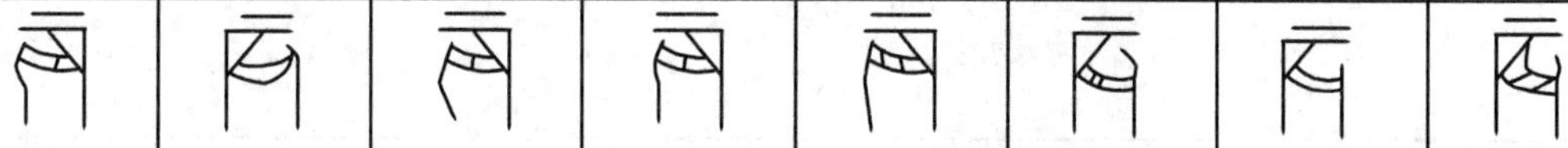

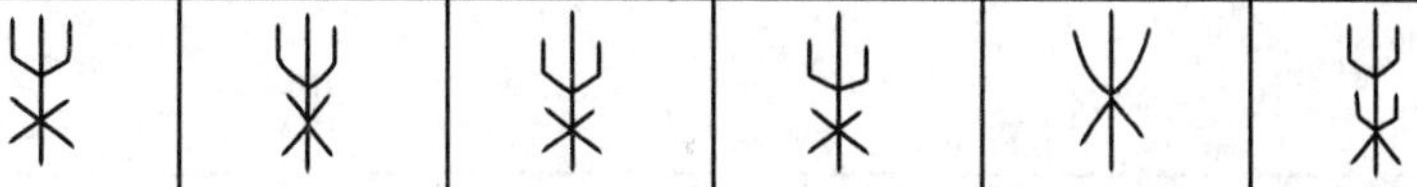

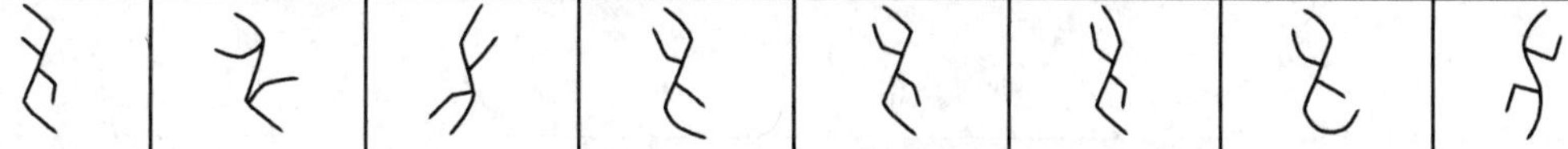

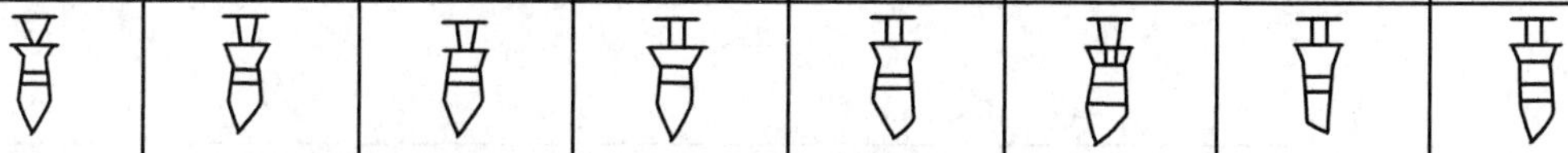

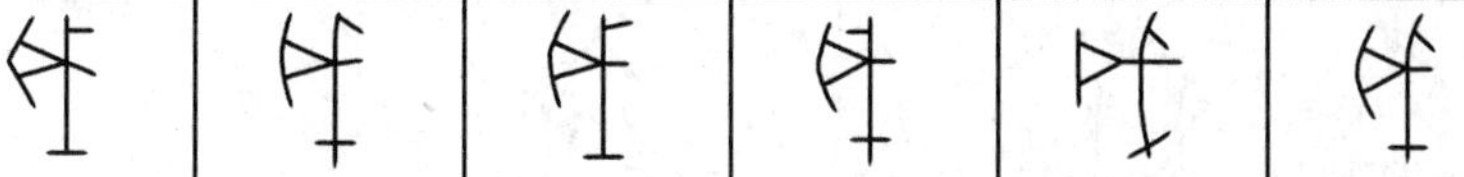

亥	Z00005	Z00021	Z00050	Z00080	Z00132			
	Z00320							
	z00029	Z00149	Z00197					
	Z00213							
	Z00425							
	Z00312							
一	Z00002							
二	Z00004							
三	Z00027							
四	Z00006							
五	Z00003	Z00006	Z00178					
六	Z00020	Z00028	Z00083	Z00243	Z00288			

七								
	Z00032							
八								
	Z00037	Z00252						
九								
	Z00310	Z00480						
十								
	Z00037							
二十								
	Z00120							
三十								
	Z00038	Z00094	Z00113-1	Z00113	Z00250			
四十								
	Z00113							
五十								
	Z00113							
八十								
	Z00439							
上甲								
	Z00338							
大甲								
	Z00034	Z00169						
小甲								
	Z00085							

祖乙	Z00004-1	Z00004	Z00006	Z00013-1	Z00013	Z00017	Z00025	Z00034
	Z00195	Z00449	Z00463					
祖辛	Z00056							
祖甲	Z00004-1	Z00004	Z00034	Z00149	Z00180			
祖丁	Z00049	Z00226	Z00237					
祖庚	Z00056							
祖丙	Z00401	Z00446						
二祖	Z00411							
妣甲	Z00088	Z00176						
妣丙	Z00401							
妣丁	Z00013	Z00039	Z00136	Z00181	Z00183	Z00217-1	Z00217	Z00273
	Z00304	Z00409	Z0157					

妣己								
	Z00025	Z00030	Z00039	Z00162	Z00181	Z00236	Z00273-1	Z00273
	Z00276	Z00353	Z00459					
妣庚								
	Z00026-1	Z00026	Z00027	Z00039	Z00075	Z00123-1	Z00123	Z00175
	Z00304	Z00322	Z00409					
妣癸								
	Z00280							
父丙								
	Z00286							
母戊								
	Z00395							
	Z00443							
	Z00411							
	Z00169							
	Z00555							

花东甲骨文编部首表

（甲骨文字头下，上列是汉字或隶定字，中列是部首检索页码，下列是正文页码）

人	大	卩	女	子	目	耳	自	口	齿	止
1256	1256	1257	1257	1257	1257	1257	1258	1258	1258	1258
1186	1189	1191	1193	1194	1195	1196	1196	1196	1197	1198
而	心	又	首	由	白	祖	牛	犬	豕	羊
1258	1258	1258	1259	1259	1259	1259	1259	1259	1259	1259
1198	1198	1200	1203	1203	1203	1204	1204	1205	1205	1205
马	鹰	敄	皀	兕	㲋	麑	鹿	䳣	隹	鱼
1259	1259	1259	1259	1259	1259	1259	1259	1259	1260	1260
1207	1208	1208	1209	1209	1209	1209	1209	1210	1210	1211
龟	龜	鼄	它	萬	羽	肉	生	屯		尞
1260	1260	1260	1260	1260	1260	1260	1260	1260	1260	1260
1211	1211	1211	1211	1212	1212	1212	1213	1213	1213	1214
桒	希	禾	来	壴	云	昍	日	夕	雨	𢀛
1260	1260	1260	1260	1260	1260	1260	1260	1260	1260	1260
1214	1214	1215	1215	1215	1216	1216	1216	1216	1217	1217

土	小	司	陟	火	自	田	水	南	东	西
1260	1260	1260	1261	1260	1261	1261	1261	1261	1261	1261
1217	1217	1217	1218	1218	1219	1219	1219	1220	1220	1220
中	力	狩	翏	叀	舟	车	凡	匆	弓	新
1261	1261	1261	1261	1261	1261	1261	1261	1261	1261	1261
1221	1221	1221	1222	1222	1222	1222	1222	1223	1224	1224
乃	至	或	戌	王	[illegible]	斿	鼎	爵	皀	皿
1261	1262	1262	1262	1262	1262	1262	1262	1262	1262	1262
1224	1225	1226	1227	1227	1227	1228	1228	1228	1229	1229
酒	壴	用	其	冓	妇	疾	𠂤	宿	录	率
1262	1262	1262	1263	1263	1263	1263	1263	1263	1263	1263
1230	1231	1232	1232	1232	1232	1233	1233	1233	1234	1234
[illegible]	[illegible]	[illegible]	妻	[illegible]	良	玉		工		
1263	1263	1263	1263	1263	1263	1263	1263	1263	1263	1263
1235	1236	1236	1236	1236	1237	1237	1237	1238	1238	1239
庚	卯	册	弗	入	宗	今	丙	丁	亚	行
1263	1263	1263	1263	1263	1263	1263	1264	1264	1264	1264
1239	1239	1239	1239	1239	1240	1240	1242	1242	1243	1243
卜	[illegible]	示	[illegible]			出	彡	学	于	乎
1264	1264	1264	1264	1264	1264	1264	1264	1264	1264	1264
1244	1244	1244	1245	1246	1246	1246	1246	1246	1246	1247
							上甲等			
在	不	以	万	亡	甲	一		死		
1264	1264	1264	1264	1264	1264	1265	1265	1261		
1247	1247	1247	1247	1247	1248	1250	1251	1223		

花东甲骨文编部首检索表

（每字的上一行是此字的现代汉字或隶定字；下一行是此字所在页码）

人	匕	企	企	旨	允	襄	尻	𡵂	𡵂	
1186	1186	1186	1186	1186	1186	1186	1186	1186	1186	1186
	何	老	及	羌	传	从	从	并	北	非
1187	1187	1187	1187	1187	1187	1187	1187	1187	1187	1187
	休			叺	腹	俑	吊		兄	兇
1188	1188	1188	1188	1188	1188	1188	1188	1188	1188	1188
大	仄	昃	夫	立	吴			屰	黑	
1189	1189	1189	1189	1189	1189	1189	1189	1189	1189	1189
	艰	亦	舞	舞	舞	燕		异		
1189	1190	1190	1190	1190	1190	1190	1190	1190	1190	1190
并										
1190	1191	1191								

卩				卬	令		𠬝	卯	印	卲
1191	1191	1191	1191	1191	1191	1191	1191	1191	1191	1192
若	钔	即			既	乡	[illegible]	艺	鬼	[illegible]
1192	1192	1192	1192	1192	1192	1192	1192	1192	1192	1193
女	女	母		妾	[illegible]			妫	好	毓
1193	1193	1193	1193	1193	1193	1193	1193	1193	1193	1193
妺	妹	妹		彝		鬼				
1194	1194	1194	1194	1194	1194	1194				
子	雍	小子	孜		[illegible]					
1194	1194	1194	1194	1194	1195					
目	罘	见	见		萈	媚	[illegible]	臣	[illegible]	[illegible]
1195	1195	1195	1195	1195	1195	1195	1195	1195	1195	1195
[illegible]										
1196										
耳	耳	取	緝	緝	闻					
1196	1196	1196	1196	1196	1196					

自										
1196										
口	甘	曰	告	言	甾	甾	由	由	舌	舁
1196	1196	1196	1197	1197	1197	1197	1197	1197	1197	1197
	革									
1197	1197									
齿	而	心								
1197	1198	1198								
止	步	涉	涉	之	出	各	各	昰	韦	正
1198	1198	1198	1198	1198	1198	1198	1198	1199	1199	1199
韦		夌	先	夂	疋	㞷	往	[illegible]	[illegible]	逐
1199	1199	1199	1199	1199	1199	1199	1199	1199	1200	1200
复	复	条	[illegible]	[illegible]	通	遇	[illegible]			
1200	1200	1200	1200	1200	1200	1200	1200			
又	左	尹	[illegible]	叉	[illegible]	[illegible]	祭		皮	友
1200	1201	1201	1201	1201	1201	1201	1201	1201	1201	1201
受	受	爰	将	[illegible]	[illegible]	[illegible]	关	椿	寻	
1201	1202	1202	1202	1202	1202	1202	1202	1202	1202	1202

		般	敀							
1202	1202	1203	1203							
首	涫	湏	鑿	揹	由	卤	乃	白	百	祖
1203	1203	1203	1203	1203	1203	1203	1203	1203	1204	1204
牛	牢	牡	牝	牧	羊	宰	𦍋	𦍋	𦍌	羖
1204	1204	1204	1204	1205	1205	1205	1205	1205	1205	1205
犬	狼									
1205	1205									
豖	豠	豠	豠	𧰽	𧰽	彘	豭	豛	豛	豛
1205	1206	1206	1206	1206	1206	1206	1206	1206	1207	1207
豩	豛	豙	涿							
1207	1207	1207	1207							
马	䮂	𩣝	駜	駜		騩		鷹	麆	麀
1207	1208	1208	1208	1208	1208	1208		1208	1208	1208
敫	䴡		麑	鹿	鹿	麛	麛	麇		
1208	1208		1209	1209	1209	1209	1209	1209		
皃	兕	殹	叞	䵽						
1209	1209	1209	1209	1210						

隹	获	雈	雈	觳	鸣	雟	隽		瑀	鱼
1210	1210	1210	1210	1210	1210	1210	1211	1211	1211	1211
鰻		龟			䶂	奄	巷	攺		
1211	1211	1211	1211	1211	1211	1211	1211	1212		
巳	𧊒	溝	翌	翌日		肉	肉	多	宜	生
1212	1212	1212	1212	1212	1212	1212	1213	1213	1213	1213
封	莫	暮	暮	屯		柛	㭘	丧		榩
1213	1213	1213	1213	1213	1213	1213	1213	1214	1214	1214
		寮	寮	桒			希	希	条	
1214	1214	1214	1214	1214	1214	1214	1214	1215	1215	
禾	秉	季	采	黍	来	麦	豊	粭	秝	粸
1215	1215	1215	1215	1215	1215	1215	1215	1215	1216	1216
穄	晫	日	昔	夕	月	云	旬	雨	雨	雪
1216	1216	1216	1216	1216	1216	1216	1216	1217	1217	1217
	𠮷	𠮷	土	小	司	腡	磬	㞢	火	丘
1217	1217	1217	1217	1217	1217	1217	1218	1218	1218	1218

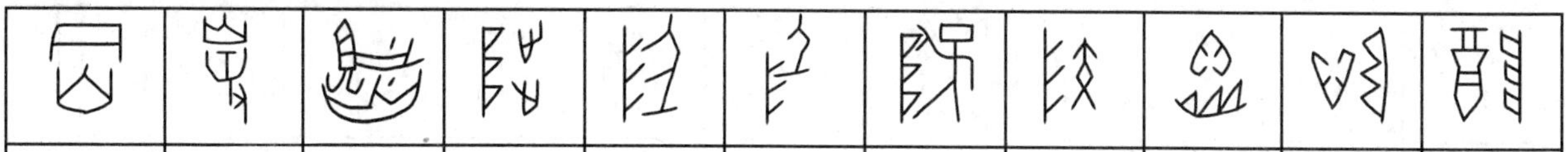

灵		㚇	陟	陰	陰	阦	阦	阢	阢	隮
1218	1218	1218	1218	1218	1218	1218	1219	1219	1219	1219
隮	自	田	曾	周			水		河	
1219	1219	1219	1219	1219	1219	1219	1219	1220	1220	
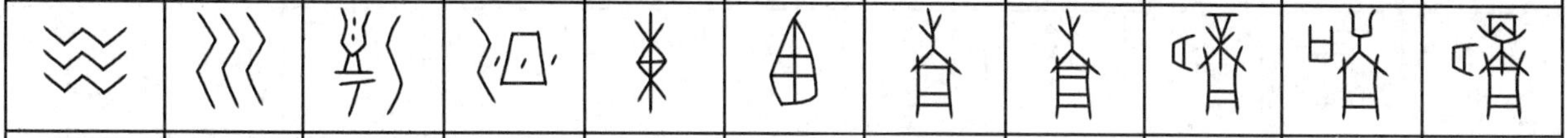 昔	灾	滓		东	西	南	青			
1220	1220	1220	1220	1220	1220	1220	1220	1220	1221	1221
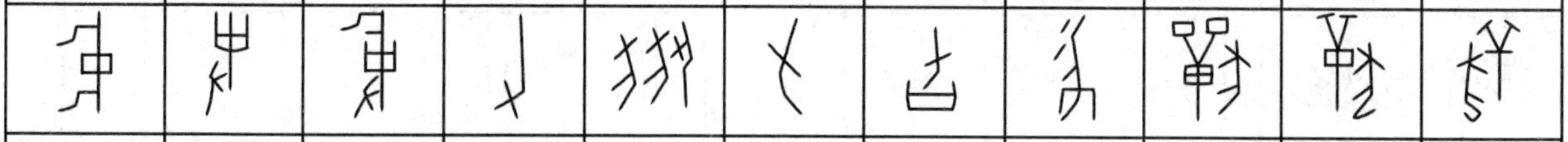 中	史	旋	力	耤	乇	舌		狩	狩	狩
1221	1221	1221	1221	1221	1221	1221	1221	1221	1222	1222
罬	罬	叀		舟	受	朕	车	凡		丹
1222	1222	1222	1222	1222	1222	1222	1222	1222	1223	1223
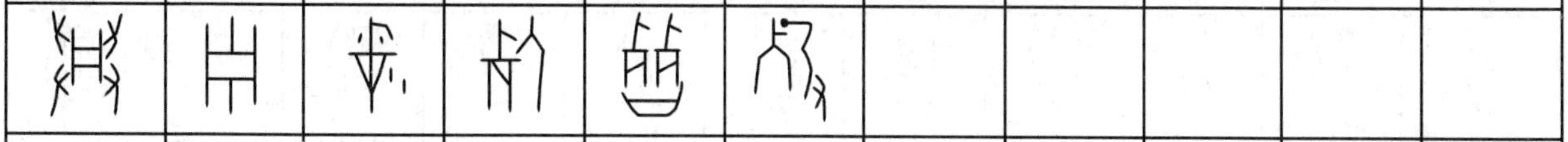 兴	宁		死	㱙	歿					
1223	1223	1223	1223	1223	1223					
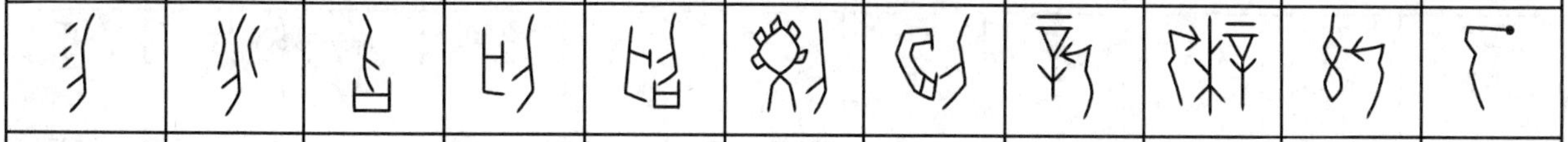 刎	分	召	匄	昫		㓹	新	𣂪	釿	乃
1223	1223	1223	1224	1224	1224	1224	1224	1224	1224	1224
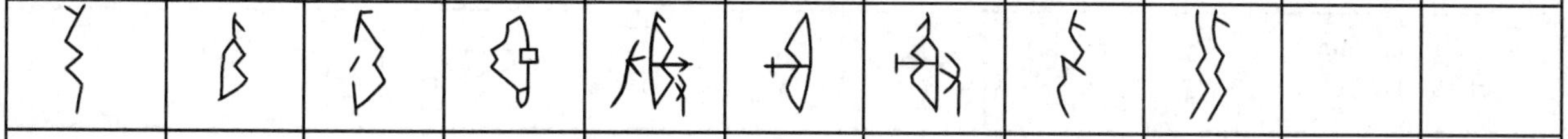 弓	弓	弹	弹	射	射	射	引	弜		
1224	1224	1225	1225	1225	1225	1225	1225	1225		

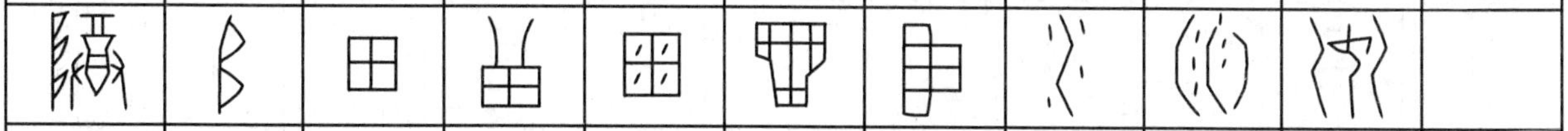

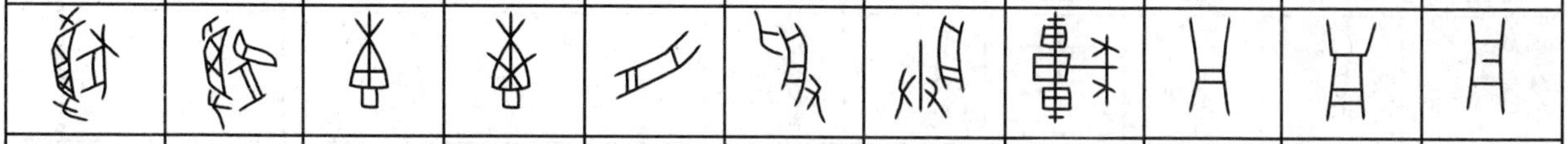

至	至	黄	侯		函	束	畀	畀		
1225	1225	1225	1225	1225	1226	1226	1226	1226		
或	吝	伐	伐	戠	戋	戊	戓	戈	戌	咸
1226	1226	1226	1226	1226	1226	1226	1227	1227	1227	1227
岁	岁	戉	我	柲	王					
1227	1227	1227	1227	1227	1227					
[illegible]	执	國	[illegible]	旃	族	[illegible]	鼎	贞	贞	鼒
1227	1227	1228	1228	1228	1228	1228	1228	1228	1228	1228
具	爵	爵	[illegible]	斝	斝		皀	皀	食	[illegible]
1228	1228	1228	1229	1229	1229	1229	1229	1229	1229	1229
皿	皿	皿	[illegible]	盟	盟		[illegible]	[illegible]		监
1229	1229	1229	1229	1229	1230	1230	1230	1230	1230	1230
酒	奠	酓	酓	酓	配	猷		[illegible]	覃	福
1230	1230	1230	1230	1230	1230	1231	1231	1231	1231	1231
[illegible]	[illegible]	壴	壴		彭	丰		用		
1231	1231	1231	1231	1231	1231	1231	1232	1232		

其	綦	毕	䧼	𢀳	冓	爯	帚	帚	𢁳	归
1232	1232	1232	1232	1232	1232	1232	1232	1233	1233	1233
臽	𡆥		宿	疾	疾	疾	疾	疾	㾊	葬
1233	1233	1233	1233	1233	1233	1233	1234	1234	1234	1234
疚	疫	梦		妆	蒋	录	率	幺	兹	
1234	1234	1234	1234	1234	1234	1234	1234	1235	1235	
幽	嗳	絅	𠞗	𩿧	索	𡣍	敉	𠞗	𨛜	𨛜
1235	1235	1235	1235	1235	1235	1235	1235	1235	1235	1236
畐	畐	𠜂	𠜂	衣		裖	乍	妻	榍	
1236	1236	1236	1236	1236	1236	1236	1236	1236	1236	
貟	贮	贮	买	玉	玉	玉			吉	
1237	1237	1237	1237	1237	1237	1237	1237	1237	1237	1237
良	工	亏	璧	璧	璧	璧	㱸		㛹	辟
1237	1238	1238	1238	1238	1238	1238	1238	1238	1238	1238
辟			亲	𢑚	㪎	卯	册	𠕋	弗	入
1238	1239	1239	1239	1239	1239	1239	1239	1239	1239	1239
终	今	余	亯	𦎫	京				𡨦	宗
1239	1240	1240	1240	1240	1240	1240	1240	1240	1240	1240

[illegible]	室	家	家	害	官	宅	安	穷	宔	
1240	1240	1241	1241	1241	1241	1241	1241	1241	1241	1241
寮			仆	叙	丙	㒳			商	商
1241	1241	1242	1242	1242	1242	1242	1242	1242	1242	1242
商	商	丁	雍	雍	宫	亚		行	㣊	徝
1242	1242	1242	1243	1243	1243	1243	1243	1243	1243	1243
徜	律	徲	永	卜	𡆥	骨	占	占	斮	㕣
1243	1243	1244	1244	1244	1244	1244	1244	1244	1244	1244
示	示	移	祛	福	福	福	衩	衩	祝	祝
1244	1244	1245	1245	1245	1245	1245	1245	1245	1245	1245
钔	率	汎		㞢	奴	彡	学	学	学	学
1245	1246	1246	1246	1246	1246	1246	1246	1246	1246	1246
于	于	乎	在	不	权	利	怀	以	万	方
1246	1246	1247	1247	1247	1247	1247	1247	1247	1247	1247
亡	甲	乙	巳	丁	戊	己	庚	辛	壬	癸
1247	1248	1248	1248	1248	1248	1248	1248	1248	1248	1248
子	丑	寅	卯	辰	戌	未	申	酉	戌	亥
1248	1249	1249	1249	1249	1249	1249	1249	1249	1249	1250

1250	1250	1250	1250	1250	1253	1253	1253	1253		
一	二	三	四	五	六	七	八	九	十	
1250	1250	1250	1250	1250	1250	1251	1251	1251	1251	
二十	三十	四十	五十	八十						
1251	1251	1251	1251	1251						
上甲	大甲	小甲	祖乙	祖辛	祖甲	祖丁	祖庚	祖丙	二祖	
1251	1251	1251	1252	1252	1252	1252	1252	1252	1252	
妣甲	妣丙	妣丁	妣己	妣庚	妣癸		父丙	母戊		
1252	1252	1252	1253	1253	1253		1253	1253		

花东甲骨文编笔画目录

5	凥	叺	㚢		馲	馲	兂	囚	蚑	北
	1186	1189	1193		1208	1208	1135	1244	1246	1187
	兂	立	令	印	母	目	甘	由	出	正
	1188	1189	1191	1191	1193	1195	1196	1197	1198	1199
	疋	遇	左	皮	白	生	禾	司	丘	田
	1199	1200	1201	1201	1203	1213	1215	1217	1218	1219
	东	史	匆	召	匄	戊	戉	皿	用	归
	1220	1221	1223	1223	1224	1226	1227	1229	1232	1233
		乍	玉	卯	册	弗	丙	永	占	汎
		1236	1237	1239	1239	1239	1242	1244	1244	1246
	乎	甲	戊	卯	戊	未	申			
	1247	1248	1226	1249	1248	1249	1249			
6	岏	吴	企	钔		旨	冬	自	青	舌
	1186	1189	1186	1192		1186	1199	1219	1220	1221
	弜	戋	卥	夸	𡧊	权	利	老	并	休
	1225	1226	1232	1238	1241	1247	1247	1187	1187	1188
	吊	亦	异	并	好	耳	自	言	而	各
	1188	1190	1190	1190	1193	1196	1196	1197	1198	1198
	叒	先	关	寻	百	羊	馸	肉	多	旬
	1199	1199	1202	1202	1204	1205	1208	1213	1213	1216
	西	舌	舟	兴	宁	死	伐	戌	岁	岁
	1220	1221	1222	1223	1223	1223	1226	1227	1227	1227
	执	贞	妆	㿝	买	吉	夸	宅	安	亚
	1227	1228	1234	1237	1237	1237	1238	1241	1241	1243
	行	衩	蚑	在			戌	亥	至	
	1243	1245	1246	1247			1249	1250	1225	
7	玫	㚤	𡈼	舌	阢	阢	沓	皀	皀	疫
	1201	1190	1195	1197	1219	1219	1226	1229	1229	1234
	征	何	羌	邵	臣	告	鿐	步	𢆉	芇
	1243	1187	1187	1192	1195	1197	1197	1198	1199	1199

	㞢	𡴀	条	股	卤	牡	牝	牧	家	龟
	1199	1199	1120	1203	1203	1204	1204	1205	1205	1211
	灾	䜣	我	良	癸	辰	酉	𠬛		
	1220	1224	1227	1237	1248	1249	1249	1201		
	𡗜	来	麦	灵	阦	阠	各	具	辛	
	1215	1215	1215	1218	1218	1219	1226	1228	1248	
8	敀	毓	孩	希	阦	叀	戓	洫	妻	非
	1203	1193	1194	1215	1219	1222	1227	1229	1236	1187
	炋	侜	昃	艰	若	即	殎	妾	妖	妹
	1247	1188	1189	1190	1192	1192	1192	1193	1194	1194
	罘	取	甾	齿	往	𡈼	㣇	兆	狼	兕
	1195	1196	1197	1197	1199	1200	1202	1205	1205	1209
	讐	隹	鱼	宜	丧	束	秉	季	昔	雨
	1210	1210	1211	1213	1214	1214	1215	1215	1216	1217
	周	昔	南	受	殁	呴	或	咸	洫	吠
	1219	1220	1220	1222	1223	1224	1226	1227	1229	1230
	其	帚	𠂤	录	衣	妻	贮	终	今	余
	1232	1232	1233	1234	1236	1236	1237	1239	1240	1240
	京	宗	官	侖	祛	𠀠	学	庚	鸣	畀
	1240	1240	1241	1244	1245	1245	1246	1248	1210	1226
9	𦥑	㓹	㓹	㓹	亯	宰	既	豼	豼	鬼
	1202	1206	1207	1207	1240	1205	1192	1206	1206	1192
	㿝	巷	攺	奉	除	除		旃	爯	𠕋
	1209	1211	1212	1214	1218	1218		1228	1232	1239
	鬼	闻	革	复	通	砋	爰	首	祖	宰
	1194	1196	1197	1200	1200	1200	1202	1203	1204	1205
	𦍩	彖	瑦	封	柛	采	𠤳	胴		狩
	1205	1207	1211	1213	1213	1215	1217	1217		1221
	𠛬	柲	國		食	雩	佰	壴	爯	幽
	1224	1227	1228		1229	1229	1231	1231	1232	1233

	疫	兹	幽	爰	畐	亲	[宀帚]	室	宫	[彳冉]
	1234	1235	1235	1202	1236	1239	1240	1240	1243	1243
	骨	祝	奏							
	1244	1245	1214							
10	罘	[犭土]			淠	[气皿]	[宀正]	[illegible]	叙	涉
	1195	1206			1220	1231	1241	1242	1193	1198
	敉	[豕戈]	涿	获	[艹黽]	莫	黍	陟	朕	射
	1205	1207	1207	1210	1211	1213	1215	1218	1222	1225
	监	酒	配	[酉彡]	[illegible]	冓	疾	[illegible]	索	[厂叔]
	1230	1230	1230	1231	1232	1232	1233	1235	1235	1239
	家		袳							
	1241		1245							
11	受	受	消	[日亩]	[illegible]	[illegible]	逐	祭	毅	萑
	1201	1202	1203	1216	1218	1200	1200	1201	1207	1210
	[艹黽]	翌	[illegible]	粖	雪	旋	弹	族	畲	[气皿]
	1211	1212	1213	1216	1217	1221	1225	1228	1230	1231
	宿	梦	率	絧	敕	裖	椙	[illegible]	商	徝
	1233	1234	1234	1235	1235	1236	1236	1242	1242	1243
	寅	萈	黄							
	1149	1195	1225							
12	賚	賚	[illegible]	[索刂]	[索刂]	黑	媚	緝	[爿寽]	捎
	1214	1214	1227	1235	1235	1189	1195	1196	1202	1203
	[革土]	騩	敞	鹿	[illegible]		樓	曾	戠	[illegible]
	1205	1208	1208	1209	1209		1214	1219	1226	1227
	[罒畀]	奠	覃	彭	[illegible]	葬	嗳	鄭	[日旁]	[示凡]
	1229	1230	1231	1231	1232	1234	1235	1235	1238	1240
		[宀咠]	湏							
		1241	1203							

13	雋	⿱罒豕	⿱屮吕	⿰彳旱	腹	⿰鬼攵	雍	⿱免兔	耦	鹰
	1211	1222	1223	1244	1188	1193	1243	1206	1208	1208
	壴	⿱罒豕	新	鼎	盟	盟	猷	福	⿸厂㬎	⿱宀疾
	1215	1222	1224	1228	1229	1230	1231	1231	1233	1234
	⿱丵用	螃	辟	辝	荠			⿰彳旱	斮	福
	1236	1238	1238	1238	1239			1244	1244	1245
	⿴囗率									
	1246									
14	⿰阝尊	⿰阝尊	⿴囗執	⿱隹𠂤	舞	椿	⿱大黽	⿰虫吕	⿰米朿	臭
	1219	1219	1228	1232	1190	1202	1211	1212	1216	1218
	耤	蒴								
	1221	1234								
15	叡	⿱亯羊	⿰彳⿱龶聿	燕	⿱垂土	⿰虘匕		澫	⿰米食	⿰革夾
	1210	1240	1243	1190	1200	1208		1212	1215	1228
	⿱今酉	寮	⿰彳⿱龶聿							
	1230	1241	1243							
16			彝	豊	⿰虎土	⿰虘土	虤	磬	⿰氵⿱隹皿	
			1194	1195	1206	1208	1208	1218	1230	
17	襄	⿱罒王	新	爵						
	1186	1195	1224	1228						
18	⿱叕鹿	暮	⿰米黍	壁						
	1209	1213	1216	1238						
19	⿱雝土									
	1203									
20	鱫	麑	⿱业鹿	⿱隹鼎						
	1211	1209	1209	1210						
21	⿰木爵									
	1229									

23	⿰旛尹	⿰女臺								
	1228	1235								
24	⿱將鼎	⿰⿱臣臣曾								
	1228	1196								
合文										
数字	二十	三十	四十	五十	八十					
	1251	1251	1251	1251	1251					
11	翌日									
	1212									
祖先名	上甲	大甲	小甲	祖乙	祖辛	祖甲	祖丁	祖庚	祖丙	二祖
	1251	1251	1251	1252	1252	1252	1252	1252	1252	1252
祖妣名	妣甲	妣丙	妣丁	妣己	妣庚	妣癸				
	1252	1252	1252	1253	1253	1253				
父、母名	父丙	母戊								
	1253	1253								
子名	小子									
	1194									

花东甲骨文编拼音目录

	弗	福								
	fu	fu								
	1239	1245								
G	甘	告	革	戈	各	庚	弓	宫	骨	关
	gan	gao	ge	ge	ge	geng	gong	gong	gu	guan
	1196	1197	1197	1227	1198	1239	1224	1243	1244	1202
	官	鬼	癸	龟	归	工	乎	获		
	guan	gui	gui	gui	gui	gong	hu	huo		
	1241	1192	1248	1211	1233	1238	1247	1210		
H	亥	好	何	禾	河	黑	侯	黄	或	火
	hai	hao	he	he	he	hei	hou	huang	huo	huo
	1250	1193	1187	1215	1220	1189	1225	1225	1226	1218
J	及	祭	即	既	己	季	疾	吉	甲	家
	ji	ji	ji	ji	ji	ji	ji	ji	jia	jia
	1187	1201	1192	1192	1248	1215	1233	1237	1248	1241
	监	艰	见	今	京	九	酒	具	爵	
	jian	jian	jian	jin	jing	jiu	jiu	ju	jue	
	1230	1190	1195	1240	1240	1251	1230	1228	1228	
K	尻	口								
	Kao	kou								
	1186	1196								
L	来	狼	老	牢	立	力	良	寮	令	六
	lai	lang	lao	lao	li	li	liang	liao	ling	liu
	1215	1205	1187	1204	1189	1221	1237	1241	1191	1250
	卤	鹿	录	率						
	lu	lu	lu	lv						
	1203	1209	1234	1234						
M	马	麦	买	卯	妹	媚	盟	梦	皿	鸣
	ma	mai	mai	mao	mei	mei	meng	meng	min	ming
	1207	1215	1237	1248	1194	1195	1230	1234	1229	1210

	莫	殁	母	目	牡					
	mo	mo	mu	mu	mu					
	1213	1223	1193	1195	1204					
N	乃	南	宁	牛	女	乃				
	nai	nan	ning	niu	nv	nai				
	1203	1220	1223	1204	1193	1224				
P	配	彭	牝	皮	仆					
	pei	peng	pin	Pi	pu					
	1230	1231	1204	1201	1242					
Q	企	七	其	羌	妾	亲	磬	求	取	犬
	qi	qi	qi	qiang	qie	qin	qing	qiu	qu	quan
	1186	1251	1232	1187	1193	1239	1218	1214	1196	1205
R	壬	人	日	戎	肉	入	若			
	ren	ren	ri	rong	rou	ru	ruo			
	1248	1186	1216	1190	1212	1239	1192			
S	三	丧	商	涉	射	申	生	十	史	食
	san	sang	shang	she	she	shen	sheng	shi	shi	shi
	1250	1214	1242	1198	1224	1249	1213	1251	1221	1229
	室	示	豕	首	受	狩	黍	疋	水	四
	shi	shi	shi	shou	shou	shou	shu	shu	shui	si
	1240	1244	1205	1203	1222	1221	1215	1199	1219	1250
	巳	司	死	兕	宿	岁	索			
	si	si	si	si	su	sui	suo			
	1212	1217	1223	1209	1233	1227	1235			
T	覃	田	条	通	土	乇	屯			
	tan	tian	tiao	tong	tu	tuo	tun			
	1231	1219	1200	1200	1217	1221	1213			
W	万	亡	往	王	未	韦	闻	我	五	舞
	wan	wang	wang	wang	wei	wei	wen	wo	wu	wu
	1247	1247	1199	1227	1249	1199	1196	1227	1250	1190

	戊	午								
	wu	wu								
	1248	1249								
X	昔	夕	西	先	咸	襄	乡	小	辛	心
	xi	xi	xi	xian	xian	xiang	xiang	xiao	xin	xin
	1220	1216	1220	1199	1227	1186	1192	1217	1248	1198
	新	兴	行	兄	休	戌	雪	学	寻	旬
	xin	xing	xing	xiong	xiu	xu	xue	xue	xun	xun
	1224	1223	1243	1188	1188	1249	1217	1246	1202	1216
Y	亚	燕	言	羊	乙	一	亦	异	艺	彝
	ya	yan	yan	yang	yi	yi	yi	yi	yi	yi
	1243	1190	1197	1205	1248	1250	1190	1190	1192	1194
	翌	宜	疫	以	翌日	尹	印	寅	引	雍
	yi	yi	yi	yi	yi ri	yin	yin	yin	yin	yong
	1212	1213	1234	1247	1212	1201	1191	1249	1225	1243
	永	友	酉	由	又	幽	猷	余	鱼	雨
	yong	you	you	you	you	you	you	yu	yu	yu
	1244	1201	1249	1197	1200	1235	1231	1240	1211	1217
		玉	于	爰	曰	月	允	云	戉	
		yu	yu	yuan	yue	yue	yun	yun	yue	
		1237	1246	1202	1196	1216	1186	1216	1227	
Z	灾	葬	曾	乍	宅	占	召	贞	朕	正
	zai	zang	zeng	zha	zhai	zhan	zhao	zhen	zhen	zheng
	1220	1234	1219	1236	1241	1244	1223	1228	1222	1199
	旨	止	之	在	至	执	黹	彘	中	终
	zhi	zhi	zhi	zai	zhi	zhi	zhi	zhi	zhong	zhong
	1186	1198	1198	1247	1225	1227	1236	1206	1221	1239
	周	舟	帚	祝	逐	贮	妆	隹	昃	自
	zhou	zhou	zhou	zhu	zhu	zhu	zhuang	zhui	ze	zi
	1219	1222	1232	1245	1200	1237	1234	1210	1189	1196

	子	宗	奏	祖	族	左	子	徝		
	zi	zong	zou	zu	zu	zuo	zi	zhi		
	1194	1240	1214	1204	1228	1201	1248	1243		
祖某	上甲	大甲	小甲	祖丙	祖丁	祖庚	祖甲	祖辛	祖乙	二祖
	shang jia	da jia	xiao jia	zu bing	zu ding	zu geng	zu jia	zu xin	zu yi	er zu
	1251	1251	1251	1252	1252	1252	1252	1252	1252	1252
妣某	妣丙	妣丁	妣庚	妣癸	妣己	妣甲				
	bi bing	bi ding	bi geng	bi gui	bi ji	bi jia				
	1252	1252	1253	1253	1253	1252				
父某	父丙									
	fu bing									
	1253									
母某	母戊									
	mu wu									
	1253									
子某	小子									
	xiao zi									
	1194									

附录二　部分新字

《殷墟小屯村中村南甲骨》新字

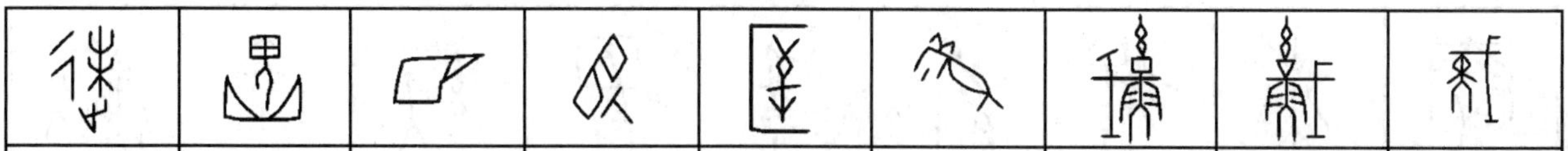

述	[illegible]			医		戣	戣	黓
c00057	c00299	c00346	c00308	c00313	c00316	c00319	c00319	c00319
[illegible]	鼉	[illegible]	十小山			隉	[illegible]	股
c00057-1	c00071	c00086	c00169	c00213	c00090	c00238	c00238-1	c00267
	金					[illegible]	妊	匿
c00288	c00296	c00296-1	c00296-2	c00319-3	c00319-4	c00320	c00327	c00337
泪	倖					觅	元	[illegible]
c00346	c00357	c00364	c00365	c00366	c00386	c00411	c00416	c00423
[illegible]	[illegible]	[illegible]		守				
c00437	c00437	c00447	c00447-1	c00453	c00453-1	c00453-2	c00458	c00459
					奴			
c00474	c00476	c00481	c00485	c00481	c00508	c00459		

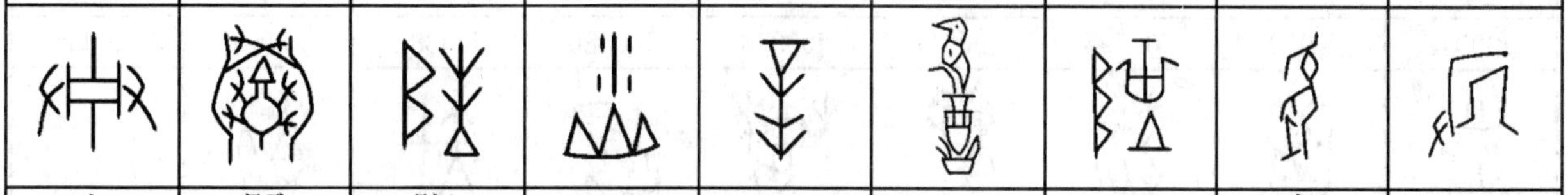

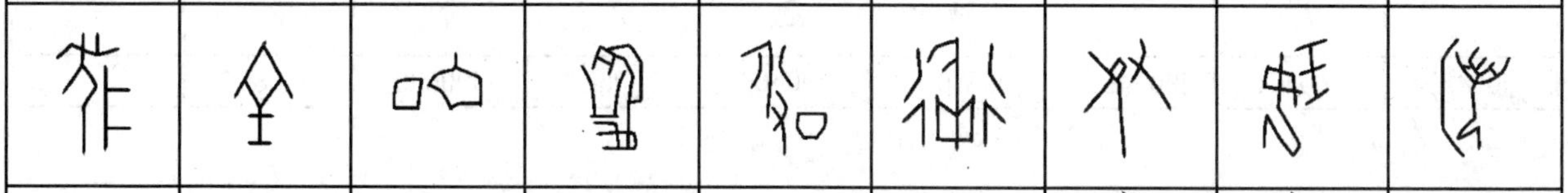

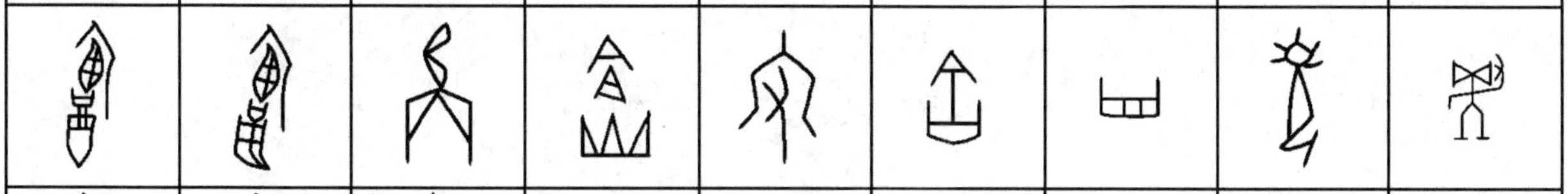

《殷墟甲骨辑佚》新字

[illegible]			投	祩		致		魰
j00043	j00127	j00293	j00317	j00340	j00380	j00382	j00446	j00449
	[illegible]	[illegible]	麗	鼔		[illegible]		
j00450	j00451	j00548 正	j00576 正	j00606	j00624	j00633	j00857	

附录三　文字考释

殷墟甲骨文字形表义论

摘　要　殷墟甲骨文中有大量的象形字。象形的甲骨文字形具有表义功能，它分别表现在两种字形上：一种是异字异形异义字；一种是同字异形异义（本文主要指在原来意义上又添加新义）字。这些象形字代表的词就是所象之物的名称。因此，有时，甲骨文字形、字义与汉字字形、字义是一对两个以上的字组成的词之关系。对此问题再认识，将有助于更准确地释读甲骨文字义。

关键词　甲骨文　象形字　字形表义

殷墟甲骨文是目前发现的最古老而成系统的文字。其字形有特殊的书写特点，首先，它是用刀契刻在龟甲或兽骨上的，不同于商代的主要书写工具——毛笔字的书写风格。其次，甲骨文是俗体字，裘锡圭谓："甲骨文看作当时一种比较特殊的俗体字，而金文大体上可以看作当时的正体字，所谓正体就是在比较郑重的场合使用的正规字体，所谓俗体就是日常使用的比较简便的字体。"① 因甲骨文是俗体字，且为手写体，每一期，甚至同一期的同一个甲骨文字书写的形体也不相同。如涉水之涉，作（《合集》480）、（《合集》15950）、（《合集》20464）、（《合集》28338）、（《合集》32951）、（《合集》36893）等形。尽管甲骨文书写的"涉"字形体变化很大，但涉字从步从水的两个基本形旁不变。以上这些字书写形体尽管差异大，但含义相同，它们被称作同字异形体。姚孝遂谓："一字多形的现象在古汉字中较为突出，尤其是甲骨文更是如此，同一文字而形体不同，我们称之为异体字。文字形体的不统一和不固定，是文字早期的、尚未完全成熟的表现。文字在其发展过程中，由于孳乳分化的需要，在原有的形体上添加上形符或声符，或者是为了书写的便利，将原有形体的某些部分加以省略，这就是文字的繁化和简化现象，在我们今天看来，其原有的形体和其变化了的形体之间，就存在着差异，因而名之曰异体字。时代的差异、地区的差异、书写习惯的差异，都有可能造成文字的差异。我们的任务之一就是将某些文字的不同形体归并在同一文字的字头之下，同时，将形体相近但肯定不是同一的文字分离开来。"② 姚孝遂先生对异体字的总结和归纳，确实符合甲骨文字的实情，比如："于"字，在卜辞中作"干"（《补编》20）形，在自组卜辞中作""（《合集》21113）、""（《合集》21216）等形，在黄组卜辞中，也有这种形体，如""（《补编》11299 反）等形。裘锡圭先生认

---

① 裘锡圭：《文字学概要》，商务印书馆 1988 年版，第 42 页。

② 姚孝遂：《〈殷墟甲骨刻辞类纂〉序》，中华书局 1989 年版，第 7 页。

为"'于'字由' '而简化为' '形"。[1] 甲骨文中，某些甲骨文字确实存在由简到繁的现象，同时也存在由繁到简的现象，如马，武丁时期的马，其书写形体为：（《补编》1983 正）、（《补编》2746 正）、（《合集》6761）、（《合集》6762）等形，祖庚、祖甲及以后，马的书写形体为：（《合集》24507）、（《合集》27959）、（《合集》32993）、（《合集》36417）等形。马这一动物最显著的特征是：马脊背上的马鬃，头部突出的眼睛和四条长腿（从马的侧面看只能看见两腿）。从武丁到祖庚、祖甲及以后时期的马字的书写形体的变化可以看出，武丁时期马字有马面（其目又是马面上的典型特征）、马身、马腿、马尾的书写形式，到后来简化省略为（马）目及代表马身、马腿、马尾的线条。但不管马字的书写形体发生怎样的变化，所有这些形体的马都被释读成现代汉语中的马，因为它们符合字形所表达的字义——马这一动物。甲骨文中大量的象形字，其字形直观地表达了其所代表的实物，因此说，甲骨文中的象形字字形具有表义功能。

甲骨文中象形字很多，象形的甲骨文字形具有表义功能，它分别表现在两种字形上：一种是异字异形异义字；另一种是同字异形异义（本文主要指在原来意义上又添加新义）字。因殷墟甲骨文字形到目前为止尚未全部系统整理，有关这方面的论述有些薄弱，下面就甲骨文字形表义现象加以论证，不妥之处，恭请方家正之。

一　异字异形异义字表义现象

甲骨文发现一百多年来，在释读甲骨文字特别是象形字时，学者们是通过甲骨文字形来解释甲骨文字义的，尤其是不同形且含义不同的字，如：（《合集》04633）、（《合集》5671）等形之字释读为"犬"字，而" "（《合补》181）、（《合集》271 正）等形之字释读为"豕"字。释读为"犬""豕"的关键在于：现实生活中犬的尾巴向上翘起，而豕的尾巴向下垂。甲骨文字"犬""豕"字用形体表达了它们的含义。又如：（《合集》04609）、（《合补》2767）等形之字释读为"象"字，也是这种形体的字形象地表达了其含义。裘锡圭先生把这类字归纳为象物字，"这类字的字形象某种实物，它们所代表的词就是所象之物的名称"。[2] 以上所举马、犬、豕、象字及其字形，其字形形体部分有相同之处（主要是字身部分），但我们仍能把它们区分出来，其主要原因，正如许慎在《〈说文解字〉序》中引《周易·系辞下》之语："古者庖牺氏之王天下也，仰则观象于天，俯则观法于地，视鸟兽之文与地之宜，近取诸身，远取诸物；于是始作易八卦，以垂宪象。及神农氏结绳为治而统其事，庶业其繁，饰伪萌生。黄帝之史仓颉，见鸟兽蹄迒之迹，知分理之可相别异也，初造书契，百工以乂，万品以察。"文字的产生和出现，是人类观察客观事物、善于把握事物根本特征的结果，因此，文字形体结构是当时人们对社会生活的反映。尽管甲骨文是目前我国所见最早最成熟的文字，但它仍保留着早期文字的某些特征。当我们认识到甲骨文字形具有的这些特征后，把文字形体与社会生活现象结合起来，考察那些至今还未释读，或已经释读出来但目前仍有争议的字的字义，将

① 裘锡圭：《文字学概要》，商务印书馆 1988 年版，第 21 页。

② 同上书，第 111 页。

有助于准确释读甲骨文字义。

二　同字异形异义字的表义现象

同字异形异义字是指在原有字形的基础上变化笔画或添加其他符号而产生新义的字。甲骨文发现一百多年来，虽然不同形且含义不同的甲骨文字的表义现象为早期学者注意到，但由于甲骨文原形字长期没有全部系统整理，故无法总结同一字的异形体哪些是孳乳与分化的结果，哪些是繁化和简化现象，哪些是时代、地区、书写习惯差异带来字形上的不同等问题。过去，我们认为甲骨文同字异形体是指同一字含义相同只是形体书写有差别而已，即甲骨文字形、字义与现代汉字的含义是一对一的关系。因甲骨文字形具有表义功能，在原有字形基础上变化笔画或添加其他符号而产生新义，所产生的新义与许多汉字之间非一对一的关系，而是一对两个以上的字组成的词之关系。如：甲骨文中“风”的象形字为凤鸟，作（《合集》13379）、（《合集》13337）、（《合集》21013）、（《合集》13339）、（《合集》21013）等形，裘锡圭先生认为“甲骨文中的‘风’字，除了在‘凤’的象形字上加注‘凡’声的写法外，偶尔还有加注‘兄’声的写法，张政烺先生认为加注‘兄’声的应该读为‘凤凰’的‘凰’……也许‘凤’的象形字本来就是双音节语素‘凤凰’而造的”[①]。作为甲骨文中的“凡”字，虽然在写法上有变化，但两个主笔画的长短基本相同，如：“”（《合集》1394正）、（《合集》19718正）等。裘锡圭先生认为加注“凡”的风（凤）字中，“凡”字作为风字的偏旁，其刻写有多种形体，如：（《合集》30250）、（《合集》30233）形，还有所谓“凡”两个主笔画的长短不一样者，如：（《屯南》619）、（《屯南》2987）、（《怀特》1417）等形。另外，甲骨文中还有带“戌”偏旁的风字，如：（《补编》8995）、（《补编》9570）、（《补编》13405）、（《合集》30265）、（《合集》30259）等。安阳一带，在公历每年的12月与次年的1月，有持续低温天气，凛冽的寒风刮在人的脸上像刀割一样生疼。从天气实际情况与带“戌”字偏旁的风字形体（代表其所象之物）判断，带“戌”字偏旁的风字含义是指凛冽的寒风。风还有带水滴的写法，如：（《合集》7369）、（《合集》7371）等形，自然界除了一般的刮风天气外，还有风雨交加天气现象，带水滴的风字，应是指风雨交加这类天气，它是在原来风字的含义上又添加了“雨”义的实际。

甲骨文中的风字，有的不带偏旁，不带偏旁的风字，应当是风的本义——刮风；有的带“凡”“戌”“水”偏旁，它们所表示的含义应当是在风的本意上又添加了新义，即在原“风”字形上又添加了其他符号的“风”字，应是以字“形”来代表语言中的词，因为与风有关的自然现象，有和煦之风、刺骨寒风及风雨交加等。这类带“凡”“戌”“水”偏旁的风字形是对自然客观现象的真实反映，用裘锡圭先生之语即“它们所代表的词就是所象之物的名称”，不过这个词不能再用现代汉语中的一个字来表达，而需要用两个以上的字组成的词来表达。因此，在全部整理甲骨文中的风字形体后，对

① 裘锡圭：《文字学概要》，商务印书馆1988年版，第21页。

风字义的正确释读，不仅要考虑其字形的偏旁，还需要和客观实际结合起来考察，方能确定其准确表达的含义。

又：甲骨文中的马字，除上面所举的几个不同形体马字外，还有：（《合集》5712）、（《合集》5714）、（《合集》5731）、（《合集》11048）等身体上带条纹形之马，因马的种类中有“斑马”，以上所举这几个马字的写法，其身体上最大的特点是马字形上加条纹。从字形看它所代表的词就是以所象之物的名称来判断，此类带条纹的马字，应像它所代表的实物——斑马。

以上所举的“风”“马”两字的字形及字义，是自然现象与动物本身的纹理这种客观现实在甲骨文字形上的反映；今后我们若把甲骨文字形与客观现实结合起来，将有助于更准确地释读其字义。甲骨文字形表义现象不仅与自然界的客观实际有关，而且与人类的社会生活也有密切的联系，为说明此问题，我们把甲骨文“弹”“射”字形与考古实物对应起来阐述此问题。

（一）弹字形表义现象

弹字在王卜辞中的字形如下：

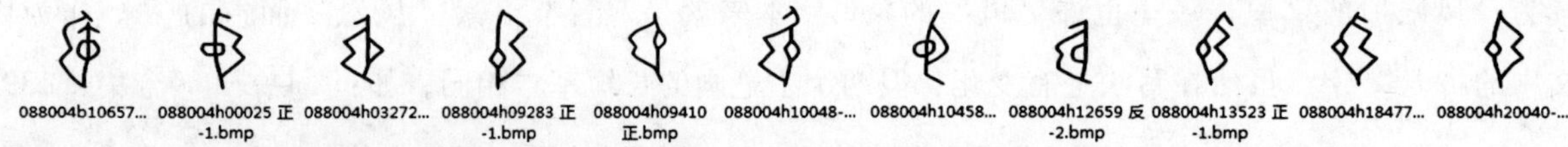

从以上弹字几种写法看，即使是弹射，所用的弓体也不完全相同。以弹而射的弹丸，安阳殷墟考古发掘中也多有发现，苗霞认为殷墟遗址出土的小陶球（见图1），应是用弓而射的弹丸。谓：“这些陶球均为泥质红陶，直径约1厘米，多数表面都经过磨光，有些还有涂朱现象，制作非常精致。这些陶球的烧制火候较高，质地坚硬。……（陶球）多出土于灰坑、窖穴中，目前出土陶球的墓葬较少，墓葬中也有发现，有的墓葬内出土的陶球达数百件。从其出土地点看，这些陶球应当与当时人的日常生活密切相关。陶球中部有一周凹槽，应该是弓绳所放的位置。”① 从考古实物看，商代有弹射使用的弹丸。

图1　殷墟遗址出土的小陶球

在中国古代，有弹射这种种类，《左传》宣公二年：“晋灵公不君，厚敛以雕墙；从台上弹人，而观其辟丸也。”其注云：“《管子·轻重丁》：‘挟弹怀丸，游水上，弹翡燕、小鸟。’《管子·轻重戊》：‘众鸟居其上，丁壮者胡丸操弹居其下，终日不归。’则弹弓亦曰弹，弹之亦曰弹，其丸则多以土为之。《潜夫论·浮侈篇》：‘或取好土作丸，卖之于弹’是也。”②

① 苗霞：《殷墟出土的陶球新解》，《中国文物报》2006年7月7日。

② 杨伯峻：《春秋左传注》，中华书局1988年版，第655页。

《说文》云："弹，行丸也。从弓持丸。"弹在文献中指以弓射丸，殷墟遗址中有弹丸出土，甲骨文中，弹字字形即以弓射丸，表义清楚，因此，尽管安阳殷墟没有发现容易腐烂的木质弓，但仍能够判定，商代有弹射这个射箭活动的种类。另外安阳殷墟发现的陶球还有其他式样，如图2所示：

图2　以上所见为安阳收藏爱好者邓弘先生收藏的陶球的式样

除了王卜辞中的弹字字形外，殷墟花东H3"子卜辞"中的弹字，有""""两种形体，目前，虽然把""""这两种形体的字都释读为"弹"，但从卜辞之间的相互联系看，它们分属于商代弹侯（相当于西周时期的大射礼）礼活动中两次不同射礼或射仪。[①]""射所用之矢为直杆形（见后面论述），""射所用的是弹丸。

（二）射字的直观表义

甲骨文中的射，写法也多种多样，分类说明如下：

1. 平头箭镞射，如：（《合集》24223）、（《合集》27060）、（《合集》27255）、（《合集》27970）、（《合集》28347）、（《合集》28305），等等，虽都属于平头箭镞，弓体形状及弓箭杆尾部也有差别。

2. 直杆箭（无箭镞）射，如：（《合补》1721）、（《合集》5753）、（《合集》30），等等。

3. 锋刃形箭镞及箭杆射，它还有三种式样，（1）箭杆不超出弦者，如：（《合集》5773）、（《合集》5787）、（《合集》28363）、（《屯南》598），等等。（2）箭杆尾翼分叉者，如：（《合集》13）、（《合补》1717）、（《合集》28402）、（《英藏》2299），等等。（3）箭杆尾翼交叉分叉者，如：（《合集》5768）、（《合集》5783）、（《合集》5788）、（《合集》5791）、（《合集》5792）、（《合集》5797），等等。

甲骨文中，射字反映出的箭镞，大致上有以上三种类别。岳洪彬进行过统计，认为安阳殷墟考古发现的箭镞的种类，大体上分为两大类，即锋刃镞和非锋刃镞。"第一类 带双翼或多翼锋刃的镞，有的横断面呈三棱状，有的呈菱形，也有的中脊两锋或三锋式，形式最为多样。……从材质上看，大多数为铜镞，部分骨镞，石质的最少见。第二类 镞体呈圆柱形或横断面呈菱形，最大特征为无锋刃。……此类镞从形态差异上又可分为两型。A型是一种直杆状的镞，镞头和镞身的断面直径大致相

① 韩江苏：《从殷墟花东H3卜辞排谱看商代弹侯礼》，《殷都学刊》2009年第1期。

同，唯近镞头处呈圆锥状，这里称其为‘直杆尖头镞’。……B 型箭头为平头，有的镞身断面直径相同，有的镞身呈亚腰形。我们称这种镞为‘平头镞’。……镞是一种射杀兵器，其功能直接体现在镞头处，上述三种形态不同的镞，其差异也恰在其镞头处，因此，推测其功能也存在差异。”① 殷墟出土的各类镞及镞头与文字对应字如下：

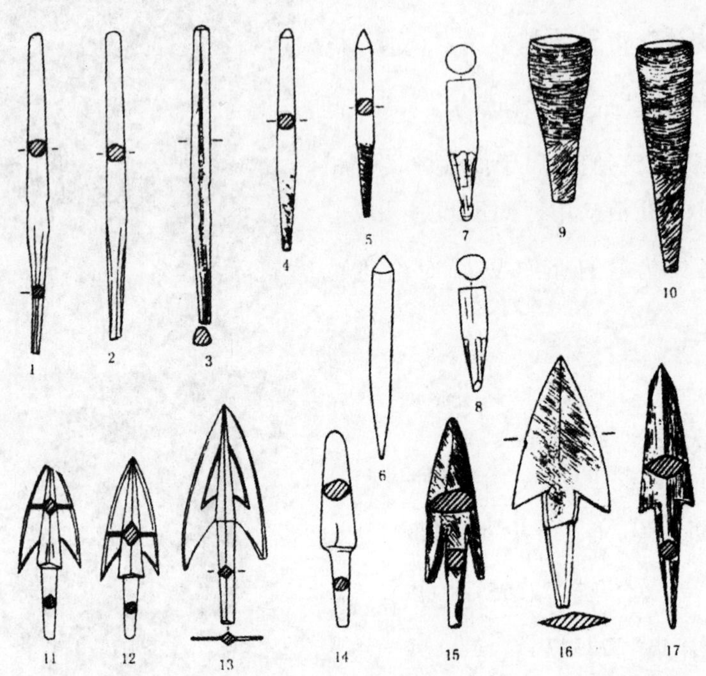

1~6、14.第二类A型镞（1976AXTT12③: 1、1976AXTH70: 10、2000AHDM54: 298、1985AXTT66②: 1、1976AXTH72: 1、GM907: 22、GT267②:7）7~10. 第二类B型镞（1976AXTH70: 1、1976AXTT24②: 2、2000AHDM54: 390、2000AHDM54: 391）11~13、15~17.第一类镞（APNIVT Ⅰ A④: 12、APNT Ⅰ IIT15④: 5、1999AHBHDM18: 1、AGNT2④: 44、2004AST1512④: 1、AVET17④: 23）（1~5、7~10为骨镞，6为石镞，11~14为铜镞）

图 3 殷墟出土的各类镞

甲骨文字平头镞、直杆镞、锋刃形箭镞构成的射字，在这里我们不能理解为文字的孳乳、分化或添加的形旁或声旁，更不能说“时代的差异、地区的差异、书写习惯的差异，都有可能造成文字的差异”。这些“射”的同字异形体的表义功能清楚，即他们分别是用不同的箭镞而射之义。另外，射字的弓体写法也相差很大，如：（《合集》277），（《合集》974 反），（《合集》5748），（《合集》5783），（《合集》20647），（《合集》28081），（《合集》26899），（《合集》28400），（《合集》28814），（《合集》28819），（《合集》29084），（《屯南》256），（《屯南》771），、（《屯南》2539），（《英藏》2421）。凡弓，必具往来两体，《周礼·冬官·考工记·弓人》：“往体多，来体寡，谓之夹臾之属，利射侯与弋。往体寡，来体多，

① 岳洪彬、岳占伟：《殷墟的镞与甲骨金文中的“矢”和“射”字》，《文物》2009 年第 8 期。

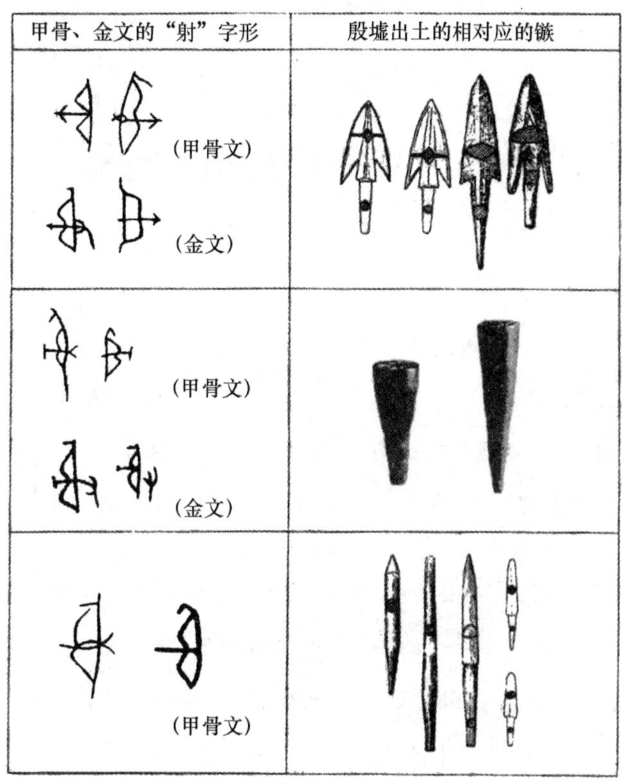

图4　采自岳洪彬、岳占伟《殷墟的镞与甲骨金文中的“矢”和“射”字》一文

谓之王弓之属，利射革与质。往体来体若一，谓之唐弓之属，利射深。”[1] 弓体形状、材质厚薄还决定弓体强弱度和快慢速度。其论证见《殷墟花东 H3 卜辞中“迟弓、恒弓、疾弓”考》一文。[2] 甲骨文字“射”字中“弓”的形体表明是以何种弓、何种箭镞而射，字形表义功能清楚。

从弹、射甲骨文字形及殷墟考古实物相互印证，商代种类繁多“射”义在甲骨文字形上表现了出来，射字字形、字义与现代汉字字形、字义之间非一对一的关系，而是一对两个以上的字组成的词之关系。以往学术界因忽略甲骨文字形表义功能这种现象而缺乏对商代“射文化”的深入研究；目前我们对甲骨文中的“射”字异形体已全面整理，将结合“射”字所在的甲骨片上的语句及历史文献，深入研究商代“射文化”的内涵。

甲骨文是中国的早期文字，象形文字占很大比例，正如裘锡圭先生所说“这类字的字形象某种实物，它们所代表的词就是所象之物的名称”。在释读甲骨文字时，我们不仅要注意甲骨文的繁体与简体、同字异形体，还要关注甲骨文字形表义现象。这样，不仅对未释读的甲骨文字考释有所帮助，而且对已经释读的甲骨文字的进一步深化研究具有重要意义。

（韩江苏　本文刊于《殷都学刊》2012 年第 4 期）

---

① 孙诒让：《周礼正义》，中华书局 1987 年版，第 3564 页。

② 韩江苏：《殷墟花东 H3 卜辞中“迟弓、恒弓、疾弓”考》，《中原文物》2011 年第 3 期。

甲骨文“足”相关部位名称考

摘　要　止（足）是人的身体器官，也是甲骨文中所见重要的文字偏旁。甲骨文止后来分衍成止（趾）、足、疋三字。它们专指人体器官——足时，指的是脚踝以下的整体。甲骨文、、、、五字，后世学者释读为疋或踵字。此五字均从止和一形状不规则符号，这一不规则符号或位于止偏旁的上部，或下部；而且止的开口方向或向上，或向左、右。文字形体的细微差异，表明的均是字义之间的差异。足实物分足后跟、足掌、足弓、足踝、足趾等不同部位。根据以上五字中止的开口方向，结合足趾朝向，判断不规则符号的位置及含义，参照文献所载足不同部位的文字解释，考释为歱（踵）、为跖、为跗、为踝、为腓之字义。、、所从止，实际是止（足）偏旁的一种变体，释读为胫，释读为底，释读为蹲。

关键词　甲骨文　止　足相关部位之名：踵、跖、跗、踝、腓、胫、底、蹲

人的下肢承载人体上半身重量并担负行走任务，它包括腿和足（脚）两个部分。腿有大腿、小腿之别，足又有足趾、足掌、足弓、足跟之分，它们之间相互协调，共同完成人行走的具体行为。于省吾谓：“人之行为礼节，有赖于‘足’之动作周旋。”① 可见，人之足（器官）在社会行为中还扮演着重要角色。腿、脚不同部位、名称及古今字义，见表1：

表1

		现代名称	古代名称	身体部位处	《说文》释义	康熙字典
下肢（以脚踝为分界线，上腿下足）	腿	大腿	股	自胯至膝盖部位	髀也	
		小腿	胫	自膝盖至脚跟部位	胻也，段注：“膝下踝上曰胫。”	
	大、小腿以膝关节为分界线					
	脚	脚趾	趾	脚趾是位于脚部最前端的五个拇指		足也
		脚掌	跖、蹠	脚接触地面部位	足下也	同《说文》
		脚后跟	跟、歱、踵	足部与腿相连部位	跟，足歱也。歱，跟也，踵，追也	释名：“足后曰跟。”
		脚背、脚弓	跗、趺	脚朝上的脚面		玉篇：“跗，足上也。”趺同跗
		脚踝	踝	位于足与小腿之间	足踝也	

① 于省吾：《〈诗经〉中的“止”字辨释》，《中华文史论丛》第三辑，中华书局1963年版，第122页。

甲骨文中以止（为便于叙述，甲骨文 字均用止字代替）为偏旁的象形、会意文字，有200个左右。从目前甲骨文字考释成果看，足相关部位的名称考释成果不仅不系统，而且现有的考释成果之间的分歧还很大。是商代语言中对足相关部位没有定名，还是后人把那些商代语言中已有的定名归类错误？这是值得深思的问题。

以止为偏旁的200个甲骨文字中，有下面罗列的八类字，其中，第一类至第五类字，都归入了释读为踵（或疋）的文字类中，字形分类如下：

第一类字： （《合集》4582），此形字还见《合集》190正、191、231、13631、17988； （《合集》13695正乙）、 （《合集》567）、 （《合集》18234）、 （《合集》20706正）、 （《合集》21396）、 （《合集》27465）、 （《英藏》1780）。

第二类字： （《合集》4584）、 （《合集》4585）、 （《合集》4586）、 （《合集》6974）、 （《合集》6975）、 （《合集》6976乙）、 （《合集》6977）、 （《合集》6978）、 （《英藏》676）。

第三类字： （《合集》17146）、 （《合集》13693）、 （《合集》4020）、 （《合集》24983）。

第四类字： （《合集》21475，习刻）、 （《合集》19956）、 （《花东》329）。

第五类字： （《合集》22236）。

第六类字： （《合集》21019）、 （《合集》21020）。

第七类字： （《合集》18258）。

第八类字： （《补编》6732）、 （《合集》19941）。①

学术界对以上字的考释如下：杨树达谓“ 象足跟，释为歱字，甲文此字盖以音同假为腫，《说文·肉部》云：‘腫，癰也。从肉重声’。”② 陈炜湛谓：“ 代表脚趾，亦即止， （《合集》21475）、 （《合集》19956）代表膝盖以下的小腿骨。……把这些字全部规范化，也就是 （正、足）字了。”③ 李孝定谓：“《说文》：‘疋，足也。上象腓肠，下从止。’《弟子职》曰：‘问疋何止。’……契文上书诸形（指 、 、 、 ），正上象腓肠，下象其趾。或倒书，当释为疋，古文足、疋当是一字。徐灏、段注笺曰：‘疋乃足之别体，所菹切，足之声转’是也。惟篆文疋、足分衍为二，足从口，小徐谓象股胫之形。王筠《释例》从之。……是以口象胫，说云‘此直象形兼会意耳。止即是足，故足字不能象形，仍止而胫以象之。胫在足上，故加诸止上，非谓胫在脚趾尖也。’诚如王说，则口乃象胫之横断面。古人制字，于象形但画成其物，随体诘屈，必无取象横断之理也。实

① 第八类字，字形整体的大部分是人体，而下部是足偏旁的变形，把人之足形实物与此字形对应研究，可以释读其字义，故把其归于本文的研究内容中。

② 杨树达：《积微居甲文说》，上海古籍出版社1986年版，第59页。

③ 陈炜湛：《甲骨文异字同形例》，《古文字研究》第六辑，中华书局1981年版，第231—234页。

则足所从之口及疋所从之□，并象腓肠之形所伪变也。疋作足尚略从初形，足作足则形伪已甚。”[①] 饶宗颐谓：“□字，旧无释，按《说文》曲古文作□，此字从止从□，隶定应作𣥺。《庄子·人世间》‘我行却曲。’却，《释文》引字书作迟，迟《说文》云‘曲行也。’𣥺疑即却曲之本字。《康熙字典》有䟰，谓俗拜字，䟰当是□的后起字。杨树达释□为踵以形揣之，殊无据。”[②] 徐锡台认为“病疋（指□字），即足病也”。[③] 陈汉平谓：“甲骨文有字作□，从肉附于膝关节之处，字当释作厀，字今作膝。《说文》：‘厀，胫头卪也。’卜辞‘疾□’此乃膝关节有疾而贞问之辞。又此字之肉形或可视为附于小腿处，字或可释为脚、胫、胻，《说文》：‘脚，胫也。’‘胫，胻也。’‘胻，胫耑也。’甲骨文又有‘疾□’，此字造字与□相类，惟字形正反不同。此字若非膝字，亦当释为脚、胫、胻，姑附此存疑。”[④]《综类》把第一类与第二类字，都归入疋字。[⑤]《甲骨文合集释文》把第一类至第四类字都释读为踵字，第五类字释读为腫字。[⑥]《甲骨文字诂林》把第一类、第二类、第五类都归入疋字，其他形体之字则未收录。并按：“此为人名，或以为足字。李孝定以为当释‘疋’，其意见是正确的。”[⑦] 以上是一百多年来学界对诸字的研究成果。

从以往的研究成果看，以上第一类字至第六类字的释读，可以归纳为以下三种学术观点：第一，□字，杨树达释读为𡏫（踵），饶宗颐认为应释读为曲，意见有分歧。第二，以上六类字，陈炜湛认为均应释读为□（正、足）字；李孝定认为都应释读为足字，意见趋于一致。第三，□字，徐锡台认为应释读为疋，陈汉平认为应释读为膝或脚、胫、胻中的某一字，意见稍有不同。总之，除了杨树达认为□应释读为𡏫、陈汉平认为□应释读为膝或脚外，其他学者均认为这六类形体差别很大的字，都应归入足或疋或踵字中。

对形体不同但含义相同的字，合并归入一字是有理论根据的，姚孝遂认为一字多形现象在古汉语及甲骨文中较为突出，甲骨文字的系统整理，就是把同字的异形体归并，把形体相近但肯定不是同一的文字分离出来。[⑧] 殷墟甲骨文存在同字异形体，即同一字有不同写法或形体，后人研究的任务，是把含义相同但形体不同的字，研究后归入一类，把形体相同但含义不同的字分离出来。分离或归类文字的标准，应做到字形与字义统一。

以上前六类文字，虽然都带有止这一偏旁，但止的开口方向有上者，有左、右者，与止相伴的其他文字符号或在止的上面，或在止的下面，或曲形，或弓形，或不规则形。甲骨文与后世的汉字一样，是表意文字，字形可表达其本义或与本义相关的字义。足是人体行动器官，且足的不同部位在操纵人类行走这个行为中发挥的功能和作用也不相同。以上文字究竟该释读为一字（同字异形体），还是应

---

① 李孝定：《甲骨文字集释》，“中央研究院”历史语言研究所专刊之五十 1970 年版，第 640 页。

② 饶宗颐：《殷代贞卜人物通考》，香港大学出版社 1959 年版，第 656 页。

③ 徐锡台：《殷墟出土疾病卜辞的考释》，《中国语文研究》第 7 期，第 20 页。

④ 陈汉平：《古文字释丛》，《出土文献研究》，文物出版社 1985 年版，第 221 页。

⑤ 岛邦男：《殷墟卜辞综类》，汲古书院 1971 年版，第 74—75 页。

⑥ 胡厚宣主编：《甲骨文合集释文》，中国社会科学出版社 1999 年版。

⑦ 于省吾：《甲骨文字诂林》，中华书局 1996 年版，第 821 页。

⑧ 姚孝遂：《〈殷墟甲骨刻辞类纂〉序》，中华书局 1989 年版，第 7 页。

释读为多字，依据何在，学界对此并没有深入探讨。本文在系统整理甲骨文字形的基础上，跟足实物相比较，以裘锡圭的“这类字的字形象某种实物，它们所代表的词就是所象之物的名称”① 为指导，系统论证不同形体字与字义关系。不妥之处，恭请方家正之。

从以上列举的字形看，第一类至第八类字有共同特点，都有止这一偏旁，仅止偏旁方位、开口方向均不相同。既然每一类字都有止偏旁，那么，先讨论甲骨文中止之字义，方可对以上字形表达的字义做出比较客观的解释。

一　止字释义

甲骨文有“ ”字，于省吾解释如下，谓“止字卜辞作 或 ，商代金文作 ，乃‘足趾’之‘距’的象形初文。金文演化作 ，《说文》误解为‘草木有阯。’”②卜辞中止是人身体组成部分，卜辞如：

贞疾止，隹有壱？（《东京》427）

甲戌卜，𣪊，贞勿㸚御妇好止于父乙？（《合集》2627）

《东京》427 辞义为（商王的）止有疾病，有灾祸吗？《合集》2627 辞义为妇好的止有毛病，要慎重地向父乙举行御祭禳除灾祸？卜辞询问的“疾止”之“止”，究竟是足趾还是脚踝骨以下的部分（称“足”部分），需要分析。

（一）形体分析

止是甲骨文重要偏旁之一，以止为偏旁的字如：（1）步，有 （《合集》7935）、 （《合集》20375）等形；（2）涉，有 （《合集》28338）、 （《合集》20464）等形；《说文》：“步，行也。从止 相背，凡步之属皆从步。”甲骨文步字像人的两足（踝骨以下部分）一前一后而行之貌，《合集》20375 之 形所从止偏旁，更接近于脚之形状，《合集》7935 之 中的止形更加符号化。《合集》20464 之 所从的止形更接近脚之形状，《合集》28338 之 中的止形更加符号化。由步、涉两个甲骨文字比较，止应指踝骨以下脚（古文称足部分）的形体，应释读为“止”“足”或“疋”字。“止”“足”或“疋”字之间关系如何，需要对其字义做简单梳理。

（二）字义梳理

《说文》：“止，下基也，象草木出有址，故以止为足。”段注：“以止为人足之称，与以子为人之称正同。许书无趾字，止即趾也。……《仪礼·士昏礼》：‘北止。’注：‘足也。’古文止为趾，许同郑从今文，故不录趾字。”③《说文》：“足，人之足也，在体下，从口止。凡足之属皆从足。”又：“疋，

① 裘锡圭：《文字学概要》，商务印书馆 1988 年版，第 111 页。

② 于省吾：《〈诗经〉中“止”字的辨释》，《中华文史论丛》第三辑，中华书局 1963 年版，第 131 页。

③ 段玉裁：《说文解字注》，上海古籍出版社 1981 年版，第 67 页。

足也，上象腓肠，下从止。《弟子职》曰：‘问疋何止。’古文以为诗大雅字。亦以为足字，或曰胥字。一曰疋，记也。凡疋之属皆从疋。”段注（问疋何止）谓：“谓问尊者之卧，足当在何方也。《内则》曰：‘将衽，长者奉席，请何止。’止一作趾，足也。’”①

段注所引《弟子职》，见《管子·弟子职》，其文及注为：“敬奉枕席，问所何趾。”注：“洪亮吉云：‘趾，足也。’《说文》作‘止’。”庄述祖云：‘所当为雅，《说文》作‘疋’，引《弟子职》‘问疋何趾。’”②

段注的《仪礼·士昏礼》，其文及注为：“媵授巾。御衽于奥，媵衽良席在东，皆有枕，北止”。注：“止，足也，古文止作趾。”③

从《说文》、段注及引文的注疏看，止、足、疋字形虽有差异，但在表示人之足这一含义时，均指人体踝骨以下部分，这一部分，古人称足，今人称脚。

（三）止字形、字义论证

从《合集》2627所载“妇好止”看，止是身体的组成部分。从甲骨文（ᗐ）→金文（[illegible]、㞢）→小篆（㞢）→楷体（止）的演变顺序看，止是由所象之物的符号逐渐演变成所象物之名（即字）的。止在先秦、秦汉时期的典籍中，仍然是现代汉语中的脚（古代汉语中的足）义。《诗·周南》：“麟之趾。”毛传：“止本亦作趾，两通之。趾，足也。”④《周易·噬嗑》：“屦校灭趾。”注：“趾，足也。”⑤《汉书·刑法志》：“当斩左止。……当斩右止。”师古注：“足也。”⑥《汉书·食货志》：“《诗》曰：‘四之日举止。同我妇子。’”⑦《诗经·七月》：“四之日举趾。同我妇子。”注：“《齐》‘趾’作‘止’。”疏：“‘趾’、‘止’，今古文之异。”⑧《尔雅·释言》：“趾，足也。”注：“足，脚。”疏：“郑注《司刑》云：‘刖，断足也。’”⑨从以上所引文献看，趾，古文作“止”，故趾、止互通，其字义即足，其甲骨文形体为ᗐ形。后世止分化成趾、足、疋等字。趾、足、疋本义均指踝骨以下的人体器官。

从以上所引历史典籍中有关止、足、疋的解释看，疋与ᗐ的字形、字义更加接近，即ᗐ上体像腓肠形（实际是脚趾形），下像脚体后部之形。从古文典籍看，疋、足、止通则不别，析之则有分别，疋、足音同字近，止有时专指脚趾。

现代汉语之脚、古代汉语之足在何种情况下称足，何种情况下又称止（趾），典籍注疏有解释，

① 段玉裁：《说文解字注》，上海古籍出版社1981年版，第81、84页。
② 黎翔凤撰：《管子校注》，中华书局2004年版，第1163页。
③ 李学勤：《仪礼注疏》，北京大学出版社1999年版，第85页。
④ 李学勤：《毛诗正义》，北京大学出版社1999年版，第59、60页。
⑤ 李道平等：《周易集解纂疏》，中华书局1994年版，第240页。
⑥ （东汉）班固：《汉书》，中华书局1964年版，第1100页。
⑦ 同上书，第1121页。
⑧ 王先谦：《诗三家义集注疏》，中华书局1987年版，第512页。
⑨ 李学勤：《尔雅注疏》，北京大学出版社1999年版，第85页。

《周易·鼎卦》："鼎颠趾。"疏："《正义》曰：'趾，足也。'"① 郑注："无事曰趾，陈设曰足。"②《诗经·豳风·七月》："四之日举趾。"疏："《易·鼎卦》注：'无事曰趾，陈设曰足。'对文则小异，散则趾、足通名。训趾为足，耕以足推，故云无不举足而耕。无不者，言其人人皆然也。"③ 因足又有停止、独处、闲居之义，故引申为"无事"。足，包含人脚趾部分，因脚趾依次排列，故又有"陈设"之义。④ 止字从甲骨文到小篆再发展到楷体的历程看，足当是甲骨文止讹变、隶变的结果。在文字使用相当长的历史阶段中，止即足，是踝骨以下的人体器官，当人停止不动时称其为止（趾），当人迈步运动时，其称为足，即在不同的状态下，一物两名而已。

既然止即足，也就是现代汉语中的脚，那么，以上列举的前六类字，相同之处：都从止偏旁。不同之处：止偏旁的开口方向不同；止所带另一指示符号也有区别。如果把六类字都释读为止、足、疋一字，不仅给甲骨文字归类造成混乱，而且把甲骨文中蕴含的丰富的商代语言、文字信息人为地舍弃，这将是十分可惜的。今结合脚实物，与字形对比，结合文献典籍，深入研究其字义。

二　踵字释义

踵作"　"形，从止偏旁和有曲度框形符号。下面从字形、脚实物对比、文献典籍记载等方面探讨其字义。

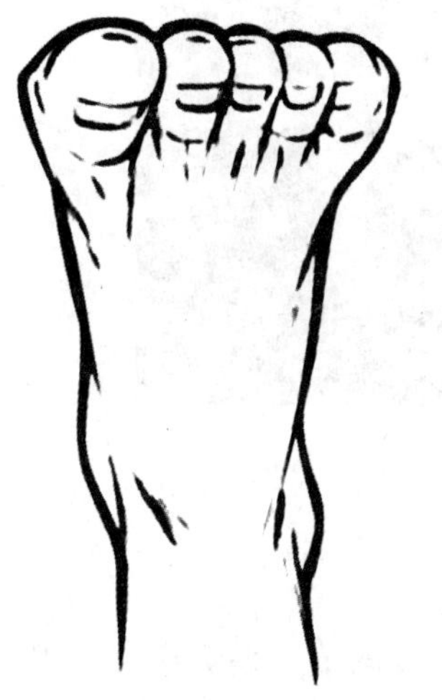

图 1

① 李学勤：《周易正义》，北京大学出版社 1999 年版，第 206 页。

② 李昉：《太平御览》，中华书局 1966 年影印本，第 711 页。

③ 李学勤：《毛诗正义》，北京大学出版社 1999 年版，第 493 页。

④ 林忠军：《读郑易管见》，《周易研究》2006 年第 6 期。

（一）字形分析

甲骨文字 □ 分衍为后世的止、疋字，通足字，从直观看，“□”字字形与“□”字形体区别很大，由此判定，□ 字一定不是止字的另一种书写形体，故“□”字形表示的字义不能与止、疋或足相匹配，姚孝遂谓：“甲骨文字的符号化程度已经很高……不同符号形体之间的区别，是极其细微的，也就是说极其细微的形体差异，就意味着属于不同的文字符号。”① 要认识“□”字字义，需从偏旁分析入手。此字乃上下结构，如 □（《补编》6166）字，属于 □ 字的异形体，由两部分组成，上从止，下从曲框形符号。

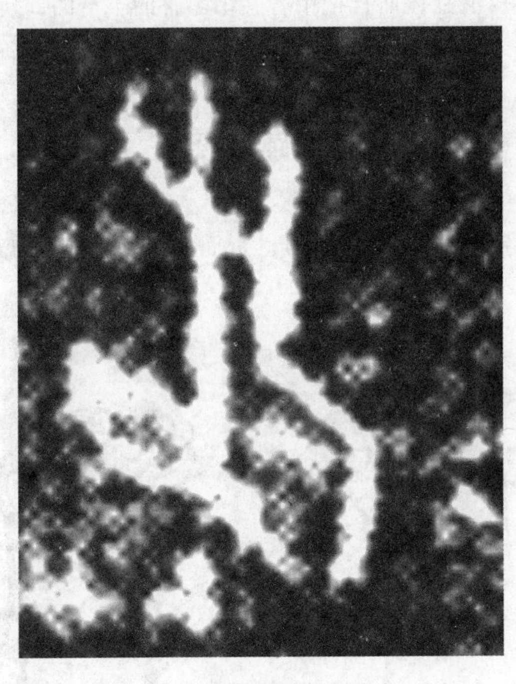

图 2　乙编 2910

（二）与脚实物对比分析

从 □ 字字形看，它是上下结构，上从止，止的开口向上，偏旁字义清楚，下从有曲度的框形符号，这一符号具体表示何意，无法解释。与脚实物对比后，很容易看出其代表的字义是指人的脚后跟。示意做法是：把脚后跟平放在一个平面里，脚趾上翘，脚部是曲形框架者，只有脚后跟这一部位（见图 1）。文字是社会生活的反映，古人造字，最初的象形字画成其物，随体诘屈，□ 字上体形旁为 □ 形，即止字，表示的是足部位；随体诘屈的曲框形符号应特指足部的脚后跟（见图 2）。根据字形，它是会意字，特指足上的曲体部位，应释读为踵，《诂林》释读为疋。② 《合集释文》释读为踵。③ 《说

① 姚孝遂：《〈殷墟甲骨刻辞类纂〉序》，中华书局 1989 年版，第 6 页。

② 于省吾主编：《甲骨文字诂林》，中华书局 1996 年版，第 821 页。

③ 参见胡厚宣主编《甲骨文合集释文》，中国社会科学出版社 1999 年版。

文》以为歱，谓“歱，跟也。从止重声”。“跟，足歱也”。段注：“歱各本作踵，误。止部曰：‘歱，跟也。’《释名》曰：‘足后曰跟。’一体任之，象本跟也。”① 字曲框形符号在 形之下，特指人的脚后跟，释读为《说文》之歱，即《辞海》《现代汉语词典》之“踵”。② 这是跟足实物对比分析后所得结论。

（三）甲骨文中的用法

踵在甲骨文中，有本义和引申义两种用法，卜辞如：

贞有疾踵（ ），隹父乙老？（《合集》13695 正乙）

丁巳卜，争，贞疾踵（ ），御于父庚？（《合集》775 反）

《合集》13695 正乙版上的踵字作“ ”形，辞义为商王踵部（脚后跟）有疾，是父乙给的灾祸吗？《说文》云：“御，祀也。”《尔雅・释言》：“御，祭也。”杨树达以为“甲文以此字为祭名者，往往有禳除灾祸之义。”③ 辞义为商王武丁踵（脚后跟）有毛病，是否要向父庚（盘庚）举行禳除灾祸的御祭？脚后跟是人在行走时重力所在处，即使在不受外力伤害的情况下，仍有足后跟疼痛疾病的发生。因此，商王武丁的脚后跟出现疾病，他认为是其父父乙所降的灾祸，故加以问询。从以上所引例子看，此踵字是本义，特指人的脚后跟这一部位。踵还有引申义的用法，卜辞如：

丁丑卜，宾，贞踵获羌？

踵不其获羌？　（《合集》190 正）

贞踵〔来〕羌用自成、大丁、〔大〕甲、大庚、下乙？（《合集》231）

《合集》190 正辞义为踵能否捕获羌人？下乙可能指的是祖乙。④《合集》231 辞义为踵进贡的羌人用于祭祀成汤、大丁、大甲、大庚及祖乙？在此两辞中，踵为商代武丁时期活着的人，他参与讨伐羌人的战争，并把羌俘当作战利品运送到商王都以供商王祭祀使用。作为人名的踵，是脚后跟本义的引申。杨树达释读此字为歱，字义是脚后跟，其成果是正确的，但为何指人之脚后跟，原因没有分析，以上是对其研究的补充。

以上是对踵字从字形到字义的分析考察。 （踵）与 、 、 、 四种形体之字有相同之处，即都从止偏旁，止的开口均向上，而下面的曲框形符号稍有不同，它们也应释读为踵字，待 字字义释读后，再对其分析说明。

三　跖字释义

跖字作“ ”形，从止偏旁，止的开口方向向左或向右，还从有曲度的框形符号，曲度框形符号

① 段玉裁：《说文解字注》，上海古籍出版社 1981 年版，第 81 页。

② 《辞海》编辑委员会：《辞海・语词分册》，上海辞书出版社 1987 年版，第 1770 页；中国社会科学院语言研究所词典编辑室编：《现代汉语词典》，商务印书馆 2005 年版，第 1769 页。

③ 杨树达：《积微居甲文说》，中国科学院 1954 年排印本，第 17 页。

④ 胡厚宣：《卜辞下乙说》，《甲骨学商史论丛初集》，河北教育出版社 2002 年版。

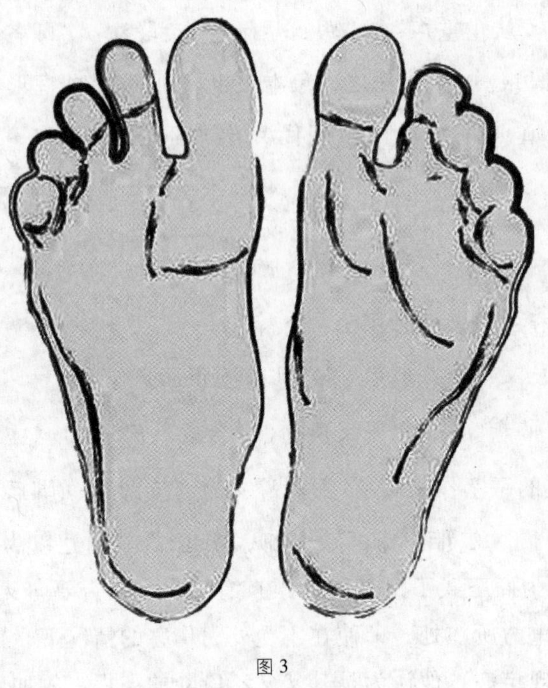

图 3

位于止的下部。字为上下结构。从止的开口方向、脚在行走时用力力度、文献典籍记载等方面考证其字义。

（一）跖字字形分析

跖字另有（《合集》4584）、（《英藏》676）等异形体字，《诂林》把（踵）、等字，均释读为疋字。①《合集释文》把此字释读为踵字。、两字偏旁相同，即都从止偏旁和曲形符号，不同之处在于：字所从止偏旁开口向上，而字所从止偏旁开口方向或左或右，止作“”形。曲度框形符号形体也稍有差异。由此，分析偏旁及其含义。

（二）止方位不同与字义差别

止作为偏旁，开口方位不同，表示的含义不仅不同，甚至字义相反，以已经释读的文字为例来论证：（1）陟、降两字，分别为（《合集》14628）、（《合集》14178）等形，两字都从阜偏旁，仅所从止偏旁的开口方向不同；陟从双止，止开口方向朝上，降从双止，止开口方向向下，仅仅因为止的开口方向不同而出现两字字义完全相反的结果，陟、降两字成一对反义词。（2）出、各字，分别为（《合集》5121）、（《合集》16359）形。止开口方向向上者为出字，开口方向向下者为各（即到）字。出、各所从的、偏旁，是人类早期居住的地穴、半地穴式房屋的符号化，足趾向上者，跟人外出时足趾外出的方向一致；足趾向下者，跟人从外部向房屋走来的方向一致，王筠谓：“出

① 于省吾主编：《甲骨文字诂林》，中华书局 1996 年版，第 820 页。

入皆事也，入之形向内，出之形向外，是指事也。”[①] 人们正是观察到足趾方向在人外出、归来、到等行为上之差别，分别用文字[illegible]、[illegible]之形来表示出、各（到）字义。可见，字形形体这种细微的差异，是字义区别的根本。

（三）曲度符号论

止为现代汉语中的脚，古代汉语中的足（专指踝骨以下部分）。当脚板放平后，脚趾朝左或朝右方向，为[illegible]形，与[illegible]、[illegible]字形所从止的方向相同。字形指示的含义是：脚板放平后，在脚板下面，即止（足）的下面，有一橐物，这一物或作㇄形，或作[illegible]形，形体不规则。这是从字形分析的结果。以此看脚板底部，这种形体不规则之物只有脚掌。当脚板放在平面里，脚趾朝左或朝右、朝前或朝后，足下之物即脚掌（见图3），是一橐肉，这一橐肉是人在行走时承载上身重量及与地面摩擦之物，形体不规则。这是从脚掌实物了解的实情。

止下所从的㇄、[illegible]等形，是表示脚掌的符号，为何是这种形体符号，则需要从人行走时脚掌用力谈起。脚掌分前脚掌和后脚掌（足跟下面）两部分，是跟地面接触的身体器官。当两腿并立、提脚迈步时，前脚掌是人体重力从脚后跟向前移动后脚底与地面接触部位。脚掌用力，有一个重心转移的过程。当身体重力从脚后跟转移到前脚掌时，重力（形成的直线）与地面基本上是垂直方向，重力逐渐向前倾斜，直至身体重力全部落到前脚掌上。若用线段表示，正是㇄符号之式样。也只有有这样的曲度，才能保证脚掌与脚趾之间的空隙存在，通过韧带，把部分重力传递到脚趾上，增加受重面积、扩大与地面的摩擦力，才能产生向前迈步行为，故表示前脚掌的指示符号——㇄，是抽象符号，跟踵（踵）的形体符号来源不同。这一曲度符号位于足下，专指脚掌部分，这是从脚掌用力的角度而进行的字形分析。究竟是否如此，请参考文献中有关脚掌的文字信息。

（四）脚掌文字论

脚掌在《说文》中称跖，谓“跖，足下也，从足石声”。段注：“今所谓脚掌也。《史记》曰：‘跖劲弩。’按：弩以足蹋张之，故曰跖。跖或借蹠为之。又作踱。《贾谊传》曰：‘病非徒瘇也。又苦踱盭。’踱，跖字之异者也。足跖，反戾不可行。之石切。古音在五部。”[②] 从段玉裁的注解看，从足从石的跖字，表示足下部分，即今天所说的（前）脚掌。它另有蹠、踱（跻）字等异体字。这些异体字在典籍中用法及解释如下。

蹠：《战国策》：“蹠穿膝暴。”鲍本“蹠，足下。暴，伤”。[③] 脚掌是脚下的突出部位，也是身体与地面接触的用力点之一，故足掌有被穿透的现象。《史记·苏秦列传》：“以韩卒之勇，被坚甲，蹠劲弩，带利剑，一人当百。”“《史记正义》曰：‘夫欲放弩，皆坐，举足踏弩，两手引揍机，然始发之。’”[④] 举足踏弩的落点在脚掌，它既能最大限度地发挥身体力量，又能跟足趾配合灵活控制弓弩，

① 王筠：《说文释例》，《续修四库全书影印本》，上海古籍出版社2003年版，第576页。

② 段玉裁：《说文解字注》，上海古籍出版社1981年版，第81页。

③ 刘向：《战国策》，上海古籍出版社1985年版，第517页。

④ （汉）司马迁：《史记》，中华书局1963年版，第2251页。

故《史记》称“蹠劲弩”。可见，《史记正义》的解释是以大概念（足）来替代小概念（脚掌）。段玉裁在注释跖、引《史记》文时，直接书为“跖劲弩”，把跖、蹠看作是异形同义而引用的。跖、蹠字义相同，《玉篇》谓：“《说文》曰：‘跖，足下也。’‘蹠，同上。又楚人谓跳曰蹠。’”① 蹠字从足从庶，非会意字，还引申为践、蹈、跳等义，这均需从本义上来探讨。《广韵》：“（蹠），足履践也。”②《杨雄传》：“蹠彭城之所遗。”师古注：“蹠，蹈也。”③ 蹠本义是脚掌，是人行走时与地面接触部分，故引申为践、蹈等义。蹠还有跳跃义，《说文》：“楚人曰跳跃曰蹠。”④ 跳跃这一动作主要依靠脚掌与地面之间的作用力与反作用力而完成，以跳跃名蹠，是人们看到跳跃与蹠之间的关系，借蹠来表达跳跃这一动作而已。

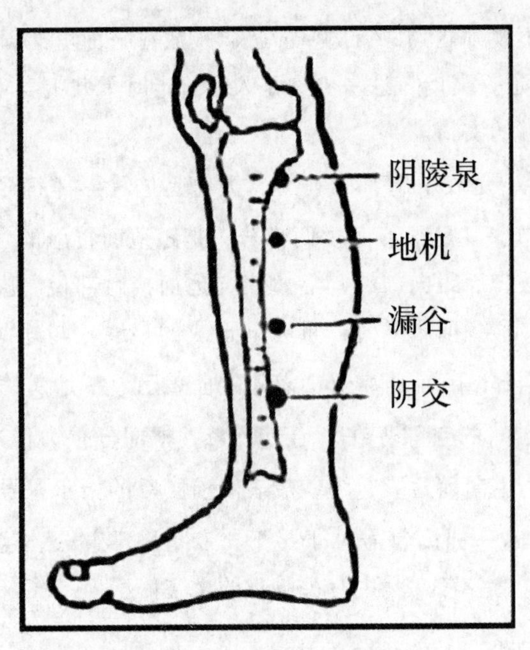

图4 小腿肚与曲胫

跻：《汉书·贾谊传》：“病非徒瘇也。又苦跻盭。”⑤ 盭为古戾字，“跻盭，脚掌扭折变形”。⑥ 跻即今之脚掌。跻字从足从炙。炙字从肉从火，像肉在火上，为会意字。跻字为脚掌义，非会意字，跟跖、蹠音同，因此看，跻最多是一形声字。

踊：《说文解字》：“踊，胫肉也。从足。夅声。一曰曲胫也。”段注：“《广韵》：‘左胫曲。’按一曰曲胫也。横梗不贯。凡似此者疑皆后人所妄增。”⑦ 跻跟踊两字形体接近，《说文》仅收录踊字，并解释其为胫肉或曲胫，从曲胫义看，踊跟甲骨文 [甲骨文] 字所从字形符号 [甲骨文] 有相通处，都是不规则的一囊肉

---

① 顾野王：《大广益会玉篇》，商务印书馆1936年版，第158页。
② 陈玉书：《康熙字典》，上海书店1985年版，第1376页。
③ （东汉）班固：《汉书》，中华书局1964年版，第3521页。
④ 段玉裁：《说文解字注》，上海古籍出版社1981年版，第83页。
⑤ （东汉）班固：《汉书》，中华书局1964年版，第2239页。
⑥ 夏征农：《辞海词语分册》，上海辞书出版社1987年版，第1768页。
⑦ 段玉裁：《说文解字注》，上海古籍出版社1981年版，第84页。

（见图4），其符号用语言表达时谓之曲胫。其论证在腓字考释下。

以上是跖字的异形体在典籍中的记载及字义解释。蹠同蹠、跖，都指现代语言中的脚掌，分析蹠、跖的偏旁石、庶，看甲骨文　字怎样演变成后世跖、蹠、蹠等同字异形体的。

甲骨文中有石字，作　（《合集》284）、　（《合集》21494）等形；庶作　（《合集》16270）、　（《合集》16272）等形，从石从火两个偏旁。石字或石偏旁跟　字下所从符号　有相似之处（但垂直方向相反），即都有曲折形体符号。区别在于石字的斜边为直线形，　形符号的斜边为曲折形。文字在讹变、隶变、篆书的过程中，在口耳相传、辗转抄写的传承中，　字有可能逐渐丧失其原来的表意形体和方向，被归并到石偏旁中，　演变为跖字。又因庶字从石从火，石讹变、转写成肉（月）偏旁，蹠字又分化成蹠字。

从以上论证看，　字从横止偏旁和有曲度的框形符号，止表示足，当足平放后，足下有曲度的框形符号特指足下脚掌部分，这一足掌符号是根据身体重力的变化形成的抽象符号。《说文》中的跖，字义指足下，段玉裁解释为今之脚掌，跖所从石偏旁与甲骨文足下有曲度的框形符号——　最初有相似处，这一符号在文字发展演变过程中，归入了石偏旁类，丢失了其表意形体符号。后世跖字与甲骨文　、　字指称的部位相同，都指足下脚掌部分，它们是不同时代的文字形体。甲骨文中，跖为人名，是本义的引申。

（五）踵的另一种形体论

第一类字中，还有　、　、　、　四种类型的字，它们与　（踵）有一定的书写区别，字义论证于下：　、　两字，上从开口向上的止偏旁，下从有曲度的框形符号，与甲骨文跖字下所从符号相同。　、　两字非跖的同字异形体，主要是根据止的开口方向而判断。它们应当释读为踵，根据是：一是止开口方向向上；二是人的脚掌分前脚掌和后脚掌两部分，后脚掌着地时，先是脚掌的边缘部分着地，然后是身体重力逐渐转移到脚后跟上，重力直线跟地面形成垂直方向。若把重力转移的变化用符号表示，即　形，跟前脚掌的用力变化正好相反。　形符号是脚后跟在行走时用力表现，为了跟甲骨文跖（　）字相区别，止开口方向向上，即脚趾朝上的方向，这样可以判断曲度符号位于脚后跟处而不是脚板下面。　是　、　两字形的变体，　字下面的形体与甲骨文石字的倒写式样接近。它们都指脚后跟这一名称，故它们应释读为踵而非跖字。它在卜辞中的用法如下：

□□（卜），王，贞勿踵（　）在妊，获虎？（《合集》20706正）

丁巳卜，王乎踵（　）虎？（《英藏》1780）

乙酉卜，其刞父甲鬯，在兹踵（　）成？（《合集》27465）

在为介词，妊为地名，勿为否定副词，踵在此为动词，《说文》："踵，追也。"《合集》20706正辞义为商王占卜贞问，在妊地不要追踪，能捕获老虎吗？《英藏》1780辞义为商王贞问，要下命令追踪老虎？《合集》27465为何组卜辞，属于康丁时期的卜辞，父甲指武丁之子祖甲，宜，孙诒让释为俎,[①] 陈梦家认为即后世之祭社之宜祭。[②] 俎从宜从刀，字像操刀割肉之形，《诂林》按：“乃俎之繁文。”[③] 觑为祭名，与田猎有关，“田猎前进行觑祭，乃‘为田祷多获禽牲’；在既获禽牲之后，则以所获禽牲进献于先祖以祈福佑”。[④] 成即商王朝的开国之君——成汤。人有两踵（脚后跟），一前一后落地，故踵有追踪之义，《离骚》：“及前王之踵武。”朱熹注：“踵，足跟也。武，跡也。……欲其蹑先王之遗迹也。”[⑤]《合集》27465 辞义为商王康丁对其父祖甲在田猎前割牲以祭，在此地要追踪成汤（武功）吗？中国古代，“田猎，以习五戎”（《礼记·月令》），成汤时期文治武功，盛名天下。康丁田猎时如此占卜，符合其内容。踵解释为追踪，文通字顺，而且用的还是踵的引申义。

踵、跖作为人的身体器官，分别表示足后跟与足前掌含义，但用到动物器官时，需按实际情况来决断。《吕氏春秋·用众》：“若齐王之食鸡也。必食其跖数千而后足，虽不足，犹若有跖。”高诱注：“鸡足踵。”[⑥]《淮南子·说山训》：“善学者，若齐王之食鸡蹠，数十而后足。”高诱注：“蹠，鸡足踵也。”[⑦]《吕氏春秋》引文作跖，《淮南子》引文作蹠，可见跖、蹠两字可通用。现实生活中，鸡爪跟人手有相似处，鸡爪较长且分散，增加了其站立的稳定性，它不像人足形，分前后脚掌两部分，它只有一个整体，故高诱注跖、蹠时，称其为鸡足踵，即俗语之鸡爪。跖、蹠、踵在鸡等飞禽这类动物足（脚）上可合二为一。

四　踀字释义

踀字作形，还有“”（《合集》4020）、“”（《合集》13693）、“”（《合集》23623）、“”（《合集》24983）四个同字异形体。此字从止偏旁和从符号，对此，将从字形分析、脚实物对比、文献典籍记载以理解其字义，从卜辞文句对字形、字义加以验证其释读是否准确。

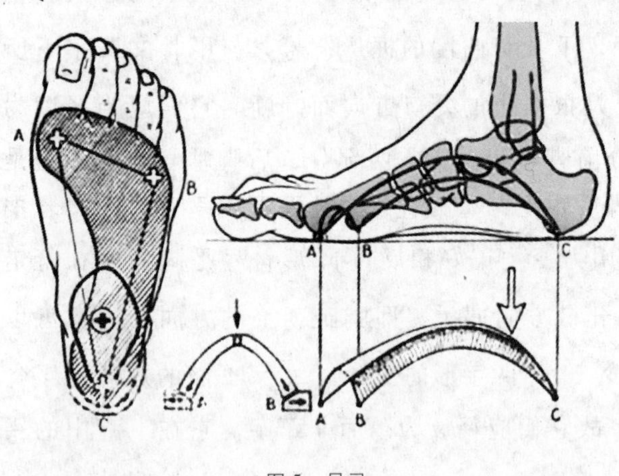

图5　足弓

（一）字形分析

此字从止偏旁，止的开口方向向左或向右，可见，其字义当是把脚趾放平后、符号所表达的文字名称。从字形整体看，像一有弧度之物在足上。

（二）脚弓形体

足是指踝骨以下的部分。足上部位有脚弓和脚

---

① 孙诒让：《契文举例》下，齐鲁书社 1993 年版，第 1 页下。
② 陈梦家：《殷虚卜辞综述》，中华书局 1988 年版，第 266—267 页。
③ 于省吾：《甲骨文字诂林》，中华书局 1996 年版，第 338 页。
④ 同上书，第 1721 页。
⑤ 朱熹：《楚辞集注》，上海古籍出版社 2001 年版，第 9 页。
⑥ 陈奇猷：《吕氏春秋新校释》，上海古籍出版社 2002 年版，第 236 页。
⑦ 何宁：《淮南子集释》，中华书局 1998 年版，第 1155 页。

踝两个部分，脚弓有一个显著特点，就是它有一定的弧度，弧度之前连脚掌、弧度之后连脚跟，此弧度的主要功能是把身体的重力由脚后跟传向脚掌及脚趾，实现足之行走、运动目的。脚上此弧形部位，俗称足弓、脚弓，即现代语言里的脚背、脚面，还称跗面，如语言里跗面高、跗面低等语，指的就是脚上这一部位。字上从有弧度的符号，跟脚弓概念一样，一个是语言描述，一个是符号表达。由此看，跗是甲骨文字后来发展演变的形体。

从字字形上看，为偏旁之上从形符号，其含义正像一弧形物在足面上之形，跟人的跗面呈弯曲形相同，它应是人的脚跗面的线条画。从字形及字义看，字释读为跗字文通字顺。以上是从字形构形方面对字义的分析。

（三）典籍中跗字字义论

《庄子·秋水篇》："蹶泥则没足灭跗。"注："跗，脚趺也。"司马云："跗，足跗也。"①《管子·地员》："朱跗黄实。"尹知章注："跗，花足也。"②《左传》成公十六年："有韎韦之跗注。"杜预注："跗注，戎服。若裤而属于跗，与裤连。"③《国语·晋语六》："鄢之战，郤至以韎韦之跗注，三逐楚平王卒。"韦昭注："跗注，兵服。自要（腰）以下注于跗。"④ 所谓跗注这种兵服，是从腰以下附着到脚背上，以起到保护人下体的作用。《仪礼·士丧礼》："乃屦，綦结于跗，连絇。"郑玄注："跗，足上也。"孔颖达疏："谓足背也。"⑤ 趺与跗通，《辞海》："趺通跗，足背。跗通趺，脚背。"⑥《康熙字典》跗字，"《玉篇》：'足上也。'"⑦ 跗即足背，位于足上，呈弓形，跟甲骨文字之形体相同，符号，即是此字的主体部分，是止（足）上之弓形部位之名称。

图6　打坐

（四）跗字在卜辞中用法

跗字在卜辞中有本义和引申义两种用法，卜辞如：

乙巳〔卜〕，出，贞王跗（）不？（《合集》23623）

乙巳〔卜〕，出，贞王跗（）不？

---

① （清）郭庆藩撰：《庄子集释》，中华书局1961年版，第599页。
② 黎翔凤：《管子校注》，中华书局2004年版，第1138页。
③ 李学勤：《春秋左传注疏》，北京大学出版社1999年版，第782页。
④ 上海师范大学古籍整理组：《国语》，上海古籍出版社1978年版，第415页。
⑤ 李学勤主编：《仪礼注疏》，北京大学出版社1999年版，第680页。
⑥ 夏征农：《辞海·语词分册》，上海辞书出版社1987年版，第1762、1764页。
⑦ 陈玉书：《康熙字典》，上海书店1985年版，第1366页。

其？十二月。(《合集》24983)

、字形稍有差异，但所从偏旁基本相同，《诂林》隶定为汖字，以为“从水从火”。[①] 从《合集》24983文句“其……不……”句法看，此字应为动词。甲骨文中“山”与“火”有时形同，但义不同，中所从偏旁形跟岳（《合集》14399正）字下从偏旁“山”相同，山水相依，而水火不容，形解释为“山”偏旁或许更符合字形所表达的含义，即此字从水从山，从字形看像流动的液体被山一样之物阻隔之形，有滞之义。《说文》：“滞，凝也。”字是否可以释读为滞字，还有待考察。生活中，脚面部分会因长时间跪坐而出现麻木症状，出现麻木症状的主要原因是血流不畅。趺与跗通，打坐时，有脚心朝上、脚背（跗）朝下之姿势（见图6），“高启《赋得履送衍上人》：‘著处朝行道，抛时夜结趺。’结趺，交接足背于左右两股之上”。[②] 古人坐姿引起的腿、足之痛、麻，文献中也有例子，《太平御览》卷372引《韩子》曰：“晋平公与唐彦坐而出，叔向入，公曳一足，叔向问之，公曰：‘向吾侍唐子，腓疼足痺而不可伸。’叔向不悦。公曰：‘子欲贵，吾爵子；子欲富，吾禄子。夫唐先生无欲也，非正坐，吾无以养之。”[③] 所谓的正坐，即双膝跪地，臀部坐在脚后跟上。痺即麻痹，指肢体或局部肌肤因血流不畅或机能衰退而引起的麻木、不知痛痒的感觉。不论打坐还是正坐，均会出现腿、脚麻木症状，根本原因是血流受阻。《合集》23623、24983辞义为王的脚背是因血流不畅出现的麻木症状？跗即足背，在卜辞中能够文从字顺。

《合集》24983版上之跗作形，与《合集》17146版之跗作形稍有不同，虽都从止偏旁，都有弓形符号，但它们之间还是有细微差异的，具体差异有两个方面，、（《合集》23623）所从止，开口方向均向上倾斜；像弓形的符号，书写在象征脚趾的枝杈上；而、、三字所从止，开口方向向下倾斜，像弓形的符号，书写在象征脚板部位，这种细微差异，跟脚实物对比后判断，并非书写的随意，而是跟字义有密切关系，现代语言中的足弓，其实分两部分，简称为纵弓和横弓，两者的区别是：以脚掌为支点判断，前后弓起的部位称纵弓，弓突出处在是脚心与脚背处。左右弓起的部位称横弓，是脚趾跟脚面形成的弓形，弓突出处在脚掌上下、靠近脚趾处。现代语言有纵弓、横弓之别，甲骨文中，是以符号来指示，两者在古代汉语中统称为跗。

（五）字形论

此字以往的释读，前面已经引用，徐锡台认为是疋字，陈汉平认为是膝字，或可释读为脚、胫、胻等字。把字与字对比看，两字有相同之处，即止上的字形符号都有弓形（见图7）。若把字上方即弓形上部的方框部分删去，便成“”形，与形体基本相同，仅是在弓起的部位，添加了一个指示符号。甲骨文中，添加一指示符号的字，大量存在，如：人字偏旁为“”形（《合集》386），在形上部添加一指示符号后的“”字，为项（颈后部）字，卜辞如：

---

① 于省吾主编：《甲骨文字诂林》，中华书局1996年版，第1299页。

② 夏征农：《辞海·语词分册》，上海辞书出版社1987年版，第1763页。

③ （宋）李昉：《太平御览》，中华书局1960年版，第1717页。

疾项，御于妣己暨妣庚？（《英藏》97 正）

这是武丁时期的卜辞，辞义为（商王武丁）的脖子有毛病，要向妣己、妣庚举行御祭以禳除武丁的灾祸？刀偏旁为“[glyph]”形（《合集》20349），在象征“刀”实物的刃上，添加一指示符作“[glyph]”形（《合集》117），成为刀刃的“刃”字。在手或又的偏旁“[glyph]”上，外加一指示符号，成为[glyph]字（《合集》1771 正），释读为肱字。“肱疾”指肱腕有疾言之。[1]

甲骨文字添加指示符号而形成新字的现象是存在的。由此分析[glyph]字字形以了解其字义。若把此字分解成[glyph]、[glyph]两部分，止为足，即现代汉语中的脚，特指踝骨以下的身体器官。[glyph]符号若去掉其上的指示符号，作[glyph]形，跟图 7 足实物形体基本一样。

[glyph]还可分[glyph]、[glyph]两部分，[glyph]部位于弓形线条之上，与足的部位对应起来，相当于脚踝部分。[glyph]部分与[glyph]字的上部[glyph]部分基本相同，都作弓形，仅多一个添加符号。在[glyph]符号的弓形部位，添加一指示符号，成[glyph]形，与脚图片比对后可以看出，当特指脚弓部分，与甲骨文项、刃、肱添加指示符号的方式一样，特指足背部分（见图 7）。由此分析，[glyph]字仍应释读为跗字，[glyph]是[glyph]的异体字，为现代汉字跗，指称脚面或跗面。甲骨卜辞为：

贞疾跗，嬴？（《合集》13693）

《诂林》按：嬴为病情好转。[2] 脚面、足背、跗面，一物多名，常常裸露，容易受各种伤害，辞义为（商王）跗面有疾，病情要好转吗？

图 7

五　胫字释义

甲骨文胫字有“[glyph]”（《合集》21019）、“[glyph]”（《合集》21020）两字，形体虽然有细微差异，但总体上应指一字。此字乍看上去，不从任何偏旁。甲骨文中它确实是一个文字。《合集释文》按原形描摹，《甲骨文字诂林》等未收录此字。若把此字形与人的小腿部分作比较（参见图 8、图 9），可以看出，它指膝盖下的组成部分，若判断其字义，仍需要跟止（足）偏旁联系起来。表示膝盖下部之字古时称脚，《说文》谓：“脚，胫也，从肉却声。”段注：“《东方朔传》曰：‘结股脚’，谓跪坐之状。股与脚以膝为中，脚之言却也，凡却步必先胫。”[3]《论语·宪问》：“以杖叩其胫。”何晏注：“胫，脚胫。”[4]《说文》谓：“胫，胻也，从肉巠声。”段注：“膝下踝上曰胫。胫之言茎也，如茎之载物。”又

① 于省吾：《甲骨文字释林》，中华书局 1979 年版，第 390 页。
② 于省吾：《甲骨文字诂林》，中华书局 1996 年版，第 1839 页。
③ 段玉裁：《说文解字注》，上海古籍出版社 1981 年版，第 170 页。
④ 李学勤主编：《论语注疏》，北京大学出版社 1999 年版，第 204 页。

图8

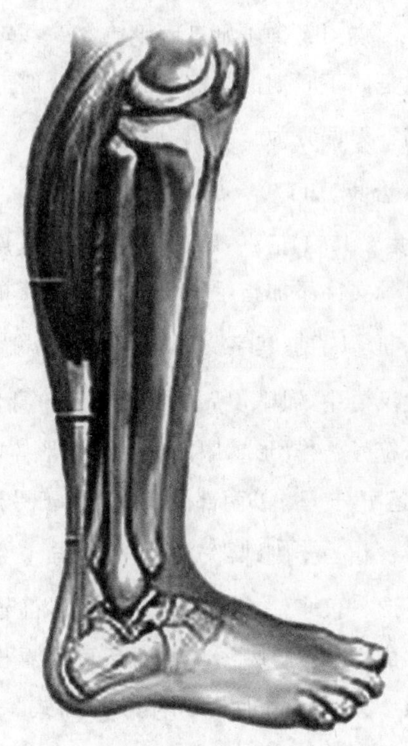

图9

“胻，胫耑也”。段注：“耑，犹头也。胫近膝者，如股之外曰髀，言胫则统胻，言胻则不同胫。《龟策传》曰：‘壮士斩其胻。’即斮朝涉之胫也。”[①]《庄子·骈拇》：“鹤胫虽长，断之则悲。”疏：“胫，脚也。《释名》云茎，直而长，如物茎也，本又作踁。”[②] 脚是人体重要组成部分，古今义有区别：今义见《辞海》，谓：“脚，人及禽兽、虫类的行动器官。”[③]《现代汉语词典》：“人和动物的腿的下端，接触地面而支持身体的部分。”从其1902页图看，脚专指踝骨以下的组成部分。[④] 古代的脚指膝盖以下、足踝以上部分，《说文》称胫、胻者。甲骨文 字下面象征踝骨下之足形（也可以看作止符号的另一种形体），形体较小，整字突出的是踝骨以上至膝盖部分（见图9），因此，此字应释读为胫。其在卜辞中的用法，卜辞如：

□亥卜，自，勿，扶胫（ ）其丧？（《合集》21019）

□亥卜，自，胫（ ）不丧？二月。（《合集》21020）

丧指丧失之义，胫字仅在以上两版中出现，它是人名还是特指人身体器官——胫，需要跟其他辞进行比较，卜辞如：

微不其丧？（《合集》4565）

戊戌卜，贞丁未疾目？不丧明？

① 段玉裁：《说文解字注》，上海古籍出版社1981年版，第170页。

② 郭庆藩：《庄子集释》，中华书局1961年版，第318页。

③ 夏征农：《辞海》，上海辞书出版社1987年版，第1326页。

④ 中国社会科学院语言研究所词典编辑室：《现代汉语词典》，商务印书馆2005年版，第686页。

其丧朙?（《合集》21037）

微是武丁时期的重要臣属，被分封为“伯”爵，称微伯（《合集》6987），丧当为“丧众”的省略，《合集》4565辞义为微的众人会逃跑？罗振玉释为朙，谓：“《说文解字》朙，古文作 ，证以卜辞，则朙、明皆古文。”①《尚书·洪范》：“视曰明。”《合集》21037辞义为（商王）眼睛有疾病，是否会失明?《合集》21019、21020从字形、事类看，应为一事多卜之占，辞义为扶这一人物的身体器官——胫会不会丧失？或胫这一商王朝臣属是否会丧失众人？胫在此即使是人名，也是胫本义的引申。

六　腓字释义

甲骨文有“ ”字，仅一见，从止偏旁，从 符号，上下结构， 在止上。 形与蹲字（ ）上所从的弓形（ ）有区别，而与人身体的小腿形体大致相仿，即 与脚踝以上膝盖以下（包括膝盖部分）基本相同， 是脚踝以上膝盖以下的线条画（见图10）。由此分析其成因：如果单独出现 这样一个符号，人们很难把它与人身体的某一部位建立联系，而与止（足）联系在一起，说明它与止（足）有关系。足上到膝盖部分是人的小腿，古文称胫， 字形与实物——人体器官胫特别相近（见图9），表示人体器官的小腿，甲骨文中已经存在。从字形上看， 字仍与小腿有关，古文还有与小腿有关的字是腓，《说文》：“腓，胫腨也。”段注：“《咸》六二：‘咸其腓’，郑曰：‘腓，膊肠也。’按诸书或言膊肠，或言腓肠，谓胫骨后之肉也。腓之言肥，似中有肠者然，故曰腓肠。”②《康熙字典》：“《正字通》：‘胫后肉，肥肠也。’”③ 即俗称的“小腿肚子”。从字形上看，止为表意符号， 像人的小腿肚，因此，释读为腓应是其字表达的含义。其在卜辞中的用法，如：

□亥卜，侑…… 妣戊?（《合集》22236）

侑为祭名，辞有残缺，若 字释读为腓，辞义为用某种牺牲的胫骨后之肉以祭祀妣戊？小腿肉不但肉厚，而且肉质优良，专门占卜用此处之肉以祭祀妣戊，生活中是可能的，而且在文句中也可解释得文通字顺。《韩非子·扬权》：“腓大于股，难以趋走。”文句含义是小腿再粗再壮，也不能大过大腿，否则，将难以快跑。此腓，字义即指小腿肚子。

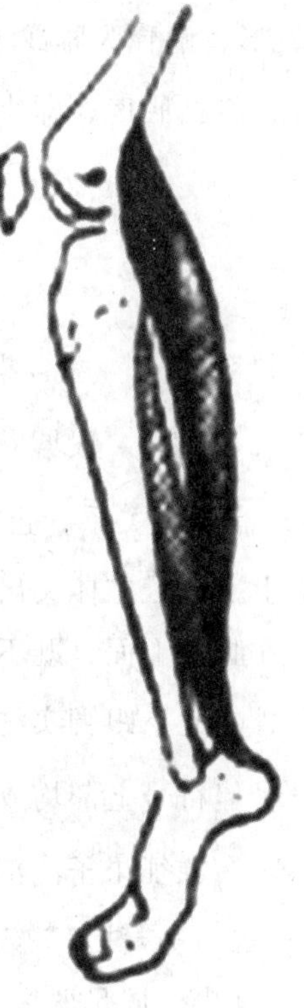

图10

字 既释读为腓，即俗语所说的小腿肚子，是身体肢体部分，跟止（足）又有何关系，这需要跟小腿肚子实物比较后方可清楚。此字从止偏

① 罗振玉：《殷墟书契考释》中，王国维手书石印本，1915年，第6页。

② 段玉裁：《说文解字注》，上海古籍出版社1981年版，第170页。

③ 陈玉书：《康熙字典》，上海书店1985年版，第1099页。

旁，止的开口方向既不向上，也不向下，还不呈左或右水平方向，而是象征脚趾的方向跟水平方向成一定的夹角（见图10），对此分析说明。当脚掌、脚尖用力踏地，脚跟相应向上抬起时，小腿肚子肌肉最为突出。由此判断，字所从的止开口成斜角之式样，并非书写者随意而为，而是跟字义相关。可见，特指人体的小腿肚子。人们正是观察到止（用力后）与小腿肚子突出之间的相互关系，故造字。它演变成后世的腓字。王筠在讲到指事字谓："'视而可识'指字形言；'察而见义'指字义言。"① 字形正是指事字的形象表达。

《说文》中的踌字，是腓的异体字，篆书作形，像双手奉肉之形，有两种含义：一曰胫肉，一曰曲胫。根据《说文》记载，胫确指现今语言中的小腿，胫肉即小腿肉，即俗语中的小腿肚子。踌还为曲胫，段玉裁注《说文》时认为是后人妄加之义，其实，小腿肚子外形突出，呈弯曲形，用语言解释其文字符号，曲胫最为贴切。

跢是蹠（跖）的异体字，跢跟踌两字的联系与区别又在哪里？联系点为：跢跟踌形体基本相同，都从止（足），仅仅是炙从火、弅从廾而已。区别处为：跖的曲形符号在止下，踌的曲形符号在止上。跢本指脚掌，是足下突出的肉，其形体为有曲度的框形符号，作形，解释为跖。小腿肚呈弯曲形，作形，解释为腓或踌。这两种符号虽有差别，但用文字描述时，它们都是有曲度的形体。踌解释为曲胫，特指胫肉，即小腿肚子（肉），异体字为腓，腓后来成为表示小腿肚子含义的常用字。

七 踝字释义

踝字作（《合集》19956）、（《合集》21475）形，从止从一不知名符号。仅三见（《合集》21475，习刻）。殷墟花东"子"卜辞中，有字（《花东》329）。此字既然从止，本义应当与止（足）有一定关系。止字的开口方向向左，表明的是整个脚板平放在地面上，另一符号、、位于脚板上方，且主体突出部分距脚板有一定距离。这是从字形上进行的分析。

在脚板上面，既不是脚趺面（脚弓），也不是脚跟（踵或踵），脚上剩下的足部部位，只有脚踝。用甲骨文此字跟脚实物对比后，可以看出，它应当是踝字的线条画（见图11）。、、形体虽有差异，但符号上部均成不规则方形符号。甲骨文中有果字，作（《合集》28128）、（《合集》33149），象征果子的部分，书写成近于方形符号，等符号可看作是果的另一种书写形式。《说文》："足踝也。"段注："按踝者，人足左右骨隆然圜者也。在外者谓之外踝。在内谓之内踝。"②《释名》："踝，确也。居足两旁，硗确然也。亦因其形踝踝然也。"③ 脚踝是人体的主要关节处，坚硬又突出，跟果子有相似之处。脚踝从人体正面看，内外脚踝均可看到，从人体侧面看，只能看到在足的上面，有一突出的、形体不规则的部分，线条画呈现近于方形的符号。从字形与实物对比后看，此字应当释

① 王筠：《说文释例》，《续修四库全书》，上海古籍出版社2002年版，第565页。

② 段玉裁：《说文解字注》，上海古籍出版社1981年版，第81页。

③ 刘熙：《释名》，中华书局1985年版，第33页。

读为踝，本义为脚踝。《合集》19956、22388，《花东》329之踝为人名，是脚踝本义的引申。

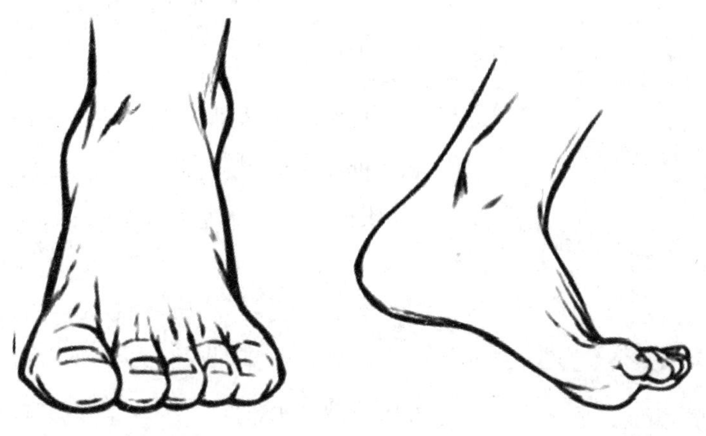

图 11

八　底字释义

字□在甲骨文中仅此一见，取自《乙编》4569版，为《合集》18258版（见图12）。《甲骨文字诂林》把它描摹成□形。① 与拓片字形相比较后可以看出，描摹有误。此字从止从一横从一不知名的符号，从止从一横者为“之”字，甲骨文中有之字，用为代词。于省吾谓：“之字卜辞作□或□，从止在一上，一为地，象足趾在地上行动，止亦声，系会意兼形声字，小篆讹作□，《说文》误解为象

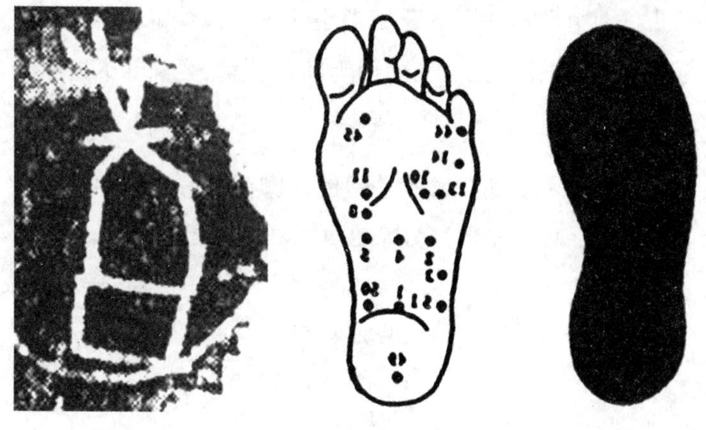

图 12　拓片　足底　足迹

① 于省吾：《甲骨文字诂林》，中华书局1996年版，第872页。

‘艹过中，枝茎益大。’隶变作之，为今楷所本，以上是‘止’与‘之’字发生、发展和变化的源流。”① 足趾在地上行动，靠的是脚底板与地面的摩擦力推动人向前行进。脚底板之形体，如图13所示，跟符号基本相同，应当是脚底板的线条画，字从之从，指脚底下之，从指事角度分析，它应当释读为底。《说文》：“底，山尻也。一曰下也。”段注：“山当作止。字之误也。字从广，故曰止尻。《玉篇》曰：‘底，止也，下也。’《广韵》曰：‘底，下也，止也。’皆本《说文》。”②从《说文》看，底本义乃止居，即脚底板所在之处，脚本是人体最下面之器官，人所踩踏的足底之下，为底，故底有下之含义，跟所表达的之（止）下含义相通。由此分析，字，上从之旁逐渐讹变成厂，后伪变成广，“盖本作底，传写者以通用字易之。伪为底也”。（《说文解字六书疏证卷十八》）③ 以上是从字形及文献中底字字义方面分析而得出的结论。

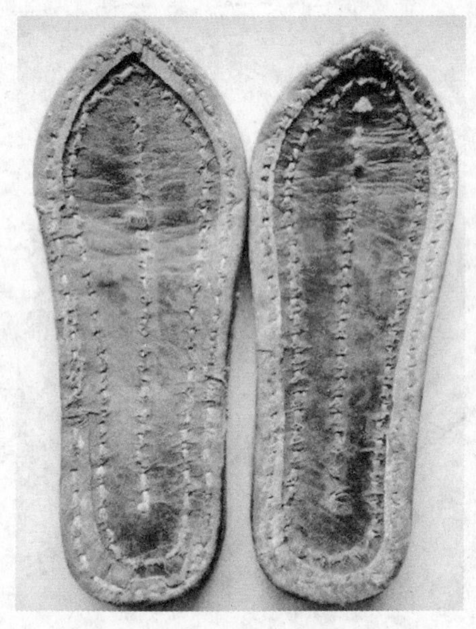

图13　源自中华古玩网

九　蹲字释义

甲骨文中有一字，其字为形，见《补编》6732（如图18所示），此版是《合集》20066（《甲编》3483）、22456（《甲编》3453）两版甲骨缀合后才显现的完整字。另一字，其字形为，见《合集》19941（《乙编》405，图19）。此两字字形之止（足）偏旁符号虽然不是甲骨文中常见的写法，好像跟人之身体器官——止（足）没有关系。从字形整体看，两个字都像人的整个躯体（首、手、上半身、下半身、足五部分）。若以人体躯干及人的行为动作分析，字下所从像人手的符号，当是足形的另一种表现形式。字下像弓形部分，与小腿躯干连在一起，成一弧形线段，此弧形线段，可与人体足部相对应。当人下蹲、臀部不着地、脚尖着地时，脚面部分必呈弓形，才能与小腿、大腿一起用力，以保持身体平衡。由此，字体中弓形部分，也可以看成是足的变体。

这两个字究竟为何字，到目前为止没有释义。要对其字形、字义做解释，需要将文字产生理论、人体行为与足之间重力变动、典籍中有关人之姿势记载等联系起来探讨。

（一）从文字理论看

文字究竟是如何产生的，许慎在《〈说文解字〉序》中谓：“仓颉之初作书，盖以类象形，故谓之

① 于省吾：《〈诗经〉中的“止”字辨释》，《中华文史论丛》第三辑，中华书局1963年版，第121—132页。

② 段玉裁：《说文解字注》，上海古籍出版社1981年版，第445页。

③ 《古文字诂林》编纂委员会：《古文字诂林》第八册，上海世纪出版集团1999年版，第271页。

文，其后形声相益，即谓之字。文者物象之本，字者言孳乳而浸多也。”段注：“以类象形谓指事、象形二者也。指事亦所以象形也。文者，错画也，交，错其画而物象在是。”① 甲骨文字形尽管已经符号化，但仍保留有人类观察客观事物、善于把握事物根本特征的迹象。如：侧立“”（《补编》1775反）形，后来演化为“亻”偏旁，正立“”（《合集》6703）形，后来演化为“大”偏旁，跪立“”（《合集》22258）形，后来演化为“卩”偏旁，甲骨文字中由人体主躯干骨构成的字有以上这三个偏旁。这三个偏旁的共同特点是：可以根据人体，分为三部分，由首至尾骨部分，臀部以下部分，两手臂部分。它们最大的区别即侧立、正立、跪立时手、腿形成的线条不同，即“错其画而物象在是”也。

（二）字形分析

从字字形与人蹲姿形式比较看，字形表达的当是人蹲之字义（图14是字形的放大，便于与人体蹲姿对比）。图14中，数字6标识部分，应指人足这一行动器官，人手与足相同之处，即都有五指。甲骨文中，手是重要偏旁，如舌字，作（《合集》167）、（《合集》7989）、（《合集》586）、（《合集》33397）等形，手的形体或作形，或作形，跟字下面的（数字6部分）形体相同，从人的躯干与字形比较看，数字6所指部分，即人足所在处，它是足的一种变形，之所以有这种变形体出现，与人蹲坐时足趾的用力行为有关，下面分析论证。

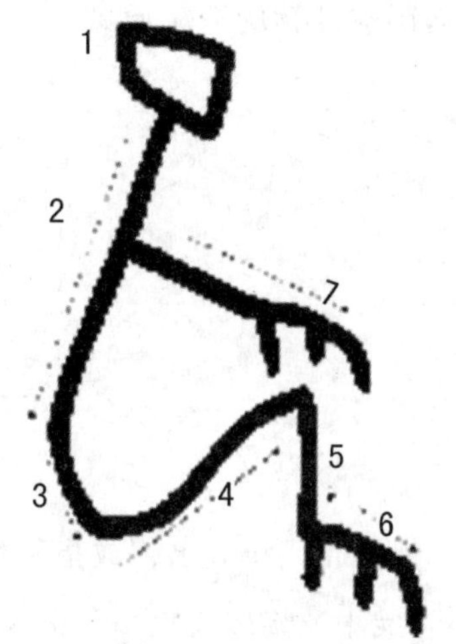

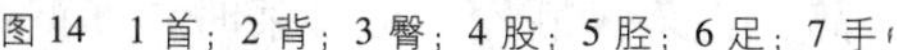
图14　1首；2背；3臀；4股；5胫；6足；7手

图15　人蹲之姿势

（三）坐姿形体与字形对比分析

古人坐姿一般有三种姿势，其一，跪坐：跪坐的形体为双膝归拢而着地（见图16），小腿与地齐平，脚背朝下，臀部落在脚跟上，双手放在膝前。这种坐姿在商代普遍流行，殷墟妇好墓出土的玉人（见图16），正是这种坐姿的形象说明。这种坐姿，其字为形，见于甲骨文中，它不仅是单字而且是甲骨文的重要偏旁。其二，箕踞：箕踞的形体是：臀部坐地，屈膝前张或伸腿张开于前，像箕舌形。

① 段玉裁：《说文解字注》，上海古籍出版社1981年版，第754页。

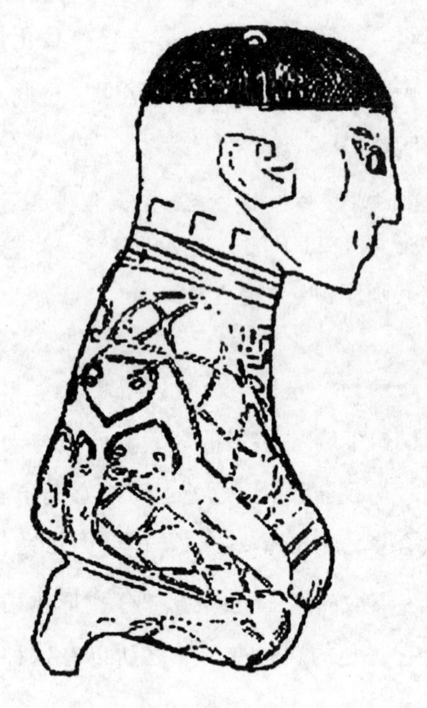

图 16 殷墟妇好墓 153 页

《曲礼上》："坐无箕。"疏："箕谓舒展两足，状如箕舌。"[①]这种坐姿不合礼仪，也是对他人不尊重的坐姿，《游侠列传·郭解传》："（郭）解出入，人皆避之，有一人独箕踞视之，解遣人问其姓名，客欲杀之。"[②]此人仅因为箕踞而坐，即招郭解之客"欲杀之"之祸，可见，这种坐姿在正式场合中是不允许出现的。其三，蹲：蹲的形体是：屈膝耸起，脚掌抵地，臀部自然落下而不着地。《辞海》谓："屈两膝如坐，臀部不着地。"[③]《说文》足部："蹲，居也。"尸部："居，蹲也。"段注："是为转注。"[④]人下蹲时，因身体重心变化，脊背需弯曲成圆弧形略向前倾斜，手臂需向前作探状，两脚尤其是脚趾向后用力以增加与地面的摩擦力，才能保持下蹲而不歪倒的姿势（见图 15）。

字[甲骨字形]像臀部不着地、脚底着地而手、足用力保持身体平衡之形，[甲骨字形]像臀部不着地、脚尖呈立起之形，手部用力前伸以保持身体平衡之姿势。这两种形式，都是蹲行为，仅蹲姿稍有变化而已，蹲姿可分浅蹲、半蹲、深蹲等姿势。从此字字形及"以类象形"而画成其物的造字原则看，此字释读为蹲字当是其符号所表达的字义。以上是从字形对字义的分析。

（四）卜辞用法

此蹲字，在甲骨文中仅两见，引文于下：

甲辰，贞[甲骨字形]母，蹲（[甲骨字形]）不疾？（《合集》19941）

□□卜……蹲（[甲骨字形]）？一月。（《补编》6732）

疾雨，无匄？（《合集》12900）

陈梦家谓："[甲骨字形]有两种含义，一位用牲之法，一为夕[甲骨字形]。"[⑤]蹲在此或指人名，或指某种行为。[甲骨字形]在此为动词，指杀伐牺牲以祭母某。《说文》："疾，病也。"甲骨文中，疾多指疾病。也有急速、快速之用法，上引卜辞"疾雨"当指急雨，快速而猛烈之雨。辞义为杀伐牺牲祭祀母某时，下蹲行礼时不要急速？祭祀时，要行跪拜礼，行跪拜礼的行为是双腿下蹲而跪地拜祭，蹲时快、慢行为可能跟礼仪有关，故商王占卜贞问。

---

① 李学勤：《礼记正义》，北京大学出版社 1999 年版，第 49 页。

② （汉）司马迁：《史记》，中华书局 1963 年版，第 3186 页。

③ 夏征农：《辞海·语词分册》，上海辞书出版社 1987 年版，第 1773 页。

④ 段玉裁：《说文解字注》，上海古籍出版社 1981 年版，第 399 页。

⑤ 陈梦家：《殷虚卜辞综述》，中华书局 1988 年版，第 246 页。

图 17

（五）日常蹲姿论

蹲是不符合礼仪的一种行为，《论语·宪问》："原壤夷俟。……（孔子）以杖叩其胫。"疏："夷，踞也。俟，待也。踞待孔子者。《说文》：'踞，蹲也。蹲即坐也。……今原壤坐待孔子，故孔子责之也。'"① 原壤因蹲居，被孔子以杖叩击其小腿，可见，蹲也是一种不合礼仪的坐姿。

夷（侇）、尸、居（踞）、蹲，均与蹲踞这种姿势相近，它们之间的关系，需要说明。甲骨文中，位于今山东半岛的方国，称人方，郭沫若谓："旧多释尸为人，余谓当是尸字，假为夷，殷代尸方乃合山东之岛夷与淮夷而言。"② 武丁时期的尸方之尸作（《合集》6456）、（《合集》20612）、康丁时期作（《屯南》2064），帝乙、帝辛时期人方之人，作""（《合集》36494）形，帝乙、帝辛时期之人方，位于都城东部，在今山东半岛一带。山东半岛是夷人居住地，《左传》昭公十二年谓："纣克东夷而陨其身。"由此可证，人方即夷方，人、夷相通。尸，《说文》谓："陈也。象卧之形。"段注："祭祀之尸，本象神而陈之。此字象首俯而曲背之形。"③ 甲骨文尸，有（《合集》14295）、（《合集》20643）、（《合集》33194）等形，像首俯而曲背之形，又跟人字字形相混，孙海波谓："人、尸、夷通用。"④ 可见人、尸、夷在古代有时是通用的。"原壤夷俟"注"《仪礼·士丧礼》：'奉尸侇于堂。'注：'侇之言尸也。'《丧大记释文》：'夷，尸也，陈也。本或作侇。'《记》云：'夷

① 李学勤：《论语注疏》，北京大学出版社 1999 年版，第 204 页。
② 郭沫若：《卜辞通纂》，科学出版社 1983 年版，第 462 页。
③ 段玉裁：《说文解字注》，上海古籍出版社 1981 年版，第 399 页。
④ 孙海波：《甲骨文编》，中华书局 2004 年版，第 339 页。

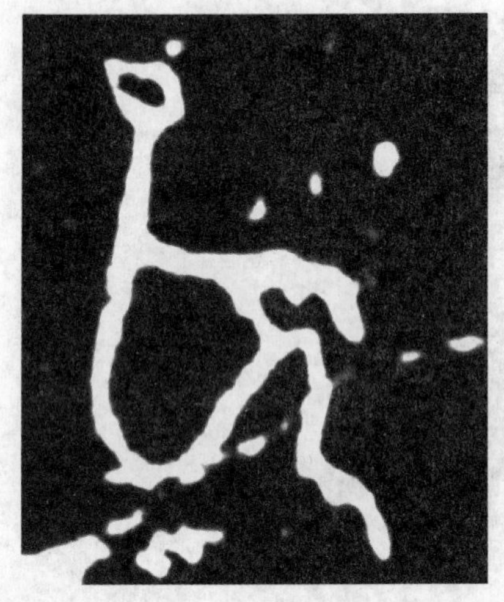

图 18

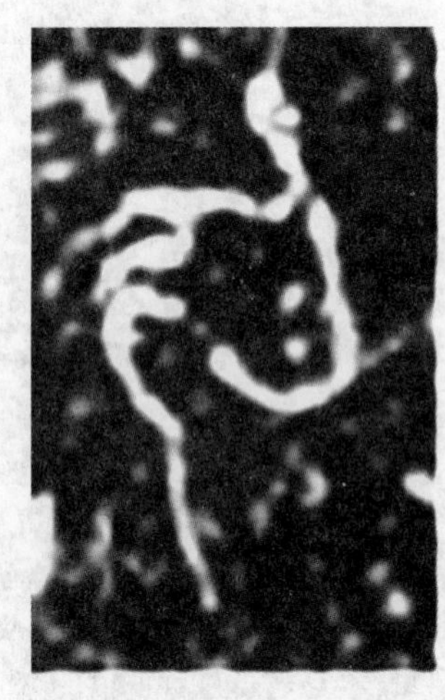

图 19

俟’，状如箕踞如偃尸也。……原壤夷俟，谓蹲踞而待，不出迎也。”① 甲骨文之夷字，与人、尸是同形异义。踞的本意为人体蜷曲之样，蹲即人体呈下蹲之式，两字互为转注。段注：“若蹲，则足底着地而下其脾（髀），耸其膝曰蹲。”② 白话文就是：人体的头部向前微伸，背部弯曲，臀部不着地，耸立膝盖，脚底着地之形，跟 字形表达的含义一样，由此， 字当为蹲义。这是从字形与人体蹲踞姿势相似性方面得出的结论。

蹲之所以跟夷（人）、居字义相同，主要是人蹲时，有不同的蹲姿，有浅蹲（跟上引甲骨文尸形相同）、半蹲（跟图 17 人体之形接近）、深蹲（脚尖着地，双手在膝盖处竭力前伸以保持平衡， 字为其造型的线条画）。人们正是看到人体在不同场合下的相同形体，造成了夷、尸、居、蹲部分含义重合的事实。

小　结

文字的产生与出现，是社会生活中人们交流的需要。足特指踝骨以下的整体部分，甲骨文中以止（足）为偏旁的文字有 200 个左右，可见足在日常生活中的重要性，以及与足相关的语言、文字在人们语言交流中使用的频繁程度。足还是直接跟地面接触的身体器官，在劳动保护条件还不健全的古代和严酷的自然条件下，足的不同部位容易受到各种伤害；在人体衰老的过程中，会出现各种足疾困扰。足跟人的生活息息相关，人们如何交流足不同部位的状态，需要称呼不同部位之名。今天所见的先秦典籍，虽然有足的不同部位之文字的使用，但字形均为楷体字，已经看不到字形发展、演变的脉络。地下出土的文字中，又很少涉及这些文字。故难以推动对足的相关部位之字的深入研究。

甲骨文尽管仍保留有早期文字的原始遗迹，但已经是相当成熟的文字。足是人体的主要器官，也是甲骨文字的主要偏旁， 字是由足的线条化过渡到文字符号化之形，还是足、止、疋在商代语言中

① 程树德：《论语集释》，中华书局 1990 年版，第 1043 页。

② 段玉裁：《说文解字注》，上海古籍出版社 1981 年版，第 399 页。

的文字符号。姚孝遂先生认为文字之间的细微差异，可能造成字义之间的差异，以上列举的前五类文字均释读为疋或踵，显然是把文字中丰富的语言、文字信息人为地舍弃了。后三类字也有止偏旁，是止（足）形体的另一种书写形式，其字义跟止（足）关系密切，故把此三字也放于此文论述。

足本体可细分成足趾、足弓、足掌、足跟、足踝不同部位，这些部位在人的行（走、跑、踏、跳）、坐行为中，相互协调，共同完成行、停、坐目标。古代汉语中足的相关部位称趾、跗（趺）、跖（蹠）、踵（歱、跟）等，这些字都是左右结构之字，都带足偏旁；而另一偏旁与字义之间不存在象形、指事、会意等关系。尽管如此，字书及古代典籍注疏对以上字均有注释，这些注释均使用描述性语言来解释其文字，恰好跟甲骨文字以符号表示字义一致，从文字字形、与足实物比较、印证文献典籍记载方面，本文对足的不同部位名称进行了详细考察。因本人学识简陋，论述不足，恭请方家批评指正！

（韩江苏　本文为第三届许慎文化国际研讨会论文）

甲骨文“兹”字分析与研究

摘　要　殷墟花东甲骨卜辞有一新字，为形，从走从糸两个偏旁。走的本义相当于现代汉语的“跑”，糸的字形为“”，像束丝之形，本义是细丝，引申义有绳索、琴弦等义。字字音为（xián），字义是急跑、狂奔之义，在花东甲骨卜辞中指驾车之右马因狂躁而急跑（狂奔）之行为。

关键词　殷墟花东甲骨卜辞　字形（）　字音（xián）　字义（急跑）

殷墟花东甲骨卜辞中有一新字，拓片显示为“”形，拓片模糊，照片不清，刘一曼先生根据字形轮廓，摹写为“”形，隶定为“赼”字，并指出此字为新见字。谓“该字从夭从玄，而夭乃走之初文，故该字可隶释为赼，乃‘趚’之初文。《集韵》‘赼音贤，趚或省作赼，走也。’《说文》‘趚，急走也，从走弦声。’……乃急走之状”。① 姚萱结合照片，认为此字应隶定为“赱”字，至于字义，则没有解释。② 陈年福的《殷墟甲骨文字词表》，摹写为“”形，隶定为“赱”字。③ 李宗焜摹写为“”形，文字没有隶定。④ 因字形模糊，此字究竟是何字，以拓片、照片模糊形体为依据，再结合此字所在的语境进行探讨，结论将更加客观。本文从字形形体、偏旁分析及语境三个方面对此分析与研究。

一　字形形体分析

字分为两个偏旁，偏旁笔画清楚且无异议，以上诸家释读为“走”偏旁真实可信。字所从的另一偏旁则有以上多家之言，需要厘清。字所在拓片放大后与照片对比看出，另一半应是“糸”（）这一偏旁，但因裂纹及龟甲片上的衍刻或麻点，造成了对此偏旁的争议（参看本文插入的《花东》369 拓片、照片局部图版），对此加以说明：从“走”偏旁（人形）头部向下至于糸的中

① 中国社会科学院考古研究所：《殷墟花园庄东地甲骨》，云南人民出版社 2003 年版，第 1705 页。

② 姚萱：《殷墟花园庄东地甲骨卜辞的初步研究》，线装书局 2006 年版，第 14 页。

③ 陈年福：《殷墟甲骨文字词表》，见《百度文库》。

④ 李宗焜：《甲骨文字编》，中华书局 2012 年版，第 89 页。

部是“兆干”底部向两侧崩裂的两道裂纹之一，作“[illegible]”形。糸偏旁及周围，作“[illegible]”状，且上半部分笔画笔道不明显。刘一曼先生描摹时，与原骨相比较并仔细揣摩，舍去裂纹及衍刻（或麻点），把文字的笔画梳理清楚，描摹为从走从糸的“[illegible]”字形。根据观察照片、拓片、相互校验及检视原骨，笔者认为刘先生的描摹是正确的。此字所从走偏旁之左侧是“[illegible]”形，与乍（作）之形“[illegible]”（《合集》25）无任何关系。[illegible]字从走从糸两个偏旁，据此，根据甲骨文字的偏旁、部首及此字所在语境来探讨其含义。

二　走、糸偏旁分析

甲骨文是非常成熟的文字，构字偏旁字形、字义已经十分清楚，由此，分析[illegible]字所从走从糸的偏旁，将有助于对此字字形、字义、字音的正确理解和认识。

（一）走偏旁分析

以往发现的甲骨文中，有走字，作“[illegible]”（《合集》15656 反）、“[illegible]”（《合集》17230 正）、“[illegible]”（《合集》17993）、“[illegible]”（《合集》27939）、“[illegible]”（《合集》19709）、“[illegible]”（《合集》2326）等形，罗振玉释读为夭，谓：“夭屈之夭……与古文倾头之夨形颇相混，此字[illegible]，石鼓文从[illegible]诸字皆作[illegible]，与此正同，古金文亦然。”① 李孝定谓：“《说文》：‘夭，屈也。从大象形。’契文夭字象走动时两臂摆动之形。罗说是也。”②赵诚谓：“[illegible]，走。像人急走或奔跑时，两臂前后上下摆动之形，其本义相当于现代的跑，甲骨文用来表示急行、快走，似仍用其本意。卜辞也用作急驰之义，则为跑义之引申。”③《甲骨文字诂林》（简称《诂林》）按：“[illegible]当释走，诸家释夭皆非是。其形体与‘夨’、‘夭’均有关，须加以详解。……小篆‘走’字从夭，乃形体之伪变。亦为形体之混淆。《说文》：‘走，趋也。从夭止。’又：‘奔，走也。从夭贲省声。’金文‘走’字作‘[illegible]’，亦或作‘[illegible]’……夭乃走之形伪。其形体既经伪变，则与金文夨字相混，而又造成‘走’、‘奔’所从与‘夭’字相混，清代学者由于‘走’、‘奔’从‘夭’不可解，皆以为‘走’、‘奔’当从‘犬’，取犬善走之义以曲解之。契文[illegible]即走之初形，商代玉磬铭亦作[illegible]（见《双剑誃古器物图录》），金文‘走’及从‘走’之字作[illegible]，亦或作[illegible]，增‘止’亦或‘行’为文字演化中所习见。篆文作[illegible]，伪变为从‘夭’从‘止’，徐锴《系传》谓‘走则足屈’，故从夭止会意。支离牵附。清代学者不知其形伪，又以从

① 罗振玉：《增订殷虚书契考释》中（石印本），东方学会 1927 年版，第 55 页。

② 李孝定：《甲骨文字集释》，“中央研究院”历史语言研究所 1970 年版，第 3219 页。

③ 赵诚：《甲骨文简明词典》，中华书局 2009 年版，第 345 页。

‘犬’取犬善走说之。实则‘走’本像人趋走时手臂摇曳之形，与‘犬’无涉。”[①]《诂林》对走字的辨析可谓精准。字释义的应用，《殷墟卜辞综类》释读为夭。[②]《殷墟甲骨刻辞类纂》释读为走。[③]此字究竟应取夭义还是走义，需要对字形进行分析。

此字作人形，代表两条腿的两个笔画一前一后，代表两只手臂的笔画一上一下。这是其字形所反映的特点。由此，结合甲骨文语句及造字抓事物根本特点或特征来分析字的构形特点。甲骨文中，有“亚马”（《合集》27939）一语，“走马”在此应是一职官名。《诗经》中“走马”指骑马疾走之义，《诗经·大雅·緜》：“古公亶父，来朝走马。”王先谦谓：“《韩》‘走作趣者’，《玉篇·走部》‘趣，遽也。’《诗》曰：‘来朝趣马’言早且疾也。知韩‘走’作‘趣’。陈乔枞云：郑意以‘走马’为‘趣’之假借，故不烦改字，直训为‘疾’。”[④]古义“走”，今义为“跑”，《战国策·触龙说赵太后》：“老臣病足，曾不能疾走。”“疾走”即快跑之义。甲骨文中“步”“走”与现代汉语中“走”“跑”之含义相对应：从人体行为看，甲骨文之“步”与现代汉语之“走”的人体行为是“两脚着地，两手臂自然下垂一前一后摆动”。甲骨文之“走”与现代汉语之“跑”的人体行为是“一脚着地，瞬间还出现两脚腾空现象，两臂前后摆动，小臂与大臂略成90度，双手握拳，摆动时根据步子大小而定大臂的幅度”。古人在造字时，充分注意到了现代汉语中“走”“跑”的行为差异，故甲骨文中的“步”作“”（《合集》7935）、“”（《合集》20375）等形，而“走”字则作“”等形，突出的是人在跑步状态下的行为。甲骨文尽管是目前所见最早最成熟的文字，但仍保留有原始遗迹，正是这些原始遗迹，成了探讨字形本义的依据。

（二）糸偏旁分析

甲骨文“”形字是两种含义的字，（一）地支第六字“午”，有“”（《合集》509正）、“”（《合集》24156正）、“”（《补编》8994）、“”（《补编》6556）、“”（《补编》7541）、“”（《合集》34445）等形。《诂林》按“丁山以为象杵形，说实本于戴侗《六书》故。……断木为午，所以舂也。亦作杵，借为子午之午。所以知其为午臼之杵者，从午从臼，其明证也。契文舂作‘’，秦字作、诸形，象持杵以捣禾。、俱象杵形应无异议。”[⑤]（二）偏旁纟（糸）[sī]，王襄谓字“古糸字”。[⑥]《说文》：“糸，细丝也。象束丝之形。凡糸之属皆从糸。读若硯。”甲骨文字正像束丝之形。糸在甲骨文中，是一个很常见的偏旁，如兹作“”（《补编》2510）形，係作“”（《合集》1101反）形，幽作“”（《屯南》139）形，乐作“”（《合集》12344）形等。其中，係字像绳索系于人头之形，与俘虏有关，如“十羌係”（《合集》1097）等。乐

① 于省吾：《甲骨文字诂林》，中华书局1996年版，第318页。
② 岛邦男：《殷墟卜辞综类》，汲古书院1971年增订版，第40页。
③ 姚孝遂等：《殷墟甲骨刻辞类纂》，中华书局1989年版，第112页。
④ 王先谦：《诗三家义集疏》，中华书局1987年版，第836页。
⑤ 于省吾：《甲骨文字诂林》，中华书局1996年版，第3181页。
⑥ 王襄：《簠室类纂正编》十三，天津博物院1920年版，第58页上。

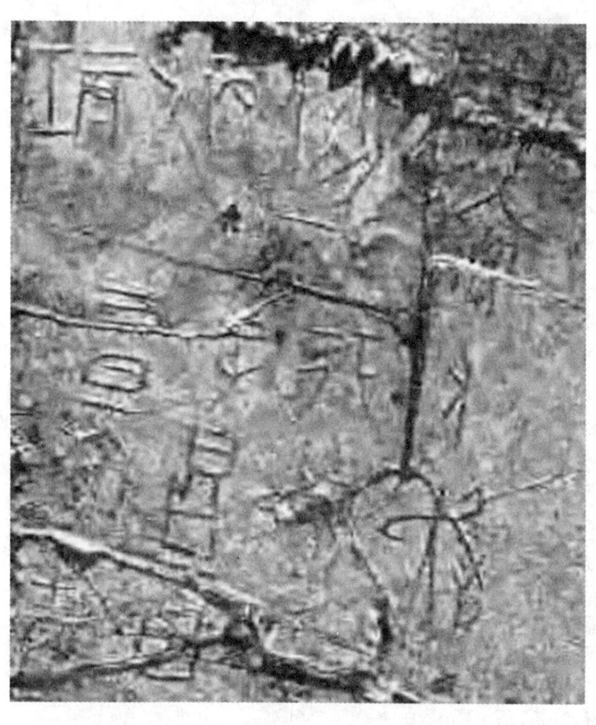

图1　《花东》369 照片局部

字，罗振玉谓："象丝附于木上，琴瑟之象也。或增□以象调弦之器，犹今弹琵琶阮咸之有拨矣。"①甲骨文中，乐是地名而非音乐之乐义。乐字像丝附于木上，琴瑟之象为本义。甲骨文□字本义是束丝，引申义作绳索、琴弦等。

三　趚字释义

甲骨文□字从走从糸两个偏旁，这是其字形所反映的实际情况。《说文》中有一"䞁"字，谓："急走也。从走弦声。胡田切。"段注："形声包会意。从弦有急意也。胡田切。"②《康熙字典》作"趚"形，谓："《集韵》胡千切。音贤、䞁或省作趚，走也。"③《说文》："弦，弓弦也，从弓象丝轸之形。凡弦之属皆从弦。"段注："弓弦以丝为之，张于弓。因之张于琴瑟亦曰弦。俗别作絃，非也。弦有急义，故董安于性缓佩弦以自急。心部曰'㢸，急也。'谓□也，象古文丝而系于轸，轸者，系弦之处，后人谓琴系弦者曰轸。胡田切，十二部。今字作弦。按轸当作紾，从车者，伪也。紾者，转也。方言。轸，戾也。轸乃紾之假借字，丝紾，言弦戾也。"④《说文》䞁字从走从弦。《康熙字典》省作趚，此两形当为一字古今之异体。上举係字像绳索系于人头之形，乐字像丝绳附于琴瑟作弦之形。可

① 罗振玉：《增订殷虚书契考释》中（石印本），东方学会 1927 年版，第 40 页上。
② 段玉裁：《说文解字注》，上海古籍出版社 1981 年版，第 64 页。
③ （清）张玉书等编：《康熙字典》，上海书店 1985 年版，第 1357 页。
④ 段玉裁：《说文解字注》，上海古籍出版社 1981 年版，第 642 页。

见 ∮ 字即丝线状物，䟿字偏旁“ ∮ ”，在此之义应是用丝线的引申义——弓弦之弦而非地支之“午”字。[古文字]字可释读为《说文》之䟿字，《康熙字典》之䟿字，音（xián），是急切、急躁、狂走之义。

䟿字是否为此义，需放到原文中去检验，其卜辞为：

壬辰卜，贞右駝弗安有䟿，非廌□？子占曰：三日不死，不其死？（《花东》369）

字駝作“[古文字]”形，从马从匕，土（⊥）、匕（[古文字]）在甲骨文中也是表示动物属性的符号，如“[古文字]”（《合集》22988）与“[古文字]”（《合集》721正）、“[古文字]”（《合集》784）与“[古文字]”（《合集》30743）等分别是牡与牝、羖与羊匕字。《说文》：“牡，畜父也，从牛土声。”“牝，畜母也，从牛匕声。《易》曰‘畜牝牛吉’。”牡即公牛，牝即母牛。羖即公羊，羊匕即母羊。[古文字]即表示马的属性为母马。右作“[古文字]”形，在殷墟花东甲骨卜辞中，有三种用法，分别是：第一，有无之“有”，如“己卜，子有梦……无至艰？己卜，有至艰”（《花东》403）。第二，左右之“右”，如“新马子用右，新马子用左”（《花东》367）及“右史”（《花东》373）。第三，表示重复或继续的“又”，如“于祖乙岁牢又一牛”（《花东》420）等。右駝当驾车之右马，卜辞如：

新马子用右？一

新马子用左？一（《花东》367）

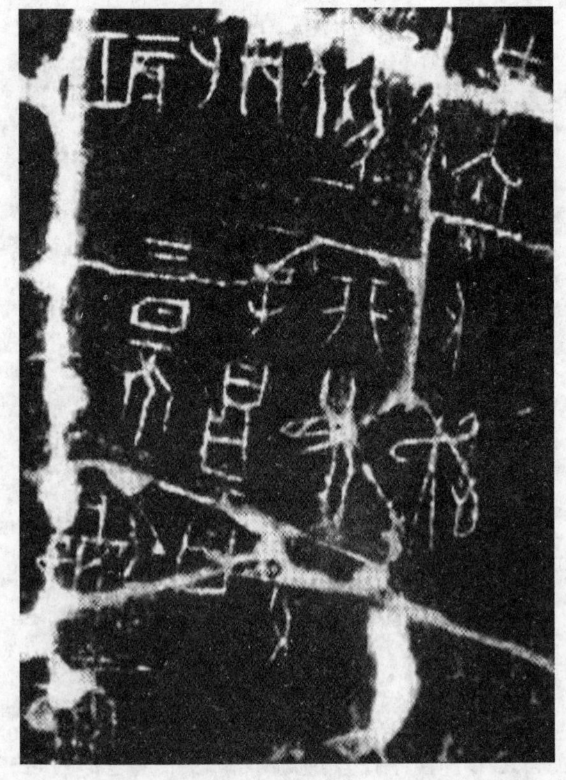

图2 《花东》369拓片局部

隹左马其有剢？一

右马其有剢？一

自贮马？子曰：其右死。一（《花东》60）

商代马车式样虽不见文献记载，但殷墟考古发现马车。车马配置均为一车二马。[1]《花东》367“子”贞问从新地征取来的马用于车左还是车右？剢字从豕从刀，其本义像杀猪之形，引申义则为杀伐、凶杀之义。[2]《花东》60辞义为左马有灾祸还是右马有灾祸，H3卜辞主人“子”占卜的结果是自贮地进贡来的马用于车右之马将死。安字，《花东》一书描摹为“[古文字]”形，对照拓片、照片及重新审视原骨，字形描摹正确。王卜辞中，安作人名，也作动词，在此仅举“安”作动词用的卜辞，如：

乙巳卜，中，贞卜若？兹不安（[古文字]）？其大不若？（《合集》23651）

贞无其安？（《合集》18617）

癸酉卜，争，贞王腹不安（[古文字]），无延？（《合集》

① 杨泓：《商代的兵器和战车》，《商文化论集》，文物出版社2003年版，第421页。

② 陈炜湛：《甲骨文异字同形例》，《古文字研究》第6辑，中华书局1981年版，第243—245页。

5373）

不为否定副词，其后所跟之词为动词。王卜辞中的做动词所用之安，从宀从女（ ）或从（ ）两形，有安定、安静、安宁之义，《甲骨文字诂林》谓“似当读作安”。[①] 安（ ），李孝定谓：“《说文》安，静也。从女在宀下。女在宀下会意。言室家之安也。”[②]《尔雅》：“安，定也。”若为顺义，《合集》23651 辞义为这次的占卜顺吗？此次占卜很不安稳，将大大不顺？《合集》18617 辞义为将不安宁？《合集》5373 辞义为商王肚子有疾病不安宁，不会延长吗？安有安宁、安定之义。

《花东》369 版麆字后一字残缺，仅模糊看出右半部分为“ ”形。“非麆□”含义有待考证。《花东》369 辞义为用于驾车的右马（母马）不安宁急躁疾走（有疾病）？子占卜的结果是：（右马）这种情况若三日内不死，将不会死去。右马的不安是急躁、狂躁疾走不停。趝与安含义相反，两字充分地表达了右马所处的状态，趝解释为急文从字顺，释义应当正确。

通过以上论证可以看出，刘一曼先生把 字整理描摹为从走从玄的 形，解释为急走之义，字形、字义正确，字音读（xián），是一个形声包会意之字。

（石福金　本文刊于《安阳师范学院学报》2013 年第 6 期）

① 于省吾：《甲骨文字诂林》，中华书局 1996 年版，第 2016 页。

② 李孝定：《甲骨文字集释》，“中央研究院”历史语言研究所专刊之五十 1970 年版，第 2449 页。

殷墟花东 H3 卜辞中“迟弓、恒弓、疾弓”考

摘　要　《花东》37 版有“迟彝弓、恒弓、疾弓”三种不同的弓。它们分别相当于文献中的王、孤、唐、大、夹、臾之弓，使用于 H3 卜辞主人“子”在学射礼即将结束时。我们对“迟彝弓、恒弓、疾弓”三种不同弓的考证，不仅有助于深化 H3 卜辞研究，而且对商代、西周、春秋时期的射箭工具的继承和发展也有一定认识。

关键词　殷墟花东 H3 卜辞　迟彝弓　恒弓　疾弓

1991 年 10 月，中国社会科学院考古研究所安阳工作队在殷墟花园庄东地发掘了一个甲骨坑，编号 91 花东 H3。发掘者经过十多年的整理和初步研究，2003 年 12 月，《花园庄东地甲骨》（简称《花东》）出版，这批甲骨材料全部问世。[①] 其中，《花东》37 版上出现“迟彝弓、恒弓、疾弓”三种不同的弓，它们究竟指何种弓，自材料公布至今，学术界仍没有对其展开深入探讨。笔者在逐渐熟悉 H3 甲骨材料后，对此三种弓进行研究和考证。这不仅有助于深化研究 H3 卜辞，而且对探讨商代礼乐文明乃至中华礼乐文明中的射礼，也具有重要意义。因此问题难度大，不妥之处，恭请方家以正之。

《花东》37 版有关“迟彝弓、恒弓、疾弓”的卜辞如下：

乙巳卜，在䨲，子其射（[illegible]）？若？［《花东》37（14）］

乙巳卜，在䨲，子弜迟彝弓？出日？［一《花东》37（15）］

叀恒（[illegible]）弓用？射（[illegible]）？［一《花东》37（16）］

叀恒（[illegible]）弓用？不用。［《花东》37（17）］

丙午卜，子其射？疾弓于之若？［一《花东》37（18）］

戊申卜，叀疾弓用射鸛？用。［《花东》37（19）］[②]

通过排谱研究，以上所引之辞，占卜的历史背景是 H3 卜辞主人“子”在䨲地从事学射礼结束时而占卜的，[③] 此三种弓确指何种弓，具有怎样的社会功能，需要结合文献来研究。

① 中国社会科学院考古研究所：《殷墟花园庄东地甲骨》，云南人民出版社 2003 年版。

② 注：《花东》是《殷墟花园庄东地甲骨》（云南人民出版社 2003 年版）的简称，《花东》37（14）、《花东》37（15）是《花东》第 37 版甲骨上第 14、15 条占卜。依此类推。

③ 韩江苏：《殷墟花东 H3 卜辞主人“子”研究》，线装书局 2007 年版，第 395 页；《从殷墟花东 H3 卜辞排谱看商代学射礼》，《殷墟与商文化：殷墟科学发掘 80 周年纪念文集》，科学出版社 2011 年版。

一　疾弓

从文字上看，疾弓之疾作“ ”形，与以往发现的甲骨文中疾病之疾形状相同，编著者释读为疾，从字形上看是正确的。文献所见“疾”义，有急、快之义，《左传》襄公五年：“而疾讨陈。”《战国策·齐策四》：“何来疾也。”《战国策·赵策》：“不能疾走。”《说文》：“病也。”段注：“……按经传多训为急也，速也。此引申之义。”从以上引文看，甲骨文中的疾弓或指损坏之弓或指急弓、快弓之义。

从疾弓所射对象看，疾弓所射对象为鹳，见《花东》37（19）辞，鹳作“ ”形，《说文》：“隹，鸟之短尾总名也，象形，凡隹之属皆从隹。鸟，长尾禽总名也，象形，凡鸟之属皆从鸟。”段注：“短尾名隹，长尾名鸟，析言则然，浑言则不别也。”从字形看，鹳应属于短尾之鸟。

文献中，捕获飞鸟的田猎方式，称弋射，《左传》哀公七年：“曹鄙人公孙强好弋，获白雁，献之，且言田弋之说，说之。”注：“田弋有技巧，说谓其技巧也。”① 弋射所用之弓为夹弓、庾弓，所用之矢为矰矢、茀矢，《周礼·夏官·司弓矢》谓：“及其颁之，王弓、弧弓以授射甲革椹质者。夹弓、庾弓以授射豻侯鸟兽者。唐弓、大弓以授学射者，使者，劳者。……凡矢，枉矢、絜矢利火射，用诸守城、车战。杀矢、鍭矢用诸近射、田猎。矰矢、茀矢，用诸弋射。恒矢、庳矢，用诸散射。”②

甲骨文中，疾弓所射对象为飞鸟；文献记载中，捕鸟方式为弋射，弋射活动中使用的两种工具分别是弓（夹弓、庾弓）和矢（矰矢、茀矢），那么，考察夹弓、庾弓的射速快慢、射程远近等特点及矰矢、茀矢的具体特征，以确定甲骨文中疾弓是否即文献中的夹弓、庾弓。

凡弓，必具往来两体，才具备弛张之功用，孙诒让注：“往体，谓弓体外挠，来体，谓弓体内向，凡弓，必兼往来两体，而后有弛张之用，但以往来之多少为强弱之差。”③ 文献记载了六种弓体形状，弓体形状决定弓的强弱度、快慢，引文于下：

按照弓体的形状划分，《周礼·冬官·考工记·弓人》：“往体多，来体寡，谓之夹臾之属，利射侯与弋。往体寡，来体多，谓之王弓之属，利射革与质。往体来体若一，谓之唐弓之属，利射深。”④

六弓不仅形状不同，而且材质厚薄不同，《弓人》郑注：“夹、庾之弓，合五而成规，侯非必远，顾执弓者材必薄，薄则弱，弱则矢不深中侯，不落。……王弓合九而成规，弧弓亦然。……唐弓合七而成规，大弓亦然。”⑤

弓体形状、材质厚薄决定了弓体强弱度和快慢速度。弓的强弱度与快慢文献无明确记载，因弓与弩基本原理相当，《司弓矢》：“凡弩，夹、庾利攻守。唐、大利车战、野战。”孙诒让谓：“此辨四弩之名物与其用也。强弱与弓相儗，故名亦同。……注云‘攻城垒者与其自守者相迫近，弱弩发疾也’者，谓或攻或守，二者皆用夹、庾之弩。弩强则引释重缓，而发不疾；弱则引释轻捷，故发疾利于近

① 杨伯峻：《春秋左传注》，中华书局 1989 年版，第 1644 页。

② 孙诒让：《周礼正义》，中华书局 1987 年版，第 2553 页。

③ 同上书，第 3563 页。

④ 同上书，第 3564 页。

⑤ 同上书，第 3563—3565 页。

射也。”[①] 根据弩的强弱度与快慢关系可以看出，夹、庾之弓的强弱度低于唐弓、大弓的强弱度，那么，弱弓引释轻捷，故发射迅疾而射程短。强弓引释重缓，故发射缓慢而射程远。可见，夹、庾之弓因材质薄，故适合快捷发射。

所谓弋射，《汉书·司马相如》颜注：“以缴系矰，仰射高鸟，谓之弋射。”弋射用的基本工具是缴绳及矰矢、茀矢这种箭镞，郑玄曰：“结缴于矢谓之矰也。矰，高也。”[②] 缴是由生丝合成的，《淮南子·说山训》云：“好弋者，先具缴与。”孙诒让谓：“结缴于矢谓之矰者，《说文·矢部》：‘矰，惟射矢也。’又《说文·系部》：‘缴，生丝缕也，谓缕系矰矢而以弋射。’《淮南子·说山训》高注：‘矰，弋射短矢，缴，大纶。’是缴者所结于矢之缕，其矢谓之矰，……结缴于矢，使之升高射飞鸟，故其矢谓之矰。”[③]

从后世文献记载弋射对象（雁）、弋射工具（缴、矰矢、茀矢、夹、庾之弓）看，雁为短尾鸟之属，为捕获雁这种短尾鸟，要使用弋射的捕猎方式（参见《诗经·郑风·女曰鸡鸣》，谓：“将翱将翔，弋凫与雁”）。进行弋射时，要使用矰矢、茀矢这种箭镞和材质较薄的弓体——夹、臾（庾）之弓。

文献中所载夹、臾之弓，往体多，来体寡，合五成规，材质薄，具备弓发疾速特点，使用弋射方式，结缴于矢，捕获翱翔在天空中的大雁；H3卜辞中，疾弓所射对象为鹳（与雁同属短尾鸟），夹、臾之弓弓发疾速的特点与疾弓之疾具有急、快之义相合，所射大雁一类的鸟属与鹳相类，由此，H3卜辞中的疾弓当指文献中的夹、臾（庾）弓属，疾弓射相当于西周、春秋以后的弋射。

二 迟彝弓

迟彝弓之迟作“[illegible]”形，容庚在《金文编》中释读为迟。[④]《说文》：“迟，徐行也。籀文迟从屖。”《广雅》：“迟，缓也。”《正韵》：“欲速而以彼为缓曰迟，使彼徐行以待亦曰迟。”从甲骨文字形及《说文》籀文形体看，“[illegible]”字从屖，读为迟，含义正确。迟彝弓之弓作“[illegible]”形，做服弦状，与疾弓、恒弓之弓作“[illegible]”形的不带弦状之弓有别。带弦状之弓，文献中，称为王弓、弧弓。《周礼·夏官·司弓矢》：“凡弩，夹庾利攻守，唐大利车战、野战。”郑玄注：“弩无王、弧，王、弧恒服弦，往体少者，使矢不疾。”[⑤] 从文献记载看，王、弧恒服弦，迟彝弓之弓做服弦状，疾弓为夹、庾之弓，是快弓、弱弓。甲骨文中，疾弓与迟弓相对，迟弓应为文献中的王弓、弧弓。由此，考察王弓、弧弓形态、性能以确定甲骨文中迟彝弓是否即文献中的王弓、弧弓。

从弓体形状看，一是王、弧恒服弦；二是往体寡，来体多。从弓体强弱度看，郑玄《弓人》注：“射深者用直，此又直焉，于射坚宜也。王弓合九而成规，弧弓亦然。……天子射侯亦用此弓。”孙诒让谓：“此王弓，谓弓之最强者也，亦兼有弧弓。……‘此又直焉，于射坚宜也。’谓此王弓更直于唐弓，弓直则力劲，故宜射坚。”[⑥]《司弓矢》：“王弓、弧弓以授射甲革、椹质者。”郑玄注：“射甲与

① 孙诒让：《周礼正义》，中华书局1987年版，第2558页。

② 同上书，第2559页。

③ 同上书，第2561页。

④ 于省吾：《甲骨文字诂林》，中华书局1996年版，第2281页。

⑤ 孙诒让：《周礼正义》，中华书局1987年版，第2558页。

⑥ 同上书，第3564页。

椹，试弓习武也。……近射用弱弓，射大侯者用王、弧。……学射者弓用中，后习强弱则易也。”孙诒让谓：“依《大射仪》，大侯九十步，侯道最远，故用王、弧最强之弓。”[1]

从弓体形状和强弱度看，弓强则缓，弓直则力劲，故能射远，文献中具备这些特点之弓者为王弓、弧弓。王弓、弧弓之弓恒服弦以张弓，与迟彝弓之弓作“□”形相同。通过对文献的梳理，从字形、字义看，迟彝弓即文献中的王弓、弧弓，弓弦一张而不弛。它往体寡，来体多，合九而成规，弓直则力劲，属于弓中最强之弓，弓强则引释重缓，而发不疾，故速度与疾弓等比较相对迟缓。那么，迟彝弓即文献所见王弓、弧弓之属。

三　恒弓

恒作“□”形，H3卜辞中，称□弓（《花东》37）、□吉弓（《花东149》）。称“□吉弓”时，使用于弹侯礼场合（相当于西周时期的大射礼）。[2] 既在礼射场合下使用，那么，我们考察西周、春秋时期礼射场合下的矢和弓，以求对甲骨文中□吉弓的理解。

西周、春秋时期，礼射场合下使用的矢，[3] 见于文献记载，郑玄注《司弓矢》中的八矢谓：“八矢：枉、杀、矰、恒，弓所用也；絜、鍭、茀、庳，弩所用也。……恒矢，安居之射也，庳矢象焉，二者皆可以散射，谓礼射及习射也。”[4] 贾疏：“惟此矢云散射，明散射是礼射也。其礼射者，即大射、宾射、燕射之等皆是，其习射亦如此三射中为之，故并言之也。”[5]

郑玄注《司弓矢》云“恒矢之属轩輖中，所谓志也”。志，《尔雅·释器》：“骨镞不翦羽谓之志。”《既夕记》云：“𦄵矢，骨镞，短卫，志矢轩輖中，亦短卫。”注：“志犹拟也，习射之矢。……生时志矢骨镞。凡为矢，前重后轻也。”[6] 孙诒让谓：“明骨镞自是志矢恒制，非明器也。但《礼经》三射之矢皆不云骨镞，而《诗·行苇》说礼射之矢曰四鍭，明其为金镞矣。……盖谓恒矢本有两种，用诸礼射者金镞，用诸习射者则骨镞。骨镞为志矢，金镞不为志矢，但其前后订则同耳，非谓散射之恒矢、庳矢皆骨镞也。”[7] 据文献记载，恒矢在礼射和习射场合下使用。其箭镞有两种，一种为金镞，使用于礼射场合；一种为骨镞，使用于习射场合，其形状作前重后轻样。

西周、春秋时期礼射场合下，使用的弓，后世的注疏家对此有过论证，郑玄注“唐弓、大弓以授学者、使者、劳者”谓：“学射者弓用中，后习强弱则易也，使者劳者弓亦用中，远近可也，劳者，勤劳王事，若晋文侯、文公受王弓矢之赐者。”孙诒让总结了前人的研究成果，谓：“贾疏云：‘用中，谓唐大往来体如一，是中也。’‘使者劳者弓亦用中，远近可也’谓使与劳者所用之弓，射远近皆可，

---

[1] 孙诒让：《周礼正义》，中华书局1987年版，第2553页。

[2] 韩江苏：《从殷墟花东H3卜辞排谱看商代弹侯礼》，《殷都学刊》2009年第1期。

[3] 矢、鍭、箭在文献中，均指同物，分箭羽、箭干和箭镞三部分，《方言》：“箭自关而东谓之矢，江淮之间谓之鍭，关西曰箭。”见《周礼正义》，第2561页。

[4] 孙诒让：《周礼正义》，中华书局1987年版，第2559页。

[5] 同上书，第2562页。

[6] 李学勤：《仪礼注疏》，北京大学出版社1999年版，第794页。

[7] 孙诒让：《周礼正义》，中华书局1987年版，第2563页。

故亦用唐大之中弓也。'勤劳王事，若晋文侯、文公受王弓矢之赐者'，《书·文侯之命》：'用赉尔彤弓一，彤矢百，兹弓一，兹矢百。'《伪孔传》云：'彤，赤。兹，黑也。诸侯有大功，赐弓矢，然后专征伐，彤弓以讲德习射，藏示子孙。'又僖公二十八年《左传》王赐晋文公'彤弓一，彤矢百，兹弓一，兹矢百'，依郑此说，则《尚书》、《春秋》所云彤弓、兹弓，当此经之唐、大也。故《毛诗·小雅·彤弓》传云：'彤弓，朱弓也，以讲德习射。'孔疏云：'《周礼》无彤弓之名，言讲德习射，则彤弓《周礼》当唐弓、大弓也。'郑（玄）以此彤弓及兹弓，于《周礼》为唐大，故言劳者受得之后，则以学射，故云讲德习射也，但唐、大者，是其体强弱之名，此彤、兹者，为弓色之异称。"① 据后世注疏家言，礼射场合下使用的弓，从强弱度方面讲，称为唐弓、大弓，从色彩方面讲，称为彤弓。弓和矢是相互配合使用的，从文献记载看，恒矢有两种箭镞，金镞使用于礼射场合，骨镞使用于习射场合，与矢相配合之弓在文献中称为唐弓、大弓。由此来考察"丙吉弓"的性能和作用。

H3 卜辞中，在弹侯礼（相当于西周、春秋时期的大射礼）场合下，使用的弓，称为"丙吉弓"，其射作"□"形，从手从弓从矢，其箭镞作带尖锋状，这种形状表明其箭镞为锋刃镞（《花东》149）。《花东》37 版上迟彝弓、丙弓、疾弓，出现在"子"从事的学射礼结束后、作为考察"子"学习射箭技能、技艺的背景下占卜的，② 按照文献记载，这种射相当于习射活动，射作"□"形，从弓从矢，其箭镞作横断面状，不同于丙吉弓射所使用的箭镞。殷墟发现的箭镞中，有一种骨镞，镞首为平头、镞身呈亚腰形状，③ 似锥柱形，岳洪彬等把此种箭镞与此射（□矢头作横断面状）所用之弓相配，从侧面看，射作"□"形，从文字的构成法——指事角度看，此射（□矢头作横断面状）所用箭镞为镞身呈亚腰形镞。上引文献中的志矢，有两种，一种是礼射场合下的志矢，箭镞为金镞；一种是习射场合下的志矢，箭镞为骨镞，此骨镞前重后轻，与殷墟发现的身呈亚腰形骨镞和文献记载习射场合下使用骨镞形制相合。这两种箭镞所用之弓是介于强弱弓之间的弓——唐弓、大弓，那么，从弓的强弱度看，丙吉弓即文献中的唐弓、大弓。究竟是否如此，我们把其纳入此弓使用的语境中考察。

从字形看，丙字像桌面上放置一物之形，为增加桌面稳固性，特在桌腿与平面所呈方向加一斜横。其指事含义与恒、稳定、静止不动之义相同。恒弓之弓作"□"形，为不带弦状之弓，《周礼·夏官·司弓矢》所载六弓中，王、弧之弓为恒服弦，夹、庾之弓，唐、大之弓用则服弦，不用则弛。从殷墟花东 H3 卜辞看，疾弓相当于文献中的夹、庾之弓，迟弓相当于王、弧之弓，H3 卜辞中丙弓之弓作"□"形，不服弦，从弓的形状及 H3 卜辞中迟弓、丙弓、疾弓使用的顺序判断，此弓相当于文献中的唐、大之弓。用则服弦，不用则弛。它与疾弓之弓都作"□"形，区别在于其材质、强弱度不同。

从《花东》37 版有关弓的占卜顺序看，说明丙弓的快慢、强弱度介于迟彝弓、疾弓之间，迟彝

---

① 孙诒让：《周礼正义》，中华书局 1987 年版，第 2556—2557 页。

② 韩江苏：《从殷墟花东 H3 卜辞排谱看商代学射礼》，《殷墟与商文化：殷墟科学发掘 80 周年纪念文集》，科学出版社 2011 年版。

③ 岳洪彬、岳占伟：《殷墟的镞与甲骨金文中的"矢"和"射"字》，《文物》2009 年第 8 期。

弓为王、弧之属，疾弓相当于夹、庾之属，那么，丙弓即唐弓、大弓属。在弹侯礼场合下，用丙吉弓射时，用锋刃镞，相当于文献记载的金镞；在学射礼场合下，用丙弓射时，用平头镞，相当于文献记载的志矢——骨镞，从殷墟考古出土的实物看，此种箭镞也可以是身呈亚腰形骨镞。从丙字形、字义、弓体形状、弓使用场合看，丙字应当释读为恒，丙弓为恒弓，丙吉弓应为恒吉弓（因与文献记载礼射场合下的恒矢相配合，故可称其弓为恒吉弓），即文献中的唐、大之弓。其形体往体来体若一；其强弱度乃弓之强弱之中，其材质为合七而成规；用则服弦，不用则弛。用于散射及礼射。

箭镞、箭杆、弓是射箭活动必备的基本工具，殷墟发现的箭镞，有带尖锋的锋刃镞和不带尖锋的平头镞两种。平头镞又分直杆状和圆锥或圆钝状两种类型。木质材料的箭杆和弓，因时间久远而腐烂，至今在殷墟仍未发现商代的弓、箭杆。以往发现的甲骨文中，有关“射”的形体多样，其根本的构字框架从弓从矢（包括箭镞、箭杆、箭羽）。殷墟甲骨文字有相当一部分象形文字，其中，一个字有多个异形体，这种异形体有时特指某种特定的含义（如 H3 卜辞中的弓字即如此），这些特定含义的释读，需要从字形、占卜语境、占卜事类等多方面考察，方可得出比较客观的结论。殷墟花东 H3 卜辞中的迟彝弓、恒弓、疾弓，其形状、性能、强弱度、使用场合等特征，可与文献中的夹弓、庾弓、唐弓、大弓、王弓、弧弓相应；结合文献考证后，其使用的箭镞，在殷墟考古实物中实际存在，这不仅为我们恢复商代射箭活动中使用的各种工具提供了基础标尺，也为我们深入研究商代各种射箭活动（射礼、习射、军事射）、射箭礼仪、技能提供了科学依据。

（韩江苏　本文原刊于《中原文物》2011 年第 3 期）

甲骨文“阜辟”乃后世“象魏”考

摘　要　从卜辞之间的相互关系看，阜辟位于宫殿南门处，是宫殿南门的附属礼制建筑。先秦时期宫殿南门的附属礼制建筑——门阙、象魏、观，一物而三名。五帝时期，曾以画象形式宣传法令、刑罚，故先秦时期，象是法、法令的代名词。西周以来的文献中，辟乃法、法令。象、辟均指法、法令。象魏之魏源于巍。巍、嵬、隗音义相同。从《说文》看，阢与崔嵬本义相同，阢字从阜从兀，阜、兀含义相同，若把阢字之兀替换成阜，其隶书形体乃𨸏、陴两字，《康熙字典》解释为“两阜间”。象魏、门阙，本为一物，是宫殿南门处东、西两个带台阶的上圆下方楼阁，此楼阁的典型特征是两侧之台阶，与甲骨文阜之本义相同，甲骨文阜辟即后世之象魏。𨸏字或偏旁在隶书、讹变、简化、合并过程中，与门（門）形逐渐接近，又因此建筑与门相关，伪变成门；⿲阝欮阝在简化、讹变过程中成为门阙之阙字。象魏、门阙，虽为一物，但两字表达的侧重点不同，阙主要指带两阜之建筑物中间的空缺处，魏主要指两阜所附着的建筑物。因此建筑物悬挂法令，故称象魏；因两个带台阶的高大建筑物之间的空缺处便于通行，故称门阙；因法令为万民观瞻及此建筑物可上登远观，故又称观。阜辟即后世之象魏研究，对中国早期法制及中华礼制文明探讨，将具有重要意义。

关键词　甲骨文　阜辟　象魏　礼制建筑

殷墟甲骨文中有一字（为印刷方便，本文均以阜字代替），作“ ”（《合集》7860）、“ ”（《合集》10405 正）、“ ”（《合集》19790）、“ ”（《合集》20253）、“ ”（《合集》20600）、“ ”（《合集》22024）、“ ”（《合集》22077）、“ ”（《合集》22522）、“ ”（《合集》24356）、“ ”（《合集》28086）、“ ”（《合集》30284）、“ ”（《合集》31831）、“ ”（《怀特》141）、“ ”（《英藏》1777）等形。其形体虽有差异，但均指后世“阜”这一字，因为阜是甲骨文中一个重要偏旁。

甲骨文中，以阜为偏旁者，有40余字，如陟字，作“ ”（《合集》15364）、“ ”（《合集》19220）等形，如降字，作“ ”（《合集》608 正）、“ ”（《合集》6690）等形，如坠字，作“ ”（《合集》10405 正）、“ ”（《合集》17310）等形，如阳字，作“ ”（《屯南》4529）形，它们都带有“ ”这一偏旁，尽管形体有差异，但从丨从 的基本笔画相同，且其含义与后世陟、降、坠、阳含义一样。 逐渐演变、简化为后世的阝，成为汉字的重要偏旁之一。

从甲骨文阜字形体看，本像拾级而上的台阶，故叶玉森释读为阜，谓：“《说文》谓‘阜，大陆也。山无石者，象形。’……从丨象土山高陗，从彡竝象阪级，故阶陵陟降诸字从之。”①《说文》谓：“阜，大陆也。山无石者，象形。凡阜之属皆从阜。𨸐古文。”段注：“山下曰：‘有石而高。’此言无石以别于有石者也。《诗》曰‘如山如阜’，山与阜同而异也。《释名》‘土山曰阜’，象形者，象土山高大而上平。可层累而上，首象其高，下象其三成也。𨸐，上象累高，下象可拾级而上。”②《释名》：“土山曰阜，阜，厚也。言高厚也。大阜曰陵，陵，隆也。”③《诗经·小雅·天保》“如山如阜，如冈如陵”。注：“言广厚也，高平曰陆，大陆曰阜。大阜曰陵。”④ 以上是文献所载阜之本义。

陟、降、坠诸字义为：陟乃向上、升之义；降乃向下落之义；坠乃跌落、坠落之义。从甲骨文字形看，本义均与高大物体上人的某种行为相关。现实生活中，大凡台阶出现处，皆因有高、大山（或土）及其他障碍物等阻挡，故后世文字中，阜有高、大、厚等引申义；带阜偏旁的障、隔、防等均有阻挡、阻隔之义。

甲骨文中的阜，不仅是一个重要偏旁，还是一个由形、音、义三要素组成的单字，其形，已如上引；其音，应读为［fù］；其义，甲骨文中有三种情形，一是名词，是人名（《合集》7859、22391等）；二是动词（《合集》31831），含义有待探讨；三是建筑物名称。本文讨论的是甲骨文“阜”特指建筑物名称，及阜辟乃后世象魏之专题。

阜作为建筑物名称，出现在武丁时期的宾组卜辞、祖庚与祖甲时期的出组卜辞和康丁时期的何组卜辞中，称为“庭阜”（《合集》7153正、10405正、10406正），“阜辟”（《合集》28086）、“阜西”（《合集》30284）、“翼阜”（《合集》24356）等（因“翼阜”语境不太清晰，具体所指暂无法究明）。早在20世纪80年代，裘锡圭先生根据甲骨文字形、相关占卜事类、字形发展演变及考古发现的宫殿遗址，指出“阜很可能指殿堂而言的……‘阜辟’之‘辟’当与此（《左传》庄公二十一年‘郑伯享王于阙西辟’之）‘辟’同义……‘阜西’则应指殿堂之西……‘阜辟’、‘阜西’也有可能是指庭阜而言的……殿堂基座，可能就是所谓‘庭阜’”。⑤ 阜本像台阶之形，引申为高、大、厚等义。甲骨文庭作（《合集》30284）、（《合集》30286）等形，从宀从即从宀（或广）从听。甲骨文还有“”（《合集》5306）、“”（《合集》19525）等形之字，可隶定为耶、㢇形，于省吾谓：“耶古听字，㢇古廷字，甲骨文以耶为听闻、听治之听，以㢇为广廷之廷，有时亦省作耶，耶即宫庭之庭或廷……周人假廷为㢇，廷行而㢇废矣。”⑥ 若从字面形体理解甲骨文中的庭，即上有人字形屋盖的大房屋。既然庭已经是大房屋（即后世的殿堂），那么，裘先生推测“阜很可能指殿堂”“殿堂基座即庭阜”之概念则不准确。其实，裘先生可能对此也有疑虑，故在文后又谓“以上所说大庭之制，是很不成熟的设想，究竟有多少合理的成分，有待今后的考古发现和

① 叶玉森：《说契》，《甲骨文研究资料汇编》第16册，北京图书馆出版社2008年版，第615页。
② 段玉裁：《说文解字注》，上海古籍出版社1981年版，第731页。
③ 刘熙：《释名》，中华书局1985年版，第11页。
④ 李学勤：《毛诗正义》，北京大学出版社1999年版，第585页。
⑤ 裘锡圭：《释殷墟卜辞中与建筑有关的两个词——“门塾”与“自”》，《古文字论集》，中华书局1992年版，第190页。
⑥ 于省吾：《甲骨文字释林》，中华书局1979年版，第85页。

对卜辞的进一步研究来加以检验”。裘先生的这种勇于探索又客观求真的治学态度，给后学者以积极探索之勇气。

阜作为建筑物的名称，往往带有修饰词——庭、辟、西、翼等，根据阜、庭、辟、西等各自表达的含义，结合甲骨文上下文辞关系、历史文献资料、殷商考古及研究成果对此展开探讨，本文不揣浅漏，拟就此一陈管见，以求教于同仁。

一 阜辟方位论

甲骨文中的阜，是与门相关的礼制建筑，卜辞如：

于庭门塾畲，王弗每？

弜？（《合集》30285）

王于阜西畲，王弗每？

于庭门塾畲，王弗每？（《合集》30284）

塾作“ ”形，隶定为䛐字，从言从丮两个偏旁，裘锡圭释读为门塾之塾。[①] 畲字，《诂林》按：“字当是饮之省，隶可作畲，在卜辞为祭名。”[②] 董作宾谓：“畲即饮字，第一期作 ，象人俯首吐舌，捧尊就饮之形，饮其本字，畲其省变也。”[③] 每字，于省吾谓“每多用作悔吝之悔或晦冥之晦”。[④] 商代宫殿有门塾，如：（安阳商代洹北商城）1 号宫殿基址，基址平面呈“回”字形……整个基址的建筑物部分由三个门塾、主殿、主殿旁的廊庑、西配殿、门塾两旁的长廊组成。[⑤]《合集》30285 辞义为在庭门塾举行畲祭商王不会有灾祸？商王不要在庭门塾举行畲祭？既是门塾，就和门相关，门塾即属于门建筑的附属物或门的组成部分。《合集》30284 辞所问事类为畲祭，商王是对举行畲祭地点有疑问才进行的贞问，即在阜西与庭门塾哪个地点举行更好呢？从《合集》30284 辞看，阜西与庭门塾相对应，西是方位词，由此推测，阜应当是门的附属建筑或门之组成部分。阜西或是阜辟西（或阜西辟）的简称（后文详细论证）。甲骨文中，阜辟与南门相关，卜辞如：

壬戌卜，王其寻二方白？大吉。

王其寻二方白于阜辟？

（于）南（门）寻？

弜寻？（《合集》28086）

王于……门（寻）？

于阜辟寻？

于庭朵寻？（《怀特》1391）

王……

① 裘锡圭：《释殷墟卜辞中与建筑有关的两个词——“门塾”与“自”》，《古文字论集》，中华书局 1992 年版，第 191 页。

② 于省吾：《甲骨文字诂林》，中华书局 1989 年版，第 2698 页。

③ 董作宾：《殷历谱》下编卷 8 第 9 页上。转引自《甲骨文字诂林》，第 2698 页。

④ 于省吾：《甲骨文字释林》，中华书局 1979 年版，第 454 页。

⑤ 中国社会科学院考古研究所安阳工作队：《河南省安阳市洹北商城宫殿区 1 号基址发掘简报》，《考古》2003 年第 5 期。

……辟寻？

……朵寻？（《合集》31065）

根据字体、事类判断，此三版甲骨应为一事三卜之占；根据残辞，可以互补，补充后其辞为：

王于（南）门（寻）？

于阜辟寻？

于庭朵寻？（《怀特》1391）

王（于南门寻）？

（于阜辟）寻？

于庭朵寻？（《合集》31065）

寻像以手奉接物品，有迎接之义，严一萍释为揖，“ 象舒展两臂也，《仪礼·燕礼》：‘公揖卿大夫乃升，就席。’郑注：‘揖之入之也。’象有客临门，主人出迎，躬身舒展两臂邀客入席，盖即揖字之初形也”。[①]“二方白”即“二方伯”，指两个方国的首领。此三版卜辞占卜商王活动的事类为寻，即迎接“二方伯”之事。占卜疑点是：要在南门、阜辟、庭朵哪一处作为迎接地点。南门或指宫殿区南门，或指都城南门。

庭朵之朵作 形，从介从 ，隶定为𡧾，经过考证，乃后世之朵字。庭朵之朵与门相关，演变为后世的垛字，《说文》：“垛，门堂塾也。”具体地点，《仪礼·释宫》谓：“夹门之堂谓之塾。”郭氏曰：“夹门堂也，门之内外，其东西皆有塾。一门而塾四，外塾南向……内塾北向。夹门东西，因谓之东堂西堂。”[②] 朵即门之外塾或内塾，是门堂伸出于门前、后之处所，指门主体建筑又多出的屋檐，其功能是为保护庭院之门免遭雨水腐蚀之患。[③]

从《合集》30285、《合集》30284 卜辞的占卜事类看，庭门塾、阜西是行饮祭礼仪的场所，它们或政治功能相同，或地理位置相近；由此推测《合集》31065、28086、《怀特》1391 占卜地点，即南门、阜辟、庭朵当是处于一个大区域内三个不同地点之名称，辞中的庭朵，特指南门之外塾或内塾，相当于门的附属建筑，由此阜辟也应是南门的附属建筑。这是从甲骨文辞例中看到的现象。阜辟究竟是不是位于（宫殿）南门的附属礼制建筑？抑或是什么样的礼制建筑？需要根据字义、结合文献来研究。

二　阜辟乃后世象魏

从文字字形、字义看，阜辟是与法令相关的高大建筑物，这与后世文献所记载的宫殿南门外的象魏相同，阜辟是否为象魏，从以下几个方面讨论。

（一）辟乃法也

辟在甲骨文中，作“ ”（《合集》8695）、“ ”（《合集》5584）等形，出现在大约 40 条辞中，

① 严一萍：《释揖》，《中国文字》新十期，艺文印书馆 1993 年版，第 111—112 页。

② 李如圭：《丛书集成初编·仪礼释宫》，商务印书馆 1937 年版，第 12 页。

③ 韩江苏：《甲骨文“朵”字考》，《中原文物》2015 年第 2 期。

有作名词者，如“子辟”（《合集》20023），“戌辟”（《合集》26895），“辟臣”（《合集》27604），“多辟臣”（《合集》27896）等；有作动词者，如“非辟”（《合集》17356）；有含义不明者，如“辟方”（《合集》8695）、“辟”（《合集》20820）等。辟字从卩从辛，《说文》：“辟，法也。从卩从辛，节制其罪也，从口，用法者也，凡辟之属皆从辟。”从《说文》看，辟即法令。辟作法令及法令的引申义出现在西周、春秋以来的文献中，因其内容很多，简单称引如下：

《诗经·小雅·雨无正》：“辟言不信。”毛亨传：“辟，法也。”郑玄笺云：“为陈法度之言不信之也。”① 意思是法度之言而不听信。

《诗经·小雅·桑扈》：“百辟为宪。”《尔雅·释诂》疏：“辟，罪法也。”②

《尚书·吕刑》：“墨辟疑赦，其罚百锾。阅实其罪。劓辟疑赦，其罚惟倍，阅实其罪。剕辟疑赦，其罚倍差，阅实其罪。宫辟疑赦，其罚六百锾，阅实其罪。大辟疑赦，其罚千锾，阅实其罪。”《尔雅·释诂》：“辜、辟、戾，辠也。”（郭璞）注：“皆刑罪。”语义为犯墨、劓、剕、宫、大辟之刑罪有疑问者，免除或减轻刑罚。

《史记·周本纪》：“诸侯有不睦者，甫侯言于王，作修刑辟。”《尔雅·释诂》：“辟，法也。”③

《左传》哀公六年：“三月，郑人铸刑书……‘昔先王议事以制，不为刑辟。’……民知有辟，则不忌于上。”引文中的辟，乃指法、法令。

三代之法统称为辟，《左传》哀公六年：“夏有乱政，而作《禹刑》。商有乱政，而作《汤刑》。周有乱政，而作《九刑》。三辟之兴，皆叔世也。……制三辟，铸刑书。”

孔颖达疏“正义：‘三辟，谓《禹刑》、《汤刑》、《九刑》也。辟，罪也。三者断罪之书，故为刑书。皆是叔世所为。言刑书不起于始盛之世，始盛之世议事制罪，叔世不复能然，采取上世决事之比，作书以为后法’”。

杜预注：“制三辟，谓用三代之末法。”孔颖达疏“制三辟，铸刑书”谓：“正义曰：制三辟，铸刑书，是一事也。为其文，是制三辟；勒于鼎，是铸刑书也。三代之辟，皆取前世故事，制以为法，子产亦取上世故事，故谓之‘制参辟’”。④ 从《左传》及后世注疏看，夏商周三代之法，总称三辟，可见，辟在西周、春秋时期，均指称国家之法。

辟还有效法之义，《逸周书·祭公解》：“天子，自三公以下，辟于文武。”孔晁注：“辟，法也，言我上法文武。”⑤ 于省吾解释辟为效法。⑥ 效法乃属于法令、法度的引申义。

日本学者高田忠周谓：“（辟），《说文》此说有误……从卩从辛会意。从卩从辛即节制罪人也。法也者，今所谓刑法治罪法也。转为法度义，又为法度之称。又用法之人亦曰辟，尔雅‘辟，君也’是也。此辟实当作侼，经借辟为之耳。”⑦

从西周以来的文献看，辟乃法为本义，又引申为刑法、刑罪、罪罚、法度、用法之人（称辟）、

① 李学勤：《毛诗正义》，北京大学出版社 1999 年版，第 732 页。
② 李学勤：《尔雅注疏》，北京大学出版社 1999 年版，第 15 页。
③ 同上。
④ 李学勤：《春秋左传正义》，北京大学出版社 1999 年版，第 1228 页。
⑤ 黄怀信等：《逸周书汇校集注》，上海古籍出版社 2007 年版，第 996 页。
⑥ 《古文字诂林》编纂委员会：《古文字诂林》第八册，上海教育出版社 1999 年版，第 134 页。
⑦ 同上书，第 131 页。

效法等多种含义。不仅西周以来的文献中，辟有法及法的各种引申义，而且，西周金文中，辟为法义的用法多见。“辟为效法、法则，《师望鼎》：‘用辟于先王。’《墙盘》：‘隹（惟）辟孝友。’于省吾认为‘辟’应训为‘效法’。……这是史墙赞谀其文考乙公以孝友为法则。辟为辟治、辟事，《牧簋》：‘令汝辟百寮。’《叔夷钟》：‘是辟于齐侯之所。’《释文》曰‘辟，治也’。”① 金文中的辟，跟文献中的辟字一样，是一个多义词。

甲骨文中，辟是一个多义词，因阜辟与（宫殿）南门处于一个大区域内，中国古代宫殿南门外有法令建筑物——象魏，由此推测，阜辟之辟即法令之含义；阜应为法令——辟的附着物，即后世之象魏。

（二）象魏乃布法令之高大建筑物

在（宫殿）南门处拥有法令的建筑物，文献中称象魏，《左传》哀公三年：“夏五月辛卯，司铎火……季桓子至，御公立于象魏之外。命救火者，伤人则止，财可为也。命藏象魏曰：‘旧章不可亡也。’”杜注：“太庙在雉门之内，火时在雉门之内，一时火所难及，故季桓子为哀公执辔立于象魏外”。杨伯峻《春秋左传注》注：“此象魏可以藏，非指门阙，当时象魏悬挂法令使万民知晓之处，因名法令亦曰象魏，即旧章也。”② 孔颖达《正义》曰：“《周礼·大宰》‘正月之吉，始和，布治于邦国都鄙，乃县治象之法于象魏，使万民观治象。浃（挟）日而敛之。’郑玄曰：‘大宰以正月朔日布王治之事于天下，至正岁又书而县于象魏，使万民观焉。……其《地官》、《夏官》、《秋官》皆有此言，《地官》云‘布教县教象’；《夏官》云‘布政县政象’；《秋官》云‘布刑县刑象’。各县所掌之事为异，其文悉同。唯《春官》不县者，以礼法一颁，百事皆足，不可又县，故不县之。杜总彼意言‘县教令之法’，彼所县者皆是教令之事故也。由其县于象魏，故谓其书为象魏，命藏其书也。……此立象魏之外，方始命藏此书者，象魏是县书之处，见其书而念及其书，非始就县处敛藏之。”③ 从《左传》及注疏看，春秋时期的象魏有两个概念：一是悬挂法令的建筑物称象魏；二是象魏代指法令，原因是法令悬挂于象魏处，借象魏代法令。这是从历史文献中了解到象魏乃指法令的情况。

象魏乃门阙，位于宫殿南门处，是南门的礼制建筑。《左传》定公二年经：“夏五月壬辰，雉门及两观灾。秋十月，新作雉门及两观”。杜预注：“雉门，公宫之南门。两观，阙也。”孔颖达疏：“刘熙《释名》‘阙在门两旁中央阙然为道也。’然则其上县（悬）法象，其状魏魏然高大，谓之象魏。使人观之，谓之观也。是观与象魏、阙，一物而三名也。观与雉门俱灾，则观与雉门在两旁矣。”④ 杜预又注：“《礼记·明堂位》‘雉门，天子应门。’此诸侯之雉门，相当于天子之应门。……两观在雉门之两旁，积土为台，台上为重屋曰楼，可以观望，故曰观。《释名·释宫室》云‘观，观也。于上观望也。’悬法于其上，故亦曰象魏。”⑤ 应门，《尔雅·释宫》：“正门谓之应门。”孔颖达疏《礼记·明堂位》引李巡曰：“宫中南向大门，应门也。应是当也。以当朝正门，故谓之应门。”⑥ 由此可知，应门

① 陈初生：《金文常用字典》，陕西人民出版社1987年版，第869页。

② 杨伯峻：《春秋左传注》，中华书局1981年版，第1622页。

③ 李学勤：《春秋左传正义》，北京大学出版社1999年版，第1626页。

④ 同上书，第1536页。

⑤ 杨伯峻：《春秋左传注》，中华书局1981年版，第1528页。

⑥ 李学勤：《礼记正义》，北京大学出版社1999年版，第933页。

即王宫之南门。象魏是门阙，是南门的礼制建筑。甲骨文中的阜辟这一建筑物，与南门处于同一区域内；辟乃法令，拥有法令这样的建筑物——阜辟，与后世文献中南门的相关礼仪建筑——象魏地理位置相同，性质相同，这是从字义、历史文献考察得出的结论。象魏究竟是怎样成为法令的代名词的，还需要从象、魏字义及社会发展阶段等考察。

（三）象乃法也

春秋时期的象魏，代指法令。其实，象作为法令的代名词，历史源远流长。三皇、五帝时期，就有刑罚出现，《白虎通》谓："圣人治天下，必有刑罚何？所以助治顺天之度也。故悬爵赏者，示有所劝也；设刑罚者，民有所惧也。《传》曰：'三皇无文，五帝画象。三王明刑，应世以五。'刑者，五帝之鞭策也。……五帝画象者，其衣服象五刑也。犯墨者蒙巾，犯劓者以赭着其衣，犯膑者以墨幪其膑处而画之，犯宫者履杂扉，犯大辟者布衣无领。"[①] 文即文字，象即画象，陈立疏云："《易·系辞传》'上古结绳而治，后之圣人易之以书契。'是三皇无文也。《初学记》引《书传》'唐虞象刑，而民不犯。'《汉武纪》'昔在唐虞，画象而民不犯。'《墨子》云'画衣冠而民不犯。'是五帝画象也。"[②]《尚书·舜典》"象以典刑。"孔安国传："法也。法用常刑，用不越法。"孔颖达疏："又留意于民，详其罪罚，依法用其常刑，使罪各当，刑不越法。"[③] 从后世疏文看，"三皇无文，五帝画象"即三皇统治时期，没有文字记载有关的法令、刑罚；五帝统治时期，以画象的形式（宣传）法令、刑罚，其刑罚有墨、劓、膑、宫、大辟五刑。刑罚设置乃使民有所惧，从而达到社会秩序正常运转的目的。

究"三皇无文，五帝画象"之原因，跟社会发展阶段有关。三皇时期，文字在萌芽状态；五帝时期，因为文字没有得到普遍流行、使用，于是法令的宣传形式乃形象直观的画象。夏商周时代，文字成熟，其法令语言仍然简洁明了且通俗易懂。流传到现在的夏商周之法，如：《左传》昭公十四年引《夏书》："昏、墨、贼，杀。皋陶之刑也。"[④]《吕氏春秋·孝行》引《商书》"刑三百，罪莫大于不孝"。高诱注云："商汤所制法也。"[⑤] 西周时期，刑法更加完备，《左传》文公十八年："先君周公制《周礼》曰：'……《誓令》曰：'毁则为贼，掩贼为藏，窃贼为盗，盗器为奸。主藏之名，赖奸之用，为大凶德，有常无赦，在《九刑》不忘。''"杜预注："《誓令》之下，皆《九刑》之书。"春秋时期，《国语·鲁语上》"大刑用甲兵，其次用斧钺，中刑用刀锯，其次用钻笮，薄刑用鞭扑，以威民也"等，这些法律古文，虽然时代久远，但时至今日，仍语义明了且通俗易懂。五帝时期，语言文字处于发展阶段，故以画象这种通俗易懂的形式让民众理解刑法内容而不致犯罪。

其实，即使在商代后期，即语言文字已经很成熟的这一历史时期，象形文字仍占大量比例，如刑罚，刖刑：其字有（《合集》1654）、（《合集》582）、（《合集》861）、（《屯南》857）、（《屯南》2510）等形；宫刑，其字有（《合集》525）、（《合集》5997）等形；劓

---

① 陈立：《白虎通疏证》，中华书局1994年版，第439页。

② 同上。

③ 李学勤：《尚书正义》，北京大学出版社1999年版，第65—66页。

④ 李学勤：《春秋左传正义》，北京大学出版社1999年版，第1338页。

⑤ 陈奇猷：《吕氏春秋新校释》，上海古籍出版社2002年版，第737页。

刑，其字有 （《合集》6226）等形，大辟者，其字乃伐，作 （《合集》6499）形等（伐在甲骨文中多为征伐之义），字像以戈砍伐人头之形；砍伐人头即大辟之刑在商代是存在的，1950年发掘的武官大墓的排葬坑里，发现152具无首身躯，① 这些无首身躯，当是遭大辟即砍头之刑的结果。以上列举这些刑罚文字，仍明白如画。

从历史文献记载看，自五帝时期起，法令、刑罚在维护社会安定方面已经发挥了作用，这些法令、刑罚是公布于民众的，为便于民众了解法令内涵，曾用画象的形式来表达刑罚种类及内容，故时到春秋时期，象仍是刑罚、法令的代名词，《国语·齐语》："设象以为民纪，式权以相应。"注："谓设教象之法于象魏也。《周礼》正月之吉，悬法于象魏，使万民观焉，挟日而敛之。所以为民纲纪也。"又："式，用也，权，平也。治政，用民，使平均相应也。"② 象作为法令的代名词，它有固定的公布地点，从先秦文献看，乃宫殿南门外的门阙，门阙因上有法令，万民可观，故又称观。辟乃法，象乃法，虽名有异但实质相同，甲骨文中的阜辟建筑物位于宫殿南门处，阜辟之辟即后世文献记载的象（刑、法）。

（四）魏乃建筑物名称

从文献看，因悬挂法令的门阙巍然高大，故称象魏，魏是形容词，实际上，魏是建筑物的名称，以下从文字及象魏实物方面加以论证。

1. 魏、巍、嵬古字义相同

上引《左传》哀公三年传、疏谓象魏、门阙、观乃一物三名。象魏还称魏阙，《淮南子》："魏阙之高。"高诱注："门阙高崇，嵬嵬然。故曰魏阙。"③ 魏还写作巍，高诱注："门阙高崇，巍巍然。故曰魏阙。"④ 两书同引高诱之注，《淮南鸿烈集解》的"嵬嵬"，《广雅疏证》作"巍巍"，说明嵬、巍两字可以互用。

嵬，《说文》："嵬，山石崔嵬，高而不平也。从山鬼声。"段注："《周南》：'陟彼崔嵬。'《释山》：'石戴土谓之崔嵬。（因形名之也）。'毛传曰：'土山之戴石者。'说拟互异。依许云，高不平，则毛传是矣。唯土山戴石，故高不平也。此篆可入山部，而必立为部首者，巍从此也，五灰切。"

巍，《说文》："巍，高也。从嵬委声。"段注："高者必大。故《论语》注曰'巍巍，高大之称也。'《左传》卜堰曰'万，盈数也；巍，大名也。雉门外阙高，巍巍然谓之象巍。'按本无二字，后人省山作魏。分别其义与音，不古之甚。"⑤《左传》所引魏字不带山偏旁，《左传》闵公二年："万，盈数也；魏，大名也。"⑥ 可见，古人把巍、魏两字看作古今字。《康熙字典》："徐曰'今人省山以为魏国之魏，按《集韵》巍或作嵬，通作魏。'"⑦ 可见魏、巍、嵬古字义相同且可通用。崔嵬还作隹隗，《说文》："隗，隹隗也。从鬼自声。""隹，隹隗也，高也。"段注："隹隗犹崔巍，叠

① 郭保钧：《1950年春殷墟发掘报告》，《中国考古学报》第5册，第45页。
② 上海师范大学古籍整理组：《国语》，上海古籍出版社1978年版，第225页。
③ 刘文典：《淮南鸿烈集解》，中华书局1989年版，第263页。
④ 王念孙：《广雅疏证》，中华书局1983年版，第212页。
⑤ 段玉裁：《说文解字注》，上海古籍出版社1981年版，第437页。
⑥ 李学勤：《春秋左传正义》，北京大学出版社1999年版，第305页。
⑦ （清）陈玉书：《康熙字典》，上海书店1985年版，第350页。

韵字也。"[①]

从以上所引文献，得到以下几点启示：其一，山、阜两偏旁有时可互换使用，《说文》谓陮即崔，隗即嵬，陮隗即崔嵬，又嵬即巍，故崔嵬即崔巍。其二，巍字另立部首不入山部乃巍、山字源不同。其三，魏字源于巍，义为高、大，后人省山作魏并成为魏国之魏。其四，因门阙巍然高大又悬挂法令故称象魏。

2. 从字源看魏与双阜相关

后世的注疏家在解释门阙、象魏、观一物三名时，均认为因门阙巍然高大且又有法令（象）挂于其上故称象魏，魏（巍）是形容词。从文字发展源流看，象魏之魏字与双阜相关。

《说文》谓"巍，从嵬委声"。嵬、隗同音同义，崔嵬即崔巍。崔嵬还名阢，《说文》谓："阢，石山戴土也。从𨸏从兀，兀亦声。"段注："《释名》曰：'石戴土谓之崔嵬。然则崔嵬一名阢也。五忽切。'"[②] 阢字从阜从兀两个偏旁，兀，《说文》："高而上平也。从一在儿上。读若夐。"段注："各本作人，今正。高而平之意也。凡从兀声之字，多取孤高之义。"[③]《康熙字典》："阢，《玉篇》：'崔也'。《集韵》：'高貌，与隗同'。"[④]

阜，《诗经·小雅·天保》"如山如阜，如冈如陵"注："言广厚也，高平曰陆，大陆曰阜。大阜曰陵。"[⑤]"高平曰陆"，那么比陆更高大且上平者即阜。

由此看，阜、兀均有高而上平之义，既然含义相同，两个偏旁可以互换互用，若把阢之偏旁——兀置换成阜偏旁，那么，阢字可隶书为𨺅形。若隶定成𨺅形，《说文》恰好有这一字，《说文》："𨺅，两𨸏之闲也。从二𨸏。凡𨺅之属皆从𨺅。"段注："按此字不得其音，大徐以坠读也。《广韵》、《玉篇》扶救切。又以阜音读也。"[⑥] 与𨺅字异形同义之字，是收录在《康熙字典》的𨸘字，谓："《集韵》：'同𨺅，两阜间也。'"[⑦] 可见，𨺅、𨸘为同义字。从《说文》《康熙字典》注释看，双阜乃𨺅、阢、𨸘、崔嵬、崔巍所表达的含义。

3. 魏与门阙文字关系

魏字怎样源于双阜（𨺅），需要跟门阙实物联系起来，方能明了。门阙实物中间有空缺，可穿行通过，进入宫殿区内。故阙字有空、乏、虚等义，《康熙字典》："《广韵》'失也，过也。'《集韵》'乏也，空也。'《增韵》'虚也。'"[⑧] 空、乏、虚或是门阙之间有空缺含义的引申。《说文》："阙，门观也，从门欮声。"段注："《释宫》曰：'观谓之阙。'此观上必加门者，观有不在门上者也。凡观与台在于平地，则四方而高者曰台。不必四方者曰观。其在门上者，则中央阙然，左右为观曰两观。《周礼》之象魏，《春秋经》之两观，《左传》僖五年之观台也。若中央不阙，则跨门为台。《礼器》谓之台门，《左传》谓之门台是也。此云阙、门观也者，谓门有两观者称阙。从门。欮声。去月切。"[⑨] 从《说文》及段注可以看出，观即门阙，中间空阙，是为道路。

① 段玉裁：《说文解字注》，上海古籍出版社 1981 年版，第 732 页。
② 同上书，第 734 页。
③ 同上书，第 405 页。
④ （清）陈玉书：《康熙字典》，上海书店 1985 年版，第 1504 页。
⑤ 李学勤：《毛诗正义》，北京大学出版社 1999 年版，第 585 页。
⑥ 段玉裁：《说文解字注》，上海古籍出版社 1981 年版，第 737 页。
⑦ （清）陈玉书：《康熙字典》，上海书店 1985 年版，第 1512 页。
⑧ 同上书，第 1498 页。
⑨ 段玉裁：《说文解字注》，上海古籍出版社 1981 年版，第 588 页。

至于门阙或门观这一建筑物形体的文字描述，《康熙字典》谓："徐锴曰'中央阙而为道，故谓之阙。'《玉篇》'象魏，阙也。'《广韵》'阙在门两旁，中央阙然为道也。'《正韵》'宫门双阙也。'《韵会》'为二台于门外，作楼观于上，上员下方，以其县法谓之象魏。象，治象也。魏者，言其状魏魏然高大也，使民观之，因为之观，两观双植，中不为门。'"①

从以上所引文献看，门阙之形为：宫殿南门外有两台，两台上均有楼阁；每一台之整体建筑分上下两层，上面建筑物是圆形，下面建筑物是方形。两个这样的建筑物矗立在（宫殿之）门前，其中间是空缺，是人进入宫殿大门的通道，这是门阙或门观的建筑实物形体。若登上上层楼阁，需借用台阶，因门阙是宫殿南门的附属建筑，受区域限制，故登上上层建筑物的台阶必陡峭壁立。拥有陡峭壁立台阶的高大建筑物，其显著特征是台阶——阜，用门阙具有代表性的部分——双阜来代表这种建筑物整体而造出的字——𨺅、隍字，即双阜相对，恰是门阙或门观含义的文字符号。

4. 𨺅与门字之间的简化与讹变

甲骨文中的户，作戶形（《补编》2410），门作門形（《合集》261），《说文》："户，護也，半门曰户。象形。"《说文》："门，闻也，从二户，象形。"甲骨文门户之形，正是门、户实物的真实写照。户篆文作戶形，门篆文作門②、門③等形，阜作𨸏④形，《说文》还有一𠂤字，解说为"小阜也"。⑤ 𨺅作𨺅形。⑥ 从甲骨文看，因户、门与阜、𨺅字源不同，形体差距特别明显；到篆文阶段，戶与𨸏、門与𨺅形体上半部分基本相同，由此看，𨺅字在篆书、隶书与简化过程中，出现分化，一是与门（門）形逐渐接近，又因此建筑与门相关，伪变成门，𨻶逐渐简化为阙，故阙行而𨻶废。二是𨺅（𨺅）逐渐演变、分化为阢、隍、嵬、巍（魏）等字而本字、本义渐趋消失。三是由双阜简化为单阜，如《说文》⿰𨺅益字，字义为陋、隘等。

从文字之间的相互关系看，巍（魏）本义是指具有陡峭台阶、上圆下方的建筑物，其典型特征是陡峭壁立的台阶，其文字随着时代的变迁，经历了𨺅—𨺅—隍（阢）的形体变化，与同义字隗（嵬）、巍（魏）分化与合并，逐渐演化成巍（魏）字，因悬挂法令——象，故称象魏。由此看，𨺅、𨺅、隍、魏四字实为不同历史时期的古今字。

𨺅是《说文》部首之一，以𨺅为偏旁者，还有𨻶、⿰𨺅益、⿰𨺅⿱㒸火三字。带𨺅偏旁的此三字之注释，对象魏之魏由𨺅字分化与合并而来的理解有帮助，故引述于下：

（1）𨻶与阙乃古今字。《说文》："𨻶，𨸏突也。从𨺅，夬声。"段注："突者，穿也。谓两阜间空缺处也。于决切。"⑦从以上引文看，门阙之阙与两阜间有空缺可穿行有相同之处。𨻶与阙应为古今字。𨻶演变为阙字，当是文字发展过程中字形简化或讹变的结果。

从门阙实物及字形看，魏（𨺅）不是形容词，即并非后世注疏者所解说的：门阙因悬挂法令、巍

① （清）陈玉书：《康熙字典》，上海书店1985年版，第1498页。

② 段玉裁：《说文解字注》，上海古籍出版社1981年版，第587页。

③ （汉）许慎：《说文解字》，中华书局1963年版，第204页。

④ 段玉裁：《说文解字注》，上海古籍出版社1981年版，第731页。

⑤ 同上书，第730页。

⑥ 同上书，第737页。

⑦ 同上。

巍然高大而称象魏者之义；魏（䦙）是法令（象）之附着物，故称象魏。门阙之阙（䦘），指的是䦙（魏）这一高大建筑物之间的空缺可以穿越而过者。故象魏、门阙虽同指一物，但其侧重点不同，故有两种不同称谓。至于䦙（魏）所从阜这一偏旁，是跟门阙这一特定建筑物之形体——带有陡峭壁立的台阶相关，具体论证见《阜辟之建筑形体》论述。

（2）䦘、䦢乃反义词。䦢，《说文》："陋也。"段注："陋者，阸陕也；阸者，塞也，陕者，隘也，然则四字相为转注。"① 䦢即两个高大耸立的物体中间被堵塞，无法穿行，这是䦢（隘）字表达的本义，若无堵塞有空缺，则便于穿行，这是䦘表达的含义。

（3）䦣，《说文》："塞上亭守𤇳火者。从䦙从火，遂声。"段注："谓边塞之上守望𤇳火之亭，故其字从䦙，在阸隘之间也。"这种解释令人费解，其实，看实物即可明了。留存至今的特大烽火台，均有两侧台阶，便于防守、撤退及运送物资而不致拥堵，由此看，带䦙部首之字均与带两侧台阶的高大建筑物相关。䦣乃会意字，逐渐演变为燧、隧后而消失。

以上是从文字发展的角度来探讨象魏之魏字源头。魏字是否由门阙实物形体发展、演变而来，还需要与考古实物及其研究成果联系起来考察。

三 从考古实物看商代门阙存在

新中国成立前，中央研究院历史语言研究所在殷墟宫殿宗庙遗址进行了十三次大规模的科学发掘，共发掘了甲、乙、丙三组遗址（见图1），其中，乙组基址被认为是宫殿宗庙区，石璋如先生将乙十一等九座夯土基址进行综合研究并复原，发现它们"构成一个十分庞大而雄伟的建筑群"。② 石璋如先生认为，乙二十一基址属于阙的雏形。③ 复原后此建筑是后世宫殿之门阙（见图2④）。

尽管杜金鹏先生认为石璋如先生的复原仍有可商榷之处，但同样认为"乙二十一基址应属于乙十三南面有望警卫、礼仪标志等作用的建筑"。⑤ 据杜金鹏研究，"殷墟宫殿乙组基址是从北向南逐步建设的，从早至晚，形成以乙五、乙十一、乙二十基址为核心的四合院式的宫殿建筑群，其中，乙三基址是乙五基址组四合院式宫殿建筑门旁的礼仪建筑，与后世的观、阙为同类建筑"。⑥ 以上是从考古遗迹证实了商代有门阙之类建筑存在的论证。从殷墟商代乙组基址看，每一组宫殿建筑群均坐北朝南，门阙位于宫殿南部门处，其建筑形状如何，仍需要结合甲骨文与考古实物以探索。

四 阜辟之建筑形体考

杜金鹏根据乙二十一基址的考古发掘柱础，复原了其平面结构示意图（见图3）和立体结构示意图（见图4）。

---

① 段玉裁：《说文解字注》，上海古籍出版社1981年版，第737页。

② 石璋如：《殷虚地上建筑复原第八例兼论乙十一后期及其相关基址与YH250、330的卜辞》，《中央研究院历史语言研究所集刊》1999年版，第70本第4分册。

③ 石璋如：《殷代的夯土、版筑与一般建筑》，《中央研究院历史语言研究所集刊》1968年版，第38本，第156页。

④ 图1、图2、图3、图4均采自杜金鹏的《殷墟乙二十一基址等建筑遗存研究》及《殷墟乙三、乙四、乙五基址研究》两文。

⑤ 杜金鹏：《殷墟乙二十一基址等建筑遗存研究》，《考古》2009年第11期。

⑥ 杜金鹏：《殷墟乙三、乙四、乙五基址研究》，《夏商周考古学研究》，科学出版社2007年版，第624—650页。

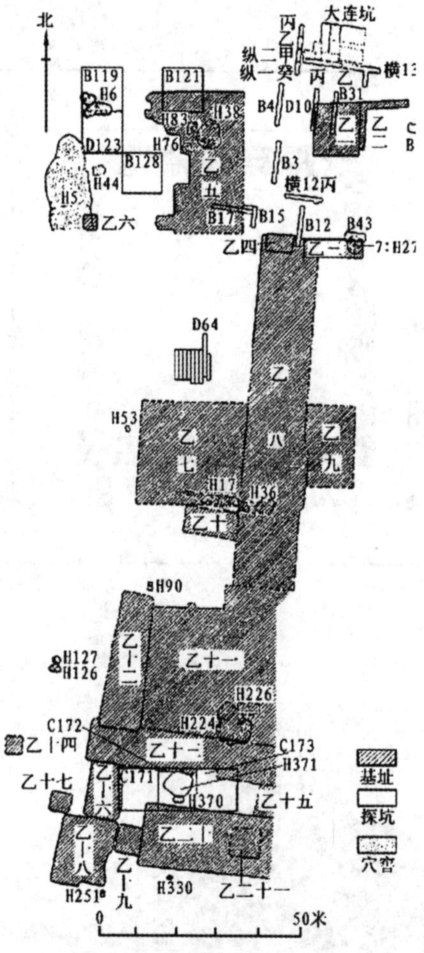

图 1　殷墟乙组宫殿基址平面图

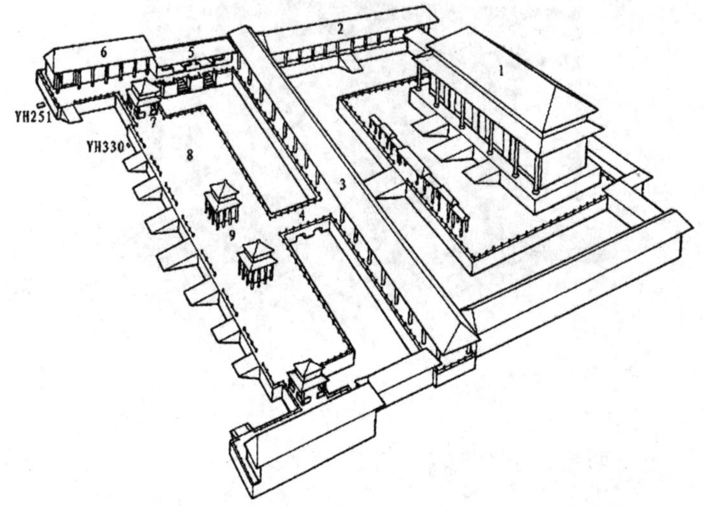

1. 乙十一　2. 乙十二　3. 乙十三　4. 乙十五　5. 乙十六　6. 乙十八　7. 乙十九
8. 乙二十　9. 乙二十一

图 2　石璋如复原乙十一至乙二十一基址建筑

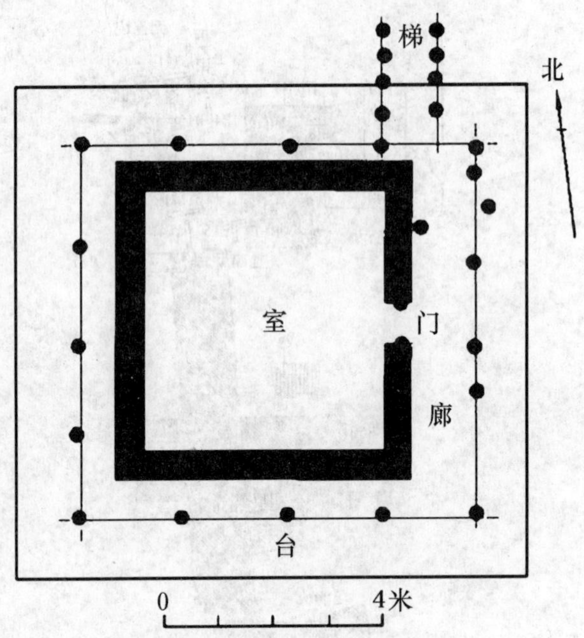

图3　乙二十一基址复原建筑平面结构示意图

图4　乙二十一基址复原建筑三维示意图

复原后看出，此建筑物分上下两层，上面是楼阁建筑，下面是房屋建筑（复原可能存在某种形体不同误差）。

从复原的立体示意图看，商代门阙有两个，矗立于南门前，东西对称，每一个门阙分上下两层，上层有瞭望、警卫的功能，若达到上层，必须有台阶以通达；又，门阙仅是门的附属礼制建筑，所处地域不开阔，故其台阶有陡峭壁立之特点，因台阶陡峭壁立是商代门阙的典型特征，故以阜特指商代门阙这一建筑物；因阜上悬挂（商代）法令，又称阜辟。双阜（𨸏𨸏）耸立于南门前，突兀而起，高大崔嵬，后世阢、巍是双阜实物的文字符号。因双阜中间空缺，便于人们穿行进入宫殿内部，故又称阙（䦧），这是从文字字义及考古遗迹得出的结论。

五　南门、庭朵、阜辟之处迎接的政治含义

《合集》28086、31065、《怀特》1391 三版卜辞问询在南门、庭朵、阜辟之处迎接“二方伯”，这三处地点分别具有不同的政治意义。这种不同的政治意义，需要跟文献中迎接之礼仪结合起来考察和说明。《礼记》有乡饮酒礼、燕礼、公食大夫礼、觐礼等君臣相见之礼；《周礼》有专门负责接待臣下的官员——大行人、小行人、司仪等职官；迎接仪式、地点、容颜等，无不昭示着主人对宾客的态度，如《礼记·乡饮酒之义》谓：“主人拜迎宾于庠门之外，入，三揖而后至阶，三让而后升，所以致尊让也。”庠门之外即学校大门之前，若有门塾，即庭朵处或庭朵前不远处。

商王若是在（宫殿南门的）庭朵之处迎接“二方伯”，展示的是商王对二方伯的尊让、友好之义；若是在阜辟处，即后世的象魏所在处，因上悬挂法令，在此处迎接二方伯，隐含着无声责令及威吓、恐吓、问罪之义。商王因有疑问，即哪个迎接地点更有利于处理商王朝与二方伯之间的关系，才进行的占卜。

六　阜西即阙西辟省略

从以上的论证看出，后世的象魏，由商代文字阜辟发展而来，辟、象为法令。魏、阙乃双阜，分左右或东西矗立在宫殿南门前，那么，甲骨文“阜西”确指何处，性质如何，需要讨论。阜西出现在《合集》30284 甲骨版。《合集》30284 版卜辞表明，庭门塾是商王祭祀地点，阜西是指阜之西部还是阜西本身就是一个地点名，需要结合文献加以探讨。《左传》庄二十一年：“郑伯享王于阙西辟，乐备。”杜注：“阙，象魏也。乐备，备六代之乐。”孔疏：“阙西辟者，辟是旁侧之语也。服虔云‘西辟，西偏也。’当为两观之内道之西也。”[①]《春秋左氏传注》：“阙亦谓之观，亦谓之象魏，天子、诸侯宫门皆筑台，台上起屋，谓之台门，台门之两旁特为屋高于门屋之上者谓之双阙，亦谓之两观。阙和观今谓之城楼。阙西辟者，双阙之西阙也。张聪咸《杜注辩证》为两观之内道之西，恐不确。”[②] 按照《春秋左氏传注》所论，阙西辟即门两旁双阙之西阙，即位于门西侧之阙辟。从文章第三部分的论证中看出，象魏之魏源于䰟字，门阙之阙源于䦧字，两字不同之处在于：魏指带有台阶、相互并立的两个双层的高大建筑物，阙既指此建筑物，又指此建筑物之间的可供人通行的空缺之处。阜辟（《合集》28086）乃后世之象魏，魏与阙同指一物，《左传》庄二十一年记载的“阙西辟”是举行礼仪活动的场所，《合集》30284 阜西是商王举行礼仪的活动场所，说明阜西即阜西辟的省略，阜与魏、阙含义相

① 李学勤：《春秋左传正义》，北京大学出版社 1999 年版，第 264 页。

② 杨伯峻：《春秋左传注》，中华书局 1981 年版，第 217 页。

同，说明阜西即阙西辟。这跟古人的语言习惯有关，《仪礼·释宫增注》谓：“宫室之名制，不尽见于经，其可考者，宫必南向，庙在寝东，皆有堂有门。”[①] 至于宫外与门相关的方位的称述，《仪礼·释宫》：“门之内外，东方曰门东，西方曰门西。”[②] 阜与门相关，其称述也应相同，因魏、阙有两个同样的建筑矗立在门外，位于西部者，称“阙西辟”。甲骨文中的阜西即阜西辟省略，阜西辟即后世文献的阙西辟。门阙、象魏乃国家标志性礼仪建筑，这里是存放历代典章之处，即杜预所注的“备六代之乐”之处。《左传》哀公三年鲁国发生火灾时，季桓子命令藏象魏曰“旧章不可亡也”，表明阙辟（象魏）是历代国家典章存放之处，因此处还备有历代之乐，故此地是举行礼仪活动的重要场所。商代后期语言中的阜辟，即《春秋经》中的门观，《左传》中的象魏、阙（西）辟，是不同时代对同一物的不同称呼而已。

七 庭阜考

甲骨文中的阜，专指建筑物名称时，又称阜辟，即后世的象魏、观、门阙。甲骨文中的庭阜，到底属于何种建筑物，需要结合甲骨文字形、字义与考古实物以探究，卜辞如：

> 癸酉卜，散，贞旬无祸？王二曰：匄。王占曰：有祟有梦。五日丁丑王宾中丁，，阸在庭阜。十月。（《合集》10405 正）
>
> 癸酉卜，散，贞旬无祸？王二曰：匄。王占曰：有祟有梦。五日（丁丑）王宾中丁，，阸在庭阜。十月。（《合集》10406 正）
>
> 王占曰：途。若。兹鬼阸在庭阜。（《合集》7153 正）

《合集》10405 正、10406 正两版卜辞属于一事二卜之占。《合集》7153 正为另一事之占，庭阜在两种不同的事类中出现，可见，它是商代语言中一个固定词组。

（一）从阸字字义看庭阜乃指高大建筑物

阸字，作“”（《合集》7153 正）、“”（《合集》10406 正）、“”（《合集》22099）等形，从企从阜（阝）两个偏旁，企在甲骨文中，作（《补编》4306 正）、（《合集》9480）、（《合集》28072）、（《屯南》179）等形，大约出现在十余版甲骨上，或作动词，如：勿企（《合集》16010），或作地名，如：田企，获？（《合集》19369）、在企（《补编》4306 正）等，从侧立人（形）从足两个偏旁，罗振玉释读为企，[③]《说文》：“企，举踵也。”《甲骨文字诂林》按：“段玉裁云‘止即趾也，从人止。取人延竦之意。’其说至确。《汉书·高帝纪》颜注‘企为举足而竦身。’卜辞企字正象举足而竦身之形。字或作跂。”[④] 从阝从企的阸字演变为后世的哪个字，虽然不清楚，但阸字

① 江永：《仪礼·释宫增注》，《丛书集成初编》，商务印书馆 1937 年版，第 1 页。

② 李如圭：《仪礼·释宫》，《丛书集成初编》，商务印书馆 1937 年版，第 13 页。

③ 罗振玉：《增订殷虚书契考释》中（石印本），东方学会 1927 年版，第 64 页。

④ 于省吾：《甲骨文字诂林》，中华书局 1996 年版，第 32 页。

为登高望远的会意含义清楚。“陞在庭阜”即在庭阜（这一建筑物）上登高望远之义。门阙又称观的主要原因是可以登之以远观，庭阜正好与此对应。

（二）庭阜之庭之确指

庭从宀（或广）从听两个偏旁，宀（或广）偏旁是人字形房屋构架的象形，从字形理解，庭即带屋盖的大房屋。庭阜有两种解释：第一，从字本义看，庭阜乃庭（高大房屋）之台阶。廷作“□”（《合集》5306）形；庭作□（《合集》19525）形，隶定为耴、宧形，于省吾谓：“宧为廷或庭之初文，金文有廷无庭，庭为后起字。《说文》：‘廷，朝中也。’‘庭，宫中也。’乃后世分别之文。……古代太室中央谓之庭。……大宧即大廷，大廷为宗庙太室之广廷。《逸周书·大匡》之‘朝于大庭’，谓明堂之大庭也。”[①] 王国维谓：“四室相对于内，中央有太室，是为五室。太室之上，为圆屋以覆之，而出于四屋之上，是谓重屋。其中，除太室为明堂宗庙之特制外，余皆与寻常宫室无异。”[②] 从王国维、于省吾的论述中可知，古代太室中央谓之庭，庭上有屋以覆盖，与图2中复原的乙十一基址的房屋大致相同，这种高大的房屋，多带有高大的台阶。甲骨文中的阜作“□”“□”形，本义是台阶，故庭阜从字义上看，指大房屋之台阶。庭阜指大房屋之台阶也可以得到考古实物的印证，（安阳商代洹北商城）宫殿区1号基址已经被发掘，基址平面呈“回”字形，东西长约173米，南北宽85—91.5米，总面积近1.6万平方米。……整个基址的建筑物部分由门塾、主殿、主殿旁的廊庑、西配殿、门塾两旁的长廊组成。（主殿的）每间正室都向南开门，与门对应的是通向庭院的台阶。……台阶通常3米左右，底部先竖铺两根直径约0.2米的原木，其上再固定3—4根横木，形成木质踏步。[③] 1号基址主屋若复原，上面有人字形房屋构架及覆盖物，即是带屋盖的大房屋——庭，台阶即阜，庭阜即庭（高大房屋）之台阶。第二，从建筑物形体看，庭阜乃阜辟的另一种称呼。从以上所引学者复原的商代门阙形体看，上层是人字形屋盖的房屋，下层是带台阶的高大建筑，庭阜正是对商代阜辟形体形象描述，或特指上层——带人字形屋盖的房屋部分。

在商代宫殿区内，庭阜作为语言符号，只能有一种含义，要么指阜辟，要么指大房屋之台阶，否则会出现定名的混乱。要深入探讨此问题，需要对与门相关的建筑物放在一处来考察。后世文献所见门阙（象魏）、门垛等宫殿南门的附属建筑，甲骨文称阜辟、庭朵（《怀特》1391、《合集》31065）；庭门塾（《合集》30284）与阜西同时卜问同事，阜西乃阜西辟的省略，阜西辟乃《左传》所称的阙西辟，由此看，庭门塾乃宫殿区南门之门塾。与南门相关的附属建筑，均有庭作修饰语，称庭门塾、庭朵，这显然不是古代太室中央之庭，而是门庭之庭。之所以出现门的附属建筑带有大庭之庭作修饰语，原因有可能是：（宫殿）南门的整个建筑，也像宫殿主体建筑一样，其上是人字形的屋盖，这种屋盖与下面门道形成的空间，也像高大突兀的起屋脊的大房屋一样，仅仅是宫殿主体建筑形体缩版而已。后世门庭称呼，或许是商代这种语言约定俗成及继承的结果。既然南门的附属建筑门塾、门垛在甲骨文中称庭门塾、庭朵，那么，庭阜当是阜（阜辟）的另一称谓，或特指阜辟上层——带人字形屋盖的

① 于省吾：《甲骨文字释林》，中华书局1979年版，第85—86页。

② 王国维：《明堂庙寝通考》，《观堂集林》第3册，中华书局1959年版，第127页。

③ 中国社会科学院考古研究所安阳工作队：《河南省安阳市洹北商城宫殿区1号基址发掘简报》，《考古》2003年第5期。

房屋部分。

（三）庭阜所在卜辞含义解释

宾作“[illegible]”形，王国维认为是傧字，谓：“后世以宾谓宾客字而另造傧字以代傧字，实则[illegible]乃宾之本字，宾则傧之本字也。”[①] 宾为配享之义。《诂林》按：“乞、[illegible]当同字，乃祭名。”[②]《说文》：“匄，乞也。”《玉篇》：“匄，乞也，取也。”《集韵》：“匄，求也。”《合集》10405 正、10406 正两版卜辞应是一事两卜之辞，辞的大意是癸酉日占卜，十日内有灾祸？王再次说祈求（保佑）？商王占卜的结果是有灾祸有凶梦。第五日丁丑商王武丁宾祭中丁，祭祀时，中丁（神位）在庭阜即带人字形屋盖的房屋远观。鬼，《说文》谓“人所归为鬼”。段注“古者谓死人为归人”。[③]《合集》7153 正辞义为此鬼在庭阜登高望远。

小结

门、户本为人类房屋建筑的出人通道，孔子曰：“谁能出不由户？”[④] 可见，人与门、户关系之密切。随着文明社会的到来，门的大小、高低、装饰的繁简，无不彰显着门内主人的身份与地位。门前的附属建筑设施，同样也是人的身份标志，其中最典型的是门阙、阀、阅等。其中，门阙、观、象魏一物三名，是国家政权的标志和象征，《公羊传》昭公二十五年：“设两观，乘大路，此天子之礼也。”上引《左传》，鲁国作为西周以来的诸侯，有象魏、阙西辟等天子之礼制建筑，它跟周公有关，[⑤]《礼记·明堂位》：“成王以周公为有勋劳于天下，命鲁公世世祀周公以天子之礼乐。”[⑥] 故后世的朝阙、宫阙借指朝廷。这种礼制建筑起于何时，学术界并没有达成共识。文献记载至西周时期，才有这一建筑礼制的设置；殷墟考古遗物证实商代后期——殷墟遗址中有门阙遗迹。殷墟甲骨文中的阜辟，具体含义所指，学术界至今没有定论。今观阜辟所在甲骨、字形、占卜事类等内容，《合集》28086、31065、《怀特》1391 三版卜辞，属于一事三占之辞，可综合考察其占卜内容。内容是：商王要在宫殿南门的庭朵、阜辟哪处迎接“二方伯”有疑问时而占卜的，它反映了商王朝处理与方国关系的政治智慧，为后人留下了中华礼制文明的材料。礼制的本质是不变的，孔子曰：“夏礼吾能言之，杞不足征也；殷礼吾能言之，宋不足征也。文献不足故也。”[⑦] 西周以来的门阙、观、象魏，在文献中多次出现，其形制、地域、特点、政治功能、文字字形等，恰为甲骨文中的阜辟研究提供了确凿证据，今考殷墟甲骨文中的阜辟，乃后世象魏，位于宫殿南门处，这对探讨中华法制与礼乐文明，具有重要的意义。

（韩江苏　本文原刊于《殷都学刊》2016 年第 2 期）

---

① 王国维：《观堂集林·与林浩卿博士论洛诰书》，中华书局 1961 年版，第 43 页。

② 于省吾：《甲骨文字诂林》，中华书局 1996 年版，第 1792 页。

③ 段玉裁：《说文解字注》，上海古籍出版社 1981 年版，第 434 页。

④ 《论语·雍也》。

⑤ 何休注：《公羊传》，“则诸侯不得有阙。鲁有阙者，鲁以天子之礼，故得有之也”。《礼记·礼运》，北京大学出版社 1999 年版，第 657 页。

⑥ 李学勤：《礼记正义》，北京大学出版社 1999 年版，第 934 页。

⑦ 《论语·八佾》。

甲骨文"朵"字考

摘　要　甲骨文字，从从，隶定为⿱宀新。是人字形房屋构架之象形，演变到后世为宀、广偏旁。新本义是薪，薪本质是木。先秦文献中木、薪、柴本质相同，仅大小有别。从宀从木之宋字，《说文》谓"居"也。推论从宀从新（薪）之⿱宀新也应是房屋建筑部分。宋、⿱宀新两种建筑相互依存又有区别。商代洹北商城、安阳殷墟、湖北商代盘龙城大型夯土台基外有擎檐柱遗迹，复原后与主体建筑两部分形成形（侧面图），因屋檐柱与擎檐柱载重不同，屋檐柱粗大，擎檐柱细小。这正好与宋（主体建筑）、⿱宀新（附属建筑）两字表达的含义相同。文献记载中房屋主体建筑——宫殿的附属建筑，称为朵殿。⿱宀新可释读为朵。甲骨文中朵宗即主庙的配殿，庭朵是门堂塾。

关键词　朵　朵宗　庭朵

康丁与武乙、文丁时期的甲骨文中，有一字作（《合集》27099）、（《补编》8724）、（《补编》9645）、（《补编》10439）、（《合集》27193）、（《合集》30805）、（《屯南》287）、（《怀特》1391）等形，从从，上下结构，隶定为⿱宀新，应释读为"朵"（为印刷方便，本文中⿱宀新均以朵字出现）。其字义释读，郭沫若谓"朵殆若新之繁文，读为薪。《诗·大雅·棫朴》：'薪之槱之'。朵大乙犹言槱大乙也"。① 杨树达谓祖丁之庙名。② 孙海波谓朵为祭名。③ 屈万里谓朵宗即新庙，朵作动词用者，盖新修大乙之庙也。④ 李孝定谓"从宀从新，《说文》所无。许书宀部'寴，至也。'见部'亲，至也。'音义并同，《广韵》云'寴，古文亲也。'以此例之，朵新当为同字。郭屈之说是也。辞云'朵大乙'，郭读为薪大乙可从，屈解为新修大乙之庙"。⑤《甲骨文字诂林》按："卜辞朵与新有别，不得读为新之繁文。……用为祭名，其详不得而知。"并对郭沫若、杨树达、李孝定释读不确之处予以评品。⑥ 甲骨文中，有其朵、朵宗、庭朵、朵大乙、朵祖乙等短语，从字面及文句理解，它既是动词，又像是某宗庙建筑场所。⿱宀新究竟怎样演变成后世朵字，本文欲从文字偏旁分析入手，结合考古实物，对朵字字形、字义试图做出合理解释，不妥之处，恭请方家以正之。

---

① 郭沫若：《殷契粹编》，科学出版社1965年版，第393页。

② 杨树达：《积微居甲文说·释朵宗》，中国科学院，1954年，第31页。

③ 孙海波：《甲骨文编》，中华书局1965年版，第326页。

④ 屈万里：《殷虚文字甲编考释》，"中央研究院"历史语言研究所1964年版，第155页。

⑤ 李孝定：《甲骨文字集释》，"中央研究院"历史语言研究所1965年版，第2482页。

⑥ 于省吾：《甲骨文字诂林》，中华书局1996年版，第2522页。

一 朵字偏旁分析

朵字出现在30版左右的殷墟甲骨文中，从介从 ，隶定为𡫸。介是甲骨文中常见偏旁，是人字形房屋构架象形，演变到后世为宀、广（庐）偏旁。甲骨文新字大体有两种意义：第一种是地名（如：使人于新《合集》5528）；第二种是新旧之新，如新䰜（《合集25179》）、旧鼓、新鼓（《合集》30693）、新室（《合集》13563）、新宗（《合集》13547）等。新字从斤从辛（或亲），甲骨文有亲字，作 （《花东》28）形；斤在甲骨文中不单独为字，但它是一个很重要的偏旁，如折字，作 （《合集》7924）形，斧（斸）字，作 （《合集》19519）形，[①] 等等。有关新之含义，《说文》谓："取木也，从斤亲声。"段注："取木者，新之本义。"甲骨文中，新字本义——木（或取木）之义已经不存在，做地名或形容词新旧之新者，乃其引申义。 从宀从新，隶定为𡫸，其字义或与人字形房屋构架偏旁（介）、新为薪之本义——木（ ）有一定关系，按此思路，来探究朵字之字源。

二 朵与宋之间的关系

从朵与宋两字义、朵与宋两种建筑物间的关系两方面，分析论证朵与宋之间的关系。

（一）朵与宋两字义之间的关系

《说文》谓"新，取木也"，说明新乃薪之本义，薪之本义乃砍伐之树木，由此，朵字用甲骨文偏旁表示，即从介从 ，可以写为 形体。 这种形体的甲骨文，有 （《补编》24反）、 （《合集》20075）、 （《补编》1445）、 （《合集》3808反）、 （《合集》8686）、 （《合集》9368）、 （《合集》10210）、 （《合集》19921）、 （《合集》20032）、 （《合集》20033）、 （《合集》20034）、 （《合集》20233）、 （《合集》20234）、 （《屯南》1098）、 （《英藏》1777）等多种异形体，释读为宋。它在卜辞中的用法有两种：第一种是人名，如子宋（《合集》19921）、宋伯（《合集》20075）；第二种是地名，如于宋（合集7898）等。《说文》："宋，居也，从宀木，读若送。"段注："此义未见经传，名子者不以国，而鲁定公名宋，则必取其本义也。"[②] 以上是新（薪）还原为木以后的宋字字形及字义。

甲骨文中，宋为居含义已经消失，而《说文》仍解释宋乃居也，究其原因，正如唐兰先生所谓"新文字的发生，根于事实的需要"。[③] 宋字居住含义的消失应当是社会的不需要。以宋字从宀从木偏旁及人类早期居住的人字形构架房屋之形看，宋字有居住之义在历史上应当是存在过的，杨鸿勋根据

① 韩江苏：《释甲骨文中的"𣂚"字》，《殷都学刊》2006年第3期。

② 段玉裁：《说文解字注》，上海古籍出版社1981年版，第342页。

③ 唐兰：《中国文字学》，上海世纪出版集团2005年版，第78页。

半坡遗址房基结构而复原仰韶文化时期的房屋，即以木支撑的人字形框架。[1] 其形体可用宋字（ ）表示。唐兰先生又谓：“文字本于图画……但图画却不一定能读。……后来，文字跟图画渐渐分歧，文字不再是图画的，而是书写的。书写的技术，不需要逼真的描绘，只要把特点写出来，大致不错，使人能认识就够了。”[2]从侧面看这种以木支撑的人字形框架房屋，正是甲骨文宋字形体的写照，许慎的《说文》“宋，居也”即人类居住的居室、房屋，应有历史之史影。

（二）朵与宋两种建筑物间的关系

著名考古建筑学家杨鸿勋对二里头、湖北商代盘龙城、殷墟的擎檐柱遗迹研究后，谓“（商代前期的盘龙城），F1 檐柱遗迹外围，在台基下的散水部位残存的小柱洞，其布置与二里头遗址所见相似，这是围绕台基排列的擎檐柱遗迹，擎檐柱的使用，是为了加大出檐以保护夯土台基和外檐柱脚免遭雨淋损坏。盘龙城 F1 所见的擎檐柱遗迹，是一个相当重要的现象。F1 的承檐，采取栽柱的落地支撑方式，仍存在擎檐柱受潮腐朽的问题，但是避免了支撑屋架的檐柱受潮腐朽所引起的柱倒屋塌的危险，而擎檐柱的损坏、更换对于屋盖毫无影响，二里头商初遗址即已采取擎檐柱的方式，进一步上溯，可至仰韶文化时期”。杨鸿勋先生还列举了（殷墟）小屯乙十三、乙八之擎檐柱及出土的铜质（擎檐柱与砾石柱础之间的垫块）。[3] 考古发现的擎檐柱，说明了中国古代房屋建筑部分，除了人字形屋檐外，又多出了一部分半人字形屋檐（即《周礼·考工记·匠人》的“四阿重屋”），即侧面为“ ”形体（实物如图 1 所示），跟宋、朵房屋建筑格式恰相吻合。

图 1　安阳小屯甲 12 复原基址建筑（《宫殿考古通论》，第 70 页）

① 杨鸿勋：《仰韶文化居住建筑发展问题的探讨》，《建筑学考古论文集》，文物出版社 1987 年版，第 1—45 页。

② 唐兰：《中国文字学》，上海古籍出版社 2005 年版，第 50 页。

③ 杨鸿勋：《从盘龙城商代宫殿遗址谈中国宫廷建筑发展的几个问题》，《建筑考古学论文集》，文物出版社 1987 年版，第 86、88 页。

三　从木、新(薪)字义分析𡧍字

《说文》谓“宋，居也”，从宀从木；《说文》谓“新，取木也”。新乃薪之本字，薪本质仍是木，从宀从新（薪）构成的𡧍字，应与房屋建筑相关，论证于下：

（一）木、薪之别

树木之木，在文献中，根据其用途，可细分为木、薪、柴等概念，《诗·小雅·小弁》：“伐木掎矣，析薪扡矣。”笺云：“伐木者掎其巅，析薪者随其理。”① 这是木和薪的区别。《礼记正义》“（季冬之月）乃命四监收秩薪柴，以共郊庙及百祀之薪燎”。郑玄：“大者可析谓之薪，小者合束谓之柴。”② 这是薪和柴的区别。由此看出，古人区别木、薪、柴是按照木之大小而分的，但大小木均是模糊概念，只有两者相互在一起时，才有区别，即大木是木，小木是薪，比薪更小之木（树枝）乃是柴。

（二）宋、𡧍之别

宋字从宀从木，𡧍字从宀从薪，木、新（薪）本义均指树木，以木搭成人字形房屋框架，是人们的居住场所。宋字若是用大木构筑的主体房屋之象形，𡧍字即是用小木（即薪）构筑附属房屋之象形。两者只有相互依存，才会有宋、𡧍两字之别。宋、𡧍构成形体，正面形体如图1所示，大房屋是用大木构成的，定名为宋，指人的居住场所；大房屋外屋檐延伸部分，是用来保护房屋以外夯土台基的，因载重小，所用之木柱较大房屋来说要小，定名为𡧍。这是根据甲骨文字形对宋、𡧍两种建筑进行的推理，与朵与宋两种建筑物间的关系正相吻合。

（三）朵字释义

朵，《说文》：“树木垂朵朵也，从木，象形。”朵字即树木、枝叶、花实下垂之形，文字为上下结构，下面从木，上面像一簇或一团之类的东西，和甲骨文中表示房屋建筑的𡧍字本质相同。（安阳商代洹北商城）1号宫殿基址已经被发掘，基址平面呈“回”字形，东西长约173米，南北宽85—91.5米，总面积近1.6万平方米。整个基址的建筑物部分由门塾、主殿、主殿旁的廊庑、西配殿、门塾两旁的长廊组成，估计尚未发掘的基址东部还有东配殿。西配殿南北长85.6米、宽13.6米。西配殿的高度低于主殿。③ 洹北商城1号宫殿的东西配殿，说明了中国古代的宫廷建筑中有主殿与配殿这种建筑格局。配殿在后世文献中称朵殿，宋代范镇的《东斋记事》卷一记载：“（仁宗）冬不御炉。每御殿，则于朵殿设炉以御寒气。寒甚，则于两隅设之。”④ “朵殿，即殿之东西侧堂。《宋史·仪卫志一》：‘陈腰舆、小舆于东西朵殿。’”⑤ 主殿是用大木支撑的高大建筑，可用文字宋（从宀从木）表示，配殿用

---

① 李学勤：《毛诗正义》，北京大学出版社1999年版，第752页。

② 李学勤：《礼记正义》，北京大学出版社1999年版，第562页。

③ 中国社会科学院考古研究所安阳工作队：《河南省安阳市洹北商城宫殿区1号基址发掘简报》，《考古》2003年第5期。

④ （宋）范镇：《东斋记事》，中华书局1980年版，第10页。

⑤ 夏征农主编：《辞海词语分册》，上海辞书出版社1987年版，第276页。

文字朵（从宀从薪）来表示，两者相互依存但又有区别。安阳洹北商城1号宫殿基址的东西配殿，表明商代的宫殿建筑，有配殿设置。宋代朵殿当继承商代以来的宫殿建筑格局。此字释读为朵字是否合适，需看其是否符合甲骨文句法。

四 甲骨文中的朵字

朵字出现在大约30版甲骨上，句法复杂，分朵宗、朵、庭朵三种情况讨论。

（一）朵宗

甲骨文中，称朵宗的占卜，共有8版。朵字是动词，还是名词，按事类分三组逐一判断，第一组，卜辞如：

（1）其舌小乙朵宗？

妣庚舌？

弜舌？（《屯南》287）

（2）□□卜，祖丁舌朵宗？王受佑？（《合集》30323）

（3）王其侑妣庚朵宗？王（受）佑？（《合集》30324）

（4）其求年于河朵，受年？（《合集》28261）

于省吾谓："乇、舌、䂑三字均应读作磔，是就祭祀肢解牲体言之。"[①] 否定词"弜"，是表示意愿的，往往可以翻成"不要……"[②]。"其……弜……"是甲骨文中弜字常用语法，如"其宿……弜宿"（《合集》27805），"其涉……弜涉"（《合集》28338）等。从（1）版卜辞事类看，是商王肢解牲体以祭祀小乙及其配偶妣庚的，舌为动词，小乙是武丁之父，妣庚是武丁之母。宗，《说文》："宗，尊祖庙也，从宀示。"宗即祖先神主所在之处。从"其……弜……"的句法看，舌是动词，小乙和妣庚是祭祀对象。"其舌小乙朵宗"即"其舌于小乙朵宗"，"弜舌"语句有省略，补充为"弜舌（于）小乙朵宗"。朵宗应确指某宗庙建筑处。（1）辞辞义为是否在朵宗肢解牺牲以祭祀小乙及其配偶？祖丁是商王已故先祖，他是被祭对象。（2）辞辞序应为"（在世商王）舌（于）祖丁朵宗"，辞义为商王割裂牺牲祭祀于祖丁朵宗，受到保佑？（3）辞辞义是商王要侑祭于妣庚朵宗，受到保佑？（4）辞中的朵，当是朵宗的省略；河称高祖河（《合集》32028）；年，于省吾谓"年乃就一切谷类全年的成熟而言"[③]。（4）辞辞义为在朵宗向高祖河进行求年祭祀，农业会取得丰收？以上四版卜辞中的朵宗，从事类上看，其含义清楚，即它是宗庙的一部分。第二组，卜辞如：

（5）祖丁舌在必，王受佑？

朵宗，王受佑？

---

① 于省吾：《甲骨文字释林》，中华书局1979年版，第168页。

② 裘锡圭：《说弜》，《古文字论集》，中华书局1992年版，第117页。

③ 于省吾：《甲骨文字释林》，中华书局1979年版，第251页。

弜去舌？于之若？（《合集》30325）

（6）祖丁舌在必，王受佑？

朵宗，王受佑？（《补编》9709）

（7）朵宗，王受佑？

弜去舌？于之若？（《合集》30326）

以上三版卜辞，从事类、文字形体看，应为一事三卜之占。于省吾释 [illegible] 为必，甲骨文祕从 [illegible]，左右省去两点，商代金文祕亦作宓，必、祕、宓均为祀神之室，典籍之宓亦作閟，宓、閟与闭义本相涵，神宫幽邃，故言閟也。[①]《诗经·鲁颂·閟宫》毛传"閟，闭也。先妣姜嫄之庙，在周常闭而无事"。[②] 必是后世的閟宫，在第一组卜辞论证中可以看出，朵宗是宗庙的一部分，由此判断，（5）辞可以补充为：

图2　偃师商城5号宫殿复原透视图（《宫殿考古通论》，第51页）

祖丁舌在必，王受佑？

（祖丁舌）朵宗，王受佑？

弜去舌？于之若？（《合集》30325）

去作"[illegible]"形，王襄所释。[③] 之是代词，代指必地还是朵宗，由于卜辞无其他辞作旁证，无法确定。（5）辞辞义为肢解牺牲以祭祀祖丁，要在閟宫还是朵宗？还是不要在必（或朵宗）祭祀？第三组，卜辞如：

（8）弜朵宗？

于祖丁舌？（《补编》9645）

弜是否定副词，其后所带之词应为动词，但从整版卜辞及上引第一、二组卜辞判断，舌是动词，此版可补充为：

弜（舌祖丁）朵宗？

① 于省吾：《甲骨文字释林》，中华书局1979年版，第38页。

② 李学勤：《毛诗正义》，北京大学出版社1999年版，第1407页。

③ 于省吾：《甲骨文字诂林》，中华书局1996年版，第232页。

于祖丁舌？（《补编》9645）

（8）辞辞义为商王是否要割裂牺牲在朵宗祭祀祖丁？另外，还有“朵”卜辞，从整版关系看，它可能指朵宗，卜辞如：

（9）其舌朵小乙？王受佑？

于妣庚，王受佑？

舌妣庚，若讷于必，王受佑？（《屯南》822）

（10）其舌朵小乙？王受佑？（《合集》27345）

（11）辛酉卜，其舌朵祖乙，王受佑？

弜朵，王受佑？（《合集》27217）

王襄释读㕯为讷。[①] 甲骨文中为祭名。（9）辞占卜的小乙是商王武丁之父，同版中受到与小乙相同祭祀即舌祭的妣庚，应是小乙配偶。（9）辞中的第3条辞义为是否要在閟宫肢解牲体以祭祀妣庚，商王受到保佑？由此判断，“其舌朵小乙”的主要动词是“舌”，其语序可顺为“其舌（于）小乙朵（宗）”，（9）辞中的第1条辞、（10）辞辞义为在朵宗肢解牲体以祭小乙？根据“其……弜……”句法，（11）辞可补充为：

辛酉卜，其舌朵祖乙，王受佑？

弜（舌）朵（宗），王受佑？（《合集》27217）

（11）辞辞义为商王是否要割裂牺牲在朵宗祭祀祖乙？

从句法看，“朵宗”作为祭祀地名，虽然前面省去了“于”“在”方位介词，但从事类看，以上卜辞中“朵”“朵宗”，其性质仍相当于后世文献中的朵殿，是主宗庙东西两侧侧庙［如图2所示，根据夯土及柱础复原的5号建筑示意图，杨鸿勋认为主殿两侧的房屋建筑是廊庑，本文特引杨先生之复原图以形象理解主殿及配殿（朵）建筑形体］。杨鸿勋认为偃师商城5号宫殿为宗庙。[②] 朵宗指哪一部分，有两种理解：第一种是甲骨文中，有祖丁宗（《合集》30300）、大乙宗（《合集》32868）、祖甲旧宗（《合集》30328）等称呼，即商代每位已故先祖都有自己的宗庙，主体宗庙部分简称宗；附属于主体宗庙的建筑称朵宗，如妣庚朵宗、小乙朵宗等称呼。第二种是商代已故先王神主都存放于一个大宗庙内，宗庙的附属建筑东西配殿为朵宗。朵宗究竟指哪一部分，还有待商代宫殿考古遗址的深入研究。

（二）朵

根据句法判断，甲骨文中的朵，还像是动词，卜辞如：

（12）（翌）日大乙其朵？（《补编》8717）

（13）舌其朵祖乙？王受佑？

弜……（《补编》8724）

（14）其朵大乙？（《补编》10439）

---

① 王襄：《簠室殷契类纂》，天津博物院1920年版，第10页。

② 杨鸿勋：《宫殿考古通论》，紫禁城出版社2001年版，第51页。

（15）朵大乙有升，王受佑？（《合集》27099）

（16）朵大乙舌，王受佑？

若𠂤，祖乙舌，王受佑？（《合集》27110、27111）

（17）□□卜，狄，□朵祖乙，（王）受佑？（《合集》27215）

（18）朵于宗？（《合集》30337）

（19）羍朵祖乙？（《合集》32564）

其是副词，它后面应为动词，“其朵”之朵，从语法角度看，应是动词，后世文献中，动词朵有动之义。《周易·颐》：“舍尔灵龟，观我朵颐，凶。”王弼注：“朵颐者，嚼也。”孔颖达疏：“朵是动义，如手之捉物谓之朵也。”①（12）辞辞义为翌日，大乙将搬动？（13）辞进行割裂牺牲之祭祀，将要搬动祖乙（神主）于某处，商王是否受到保佑？不要进行割裂牺牲之祭祀？（14）辞辞义为将移动大乙（神主）？（15）辞辞义搬动大乙进行升祭，商王受到保佑？移动大乙、割裂牺牲祭祀商王受到保佑？（16）辞辞义是顺利讷祭，割裂牺牲祭祀祖乙，王受到保佑？（17）辞辞义为移动祖乙，商王受到保佑？从句法上看，朵字是动词，有移动之义，但不能排除此“朵”字仍是朵宗（朵殿）的省称。

（三）庭朵

甲骨文中，朵作为地名时称朵宗，即主庙东西两侧的配殿（或配宗）。甲骨文中还有“庭朵”一词，庭朵确指何处，需和其所在同版同事类卜辞联系起来以研究，其卜辞为：

图3 曲阜西关某民居防雨重檐使用擎檐柱②

① 李学勤：《周易正义》，北京大学出版社1999年版，第123页。

② 杨鸿勋：《从盘龙城商代宫殿遗址谈中国宫廷建筑发展的几个问题》，《建筑考古学论文集》，文物出版社1987年版，第88页。

（20）王于……门（寻）？

于阜辟寻？

于庭朵寻？（《怀特》1391）

（21）王……

……辟寻？

……朵寻？（《合集》31065）

（22）壬戌卜，王其寻二方白？大吉。

王其寻二方白于阜辟？

（于）南（门）寻？

弜寻？（《合集》28086）

根据字体、事类判断，此三版甲骨应为一事三卜之占；根据残辞，可以互补，补充后其辞为：

王于（南）门（寻）？

于阜辟寻？

于庭朵寻？（《怀特》1391）

王（于南门寻）？……

（于阜辟）寻？

于庭朵寻？（《合集》31065）

“二方白”即“二方伯”，指两个方国的首领，寻即迎接。① 此三版卜辞占卜商王活动的事类为寻，即迎接“二方伯”之事。占卜疑点是：要在南门、阜辟、庭朵哪三处来迎接。南门、阜辟、庭朵具体地点可据文献大致确定。《左传》定公二年记载：“夏五月壬辰，雉门及两观灾。秋十月，新作雉门及两观。”杜预注：“雉门，公宫之南门。两观，阙也。”② 依《左传》之文可知，南门与两观（即门阙）处在一个区域内，甲骨文中的阜辟即象魏、门阙（另有专文论证）。推知，庭朵之朵也应与门相关，《说文》：“垛，门堂塾也。从土朵声。”段注：“《白虎通》云‘所以必有塾何？’欲以饰门因取其名。明臣下当见于君，必孰思其事。是知其字。古作孰而已。后乃加之土也。谓之垛者何也。朵者，木下垂。门堂伸出于门之前后，略取其意。后代有朵殿。今俗谓门两边伸出小墙曰垛头。其遗语也。”③ 从《说文》及段注看，垛本字是朵，字之形体取木下垂之貌。具体地点，《仪礼·释宫》“夹门之堂谓之塾”。郭氏曰：“夹门堂也，门之内外，其东西皆有塾。一门而塾四，外塾南向……内塾北向。夹门东西，因谓之东堂西堂。”④ 朵即外塾、内塾，是门堂伸出于门前、门后之处所，即门主体建筑有多出的屋檐，其功能是保护庭院之门免遭雨水腐蚀之患（如图3所示），这部分即是朵。这是从文字及考古实物追溯朵字发展的源流。

甲骨文“庭朵”一词，应特指门前、门后屋檐有一向外延伸出的屋檐，从上引卜辞内容看，商王在迎接“二方伯”的具体地点方面有疑惑，即辞中所提到的南门、阜辟、庭朵。从后世宫殿门址逆

① 严一萍：《释揖》，《中国文字》新十期，艺文印书馆1985年版，第111—112页。

② 李学勤：《春秋左传正义》，北京大学出版社1999年版，第1536页。

③ 段玉裁：《说文解字注》，上海古籍出版社1981年版，第686页。

④ 李如圭：《丛书集成初编·仪礼释宫》，商务印书馆1937年版，第12页。

推，辞中的南门是大致方位，具体地点是在南门阜辟即门阙处还是在南门前屋檐处。这两种不同的地点，应与商王对待“二方伯”的政治态度相关。阜辟即后世的象魏，象魏又称观、门阙，上面有法令条文。若在阜辟处，或有警吓作用；若在门前，或许有其他政治目的。商王正是处于这种矛盾心态下占卜，究竟应该在何处迎接“二方伯”，更有利于处理商王朝与他们之间的关系。

朵字的考释，涉及宋字居住含义的消失及朵字的保留问题，这与中国古代房屋建筑的发展有关，《周易·系辞传》云：“上古穴居而野处，后世圣人易之以宫室，上栋下宇，以待风雨。盖取诸大壮。”[①] 甲骨文中，有房屋建筑的最初形式之字，作介形（见《合集》2858），这种形体的房屋是用木支撑构架的，其形成的字体为[glyph]形，此形之字，释读为后世的宋字。随着社会发展，人类房屋建筑技术提高，房屋建筑庞大，房屋功能日趋复杂，出现了高大、巍峨的大房屋，大房屋的各个部分及其附属建筑定名成为必然，这种情况在甲骨文中的反映是，有一批与大房屋相关的命名，如宗（《合集》12733）、宫（《合集》10987）、室（《合集》24939）、官（《花东》81）、宣（《合集》30374）等字出现，房屋的主体部分因社会功能复杂而分别有了新的定名，反而更少提及其居住的本义，导致宋字表示居住之义丢失。表示房屋偏殿部分的朵字，因它始终是房屋的附属建筑，其字发展到商代后期仍存在，这或许是甲骨文中朵字仍能出现的原因。

（韩江苏　本文原刊于《中原文物》2015 年第 2 期）

① 李学勤：《周易正义》，北京大学出版社 1999 年版，第 302 页。

甲骨文"枢"字考

摘　要　殷墟甲骨文□字，从户从倒立的窠臼两个偏旁；根据已释字字形、字义及商代城址建筑遗迹及房屋建筑有门通道这一实物，用偏旁部首分析法进行研究户、门及臼字的形体和字义，得出结论：□释读为枢字，□即户枢形象的真实写照。

关键词　殷墟甲骨文　门户构件　枢

殷墟甲骨文中有一字，作"□"形，见《合集》21455，其辞例为：

1. 利致□？（《合集》21455）

此字不识，《甲骨文字诂林》（省称《诂林》）谓"字或可隶作户，在卜辞为人名"。[①]《诂林》解释"□"为人名，且其语序理解为"□致利"。"利"为武丁时期的宾组卜辞中的活动的人物（《合集》1853臼、10045臼），"致"为致送、贡纳之义。辞为"利致□"更合适些。辞义为利（这个人）向商王朝进贡□这一物品。□在此应为贡纳之物品。从字形看，□字从□从□，即从户从倒立的窠臼，偏旁字义清楚。刘钊谓：（古文字字义考释）"是靠字形的分析比较，找出未识字与已识字在字形上的发展演变轨迹，证明从未识字发展到已识字在形体上的延续过程后得出的"。[②] 据此，可根据甲骨文字的偏旁、部首来分析此字的含义。

图1　《合集》21455

一　户、门偏旁分析

甲骨文有户、门字，户作"□"形（《补编》2410），门作"□"（《补编》6259）、"□"（《合集》261）、"□"（《合集》30289）、"□"（《屯南》3187）、"□"（《合集》13605）、"□"（《合集》13606反）等形。户，《说文》："户，護也，半门曰户。象形。凡户之属皆从户。戾，古文户从木。"段

① 于省吾：《甲骨文字诂林》，中华书局1996年版，第2087页。

② 刘钊：《古文字构形学》，福建人民出版社2006年版，第229页。

注：“从木而象其形。按此当是籀文加木，唯古文作户，故此部文九皆从户也。”门，《说文》：“闻也，从二户，象形。凡门之属皆从门。”《玉篇》：“门，人所出入也。在堂房曰户，在区域曰门。”① 户与门统指庭院、屋室之通道，析言有别，统言无别。户在甲骨文中指门户之户，与门有时通用，卜辞如：

2. 己巳卜，其启庭西户，祝于妣辛？吉。（《合集》27555）

3. 癸丑卜……致户？（《天理》88）

4. 于南户揖王羌？（《屯南》2043）

5. 岳于三户？（《合集》32833）

6. 王于南门逆羌？（《合集》32036）

7. 岳于三门？（《合集》34220）

辞（2）是康丁时期的卜辞，妣辛是武丁的配偶，祝为祭祀、祷告。启作“ ”形，像用手开门户之形，本义为打开、开启之义。庭作“ ”形，可隶定为庰字，于省吾谓：“启为开也。言开太室之西户以祝于妣辛也。”② 辞（3）虽残，辞义为（某位臣属者）向商王朝贡纳门户这一物品？揖，严一萍谓：“ 象舒展两臂也……盖即揖字之初形也。”③ 辞（4）辞义为商王到南户迎接羌俘虏？逆为迎接之义，辞（6）辞义为商王到南门迎接羌俘虏？“南户”“南门”，“三户”“三门”析言有别，统言无别，指都城之门、宫殿之门或宗庙之门。户即门户之户。

商代早期的偃师商城、郑州商城及宫殿建筑遗址及商代后期的殷墟宫殿、房基遗址，都有门道遗迹的发现，今以安阳洹北商城宫殿遗址的门道为例来说明商代门道遗迹的存在状况。安阳市洹北商城1号宫殿基址有四条门道，1号门道没有清理，2号门道已经清理，“从2号门道的清理情况看，它由两侧的墙、方形壁柱、墙体内圆柱、门槛台阶等构成……门槛位于整个门道的中部，由于遭受大火，现仅存埋门槛的沟槽，门槛两端的南部，可能出于稳固门框的考虑，两侧向中部收缩，从而形成左右对称得比较特殊的‘倒刺’结构，由于门是朝向南开的，从基址外看，这一结构可以起到将门轴部分掩藏起来的作用。……门道两侧是以方柱为骨的立墙，但开设有4个台阶通往门塾或廊庑，门道的地面至少要比台阶低54厘米，其表面经过抹平和硬化处理，其两侧的墙体均用白灰涂抹，表面十分细腻、光滑”。④ 2号宫殿基址有南北两个门道。⑤ 以上以洹北商城的第1、2号宫殿的门道清理来说明商代建筑物门的情形。另外，殷墟发现的其他房基遗址均有门道。这些房基虽有门道，但与门有关的门礅、门框遗物均不见，原因有可能是房基的夯土基址遭到破坏，根据是房基的柱础石或裸露于商代地层上，或在地层下不太深的土层内。可见商代各种房屋、庭院、城址建筑都有门这一设施。

二　臼偏旁分析

臼在甲骨文中是一重要的部首或偏旁，如春字，作“ ”（《合集》17078正），《说文》：“春，

① （清）张玉书等编：《康熙字典》，上海书店1985年版，第1486页。

② 于省吾：《甲骨文字释林》，中华书局1979年版，第86页。

③ 严一萍：《释揖》，《中国文字》新十期，第111—112页。

④ 中国社会科学院考古研究所安阳工作队：《河南省安阳市洹北商城宫殿区1号基址发掘简报》，《考古》2003年第5期。

⑤ 中国社会科学院考古研究所安阳工作队：《河南省安阳市洹北商城宫殿区二号基址发掘简报》，《考古》2010年第1期。

臼也。古者，掘地为臼，其后穿木石，象形，中象米也。凡臼之属皆从臼。”又：“舂，捣粟也。从双手持杵以临臼。”段注：“各本无臼字，今补。……引申凡凹者曰臼。”[①]《易·系辞下》谓：“断木为杵，掘地为臼。”臽在甲骨文中有不同的形体，有“”（《合集》22374）、“”（《合集》22278）、“”（《合集》16196）、“”（《合集》22123）、“”（《合集》10364）、“”（《合集》14313正）等，所从另一偏旁依次是：或陷跪着的人，或陷立着的人，或陷牛，或陷羊，或陷麋，或陷犬等，由此可见，“掘地为臼”之臼在甲骨文中大量存在，臼不仅是重要偏旁之一，而且臼在甲骨文中还用作形声字的声旁，如新旧之旧，其繁体字为舊，甲骨文字形为“”，罗振玉：“《说文解字》：‘旧，鸱旧，旧留也。或作鵂。从萑臼声。’此从 凵，古文臼字多如此作。”[②] 旧在甲骨文中用作新旧之旧（《合集》32536），也用作地名（《合集》36486）。从以上所举与陷有关的字形及臼在甲骨文中作声旁的例子看出，凵 即臼，已经是商代语言符号的重要组成部分。

三　为户枢之枢字

从以上户、门、臼形旁分析看出，是门户之户，象形，《说文》谓“半门曰户”。字从从冂，冂 即像倒置的窠臼，即字形从户从倒立的臼，也就是说字像门户之轴穿在窠臼里，这恰是户枢之物的象形，它是与“门”这一建筑物有关的构件。字为会意字，冂 是支撑门户转动的门臼，即枢字，本义是户枢之枢，字音或为枢，或为椳。枢，《说文》谓：“枢，户枢也。从木区声。”段注：“互所以转动开闭之枢机也。《释宫》曰‘枢谓之椳’。”[③]《周易·系辞上》：“言行，君子之枢机，枢机之发，荣辱之主矣。”王弼注：“枢机制动之主。”孔颖达疏：“言行之枢机者，枢为户枢，机为弩牙，言户枢之转或明或暗，弩机之发或中或否，言行之动从身而发以及与物或是或非。”[④]《尔雅·释宫》：“枢谓之椳。枢达北方曰落时。落时谓之戺。”[⑤]《现代汉语词典》：“椳，门臼（承门轴的）。”[⑥]《辞海》：“枢，门户的转轴。《潜夫论·忠贵》：‘惧门之不坚，而为作铁枢。’”[⑦]《说文》谓枢字从木区声，实际上，区不仅具备声旁的功能，也有形旁的作用，《说文》谓：“区，踦区，藏隐也。”繁体字區从匚从品，匚像盛物的器具，《说文》谓：“匚，受物之器，象形，凡匚之属皆从匚，读若方。”段注：“此其器盖正方，文如此作者，横视之而。直者其底，横者其四围。右其口也。……匚有矩形，固可假作方也。”[⑧] 匚与臼形体相同，仅视觉不同，其形式向右向上有别而已。商代各种房屋、庭院、城址建筑都有门这一设施，户枢是必不可少的门户构件之一，字正是商代户枢存在的真实写照。

---

① 段玉裁：《说文解字注》，上海古籍出版社 1981 年版，第 334 页。

② 罗振玉：《增订殷虚书契考释》中（石印本），东方学会 1927 年版，第 32 页下。

③ 段玉裁：《说文解字注》，上海古籍出版社 1981 年版，第 255 页。

④ 王弼注：《周易正义》，《十三经注疏》，中华书局 1980 年版，第 67 页。

⑤ 李学勤主编：《尔雅注疏》，北京大学出版社 1999 年版，第 125 页。

⑥ 中国社会科学院语言研究所词典编辑室：《现代汉语词典》，外语教学与研究出版社 2002 年版，第 1987 页。

⑦ 《辞海》编辑委员会：《辞海·语词分册》，上海辞书出版社 1987 年版，第 1136 页。

⑧ 段玉裁：《说文解字注》，上海古籍出版社 1981 年版，第 635 页。

唐兰谓："文字本于图画……但图画却不一定能读。……后来，文字跟图画渐渐分歧，文字不再是图画的，而是书写的。书写的技术，不需要逼真的描绘，只要把特点写出来，大致不错，使人能认识就够了。"① 甲骨文是商代文字，不仅要写出来，更为当时的社会交流服务，所以其字应易懂、好辨认。商代户枢尽管没有考古实物相印证，但从门的存在可以推论出门的主要构件一定存在，□字形体是人们观察实物根本特征的反映。本文用偏旁分析法与后代门这一实物对比研究，考证甲骨文□字即户枢之"枢"，这是商人对户枢这一名物的定名。

（韩江苏　本文原刊于《殷都学刊》2013 年第 4 期）

① 唐兰：《中国文字学》，上海古籍出版社 2005 年版，第 50 页。

甲骨文"閊"字考

摘　要　甲骨文閊字，从门从山两个偏旁，上下结构，门旁在上，山旁在下。门建筑的实用构件——门限，位于户扉之下，是跟地面接触的横木或横石。有九种异称，其中有一种称呼名阃，从门从困。根据《说文》所载，困字即把木包围起来的会意，恰好跟考古实物木骨泥墙相对应。半坡遗址房址的出入口处有土脊状的门限，门限中有小柱洞或小木棒，是门扉下的木骨泥墙遗迹，正是阃字会意。门限之限，从阜从艮两个偏旁，艮是八卦之一，代表山，代表既高又有道路的山。半坡遗址的门限，呈横土脊状，它高于房屋内外地面，向房屋内外均呈缓慢的斜坡。其形体像山一样，既高大，又有路径，还位于户扉之下，恰是甲骨文閊字所表达的门扉下的（土）山之意。门限，原本是指户扉下面像山一样的建筑构件，从人开、关门动作看，"开门见山"之"山"是门限而非自然界之高山。

关键词　甲骨文　閊　门限　山

《礼记·礼器》谓："未有入室而不由户者。"[①] 可见门、户本义是指人类房屋建筑的出入通道。设置门户的目的，是防护与障卫，《白虎通》谓："门以闭藏自固也。"[②] 文字是社会生活的反映。门、户因与人类生活关系密切，故甲骨文中的门，作□（《合集》261）、"□"（《屯南》3187）、"□"（《补编》6259）、"□"（《合集》13605）等形，户作"□"（《补编》2410）形。它们正是现实社会生活中门、户形体的真实写照，《说文》："户，护也，半门曰户。象形。"《说文》："门，闻也，从二户，象形。凡门之属皆从门。"从甲骨文字形及《说文》解释看，门、户两字乃象形字。

甲骨文中，门、户不仅是具有形、音、义三要素的单字，而且是重要的偏旁，从门从□等形体的□字，究竟演变成后世的哪一个字，本文试图用偏旁分析法、实物对比法对其考证，不妥之处，恭请方家以正之。

一　閊字以往研究论

甲骨文閊字，作"□"（《合集》27160）、"□"（《合集》28318）、"□"（《英藏》2366）等

---

① 李学勤：《礼记正义》，北京大学出版社 1999 年版，第 740 页。

② 陈立：《白虎通疏证》，中华书局 1994 年版，第 80 页。

形，时代均属于何组卜辞时期。从偏旁及卜辞内容判断，这三个字当属于同字的不同写法，应释读为閊，本义指门限，俗语叫门槛，引申为塞、堵等义。为方便叙述与书写，本文行文时，用閊字来代替□字。王襄考释为閃，谓“古閃字”。[①] 商承祚谓：“《说文》：‘火貌，两省声。’今卜辞亦有閃字，不知与许书同谊否。”[②] 郭沫若谓：“閃与大甲同例，所祭之神名。”[③] 陈梦家：“閃当是与雨雪有关的神。”[④] 屈万里谓：“按：《说文》有閃字，其义与卜辞不同。”[⑤] 于省吾：“閃为地名无可疑。”[⑥]《殷墟卜辞综类》《合集释文》《殷墟甲骨刻辞类纂》《殷墟甲骨文字词表》《甲骨文字编》等，均释读为閃。既释为閃，字义为火貌，就应与卜辞内容相应，但细读文辞，用火貌或火貌的引申义来解释卜辞，文理不通，故需要重新认识其字形与字义。

二　閊字字形分析

以往的研究成果，均认为□字从门从火两个偏旁。从甲骨文字形看，□字究竟从门从山或从火偏旁，需要辨析。山与火是甲骨文字重要的偏旁，但字形写法往往不易分辨，故岛邦男的《殷墟卜辞综类》、姚孝遂的《殷墟甲骨刻辞类纂》、于省吾的《甲骨文字诂林》的部首表，均把山、火两偏旁之字合并在一部。出现这种现象的原因是绵延无际的大山与物质燃烧形成的火焰形体有相似之处，线条画后两者之形更不易区别，因此，判断山与火字及以山或火为偏旁的字主要依靠语境来区别。

字□所从的“□”、□字所从的“□”、□字所从的“□”旁，是火还是山偏旁，无法从同时期的山、火单字中找出依据，因为同时期的山、火字形，没有与此形相同者。尽管如此，同时期以山、火为偏旁，形体上有与此相近者，如烄字，从火旁，有“□”（《合集》27306）、“□”（《合集》29990）、“□”（《合集》34480）等形，下从火偏旁有带点和不带点之区别。甲骨文中的火字或以火为偏旁者，写法有多种式样，上举三例仅是和“□”“□”“□”三字所从偏旁有相似写法者。岳字从山旁，有“□”（《合集》28258）、“□”（《合集》30298）、“□”（《合集》34227）等形，上举岳字，所从的山偏旁与“□”“□”“□”相近。由此，“□”“□”“□”字所从者，可以理解为从门从火偏旁，释读为閃字，但郭沫若、陈梦家、屈万里、于省吾等对字义的解释差距太大，说明用閃字义即火貌来解释甲骨文中的此字，无法使学者完全信服。□字可以理解为从门从山偏旁，上下结构，像山在门下之形。中国古字中有从门从山的閊字，字义为堵、塞，使不通，用为动词，[⑦] 而甲骨文閊字，应为名词，是一地名。由此，考察门实物与閊字之间的关系，有助于对其字义的正确释读。

---

① 王襄：《类纂正编》第十，天津博物馆1920年石印本，第47页下。

② 商承祚：《殷虚文字类编》十编，商承祚决定不移轩刻本1923年版，第9页。

③ 郭沫若：《殷契粹编考释》，科学出版社1962年版，第32页。

④ 陈梦家：《殷墟卜辞综述》，中华书局1988年版，第577页。

⑤ 屈万里：《殷虚文字甲编考释》，“中央研究院”历史语言研究所1961年版，第178页。

⑥ 于省吾：《甲骨文字诂林》，中华书局1996年版，第2086页。

⑦ 《汉典》zdic. net之閊字条。

三　门限实物源流分析

閊字作閊形，上下结构，门旁在上，山旁在下，理解为閊字，从门从山两个偏旁。考察门实物，门框之间有两户扉，两户扉之下有门槛（见图1），也称门限。它是两户扉之下、跟地面接触的横木或横石，有阻碍、阻挡的功能，与甲骨文閊字表达的门下有山，山有阻止、阻挡的功能相同。那么，文献中门限的记载，人类早期门限形体、材质等特征的简单论述，对理解閊字或许有启发作用。

（一）门限异称及源流

门限在文献里有多种称呼，（1）阃，《孔子家语·本命》：“（女子）教令不出于闺门，事在供酒食而已，无阃外之非仪也。”① 《广韵》：“阃，门限也。”（2）梱，《礼记·曲礼》上：“外言不入于梱，内言不出于梱。”郑玄注：“梱，门限也。”② 《说文》解释梱为“门橜也”与《曲礼》所注不同。段注：“《史记·叔孙敖传》曰：‘楚俗好庳车，王欲下令使高之，相教闾里使高其梱。居半岁，民悉自高其车。’”③ 可见，汉代语言中的梱也指门限。（3）阈，《礼记·曲礼》上“不践阈”。郑玄注：“阈，门限也。”④ 阈字从门从或，《说文》：“门限也。从门或声。”或，《说文》：“邦也。从口，戈以守其一。一，地也。”用现代汉语通俗语解释“或”即用戈来守卫自己的地盘。（4）榍，《说文》：“限也。从木屑声。”（5）限，《说文》：“阻也。一曰门榍也。”（6）柣，《尔雅·释宫》曰：“柣谓之阈。”（7）切，《汉书·外戚·孝成赵皇后传》：“切皆铜沓黄金涂。”师古注：“切，门限也。”⑤ （8）辚：“虽欲谨亡马，不发户辚。”高诱注：“户限也，楚人谓之辚。”⑥（9）畿，“《增韵》：‘门限也。’《韩愈诗》：‘白石为门畿’”。⑦ 门槛之所以会有多种称呼，跟它有源远流长的历史、材质的变化、地域的差异有着密切关系。

门限是房屋内部与外界的分界线，切乃分开、断开等义；或即邦、区域；畿指疆界、地界；它们跟门限作为内外分界线的含义相同，故阈、畿、切三字，均成为门限之引申义。榍、柣、梱专指门限时，反映了门限材质已经由史前时代泥土门限改成了后世的木板门限。辚称门限，与楚地方言有关。阃字，本义也指门限，其字形与字义关系，文献中没有记载。要探究其内涵，需要与考古实物联系在一起，方可清晰。

（二）阃字得名考

阃字从门从困，《说文》：“困，故庐也，从木在囗中。”用故庐解释困字字义，已经不是困字本

---

① 王国轩等：《孔子家语》，中华书局2009年版，第215页。

② 李学勤：《礼记正义》，北京大学出版社1999年版，第51页。

③ 段玉裁：《说文解字注》，上海古籍出版社1981年版，第256页。

④ 李学勤：《礼记正义》，北京大学出版社1999年版，第38页。

⑤ （汉）班固：《汉书》，中华书局1964年版，第3989页。

⑥ 刘文典等：《淮南鸿烈集解》，中华书局1989年版，第578页。

⑦ 陈玉书：《康熙字典》，上海书店1985年版，第847页。

义，而是其引申义。困字从口从木两个偏旁，口，《说文》“回也，象周帀之形”。段注：“回，转也，围行而口废矣。帀，周也。”[①]把《说文》及段注对困字的解释，用现代汉语来表达，即把木（柱）围绕在（泥土垒砌的）长方形或方形密闭单位中。这是从文字的会意角度做出的解释。困这种实物，在早期的房屋建筑中存在过，即木骨泥墙。

把木柱建在墙壁中的木骨泥墙，从仰韶文化到商代，一直延续下来，仰韶文化时期，如半坡遗址的1号房基“墙的北壁，发现‘附壁柱’，分布相当密集，间隔约在1米左右，柱洞有的紧贴墙壁，有的与墙壁之间有很小的空隙，都用草泥土与墙壁黏合在一起，这种壁柱可能是起撑持屋顶的辅助作用的，在南壁也有类似的遗迹”。[②] 第39号房址四周墙壁以木柱为主干，再用细草泥土涂抹，四壁共发现62个柱洞。[③] 墙壁内的柱洞乃木柱腐烂后的遗迹。龙山文化时期的房址，有的墙壁内有木柱，有的没有。[④] 偃师二里头二号宫殿建筑基址也有木骨泥墙，如“东廊中部，有一小屋。小屋的北、西、南三面皆有墙……墙体均系挖槽筑成，槽底按一定距离放置表面较平的红沙石作柱础，然后立柱作墙的木骨。”[⑤] 河南偃师商城八号宫殿建筑也有木骨墙，“距离台基周边0.5—1米处，有一周木骨墙槽，台基中部又有7道南北向木骨墙槽……墙槽内立木柱，木柱排列比较密集，柱与柱的间距多为10—40厘米，柱洞直径一般为10—12厘米”。[⑥] 安阳洹北商城1号宫殿区1号基址的“正室墙体大部分以双木柱为骨，可能是土坯垒砌，也可能为版筑”。[⑦] 商代以前房屋的墙壁，多采用木骨泥墙，把木柱用泥土垒砌在墙壁中，正像困字所表达的含义。

在户扉下的门槛，也称门限，同样使用了小木柱，如仰韶文化时期的西安半坡遗址，其中，有大量的长方形、半圆形房屋建筑基址，其房屋建筑出入口，有门限遗迹，以第10号房屋正南端保存完好的出入口为例，其门南向，“出入口有一东西向的土脊状的门限，宽35，高12厘米，长与门宽相等。门限表面大体平整，其上有六个不规则圆形的小柱洞，东西排成一直线，直径约4—7厘米，是为加固门限而特设的”。[⑧] 第2号房基“门道宽约1米……中间有长条状柱洞长宽为8×2厘米”。[⑨] 第37号房址也是内用小木棒，外用细草泥土做成的门限。[⑩] 第25号遗址入口处，有小柱洞，可知为高门限。[⑪] 这个在房址的出入口，即门扉下面、用泥土把木柱包围起来的小墙壁，正是阃字所表达的含义，门表达的是此困所在地点，困是木（柱）被泥土包围起来的会意，阃特指门下之困，即门限。

从考古实物与不同文字表示门槛名称看，门槛随着房屋建筑技术和材质的不断进步，名称也在不断变化。阃专指用泥土把木柱包围的门限之名，可从考古遗迹中找到其历史缩影。阈、畿当是有了疆域概念以后，人们看到门槛与疆域之间的相似性即内外有别之后而出现的专指字。椢、柣、梱是门限

① 段玉裁：《说文解字注》，上海古籍出版社1981年版，第276页。

② 中国科学院考古研究所：《西安半坡》，文物出版社1963年版，第17页。

③ 同上书，第23页。

④ 于海广：《山东龙山文化房屋建筑初探》，《山东大学学报》1993年第1期。

⑤ 中国社会科学院考古研究所二里头队：《河南偃师二里头二号宫殿遗址》，《考古》1983年第3期。

⑥ 中国社会科学院考古研究所河南第二工作队：《河南偃师商城宫城第八号宫殿建筑基址的发掘》，《考古》2006年第6期。

⑦ 中国社会科学院考古研究所安阳工作队：《河南安阳市洹北商城宫殿区1号基址发掘简报》，《考古》2003年第5期。

⑧ 中国科学院考古研究所：《西安半坡》，文物出版社1963年版，第29页。

⑨ 同上书，第33页。

⑩ 同上书，第11页。

⑪ 杨鸿勋：《建筑考古学论文集》，文物出版社1987年版，第10页。

材质由泥土改用成木板之后新出现的专指字。根据《说文》记载，限有时专指门限，考证限字字源，有助于说明閪字来源，故简单论述。

（三）限字字形分析

门槛与人类社会生活关系密切，它能阻挡风霜雪雨等自然侵袭，又能把蛇等各种爬行类动物拒之门外，是房屋建筑物必要的实用构件。门槛在古文献中，称门限，《说文》谓："限，阻也，从阜艮声。一曰门榍也。"《康熙字典》有"閬"字，谓"门閬也，本作限，俗加门作閬"。[①] 限有时专指门榍，当跟限字本义有关。限字从阜从艮两个偏旁，《说文》："阜，大陆也。山无石者。象形。凡阜之属皆从阜。"甲骨文阜字作"[illegible]"（《合集》7860）、"[illegible]"（《合集》10405 正）等形，本义像拾级而上的台阶。《释名》："土山曰阜，阜，厚也。大阜曰陵，陵，隆也。"[②]现实生活中，大凡台阶出现处，皆因有高、大山（或土）及其他障碍物等阻挡，故带阜偏旁之字如障、隔、防等字均有阻挡、阻隔之义。艮，《说文》谓："很也。"段注："很者，不听从也。一曰行难也。"[③]《说文》的解释已经不是艮本义。艮还是八卦之一，代表山，《周易·说卦》："艮为山，为径路，为小石，为门阙。"孔颖达疏："《正义》曰：'艮为山，取阴在下为止，阳在于上为高，故艮象山也。为径路，取其山虽高有涧道也。为小石，取其艮为山，又为阳卦之小者，故为小石也，为门阙，取其有径路，又崇高也。'"[④] 这是从文字偏旁角度对限字的分析。

限字从阜从艮，根据《说文》解释，阜为无石之山，即土山。根据《周易》所载，艮为山，为有路之山；孔颖达注认为艮是门阙，是取艮虽为山，但山有路径之义。门限乃户扉之下、挨着地面的横木或横石，如何取山之义来命名，仍需要从门限实物的历史源流谈起。

从离开洞穴到平原上生活起，长期以来，人类的房屋居址是地穴与半地穴式。如仰韶文化时期的半坡遗址，大致上有长方形和圆形房子两种：半坡遗址的方形房子，"门开在南边，有一个狭长的门道，一般长 1.5—2，宽 0.3—0.6 米，仅可容一人出入，门道作斜坡形"。[⑤] 如第 37 号房址，"门道是一个长 1.7、宽 0.44 米的窄道，有四级台阶，每级长 0.4—0.6、高 0.1—0.15 米不等"。[⑥] 第 37 号门道前方，为防止雨水倒灌，应设有低矮如门限的泥土埂。[⑦] 第 1 号大长方形房址的"门道估计是一个 1 米宽、5—6 米长的窄道"。[⑧] 第 25 号基址，"门南向，门道呈斜坡状"。[⑨] 半坡遗址的圆形房子，"门口均有一斜长之横土脊，略似今日之门限，土脊高于屋内外之地面，向内外均呈迂缓的斜坡"。[⑩] 纵观半坡遗址长方形或圆形房屋基址的门道，可以看出，有几个特点，一是狭长；二是类似于今日之门限的横土脊，既高于屋内之地面，又高于屋外之地面；三是横土脊向屋内或屋外，均呈缓慢的斜坡（以供

---

① 陈玉书：《康熙字典》，上海书店 1985 年版，第 1496 页。

② 刘熙：《释名》，中华书局 1985 年版，第 11 页。

③ 段玉裁：《说文解字注》，上海古籍出版社 1981 年版，第 385 页。

④ 李学勤：《周易正义》，北京大学出版社 1999 年版，第 333 页。

⑤ 中国科学院考古研究所：《西安半坡》，文物出版社 1963 年版，第 19 页。

⑥ 同上书，第 11 页。

⑦ 杨鸿勋：《建筑考古学论文集》，文物出版社 1987 年版，第 5 页。

⑧ 中国科学院考古研究所：《西安半坡》，文物出版社 1963 年版，第 20 页。

⑨ 同上书，第 22 页。

⑩ 同上书，第 25 页。

人出入之方便）。这个横土脊相对于屋内（地穴、半地穴）、屋外来说，比较高大；延伸到屋内外者的门道，是供人出入的通道。其高大又有路径的特征，在房屋居址的小环境下，正是艮即山特征的反映。从考古实物看，限即户扉下的土山。

甲骨文字“閊”“閊”“閊”三字字形，正像门户下有山之形，跟门限之限表达的含义相同，是先民对早期生存环境的记忆，因此，它们可释读为閊字，本义指门限，塞、堵、阻挡、阻碍等乃其引申义。

以上是从文字本义与考古实物分析閊字的字形与字义，是否符合甲骨文字义，仍需以甲骨文句来检验其是否正确。

三 閊字语境分析

閊字共在三版甲骨上出现，其卜辞内容，引文于下：

1.（1）大甲師叀大牢？

（2）閊燎叀小宰？ （《合集》27160）

2.（1）弜燎于閊，无雨？

（2）叀閊燎彭？有雨？（《英藏》2366）

3.（1）戊王其射閊狐，湄日亡𢦏？擒。吉。

（2）其呼射閊狐？擒。大吉。（《合集》28318）

師字，罗振玉谓：“从𠂤朿声，师所止也，后世假次为之，此其初字矣。”[①] 于省吾：“按：卜辞𠂤为师次之义，但𠂤为动词，師为名词，用当有别。师舍止曰‘𠂤’，师舍止之处曰‘師’。”[②] 第1辞辞义为在大甲神位所在处用大牢（燎祭）？用小宰在閊处（即门限所在地）燎祭？大甲師即大甲神主所在处（属于地名），燎祭所用牺牲为大牢；閊处用的牺牲为小宰。大甲師与閊在卜辞中词性相同，说明閊也指一处所，这一处所即门限处。第2辞的第二条辞应为“叀燎于閊，彭”，辞义为是否在閊地举行燎祭，举行燎祭后有雨、没雨？于为方位副词，閊为地名无疑。中国古代有对门、户的专门祭祀，《白虎通》谓：“五祀者，何谓也？谓门、户、井、竈（灶）、中霤也。所以祭何？人之所处出入、所饮食，故为神而祭之。”[③] 卜辞中在閊处即门限处的祭祀，有可能是对门的祭祀。第3辞是戊某日，商王将射閊狐？“其射＋□＋某猎物”之辞在同期的甲骨文中也出现过，卜辞如：

4. 王其射右豕，湄日亡𢦏？擒。大吉。（《合集》28305）

5. 其射右鹿？（《合集》28327）

6. 涉滴至𪊨？射左豕？（《合集》28882）

7. 王涉滴，射𪊨鹿？（《合集》28340）

8. 王其射𪊨鹿？亡𢦏？擒。（《合集》28341）

---

① 罗振玉：《增订殷虚书契考释》（中），王国维手书1915年石印本，第13页上。

② 于省吾：《甲骨文字诂林》，中华书局1996年版，第3047页。

③ 陈立：《白虎通疏证》，中华书局1994年版，第77页。

由以上卜辞看，射与猎物之间的左、右之词，是方位词，虘乃地名，第 3 辞中，閪狐之閪是地名还是狐的品种或毛色，从卜辞文句中不易判断，閪若是地名，此地当是有一地域，定名为閪。但这不影响閪本义为门限的含义，举例说明，门是建筑物如房屋的出入口，有时也做专用地名，卜辞如：

9. 于南门飨美？（《合集》13607）

10. □□卜，翌日戊王叀门田，湄日不冓雨？（《合集》29342）

11. 弜田门，〔其〕每？（《合集》29381）

美在武丁时期的卜辞中，称子美（《合集》3100），飨像人就食形，第 9 辞辞义为商王武丁在（宫殿）南门设宴招待前来觐见商王的子美？第 10 辞辞义为翌日戊某日，商王要在门地田猎，会不会下雨？第 11 辞辞义为商王不要到门地田猎？门与閪词性相同，作为地域之门、閪之名，应是其本义的引申。

閪在第 1、2 辞内，均是地名。《甲骨文字诂林》认为閪为地名的解释，符合卜辞的实际。閪为地名，具体是什么地名，则没有相关考证。本文从文字偏旁分析入手，分析门跟山的偏旁位置、偏旁内涵，然后跟考古实物对比分析，考证出閪的本义为门限，后引申为塞、堵、阻挡等义。

从以上的论述看到，閪乃门槛，其实物在文字出现之前很长时间内就已经存在。户扉之下，最初的门限是细草混成的泥土把小木柱包围起来，目的是增加门限的强度。把木柱围起而成的长方体或方体之物，线条画后，恰是困字字形的来源。因此困是门下之困，故从门从困，作阃形。人类正是看到门限的这种特征，用符号门、困会意字——阃来表达门限含义。用泥土包围的小木柱的外形，像高大又有路径的山一样，人类正是看到门限与自然山脉之间的相似性，故门限又跟山相关。甲骨文閪字从门从山，正是人类当时思想在物质上的反映。

四　成语“开门见山”新论

从门从山偏旁的閪字，含义指门限，即户扉下面像山一样的建筑构件。閪字是人类用语言对建筑物件的形象描述，即户扉下的山。那么，“开门见山”这一成语的本义是如何来的，有必要展开讨论。开门见山，《辞海》谓“比喻说话写文章一开头就直入本题”。并指出其出处乃宋代严羽的《沧浪诗话·诗评》。[①]《诗评》谓：“太白天才豪逸，语多卒然而成者。……太白发句，谓之开门见山。”[②]

无论山区，抑或平原地区，人类的房屋，甚至院落的门、户之外，大多平整开阔，便于人们出行与开阔视野，一打开房屋或院落之门扉就见到大山（自然之高山），显然不符合中国房屋建筑采光、通风之特征。而且，还分从房屋之内与从房屋之外打开门扉两种情形，若从房屋之内开门，看到外界之高山的情况是存在的；但从房屋之外开门进屋，房屋里面一定是没有高山的，因此，开门是见不到山的。

开门见山是成语，活在我们的语言中，其本义的出现一定与人们的日常生活密切相关。今考证门限之限，源于山旁。甲骨文閪字，从门从山，上下结构，应为门限，仰韶文化时期的门限，像山一样

① 夏征农：《辞海·词语分册》，上海辞书出版社 1987 年版，第 518 页。

② 严羽：《沧浪诗话校释》，人民文学出版社 1961 年版，第 176 页。

横亘在房屋出口处。从考古实物与文字构形看，门限曾在古人的语言中称过山。这个特定含义的山（门限），位于户扉之下，无论从内还是从外，不开门是不能直接就看到的，但只要开门，就一定能看见山（门限），直截了当，不存在拐弯抹角。人们用生活中形象的、具体的事物（开门见山）来表达生疏、抽象的事物（说话、写文章等）。但随着门限材质不断变化、语言词汇日益丰富等，山是门限的本义逐渐消失，开门见山成语的本义人们已经不清楚，但其比喻义仍留在现代语言中，今从甲骨文閚字、门限之限乃山、门限考古实物之形，探索了“开门见山”的本义。

五 小结

门限，俗称门槛，在文献中大约有九种称呼，分别称为阃、梱、阈、榍、柣、切、限、巇、辚，其得名或与门限实物相关，或与门限有内外分界的引申义相关，或与其材质相关，或与地域方言相关。通过梳理门限名称及相关材料，从本质上认为閚即门限。门限跟人类社会生活密切相关，是内外有别的分界线，后引申为家事与国事的分界线，《礼记·曲礼》：“外言不入于梱，内言不出于梱。”注“外言，内言，男女之职也。不出入者，不以相问也”。[①] 古代中国，男女有别，男主外，女主内，夫妻之间各尽本分而不相互干涉。故以实物门限内外来比喻古代男女分工的差别。《史记·张释之冯唐列传》：“阃以内者，寡人制之，阃以外者，将军制之。”[②] 此阃，专指城郭的门槛。意为将军领兵在外打仗，不应受王者制约。此阃明指门槛，实指权力的划分。

门槛，作为内外界限，文明时代有多种规范，人过门槛时，不能随意踩踏，《礼记·曲礼》：“不践阈”。《礼记·玉藻》：“宾入不中门，不履阈。”《论语·乡党》谓：“立不中门，行不履阈。”至于人为什么不能踩踏门槛，《论语·乡党》孔颖达疏谓“中门谓之枨闑中央，枨闑之中，是尊者所立之处，故人臣不得当之而立也。履，践也。阈，门限也。出入不得践履门限，所以尔者，一则自高，二则不净，并为不敬”。[③] 根据礼的规范，踩踏门槛是一种不恭敬行为，再者，门槛本为内外有别的分界线，所以，古人规定人们不能随意踩踏门槛，是文明的象征。

（韩江苏　本文原刊于《南方文物》2016年第1期）

---

① 李学勤：《礼记正义》，北京大学出版社1999年版，第51页。
② （汉）司马迁：《史记》，中华书局1963年版，第2758页。
③ 李学勤：《论语注疏》，北京大学出版社1999年版，第128页。

甲骨文"阂"字考

——兼论"蠡"(螽)非"铺首"

摘　要　甲骨文字，从门从双豕，隶定为闟字，动词。后世文献中，豕、亥可互换使用，字可释读为阂。阂的本义乃门外闭，引申义为阻碍、阻隔。以阻碍、阻隔之义用于卜辞文句中，竟文通字顺。本文通过对门的外闭实物构件、文献所载其名为门螽（蠡）以及豕与螽关系研究，论证了闟字后来分化成两字，一是《玉篇》阂字，字义为门，应是取门上具有代表性的物件借指门整体部分的表义字。二是阂字，本义专指门的外闭装置，后引申阻碍、阻隔。甲骨文字用的是阂字之引申义。本文还论证了门螽与铺首之间的联系与区别；还用诗歌常用的赋、比、兴的修辞手法论证了"仓琅根"为门螽而非铺首问题。

关键词　甲骨文　阂　门螽　铺首　仓琅根

甲骨文有一个与门偏旁相关的字，作""""形（见《合集》26927，是《殷虚文字甲编》第2002版），从门（或双户）从双豕（），《玉篇》有阂字，并解释为"门也"。从字形及它所在的甲骨文句看，字义与后世的阂字字义相关（为方便叙述，下列行文时，用阂字来代替甲骨文字），是门的外闭装置，卜辞中使用的是其本义引申——阻碍、阻隔。《甲骨文合集释文》把隶定为"闟"字，[①]《殷墟甲骨刻辞摹释总集》采纳其成果；《殷墟甲骨刻辞类纂》《甲骨文字诂林》等书均未收录此字。王蕴智把它隶定成阂字，并且把金文中从门从三豕之字也归入阂字，读音为shi。[②] 具体字义则没有详细解释。字从门从双豕，本文试图从字形上分析其字义，从卜辞文句验证字义是否准确，从门的外闭实物与文献记载寻求其演变轨迹，不妥之处，恭请方家以正之。

图1　《合集》26927局部

---

① 胡厚宣：《甲骨文合集释文》，中国社会科学出版社1999年版。

② 王蕴智：《字学论集》，河南美术出版社2004年版，第184页。

一　甲骨文阂字形分析

甲骨文阂字从门（或双户）从双豖，门、户、豖字形及字义分析，将对解释甲骨文阂字有帮助，故论述于下：

（一）门、户字形分析

甲骨文中不仅有门、户两字，而且门、户还是重要的偏旁。户作“ ”形（《补编》2410），户，《说文》：“户，護也，半门曰户。象形。凡户之属皆从户。戾，古文户从木。”段注：“从木而象其形。按此当是籀文加木，唯古文作户，故此部文九皆从户也。”① 门作“ ”（《合集》261）、“ ”（《合集》30289）、“ ”（《屯南》3187）、“ ”（《合集》13606反）等形，《说文》：“闻也，从二户，象形。凡门之属皆从门。”《玉篇》：“门，人所出入也。”甲骨文中的门、户即现代汉语中的门，是庭院、屋室通道，门、户析言有别，统言无别。

（二）豖字形分析

甲骨文阂字所从另一偏旁为（双）豖，甲骨文豖作“ ”（《合集》28310）、 （《合集》21725）等形， 字下面所从偏旁释读为“豖”，应当无误。《玉篇》阂字，从门从豖，谓：“阂，门也。”②《康熙字典》也收录此字。③ 字义仍为门。从甲骨文看，户、门皆象形字；文献中，门、户多加一豖偏旁仍表示门，似有画蛇添足之感，从门从豖之阂字，既解释为门，本义应与门相关。

（三）阂字义推测

亥是十二地支末一位，豖（猪）是十二属相末一位，两者相配。豖与亥在文献中互训，《左传》襄公三十年：“亥即豖，故曰首曰身也。”《吕氏春秋·察传论》：“子夏之晋，过卫，有读史记者曰：‘晋师三豖涉河。’子夏曰：‘非也，是己亥也。夫己与三相近，豖与亥相似。’至于晋而问之，则曰晋师己亥涉河也。”④《论衡·物势》：“亥，水也，其禽豖也。”⑤ 亥的甲骨文形体较多，有 （《补编》1260）、 （《合集》21811）等形。甲骨文豖、亥字形虽有相似之处，但两字区别明显；后世文献中“豖”与“亥”存在两字互训现象。既然亥与豖有时相通，从门从双豖的甲骨文 字，字义可理解为阂义——阻碍，引文于下：

……阂绕方，克阂？擒？（《合集》26927）

---

① 段玉裁：《说文解字注》，上海古籍出版社1981年版，第586页。
② 顾野王撰：《大广益会玉篇》（丛书集成本），商务印书馆1936年版，第260页。
③ （清）陈玉书等编：《康熙字典》，上海书店1985年版，第1493页。
④ 陈奇猷：《吕氏春秋新校释》，上海古籍出版社2002年版，第1537页。
⑤ 黄晖撰：《论衡校释》，中华书局1990年版，第148页。

绕方是康丁时期的敌对方国，商王多次占卜对其讨伐（《合集》26895、27974），克，罗振玉释读。[①] 李孝定谓训为“能”[②]。《合集》26927 辞义为从外围阻隔、限制绕方，能够阻隔、限制住并捉拿、擒获绕方？□释读为阂，字义为阻隔、妨碍、限制，放到甲骨文语句中，文通字顺。因它在甲骨文中仅此一见，作为孤证，无法确证。□是否与后世文献中阂具有字义相承关系，需要从阂字字形、字义等方面来探讨。

二　文献阂字形、字义辨析

阂字从门从亥，亥与豕在古文献中可互换，故阂字可从门从豕。犬有守门本能而豕却没有，故不能以会意字来理解其含义。阂本义是门外闭，具体到门实物上，门扉外闭装置是两个圆环（如图 2 所示），用一横穿以起关门闭户的作用（图 2 横穿乃门链）。这一圆环的命名、命名根据，以及与铺首的混淆，需要逐一分析。

图 2　门外闭装置实物

（一）阂义源流

《说文》谓：“阂，外闭也，从门亥声。”[③]《康熙字典》引文与《说文》（陈昌治刻本版本）稍有不同，谓：“阂，外闭也，从门，亥，意兼声。”字义是从门外闭门之外闭装置。《玉篇》谓“阂，止也”。由此，引申为阻隔、阻碍。《辞海》：“阂，阻隔、阻碍。《易·蒙》‘山下有险，险而止，蒙。’王弼注‘退则困险，进则阂山。’王安石《还家》‘伤心百道水，阂目万重山。’”[④]“晋葛洪的《抱朴子·博喻》谓：‘学而不思，则疑阂实繁（疑阂即疑难障碍）。’（阂即藏塞）《汉书·律历志上》谓：

① 罗振玉：《增订殷虚书契考释》（中），王国维手书 1915 年石印本，第 69 页。

② 李孝定：《甲骨文字集释》，“中央研究院”历史语言研究所 1965 年版，第 2344 页。

③ （东汉）许慎：《说文解字》，中华书局 1963 年版，第 249 页。

④ 夏征农主编：《辞海语词分册》，上海辞书出版社 1987 年版，第 795 页。

'该臧万物而杂阳阂种。' 孟康注：'阂，藏塞也。'"[①] 阂的本义应与闭门守御相关，从外关闭门户是停止、阻碍他人进入院落、房屋的方式或手段，无论从字形或其字义引申看，都看不出从门从亥者与停止、阻隔、阻碍之间的相互关系。

若从犬与豕（亥）本能看，在没有防盗设施的中国古代，犬是门户安全的守卫者；猪跟人类关系虽然十分密切，但在看家护院方面并不具备守卫门户的潜质。明代《七修类稿·天地类·十二生肖》："戌、亥，阴敛而潜寂，狗司夜，猪镇静，故猪狗配焉。狗猪，持守之物也。"[②] 这是从十二生肖的排列方面谈狗、猪之间的连缀关系。从生物学上看，猪再镇静也起不到看护家园的作用。由此，探讨阂字本义，还需要从门实物上去查寻。

（二）门扉实物之外闭

平板户扉，若从外部关门锁闭，最简单的办法是：用铜、铁或其他材质做成一物着于户扉上，以便落锁。其传统形制是：外面一头呈圆环状（以便门闩或门链穿过），里面一头穿透户扉并固定其上。然后用一横物（也称门闩或门链）贯穿两户扉上的圆环状物加锁即可。这个穿着在户扉上用铜、铁或其他材质所做的圆环，该怎样命名或称呼，文献中虽有记载，但稍有混乱。

（三）门外闭装置——阂、螺、蠡

《说文》中的阂乃门的外闭装置，这个外闭装置与后世铺首混淆，分别称蠡、螺、椒图。阂字解释见上引《说文》，兹不赘引。蠡、螺、椒图等记载引文如下：

《后汉书·礼仪志》："殷人水德，以螺首慎其闭塞，使如螺也。"[③]

《风俗通·佚文篇》："门户铺首。谨案，《百家书》云：'公输般之水上，见蠡，谓之曰：'开汝匣，见汝形。'蠡适出头，般以足画图之，蠡隐闭其户。终不可得开，般遂施之门户，欲使闭藏当如此周密也。"[④]

《说文》："铺，箸门铺首也。从金甫声。"[⑤] 经韵楼藏版《说文解字注》铺作"捕"。段玉裁注："捕，各本均作铺。手部曰：捕，扣持也。扣持者，古者箸门为蠃形，谓之椒图。是曰铺首，以金为之，则曰金铺。以青画琐文镂中，则曰青琐。"[⑥]

《康熙字典》："蠃，《广韵》：'本作螺'，《集韵》：'或作蠡、蜗'。"[⑦]

《康熙字典》："（蠡）又与螺通，《类篇》：'蚌属。圣人法蠡蚌，而闭户见文子。'"[⑧] 从《康熙字典》所载看，螺即螺蛳，螺蛳又称蠡。

从以上所引文献看，蠡、螺相通，也称铺首。《广雅》谓："铺，陈也。"铺本义源自"捕"，《说

① （清）张玉书：《康熙字典》，上海书店1985年版，第1490页。

② 朗瑛：《七修类编》，上海书店出版社2001年版，第42页。

③ 范晔：《后汉书》，中华书局1965年版，第3122页。

④ （汉）应劭撰，王利器校注：《风俗通义校注》，中华书局1981年版，第577页。

⑤ （东汉）许慎：《说文解字》，中华书局1963年版，第298页。

⑥ 段玉裁：《说文解字注》，上海古籍出版社1981年版，第713页。

⑦ （清）张玉书：《康熙字典》，上海书店1985年版，第1226页。

⑧ 同上书，第1229页。

文》："扪持也，从门布声。"拺（音铺）还有布散之义，见《汉书·中山靖王传》注，[①] 即把东西展开或摊平。现代成语还有平铺直叙、铺路、铺设管道等词语，用的就是展开或摊平之义。《辞海》谓铺首是"衔门环的底座"。[②] 跟铺字义没有关系。

门上外闭装置称蠡、螺，取水中螺蛳之形，寓意是螺蛳善闭，以示门关闭后不易被随意打开，与铺首之铺有铺展、陈设之义区别较大，与铺首解释为衔门环的底座性能不同，现代复古的门，其上装有象征意义的铺首，竟与闭门没有任何关系，门的外闭与人的日常行为关系密切，外闭装置的重要性要远远大于铺首，为何铺首目前有深入研究，而作为实用装置的外闭物竟很少提及？前贤怎样把蠡、螺、铺首当作一物，为何又取其善闭之义？需要一一梳理，方可清楚。

三　蠡字偏旁分析

门户设置是为了护卫门户之内的人与财产安全，故取螺蛳善闭之义，因此螺蛳或蠡成为门上构件，其作用是闭门守护。蠡字从彖从虫，本义乃蠹虫啮木，与虫属相关，怎样取蠹虫啮木来表达其善闭？又用来借指为门之关闭？螺蛳为何称蠡，蠡跟螺蛳有何相通处或相同点？均需从造字本义、动物习性及与门关闭的相似性方面来探讨。

蠡，《说文》谓："虫啮木中也。从䖵彖声。"段注："此非虫名。乃谓蝨之食木曰蠡也。朱子注孟子曰蠡者啮木虫，则误矣（段注极为详备，后文做分析）。"[③]蝨，《康熙字典》："《唐韵》：'古文蠹字'。"[④]《辞海》："蝨同蠹。"[⑤]

蠹，《说文》谓："木中虫，从虫橐声。蠹或从木，象虫在木中形。"段注："在木中食木者也。今俗谓之蛀。"[⑥]

由《说文》《康熙字典》记载看，蝨、蠹两字乃异体字。蠹虫即木中虫，即现代汉语中的木内蛀虫。蠡即（蠹）虫啮噬木中（之形），或借指为动物虫。蠡字从彖从虫，由此分析蠡字构形及与豕字关系，以便了解从门从豕之阂字义。

（一）彖、豕偏旁说

蠡字从彖从虫。彖，《说文》谓："豕走也。从彑从豕省。"又："豙，豕也。从彑从豕。"又："彑，豕之头，象其锐而上见也。"又："豕，彘也，竭其尾，故谓之豕。象毛足而后有尾。读与豨同。按今世字误以豕为豕，以彘为豕，何以明之，爲啄琢从豕；蠡从彖，皆取其身，以是明之。"徐铉等曰"按'此语未详，或后人所加。'"[⑦] 段注按："此三十三字未必为许所语，而各本伪舛特甚，

---

① （东汉）班固：《汉书》，中华书局1962年版，第2424页。

② 夏征农主编：《辞海语词分册》，上海辞书出版社1987年版，第1516页。

③ 段玉裁：《说文解字注》，上海古籍出版社1981年版，第675页。

④ （清）张玉书：《康熙字典》，上海书店1985年版，第1220页。

⑤ 夏征农主编：《辞海语词分册》，上海辞书出版社1987年版，第1179页。

⑥ 段玉裁：《说文解字注》，上海古籍出版社1981年版，第675页。

⑦ （东汉）许慎：《说文解字》，中华书局1963年版，第196—197页。

今正之。"① 中华书局的陈昌治本《说文解字》此段引文中与此略有文字差异，"蠡从彖"为"蠡从㣇"文。②

从《说文》记载看，㣇即豕也，豕即㣇也，豬即豕而三毛丛居者。可见，㣇、豕、彖、豬皆谓现代汉语中的猪。

《康熙字典》谓："蠡，《正字通》同蠡。《前汉·匈奴传》谷蠡王亦作谷蠡。按《说文》《玉篇》《唐韵》等书，皆无蠡字。《字汇》、《正字通》引《汉书》旧本为据。蠡系讹字，非正字也。"③

依《康熙字典》之解释判断，蠡、蠡当为古今字，颜师古撰的《汉书叙例》谓："《汉书》旧文多有古字，解说之后屡经迁易，后人习读，以意刊改，传写既多，弥更浅俗。"④《汉书》旧本蠡字从豕从虫，作"蠡"形，后人改豕为彖，作"蠡"形。从《说文》看，彖、豕本意相同，尽管后世的蠡、蠡字形偏旁有别，但字义相同。

彖或省作彖，《康熙字典》"《六书故》：'彖与彖为一字，《说文》分为二，非'"。⑤ 从字形上看，彖字比彖字少一横画（或这一横画可以重叠），由此判定《康熙字典》记载比较客观。蠡是上下结构之字，上从偏旁或为彖，或为豕。

（二）蠡与豸、豕偏旁之交错

蠡是蠹虫啮噬木中，借指为虫，它跟豕作为四条腿的动物之间似乎建立不起关系。按照《说文》的解释，蠡是从虫彖声的形声字，后人为何称蠡为门之建筑构件，它是门外闭装置还是铺首？[illegible] 字从门从双豕，阂字从门从亥（豕），他们之间的意旨怎样？均需要从字形、字义内涵方面来探讨。

蠡既与虫相关，即有虫的特性。《说文》对虫有三种解释，"蟲，有足谓之蟲，无足谓之豸。从三虫。凡蟲之属皆从蟲。""䖵，蟲之总名也。从二虫。凡䖵之属皆从䖵。读若昆。""虫，一名蝮，博三寸，首大如擘指。象其卧形。物之微细，或行，或毛，或蠃，或介，或鳞，以虫爲象。凡虫之属皆从虫。"从《说文》看，虫的种类繁多，其中，按有足无足标准划分，有足者称虫，无足者称豸。《尔雅》"有足谓之蟲，无足谓之豸"，注疏谓："此对文尔，散文则无足亦曰虫。"⑥ 豸，《说文》谓："兽长脊，行豸豸然，欲有所司杀形。"段注："总言其义其形，故不更言象形也。凡兽欲有所伺杀，则行步详窔，其脊若加长。豸豸然，长貌。文象其形也。……按凡无足之虫体多长，如蛇、蚓之类。正长脊之义之引申也。"⑦

从《说文》及段注看，豸本指长脊兽，如虎、豹、猫、豺、貛等动物，无足之虫因体长，也称豸，用的是长脊兽的引申义。

蠡是蠹虫啮噬木中（借指为蠹虫），是无足且体型较长的虫。从偏旁分析的角度，它应从豸而非

① 段玉裁：《说文解字注》，上海古籍出版社 1981 年版，第 454—456 页。

② （东汉）许慎：《说文解字》，中华书局 1963 年版，第 196 页。

③ （清）张玉书：《康熙字典》，上海书店 1985 年版，第 1226 页。

④ （东汉）班固：《汉书》，中华书局 1962 年版，第 2 页。

⑤ （清）张玉书：《康熙字典》，上海书店 1985 年版，第 1334 页。

⑥ 李学勤：《尔雅注疏》，北京大学出版社 1999 年版，第 293 页。

⑦ 段玉裁：《说文解字注》，上海古籍出版社 1981 年版，第 457 页。

从豕偏旁，但文字确实从豕，需要分析其原因。从《说文》发展到现代汉字，豸、豕、犭三个偏旁，存在相互转用的现象，如表 1 所示：

表 1

偏旁互换	说文解字	现代汉字
豕——犭	豬	猪
豸——犭	貓	猫
豸——犭	貛（野豕也）	獾
豸——犭	貍	狸
	貒（似豕而肥）	
	豻（胡地野狗）	犴

从表 1 看，由豕而转写成犭旁者，仅有猪字一例；豸转写成犭旁者有三例。出现这种现象的原因是：犬、豕两种动物及所属物种，从肢体上看，本身区别不大，故表示其身体偏旁的豸、豕、犭，有时可以互换。豻本属犬类，偏旁从豸。貛、貒本属豕类，所从偏旁均为豸。另有动物，如貆，亦作狟，《山海经·北山经》郭璞注："狟，豪猪也。"狪或作𧲣，《广韵·一东》"𧲣，似豕，出泰山"①。本为豕类，却从豸旁者，可见豸、豕、犭偏旁所代表的动物种属，字形上有时难以区别。

甲骨文中的豕，作" "（《合集》12980）、" "（《合集》28310）、" "（《合集》37468）等形，豕的本义即现代汉语中的猪，与豸形体有相关之处，因后世文字转写、讹变等因素，犬、豕、豸表示动物种属的偏旁，有时会互换使用，但所表示的动物属性并不因此而改变。

由此推论，蠡作为虫豸，用文字记录的初期，本作 形，与四足之豕形体相同或相近，随着人类认知能力的提高和语言的丰富，文字也越来越多，作为四足之动物与无足之虫这一生物，用文字 、 （《合集》28310）交流时，容易引起混乱，故添加虫旁以示区别，作为虫属者成蠡字，作为四足动物之属者，仍用豕来表示。

（三）蠡本义与引申义论

蠡本义乃蠹虫食木，段注蠡言劈，通假为蠃，有分、解等引申义，它们和本义之间的关系怎样，段玉裁注《说文》讲得很清楚，但蠡本义与通假、引申义如何相关，则无深入交代，为便于叙述，特引段注原文于下：

> 虫啮木中也。此非虫名。乃谓蠹之食木曰蠡也。朱子注孟子曰："蠡者，啮木虫。"则误矣。蠡之言劈也。如刀之劈物。蠡假借之用极多。或借为蠃蚌字，或借为瓢蠡字，楚辞："览芷圃之蠡蠡。"又借为禾黍离离字。孟子曰："以追蠡。"赵注曰："追，锺钮也。"钮擘啮处深矣。蠡蠡，

① 夏征农主编：《辞海语词分册》，上海辞书出版社 1987 年版，第 1780 页。

图3　蛀虫

欲绝之貌。此又以蠡同离，同劙。方言曰："劙，解也。"又曰："蠡，分也。"皆其义也。不知假借之恉，乃云钟钮如虫啮而欲绝，是株守许书之辞，而未能通许书之意矣。①

段注蠡字可分四层含义来理解：（一）蠡本义并非虫名，而是蠹虫食木。根据作用力与反作用力之间的关系，蠹虫啮噬木时，嘴用力啃噬，身体向后用劲，才能保证软体动物从坚硬的主干木上剥离出一块块小木（屑），由此引申为劙。（二）蠡之言劙也，如刀之劙物，蠹虫用嘴把木块啮开，正像刀把某物划分成两块一样，这是蠡的引申义。蠡有剥离、解、离、分等义，乃蠹虫把木啮噬成两部分含义的引申。（三）蠡与螺通，蠡借为嬴蚌字。嬴这一生物是：外部是旋体形坚硬外壳，内部是无足的软体动物，其中的软体动物跟蠹虫形体相似，故世人用蠡称嬴蚌等。（四）欲绝之貌，段引《孟子·尽心下》："以追蠡。"赵岐注："追，钟钮也，钮擘啮处深矣。蠡，欲绝之貌也。"此乃蠹虫用力啮噬木材、身体向后用劲的引申义。

（四）门蠡乃借蠹虫食木义引申

门户外闭装置——蠡（便于理解，门上这一装置本文专称门蠡），取蠹虫用力啮噬木材、身体向后用劲之引申义。只有门蠡（铁或铜构件）深深地扎根于门扉之内，外加横闩及落锁之后，才能最大

① 段玉裁：《说文解字注》，上海古籍出版社1981年版，第675页。

限度地保证门户安全。人类正是客观观察到蠹虫啃噬木之形与门的外闭装置之间的高度相似性，故用蠡以称门的外闭装置。螺蛳分两部分（见图4），一部分是旋形体外壳，另一部分是藏在旋形体外壳内的软体动物，软体动物藏于旋体形外壳跟蠹虫钻于木中有相似性，故蠡可称螺蛳。因螺蛳善闭以自保，后人附会能工巧匠——公输般之发明，认为他见螺蛳善闭，故把蠡装置在门上以作外闭构件。

图4　螺蛳

自父系氏族社会起，私有财物出现，人们外闭门户以自保财产安全也即随之出现。公输般是春秋时期之人，春秋时期，门户上的外闭装置已经很普遍，因此，公输般不应当是门户外闭装置——门蠡的发明者。但后人把公输般发明门户外闭装置的附会记录下来，为我们深入研究蠡这一门户重要装置，提供了不可替代的文献资料。

甲骨文[illegible]字，从门从双豕，双豕作[illegible]形，单豕作[illegible]形，根据以上的论述，蠡、蠡字从豕从虫，从虫者表明其种类为虫属，从豕表明豕乃其本义。

从蠡作为动物属性、蠡字的偏旁部首及蠡的本义和引申义等论证中看出，门蠡乃门的重要构件——外闭装置，正是用门户具有代表性的部分——豕（蠡、蠡）来代表门户的本体部分，故解释阂字为门，即门户上具有代表性部分——豕（蠡、蠡）来代替门户本体部分之义。从门从双豕的[illegible]字，可隶定为闒形，正像两扇户扉上最关键的构件（门）蠡（蠡），这应是用借代的修辞手法而出现的文字，若仅用豕（蠡、蠡）借指门户时，必然与动物蠡（蠡）概念发生混淆，故特加门偏旁以示其专指门扉之构件。随着语言的进一步丰富与发展，闒字发生简化与分化，阂既指门蠡，又特指门，字义容易混淆，文献中阂指门，阂指门之外闭，由此推测，商代语言中的闒，本义乃门之外闭，因门从外关闭后可阻挡、阻碍随意进入院落、房屋的外来者，故引申为阻挡、阻碍之义；豕、亥分别是十二生肖与十二地支之位次，两字在文献中混用现象比较常见，故豕、亥可置换使用，由此，阂成为门之外闭的专用字，引申义为阻挡、阻碍。

人们由蠹虫啮噬木联想到门蠡深深地钻于户扉之形，从两者的高度相似性上命名门的外闭装置为（门）蠡。（门）蠡在文献中，常与门扉的另一构件——铺首相混淆，究其原因有三：（一）蠡指蠹虫噬木，表明其种类为虫属，属于无足之虫一类——豸。豸本义指长脊兽如狮、虎、豹等四条腿的大型动物，又是无足之虫的引申义，两者互有交叉；（二）犬、豕、豸是表示动物种属的偏旁，文字中存在互换使用的现象；（三）铺首多作兽头状，为虎、狮、螭龙、饕餮等凶猛兽类之形象，故门蠡与铺首，常被混成一物，从功能上看，两者完全不同，论证于下。

四 铺首论

因铺首设置跟门蠡关系密切，再加上铺首图案复杂化，文化象征意义明显化，后人误认为蠡（或螺）与铺首为同一构件。《辞海》解释铺首为"门上衔门环的底座"。《汉书》："孝元庙殿门铜龟蛇铺首鸣。"如淳注："门铺首作龟、蛇之形而鸣呼。"颜师古："门之铺首，所以衔环者也。"[①]从注疏文看，《汉书》所记铺首材质为铜，龟、蛇乃铺首之形。铺首衔环即动物形的铺首（如龟、蛇），口中有一圆环。铺首鸣即铺首底座与门环碰撞发声。铺首作为门扉上的装置或构件，包括两个部分，一是底座，二是衔圆环之口。门扉外部，正像人面，又称门脸，最初的任何一种装置都应具有实用功能，门既有了外闭装置——阂（或称蠡），为何还需要装置铺首这一构件？它们之间为何会出现铺首即是蠡的混淆？汉代的仓琅根是铺首还是门蠡等问题，需要根据门上装置构件之间的相互关系来分析说明。

（一）铺首命名溯源

铺有陈设、铺展之义，首即头，铺首是固定词组，据《说文》记载，它是门上构件。[②] 铺、首、铺首三者又有怎样的联系，需要从门户构件实物寻找线索。

门蠡作为门的外闭装置，其形状是：用铜或铁做一个长卡子穿于门扉上，它分三部分，（漏在门扉）外头是长卡子的圆圈状部分，它便于门闩穿过，中间是卡子穿透门扉，门扉里头是长卡子之尾，尾分两部，向上、下或左、右两侧翻起牢牢地固定在门扉之上（如图5所示）。若把这个长卡子比作蠡身，漏在门扉外部的圆圈正像蠡的头部，穿在门扉之内的部分，正像蠡的身子，穿透门扉即在门扉内侧向上、下或左、右翘起的部分，正像蠡的尾巴。门蠡头部裸露在外，若尾部翘起的部分长度稍短或强度不够，用强度较大的钳子会把门蠡连根拔出，由此，若不加固门蠡裸露在外的头部之根，门蠡的牢固程度将大大减弱。若在门蠡头部下铺设、覆盖一块材质比较坚硬的平板物品（多是铜质、铁质），门蠡卡在门扉上的强度将大大提高。这块铺设物因陈铺在门蠡头部，顾名思义称铺首，铺首的得名缘于此。这样思考的理由是：门及门上各种构件，本质乃实用物件，文献记载中门蠡与铺首又相混淆，

① 班固：《汉书·哀帝纪》，中华书局1962年版，第344页。

② 据颜师古注《汉书》"门之铺首，所以衔环者也"后，铺首造型给人的印象好像是兽面纹饰，或口或鼻衔环。商周以来的青铜器及汉代陶器、铜器的腹部也有类似构件，有学者也把这类构件称为铺首衔环。

厘清它们之间的关系，很有必要。《汉书·艺文志》中孔子有句话：“礼失而求诸野”，豫北地区农村老宅子（见图5），门蠡头部下，铺陈一块铁板，这块铁板的位置铺设在门蠡头部下面，这是从门扉实物上看到的实景。

图5　门蠡

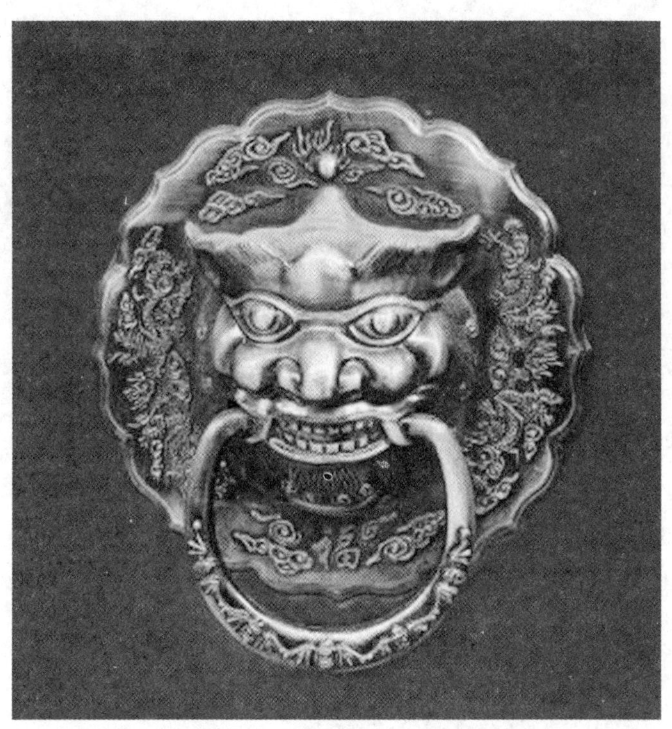

图6　铺首一

门扉、铁圆环（门鐍头部）、铺首（铺设物）三者牢牢地结合在一起，加强了门鐍的牢固性。铺首本为铜、铁环下面的铺设物，即门扉的门鐍头部下铺设铁、铜质平板，加强了门户的守御功能。因门的守御功能及上面论述的豖、豸文字及字义的相通特征，这一构件多以兽面为之，威严庄重，具有震慑作用。有关铺首形制、纹饰、铺首衔环的图像解析，赵赟[①]、苗霞[②]、孙长初[③]、张文静[④]等均有详细论证，兹不赘述。铺首因和门鐍头部关系密切，后世文献把铺首与（门）鐍相混淆，称铺首为鐍、鸁、螺狮、椒图，其实，鐍、鸁、螺狮等指称的是门的外闭装置，即《说文》之阕字；铺首为门鐍的辅助装置，后逐渐与门鐍分离，由原来的铜、铁平板，变成兽面纹饰，取豸豸然长脊兽威武、凶猛如虎、豹、狮等兽面形，寓指其神圣不可侵犯之义；后与门的另一实用构件——门环结合在一起，呈铺首衔环状，即铺首有两个组成部分：底座与门环。底座与铺陈相关，门环与闭门（相当于现在的门把手功能）相关。

后世完整的铺首，包括两部分构件，一部分是底座，另一部分是兽面形铺首口中所衔之环。此环也是门的必要、实用构件之一（见图7），说明如下：门扉要关、闭，才能实现其通行与守御之目的，

图7　铺首二

当两扇门扉行将关闭时，需要一个像现在的门把手一样的物件，把门缝对齐，关闭严实，若没有这一构件，仅靠拉拽门鐍关闭门扉，吃力且很不顺手。随着社会的发展，（门）环装饰更加精美，不仅是

① 赵赟：《铺首浅谈》，《徐州教育学院学报》2008年第1期。

② 苗霞：《中国古代铺首衔环浅析》，《殷都学刊》2006年第3期。

③ 孙长初：《汉画像石“铺首衔环”图像解析》，《南京艺术学院学报》2006年第3期。

④ 张文静：《春秋战国时期至魏晋南北朝时期实用铺首形制研究》，硕士学位论文，吉林大学，2013年。

实用物，而且是装饰品。因铺首底座与门环都为金属制品，两者碰撞声音或清脆，或洪亮，汉代司马相如的《长门赋》“挤玉户以撼金铺兮，声噌吰而似钟音”，描述的是门环碰撞铺首底座而发出似钟一样的响声之情形。其中，李善注金铺曰：“以金为铺首也。”吕延济注：“金铺，扉上有金花，花中作钮环以贯锁。”① 据门蠡及铺首、门环三者本质，吕延济所注的金铺，是门蠡、铺首、门环三者集中在一起的装置，形状如图 8 所示。

图 8　铺首三

随着时代的发展，门的外闭装置呈复杂化、多样性发展，铺首文化象征意义更加明显，门蠡即外闭装置与铺首发生分离，铺首仍威严庄重地立于门扉之上，外闭装置或隐藏或立门户上。铺首由门构件的实用装置逐渐演变成装饰、象征部分，故清代《字沽》谓：“门户铺首，以铜为兽面御环着于门上，所以辟不祥，亦守御之义。”②

（二）从修辞手法看“仓琅根”乃门蠡而非铺首论

《汉书》记载汉成帝时的童谣，谓“木门仓琅根，燕飞来，啄皇孙……”颜师古注：“门之铺首及铜锾也。铜色青，故曰仓琅。铺首衔环，故谓之根。锾读与环同。”③“仓琅根，宫门铜锾也。”④ 从唐代颜师古注解看，门铺首乃铜质，铺首所衔之环谓根。根，本义乃草木之根，是植物生于土中或水中吸收营养的部分，引申为物体的下部或底部。铺首是衔门环的底座，（门）环即铺首嘴中所衔之环，此环在门扉外裸露却称根，与根的本义或引申义迥然有别。另外，仔细考虑铺首之形及谚语所用的赋、比、兴的表现手法，这种解释于理不顺。因颜师古是唐初名儒、经学家、语言文字学家、历史学家，

① （梁）萧统：《六臣注文选》，中华书局 1987 年版，第 294 页。

② 转引自吴裕成《中国门文化》，天津人民出版社 2004 年版，第 33 页。

③ 班固：《汉书·五行志》，中华书局 1962 年版，第 1396 页。

④ 班固：《汉书·外戚传下·孝成赵皇后传》，中华书局 1962 年版，第 3999 页。

故其注疏未曾被怀疑。在上文论证的基础上，下面用修辞手法来分析童谣中“燕飞来，啄皇孙”的确指内容。

童谣中的燕比喻赵飞燕，她是汉成帝皇后。“燕”者，以燕比喻汉成帝皇后赵飞燕，以“燕飞来”比喻赵飞燕进宫为后。啄，《广雅》：“啮也。”燕子用嘴取食称啄即啮噬也，即把赵飞燕比喻成燕，那么，“啄皇孙”义即用燕子啮噬食物来比喻赵飞燕皇后将吃掉（戕害）汉家皇孙。童谣中“燕飞来，啄皇孙”使用的修辞手法称借代，虽没有直接说出皇后赵飞燕戕害汉家皇孙之事，但借燕啄即啮咬行为来比喻赵飞燕皇后戕害汉家皇孙，明语“燕”“啄”，暗指赵飞燕皇后戕害汉家皇孙。这种修辞手法，突出了事物的本质特征，增加了语言的形象性，起到形象突出、特点鲜明、具体生动的效果。

明了“燕”“啄”的修辞手法及表现的真实内涵后，用古代诗歌赋、比、兴的表现手法，来分析“木门仓琅根，燕飞来，啄皇孙”的比喻、象征及借物咏物的表现手法。

“木门仓琅根”与“燕飞来，啄皇孙”是赋的表现手法，平铺直叙两个有关联的事物。比是“以彼物比此物”方法。“木门仓琅根”是“以彼物比此物”中的“彼”物。“燕飞来，啄皇孙”是类比中“以彼物比此物”所比的“此”物。兴又称“起兴”，朱熹谓：“先言他物以引起所咏之辞。”即借助其他事物为所咏之内容作铺垫。“木门仓琅根”即所借事物，与所咏事物（赵飞燕啄皇孙）之间有比喻、象征关系。

根据“燕”“啄”推测，“木门仓琅根”隐含着鸟、啄关系。门蠡即门的外闭装置，据《说文》记载，蠹虫啮噬木称蠡，蠹虫的天敌是啄木鸟。木质门上装置的门蠡构件，正像木板中盛有蠹虫一样，啄木鸟飞来是啮噬木中蠹虫的，蠹虫被啮噬正像拔掉门的外闭装置——门蠡一样，外闭装置被拔掉，外来者可以顺畅地进入房屋或宅院之内。啄木鸟啮噬木中蠹虫与燕子啮噬事类相同，燕子啮噬与皇后赵飞燕戕害汉家皇孙相同。此谚语采用赋、比、兴手法，生动具体、鲜明浅近地突出了赵飞燕戕害汉家皇孙的事情，故其在汉代能广泛流传并被《汉书》等正史记载下来。门蠡以铜为质，色如仓琅，首部突出在外，身体部分深藏在门扉之中，就像木中蠹虫啮噬在木中之形，正像根部扎于土层或水中之形，从门蠡实物及性能看，仓琅根乃门蠡而非铺首。

小 结

孔子曰：“谁能出不由户？”可见门、户与人类关系的密切程度。离家外出，关门落锁是人的日常行为，门扉的外闭装置因司空见惯以致人们忽视其存在。《说文》中的阕字，本义乃门之外闭，文献中几乎不见使用，相反其引申义——阻碍、阻隔，不仅出现在正史等典籍中，而且诗词律句使用得也很频繁。甲骨文字[illegible]，从门从双豕，从会意字的角度看，正像两户扇上各有一豕（蠡）之形。据《说文》载，蠡本义乃蠹虫食木，蠹虫乃软体动物，它要剥离坚硬的木块，需浑身用力，根据作用力与反作用力之间的关系，蠹虫嘴用力越大，身体向后挪动的力量越大，那么，深入木洞就会越深。人们正是看到门蠡与动物蠡之间的这种相似性，故名门的外闭装置为（门）蠡。因蠡（蠡）与辅助装置——铺首关系密切，反而被误认为是铺首的异称。铺首本是铺设在门蠡头部之下铜、铁之类的平板，是加固门蠡的辅助装置，因铺设在门蠡头部之下而得名。蠡既为虫属，豸豸然如长脊兽，为加强门的固守功能，故取虎、豹、狮等长脊兽面为之，强调其威严、凶猛、神圣不可侵犯之义，由此看，铺首融合的是凶猛长脊兽及蠹虫两个物种的特性，故其形制到底是哪种动物，不易辨别；又因等级社会的发展及外闭技术的提高，铺首由门扉的实用装置逐渐转变成门饰，成为中国门文化元素中一道亮丽的风景线。

（韩江苏 本文原刊于《殷都学刊》2015 年第 4 期）